ARQUITETURA DO PLANEJAMENTO SUCESSÓRIO

TOMO II

DANIELE CHAVES TEIXEIRA

Coordenadora

Prefácio
Gustavo Tepedino

ARQUITETURA DO PLANEJAMENTO SUCESSÓRIO

TOMO II

3ª reimpressão

Belo Horizonte

FÓRUM
CONHECIMENTO JURÍDICO

2023

© 2021 Editora Fórum Ltda.
2021 1ª reimpressão
2022 2ª reimpressão
2023 3ª reimpressão

É proibida a reprodução total ou parcial desta obra, por qualquer meio eletrônico, inclusive por processos xerográficos, sem autorização expressa do Editor.

Conselho Editorial

Adilson Abreu Dallari
Alécia Paolucci Nogueira Bicalho
Alexandre Coutinho Pagliarini
André Ramos Tavares
Carlos Ayres Britto
Carlos Mário da Silva Velloso
Cármen Lúcia Antunes Rocha
Cesar Augusto Guimarães Pereira
Clovis Beznos
Cristiana Fortini
Dinorá Adelaide Musetti Grotti
Diogo de Figueiredo Moreira Neto (*in memoriam*)
Egon Bockmann Moreira
Emerson Gabardo
Fabrício Motta
Fernando Rossi
Flávio Henrique Unes Pereira

Floriano de Azevedo Marques Neto
Gustavo Justino de Oliveira
Inês Virgínia Prado Soares
Jorge Ulisses Jacoby Fernandes
Juarez Freitas
Luciano Ferraz
Lúcio Delfino
Marcia Carla Pereira Ribeiro
Márcio Cammarosano
Marcos Ehrhardt Jr.
Maria Sylvia Zanella Di Pietro
Ney José de Freitas
Oswaldo Othon de Pontes Saraiva Filho
Paulo Modesto
Romeu Felipe Bacellar Filho
Sérgio Guerra
Walber de Moura Agra

Luís Cláudio Rodrigues Ferreira
Presidente e Editor

Coordenação editorial: Leonardo Eustáquio Siqueira Araújo
Aline Sobreira de Oliveira

Rua Paulo Ribeiro Bastos, 211 – Jardim Atlântico – CEP 31710-430
Belo Horizonte – Minas Gerais – Tel.: (31) 99412.0131
www.editoraforum.com.br – editoraforum@editoraforum.com.br

Técnica. Empenho. Zelo. Esses foram alguns dos cuidados aplicados na edição desta obra. No entanto, podem ocorrer erros de impressão, digitação ou mesmo restar alguma dúvida conceitual. Caso se constate algo assim, solicitamos a gentileza de nos comunicar através do *e-mail* editorial@editoraforum.com.br para que possamos esclarecer, no que couber. A sua contribuição é muito importante para mantermos a excelência editorial. A Editora Fórum agradece a sua contribuição.

Dados Internacionais de Catalogação na Publicação (CIP) de acordo com a AACR2

AR772	Arquitetura do Planejamento Sucessório/ Daniele Chaves Teixeira (Coord.). 3. reimpressão – Belo Horizonte: Fórum, 2021.
	735 p; 17x24cm
	ISBN: 978-65-5518-117-3 Tomo II
	1. Direito Civil. 2. Direito de Família. 3. Direito Sucessório. I. Teixeira, Daniele Chaves. II. Título.
	CDD 341
	CDU 342

Elaborado por Daniela Lopes Duarte – CRB-6/3500

Informação bibliográfica deste livro, conforme a NBR 6023:2018 da Associação Brasileira de Normas Técnicas (ABNT):

TEIXEIRA, Daniele Chaves (Coord.). *Arquitetura do Planejamento Sucessório*. 3. reimpr. Belo Horizonte: Fórum, 2021. 735 p. Tomo II. ISBN 978-65-5518-117-3.

Aos meus filhos, Vitória e Antônio,
como sempre, com todo o meu amor.

SUMÁRIO

PREFÁCIO
Gustavo Tepedino 21

APRESENTAÇÃO 23

PARTE I
DIREITO DAS SUCESSÕES: NOVAS PERSPECTIVAS E DIREITOS CORRELATOS

QUALIFICAÇÃO E QUANTIFICAÇÃO DA LEGÍTIMA: CRITÉRIOS PARA PARTILHA DE BENS
Alexandre Miranda Oliveira, Ana Carolina Brochado Teixeira 27
1   Introdução 27
2   Igualdade na filiação e autonomia sucessória 29
3   Pessoa e patrimônio: um vínculo para além da titularidade 30
4   Interpretação qualitativa da partilha sucessória para um planejamento eficiente.... 34
5   Considerações finais 37
      Referências... 38

A LEGÍTIMA E O PLANEJAMENTO SUCESSÓRIO: ENTRE O ANTES E O DEPOIS, O INADIÁVEL AGORA
Caio Ribeiro Pires 41
1   Introdução 41
2   O instituto da reserva hereditária na atualidade: uma breve síntese das críticas doutrinárias... 42
2.1   Inadequação social e jurídica das normas de sucessão reservatária............ 43
2.2   Uma nova estrutura para uma renovada função: propostas para o *quem* deve ser herdeiro necessário e para o *que* ele deve receber 47
3   Planejamento sucessório, respeito às normas cogentes e legítima: uma proposta dirigida ao intérprete.. 50
3.1   Algumas ponderações da dogmática da redução de liberalidades inoficiosas à constitucionalidade da sucessão reservatária 51
3.2   A intangibilidade da legítima e o perigo da subversão hermenêutica: critérios para superação do conflito entre interesses dos herdeiros necessários. 60
4   Considerações finais 67
      Referências... 67

CONVENÇÕES PROCESSUAIS COMO INSTRUMENTOS PARA O PLANEJAMENTO SUCESSÓRIO

Daniele Chaves Teixeira, Caroline Pomjé 71

1 Considerações introdutórias... 71

2 Aspectos do direito sucessório brasileiro 71

3 Convenções processuais e sucessões: aproximações 75

3.1 Notas sobre as convenções processuais 76

3.2 Convenções processuais como instrumentos de planejamento sucessório e de racionalização do procedimento de inventário 77

4 Considerações finais 82

Referências... 82

"LIBERDADE! LIBERDADE! ABRE AS ASAS SOBRE NÓS": UMA ANÁLISE SOBRE O *STATUS* JURÍDICO DO COMPANHEIRO APÓS A DECLARAÇÃO DE INCONSTITUCIONALIDADE DO ART. 1.790 DO CÓDIGO CIVIL

Conrado Paulino da Rosa 85

1 Introdução 85

2 A trajetória dos direitos sucessórios entre os conviventes.................. 85

3 A sucessão do companheiro após a declaração de inconstitucionalidade do art. 1.790 do Código Civil 88

4 O companheiro como herdeiro necessário? 90

5 Conclusão 94

Referências... 94

PLANEJAMENTO SUCESSÓRIO E A ISENÇÃO DO ITCMD

Daniel Bucar... 97

1 Introdução 97

2 Isenção, isonomia e odiosidade... 98

3 Isenção do imposto de transmissão *causa mortis* à luz da teoria do patrimônio........ 99

4 A escolha do estado tributante (*tax shopping*) 102

5 Hipóteses de isenção.. 103

5.1 Em razão do valor do monte ou em função do quinhão..................... 104

5.2 Imóvel 105

5.2.1 Imóvel urbano... 106

5.2.2 Imóvel urbano ou rural 107

5.2.3 Imóvel rural... 109

5.3 Utensílios pessoais 110

5.4 Depósitos em instituições financeiras 111

5.5 Verbas remuneratórias não recebidas em vida 111

5.5.1 A hipótese específica da previdência privada 112

5.6 Combatentes da Segunda Guerra Mundial.. 113

5.7 Hipóteses excêntricas de isenção 114

5.8 O caso de Alagoas 115

6	Conclusão	115
	Referências	116

SUCESSÃO INTERNACIONAL COM ATIVOS NO EXTERIOR NA PERSPECTIVA DO DIREITO BRASILEIRO

Daniele Chaves Teixeira		119
1	Considerações iniciais	119
2	Direito sucessório brasileiro em descompasso com a sociedade contemporânea	120
3	Sucessão no Brasil com bens no exterior	122
4	Considerações finais	128
	Referências	129

A IMPRESCINDÍVEL ANÁLISE JURÍDICA DAS RELAÇÕES FAMILIARES E AS PROVIDÊNCIAS CORRELATAS AO DIREITO DE FAMÍLIA COMO PRESSUPOSTOS DE UM PLANEJAMENTO SUCESSÓRIO EFICIENTE

Eleonora G. Saltão de Q. Mattos, Silvia Felipe Marzagão		131
1	Introdução: a realidade social em que se operam os planejamentos e o diagnóstico da estrutura familiar do planejador	131
2	Organização das relações afetivas/de conjugalidade e seus desdobramentos patrimoniais	132
2.1	A separação de fato não formalizada	132
2.2	Regime de bens do planejador não adequado às sugestões propostas	135
2.3	A união estável não reconhecida	138
2.4	A entidade familiar do planejador com mais de 70 anos	140
2.5	O namoro duradouro, público e contínuo	141
3	Organização das relações de parentalidade e seus desdobramentos patrimoniais	143
3.1	Regularização de situações de filiação seja biológica, seja socioafetiva	143
4	Considerações finais	145
	Referências	146

A TUTELA COMO INSTRUMENTO DE PROTEÇÃO SUCESSÓRIA DE CRIANÇAS E ADOLESCENTES

Elisa Costa Cruz		147
1	Introdução	147
2	Visão geral sobre tutela	148
3	O instituto da tutela e o planejamento sucessório	151
4	Considerações finais	157
	Referências	158

PARA NOVOS BENS, UM NOVO DIREITO SUCESSÓRIO

Everilda Brandão Guilhermino		161
1	Uma nova dimensão do pertencimento	161
2	Novos bens a serem reconhecidos pelo direito sucessório	162

3	Uma sucessão para os bens digitais: direito de acesso, portabilidade e designação de gestor da vida digital do falecido como alternativas à transmissão de titularidade	164
4	É possível um planejamento sucessório de bens digitais?	170
5	Podemos falar em uma sucessão para bens difusos?	171
	Referências	174

O INSTITUTO DO REGIME DE BENS E A SUA INFLUÊNCIA NO PLANEJAMENTO SUCESSÓRIO

Fabiana Domingues Cardoso, Viviane Girardi 175

1	Introdução	175
2	Breves notas a respeito do instituto do regime de bens	176
3	O instituto do regime de bens no direito brasileiro	178
3.1	O regime legal supletivo da comunhão parcial de bens	179
3.2	Regime legal da separação obrigatória de bens	181
3.3	O regime legal da comunhão universal de bens	183
3.4	O regime legal da separação de bens	183
3.5	O regime legal da comunicação final dos aquestos	184
4	A escolha do regime e a sua influência no planejamento sucessório	185
5	O pacto antenupcial e o contrato de união estável: ferramentas indispensáveis ao planejamento da sucessão	187
6	Algumas questões polêmicas que impõem atenção para o planejamento sucessório	189
6.1	A condição de herdeiro necessário do convivente e a possibilidade de renúncia do direito de concorrência sucessória	190
6.2	A retroatividade dos efeitos do contrato de união estável e a lei aplicável no tempo	192
6.3	A aplicação da lei vigente ao ato de aquisição para apuração do patrimônio na união estável	194
6.4	A validade e eficácia do pacto antenupcial quando elaborado na constância da união estável	195
6	Conclusão	196
	Referências	196

FAMÍLIA MOSAICO: DESAFIOS NO ÂMBITO DO PLANEJAMENTO SUCESSÓRIO

Fernanda Leão Barretto, Filipe de Campos Garbelotto, Rosany Nunes de Mello Nascimento 199

1	Introdução	199
2	Família mosaico: conceito e efeitos jurídicos	200
3	Lineamentos sobre planejamento sucessório	202
4	Dos instrumentos de planejamento no âmbito do planejamento sucessório	205
4.1	*Holdings*	206
4.1.1	Aspectos gerais	206
4.1.2	Aplicabilidade de *holdings* no âmbito dos núcleos familiares mosaico	208

4.2	Planos de previdência privada	210
4.2.1	Considerações gerais	210
4.2.2	Aplicabilidade da previdência privada como instrumento de planejamento no âmbito dos núcleos familiares mosaico	211
5	Conclusões	212
	Referências	212

MEDIAÇÃO EM CONFLITOS SUCESSÓRIOS: POSSIBILIDADES ANTES, DURANTE E DEPOIS DA ABERTURA DA SUCESSÃO

Fernanda Tartuce, Débora Brandão 215

1	Relevância do tema	215
2	Dificuldades decorrentes do luto	216
3	Potencial contribuição da mediação em conflitos sucessórios	218
4	A mediação como instrumento para o planejamento sucessório: aplicação preventiva ao conflito sobre conteúdo patrimonial e extrapatrimonial	220
5	A mediação como instrumento para pacificação nas disputas sucessórias instaladas	224
6	Conclusões	225
	Referências	226

FUNDAMENTOS DO DIREITO DAS SUCESSÕES EM OUTROS SISTEMAS E NO BRASIL

Flávio Tartuce 229

1	Esboço da pesquisa e suas razões	229
2	Os fundamentos da sucessão em Portugal. A propriedade privada como norte	231
3	O direito civil italiano e a solidariedade familiar	235
4	Direito peruano. A legítima e a fundamentação sucessória na ordem econômica, na propriedade e na família	237
5	As sucessões no Chile. Vínculos familiares, patrimônio e as contestações à legítima, diante das recentes mudanças sociais e econômicas. A concentração das rendas e de riquezas	240
6	A gênese do direito das sucessões no Brasil. Direito de família e propriedade. Uma necessária sincronização ou alinhamento	243
	Conclusões	246
	Referências	247

O PLANEJAMENTO SUCESSÓRIO NO CONCUBINATO

Luciana Brasileiro, Maria Rita de Holanda 249

I	Introdução	249
II	O atual contexto do concubinato	250
III	A filiação extramatrimonial e a superação da desigualdade	254
IV	Críticas às vedações legais e soluções para o planejamento sucessório	255
V	Conclusões	260
	Referências	260

O PLANEJAMENTO PARA O FIM DE VIDA COMO ALIADO AO PLANEJAMENTO SUCESSÓRIO

Luciana Dadalto 263

1 Humanidade, finitude e o medo da morte 263

2 Planejamento de cuidados para o fim de vida 264

2.1 Diretivas antecipadas de vontade 265

2.1.1 Testamento vital 266

2.1.2 Procuração para cuidados de saúde 269

2.1.3 Ordens de não reanimação 271

2.1.4 Diretivas antecipadas para demência 272

2.2 POLST 273

3 Planejamento para o fim de vida e planejamento sucessório: um encontro necessário 273

4 Considerações finais 274

Referências.. 274

AÇÕES TESTAMENTÁRIAS E O PLANEJAMENTO SUCESSÓRIO

Marco Antonio Rodrigues, Davi Amaral Hibner................................... 277

1 Introdução: o testamento no contexto do planejamento sucessório 277

2 Ações de cumprimento do testamento 280

2.1 Ação de abertura e cumprimento de testamento cerrado 281

2.2 Ação de cumprimento de testamento público 285

2.3 Ação de publicação e cumprimento de testamento particular 286

3 Ação de ineficácia ou de redução das disposições testamentárias (*actio in rem scripta*) 289

4 Ação de invalidação de testamento: nulidade e anulabilidade 291

5 Conclusão 293

Referências.. 294

PLANEJAMENTO SUCESSÓRIO NA PERSPECTIVA DO ADVOGADO

Marcos Ehrhardt Jr... 297

Introdução... 297

1 Afinal, em que consiste o planejamento sucessório? 298

2 Qual o momento ideal para se realizar o planejamento sucessório?......... 299

3 Por onde começar? 300

4 Quem é o titular dos bens e o que ele pretende? 301

5 Os desafios do efetivo processamento das medidas de planejamento 304

Considerações finais e os novos desafios para o enfrentamento do tema.......... 305

Referências.. 307

REPERCUSSÃO DO REGIME DE BENS NO CONTEXTO SUCESSÓRIO: A DETERMINAÇÃO DA LEI APLICÁVEL AOS EFEITOS PATRIMONIAIS DO CASAMENTO

Nadia de Araujo, Lidia Spitz, Carolina Noronha 309

	Introdução	309
I	Panorama do regime de bens do casamento no direito brasileiro	311
II	A determinação da lei aplicável ao regime de bens	314
III	A lei aplicável ao regime de bens quando o casamento é celebrado no Brasil, sob a perspectiva do direito brasileiro	316
IV	A lei aplicável ao regime de bens quando o casamento é celebrado no exterior, sob a perspectiva do direito brasileiro	318
V	Alguns impactos do regime de bens no contexto sucessório	321
	Conclusão	323
	Referências	324

PARTE II
MOMENTOS PATOLÓGICOS

A SIMULAÇÃO NO PLANEJAMENTO SUCESSÓRIO
Antonio dos Reis Júnior 329

1	Introdução	329
2	A simulação na ordem civil	330
3	A intangibilidade da legítima	334
4	A simulação sobre doação de ascendente para descendente	336
5	A vedação ao pacto sucessório	342
6	Notas conclusivas	346
	Referências	348

APLICAÇÕES DA DISCIPLINA DO ENRIQUECIMENTO SEM CAUSA NO PLANEJAMENTO SUCESSÓRIO
Eduardo Nunes de Souza, Rodrigo da Guia Silva 351

1	Introdução	351
2	A curiosa invocação da vedação ao enriquecimento como fundamento de entendimentos contrapostos em matéria de colação	353
3	Lucros ou rendimentos auferidos a partir de doações inoficiosas: perspectivas de deflagração de pretensões de restituição do enriquecimento sem causa	360
4	Conclusão	364
	Referências	365

ALGUMAS REFLEXÕES SOBRE O PLANEJAMENTO SUCESSÓRIO: A ESCOLHA DE ALGUMAS VEREDAS PODE NÃO LEVAR À TERRA PROMETIDA
João Ricardo Brandão Aguirre 369

1	O espaço de liberdade jurígena e os planos sucessórios	369
2	A natureza jurídica do pacto antenupcial ou o libelo contra o "tudo-pode" nas disposições pré-nupciais	371
3	Disposições sobre direitos sucessórios em pactos antenupciais: singrando as lindes da validade	374
4	Considerações finais	380
	Referências	381

OS MECANISMOS EXISTENTES PARA O COMBATE À FRAUDE PATRIMONIAL SEJAM NO DIVÓRCIO, NA DISSOLUÇÃO DA UNIÃO ESTÁVEL, COMO EM DECORRÊNCIA DA MORTE

Marina Pacheco Cardoso Dinamarco 383

1 Introdução 383

2 Partilha de bens litigiosa 384

3 Tipos mais comuns de fraudes e o mau uso do planejamento sucessório 385

4 Instrumentos jurídicos de combate à desproporção dolosa da partilha de bens 390

5 Aplicação da pena de sonegados 393

6 Conclusão 398

Referências 400

TERCEIROS DE BOA-FÉ, SOCIEDADE E PLANEJAMENTO SUCESSÓRIO

Micaela Barros Barcelos Fernandes 403

Introdução 403

1 Planejamento sucessório sob o ponto de vista da pessoa natural e planejamento sucessório da sociedade 404

2 Risco de perda patrimonial afeta não apenas herdeiros, mas a sociedade e os sócios remanescentes 406

3 Os atos constitutivos e os pactos parassociais como instrumento de planejamento sucessório nas sociedades 410

3.1 O planejamento sucessório por falecimento de sócio na sociedade limitada: o contrato social e o acordo de quotistas 411

3.2 O planejamento sucessório por falecimento do sócio nas sociedades anônimas: o acordo de acionistas e, nas companhias fechadas, a limitação estatutária 415

4 Instrumentos auxiliares: os protocolos familiares e os memorandos de entendimentos 419

Considerações finais 420

Referências 422

PARTE III

INSTRUMENTOS DE PLANEJAMENTO SUCESSÓRIO

MECANISMOS PARA O PLANEJAMENTO SUCESSÓRIO DE DIREITOS AUTORAIS

Ana Frazão, Angelo Prata de Carvalho 427

I Introdução 427

II Desafios da sucessão hereditária de direitos autorais 428

III Conflitos atinentes ao regime sucessório dos direitos autorais 432

IV Possíveis soluções de planejamento sucessório às incertezas e riscos relacionados à sucessão de direitos autorais 435

IV.1 Testamentos 436

IV.2 Criação de sociedades para a gestão dos direitos autorais 440

IV.3 Mecanismos alternativos de proteção aos direitos autorais na era digital 441

V Considerações finais 443

Referências 444

O TESTAMENTO E SUA INSTRUMENTALIDADE NO PLANEJAMENTO SUCESSÓRIO: LIMITES E POTENCIALIDADES

Ana Luiza Maia Nevares... 447

1   O testamento como instrumento do planejamento sucessório: vantagens e desvantagens.. 447

2   Principais limites ao ato de testar 449

3   As potencialidades do testamento como instrumento do planejamento sucessório 452

3.1   Liberdade testamentária qualitativa.. 452

3.2   Conversão dos bens da herança 455

3.3   Cláusulas restritivas da propriedade 457

3.4   Proteção de herdeiros menores ou com deficiência pelo testamento..................... 461

4   Conclusão... 465

BREVES REFLEXÕES SOBRE O PLANEJAMENTO SUCESSÓRIO E O AGRONEGÓCIO

Daniele Chaves Teixeira, Antonio Carmelo Zanette.. 467

1   Notas introdutórias.. 467

2   Sucessão e planejamento sucessório.. 469

3   Considerações sobre o agronegócio 473

4   Conclusão... 475

    Referências... 475

PLANEJAMENTO SUCESSÓRIO E AUTORIDADE PARENTAL: A (DES)NECESSIDADE DE AUTORIZAÇÃO JUDICIAL PARA A VENDA DE BENS MÓVEIS DE FILHOS MENORES

Beatriz de Almeida Borges e Silva... 477

1   Introdução.. 477

2   O atual conteúdo patrimonial da autoridade parental............................... 479

3   O art. 1.691 do Código Civil 482

4   Notas conclusivas.. 486

    Referências... 488

A DOAÇÃO COMO INSTRUMENTO DE PLANEJAMENTO SUCESSÓRIO

Camila Ferrão dos Santos, Carlos Nelson Konder.. 491

1   Introdução.. 491

2   A qualificação da doação e seus efeitos sucessórios 493

2.1   A qualificação do contrato de doação *para fins sucessórios*..................... 493

2.2   Doações indiretas, dissimuladas, mistas, onerosas e impuras 495

3   A doação inoficiosa e sua invalidade 498

3.1   Prazo para impugnar (existência ou não de prazo, termo inicial, simulação)........... 498

3.2   Legitimidade para impugnar e consentimento do herdeiro prejudicado 501

4   Antecipação de herança por doação e colação dos valores......................... 503

4.1   Cálculo do valor do bem colacionado (direito intertemporal) 503

4.2   Doações sucessivas e o momento da liberalidade para o cálculo 505

5   Considerações finais 507

    Referências... 508

UM NOVO FIDEICOMISSO: PROPOSTA DE TRANSFORMAÇÃO DO INSTITUTO EM PROL DO PLANEJAMENTO SUCESSÓRIO

Cláudia Stein Vieira, Giselda Maria Fernandes Novaes Hironaka.. 511

1	Introdução	511
2	Planejamento sucessório e as (im)possibilidades do direito brasileiro	512
3	O fideicomisso	514
3.1	A origem histórica do instituto	514
3.2	O fideicomisso no Brasil e sua progressiva involução	516
3.3	Feições do fideicomisso no ordenamento jurídico brasileiro	517
4	O *trust* e a progressiva convergência dos sistemas jurídicos	518
4.1	O desenvolvimento do *trust* na Inglaterra	519
4.2	A singularidade do *trust* em comparação a institutos previstos no ordenamento brasileiro	519
4.3	O *trust* em sistemas de *Civil Law*: as propostas da França e da Argentina	521
5	Nossa proposta de reformulação do fideicomisso	522
6	Notas conclusivas	524
	Referências	524

RESSIGNIFICANDO O FIDEICOMISSO PARA O PLANEJAMENTO SUCESSÓRIO

Daniela de Carvalho Mucilo.. 527

I	Notas introdutórias	527
II	O contexto histórico do fideicomisso	529
III	A aplicação limitada do fideicomisso no Código Civil de 2002	530
IV	O fideicomisso como modelo de autorregulamentação sucessória com vistas à proteção do vulnerável	532
V	Considerações finais	537
	Referências	538

PLANEJAMENTO SUCESSÓRIO E O DIREITO IMOBILIÁRIO: IMÓVEIS, HERANÇA E DÍVIDA DE CONDOMÍNIO

Gabriel Schulman, Andre Luiz Arnt Ramos... 539

	Introdução	539
1	A transmissão da dívida condominial aos herdeiros e a força da herança	541
2	Uso exclusivo do bem pelo herdeiro e responsabilidade pelo débito condominial	544
3	Doação com reserva de usufruto	547
	Conclusão	550

A UTILIDADE DO BEM DE FAMÍLIA VOLUNTÁRIO NO PLANEJAMENTO SUCESSÓRIO

Luana Maniero Moreira.. 553

1	Introdução	553
2	Bem de família no Brasil	554
3	Regime jurídico "especial"	556

4	Bem de família e suas modalidades	557
5	Utilidade do bem de família e alternativa ao planejamento sucessório	563
6	Conclusão	564
	Referências	565

A DESERDAÇÃO COMO INSTRUMENTO DE PLANEJAMENTO SUCESSÓRIO

Maici Barboza dos Santos Colombo 567

1	Limitação à liberdade de testar: o princípio da intangibilidade da legítima e o planejamento sucessório	567
2	A deserdação como exceção ao princípio da intangibilidade da legítima	568
3	Perspectiva funcional da deserdação	570
4	Hipóteses de cabimento da deserdação	572
5	Da possibilidade jurídica da deserdação parcial	574
6	Eficácia da deserdação	576
7	Aspectos instrumentais da deserdação	579
8	Conclusão	581
	Referências	582

AS CLÁUSULAS RESTRITIVAS DE PROPRIEDADE COMO INSTRUMENTO DE PLANEJAMENTO SUCESSÓRIO

Marcelo Truzzi Otero 585

Notas introdutórias	585
A legítima do herdeiro necessário sob a perspectiva civil-constitucional	587
As cláusulas restritivas de propriedade	588
As cláusulas restritivas sobre a legítima do herdeiro necessário	593
A justa causa na doação feita em antecipação da legítima	594
Conclusão	597
Referências	598

PLANEJAMENTO SUCESSÓRIO E QUESTÕES EXISTENCIAIS: A REPRESENTAÇÃO MISTA COMO ALTERNATIVA AO TESTAMENTO VITAL

Maria Carla Moutinho Nery, Gustavo Henrique Baptista Andrade 601

1	Introdução	601
2	O testamento vital	602
2.1	Historicidade e contextualização do tema	602
2.2	A relevância da manifestação de vontade	605
2.3	A inadequação da expressão "testamento vital"	605
2.4	A experiência internacional	607
2.5	Testamento vital: instituto do direito das sucessões?	610
3	A representação mista como possível alternativa menos burocrática	611
4	Conclusão	614
	Referências	615

O PACTO SUCESSÓRIO COMO INSTRUMENTO DE PLANIFICAÇÃO DA HERANÇA

Rafael Cândido da Silva 619

1   Introdução 619

2   Tendências contemporâneas para o tema 620

3   Pactos sucessórios: classificação e crítica ao regime comum de nulidade 623

4   O pacto sucessório como instrumento de planificação da herança 625

5   Conclusão 630

      Referências 631

A VIVÊNCIA DO PLANEJAMENTO SUCESSÓRIO

Renata Mei Hsu Guimarães, Alessandra Rugai Bastos, Arnaldo de Almeida Dotoli Junior, Marília Mello de Lima 633

I   Introdução 633

II   A construção do Planejamento Sucessório (Renata Mei Hsu Guimarães) 633

III   O Planejamento Sucessório e os vínculos contratuais (Alessandra Rugai Bastos) 639

IV   Testamento: partilha ideal entre os herdeiros ou conferência específica de bens aos beneficiários da herança? (Marília Mello de Lima) 642

V   Os desafios do Planejamento Sucessório em face do Direito de Família e dos regimes de bens (Arnaldo de Almeida Dotoli Junior) 646

VI   Horizontes largos e o cliente do mundo: domicílio e lei aplicável na sucessão internacional (Alessandra Rugai Bastos) 653

VII   Conclusão 656

AUTONOMIA PRIVADA, PORTABILIDADE DE DADOS PESSOAIS E PLANEJAMENTO SUCESSÓRIO

Sergio Marcos Carvalho de Ávila Negri, Maria Regina Detoni Cavalcanti Rigolon Korkmaz 659

1   Introdução 659

2   Da autonomia privada ao controle informacional 660

3   O alcance do fenômeno sucessório: entre a (in)transmissibilidade do conteúdo digital e a tutela dos direitos da personalidade 663

4   A portabilidade de dados e o planejamento sucessório 666

4.1   Origem e finalidade da portabilidade 666

4.2   Limites e potencialidades do instituto para o planejamento sucessório na LGPD ... 667

4.3   Riscos da equiparação estrutural da portabilidade em vida com a *post mortem* 670

5   Considerações finais 671

      Referências 672

CONTORNOS JURÍDICOS DA *HOLDING* FAMILIAR COMO INSTRUMENTO DE PLANEJAMENTO SUCESSÓRIO

Simone Tassinari Cardoso Fleischmann, Fernando René Graeff 675

1   Introdução 675

2   Planejamento sucessório 677

3   *Holding* familiar e suas vantagens 679

4	Espécies de *holding* familiar	682
5	Escolha do tipo societário	683
6	Constituição	686
7	Subscrição de quotas/ações e integralização do capital	688
8	Transferência das participações societárias aos sucessores conforme o seu momento	692
9	Aspectos relativos à operacionalidade da *holding* familiar	697
9.1	Mecanismos auxiliares de gestão, organização e solução de conflitos	697
9.2	Processo decisório	699
9.3	Aspectos tributários da operação	700
10	Circulação de quotas/ações pelos sucessores	702
11	Extinção da participação societária	704
12	Utilização equivocada da *holding* familiar	706
13	Conclusões	710
	Referências	711

DIREITO DAS SUCESSÕES E PATRIMÔNIO IMOBILIÁRIO: O PROBLEMA DA LIQUIDEZ

Yves Lima Nascimento, Rodrigo da Mata		713
1	Introdução	713
2	Reflexões sobre a liquidez do patrimônio imobiliário	714
3	A impositiva figura do inventário como um dos principais motivos do planejamento sucessório	715
3.1	Aspectos gerais do inventário judicial	716
3.2	O inventário extrajudicial: o remédio para alguns dos males	719
4	Utilização econômica de bens imóveis no curso do inventário	721
5	Organização patrimonial e o planejamento sucessório	723
6	Conclusão	726
	Referências	726

SOBRE OS AUTORES	729

PREFÁCIO

O título *Arquitetura do planejamento sucessório* é bem conhecido dos leitores, tendo sido acolhido com enorme êxito o primeiro volume desta bela obra, fruto de empenho e dedicação de sua coordenadora, a Professora Daniele Chaves Teixeira, e de renomados autores. De lá para cá, o tema se mantém na ordem do dia e se renova, especialmente à luz das discussões substanciais que emergem diuturnamente no direito sucessório, em decorrência da irradiação dos princípios e valores propugnados pela Constituição da República a todo o sistema jurídico e do anseio pela renovação da disciplina da sucessão causa mortis, de modo a torná-la mais consentânea com a sociedade contemporânea.

Este segundo tomo, além de confirmar o sucesso editorial obtido, revela-se extremamente oportuno, oferecendo o necessário prolongamento à problematização de numerosas questões, que tomam por base a necessidade de conformação da propriedade à sua função social e da família à perspectiva de comunhão de interesses, em que a autonomia deve ser valorizada como instrumento de realização da pessoa humana em sua comunidade social mais íntima. Nesta substanciosa obra, debruçam-se os eminentes coautores na análise dos temas mais diversos, atentos às mudanças de paradigma e dos próprios fundamentos do direito das sucessões. Instiga-se o leitor, na primeira parte, a repensar as bases da sucessão hereditária, com análise funcional de seus institutos, passando em revista as novas perspectivas e os direitos correlatos à matéria, sempre à luz da centralidade da pessoa humana e de sua dignidade.

Na segunda parte, dedica-se à análise de situações patológicas próprias à lógica da transmissão do patrimônio deixado pelo *de cujus*, abrindo caminho, então, à terceira parte da obra, destinada à minuciosa análise dos instrumentos de planejamento sucessório disponíveis no ordenamento jurídico brasileiro. Com contornos contemporâneos e práticos, confirma-se, como indicado no título do livro, a verdadeira arquitetura da sucessão patrimonial, garantida em termos de planejamento sucessório em prol da máxima realização da autonomia privada e da harmonização dos interesses sobrepostos na transmissão *causa mortis*. Daqui a importância do esmiuçado exame das ferramentas de planejamento sucessório e de seus principais contornos jurídicos, com o propósito de afastar reversões de expectativas e conflitos familiares desnecessários, além de proporcionar a redução de custos e tributos, permitindo-se a afirmação dos princípios da igualdade e da solidariedade na legalidade constitucional.

A presente obra, em boa hora, prossegue o itinerário de reflexões inaugurado pelo primeiro tomo, permanecendo como objeto de consulta bastante proveitosa para os estudiosos de direito civil preocupados com o planejamento sucessório. Destaca-se, ao lado dos instigantes ensaios contidos neste segundo tomo, a atenta coordenação da Profa. Daniele Teixeira, cujos talento e dinamismo têm sido consagrados, há muitos anos, à temática, oferecendo, em seus próprios textos e nos trabalhos selecionados, rico material de leitura e aprendizado.

Gustavo Tepedino

Professor Titular e Ex-Diretor da Faculdade de Direito Civil da
Universidade do Estado do Rio de Janeiro (UERJ).

APRESENTAÇÃO

A ideia de organizar este livro, *Arquitetura do planejamento sucessório*, surgiu devido à demanda doutrinária e após a ótima receptividade que meu livro *Planejamento sucessório: pressupostos e limites*, publicado pela Fórum, teve com a primeira tiragem em 2017.

A carência de obras com o tema planejamento sucessório decorre da pouca doutrina existente e da relevância que passou a ter o tema na atualidade do ordenamento jurídico brasileiro. Com efeito, o direito das sucessões está enrijecido perante as drásticas transformações sociais ocorridas ao longo do século XX, que tiveram marcante impacto no direito civil, principalmente, no direito das sucessões. Vale destacar que os pilares do direito sucessório são a família e a propriedade e que ambos sofreram grandes modificações em suas funções na sociedade contemporânea.

Por isso, buscou-se preparar um livro que abrangesse o planejamento sucessório, sob uma perspectiva didática, que englobasse a estrutura dos institutos e seus temas correlatos, mas que lhes fosse impressa uma visão contemporânea, problemática e crítica, sem abandonar as perspectivas doutrinárias e jurisprudencial. Por esses critérios, foram convidados coautores de vários estados brasileiros para integrar esta obra coletiva.

O objetivo do livro é apresentar várias perspectivas que envolvem um planejamento sucessório, que se percebe, inicialmente, como algo que envolve várias áreas do direito civil, além do direito das sucessões. O planejamento sucessório tem por característica própria envolver outras áreas do direito, como o direito processual, o direito societário, o direito tributário e o direito internacional privado, entre outros ramos do direito. Cabe ressaltar que se buscou abarcar vários temas, inclusive, de legislações e problemáticas atuais.

Nesse sentido, a primeira edição do tomo I foi composta por três eixos temáticos: (i) Direito das sucessões: novas perspectivas e direitos correlatos; (ii) Situações patológicas e (iii) Instrumentos de planejamento sucessório. A segunda edição, fruto do desejo de dar continuidade à discussão do tema, aliada à recepção positiva dos operadores do direito em relação à obra, contou com a atualização da jurisprudência e da legislação e com o acréscimo de artigos.

É com enorme prazer que apresento o tomo II, que é resultado do sucesso editorial do tomo I, em que estudiosos e profissionais de todo o país se debruçaram sobre o planejamento sucessório, trazendo ao leitor trabalhos de imensa qualidade técnica e valia prática.

Este tomo não poderia ser diferente. Ao identificar temas ainda pouco explorados sobre o planejamento sucessório, o convite a cada coautor materializou o sonho de continuação da obra já iniciada. Temos, nesta edição, mais 40 artigos de renomados juristas, altamente dedicados, concentrando mais uma importante compilação de trabalhos sobre o grande tema que é o planejamento sucessório.

A obra continua sendo dividida em três eixos. Para o primeiro, *Direito das sucessões: novas perspectivas e direitos correlatos*, em que são abordados os aspectos gerais do direito das sucessões, defrontando-se com situações ainda pouco abordadas na doutrina, relativas aos novos paradigmas do direito sucessório, contribuíram os professores Alexandre Miranda, Ana Carolina Brochado Teixeira, Caio Ribeiro Pires, Carolina Noronha, Caroline Pomjé, Conrado Paulino da Rosa, Daniel Bucar, Daniele Teixeira, Davi Amaral Hibner, Débora Brandão, Eleonora G. Saltão de Q. Mattos, Elisa Cruz, Everilda Brandão Guilhermino, Fabiana Domingues Cardoso, Fernanda Leão Barretto, Fernanda Tartuce, Filipe de Campos Garbelotto, Flávio Tartuce, Lidia Spitz, Luciana Brasileiro, Luciana Dadalto, Marco Antônio Rodrigues, Maria Rita de Holanda, Marcos Ehrhardt Jr., Nádia de Araújo, Rosany Nunes de Mello Nascimento, Silvia Felipe Marzagão e Viviane Girardi.

Como segundo eixo, os desafios atinentes às *situações patológicas* são abordados em estudos de possíveis conflitos da sucessão *causa mortis*, como as fraudes, o regime de invalidades negociais e a desconsideração da personalidade jurídica, e são enfrentados pelos professores Antônio dos Reis Júnior, Eduardo Nunes de Souza, João Ricardo Brandão Aguirre, Marina Pacheco Cardoso Dinamarco, Micaela Barros Barcelos Fernandes e Rodrigo da Guia Silva.

No último eixo, sob o título *Instrumentos de planejamento sucessório*, são apresentados diversos mecanismos jurídicos, com o objetivo de expor, de forma exemplificativa, meios para um eficaz planejamento sucessório, para atender às demandas da sociedade contemporânea brasileira. Contribuíram com a temática os professores Alessandra Rugai Bastos, Ana Frazão, Ana Luiza Maia Nevares, André Luiz Arnt Ramos, Angelo Prata de Carvalho, Antonio Zanette, Arnaldo de Nelson Almeida Dotoli Junior, Beatriz de Almeida Borges e Silva, Camila Ferrão dos Santos, Carlos Konder, Cláudia Stein Vieira, Daniela de Carvalho Mucilo, Daniele Chaves Teixeira, Fernando René Graeff, Gabriel Schulman, Giselda Maria Fernandes Novares Hironaka, Gustavo Henrique Baptista Andrade, Luana Manieiro Moreira, Maici Barboza dos Santos Colombo, Marcelo Truzzi, Maria Carla Moutinho Nery, Maria Regina Detoni Cavalcanti Rigolon Korkmaz, Marília Mello de Lima, Rafael Cândido da Silva, Renata Mei Hsu Guimarães, Rodrigo da Mata, Sergio Marcos Carvalho de Ávila Negri, Simone Tassinari Cardoso Fleischmann e Yves Lima Nascimento.

Agradeço a todos os autores que participaram desta edição e em especial à Maici Barboza dos Santos Colombo, que foi essencial no auxílio da organização desta obra. Por fim, agradeço, também, à Editora Fórum, por ter acreditado no meu projeto e o recepcionado.

Espero que o leitor aproveite a leitura e que todo o esforço de cada coautor possa contribuir para a prática profissional e acadêmica dos interessados em um direito sucessório contemporâneo, atualizado e consentâneo com a ordem jurídica constitucional vigente.

Uberaba, MG, 2020.

Daniele Chaves Teixeira
Coordenadora

PARTE I

DIREITO DAS SUCESSÕES: NOVAS PERSPECTIVAS E DIREITOS CORRELATOS

QUALIFICAÇÃO E QUANTIFICAÇÃO DA LEGÍTIMA: CRITÉRIOS PARA PARTILHA DE BENS[1]

ALEXANDRE MIRANDA OLIVEIRA
ANA CAROLINA BROCHADO TEIXEIRA

1 Introdução

O direito das sucessões vem sofrendo influxos das mais variadas ordens, que têm provocado grandes reflexões sobre sua estrutura e questionamentos a respeito do real cumprimento da sua função. As mudanças nas relações familiares, no exercício do direito e da função da propriedade, os novos tipos de bens, são alguns exemplos de situações jurídicas que nele reverberam hodiernamente.

As famílias contemporâneas são plurais –[2] de variados tipos – e, por serem pautadas em maior liberdade e priorizarem a realização da comunhão plena de vida, os casais se desfazem e se reconstituem com maior frequência. Dados do IBGE demonstram que, em 2018, foram registrados 1.053.467 casamentos civis, contra 1.070.376 de 2017 – uma redução de 1,6%. Já o número de divórcios (sentenças e escrituras) aumentou 3,2% entre 2017 e 2018, passando de 373.216 para 385.246. 46,6% dos divórcios foram de casais com filhos menores de idade; 27,8% foram entre casais sem filhos; 17,3%, entre famílias somente com filhos maiores e 7,8%, entre famílias com filhos menores e maiores de idade.[3] Note-se que o número de dissoluções com filhos nesse período supera os 70%, de modo que é grande a probabilidade de novas uniões em famílias que se reconstituem, inclusive quando um dos cônjuges tem filhos. Esse é o ambiente familiar no qual se dará a transmissão hereditária: pessoas ligadas por vínculos parentais que podem, ou não, somar vínculos afetivos, e se tiverem sido criadas de forma diversa, é comum a

---

[1] Algumas reflexões sobre esse tema foram feitas em TEIXEIRA, Ana Carolina Brochado. Igualdade, formal e substancial, na filiação: repercussões no direito das sucessões. *Revista IOB de Direito da Família*, v. 9, p. 25-39, 2008.

[2] "L'internazionalizzazione del mercato e della cultura, la specializzazione nel lavoro, il passaggio dela ricchezza da immobiliare a mobiliare, l'informatizzazione e l'accresciuta libertà di circolazione di merci e di persone hanno determinato profondi cambiamenti nell'organizzazione sociale, con inevitabile ripercussione sui modelli familiar" (PERLINGIERI, Pietro. La funzione sociale del diritto successorio. *Rassegna di diritto civile*, n. 1, p. 131-146, 2009. p. 136).

[3] NÚMERO de casamentos cai 1,6% e divórcios aumentam 3,2% entre 2017 e 2018. *UOL*, 4 dez. 2019. Disponível em: https://noticias.uol.com.br/cotidiano/ultimas-noticias/2019/12/04/numero-de-casamentos-cai-16-e-divorcios-aumentam-32-entre-2017-e-2018.htm. Acesso em: 19 jul. 2020.

ausência de identidade familiar que pode acirrar diferentes visões de mundo sobre o recebimento da herança.

É nesse contexto plural que se deve pensar e planejar uma transmissão hereditária "bem-sucedida", primando pelo máximo aproveitamento dos bens com o suprimento das necessidades dos herdeiros, para que eles possam usufruir do patrimônio que recebem na maior medida possível, evitando-se litígios desnecessários, priorizando aqueles que levem em consideração aspectos não só quantitativos quanto também qualitativos e otimizando a distribuição patrimonial.

Ao lado dessas transformações nas relações familiares, novos bens têm surgido. A análise desse fenômeno deve estar umbilicalmente atrelada à relação jurídica na qual eles se inserem, ou seja, à específica função que ele desempenha na situação jurídica.[4] Afinal, "o significado do bem jurídico depende essencialmente do interesse que o qualifica e sua classificação há de ser apreendida na esteira da função que o bem desempenha na relação jurídica".[5] Além disso, a realidade demonstra a difusão de bens de alto valor econômico, para além dos bens imóveis, mas também em valores mobiliários e participações societárias, com o crescimento das atividades empresariais. Também se expandem os bens digitais, cuja valoração tem crescido substancialmente: moedas virtuais, *e-commerces*, *sites*, são alguns exemplos de bens cujo valor tem aumentado exponencialmente. Essas são realidades que têm desafiado uma função estática da propriedade, para que passe a cumprir a sua função social também no âmbito do direito sucessório, como se verá neste estudo.

Diante dessas vertentes, faz-se necessária uma constante revisão dos ditames do art. 2.017 do Código Civil, ao estabelecer que, "no partilhar os bens, observar-se-á, quanto ao seu valor, natureza e qualidade, a maior igualdade possível", e do art. 648 do Código de Processo Civil, que dispõe que "na partilha, serão observadas as seguintes regras: I - a máxima igualdade possível quanto ao valor, à natureza e à qualidade dos bens; II - a prevenção de litígios futuros; III - a máxima comodidade dos coerdeiros, do cônjuge ou do companheiro, se for o caso". Os dispositivos não restringem hipóteses sucessórias de aplicabilidade dessa diretriz hermenêutica, de modo que, no momento da utilização do testamento ou de outros instrumentos de planejamento sucessório, é necessária a observação dos critérios quantitativo e qualitativo da partilha da legítima.

O despertar para esse tema já era uma realidade para se conservar a máxima igualdade entre os filhos, regra que foi fruto dos ditames constitucionais, a fim de eliminar qualquer resquício discriminatório que lhes impunha as consequências dos atos e do estado familiar dos pais, já que todos os filhos são iguais, independentemente da sua origem, conforme estabeleceu o art. 227, §6º, da Constituição Federal de 1988. No entanto, faz-se necessário se refletir sobre a expansão subjetiva desses critérios de partilha, a fim de cumprir a real função dos arts. 2.017 CC e 648 CPC. É o que será estudado neste artigo.

---

[4] "Para cada bem, portanto, definido com sua específica destinação, finalidade e função, o ordenamento reserva regime jurídico que o singulariza" (TEPEDINO, Gustavo; OLIVA, Milena Donato. *Fundamentos do direito civil*: teoria geral do direito civil. Rio de Janeiro: Forense, 2020. p. 181).

[5] TEPEDINO, Gustavo; OLIVA, Milena Donato. *Fundamentos do direito civil*: teoria geral do direito civil. Rio de Janeiro: Forense, 2020. p. 181.

2 Igualdade na filiação e autonomia sucessória

Os direitos inerentes à filiação passavam pela categoria da legitimidade, que sempre esteve ligada a um caráter do que era autorizado pela lei. Para esta, o casamento sempre foi um "selo distintivo", que marcava uma categoria diferente e, principalmente, superior –[6] pelo menos até a Constituição de 1988.[7]

O filho legítimo era aquele fruto das justas núpcias, ou seja, advindo do casamento. A ele eram reservados todos os direitos possíveis, como sucessão, nome, alimentos, exercício do pátrio poder, entre outros.[8] A filiação ilegítima era aquela fora do casamento e se dividia em filhos naturais – tidos por pessoas entre as quais inexistiam impedimentos para o casamento – e espúrios, os quais, por sua vez, se dividiam entre adulterinos – em que um dos pais era casado – e incestuosos. Além deste tipo de filiação, havia, também, os filhos adotivos, que eram tratados como uma categoria à parte.[9]

Filiação, casamento e legitimidade eram palavras definidoras de direitos dos filhos: direito ao nome, à herança, entre outros. Por isso, a grande relevância do dispositivo constitucional que acabou com o critério legitimador e impôs a regra da igualdade de direitos entre todos os filhos, independentemente da origem, ratificada pelos arts. 1.596 CC e 20 do Estatuto da Criança e do Adolescente.

Assim, a igualdade não pode se restringir ao âmbito formal, vez que seu efetivo significado abrange a seara material, ou seja, visa implantar uma real igualdade entre os filhos, no âmbito material, espiritual, no tratamento afetivo etc. E, para isso, garantiu-se meios para que, no âmbito sucessório, a parte da reserva da legítima fosse distribuída em iguais quinhões entre os filhos.

Embora com a necessidade de assegurar essa igualdade, os ascendentes continuaram com autonomia de destinar para quem bem entenderem até 50% de seu patrimônio, mesmo que seja para que, na parcela disponível, se faça uma distribuição desigual dos bens, inclusive para os filhos. Tem crescido cada vez mais a demanda pela expansão dos espaços de liberdade do titular do patrimônio, para que ele direcione os bens da forma que julgar mais adequada tanto à sua vontade – que muitas vezes é no sentido de elevar ao máximo a funcionalidade do acervo, a continuidade dos negócios etc. – quanto às necessidades dos herdeiros.

---

[6] Tanto que o Código Civil de 1916 previu que o casamento dos pais legitima o filho, concebido ou nascido, de acordo com seu art. 353.

[7] Parte-se da premissa da inexistência de hierarquia entre as entidades familiares previstas, implícita ou explicitamente, na Constituição de 1988. Nesse sentido, LÔBO, Paulo Luiz Netto. Entidades familiares constitucionalizadas: para além do numerus clausus. *In*: PEREIRA, Rodrigo da Cunha. *Anais do III Congresso Brasileiro de Direito de Família*. Belo Horizonte: Del Rey; IBDFAM, 2002. p. 89-107; TEIXEIRA, Ana Carolina Brochado. Novas entidades familiares. *Revista Trimestral de Direito Civil*, Rio de Janeiro, v. 16, p. 3-30, out./dez. 2003.

[8] VILLELA, João Baptista. O modelo constitucional de filiação: verdade e superstições. *Revista Brasileira de Direito de Família*, Porto Alegre, v. 2, jul./set. 1999. p. 125.

[9] "A classificação acima exposta, que lamentavelmente, mesmo pós 1988, ainda se encontrava presente na maior parte dos trabalhos doutrinários sobre o tema, perdeu o suporte de validade constitucional, isto é, não tendo sido recepcionada pela Constituição de 5 de outubro de 1988. Mais do que introduzir uma nova classificação, que refutasse simplesmente as designações discriminatórias, a nova ordem constitucional, como acima já examinado, altera profundamente a tábua axiológica do sistema" (TEPEDINO, Gustavo. A disciplina jurídica da filiação na perspectiva civil-constitucional. *In*: TEPEDINO, Gustavo. *Temas de direito civil*. 3. ed. Rio de Janeiro: Renovar, 2004. p. 453).

A indispensabilidade de se implementar a efetiva igualdade entre os filhos impulsionou o arrefecimento dos critérios de igualdade entre os quinhões, que devem ser estabelecidos não apenas para eles, mas para todos os herdeiros que participam de uma sucessão específica, na parcela da legítima.

O testamento é a forma clássica de planejamento sucessório, pois viabiliza a concretização da vontade do titular da herança, por meio da indicação da partilha dos bens que pode versar sobre a legítima (com algumas limitações) e abranger a parte disponível. No âmbito do que é possível dispor, a autonomia sucessória alcança sua potencialidade máxima, de acordo com o art. 1.857 CC. Na legítima, as liberdades também expandem seus horizontes, mas são limitadas por aspectos qualitativos e quantitativos, a fim de promover uma partilha eficiente. Nesse campo, mesmo que o autor da herança não faça testamento, o julgador também está vinculado às diretrizes hermenêuticas para uma partilha quantitativa e qualitativa da partilha.

Neste sentido têm-se a importância do planejamento sucessório posto que sua inexistência, na ausência de acordo entre os herdeiros, poderá levar à decisão do Judiciário sobre a partilha dos bens no critério que seja mais facilmente identificável: a igualdade quantitativa dos quinhões (condomínio), ou a nomeação de um partidor judicial, que, além de onerar o espólio, ao propor sua partilha "cômoda", não levará em consideração a realidade e potencialidade de cada herdeiro, por desconhecer as especificidades da família. Utilizando os instrumentos permitidos, poderá o autor de futura herança disciplinar o destino desta com base em aspectos pessoais dos herdeiros que eventualmente se amoldem a cada bem e necessidade de preservação futura do patrimônio.

Para que a partilha siga um critério qualitativo, é importante que, seja por meio do testamento – quando feita pelo titular do patrimônio – seja por decisão judicial – quando operacionalizada pelo Poder Judiciário –, seja feito um exame preliminar importante da situação pessoal, familiar e profissional de cada um dos herdeiros, a fim de se verificar vínculos já existentes e outros que poderão ser criados para potencializar a tutela dos herdeiros e o efetivo aproveitamento do patrimônio, conforme será analisado no próximo item.

3 Pessoa e patrimônio: um vínculo para além da titularidade

Uma das formas mais tradicionais de vinculação da pessoa ao patrimônio é a propriedade dos bens, que é estudada no âmbito das titularidades. De direito quase absoluto de viés individualista, a propriedade foi remodelada após a Constituição de 1988, em razão, principalmente, da centralidade da pessoa humana no sistema jurídico. Passou a ser interpretada de forma funcionalizada e a serviço da pessoa, um instrumento por meio do qual pode realizar sua personalidade, além de ser uma forma de manifestação da iniciativa econômica.[10]

---

[10] "[...] no panorama constitucional, a propriedade privada deixa de atender apenas aos interesses proprietários, convertendo-se em instrumento para proteção da pessoa humana, de tal sorte que o exercício do domínio há de respeitar e promover situações jurídicas existenciais e sociais por ele atingidas. Consequentemente, os poderes concedidos ao proprietário só adquirem legitimidade na medida em que seu exercício concreto desempenhe

A propriedade só cumpre suas funções quando reflete os interesses proprietários de forma complementar aos de outros sujeitos. No campo sucessório, portanto, é necessário se cogitar não apenas sobre os interesses e desejos do titular do patrimônio, mas, para que a propriedade cumpra sua função, faz-se necessário expandir a análise da transmissão da titularidade para outros critérios.

Não há dúvidas de que o momento atual reclama pela expansão da autonomia no direito das sucessões: questiona-se a pertinência da legítima,[11] do seu percentual,[12] dos limites aos pactos sucessórios,[13] incluindo a possibilidade de renúncia antecipada da herança em pactos antenupciais e de convivência,[14] das demandas por maiores possibilidades de planejamento sucessório. Na conjugação entre liberdade e solidariedade, parece ter chegado a hora de redimensionar a solidariedade familiar.[15]

Não há dúvidas de que o princípio da solidariedade[16] é da máxima relevância no direito das sucessões, pois ele protege os mais vulneráveis nas relações familiares e é um forte suporte material para os que dependem do titular da herança.[17] Mesmo aqueles que apontam a necessidade do aumento dos espaços de liberdade parecem entender pela necessidade da permanência de normas que garantam, em alguma medida, a solidariedade familiar.

Uma das formas de sua realização é a verificação concreta das vulnerabilidades eventualmente existentes entre os herdeiros, sua vinculação a algum bem do acervo, a aptidão ou inaptidão à administração de certo bem. Além disso, também devem-se

---

função merecedora de tutela. Daí decorre que, quando certa propriedade não cumpre sua função social, não pode ser tutelada pelo ordenamento jurídico. Tal constatação oferece suporte teórico para a correta compreensão da função social da propriedade, que terá, necessariamente, configuração dúctil refutando-se, mais uma vez, os apriorismos ideológicos em favor do dado normativo. A função social modificar-se-á de estatuto para estatuto, sempre em conformidade com os preceitos constitucionais e com a concreta regulamentação dos interesses em jogo" (TEPEDINO, Gustavo; MONTEIRO FILHO, Carlos Edison do Rêgo; RENTERIA, Pablo. *Fundamentos do direito civil*: direitos reais. Rio de Janeiro: Forense, 2020. v. 5. p. 100).

[11] TEIXEIRA, Daniele Chaves; COLOMBO, Maici Barboza dos Santos. Faz sentido a permanência do princípio da intangibilidade da legítima no ordenamento jurídico brasileiro? *In*: TEIXEIRA, Daniele Chaves (Coord.). *Arquitetura do planejamento sucessório*. 2. ed. Belo Horizonte: Fórum, 2019. p. 155-169.

[12] NEVARES, Ana Luiza Maia. A proteção da legítima deve ser mantida, excluída ou diminuída do ordenamento jurídico brasileiro? *Revista IBDFAM – Família e Sucessões*, v. 25, p. 77-94, jan./fev. 2018.

[13] BUCAR, Daniel. Pactos sucessórios: possibilidades e instrumentalização. *In*: TEIXEIRA, Ana Carolina Brochado; RODRIGUES, Renata de Lima (Coord.). *Contratos, família e sucessões*: diálogos interdisciplinares. Indaiatuba: Foco, 2019. p. 279-294.

[14] OLIVEIRA, Alexandre Miranda; CARVALHO, Barbara Dias Duarte. Possibilidade jurídica de disposições sucessórias no pacto antenupcial e de convivência. *In*: TEIXEIRA, Ana Carolina Brochado; RODRIGUES, Renata de Lima (Coord.). *Contratos, família e sucessões*: diálogos interdisciplinares. Indaiatuba: Foco, 2019. p. 69-94.

[15] TEPEDINO, Gustavo. Solidariedade e autonomia na sucessão entre cônjuges e companheiros. Editorial. *Revista Brasileira de Direito Civil – RBDCivil*, Belo Horizonte, v. 14, p. 11-13, out./dez. 2017.

[16] "A solidariedade contemporânea não é coletivista, mas humanitária: dirige-se ao desenvolvimento não do grupo, mas da personalidade de todas as pessoas. O solidarismo atual não se confunde nem com o coletivismo, nem com o individualismo, situa-se, por assim dizer, a meio caminho de um e de outro. O solidarismo contemporâneo reage contra a ética liberal-individualista, e exige a tutela da condição humana, de todas as pessoas e, sobretudo, entre todas as pessoas. Impõe o reconhecimento de que toda atuação individual repercute, de alguma forma, entre os outros, e nos torna todos responsáveis pela preservação da alheia condição humana" (SCHREIBER, Anderson. *A proibição de comportamento contraditório*: tutela da confiança e venire contra factum proprium. Rio de Janeiro: Renovar, 2005. p. 50).

[17] "Tutto ciò, com'è stato osservato, 'induce a ripensare il fondamento giustificativo e la funcione dell'intero sistema della successione ereditaria endofamiliare: che da strumento attuativo di una trasmissione generazionale (e quindi verticale) di una ricchezza si ridefinisce come salvaguardia di interessi individuali di una cerchia di soggetti, legati (per cosí dire in orizzontale) da vincoli di solidarietà e di affetti" (PERLINGIERI, Pietro. La funzione sociale del diritto successorio. *Rassegna di diritto civile*, n. 1, p. 131-146, 2009. p. 137).

considerar custos com manutenção dos bens, liquidez, potencial de exploração econômica, em um cotejo entre a vida de cada herdeiro e o tipo de patrimônio deixado. Seria viável, por exemplo, um condenado por crime falimentar herdar uma empresa, cuja administração deverá assumir? Seria adequado um médico herdar uma empresa de engenharia se há quotas de um hospital que integram o acervo patrimonial? Nota-se que é necessário um papel ativo para que a solidariedade familiar se realize por meio da funcionalização da propriedade dos bens transmitidos, maximizando o aproveitamento e adequação dos bens aos herdeiros.

Isso significa que a partilha de bens em condomínio poderá não proporcionar a potencialidade da utilização dos bens para os herdeiros, que podem ter necessidades diferentes, não obstante quantitativamente atenda aos requisitos da igualdade econômica dos quinhões.

Por esse motivo, um viés qualitativo pode atender de forma mais adequada aos ditames da igualdade material. Frise-se que o que está a se buscar é o resguardo não apenas de uma igualdade formal e, por isso, quantitativa entre os herdeiros, mas também de uma igualdade material – e por isso, qualitativa. Nesse intuito, pensou-se em algumas possibilidades interpretativas a orientar que devem ser observadas ao elaborar um planejamento.

A primeira diretriz hermenêutica é a verificação das eventuais vulnerabilidades dos potenciais herdeiros, a fim de que a atribuição dos bens possa auxiliar no suprimento dessas fragilidades e que atue de modo a proteger o herdeiro e a promover sua dignidade, no âmbito material, quando aquele responsável por suprir seu sustento tiver falecido. As vulnerabilidades reclamam um tratamento diferente do direito em geral, demandando uma intervenção positiva para atuar de maneira reequilibradora.[18] Trata-se de conduta ativa estabelecida em diversas oportunidades pelo ordenamento jurídico, que também deve ser assumida pelo titular do patrimônio, de forma a proteger aqueles que, por alguma razão, não estão em situação de iguais liberdades – e por isso, semelhantes condições de exercício da autonomia responsável – em relação aos demais herdeiros. Assim, deve-se considerar a idade do herdeiro, problema de saúde que demande tratamentos específicos, restrição na administração do seu patrimônio, no momento de se atribuir quinhões etc. Alguns exemplos são: (i) o direito real de habitação pode ser um instrumento interessante para resguardar a moradia do filho menor ou com deficiência que, dificilmente, produziria rendimento suficiente para arcar com a própria sobrevivência;[19] (ii) outra possibilidade, é a atribuição de bens geradores de renda, um legado de renda ou o usufruto de algum imóvel alugado, para que o herdeiro tenha

---

[18] KONDER, Carlos Nelson. Vulnerabilidade patrimonial e vulnerabilidade existencial: por um sistema diferenciador. *Revista de Direito do Consumidor – RDC*, v. 24, n. 99, p. 110, maio/jun. 2015.

[19] "[...] defende-se a extensão do direito real de habitação para outros herdeiros vulneráveis, não contemplados no citado art. 1.831, por analogia. Como afirmado, não há razão para apenas o cônjuge ou companheiro usufruir de tal prerrogativa, já que a tutela subjacente ao direito real de habitação pode estar presente em outros herdeiros vulneráveis que tinham sua moradia dependente daquela do *de cujus*. Observe que nessa hipótese seria possível, inclusive, um exercício conjunto do direito real de habitação quando, no caso concreto, não só o cônjuge, mas outros herdeiros que com ele concorrem tinham também sua moradia dependente daquela do *de cujus*" (NEVARES, Ana Luiza Maia. Uma releitura do direito real de habitação na sucessão hereditária. *Migalhas*, 25 jun. 2020. Disponível em https://www.migalhas.com.br/coluna/migalhas-patrimoniais/329579/uma-releitura-do-direito-real-de-habitacao-na-sucessao-hereditaria. Acesso em: 29 jul. 2020).

rendimentos capazes de suprir suas necessidades materiais, arcar com suas despesas de saúde e tratamentos cujos gastos, muitas vezes, podem ser vultosos.

Outro critério importante é o que atenta para eventuais vínculos existentes entre potenciais herdeiros com algum bem do acervo patrimonial do titular do patrimônio e que, sob o viés quantitativo, caberia no quinhão de um dos herdeiros. É importante se verificar a profissão do herdeiro e se seu trabalho o associa de alguma forma ao patrimônio, como o filho que trabalha na empresa do pai – sendo interessante para a continuidade do negócio e para a preservação do trabalho do filho que ele fique com as quotas da empresa –, a filha advogada que ocupa a sala da mãe – sendo importante para preservar o seu local de trabalho que a ela caiba esse imóvel. Também é necessário examinar a situação da moradia dos herdeiros, pois, se o filho reside em imóvel dos pais, pode ser um resguardo ao seu direito à moradia a possibilidade de ele permanecer residindo no imóvel. Enfim, trata-se de exemplos de herdeiros que, por alguma razão, já têm, em vida do titular do patrimônio, um liame que os vincule a algum bem que compõe o acervo hereditário. Nesse sentido, um bom planejamento sucessório deve abranger esse aspecto, para que o herdeiro continue tendo o seu trabalho/local onde exerce sua atividade laborativa, a fim de resguardar o seu sustento ou sua moradia.

Um terceiro parâmetro a ser observado é o que considera custos com manutenção dos bens, liquidez, potencial de exploração econômica.[20] No momento de se atribuir quinhões, portanto, é necessária uma análise do aproveitamento econômico dos bens com as condições financeiras dos herdeiros, que podem demandar necessidades específicas a serem verificadas no momento da elaboração do testamento e, no caso da sucessão *ab intestato*, da efetiva partilha dos bens.

Importante observar que a inexistência de regras ou diretrizes levará à intepretação mais cômoda que é a da igualdade meramente econômica dos quinhões,[21] que pode até mesmo colocar em risco a almejada longevidade e crescimento do patrimônio deixado em sucessão. Por tudo isso, é necessário que sejam parametrizadas e personalizadas as disposições sucessórias com o objetivo de se buscar preservar a herança, por meio de condições que proporcionem sua máxima funcionalidade, e supram as necessidades dos herdeiros. Uma vez atendidos tais requisitos, estará realizada a função social da propriedade no âmbito do direito das sucessões.

---

[20] Trata-se de critérios estabelecidos pelo único julgado que examinou o problema a respeito dos critérios de partilha no STJ, embora trate especificamente da partilha de bens em vida entre cônjuges: "Olvidou, destarte, o Tribunal local, de realizar o cotejo das condições de cada um dos bens do monte partível com as características e necessidades das partes, especialmente sobre a possibilidade de servirem como moradia e fonte de renda, de modo a verificar se a divisão respeitou o princípio da igualdade em todos os seus parâmetros: valor, qualidade e natureza dos bens" (STJ, 3ª T. REsp nº 605.217/MG. Rel. Min. Paulo de Tarso Sanseverino, j. 18.11.2010. *DJe*, 7 dez. 2010).

[21] THEODORO JUNIOR, Humberto. *Curso de direito processual civil*. 52. ed. Rio de Janeiro: Forense, 2018. v. II. p. 295. A igualdade realmente obrigatória é a econômica, que se traduz na formação de quinhões iguais, segundo a avaliação do acervo.

4 Interpretação qualitativa da partilha sucessória para um planejamento eficiente

Ao se abordar o tema da partilha, constata-se que doutrina e jurisprudência atribuem foco majoritariamente quantitativo, ou seja, que todos os herdeiros devem herdar em condições de igualdade, na mesma proporção e quantidade.[22] Até aí, nenhuma controvérsia, pois estar-se-ia aplicando, quase automaticamente, os comandos legislativos, considerando que o trabalho do intérprete limitar-se-ia ao rateio do monte hereditário destinado aos herdeiros em número de quinhões na proporcionalidade determinada pela lei.

Quando estão em questão bens de mesma natureza ou um único bem, nenhum problema se apresenta, pois a hipótese a se analisar é, de fato, apenas quantitativa. As controvérsias se iniciam quando estão "em jogo" bens de natureza diversa, em que também é necessário aplicar o critério qualitativo, pois a análise unívoca pela quantidade é insuficiente. Estamos a invocar, portanto, um parâmetro que remete à natureza e à qualidade dos bens transmitidos, de modo a evitar quaisquer desigualdades formais.

O arts. 2.017 CC e 648 CPC indicam que a partilha deve obedecer a critérios também qualitativos. Portanto, no que tange à legítima e/ou ao patrimônio que não foi objeto de testamento, todos os herdeiros devem herdar montantes equivalentes nos mais diversos aspectos.[23]

O mesmo ocorre quando o genitor faz a partilha de bens aos descendentes em testamento, beneficiando-se do disposto no art. 2.014 CC,[24] que também deverá respeitar a igualdade – no mínimo quanto à legítima. Não obstante aparentemente essa regra colida com a do art. 1.857, §1º CC, que determina a impossibilidade de a legítima dos herdeiros necessários constar do testamento, parece que a intenção do legislador é protegê-la, de modo a não permitir ao testador dar tratamento discriminatório aos herdeiros, ao vedar que se avance quantitativamente no limite de 50% do patrimônio do seu titular. Trata-se, portanto, de limite à autonomia privada do titular do patrimônio,

---

[22] "[...] SENTENÇA HOMOLOGATÓRIA DE PARTILHA - DISCORDÂNCIA FUNDADA APRESENTADA POR HERDEIROS - AUSÊNCIA DE PRESTAÇÃO DE CONTAS PELO INVENTARIANTE E OMISSÃO QUANTO À INCLUSÃO DE BENS INTEGRANTES DO ESPÓLIO - PRINCÍPIO DA MAIOR IGUALDADE POSSÍVEL (CC, ART. 2.017) - INOBSERVÂNCIA - DIVISÃO JUSTA E EQUÂNIME ENTRE OS HERDEIROS - COMPROMETIMENTO - IRREGULARIDADES NÃO SANADAS - SENTENÇA CASSADA. 1. É exigência do princípio básico da 'maior igualdade possível', insculpido no art. 2.017 do Código Civil, que todos os herdeiros recebam o mesmo direito na herança, não se justificando o favorecimento a alguns. 2. Sentença que homologa plano de partilha apresentado pelo inventariante, desconsiderando discordância fundada levantada por herdeiros, relativamente a irregularidades na condução da inventariança, por falta de transparência e omissão quanto a deveres inerentes ao múnus. 3. Partilha que se omite quanto a questões que deveriam ser elucidadas em prestação de contas do inventariante, inviabilizando, por conseguinte, a adequada apuração do monte partilhável (que deve incluir os frutos produzidos pelos bens do espólio) e a justa e igualitária divisão entre os herdeiros. 4. Irregularidades que devem ser sanadas. 5. Recurso provido. Sentença cassada" (TJMG, 5ª CC. Apelação Cível nº 1.0521.04.030329-4/001. Rel. Des. Aurea Brasil, j. 23.6.2016. *DJe*, 5 jul. 2016).

[23] "A interpretação do princípio da igualdade não enseja que cada herdeiro fique com uma parte de cada um dos bens, mas sim que a partilha procure ser equitativa quanto a distribuição dos bens pela sua natureza, pois mais importante do que 'a rigorosa igualdade na divisão em espécies dos bens componentes do acervo hereditário é a divisão que conceda maior comodidade aos herdeiros, e ao mesmo tempo possa prevenir futuros litígios'" (TEPEDINO, Gustavo; NEVARES, Ana Luiza Maia; MEIRELES, Rose Melo Vencelau. *Fundamentos do direito civil*: direito das sucessões. Rio de Janeiro: Forense, 2020. v. 7. p. 270).

[24] Art. 2.014, CC: "Pode o testador indicar os bens e valores que devem compor os quinhões hereditários, deliberando ele próprio a partilha, que prevalecerá, salvo se o valor dos bens não corresponder às quotas estabelecidas".

fundada na solidariedade familiar, que pressupõe o vínculo de eventual dependência ou necessidade de suporte material dos herdeiros em relação ao autor da herança e que, por isso, não pode estar atrelado unicamente à sua vontade.

Com vistas, ainda, à efetivação desta igualdade – não apenas na filiação, mas entre os quinhões hereditários em geral –, o art. 2.017 do Código Civil prevê a observância, no momento da partilha, do valor, da natureza e da qualidade dos bens, de modo a se atender a maior igualdade possível entre os herdeiros, independentemente da classe que ocuparem. Essa regra também é estabelecida no art. 648 CPC, conforme afirma Humberto Theodoro Junior:[25]

> O critério que preside a boa partilha inspira-se em três regras tradicionais, ora incorporadas ao novo Código como normas a serem observadas (art. 648):
> a) da máxima igualdade quanto ao valor, à natureza e à qualidade dos bens inc. I);
> b) da preservação de litígios futuros (inc. II);
> c) da máxima comodidade dos coerdeiros, do cônjuge ou do companheiro, se for o caso (inc. III)
> De acordo com a primeira, os quinhões devem, em qualidade e quantidade, propiciar bens iguais para que diversos herdeiros, sejam no bom, seja no ruim, no certo e no duvidoso. Todavia, mormente quando o monte-mor seja constituído de vários e extensos imóveis, o princípio da igualdade não exige a participação de todos os sucessores em todos os bens do espólio.

O comando normativo determina a atenção tanto quanto ao valor – ou ao aspecto quantitativo – do patrimônio, quanto à "natureza e qualidade" dos bens inventariados. Em se tratando de bens de natureza e de qualidade diversa, como atender ao comando de igualdade que seja efetivamente substancial, e não apenas formal, escondendo-se atrás de bens em valores teoricamente iguais, mas de significados e projeção no mercado bastante diversos? Vale se atentar à advertência da doutrina:

> Sinta-se a relatividade do preceito e o seu intuito de alcançar o justo ideal. Nem sempre é possível uma igualação absoluta dos quinhões, a não ser em caso de bens móveis e divisíveis (como dinheiro ou aplicações financeiras) ou de atribuição de frações ideais sobre os bens partilhados. Mesmo na atribuição a herdeiros de bens da mesma natureza e de valor idêntico (exemplo de dois imóveis situados no mesmo prédio, com igual metragem), pode haver discrepância ligeira ou mal notada decorrente de conservação, acréscimos, deteriorações pelo uso e outros fatores de menor monta.[26]

Não obstante tal dificuldade que, de fato, é reconhecida pela doutrina e constatada na prática forense, isso não deve ser incentivo, ou mesmo um permissivo, para se deixar de aplicar a regra, por ser ela uma forma de efetivar a igualdade entre os filhos e entre os herdeiros de uma forma geral.

---

[25] THEODORO JUNIOR, Humberto. *Curso de direito processual civil*. 52. ed. Rio de Janeiro: Forense, 2018. v. II. p. 294-295.

[26] OLIVEIRA, Euclides Benedito. Inventário e partilha. *In*: HIRONAKA, Giselda Maria Fernandes Novaes; PEREIRA, Rodrigo da Cunha (Coord.). *Direito das sucessões e o novo Código Civil*. Belo Horizonte: Del Rey, [s.d.]. p. 421.

Exemplos podem ser úteis para se verificar a necessidade dessa reflexão: utilizando-se da prerrogativa do art. 2.014 CC, um pai faz um testamento, já partilhando seu patrimônio, inclusive, a legítima. Deixa para seus quatro filhos – sendo três advindos da relação de casamento e um deles nascido fruto de uma relação extraconjugal – ações de uma grande empresa, sociedade anônima fechada. Ocorre que este empreendimento tinha várias espécies de ações. Deixou para os filhos do casamento ações ordinárias classe A, com direito de voto em separado para escolha de administradores, para o filho pós-casamento, com quem praticamente não tinha relacionamento, ações ordinárias classe B, sem este direito, ou mesmo, ações preferenciais com valores idênticos, mas poderes diversos.[27]

Patrimonial e contabilmente falando, cada um teve quinhões hereditários cujo valor se equivaliam. Entretanto, será que a natureza do bem não levaria à atribuição de valores reais diferentes entre os quinhões hereditários? Sabe-se que os direitos são inerentes à qualidade das ações, sendo óbvio que, entre ações ordinárias de tipos diferentes, e até mesmo entre ordinárias e preferenciais que têm direitos distintos, pode haver uma diferenciação na qualidade da herança. Só para exemplificar, as ações preferenciais dão prioridade na distribuição de dividendos, mas seus acionistas não têm o direito a voto, direito este normalmente detido pelas ações ordinárias. A destinação cirúrgica do tipo acionário pode satisfazer inclusive a todos os herdeiros e fundamentalmente implicar a conservação da empresa, ou seja, aos herdeiros pródigos ou que não têm nenhuma intimidade com o negócio do pai, o direito aos dividendos, e aos bons administradores, o direito ao voto.

Constata-se, portanto, que patrimonial e quantitativamente, pode ter sido atendido o critério valorativo, ou seja, a equivalência patrimonial entre os quinhões. Entretanto, a natureza e a qualidade do patrimônio que compõe o quinhão hereditário são totalmente diversas. Logo, conquanto possa ofender o princípio constitucional da igualdade na filiação, pode abraçar o princípio da conservação patrimonial, tornando mais longeva a herança transferida, o que seria possível por meio do planejamento sucessório. Em havendo distorções, elas devem ser corrigidas, para aquinhoar o filho sem direito de voto com outro(s) bem(ns) que compense(m) essa diferenciação patrimonial.

É importante ressaltar que não se trata aqui de atender a simples preferências do autor da herança. A regra do art. 2.017 CC e do art. 658 CPC prevê uma objetivação, para uma visão unívoca em relação aos bens; mais especificamente, ao valor, natureza ou qualidade destes.[28] A objetividade da igualdade, com foco no bem em si, é uma forma de contribuir para a funcionalização da propriedade dos bens transmitidos por *causa mortis*, evitando-se que os herdeiros tenham bens teoricamente em valores iguais, mas de natureza tão diferente a ponto de comprometer sua utilidade, sem agregar, portanto, um real valor ao patrimônio do herdeiro que recebeu tal bem. Afinal, como ressalta Pietro Perlingieri, "L'ordinamento, a volta a volta, individua forme generali di tutela

---

[27] Os arts. 15 a 17 da Lei nº 6.404/76 estabelecem a possibilidade de que a companhia emita ações ordinárias, preferenciais e de fruição, sendo que a SA fechada pode criar classes diversas, mesmo nas ações ordinárias.

[28] Mais à frente, será analisado se esse enfoque é suficiente à busca por uma igualdade material que leve em consideração uma interpretação qualitativa da partilha.

differenziate sulla base non soltanto, o non esclusivamente, del particulare bene, ma, principalmente, dell'assetto d'interessi cui che bene si riferisce".[29]

Não há dúvidas da relevância desse critério, pois ele determina a necessidade de se pensar a partilha de bens – seja feita pelo testador quanto aos bens da legítima, seja feita no processo de inventário em si, no qual o *de cujus* faleceu *ab intestato* – sob um olhar diferente, para se considerar também a qualidade do bem que acaba por influenciar o seu uso e impactar o seu valor geral.

5 Considerações finais

Verificou-se, ante as modificações sociais, familiares e patrimoniais havidas na contemporaneidade, uma busca pela expansão das liberdades no direito das sucessões. Nota-se que a gestão da liberdade havida no direito de família (ainda) não se concretizou no âmbito sucessório. Não se está, com isso, a dispensar a incidência da solidariedade familiar, mas apontando a necessidade de redimensioná-la, para que ela esteja mais adaptada às aspirações das pessoas na atualidade.

Uma das possibilidades de cotejar liberdade e solidariedade é a utilização do testamento para deixar determinada a partilha de bens inclusive da parte da reserva legitimária, consoante permite o art. 2.014 CC. No entanto, para que ela se implemente, é necessário seguir os parâmetros determinados pelos arts. 2.017 CC e 658 CPC, que assinalam que a partilha deve se atentar para aspectos quantitativos e qualitativos que considerem, além do valor dos bens, as peculiaridades do patrimônio e dos herdeiros, para que se implemente a igualdade material entre estes últimos.

Nessa toada, buscou-se, por meio dessas breves reflexões, estabelecer o significado, formal e substancial, da efetivação da igualdade entre os quinhões hereditários. Constata-se que a igualdade formal e quantitativa é insuficiente, pois ela pode gerar efetivo desequilíbrio, principalmente no que se refere à natureza e à qualidade dos bens componentes do quinhão hereditário de cada herdeiro.

Para tanto, sugeriram-se alguns critérios para se estabelecer uma partilha qualitativa – sem prejuízo de outros –, que podem ser importantes para um planejamento sucessório eficaz: (i) eventuais vulnerabilidades dos herdeiros (quanto à idade, saúde etc.); (ii) vínculos que o herdeiro tenha com algum bem do acervo, seja por profissão, moradia, ocupação do bem etc.; (iii) manutenção dos bens, liquidez, potencial de exploração econômica, o que acaba por remeter às condições financeiras e inclinações pessoais de cada herdeiro.

A ampliação do espectro da partilha para o viés qualitativo – implicando a análise da natureza dos bens e de particularidades entre os herdeiros – busca corrigir eventuais distorções no sistema do direito das sucessões, cuidando para que a função social da propriedade se implemente, também, nesse ramo do direito civil, além de preservar a efetiva solidariedade familiar entre os herdeiros.

---

[29] PERLINGIERI, Pietro. *Manuale di diritto civile*. Napoli: ESI, 1997. p. 171. Tradução livre da autora: "O ordenamento, frequentemente, individualiza formas gerais de tutela diferenciada com base não apenas, ou não exclusivamente, no bem em particular, mas principalmente no conjunto de interesses ao qual o bem se refere".

Referências

BUCAR, Daniel. Pactos sucessórios: possibilidades e instrumentalização. *In*: TEIXEIRA, Ana Carolina Brochado; RODRIGUES, Renata de Lima (Coord.). *Contratos, família e sucessões*: diálogos interdisciplinares. Indaiatuba: Foco, 2019. p. 279-294.

FACHIN, Luiz Edson. *Boletim do Instituto Brasileiro de Direito de Família*, n. 19, ano 3, mar./abr. 2003.

HIRONAKA, Giselda Maria F. Novaes. Dos filhos havidos fora do casamento. *In*: HIRONAKA, Giselda Maria F. Novaes. *Estudos de direito civil*. Belo Horizonte: Del Rey, 2000. p. 57-68.

KONDER, Carlos Nelson. Vulnerabilidade patrimonial e vulnerabilidade existencial: por um sistema diferenciador. *Revista de Direito do Consumidor – RDC*, v. 24, n. 99, p. 110, maio/jun. 2015.

LEITE, Eduardo de Oliveira. *Direito civil aplicado* – Direito das sucessões. São Paulo: Revista dos Tribunais, 2004.

LÔBO, Paulo Luiz Netto. Entidades familiares constitucionalizadas: para além do numerus clausus. *In*: PEREIRA, Rodrigo da Cunha. *Anais do III Congresso Brasileiro de Direito de Família*. Belo Horizonte: Del Rey; IBDFAM, 2002. p. 89-107.

NEVARES, Ana Luiza Maia. A proteção da legítima deve ser mantida, excluída ou diminuída do ordenamento jurídico brasileiro? *Revista IBDFAM – Família e Sucessões*, v. 25, p. 77-94, jan./fev. 2018.

NEVARES, Ana Luiza Maia. Uma releitura do direito real de habitação na sucessão hereditária. *Migalhas*, 25 jun. 2020. Disponível em https://www.migalhas.com.br/coluna/migalhas-patrimoniais/329579/uma-releitura-do-direito-real-de-habitacao-na-sucessao-hereditaria. Acesso em: 29 jul. 2020.

NÚMERO de casamentos cai 1,6% e divórcios aumentam 3,2% entre 2017 e 2018. *UOL*, 4 dez. 2019. Disponível em: https://noticias.uol.com.br/cotidiano/ultimas-noticias/2019/12/04/numero-de-casamentos-cai-16-e-divorcios-aumentam-32-entre-2017-e-2018.htm. Acesso em: 19 jul. 2020.

OLIVEIRA, Alexandre Miranda; CARVALHO, Barbara Dias Duarte. Possibilidade jurídica de disposições sucessórias no pacto antenupcial e de convivência. *In*: TEIXEIRA, Ana Carolina Brochado; RODRIGUES, Renata de Lima (Coord.). *Contratos, família e sucessões*: diálogos interdisciplinares. Indaiatuba: Foco, 2019. p. 69-94.

OLIVEIRA, Euclides Benedito. Inventário e partilha. *In*: HIRONAKA, Giselda Maria Fernandes Novaes; PEREIRA, Rodrigo da Cunha (Coord.). *Direito das sucessões e o novo Código Civil*. Belo Horizonte: Del Rey, [s.d.]. p. 387-426.

PERLINGIERI, Pietro. La funzione sociale del diritto successorio. *Rassegna di diritto civile*, n. 1, p. 131-146, 2009.

PERLINGIERI, Pietro. *Manuale di diritto civile*. Napoli: ESI, 1997.

RIZZARDO, Arnaldo. *Direito das sucessões*. 2. ed. Rio de Janeiro: Forense, 2005.

SCHREIBER, Anderson. *A proibição de comportamento contraditório*: tutela da confiança e venire contra factum proprium. Rio de Janeiro: Renovar, 2005.

TEIXEIRA, Ana Carolina Brochado. Igualdade, formal e substancial, na filiação: repercussões no direito das sucessões. *Revista IOB de Direito da Família*, v. 9, p. 25-39, 2008.

TEIXEIRA, Ana Carolina Brochado. Novas entidades familiares. *Revista Trimestral de Direito Civil*, Rio de Janeiro, v. 16, p. 3-30, out./dez. 2003.

TEIXEIRA, Daniele Chaves; COLOMBO, Maici Barboza dos Santos. Faz sentido a permanência do princípio da intangibilidade da legítima no ordenamento jurídico brasileiro? *In*: TEIXEIRA, Daniele Chaves (Coord.). *Arquitetura do planejamento sucessório*. 2. ed. Belo Horizonte: Fórum, 2019. p. 155-169.

TEPEDINO, Gustavo. A disciplina jurídica da filiação na perspectiva civil-constitucional. *In*: TEPEDINO, Gustavo. *Temas de direito civil*. 3. ed. Rio de Janeiro: Renovar, 2004. p. 443-488.

TEPEDINO, Gustavo. Igualdade constitucional dos filhos e dualidade de regimes de adoção. *In*: TEPEDINO, Gustavo. *Temas de direito civil*. Rio de Janeiro: Renovar, 2005. t. II. p. 305-334.

TEPEDINO, Gustavo. Solidariedade e autonomia na sucessão entre cônjuges e companheiros. Editorial. *Revista Brasileira de Direito Civil – RBDCivil*, Belo Horizonte, v. 14, p. 11-13, out./dez. 2017.

TEPEDINO, Gustavo; MONTEIRO FILHO, Carlos Edison do Rêgo; RENTERIA, Pablo. *Fundamentos do direito civil*: direitos reais. Rio de Janeiro: Forense, 2020. v. 5.

TEPEDINO, Gustavo; NEVARES, Ana Luiza Maia; MEIRELES, Rose Melo Vencelau. *Fundamentos do direito civil*: direito das sucessões. Rio de Janeiro: Forense, 2020. v. 7.

TEPEDINO, Gustavo; OLIVA, Milena Donato. *Fundamentos do direito civil*: teoria geral do direito civil. Rio de Janeiro: Forense, 2020.

TEPEDINO, Gustavo; TEIXEIRA, Ana Carolina Brochado. *Fundamentos do direito civil*: direito de família. Rio de Janeiro: Forense, 2020. v. 6.

THEODORO JUNIOR, Humberto. *Curso de direito processual civil*. 52. ed. Rio de Janeiro: Forense, 2018. v. II.

VILLELA, João Baptista. O modelo constitucional de filiação: verdade e superstições. *Revista Brasileira de Direito de Família*, Porto Alegre, v. 2, jul./set. 1999.

Informação bibliográfica deste texto, conforme a NBR 6023:2018 da Associação Brasileira de Normas Técnicas (ABNT):

OLIVEIRA, Alexandre Miranda; TEIXEIRA, Ana Carolina Brochado. Qualificação e quantificação da legítima: critérios para partilha de bens. *In*: TEIXEIRA, Daniele Chaves (Coord.). *Arquitetura do Planejamento Sucessório*. Belo Horizonte: Fórum, 2021. p. 27-39. Tomo II. ISBN 978-65-5518-117-3.

A LEGÍTIMA E O PLANEJAMENTO SUCESSÓRIO: ENTRE O ANTES E O DEPOIS, O INADIÁVEL AGORA[1]

CAIO RIBEIRO PIRES

1 Introdução

Durante um longo período foi verdadeira a constatação de que o direito das sucessões era o ramo do direto civil em relação ao qual a academia brasileira menos dedicava atenção e volume de produções. Além disso, a disciplina parecia não sofrer qualquer influência do movimento de constitucionalização das relações privadas e das profundas mudanças sociais na família e na propriedade.

Felizmente, tais impressões hoje não se revelam mais tão verídicas e carregam até certo tom de desatualização. E esta obra, *Arquitetura do planejamento sucessório*, que chega ao segundo tomo pelo incansável trabalho de Daniele Chaves Teixeira na difusão dos estudos sobre a transmissão *causa mortis*, é um dos grandes exemplos do recente lugar de destaque ocupado pelo direito sucessório.

Com efeito, uma das principais escolhas legislativas, se não a mais importante, ao regular a matéria, resume-se em definir: (i) *qual liberdade entregar ao futuro autor da herança* e (ii) *qual direito garantir aos seus familiares próximos*. Traduzindo o dilema para a linguagem do direito das sucessões, o legislador precisa optar entre a plena liberdade de testar e a imposição legal de uma sucessão necessária. No meio do caminho, subsistem opções mais ou menos radicais de ambos os lados, inclusive a utilizada pelo direito brasileiro, qual seja, reservar uma quota da herança para alguns familiares.

Suma síntese, este é o papel da legítima no ordenamento jurídico pátrio, que consiste na metade dos bens da herança que pertence *de pleno direito* aos herdeiros

---

[1] Este artigo é uma excelente prova de que um autor não escreve trabalhos acadêmicos de forma solitária, mesmo sendo eles extraídos, em grande parte, de minha dissertação de Mestrado. Por tal razão agradeço ao Felipe Quintella, que a partir de um precioso conselho, olhar mais para o presente do que para um futuro incerto, ajudou-me a decidir o rumo destes escritos. Agradeço também à Elisa Cruz, que gentilmente discutiu comigo o tema da ineficácia da redução de disposições testamentárias e me ajudou a construir a visão sobre o assunto aqui exposta. Enfim, agradeço ao Yves Lima e ao Rodrigo da Mata e à Alice Cunha pela cuidadosa revisão dos originais.

necessários, mais especificamente, o descendente, o ascendente, o cônjuge e o companheiro[2] (arts. 1.845 e 1.846, Código Civil). Logo, instituto de tamanha importância não poderia ficar isento de uma releitura que se impõe a todo o direito sucessório.

Diante de tal contexto, *Sozinho*, canção de Peninha imortalizada na voz de Caetano Veloso, apresenta um verso que serve de ponto de partida tanto para entender o atual estágio da discussão sobre a legítima quanto para compreender os objetivos deste trabalho. A respeito da matéria os civilistas encontram-se "juntando o antes, o agora e o depois", embora a doutrina em nada pareça o eu lírico apaixonado da canção. Nesta direção, o olhar para o antes fundamenta uma consistente crítica à legítima, a qual deseja construir um depois de alterações legislativas orientadas para reformulação do instituto. Enquanto se batalha pela mudança, o agora é de perplexidade com os obstáculos ao exercício da autonomia privada pela sociedade civil em matéria de sucessão *causa mortis*, orientação nos termos da legislação vigente e interpretação de tais normas.

Inserido neste cenário, o presente artigo traz dois aspectos, entre muitos, da sucessão necessária que devem ser observados ao se falar de planejamento sucessório.

O primeiro deles é a indispensável atualização quanto aos caminhos sugeridos para o tratamento da matéria. Se a máxima proclamada por Belchior, a qual se tornou famosa por meio da voz de Elis Regina, de que "o novo sempre vem" é altamente duvidosa em assunto de processo legislativo, continua sendo recomendado estar preparado caso a novidade chegue de repente. O segundo diz respeito ao momento patológico de uma transmissão *causa mortis* arquitetada. Em outras palavras, pergunta-se: subsiste alguma chance de garantir plena validade e eficácia a disposições gratuitas (via de regra, doações e testamentos) que ultrapassem a porção disponível? É o que se analisa com mais detalhes adiante.

2 O instituto da reserva hereditária na atualidade: uma breve síntese das críticas doutrinárias

De fato, o momento de perenidade das bases do direito sucessório e não exploração acadêmica do seu conteúdo pertence a um passado não tão distante, embora não menos desatualizado. Portanto, é imprescindível que o profissional e estudioso da matéria conheça provocações cujo ruído pode gerar, em algum momento, a quebra de um instituto até a pouco intocável, digno de ser chamado de dogma. Nesta perspectiva, deve se prestar certa atenção às atuais críticas e propostas de diferentes autores brasileiros a respeito da legítima. Ressalte-se que a oposição atual ao instituto assume características

---

[2] Não se olvida aqui da controvérsia atual sobre a posição do companheiro na sucessão. Contudo, posiciona-se ao lado daqueles que o consideram herdeiro necessário, sem adentrar especificamente a esta questão. Entendendo no mesmo sentido, por todos, NEVARES, Ana Luiza Maia. A condição de herdeiro necessário do companheiro sobrevivente. *Revista de Direito Civil – RBDCivil*, Belo Horizonte, v. 23, p. 17/-27, jan./mar. 2020. Em sentido contrário, DELGADO, Mário Luiz. Não cabe ao Judiciário conferir à relação informal os efeitos da sociedade conjugal. *Conjur*, 7 ago. 2016; XAVIER, Luciana Pedroso; XAVIER, Marília Pedroso. O planejamento sucessório colocado em xeque: afinal, o companheiro é herdeiro necessário? *In*: TEIXEIRA, Daniele Chaves (Coord.). *Arquitetura do planejamento sucessório*. 2. ed. Belo Horizonte: Fórum, 2019. p. 239-251.

bem distintas em relação à verificada durante o único momento anterior ao presente marcado por uma intensa contrariedade ao instituto.[3]

Assim, os debates que precederam a aprovação do Código Civil de 1916 foram compostos por posicionamentos de políticos e juristas favoráveis à plena liberdade de testar. O pensamento vigente àquela época fundava-se em uma concepção de absolutismo do direito de propriedade e no privilégio da autoridade patriarcal sob os interesses dos outros familiares. Embora contemporaneamente também exista um objetivo de conceder maior autonomia privada ao autor da herança, o discurso agora tem outros fundamentos, como se demonstrará a seguir.[4]

2.1 Inadequação social e jurídica das normas de sucessão reservatária[5]

Reforma e mudança talvez sejam as palavras de ordem extraídas dos textos de civilistas cujos estudos perpassaram o tema da legítima. Todavia, é inegável que este desejo de alteração significa o ponto de chegada, e não de partida, de uma reflexão. Tendo em vista a importância constitucional da propriedade privada, e até do perfil existencial da autonomia, diversos autores afirmaram que a transmissão compulsória de parte da herança aos herdeiros necessários seria uma restrição indevida à liberdade de decidir o destino dos próprios bens para após a morte.

Sustenta-se tal posicionamento a partir de duas constatações principais: a) descompasso da sucessão reservatária com as transformações sociais; b) inefetividade jurídica de suas regras para realização dos objetivos a que deveriam servir. Em outras palavras, partindo do pressuposto de que se tolhe a liberdade pela legítima a fim de obedecer a uma solidariedade exigível entre os membros da família,[6] coloca-se em dúvida o real alcance de tais normas.

---

[3] Precisa a afirmação de Mário Luiz Delgado que pondera existirem argumentos antilegitimistas dotados de novas justificativas, alinhadas à contemporaneidade (DELGADO, Mário Luiz. O cônjuge e o companheiro deveriam figurar como herdeiros necessários? *Revista IBDFAM – Família e Sucessões*, Belo Horizonte, v. 23, p. 33-57, 2017. p. 40).

[4] A perspectiva histórica mais densa, com resgate da trajetória da legítima no Brasil, não será objeto de estudo neste artigo, salvo pontuais menções necessárias ao sustento das principais ideias aqui expostas. Porém, uma exposição detalhada dos fatos à luz da historicidade encontra-se em PIRES, Caio Ribeiro. *A legítima e a tutela sucessória da pessoa humana*: uma análise à luz do direito civil constitucional. Dissertação (Mestrado em Direito Civil) – Universidade do Estado do Rio de Janeiro, Rio de Janeiro, 2020. p. 30-44.

[5] Não serão analisados, como meio de diminuir o escopo deste trabalho, os argumentos de autores contemporâneos favoráveis à atual regulamentação da legítima. Apenas se registre que alguns ainda defendem, em dissertações, teses e artigos científicos aprofundados, o sistema atual. Como exemplo mais claro deste pensamento seja permitido remeter a ANTONINI, Mauro. *Sucessão necessária*. Dissertação (Mestrado em Direito Civil) – Universidade de São Paulo, São Paulo, 2019. p. 39-43. Da mesma maneira, o recorte escolhido não inclui as propostas de mudança da legítima somente por meio de um aumento quantitativo da liberdade de testar (diminuir a quota de indisponibilidade de cinquenta por cento da herança para vinte e cinco por cento, por exemplo). Neste sentido, TEIXEIRA, Daniele Chaves; COLOMBO, Maici Barboza dos Santos. Faz sentido a permanência do princípio da intangibilidade da legítima no ordenamento jurídico brasileiro? *In*: TEIXEIRA, Daniele Chaves (Coord.). *Arquitetura do planejamento sucessório*. 2. ed. Belo Horizonte: Fórum, 2019. p. 168. Quanto a esta professora, destaque-se também a pioneira exposição das reformas legislativas europeias a respeito do instituto da legítima (TEIXEIRA, Daniele Chaves. *Planejamento sucessório*: pressupostos e limites. Belo Horizonte: Fórum, 2017. p. 63-107).

[6] Neste sentido, diferentes autores, em variadas épocas e com distintas visões de direito civil. A título de exemplo a obra de OLIVEIRA, Arthur Vasco Itabaiana de. *Tratado de direito das sucessões – Da sucessão em geral e da sucessão legítima*. Atualização de Aires Itabaiana de Oliveira. 4. ed. São Paulo: Max Limonad, 1952. v. 1. p. 49; 51, mas também PEREIRA, Caio Mário da Silva. *Instituições de direito civil – Direito das sucessões*. Atualização de Carlos

Quanto ao primeiro grupo de argumentos, apresentam-se (a.1) dois fatores para contestar a função de solidariedade material da legítima e (a.2) mais um em contrariedade ao seu papel de preservação da solidariedade existencial.

Neste sentido, relata-se um aumento da expectativa de vida da população (a.1.1), consequência do avanço da medicina e das melhores condições de higiene disponíveis.[7] Diante deste quadro, passa-se a se herdar mais tarde. Portanto, no momento da transmissão *causa mortis*, muitas das vezes, os descendentes já receberam educação e estão na fase produtiva de suas vidas, sustentando-se sem o auxílio do ascendente. Então, tornar-se-ia duvidoso obrigar o autor da herança a deixar bens no intuito de impedir a falta de recursos gerada pela sua morte. Afinal, a proteção patrimonial, em verdade, significaria um mero conforto econômico.[8]

Ademais, sustenta-se uma pulverização tanto desta função econômica e mantenedora antes imputada à família, quanto dos instrumentos dos quais os particulares podem se utilizar com o fim de assegurar a sobrevivência de seus dependentes (a.1.2). Nestes termos, a política de seguridade social visa, exatamente, garantir, pela via do Estado, que todos os cidadãos sejam segurados contra infortúnios, como a morte de um provedor econômico. Além disso, outras ferramentas estariam à disposição dos particulares que pretendessem amparar determinado familiar. Conforme esta dinâmica, o seguro de vida representaria uma maneira de o autor da herança deixar quantias específicas, de dinheiro em espécie (ou seja, riqueza com liquidez), a quem ele sabe precisar de seus subsídios.[9]

Além da face material, carrega também a solidariedade um aspecto existencial, fundado no direito ao recebimento de bens pela participação na vida do falecido, por meio da consideração e do apoio, essenciais à construção do patrimônio amealhado em vida (a.2).[10] Sobre este aspecto, é imprescindível resgatar-se o perfil atual da família, não mais nuclear, eterna, sempre construída com base nos mesmos valores, tampouco representada por entidades familiares que carregam uma visão idêntica do afeto e da reciprocidade.

Os vínculos atuais são líquidos, temporários, o que se comprova com o exponencial aumento do número de divórcios e dos sucessivos casamentos ao longo da vida. E assim, entre famílias nucleares consolidadas a partir de um único matrimônio perene, famílias

---

Roberto Barbosa Moreira. 24. ed. Rio de Janeiro: Forense, 2017. v. VI. p. 127-128. Na perspectiva contemporânea, TEPEDINO, Gustavo; NEVARES, Ana Luiza Maia; MEIRELES, Rose Melo Vencelau. Direito das sucessões. *In*: TEPEDINO, Gustavo (Org.). *Fundamentos de direito civil*. Rio de Janeiro: Forense, 2020. v. 7. p. 22-24.

[7] Para comprovação estatística desta informação, JEREISSATI, Regis Gurgel do Amaral. *A vulnerabilidade e a solidariedade como critérios para o reconhecimento do herdeiro necessário na sucessão legítima*. Dissertação (Mestrado em Direito Constitucional) – Universidade de Fortaleza, Fortaleza, 2018. p. 231-234; RAMOS, André Luiz Arnt; CATALAN, Marcos Jorge. O eterno retorno: a que(m) serve o modelo brasileiro de direito sucessório? *Civilistica. com*, Rio de Janeiro, ano 8, n. 2, 2019. p. 2.

[8] RAMOS, André Luiz Arnt; CATALAN, Marcos Jorge. O eterno retorno: a que(m) serve o modelo brasileiro de direito sucessório? *Civilistica.com*, Rio de Janeiro, ano 8, n. 2, 2019. p. 15; NEVARES, Ana Luiza Maia. A crise da legítima no direito brasileiro. *In*: TEIXEIRA, Ana Carolina Brochado; RODRIGUES, Renata de Lima. *Contratos, família e sucessões*: diálogos interdisciplinares. Indaiatuba: Focus, 2019. p. 264.

[9] NEVARES, Ana Luiza Maia. *A função promocional do testamento, tendências do direito sucessório*. Rio de Janeiro: Renovar, 2004. p. 164-165; RAMOS, André Luiz Arnt; CATALAN, Marcos Jorge. O eterno retorno: a que(m) serve o modelo brasileiro de direito sucessório? *Civilistica.com*, Rio de Janeiro, ano 8, n. 2, 2019. p. 15.

[10] MADALENO, Rolf. O fim da legítima. *Revista IBDFAM – Família e Sucessões*, Belo Horizonte, n. 16, p. 31-72, jul./ ago. 2016. p. 64.

recompostas originadas de casamentos sucessivos, filiações biológicas, multiparentais, filhos das mais distintas idades, o querer não é mais um só.[11] Mudam-se os projetos de cada grupo para atingir o que consideram o livre desenvolvimento da personalidade de seus membros e o direito precisa estar razoavelmente aberto a estes anseios.

Porém, nestas configurações tão diferentes entre si, uma coisa existe em comum. Várias maneiras adequadas de realizar a solidariedade e concretizar os afetos no núcleo familiar abrir-se-iam aos autores de herança integrados nestes arranjos, mas escapariam à divisão igualitária de pelo menos metade da herança entre descendentes, ascendentes e cônjuge ou companheiro.[12]

E é este o argumento central que resume um segundo grupo de pensamentos contrários à legítima, agora jurídico. Segundo esta perspectiva, a sucessão obrigatória brasileira não só deixa de acompanhar a complexidade social do mundo contemporâneo, (b) mas também os princípios e valores da Constituição da República. A antiga barreira ao exercício absoluto das faculdades do proprietário – ou testador – impediria, em verdade, a plena concretização do perfil solidarista, plural, da Lei Maior, da proteção da pessoa humana e (b.4) da promoção de seu livre desenvolvimento. Dito de outra forma, a maior pedra no sapato de uma solidariedade familiar harmônica a tais princípios é, em alguns casos, a própria legítima.

Exemplos não faltam, tal como a exclusão sucessória que garante aos cônjuges de segunda união se planejar e viver o matrimônio sem se preocupar com a transmissão da herança entre si no momento da morte. Também, a deixa testamentária de toda a herança ao filho menor de idade, subsistindo outro maior e autossuficiente, ou de substancial parte de tal patrimônio. No entanto, nenhuma das duas estratégias sucessórias resiste à intangibilidade da parcela indisponível, sofrendo as consequências das normas que determinam a sucessão necessária.

Assim, parte da doutrina enxerga potencial na ampliação da liberdade de testar. Diante deste ponto de vista, acredita-se que a concretização dos desejos do autor da herança realizaria os valores e princípios estampados na Constituição da República em maior medida do que a lei cogente. Mais uma vez, o ponto de vista é demonstrado tanto sobre a ótica da solidariedade existencial (b.1), quanto de solidariedade material (b.2).

Desta forma, observa-se que munido de uma autonomia privada maior o testador estaria autorizado a privilegiar os verdadeiros laços afetivos proporcionados pela vida, independentemente das amarras da conjugalidade e do parentesco (b.1). Ademais, esta corrente elabora questionamentos relativos à insuficiência da legítima como ferramenta de proteção à segurança alimentar, o que impacta em uma realização jurídica defeituosa da solidariedade material quando se precisa que ela produza efeitos (b.2).

---

[11] Relacionando estas questões com a discussão da intangibilidade da legítima, NEVARES, Ana Luiza Maia. A crise da legítima no direito brasileiro. *In*: TEIXEIRA, Ana Carolina Brochado; RODRIGUES, Renata de Lima. *Contratos, família e sucessões*: diálogos interdisciplinares. Indaiatuba: Focus, 2019. p. 264-265.

[12] JEREISSATI, Regis Gurgel do Amaral. *A vulnerabilidade e a solidariedade como critérios para o reconhecimento do herdeiro necessário na sucessão legítima*. Dissertação (Mestrado em Direito Constitucional) – Universidade de Fortaleza, Fortaleza, 2018. p. 274.

O sistema sucessório reservatário ordenaria a transmissão da herança conforme a igualdade matemática, e as estanques preferências entre classes fatiadas de parentesco,[13] tutelando o familiar simplesmente pelo parentesco ou conjugalidade. Porém, a realidade de vínculos fluidos e descendentes de distintas idades colocaria em xeque estas presunções que, ao menos quanto à parte indisponível, são de caráter absoluto. O alcance do intento de proteção patrimonial seria, então, integralmente aleatório. Poderia proteger os reservatários ou não e poderia inclusive vedar a proteção aos reais beneficiários de subsídios do autor da herança ao longo de sua vida, caso estes não estejam entre os herdeiros necessários ou a classe de chamamento preferencial na herança segundo a ordem de vocação hereditária.

Mais uma vez, sugere-se que a ampla liberdade testamentária autorizaria o testador a obedecer à melhor solidariedade concreta. A partir de uma autonomia maior concedida pela lei, o autor da herança mapearia quem efetivamente precisa de seu patrimônio e respeitaria o valor prioritário de proteger seus dependentes econômicos. O exemplo corriqueiramente mencionado é o do testamento que determina que o filho menor, ou maior pessoa com deficiência, receba toda ou grande parte da herança, em prejuízo do filho maior de idade, autossuficiente e economicamente estável. Nestes casos, além de outros mais, afirma parte da doutrina, o testador desiguala para atender às necessidades específicas de cada um como pessoa humana. Enquanto isso, a lei cria barreiras à igualdade substancial como homenagem à igualdade formal.[14]

Com efeito, concluem os autores críticos à legítima que o atual modelo do instituto, restrição quantitativa, abstrata, vinculada aos parâmetros de conjugalidade e parentesco, não atende, necessariamente, a princípios e direitos fundamentais. À vista das mais diversas situações elencadas, a transmissão compulsória não se demonstraria sinônimo exato de respeito à solidariedade, à igualdade e à função social da propriedade. Dito de outra maneira, a legítima tal como está encontrar-se-ia em dissonância com a axiologia reinante em um ordenamento que coloca a pessoa no centro.

Nestes termos, fecha-se o raciocínio jurídico contestador à sucessão legitimária. Se a reserva não conseguiria concretizar, de modo absoluto, os valores constitucionais, via de regra, ela seria um aspecto limitador da garantia fundamental de propriedade (art. 5º, inc. XXII), pois impediria a faculdade de disposição da metade do patrimônio. Por este motivo a doutrina assevera que tal consectário da propriedade individual só deveria ser cerceado quando imprescindível na concretização de distinto direito fundamental.[15]

---

[13] É o que ocorre hoje, tendo em vista a necessidade de seguir a ordem vocatória do art. 1.829, Código Civil, e as normas seguintes dos arts. 1.830 a 1.844, Código Civil, do Capítulo I ("Ordem de Vocação Hereditária") do Título II (Da Sucessão Legítima) do Livro V do Código Civil ("Do Direito das Sucessões"). Mesmo entre os herdeiros necessários, se uma pessoa morre deixando vivos seus filhos (descendentes) autossuficientes, durante a fase laboral produtiva, mas também, seus pais (ascendentes), idosos, aposentados e dependentes do falecido, caso não haja consenso dentro da família, pelo menos 50% da herança pertencerá aos seus filhos, segundo o art. 1.829, inc. I. Em crítica precisa a esta característica do sistema, SCHREIBER, Anderson; VIÉGAS, Francisco de Assis. Por uma releitura funcional da legítima no direito brasileiro. *Revista de Direito Civil Contemporâneo*, São Paulo, v. 19, ano 6, p. 211-250, abr./jun. 2019. p. 225.

[14] RAMOS, André Luiz Arnt; CATALAN, Marcos Jorge. O eterno retorno: a que(m) serve o modelo brasileiro de direito sucessório? *Civilistica.com*, Rio de Janeiro, ano 8, n. 2, 2019. p. 16.

[15] CORTIANO JÚNIOR, Eroulths; RAMOS, André Luiz Arnt. Liberdade testamentária versus sucessão forçada: anotações preliminares sobre o direito sucessório brasileiro. *Univel – Revista de Estudos Jurídicos e Sociais*, n. 4, p. 41-73, maio 2015. p. 50; 53-54; HIRONAKA, Giselda Maria Fernandes Novaes. Os herdeiros legitimários no direito civil contemporâneo: ampliação da liberdade de testar e proteção dos vulneráveis. *In*: TEPEDINO,

Pelos motivos expostos seria tempo de modificar o instituto. Este é o diagnóstico que os civilistas mencionados extraem de todo o descompasso narrado. E ele não determinaria o fim da proteção sucessória por meio da sucessão reservatária, mas sim sua profunda alteração. Resta agora saber contra o que se luta e aonde se quer chegar.

2.2 Uma nova estrutura para uma renovada função: propostas para o *quem* deve ser herdeiro necessário e para o *que* ele deve receber

Delimitada a crítica à sucessão legitimária, a etapa subsequente consiste em demonstrar as soluções propostas para o problema colocado.[16] Assim, de fato, anseia-se por uma transformação profunda, mais próxima à menor intervenção do Estado na família (atuando este para protegê-la, e não a dirigir, na perspectiva do art. 226, *caput*, CR), tendência no direito brasileiro cuja objetivação do divórcio e o reconhecimento da pluralidade de formações familiares bem demonstram.[17]

Contudo, não se olvida da imprescindível proteção sucessória. Nesta direção, nenhum dos autores pesquisados defende a plena liberdade de testar ignorando a hipótese de o testador praticar exclusão sucessória e prejudicar herdeiro que dependa de tais bens para subsistência. Afirma-se unicamente inexistir qualquer causa, no ordenamento jurídico brasileiro, que ampare o direito de uma pessoa de sindicar patrimônio simplesmente por ter nascido em determinada família.[18]

Desta forma, a doutrina não nega força ao princípio da solidariedade familiar e ao seu importante papel como limitador do direito irrestrito de disposição da propriedade, até como forma de reconduzi-la aos limites impostos pela função social.[19] Ao revés, procura-se dispensar solidariedade concreta à pessoa humana segundo sua realidade

---

Gustavo; MENEZES, Joyceane Bezerra de (Coord.). *Autonomia privada, liberdade existencial e direitos fundamentais.* Belo Horizonte: Fórum, 2019. p. 498.

[16] Por escolha metodológica, o presente artigo não irá esmiuçar a crítica à legítima no sentido de demonstrar a desatualização do instituto conforme a historicidade. Porém, registre-se apenas a colocação de que o instituto pertence a outro tempo, contexto e ideal político. Dito de outra forma, muitos autores enxergam na sucessão necessária um projeto de concentração da propriedade privada no seio familiar. Afinal, por meio dela o patrimônio torna-se fonte de união daquele grupo e de sua permanência na mesma classe econômica, com *status quo* idêntico ao adquirido quando nasceu parente do autor da herança. Portanto, atribuía-se à família, menor cédula do Estado, certa função econômica de manter a ordem social vigente e impedir uma distribuição de patrimônio que a perturbasse (CORTIANO JÚNIOR, Eroulths; RAMOS, André Luiz Arnt. Liberdade testamentária versus sucessão forçada: anotações preliminares sobre o direito sucessório brasileiro. *Univel – Revista de Estudos Jurídicos e Sociais*, n. 4, p. 41-73, maio 2015. p. 46; 50-51; ANDRADE, Gustavo Henrique Baptista de. *O direito de herança e a liberdade de testar*: um estudo comparado entre os sistemas jurídicos brasileiro e inglês. Belo Horizonte: Fórum, 2019. p. 43).

[17] NEVARES, Ana Luiza Maia. A crise da legítima no direito brasileiro. *In*: TEIXEIRA, Ana Carolina Brochado; RODRIGUES, Renata de Lima. *Contratos, família e sucessões*: diálogos interdisciplinares. Indaiatuba: Focus, 2019. p. 267.

[18] CORTIANO JÚNIOR, Eroulths; RAMOS, André Luiz Arnt. Liberdade testamentária versus sucessão forçada: anotações preliminares sobre o direito sucessório brasileiro. *Univel – Revista de Estudos Jurídicos e Sociais*, n. 4, p. 41-73, maio 2015. p. 59; 67.

[19] SCHREIBER, Anderson; VIÉGAS, Francisco de Assis. Por uma releitura funcional da legítima no direito brasileiro. *Revista de Direito Civil Contemporâneo*, São Paulo, v. 19, ano 6, p. 211-250, abr./jun. 2019. p. 232; GAGLIANO, p. 59; HIRONAKA, Giselda Maria Fernandes Novaes. Os herdeiros legitimários no direito civil contemporâneo: ampliação da liberdade de testar e proteção dos vulneráveis. *In*: TEPEDINO, Gustavo; MENEZES, Joyceane Bezerra de (Coord.). *Autonomia privada, liberdade existencial e direitos fundamentais.* Belo Horizonte: Fórum, 2019. p. 499-500.

e não a solidariedade neutra com vistas à igualdade abstrata entre os sujeitos de direito em razão de seus predicados.

Os defensores da mudança propõem uma legítima renovada com o fim de atender, verdadeiramente, à axiologia constitucional.[20] O critério que permitiria a alguém exigir direitos hereditários se distanciaria da parentalidade-conjugalidade e aproximar-se-ia da vulnerabilidade.[21]

Quanto aos meios para se chegar nesta reestruturação surgem posições talvez não tão unitárias, recomendando medidas brandas ou mais radicais. Um primeiro grupo de estudiosos parece sustentar que o problema não se encontra precisamente na reserva da quota de metade da herança a se dividir entre os reservatários, mas sim nos parâmetros de eleição do herdeiro necessário (*Modelo 1*). Como dito acima, pretendem que assim sejam considerados unicamente os parentes próximos vulneráveis. Estaria compreendido nesta categoria quem estivesse em uma condição cuja dependência econômica do patrimônio do falecido se mostrasse presumível.[22]

Dito de outro modo, se o herdeiro for ascendente, descendente, cônjuge ou companheiro do autor da herança e for vulnerável, haverá o direito à reserva. Do contrário, outorga-se liberdade ao testador para definir quem serão seus herdeiros. Ainda que não exista um preciso consenso sobre quais familiares deveriam compor essa classe de herdeiros necessários dependentes economicamente do falecido (e neste sentido, vulneráveis), e quais características os habilitariam para tanto, algumas sugestões são constantes. Entre elas, considerar como legitimário o filho criança ou adolescente, pessoa com deficiência ou em idade de formação universitária, o ascendente idoso, o cônjuge idoso que não exercia atividade laborativa remunerada.[23]

---

[20] SCHREIBER, Anderson; VIÉGAS, Francisco de Assis. Por uma releitura funcional da legítima no direito brasileiro. *Revista de Direito Civil Contemporâneo*, São Paulo, v. 19, ano 6, p. 211-250, abr./jun. 2019. p. 232; HIRONAKA, Giselda Maria Fernandes Novaes. Os herdeiros legitimários no direito civil contemporâneo: ampliação da liberdade de testar e proteção dos vulneráveis. *In*: TEPEDINO, Gustavo; MENEZES, Joyceane Bezerra de (Coord.). *Autonomia privada, liberdade existencial e direitos fundamentais*. Belo Horizonte: Fórum, 2019. p. 499-500.

[21] HIRONAKA, Giselda Maria Fernandes Novaes. Os herdeiros legitimários no direito civil contemporâneo: ampliação da liberdade de testar e proteção dos vulneráveis. *In*: TEPEDINO, Gustavo; MENEZES, Joyceane Bezerra de (Coord.). *Autonomia privada, liberdade existencial e direitos fundamentais*. Belo Horizonte: Fórum, 2019. p. 499-500; NEVARES, Ana Luiza Maia. A crise da legítima no direito brasileiro. *In*: TEIXEIRA, Ana Carolina Brochado; RODRIGUES, Renata de Lima. *Contratos, família e sucessões*: diálogos interdisciplinares. Indaiatuba: Focus, 2019. p. 273.

[22] SCHREIBER, Anderson; VIÉGAS, Francisco de Assis. Por uma releitura funcional da legítima no direito brasileiro. *Revista de Direito Civil Contemporâneo*, São Paulo, v. 19, ano 6, p. 211-250, abr./jun. 2019. p. 240-241. Mencionam especificamente o critério de dependência econômica do falecido BORGES, Roxana Cardoso Brasileiro; DANTAS, Renata Marques de Lima. Direito das sucessões e a proteção dos vulneráveis econômicos. *Revista Brasileira de Direito Civil*, Belo Horizonte, v. 11, p. 73-91, jan./mar. 2017. p. 68-69. Ressalte-se que aqui se faz uma breve sistematização geral sobre uma reforma da legítima, sem abarcar divergências mais específicas, embora sensíveis, entre os posicionamentos desses autores, as quais fogem do escopo deste trabalho. Para uma visão mais completa do tratamento que a doutrina empresta ao tema: PIRES, Caio Ribeiro. *A legítima e a tutela sucessória da pessoa humana*: uma análise à luz do direito civil constitucional. Dissertação (Mestrado em Direito Civil) – Universidade do Estado do Rio de Janeiro, Rio de Janeiro, 2020. p. 112-116.

[23] Observando a miríade de possibilidades para um rol de herdeiros necessários, mas que tem em comum a eleição de certos grupos supracitados: SCHREIBER, Anderson; VIÉGAS, Francisco de Assis. Por uma releitura funcional da legítima no direito brasileiro. *Revista de Direito Civil Contemporâneo*, São Paulo, v. 19, ano 6, p. 211-250, abr./jun. 2019. p. 242. Afirmando ser, em síntese, este o rol de pessoas que deveriam ser reservatários: HIRONAKA, Giselda Maria Fernandes Novaes. Os herdeiros legitimários no direito civil contemporâneo: ampliação da liberdade de testar e proteção dos vulneráveis. *In*: TEPEDINO, Gustavo; MENEZES, Joyceane Bezerra de (Coord.). *Autonomia privada, liberdade existencial e direitos fundamentais*. Belo Horizonte: Fórum, 2019. p. 498. Em perspectiva semelhante, porém sugerindo atribuir mero usufruto sobre os bens ao ascendente idoso, enquanto a plena propriedade estaria

Já o segundo grupo de autores rompe profundamente com o sistema atual e aproxima mais intensamente a ideia de uma sucessão necessária à dogmática dos alimentos. O modelo tem como fonte de inspiração a cultura jurídica anglo-saxã. Nos ditames de tal pensamento, o direito a uma parcela estática da herança a ser destinada para grupo predeterminado de herdeiros nunca conseguiria satisfazer a proteção sucessória imprescindível. Porém, sempre acarretaria pesada restrição à liberdade de testar. Desta forma, propõe-se um sistema de provisões alimentares inspirado no *Family Provision Act* de 1975, existente na Inglaterra.

Permita-se realizar aqui um breve resumo, não uma análise minuciosa e comparada de tal sistemática. Sob este prisma, autorizar-se-ia ao autor da herança utilizar-se da plena liberdade de testar. Simultaneamente, o herdeiro que fosse: a.1) excluído da sucessão pelo testamento ou a.2) beneficiado com patrimônio insuficiente de acordo com as mesmas disposições testamentárias ou a.3) não contemplado pelas normas de sucessão legítima e b) que se considerasse dependente do falecido, independentemente de ser seu parente ou cônjuge, poderia requerer uma ordem de provisão ao juiz do inventário. Julgado positivamente tal pedido, seria obrigatório funcionalizar os bens da herança ao seu cumprimento, ou seja, conceder subsídios à pessoa considerada dependente de tais recursos deixados pelo falecido, na medida do que fixado pelo Poder Judiciário. Refere-se aqui a passagem de parte da propriedade plena sobre os bens da herança, a ser definida de acordo com as necessidades do herdeiro, usufruto sobre determinado bem, renda proveniente do aluguel de um dos bens do falecido, entre outras soluções.

Destacam-se quatro distinções entre o paradigma vigente e o que a referida corrente pretende instaurar. São elas:

i) não persistiria qualquer restrição quantitativa à liberdade de testar;
ii) ainda que não houvesse testamento, autorizar-se-ia o pedido de provisão quando, segundo as normas de sucessão legítima (ordem vocatória ou divisão igualitária entre todos os herdeiros), o dependente do falecido restasse preterido;
iii) legitimidade para o pedido de provisão estendida a qualquer pessoa que dependesse do falecido durante a vida deste (não só ascendente, cônjuge, companheiro e descendente);
iv) adaptar-se-ia o binômio necessidade-possibilidade para as especificidades da *transmissão causa mortis*. Deste modo, o magistrado decidiria *se* o peticionário mereceria aproveitar-se da sucessão forçada, *qual parte da herança* deveria lhe caber e *como* deveria ser transmitida a ele (usufruto sobre determinado bem, renda de aluguéis de determinado imóvel que compõe o patrimônio do falecido, fração de certo(s) bem(ns)).

Enfim, conclui-se que não falta embasamento jurídico sólido que justifique uma severa mudança no instituto da legítima. Tampouco carece o direito brasileiro de propostas que indiquem detalhadamente um novo caminho para ampliação da

---

nas mãos dos descendentes: NEVARES, Ana Luiza Maia. A crise da legítima no direito brasileiro. *In*: TEIXEIRA, Ana Carolina Brochado; RODRIGUES, Renata de Lima. *Contratos, família e sucessões*: diálogos interdisciplinares. Indaiatuba: Focus, 2019. p. 275-276.

liberdade de testar sem negligenciar a proteção aos vulneráveis. Porém, o debate sobre a mudança legislativa ideal[24] não se esgotará nesta sede.

Ainda que se defenda o fundamental papel do civilista no sentido de sugerir uma alteração legislativa viável em matéria de legítima e defendê-la diante do processo legislativo democrático, não se desconhece o fato de que esta transformação não é esperada nos próximos tempos. Portanto, como escolha metodológica de cunho pragmático, após exposição sistemática das tendências no tratamento do tema, voltam-se as atenções para fixação de balizas que garantam o pleno respeito ao texto constitucional na aplicação das normas vigentes de sucessão necessária.

3 Planejamento sucessório, respeito às normas cogentes e legítima: uma proposta dirigida ao intérprete

O planejamento sucessório é "[...] instrumento jurídico que permite a adoção de uma estratégia voltada para a transferência eficaz e eficiente do patrimônio de uma pessoa após a morte".[25] Embora a busca por sua realização esteja cercada de preconceito, principalmente o de que ele só é útil para grandes riquezas,[26] sempre envolvendo a organização do patrimônio dentro de sociedades empresárias, a sua abrangência é bem maior e envolve uma multiplicidade de outras operações econômico-patrimoniais. Atos que se insinuam mais cotidianos, simples, isolados, como a facção de testamentos ou a celebração de contratos de doação entre pessoas físicas cujo intuito seja a transferência de pequenos e médios patrimônios, revelam-se muitas das vezes como formas eficazes de planejamento.

Com efeito, diante de negócios jurídicos únicos, coordenados, de maior ou menor complexidade uma constatação é certa e torna evidente a importância empírica do tema ora em estudo. Um planejamento bem-sucedido é aquele que consegue operar plenamente os seus efeitos. Para isso, quem pretende transmitir seus bens deve obedecer à lei e às regras de ordem pública. Nesta perspectiva, já se elegeu o respeito à intangibilidade da legítima como "regra de ouro" a se considerar na elaboração de um planejamento sucessório.[27]

Entretanto, nem sempre tal recomendação é seguida. Além disso, há casos em que uma alteração de circunstâncias econômicas ou jurídicas modifica o quadro de uma sucessão outrora compatível aos limites da reserva. Nas duas hipóteses as liberalidades ultrapassam a quota disponível, adentram a quota pertencente aos herdeiros necessários e poderão incidir as implacáveis regras vinculadas à redução de liberalidades inoficiosas, aplicáveis na ocorrência de patologias do planejamento sucessório. Caberá então ao advogado, ao intérprete e ao estudioso do direito sucessório apresentar uma hermenêutica

---

[24] Quanto a esta perspectiva de parâmetros para uma mudança legislativa ideal, porém mantendo o diálogo com as propostas de outros autores, seja permitido remeter a PIRES, Caio Ribeiro. *A legítima e a tutela sucessória da pessoa humana*: uma análise à luz do direito civil constitucional. Dissertação (Mestrado em Direito Civil) – Universidade do Estado do Rio de Janeiro, Rio de Janeiro, 2020. p. 134/162.

[25] TEIXEIRA, Daniele Chaves. *Planejamento sucessório*: pressupostos e limites. Belo Horizonte: Fórum, 2017. p. 57.

[26] TEIXEIRA, Daniele Chaves. *Planejamento sucessório*: pressupostos e limites. Belo Horizonte: Fórum, 2017. p. 57.

[27] HIRONAKA, Giselda Maria Fernandes Novaes; TARTUCE, Flávio. Planejamento sucessório: conceito, mecanismos e limitações. *Revista Brasileira de Direito Civil –RBDCivil*, Belo Horizonte, v. 21, p. 87-109, jul./set. 2019. p. 90.

capaz de resolver conflitos relativos a esta disciplina sem ignorar sua estreita ligação com os princípios e valores constitucionais.

3.1 Algumas ponderações da dogmática da redução de liberalidades inoficiosas à constitucionalidade da sucessão reservatária

Falar do presente é não se esquecer do que acontece com as liberalidades que desrespeitam a indisponibilidade da reserva segundo o atual ordenamento jurídico. Neste contexto, a partir da redução de liberalidade inoficiosa força-se – por meio da intervenção judicial – o testador, ou doador, a respeitar a disposição somente de metade do seu patrimônio, desde que o(s) herdeiro(s) necessário(s) preterido(s) assim postule(m).[28] Dito de outra forma, a redução implica verificar o quanto o autor da herança ultrapassou o permissivo legal ao transmitir o patrimônio da forma que bem entendia e reduzir as liberalidades praticadas até quantia necessária para preencher a legítima.

O Código Civil dispõe sobre a redução das disposições testamentárias nos arts. 1.966 a 1.968 e normatiza a redução de doações inoficiosas nos arts. 549 e 2.007. A diferença fundamental entre as duas espécies de redução de liberalidades reside no momento de apuração da oficiosidade. Quanto às testamentárias, calcula-se a legítima (1.847, CC) e analisa-se a possibilidade de disposição do valor pelo testador no momento da sua morte (ou abertura da sucessão). Já nas doações inoficiosas o parâmetro é alterado para considerar o que o doador poderia dispor (o que se calcula também segundo a regra do art. 1.847, CC) no momento da doação embora neste momento ele estivesse vivo, não falecido. Contudo, ao que toca uma série de outros aspectos da redução das liberalidades feitas em vida, o próprio art. 2.007, §2º, CC prevê a aplicação, no que couber, das regras de redução das disposições testamentárias.[29]

Se o art. 549, CC não deixa qualquer dúvida sobre a nulidade das doações que excedam a quota da legítima, é controverso o debate sobre qual vício macularia os testamentos passíveis de redução. Dividem-se os autores entre os que asseguram haver a) ineficácia,[30] b) invalidade, e, entre este últimos, b.1) os que entendem pela nulidade[31]

---

[28] GOMES, Orlando. *Sucessões*. Atualização de Mario Roberto Carvalho de Faria. 15. ed. Rio de Janeiro: Forense, 2012. p. 81; ALMADA, Ney de Mello. *Direito das sucessões*. 2. ed. São Paulo: Brasiliense Coleções Livros Ltda., 1991. v. I. p. 274.

[29] HIRONAKA, Giselda Maria Fernandes Novaes; CAHALI, Francisco José. *Direito das sucessões*. 5. ed. São Paulo: Revista dos Tribunais, 2014. p. 334; TEPEDINO, Gustavo; NEVARES, Ana Luiza Maia; MEIRELES, Rose Melo Vencelau. Direito das sucessões. *In*: TEPEDINO, Gustavo (Org.). *Fundamentos de direito civil*. Rio de Janeiro: Forense, 2020. v. 7. p. 231-232; SOUZA, Eduardo Nunes de. Invalidades negociais em perspectiva funcional: ensaio de uma aplicação ao planejamento sucessório. *In*: TEIXEIRA, Daniele Chaves (Coord.). *Arquitetura do planejamento sucessório*. 2. ed. Belo Horizonte: Fórum, 2019. p. 320.

[30] SIMÃO, José. Comentários aos art. 1966 a 1968, Código Civil. *In*: SCHREIBER, Anderson; TARTUCE, Flávio; SIMÃO, José Fernando; MELO, Marco Aurélio Bezerra de; DELGADO, Mário Luiz. *Código Civil comentado, doutrina e jurisprudência*. Rio de Janeiro: Forense, 2019. p. 1528; TEPEDINO, Gustavo; NEVARES, Ana Luiza Maia; MEIRELES, Rose Melo Vencelau. Direito das sucessões. *In*: TEPEDINO, Gustavo (Org.). *Fundamentos de direito civil*. Rio de Janeiro: Forense, 2020. v. 7. p. 232; SOUZA, Eduardo Nunes de. Invalidades negociais em perspectiva funcional: ensaio de uma aplicação ao planejamento sucessório. *In*: TEIXEIRA, Daniele Chaves (Coord.). *Arquitetura do planejamento sucessório*. 2. ed. Belo Horizonte: Fórum, 2019.

[31] SCHREIBER, Anderson. *Manual de direito civil contemporâneo*. 1. ed. São Paulo: Saraiva Educação, 2018. p. 953.

e b.1.2) os que preferem sustentar que há anulabilidade,[32] c) uma espécie particular de vício criada para atender aos interesses do direito sucessório.[33]

É incontestável a dificuldade da questão assim como a solidez dos argumentos apresentados para fundamentar os distintos posicionamentos; não por outra razão construir uma resposta abrangente parece ser o mesmo que, de alguma maneira, cotejá-los. A redução das liberalidades segue uma curiosa disciplina, revestida de características especiais, a qual serve para assegurar o completo respeito à intangibilidade da legítima. Com esse intuito, desenha-se um sistema cujos efeitos – enquadrados ora no plano da invalidade, ora da ineficácia – quando aplicados produzem resultados.

De fato, é correta a classificação feita pela legislação ao posicionar o vício que macula as doações inoficiosas no plano da invalidade. Afinal, a imperfeição presente na manifestação de vontade do doador é, invariavelmente, originária. No momento da celebração do contrato se está dispondo mais do que aquilo que se poderia dispor em testamento e ofendendo o art. 549, CC. Inclusive, a resposta do ordenamento a tais negócios jurídicos harmoniza-se com a teoria geral do direito civil, pois lhes faltaria, ao menos em parte, o objeto lícito, essencial para sua plena validade (art. 104, inc. II).

Enquanto isso, a situação das disposições testamentárias comporta maiores variações, devido à inexistência de nulidades supervenientes. Causas de impedimento dos efeitos do negócio posteriores à manifestação de vontade inicial encontram-se no plano da eficácia.[34] Nesta perspectiva, visualiza-se a dificuldade da qualificação estanque das disposições testamentárias passíveis de redução como inválidas ou ineficazes.

Ainda sob este prisma, uma lição de direito sucessório lembrada por certos manuais voltados ao estudo do ramo ajuda a compreender o alcance concreto da constatação teórica. Em síntese, o avanço sobre a porção disponível por meio das liberalidades, segundo alguns autores, pode ser classificado em dois grupos de casos:[35]

I) Situações em que o testador pretendeu excluir totalmente de sua sucessão herdeiros(s) necessário(s) ou dispor de mais do que cinquenta por cento da herança ciente da existência de herdeiros pertencentes ao referido grupo. A título de exemplo, suponha-se a exclusão testamentária de um companheiro e a intenção, veiculada por disposição testamentária, de uma mulher divorciada de transmitir oitenta por cento de todo o seu patrimônio, presente e futuro, para um dos filhos, sendo que existem três outros.

---

[32] PEREIRA, Caio Mário da Silva. *Instituições de direito civil* – Direito das sucessões. Atualização de Carlos Roberto Barbosa Moreira. 24. ed. Rio de Janeiro: Forense, 2017. v. VI. p. 347.

[33] HIRONAKA, Giselda Maria Fernandes Novaes; CAHALI, Francisco José. *Direito das sucessões*. 5. ed. São Paulo: Revista dos Tribunais, 2014. p. 334.

[34] Inserindo os vícios supervenientes ao negócio jurídico no plano da ineficácia: SOUZA, Eduardo Nunes de. *Teoria geral das invalidades do negócio*: nulidade e anulabilidade no direito civil contemporâneo. São Paulo: Almedina, 2017. p. 64-65.

[35] HIRONAKA, Giselda Maria Fernandes Novaes; CAHALI, Francisco José. *Direito das sucessões*. 5. ed. São Paulo: Revista dos Tribunais, 2014. p. 334. Em síntese didática, Gustavo Tepedino, Ana Luiza Maia Nevares e Rose Melo Vencelau Meireles ensinam: "[...] Pode ocorrer que o testador disponha já acima do limite ou que, ao tempo da morte do testador, verifique-se desproporção ou desequilíbrio entre a legítima e a cota testamentária, tornando esta maior do que aquele e gerando disparidade que não havia acontecido ao tempo da facção do testamento" (TEPEDINO, Gustavo; NEVARES, Ana Luiza Maia; MEIRELES, Rose Melo Vencelau. Direito das sucessões. *In*: TEPEDINO, Gustavo (Org.). *Fundamentos de direito civil*. Rio de Janeiro: Forense, 2020. v. 7. p. 231-232).

II) Hipóteses em que à época da facção do testamento a disposição continha-se dentro dos limites da legítima, mas no momento da morte do testador, por superveniência de alterações no patrimônio do testador, a disposição verifica-se inexequível. Mais uma vez exemplificando, imagine-se o pai de dois filhos, viúvo, proprietário de quatro imóveis de igual valor que deixa três deles para um dos filhos em seu testamento. Porém, ao tempo da abertura da sucessão, seu patrimônio restava diminuído e havia, para se partilhar entre os dois filhos, apenas as três casas que dispôs usando sua liberdade de transmitir a parcela disponível somada à legítima para um dos descendentes (1.849, CC). Ou, ainda, o pai que faz testamento e lega uma de suas fazendas cujo valor corresponde a 50% do seu patrimônio para um sobrinho. Contudo, ao tempo da abertura da sucessão o falecido perdeu alguns bens, a propriedade valorizou-se, e, agora, corresponde à 70% do seu patrimônio.

No grupo I reúnem-se casos de vício originário, logo, eivados de nulidade, e no grupo II verificam-se disposições testamentárias feitas de acordo com a legalidade, mas que se tornaram impossíveis de executar por uma série de questões posteriores a sua realização. Dito de outra forma, causas de ineficácia superveniente. Entretanto, todas as situações poderão ser atingidas pela redução das disposições testamentárias. Tais conclusões apresentam, ao menos, três consequências práticas importantes no âmbito do planejamento sucessório.

A primeira diz respeito à importância de o eventual autor da herança realizar, de tempos em tempos, uma reavaliação do planejamento feito para após sua morte, adaptando sua vontade à nova realidade de seu patrimônio.[36] Como no segundo exemplo do grupo II, talvez fosse importante o testador esclarecer o que pretendia (deixar o imóvel legado ao filho, só conceder-lhe toda a parte disponível), a fim, inclusive, de evitar litígios que desaguem no sinuoso procedimento de avaliação judicial dos bens.

A segunda envolve as características tradicionais do regime de nulidade, as quais não se transpõem de modo integral às disposições testamentárias e às doações que desrespeitem a legítima, mesmo quando contaminadas por vício originário. Importante diferença reside na impossibilidade de o juiz determinar de ofício a redução de liberalidades inoficiosas.[37] Se o(s) herdeiro(s) necessário(s) não exercer(em) seu direito

---

[36] Para abordagem deste assunto, recomenda-se TEIXEIRA, Daniele Chaves; MAZZEI, Rodrigo. Fórum on-line IBRADIM Covid-19 – Direito das sucessões, planejamento sucessório e negócios imobiliários. *YouTube*, 2020.

[37] ALMADA, Ney de Mello. *Direito das sucessões*. 2. ed. São Paulo: Brasiliense Coleções Livros Ltda., 1991. v. I. p. 275. Indiretamente, ao afirmar que a ação de redução é divisível e quando proposta somente por um, ou alguns, herdeiros necessários, condenam-se "os sucessores testamentários apenas quanto à parte que cabe ao litigante", Carlos Maximiliano também parece acenar para impossibilidade da redução *ex officio* (MAXIMILIANO, Carlos. *Direito das sucessões*. 5. ed. Rio de Janeiro: Livraria Freitas Bastos, 1954. v. III. p. 39). Em sentido contrário: ROSENVALD, Nelson; FARIAS, Cristiano Chaves de. *Curso de direito civil – Direito das sucessões*. 4. ed. Salvador: JusPodivm, 2018. v. 7. p. 64. No Tribunal de Justiça do Rio Grande do Sul já houve julgado discutindo o assunto. Um juiz de primeiro grau reduziu as disposições testamentárias que ultrapassavam a legítima de ofício e a decisão foi reformada, alegando o desembargador relator que se o herdeiro necessário poderia renunciar ou ceder herança (ou seja, trata-se de direito patrimonial disponível) também lhe é autorizado abrir mão do direito de aumentar o seu quinhão (TJ/RS, 7ª Câmara Cível. Ap. nº 70064640915. Rel. Des. Sérgio Fernando de Vasconcellos Chaves, j. 29.7.2015).

potestativo[38] de postular a adaptação da disposição testamentária/doação aos limites da legítima, a transmissão de propriedade ocorrerá na forma prevista pelo testador/doador.

Enfim, a terceira consolida-se mais como uma advertência tributária ao último aspecto exposto entre as peculiaridades das disposições testamentárias inoficiosas. Não se discute a razoabilidade de permitir a composição entre herdeiros que resulta na disposição de parte da quota indisponível a que o reservatário teria direito (afinal, cuida-se de um direito patrimonial disponível). Contudo, autoriza-se o fisco estadual a qualificar livremente os atos e negócios entre os particulares e, por consequência, determinar o pagamento do imposto devido pelas transmissões gratuitas de propriedade.

Desta forma, onde os particulares enxergam uma renúncia parcial ao receber quinhão menor do que aquele cujo direito à legítima lhe outorgava (em resumo, só o que teria direito de acordo com a sucessão legítima residual), a Fazenda Pública pode enxergar outro conjunto de atos. São eles: (I) aceitação de todo o quinhão hereditário; (II) doação ou cessão gratuita de direitos hereditários de parte na quota indisponível ao herdeiro privilegiado, incidindo assim ITCMD (imposto de transmissão *causa mortis* e doação) sobre os dois fatores geradores. Afinal, segundo as regras do direito das sucessões inexiste renúncia parcial,[39] então, não restaria incorreto o raciocínio. Porém, nada impede que se classifique a transmissão compulsória como advinda de um título distinto em relação às outras hipóteses residuais de transmissão *causa mortis* por motivo de lei. Desta maneira, o herdeiro estaria autorizado a renunciar a um título e receber por meio de outro, na forma do art. 1.808, §2º, CC. A matéria é controversa e pouco tratada no direito brasileiro, mas, para fins de elaboração do planejamento sucessório, o risco tributário deve ser mapeado.[40]

Além destas questões afeitas à aplicação direta das regras como elas estão postas, um olhar mais profundo sobre o perfil funcional das reduções de disposições testamentárias ajuda a definir como o direito brasileiro responde à plêiade de críticas dirigidas à sucessão necessária. Com efeito, já se disse que o ajuste das liberalidades inoficiosas à parcela indisponível vincula-se à intangibilidade da legítima. Porém, insista-se no significado de tal afirmação.[41]

Sob este ângulo, nulificar as liberalidades inoficiosas por inteiro seria o mesmo que contrariar o principal objetivo do direito sucessório implementado pela legítima. Não se resume a sucessão necessária à proteção *plena* dos herdeiros reservatários. Sentido contrário, ela instrumentaliza a proteção *mitigada* dos supracitados. Assim, preserva-se também a autonomia do testador e por isso a lei optou por cuidar da temática a partir das reduções de liberalidades inoficiosas. Por meio deste itinerário pretende-se equilibrar a

---

[38] Referindo-se ao direito de postular a redução das disposições testamentárias como direito potestativo, ALMADA, Ney de Mello. *Direito das sucessões*. 2. ed. São Paulo: Brasiliense Coleções Livros Ltda., 1991. v. I. p. 273.

[39] O assunto é didaticamente explicado por PEREIRA, Caio Mário da Silva. *Instituições de direito civil* – Direito das sucessões. Atualização de Carlos Roberto Barbosa Moreira. 24. ed. Rio de Janeiro: Forense, 2017. v. VI. p. 72. Inclusive, desfaz-se o equívoco de chamar tal conduta de renúncia *translativa*.

[40] O assunto é discutido com maior profundidade, e defesa da identificação da sucessão necessária como legitimada por um título específico, diferente do que fundamenta a sucessão legítima em PIRES, Caio Ribeiro. *A legítima e a tutela sucessória da pessoa humana*: uma análise à luz do direito civil constitucional. Dissertação (Mestrado em Direito Civil) – Universidade do Estado do Rio de Janeiro, Rio de Janeiro, 2020. p. 67-72.

[41] Para esta separação entre estrutura, "o que é" determinado instituto, e função, "para que serve" aquele, PERLINGIERI, Pietro. *Perfis de direito civil, introdução ao direito civil constitucional*. Rio de Janeiro: Renovar, 2002. p. 94.

exigência de solidariedade familiar e a liberdade individual. Na direção sustentada por Eduardo Nunes de Souza, a solução é muito próxima àquela oferecida pela conversão dos negócios jurídicos no art. 170, CC. Garante-se a obediência às normas de ordem pública. Entretanto, mantém-se a autonomia negocial a partir da requalificação das liberalidades na mesma espécie, porém de acordo com forma diversa, para a qual se encontram presentes os elementos exigidos pela lei.[42]

Logo, impedir a produção de efeitos de disposição contrária à legítima é um meio não só de concretizar o respeito à "letra fria" do Código Civil. Além disso, garante-se a obediência aos princípios e valores que se mostram tutelados pela sucessão necessária.

Diante deste contexto, ainda que todo o posicionamento contrário à legítima encontre-se justificado na demonstração de inefetividade axiológica da sucessão necessária, a separação de dois fenômenos é imprescindível. O primeiro seria o apontamento de falta de atualização das regras para contemporaneidade e dos equívocos na escolha do legislador. Já o segundo diz respeito a uma verdadeira inconstitucionalidade. No primeiro caso persistiriam válidas e eficazes as liberalidades inoficiosas, enquanto no segundo, não.

Argumento neste último sentido construiu-se na seara acadêmica, nada obstante a resposta mais comum entre os autores gravite em torno de constatar que uma reforma legislativa é imprescindível para alcançar uma maior liberdade de testar.[43]

Conforme tal perspectiva, duas opiniões distintas merecem análise mais atenta, ao passo que levam a diferentes saídas. Em primeiro lugar, a manifestação expressa no sentido de considerar a legítima inconstitucional e, por consequência, todo o conjunto de normas que a resguarda. Outro posicionamento aponta para uma espécie "regra de derrotabilidade". A partir deste expediente argumenta-se que deve haver sempre a ponderação entre os interesses refletidos pela liberdade de testar e pela transmissão compulsória da reserva. Então, diante do caso concreto, visualiza-se a hipótese de a preservação da liberalidade ser melhor vetor de concretização dos princípios constitucionais do que a solidariedade familiar.

O ponto de vista da inconstitucionalidade é defendido por Diego Papini Teixeira Lima, que em razão disso propõe a extração do ordenamento de todos os dispositivos responsáveis por compor o sustentáculo da legítima. A justificativa desta assertiva, para o autor, estaria na disfuncionalidade do modelo rígido atual, o qual não conseguiria solucionar a tensão entre liberdade dispositiva e solidariedade familiar de forma harmônica aos preceitos constitucionais contemporâneos, além de não corresponder

---

[42] SOUZA, Eduardo Nunes de. Invalidades negociais em perspectiva funcional: ensaio de uma aplicação ao planejamento sucessório. *In*: TEIXEIRA, Daniele Chaves (Coord.). *Arquitetura do planejamento sucessório*. 2. ed. Belo Horizonte: Fórum, 2019. p. 321. Com mais profundidade, sobre a redução e a conversão de negócios jurídicos: SOUZA, Eduardo Nunes de. *Teoria geral das invalidades do negócio*: nulidade e anulabilidade no direito civil contemporâneo. São Paulo: Almedina, 2017. p. 295-312.

[43] SCHREIBER, Anderson; VIÉGAS, Francisco de Assis. Por uma releitura funcional da legítima no direito brasileiro. *Revista de Direito Civil Contemporâneo*, São Paulo, v. 19, ano 6, p. 211-250, abr./jun. 2019. p. 247; NEVARES, Ana Luiza Maia. A crise da legítima no direito brasileiro. *In*: TEIXEIRA, Ana Carolina Brochado; RODRIGUES, Renata de Lima. *Contratos, família e sucessões*: diálogos interdisciplinares. Indaiatuba: Focus, 2019. p. 274; HIRONAKA, Giselda Maria Fernandes Novaes; AGUIRRE, João Ricardo Brandão. Contratos de doação entre potenciais herdeiros necessários. *In*: TEIXEIRA, Ana Carolina Brochado; RODRIGUES, Renata de Lima. *Contratos, família e sucessões*: diálogos interdisciplinares. Indaiatuba: Focus, 2019. p. 206.

aos anseios da família atual.[44] Diante deste cenário, o autor previu como modo de tutela dos excluídos da sucessão a atribuição de legitimidade aos dependentes do falecido para um pedido de alimentos *post mortem* baseado no art. 1.700, CC.[45]

Embora a construção seja inegavelmente original e muito bem fundamentada, suas justificativas e caminhos de resolução não parecem tão firmes. Não se trata apenas das controvérsias em torno da dicção do art. 1.700, CC, existentes desde o começo da vigência do Código Civil de 2002. Porém, de fato, apenas a criação de um verdadeiro título sucessório (e, em última análise, de propriedade) volátil, a ser constituído pelo Poder Judiciário no caso concreto, de acordo com a flexível disciplina dos alimentos já se cogitaria como algo problemático. Colocar-se-ia em xeque toda segurança jurídica essencial ao direito sucessório,[46] além dos esforços, legislativos e jurisprudenciais, cada vez maiores por uma desjudicialização do ramo.

No entanto, a própria base do argumento sustentado, a inconstitucionalidade da sucessão reservatária, é duvidosa. Assim, se a escolha do legislador não é das mais felizes, tampouco apresenta sinais de violação direta à Constituição da República, fundamentais ao ensejo de declarar a inconstitucionalidade em abstrato de uma norma.[47]

Sob este prisma, tome-se como base a função da legítima de equilibrar dois valores essenciais ao texto constitucional: a liberdade individual, refletida nos direitos do proprietário, e a solidariedade familiar. Quanto ao primeiro, interessante denotar que a estrutura da sucessão reservatária não impede ninguém de transmitir sua herança por meio de testamento ou de doar o seu patrimônio. Portanto, em nenhum caso pode se dizer que subsiste a expropriação dos direitos do proprietário, a qual levaria a uma ofensa à garantia de propriedade privada do art. 5º, inc. XXII, CR. Simplesmente coloca-se um limite à disposição diante de certas situações vinculadas a uma proibição de desamparo entre familiares próximos. Sob este viés ela não ofende, pelo contrário, assegura o respeito à solidariedade familiar material, pelo menos de forma abstrata.

Diante de tal estado de coisas, talvez sob a ótica da solidariedade existencial houvesse um espaço maior para discutir a inconstitucionalidade das regras de sucessão necessária. Afinal, não se desconhecem as teorias da mutação constitucional que mencionam uma espécie de alteração informal da Constituição pela mudança dos tempos cujos impactos envolvem a alteração, sobretudo, do conteúdo dos princípios mais abertos da Lei Maior. Em outras palavras, o texto constitucional deve se adaptar aos novos caminhos da sociedade e renovar parte de sua axiologia.[48]

Conforme esta visão, não deixaria de guardar certa pertinência a aplicação deste raciocínio à exigência de solidariedade entre os familiares. Isso porque a Constituição

---

[44] LIMA, Diego Papini Teixeira. *Releitura constitucional do instituto da legítima*. Dissertação (Mestrado em Direito Público) – Universidade Federal de Alagoas, 2019. p. 153-154.

[45] LIMA, Diego Papini Teixeira. *Releitura constitucional do instituto da legítima*. Dissertação (Mestrado em Direito Público) – Universidade Federal de Alagoas, 2019. p. 193-199.

[46] Para uma análise neste sentido: TEPEDINO, Gustavo; TEIXEIRA, Ana Carolina Brochado. Direito das famílias. *In*: TEPEDINO, Gustavo. *Fundamentos de direito civil*. 1. ed. Rio de Janeiro: Forense, 2020. v. 6. p. 344-346.

[47] Sobre a inconstitucionalidade em abstrato, como aquela que se verifica quando há uma antinomia de dispositivos legais em relação ao núcleo dos princípios constitucionais (BARCELLOS, Ana Paula de. *Curso de direito constitucional*. Rio de Janeiro: Forense, 2018. p. 601).

[48] SARMENTO, Daniel; SOUZA NETO, Cláudio Pereira de. *Direito constitucional*: teoria, história e métodos de trabalho. 1. ed. Belo Horizonte: Fórum, 2012. p. 304-305.

alberga modelos plurais de família, além de o Estado ser o protetor das entidades familiares e não mais o responsável por ditar seu modelo e padrões de comportamento (nesta direção, art. 226, *caput*, CR). Assim, reconhece-se como questionável a postura legislativa de, mesmo não havendo qualquer dependência econômica (a título de exemplo, mãe divorciada que morre e deixa três filhos adultos, capazes e autossuficientes), obrigar a consideração do ascendente para com o descendente (também vice-versa) e entre cônjuges ou companheiros.

Contudo – e embora não sejam estes inconvenientes pequenos – tais desencontros continuam sendo motivo insuficiente para uma declaração de inconstitucionalidade abstrata das normas do sistema sucessório reservatário por duas razões.

A primeira é que para o reconhecimento de uma contrariedade a Constituição da República advinda de uma mudança social que torna a lei incompatível com a realidade é imprescindível uma grande transformação do olhar populacional sobre o tema, a qual deixe o Poder Judiciário confortável para decidir a respeito do assunto.[49] E, em um país cuja morte se fixou como um dos maiores tabus,[50] e ainda extremamente desigual, seria questionável enxergar um apelo de tamanha relevância, de grande parte das pessoas, por uma maior liberdade de testar.[51] Portanto, caberia aos grupos mais incomodados com esta problemática provocar alterações a partir do processo legislativo democrático ao invés de buscar a via jurisdicional que teria de exacerbar seus poderes para, em síntese, e como se verá adiante, modificar o Código Civil no tocante ao assunto.

Em segundo lugar, tornar a legítima inconstitucional com base na mutação cujo conteúdo do princípio da solidariedade familiar sofreu continuaria problemática por um viés consequencialista. Assim, mesmo que esta tese (a qual nunca foi discutida por nenhum Tribunal Superior), diante de um cenário improvável, venha a conseguir êxito, a declaração de inconstitucionalidade acabaria por deixar o ordenamento sem uma norma específica de proteção sucessória aos herdeiros que se tornassem materialmente desamparados.[52] E tendo em vista a realidade brasileira, a qual se caracteriza por um

---

[49] Nas palavras de Daniel Sarmento e Cláudio Pereira de Souza Neto: "Portanto, na prática, quando o judiciário reconhece uma mutação constitucional é porque existe um ambiente sociocultural que respalda ou ao menos não rechaça a nova interpretação [...]" (SARMENTO, Daniel; SOUZA NETO, Cláudio Pereira de. *Direito constitucional*: teoria, história e métodos de trabalho. 1. ed. Belo Horizonte: Fórum, 2012. p. 308).

[50] Para esta perspectiva seja permitido remeter a: HIRONAKA, Giselda Maria Fernandes Novaes. *Morrer e suceder*: passados e presente da transmissão sucessória concorrente. 2. ed. São Paulo: Revista dos Tribunais, 2014. p. 22.

[51] Pelo contrário, fala-se até em uma aceitação social da legítima (NEVARES, Ana Luiza Maia. *A função promocional do testamento, tendências do direito sucessório*. Rio de Janeiro: Renovar, 2004. p. 169). Outro dado relevante é elencado por Régis Gurgel do Amaral Jereissati ao observar que nunca houve um questionamento da constitucionalidade das regras de sucessão necessária no Supremo Tribunal Federal (JEREISSATI, Regis Gurgel do Amaral. *A vulnerabilidade e a solidariedade como critérios para o reconhecimento do herdeiro necessário na sucessão legítima*. Dissertação (Mestrado em Direito Constitucional) – Universidade de Fortaleza, Fortaleza, 2018. p. 203).

[52] Aliás, o Ministro Luís Roberto Barroso concluiu, em seu voto sobre a inconstitucionalidade do art. 1.790, CC, que a legítima é o instituto responsável, no sistema sucessório brasileiro, por impedir o total desamparo dos herdeiros ("O regime sucessório no país envolve a ideia de proteção em dois graus de intensidade [...] Já o grau forte refere-se à parte indisponível da herança (a chamada legítima), que corresponde à metade dos bens da herança que a lei impõe seja transferida a determinadas pessoas da família (os herdeiros necessários), que só deixarão de recebê-la em casos excepcionais também previstos em lei. Sobre essa parcela, o sucedido não tem liberdade de decisão, pois se trata de norma cogente. Apenas se não houver herdeiros necessários, não haverá legítima, e, portanto, o sucedido poderá dispor integralmente de sua herança. Esse regime impositivo justifica-se justamente pela necessidade de assegurar aos familiares mais próximos do sucedido um patamar de recursos que permita que preservem, na medida do possível, o mesmo padrão existencial até então desfrutado") (STF. RE nº 878.694/ MG. Rel. Min. Luís Roberto Barroso, j. 10.5.2017. p. 3-4).

pagamento de pensão módico pela Previdência Social, além de baixo nível de contratação de seguros de vida e previdências privadas,[53] a inadmissível falta deste amparo pesaria sobre alguns dos excluídos da sucessão.

Caso se instaurasse este impasse, o único modo de resolvê-lo seria o próprio Poder Judiciário estabelecer uma norma de tutela sucessória ou adaptar um dos institutos do ordenamento brasileiro para tanto.[54] Diante deste cenário, o mais próximo disso estaria na disciplina dos alimentos. Todavia, estes apenas serviriam como título sucessório destinado aos vulneráveis econômicos após profunda reformulação de sua flexível estrutura, que deveria se acomodar à rigidez do direito das sucessões e exaustiva regulamentação, justificada pela garantia de uma maior segurança jurídica.

Logo, o "problema" causado por uma declaração de inconstitucionalidade abstrata na via jurisdicional só se resolveria completamente na hipótese de o Poder Judiciário lançar mão de diversas escolhas para preencher o conteúdo dos princípios constitucionais, criar os mais distintos parâmetros, enfim, ocupar a função de legislador.[55] Ou seja, tratar dos problemas na disciplina da legítima por meio do controle de constitucionalidade significa permitir uma inadmissível ofensa à separação de poderes.

Assim, caberá ao legislador, por meio do procedimento democrático, tornar a lei harmoniosa ao contexto social contemporâneo. O pêndulo entre a solidariedade e a autonomia resta mal colocado no ordenamento jurídico brasileiro, mas ele é uma das formas de modular o reflexo de dois dos mais importantes princípios constitucionais no direito das sucessões.[56] Buscar outros meios de equilíbrio, mais atuais ou que realizem a axiologia constitucional em maior medida exige mudança de lei e não decisão do Supremo Tribunal Federal em controle de constitucionalidade concentrado.

Também a visão sobre o assunto de Nelson Rosenvald e Cristiano Chaves Farias encontra-se muito vinculada às teorias contemporâneas da hermenêutica constitucional. Entretanto, os autores chamam atenção para incongruência do resultado produzido pela aplicação das regras de sucessão necessária em relação aos princípios constitucionais, constatado no caso concreto, sem mencionar uma suposta inconstitucionalidade abstrata.

Conforme a perspectiva que apresentam, a "técnica da derrotabilidade" aplicar-se-ia às normas de sucessão reservatária. Deste modo, asseguram ser o juiz autorizado a conceder validade e eficácia para testamentos que invadam a legítima em seu conteúdo,

---

[53] Em pesquisa que mostra dados sobre esta situação no país: JEREISSATI, Regis Gurgel do Amaral. *A vulnerabilidade e a solidariedade como critérios para o reconhecimento do herdeiro necessário na sucessão legítima*. Dissertação (Mestrado em Direito Constitucional) – Universidade de Fortaleza, Fortaleza, 2018. p. 237-241.

[54] Interessante notar que esta é uma diferença sensível em relação a outros julgados em tema de direito de família e das sucessões. Apenas para exemplificar com base no segundo, mais próximo deste texto, o anteriormente citado RE nº 878.964/MG não deixou a sucessão do companheiro sem uma resposta legislativa para *transmissão causa mortis* a título de sucessão legítima ao declarar a inconstitucionalidade do art. 1.790, CC. Sentido contrário, determinou a aplicação, para os companheiros, da ordem de vocação hereditária do art. 1.829, CC que já existia e se operava para os cônjuges (STF. RE nº 878.694/MG. Rel. Min. Luís Roberto Barroso).

[55] Sobre a necessidade de cautela para evitar esta sobreposição dos poderes a partir da atuação do Poder Judiciário em situações de mutação constitucional, e também a respeito da importância do Poder Legislativo como agente de reconhecimento destas mudanças constitucionais (SARMENTO, Daniel; SOUZA NETO, Cláudio Pereira de. *Direito constitucional*: teoria, história e métodos de trabalho. 1. ed. Belo Horizonte: Fórum, 2012. p. 306; 308-310).

[56] Sobre o papel do legislador, mais uma vez, Daniel Sarmento e Cláudio Pereira de Souza Neto afirmam: "[...] Ao regulamentar e concretizar a Constituição ele muitas das vezes opta por um dentre diversos significados possíveis do texto constitucional [...]" (SARMENTO, Daniel; SOUZA NETO, Cláudio Pereira de. *Direito constitucional*: teoria, história e métodos de trabalho. 1. ed. Belo Horizonte: Fórum, 2012. p. 309).

desde que analise o contexto específico e sopese a regra que ordena a reserva de parte da herança aos herdeiros necessários com outras que restariam satisfeitas caso não se reduzissem as disposições testamentárias. Em outras palavras, a restrição quantitativa à liberdade de testar, imposta pelo respeito à legítima, poderá se flexibilizar, casuisticamente, para atender a valores mais importantes do ordenamento, os quais seriam respeitados a partir do pleno efeito de liberalidades estruturalmente inoficiosas.

Assim, endereçam conclusão no sentido de que deve prevalecer a disposição estipulada pelo testador, via de regra, quando os herdeiros necessários forem maiores, capazes e autossuficientes. Justificam sua posição dizendo que inexistiria sentido de protegê-los por meio da sucessão legitimária e, ao mesmo tempo, restringir o direito fundamental de propriedade sem razão constitucional para tanto.[57]

No entanto, talvez uma análise mais detida da "regra de derrotabilidade" mostre ser ela muito próxima da ponderação de interesses contrapostos. Por sua vez, esta última – muito utilizada pela metodologia civil-constitucional – se vale de critérios muito próximos à ponderação de princípios constitucionais, embora não deixe de se aplicar ao embate de regras que tutelam distintos valores e princípios do ordenamento.[58] E por este motivo será preciso recorrer à metodologia na sede destas experiências consolidadas a fim de verificar a possibilidade de determinar a validade e a eficácia de liberalidades inoficiosas contrárias à legítima. Após este percurso, adianta-se, continua a parecer frágil a ideia de que a sucessão necessária quase nunca resistirá aos filtros da Constituição da República.

Conforme tais itinerários, os conflitos que envolvem a contraposição de situações que espelham direitos tutelados pelo ordenamento sempre se decidem em etapas. Dito de outra maneira, optar entre a realização de apenas um único princípio, quando se confrontam dois ou mais deles, será a última opção, pois, via de regra, deve subsistir a harmonia entre todas as normas.

Não por outro motivo, uma ponderação *stricto sensu* é o último passo a ser dado, apenas se inexistir outra solução para o conflito. Antes de materializá-la será imprescindível que o magistrado se pergunte a respeito de soluções menos gravosas, que não anulariam a expressão de um direito para garantir a concretização de outro. Dentro da teoria constitucional da ponderação nomeia-se esta fase expressamente como análise de sua adequação,[59] enquanto na ponderação dos interesses contrapostos a ideia não deixa de aparecer, embora nem sempre se mencione nome idêntico.

---

[57] ROSENVALD, Nelson; FARIAS, Cristiano Chaves de. *Curso de direito civil – Direito das sucessões*. 4. ed. Salvador: JusPodivm, 2018. v. 7. p. 69-70.

[58] Sobre a aplicação da técnica de ponderação não só aos princípios constitucionais, mas também às normas em geral do ordenamento jurídico (*vide* as regras): TEPEDINO, Gustavo. O papel atual da doutrina do direito civil entre o sujeito e a pessoa. *In*: TEPEDINO, Gustavo; TEIXEIRA, Ana Carolina Brochado; ALMEIDA, Vitor (Coord.). *O direito civil entre o sujeito e a pessoa*: estudos em homenagem ao professor Stéfano Rodotà. Belo Horizonte: Fórum, 2016. p. 30-31; SILVA, Rodrigo da Guia. Um olhar civil constitucional sobre a "inconstitucionalidade no caso concreto". *Revista de Direito Privado*, São Paulo, v. 73, ano 18, p. 31-62, jan. 2017. p. 47-59.

[59] ALEXY, Robert. Teoria dos Direitos Fundamentais, traduzido por Virgílio Afonso da Silva. 2. ed. São Paulo: Malheiros, 2006. p. 116-120. No âmbito do direito civil constitucional SCHREIBER, Anderson, Novos paradigmas da responsabilidade civil: da erosão dos filtros de reparação à diluição dos danos. 2. ed. São Paulo: Atlas, 2009. p. 64. Ressalte-se que embora nesta obra desenvolva-se a responsabilidade civil as lições quanto à ponderação de interesses podem se aplicar também aos outros ramos do direito privado.

Desta forma, não parece permitido ao julgador autorizar o cumprimento de um testamento contrário à legítima, negando assim um eventual pedido de redução das suas disposições, sob o fundamento de que herdeiros necessários são maiores, capazes, autossuficientes, e, graças a isso, não fazem jus à legítima. Mais uma vez, lembra-se de que a legítima atenua o direito de propriedade sem o extinguir. Logo, a própria lei apresenta a solução intermediária, não sendo razoável ultrapassá-la com o fim de garantir só um dos direitos em conflito.

Tal assertiva se faz especialmente verdadeira quando o herdeiro instituído por testamento é, assim como o herdeiro necessário que postula a redução, pessoa, maior, capaz e autossuficiente. Entre chancelar o efeito de enriquecimento do segundo, na forma de lei, ou a mesma consequência quanto ao primeiro, com o fim de garantia fundamental de propriedade do testador, deve prevalecer o cumprimento da legalidade. Caso contrário, o juiz passa a realizar uma arbitrariedade, de acordo com sua preferência e não conforme a escolha legislativa estampada no ordenamento jurídico.

Portanto, uma maior autonomia privada no direito sucessório, representada pela ampliação da liberdade de testar ou de sua contratualização, não se conquista por declarações de inconstitucionalidade, abstratas ou no caso concreto. Exige-se mudança de lei.

3.2 A intangibilidade da legítima e o perigo da subversão hermenêutica: critérios para superação do conflito entre interesses dos herdeiros necessários.

Há alguma hipótese que aponte a declaração da plena validade e eficácia das disposições gratuitas – via de regra, doações e testamentos – que ultrapassem a quota disponível como um caminho aceitável? Segundo o raciocínio desenvolvido até aqui, é compreensível deduzir-se que a resposta para tal pergunta feita no início deste trabalho resumir-se-ia a uma enfática negativa. Contudo, a negativa se transforma em assertiva sob o viés da imposição de solidariedade familiar entre os próprios herdeiros necessários, embora para um grupo pequeno de casos.

Assim, esclareça-se desde já que a "regra da derrotabilidade", se considerada de forma sistemático-metodológica, pode sim demonstrar que disposições contrárias à legítima merecem ter sua validade e eficácia reconhecidas. Desta maneira, seus efeitos devem ser mantidos quando sejam eles o real vetor da solidariedade e obriguem o respeito a este princípio dentro da comunidade familiar de forma mais adequada e concreta que a própria lei. No entanto, esta técnica hermenêutica não irá operar com a extensão cujos autores supracitados enunciam, permitindo ao Poder Judiciário criar um espaço para autonomia do testador – considerada como um fim em si mesmo – maior do que aquele estabelecido pelo Poder Legislativo.

A partir deste prisma, pretende-se tão somente evitar o perigo da subversão hermenêutica que a mera subsunção da lei ao caso específico ocasionaria. Isso porque por meio dela se romperia o equilíbrio entre liberdade e solidariedade no direito sucessório ao invés de preservá-lo. Não só, a discussão referente à ponderação no direito das sucessões tem o inegável mérito de aproximar o ramo da perspectiva interpretativa a que deve se submeter todo o direito privado na perspectiva civil-constitucional.

Sob este ângulo, não se classificam os casos como fáceis ou difíceis, limitando-se a ponderação aos últimos.[60] Ao revés, até a norma gramaticalmente mais clara não se esquiva do controle de interpretação teleológica diante do caso concreto. Com efeito, a legalidade constitucional somente restará cumprida quando a hermenêutica de cada norma considerar o seu perfil lógico, teleológico e axiológico.[61]

Dito de outro modo, o ordenamento se apresenta uno, coeso e complexo diante da força normativa da Constituição da República. Neste sentido, no contexto de cada problema deverá se buscar uma resposta individual, adequada, harmônica a todo o conjunto de princípios e regras que compõe o direito brasileiro, e ponderar qual prevalência dos interesses conflitantes reflete melhor os valores da referida unidade sistemática.[62] O resultado pode ser idêntico ao que seria obtido através da subsunção, porém, verifica-se de forma mais intensa a harmonia entre a solução construída e a axiologia do ordenamento, além de permitir-se maior atenção aos fatos do caso concreto.[63]

Sob este viés, "[...] cotejando as peculiaridades do caso concreto com as diversas fontes normativas, unificadas pela Constituição da República, extrai-se um ordenamento jurídico 'sob medida', aplicável exclusivamente àquela situação fática".[64] Tendo em vista este expediente, inclusive, diz-se que a clareza da norma é um *posterius* e não um *prius* advindo da análise literal e gramatical da regra isolada.[65]

Conforme esta sistemática, mesmo os arts. 1.845, 1.846 e 549, CC, sendo quase cristalinos segundo uma análise gramatical, não significa que restam automaticamente interpretados de acordo com o papel que desempenham a luz dos princípios e valores constitucionais. Sob este prisma, no direito atual, tais dispositivos só restam harmônicos aos designíos constitucionais na medida em que sua estrutura de endereçamento compulsório realiza de alguma maneira a solidariedade familiar, sem abalar integralmente o poder de disposição do testador.

Portanto, não se deve esquecer a principal função que o patrimônio hereditário pode exercer, qual seja, gerar recursos que libertam a pessoa de sua concreta necessidade.[66]

---

[60] Sobre este frequente uso da ponderação na metodologia civil-constitucional SILVA, Rodrigo da Guia. Um olhar civil constitucional sobre a "inconstitucionalidade no caso concreto". *Revista de Direito Privado*, São Paulo, v. 73, ano 18, p. 31-62, jan. 2017. p. 53. Para o uso da ponderação no controle das liberdades testamentárias, que não devem contrariar o texto constitucional, NEVARES, Ana Luiza Maia. *A função promocional do testamento, tendências do direito sucessório*. Rio de Janeiro: Renovar, 2004. p. 170/185. Embora se concorde com a inestimável colaboração desta tese, ressalta-se que aqui se persegue outra gama de casos, também importantes. Não se tratam de situações cujo testador violou os limites a ele impostos pela axiologia constitucional, mas sim àquelas em que ele a entendeu e realizou melhor do que as próprias disposições legislativas.

[61] PERLINGIERI, Pietro. *Perfis de direito civil, introdução ao direito civil constitucional*. Rio de Janeiro: Renovar, 2002. p. 71.

[62] PERLINGIERI, Pietro. *Perfis de direito civil, introdução ao direito civil constitucional*. Rio de Janeiro: Renovar, 2002. p. 72/73.

[63] Atentando para possível similaridade de resultados obtidos pela aplicação de distintas técnicas, SILVA, Rodrigo da Guia. Um olhar civil constitucional sobre a "inconstitucionalidade no caso concreto". *Revista de Direito Privado*, São Paulo, v. 73, ano 18, p. 31-62, jan. 2017. p. 53.

[64] TERRA, Aline de Miranda Valverde. Liberdade do intérprete na metodologia civil constitucional. *In*: SCHREIBER, Anderson; KONDER, Carlos Nelson (Coord.). *Direito civil constitucional*. São Paulo: Atlas, 2016. p. 50.

[65] PERLINGIERI, Pietro. *Perfis de direito civil, introdução ao direito civil constitucional*. Rio de Janeiro: Renovar, 2002. p. 72; TERRA, Aline de Miranda Valverde. Liberdade do intérprete na metodologia civil constitucional. *In*: SCHREIBER, Anderson; KONDER, Carlos Nelson (Coord.). *Direito civil constitucional*. São Paulo: Atlas, 2016. p. 52.

[66] Para esta perspectiva: NEVARES, Ana Luiza Maia. *A tutela sucessória do cônjuge e do companheiro na legalidade constitucional*. 1. ed. Rio de Janeiro: Renovar, 2004. p. 44-45; 52.

Fazer com que o testador disponha de sua propriedade de maneira responsável, sem desconsiderar por completo a imprescindibilidade da subsistência dos familiares próximos é a função central do instituto revelada a partir de uma leitura constitucional.

Inclusive, tal perfil solidarista de cunho material é mais urgente do que a exigência de uma reciprocidade consubstanciada na solidariedade existencial, a qual, se não é proibida no direito brasileiro, não prevalece sobre o dever de assegurar recursos para vivência básica do familiar. Afinal, este amparo é a base fundamental para qualquer concepção de livre desenvolvimento da personalidade cujos outros membros da família devem respeitar. Em outras palavras, na sociedade capitalista só tem a liberdade plena de concretizar seus projetos aquele que tem o mínimo para realizá-los.

Desta forma, a funcionalização do instituto aos princípios e valores constitucionais exige a realização de tais preceitos. Nestes termos, a interpretação literal da restrição quantitativa não deve tornar-se o reflexo de uma transmissão da parte indisponível que garante meramente o direito à propriedade individual de um herdeiro necessário enquanto desprestigia a preservação da liberdade testamentária funcionalizada à tutela das necessidades essenciais de outro herdeiro necessário.

Com efeito, neste último caso o próprio testador incumbiu-se de promover uma solidariedade material concreta dentro de sua família por meio dos efeitos da disposição testamentária, a qual se justifica na igualdade substancial entre seus reservatários. Então, o ato de autonomia privada deverá prevalecer mesmo ultrapassando o limite de patrimônio de que o doador ou testador poderia dispor.

Diferente posição – que reconheça o direito à redução – nestas hipóteses irá configurar verdadeira subversão hermenêutica. Afinal, a legítima instrumentalizará unicamente uma solidariedade abstrata, de igualdade formal. Nesta direção, a partir dos seus efeitos haverá a tutela de um proprietário, o qual busca ver cumprido seu direito individual de aquisição da propriedade. Já a solidariedade do falecido, com seus familiares realmente necessitados do patrimônio, será desconsiderada. Além disso, conforme um olhar estritamente sucessório, a liberdade do testador será diminuída e, ao mesmo tempo, a solidariedade familiar para com os herdeiros restará esvaziada pelas mesmas normas de sucessão necessária que pretendem guardar tais preceitos. Em última análise, o "ter" prevalecerá sobre o "ser", situação inaceitável à luz da metodologia civil-constitucional, que busca manter a coesão de um ordenamento voltado para o resguardo da solidariedade e da dignidade humana.[67]

Tendo em vista a compreensível resistência do direito sucessório a parâmetros tão abertos, mas sem negligenciar a também necessária tarefa de alinhar o ramo aos princípios e valores constitucionais, não se nega ser esta uma proposta inicial, agora aberta ao debate e desenvolvimento. Porém, não se deixa de apontar sua aplicabilidade prática aos litígios envolvendo patologias de um planejamento sucessório que não alcançou de imediato os efeitos almejados e foi levado ao Poder Judiciário, para definição de sua validade e eficácia.

Isso porque através da sistemática apresentada encontram-se argumentos de relevância jurídica para demonstrar algo que, muitas das vezes, parece de difícil reconhecimento pelas lentes do direito brasileiro. Cuida-se de comprovar a existência

---

[67] PERLINGIERI, Pietro. *O direito civil na legalidade constitucional*. Rio de Janeiro: Renovar, 2008. p. 177.

de razões merecedoras de tutela para realização de liberalidades que ultrapassam a parte disponível. Aliás, esta talvez seja uma das grandes perplexidades suscitadas por advogados e cidadãos que buscam um lugar de destaque para autonomia do direito sucessório: a impossibilidade de proteger de maneira eficaz os que mais precisam vez que se precisa garantir a transmissão compulsória.[68]

Não faltam exemplos cotidianos de situações que se encaixam neste esquadro. Para apenas um exemplo, suponha-se o pai que tem um filho menor de idade advindo de seu segundo casamento sob o regime da separação convencional e outro maior de idade. Contudo, deixa 90% da herança para o descendente mais novo, quantia exata para que ele pague as mensalidades que asseguram sua permanência na escola em que está matriculado durante o Ensino Fundamental e o Ensino Médio.

Nestas hipóteses, autoriza-se ao magistrado declarar a validade e a eficácia do testamento a partir dos parâmetros supracitados, fundamentando sua decisão na necessidade de garantir que não se desconsidere o verdadeiro papel da legítima na legalidade constitucional. Todavia, não se olvida aqui do inegável ônus argumentativo maior imputado ao juiz para tanto.[69] Com o fim de colaborar neste expediente a ser perseguido pelo Poder Judiciário, desde já, sintetiza-se o raciocínio apresentado em critérios para se interpretar determinadas contendas.

Em relação aos parâmetros, inicialmente, (i) deve subsistir conflito de um ou alguns dos herdeiros necessários que, ao mesmo tempo, seja(m) contemplado(s) pelo testamento ou doação do eventual autor da herança contra outro(s) herdeiro(s) necessário(s), os quais só manteriam seu pleno direito à legítima ante a redução das liberalidades inoficiosas. Após, (ii) analisam-se os efeitos decorrentes da liberalidade, com o objetivo de verificar se o patrimônio transmitido conforme os desígnios por ela fixados servira à proteção do herdeiro necessário, no sentido de instrumentalizar a superação da sua vulnerabilidade (no caso apresentado, a necessidade de subsídios para custear a proteção integral e o melhor interesse da criança, na forma do art. 227, CR) ou de entregar-lhe subsídios, os quais não consegue gerar a partir do labor ou gestão de bens tendo em vista sua condição. Por último, (iii) investiga-se a condição dos herdeiros que requerem a redução, se são autossuficientes e se pretendem apenas receber o direito que a lei lhes outorga com o fim de aumentar seus ativos líquidos.

Caso todas estas respostas sejam positivas, autoriza-se ao julgador, sempre mediante adequada fundamentação, manter a disposição testamentária que ultrapassa a parte indisponível, porém, funcionaliza-se à solidariedade familiar, enquanto os limites da reserva quantitativa geram óbice a tal princípio. Deste modo, parece se instaurar um caminho metodológico de aplicação das normas que resguardam a intangibilidade da legítima consonante a axiologia constitucional, possível de se justificar no dever de solidariedade entre os membros da família e na igualdade substancial.

---

[68] Sobre o objetivo de proteção dos incapazes como um dos motivos que levam as pessoas a buscarem o planejamento sucessório: NEVARES, Ana Luiza Maia. Perspectivas para o planejamento sucessório. *In*: TEIXEIRA, Daniele Chaves (Coord.). *Arquitetura do planejamento sucessório*. 2. ed. Belo Horizonte: Fórum, 2019. p. 393.

[69] Sobre a importância da argumentação para as decisões cujo fundamento encontra-se nos princípios constitucionais, por sua natureza de normas abertas, remete-se a TEPEDINO, Gustavo. O papel atual da doutrina do direito civil entre o sujeito e a pessoa. *In*: TEPEDINO, Gustavo; TEIXEIRA, Ana Carolina Brochado; ALMEIDA, Vitor (Coord.). *O direito civil entre o sujeito e a pessoa*: estudos em homenagem ao professor Stéfano Rodotà. Belo Horizonte: Fórum, 2016. p. 32-34.

Não se olvida que aceitar a tutela diferenciada de alguns reservatários na forma proposta é medida passível de causar algum impacto no direito das sucessões, com reflexos, inclusive, na segurança jurídica formal imprescindível aos momentos de atribuição de titularidades.[70] Portanto, apresentam-se critérios mais densos de análise do conflito de interesses ora em estudo, os quais se harmonizam com a totalidade do ordenamento jurídico unitário, assegurando a coerência da resposta construída não só com a lei maior, mas também com a lei infraconstitucional. São eles:

a) *Verificação de recebimento de outros valores em razão da morte do autor da herança.* No ordenamento existem outras normas cuja função é, de modo preciso, proteger os vulneráveis diante da morte de seu provedor e, justamente por isso, utilizam-se de parâmetros distintos daqueles fixados na ordem de vocação hereditária, transmitindo patrimônio aos que mais precisam. Neste sentido, as regras concernentes à Previdência Social. Além disso, negócios jurídicos entre particulares também facultam a passagem de valores monetários à pessoa indicada pelo contratante e não se consideram herança (os seguros de vida e a previdência privada são os grandes exemplos). Também o direito real de habitação assegura a moradia do cônjuge ou companheiro. Então, diante de uma disputa entre reservatários em que um deles alega utilizar o patrimônio com o fim de amparar suas necessidades será imprescindível verificar se outro instrumento jurídico, diferente da herança, já está servindo a este fim. Caso a resposta seja positiva, a disputa volta a ser entre dois herdeiros que a partir da transmissão *causa mortis* receberam bens que aumentam seu ativo líquido e deve prevalecer à lei positivada sob pena de discricionariedade.

b) *Análise do valor líquido dos quinhões recebidos.* Subsiste uma verdadeira aleatoriedade objetiva no modelo de legítima brasileiro, o qual ordena divisão de uma parcela não variável do patrimônio entre os herdeiros, independentemente do tamanho da herança e de quantos herdeiros a dividam. Dito de outro modo, parte da parcela ou a sua totalidade indisponível de certas heranças pode ser o suficiente a realizar solidariedade material. Porém, ao se mirar outras, principalmente as que se enquadram entre pequenos e médios patrimônios, não. Por exemplo, não há porque permitir uma transmissão sucessória de 90% do patrimônio a um irmão criança e desautorizar o outro descendente a reduzir o testamento se o valor a ser transmitido *causa mortis* é de R$100.000.000,00 de reais, herança constituída por imóveis que geram substanciais aluguéis todos os meses. Os 50% da parte disponível mais os 25% da reservatária (em razão do art. 1.849, CC) serão, por óbvio, mais do que suficientes para tutelar o descendente que possui necessidades especiais.

---

[70] Inclusive, por este motivo, concorda-se com a afirmação de João Ricardo Brandão Aguirre e Giselda Maria Fernandes Novaes Hironaka: "[...] Conquanto opinemos que a proteção da legítima deve ser revista, o fato é que, enquanto ela continuar no sistema deverá ser respeitada, pois é assim que deve ser o Estado Democrático de Direito. Se uma norma não é reputada inconstitucional, ela deve ser seguida, exceto em situações excepcionalíssimas de derrotabilidade, ponderação e solução de antinomia [...]" (HIRONAKA, Giselda Maria Fernandes Novaes; AGUIRRE, João Ricardo Brandão. Contratos de doação entre potenciais herdeiros necessários. *In*: TEIXEIRA, Ana Carolina Brochado; RODRIGUES, Renata de Lima. *Contratos, família e sucessões*: diálogos interdisciplinares. Indaiatuba: Focus, 2019. p. 206).

Quanto a esta questão não é possível estabelecer um critério estanque, deverá ser um dos fatos analisados no caso concreto.[71]

c) *Definição de quem deve respeitar a solidariedade familiar para com o herdeiro contemplado pelo testamento*. De fato, não é viável impor obediência à solidariedade familiar entre herdeiros necessários do autor da herança que não são parentes ou cônjuges entre si. A norma cuja análise funcional empresta relevância jurídica a esta constatação empírica, e define sua extensão, encontra-se na segunda parte do art. 1.832, CC. A regra compõe a disciplina da partilha, que serve tanto para sucessão sem testamento, quanto para transmissão compulsória da legítima. O dispositivo tem o nítido caráter protetivo de reconhecer que o cônjuge precisará de uma parte maior da herança por se presumir ser esta a pessoa que viveu até o fim da vida com o falecido e dele mais depende. Sob a perspectiva dos herdeiros descendentes, os quais receberão quinhão menor em razão de tal divisão, se exige que eles suportem os efeitos da partilha desigual e tenham solidariedade para com o herdeiro beneficiado.[72] E é essencial perceber de quem a lei exige solidariedade familiar. Segundo a dicção do art. 1.832, CC, e a posição majoritária na discussão sobre a correta interpretação de suas palavras, a reserva de um quarto subsistirá unicamente quando o cônjuge for ascendente dos descendentes com quem concorre à herança.[73] Esta diretiva se coaduna também com outra norma que determina o alcance da solidariedade familiar material entre os parentes e cônjuges, qual seja, a de alimentos. Somente os parentes (descendentes, ascendentes

---

[71] Referindo-se à importância da análise fática para definir a normativa do caso concreto: TEPEDINO, Gustavo. O papel atual da doutrina do direito civil entre o sujeito e a pessoa. *In*: TEPEDINO, Gustavo; TEIXEIRA, Ana Carolina Brochado; ALMEIDA, Vitor (Coord.). *O direito civil entre o sujeito e a pessoa*: estudos em homenagem ao professor Stéfano Rodotà. Belo Horizonte: Fórum, 2016. p. 28; TERRA, Aline de Miranda Valverde. Liberdade do intérprete na metodologia civil constitucional. *In*: SCHREIBER, Anderson; KONDER, Carlos Nelson (Coord.). *Direito civil constitucional*. São Paulo: Atlas, 2016. p. 29-30.

[72] Registre-se ser esta norma uma das mais controversas do Código Civil. Afirmam seu caráter protetivo TEPEDINO, Gustavo; BARBOZA, Heloísa Helena, MORAES, Maria Celina Bodin de. *Código Civil interpretado conforme a Constituição da República*. Rio de Janeiro: Renovar, 2014. v. IV. p. 642; WALD, Arnold. *Direito das sucessões*. 12. ed. São Paulo: Saraiva, [s.d.]. p. 70-71. Enquanto isso outros autores a enxergam como uma mediação entre os interesses dos descendentes e do cônjuge. Durante a vida deste último, autoriza-se o recebimento de uma fração maior do patrimônio do *de cujus* quando houver concorrência com muitos herdeiros, por ser, presumidamente, a sua necessidade de utilizar deste patrimônio maior que a dos outros. Na morte do cônjuge, o patrimônio voltaria aos seus filhos na forma de herança (neste sentido, CARVALHO, Luiz Paulo Vieira de. *Direito das sucessões*. 2. ed. São Paulo: Atlas, 2015. p. 366). Importante lembrar que o cônjuge não herda mais a partir do direito de usufruto vidual e sim adquire propriedade plena, o que torna este posicionamento criticável. Afinal, este "retorno" dos bens herdados aos descendentes é meramente hipotético e insuficiente para sustentar a imposição geral desta regra pelo Código Civil (para esta precisa crítica: ANTONINI, Mauro. Comentários ao art. 1832, CC. *In*: PELUSO, Cezar. *Código Civil comentado*: doutrina e jurisprudência. 7. ed. Bauru: Manole, 2013. p. 2222).

[73] Ressalte-se que existe uma controvérsia sobre a filiação híbrida. Neste sentido, é certo que a reserva de um quarto inexistirá quando o cônjuge concorrer com descendentes só do autor da herança. Também inexistem dúvidas de que subsistirá quando ele for ascendente de todos os descendentes do falecido. Porém, e quando houver descendentes só do falecido e outros do falecido e do cônjuge concorrente? A redação do artigo não favorece uma pacificação de opiniões ao seu respeito. Como inexiste espaço para adentrar profundamente este debate, para completar o raciocínio aqui exposto, utilizou-se a visão majoritária sobre o alcance semântico do dispositivo, qual seja, a reserva de um quarto não se mantém nos casos de filiação híbrida. Sob esta perspectiva, o Enunciado nº 527 da V Jornada de Direito Civil, o qual prevê: "Na concorrência entre o cônjuge e os herdeiros do de cujus, não será reservada a quarta parte da herança para o sobrevivente no caso de filiação híbrida". Também, o Superior Tribunal de Justiça parece entender desta forma conforme recente julgado (STJ, 3ª Turma. REsp nº 1.617.501/RS. Rel. Min. Paulo de Tarso Sanseverino, j. 11.6.2019).

e colaterais segundo o art. 1.697, CC) e o próprio cônjuge ou companheiro podem exigir alimentos uns dos outros (art. 1.694, CC). Assim, o referido artigo de lei talvez se harmonize com a racionalidade geral do ordenamento jurídico unitário que só exige a solidariedade dentro da família próxima, composta por ascendentes, descendentes, irmãos, cônjuge e companheiro, não incluindo parentes distantes, enteados nem os não parentes próximos ao círculo familiar. Em outras palavras, padrastos ou madrastas. Idêntica assertiva se estende à interpretação axiológica e funcionalizada do conflito entre a pretensão de que se obedeça ao direito à legitima e à pretensão de manutenção das disposições testamentárias que promovem a solidariedade familiar. Nos ditames do ordenamento jurídico, somente é possível exigir solidariedade de pessoas que são herdeiros necessários do autor da herança e, simultaneamente, entre si, parentes próximos (irmãos, tios e sobrinhos, todos descendentes do autor da herança), cônjuges ou companheiros (ambos ascendentes do autor da herança).

d) *Definição de que parte do avanço sobre a parcela indisponível será considerada válida e eficaz.* Um olhar menos detido sobre este parâmetro seria capaz de sugerir a desnecessidade de avaliá-lo. Caso os requisitos apontados se cumpram não haverá motivo suficiente para determinar o cumprimento integral da disposição testamentária? O itinerário exposto não se propõe justamente a impedir que haja redução de disposições testamentárias? Nem sempre, pois há grande probabilidade de o testador privilegiar genérica e excessivamente um reservatário, com mais do que seria imprescindível para uma reserva garantidora de materialização de direitos fundamentais, a qual, contudo, ainda deve ser maior do que a parte disponível da herança. Diante da inexistência de qualquer indício de qual valor corresponderia, de maneira exata, à satisfação deste objetivo, o mesmo art. 1.832, CC, fornece alguma resposta, ao menos nas sucessões em que se partilhe a herança entre cinco ou mais reservatários. Isso porque, como visto acima, o dispositivo carrega uma estrutura que reflete a solidariedade, a igualdade substancial, ao determinar que um dos familiares, por suas condições específicas, receba uma quota diferente e maior da herança. Nesta perspectiva, e sem retirar direitos do próprio cônjuge, parece factível reservar um quarto da parte indisponível à pessoa beneficiada em testamento para além da parte disponível, que tenha as seguintes características: i) vulnerável, que – assim como o cônjuge – ii) é parente dos outros sucessores e, ao mesmo tempo, do autor da herança, além de iii) herdeiro necessário. Assim, ao menos nestas hipóteses, uma resolução conciliativa iria se instaurar, não impedindo o vulnerável de ver os desígnios da liberalidade aparentemente inoficiosa integralmente reduzidos por uma simples imprecisão. De outro lado, a redução se operaria em favor dos outros herdeiros necessários, embora não chegando a lhes garantir a divisão de toda ela de forma igualitária, mas sim em uma quota-parte de três-quartos.

4 Considerações finais

Atualizar e propor para o momento atual. Estes objetivos guiaram o modo de este trabalho desenvolver o tema da legítima e relacioná-lo ao planejamento sucessório, a questão central debatida nesta obra. Com este intuito, buscou-se, nestas linhas, uma abordagem mais intermediária e menos afeita aos extremos que cercam os escritos a respeito da sucessão necessária, quais sejam, de um lado, as projeções para um futuro incerto e, de outro, o estrito pragmatismo.

Em primeiro lugar operou-se uma sistematização das diferentes visões contrárias ao atual sistema de garantia da transmissão compulsória da herança aos herdeiros necessários a partir do critério parentesco-conjugalidade. Construiu-se então um panorama das sugestões doutrinárias que pretendem auxiliar uma grande reforma legislativa no instituto da legítima. Deste modo, facilita-se a informação do profissional e estudioso da área que deve se manter ciente sobre a tentativa de romper antigos dogmas do direito sucessório, atualizando-os para contemporaneidade. Porém, também não se deixou de mencionar que a chance de uma mudança em um curto período de tempo não é das maiores.

Assim, passou-se à segunda parte do artigo, voltada ao tempo presente e aos conflitos sob o viés da legislação posta. De fato, o melhor planejamento é aquele que evita litígios futuros e respeita os limites da ordem pública. Portanto, aquele que respeita a legítima. Contudo, como nem sempre é o que se verifica no cotidiano, por força de causas imprevisíveis ou ao intento deliberado dos particulares de privilegiar um herdeiro para além dos limites da parcela disponível. Sob o prisma destas situações patológicas, ofereceu-se um breve panorama de questões práticas pouco levantadas ao que tange à redução de liberalidades inoficiosas.

Por fim, elencaram-se parâmetros de imprescindível observação nos conflitos entre herdeiros necessários, com vista a impedir que a aplicação das regras de sucessão necessária acabe por gerar justamente o desamparo no interior da família cuja sua função é coibir. Neste sentido, pretendeu-se emprestar força jurídica a uma das maiores perplexidades provocadas pela mitigação da liberdade de testar: impossibilidade de proteger de maneira eficaz os parentes que mais precisam. E, acima de tudo, intentou-se construir diante do inadiável agora, enquanto se luta e se espera por um futuro diferente, os caminhos para um direito das sucessões não mais preso às amarras do antes e sim alinhado aos atuais esforços metodológicos de constitucionalização das relações privadas.

Referências

AGUIRRE, João Ricardo Brandão. Contratos de doação entre potenciais herdeiros necessários. *In*: TEIXEIRA, Ana Carolina Brochado; RODRIGUES, Renata de Lima. *Contratos, família e sucessões*: diálogos interdisciplinares. Indaiatuba: Focus, 2019. p. 193-208.

ALEXY, Robert. *Teoria dos direitos fundamentais*. Tradução de Virgílio Afonso da Silva. 2. ed. São Paulo: Malheiros, 2006.

ALMADA, Ney de Mello. *Direito das sucessões*. 2. ed. São Paulo: Brasiliense Coleções Livros Ltda., 1991. v. I.

ANDRADE, Gustavo Henrique Baptista de. *O direito de herança e a liberdade de testar*: um estudo comparado entre os sistemas jurídicos brasileiro e inglês. Belo Horizonte: Fórum, 2019.

ANTONINI, Mauro. Comentários ao art. 1832, CC. *In*: PELUSO, Cezar. *Código Civil comentado*: doutrina e jurisprudência. 7. ed. Bauru: Manole, 2013.

ANTONINI, Mauro. *Sucessão necessária*. Dissertação (Mestrado em Direito Civil) – Universidade de São Paulo, São Paulo, 2019.

BARCELLOS, Ana Paula de. *Curso de direito constitucional*. Rio de Janeiro: Forense, 2018.

BORGES, Roxana Cardoso Brasileiro; DANTAS, Renata Marques de Lima. Direito das sucessões e a proteção dos vulneráveis econômicos. *Revista Brasileira de Direito Civil*, Belo Horizonte, v. 11, p. 73-91, jan./mar. 2017.

CARVALHO, Luiz Paulo Vieira de. *Direito das sucessões*. 2. ed. São Paulo: Atlas, 2015.

CORTIANO JÚNIOR, Eroulths; RAMOS, André Luiz Arnt. Liberdade testamentária versus sucessão forçada: anotações preliminares sobre o direito sucessório brasileiro. *Univel – Revista de Estudos Jurídicos e Sociais*, n. 4, p. 41-73, maio 2015.

DELGADO, Mário Luiz. Não cabe ao Judiciário conferir à relação informal os efeitos da sociedade conjugal. *Conjur*, 7 ago. 2016.

DELGADO, Mário Luiz. O cônjuge e o companheiro deveriam figurar como herdeiros necessários? *Revista IBDFAM – Família e Sucessões*, Belo Horizonte, v. 23, p. 33-57, 2017.

GOMES, Orlando. *Sucessões*. Atualização de Mario Roberto Carvalho de Faria. 15. ed. Rio de Janeiro: Forense, 2012.

HIRONAKA, Giselda Maria Fernandes Novaes. *Morrer e suceder*: passados e presente da transmissão sucessória concorrente. 2. ed. São Paulo: Revista dos Tribunais, 2014.

HIRONAKA, Giselda Maria Fernandes Novaes. Os herdeiros legitimários no direito civil contemporâneo: ampliação da liberdade de testar e proteção dos vulneráveis. *In*: TEPEDINO, Gustavo; MENEZES, Joyceane Bezerra de (Coord.). *Autonomia privada, liberdade existencial e direitos fundamentais*. Belo Horizonte: Fórum, 2019. p. 491-501.

HIRONAKA, Giselda Maria Fernandes Novaes; AGUIRRE, João Ricardo Brandão. Contratos de doação entre potenciais herdeiros necessários. *In*: TEIXEIRA, Ana Carolina Brochado; RODRIGUES, Renata de Lima. *Contratos, família e sucessões*: diálogos interdisciplinares. Indaiatuba: Focus, 2019.

HIRONAKA, Giselda Maria Fernandes Novaes; CAHALI, Francisco José. *Direito das sucessões*. 5. ed. São Paulo: Revista dos Tribunais, 2014.

HIRONAKA, Giselda Maria Fernandes Novaes; TARTUCE, Flávio. Planejamento sucessório: conceito, mecanismos e limitações. *Revista Brasileira de Direito Civil –RBDCivil*, Belo Horizonte, v. 21, p. 87-109, jul./set. 2019.

JEREISSATI, Regis Gurgel do Amaral. *A vulnerabilidade e a solidariedade como critérios para o reconhecimento do herdeiro necessário na sucessão legítima*. Dissertação (Mestrado em Direito Constitucional) – Universidade de Fortaleza, Fortaleza, 2018.

LIMA, Diego Papini Teixeira. *Releitura constitucional do instituto da legítima*. Dissertação (Mestrado em Direito Público) – Universidade Federal de Alagoas, 2019.

MADALENO, Rolf. O fim da legítima. *Revista IBDFAM – Família e Sucessões*, Belo Horizonte, n. 16, p. 31-72, jul./ago. 2016.

MAXIMILIANO, Carlos. *Direito das sucessões*. 5. ed. Rio de Janeiro: Livraria Freitas Bastos, 1954. v. III.

NEVARES, Ana Luiza Maia. A condição de herdeiro necessário do companheiro sobrevivente. *Revista de Direito Civil – RBDCivil*, Belo Horizonte, v. 23, p. 17/-27, jan./mar. 2020.

NEVARES, Ana Luiza Maia. A crise da legítima no direito brasileiro. *In*: TEIXEIRA, Ana Carolina Brochado; RODRIGUES, Renata de Lima. *Contratos, família e sucessões*: diálogos interdisciplinares. Indaiatuba: Focus, 2019. p. 263-277.

NEVARES, Ana Luiza Maia. *A função promocional do testamento, tendências do direito sucessório*. Rio de Janeiro: Renovar, 2004.

NEVARES, Ana Luiza Maia. *A tutela sucessória do cônjuge e do companheiro na legalidade constitucional*. 1. ed. Rio de Janeiro: Renovar, 2004.

NEVARES, Ana Luiza Maia. Perspectivas para o planejamento sucessório. *In*: TEIXEIRA, Daniele Chaves (Coord.). *Arquitetura do planejamento sucessório*. 2. ed. Belo Horizonte: Fórum, 2019. p. 385-401.

OLIVEIRA, Arthur Vasco Itabaiana de. *Tratado de direito das sucessões* – Da sucessão em geral e da sucessão legitima. Atualização de Aires Itabaiana de Oliveira. 4. ed. São Paulo: Max Limonad, 1952. v. 1.

PEREIRA, Caio Mário da Silva. *Instituições de direito civil* – Direito das sucessões. Atualização de Carlos Roberto Barbosa Moreira. 24. ed. Rio de Janeiro: Forense, 2017. v. VI. p. 127-128.

PERLINGIERI, Pietro. *O direito civil na legalidade constitucional*. Rio de Janeiro: Renovar, 2008.

PERLINGIERI, Pietro. *Perfis de direito civil, introdução ao direito civil constitucional*. Rio de Janeiro: Renovar, 2002.

PIRES, Caio Ribeiro. *A legítima e a tutela sucessória da pessoa humana*: uma análise à luz do direito civil constitucional. Dissertação (Mestrado em Direito Civil) – Universidade do Estado do Rio de Janeiro, Rio de Janeiro, 2020.

RAMOS, André Luiz Arnt; CATALAN, Marcos Jorge. O eterno retorno: a que(m) serve o modelo brasileiro de direito sucessório? *Civilistica.com*, Rio de Janeiro, ano 8, n. 2, 2019.

ROSENVALD, Nelson; FARIAS, Cristiano Chaves de. *Curso de direito civil* – Direito das sucessões. 4. ed. Salvador: JusPodivm, 2018. v. 7.

SARMENTO, Daniel; SOUZA NETO, Cláudio Pereira de. *Direito constitucional*: teoria, história e métodos de trabalho. 1. ed. Belo Horizonte: Fórum, 2012.

SCHREIBER, Anderson. *Manual de direito civil contemporâneo*. 1. ed. São Paulo: Saraiva Educação, 2018.

SCHREIBER, Anderson. *Novos paradigmas da responsabilidade civil*: da erosão dos filtros de reparação à diluição dos danos. 2. ed. São Paulo: Atlas, 2009.

SCHREIBER, Anderson; VIÉGAS, Francisco de Assis. Por uma releitura funcional da legítima no direito brasileiro. *Revista de Direito Civil Contemporâneo*, São Paulo, v. 19, ano 6, p. 211-250, abr./jun. 2019.

SILVA, Rodrigo da Guia. Um olhar civil constitucional sobre a "inconstitucionalidade no caso concreto". *Revista de Direito Privado*, São Paulo, v. 73, ano 18, p. 31-62, jan. 2017.

SIMÃO, José. Comentários aos art. 1966 a 1968, Código Civil. *In*: SCHREIBER, Anderson; TARTUCE, Flávio; SIMÃO, José Fernando; MELO, Marco Aurélio Bezerra de; DELGADO, Mário Luiz. *Código Civil comentado, doutrina e jurisprudência*. Rio de Janeiro: Forense, 2019.

SOUZA, Eduardo Nunes de. Invalidades negociais em perspectiva funcional: ensaio de uma aplicação ao planejamento sucessório. *In*: TEIXEIRA, Daniele Chaves (Coord.). *Arquitetura do planejamento sucessório*. 2. ed. Belo Horizonte: Fórum, 2019. p. 311-323.

SOUZA, Eduardo Nunes de. *Teoria geral das invalidades do negócio*: nulidade e anulabilidade no direito civil contemporâneo. São Paulo: Almedina, 2017.

TEIXEIRA, Daniele Chaves. *Planejamento sucessório*: pressupostos e limites. Belo Horizonte: Fórum, 2017.

TEIXEIRA, Daniele Chaves; COLOMBO, Maici Barboza dos Santos. Faz sentido a permanência do princípio da intangibilidade da legítima no ordenamento jurídico brasileiro? *In*: TEIXEIRA, Daniele Chaves (Coord.). *Arquitetura do planejamento sucessório*. 2. ed. Belo Horizonte: Fórum, 2019. p. 156-169.

TEIXEIRA, Daniele Chaves; MAZZEI, Rodrigo. Fórum on-line IBRADIM Covid-19 – Direito das sucessões, planejamento sucessório e negócios imobiliários. *YouTube*, 2020.

TEPEDINO, Gustavo. O papel atual da doutrina do direito civil entre o sujeito e a pessoa. *In*: TEPEDINO, Gustavo; TEIXEIRA, Ana Carolina Brochado; ALMEIDA, Vitor (Coord.). *O direito civil entre o sujeito e a pessoa*: estudos em homenagem ao professor Stéfano Rodotà. Belo Horizonte: Fórum, 2016. p. 17-35.

TEPEDINO, Gustavo; BARBOZA, Heloísa Helena, MORAES, Maria Celina Bodin de. *Código Civil interpretado conforme a Constituição da República*. Rio de Janeiro: Renovar, 2014. v. IV.

TEPEDINO, Gustavo; NEVARES, Ana Luiza Maia; MEIRELES, Rose Melo Vencelau. Direito das sucessões. *In*: TEPEDINO, Gustavo (Org.). *Fundamentos de direito civil*. Rio de Janeiro: Forense, 2020. v. 7.

TEPEDINO, Gustavo; TEIXEIRA, Ana Carolina Brochado. Direito das famílias. *In*: TEPEDINO, Gustavo. *Fundamentos de direito civil*. 1. ed. Rio de Janeiro: Forense, 2020. v. 6.

TERRA, Aline de Miranda Valverde. Liberdade do intérprete na metodologia civil constitucional. *In*: SCHREIBER, Anderson; KONDER, Carlos Nelson (Coord.). *Direito civil constitucional*. São Paulo: Atlas, 2016. p. 47-70.

WALD, Arnold. *Direito das sucessões*. 12. ed. São Paulo: Saraiva, [s.d.].

XAVIER, Luciana Pedroso; XAVIER, Marília Pedroso. O planejamento sucessório colocado em xeque: afinal, o companheiro é herdeiro necessário? *In*: TEIXEIRA, Daniele Chaves (Coord.). *Arquitetura do planejamento sucessório*. 2. ed. Belo Horizonte: Fórum, 2019. p. 239-251.

Informação bibliográfica deste texto, conforme a NBR 6023:2018 da Associação Brasileira de Normas Técnicas (ABNT):

PIRES, Caio Ribeiro. A legítima e o planejamento sucessório: entre o antes e o depois, o inadiável agora. *In*: TEIXEIRA, Daniele Chaves (Coord.). *Arquitetura do Planejamento Sucessório*. Belo Horizonte: Fórum, 2021. p. 41-70. Tomo II. ISBN 978-65-5518-117-3.

CONVENÇÕES PROCESSUAIS COMO INSTRUMENTOS PARA O PLANEJAMENTO SUCESSÓRIO

DANIELE CHAVES TEIXEIRA
CAROLINE POMJÉ

1   Considerações introdutórias

A eficácia e a eficiência da sucessão *mortis causa* são objetivos dos quais se ocupa o planejamento sucessório. O inventário judicial costuma, potencialmente, ser um entrave a essas aspirações, tendo em vista o tempo necessário para o cumprimento das formalidades e prazos inerentes ao procedimento, além da recorrente litigiosidade em torno da partilha, postergando e onerando a transferência do patrimônio da pessoa falecida.

Portanto, a mera adoção dos instrumentos clássicos do Direito Civil nem sempre é suficiente à racionalização da sucessão, sendo necessário lançar mão de institutos das diversas áreas do Direito, inclusive aqueles de natureza processual.

Nesse contexto, mostra-se pertinente o estudo acerca das convenções processuais no âmbito das sucessões, objetivo do presente artigo. Para tanto, contextualiza-se o aspecto temporal na tramitação dos inventários judiciais, passando-se à abordagem sobre viabilidade de alteração de tais processos e à análise das ditas convenções como instrumento de planejamento sucessório e de racionalização do procedimento de inventário.

2   Aspectos do direito sucessório brasileiro

O Direito Sucessório, como tradicionalmente reconhecido, objetiva a regulação da "sucessão evento morte, redirecionando a titularidade e as relações patrimoniais ativas e passivas de uma pessoa para depois de seu óbito".[1] O meio procedimental empregado para tal finalidade é o inventário – seja judicial ou extrajudicial. Cuida-se,

---

[1]   MADALENO, Rolf. *Sucessão Legítima*. Rio de Janeiro: Forense, 2019. p. 04.

assim, da listagem de "todos os bens da pessoa falecida para posterior partilha entre os seus sucessores ou adjudicação àquele que seja o único herdeiro".[2]

Apesar da previsão constante no Código de Processo Civil de 2015, no sentido da necessidade de que o procedimento judicial de inventário seja encerrado no prazo de doze meses, com possibilidade de prorrogação judicial (art. 611, Código de Processo Civil de 2015), fato é que raros são os processos judiciais de inventário, litigiosos, que são finalizados no prazo indicado pela legislação processual.

A partir de breve levantamento de dados realizado junto aos Tribunais de Justiça dos dez estados brasileiros mais populosos (assim considerados os estados de São Paulo, Minas Gerais, Rio de Janeiro, Bahia, Paraná, Rio Grande do Sul, Pernambuco, Ceará, Pará e Santa Catarina, entre os dias 09 e 11 de julho de 2020, foi possível verificar que o tempo médio de duração de um processo de inventário – considerando unicamente o período entre o ajuizamento do procedimento judicial e o julgamento do recurso de apelação – é de seis anos e seis meses.

A pesquisa foi realizada a partir da utilização dos filtros de "Apelação Cível" (Classe CNJ) e "Inventário e Partilha" (Assunto CNJ), limitando-se a busca aos recursos julgados pelo Tribunal respectivo desde o dia 10/07/2019, considerando a previsão contida no Código de Processo Civil no sentido de que o processo de inventário deveria ser ultimado nos doze meses subsequentes à propositura da inicial (art. 611, Código de Processo Civil de 2015).

Nesse sentido, foram selecionados os primeiros vinte resultados do repositório do Tribunal de Justiça do Estado de São Paulo, verificando-se em referidos feitos que o tempo médio de tramitação processual entre o ajuizamento da ação de inventário e o julgamento do recurso de apelação é de um ano e sete meses; perante o Tribunal de Justiça do Estado de Minas Gerais foram analisados quarenta e três processos, com tempo médio de tramitação de cinco anos e cinco meses; no Tribunal de Justiça do Estado do Rio de Janeiro foram analisados trinta e dois processos, com tempo médio de tramitação de nove anos e seis meses.

Junto ao Tribunal de Justiça do Estado da Bahia foram analisados nove processos, os quais ensejaram cálculo de tempo médio de tramitação de doze anos e quatro meses; já no Tribunal de Justiça do Estado do Paraná foram analisados quarenta e quatro processos, com tempo médio de tramitação de seis anos e cinco meses; perante o Tribunal de Justiça do Estado do Rio Grande do Sul foram analisados cinquenta e cinco processos, com tempo médio de tramitação de sete anos e seis meses.

No Tribunal de Justiça do Estado de Pernambuco foram analisados seis processos, com tempo médio de tramitação de dois anos e onze meses; junto ao Tribunal de Justiça do Estado do Ceará foram analisados doze processos, com tempo médio de tramitação de seis anos e quatro meses; no Tribunal de Justiça do Estado do Pará foi analisado um processo, com tempo de tramitação de seis anos e quatro meses; e perante o Tribunal de Justiça do Estado de Santa Catarina foram analisados dez processos, com tempo médio de tramitação de seis anos e cinco meses.

---

[2] TEPEDINO, Gustavo; NEVARES, Ana Luiza Maia; MEIRELES, Rose Melo Vencelau. *Direito das Sucessões*. Rio de Janeiro: Forense, 2020. p. 235.

Analisando-se, na sequência, o tempo médio total de duração dos procedimentos nos dez estados mais populosos da Federação, constatou-se que o período de seis anos e seis meses como representativo da média de duração dos processos de inventário, considerando-se, reitera-se, unicamente o período entre o ajuizamento da ação e o julgamento de eventual recurso de apelação. À evidência, diversos processos tramitam de maneira mais célere, enquanto que outros perduram no Poder Judiciário durante décadas (chamando a atenção processos de inventário que tramitam há dez, doze, dezenove, vinte e três, vinte e sete ou trinta e três anos, por exemplo). Desta maneira, verifica-se que o tempo médio de duração dos procedimentos de inventário perante o Poder Judiciário supera consideravelmente a previsão legislativa no sentido de que tais processos deveriam ser ultimados no prazo de doze meses (art. 611, do Código de Processo Civil de 2015).[3]

A partir da leitura dos acórdãos disponibilizados pelos respectivos Tribunais de Justiça, algumas considerações podem ser desde logo apontadas, considerando eventuais justificativas para a demora no processamento dos inventários. Discussões sobre a titularidade dos bens inventariados, sobre a possibilidade ou não de determinado sucessor permanecer na condição de inventariante, sobre a viabilidade ou não de um dos sucessores continuar usufruindo de um bem imóvel que foi deixado em condomínio, sobre a forma de partilha do patrimônio, sobre a condição ou não de herdeiro de determinada pessoa, sobre o modo como os tributos serão adimplidos (se por meio da venda de um bem integrante do patrimônio ou não) etc., são exemplos de discussões presentes nos processos de inventário que tramitam há anos perante o Poder Judiciário.

Diante desse cenário e da insuficiência das disposições legais atinentes ao Direito das Sucessões para fins de efetiva organização da sucessão *mortis causa*, a doutrina tem direcionado seus esforços para a organização de instrumentos jurídicos diversos com o objetivo de sistematizar e facilitar a transmissão do patrimônio em virtude do falecimento de seu titular originário. O planejamento sucessório emerge, assim, como "instrumento jurídico que permite a adoção de uma estratégia voltada para a transferência eficaz e eficiente do patrimônio de uma pessoa após a sua morte",[4] representando um "conjunto de medidas empreendidas para organizar a sucessão hereditária de bens e direitos previamente ao falecimento de seu titular".[5] No mesmo sentido, Giselda Hironaka e Flávio Tartuce afirmam que o planejamento sucessório se destina a "idealizar a divisão do patrimônio de alguém, evitando conflitos desnecessários e procurando concretizar a última vontade da pessoa cujos bens formam o seu objeto".[6]

---

[3] Cabe ressaltar que os prazos processuais previstos no art. 611, do Código de Processo Civil de 2015, correspondem a prazos impróprios, ou seja, prazos cujo descumprimento não acarreta, a priori, consequências processuais para as partes. Ressalva-se, no entanto, a observação de que a Fazenda Estadual pode prever a incidência de multa em virtude da não abertura do processo de inventário no prazo previsto na legislação (OLIVEIRA JÚNIOR, Heitor de. Art. 611. *In*: STRECK, Lenio Luiz; NUNES, Dierle; CUNHA, Leonardo (Org.). *Comentários ao Código de Processo Civil*. São Paulo: Saraiva, 2016. p. 852).

[4] TEIXEIRA, Daniele Chaves. Noções prévias do Direito das Sucessões: sociedade, funcionalização e planejamento sucessório. *In*: TEIXEIRA, Daniele Chaves (Coord.) *Arquitetura do planejamento sucessório*. Belo Horizonte: Fórum, 2019. p. 23-40. p. 35.

[5] TEPEDINO, Gustavo; NEVARES, Ana Luiza Maia; MEIRELES, Rose Melo Vencelau. *Direito das Sucessões*. Rio de Janeiro: Forense, 2020. p. 279.

[6] HIRONAKA, Giselda Maria Fernandes Novaes; TARTUCE, Flávio. Planejamento sucessório: conceito, mecanismos e limitações. *Revista Brasileira de Direito Civil – RBDCivil*, Belo Horizonte, v. 21, p. 87-109, jul./set. 2019. p. 88.

As finalidades do planejamento sucessório variam conforme a situação concreta objeto de análise, indicando-se, normalmente, os objetivos de "evitar conflitos, permitir que desejos sobre aspectos fundamentais da vida da pessoa sejam manifestados e executados, garantir a continuidade de empresas e dos negócios, bem como fomentar uma melhor distribuição da herança".[7] Para além de tais objetivos, porém, pode-se cogitar de uma organização procedimental prévia, considerando a tradicional morosidade que se vincula à tramitação dos processos judiciais de inventário.

Nesse ponto, a temática atinente ao planejamento sucessório, tradicionalmente relacionada apenas aos aspectos materiais dos direitos envolvidos, aproxima-se do Direito Processual Civil, considerando a relevância que as questões procedimentais assumem[8] e a possibilidade instituída pelo Código de Processo Civil de 2015, no seu art. 190, de modificações procedimentais pelas partes, por meio da realização de negócios jurídicos processuais entre os envolvidos.

A viabilidade da modificação procedimental prévia pode ser entendida como uma forma de adaptação do procedimento,[9] considerando a busca pela eficiência e pela concretização da duração razoável do processo,[10] especialmente diante da complexidade do direito material objeto de tutela e da consequente necessidade de que o instrumento seja amoldado para atender a essas peculiaridades.[11] [12]

Cabe questionar, no entanto, se a disciplina atinente aos negócios jurídicos processuais, cuja previsão genérica encontra-se no art. 190, do Código de Processo Civil de 2015, poderia ser aplicada à realização de pactuações voltadas à modificação do procedimento de inventário com o objetivo de que o titular do patrimônio, em conjunto com seus sucessores, proceda à definição de mudanças procedimentais; e, além disso, para que os próprios sucessores, já posteriormente ao falecimento do autor da herança, procedam à realização de modificações no procedimento de inventário que será iniciado ou que já teve início.[13]

---

[7] NEVARES, Ana Luiza Maia. Perspectivas para o planejamento sucessório. *In*: TEIXEIRA, Daniele Chaves (Coord.) *Arquitetura do planejamento sucessório*. Belo Horizonte: Fórum, 2019. p. 279-294. p. 279.

[8] "O planejamento sucessório envolve várias áreas do Direito Civil, tais como o próprio Direito das Sucessões, o Direito de Família, o Direito dos Contratos, entre outros institutos civis, conjugando-se, também, ao Direito Empresarial e ao Direito Tributário. Além disso, um planejamento envolve não somente Direito Privado, mas também diversas áreas do Direito, tais como o Direito Processual, o Direito Administrativo e até o Direito Internacional Privado" (TEIXEIRA, Daniele Chaves. Noções prévias do Direito das Sucessões: sociedade, funcionalização e planejamento sucessório. *In*: TEIXEIRA, Daniele Chaves (Coord.) *Arquitetura do planejamento sucessório*. Belo Horizonte: Fórum, 2019. p. 23-40. p. 35).

[9] ALVARO DE OLIVEIRA, Carlos Alberto. *Do Formalismo no Processo Civil*. Proposta de um formalismo-valorativo. 4. ed. rev. atual. e ampl. São Paulo: Saraiva, 2010. p. 160.

[10] ROSA, Conrado Paulino da; RODRIGUES, Marco Antonio. *Inventário e partilha*. Teoria e prática. 2. ed. rev., atual. e ampl. Salvador: Editora JusPodivm, 2020. p. 344.

[11] "O processo é instrumento e, como tal, deve ser moldado de maneira a melhor proporcionar o resultado pretendido pelos que dele necessitam. Isso somente é possível se for concebido a partir da realizada verificada no plano das relações de direito material. As necessidades encontradas em sede das relações substanciais devem nortear o processualista na construção de sua ciência" (BEDAQUE, José Roberto dos Santos. *Direito e Processo*. Influência do direito material sobre o processo (1995). 4. ed., rev. e ampl. São Paulo: Malheiros Editores, 2006. p. 65).

[12] Sobre instrumentalidade do processo ver, por todos, DINAMARCO, Cândido Rangel. *A instrumentalidade do processo* (1987). 15. ed. São Paulo: Malheiros Editores, 2013.

[13] Nesse sentido, pode-se cogitar da distinção entre "negócios jurídicos sobre o processo" e "negócios jurídicos processuais", considerando o momento de sua realização: "Da norma do art. 190, *caput*, do CPC/2015 extrai-se a possibilidade ampla de celebração de *negócios jurídicos sobre o processo* (assim entendidos aqueles anteriores à existência concreta da demanda a que se refiram), assim como de *negócios jurídicos processuais* (assim entendidos

3 Convenções processuais e sucessões: aproximações

A verificação sobre a viabilidade de alteração do procedimento de inventário pelas partes perpassa a análise das hipóteses de cabimento dos negócios jurídicos processuais. Ou seja, depende do estudo sobre os requisitos necessários para que a celebração do negócio jurídico enseje a formação de uma convenção válida e eficaz, capaz de produzir os impactos pretendidos sobre o procedimento judicial de inventário. Um primeiro aspecto relevante, nesse contexto, relaciona-se com a verificação de que os negócios jurídicos processuais representam concretização da autonomia privada das partes, entendida como "o poder, reconhecido ou concedido pelo ordenamento estatal a um indivíduo ou a um grupo, de determinar vicissitudes jurídicas como consequência de comportamentos – em qualquer medida – livremente assumidos".[14]

Transpondo tal compreensão à esfera processual, apresenta-se como indispensável o reconhecimento de que deve ser aplicado o princípio do respeito ao autorregramento da vontade ao processo civil brasileiro, atribuindo-se às partes a "autonomia para invocar suas prerrogativas processuais e exercê-las",[15] ao mesmo tempo em que se reconhece a "possibilidade de abdicar delas, podendo renunciar às garantias processuais mínimas estabelecidas em seu favor em razão da principiologia do direito processual civil".[16]

Confere-se às partes, assim, a possibilidade de modificar as regras procedimentais previstas pela legislação processual. Referida viabilidade decorre da regra geral contida no art. 190, do Código de Processo Civil de 2015, de acordo com a qual:

> versando o processo sobre direitos que admitam autocomposição, é lícito às partes plenamente capazes estipular mudanças no processo para ajustá-lo às especificidades da causa e convencionar sobre os seus ônus, poderes, faculdades e deveres processuais, antes ou durante o processo.

Logo, tem-se a possibilidade de que as partes, plenamente capazes, definam o modo pelo qual o procedimento aplicável ao seu eventual litígio prosseguirá.

A validade e eficácia da pactuação, no entanto, dependem do preenchimento de requisitos específicos, previstos na legislação processual. Deslocando a aplicação dos negócios jurídicos processuais à esfera do processo de inventário, ainda, algumas observações adicionais apresentam-se como necessárias para que se possa cogitar sobre a aplicabilidade de alterações no procedimento de transmissão patrimonial *causa mortis* – seja com a utilização de tal convenção como instrumento de planejamento sucessório pelo autor da herança, seja empregada pelos próprios sucessores antes do ajuizamento do processo de inventário ou durante sua tramitação como forma de regulamentar o procedimento.

---

aqueles que tem referibilidade a algum procedimento concreto)" (NOGUEIRA, Pedro Henrique. *Negócios jurídicos processuais*. Salvador: Editora JusPodivm, 2016. p. 231).

[14] PERLINGIERI, Pietro. *Perfis do Direito Civil*. Introdução ao Direito Civil Constitucional. 3. ed. Tradução de Maria Cristina De Cicco. Rio de Janeiro: Renovar, 2002. p. 17.

[15] CABRAL, Antonio do Passo. *Convenções processuais*. Salvador: Editora JusPodivm, 2016. p. 143.

[16] CABRAL, Antonio do Passo. *Convenções processuais*. Salvador: Editora JusPodivm, 2016. p. 143.

3.1 Notas sobre as convenções processuais

A tradicional distinção presente dentro dos fatos jurídicos em sentido amplo é aplicada por Antonio do Passo Cabral para a esfera processual. Nesse sentido, o autor afirma:

> os fatos jurídicos processuais em sentido amplo dividem-se em fatos jurídicos processuais *stricto sensu*, cujos suportes fáticos prescindem de qualquer ato humano; e atos jurídicos processuais *lato sensu*, estes últimos podendo ser subdivididos em atos jurídicos processuais *stricto sensu*, em que a vontade é um elemento importante para a estrutura do ato, mas sem determinar o conteúdo eficacial; e os negócios jurídicos processuais.[17]

A distinção entre os atos jurídicos processuais *stricto sensu* e os negócios jurídicos processuais reside na circunstância de que, nos últimos, a vontade dos agentes assume importância tanto na escolha quanto à prática ou não do ato quanto na definição de seus respectivos efeitos,[18] de modo que "existe para as partes uma margem de disposição também sobre o conteúdo eficacial do negócio jurídico processual".[19] Por conseguinte, o preenchimento do suporte fático necessário para a caracterização de um negócio jurídico processual depende de uma manifestação de vontade pelo(s) seu(s) agente(s).[20]

Referidos negócios jurídicos podem ser classificados como unilaterais ou plurilaterais, conforme haja ou não confluência de mais de uma vontade na sua configuração. Nesse sentido, supramencionado autor afirma que os negócios jurídicos plurilaterais são "praticados por vários sujeitos, com duas ou mais vontades que se encontram para a produção de certos efeitos",[21] podendo ser denominados "convenções" ou "acordos" processuais.

Conceitualmente, portanto, empregando-se a lição de Antonio do Passo Cabral, a convenção processual representa "o negócio jurídico plurilateral, pelo qual as partes, antes ou durante o processo e sem a necessidade da intermediação de nenhum outro sujeito, determinam a criação, modificação e extinção de situações jurídicas processuais, ou alteram o procedimento".[22]

Importante, ainda, destacar o teor do parágrafo único do art. 190, do Código de Processo Civil de 2015, de acordo com o qual:

> de ofício ou a requerimento, o juiz controlará a validade das convenções previstas neste artigo, recusando-lhes aplicação somente nos casos de nulidade ou de inserção abusiva

---

[17] CABRAL, Antonio do Passo. *Convenções processuais*. Salvador: Editora JusPodivm, 2016. p. 45.

[18] Da mesma maneira, no âmbito material, afirma-se que "Há que se notar que tanto o ato jurídico em sentido estrito quanto o negócio jurídico são atos voluntários do homem, mas, enquanto no ato jurídico em sentido estrito o efeito jurídico independe da intenção do agente, no negócio jurídico o efeito jurídico apenas se verifica se tiver sido pretendido pelo agente. Os negócios jurídicos subdividem-se, por sua vez, em negócios jurídicos unilaterais, que se formam com uma única declaração de vontade (como no já citado exemplo do testamento) e negócios jurídicos bilaterais ou plurilaterais, que exigem mais de uma declaração de vontade para sua formação (contratos)" (SCHREIBER, Anderson; TARTUCE, Flávio; *et. al. Código Civil Comentado*. Doutrina e Jurisprudência. Rio de Janeiro: Forense, 2019. p. 69)

[19] CABRAL, Antonio do Passo. *Convenções processuais*. Salvador: Editora JusPodivm, 2016. p. 49.

[20] NOGUEIRA, Pedro Henrique. *Negócios jurídicos processuais*. Salvador: Editora JusPodivm, 2016. p. 178.

[21] CABRAL, Antonio do Passo. *Convenções processuais*. Salvador: Editora JusPodivm, 2016. p. 49.

[22] CABRAL, Antonio do Passo. *Convenções processuais*. Salvador: Editora JusPodivm, 2016. p. 68.

em contrato de adesão ou em que alguma parte se encontre em manifesta situação de vulnerabilidade.

Ainda que a utilização de tal modalidade de negócio jurídico como instrumento de planejamento sucessório e/ou no âmbito de procedimento de inventário não se adeque à hipótese de "inserção abusiva em contrato de adesão", deve-se atentar para a necessidade de que nenhuma das partes envolvidas na convenção processual encontre-se em "manifesta situação de vulnerabilidade", a fim de evitar questionamentos sobre a validade da pactuação.

Em relação a esse ponto, Fredie Didier Jr. afirma que o disposto no parágrafo único do art. 190, do diploma processual, representa "hipótese específica de incapacidade processual negocial: a incapacidade pela situação de vulnerabilidade".[23] Ainda de acordo com o autor, tal vulnerabilidade se faz presente "quando houver desequilíbrio entre os sujeitos na relação jurídica, fazendo com que a negociação não se aperfeiçoe em igualdade de condições".[24]

Para fins de controle de tal situação, especialmente quando o procedimento de inventário estiver marcado pela presença de pessoas em situação de vulnerabilidade em virtude da idade, por exemplo, pode-se cogitar do papel ativo do Ministério Público na fiscalização do negócio jurídico celebrado e apresentado judicialmente para fins de cumprimento (na condição de fiscal da ordem jurídica, na forma do art. 178, inciso II, do Código de Processo Civil de 2015). Assim, ter-se-ia a viabilidade de que, celebrado um negócio jurídico processual por pessoa absoluta ou relativamente incapaz, devidamente representada ou assistida para tanto, referida representação seja objeto de controle judicial a fim de que a pactuação possa ser efetivamente implementada.

3.2 Convenções processuais como instrumentos de planejamento sucessório e de racionalização do procedimento de inventário

O processo de inventário caracteriza-se por ser um procedimento voltado à apuração e descrição dos bens "que irão compor o quinhão de cada herdeiro ou a meação do cônjuge sobrevivo",[25] não se prestando à transmissão do patrimônio de seu antigo titular (uma vez que, com o óbito do autor da herança, esta é transmitida automaticamente aos herdeiros, por força da incidência da *saisine*).[26]

Trata-se de processo com cunho eminentemente patrimonial, em que os direitos envolvidos são disponíveis, admitindo-se, como regra, a autocomposição entre os

---

[23] DIDIER JR., Fredie. Negócios jurídicos processuais atípicos no CPC/2015. *In*: MARCATO, Ana; GALINDO, Beatriz; *et. al.* (Org.). *Negócios Processuais*. Coletânea Mulheres no Processo Civil Brasileiro. Salvador: Editora JusPodivm, 2017. v. 1. p. 161-186. p. 173.

[24] DIDIER JR., Fredie. Negócios jurídicos processuais atípicos no CPC/2015. *In*: MARCATO, Ana; GALINDO, Beatriz; *et. al.* (Org.). *Negócios Processuais*. Coletânea Mulheres no Processo Civil Brasileiro. Salvador: Editora JusPodivm, 2017. v. 1. p. 161-186. p. 173.

[25] ROSA, Conrado Paulino da; RODRIGUES, Marco Antonio. *Inventário e partilha*. Teoria e prática. 2. ed. rev., atual. e ampl. Salvador: Editora JusPodivm, 2020. p. 327.

[26] FARIAS, Cristiano Chaves de; ROSENVALD, Nelson. *Curso de Direito Civil*: Sucessões. 4. ed. rev., ampl. e atual. Salvador: Editora JusPodivm, 2018. p. 532.

sucessores.[27] Mas, para além da viabilidade de autocomposição no que condiz com o direito material subjacente, tem-se a possibilidade de que as partes convencionem sobre modificações procedimentais no inventário. Ou seja, que realizem convenções processuais direcionadas à alteração das disposições processuais que deverão ser aplicadas no procedimento.

Ainda que existam pessoas absoluta ou relativamente incapazes, na forma em que previsto nos arts. 3º e 4º, do Código Civil brasileiro de 2002, a viabilidade de autocomposição no procedimento judicial de inventário resta mantida (neste caso, no entanto, procedimento deve ser submetido ao controle jurisdicional, na forma do art. 2.016, do Código Civil brasileiro de 2002, cabendo inclusive a participação de representante do Ministério Público no procedimento, na condição de fiscal da ordem jurídica, na forma do art. 178, inciso II, do Código de Processo Civil de 2015, conforme referido anteriormente).

A autocomposição, portanto, representa uma possibilidade em procedimentos judiciais de inventário, apresentando-se aprioristicamente como possível a aplicação do disposto no art. 190, do Código de Processo Civil de 2015, a tal modalidade de procedimento especial, cogitando-se da viabilidade de utilização de tais instrumentos tanto em sua faceta dispositiva quanto em sua esfera obrigacional.

Isso porque, como leciona Antonio do Passo Cabral, a doutrina germânica distingue os acordos processuais em dois grupos: "aqueles que impactam o rito processual, chamados de 'acordos de disposição' ou 'acordos dispositivos' (*Verfügungsverträge*), e os que possuem efeitos abdicativos, chamados 'acordos obrigacionais' ou 'acordos de obrigação' (*Verpflichtungsverträge*)".[28] Enquanto as convenções dispositivas referem-se ao próprio procedimento, modificando regras processuais ou procedimentais, as convenções obrigacionais "não alteram o procedimento, mas estabelecem um fazer ou não fazer para um ou ambos os convenentes",[29] de modo que as partes criam, modificam ou extinguem "obrigações de comportar-se de determinada forma no processo".[30]

As duas modalidades de convenções processuais acima referidas podem ter sua aplicação considerada no âmbito do processo de inventário e, mais do que isto, pode-se cogitar da utilização das convenções processuais (ou pré-processuais, como se verá na sequência) tanto ao longo do procedimento judicial de inventário quanto previamente; nesta última circunstância, a utilização das convenções processuais serviria como um efetivo instrumento de planejamento sucessório à disposição do autor da herança como uma maneira de modificar o procedimento a ser empregado quando do seu falecimento, por parte de seus sucessores.

---

[27] Nesse sentido, Maria Berenice Dias afirma que "admite a lei a possibilidade de a partilha ser levada a efeito de modo amigável. Basta os herdeiros serem maiores e capazes. A partilha é negócio jurídico transacional e exige, para sua validade, os requisitos do negócio jurídico. [...]. Ainda que, por divergências entre os herdeiros, o processo de inventário tenha iniciado pelo rito solene, a qualquer tempo, superadas as razões do conflito, podem eles proceder à partilha amigável. Basta apresentarem a partilha para ser tomada a termo nos autos do inventário ou mediante petição dirigida ao juiz" (DIAS, Maria Berenice. *Manual das Sucessões*. 4. ed. rev., atual. e ampl. São Paulo: Editora Revista dos Tribunais, 2015. p. 605).

[28] CABRAL, Antonio do Passo. *Convenções processuais*. Salvador: Editora JusPodivm, 2016. p. 72-73.

[29] CABRAL, Antonio do Passo. *Convenções processuais*. Salvador: Editora JusPodivm, 2016. p. 72-73.

[30] CABRAL, Antonio do Passo. *Convenções processuais*. Salvador: Editora JusPodivm, 2016. p. 72-73.

Considerando que a autonomia das partes não encontra lugar apenas dentro de um processo judicial, entende-se pela viabilidade da realização de convenções pré-processuais (acordos prévios à instauração do processo, portanto) que versem sobre situações constituendas.[31] [32] Tais convenções são denominadas "prévias" por antecederem temporalmente a propositura da ação judicial; apesar disso, como sinaliza Fernanda Pantoja, referidos acordos normalmente "têm inequívoca natureza processual, diante da potencialidade ou da aptidão de gerarem efeitos no processo, caso este venha a ser instaurado".[33] Entretanto, não se pode descuidar da possibilidade de que tais convenções prévias se dirijam não à regulamentação do processo jurisdicional, "mas à normatização de atividades extrajudiciais – voltadas, por exemplo, à instrução preliminar ou à tentativa de acordo, independentemente da existência de um futuro processo".[34]

É certo, portanto, considerando o teor expresso do art. 190, do Código de Processo Civil de 2015, que as convenções processuais podem ser celebradas pelas partes envolvidas *antes* ou *após* o ajuizamento da ação judicial à qual se encontram vinculadas. E, mais do que isso, tais convenções processuais podem disciplinar diretamente aquele procedimento – modificando disposições que teriam aplicação em virtude de previsão legal, por exemplo – ou, ainda, disciplinar questões prévias, como o procedimento extrajudicial que deve ser realizado inicialmente pelas partes, antes do ajuizamento de eventual processo perante o Poder Judiciário. Nessa circunstância, tem-se uma "antecipação procedimental", com a possibilidade de que as partes prevejam cláusulas que deverão reger um futuro litígio que, neste momento, encontra-se em estágio potencial.[35]

É justamente essa viabilidade de um acordo prévio – seja atinente a uma modificação procedimental (convenção dispositiva), seja referente a uma modificação dos poderes das partes em relação aos seus poderes e obrigações – que se apresenta como um possível instrumento de planejamento sucessório por parte do autor da herança. Isso porque se entende que, ao proceder à elaboração de um testamento ou à utilização de outro instrumento para fins de planejamento sucessório, pode o autor da herança, em conjunto com seus sucessores, elaborar convenção processual que verse sobre o procedimento e/ou sobre as posições jurídicas dos sucessores. A viabilidade de utilização das convenções processuais, especialmente em conjunto com outros mecanismos "materiais" de planejamento sucessório, é destacada por Giselda Hironaka e Flávio Tartuce.[36]

---

[31] CABRAL, Antonio do Passo. *Convenções processuais*. Salvador: Editora JusPodivm, 2016. p. 75-77.

[32] No mesmo sentido, Marcela Kohlbach de Faria afirma que "são lícitos, inclusive, os acordos pré-processuais sobre procedimento, os quais poderão ser inseridos no corpo de um contrato, por exemplo" (FARIA, Marcela Kohlbach de. Negócios jurídicos processuais unilaterais e o requerimento de parcelamento do débito pelo executado. *In*: DIDIER JR., Fredie (coord. ger.); CABRAL, Antonio do Passo; NOGUEIRA, Pedro Henrique. *Negócios processuais*. 2. ed. rev., atual. e ampl. Salvador: Editora JusPodivm, 2016. p. 393-407. p. 395).

[33] PANTOJA, Fernanda Medina. Convenções pré-processuais para a concepção de procedimentos preliminares extrajudiciais. *In*: MARCATO, Ana; GALINDO, Beatriz; *et. al.* (Org.). *Negócios Processuais*. Coletânea Mulheres no Processo Civil Brasileiro. Salvador: Editora JusPodivm, 2017. v. 1. p. 139-159. p. 143.

[34] PANTOJA, Fernanda Medina. Convenções pré-processuais para a concepção de procedimentos preliminares extrajudiciais. *In*: MARCATO, Ana; GALINDO, Beatriz; *et. al.* (Org.). *Negócios Processuais*. Coletânea Mulheres no Processo Civil Brasileiro. Salvador: Editora JusPodivm, 2017. v. 1. p. 139-159. p. 143.

[35] CABRAL, Antonio do Passo. *Convenções processuais*. Salvador: Editora JusPodivm, 2016. p. 75-76.

[36] HIRONAKA, Giselda Maria Fernandes Novaes; TARTUCE, Flávio. Planejamento sucessório: conceito, mecanismos e limitações. *Revista Brasileira de Direito Civil – RBDCivil*, Belo Horizonte, v. 21, p. 87-109, jul./set. 2019. p. 89.

Pode-se cogitar, por exemplo, da realização de acordo do qual sejam partes tanto o autor da herança quanto os seus futuros sucessores, por meio do qual se proceda desde logo à indicação da pessoa que atuará como inventariante ou, ainda, da necessidade de nomeação de inventariante judicial, como possibilitado pelo art. 617, inciso VII, do Código de Processo Civil de 2015. Como a nomeação do inventariante representa um dos pontos com potencial para a geração de conflitos entre os sucessores, sendo, ao mesmo tempo, matéria pela qual as partes envolvidas em um processo de inventário costumam discutir (representando, consequentemente, temática que apresenta relevância tanto em seu aspecto material, no cotidiano dos envolvidos, quando em seu aspecto processual, pensando nos reflexos para o desenvolvimento do processo), poder-se-ia cogitar da realização de convenção processual prévia para nomeação de inventariante, considerando tanto os interesses do autor da herança na administração do patrimônio por determinado sucessor, quanto a necessidade de existência de consenso entre as partes quando da realização daquela convenção. Desta maneira, procedendo-se à abertura do processo de inventário, já haveria uma convenção processual prévia por meio da qual foi realizada a indicação do inventariante, evitando-se em alguma medida impugnações sobre a condição de inventariante.

Outro objeto do planejamento sucessório por intermédio de convenções processuais pode ser representado pela prévia indicação de bem que deverá ser destinado à venda para fins de pagamento dos impostos e custas processuais, por exemplo. Tal previsão apresenta-se como interessante na medida em que acaba direcionando parte do patrimônio à venda para fins de adimplemento das despesas com o próprio inventário, colhendo-se previamente, portanto, a concordância dos sucessores com a alienação do bem, o que facilitaria consideravelmente a solicitação judicial de expedição de alvará para venda de bem que compõe o acervo hereditário.[37] Evidentemente, a eficácia de convenção prévia sobre tal temática restaria condicionada à permanência daquele bem no acervo hereditário quando da abertura do inventário.

Ainda, pode-se cogitar da pactuação prévia, direcionada pelo próprio autor da herança, no sentido de que seus sucessores se submetam, previamente a eventual litígio, à mediação, como forma de estabelecer a necessidade de tentativa de autocomposição antes da instauração do procedimento judicial de inventário. Pensando-se nos prazos previstos pela legislação processual para fins de apresentação de impugnações pelas partes do procedimento de inventário, poder-se-ia cogitar da realização de convenção processual com o objetivo de alterar tais prazos, tornando-os mais exíguos e, consequentemente, direcionando o processo para uma solução mais célere.

Para além da possibilidade de realização de convenção processual previamente ao óbito do autor da herança, representando instrumento de planejamento sucessório, na medida em que o próprio titular do patrimônio, em conjunto com seus sucessores, procede à realização de especificações no que condiz com a alocação do patrimônio e com

---

[37] "Às vezes é necessário o levantamento de importâncias em dinheiro ou da venda de algum bem, independentemente do inventário. Daí a praxe de buscar o recebimento de pequenas quantias deixadas pelo falecido por meio de alvará. Como a venda de bem do espólio depende de prévia autorização judicial (CC 1.793 §3º), é comum o pedido de expedição de alvará para atender as despesas do inventário e o pagamento dos tributos, caso em que os herdeiros devem ser citados, mas é dispensável a concordância dos mesmos" (DIAS, Maria Berenice. *Manual das Sucessões*. 4. ed. rev., atual. e ampl. São Paulo: Editora Revista dos Tribunais, 2015. p. 551).

a resolução de questões prévias que, no âmbito de um processo judicial de inventário, são potencialmente litigiosas, pode-se cogitar da realização de convenções processuais ao menos em outros dois momentos no curso da transmissão patrimonial *causa mortis*: pelos próprios sucessores, entre o falecimento do autor da herança e a abertura do processo de inventário; e pelos próprios sucessores, já no decorrer do processo de inventário.

Nessas duas hipóteses, a diferença primordial em relação à primeira situação reside na circunstância de que a vontade do autor da herança – agora falecido – não estará mais presente, de modo que a convenção processual não representará mais um instrumento para fins de planejamento sucessório. Representará, isso sim, uma modalidade de acordo pré-processual ou processual, realizado pelas pessoas que atuarão subsequentemente na condição de partes em um processo judicial.

Conrado Paulino da Rosa e Marco Antonio Rodrigues mencionam expressamente a possibilidade de celebração de negócios processuais no curso do processo de inventário, ressaltando inclusive a existência de previsão de negócio jurídico processual típico:[38] o art. 633, do Código de Processo Civil de 2015, afirma que, "sendo capazes todas as partes, não se procederá à avalição se a Fazenda Pública, intimada pessoalmente, concordar de forma expressa com o valor atribuído, nas primeiras declarações, aos bens do espólio".

Além disso, do mesmo modo que indicado quando da apresentação de exemplos de convenções processuais voltadas ao planejamento sucessório, pode-se cogitar da realização de acordos atípicos pelas partes, cuja organização e aplicação dependerá da autodeterminação dos envolvidos. Nesse sentido, toma-se como exemplo a possibilidade de uma convenção processual por meio da qual as partes renunciariam previamente ao direito de interporem recursos em face de decisões interlocutórias proferidas no curso do processo de inventário (cuja recorribilidade via agravo de instrumento encontra-se prevista no art. 1.015, parágrafo único, do Código de Processo Civil de 2015); tal medida, como pontuam Conrado Paulino da Rosa e Marco Antonio Rodrigues, pode viabilizar que o procedimento de inventário chegue com maior brevidade a uma sentença nos casos em que há grande litígio.[39]

Da mesma maneira, reitera-se a viabilidade de realização de convenção processual prévia entre os sucessores para fins de escolha do inventariante (art. 617, do Código de Processo Civil de 2015), de redução dos prazos para impugnações e, quando da instituição do procedimento judicial, eventual calendarização processual,[40] na forma do art. 191, do Código de Processo Civil de 2015.

---

[38] ROSA, Conrado Paulino da; RODRIGUES, Marco Antonio. *Inventário e partilha*. Teoria e prática. 2. ed. rev., atual. e ampl. Salvador: Editora JusPodivm, 2020. p. 344.

[39] ROSA, Conrado Paulino da; RODRIGUES, Marco Antonio. *Inventário e partilha*. Teoria e prática. 2. ed. rev., atual. e ampl. Salvador: Editora JusPodivm, 2020. p. 345.

[40] "O calendário processual é o modelo de flexibilização voltado exclusivamente para que as partes e o juiz estabeleçam um cronograma sobre o procedimento a ser adotado, fixando os prazos específicos ou preestabelecendo datas de cumprimento dos atos processuais. Trata-se, pois, de espécie de modificação do procedimento que ocorre por ato conjunto das partes e do juiz" (CABRAL, Trícia Navarro Xavier. Reflexos das convenções em matéria processual nos autos judiciais. *In*: DIDIER JR., Fredie (coord. ger.); CABRAL, Antonio do Passo; NOGUEIRA, Pedro Henrique. *Negócios processuais*. 2. ed. rev., atual. e ampl. Salvador: Editora JusPodivm, 2016. p. 303-332. p. 319).

4 Considerações finais

Como se viu, em que pese a determinação legal no sentido de que o inventário judicial deva ser encerrado nos doze meses subsequentes ao ajuizamento da ação, raros são os processos que são ultimados nesse lapso temporal, o que demonstra a efetiva utilidade das convenções processuais como instrumento de planejamento sucessório.

A possibilidade de celebração de negócios processuais, desde que preenchidos certos requisitos de existência, validade e eficácia, decorre da autonomia privada e foi expressamente prevista no Código de Processo Civil brasileiro. As convenções processuais, dispositivas ou obrigacionais, podem ser pactuadas no âmbito dos inventários judiciais e mesmo em momento anterior, inclusive como ato de disposição do autor da herança, sendo, em tal hipótese, categorizável como instrumento processual destinado ao planejamento sucessório.

Assim, mostra-se possível, por exemplo, a prévia eleição do inventariante, a indicação do bem que deverá suportar o pagamento das despesas com o inventário, a determinação de que os sucessores se submetam à fase prévia para tentativa de autocomposição da questão, a alteração de prazos processuais, a renúncia ao direito de interposição de recursos e a calendarização processual, medidas que, certamente, são vocacionadas à racionalização dos processos em questão.

Referências

ALVARO DE OLIVEIRA, Carlos Alberto. *Do Formalismo no Processo Civil*. Proposta de um formalismo-valorativo. 4. ed. rev. atual. e ampl. São Paulo: Saraiva, 2010.

BEDAQUE, José Roberto dos Santos. *Direito e Processo*. Influência do direito material sobre o processo (1995). 4. ed., rev. e ampl. São Paulo: Malheiros Editores, 2006.

CABRAL, Antonio do Passo. *Convenções processuais*. Salvador: Editora JusPodivm, 2016.

CABRAL, Trícia Navarro Xavier. Reflexos das convenções em matéria processual nos autos judiciais. *In*: DIDIER JR., Fredie (coord. Ger.); CABRAL, Antonio do Passo; NOGUEIRA, Pedro Henrique. *Negócios processuais*. 2. ed. rev., atual. e ampl. Salvador: Editora JusPodivm, 2016. p. 303-332.

DIAS, Maria Berenice. *Manual das Sucessões*. 4. ed. rev., atual. e ampl. São Paulo: Editora Revista dos Tribunais, 2015

DIDIER JR., Fredie. Negócios jurídicos processuais atípicos no CPC/2015. *In*: MARCATO, Ana; GALINDO, Beatriz; *et. al.* (Org.). *Negócios Processuais*. Coletânea Mulheres no Processo Civil Brasileiro. Salvador: Editora JusPodivm, 2017. v. 1. p. 161-186.

DINAMARCO, Cândido Rangel. *A instrumentalidade do processo* (1987). 15. ed. São Paulo: Malheiros Editores, 2013.

FARIA, Guilherme Henrique Lage. *Negócios processuais no modelo constitucional de processo*. Salvador: Editora JusPodivm, 2016.

FARIA, Marcela Kohlbach de. Negócios jurídicos processuais unilaterais e o requerimento de parcelamento do débito pelo executado. *In*: DIDIER JR., Fredie (Coord. Ger.); CABRAL, Antonio do Passo; NOGUEIRA, Pedro Henrique. *Negócios processuais*. 2. ed. rev., atual. e ampl. Salvador: Editora JusPodivm, 2016. p. 393-407.

FARIAS, Cristiano Chaves de; ROSENVALD, Nelson. *Curso de Direito Civil*: Sucessões. 4. ed. rev., ampl. e atual. Salvador: Editora JusPodivm, 2018.

HIRONAKA, Giselda Maria Fernandes Novaes; TARTUCE, Flávio. Planejamento sucessório: conceito, mecanismos e limitações. *Revista Brasileira de Direito Civil – RBDCivil*, Belo Horizonte, v. 21, p. 87-109, jul./ set. 2019.

MADALENO, Rolf. *Sucessão Legítima*. Rio de Janeiro: Forense, 2019.

NEVARES, Ana Luiza Maia. Perspectivas para o planejamento sucessório. *In*: TEIXEIRA, Daniele Chaves (Coord.) *Arquitetura do planejamento sucessório*. Belo Horizonte: Fórum, 2019. p. 279-294.

NOGUEIRA, Pedro Henrique. *Negócios jurídicos processuais*. Salvador: Editora JusPodivm, 2016.

OLIVEIRA JÚNIOR, Heitor de. Art. 611. *In*: STRECK, Lenio Luiz; NUNES, Dierle; CUNHA, Leonardo (Org.). *Comentários ao Código de Processo Civil*. São Paulo: Saraiva, 2016.

PANTOJA, Fernanda Medina. Convenções pré-processuais para a concepção de procedimentos preliminares extrajudiciais. *In*: MARCATO, Ana; GALINDO, Beatriz; *et. al.* (Org.). *Negócios Processuais*. Coletânea Mulheres no Processo Civil Brasileiro. Salvador: Editora JusPodivm, 2017. v. 1. p. 139-159.

PERLINGIERI, Pietro. *Perfis do Direito Civil*. Introdução ao Direito Civil Constitucional. 3. ed. Tradução de Maria Cristina De Cicco. Rio de Janeiro: Renovar, 2002.

ROSA, Conrado Paulino da; RODRIGUES, Marco Antonio. *Inventário e partilha*. Teoria e prática. 2. ed. rev., atual. e ampl. Salvador: Editora JusPodivm, 2020.

SCHREIBER, Anderson; TARTUCE, Flávio; *et. al. Código Civil Comentado*. Doutrina e Jurisprudência. Rio de Janeiro: Forense, 2019.

TEIXEIRA, Daniele Chaves. Noções prévias do Direito das Sucessões: sociedade, funcionalização e planejamento sucessório. *In*: TEIXEIRA, Daniele Chaves (Coord.) *Arquitetura do planejamento sucessório*. Belo Horizonte: Fórum, 2019. p. 23-40.

TEPEDINO, Gustavo; NEVARES, Ana Luiza Maia; MEIRELES, Rose Melo Vencelau. *Direito das Sucessões*. Rio de Janeiro: Forense, 2020.

Informação bibliográfica deste texto, conforme a NBR 6023:2018 da Associação Brasileira de Normas Técnicas (ABNT):

TEIXEIRA, Daniele Chaves; POMJÉ, Caroline. Convenções processuais como instrumentos para o planejamento sucessório. *In*: TEIXEIRA, Daniele Chaves (Coord.). *Arquitetura do Planejamento Sucessório*. Belo Horizonte: Fórum, 2021. p. 71-83. Tomo II. ISBN 978-65-5518-117-3.

"LIBERDADE! LIBERDADE! ABRE AS ASAS SOBRE NÓS": UMA ANÁLISE SOBRE O *STATUS* JURÍDICO DO COMPANHEIRO APÓS A DECLARAÇÃO DE INCONSTITUCIONALIDADE DO ART. 1.790 DO CÓDIGO CIVIL

CONRADO PAULINO DA ROSA

1 Introdução

O reconhecimento de direitos aos integrantes de relações convivenciais, entidade alçada ao *status* de família tão somente pela Constituição Federal de 1988, passou por uma árdua trajetória nas últimas décadas.

A despeito da dificuldade travada no mundo jurídico, a manutenção de uniões estáveis, ao invés do casamento de "papel passado" – no dizer popular –, tem sido a tônica da sociedade contemporânea.

Contemporaneamente, a cada dia mais os direitos inerentes a relações convivenciais têm se igualado aqueles já alcançados ao casamento. O movimento mais recente nesse sentido é a equiparação do regime sucessório do companheiro ao do cônjuge, sendo agora ambos regidos pelo art. 1.829 do Código Civil. Todavia, alguns aspectos dessa nova disciplina ainda seguem nebulosos.

Dessa forma, o presente artigo tem como escopo analisar não apenas o avanço no reconhecimento dos direitos aos companheiros, mas também, ante a declaração de inconstitucionalidade do art. 1.790 de nosso diploma civil, verificar se os efeitos do julgamento da Repercussão Geral nº 809 do Supremo Tribunal Federal alçaram o companheiro à condição de herdeiro necessário.

2 A trajetória dos direitos sucessórios entre os conviventes

A trajetória do reconhecimento dos direitos aos integrantes de famílias convivenciais foi concretizada, como dito popularmente, "aos trancos e barrancos". Isso porque, até o advento da Constituição Federal de 1988, sua proteção estava elencada à mera sociedade de fato,[1] aplicando-se regras de direito obrigacional a relações que,

---

[1] Súmula nº 380 do STF: Comprovada a existência de sociedade de fato entre os concubinos, é cabível a sua dissolução judicial, com a partilha do patrimônio adquirido pelo esforço comum.

em verdade, eram consubstanciadas por afetividade em que nada se aproxima com um vínculo societário.

A previsão do art. 226, §6º, da Constituição Federal, embora tenha elevado a união estável ao *status* de família em nosso ordenamento jurídico, carecia de normatização, haja vista que ainda se encontrava em vigência o Código civilista de 1916.

Em 1994, houve na edição da Lei nº 8.971, garantindo a meação do companheiro[2] sobre os bens com os quais houvesse colaborado.[3] Em se tratando de direitos sucessórios, foi garantido o direito de herança do sobrevivente, nas seguintes condições, conforme dispunha o art. 2º da legislação suprarreferida: (I) havendo filhos, o companheiro sobrevivente, enquanto não constituísse nova união, tinha direito ao usufruto de quarta parte dos bens do falecido; (III) sem descendentes e deixando o *de cujus* ascendentes, o supérstite tinha direito ao usufruto da metade dos bens do *de cujus*, também enquanto não mantivesse nova relação; (III) teria o companheiro o direito à totalidade da herança, na falta de descendentes e de ascendente.

Em 1996, a Lei nº 9.278, em seu art. 7º, parágrafo único, garantiu o direito real de habitação ao companheiro sobrevivente, enquanto vivesse ou não constituísse nova união ou casamento, em relação ao imóvel destinado à residência familiar.

Em 2002, desapontando as expectativas existentes, trouxe inegável prejuízo ao companheiro sobrevivente, ao menos em cinco aspectos: (a) não o reconheceu como herdeiro necessário; (b) não lhe assegurou quota mínima; (c) o inseriu no quarto lugar na ordem de vocação hereditária, depois dos colaterais; (d) limitou o direito concorrente aos bens adquiridos onerosamente durante a união; (e) não lhe conferiu direito real de habitação; e (f) só recebe a totalidade da herança se não existir herdeiro algum.[4]

Nada impediria que o Código de 2002 tratasse a matéria em conjunto com o cônjuge, simplesmente acrescendo a referência ao companheiro nos artigos que asseguraram seus direitos sucessórios. Isto só se explica pelo fato de que o projeto original não se referia ao companheiro, tendo sido o tema acrescido, sem muito cuidado, em revisão no Congresso, por meio da Emenda nº 358 apresentada em 18.9.1984 pelo Senador Nelson Carneiro.[5]

Ao dispor sobre a sucessão na união estável, de modo incompreensível, o *caput* do art. 1.790 restringiu o direito do supérstite aos bens adquiridos onerosamente na vigência da união estável.

Diferentemente desta nova redação era a prevista no art. 2º, *caput*, da Lei nº 8.971/94, que não fazia qualquer restrição à participação do companheiro na sucessão do falecido. Houve, portanto, inequívoca redução da participação do companheiro na sucessão do falecido, de modo que, caso os conviventes não tenham adquirido quaisquer

---

[2] Artigo 1º, Lei nº 8.971/94. A companheira comprovada de um homem solteiro, separado judicialmente, divorciado ou viúvo, que com ele viva há mais de cinco anos, ou dele tenha prole, poderá valer-se do disposto na Lei nº 5.478, de 25 de julho de 1968, enquanto não constituir nova união e desde que prove a necessidade. Parágrafo único. Igual direito e nas mesmas condições é reconhecido ao companheiro de mulher solteira, separada judicialmente, divorciada ou viúva.

[3] Artigo 3º, Lei nº 8.971/94. Quando os bens deixados pelo(a) autor(a) da herança resultarem de atividade em que haja colaboração do(a) companheiro, terá o sobrevivente direito à metade dos bens.

[4] DIAS, Maria Berenice. *Manual das sucessões*. 3. ed. São Paulo: Revista dos Tribunais, 2013, p. 72.

[5] CARVALHO NETO, Inácio de. *Direito sucessório do cônjuge e do companheiro*. 2. ed. rev. e atual. Rio de Janeiro; São Paulo: MÉTODO, 2015, p. 182.

bens, de forma onerosa, na constância da união estável, ao companheiro sobrevivente não será deferida qualquer participação no patrimônio do casal, restando totalmente desprotegido pela lei. Essa situação não é ideal para aquele que, durante todo o tempo em que esteve junto ao seu companheiro, prestou-lhe todo o auxílio moral e material de que necessitou.[6] Sobre o tema, importante reflexão de Zeno Veloso:

> A restrição aos bens adquiridos onerosamente durante a união estável, prevista no art. 1.790 do CC/2002, não teria nenhuma razão, quebra todo o sistema, podendo gerar consequências extremamente injustas: a companheira de muitos anos de um homem rico, que possuía vários bens na época que iniciou o relacionamento afetivo, não herdará coisa alguma do companheiro, se este não adquiriu (onerosamente!) outros bens durante o tempo de convivência. Ficará essa mulher – se for pobre – literalmente desamparada, a não ser que o falecido, vencendo as superstições que rodeiam o assunto, tivesse feito um testamento que a beneficiasse.[7]

O inc. I do art. 1.790 previa, em relação aos bens particulares, na concorrência com filhos comuns, o direito do supérstite a uma quota equivalente à que por lei fosse atribuída ao filho. No caso de concorrência com descendentes só do autor da herança, o inc. II determinava que deveria o sobrevivente receber a metade do que coubesse a cada um daqueles.

Outra falha do dispositivo era o seu silêncio quanto à possibilidade de existirem tantos filhos comuns quanto filhos de um só dos membros da união estável. Em ocorrendo tal situação, e levando "em ponta de faca" a mencionada previsão codificada original, poder-se-ia chegar novamente a uma situação de tratamento diferenciado de filhos, para efeitos do quinhão hereditário que lhes seria cabível, o que é vedado constitucionalmente.[8]

Retornando ao inc. I do 1.790 do Código Civil, existia uma situação em que o companheiro, em relacionamento norteado pela comunhão parcial de bens, poderia receber mais herança do que se estivesse casado: se, no decorrer da união, houve mais aquisições onerosas do que bens particulares. Por exemplo: se pensarmos em João e Maria, casados por esse regime, com dois filhos comuns, cada um com patrimônio particular de R$100.000,00 e que, no curso da união, acumularam R$1.200.000,00 de aquisições onerosas. Nesse caso, com o falecimento de João, primeiramente, teremos que reservar a meação de Maria (R$600.000.00) e o monte-mor do inventário será de R$700.000,00, sendo composto dos bens particulares de João (R$100.000,00) acrescido da metade dos bens comuns amealhados com Maria (R$600.000,00).

Recordando que, nos termos do art. 1.829, I do Código Civil, no regime da comunhão parcial de bens, o cônjuge sobrevivente concorre com os descendentes apenas em relação aos bens particulares, nada recebendo em relação aos bens comuns.

Todavia, considerando o mesmo patrimônio e sendo aplicado o art. 1.790 Código Civil em uma união estável, a participação do companheiro em concorrência com os

---

[6] CABRAL, Marcella Kfouri Meirelles; BUFACCHI, Daniela Antonelli Lacerda. Sucessão do cônjuge e companheiro – questões polêmicas. *In*: DINIZ, Maria Helena (Coord.). *Sucessão do cônjuge, do companheiro e outras histórias*. São Paulo: Saraiva, 2013, p. 33.

[7] VELOSO, Zeno. *Código Civil comentado*. 8. ed. São Paulo: Saraiva, 2012.

[8] GAGLIANO, Pablo Stolze; FILHO, Rodolfo Pamplona. *Novo curso de direito civil, volume 7*: direito das sucessões. 5. ed. São Paulo: Saraiva Educação, 2018, p. 241.

descendentes ocorreria, nos termos do *caput* do artigo, apenas em relação às aquisições onerosas (R$600.000,00), nada recebendo em relação aos bens particulares (R$100.000,00), que ficarão apenas com os filhos do casal.

Apesar de, apenas na situação acima apresentada, a aplicação do art. 1.790 da codificação civil ser vantajosa para o convivente supérstite, o grande motivo da declaração de sua inconstitucionalidade residiu no inc. III que estabelecia, na concorrência do sobrevivente com "outros parentes sucessíveis", ou seja, ascendentes ou colaterais do *de cujus*, que ele receberia um terço da herança, ainda apenas em relação às aquisições onerosas do curso da relação. Assim, com a aplicação literal do dispositivo, podemos imaginar uma relação na qual, no curso do relacionamento, houve aquisições onerosas de R$1.800.000,00. João iniciou a relação com patrimônio de R$600.000,00 e, por sua vez, Maria iniciou a união estável com R$100.000,00. Nessa situação, com a morte do companheiro, é necessário resguardar a meação de Maria (R$900.000,00), ficando o monte-mor no montante de R$1.500.000,00, sendo constituído pelos bens particulares do falecido (R$600.000,00), acrescido da metade dos bens comuns (R$900.000,00).

Considerando o monte-mor de R$1.500,000,00 e a ausência de descendentes, ascendentes e, na linha colateral, apenas um primo do *de cujus*, os direitos hereditários de Maria estariam restritos às aquisições onerosas (R$900.000,00), recebendo apenas um terço, sendo a totalidade dos bens particulares do falecido (R$600.000,00), entregues ao primo (que, cá entre nós, pode ser um quase desconhecido do finado!).

Destaca-se que, tal previsão, foi um significativo retrocesso ao considerarmos que, desde 1994, por meio da Lei nº 8.971 de 1994, na falta de descendentes ou ascendentes, o companheiro herdaria a totalidade do patrimônio. Ao depois, em comparação aos direitos hereditários do cônjuge, nos termos dos arts. 1.829, III e 1.838 do Código Civil, na falta de ascendentes ou ascendentes, o esposo supérstite recolhe a totalidade da herança, afastando os colaterais. Em relação ao companheiro, nos termos do inc. IV do art. 1.790 do Código Civil, isso somente aconteceria "não havendo parentes sucessíveis, terá direito à totalidade da herança".[9]

3 A sucessão do companheiro após a declaração de inconstitucionalidade do art. 1.790 do Código Civil

O dia 10.5.2017, na oportunidade do julgamento do Recurso Extraordinário nº 878.694/MG[10] pelo Supremo Tribunal Federal, trouxe um marco divisório no tratamento

---

[9] Sem dúvida, nesse ponto, o Código Civil não foi feliz. A lei não está imitando a vida, nem está em consonância com a realidade social, quando decide que uma pessoa que manteve a mais íntima e completa relação com o falecido, que sustentou com ele uma convivência séria, sólida, qualificada pelo animus de constituição de família, fundando e mantendo uma família, que com o autor da herança protagonizou, até a morte deste, um grande projeto de vida, fique atrás de parentes colaterais dele na vocação hereditária. (VELOSO, Zeno. *Direito hereditário do cônjuge e do companheiro*. São Paulo: Saraiva, 2010, p. 181).

[10] Direito constitucional e civil. Recurso extraordinário. Repercussão geral. Inconstitucionalidade da distinção de regime sucessório entre cônjuges e companheiros. 1. A Constituição brasileira contempla diferentes formas de família legítima, além da que resulta do casamento. Nesse rol incluem-se as famílias formadas mediante união estável. 2. Não é legítimo desequiparar, para fins sucessórios, os cônjuges e os companheiros, isto é, a família formada pelo casamento e a formada por união estável. Tal hierarquização entre entidades familiares é incompatível com a Constituição de 1988. 3. Assim sendo, o Artigo 1790 do Código Civil, ao revogar as Leis nºs 8.971/94 e 9.278/96 e discriminar a companheira (ou o companheiro), dando-lhe direitos sucessórios bem inferiores aos

conferido aos direitos sucessórios entre os conviventes: por maioria, a Suprema Corte brasileira estabeleceu a inconstitucionalidade do art. 1.790 do Código Civil. Na oportunidade, foi fixada a tese de que *no sistema constitucional vigente, é inconstitucional a distinção de regimes sucessórios entre cônjuges e companheiros, devendo ser aplicado, em ambos os casos, o regime estabelecido no art. 1.829 do Código Civil/2002*, por restar assente que o art. 1.790 do Código Civil, ao revogar as leis nºs 8.971, de 1994, e 9.278, de 1996, discriminou os companheiros, conferindo-lhes direitos sucessórios bem inferiores aos conferidos aos cônjuges, em pleno contraste com os princípios da igualdade, da dignidade humana, da proporcionalidade, como vedação à proteção deficiente e da vedação do retrocesso. Ademais, pelo reconhecimento de que a Constituição Federal contemplou o princípio da pluralidade das formas de famílias, sendo, portanto, incompatível com a Lei Maior a hierarquização entre as entidades familiares, notadamente, a desequiparação, para fins sucessórios, entre os cônjuges e os companheiros, isto é, a família formada pelo casamento e a formada por união estável.

Conforme o relator, além de estabelecer uma inconstitucional hierarquização entre entidades familiares, o art. 1.790 do Código Civil/2002 também viola o *princípio da dignidade da pessoa humana*. Ademais, ao outorgar ao companheiro direitos sucessórios distintos daqueles conferidos ao cônjuge pelo art. 1.829, o Código Civil/2002 produz lesão ao princípio da proporcionalidade como proibição de proteção deficiente.[11] Afinal, não se pode defender uma preferência constitucional ao casamento para justificar a manutenção da norma do Código Civil menos protetiva da união estável em relação ao regime sucessório aplicável. À luz da Constituição de 1988, não há hierarquia entre as famílias e, por isso, não se pode desigualar o nível de proteção estatal a elas conferido.

Além disso, no corpo do acórdão, o Ministro Barroso asseverou que o art. 1.790 promove uma involução na proteção dos direitos dos companheiros que viola o *princípio da vedação ao retrocesso*. Isso porque, antes do Código Civil/2002, o regime jurídico sucessório da união estável estabelecido pelas leis nºs 8.971/1994 e 9.278/1996 era substancialmente igual àquele previsto para o casamento no Código Civil/1916, então vigente. Cônjuges e companheiros ocupavam a mesma posição na ordem de vocação hereditária (ambos ficavam atrás dos descendentes e dos ascendentes), possuíam idêntico direito à meação, e ostentavam tanto o direito de usufruto, quanto o direito

---

conferidos à esposa (ou ao marido), entra em contraste com os princípios da igualdade, da dignidade humana, da proporcionalidade como vedação à proteção deficiente, e da vedação do retrocesso. 4. Com a finalidade de preservar a segurança jurídica, o entendimento ora firmado é aplicável apenas aos inventários judiciais em que não tenha havido trânsito em julgado da sentença de partilha, e às partilhas extrajudiciais em que ainda não haja escritura pública. 5. Provimento do recurso extraordinário. Afirmação, em repercussão geral, da seguinte tese: "No sistema constitucional vigente, é inconstitucional a distinção de regimes sucessórios entre cônjuges e companheiros, devendo ser aplicado, em ambos os casos, o regime estabelecido no Artigo 1.829 do CC/2002" (RE 878694, Relator(a): Min. ROBERTO BARROSO, Tribunal Pleno, julgado em 10/05/2017, PROCESSO ELETRÔNICO REPERCUSSÃO GERAL – MÉRITO DJe-021 DIVULG 05-02-2018 PUBLIC 06-02-2018).

[11] Segundo o relator, O princípio da proporcionalidade, tal como é hoje compreendido, não possui apenas uma dimensão negativa, relativa à *vedação do excesso*, que atua como limite às restrições de direitos fundamentais que se mostrem inadequadas, desnecessárias ou desproporcionais em sentido estrito. Ele abrange, ainda, uma dimensão positiva, referente à *vedação à proteção estatal insuficiente* de direitos e princípios constitucionalmente tutelados. A ideia nesse caso é a de que o Estado também viola a Constituição quando deixa de agir ou quando não atua de modo adequado e satisfatório para proteger bens jurídicos relevantes. Tal princípio tem sido aplicado pela jurisprudência desta Corte em diversas ocasiões para afastar a incidência de normas que impliquem a tutela deficiente de preceitos constitucionais.

real de habitação. Tais leis, portanto, concretizaram o imperativo constitucional de proteção às famílias (independentemente de seu modo de constituição), previsto no art. 226 da Carta de 1988.

Desde então, afastada a aplicabilidade do art. 1.790 do Código Civil, às sucessões de pessoas que mantiverem uniões convivenciais, sejam elas hetero ou homossexuais,[12] deverá ser aplicado o sistema de vocação hereditária previsto no art. 1.829 de nossa codificação civil.

4 O companheiro como herdeiro necessário?

No momento presente, certamente, um dos temas mais polêmicos no direito sucessório é quanto ao *status* jurídico do companheiro supérstite quanto ao título de herdeiro necessário, ante a inconstitucionalidade do art. 1.790 de nossa codificação civil.

Na decisão do Recurso Extraordinário nº 878.694 o STF decidiu, por maioria, "reconhecer de forma incidental a inconstitucionalidade do art. 1.790 do Código Civil/2002 e declarar o direito da recorrente a participar da herança de seu companheiro em conformidade com o regime jurídico estabelecido no art. 1.829 do Código Civil de 2002". Todavia não houve qualquer expressa menção à questão de ser ou não companheiro herdeiro necessário. Diante disso, o Instituto Brasileiro de Direito de Família (IBDFAM), que atuou como *amicus curiae*, fez a oposição de embargos de declaração. Em suas razões, o IBDFAM sustentou que o regime sucessório do cônjuge não se restringe ao art. 1.829 do Código Civil, de forma que o acórdão embargado teria se omitido com relação a diversos dispositivos que conformam esse regime jurídico, em particular o art. 1.845 do Código Civil. A entidade pediu esclarecimentos sobre qual seria o alcance da tese de repercussão geral, no sentido de mencionar as regras e dispositivos legais do regime sucessório do cônjuge que devem se aplicar aos companheiros.

Contudo, os embargos foram rejeitados pelo STF porque, segundo o Ministro Barroso, "a repercussão geral reconhecida diz respeito apenas à aplicabilidade do artigo

---

[12] Direito constitucional e civil. Recurso extraordinário. Repercussão geral. Aplicação do artigo 1.790 do Código Civil à sucessão em união estável homoafetiva. Inconstitucionalidade da distinção de regime sucessório entre cônjuges e companheiros. 1. A Constituição brasileira contempla diferentes formas de família legítima, além da que resulta do casamento. Nesse rol incluem-se as famílias formadas mediante união estável, hetero ou homoafetivas. O STF já reconheceu a "inexistência de hierarquia ou diferença de qualidade jurídica entre as duas formas de constituição de um novo e autonomizado núcleo doméstico", aplicando-se a união estável entre pessoas do mesmo sexo as mesmas regras e mesas consequências da união estável heteroafetiva (ADI nº 4277 e ADPF nº 132, Rel. Min. Ayres Britto, j. 05.05.2011) 2. Não é legítimo desequiparar, para fins sucessórios, os cônjuges e os companheiros, isto é, a família formada pelo casamento e a formada por união estável. Tal hierarquização entre entidades familiares é incompatível com a Constituição de 1988. Assim sendo, o Artigo 1790 do Código Civil, ao revogar as Leis nº 8.971/1994 e nº 9.278/1996 e discriminar a companheira (ou o companheiro), dando-lhe direitos sucessórios bem inferiores aos conferidos à esposa (ou ao marido), entra em contraste com os princípios da igualdade, da dignidade humana, da proporcionalidade como vedação à proteção deficiente e da vedação do retrocesso. 3. Com a finalidade de preservar a segurança jurídica, o entendimento ora firmado é aplicável apenas aos inventários judiciais em que não tenha havido trânsito em julgado da sentença de partilha e às partilhas extrajudiciais em que ainda não haja escritura pública. 4. Provimento do recurso extraordinário. Afirmação, em repercussão geral, da seguinte tese: "No sistema constitucional vigente, é inconstitucional a distinção de regimes sucessórios entre cônjuges e companheiros, devendo ser aplicado, em ambos os casos, o regime estabelecido no Artigo 1.829 do CC/2002" (RE 646721, Relator(a): Min. MARCO AURÉLIO, Relator(a) p/ Acórdão: Min. ROBERTO BARROSO, Tribunal Pleno, julgado em 10/05/2017, ACÓRDÃO ELETRÔNICO REPERCUSSÃO GERAL – MÉRITO DJe-204 DIVULG 08-09-2017 PUBLIC 11-09-2017).

1.829 do Código Civil às uniões estáveis. Não há omissão a respeito da aplicabilidade de outros dispositivos a tais casos".

Assim, declarada a inconstitucionalidade do art. 1.790 de nossa codificação civil, na redação do art. 1.829, onde se lê atualmente "cônjuge" se lerá "cônjuge ou companheiro". Segundo José Simão, essa leitura se espraia por todo o livro de sucessões: dúvida não há de que cônjuge e companheiro terão direito real de habitação em caso de falecimento do outro (art. 1.831 do Código Civil).[13] Todos os dispositivos de concorrência sucessória se aplicam igualmente aos companheiros: art. 1.832[14] (concorrência com descendentes) e art. 1.837[15] (concorrência com ascendentes). O companheiro exclui o colateral da sucessão (art. 1.838).[16] Assim, não há como se negar pelos fundamentos da decisão do STF que o cônjuge e o companheiro são herdeiros necessários e ambos fazem jus à legítima (art. 1.845 do Código Civil).[17] Em igual sentido, Paulo Lôbo[18] e Flávio Tartuce.[19]

Todavia, na esteira do entendimento de Rodrigo da Cunha Pereira, se considerarmos o(a) companheiro(a) como herdeiro necessário estaremos acabando com a liberdade de escolha entre uma e outra forma de constituir família, já que a última barreira que diferenciava a união estável do casamento já não existiria mais. Isto seria o engessamento do direito de família/sucessões e um atentado contra a liberdade das próprias pessoas que escolheram viver em união estável.[20]

Em igual sentido, Luciana Pedroso Xavier e Marília Pedroso Xavier asseveram que, caso as pessoas que vivem em união estável permaneçam inertes, o companheiro herdará pelo regime do art. 1.829 do Código Civil. Porém, se pelas peculiaridades da união não haja o desejo de compartilhar o patrimônio após a morte, tal herança poderá ser afastada por meio de testamento. Retirar essa prerrogativa feriria de morte o próprio

---

[13] Artigo 1.831 do Código Civil: Ao cônjuge sobrevivente, qualquer que seja o regime de bens, será assegurado, sem prejuízo da participação que lhe caiba na herança, o direito real de habitação relativamente ao imóvel destinado à residência da família, desde que seja o único daquela natureza a inventariar.

[14] Artigo 1.832 do Código Civil: Em concorrência com os descendentes (Artigo 1.829, inc. I) caberá ao cônjuge quinhão igual ao dos que sucederem por cabeça, não podendo a sua quota ser inferior à quarta parte da herança, se for ascendente dos herdeiros com que concorrer.

[15] Artigo 1.837 do Código Civil: Concorrendo com ascendente em primeiro grau, ao cônjuge tocará um terço da herança; caber-lhe-á a metade desta se houver um só ascendente, ou se maior for aquele grau.

[16] Artigo 1.838 do Código Civil: Em falta de descendentes e ascendentes, será deferida a sucessão por inteiro ao cônjuge sobrevivente.

[17] SIMÃO, José Fernando. *Companheiro é herdeiro necessário?* SIM. http://www.cartaforense.com.br/conteudo/artigos/companheiro-e-herdeiro-necessario-sim/18265. Acesso em: 15 jul. 2020.

[18] LÔBO, Paulo. *Direito civil:* volume 6: sucessões. 4. ed. São Paulo: Saraiva Educação, 2018, p. 168.

[19] Para o professor paulista, o reconhecimento expresso de ser a companheira herdeira necessária se deu em outro julgado de 2018 da mesma Corte Superior, prolatado pela 3ª Turma e tendo como Relator o Ministro Villas Bôas Cueva. Como consta do trecho final do seu voto, "a companheira, ora recorrida, é de fato a herdeira necessária do seu ex-companheiro, devendo receber unilateralmente a herança do falecido, incluindo-se os bens particulares, ainda que adquiridos anteriormente ao início da união estável" (STJ, REsp. nº 1.357.117/MG, Rel. Min. Ricardo Villas Bôas Cueva, 3ª Turma, julgado em 13/3/2018, *DJe* 26/3/2018). (TARTUCE, Flávio. *O companheiro como herdeiro necessário.* Migalhas. Disponível em: https://www.migalhas.com.br/FamiliaeSucessoes/104,MI284319,31047-O+companheiro+como+herdeiro+necessario. Acesso em: 15 jul. 2020).

[20] PEREIRA, Rodrigo da Cunha. *Companheiros são herdeiros necessários ou facultativos?* Disponível em: https://www.conjur.com.br/2018-set-30/processo-familiar-companheiros-sao-herdeiros-necessarios-ou-facultativos. Acesso em: 15 jul. 2020.

instituto da união estável, na medida em que no afã de concretizar um discurso de equiparação acabaria por torná-la um verdadeiro "casamento forçado".[21]

Embora exista a aplicação da mesma lógica sucessória no casamento e na união estável, tal fato não suprime as diferenças entre os institutos, tampouco a liberdade de escolha do cidadão quanto às repercussões jurídicas de uma ou outra entidade familiar.[22] Em nosso sentir, caberá ao cidadão escolher se deseja que seu consorte tenha o título de herdeiro necessário, elegendo o casamento ou, querendo ter plena liberdade testamentária, constituirá uma união estável.

Ao depois a reserva da legítima trata-se de restrição ao livre exercício da autonomia privada e, conforme as regras ancestrais de hermenêutica, não se pode dar interpretação ampliativa à norma restritiva. Normas restritivas de direitos devem ser interpretadas sempre de forma também restrita. O rol do art. 1.845, portanto, é taxativo! Da mesma forma que só a lei pode retirar qualquer herdeiro daquele elenco, somente a lei pode ampliar seu conteúdo, não sendo permitido ao intérprete fazê-lo.

No sentimento de Mario Delgado, não compete à doutrina ou à jurisprudência regulamentar a união estável a ponto de atribuir-lhe direta e autoritariamente os efeitos da sociedade conjugal, o que implica, na prática, transformar a união estável em casamento contra a vontade dos conviventes. A regulação infraconstitucional não pode anular a liberdade daqueles que não desejaram se submeter ao regime típico de casamento.[23] Ainda, conforme o autor, a situação jurídica de herdeiro necessário possui relação direta com as formalidades do casamento, de maneira que a interpretação a favor de uma não inclusão do companheiro como herdeiro necessário é admissível com base justamente nas próprias distinções das normas de formalidade.[24]

Outro argumento, em nossa ótica, para que companheiro sobrevivente não seja considerado como herdeiro necessário é a insegurança jurídica ante os pedidos de reconhecimento de união estável *post mortem*. Isso porque, na atualidade, existe uma linha bastante tênue entre um relacionamento afetivo ultrapassar a característica de mero namoro e passar ser configurado como união estável. Assim, corremos o risco de alguém vir a falecer imaginando que o relacionamento que mantinha não tinha feições de família e, por isso, talvez sequer tenha se preocupado em realizar testamento para favorecer os filhos que teve em uma primeira relação ou, ainda, ter todo o patrimônio que o falecido imaginaria que chegaria às mãos de seus irmãos (na falta de descendentes

---

[21] XAVIER, Luciana Pedroso; XAVIER, Marília Pedroso. O planejamento sucessório colocado em xeque: afinal, o companheiro é herdeiro necessário? In: TEIXEIRA, Daniela Chaves (Coord.). *Arquitetura do planejamento sucessório*. Belo Horizonte: Fórum, 2019, p. 201

[22] ROSA, Conrado Paulino da. *"Uma coisa é uma coisa..."*: considerações iniciais quanto a igualdade sucessória entre cônjuges e companheiros. Disponível em: www.conradopaulinoadv.com.br/artigos. Acesso em: 12 dez. 2018. Nesse sentido, imperioso destacar a redação do Enunciado nº 641 das Jornadas de Direito Civil – A decisão do Supremo Tribunal Federal que declarou a inconstitucionalidade do Artigo 1.790 do Código Civil não importa equiparação absoluta entre o casamento e a união estável. Estendem-se à união estável apenas as regras aplicáveis ao casamento que tenham por fundamento a solidariedade familiar. Por outro lado, é constitucional a distinção entre os regimes, quando baseada na solenidade do ato jurídico que funda o casamento, ausente na união estável.

[23] DELGADO, Mário Luiz. *A sucessão na união estável após o julgamento dos embargos de declaração pelo STF*: o companheiro não se tornou herdeiro necessário. Disponível em: https://www.migalhas.com.br/dePeso/16,MI291015,21048-A+sucessao+na+uniao+estavel+apos+o+julgamento+dos+embargos+de. Acesso em: 15 jul. 2020.

[24] DELGADO, Mário Luiz. *A sucessão na união estável após o julgamento dos embargos de declaração pelo STF*: o companheiro não se tornou herdeiro necessário. Disponível em: https://www.migalhas.com.br/dePeso/16,MI291015,21048-A+sucessao+na+uniao+estavel+apos+o+julgamento+dos+embargos+de. Acesso em: 15 jul. 2020.

ou ascendentes) ficar com alguém que, repito, por desconhecimento da lei – o que é frequente em terras brasileiras – o finado jamais imaginou que receberia herança.

Destaca-se que o entendimento que aqui apresentamos não trata a união estável como uma subclasse em detrimento do casamento, mas, sim, que possamos emprestar à primeira a liberdade que, em nosso sentir, foi a almejada entre os companheiros. Não podemos tratar a escolha de um relacionamento mais informal com a mesma categoria jurídica daqueles que se submeteram a um procedimento altamente formal e solene, como acontece no casamento. Ainda que regulamentado com a lavratura de escritura pública, conforme permite o art. 1.725[25] de nossa codificação civil, não há como negarmos que essa última se operacionaliza com infinita celeridade em comparação a todo procedimento que envolve o matrimônio.

Nesse sentido, importa destacar trecho significativo do voto proferido pelo Min. Edson Fachin na oportunidade, bem analisando a relação entre a liberdade dos conviventes em união estável e as consequências sucessórias do julgamento de inconstitucionalidade:

> Na sucessão, a liberdade patrimonial dos conviventes já é assegurada com o não reconhecimento do companheiro como herdeiro necessário, podendo-se afastar os efeitos sucessórios por testamento. Prestigiar a maior liberdade na conjugalidade informal não é atribuir, a priori, menos direitos ou direitos diferentes do casamento, mas, sim, oferecer a possibilidade de, voluntariamente, excluir os efeitos sucessórios.[26]

Por derradeiro, os argumentos de Carlos Eduardo Pianovski Ruzyk e Marcos Augusto Bernardes Bonfim se coadunam com a nossa posição. Para eles, a diferenciação em relação ao casamento, diante da não qualificação do companheiro à condição de herdeiro necessário, longe de ser um tratamento discriminatório, assegura a lógica da liberdade que deve prevalecer como derivação inerente ao próprio modo de constituição da união estável. Vale dizer: a união estável não se constitui sob o Estado – por meio de sua formal proclamação pela autoridade celebrante –, mas seus efeitos são por este apreendidos, como chancela da liberdade positiva vivida pelos companheiros. É nesse momento em que a informalidade do modo de constituição pode se encontrar com a proteção às escolhas que derivam dessa informalidade. Assim, não há dúvidas de que a inconstitucionalidade da distinção dos regimes sucessórios entre cônjuge e companheiro não deve alcançar a regra que dispõe sobre a condição de herdeiro necessário – regra essa que inclui o cônjuge e exclui o companheiro.[27]

---

[25] Artigo 1.725 do Código Civil: Na união estável, salvo contrato escrito entre os companheiros, aplica-se às relações patrimoniais, no que couber, o regime da comunhão parcial de bens.

[26] Voto Min. Edson Fachin, Supremo Tribunal Federal, Tribunal Pleno, RE nº 646.721/RS. Relator Min. Marco Aurélio, Relator p/ Acordão Min. Roberto Barroso. Julgado em 08 set. 2017.

[27] RUZYK, Carlos Eduardo Pianovski; BONFIM, Marcos Augusto Bernardes. Uma análise do Recurso Extraordinário no 878.694 à luz do direito fundamental à liberdade: qual espaço para a autodeterminação nas relações familiares? *Revista Brasileira de Direito Civil – RBDCivil*, Belo Horizonte, v. 22, p. 141-178, out./dez. 2019.

5 Conclusão

Em uma sociedade que se deseja democrática, por certo, todo tipo de violação à liberdade de escolha deve ser repelido de nosso cotidiano.

Tendo como premissa que a declaração de inconstitucionalidade julgada pelo Supremo Tribunal Federal em 10.5.2017, por meio do Recurso Extraordinário nº 878.694, disse respeito tão somente ao art. 1.829 do Código Civil, evidentemente, não pode espraiar seus efeitos sobre todas as demais questões previstas no livro de sucessões do diploma civil.

Dessa forma, atentando que posicionar o companheiro supérstite na condição de herdeiro necessário implica, invariavelmente, restrição à liberdade testamentária daqueles que – de forma consciente ou não – elegeram esse modelo familiar em detrimento do casamento, mostra-se impossível a aplicação de normas restritivas por analogia.

Destaca-se, por oportuno, que tal premissa permite dessa forma ao parceiro convivencial optar pelo afastamento do outro em disposição testamentária, vez que, em sua literalidade, o art. 1.845 do Código Civil arrola enquanto herdeiros necessários apenas o cônjuge, os descendentes e os ascendentes.

Como dizia o famoso samba enredo da Escola de Samba carioca Imperatriz Leopoldinense: "Liberdade, liberdade! Abra as asas sobre nós", o entendimento aqui esposado visa respeitar a autonomia privada dos indivíduos: aqueles que desejam que seu parceiro afetivo seja seu herdeiro necessário, casem-se. Quem assim não desejar, poderá ter a via da relação convivencial.

Referências

BRASIL. Constituição da República Federativa do Brasil de 1988. *Diário Oficial da União*, Brasília, DF, 5 out. 1988.

BRASIL. Lei 10.406, de 10 de janeiro de 2002. Código Civil. *Diário Oficial da União*, Brasília, DF, 30 dez. 1994.

BRASIL. Lei 8.971, de 29 de dezembro de 1994. Regula o direito dos companheiros a alimentos e à sucessão. *Diário Oficial da União*, Brasília, DF, 30 dez. 1994.

BRASIL. Supremo Tribunal Federal. (Tribunal Pleno). *Recurso Extraordinário n. 878.694/MG*. Relator Min. Roberto Barroso. Julgado em 02 fev. 2018.

BRASIL. Supremo Tribunal Federal. (Tribunal Pleno). *Recurso Extraordinário n. 646.721/RS*. Relator Min. Marco Aurélio, Relator p/ Acordão Min. Roberto Barroso. Julgado em 08 set. 2017.

BRASIL. Supremo Tribunal Federal. *Súmula n. 380*. Comprovada a existência de sociedade de fato entre os concubinos, é cabível a sua dissolução judicial, com a partilha do patrimônio adquirido pelo esforço comum. Disponível em: http://www.stf.jus.br/portal/jurisprudencia/menuSumarioSumulas.asp?sumula=2482. Acesso em: 15 jul. 2020.

CABRAL, Marcella Kfouri Meirelles; BUFACCHI, Daniela Antonelli Lacerda. Sucessão do cônjuge e companheiro – questões polêmicas. *In*: DINIZ, Maria Helena (Coord.) *Sucessão do cônjuge, do companheiro e outras histórias*. São Paulo: Saraiva, 2013, p. 33.

CARVALHO NETO, Inácio de. *Direito sucessório do cônjuge e do companheiro*. 2. ed. rev. e atual. Rio de Janeiro; São Paulo: MÉTODO, 2015, p. 182.

DELGADO, Mário Luiz. *A sucessão na união estável após o julgamento dos embargos de declaração pelo STF*: o companheiro não se tornou herdeiro necessário. Disponível em: https://www.migalhas.com.br/

dePeso/16,MI291015,21048-A+sucessao+na+uniao+estavel+apos+o+julgamento+dos+embargos+de Acesso em: 15 jul. 2020.

DIAS, Maria Berenice. *Manual das sucessões*. 3. ed. São Paulo: Revista dos Tribunais, 2013.

GAGLIANO, Pablo Stolze; FILHO, Rodolfo Pamplona. *Novo curso de direito civil, volume 7*: direito das sucessões. 5. ed. São Paulo: Saraiva Educação, 2018.

LÔBO, Paulo. *Direito civil*: volume 6: sucessões. 4. ed. São Paulo: Saraiva Educação, 2018.

PEREIRA, Rodrigo da Cunha. *Companheiros são herdeiros necessários ou facultativos?* Disponível em: https://www.conjur.com.br/2018-set-30/processo-familiar-companheiros-sao-herdeiros-necessarios-ou-facultativos. Acesso em: 15 jul. 2020.

ROSA, Conrado Paulino da. *"Uma coisa é uma coisa..."*: considerações iniciais quanto a igualdade sucessória entre cônjuges e companheiros. Disponível em: www.conradopaulinoadv.com.br/artigos. Acesso em: 12 dez. 2018.

RUZYK, Carlos Eduardo Pianovski; BONFIM, Marcos Augusto Bernardes. Uma análise do Recurso Extraordinário no 878.694 à luz do direito fundamental à liberdade: qual espaço para a autodeterminação nas relações familiares? *Revista Brasileira de Direito Civil – RBDCivil*, Belo Horizonte, v. 22, p. 141-178, out./dez. 2019.

SIMÃO, José Fernando. *Companheiro é herdeiro necessário?* SIM. http://www.cartaforense.com.br/conteudo/artigos/companheiro-e-herdeiro-necessario-sim/18265. Acesso em: 15 jul. 2020.

TARTUCE, Flávio. *O companheiro como herdeiro necessário*. Migalhas. Disponível em: https://www.migalhas.com.br/FamiliaeSucessoes/104,MI284319,31047-O+companheiro+como+herdeiro+necessario. Acesso em: 15 jul. 2020.

VELOSO, Zeno. *Código Civil comentado*. 8. ed. São Paulo: Saraiva, 2012.

VELOSO, Zeno. *Direito hereditário do cônjuge e do companheiro*. São Paulo: Saraiva, 2010.

XAVIER, Luciana Pedroso; XAVIER, Marília Pedroso. O planejamento sucessório colocado em xeque: afinal, o companheiro é herdeiro necessário? *In*: TEIXEIRA, Daniela Chaves (Coord.). *Arquitetura do planejamento sucessório*. Belo Horizonte: Fórum, 2019.

Informação bibliográfica deste texto, conforme a NBR 6023:2018 da Associação Brasileira de Normas Técnicas (ABNT):

ROSA, Conrado Paulino da. "Liberdade! Liberdade! Abre as asas sobre nós": uma análise sobre o status jurídico do companheiro após a declaração de inconstitucionalidade do art. 1.790 do Código Civil. *In*: TEIXEIRA, Daniele Chaves (Coord.). *Arquitetura do Planejamento Sucessório*. Belo Horizonte: Fórum, 2021. p. 85-95. Tomo II. ISBN 978-65-5518-117-3.

PLANEJAMENTO SUCESSÓRIO E A ISENÇÃO DO ITCMD

DANIEL BUCAR

1 Introdução

Há duas espécies de planejamento sucessório, que são divididas a partir do momento em que se pretende conferir-lhe eficácia. Cronologicamente separadas, a primeira diz respeito ao projeto de sucessão com a produção de efeitos em vida do titular dos bens, entre cujos instrumentos se destacam a doação (art. 538, CC) e a partilha em vida (art. 2088, CC); a segunda compreende o programa patrimonial a ser aplicado após o falecimento do autor da herança, que pode optar por adesão ao plano legal de sucessão ou derrogá-lo total ou parcialmente por testamento ou codicilo.

Ainda que ambas as espécies não sejam necessariamente excludentes entre si, a atenção arrecadatória do Estado será despertada qualquer que seja a modalidade de implementação. Com efeito, com competências distintas: (a) IRPF, imposto sobre renda e proventos de qualquer natureza (União – art. 153, III, CR), (b) ITCMD, imposto sobre transmissão *causa mortis* e doação (estados e Distrito Federal – art. 155, I, CR) e (c) ITBI, imposto sobre transmissão *inter vivos*, a qualquer título, por ato oneroso (municípios e Distrito Federal – art. 156, II, CR).[1]

Não obstante a diversidade de impostos, é possível constatar que, com exceção do imposto de renda, poucos são os estudos tributários acerca dos dois outros impostos. A demanda por pesquisas em torno do ITCMD é potencializada pela sua presença constante na rotina da advocacia de direito de família e de sucessões. No que toca a este último, a sua reduzida arrecadação ante as demais receitas tributárias[2] e a acanhada alíquota média[3] parecem, no entanto, ser a razão do baixo volume de produção acadêmica que lhe é dedicado.

---

[1] Em menor quantidade de incidência, não se pode deixar de mencionar o ITBI ante a sua possível incidência na constituição de sociedades destinadas a concentrar bens imóveis (holdings imobiliárias ou patrimoniais).

[2] A título de exemplo, o ITCM representou, no Estado de São Paulo, 1,81% da receita tributária do exercício de 2019.

[3] 3,86%, como anota PAULA, Fernanda. *A tributação de herança sob um enfoque de justiça: considerações e propostas para um correto aproveitamento das heranças nos sistemas de ITCM e do IRPF*. Rio de Janeiro: Lumen Iuris, 2019. p. 82.

Contudo, o desafio diário para a execução do planejamento da transmissão *causa mortis* deve incentivar a doutrina, civil e tributária, notadamente sob a unidade do ordenamento,[4] a efetuar uma análise crítica da exação, que incide diretamente no quotidiano civil das pessoas naturais.

Para o estudo que ora se propõe, recorta-se a análise do ITCM[5] na perspectiva de sua incidência no planejamento sucessório *causa mortis*, de modo que a isenção sobre a doação de bens singulares em vida, que costuma receber tratamento diverso pela maior parte das normas estaduais, merecerá análise em trabalho próprio.

Por fim, é de se destacar a seleção do tema para superação do estigma de circunscrição do planejamento sucessório a grandes fortunas. Na realidade, a íntima ligação das hipóteses de isenção do ITCM, em ambas as possibilidades de incidência (doação e transmissão *causa mortis*), com uma ideia de essencialidade de bens, evidencia a possibilidade de programar a sucessão de patrimônios que envolvam valores econômicos reduzidos.

2 Isenção, isonomia e odiosidade

Tradicionalmente e a partir da dicção do art. 175, I, do Código Tributário Nacional, tem-se na isenção a exclusão do crédito tributário, isto é, ocorre o fato gerador, constitui-se a obrigação tributária, mas não haverá o lançamento e, portanto, o crédito tributário.[6] Por outra vertente, compreende-se a isenção como suspensão da eficácia da norma impositiva, que impede, por consequência lógica, a própria incidência do tributo e, portanto, a ocorrência do fato gerador.[7] De toda forma, para o que aqui interessa, o resultado da isenção é a não cobrança do tributo por ela abrangido.

Para a legitimação da isenção, é imprescindível, por sua vez, que não agrida o princípio da isonomia, previsto no inc. II do art. 150 da Constituição da República, que veda a instituição de "tratamento desigual entre contribuintes que se encontrem em situação equivalente [...]". Em outras palavras, o princípio da igualdade tributária repousa na ideia de que a "a lei tributária deve ser igual para todos e a todos deve ser aplicada com igualdade. Melhor expondo, quem está na mesma situação jurídica deve receber o mesmo tratamento tributário".[8]

Diante disto, ao contemplar hipóteses de isenção, os estados e o Distrito Federal devem obedecer a rigorosos critérios para legitimar a exclusão, sob pena de criar privilégio odioso em favor daqueles que não serão tributados. Neste sentido, Ricardo Lobo Torres adverte que "o Estado ofende a liberdade relativa ao cidadão e o princípio

---

4   PERLINGIERI, Pietro. *Manuale di diritto civile*. Napoli: Edizioni Scientifiche Italiane, 2005. p. 99.

5   As legislações estaduais utilizam três formas diferenciadas para denominar o tributo (ITD, ITCMD, ITCD e ITCM). Para o presente artigo, de forma a fixar a hipótese de transmissão exclusivamente *causa mortis*, opta-se por denomina-lo, doravante, de ITCM.

6   Neste sentido é o conceito de ALEXANDRE, Ricardo. *Direito Tributário*. 12. ed. Belo Horizonte: Editora JusPodivm, 2018, p. 581/582. O Supremo Tribunal Federal, a propósito, permanece seguindo esta compreensão: RE 617.389 AgRext, Rel. Min. Ricardo Lewandowski, 2ª Turma, julgado em 08/05/2012.

7   TORRES, Ricardo Lobo. Curso de Direito Financeiro e Tributário 17. ed. Rio de Janeiro: Renovar, 2010, p. 308.

8   CARRAZZA, Roque Antonio. Curso de Direito Constitucional Tributário. 29. ed. São Paulo: Malheiros, 2013. p. 87.

da isonomia, quando cria, na via legislativa, administrativa ou judicial, desigualdades fiscais infundadas, através de privilégios odiosos ou das discriminações".[9]

No que toca ao rol de isenção na transmissão *causa mortis* (item 5, *infra*), depreende-se que o escopo do legislador estadual e distrital, ao contemplar situações que tocam a tutela de um valor social, foi eleger bens integrantes do chamado patrimônio de dignidade (item 2, *infra*), fundamentado na ideia de que parte do acervo patrimonial é essencial para a promoção e proteção da pessoa humana.

A extensão do benefício fiscal, contudo, deve estar intimamente relacionada à proporcionalidade,[10] cujo parâmetro, embora seja de difícil apreensão na transmissão do ITCM e na própria teoria do patrimônio, não pode deixar de ser objeto de uma análise crítica.

De toda forma, para compreender a legitimidade da isenção do ITCM sobre certas hipóteses de transmissão, é importante analisá-las justamente à luz da teoria contemporânea do patrimônio.

3 Isenção do imposto de transmissão *causa mortis* à luz da teoria do patrimônio

Da função que determinado ordenamento jurídico confere a certo instituto, é possível delinear o papel que dele deve ser extraído. Assim, será à luz da função emprestada pela sociedade ao patrimônio que será compreendida a odiosidade, ou não, de determinada isenção.

Advinda do individualismo e do nascimento do capitalismo, a primeira função que se emprestou ao patrimônio foi a garantia de pagamento aos credores,[11] representada, inclusive, pelo art. 391 do Código Civil.[12] Contudo, a compreensão de que a própria existência do devedor é imprescindível, reconhecer-lhe um rol mínimo de bens que lhe permitam viver originou uma segunda função que, atualmente, desponta como a mais importante. Trata-se da função de proteção e promoção da pessoa, que encontra fundamento no valor dignitário da pessoa humana abraçado pela Constituição da República de 1988.

Na realidade, ao alinhar-se à ordem dos Estados ocidentais, a Constituição da República optou por elevar ao ápice do ordenamento o valor da dignidade da pessoa humana, caracterizado como objetivo republicano, na forma do seu art. 1º, III. Operou-se, assim, uma transformação da ordem jurídica, a qual determinou, por consequência lógica, a preponderância das situações existenciais sobre aquelas patrimoniais. Na prática, institutos tradicionais do direito – predominantemente individualistas e patrimonialistas – precisaram ser revisitados à luz da legalidade constitucional, para oferecer-lhes a interpretação condizente com o ordenamento em vigor, respeitando-se a

---

[9] TORRES, Ricardo Lobo. Curso de Direito Financeiro e Tributário 17. ed. Rio de Janeiro: Renovar, 2010, p. 276.

[10] WEICHERT, Marlon Albert. Isenções Tributárias em face do princípio da isonomia. Revista de Informação Legislativa. Brasília: a. 37. V. 145 jan./mar. 2000, p. 253.

[11] Para desenvolvimento do tema, consinta-se remeter a BUCAR, Daniel. Superendividamento. Reabilitação Patrimonial da Pessoa Humana. São Paulo: Saraiva, 2017, págs. 19-36.

[12] "Pelo inadimplemento das obrigações respondem todos os bens do devedor".

devida hierarquia das fontes.[13] As amarras do patrimonialismo no direito civil constituem desafio perene que precisa ser rompido[14] e de cujo movimento o patrimônio, em si mesmo, não se furtou.

Por isso, da função exclusiva de garantia a terceiros, o patrimônio passa a sustentar como objetivo e fundamento a promoção e a proteção da pessoa humana. Promoção, no sentido de propiciar o desenvolvimento do projeto de vida traçado pela pessoa, mediante o comércio jurídico e a fruição das situações patrimoniais necessárias e instrumentais à própria experiência humana; proteção, sob o aspecto de (a) permitir que o patrimônio, e não o corpo, seja garantia do pagamento de créditos inadimplidos, cuja exigibilidade seja merecedora de tutela pelo ordenamento e (b) proporcionar uma subsistência com meios materiais mínimos para uma vida digna.

O reflexo jurídico desta função encontra-se na formação de um patrimônio de dignidade, composto por determinados bens, que não podem ser alvejados por certos créditos. A este acervo deve ser dado o conceito de patrimônio de dignidade, o qual se encontra descrito no rol de impenhorabilidade do art. 833 do Código de Processo Civil. Em síntese, no que toca à pessoa humana, a composição deste patrimônio é formada por (a) bens inalienáveis por determinação legal ou convencional; (b) móveis, pertences e utilidades domésticas; (c) vestuários (salvo de elevado valor); (d) remuneração *lato sensu* e doações destinadas para o sustento;[15] (e) bens necessários para o exercício da profissão do devedor; (f) seguro de vida; (g) pequena propriedade rural; e (h) quantia depositada em caderneta de poupança até 40 salários mínimos.[16]

Contudo, se a função deste acervo se presta para a promoção e proteção da pessoa humana, o papel que lhe confere o ordenamento se extingue quando do falecimento de seu destinatário, já que não mais haverá pessoa a proteger e promover. Neste sentido, com a formação do patrimônio sucessível e a obrigatoriedade do inventário no sistema brasileiro,[17] tem-se a origem de um monte a cumprir a função subjacente da promoção e proteção da pessoa, qual seja, a de garantia de créditos, tal como determina o art. 1.997 do Código Civil.

Neste sentido, organiza-se o inventário sob forte intervenção estatal, de forma que se dê publicização do acervo formado, para o qual, em juízo universal, devem se dirigir os credores do (agora) espólio com o escopo de requerer a satisfação de seus créditos (art. 642, Código de Processo Civil), a interrupção da prescrição (art. 202, IV, Código Civil) e haver o pagamento mediante um procedimento mal disciplinado[18]

---

[13] TEPEDINO, Gustavo. O direito civil-constitucional e suas perspectivas atuais. In: *Temas de direito civil*. Rio de Janeiro: Renovar, 2009. Tomo III. p. 32.

[14] MORAES, Maria Celina Bodin de. A constitucionalização do direito civil e seus efeitos sobre a responsabilidade civil. *Direito, Estado e Sociedade*, n. 29, p. 235, jul. 2006. Disponível em: http://direitoestadosociedade.jur.puc-rio.br/media/Bodin_n29.pdf. Acesso em: 10.07.2020.

[15] Salvo se para pagamento de prestação alimentícia e o valor que ultrapassar mensalmente 50 salários mínimos (art. 833, §2º, CPC).

[16] Até o fechamento deste artigo, a Corte Especial do Superior Tribunal de Justiça ainda não havia julgado o Recurso Especial 1660671, em que se questiona a restrição do depósito exclusivamente em caderneta de poupança.

[17] TEPEDINO, Gustavo; NEVARES, Ana Luiza Maia; MEIRELES, Rose Melo Vencelau. *Fundamentos do Direito Civil*. v. 7. Rio de Janeiro: Editora Forense, 2020, p. 253.

[18] Além da forte intervenção estatal para pagamento de um credor do falecido, há inúmeros problemas que a legislação não resolve, tais como o curso de juros moratórios (que pode consumir boa parte da herança) e a aplicação da ordem de pagamentos do concurso singular de credores (art. 797, CPC) – o que seria impróprio ante

pelo Código de Processo Civil (arts. 642 a 646) e complementado pelo próprio Código Civil (arts. 1.997 a 2.001).

Somente após o pagamento das dívidas ou eventual reserva de bens para futura liquidação de créditos (art. 644, Código de Processo Civil), ter-se-á delineado o patrimônio partilhável[19] entre os beneficiários, de acordo com os títulos sucessórios que ostentem.

Neste momento,[20] inicia-se a atuação material da autoridade fiscal do Estado federado, a quem compete tributar a transmissão *causa mortis* do patrimônio. Assim, uma vez cumprida a principal função da organização do inventário, qual seja, o pagamento de credores, inicia-se, havendo saldo, a efetiva transmissão da herança[21] a herdeiro(s) e/ou legatário(s) identificados, a quem se distribuirá o patrimônio líquido do autor da herança.

No exercício da sua competência, os estados e o Distrito Federal exercem a atividade tributante à luz do art. 155, I, da Constituição da República e, se por um lado obedecem à faixa de alíquota estabelecida por resolução do Senado[22] (art. 155, IV, Constituição da República), por outro, são autônomos no que toca aos demais elementos para a própria formação, ou não, do crédito tributário.

Neste ofício, a maior parte dos estados, retomando a função primordial do patrimônio, consubstanciada na proteção e promoção da pessoa, volta seus olhos para a essencialidade dos bens que serão sucedidos para determinar quais serão as hipóteses beneficiadas pela isenção. Vale notar que, ressalvadas determinadas situações,[23] os estados não escolhem a capacidade contributiva dos destinatários dos bens como critério para isentá-los da tributação. Indicam, diversamente, bens (isenção objetiva) que, a princípio, portam consigo algum elemento de proteção e promoção de seus destinatários.

Embora se tenha efetiva noção da reduzida tributação da herança pelo sistema tributário brasileiro, certo é que, ainda assim e quanto ao rol de isenção esquadrinhado por cada estado, constata-se a execução de um caráter extrafiscal da exação, funcionando "como um mecanismo de controle e distribuição de riquezas",[24] "no intuito de resgatar laços de solidariedade social",[25] a evidenciar a legitimidade do benefício em grande parte das situações previstas.

Significa dizer que, no que toca à lista de isenção desenhada pelos estados que a prevejam, os entes buscaram aplicar, na maior parte da renúncia à receita fiscal, uma

---

a universalidade da garantia - ou da preferência pelo título legal (art. 908, CPC). Na realidade, a única preferência prevista é a dos créditos tributários devidos pelo falecido e por seu espólio, conforme se extrai dos artigos 187 e 189 do Código Tributário Nacional (ROSA, Conrado Paulíno da; RODRIGUES, Marco Antonio. *Inventário e Partilha*. Teoria e Prática. Salvador: Edições JusPodivm, 2019, p. 394.

[19] Sempre o seu saldo líquido, conforme TJRS, AI 70051463198, Rel. Desembargador Ricardo Moreira Lins Pastl, 8ª Câmara Cível, j. em 01.11.12.

[20] Antes da partilha nos procedimentos do inventário (art. 654, CPC) ou arrolamento comum (art. 664, §5º, CPC) e, se arrolamento sumário, após a partilha (art. 659, §2º, CPC).

[21] Sobre críticas ao mal diagramado princípio da *saisine* no direito brasileira, remete-se a BUCAR, Daniel; PIRES, Caio. Sucessão e Tributação: Perplexidades e Proposições Equitativas. In Arquitetura do Planejamento Sucessório. Coord. TEIXEIRA, Daniele Chaves. 2. Ed. Belo Horizonte: Fórum, 2020, págs. 93/94.

[22] Atualmente, encontra-se em vigor a Resolução n. 9/92, que estabelece alíquota mínima de 2% e máxima de 8%.

[23] É a hipótese, por exemplo, da isenção conferida a imóveis, a qual leva em consideração o beneficiário não ter outro bem da mesma espécie (vide item 5.2, *infra*).

[24] PAULA, Fernanda. *A tributação de herança sob um enfoque de justiça: considerações e propostas para um correto aproveitamento das heranças nos sistemas de ITCM e do IRPF*. Rio de Janeiro: Lumen Iuris, 2019. p. 73.

[25] DOMINGUES, Nathália Daniel. Tributação da Herança. Belo Horizonte: Arraes Editores, 2017, 151.

extrafiscalidade a certos bens (objetiva), sob estrita observância da função protetiva e promocional do patrimônio, sem, contudo, analisar a efetiva capacidade contributiva dos beneficiários da isenção.

Conclui-se, desta forma e como adiante se verá, que os bens isentos de tributação se assemelham, em boa medida, ao rol daqueles impenhoráveis, integrantes do denominado patrimônio de dignidade, de sorte que é possível compreender que a função protetiva e promotora do patrimônio se espraia pelo ordenamento não apenas para salvaguardar determinados bens da garantia de credores, mas para que determinados estados não os considerem no cômputo do imposto de transmissão *causa mortis*.

No entanto, em que pese ser preferível uma sistematização harmônica do patrimônio de dignidade, seja para receber tutela diferenciada contra credores, seja para não ter sua transmissão tributada, certo é que o sistema apresenta incongruências, fato que pode ser creditado à escolha constitucional de conferir aos estados a competência de avaliar a essencialidade de bens à luz da teoria do patrimônio, cuja matéria compete ao direito civil, de competência legislativa exclusiva da União (art. 22, I).

De toda forma, ainda que se pense, nesta seara, em um direito civil estadual constitucionalmente autorizado, a análise do rol de isenções pelo prisma do patrimônio da dignidade pode ensejar não apenas uma odiosidade de certas isenções conferidas pelas leis estaduais, mas também uma odiosidade na extensão de certos bens impenhoráveis.

4   A escolha do estado tributante (*tax shopping*)

Além da análise axiológica das isenções previstas pelos estados e Distrito Federal, é importante lembrar que o conhecimento das hipóteses e extensão do benefício propicia um planejamento lícito tributário, seja pela localização de bens imóveis deixados pelo autor da herança, seja pela escolha, por parte dos beneficiados, da unidade da Federação em que ofertarão os bens móveis à tributação.

Com efeito, no que toca à tributação da transmissão *causa mortis* de bens imóveis, a Constituição da República determina que compete ao estado ou ao Distrito Federal da situação do bem a exação do ITCM (art. 155, §1º, I). Desta forma, dentro do específico mapa de isenções destinado a bens imóveis (item 5.2 *infra*), é facultado ao autor da herança escolher, no momento da aquisição de um bem desta natureza, o local que possa oferecer melhor tributação aos seus sucessores.

Já em relação aos bens móveis, a opção pelo melhor sistema de tributação pode ser exercida pelos próprios sucessores. Ao fixar a quem compete tributar o imposto de transmissão *causa mortis*, a Constituição da República determinou que a tributação fosse oferecida às unidades federativas (estado ou Distrito Federal) nas quais se processar o inventário ou arrolamento (art. 155, §1º, II).

Caso o procedimento seja judicial, ainda que o Código de Processo Civil preveja que é competente o domicílio do autor da herança (art. 48), verifica-se que esta competência é territorial e relativa,[26] conforme, inclusive, há muito pacificado pela Segunda Seção

---

[26]   ROSA, Conrado Paulínio da; RODRIGUES, Marco Antonio. Inventário e Partilha. *Teoria e Prática*. Salvador: Edições JusPodivm, 2019, p. 334.

do Superior Tribunal de Justiça.[27] Portanto, como não deve ser reconhecida de ofício,[28] podem os sucessores optar por prorrogar a competência em qualquer foro do país e, como consequência lógica, escolher o Estado para oferecer a transmissão de bens móveis à tributação.

Maior liberdade ainda é facultada aos sucessores na hipótese de o inventário ser extrajudicial. Isto se deve por força da livre escolha do tabelião de notas que irá lavrar a escritura de inventário e partilha, conforme permitido pelo art. 8º da Lei nº 8.935/94,[29] cujo texto é observado pelo Conselho Nacional de Justiça (art. 1º da Resolução nº 35/2007).[30] Neste sentido também vem se posicionando doutrina[31] e, como não poderia deixar de ser, já se têm notícias de julgados nesta direção.[32]

Portanto, caso todos os sucessores estejam de acordo, é lícito promover o inventário e a partilha fora do domicílio do autor da herança, de maneira que se possa oferecer em outro estado a tributação da transmissão *causa mortis* de bens móveis, como exemplo, as hipóteses do saldo depositado na conta vinculada ao Fundo de Garantia por Tempo de Serviço (item 5.5, *infra*) e do direito acumulado em previdência privada não recebido em vida pelo *de cujus* (PGBL/VGBL – item 5.5.1, *infra*). Trata-se de efetivo planejamento tributário lícito.

Não há, sequer, se falar de elisão fiscal, na medida em que o fato gerador sequer ocorrerá.[33] Cuida-se, na realidade, de legítima eleição entre caminhos lícitos, optando-se pela execução de um planejamento sucessório com eficácia *post mortem* menos oneroso sob o ponto de vista fiscal.[34]

5 Hipóteses de isenção

Vinte e seis leis estaduais e uma distrital[35] formam o complexo (e, talvez, caótico) sistema brasileiro de tributação da herança. No exercício de sua competência, cada ente estabelece um rol de isenções próprio. Neste tópico, serão apresentados os bens listados nesse emaranhado legislativo, agrupando os estados que destinarem tutela protetiva a

---

[27] CC 18.032/MG, Rel. Ministro Cesar Asfor Rocha, Segunda Seção, julgado em 11/12/1996, DJ 17/03/1997, p. 7425).

[28] "Assim, é defeso ao juiz reconhecer a incompetência relativa de ofício, conforme previsão constante na Súmula nº. 33, do STJ, que estabelece: "A incompetência relativa não pode ser declarada de ofício". TJRR, AI 9000693-82.2018.8.23.0000, Rel. Desembargador Mozarildo Monteiro Cavalcanti, DJE de 10.07.2018.

[29] "Art. 8º É livre a escolha do tabelião de notas, qualquer que seja o domicílio das partes ou o lugar de situação dos bens objeto do ato ou negócio".

[30] Art. 1º Para lavratura dos atos notariais relacionados a inventário, partilha, separação consensual, divórcio consensual e extinção consensual de união estável por via administrativa, é livre a escolha do tabelião de notas, não se aplicando as regras de competência do Código de Processo Civil.

[31] TEPEDINO, Gustavo; NEVARES, Ana Luiza Maia; MEIRELES, Rose Melo Vencelau. Fundamentos do Direito Civil. v. 7. Rio de Janeiro: Editora Forense, 2020, p. 236.

[32] TJGO, Recurso Inominado 5094375.64.2016.8.09.0051, Rel. Juíza Rozana Fernandes Camapum, j. em 30.01.2020.

[33] "De acordo com a doutrina, a elisão seria uma conduta lícita adotada pelo contribuinte para evitar a ocorrência do fato gerador". ÁVILA, Alexandre Rossato da Silva. Curso de direito tributário. 3. ed. Porto Alegre: Verbo Jurídico, 2007, p. 240.

[34] "Ninguém e obrigado, na condução de seus negócios, a escolher os caminhos, os meios, as formas ou os instrumentos que resultem em maior ônus fiscal, o que, repita-se, representa questão pacifica". AMARO, Luciano. Direito tributário brasileiro. 14. ed. São Paulo: Saraiva, 2008, p. 229-230.

[35] Todas as Leis e Códigos Estaduais que serão daqui por diante citados correspondem a textos dos Estados a cuja nota de rodapé está vinculada.

certa categoria (ainda que em diversa medida), bem como buscar-se-á proceder a uma análise crítica da isenção pelo prisma da teoria do patrimônio.

5.1 Em razão do valor do monte ou em função do quinhão

Um razoável número de estados opta por isentar montes abaixo de certo valor. Em vez de eleger certos bens para aplicar a isenção, simplesmente deixam de tributar a transmissão independentemente da essencialidade dos bens que vierem a compor o acervo até determinada importância.

Assim, por ordem crescente de valor,[36] preveem isenção em razão do importe do monte Roraima (R$19.250,00),[37] Ceará (R$31.428,39),[38] Rio de Janeiro (R$46.150,00),[39] Mato Grosso do Sul (R$50.000,00),[40] Sergipe (R$86.920,00),[41] Bahia (R$100.000,00)[42] e Mato Grosso (R$229.920,00).[43]

Por outro lado, é curioso notar que, de um modo diverso, seis estados optaram por fixar isenções não em razão do monte, mas na medida do valor entregue a beneficiários da transmissão *causa mortis*. Desta forma e também mediante apresentação dos estados por ordem crescente, se o herdeiro ou legatário vier a ser contemplado com até R$2.000,000, o(s) bem(ns) será(ão) isento(s) em Santa Catarina;[44] já o Piauí oferece isenção para quinhão inferior a R$3.530,00;[45] Rondônia isenta quinhão ou legado inferior a R$4.612,80;[46] Goiás, se o valor transmitido for inferior a R$20.000,00 por beneficiário,[47] no Tocantins, não haverá tributação se o herdeiro ou legatário for beneficiado com bem(ns) até R$25.000,00;[48] e, por fim, Pernambuco, também, caso o quinhão seja de até R$59.091,17.[49]

Não é possível encontrar uma lógica na fixação destes valores. Além de não condizer com a expressão de riqueza média da população de cada estado,[50] tampouco é possível compatibilizar os tetos com, por exemplo, o limite de impenhorabilidade de valores depositados em caderneta de poupança (40 salários mínimos, conforme art. 833, Código de Processo Civil), que poderia servir de parâmetro para um valor mínimo aos beneficiários.

---

[36] Os valores, em reais, refletem as cotações de unidades fiscais de cada estado.

[37] 50 UFERRS, Art. 76, II, da Lei 2059/93.

[38] 7.000 Ufirces, Art. 8º, inciso I, a, Lei 15.812/15.

[39] 13.000 UFIR's, Art. 8º, VII, Lei 7174/15.

[40] Art. 126, III, da Lei 4.759/15.

[41] Art. 8º, IV, da Lei 7.724/13.

[42] Art. 9º, II, a, Lei 4826/89.

[43] 1.500 UPF/MT, Art. 6º, I, a, Lei 7850/02.

[44] Art. 10, IV, Lei 13.136/04

[45] Art. 8º, I, c, Lei 4261/89. Para este cálculo, excluem-se outros R$3.530,00 recebidos em "roupa e utensílio agrícola de uso manual, bem como móvel e aparelho de uso doméstico que guarneçam as residências familiares" (alínea d do mesmo inciso).

[46] Art. 6º, IV, da Lei 959/00

[47] Art. 79, I, Código Tributário Estadual.

[48] Art. 55, I, Código Tributário Estadual.

[49] Art. 3º, I, b, Lei 13.974/09.

[50] A renda per capita do Mato Grosso, que se apresenta mais generoso na isenção em razão do monte, foi de R$1.403,00, menor do que renda *per capita* do Rio de Janeiro (R$1882,00), com limite menor de isenção. Dados disponíveis em https://www.ibge.gov.br/cidades-e-estados.html?view=municipio.

Talvez, por eficiência administrativa, até pode se pensar que os valores teriam alguma relação com o fato de o custo da atividade fiscal não ser compatível com a tributação de pequenos montes. Todavia, a disparidade de tetos é tamanha que não é possível encontrar alguma racionalidade nas escolhas legislativas.

5.2 Imóvel

A busca pela concretização do direito de moradia (art. 6º, *caput*, Constituição da República), expressado, entre outras formas, pela tutela do direito real de propriedade destinada a este fim,[51] reproduziu na teoria do patrimônio a mais expressiva materialização da função protetiva e promocional da pessoa por meio da proteção ao chamado bem de família.

Sob a inspiração do *homestead* norte-americano,[52] o Código Civil de 1916 já previa a possibilidade de instituir-se, voluntariamente, uma "isenção" parcial[53] à excussão patrimonial sobre um "prédio para domicílio" da família (art. 70). Embora a experiência tenha demonstrado o seu pouco uso ainda sob a vigência do Código anterior, o codificador de 2002 manteve o instituto voluntário.[54]

Em complemento à forma convencional, o legislador adotou, em 1990, o chamado "bem de família legal" (Lei nº 8.009). Através deste instituto, impôs-se, independentemente da vontade do devedor, a impenhorabilidade relativa do "imóvel residencial próprio do casal, ou da entidade familiar", cujo bem somente poderá ser excutido em razão do inadimplemento de certas obrigações.[55]

Nota característica do bem de família legal brasileiro é a ausência de valor limite do imóvel para gozo da proteção. Contrariando as mais diversas leis do mundo ocidental que adotam esta espécie de tutela, o ordenamento brasileiro insiste em não definir exatamente qual categoria social pretende realmente proteger com a ausência de razoável parâmetro. Esta singular e excessiva proteção fica mais evidente ao se constatar, por outro lado, que os reflexos da função promocional e protetiva que incidem sobre o bem de família não encontraram obstáculos para fixação de limites desta tutela no direito tributário pátrio.

---

[51] As leis estaduais não tratam com rigor técnico o objeto da isenção, de modo que podem ser compreendidos imóveis que integrem a esfera patrimonial a qualquer título (posse e direitos aquisitivos, por exemplo).

[52] Aponta-se o *Homestead Act* (1839), do Estado do Texas, como primeiro texto normativo a cuidar de uma impenhorabilidade relativa incidente sobre um imóvel destinado à família, o qual serviu de inspiração ao bem de família codificado no Brasil, conforme ESPINOLA, Eduardo. *Sistema de direito civil brasileiro*. Rio de Janeiro: Rio, 1977. p. 513.

[53] Não havia proteção contra "impostos relativos ao mesmo prédio" (artigo 70, Código Civil de 1916).

[54] Conforme artigos 1.711 a 1.722 do Código Civil em vigência.

[55] O rol do artigo 3º, da Lei no 8.009/2009 permite a penhora, em síntese, para satisfação de obrigações (a) decorrentes do mútuo contraído para a aquisição ou construção do imóvel (até o limite do crédito); (b) alimentícias; (c) tributárias e condominiais incidentes no imóvel; (d) garantidas por hipoteca constituídas pela entidade familiar; (e) assumidas por fiador em contrato de locação; e (f) decorrentes de pronunciamento da jurisdição penal (inciso VI - por ter sido adquirido com produto de crime ou para execução de sentença penal condenatória a ressarcimento, indenização ou perdimento de bens).

Com efeito, no que toca ao único imóvel residencial, é possível encontrar hipóteses de isenção do IPTU[56] e ITBI[57] espalhadas pelos milhares de leis municipais do país, que definem limites de valor para desfrutar o benefício. Da mesma forma, a legislação do Imposto de Renda concede isenção ao contribuinte quando aufere renda em razão da valorização do imóvel, desde que este seja o único e o preço de venda seja de até R$440.000,00 (art. 23, Lei nº 9.250/05).

Quanto ao tema do presente artigo, leis estaduais e distrital do ITCM também dispensam, sob variados critérios, uma particular atenção ao único imóvel deixado pelo autor da herança, destinando a esta categoria de bem uma isenção específica.

5.2.1 Imóvel urbano

Um dos parâmetros utilizados por leis estaduais para conferir isenção da tributação por transmissão *causa mortis* é a espécie de bem imóvel segundo a classificação urbano e rural, a qual, para fins fiscais, é definida pela incidência do IPTU ou ITR, conforme art. 32, §1º do Código Tributário Nacional.[58]

Como os estados utilizam critérios variados para outorgar o benefício, as hipóteses serão apresentadas seguindo ordem alfabética da denominação dos entes.

Com efeito, sem especificar o número de imóveis urbanos e tampouco residenciais ou comerciais, o Acre isenta do pagamento de ITCM a transmissão desta espécie de bens até R$203.400,00.[59] O Maranhão, por sua vez, não tributa o único imóvel urbano deixado pelo falecido, desde que constitua o único bem a ser partilhado e cujo valor não ultrapasse R$33.248,00.[60] A lei maranhense também não trata da destinação acerca do uso do imóvel.

Já o Mato Grosso do Sul, embora não estipule valor fixo, isenta aqueles que apresentem construção residencial e que seja utilizada como habitação dos herdeiros.[61] O Rio Grande do Sul não tributa a transmissão hereditária de imóvel urbano desde que o seu valor não ultrapasse R$40.580,00 e que ele seja transferido para ascendente ou descendente do *de cujus*.[62]

---

[56] O Município do Rio de Janeiro, por exemplo, isenta da cobrança de IPTU imóveis residenciais cujo valor venal não seja superior a R$58.802,00 (atualizado), conforme o art. 61, XXIX, Código Tributário Municipal.

[57] No Município de São Paulo, também a título de ilustração, o primeiro imóvel adquirido até o valor de R$176.444,41 (atualizado) é isento do pagamento de ITBI (art. 3º, I, Lei Municipal 13.402/02, com redação modificada pela Lei 15.891/13).

[58] Art. 32. [...] §1º Para os efeitos deste imposto, entende-se como zona urbana a definida em lei municipal; observado o requisito mínimo da existência de melhoramentos indicados em pelo menos 2 (dois) dos incisos seguintes, construídos ou mantidos pelo Poder Público: I. meio-fio ou calçamento, com canalização de águas pluviais; II - abastecimento de água; III - sistema de esgotos sanitários; IV - rede de iluminação pública, com ou sem posteamento para distribuição domiciliar; V - escola primária ou posto de saúde a uma distância máxima de 3 (três) quilômetros do imóvel considerado.

[59] Art. 8º, I, Lei Complementar 271/13.

[60] 32 salários mínimos vigentes em 2020. Art. 107-A, I, Código Tributário Estadual.

[61] Art. 126, II, a, da lei 1.810/97.

[62] 2000 UPF/RS, Art. 7º, I, Lei 8821/89. Importante recorder que a diferenciação de tributação de acordo com o parentesco já foi, na hipótese de diversidade de alíquotas, declarada inconstitucional pelo Supremo Tribunal Federal (RE 602.256 PE, 1ª Turma, Rel. Min. Luiz Edson Fachin, julgado em 16 de fevereiro de 2016, em que foi questionada a legislação de Pernambuco, a qual, por meio de tabela inserida pela Lei nº 11.413/1996, que modificou a Lei n º 10.260/89, diferençou alíquotas aplicadas a transmissão operada no parentesco de 1º grau e outros. O dispositivo foi revogado por força da Lei 11.920/00.

O Piauí isenta a transmissão do único imóvel urbano residencial deixado pelo autor da herança em seu acervo, desde que não ultrapasse o valor de R$52.950,00.

Por fim, Rondônia também segue a linha de isenção para imóvel especificamente urbano e o faz condicionando que os contemplados (herdeiros ou legatários) não possuam outro e que o bem adquirido esteja edificado, destinado à sua família e não ultrapasse o valor de R$93.087,50.[63]

5.2.2 Imóvel urbano ou rural

Alguns estados não diferenciam o imóvel a ser transmitido segundo a classificação urbano ou rural, atendo-se a fixar, nestas hipóteses, critérios em relação à quantidade de bens desta espécie e o teto de valor para a concessão do benefício.

O Amapá, por exemplo, confere isenção para transmissão hereditária de imóvel residencial que constitua o único bem do espólio, desde que seja destinado ao cônjuge ou filho(s) do falecido e que não ultrapasse o valor de R$71.502,00.[64]

Amazonas, que se destaca por ser o estado que possui a menor alíquota de ITCM do país (2%), confere isenção a imóvel cujo valor não ultrapasse R$100.000,00 e seja o único que o beneficiário irá ter em seu patrimônio.[65]

Já a Bahia isenta a transmissão de imóvel, condicionando-o a ser o único bem do espólio, avaliado em até R$170.000,00, desde que à sucessão concorram apenas o cônjuge ou filhos do *de cujus* e que fique comprovado não possuírem outro imóvel.[66]

O Espírito Santo, por sua vez, isenta o imóvel destinado à moradia do herdeiro ou do legatário até o limite de R$701.680,00,[67] desde que estes não possuam outro bem imóvel. A lei capixaba também prevê isenção, sem controlar o patrimônio do beneficiado, na hipótese de o espólio apenas ser titular de um único bem imóvel no valor de até R$70.168,00.[68]

Minas Gerais apresenta certa complexidade na concessão do benefício, na medida em que elege parâmetros peculiares para isentar a transmissão. Com efeito, a fração ideal ou a integralidade do imóvel residencial apenas terá a isenção na transmissão hereditária se o imóvel, ou a parte transmitida, montar em até R$148.464,00, contanto que seja o único bem desta espécie no acervo, cujo valor total não deve ultrapassar R$178.156,00.[69]

O Pará, sem fixar valor do bem, concede isenção à transmissão hereditária de imóvel destinado exclusivamente à moradia dos herdeiros ou legatários, desde que o espólio e os beneficiários não possuam outro imóvel.[70] Assim também o faz a Paraíba,

---

[63] 1250 UPF/RO, Art. 6º, I, a, Lei 959/00.

[64] Art. 76, II, Código Tributário Estadual. Interessante notar que a lei amapaense tem uma espécie única de isenção para imóvel, que se destaca de todas as demais normativas do país: é isenta a transmissão de propriedade ou domínio útil de bem imóvel e de direitos reais sobre imóveis como originário dos quilombos, para o que não há fixação de teto (art. 76, III, Código Tributário do Amapá).

[65] Art. 118, III, a, Código Tributário Municipal.

[66] Art. 4º, II, Lei 4.826/89.

[67] 200.000 VRTE's Art. 7º, I, a, Lei 10011/13.

[68] 20.000 VRTE's Art. 7º, I, b, Lei 10011/13.

[69] Art. 3º. I, a, b, Lei 14.941/03. No cômputo do valor do acervo, não são considerados roupa e utensílio agrícola de uso manual, bem como de móvel e aparelho de uso doméstico que guarneçam as residências familiares (alínea c, I, Art. 3º).

[70] Art. 3º, I. Lei 5529/89.

cuja legislação ressalva, contudo, que o imóvel transmitido não ultrapasse R$101.840,00 e seja destinado exclusivamente a cônjuge e/ou filho(s) do *de cujus*. Esta limitação de valor, contudo, não se faz presente na legislação do Paraná, que também concede isenção sobre o único imóvel existente no monte para fins de moradia por beneficiário que outro não tenha em seu patrimônio.[71]

Pernambuco isenta a transmissão hereditária de imóvel urbano ou rural (não superior ao módulo da região) desde que recebido por trabalhador urbano ou rural não possuidor de outro bem desta espécie.[72] Elastecendo um pouco mais a hipótese de incidência da isenção, a lei pernambucana também beneficia a transmissão de imóvel que sirva como residência do cônjuge ou filho(s) do *de cujus*, sob a condição de que estes não possuam outro bem desta espécie.[73] A lei de Pernambuco, ainda, também isenta a transmissão de imóvel adquirido pelo autor da herança proveniente de programa habitacional.[74]

Transmissão *causa mortis* é isenta, no Rio de Janeiro, no caso de imóveis (a) adquiridos pelo autor da herança em programas habitacionais,[75] (b) localizados em unidades de conservação da natureza onde os residentes pertençam a comunidades tradicionais e quilombolas,[76] ou (c) localizados em comunidades de baixa renda.[77] A legislação fluminense também isenta os imóveis residenciais que não ultrapassem o valor de R$213.000,00.[78]

Roraima também contempla com isenção a hipótese de transmissão de imóvel vinculado a programas habitacionais, destinados a pessoas de baixa renda e desde que não possuam outro imóvel.[79]

O Rio Grande do Norte oferece isenção, sem limite de valor, para transmissão hereditária de imóvel a herdeiros e legatários, desde que se comprove que não possuam outro bem imóvel.[80] Da mesma forma, é isenta a transmissão da propriedade rural ou urbana de área não superior ao módulo da região, desde que o beneficiário não possua outro.[81]

Santa Catarina contempla isenção para o único imóvel deixado para herdeiro ou legatário, desde que o imóvel se destine à moradia própria do beneficiário, que não deve possuir outro, e cujo valor não deve ser superior a R$20.000,00.[82]

---

[71] Art. 11, I, a, Lei 18.573/15.

[72] Art. 3º, VI, Lei 13.974/09. Vale notar que Pernambuco adota a ocupação (trabalhador) como critério para percepção do benefício.

[73] Art. 3º, VII, Lei 13.974/09.

[74] Art. 3º, VIII, Lei 13.974/09: "bem imóvel, adquirido pelo de cujus ou doador, por meio de financiamento nos termos da legislação federal concernente ao Sistema Financeiro de Habitação - SFH, bem como aquele adquirido por meio da Companhia Estadual de Habitação e Obras - CEHAB, de cooperativa habitacional, de empresa municipal de habitação e de empresa integrante da Administração Pública Indireta do Estado de Pernambuco, que tenham como objeto social a participação na política estadual de habitação".

[75] Art. 8º, XIII, Lei 7174/05 ("Programas de Arrendamento Residencial (PAR) e Minha Casa Minha Vida, observados os valores dos respectivos programas").

[76] Art. 8º, XIV, Lei 7174/05.

[77] Art. 8º, XVII, Lei 7174/05.

[78] Art. 8º, XI, Lei 7174/05.

[79] Art. 76, VI, Código Tributário Estadual.

[80] Art. 3º, III e IV, Lei 5.887/89.

[81] Art. 3º, V, Lei 5.887/89.

[82] Art. 10, III, Lei 13.136/04.

Através da Lei nº 10.705/00, São Paulo isenta a transmissão *causa mortis* de imóvel residencial, urbano ou rural, cujo valor não ultrapasse R$138.050,00 e que os herdeiros sejam "familiares" do *de cujus* e outro imóvel não possuam.[83] Sem restringir a transmissão a parentes, a lei paulista também confere isenção a imóvel de até R$69.025,00, desde que seja o único do monte.[84]

Por fim, o último estado que prevê determinada isenção a imóvel rural ou urbano é Sergipe, o qual não tributa transmissão hereditária desta espécie de bem, contanto que (a) seja o único do espólio, (b) não ultrapasse o valor de R$112.398,00 e (c) os beneficiários não possuam outro imóvel nem renda acima de 3 salários mínimos.[85] Vale notar que Sergipe é o estado que mais especifica a capacidade contributiva do beneficiário, ao fixar não apenas a impossibilidade de o beneficiário possuir outro imóvel, como os demais estados preveem, mas também a renda do próprio sucessor.

5.2.3 Imóvel rural

O imóvel rural ganha destaque na teoria do patrimônio, na medida em que recebe, inclusive, previsão constitucional acerca de sua impenhorabilidade,[86] que é replicada no art. 833, VIII, do Código de Processo Civil.[87] A partir de ambos os diplomas, concebe-se o trabalho condicionado, *a priori*, à subsistência da família e, em segundo plano (também protegido se for esta a opção), ao progresso econômico.[88]

Aqui, em verdade, há uma conjunção entre a proteção da moradia, própria do bem de família, e da subsistência, relativa a determinada atividade desenvolvida. Assim, "trata-se, pois, de imóvel rural que, direta e pessoalmente, seja explorado pelo agricultor ou sua família, absorvendo-lhes toda a força de trabalho, garantindo-lhes a subsistência e o progresso social e econômico [...]".[89] Desta proteção não descuidaram certos estados da Federação que também optaram por conceder isenção sobre a transmissão *causa mortis* desta espécie de bem, ainda que a maior parte deles, contudo, não tenha condicionado o benefício ao trabalho na terra.

O Acre concede isenção à transmissão hereditária de imóveis rurais que não ultrapassem R$135.600,00.[90]

O Ceará, por sua vez, utiliza outro parâmetro para o benefício: imóveis até 3 módulos rurais, desde que o beneficiário não possua outro da mesma natureza.

---

[83] 5000 UFESP, Art. 6º, I, a, Lei 10.705/00.

[84] 2500 UFESP, Art. 6º, I, 69025, Lei 10.705/00.

[85] 2600 UFP/SE, Art. 8º, VI, Lei 7724/13.

[86] "Artigo 5º: [...] XXVI - a pequena propriedade rural, assim definida em lei, desde que trabalhada pela família, não será objeto de penhora para pagamento de débitos decorrentes de sua atividade produtiva, dispondo a lei sobre os meios de financiar o seu desenvolvimento".

[87] Artigo 832 - São impenhoráveis: "[...] VIII - a pequena propriedade rural, assim definida em lei, desde que trabalhada pela família".

[88] Tal como se vê da ordem do disposto no artigo 4º, inciso II, do Estatuto da Terra: "Artigo 4º - Para os efeitos desta lei, definem-se: [...] II - Propriedade Familiar", o imóvel rural que, direta e pessoalmente explorado pelo agricultor e sua família, lhes absorva toda a força de trabalho, garantindo-lhes a subsistência e o progresso social e econômico, com área máxima fixada para cada região e tipo de exploração, e eventualmente trabalho com a ajuda de terceiros.

[89] FACHIN, Luiz Edson. *Estatuto jurídico do patrimônio mínimo à luz do novo Código Civil brasileiro e da Constituição Federal*. p. 228.

[90] Art. 8º, I, b, Lei 271/13.

Já Espírito Santo[91] e o Pará,[92] seguindo à risca o modelo de proteção constitucional, isentam a transmissão hereditária de imóvel rural com área até 25 hectares e de cuja exploração dependa o sustento do herdeiro ou do cônjuge supérstite a que tenha cabido o bem na partilha, cujos beneficiários não podem possuir outro imóvel.

Rio Grande do Sul, apesar de adotar a mesma extensão para conferir a isenção, não condiciona o benefício à dependência da terra, mas limita a transmissão entre ascendente e descendentes, sendo certo que o bem não pode ter valor superior a R$121.796,40.[93]

O Maranhão isenta a transmissão do imóvel rural, desde que seja o único bem do espólio e sua avaliação não ultrapasse R$21.819,00.[94]

Mato Grosso do Sul[95] e Paraíba,[96] por seu turno, isentam a transferência desta espécie de bem, sem limitar valor do imóvel, mas condicionando o benefício à extensão da terra (até o módulo da região) e à destinação a herdeiro. Seguindo tais estados, Sergipe também adota estes critérios, complementando, entretanto, que o beneficiário deve ser trabalhador rural.[97]

Piauí confere isenção à transmissão hereditária de imóvel rural, cuja área não ultrapasse o módulo rural da região, desde que o beneficiário não seja proprietário de outro imóvel nem receba mais do que um imóvel por ocasião da transmissão.[98]

Roraima também dedica especial atenção ao imóvel e, embora não fixe limite de valor para a isenção da transmissão, apenas limita a área, que não deve ser superior a 60 hectares.[99] Roraima, finalmente, segue o mesmo critério de extensão da terra, mas acresce, todavia, que o beneficiário deve ser trabalhador rural e não possuir outro imóvel de qualquer natureza.[100]

5.3 Utensílios pessoais

Entre os bens que na teoria do patrimônio também recebem especial atenção estão móveis, utilidades domésticas, vestuário, pertences de uso pessoal, que se encontram protegidos de credores pela impenhorabilidade prevista no art. 833, incs. II e III, do Código de Processo Civil, excetuando-se "aqueles de um médio padrão de vida" ou de "elevado valor". Esta previsão, com efeito, é inspirada "na preocupação do Estado de assegurar a solidariedade social, respeitando a dignidade humana em suas necessidades mínimas de decência e sobrevivência".[101]

---

[91] Art. 7º, I, c, Lei 10.011/13.
[92] Art. 3º, II, Lei 5529/89.
[93] 6000 UPF/RS, Art. 7º, IV, Lei 8821/89.
[94] Art. 107-A, II, Código Tributário Estadual.
[95] Art. 126, II, a, Código Tributário Estadual.
[96] Art. 5º, II, Lei 5.123/89.
[97] Art. 8º, II, Lei 7.724/13.
[98] Art. 8º, I, b, Lei 4.261/89.
[99] Art. 6º, I, b, Lei 959/00.
[100] Art. 76, V, Código Tributário Estadual.
[101] THEODORO JÚNIOR, Humberto. *Curso de direito processual civil:* processo de execução e processo cautelar. 38. ed. Rio de Janeiro: Forense, 2005. v. 2. p. 225.

Ainda que o controle estatal da transmissão destes bens não seja uma tarefa fácil, haja vista que são bens móveis e não submetidos a uma escrituração por seu titular, certos estados conferem, de toda forma, isenção à sua transmissão hereditária.

É o caso do Acre, que prevê a isenção de transferência desta espécie de bens,[102] como também o fazem Amazonas,[103] Minas Gerais[104] e Paraná.[105] Piauí, por seu turno, embora preveja isenção a esta categoria de bens, limita o valor do conjunto isento a R$3.530,00.[106] São Paulo, tal como o Piauí, também limita a isenção a R$41.415,00.[107]

5.4 Depósitos em instituições financeiras

Como já informado neste trabalho, pertence ao rol de bens que compõem o patrimônio de dignidade o depósito do valor até 40 salários mínimos em poupança (art. 833, X, Código de Processo Civil). Parece que, inspirado neste mínimo de liquidez, o Espírito Santo optou por aplicar uma isenção na transmissão hereditária de valores mantidos em instituições financeiras até RR35.084,00, mas já não restritamente vinculados a uma poupança.[108] Da mesma forma, São Paulo também assim o faz, fixando o teto no valor de R$27.610,00.[109]

Vale notar que estas quantias são superiores ao limite que a Lei nº 6.858/80 prevê para a adoção de um procedimento judicial menos intervencionista ("alvará"), cujo art. 2º permite aplicá-lo a saldos bancários de até R$858,65 (500 OTNs).[110]

5.5 Verbas remuneratórias não recebidas em vida

É conhecida, também, a proteção contra credores que o ordenamento brasileiro confere à remuneração, que deve ser compreendida de forma alargada, em razão da alienação da força laboral (situação existencial), independentemente de se executada no âmbito de uma relação de emprego (art. 833, II, do Código de Processo Civil). Tal tutela decorre, em suma síntese, em razão de três fundamentos: (a) respeito à proteção do valor pecuniário da alienação da força humana de trabalho, (b) aversão à possibilidade de o prestador do serviço ver-se obrigado a exercer sua atividade sem que haja real e efetiva percepção de contraprestação e (c) noção de que os valores auferidos são necessários para fazer frente às despesas correntes da pessoa.[111] Vale notar que a impenhorabilidade, conforme entendimento da Segunda Seção do Superior Tribunal de Justiça, abrange

---

[102] Art. 8º, I, d, Lei 271/13.

[103] Art. 118, III, b, Código Tributário Estadual.

[104] Art. 3º, I, c, Lei 14.941/03.

[105] Art. 11, b, Lei 18.573/15. Vale notar que joias são expressamente excluídas da isenção por este dispositivo.

[106] 1000 UFR/PI, art. 8º, I, d, Lei 4.261/10.

[107] 1500 UFESP, art. 6º, I, c, Lei 10.705/00.

[108] 10000 VRTE's, Art. 7º, I, d. Lei 10.011.13.

[109] 1000 UFESP, art. 6º, I, d, Lei 10.705/00.

[110] Correção disponível em https://www.debit.com.br/tabelas/tabela-completa.php?indice=btn. Acesso em: 30.07.2020.

[111] Para maior compreensão acerca destes fundamentos, permita-se remeter a BUCAR, Daniel. Superendividamento. Reabilitação Patrimonial da Pessoa Humana. São Paulo: Saraiva, 2017, págs. 58.

apenas um vencimento, pelo que, após a percepção do seguinte, o montante da sobra é penhorável.[112]

Além da remuneração propriamente dita, os valores depositados no Fundo de Garantia por Tempo de Serviço – FGTS também tem recebido proteção contra credores, contanto que os valores ainda estejam depositados no fundo[113] e, caso levantados, até o limite de 40 salários mínimos.[114]

Sensível ao caráter essencial destas verbas, o legislador processual buscou minimizar a intervenção estatal de sua transmissão aos sucessores, o que fez através da edição da Lei nº 6.858/80, cujo texto prevê um procedimento judicial mais célere para a entrega de salários, valores depositados no FGTS e no Fundo PIS-Pasep a dependentes do autor da herança no Instituto Nacional da Seguridade Social (INSS) ou, caso não haja, a seus sucessores.

Esta forma peculiar de sucessão, contudo, não permite afirmar que estes valores são, de *per si*, isentos da tributação do ITCM, visto que à União é vedado instituir a isenção de tributos dos demais entes federados (a chamada "isenção heterônoma",[115] vedada pelo art. 151, III, Constituição da República).

De todo modo, alguns estados preveem a isenção do ITCM sobre a transmissão de verbas remuneratórias. É a hipótese do Acre,[116] Espírito Santo,[117] Goiás,[118] Mato Grosso,[119] Pernambuco,[120] Rio de Janeiro,[121] Santa Catarina,[122] São Paulo[123] e Tocantins.[124]

O Paraná, embora tenha previsão semelhante, limita a isenção a título de verbas remuneratórias até o valor de R$25.000,00.[125] Já os demais estados não previram isenção específica para esta espécie de bens,[126] pelo que se presume estar ela abrangida, se for a hipótese, na isenção genérica em razão do monte.[127]

5.5.1 A hipótese específica da previdência privada

Um dos temas mais tormentosos acerca da tributação de heranças gravita em torno de valores oriundos do direito acumulado em previdências privadas, não percebidos em vida pelo beneficiário. A questão se torna mais complexa quando a análise da

---

[112] Superior Tribunal de Justiça, Resp. 1230060/PR, Rel. Ministra Maria Isabel Gallotti, Segunda Seção, julgado em 13/08/2014, DJe 29/08/2014.

[113] Superior Tribunal de Justiça, Resp. 1619868/SP, Rel. Ministro Ricardo Villas Bôas Cueva, Terceira, julgado em 24/10/2017, DJe 30/10/2017.

[114] Superior Tribunal de Justiça, AgInt. no Resp. 1540155/SP, Rel. Ministro Marco Aurélio Bellizze, Terceira Turma, julgado em 19/08/2019, DJe 22/08/2019.

[115] Livro de Direito Tributário.

[116] Art. 8º, I, e, Lei 271/13.

[117] Art. 7º, I, e, Lei 10.011/13.

[118] Art. 80, II, Código Tributário Estadual. A lei goiana, na realidade, de hipótese de não incidência.

[119] Art. 6º, I, c, Lei 7850/02.

[120] Art. 3º, XVII, Lei 13.974/09.

[121] Art. 8º, VI, Lei 7.174/15.

[122] Art. 10, II, Lei 13.136/04.

[123] Art. 6º, I, e, Lei 10.705/00.

[124] Art. 55, VI, Código Tributário Estadual, cujo dispositivo, entretanto, não prevê expressamente a isenção do FGTS.

[125] Art. 11, I, c, Lei 18.573/15.

[126] Alagoas possui uma previsão específica que será tratada no item 5.8, *infra*.

[127] Item 5.1, *supra*.

possibilidade de tributação é feita conforme a natureza da previdência privada, se fechada[128] ou aberta (PGBL/VGBL).[129] [130]

Para o ponto que aqui toca, é bem de ver que determinados estados optaram expressamente por isentar a transmissão das importâncias mantidas em previdência privada (sem definição se aberta ou fechada). É a hipótese, com efeito, de Acre,[131] Espírito Santo,[132] Goiás,[133] Mato Grosso,[134] Santa Catarina,[135] São Paulo[136] e Tocantins.[137]

5.6 Combatentes da Segunda Guerra Mundial

Em reconhecimento aos serviços prestados à nação diversas leis tributárias das três esferas federativas isentam do pagamento de impostos ex-combatentes da Segunda Guerra Mundial. É a hipótese, por exemplo, da isenção prevista pelo art. 6º, da Lei nº 7.713/88 para a tributação de proventos ou pensões decorrentes da reforma ou falecimento do ex-combatente.

Apesar de transcorridos mais de 85 anos do armistício da Segunda Guerra, leis estaduais ainda preveem isenções específicas para transmissão hereditária de bens deixados a ex-combatentes. É a hipótese de Pernambuco, que isenta a transmissão hereditária de imóvel a ex-combatente, desde que outro ele não possua.[138] Já o Rio Grande do Norte também concede a isenção, sem restringir a titularidade de outro imóvel pelo beneficiado, mas condicionando o bem à sua moradia.[139]

Roraima também prevê esta isenção, reunindo as condições de Pernambuco e Rio Grande do Norte, mas estendendo, contudo, o benefício a filhos menores ou incapazes de ex-combatentes.

---

[128] Entendendo que não incide em previdência privada fechada: [...] - Em sede de cognição sumária, não parece ser possível a incidência do ITCD sobre o montante global dos valores a serem pagos mensalmente pelas entidades de previdência complementar fechada aos beneficiários indicados pelo participante a título de complementação de pensão. - Hipótese na qual e observado o regramento legal das entidades de previdência complementar fechada, a morte do participante extingue a complementação da aposentadoria e cria uma relação jurídica nova com o beneficiário que possuía expectativa de direito, circunstância que não traduz transmissão de direito. (TJMG - Agravo de Instrumento 1.0000.19.032146-3/001, Relator Des. Alberto Vilas Boas, 1ª Câmara Cível, julgamento em 17/09/0019.

[129] Para uma análise dos pontos que se debruçam os debates jurisprudenciais a respeito, vide FILIPPO, Luciano Gomes. A Construção Jurisprudencial dos Impostos sobre Transmissão de Patrimônio. ITCM e ITBI. Rio de Janeiro: Lumen Juris, 2018, págs. 53-59.

[130] É conhecido, neste propósito, a guerra travada entre contribuintes do Estado do Rio de Janeiro, contra o art. 23 da Lei 7.714/15, que prevê expressamente a tributação dos valores acumulados previdência privada aberta. No que toca ao plano VGBL, o Órgão Especial do TJERJ já decidiu ser a exação inconstitucional (RI 0008135040.2016.8.19.0000, Rel. Desembargadora Ana Maria Pereira de Oliveira, j. em 10.06.2019).

[131] Art. 8º, I, e, Lei 271/13.

[132] Art. 7º, I, e, Lei 10.011/13.

[133] Art. 80, II, Código Tributário Estadual. A lei goiana, na realidade, de hipótese de não incidência.

[134] Art. 6º, I, c, Lei 7850/02.

[135] Art. 10, II, Lei 13.136/04.

[136] Art. 6º, I, e, Lei 10.705/00. Importante notar que tramita na Assembleia do Estado de São Paulo projeto de lei que pretende tributar os valores de previdência privada aberta (art. 8º, IX, do PL 250/00). Para comentários respeito, BUCAR, Daniel; GIRARDI, Viviane. O projeto de alteração do ITCDM em SP. Disponível em https://www. migalhas.com.br/depeso/329520/o-projeto-de-alteracao-do-ITCM-em-sp-para-alem-do-aumento-da-aliquota. Acesso em: 30.07.2020.

[137] Art. 55, VI, Código Tributário Estadual, cujo dispositivo, entretanto, não prevê expressamente a isenção do FGTS.

[138] Art. 3º, III, Lei 13.974/09.

[139] Art. 3º, II, Lei 5887/89.

5.7 Hipóteses excêntricas de isenção

A análise das hipóteses de isenção conferidas pelos estados e Distrito Federal não estaria completa caso se deixasse de mencionar algumas situações, as quais, se não erram na técnica de identificação do fato gerador, beiram a certa odiosidade.

Com efeito, o Amazonas isenta do ITCM "os frutos e rendimentos acrescidos à herança após a abertura da sucessão, exceto aqueles decorrentes de contrato com instituições financeiras cujo início se dê antes da abertura da sucessão e esteja sujeito a termo que ocorra após a morte do autor da herança" (art. 118, II, Código Tributário Estadual). A previsão é flagrantemente equivocada. Os frutos do espólio, qualquer que seja a forma de acréscimo, já não são objeto do patrimônio a suceder, cuja base de cálculo é a fotografia do acervo no momento da abertura da sucessão. A renda, portanto, é imputada ao espólio, que será tributado.

Bahia, por sua vez, isenta a transmissão hereditária de imóvel a servidor público estadual, desde que este seja o único bem desta espécie do espólio e que o cônjuge e/ou filho(s) beneficiado(s) não possua(m) outro.[140] Esta isenção, entretanto, parece avançar a fronteira de odiosidade, visto que, além de pretender disfarçar benefício funcional impróprio, apresenta injustificada diferença com a isenção geral desta espécie, que limita o valor do imóvel a R$170.000,00.[141]

Da mesma forma, a Paraíba contempla servidor público e autárquico, ativo ou inativo, de sua Administração com certo benefício. Isenta, com efeito, transmissões hereditárias a esta categoria, contanto que o beneficiado não possua outro bem.[142] A discriminação odiosa reside também na restrição que a isenção genérica faz à transmissão apenas a cônjuge e filho(s).[143] Assim, caso seja o servidor legatário, gozará do benefício e, quando o contemplado não for servidor, tal não ocorrerá.

O estado de Pernambuco também é benevolente com seus servidores públicos. Isenta a transmissão de imóvel(is), independentemente de destinação residencial, a cônjuge ou filho(s) de servidores, desde que estes, individualmente, não possuam outro.[144] Mas ainda vai além: se o servidor for contemplado com imóvel na transmissão *causa mortis* e que se destine à sua residência, também não haverá tributação.[145] Trata-se de manifesto tratamento odioso, visto que a isenção geral de bem imóvel é condicionada a ser este o único bem do espólio, ser exclusivamente destinado à residência do beneficiário, o qual deve somente ser cônjuge ou filho(s).[146]

Rio de Janeiro também possui uma hipótese de isenção peculiar de imóvel, que difere de todo o resto do país. Por mais nobre que seja a causa, não parece ser legítima a isenção, com efeito, do único imóvel para residência própria de herdeiros necessários de policiais militares e civis e agentes penitenciários mortos em decorrência de sua atividade

---

[140] Art. 4º, I, Lei 14.826/89.
[141] Vide nota 65.
[142] Art. 5º, I, Lei 5.123/89.
[143] Vide nota 70.
[144] Art. 3º, IV, Lei 13.974/09.
[145] Art. 3º, V, Lei 13.974/09.
[146] Vide nota 75.

profissional.[147] O risco de vida é inerente àqueles que desempenham a segurança do Estado e uma diferenciação como tal busca contemplar privilégio legal injustificado, cujo *discrímen* não deve ser feito através da tributação.

Roraima, por fim, também apresenta uma situação própria, ao conceder isenção a transmissões hereditárias feitas para ex-guardas territoriais do ex-território de Roraima ou para seus filhos menores e incapazes, desde que estes não possuam outro imóvel.[148] Note-se que, diversamente da causa de isenção do Rio de Janeiro, aqui não se trata de reconhecer um esforço feito à segurança. Cuida-se, com efeito, de um benefício a quem é ex-guarda territorial ou filho, sem que haja justificativa plausível para diferenciá-los da isenção geral de transmissão de imóveis, condicionada àqueles pertencentes a programa habitacional ou, se rural, de até 60 hectares.[149]

5.8 O caso de Alagoas

Entre todos os estados da Federação, Alagoas é o ente que menos possui dispositivo de isenção do imposto sobre transmissão *causa mortis*.[150] A única hipótese de isenção consiste na ausência de tributação de "proventos e pensões atribuídos aos herdeiros".[151]

Apesar de provento e pensões atribuídos a herdeiros não se compreenderem como bens transmissíveis, visto que ordinariamente são instituídos por direito próprio dos interessados, a consulta ao rol de documentos solicitados pela Secretaria de Estado de Fazenda[152] indica que se trata da percepção de valores não pagos em vida.

6 Conclusão

No exercício de sua competência tributária, estados e Distrito Federal preveem, a partir de sua plena autonomia, hipóteses de isenção do imposto sobre transmissão *causa mortis*. A legitimidade da renúncia de receita em certas situações só se justifica se a isenção estiver devidamente amparada por valor jurídico que possa ser ponderado com o princípio da isonomia tributária. Significa dizer, portanto, que devem ser afastados privilégios odiosos, com os quais não compactuam a Constituição da República.

Quanto às isenções do ITCM, verifica-se que a expressiva maioria das situações previstas pelos estados e Distrito Federal está em conformidade com a primordial função do patrimônio, elegendo isenções objetivas em razão da essencialidade de bens para a promoção e proteção dos destinatários de quinhões e legados.

Cuida-se, portanto, de verdadeira superação do estigma no sentido de que planejamento sucessório é destinado exclusivamente a grandes fortunas, pois o conhecimento do mapa de isenções oferecidas pelos entes federativos e a possibilidade

---

[147] Art. 8º, XII, Lei 7.174/15.

[148] Art. 76, II, Código Tributário Estadual.

[149] *Vide* nota 98.

[150] O rigor da legislação alagoana é ratificado na jurisprudência do TJAL, no caso em que foi negado o reconhecimento de isenção a hipossuficientes. Agravo 0805042-10.2016.8.02.0000, rel. Desembargador Fábio José Bittencourt Araújo, j. em 11.10.17.

[151] Art. 166, I, Código Tributário Estadual.

[152] Disponível em http://www.sefaz.al.gov.br/itcd/itcd-documentacao. Acesso em: 01.08.2020.

de escolhas fiscais menos onerosas permitem que a sucessão de patrimônios reduzidos possa ser melhor aproveitada pelos futuros herdeiros-beneficiários segundo o regime fiscal de sucessão que lhes será aplicado.

Referências

ALEXANDRE, Ricardo. *Direito tributário*. 12. ed. Belo Horizonte: Editora JusPodivm, 2018.

AMARO, Luciano. *Direito tributário brasileiro*. 14. ed. São Paulo: Saraiva, 2008.

ÁVILA, Alexandre Rossato da Silva. *Curso de direito tributário*. 3. ed. Porto Alegre: Verbo Jurídico, 2007.

BUCAR, Daniel. *Superendividamento. Reabilitação Patrimonial da Pessoa Humana*. São Paulo: Saraiva, 2017.

BUCAR, Daniel; GIRARDI, Viviane. O projeto de alteração do ITCDM em SP. Disponível em https://www.migalhas.com.br/depeso/329520/o-projeto-de-alteracao-do-ITCM-em-sp-para-alem-do-aumento-da-aliquota. Acesso em: 30.07.2020.

BUCAR, Daniel; PIRES, Caio. Sucessão e Tributação: Perplexidades e Proposições Equitativas. *In*: TEIXEIRA, Daniele Chaves (Coord.). *Arquitetura do Planejamento Sucessório*. 2. ed. Belo Horizonte: Fórum, 2020.

CARRAZZA, Roque Antonio. *Curso de Direito Constitucional Tributário*. 29. ed. São Paulo: Malheiros, 2013.

DOMINGUES, Nathália Daniel. *Tributação da Herança*. Belo Horizonte: Arraes Editores, 2017.

ESPINOLA, Eduardo. *Sistema de direito civil brasileiro*. Rio de Janeiro: Rio, 1977.

FACHIN, Luiz Edson. *Estatuto jurídico do patrimônio mínimo à luz do novo Código Civil brasileiro e da*

FILIPPO, Luciano Gomes. A Construção Jurisprudencial dos Impostos sobre Transmissão de Patrimônio. ITCM e ITBI. Rio de Janeiro: Lumen Juris, 2018.

MORAES, Maria Celina Bodin de. A constitucionalização do direito civil e seus efeitos sobre a responsabilidade civil. *Direito, Estado e Sociedade*, n. 29, jul. 2006. Disponível em: http://direitoestadosociedade.jur.puc-rio.br/media/Bodin_n29.pdf. Acesso em: 10.07.2020.

PAULA, Fernanda. *A tributação de herança sob um enfoque de justiça: considerações e propostas para um correto aproveitamento das heranças nos sistemas de ITCM e do IRPF*. Rio de Janeiro: Lumen Iuris, 2019.

PERLINGIERI, Pietro. *Manuale di diritto civile*. Napoli: Edizioni Scientifiche Italiane, 2005.

ROSA, Conrado Paulino da; RODRIGUES, Marco Antonio. *Inventário e Partilha*. Teoria e Prática. Salvador: Edições JusPodivm, 2019.

TEPEDINO, Gustavo. O direito civil-constitucional e suas perspectivas atuais. *In*: TEPEDINO, Gustavo. *Temas de direito civil*. Rio de Janeiro: Renovar, 2009. Tomo III.

TEPEDINO, Gustavo; NEVARES, Ana Luiza Maia; MEIRELES, Rose Melo Vencelau. *Fundamentos do Direito Civil*. v. 7. Rio de Janeiro: Editora Forense, 2020.

THEODORO JÚNIOR, Humberto. *Curso de direito processual civil*: processo de execução e processo cautelar. 38. ed. Rio de Janeiro: Forense, 2005. v. 2.

TORRES, Ricardo Lobo. *Curso de Direito Financeiro e Tributário*. 17. ed. Rio de Janeiro: Renovar, 2010.

WEICHERT, Marlon Albert. Isenções Tributárias em face do princípio da isonomia. *Revista de Informação Legislativa*. Brasília: a. 37. V. 145 jan./mar. 2000, p. 241-254.

Informação bibliográfica deste texto, conforme a NBR 6023:2018 da Associação Brasileira de Normas Técnicas (ABNT):

BUCAR, Daniel. Planejamento sucessório e a isenção do ITCMD. *In*: TEIXEIRA, Daniele Chaves (Coord.). *Arquitetura do Planejamento Sucessório*. Belo Horizonte: Fórum, 2021. p. 97-117. Tomo II. ISBN 978-65-5518-117-3.

SUCESSÃO INTERNACIONAL COM ATIVOS NO EXTERIOR NA PERSPECTIVA DO DIREITO BRASILEIRO

DANIELE CHAVES TEIXEIRA

1 Considerações iniciais

O direito das sucessões é um tema que lida com a morte, ou seja, algo que a sociedade brasileira em geral não gosta de abordar. Entretanto, trata-se da única certeza que temos na vida. E hoje o tempo não está propício para deixar tal assunto para ser debatido "depois".

A composição da sociedade atual faz com que o tema seja de relevância na atualidade. Os principais fatores que estão proporcionando tais reavaliações do direito das sucessões decorrem de transformações das famílias e dos bens, portanto, são oriundos de questões sociais e econômicas. Tais mudanças decorrem: da industrialização; da urbanização; da redução da dimensão da família; do processo de mobilidade social; e da incorporação da mulher ao mercado de trabalho.

As necessidades de maior atenção ao direito sucessório – e, principalmente, ao crescimento e à importância dessa área – são realidades hoje. No passado, o impacto do direito sucessório, especialmente o direito sucessório internacional, era bastante limitado, uma vez que os ganhos eram modestos, a real riqueza era para poucos e a posse de propriedades em países estrangeiros era rara.

A tendência, nas próximas décadas, da transmissão de riqueza pela herança é crescente, por diversos motivos. É relevante a análise da sociedade atual, que tem uma perspectiva de uma sociedade líquida, globalizada, conectada, que vivencia os efeitos dessas transformações socioeconômicas.

A maior circulação de pessoas e bens é um reflexo das transformações vivenciadas nos séculos XX e XXI, com a popularização do transporte internacional de passageiros; com a abertura da economia brasileira que tornou o mercado financeiro internacional acessível aos brasileiros; com a crescente internacionalização das empresas e dos empregos por conta da tecnologia e do livre comércio, torna dessa forma, bem mais frequente a mudança de país, consequentemente, de domicílio. Com efeito, todas essas circunstâncias internacionais, com a transferência de ativos, compra de bens em outros países e mudanças de domicílio provocam questionamentos de direito internacional privado.[1]

No Brasil, o direito sucessório não tem merecido a devida atenção por parte da doutrina. Esse distanciamento associa-se à dificuldade técnica, intensificada por duas peculiaridades. Uma, a de que o direito das sucessões não comporta noções imprecisas; outra, a de que todos os problemas dos demais ramos do direito civil refletem no estudo das sucessões.

O objetivo deste artigo é fazer uma contextualização do direito sucessório brasileiro na sociedade contemporânea. Demonstra-se como os efeitos das transformações socioeconômicas desestruturaram os pilares do direito das sucessões, que são a família e a propriedade. Analisa-se, também, a complexidade da matéria, ao tratar do crescente número de casos de sucessão hereditária internacional na atualidade, diferentemente do que ocorria 30 anos atrás.

Vale ressaltar que o Direito Internacional Privado – DIPr, tem por cerne definir três pontos: qual a jurisdição competente; qual a lei aplicável e assegurar a produção extraterritorial de efeitos de atos jurídicos e sentenças judicias. Destaca-se que o Direito Internacional Privado, apesar de tratar de questões internacionais, tem aplicação de normas imperativas ou de ordem pública do Estado de origem de sua legislação.

Assim, com o crescimento de sucessões internacionais, potencializa-se a relevância de acordos internacionais, por meio dos quais os Estados-Membros estabelecem obrigações de reciprocidade ao adotarem critérios de cooperação jurídica internacional, compreendidos como o intercâmbio para o cumprimento extraterritorial de medidas processuais de origem do Judiciário de um outro Estado. O presente artigo aborda, também, o Regulamento Europeu sobre Sucessões nº 650/2012 que tem como finalidade facilitar as transmissões sucessórias transnacionais na União Europeia, que se tornaram mais frequentes em virtude das transformações ocorridas na sociedade.

2 Direito sucessório brasileiro em descompasso com a sociedade contemporânea

O direito sucessório trata de uma questão muito delicada para as pessoas, que é, exatamente, encarar a finitude humana: a própria morte. Como a morte é inexorável, abordar esse tema tabu é um esforço que demanda uma atitude de compreensão íntima e de observação externa. A única certeza que se pode ter na vida é a de que todo ser humano morre; e essa certeza vem acompanhada de uma incerteza, que é precisar o momento exato do fim.

A sucessão, que é a transmissão de direitos, pode ocorrer durante a vida (*inter vivos*) ou após a morte (*causa mortis*). Nesse contexto, o direito sucessório é todo dedicado à sucessão *causa mortis* que, por seu turno, pode ocorrer a título universal ou singular. No primeiro caso, há a herança, e quem a recebe é o herdeiro; já a título singular, há o legado, e quem o recebe é o legatário. A função do direito das sucessões é estabelecer o

---

[1] VARGAS, Daniela Trejo. Patrimônio internacional e sucessões: perspectivas do direito brasileiro. *In*: TEIXEIRA, Daniele (Coord.). *Arquitetura do planejamento sucessório*. Belo Horizonte: Fórum, 2019. p. 101-102.

destino das situações jurídicas transmissíveis do autor da herança, conforme os ditames constitucionais. Com a morte, ocorre a abertura da sucessão, e é nesse momento que nascem os direitos hereditários.

O vigente Código Civil brasileiro pouco avançou na parte do livro do direito das sucessões, pois ainda reflete institutos que não se coadunam com a sociedade contemporânea, com todas as complexidades sociais, porque, em geral, o sistema atual das sucessões não atende aos anseios finais dos indivíduos, detenham eles vastos patrimônios ou não. O Código Civil de 2002, no que concerne ao direito sucessório, baseia-se numa família que não corresponde ao perfil das famílias da atual sociedade brasileira.

Pode-se afirmar que, no novo diploma, poucas mudanças foram registradas quanto ao direito das sucessões, diferentemente do que ocorreu em outras áreas do direito civil. Constata-se, dessa maneira, que o direito sucessório, dentro do direito civil, é esquecido pela doutrina, e que os legisladores do Código Civil de 2002 perderam uma ótima oportunidade para esclarecer e atualizar institutos do direito sucessório, tornando-os mais coerente com as demandas da sociedade contemporânea.

A expansão do direito das sucessões decorre do mundo globalizado, tecnológico, imediatista, consumista e fluido em que vive a sociedade contemporânea.[2] Para Anthony Giddens, a globalização se define como "a intensificação de relações sociais em escala mundial que ligam localidades distantes de tal maneira, que acontecimentos locais são modelados por eventos ocorrendo a muitas milhas de distância e vice-versa".[3]

Deve-se dar destaque para a questão do desenvolvimento tecnológico e, consequentemente, da velocidade das novas técnicas de comunicação eletrônica. Isso levou à unificação de espaços, ou seja, à intercomunicação dos lugares, que se tornaram próximos.

Zygmunt Bauman também retrata precisamente essa sociedade instantânea e fluida.[4] O autor considera que "o derretimento dos sólidos levou à progressiva libertação da economia de seus tradicionais embaraços políticos, éticos e culturais. Sedimentou uma nova ordem, definida principalmente em temos econômicos".[5] Seria imprudente negar a mudança que a "modernidade fluida" produziu na condição humana, alterando, dessa forma, a condição política-vida de um modo radical e, consequentemente, fazendo com que seja necessário repensar os velhos conceitos.

Até este ponto, buscou-se contextualizar a sociedade contemporânea, demonstrar o descompasso com o direito sucessório brasileiro e ressaltar a necessidade de adequar o direito das sucessões a essa nova sociedade. Cabe ressaltar que, por serem fatores que envolvem a sociedade moderna, vários ordenamentos jurídicos, como a França,

---

[2] TEIXEIRA, Daniele. Noções Prévias do Direito das Sucessões: sociedade, funcionalização e planejamento sucessório. *In*: TEIXEIRA, Daniele (Coord.). *Arquitetura do planejamento sucessório*. Belo Horizonte: Fórum, 2019. p. 25.

[3] GIDDENS, Anthony. *The consequences of modernity*. Stanford: Stanford University Press, 1990. p. 27.

[4] Em sua obra *Modernidade líquida*, ele denomina de "'fluidez' a principal metáfora para o estágio presente da era moderna". Segundo ele, os fluidos não fixam o espaço, nem prendem o tempo; já para os sólidos, o que conta é o tempo mais do que o espaço que ocupa. As "descrições de líquidos são fotos instantâneas, que precisam ser datadas [...] A extraordinária mobilidade dos fluidos é o que os associa à ideia de 'leveza' [...]". Por isso, "fluidez" ou "liquidez" são metáforas adequadas quando se quer capturar "a natureza da presente fase, nova de muitas maneiras, na história da modernidade" (BAUMAN, Zygmunt. *Modernidade líquida*. Tradução de Plínio Dentzien. Rio de Janeiro: Jorge Zahar, 2001. p. 8-9).

[5] Ibid. p. 10.

a Alemanha, entre outros, efetuaram reformas na legislação relativas ao direito das sucessões.

3 Sucessão no Brasil com bens no exterior

Na sociedade moderna, como as fronteiras são facilmente transponíveis, ocorre uma maior circulação de bens e pessoas. Tal fato propicia uma maior relação entre pessoas de nacionalidades diferentes ou de domicílios em países diversos. Em paralelo a este fenômeno, houve um maior número de casamentos, divórcios, filhos e, consequentemente, heranças, partilhas e inventários. A utilização da tecnologia de forma tão intensa pela sociedade resulta em um crescimento nos casos de sucessão, em que o autor da herança, os herdeiros e os bens não estão todos dentro da mesma jurisdição nacional ou sujeitos à mesma lei.

A família "globalizada" enfrenta dificuldades, principalmente na área de regulamentação jurídica.[6] O direito de família, consequentemente, produzirá efeitos no direito sucessório e chega-se ao ponto de interesse para um planejamento sucessório, de como resolver a questão do direito das sucessões no direito internacional privado, o DIPr. A regra brasileira de conexão é a do último domicílio do *de cujus*, conforme o art. 10 da Lei de Introdução às Normas do Direito Brasileiro – LINDB, independentemente da natureza e situação dos bens – princípio da universalidade sucessória.

Segundo Nádia de Araújo, "se uma determinada sucessão tiver bens em mais de um país, não será possível aplicar o princípio da universalidade sucessória, pois haverá pluralidade de foros sucessórios".[7] No mesmo sentido, Antonio Marcato afirma que se "o falecido possuir bens em vários países, deverão ser realizados tantos inventários quantos sejam necessários".[8] Assim, tem-se que o "interesse do legislador se limita aos bens aqui situados, de maneira que, se houver outros, situados fora do País, o inventário relativo a esses escapa à jurisdição brasileira. E, naturalmente, serão inventariados e partilhados em separado, em outro país".[9]

Dessa forma, a determinação das regras da sucessão ocorrerá em duas etapas. A primeira se refere à competência jurisdicional conforme dispõe o art. 23, II do Código

---

[6] Segundo as autoras: "A tendência da utilização da autonomia da vontade para o direito de família pode estar ainda engatinhando no Brasil, mas o novo Código Civil segue nesta direção, que já é realidade em vários países, quando permite a modificação posterior ao casamento do regime de bens e a fixação de um domicílio conjugal concomitante aos domicílios pessoais dos cônjuges" (ARAUJO, Nádia de; VARGAS, Daniela Trejos. Casamento: efeitos pessoais e patrimoniais no direito internacional privado brasileiro, de acordo com o novo Código Civil. *Revista Trimestral de Direito Civil – RTDC*, Rio de Janeiro, ano 3, v. 11, p. 123-150, jul./set. 2002. p. 123-150).

[7] "Isso se dá em decorrência da norma processual da competência absoluta, já que a maioria dos países não aceita qualquer decisão proveniente do exterior sobre bens situados em seu território. Portanto, é possível ter dupla regência legal da sucessão, cada país aplicando sua regra de DIPr para determinar o processamento em relação aos bens ali situados [...] Não há como evitar essa fragmentação da sucessão, pois cada país envolvido aplicará suas normas de DIPr, uma vez que não permitirá a nenhum outro proceder a qualquer determinação sobre bens ali situados" (ARAUJO, Nádia de. *Direito internacional privado*: teoria e prática brasileira. 5. ed. atual. e ampl. Rio de Janeiro: Renovar, 2011. p. 498).

[8] MARCATO, Antonio. Carlos Marcato (Coord.). *Código de Processo Civil interpretado*. São Paulo: Atlas, 2004. p. 233.

[9] BARBI, Celso Agrícola. *Comentários ao Código de Processo Civil*. 13. ed. Rio de Janeiro: Forense, 2008, v. 1. p. 306.

de Processo Civil – CPC.[10] No segundo momento, verifica-se a lei aplicável.[11] Quando a sucessão iniciar no Brasil, mas o patrimônio do *de cujus* for composto por bens situados em outro país, esses bens não podem fazer parte do monte, conforme têm decidido o Supremo Tribunal Federal e Superior Tribunal de Justiça.[12] Depois de aberta a sucessão, "não serão trazidos à colação os imóveis localizados no estrangeiro. Não poderá um dos herdeiros ainda que demonstre a existência de bem no exterior e que teria sido alocado ao arrepio da lei brasileira, promover a compensação na partilha".[13]

Cabe ressaltar, que, apesar de os bens se encontrarem no exterior e não ter o Brasil competência para reconhecê-los, são computados nas partilhas, sendo imputados aos herdeiros para fins de equilíbrio entre os quinhões conforme os bens que estão situados no Brasil.[14] Fundamenta-se este entendimento, ao abrigo do argumento de que

---

[10] Art. 23 do CPC/15 (correspondente ao art. 89, II do CPC/73): "Compete à autoridade judiciária brasileira, com exclusão de qualquer outra: [...] II - em matéria de sucessão hereditária, proceder à confirmação do testamento particular e ao inventário e à partilha de bens situados no Brasil, ainda que o autor da herança seja estrangeiro e tenha residido fora território nacional".

[11] "Fixada a competência do juiz nacional, determina-se a lei aplicável à sucessão legítima e testamentária (lei do último domicílio do *de cujus*, independentemente de sua nacionalidade, art. 10 da LICC) abrangendo bens móveis e imóveis, corpóreos e incorpóreos. A exceção à regra cuida de proteger os interesses de filhos e cônjuges brasileiros (art. 5º, XXXI da CF)" (ARAUJO, Nadia de. *Direito internacional privado*: teoria e prática brasileira. *Op. Cit.*, p. 500).

[12] "Inventário. Sobrepartilha. Imóvel sito no exterior que escapa à jurisdição brasileira. O juízo do inventario e partilha não deve, no Brasil, cogitar de imóveis sitos no estrangeiro. Aplicação do art. 89, inc. II, do CPC. Recurso especial não conhecido" (STJ, 4ª T. REsp nº 37.356/SP. Rel. Min. Barros Monteiro, j. 22.9.1997, v.u. *DJ*, 10 nov. 1997. p. 57768). "Partilha de bens. Bens situados no estrangeiro. Pluralidade dos juízos sucessórios. Art-189, II do CPC. Partilhados os bens deixados em herança no estrangeiro, segundo a lei sucessória da situação, descabe a justiça brasileira computa-los na quota hereditária a ser partilhada, no país, em detrimento do princípio da pluralidade dos juízos sucessórios, consagrada pelo art-89, II do CPC. Recurso extraordinário conhecido e provido, em parte". STF - RE: 99230 RS, Relator: Ministro Rafael Mayer, Julgado em 22/05/198 1ª T., Data de Publicação: DJ 29-06-1984 PP-10751 EMENT VOL-01342-06 PP-01151 RTJ VOL-00110-02 pp-00750. No mesmo sentido "Processo civil. Recurso especial. Inventário e partilha. Despacho com conteúdo decisório. Nulidade. Ausência de prejuízo. Preclusão *pro judicato*. Competência. Situação do bem. - O despacho com conteúdo decisório e potencial de causar prejuízo é passível de recurso. - A nulidade deve ser reconhecida somente quando demonstrado efetivo prejuízo. - É vedado que o juiz decida novamente questões já resolvidas no curso do processo. - O inventário e a partilha devem ser processados no lugar da situação dos bens deixados pelo falecido, não podendo o juízo brasileiro determinar a liberação de quantia depositada em instituição financeira estrangeira. Recurso especial parcialmente conhecido e provido" (STJ, 3ª T. REsp nº 510.084. Rel. Min. Nancy Andrighi, j. 4.8.2005, v.u. *DJ*, 5 set. 2005. p. 398). No Tribunal de Justiça do Rio de Janeiro: "Inventário. Exclusão de dinheiro existente em conta no exterior. Legalidade. Princípio da pluralidade dos juízos sucessórios. Processual civil. Procedimento de inventário. Dinheiro existente em conta situada em instituição financeira localizada no exterior. Decisão do juízo orfanológico determinando a exclusão do referido bem da partilha. Decisão correta, uma vez que é defeso à autoridade judiciária brasileira proceder a inventário e partilha de bens sitos em território estrangeiro, conforme art. 89, II, do CPC. Aplicação do princípio da pluralidade dos juízos sucessórios. Precedentes do STJ e do STF. Recurso conhecido e desprovido. Unânime" (TJRJ, 8ª CC. AI nº 2008.002.29768. Rel. Des. Gabriel Zéfiro, j. 4.11.2008, v.u.).

[13] ARAUJO, Nádia de. *Direito internacional privado*: teoria e prática brasileira. *Op. Cit.* p. 501.

[14] "Direitos Internacional Privado E Civil. Partilha De Bens. Separação De Casal Domiciliado No Brasil. Regime Da Comunhão Universal De Bens. Aplicabilidade Do Direito Brasileiro Vigente Na Data Da Celebração Do Casamento. Comunicabilidade De Todos Os Bens Persentes E Futuros Com Exceção Dos Gravados Com Incomunicabilidade. Bens Localizados No Brasil E No Líbano. Bens No Estrangeiro Herdados Pela Mulher De Pessoa De Nacionalidade Libanesa Domiciliada No Brasil. Aplicabilidade Do Direito Brasileiro Das Sucessões. Inexistência De Gravame Formal Instituído Pelo De Cujus. Direito Do Varão À Meação Dos Bens Herdados Pela Esposa No Líbano. Recurso Desacolhido. I - Tratando-se de casal domiciliado no Brasil, há que aplicar-se o direito brasileiro vigente na data da celebração do casamento, 11.7.1970, quanto ao regime de bens, nos termos do art. 7º-§4º da Lei de Introdução. II - O regime de bens do casamento em questão é o da comunhão universal de bens, com os contornos dados à época pela legislação nacional aplicável, segundo a qual, nos termos do art. 262 do Código Civil, importava 'a comunicação de todos os bens presentes e futuros dos cônjuges e suas dívidas passivas', excetuando-se dessa universalidade, segundo o art. 263-II e XI do mesmo Código 'os bens doados ou legados com a cláusula de incomunicabilidade e os sub-rogados em seu lugar', bem como 'os bens da herança necessária, a que se impuser

o cômputo de bens situados no exterior para fins de partilha estaria em concordância com o disposto no art. 10 da LINDB, no sentido de manter a unidade da sucessão. Neste sentido, André de Carvalho Ramos, assevera:

> é possível conciliar a regra de fixação da jurisdição cível brasileira do novo CPC com a escolha do direito material determinada pela LINDB, que, em muitos casos, impõe a igualdade entre os sucessores. No caso de bens situados no exterior, o uso da *técnica da compensação* faz com que o DIPr brasileiro não seja esvaziado: se a lei do domicílio do *de cujus* determinar, por exemplo, a igualdade entre os herdeiros, os bens situados no exterior podem ser valorados e incluídos no rateio do patrimônio perante o juízo do inventário do Brasil, em desfavor do herdeiro que detém tais bens no exterior.[15]

Mesmo para aqueles que defendem a compensação, ao se estabelecer uma compensação na sucessão hereditária abre-se espaço para alguns problemas de difícil solução, sendo possível uma discricionariedade do juiz. Entre eles, citam-se: a valoração do bem no exterior e a sua prova; a ponderação de bens situados no exterior, que foram atribuídos a um só dos herdeiros, devem esses bens serem somados a um todo e atribuídos como sua cota disponível, ou devem ser imputados na legítima do herdeiro beneficiado

---

a cláusula de incomunicabilidade'. III - Tratando-se da sucessão de pessoa de nacionalidade libanesa domiciliada no Brasil, aplica-se à espécie o art. 10, caput, da Lei de Introdução, segundo o qual 'a sucessão por morte ou por ausência obedece à lei em que era domiciliado o defunto ou desaparecido, qualquer que seja a natureza e a situação dos bens'. IV - Não há incomunicabilidade dos bens da herança em tela, sendo certo que no Brasil os bens da herança somente comportam incomunicabilidade quando expressa e formalmente constituído esse gravame pelo de cujus, nos termos dos arts. 1.676, 1.677 e 1.723 do Código Civil, complementados por dispositivos constantes da Lei de Registros Públicos. V - Não há como afastar o direito do recorrido à meação incidente sobre os bens herdados de sua mãe pela recorrente, na constância do casamento sob o regime da comunhão universal de bens, os que se encontram no Brasil e os localizados no Líbano, não ocorrendo a ofensa ao art. 263, do Código Civil, apontada pela recorrente, uma vez inexistente a incomunicabilidade dos bens herdados pela recorrente no Líbano. VII - O art. 89-II, CPC, contém disposição aplicável à competência para o processamento do inventário e partilha, quando existentes bens localizados no Brasil e no estrangeiro, não conduzindo, todavia, à supressão do direito material garantido ao cônjuge pelo regime de comunhão universal de bens do casamento, especialmente porque não atingido esse regime na espécie por qualquer obstáculo da legislação sucessória aplicável. VIII - Impõe-se a conclusão de que a partilha seja realizada sobre os bens do casal existentes no Brasil, sem desprezar, no entanto, o valor dos bens localizados no Líbano, de maneira a operar a equalização das cotas patrimoniais, em obediência à legislação que rege a espécie, que não exclui da comunhão os bens localizados no Líbano e herdados pela recorrente, segundo as regras brasileiras de sucessão hereditária" STJ - REsp: 275985 SP 2000/0089891-0, Relator: Ministro Sálvio de Figueiredo Teixeira, Julgado em 17/06/2003, T4 - Quarta Turma, Data De Publicação: DJ 13/10/2003 P. 366. "Recurso Especial. Civil e Processual Civil. Direito Internacional Privado. Ação de Divórcio. Partilha de Bens Adquiridos na Constância da União e, após, o Casamento. Bens Localizados no Exterior. Competência a Justiça Brasileira para a Definição dos Direitos e Obrigações Relativos ao Desfazimento da Instituição da União e do Casamento. Observância da Legislação Pátria quanto à Partilha Igualitária de Bens sob pena de divisão injusta e contrária às regras de Direito de Família do Brasil. Reconhecimento da Possibilidade de Equalização dos Bens. Precedente. Dissídio Jurisprudencial. Ausência de Similitude. Recurso Especial a que se Nega Provimento". Lê-se no voto: "O reconhecimento de direitos e obrigações relativos ao casamento, com apoio em normas de direito material a ordenar a divisão equalitária entre os cônjuges do patrimônio adquirido na constância da união não exige que os bens móveis e imóveis existentes fora do Brasil sejam alcançados, pela Justiça Brasileira, a um dos contendores, apenas a consideração dos seus valores para fins da propalada equalização". STJ - REsp: 1410958 RS 2011/0244043-3, Relator Min. Paulo De Tarso Sanseverino, Julgado em 22/04/2014, T3, Data de Publicação: DJe 27/05/2014.

[15] Ainda, o autor, "Com isso, combate-se o argumento da *inexequibilidade* da decisão da Justiça brasileira sobre bens situados no exterior (a 'faca que não corta', no estilo irônico de Valladão), uma vez que não é necessário que os bens fora do Brasil sejam alcançados pela Justiça brasileira, mas tão somente que sejam considerados seus valores, prestigiando-se o DIPr criado pela lei ou pelos tratados ratificados pelo Brasil" (RAMOS, André de Carvalho. "O Direito Internacional Privado Das Sucessões No Brasil", *In Rev. Secr. Trib. Perm. Revis.* Año 4, Nº 7; Mayo 2016. p. 307-324; *Apud* NEVARES, Ana Luiza. A sucessão hereditária com bens situados no exterior. *Pensar*, Fortaleza, v. 24, n. 2, p. 1-13, abr./jun. 2019. p. 7).

no exterior; deve a Justiça brasileira considerar legislação sucessória que informou a distribuição dos bens no exterior ou avaliar como foi dividido o patrimônio no final?; os tributos pagos na sucessão no exterior devem ser contabilizados e compensados? e a possibilidade de não haver bens no Brasil a serem compensados ou não serem suficientes para compor os quinhões.[16] Portanto, a compensação "pode parecer simples e viável em primeira vista, mas pode, por outro lado, ensejar diversos questionamentos de difícil solução, ocasionando insegurança para as partes envolvidas".[17]

Segundo Daniela Vargas, se o *de cujus* possuir bens em outro país, ocorrerão duas questões de direito internacional privado a resolver:

> A determinação da lei aplicável à sucessão e a determinação da jurisdição sobre os bens que serão objeto dessa sucessão, tanto móveis quanto imóveis. O poder de atração da jurisdição da localização dos bens leva, em grande parte dos países, ao "fracionamento" da sucessão, resultando na pluralidade de juízos sucessórios.[18]

A autora, afirma que "enquanto em termos domésticos a regra é da universalidade do juízo sucessório, a existência de bens do espólio em diferentes jurisdições pode engendrar uma situação de pluralidade de juízos sucessórios".[19] Dessa forma, defronta-se, necessariamente, com a "aplicação dos princípios da universalidade sucessória e da pluralidade sucessória no âmbito do direito sucessório internacional".[20] No mesmo sentido, Beat Rechsteiner relata:

> A Justiça brasileira é incompetente internacionalmente no tocante aos bens deixados pelo *de cujus* no exterior. Sob a perspectiva do direito brasileiro, cabe à Justiça estrangeira decidir sobre a sucessão desses bens. O Juiz estrangeiro aplica evidentemente a sua própria lei processual, determina o direito aplicável à sucessão conforme o direito internacional privado vigente em seu país, podendo divergir daquele que o Juiz brasileiro teria de aplicar caso fosse ele competente para julgar. Em todo caso existe uma pluralidade sucessória, ou seja, uma divisão do patrimônio sucessível deixado pelo *de cujus*, quando a sua partilha for em foros internacionalmente separados de acordo com regras processuais e materiais diferentes aplicáveis à sucessão do mesmo *de cujus*.[21]

Existe também divergência na jurisprudência sobre a compensação da legítima com bens situados no exterior, tanto em favor da compensação,[22] quanto contra ela.[23]

---

16 NEVARES, Ana Luiza. A sucessão hereditária com bens situados no exterior. *Pensar*, Fortaleza, v. 24, n. 2, p. 1-13, abr./jun. 2019. p. 8-9.

17 Ibidem. p. 13.

18 VARGAS, Daniela Trejo. *Op. Cit.*, p. 103.

19 Idem.

20 RECHSTEINER, Beat Walter. Algumas questões jurídicas relacionadas à sucessão testamentária com conexão internacional. *RT/Fasc. Civ.* Ano 90. v. 786, abr. 2001. p. 106.

21 Idem.

22 "Direitos internacional privado e civil. Partilha de bens. Separação de casal domiciliado no Brasil. Regime da comunhão universal de Bens. Aplicabilidade do direito brasileiro vigente na data da celebração do casamento. Comunicabilidade de todos os bens presentes e futuros com exceção dos gravados com incomunicabilidade. Bens localizados no Brasil e no Líbano. Bens no estrangeiro herdados pela mulher de pessoa de nacionalidade libanesa domiciliada no Brasil. Aplicabilidade do direito brasileiro das sucessões. Inexistência de gravame formal instituído pelo *de cujus*. Direito do varão à meação dos bens herdados pela esposa no Líbano. Recurso desacolhido [...] VII - O art. 89-II, CPC, contém disposição aplicável à competência para o processamento do inventário e

Como se percebe, decidir se bens situados fora do Brasil integram ou não a legítima é questão controvertida na doutrina e na jurisprudência. O problema é que a tendência de pessoas terem bens fora do Brasil só deve crescer, em vista da facilidade de se adquirir e administrar esses bens. Por isso, há necessidade de um entendimento sobre a questão. A União Europeia, na tentativa de superar suas dificuldades com herança em outros países, especialmente pela facilidade de possuírem fronteiras internas diluídas, mas com legislações sucessórias diferentes, encontra obstáculos difíceis de conciliar.

O Parlamento Europeu e o Conselho da União Europeia enfrentaram o desafio, o primeiro em 14.10.2009, quando foi apresentada pela Comissão Europeia Proposta de Regulamento ao Parlamento Europeu e do Conselho de 4.7.2012, quando analisou a questão relativa "à competência, à lei aplicável, ao reconhecimento e execução das decisões, e à aceitação e execução dos atos autênticos em matéria de sucessões e à criação de um Certificado Sucessório Europeu".[24] O debate foi acompanhado pelos operadores do direito de vários países que compõem a União Europeia, pois a avaliação e a aprovação da proposta forneceria mais informações detalhadas no âmbito do direito sucessório.

O tema é de extrema relevância, já que morrem na União Europeia 4,5 milhões de pessoas por ano e estima-se que 10% dessas sucessões têm dimensão internacional. As principais razões possíveis para a necessidade de regulamentação são: a) existência de ativos móveis e imóveis em outros Estados-Membros; e b) nacionalidade do falecido diferente daquela do Estado-Membro do qual ele era residente ou, ainda, residência do potencial herdeiro em outro Estado-Membro que não seja o de residência habitual do falecido.[25]

---

partilha, quando existentes bens localizados no Brasil e no estrangeiro, não conduzindo, todavia, à supressão do direito material garantido ao cônjuge pelo regime de comunhão universal de bens do casamento, especialmente porque não atingido esse regime na espécie por qualquer obstáculo da legislação sucessória aplicável. VIII - Impõe-se a conclusão de que a partilha seja realizada sobre os bens do casal existentes no Brasil, sem desprezar, no entanto, o valor dos bens localizados no Líbano, de maneira a operar a equalização das cotas patrimoniais, em obediência à legislação que rege a espécie, que não exclui da comunhão os bens localizados no Líbano e herdados pela recorrente, segundo as regras brasileiras de sucessão hereditária" (STJ, 4ª T. REsp nº 275.985. Rel. Min. Sálvio de Figueiredo Teixeira, j. 17.6.2003, v.m. *DJ*, 13 out. 2003. p. 366). No mesmo sentido: "DECISÃO MONOCRÁTICA. AGRAVO DE INSTRUMENTO. ORFANOLÓGICO. PARTILHA DE BENS LOCALIZADOS EM PAÍS ESTRANGEIRO. COMPETÊNCIA LEGAL. DECISÃO QUE INDEFERIU A EXPEDIÇÃO DE CARTA ROGATÓRIA. Rege a hipótese o inciso II, do art. 89, do CPC, que dispõe Compete à autoridade judiciária brasileira, com exclusão de qualquer outra, proceder a inventário e partilha de bens, situados no Brasil. Logo, autoridade judiciária brasileira não tem competência para proceder a inventário e partilha de bens deixados no exterior. RECURSO QUE SE NEGA SEGUIMENTO, NOS TERMOS DO ART. 557, CAPUT, DO CPC" (TJRJ, 3ª CC. AI nº 2007.002.31043. Rel. Des. Ronaldo Rocha Passos, j. 26.6.2008).

[23] "Partilha de bens. Bens situados no estrangeiro. Pluralidade dos juízos sucessórios. Art-189, II do CPC. Partilhados os bens deixados em herança no estrangeiro, segundo a lei sucessória da situação, descabe à justiça brasileira computá-los na quota hereditária a ser partilhada, no país, em detrimento do princípio da pluralidade dos juízos sucessórios, consagrada pelo art-89, II do CPC. Recurso extraordinário conhecido e provido, em parte" (STF, 1ª T. RE nº 99.230. Rel. Min. Rafael Mayer, j. 22.5.1984, v.u. *DJ*, 29 jun. 1984. p. 10751). Ainda nesse sentido "Partilhados os bens deixados em herança no estrangeiro, segundo a lei sucessória da situação, descabe à Justiça brasileira computá-los na quota hereditária a ser partilhada, no País, em detrimento do princípio da pluralidade dos juízos sucessórios, consagrada pelo art. 89, II do CPC" (AC unân. STF, 1ª T. RE nº 99.230-RS. Rel. Min. Luiz Rafael Mayer, 22.5.84, *RTJ*, 110/750, *RT*, 595/290) (FRIEDE, Reis. *Comentários ao Código de Processo Civil*. Rio de Janeiro: Forense Universitária, 1997. p. 599. v. 2).

[24] CALÒ, Emanuele. El proyecto de Reglamento de La Unión Europea sobre la ley aplicable a las sucesiones: lo uqe no se ha dicho. *Indret*, Barcelona, n. 3, p. 1-10, 2010. p. 3. Disponível em: www.indret.com. Acesso em: 12 dez. 2013.

[25] PINTENS, Walter. Need and opportunity of convergence in European succession laws. In: ANDERSON, Mirian; ARROYO I AMAYUELAS, Esther (Ed.). *The law of succession*: testamentary freedom. European perspectives. Amsterdam: European Studies in Private Law, 2011. p. 5-6.

Muitos autores são céticos sobre a possibilidade de unificação do direito material de família e sucessório europeu. Para eles, uma unificação nesse campo é complexa, delicada e, portanto, inviável. A necessidade seria satisfeita pela unificação do direito internacional privado e especial nas regras de conflito de direito. Essa abordagem tem a vantagem de que a diversidade cultural e histórica do direito material seria preservada.[26]

Entretanto, questão primária é saber se as regras de conflito de direito seriam hábeis a solucionar todos os conflitos causados pela diversidade de direito material sucessório. Se a escolha do direito aplicável não é aceita ou não foi utilizada, o resultado de um caso de sucessão internacional acaba por depender da lei do último país de residência. Por exemplo, a mudança de residência pode provocar a perda de direitos hereditários para certos herdeiros, visto que o quinhão herdado pelos membros da família depende de qual legislação nacional é aplicável.[27]

Houve, no âmbito europeu, alteração significativa acerca do paradigma conflitual sucessório. O Regulamento é aplicável às sucessões das pessoas falecidas a partir de 17.8.2015. Com a entrada em vigor do Regulamento, a sucessão será regulada pela lei da residência habitual do falecido no momento do óbito, independentemente de onde estejam seus bens e sempre que o cidadão não optar pela lei da sua nacionalidade. No caso de nacionalidade múltipla, poderá escolher a legislação de qualquer dos Estados de que é nacional.

Com efeito, resultado de crescente mobilidade dos cidadãos, o elemento da conexão da nacionalidade pode refletir uma conexão menor com o falecido do que sua residência atual. O Regulamento[28] é aplicável em todos os Estados-Membros, com exceção da Dinamarca, Irlanda e Reino Unido, em virtude da posição relativa ao espaço de liberdade, segurança e justiça e ao Tratado sobre o Funcionamento da União Europeia. O âmbito de aplicação abrange todas as questões de direito civil da sucessão por morte, excluindo matérias de natureza fiscal, aduaneira, administrativa, direitos reais, estado das pessoas singulares e regimes matrimoniais.

Vale destacar que a criação do Certificado Sucessório Europeu permitirá aos herdeiros e/ou administradores da herança comprovar a sua qualidade junto a qualquer autoridade dos Estados-Membros. A sucessão passa a ser apreciada de uma forma global, desde questões relacionadas à administração da herança até a fase de liquidação. Dessa maneira, os cidadãos de um Estado-Membro, mas residentes em outro, poderão planejar atentamente e com segurança jurídica a própria sucessão, por via da escolha da lei de sua(s) nacionalidade(s) ou de sua residência no momento do óbito. Demonstra-se, assim, "como deve aumentar a demanda por planejamentos sucessórios na União Europeia,

---

[26] Ibidem. p. 6.

[27] Idem.

[28] Alguns pontos interessantes sobre o Regulamento EU nº 650/2012 relativos à competência serão os órgãos jurisdicionais do Estado-membro, em que o falecido tinha sua última residência à data do óbito. Contudo, a regra poderá comportar algumas exceções previstas no Regulamento, como é o caso de o falecido ter escolhido a lei de sua nacionalidade para regular sua sucessão e os seus herdeiros concordarem, acordo de eleição do foro. Para a concordância, basta a mera redação por escrito, que deve ser datada e assinada pelas partes. Caso o falecido seja plurinacional, poderá escolher como lei aplicável à sua sucessão a lei de qualquer um dos Estados-membros de que é nacional no momento em que faz a referida opção. O Certificado Europeu apresenta a vantagem de permitir aos beneficiários da sucessão tratar de todo o processo perante apenas uma autoridade, evitando a duplicação de procedimentos e de custos.

como também a tendência de maior liberdade para o autor da herança"[29] no momento que tem escolhas.

4 Considerações finais

O artigo demonstra que a maior circulação de pessoas e patrimônio na sociedade contemporânea provoca, com maior frequência, sucessões hereditárias com componentes internacionais. Consequentemente, as sucessões no plano internacional dão origem aos conflitos de leis e de jurisdições pelo uso do método conflitual clássico do Direito Internacional Privado – DIPr, que são a identificação do elemento da conexão e aplicação da regra de conexão. A aplicação desse método, via de regra, leva à determinação da lei aplicável à situação jurídica e à indicação da jurisdição competente. Atualmente, ao método clássico somam-se os esforços uniformizadores dos diversos organismos internacionais especializados e um consenso em torno da interpretação de soluções sempre à luz dos direitos humanos e direitos fundamentais.[30]

Com efeito, demonstraram-se como caminho os acordos internacionais sobre a matéria de sucessões, que propiciam maior segurança jurídica e previsibilidade das decisões para resolver esses conflitos. Esses acordos podem ter natureza multilateral, a qual admite uma diminuição da competência exclusiva em prol da aplicação de uma decisão, por uma única autoridade competente, a todos os bens deixados pelo *de cujus*, independentemente de onde se encontrem. Como exemplo, o Regulamento Europeu sobre Sucessões, nº 65/2012. Entretanto, apesar de a União Europeia ter dado um passo no movimento conhecido como "Europeização do Direito Internacional Privado", já ocorreu o primeiro teste no âmbito da jurisdição comunitária no reenvio prejudicial que o Tribunal Regional de Gorzów Wielkopolki (Polônia) interpôs perante ao Tribunal de Justiça da União Europeia – TJUE, acerca da interpretação de disposições relativas ao âmbito de aplicação material do citado regulamento.[31]

O Acórdão do TJUE C 218/16 – Segunda Seção – aborda as linhas gerais do Regulamento nº 65/2012, no que tange ao seu âmbito de aplicação, como, também, às relações entre lei aplicável à sucessão e aos direitos reais. A decisão é relevante[32] por dois motivos: 1) por ser a primeira decisão do TJUE relativa à interpretação do R650, que se estima ser a primeira de outras questões controversas que dele surgirá, frente das intercorrências que o fenômeno sucessório propicia, por abordar interesse público dos diversos Estados-membros; 2) por ser valoroso que a interpretação tenha ocorrido

---

[29] TEIXEIRA, Daniele. *Planejamento Sucessório*: pressupostos e limites. 2. ed. Fórum: Belo Horizonte, 2019. p. 195.

[30] VARGAS, Daniela Trejo. *Op. Cit.*, p. 103.

[31] O caso, tem uma peculiaridade, não foi um caso específico, mas sim, uma consulta, onde se questionou a interpretação do tribunal acerca da lei aplicável para os efeitos de legados celebrados de acordo com a lei estrangeira, foi o Acórdão do TJUE C 218/16 – Segunda Seção (MEINERO, Fernando Pedro. Primeira interpretação do Regulamento Europeu de Sucessões: Comentários ao Acordão TJEU C 218/16 – Segunda Seção. *Revista Brasileira de Direito Civil* – *RBDCivil*. Belo Horizonte. v. 16, abr./jun., 2018. p. 127).

[32] A importância da matéria pode-se verificar na leitura dos artigos V. V. MEINERO, Fernando Pedro. Primeira interpretação do Regulamento Europeu de Sucessões: Comentários ao Acordão TJEU C 218/16 – Segunda Seção. *Revista Brasileira de Direito Civil* | *RBDCivil*. Belo Horizonte. v. 16, p. 127-136, abr./jun., 2018 e SCHMIDT, Jean Peter. Challenged Legacies – First Decision of the European Court of Justice on the EU Sucession Regulation (ECJ, 12 October 2017, C-218/16 Kubocka). Disponível em: htpps://doi.org/10.1515/eplj-2018-0001. Acessado em 20 jan. 2019.

com base em um valor que subjaz no R650, que é a possibilidade de que os indivíduos possam organizar antecipadamente sua sucessão, conforme nº 7, do R650/2012, ao respeitar a "autonomia da vontade sucessória, a decisão do *de cujus* de organizar a sua sucessão de acordo com a lei de outro país, um verdadeiro exercício de planejamento sucessório".[33] Vale destacar que o Regulamento Europeu nº 650/2012 não padroniza o direito material do Estados-Membros, em verdade, o faz em relação ao direito processual.

A problematização da sucessão internacional é imensa, desde a pluralidade ou fragmentação do juízo sucessório, ocorrem várias outras questões e cenários, como: em relação a jurisdição – sucessão no exterior com bens no Brasil, sucessão no Brasil com bens no exterior e a impossibilidade de partilha extrajudicial nas repartições consulares; quanto a lei aplicável – lei aplicável à condição de herdeiro, aplicação da lei brasileira aos herdeiros brasileiros e aplicação da lei estrangeira e seus limites; acerca da autonomia privada na sucessão testamentária – testamentos feitos no exterior com sua validade e requisitos, testamentos realizados no Brasil com cumprimento no exterior e a validade no Brasil de *trusts* feitos no exterior; em relação a tributação do imposto de transmissão *causa mortis* e sobre doação sobre bens situados no exterior e, também como fator a questão da quebra do princípio da boa-fé, quando existem situações em que ficar caracterizado que o envio de bens para o exterior foi realizado com impropriedade de finalidade, com o objetivo de fraudar a lei sucessória brasileira, como também, em que restar comprovados que bens situados no Brasil foram incorporados em estruturas societárias sediadas no exterior com o intuito de fraudar a legítima dos herdeiros necessários, poder-se-á aplicar a desconsideração *inversa* da personalidade jurídica[34] daquela empresa.

Assim, constata-se que a complexidade da matéria da sucessão hereditária com bens no exterior é enorme, e apesar da dificuldade de análise é crescente o aumento de sucessões com elementos internacionais. Entretanto, deve-se ter alguns pilares como uma maior liberdade de testar do *de cujus* e buscar instrumentos que permitam uma maior segurança jurídica, evitando assim a dilapidação patrimonial. Pode-se concluir no sentido de que o caminho para diminuir algumas questões pertinentes à matéria seria um planejamento sucessório, fundamentando a autonomia do autor da herança.

Referências

ARAUJO, Nádia de. *Direito internacional privado*: teoria e prática brasileira. 5. ed. atual. e ampl. Rio de Janeiro: Renovar, 2011.

ARAUJO, Nádia de; VARGAS, Daniela Trejos. Casamento: efeitos pessoais e patrimoniais no direito internacional privado brasileiro, de acordo com o novo Código Civil. *Revista Trimestral de Direito Civil – RTDC*, Rio de Janeiro, ano 3, v. 11, jul./set. 2002. p. 123-150.

BARBI, Celso Agrícola. *Comentários ao Código de Processo Civil*. 13. ed. Rio de Janeiro: Forense, 2008, v. 1, p. 306.

BAUMAN, Zygmunt. *Modernidade líquida*. Tradução de Plínio Dentzien. Rio de Janeiro: Jorge Zahar, 2001.

---

[33] MEINERO, Fernando Pedro, *Op. Cit.*, p. 136.

[34] Sobre a matéria ver artigos sobre a matéria em: MADALENO, Rolf. Desconsideração da personalidade jurídica no direito das sucessões. *In*: TEIXEIRA, Daniele (Coord.). *Arquitetura do planejamento sucessório*. Belo Horizonte: Fórum, 2019, p. 257-278. NEGRI, Sergio. Pessoa jurídica e planejamento sucessório: o risco da desconsideração. *In*: TEIXEIRA, Daniele (Coord.). *Arquitetura do planejamento sucessório*. Belo Horizonte: Fórum, 2019, p. 247-256.

CALÒ, Emanuele. El proyecto de Reglamento de La Unión Europea sobre la ley aplicable a las sucesiones: lo uqe no se ha dicho. *Indret*, Barcelona, n. 3, p. 1-10, 2010. p. 3. Disponível em: www.indret.com. Acesso em: 12 dez. 2013.

FRIEDE, Reis. *Comentários ao Código de Processo Civil*. Rio de Janeiro: Forense Universitária, 1997.

GIDDENS, Anthony. *The consequences of modernity*. Stanford: Stanford University Press.

MARCATO, Antonio. Carlos Marcato (Coord.). *Código de Processo Civil interpretado*. São Paulo: Atlas, 2004.

MEINERO, Fernando Pedro. Primeira interpretação do Regulamento Europeu de Sucessões: Comentários ao Acordão TJEU C 218/16 – Segunda Seção. *Revista Brasileira de Direito Civil RBDCivil*. Belo Horizonte. v. 16, p. 127-136, abr./jun., 2018.

NEVARES, Ana Luiza. A sucessão hereditária com bens situados no exterior. *Pensar*, Fortaleza, v. 24, n. 2, p. 1-13, abr./jun. 2019.

PINTENS, Walter. Need and opportunity of convergence in European succession laws. *In*: ANDERSON, Mirian; ARROYO I AMAYUELAS, Esther (Ed.). *The law of succession*: testamentary freedom. European perspectives. Amsterdam: European Studies in Private Law, 2011.

RECHSTEINER, Beat Walter. Algumas questões jurídicas relacionadas à sucessão testamentária com conexão internacional. *RT/Fasc. Civ.* Ano 90. v. 786, abr. 2001, p. 99-107.

TEIXEIRA, Daniele. Noções Prévias do Direito das Sucessões: sociedade, funcionalização e planejamento sucessório. *In*: TEIXEIRA, Daniele (Coord.). *Arquitetura do planejamento sucessório*. Belo Horizonte: Fórum, 2019, p. 23-40.

TEIXEIRA, Daniele. *Planejamento Sucessório*: pressupostos e limites. 2. ed. Fórum: Belo Horizonte, 2019.

VARGAS, Daniela Trejo. Patrimônio internacional e sucessões: perspectivas do direito brasileiro. *In*: TEIXEIRA, Daniele (Coord.). *Arquitetura do planejamento sucessório*. Belo Horizonte: Fórum, 2019, p. 101-124.

Informação bibliográfica deste texto, conforme a NBR 6023:2018 da Associação Brasileira de Normas Técnicas (ABNT):

TEIXEIRA, Daniele Chaves. Sucessão internacional com ativos no exterior na perspectiva do direito brasileiro. *In*: TEIXEIRA, Daniele Chaves (Coord.). *Arquitetura do Planejamento Sucessório*. Belo Horizonte: Fórum, 2021. p. 119-130. Tomo II. ISBN 978-65-5518-117-3.

A IMPRESCINDÍVEL ANÁLISE JURÍDICA DAS RELAÇÕES FAMILIARES E AS PROVIDÊNCIAS CORRELATAS AO DIREITO DE FAMÍLIA COMO PRESSUPOSTOS DE UM PLANEJAMENTO SUCESSÓRIO EFICIENTE

ELEONORA G. SALTÃO DE Q. MATTOS
SILVIA FELIPE MARZAGÃO

1 Introdução: a realidade social em que se operam os planejamentos e o diagnóstico da estrutura familiar do planejador

O planejamento sucessório eficiente depende, não há dúvidas, do levantamento prévio da realidade jurídico-familiar do planejador. Questionar se o planejador é casado ou se vive em união estável, se já teve outras entidades familiares no passado, se regularizou os términos dessas relações, quantos filhos possui e se seus atuais parceiros possuem filhos com quem ele nutre relação de afeto são alguns dos questionamentos basilares para o entendimento do caso em toda a sua extensão e, por consequência, para a idealização das providências que podem ser tomadas para que os objetivos sucessórios do planejador sejam atendidos.

As respostas para as citadas indagações, diante da diversidade e complexidade das realidades familiares, hoje, são as mais diversas. De fato, deparamo-nos com importante e significativa alteração nas estruturações familiares, especialmente se considerarmos a realidade social em que tanto os inícios quanto as rupturas familiares se operam.

Atualmente, as formações das famílias se veem marcadas por estruturas mais maleáveis. Os casamentos – outrora realizados para perdurar "até que a morte os separe" – já são menos duradouros e indissolúveis. O último censo realizado no ano de 2010 já apontava que 16,3% das famílias atualmente existentes são resultado de recasamento.[1] Considerando o número oficial de 69 milhões de núcleos familiares no Brasil (IBGE, Censo 2010), estamos falando de mais de 11 milhões de famílias que se formam contemplando um maior entrelaçamento de pessoas e relações.

---

[1] IBGE – Censo 2010 – https://censo2010.ibge.gov.br/.

Mas não é só. O Brasil tem um número extremamente expressivo de famílias constituídas por relações não formalmente regulamentadas (36,4% dos casais – IBGE, Censo 2010),[2] trazendo aspectos de conjugalidade – e consequentes implicações patrimoniais – a esses relacionamentos que podem (e muito) impactar qualquer planejamento sucessório que vier a ser projetado pelo planejador.

Não bastassem as implicações conjugais, as questões parentais são também de grande impacto nas relações familiares daquele que visa planejar a transferência de patrimônio. No país, de acordo com o último Censo Escolar realizado pelo Conselho Nacional de Justiça – CNJ (2013), há 5,5 milhões de crianças sem o nome do pai na certidão de nascimento. Há, portanto, muitos filhos sem paternidade reconhecida. Além disso, há 2,5 milhões de enteados que moram com seus padrastos e madrastas, constituindo, eventualmente, relações socioafetivas que podem ter reflexos patrimoniais. Outro dado interessante é que 46,1% dos divórcios no país ocorrem enquanto os casais ainda têm filhos menores de idade, circunstância também impactadora quando se fala de planejamento patrimonial e sucessório.[3]

Nesse contexto, e para além dos instrumentos que usualmente vem à mente quando o assunto é o planejamento sucessório – *v.g.* doação em vida (com reserva ou não de usufruto), testamento, constituição de uma *holding* familiar –, há providências vitais que devem ser adotadas no âmbito do direito das famílias, das quais se pressupõe o sucesso das demais. Fica, portanto, diante desses dados, apresentado o seguinte questionamento: a mera instrumentalização do planejamento (com estruturas jurídicas necessárias para tanto) é eficaz se não houver uma organização familiar do planejador e da teia relacional que o circunda? Parece-nos, evidentemente, que não.

A ideia do presente estudo, portanto, é a abordagem a alguns dos questionamentos fundamentais mencionados no início, suas implicações jurídicas e as ferramentas legais à disposição de suas soluções no âmbito do direito de família, não sem antes consignar que o rol apresentado obviamente não é taxativo, tendo sido eleito com base na experiência do exercício diário da advocacia. Vejamos, portanto.

2 Organização das relações afetivas/de conjugalidade e seus desdobramentos patrimoniais

2.1 A separação de fato não formalizada

Muito comum é a hipótese em que o planejador se encontra separado de fato, sem qualquer tipo de regulamentação jurídica, de seu consorte ou convivente, geralmente com quem teve filhos e com quem manteve relação pautada pelo regime da comunhão universal ou comunhão parcial de bens.

A situação traz evidentes complicações em primeiro lugar pela incerteza com relação à extensão do patrimônio particular do planejador e, assim, do alcance de suas escolhas no âmbito de sua futura sucessão.

---

[2] IBGE – Censo 2010 – https://censo2010.ibge.gov.br/.
[3] IBGE – Censo 2010 – https://censo2010.ibge.gov.br/.

Afinal, malgrado seja pacífico na doutrina e na jurisprudência que a separação fática rompe o regime de bens do matrimônio e da união estável,[4] a ausência de efetiva partilha do acervo comum amealhado torna a situação incerta patrimonialmente, prejudicando a previsibilidade das disposições idealizadas para o planejamento sucessório dos envolvidos.

A fim de exemplificar a tormentosa situação, cumpre-nos relembrar que a tendência jurisprudencial, na linha dos julgamentos do Superior Tribunal de Justiça e quando a questão envolve quotas sociais, é no sentido de que "Na hipótese de separação do casal, as cotas de uma sociedade constituída durante o casamento e da qual apenas um dos ex-cônjuges seja sócio devem ser divididas pelo valor atual e não pelo valor histórico da data da ruptura do relacionamento".[5]

Ou seja, tratando-se de cotas de pessoa jurídica, desconsidera-se a data da separação fática do casal para se adotar o momento da efetiva partilha da expressão econômica daquelas, pois:

> A existência de significativa janela temporal [...] entre essa fixação das cotas como parte do patrimônio a ser partilhado e a sua efetiva materialização monetária para satisfação da recorrida, não-sócia, mas detentora em copropriedade das quotas do ex-cônjuge sócio, por óbvio, só atenderá a uma partilha justa e equilibrada, na medida em que a monetarização das cotas a que tem direito a recorrida, expresse, com a maior fidedignidade possível, o quanto refletem do patrimônio da sociedade na atualidade. Outra fórmula implicaria, na espécie, em enriquecimento sem causa do recorrente, com o que não se coaduna o direito.[6]

Deveria se verificar, a partir da separação de fato, uma cisão de patrimônios dos componentes do casal, a qual, uma vez que a partilha não se concretizou na prática, não é clarividente e tampouco simples. Assim, ainda que atualmente seja pacífico que os bens adquiridos por qualquer das partes após o rompimento fático não são comunicáveis,[7] poderá haver a perquirição se essa aquisição não se deu com numerário comum não partilhável ou ainda com frutos advindos de imóveis ou cotas comuns, por exemplo (ou seja, em sub-rogação de ativos comuns).

O que se pretende expor, assim, é que o divórcio ou a dissolução da união estável, com sua consequente partilha, obviamente apresentam-se como uma solução mais contundente e segura no que diz respeito à identificação do patrimônio do planejador e, por conseguinte, das decisões que ele tomará visando a seus aspirados fins sucessórios.

Outrossim, há de se ter em vista que o consorte do planejador, ainda que dele separado de fato, pode ter a pretensão de ver reconhecida sua condição de herdeiro do

---

[4] "Os nossos tribunais, antes e depois do CCB/2002, sempre se posicionaram corroborando e reafirmando a doutrina no sentido de que a separação fática do casal produz efeitos jurídicos geradores de um termo final da comunhão ou da participação patrimonial" PEREIRA, Rodrigo da Cunha. Direito das Famílias. p. 249. Rio de Janeiro; Forense. 2020.

[5] REsp n. 1.537.107-PR, rel. Min. Nancy Andrighi, j. 17.11.2016.

[6] STJ, REsp 1537107/PR, Rel. Ministra Nancy Andrighi, Terceira Turma, julgado em 17/11/2016, DJe 25/11/2016.

[7] "Quando cessa a convivência, o casamento não gera mais efeitos, faltando apenas a chancela estatal. O casamento nada mais produz, porque simplesmente deixou de existir. [...] O fim da vida em comum leva à cessação do regime de bens – seja ele qual for –, porquanto já ausente o ânimo socioafetivo, real motivação da comunicação patrimonial" – DIAS, Maria Berenice. Manual do Direito das Famílias. 11. ed. São Paulo: Editora Revista dos Tribunais. 2016. p. 218.

planejador. A fundamentar seu pleito, há a literalidade do art. 1.830 do Código Civil, segundo o qual:

> Somente é reconhecido direito sucessório ao cônjuge sobrevivente se, ao tempo da morte do outro, não estavam separados judicialmente, nem separados de fato há mais de dois anos, salvo prova, neste caso, de que essa convivência se tornara impossível sem culpa do sobrevivente.

Consoante a mais avalizada doutrina[8] e a majoritária jurisprudência,[9] todavia, a separação de fato do casal, uma vez que faz cessar a comunhão de vida, é causa suficiente para fundamentar o afastamento da qualidade de herdeiro do ex-parceiro sobrevivo.

De todo modo, a ausência de regulamentação jurídica do rompimento da relação deixa margem ao questionamento, sendo absolutamente recomendável, sob o prisma sucessório, e obviamente caso a intenção do planejador não seja contemplar o consorte ou convivente de quem está separado de fato, que o término daquela entidade familiar seja regulamentado juridicamente, quer pelo divórcio, quer pela dissolução da união estável.

Caso isso não seja possível, recomenda-se ao menos a elaboração de uma escritura pública ou um instrumento particular que ateste a separação fática do casal. Na hipótese de o antigo parceiro estar de acordo com sua elaboração, haverá chances menores de questionamentos posteriores; caso se recuse a assentir com um documento dessa natureza, restará ao planejador consignar seu entendimento sobre a data e o contexto desse rompimento fático, se possível fundamentando sua declaração com testemunhas e outras provas que embasem suas declarações.

Ainda nesse aspecto, não há como deixar de mencionar o recente julgado do Superior Tribunal de Justiça, da lavra do Ministro Moura Ribeiro, segundo o qual a separação de fato deve ser alçada a uma das hipóteses de rompimento da sociedade conjugal prevista no art. 1.571 do Código Civil, a permitir a fluência do prazo prescricional para o pedido de partilha de bens, que é de 10 anos.[10]

Ainda com impacto sucessório, mister lembrar que a separação de fato não impede a constituição de uma nova entidade familiar por meio do estabelecimento de uma união estável (art. 1.723, §1º do Código Civil).

Outrossim, a ausência de realização de partilha do matrimônio anterior impõe que o futuro casamento dos consortes com terceiros seja celebrado pelo regime da

---

[8] "O direito sucessório do cônjuge só é reconhecido se, ao tempo da morte do outro, não estavam separados judicialmente, nem separados de fato há mais de dois anos, salvo prova, neste caso, de que essa convivência se tornara impossível sem culpa do sobrevivente (CC, art. 1.830). A dissolução da sociedade conjugal acarreta ausência de legitimidade para suceder" (TEPEDINO, Gustavo; NEVARES, Ana Luiza Maia; MEIRELES, Rose Melo Vencelau. *Fundamentos do Direito Civil. Vol. 7. Direito das Sucessões*. Rio de Janeiro: Forense, 2020. p. 94).

[9] "O cônjuge herdeiro necessário é aquele que, quando da morte do autor da herança, mantinha o vínculo de casamento, não estava separado judicialmente ou não estava separado de fato há mais de 2 (dois) anos, salvo, nesta última hipótese, se comprovar que a separação de fato se deu por impossibilidade de convivência, sem culpa do cônjuge sobrevivente" (Resp AgInt no REsp 1281438/SP).

[10] *In verbis*: "Entendo que a separação de fato comprovada por período razoável de tempo, ou seja, no mínimo um ano, produz os mesmos efeitos da separação judicial, sendo, portanto, circunstância que enseja a dissolução do vínculo matrimonial e não impede o curso do prazo prescricional nas causas envolvendo direitos e deveres matrimoniais". http://www.stj.jus.br/sites/portalp/Paginas/Comunicacao/Noticias/Separacao-de-fato-tambem-permite-curso-da-prescricao-para-pedido-de-partilha-de-bens.aspx.

separação obrigatória de bens (art. 1.523, inc. III, do Código Civil), regime segundo o qual o consorte não é herdeiro necessário (art. 1.829, inc. I, do Código Civil).

2.2 Regime de bens do planejador não adequado às sugestões propostas

Uma das novidades mais importantes trazidas pelo Código Civil de 2002 para o direito de família certamente foi a possibilidade de mutação do regime de bens na vigência do casamento.

A possibilidade foi aplaudida pela doutrina nacional, pois:

> em razão do princípio da autonomia da vontade, garante-se aos cônjuges a máxima liberdade na escolha do regime que consideram preferível, podendo as partes aceitar um regime típico com a regulamentação legal existente, ou modificá-lo de acordo com as suas conveniências, desde que não violadas as normas imperativas referentes aos fins do casamento e à estrutura da família.[11]

A previsão veio inserta no §2º do art. 1.639, segundo o qual: "É admissível alteração do regime de bens, mediante autorização judicial em pedido motivado de ambos os cônjuges, apurada a procedência das razões invocadas e ressalvados os direitos de terceiros".

Como se percebe, são requisitos para o pedido de mudança que haja consenso entre o casal e que o pedido seja formulado judicialmente.[12] No que diz respeito aos fundamentos para tal, a jurisprudência tem abrandado a análise das justificativas, já que, nos termos de recente julgado do Superior Tribunal Federal:

> a melhor interpretação que se deve conferir ao art. 1.639, §2º, do CC/2002 é a que não exige dos cônjuges justificativas exageradas ou provas concretas do prejuízo na manutenção do regime de bens originário, sob pena de esquadrinhar indevidamente a própria intimidade e a vida privada dos consortes.[13]

---

[11] FONSECA, Priscila Corrêa da. *Manual do planejamento patrimonial das relações afetivas e sucessórias*. São Paulo: Thompson Reuterus, 2018. p. 73.

[12] Há reiteradas iniciativas legislativas para que seja permitido aos casais realizar a alteração extrajudicialmente, na esteira da crescente desidrociclização dos procedimentos de Direito de Família e Sucessões, tal qual o PL 9.498 de 2018, em tramitação na Câmara Federal dos Deputados.

[13] STJ, REsp 1.119.462/MG, Rel. Min. Luis Felipe Salomão, j. 26.02.2013. Ainda nesse acórdão: "o direito de família deve ocupar, no ordenamento jurídico, papel coerente com as possibilidades e limites estruturados pela própria CF, defensora de bens como a intimidade e a vida privada. Nessa linha de raciocínio, o casamento há de ser visto como uma manifestação de liberdade dos consortes na escolha do modo pelo qual será conduzida a vida em comum, liberdade que se harmoniza com o fato de que a intimidade e a vida privada são invioláveis e exercidas, na generalidade das vezes, no interior de espaço privado também erguido pelo ordenamento jurídico à condição de 'asilo inviolável'. Sendo assim, deve-se observar uma principiologia de 'intervenção mínima', não podendo a legislação infraconstitucional avançar em espaços tidos pela própria CF como invioláveis. Deve-se disciplinar, portanto, tão somente o necessário e o suficiente para a realização não de uma vontade estatal, mas dos próprios integrantes da família".

Com base na necessidade de ressalva de direito de terceiros, exige-se judicialmente, com bastante frequência, que seja comprovada, por meio da juntada de certidões, a inexistência de débitos e ações judiciais promovidas contra os requerentes.[14]

Igualmente revelando preocupação com eventuais credores prejudicados, o Código de Processo Civil, nos §§1º e 2º do art. 734, previu, respectivamente, "a publicação de edital que divulgue a pretendida alteração de bens, somente podendo decidir depois de decorrido o prazo de 30 (trinta) dias da publicação do edital" ou a possibilidade de o casal "propor ao juiz meio alternativo de divulgação da alteração do regime de bens".

A despeito da legítima preocupação com fraudes, entende-se que ambas as exigências – quer a apresentação de certidões negativas de distribuidores e de cartório de protestos, quer a publicação de editais – mostram-se despiciendas.

Afinal, derivando prejuízo a terceiros de boa-fé, a modificação do regime de bens deve ser entendida como ineficaz perante os prejudicados, os quais de qualquer forma dificilmente teriam ciência da modificação do regime pelo casal se publicação de edital houvesse.

Passados quase vinte anos do advento da autorização para a alteração de regime de bens, a questão da irretroatividade do novo regime parece bem sedimentada.[15] Ou seja, o regime de bens recém-alterado tem sua eficácia *ex nunc*, a partir do trânsito em julgado da sentença que o autoriza.

Mas a depender da alteração pretendida – mais especificamente, na hipótese de o casal partir do regime em que há acervo comum (comunhão universal ou parcial) para o que determinada a incomunicabilidade de patrimônios (regime da separação total) –, revela-se pertinente e recomendável a realização de uma partilha dos bens amealhados até ali.

Essa possibilidade conta com o aval do Superior Tribunal de Justiça[16] e pode ser realizada pelas partes, desde que com a autorização expressa na sentença que julga a ação de modificação de regime de bens, extrajudicialmente.

Com a partilha, traz-se clareza e segurança jurídica às partes, que poderão então passar a ter plena autonomia sobre o seu patrimônio particular individualizado e, em termos sucessórios, ter noção clara do objeto de seus respectivos planejamentos sucessórios.

---

[14] O Enunciado 113 do Conselho da Justiça Federal, aprovado na I Jornada de Direito Civil, propõe que: "É admissível a alteração do regime de bens entre os cônjuges, quando então o pedido, devidamente motivado e assinado por ambos os cônjuges, será objeto de autorização judicial, com ressalva dos direitos de terceiros, inclusive dos entes públicos, após perquirição de inexistência de dívida de qualquer natureza, exigida ampla publicidade".

[15] Em sentido contrário, Pablo Stolze Gagliano e Rodolfo Pamplona Filho, por exemplo, entendem que os efeitos são *ex tunc* porque "Quando os cônjuges pretendem modificar o seu regime, o patrimônio atingido, que sofrerá a incidência do novo regramento é, por óbvio, aquele existente, até a data da sentença da mudança. Ora, com isso, é forçoso convir que os bens e valores amealhados — em conjunto ou separadamente — pelos consortes até o momento da mudança serão atingidos pelo pronunciamento judicial, submetendo-se, pois, a novo regramento. Sob esse aspecto, a sentença, pois, necessariamente, incide no patrimônio anterior. Daí por que a sua eficácia é *ex tunc*" (*Novo Curso de Direito Civil*, Direito de Família. 4. ed. São Paulo: Saraiva, 2014, v. 6, p. 259).

[16] No caso, diante de manifestação expressa dos cônjuges, não há óbice legal que os impeça de partilhar os bens adquiridos no regime anterior, de comunhão parcial, na hipótese de mudança para separação total, desde que não acarrete prejuízo para eles próprios e resguardado o direito de terceiros. Reconhecimento da eficácia ex nunc da alteração do regime de bens que não se mostra incompatível com essa solução (STJ, REsp 1533179/RS, Rel. Ministro Marco Aurélio Bellizze, Terceira Turma, julgado em 08/09/2015, DJe 23/09/2015).

Em termos de planejamento sucessório, não há dúvida de que a possibilidade de alteração de regime de bens mostra-se ferramenta extremamente interessante.

A título de ilustração, menciona-se que os casais unidos em regime da comunhão universal de bens,[17] por força de óbice expresso constante no art. 977 do Código Civil, não podem ser sócios de sociedade empresária, o que pode ser extremamente desinteressante se a melhor opção que a eles se apresenta em termos sucessórios for a constituição de uma *holding* familiar na modalidade de sociedade limitada.[18]

Outrossim, em decisão recentíssima de meados do ano de 2020, o Superior Tribunal de Justiça deliberou que consortes casados sob o regime da comunhão universal de bens tampouco podem contemplar-se com doações[19] de parte do patrimônio comum, "na medida em que a hipotética doação resultaria no retorno do bem doado ao patrimônio comum amealhado pelo casal diante da comunicabilidade de bens no regime e do exercício comum da copropriedade e da composse",[20] tratando-se, pois, de negócio com objeto impossível (art. 166, inc. II, do Código Civil). O caso tratado é especialmente interessante, porque o casal havia deliberado pela cessão de quotas de uma sociedade limitada da esposa ao marido, com a finalidade de que este se tornasse sócio exclusivo da pessoa jurídica, tendo tal doação sido questionada pelo irmão da donatária.[21]

Por sua vez, na hipótese de a intenção do casal planejador ser a de contemplar o parceiro de vida com exatamente metade do patrimônio de ambos somado e de divisão do restante entre os filhos –, não há dúvida de que a migração do regime para o da comunhão universal será extremamente satisfatória.

Outro exemplo de pertinência da alteração do regime de bens para que o cônjuge seja contemplado é o de modificação do regime da separação obrigatória de bens (em que o cônjuge não é herdeiro), para um dos demais regimes. Tal hipótese é possível quando, ao tempo do casamento, havia "inobservância das causas suspensivas da celebração do casamento" (art. 1.641, inc. I, do Código Civil), mas que foi posteriormente superada. Trata-se do caso em que há a conclusão do inventário dos bens deixados pelo consorte

---

[17] O mesmo impedimento se estende aos casais unidos em regime de separação obrigatória.

[18] A doutrina ensina que tal impedimento aplica-se para as sociedades contratuais personificadas, ou seja, para aquelas regidas pelo Código Civil, quais sejam: sociedades simples, em nome coletivo, em comandita simples e sociedades limitadas. Ou seja, excetuam-se da vedação legal a sociedade anônima, a sociedade em comandita por ações e as cooperativas. Tal entendimento, consubstanciado no Enunciado 94 da III Jornada de Direito Comercial do Conselho da Justiça Federal, foi ratificado pelo Departamento Nacional de Registro Empresarial e Integração (DREI), pertencente à Secretaria Especial de Desburocratização, Gestão e Governo Digital, do Ministério da Economia, por meio de comunicado enviado às Juntas Comerciais em 18 de junho de 2019 (Ofício Circular SEI nº 6/2019/DREI/SGD/SEDGG-ME).

[19] O Código Civil permite a doação entre cônjuges, conforme se denota da leitura do artigo 544: "A doação de ascendentes a descendentes, ou de um cônjuge a outro, importa adiantamento do que lhes cabe por herança". A interpretação sistemática, todavia, deve ser no sentido da permissão de doação dos bens particulares de cada qual. A possibilidade de doações realizadas entre pessoas casadas no regime da separação obrigatória é deveras controversa, havendo entendimento em ambos os sentidos.

[20] REsp 1787027/RS, Rel. Ministra Nancy Andrighi, Terceira Turma, julgado em 04/02/2020, DJe 24/04/2020.

[21] Houve voto vencido, da lavra do Ministro PAULO DE TARSO SANSEVERINO, para quem: "a doação, celebrada hígidamente, representa a vontade da falecida de ver o seu esposo permanecer com a maior parte do seu patrimônio, somando-se à meação a sua metade disponível. Por essa razão, a solução que proponho é a de que se declare ineficaz – ou até mesmo inválida – a doação apenas no que sobejar à metade disponível da Sra. Maria Iolanda, e não que se anule a doação por força da alegada impossibilidade jurídica. O eventual excesso de disposição patrimonial não faz nulo o instrumento mediante o qual houve a referida manifestação de vontade, senão torna decotável aquilo que desbordar da metade disponível" (REsp 1787027/RS, Rel. Ministra Nancy Andrighi, Terceira Turma, julgado em 04/02/2020, DJe 24/04/2020).

pré-morto de um deles ou a realização da partilha dos bens pertinentes ao matrimônio anterior de um dos cônjuges (art. 1.523, incs. I e III do Código Civil, respectivamente).

Pouco tem repercutido uma possibilidade que igualmente passou a ser admitida no sistema brasileiro na esteira da autorização para alteração do regime de bens: a de alteração de cláusulas previstas no pacto antenupcial.

Nessa hipótese, não se alterará exatamente o regime – o qual seguirá sendo o da separação de bens inicialmente pactuado pelo casal –, mas sim dispositivos patrimoniais ali insertos, tal como a responsabilidade de cada um no pagamento das despesas familiares, a obrigatoriedade de aquisição de um imóvel residencial por um deles após o nascimento de filhos e o pagamento de uma indenização em caso de mudança de cidade ou de país àquele que necessitará deixar sua ocupação profissional.

A fundamentação e o procedimento para tal são os mesmos eleitos para a alteração de regime de bens.[22] No mais, se há alteração legislativa para a modificação de todo o regime, obviamente não existe óbice para a revisão e adequação nas regras do regime já existente.

Esta possibilidade já foi avalizada pelo Juízo da 12ª Vara da Família e das Sucessões do Foro Central de São Paulo –, que, em processo que tramitou em segredo de justiça, deliberou que:

> havendo permissão legal para que o casal escolha livremente o regime de bens a ser adotado no casamento, prevendo a lei também a possibilidade de alteração do regime de bens após a celebração do matrimonio, mediante decisão judicial, desde que, a "pedido motivado de ambos os cônjuges, apurada a procedência das razões invocadas e ressalvados os direitos de terceiros", não há razão para impedimento à alteração das cláusulas estabelecidas em pacto antenupcial, em respeito à autonomia das pessoas no que concerne à administração patrimonial, devendo, tão somente, haver o resguardo do direito de terceiros e serem respeitados os princípios de ordem pública, os fins e a natureza do matrimônio, com efeitos ex nunc, consoante lição de Maria Helena Diniz (Curso de Direito Civil Brasileiro, V. 5, 2017, p. 174).[23]

Em síntese, a alteração do regime de bens, providência do âmbito do direito de família, revela-se ferramenta extremamente útil e interessante também sob o viés sucessório.

2.3 A união estável não reconhecida

A primeira preocupação em relação à união estável não reconhecida formalmente diz respeito à possibilidade de os demais herdeiros do planejador, após a morte deste, questionarem a própria existência da entidade familiar mantida entre o falecido e o convivente sobrevivo.

Conflitos que tenham por base o reconhecimento ou não da união estável do falecido frequentemente terminam sendo judicializados, condenando os envolvidos a

---

[22] "é melhor que a lei confie na autonomia e liberdade das pessoas, as quais, nas relações pessoais entre si e na privacidade da família, sabem o que é melhor [...]" (PAULO LOBO, Direito Civil – Famílias, ed. Saraiva, 4. ed. 2011, pág. 321).

[23] Processo nº 1007276-42.2017.8.26.0011.

litigarem por anos (quando não, décadas), enquanto o acervo inventariado é corroído pelos custos indiretos do conflito.

O reconhecimento jurídico dessa relação em vida pelo planejador, pois, desestimula uma controvérsia dessa natureza, além de permitir que o convivente exerça uma série de direitos e prerrogativas outorgadas ao companheiro pela lei.

A título exemplificativo, relembre-se que o companheiro sobrevivente tem legitimidade para a abertura do inventário, para figurar como inventariante (art. 617, inc. I do Código de Processo Civil), e possui direito real de habitação sobre o imóvel que servia de residência familiar[24] (Lei nº 9.278/1996).

Outra dificuldade quando não há a prévia formalização jurídica da união estável é a incerteza quanto à data da efetiva constituição desta entidade familiar.

O início da união *more uxorio*, todavia, mostra-se absolutamente relevante sob o viés sucessório, já que, na hipótese de relação pautada pelo regime da comunhão parcial de bens, o companheiro supérstite terá direito à meação dos bens amealhados onerosamente no curso da entidade familiar e, no que se refere ao restante do patrimônio do falecido, fará jus a uma participação na hipótese de concorrer com herdeiros necessários.

A data do início da união estável mostra-se pertinente, outrossim, para os casos em que uma das partes tenha mais de 70 anos de idade, circunstância que será melhor tratada em tópico específico adiante.

Outrossim, a união estável não reconhecida formalmente pelas partes, por força do art. 1.725 do Código Civil, rege-se pelo regime da comunhão parcial de bens, que pode não ser o mais interessante sob o viés do planejador e sua companheira.

Apresenta-se como alternativa, assim, a formalização da relação sob regime de bens diverso, sendo recomendável que tal se dê por meio de escritura pública de reconhecimento de união estável perante o cartório de notas de preferência do casal.

A esse respeito, cumpre destacar que, ainda que o Conselho Nacional de Justiça não tenha regulamentação específica sobre a matéria, com cada vez mais frequência depara-se com a resistência dos notários em lavrar o reconhecimento de relação já iniciada há algum tempo sob a égide retroativa de regime da separação total de bens.

A fundamentação jurídica para tal tem sido o julgamento do Recurso Especial nº 1.597.675/SP pelo Superior Tribunal de Justiça, segundo o qual:

> os efeitos da alteração de um regime de bens previsto em lei devem ser produzidos apenas para o futuro, preservando-se os interesses não apenas dos conviventes, mas também de terceiros, que, mantendo relações negociais com o casal, podem ser surpreendidos com uma súbita mudança no regime de bens da união estável.[25]

Em casos como esse e em analogia ao casamento, entende-se que o melhor seria, então, que fosse realizada uma partilha dos bens comuns até ali, de forma que cada um do casal possa ter clareza do acervo particular que possui. Para os que entendem possível,

---

[24] Enunciado 117 da I Jornada de Direito Civil do Conselho da Justiça Federal: "O direito real de habitação deve ser estendido ao companheiro, seja por não ter sido revogada a previsão da Lei n. 9.278/96, seja em razão da interpretação analógica do art. 1.831, informado pelo art. 6º, caput, da CF/88".

[25] STJ, Resp 1.597.675/SP, Rel. Ministro Paulo de Tarso Sanseverino, Terceira Turma, julgado em 25/10/2016.

há a hipótese ainda de ser outorgada quitação recíproca dos direitos de meação de parte a parte até ali, por meio da renúncia recíproca de direitos patrimoniais excedentes.

Por fim, não poderia deixar de se mencionar que, porquanto de grande impacto para o ramo do direito das sucessões, a equiparação, pelo Supremo Tribunal Federal, do regime sucessório do casamento e da união estável, após declarar a inconstitucionalidade do art. 1.790 do Código Civil, em tese de repercussão geral assim sintetizada: "No sistema constitucional vigente é inconstitucional a diferenciação de regime sucessório entre cônjuges e companheiros devendo ser aplicado em ambos os casos o regime estabelecido no artigo 1829 do Código Civil".

2.4 A entidade familiar do planejador com mais de 70 anos

A família iniciada por pessoa de mais de 70 anos de idade,[26] não tão incomum na atualidade, traz peculiaridades interessantes que devem ser observadas por ocasião do planejamento sucessório.

Tratando-se de um casamento, não há dúvida de que o regime de bens do relacionamento, por força do art. 1.641 do Código Civil, será o da separação obrigatória, ainda que sobre a citada determinação legal pairem críticas severas e contundentes.[27]

Tal regime de bens, tal como estipula o art. 1.829, inc. I, do Código Civil, não outorga direitos sucessórios ao cônjuge sobrevivente, o que a princípio simplificaria o planejamento sucessório do idoso envolvido nessa relação.

Acontece que a jurisprudência sedimentou, com o apoio de parte relevante da doutrina, o entendimento de que a Súmula nº 377 do Supremo Tribunal Federal, editada na vigência do Código Civil anterior,[28] não foi revogada pela promulgação da Lei Civil de 2002.

Tal súmula dispõe que, "No regime de separação legal de bens, comunicam-se os adquiridos na constância do casamento", ou seja, que o consorte sobrevivente fará jus aos bens adquiridos onerosamente na constância do matrimônio, variando a jurisprudência somente sobre se será necessária a comprovação do esforço comum ou se há presunção dessa colaboração.

A solução que muito bem se apresenta para os casos em que o planejador não intenta a aplicação do teor da Súmula nº 377 ao seu caso é a lavratura de um pacto

---

[26] Até 9 de dezembro de 2010, a idade eleita pelo Código era 60 anos, tendo havido alteração por força da *Lei nº 12.344, de 2010*. Segundo a correta justificativa constante do então Projeto de Lei: "Nos primórdios do Século XX, a expectativa de vida média do brasileiro variava entre 50 e 60 anos de idade, a Lei Nº 3.071, de 1º de janeiro de 1916, o que condicionou o legislador a estabelecer que nos casamentos envolvendo cônjuge varão maior de 60 anos e cônjuge virago maior de 50 anos deveria ser observado o Regime de Separação Obrigatória de Bens, norma expressa no inciso II do Art. 258 daquele Estatuto. [...] Hoje, no entanto, em pleno Século XXI, essa exigência não mais se justifica, na medida em que se contrapõe às contemporâneas condições de vida usufruídas pelos cidadãos brasileiros, beneficiados pela melhoria das condições de vida urbana e rural, graças aos investimentos realizados em projetos de saúde, saneamento básico, educação, eletrificação e telefonia. Iniciativas que se traduzem em uma expectativa média de vida, caracterizada pela higidez física e mental, superior a 70 anos".

[27] "De fato, o dispositivo legal estabelece injustificada restrição à liberdade pessoal do septuagenário, submetendo-o a verdadeira interdição compulsória, como se ele não tivesse capacidade para escolher os rumos patrimoniais da sua relação amorosa, em desapreço ao princípio da igualdade positivado no art. 5º, *caput*, da Cara Constitucional" TEPEDINO, Gustavo; TEIXEIRA, Ana Carolina Brochado. *Fundamentos do Direito Civil*. vol. 6: direito de família. Rio de Janeiro: Forense, 2020, p. 112.

[28] Data de Aprovação: Sessão Plenária de 03/04/1964.

antenupcial que a afaste.[29] Afinal, o art. 1.639 do Código Civil outorga aos nubentes tal prerrogativa, possuindo a questão nitidamente natureza disponível.[30]

Há de se ressalvar que o regime da separação obrigatória somente deve se aplicar ao casamento dos nubentes maiores de 70 anos se eles não tiverem vivido em prévia união estável. É o que sintetiza o Enunciado 261 da III Jornada de Direito Civil do Conselho da Justiça Federal: "A obrigatoriedade do regime da separação de bens não se aplica a pessoa maior de sessenta anos, quando o casamento for precedido de união estável iniciada antes dessa idade".

No caso de o planejador com mais de 70 anos de idade pretender constituir união estável, pode haver dúvida se o regime de bens será o da separação obrigatória, como se exige no caso de matrimônio.

Apesar da divergência doutrinária, o Superior Tribunal de Justiça, na edição nº 50 de sua jurisprudência em tese (ferramenta elaborada pela Corte que reúne entendimentos de relevância por assuntos específicos), deixou claro que, "Na união estável de pessoa maior de setenta anos (art. 1.641, II, do CC/02), impõe-se o regime da separação obrigatória, sendo possível a partilha de bens adquiridos na constância da relação, desde que comprovado o esforço comum".

Verifica-se, pois, que o planejamento sucessório do idoso, que tenha formado família depois dos 70 anos de idade, tem particularidades decorrentes do regime de bens imposto por lei.

2.5 O namoro duradouro, público e contínuo

Não é incomum que o planejador afirme, ao ser perguntado sobre a sua vida afetiva, que está "apenas namorando".

Cumpre aos assessores jurídicos do planejador, então, melhor perquirir sobre as características desse namoro, as quais, na hipótese de envolver pessoas mais maduras, certamente revelarão características que podem o assemelhar a uma união estável.

A diferenciação se mostra óbvia e extremamente relevante: o namoro não é capaz de gerar efeitos sucessórios, circunstância absolutamente diversa caso reste configurada uma união estável.

A grande diferenciação entre ambos, sem dúvida, é o intuito de constituição de família, o qual "exterioriza-se exatamente na vida em comum, sob o mesmo teto ou não, aos olhos públicos e com afeição recíproca, como se casados fossem, em mútua colaboração econômica, parceiras em negócios e conjunção de esforços".[31]

De fato,

> O objetivo de constituir família é condição *sine qua non* para a caracterização da união estável, porque dela depende a distinção entre um singelo namoro – ou uma de suas

---

[29] Enunciado 634 da VIII Jornada de Direito Civil: "É lícito aos que se enquadrem no rol de pessoas sujeitas ao regime da separação obrigatória de bens (art. 1.641 do Código Civil) estipular, por pacto antenupcial ou contrato de convivência, o regime da separação de bens, a fim de assegurar os efeitos de tal regime e afastar a incidência da Súmula 377 do STF".

[30] As Corregedorias do Tribunal de Justiça de São Paulo e de Pernambuco autorizam expressamente tal providência, a última inclusive por meio de edição do Provimento 8/2016.

[31] ROSA, Conrado Paulino da. *Curso de Direito de Família Contemporâneo*. 6. ed. Salvador: JusPodivm, 2020. p. 123.

infindáveis variáveis hoje existentes – e a real união estável, que é uma das formas possíveis de se constituir um grupo familiar, tido como base da sociedade, e que recebe especial proteção do Estado, nos precisos termos do art. 226, caput, da CF.[32]

E uma vez que o intuito de constituição de família traz em si uma carga importante de subjetividade, entende-se:

> Assistência e corresponsabilidade funcionam como os fatores indispensáveis à diferenciação entre a entidade familiar de fato e o namoro. Afinal, esse ponto central de verificação objetiva – escopo de constituição de família – só se torna juridicamente aferível quando exteriorizado pelo casal através da convivência familiar, que norteia comportamentos e expectativas recíprocas, funcionalizadas à realização de cada um dos membros da entidade familiar.[33]

A celeuma tem ganhado relevância no direito de família contemporâneo, a ponto de os namoros que têm características similares às uniões estáveis passarem a ser identificados como namoros qualificados.[34]

A fim de afastar incertezas e, o tanto quanto possível, disputas judiciais, recomenda-se, se possível, a assinatura de um contrato de namoro. Trata-se de instrumento por meio do qual o casal, conjuntamente, deixa claro que a relação por eles vivenciada tem contornos exclusivamente de namoro, circunstância que, como cediço, não traz reflexos patrimoniais durante a vigência e pós-ruptura. É instrumento por meio do qual as partes contratantes visam deixar claro que o relacionamento por elas privado não passa de um mero namoro, ou seja, que não convivem estavelmente como marido e mulher, que não têm interesse em constituir qualquer tipo de entidade ou relação familiar e que, por conseguinte, não reconhecem possíveis efeitos patrimoniais que dele possam decorrer caso a relação se prolongue no tempo e dela se possa inferir os contornos de uma união estável.[35]

---

[32] STJ, REsp 1263015/RN, Min. Nancy Andrighi, julg. 19.06.2012, publ DJe 26.06.2012.

[33] TEPEDINO, Gustavo; TEIXEIRA, Ana Carolina Brochado. *Fundamentos do Direito Civil*. vol. 6: direito de família. Rio de Janeiro: Forense, 2020, p. 182-183.

[34] "Nem sempre é fácil distinguir essa situação – a união estável – de outra, o namoro, que também se apresenta informalmente no meio social. Numa feição moderna, aberta, liberal, especialmente se entre pessoas adultas, maduras, que já vêm de relacionamentos anteriores (alguns bem-sucedidos, outros nem tanto), eventualmente com filhos dessas uniões pretéritas, o namoro implica, igualmente, convivência íntima – inclusive, sexual –, os namorados coabitam, frequentam as respectivas casas, comparecem a eventos sociais, viajam juntos, demonstram para os de seu meio social ou profissional que entre os dois há uma afetividade, um relacionamento amoroso. E quanto a esses aspectos, ou elementos externos, objetivos, a situação pode se assemelhar – e muito – a uma união estável. Parece, mas não é! Pois falta um elemento imprescindível da entidade familiar, o elemento interior, anímico, subjetivo: ainda que o relacionamento seja prolongado, consolidado, e por isso tem sido chamado de ´namoro qualificado´, os namorados, por mais profundo que seja o envolvimento deles, não desejam e não querem – ou ainda não querem – constituir uma família, estabelecer uma entidade familiar, conviver numa comunhão de vida, no nível do que os antigos chamavam de affectio maritalis. Ao contrário da união estável, tratando-se de namoro – mesmo do tal namoro qualificado –, não há direitos e deveres jurídicos, mormente de ordem patrimonial entre os namorados. Não há, então, que falar-se de regime de bens, alimentos, pensão, partilhas, direitos sucessórios, por exemplo". (VELOSO, Zeno. *Direito Civil*: temas. Belém: ANOREGPA, 2018. p. 313).

[35] FONSECA, Priscila Corrêa da. *Manual do Planejamento Patrimonial das Relações Afetivas e Sucessórias*. São Paulo: Thompson Reuters, 2018. p. 69.

Há grande crítica da doutrina acerca desse instrumento,[36] especialmente alegando que não há como um contrato retratar a inexistência de uma relação se, de fato, ela tiver contornos de união estável. Evidente que, evoluindo a relação para outra que, de fato, tenha contorno de união estável, a declaração constante no contrato deverá ser sopesada. Mas, por outro lado, não havendo tanta certeza na higidez da relação que se alega ser estável, não há como negar que um documento prévio, assinado pelas partes dando à relação contornos apenas de namoro, pode ser, ao menos, considerado prova de bastante relevância.

Vale também ponderar que este documento pode trazer em seu bojo previsão no sentido de que se a relação, eventualmente, evoluir de namoro a uma união estável, o casal adotará um ou outro regime de bens, de acordo com a conveniência patrimonial das partes. Resumindo: parece-nos mais vantajosa a feitura do documento, ainda que ele valha somente se retratar fielmente a realidade fática vivida pelas partes, que a ausência completa de regulamentação, deixando ao cargo somente do provimento jurisdicional a solução da questão.

3 Organização das relações de parentalidade e seus desdobramentos patrimoniais

Além das questões de afetividade/conjugalidade, há planejadores que, quando iniciam o processo para ajuste patrimonial, possuem questões pendentes com relação às suas relações de parentalidade, circunstância que, se não solucionada, pode fazer cair por terra a mais engendrada das propositoras de planejamento sucessório.

De fato, o reconhecimento de um filho – seja ele biológico ou socioafetivo – após a morte do planejador altera significativamente o panorama sucessório, porquanto a sua condição de herdeiro necessário faz com que todas as doações concretizadas, a partilha em vida ou mesmo os legados atribuídos em testamento tenham que ser revisitados.

Deste modo, mostra-se imprescindível que, havendo questões pendentes no que tange à parentalidade do planejador, sejam essas solucionadas na fase pré-instrumentalização da organização patrimonial que se irá propor. Verifique-se.

3.1 Regularização de situações de filiação seja biológica, seja socioafetiva

Uma das primeiras perguntas que o profissional que auxilia o planejador deve incorporar em seu rol é a relativa à quantidade de filhos existentes. Neste momento, é imprescindível – até mesmo diante das novas estruturas familiares – que se questione também sobre a eventualidade de vínculos parentais mantidos com pessoas com quem não se mantenha vínculo biológico ou civil, de modo que justifique, eventualmente, um reconhecimento de relação filial de socioafetividade. É que, há muito, o afeto foi incorporado ao direito como valor jurídico, circunstância que impacta de maneira veemente as relações familiares.

---

[36] Para Maria Berenice Dias, por exemplo, o contrato de namoro "não dispõe nenhum valor, a não ser o de monetizar singela relação afetiva". *Manual do Direito das Famílias*. 11. ed. São Paulo: Ed. RT, 2016, p. 258.

Pondere-se, por pertinente, que se mostra absolutamente interessante que o planejador, sabedor da existência de filhos não reconhecidos, o faça ainda em vida. É que, certamente, tal circunstância poupará, em um segundo momento, a existência de lide que solucione o impasse e, se for de interesse daquele que planeja, poderá permitir maior ou menor ajuste nos quinhões atribuídos a cada um daqueles herdeiros necessários.

Para fins deste estudo – até mesmo por considerarmos que o reconhecimento será realizado como forma de organização familiar prévia consentida pelo planejador –interessa-nos tratarmos do reconhecimento voluntário de filhos. Tal ato pode, tal como preceitua o art. 1.609 do Código Civil, dar-se de várias maneiras.

Há a possibilidade de reconhecimento no próprio ato de registro da criança, posteriormente por escritura pública ou escrito particular, por testamento ou, ainda, por manifestação expressa perante o juiz, ainda que o reconhecimento não seja objeto da ação que o contém.

Como desdobramento do Programa "Pai Legal", o provimento 16, do Conselho Nacional de Justiça, estabelece forma extremamente simples e desburocratizada para o reconhecimento espontâneo de filho, prevendo, em seu art. 6º, que a indicação de paternidade pode ser feita perante qualquer ofício de registro de pessoa natural, mediante escrito particular que ficará arquivado em cartório. Posteriormente, o reconhecimento será encaminhado para averbação junto ao cartório em que foi lavrado o assento de nascimento do filho reconhecido.

A importância da orientação, por parte do profissional que assessora o planejador, quanto ao reconhecimento do filho perpassa a preocupação de manutenção hígida da estrutura que se pensou quando dos ajustes patrimoniais propostos, especialmente diante da instrumentalização que se operará para que se coloque em prática a vontade do titular do patrimônio.

É bem verdade que, em alguns casos, possa existir uma resistência do planejador de, em vida, reconhecer a existência de um filho, por vezes até mesmo desconhecido de outras pessoas que o circundam. Neste caso, o possível reconhecimento em testamento pode parecer solução adequada. É importante, todavia, que a existência desse filho já seja levada em consideração – e salvaguardada a sua cota-parte na legítima, portanto – durante toda a instrumentalização do planejamento.

O que se está dizendo, em outras palavras, é que eventuais doações, adiantamentos de legítima ou mesmo partilha em vida ao cônjuge ou àqueles filhos já reconhecidos não podem deixar de considerar que, ao tempo da morte, serão sopesadas também sob o viés daquele outro filho deixado, durante a vida do planejador, fora da formalização. Tudo, repise-se, sob pena de todo o trabalho de instrumentalização feito em vida pelo planejador ser invalidado em razão de afronta à legítima do filho preterido.

Outro ponto de fundamental importância – e que não pode ser deixado de lado – é a existência de eventuais relações de socioafetividade que justifiquem o reconhecimento da relação parental. A filiação socioafetiva é aquela em que os indivíduos sem vínculos biológicos ou civis (adoção) se tratam, se reconhecem e são reconhecidos como pai ou mãe e filhos ao longo do tempo, sendo um dos requisitos necessários para esse reconhecimento pela jurisprudência que essa situação se prolongue ao longo do tempo sem rupturas.[37]

Temos que considerar que, ao ter o art. 1.593 do Código Civil reconhecido a existência de parentesco civil também decorrente de relação socioafetiva, é deveras pertinente que a existência de filhos havidos em decorrência da relação socioafetividade gere reflexos patrimoniais importantes ao tempo da sucessão.

Sob esse aspecto, aliás, não será demasiado trazer o Enunciado 103, da I Jornada Direito Civil do Conselho da Justiça Federal que aponta que o Código Civil reconhece, no art. 1.593, outras espécies de parentesco civil além daquele decorrente da adoção, acolhendo, assim, a noção de que há também parentesco civil no vínculo parental proveniente quer das técnicas de reprodução assistida heteróloga relativamente ao pai (ou mãe) que não contribuiu com seu material fecundante, quer da paternidade socioafetiva, fundada na posse do estado de filho.

Tal situação ganha especial relevância quando se pontua que ganha força o entendimento no sentido de que, nos casos de reconhecimento de multiparentalidade paterna ou materna, o filho terá direito à participação na herança de todos os ascendentes reconhecidos (neste sentido, Enunciado 632 da VIII Jornada de Direito Civil do Conselho da Justiça Federal).

Havendo, assim, consciência e real existência de vínculo de parentalidade socioafetiva, sem dúvida alguma, pode o planejador formalizar o reconhecimento dessa relação. De fato, em face do moderno direito de família que o reconhecimento não se limita à filiação biológica, sendo plenamente válido e eficaz o reconhecimento consciente do filho socioafetivo os modos previstos no art. 1.609 do Código Civil.[38]

Há a hipótese, todavia, em que ainda que o planejador tenha relação com enteados ou enteadas, que até eventualmente vivam juntos, o estado de posse de filho não se configure. Nada impede, nesses casos, que se pontue em documento próprio a inexistência de vínculo passível de gerar reconhecimento da paternidade/maternidade socioafetiva. Com efeito, possível (e recomendável, inclusive) que eventual parceiro do planejador consigne também no documento a inexistência de vínculo de socioafetividade, circunstância que pode evitar, no futuro, a judicialização da questão para reconhecimento póstumo.

4 Considerações finais

A família brasileira, nas últimas décadas, teve importante mudança em sua estruturação, passando de formações mais engessadas para outras muito mais mutantes e maleáveis. Não por outra razão, o direito de família brasileiro chama atenção de muitos países pela sua abordagem democrática e inclusiva, que caminha a passos muito mais largos que o próprio comportamento humano.[39] Tal particularidade, não se olvide, decorre certamente das transformações sociais que vivenciamos.

---

[37] LIMA, Juliana Maggi. *Família, contemporaneidade e conservadorismo.* Org. SARAIVA, Luís Fernando de Oliveira. MANDELBAUM, Belinda. São Paulo: Benjamin Editoria, 2017. p. 133.

[38] CARVALHO, Dimas Messias de. *Direito das Famílias.* 4. ed. São Paulo: Saraiva, 2015. p. 602.

[39] BRASILEIRO, Luciana. *As Famílias Simultâneas e seu Regime Jurídico.* Belo Horizonte: Fórum, 2019. p. 182.

Se, até 1988, tínhamos um direito de família mais engessado e que, muitas vezes, ignorava por completo aspectos sociais relevantes existentes em nosso país, com a leitura constitucional da matéria, ganhamos novas formas de tutela e atenção a todas as conformações familiares.

Daí porque os profissionais (aqui, no plural, lembrando sempre que o planejamento será mais eficaz e cirúrgico se realizado por especialistas de cada uma das áreas que o compreendem), especialmente os familiaristas, que assessoram um planejamento sucessório devem ter uma visão macro da teia que compõe a realidade familiar do planejador. O mapeamento da estrutura familiar, delimitando todas as consequências jurídicas das relações, será a peça-chave que permitirá que a estrutura proposta para a organização patrimonial seja a mais segura e eficaz possível.

Assim, imprescindível que, antes da instrumentalização do planejamento, se organizem as relações familiares – sejam elas relações de conjugalidade ou parentalidade –, atentando-se a todos os desdobramentos decorrentes das alternativas jurídicas propostas casuisticamente.

Referências

BRASILEIRO, Luciana. *As Famílias Simultâneas e seu Regime Jurídico*. Belo Horizonte: Fórum, 2019.

CARVALHO, Dimas Messias de. *Direito das Famílias*. 4. ed. São Paulo: Saraiva, 2015. p. 602

DIAS, Maria Berenice. *Manual do Direito das Famílias*. 11. ed. São Paulo: Editora Revista dos Tribunais. 2016.

FONSECA, Priscila Corrêa da. *Manual do Planejamento Patrimonial das Relações Afetivas e Sucessórias*. São Paulo: Thompson Reuters, 2018.

GAGLIANO, Pablo Stolze, FILHO, Rodolfo Pamplona. *Novo Curso de Direito Civil, Direito de Família*. 4. ed. São Paulo: Saraiva, 2014, v. 6.

LIMA, Juliana Maggi. *Família, contemporaneidade e conservadorismo: o Direito das Famílias in Família, contemporaneidade e conservadorismo*. Org. SARAIVA, Luís Fernando de Oliveira. MANDELBAUM, Belinda. São Paulo: Benjamin Editoria, 2017.

LOBO, Paulo. *Direito Civil – Famílias*, ed. Saraiva, 4. ed. 2011.

PEREIRA, Rodrigo da Cunha. *Direito das Famílias*. Rio de Janeiro; Forense. 2020.

ROSA, Conrado Paulino da. *Curso de Direito de Família Contemporâneo*. 6. ed. Salvador: JusPodivm, 2020.

TEPEDINO, Gustavo; NEVARES, Ana Luiza Maia; MEIRELES, Rose Melo Vencelau. *Fundamentos do Direito Civil. vol. 7. Direito das Sucessões*. Rio de Janeiro: Forense, 2020.

TEPEDINO, Gustavo; TEIXEIRA, Ana Carolina Brochado. *Fundamentos do Direito Civil*. vol. 6: Direito de Família. Rio de Janeiro: Forense, 2020, p. 182.

VELOSO, Zeno. *Direito Civil*: temas. Belém: ANOREGPA, 2018.

Informação bibliográfica deste texto, conforme a NBR 6023:2018 da Associação Brasileira de Normas Técnicas (ABNT):

MATTOS, Eleonora G. Saltão de Q.; MARZAGÃO, Silvia Felipe. A imprescindível análise jurídica das relações familiares e as providências correlatas ao direito de família como pressupostos de um planejamento sucessório eficiente. *In*: TEIXEIRA, Daniele Chaves (Coord.). *Arquitetura do Planejamento Sucessório*. Belo Horizonte: Fórum, 2021. p. 131-146. Tomo II. ISBN 978-65-5518-117-3.

A TUTELA COMO INSTRUMENTO DE PROTEÇÃO SUCESSÓRIA DE CRIANÇAS E ADOLESCENTES

ELISA COSTA CRUZ

1 Introdução

O campo relacionado ao planejamento sucessório pode ser afirmado como de origem e desenvolvimento recentes, em especial quando se compara com as áreas clássicas, por exemplo, do direito civil, tradicionalmente subdividas em parte geral, obrigações, contratos, reais, responsabilidade civil, famílias e sucessões. É possível mesmo afirmar que o estudo sobre planejamento sucessório surge em um contexto de superação dos estritos limites de cada um desses temas do direito civil, buscando uma conexão entre si, mas também interdisciplinaridade com outros ramos jurídicos.

O planejamento sucessório em si já passou por transformações, caminhando por institutos usuais do cotidiano, como poupança e contratos de seguro, para situações jurídicas com médio e alto grau de complexidade, como fundos de previdência privada, sociedades limites, sociedades anônimas, fundo de investimento e *trust*.

Uma das transformações mais recentes dentro do planejamento sucessório tem se direcionado a buscar e aprofundar a aplicação de instrumentos jurídicos para a proteção da pessoa dos sucessores, o que pode ser entendido como uma nova etapa do planejamento que não visa apenas à regulação do patrimônio e que se preocupa com as consequências da morte sobre as pessoas que dependiam ou se relacionavam com o autor da arquitetura do planejamento.

Esse artigo insere-se nessa nova "onda" e se propõe a apresentar como a medida assistencial e protetiva da tutela, inserida a partir do art. 1.728 do Código Civil e arts. 36 a 38 do Estatuto da Criança e do Adolescente, pode compor o planejamento sucessório de modo a contribuir para uma melhor proteção da criança ou adolescente herdeiro e sem representação legal dos pais.

O caminho percorrido se inicia por um panorama geral sobre tutela, seu conceito e ressignificação pela Constituição da República de 1988 para, então, desenvolverem-se os argumentos de que a tutela pode ser utilizada pelos pais para a indicação de tutores e protutores pelos pais, cuja aptidão deverá obrigatoriamente ser realizada pelos pais, assim como para sustentar a possibilidade de instituição e obrigações além daquelas previstas no Código Civil na tutela testamentária.

O presente trabalho volta-se apenas à tutela instituída pelos pais em testamento ou documento autêntico, denominada tutela testamentária, não adentrando nas outras espécies de tutela (legal ou legítima e dativa) previstas no ordenamento jurídico, na medida em que nessas outras espécies não existem projeções de manifestação de vontade que se relacionem com a proposta do planejamento.

2 Visão geral sobre tutela

Na definição de Pontes de Miranda, tutela consiste no "poder conferido pela lei, ou segundo princípios seus, à pessoa capaz, para proteger a pessoa e reger os bens dos menores que estão fora do pátrio poder".[1] Essa definição se coaduna com o art. 406 do Código Civil de 1916,[2] o art. 23 do Código de Menores de 1927 – Decreto nº 17.943-A/1927[3] e o art. 26, *caput*, do Código de Menores de 1979 – Lei nº 6.697/1979.[4] Válida na perspectiva histórica do direito privado, cujo passado era mais destinado à regulação do patrimônio, essa definição de tutela deve ser atualizada ao modelo constitucional inaugurado pela Constituição da República de 1988 e à primazia da tutela da pessoa humana.

A Constituição de 1988 elegeu a dignidade da pessoa humana como um dos fundamentos (art. 1º, III) e a promoção do bem de todos, sem distinções de raça, sexo, cor, idade ou outros marcadores como um dos objetivos fundamentais (art. 3º, IV) do Estado Democrático Republicano brasileiro. Essas escolhas representam sínteses das construções coletivas que conduziram a sociedade brasileira até a Constituição de 1988 e que foram incorporadas ao texto constitucional para sedimentar o caminho de uma sociedade de valorização da pessoa e suas dimensões.[5]

Mais do que instituir um novo paradigma jurídico, a Constituição de 1988 serviu para reconduzir a interpretação das normas jurídicas ao enquadramento axiológico estabelecido no seu próprio texto, assegurando, simultaneamente, a unidade do ordenamento e a primazia da Constituição. Especificamente no âmbito do direito civil:

> transforma-se, em consequência [...]: de regulamentação da atividade econômica individual, entre homens livres e iguais, para regulamentação da vida social, na família, nas associações, nos grupos comunitários, onde quer que a personalidade humana melhor se desenvolva e a sua dignidade seja mais amplamente tutelada.[6]

---

[1] MIRANDA, Pontes de. *Tratado de direito privado*: direito de família; direito parental; direito protetivo. Campinas: Bookseller, 2000, p. 304-305, tomo IX.

[2] Art. 406. Os filhos menores são postos em tutela: I. Falecendo os pais, ou sendo julgados ausentes. II. Decaindo os pais do pátrio poder.

[3] Art. 23. Os expostos que não forem recolhidos a estabelecimentos a esse fim destinados, ficarão sob a tutela das pessoas que voluntaria o gratuitamente se encarreguem da sua creação, ou terão tutores nomeados pelo juiz.

[4] Art. 26. A tutela será deferida nos termos da lei civil em benefício do menor em situação irregular que carecer de representação permanente.

[5] MORAES, Maria Celina Bodin de. A caminho de um direito civil-constitucional. In: MORAES, Maria Celina Bodin de. *Na medida da pessoa humana*: estudos de direito civil-constitucional. Rio de Janeiro: Renovar, 2010, p. 11.

[6] MORAES, Maria Celina Bodin de. A caminho de um direito civil-constitucional. Op. cit., p. 15.

O processo de constitucionalização do direito, assim, não permite que a definição de tutela se mantenha direcionada apenas à regência do patrimônio da pessoa menor de idade, mas existe ainda um segundo argumento em favor da alteração conceitual.

A Constituição de 1988 elegeu crianças e adolescentes como um dos grupos com especial proteção e, nos arts. 226 e 227, adotou a doutrina da proteção integral e o princípio do melhor interesse da criança, posteriormente incorporados na Lei nº 8.069/1990 (Estatuto da Criança e do Adolescente). Pela doutrina da proteção integral, crianças e adolescentes, assim considerados como as pessoas de até 18 anos de idade, "são merecedores de direitos próprios e especiais que, em razão de sua condição específica de pessoas em desenvolvimento, estão a necessitar de uma proteção especializada, diferenciada e integral".[7] Por sua vez, o princípio do melhor interesse determina que os interesses da criança e do adolescente sejam diretrizes em decisões ou políticas públicas em que eles sejam afetados,[8] mas se considerando não apenas seus interesses imediatos como também o direito a um "futuro em aberto".[9]

Isso permite concluir que o ordenamento jurídico pós-1988 exige um grau maior de proteção à pessoa da criança e do adolescente, diante da primazia constitucional de se assegurar o seu desenvolvimento para se tornar um adulto com aptidões para a vida melhor desenvolvidas.[10]

Nesse sentido, e buscando ajustar o instituto da tutela ao modelo constitucional, podemos conceituar a tutela como o "instituto jurídico de direito assistencial voltado à proteção prioritária dos direitos existenciais da criança e do adolescente, cujos pais morreram, foram declarados ausentes por decisão judicial ou decaíram de seu poder familiar",[11] e funcionalizar à proteção da pessoa as regras da legislação infraconstitucional sobre tutela, apesar das similaridades dos textos dos códigos civis de 1916 e 2002.

Por se tratar de direito de criança e adolescente, a tutela está regulada tanto no Estatuto da Criança e do Adolescente, entre os arts. 36 a 38, como no Código Civil de 2002, nos arts. 1.728 a 1.766, e que devem ser conjugados no processo interpretativo de modo a atingir o grau de proteção à pessoa estabelecido pela Constituição.[12]

---

[7] VERONESE, Josiane Rose Petry. A proteção integral da criança e do adolescente no direito brasileiro. *Revista do Tribunal Superior do Trabalho*, Brasília, v. 79, n. 1, p. 49, jan./mar. 2013.

[8] AMIN, Andréa Rodrigues. Princípios orientadores do direito da criança e do adolescente. In: MACIEL, Katia Regina Ferreira Lobo Andrade (Coord.). *Curso de direito da criança e do adolescente*: aspectos teóricos e práticos. 12. ed. São Paulo: Saraivajur, 2019, p. 79.

[9] MULLIN, Amy. Children, paternalism and the development of autonomy. *Ethical Theory Moral Practice*, v. 17, p. 423-424, 2014.

[10] MORAES, Maria Celina Bodin de. Constituição e direito civil: tendências. In: MORAES, Maria Celina Bodin de. *Na medida da pessoa humana*: estudos de direito civil-constitucional. Rio de Janeiro: Renovar, 2010. p. 49.

[11] AGUIRRE, João Ricardo Brandão. A tutela. In: PEREIRA, Rodrigo da (Coord.). *Tratado de direito das famílias*. 3. ed. Belo Horizonte: IBDFAM, 2019, p. 781.

[12] Essa proposta foi apresentada por Gustavo Tepedino em relação às relações consumeristas, que, apesar de terem natureza patrimonial, são adequadas à temática ora proposta: "A interpretação do Código Civil não pode, sob pena de se revelar desconforme à Constituição, excluir do âmbito de proteção do CDC os consumidores contratantes. Ao contrário, destinam-se os preceitos codificados a regular tipos contratuais que, quando inseridos em relação de consumo, avocam as disposições de ordem pública em defesa do consumidor. Só assim se caminhará para a superação de uma visão binária e dicotômica entre as normas constitucionais e infraconstitucionais, conferindo-se a máxima efetividade social ao Código Civil e ao Código de Defesa do Consumidor. Em uma palavra, os confins interpretativos devem ser estabelecidos a partir não da topografia das definições legislativas, mas da diversidade axiológica dos bens jurídicos que se pretende tutelar. E quanto estiver em vigor a Constituição da República, a promulgação de um Código Civil só pode representar acréscimo aos níveis de proteção da pessoa humana,

A existência desse instituto protetivo pressupõe que a criança ou adolescente não estejam sujeitos à autoridade parental nenhuma, pois, conforme o art. 1.631 do Código Civil, na falta ou impedimento de um dos pais, o outro exerce a autoridade parental de forma plena. Assim, para que haja tutela, deve ter ocorrido a morte dos pais ou a perda ou destituição da autoridade parental, conforme art. 1.635, I e V, 1.638, 1.728 e 1.734 do Código Civil e art. 36, parágrafo único, do Estatuto da Criança e do Adolescente. Também é possível a instituição de tutela nas situações de morte presumida e de ausência, nos casos em que a lei autoriza a abertura de sucessão definitiva.[13]

Excluem-se entre as possibilidades de tutela os casos em que haja apenas a suspensão da autoridade parental, na forma do art. 1.637 do Código Civil e art. 24 do Estatuto da Criança e do Adolescente, mas Katia Regina Ferreira Lobo Andrade Maciel anota que a Lei nº 12.010/2009, ao modificar o art. 1.734 do Código Civil e o art. 36 do Estatuto da Criança e do Adolescente, manteve a admissibilidade do instituto em caso de suspensão da autoridade parental, o que seria contrário à sua função.[14]

As causas de perda ou destituição são aquelas previstas no art. 1.638 do Código Civil: castigo imoderado; abandono; prática de atos contrários à moral e aos bons costumes; reiteração das práticas anteriores; prática de homicídio, feminicídio ou lesão corporal de natureza grave ou seguida de morte em situação de violência doméstica ou familiar, ou estupro ou crime contra a dignidade sexual sujeito à pena de reclusão contra o outro titular da autoridade parental; ou prática de homicídio, feminicídio ou lesão corporal de natureza grave ou seguida de morte em situação de violência doméstica ou familiar, ou estupro, estupro de vulnerável ou crime contra a dignidade sexual sujeito à pena de reclusão contra filho, filha ou outro descendente. Vale destacar que o art. 24 do Estatuto da Criança e do Adolescente dispõe como causa da perda ou destituição da autoridade parental o descumprimento injustificado dos deveres de sustento, guarda e educação dos filhos.[15] Qualquer que seja o fundamento jurídico da destituição da autoridade parental, cuida-se de medida excepcional e que deve ser aplicada apenas

---

nunca sua redução" (TEPEDINO, Gustavo. *Código de Defesa do Consumidor*, Código Civil e complexidade do ordenamento. *Revista Trimestral de Direito Civil*, Rio de Janeiro, v. 22, p. 4, 2005).

[13] TEPEDINO, Gustavo *et alii*. *Código Civil interpretado conforme a Constituição da República*. Rio de Janeiro: Forense, 2014, p. 452, v. IV.

[14] "Assinale-se que, quanto à tutela, a roupagem jurídica da lei civil atual é a mesma da que persistiu desde o Código Civil de 1916. A diferença repousa na ênfase à proteção da criança e do adolescente, à formação integral destes, à garantia de seu direito à convivência familiar, mesmo que não parental. Alerta-se, também, acerca da impossibilidade de coexistência com o poder familiar. A tutela é medida de proteção que exige como pressuposto a extinção do poder familiar, pela morte (física ou ficta) dos genitores ou pela prévia decretação de perda, em procedimento contraditório (art. 1.728 do CC). A referida norma do Código Civil de 2002 não prevê a suspensão do poder familiar como causa para a concessão da tutela. Desta forma, a primeira parte do parágrafo único do art. 36 do ECA foi derrogada pela lei civil. Neste sentido, cite-se Nelson Nery Júnior: "Com efeito, ao disposto que os filhos menores são postos em tutela em caso de os pais decaírem do poder familiar, a nova lei civil deixou claro que não basta ao deferimento da tutela a simples suspensão do poder familiar, com que se contentava o ECA". Promulgada a Lei nº 12.010/2009, entretanto, a regra do parágrafo único do art. 36 manteve-se no sentido de que é pressuposto para o deferimento da tutela a prévia decretação da perda ou suspensão do poder familiar, além de implicar necessariamente o dever de guarda" (MACIEL, Katia Regina Ferreira Lobo Andrade. Tutela. In: MACIEL, Katia Regina Ferreira Lobo Andrade (Coord.). *Curso de direito da criança e do adolescente*: aspectos teóricos e práticos. 12. ed. São Paulo: Saraivajur, 2019, p. 331-332).

[15] Sobre perda e destituição da autoridade parental: MACIEL, Katia Regina Ferreira Lobo Andrade. Poder familiar. In: MACIEL, Katia Regina Ferreira Lobo Andrade (Coord.). Op. cit., p. 262-282.

quando outras medidas de proteção menos gravosas se revelarem inadequadas para a proteção dos direitos da criança e do adolescente.[16]

Presente o pressuposto da tutela, ela pode assumir uma das espécies previstas em lei: testamentária, realizada pelos pais em testamento, codicilo ou documento autêntico; legítima, cuja nomeação recai sobre os parentes consanguíneos;[17] e dativa,[18] realizada pelo juiz.[19] Essa classificação, contudo, confunde a forma e a responsabilidade pela indicação ou nomeação do tutor, de modo que a classificação proposta por João Ricardo Brandão Aguirre busca resolver esse problema. Para esse autor, a tutela pode ser instituída por a) manifestação da vontade dos pais, via documento autêntico (i) ou testamento (ii); b) por determinação legal (tutela legítima ou legal), na forma do art. 1.731 do Código Civil, mas, com a inclusão dos parentes socioafetivos no rol de legitimados;[20] e c) instituída pelo juiz (tutela dativa), de caráter residual.[21]

Na interseção entre tutela e a arquitetura do planejamento sucessório, objeto deste artigo, interessa a primeira das espécies, pois representa a manifestação da vontade parental e provoca questionamentos sobre a viabilidade do instituto assistencial como instrumento sucessório e sua extensão e limites.

3   O instituto da tutela e o planejamento sucessório

A filiação estabelece um conjunto de direitos e deveres entre pais e filhos, no interesse destes últimos, que se organiza sob o instituto jurídico da autoridade parental, assim descrito por Ana Carolina Brochado Teixeira:

> O arcabouço básico do conjunto de deveres que compete à família – especialmente aos genitores – encontra-se na Constituição, e é correspondente aos direitos fundamentais da criança e do adolescente (art. 227, CF/88). Também não pode ser ignorada a disposição do art. 229 da Carta Constitucional, que estabelece os deveres dos pais de assistir, criar e educar os filhos menores. A Constituição relaciona o ofício educativo à filiação, incutindo-lhe responsabilidade morais e jurídicas. É nesta seara que se procederá à análise pormenorizada,

---

[16] Art. 19 do Estatuto da Criança e do Adolescente.

[17] Art. 1.731 do Código Civil.

[18] Art. 1.732 do Código Civil.

[19] PEREIRA, Caio Mário da Silva. *Instituições de direito civil*: direito de família. 27. ed. Rio de Janeiro: Forense, 2019, v. V. *E-book*.

[20] "Assim sendo, propõe-se uma interpretação extensiva da parte final do parágrafo único do art. 37 do ECA, em consonância com a base axiológica de nosso sistema jurídico para que, também nos casos da tutela legítima, busque-se a medida mais vantajosa ao pupilo, passando pela necessária verificação acerca da existência de um vínculo de socioafetividade que se sobreponha ao parentesco consanguíneo, com o melhor interesse do tutelado constituindo o critério para a nomeação do tutor legítimo, o que permite subverter a ordem insculpida pelo artigo 1.731 de nosso diploma civil, sempre em benefício da criança e do adolescente. Nesse contexto, já existe julgado do Superior Tribunal de Justiça, em que se decidiu que a ordem do artigo 409 do Código Civil de 1916, bem como a do artigo 1.731 do atual Código, podem ser alteradas em razão do melhor interesse da criança e do adolescente: 'CIVIL. RECURSO ESPECIAL. ORDEM DE NOMEAÇÃO DE TUTOR. ART. 409 DO CC/1916. ART. 1.731 DO CC/2002. TUTELA EM BENEFÍCIO DO MENOR. A ordem de nomeação de tutor, prevista no art. 409, Código Civil/1916 (art. 1.731 do Código Civil/2002), não inflexível, podendo ser alterada no interesse no menor. Na falta de tutor nomeado pelos pais, podem os tios ser nomeados tutores do menor, se forem os mais aptos a exercer a tutela em benefício deste. Recurso especial não conhecido. (REsp 710.204/AL, Rel. Min. NANCY ANDRIGHI, TERCEIRA TURMA, julgado em 17.08.2006, DJ 04.09.2006, p. 263)'" (AGUIRRE, João Ricardo Brandão. Op. cit., p. 785-786).

[21] AGUIRRE, João Ricardo Brandão. Op. cit., p. 783-786.

considerando que o verdadeiro conteúdo da autoridade parental encontra-se nesses dispositivos constitucionais, pois em consonância com o contemporâneo lugar jurídico da autoridade parental.

O art. 22 do Estatuto da Criança e do Adolescente também é fonte das responsabilidades paterno-filiais, ao atribuir aos genitores o dever de sustento, guarda e educação dos filhos menores, além de cumprir e fazer cumprir as decisões judiciais no interesse desses. Os deveres ora descritos serão analisados implicitamente no transcorrer dos mandamentos constitucionais.

Diante das diretrizes constitucionais e estatutárias que ressaltam a função promocional do Direito, o relacionamento entre os genitores e o filho passou a ter como objetivo maior tutelar a sua personalidade e, portanto, o exercício dos seus direitos fundamentais, para que possa, nesse contexto, edificar sua dignidade enquanto sujeito. A autoridade parental, neste aspecto, foge da perspectiva de poder e de dever, para exercer sua sublime função de instrumento facilitador da construção da autonomia responsável dos filhos. Nisso consiste o ato de educá-los, decorrente dos princípios da paternidade e da maternidade responsável, e da doutrina da proteção integral, ambos com sede constitucional, ao fundamento de serem pessoas em fase de desenvolvimento, o que lhes garante prioridade absoluta.[22]

A partir dos ensinamentos de Ana Carolina Brochado Teixeira, pode-se organizar o conjunto de situações jurídicas que compõem a autoridade parental em quatro grupos: situações referentes à representação legal, situações de gestão patrimonial, de guarda e relativas à assistência moral e material.

A representação legal está prevista nos incisos III, IV, VII do artigo 1.634 e artigo 1.690 do Código Civil. A principal delas se destina a suprir a incapacidade de fato dos filhos e atribui aos pais a representação, quando o filho tiver até 16 anos de idade, ou a assistência, entre os 16 e 18 anos de idade. Contudo, alguns atos que dizem respeito a situações existenciais dos filhos não estão sujeitos à representação legal e sentido amplo, tal como o exercício do voto a partir dos 16 anos de idade,[23] a elaboração de testamento,[24] a oitiva em processos que versem sobre seus interesses[25] e a possibilidade de ser testemunha.[26]

As situações de gestão patrimonial que fazem parte das responsabilidades parentais são a administração dos bens dos filhos, prevista no artigo 1.689, II, do Código Civil de 2002, e a curadoria de bens havidos por herança do filho ainda não concebido e do fideicomisso, a teor dos artigos 1.800, §1º, e artigo 1.952, parágrafo único. A liberdade de atuação dos pais nessa assistência abrange apenas a gestão ordinária do patrimônio dos filhos, porque nos casos extraordinários, ou, nas palavras do Código Civil no artigo 1.691, das "obrigações que ultrapassem os limites da simples administração", e na alienação de bens imóveis, é essencial que o ato seja precedido de autorização judicial, sob pena de nulidade.[27] Excluem-se também da administração os bens adquiridos antes

---

[22] TEIXEIRA, Ana Carolina Brochado. *Família, guarda e autoridade parental*. 2. ed. Rio de Janeiro: Renovar, 2009, p. 137-138.

[23] Art. 14, §1º, II, c, da Constituição da República de 1988.

[24] Art. 1.860 do Código Civil.

[25] Art. 28, §2º, do Estatuto da Criança e do Adolescente.

[26] Art. 447, §1º, III, do Código de Processo Civil e art. 202 c/c art. 208 do Código de Processo Penal.

[27] Art. 1.691 do Código Civil.

do reconhecimento, os valores auferidos pelo filho no exercício de atividade profissional e os neles sub-rogados, os bens deixados ou doados ao filho sob condição de não serem administrados pelos pais e os bens que aos filhos couberem em herança quando os pais forem excluídos da sucessão.[28]

Costumam-se encontrar referências ao usufruto dos bens dos filhos como conteúdo das responsabilidades parentais. Em verdade, trata-se de direito concedido aos pais em razão da filiação que não possui correspondência a dever em favor dos filhos.[29] Paulo Lôbo ensina que ao usufruto contrapõem-se os deveres de conservação, defesa e tributação inerentes sobre os bens,[30] mas conservação e defesa decorrem da administração e não do usufruto.[31] Apenas a tributação representaria o ônus decorrente do usufruto, mas ele não favorece os filhos, sendo a forma estatal de financiamento dos serviços públicos.

De acordo com o artigo 1.634, II, do Código Civil, a guarda atribui aos pais o exercício da guarda unilateral ou compartilhada nos termos do artigo 1.584, ao passo que o inciso VIII permite que os pais reclamem os filhos de quem ilegalmente os detenha. O inciso II do artigo 1.634 foi alterado em 2014 pela Lei nº 13.058 e sua redação original atribuía aos pais o direito de ter os filhos "em sua companhia e guarda". É interessante observar que, embora o inciso II tenha sido alterado para suprimir a expressão "companhia e guarda", o artigo 1.632 a manteve, dispondo que "a separação judicial, o divórcio e a dissolução da união estável não alteram as relações entre pais e filhos senão quanto ao direito, que aos primeiros cabe, de terem em sua companhia os segundos". Em quaisquer dessas duas formas de manifestação no texto legal, a guarda tem sido entendida como a "prerrogativa de ter o filho em seu poder, em ter-lhe a posse oponível a terceiros, e vinculada aos deveres de prestar-lhe assistência material, moral e educacional".[32] A esse conceito, pode-se acrescentar o direito de consentir com a mudança permanente de residência para outro município.[33]

Por fim, a assistência moral e material assegura que o filho seja provido das condições materiais e existenciais para o seu desenvolvimento.[34] No Código Civil, essas atribuições constam dos incisos I e IX do artigo 1.634 como o dever parental de criação, educação, exigência de obediência, respeito e serviços próprios à idade e às condições. Essas expressões não traduzem adequadamente o conteúdo desse dever. Nesse sentido, a redação do artigo 22, parágrafo único, do Estatuto da Criança e do Adolescente apreende melhor esse dever parental, afirmando que os pais "têm direitos iguais e deveres e responsabilidades compartilhados no cuidado e na educação da

---

[28] Art. 1.693 do Código Civil.

[29] Sobre o usufruto dos bens dos filhos: TEPEDINO, Gustavo *et alii*. Código Civil interpretado conforme a Constituição da República. Rio de Janeiro: Renovar, 2014, p. 348-349, v. IV; RETTORE, Anna Cristina de Carvalho; SILVA, Beatriz de Almeida Borges e. Sobre um dos dilemas patrimoniais da autoridade parental: o usufruto legal previsto pelo art. 1.689, I do Código Civil. In: TEIXEIRA, Ana Carolina Brochado; DADALTO, Luciana (Coord.). *Autoridade parental*: dilemas e desafios contemporâneos. Indaiatuba: Foco, 2019, 289-304.

[30] LÔBO, Paulo. *Direito civil*: famílias. São Paulo: Saraiva, 2008, p. 192.

[31] No mesmo sentido, o inventariante assume a posição de administrador dos bens do espólio, e dentre suas atribuições incluem-se a realização das "despesas necessárias para a conservação e melhoramento dos bens do espólio" (artigo 619, IV, do Código de Processo Civil).

[32] TEIXEIRA, Ana Carolina Brochado. Op. cit., p. 111-116.

[33] Art. 1.634, V, do Código Civil.

[34] TEIXEIRA, Ana Carolina Brochado. Op. cit., p. 140-142.

criança, devendo ser resguardado o direito de transmissão familiar de suas crenças e culturas, assegurados os direitos da criança [...]".

A possibilidade de os pais indicarem tutor aos filhos também se compreende nos deveres assistenciais, na medida em que a tutela visa precipuamente atribuir o cuidado de uma criança ou adolescente.[35]

A indicação de tutor aos filhos deve ser realizada pelos pais em testamento ou em documento autêntico, a teor do parágrafo único do art. 1.729 do Código Civil, e sua validade ou eficácia depende da investidura na autoridade parental no ato de elaboração do documento e no momento da morte.[36] Por testamento, entende-se o negócio jurídico unilateral, personalíssimo, formal, solene e revogável, pelo qual uma pessoa disciplina situações jurídicas patrimoniais ou existenciais após a sua morte (art. 1.857 do Código Civil) e que assume uma das seis formas previstas em lei (espécies ordinárias e especiais). Embora o art. 1.729 do Código Civil trate da nomeação conjunta do tutor pelos pais, o fato é que testamentos conjuntivos são nulos por força do art. 1.863 do Código Civil. Portanto, cada um dos pais deverá elaborar seu próprio testamento com a indicação de tutor e, caso as indicações sejam diferentes, não se trata de nomeação conjunta para os fins da lei.[37] Documento autêntico para indicação de tutor é o documento público ou privado que "deixe clara e inquestionável a nomeação" e a identidade do indicado.[38]

Em verdade, os pais podem apenas indicar o tutor, e não nomear o tutor, como está escrito no inciso VI do artigo 1.634 do Código Civil, porque a tutela é uma hipótese de colocação em família substituta, exigindo-se, para o seu aperfeiçoamento, o deferimento da tutela pelo Poder Judiciário, após processo em que se verifiquem as possibilidades de a pessoa indicada estar apta a cumprir o papel e atender ao princípio do melhor interesse da criança, na forma do art. 30 e do art. art. 37, parágrafo único, do Estatuto da Criança e do Adolescente.

Se a indicação de tutor pelos pais não é vinculativa, qual seria então a sua função no planejamento sucessório?

Em relação aos cuidados destinados ao filho após a extinção da autoridade parental, a indicação do tutor serve como orientação ao juiz quanto às pessoas que os pais consideram que possuem aptidão para o exercício desse encargo. Dito de outra forma, a indicação de tutor via testamento ou documento idôneo produz efeitos apenas com a morte dos pais, deixando a criança ou adolescente sem representação legal, valendo

---

[35] Em sentido contrário, inserindo a indicação de tutor como dever de representação: TEPEDINO, Gustavo *et alii*. Op. cit., p. 240-241, v. IV.

[36] "Questão controvertida encontra-se na dicção do artigo 1.730 do Código Civil, ao dispor que a tutela testamentária, e também a documental, serão nulas se feitas por pai ou mãe que, ao tempo de sua morte, não detinha o poder familiar. Para Cristiano Chaves de Faria e Nelson Rosenvald, a norma do artigo 1.730 merece reparos, por se tratar de hipótese de ineficácia do ato e não de invalidade. Flávio Tartuce afirma que haverá nulidade absoluta da tutela testamentária se feita por pai ou mãe que não detinha o poder familiar no momento de sua morte. Em nossa opinião, caso a nomeação do tutor, pode documento idôneo ou testamento, tenha se dado no momento em que pai ainda detinha o poder familiar, para depois perde-lo, estar-se-ia diante de caso de ineficácia, eis que a instituição é válida ao tempo em que se realizou, mas não produzirá efeitos e razão de fato superveniente que acarretou a perda da autoridade parental por parte do instituidor. Contudo, caso o instituidor já não detenha o poder familiar no momento da nomeação do tutor, caracteriza-se hipótese de nulidade, em razão da ausência de requisito essencial para a validade do ato" (AGUIRRE, João Ricardo Brandão. Op. cit., p. 783-784).

[37] VELOSO, Zeno. In: AZEVEDO, Álvaro Villaça (Coord.). *Código Civil comentado*: direito de família, alimentos, bem de família, união estável, tutela e curatela: arts. 1.694 a 1.783. São Paulo: Atlas, 2003, v. XVII, p. 163.

[38] LÔBO, Paulo. Op. cit., p. 385-386.

aqui a pressuposição de que os pais agiram no melhor interesse dos filhos ao longo dos cuidados em vida e buscando também os seus melhores interesses após a morte. Assim, a indicação de tutor pressupõe que os pais diligenciaram pessoas que guardam afetividade com seus filhos e demonstram aptidões pessoais e econômicas para assumir a tutela e deve ser objeto de análise judicial por ocasião da nomeação do tutor.

Essa pressuposição não se faz presente, num primeiro momento, quando a indicação recair sobre as pessoas incapazes, ilegítimas ou impedidas de exercer a tutela, arroladas no art. 1.735 do Código Civil: quem não está na administração de seus bens, quem (ou seu pai, filho ou cônjuge) tiver direito ou interesse contra o menor, pessoa condenada por furto, roubo, estelionato, falsidade, crime contra a família ou os costumes, pessoas de mau procedimento ou falhas em probidade ou quem exerça cargo, emprego ou função pública incompatível com o exercício da tutela. Mas se trata de exclusões que podem ser superadas se o interesse concreto da criança ou adolescente assim exigir,[39] bem como pela possibilidade de designação de tutela compartilhada,[40] buscando-se assim preservar a vontade dos pais e o interesse do tutelado.

De outro lado, a pessoa indicada não tem o dever de aceitar o encargo, e caso se considere inabilitada para o exercício da tutela, deve apresentar judicialmente os motivos que justificam a inaptidão, valendo os arts. 1.736 e 1.737 como hipóteses exemplificativas a serem consideradas pelo Poder Judiciário.[41]

Um aspecto interessante e ainda não explorado pela doutrina e jurisprudência é a possibilidade de os pais indicarem objetivos específicos ou diretrizes a serem cumpridas pelo tutor indicado.

---

[39] No sentido do texto: "Da leitura do texto do artigo 1.735 do Código Civil, ancorada na base valorativa do sistema, pode-se inferir que a norma insculpida pelo dispositivo em comento não é rígida e inquebrantável, podendo ser relativizada, sempre em razão do interesse infanto-juvenil" (AGUIRRE, João Ricardo Brandão. Op. cit., p. 792). Em sentido oposto: "Feitas tais colocações e embora tanto o art. 413 CC/1916 como o art. 1.735 CC/2002 se refiram às hipóteses mencionadas como sendo de incapacidade para o exercício da tutela, consistem elas em motivos de impedimento para o encargo e excludentes da própria legitimidade dos indicados para seu exercício, erigindo-se, portanto, em razões necessárias ou *excusatio necessaria*, segundo longeva doutrina" (COLTRO, Antônio Carlos Mathias. Da tutela. In: TEIXEIRA, Ana Carolina Brochado; RIBEIRO, Gustavo Pereira Leite (Coord.). 3. ed. *Manual de direito das famílias e das sucessões*. Rio de Janeiro: Processo, 2017, p. 472).

[40] "Não obstante tal dispositivo, a nomeação de mais de um tutor para exercer o *múnus* de forma compartilhada não se encontra vedada pelo ordenamento jurídico. Por vezes, mais de uma pessoa pode cuidar melhor da criança presumidamente fragilizada com a situação causadora da tutela. Nessa perspectiva, muitos autores criticam as tutelas unipessoais, considerando-as "desfocadas da realidade e dos novos rumos que vem tomando o Direito no respeitante aos melhores interesses de crianças e adolescentes". De todo modo, provavelmente para evitar possíveis divergências entre tutores, de acordo com a disposição do art. 1.733, §1º, do Código Civil, os pais deverão declarar expressamente, no caso de nomeação de mais de um tutor, que o exercício da tutela se dará em conjunto e não sucessivamente" (TEPEDINO, Gustavo; TEIXEIRA, Ana Carolina Brochado. *Fundamentos do direito civil*. Rio de Janeiro: Forense, 2020, item 385. *E-book*. Vol. 6).

[41] "Mas, será apenas a regra inflexível da norma do artigo 1.736 capaz de permitir a escusa do tutor? Zeno Veloso assevera que o nosso Código apresenta a relação dos que podem escusar-se da tutela, "indicando, rigidamente, as pessoas e os motivos que justificam a recusa". Para Álvaro Villaça Azevedo, "porque é obrigatória a tutela, com esse caráter de *múnus publico*, não pode o tutor recusá-la, nem renunciá-la, a não ser nos casos estabelecidos em lei. Esses casos estão previstos no artigo 1.736". Rolf Madaleno, por sua vez, entende que o elenco legal é meramente exemplificativo, de causas justificativas para a escusa, existindo outras a serem livremente apreciadas pelo magistrado. Nesse mesmo sentido, Maria Berenice Dias entende que seria de suma inconveniência atribuir o encargo a alguém contra a sua vontade e que "não se pode identificar a relação de justificativas como *numerus clausus*, ficando a critério do juiz aceitar motivos outros que lhe pareçam plausíveis". Nossa opinião converge com a dos dois doutrinadores do Rio Grande do Sul, posto entendermos que a recusa, em alguns casos, já demonstra a falta de comprometimento e de preocupação para com o bem-estar do tutelado, hipóteses em que a imposição do encargo somente para atender ao rigorismo da norma não representa a melhor forma de se tutelar o interesse preferencial da criança e do adolescente" (AGUIRRE, João Ricardo Brandão. Op. cit., p. 793).

Os arts. 1.740, 1.741, 1.747, 1.748, 1.749, 1.753 e 1.754 disciplinam o exercício da tutela em relação à pessoa e aos bens da criança e do adolescente. Quanto à criança ou adolescente compete ao tutor a responsabilidade pelo cuidado e desenvolvimento, assegurando-lhe um ambiente saudável em que possa se desenvolver, educação, alimentos, representação legal e todos os demais cuidados que se fizerem necessários. Em relação ao patrimônio do tutelado, compete ao tutor a sua administração, salvo as situações jurídicas dos arts. 1.748, 1.749, 1.753 e 1.754 do Código Civil que exigem autorização judicial.[42]

A disciplina detalhada das atribuições e o controle judicial na nomeação do tutor seriam indicativos de a lista das responsabilidades ser taxativa, ou seja, só poderia ser aquela prevista em lei. Essa interpretação literal pode não representar concretamente o melhor interesse da criança e do adolescente, de modo que, adotando-se esse princípio constitucional, deve-se considerar a possibilidade de que os pais, no testamento ou em documento autêntico, ou mesmo o juiz, incluam outras obrigações a serem cumpridas pelo tutor[43] e cuja efetivação deverá ser controlada na prestação de contas que o tutor deve apresentar periodicamente.[44] Reforça esse argumento a admissibilidade de a tutela

---

[42] "Por ser instituto substitutivo (Luiz Edson Fachin, *Elementos Críticos*, p. 250) do poder familiar (arts. 1.630 e ss.) importa em semelhantes deveres (assim Orlando Gomes, que chega a afirmar que a tutela se organiza "à imagem e semelhança" do "pátrio poder", *Direito de Família*, p. 401). Por isso, ao tutor serão impostos os deveres e atribuídos os poderes, que comumente, ou originalmente, cabem aos pais da criança, porém, em virtude da diferença do poder de direção natural dos pais para o poder de direção adquirido do tutor, algumas diferenças são previstas em lei (Orlando Gomes, *Direito de Família*, pp. 404-405). Compete ao tutor, de modo amplo, dirigir a educação e defender o tutelado. Deverá prestar-lhe alimentos, incluídos em tal conceito não só a comida, mas todas as necessidades da vida da criança que abrangem, como vestuário, habitação e educação (v. art. 1.694), conforme seus haveres e condição, se o menor não possuir bens suficientes para tanto, visto que caso o tutelado os possua deverá ser sustentado e educado a expensas de seus próprios bens (v. art. 1.746)" (TEPEDINO, Gustavo *et alii*. Op. cit., p. 348-467).

[43] O art. 401 do Código Civil francês contém disposição que permite essa mesma interpretação. No original: "Le conseil de famille règle les conditions générales de l'entretien et de l'éducation du mineur en ayant égard à la volonté que les père et mère avaient pu exprimer. Il apprécie les indemnités qui peuvent être allouées au tuteur. Il prend les décisions et donne au tuteur les autorisations nécessaires pour la gestion des biens du mineur conformément aux dispositions du titre XII. Le conseil de famille autorise le mineur âgé de seize ans révolus à accomplir seul les actes d'administration nécessaires pour les besoins de la création et de la gestion d'une entreprise individuelle à responsabilité limitée ou d'une société unipersonnelle. L'autorisation visée à l'alinéa précédent revêt la forme d'un acte sous seing privé ou d'un acte notarié et comporte la liste des actes d'administration pouvant être accomplis par le mineur". Tradução livre: "O conselho de família regula as condições gerais de manutenção e educação do menor, levando em consideração a vontade que o pai e a mãe puderam expressar. Ele aprecia os subsídios que podem ser alocados ao tutor. Toma decisões e concede ao tutor as autorizações necessárias para a gestão dos bens do menor, de acordo com as disposições do título XII. O conselho de família autoriza o menor de 16 anos a concluir sozinho os atos administrativos necessários às necessidades da criação e administração de uma sociedade unipessoal com responsabilidade limitada ou de uma empresa unipessoal. A autorização referida no parágrafo anterior assume a forma de escritura particular ou notarial e inclui a lista de atos administrativos que podem ser praticados pelo menor". A interpretação dos arts. 1935º e 1948º do Código Civil português também autoriza a conclusão de que as responsabilidades do tutor não compõem um rol taxativo e estão funcionalizadas ao melhor interesse da criança e do adolescente: "Art. 1.935º. (Princípios gerais) O tutor tem os mesmos direitos e obrigações dos pais, com as modificações e restrições dos artigos seguintes. O tutor deve exercer a tutela com a diligência de um bom pai de família. [...] Art. 1.948º. (Remoção do tutor) Pode ser removido da tutela: a) O tutor que falte ao cumprimento dos deveres próprios do cargo ou revele inaptidão para o seu exercício b) O tutor que por facto superveniente à investidura no cargo se constitua nalguma das situações que impediriam a sua nomeação".

[44] Arts. 1.755 a 1.762 do Código Civil.

testamentária poder estar sujeita a condição ou termo[45] e não haver proibição expressa quanto à instituição de encargo.[46]

Essas outras obrigações elencadas pelos pais ao indicarem o tutor devem ser confrontadas com o melhor interesse da criança, de modo que a sua exigibilidade fique condicionada ao atendimento do princípio. Mas, além disso, devem poder ser realizadas pelo tutor,[47] pessoalmente ou por atribuição a terceiros, sem onerá-lo financeiramente de tal modo que prejudique a assistência à própria criança ou adolescente.

Assim, ao menos em parte, se avança na construção de soluções às (pertinentes) críticas de Ana Luiza Maia Nevares quanto à falta de instrumentos eficazes de proteção a herdeiros menores de idade.[48] Em verdade, pode-se ir além na tutela testamentária, especialmente quanto aos interesses patrimoniais da criança e do adolescente tutelado, de modo a permitir que os pais imponham a contratação de administração profissional para o patrimônio de modo a intensificar a proteção aos sucessores.

Outra possibilidade de proteção sucessória a herdeiros menores de idade é a figura do protutor. Com previsão no art. 1.742 do Código Civil, refere-se à pessoa escolhida conforme juízo discricionário do juiz que tem por função fiscalizar os atos patrimoniais do tutor.[49] Contudo, nada obsta a extensão da protutela para situações existenciais do curatelado, objetivando melhor controle dos seus interesses,[50] assim como não há impeditivo ao exercício da autonomia dos pais para escolha também do protutor,[51] pelas mesmas formas que o direito civil admite a tutela testamentária.

4 Considerações finais

O instituto da tutela tem poucos aprofundamentos doutrinários e teóricos, o que pode ser confirmado pela pouca quantidade de artigos (e a inexistência de livros

---

[45] TEPEDINO, Gustavo; TEIXEIRA, Ana Carolina Brochado. *Fundamentos do direito civil*. Rio de Janeiro: Forense, 2020, item 385. *E-book*. Vol. 6; e, PEREIRA, Caio Mário da Silva. Op. cit. *E-book*, item 419.

[46] MIRANDA, Pontes de. Op. cit., p. 328.

[47] Sobre o aspecto relacional do cuidado, veja-se: OLIVEIRA, Ligia Ziggiotti de. *Cuidado como valor jurídico*: crítica aos direitos da infância a partir do feminismo. 141. p. Tese (Doutorado) – Universidade Federal do Paraná, Curitiba, 2019, p. 94.

[48] "Como já acentuado, é de suma importância que a regulamentação da sucessão hereditária assuma de forma concreta e eficaz a proteção de herdeiros menores e incapazes de gerir a própria vida. [...] No entanto, na ausência de pessoas em quem realmente confiar e que estejam dispostas a assumir o encargo de administrar bens de pessoas capazes, não se vislumbram instrumentos eficientes para o planejamento. Realmente, faltam no ordenamento jurídico brasileiro ferramentas idôneas à administração profissional de recursos em caso de morte de seu titular com a necessidade de proteger herdeiros incapazes" (NEVARES, Ana Luiza Maia. Perspectivas para o planejamento sucessório. In: TEIXEIRA, Daniele Chaves (Coord.). *Arquitetura do planejamento sucessório*. 2. ed. Belo Horizonte: Fórum, 2020, p. 399).

[49] COLTRO, Antônio Carlos Mathias. Op. cit., p. 478-479.

[50] "O protutor deve acompanhar o exercício da tutela, para verificar a boa administração dos bens do tutelado. Sua função tem natureza patrimonial, visto que o tutor nomeado, além de ser pessoa de reconhecida idoneidade, deve atender precipuamente os interesses existenciais do menor, indeclináveis para o pleno desenvolvimento de sua personalidade. Assim sendo, a nomeação de protutor parece razoável quando o tutelado tem bens, embora não haja impedimento para sua designação em caso contrário, desde que o juiz entenda haver justificativa para tanto, hipótese em que sua atuação deverá ser gratuita (v. art. 1.752)" (TEPEDINO, Gustavo *et alii*. Op. cit., p. 469).

[51] "De fato, com a figura do protutor e com a tutela ou curatela compartilhada, aquele que pretende planejar a sucessão com o objetivo de proteger seus herdeiros incapazes encontra maior conforto, pela possibilidade de atuação conjunta e fiscalização entre os nomeados" (NEVARES, Ana Luiza Maia. Perspectivas para o planejamento sucessório. Op. cit., p. 399).

específicos) dedicados ao tema. É possível que essa baixa produção científica decorra simplesmente do fato de que a morte ou inexistência de pais para uma criança e adolescente constituam situações raras, considerando-se o "curso natural" da vida em que os pais morrem após a idade adulta dos filhos.

A falta de construções teóricas sobre o instituto torna difícil o seu estudo, e mais ainda a sua reconstrução dentro da arquitetura do planejamento sucessório.

Ainda assim, acredita-se que foi possível demonstrar que a tutela serve como instrumento com objetivo dúplice no planejamento sucessório: em primeiro lugar, via tutela testamentária, permitir que os pais indiquem pessoa (ou pessoas) que consideram aptas ao exercício do encargo, auxiliando, assim, o Poder Judiciário na seleção e avaliação das pessoas que demonstram habilidades emocionais, materiais e afetividade para prosseguirem no cuidado em substituição a quem faleceu. Em segundo lugar, porque a tutela testamentária pressupõe o exercício de manifestação de vontade e o atingimento do melhor interesse do filho, permitindo que os pais apontem deveres e obrigações específicas, destinados a pessoa do tutelado ou ao seu patrimônio, ao tutor ou protutor e que possam contribuir para o melhor desenvolvimento da criança e do adolescente para o futuro que será construído após o falecimento dos pais.

Referências

AGUIRRE, João Ricardo Brandão. A tutela. *In*: PEREIRA, Rodrigo da (Coord.). *Tratado de direito das famílias*. 3. ed. Belo Horizonte: IBDFAM, 2019, p. 775-806.

COLTRO, Antônio Carlos Mathias. *Da tutela*. *In*: TEIXEIRA, Ana Carolina Brochado; RIBEIRO, Gustavo Pereira Leite (Coord.). 3. ed. Rio de Janeiro: Processo, 2017, p. 459-490.

LÔBO, Paulo. *Direito civil*: famílias. São Paulo: Saraiva, 2008.

MACIEL, Katia Regina Ferreira Lobo Andrade. Tutela. *In*: MACIEL, Katia Regina Ferreira Lobo Andrade (Coord.). *Curso de direito da criança e do adolescente*: aspectos teóricos e práticos. 12. ed. São Paulo: Saraivajur, 2019.

MIRANDA, Pontes de. *Tratado de direito privado*: direito de família; direito parental; direito protetivo. Campinas: Bookseller, 2000, tomo IX.

NEVARES, Ana Luiza Maia. Perspectivas para o planejamento sucessório. *In*: TEIXEIRA, Daniele Chaves (Coord.). *Arquitetura do planejamento sucessório*. 2. ed. Belo Horizonte: Fórum, 2020, p. 385-401.

PEREIRA, Caio Mário da Silva. Instituições de direito civil: direito de família. 27. ed. Rio de Janeiro: Forense, 2019, v. V. *E-book*.

PEREIRA, Tânia da Silva. *Direito da criança e do adolescente*: uma proposta interdisciplinar. Rio de Janeiro: Renovar, 1996.

SANCHES, Helen Crystine Corrêa; VERONESE, Josiane Rose Petry. A proteção integral e o direito fundamental de crianças e adolescentes à convivência familiar. *In*: VERONESE, Josiane Rose Petry (Org.). *Direito da criança e do adolescente*: novo curso – novos temas. Rio de Janeiro: Lumen Juris, 2017, p. 131-183.

TEIXEIRA, Ana Carolina Brochado. *Família, guarda e autoridade parental*. 2. ed. Rio de Janeiro: Renovar, 2009.

TEIXEIRA, Daniele Chaves. Noções prévias do direito das sucessões: sociedade, funcionalização e planejamento sucessório. *In*: TEIXEIRA, Daniele Chaves. *Arquitetura do planejamento sucessório*. 2. ed. Belo Horizonte: Fórum, 2020, p. 29-46.

TEPEDINO, Gustavo *et alii*. *Código Civil interpretado conforme a Constituição da República*. Rio de Janeiro: Renovar, 2014, v. IV.

TEPEDINO, Gustavo; TEIXEIRA, Ana Carolina Brochado. *Fundamentos do direito civil*. Rio de Janeiro: Forense, 2020.

VELOSO, Zeno. *In*: AZEVEDO, Álvaro Villaça (Coord.). *Código Civil comentado*: direito de família, alimentos, bem de família, união estável, tutela e curatela: arts. 1.694 a 1.783. São Paulo: Atlas, 2003, v. XVII.

VERONESE, Josiane Rose Petry. A proteção integral da criança e do adolescente no direito brasileiro. *Revista do Tribunal Superior do Trabalho*, Brasília, v. 79, n. 1, p. 38-54, jan./mar. 2013.

Informação bibliográfica deste texto, conforme a NBR 6023:2018 da Associação Brasileira de Normas Técnicas (ABNT):

CRUZ, Elisa Costa. A tutela como instrumento de proteção sucessória de crianças e adolescentes. *In*: TEIXEIRA, Daniele Chaves (Coord.). *Arquitetura do Planejamento Sucessório*. Belo Horizonte: Fórum, 2021. p. 147-159. Tomo II. ISBN 978-65-5518-117-3.

PARA NOVOS BENS, UM NOVO DIREITO SUCESSÓRIO

EVERILDA BRANDÃO GUILHERMINO

1 Uma nova dimensão do pertencimento

Os bens e, de forma muito especial, as coisas são categorizados pelo direito a partir do conceito humano sobre riqueza. Se há interesse na apropriação, o direito se interessa por sua tutela. E quanto maior for o interesse, maior será o grau de tutela jurídica. Tradicionalmente foram os bens corpóreos que receberam a valoração humana no mundo dos fatos e no mundo do direito, chegando a propriedade privada a ser considerada o reflexo da liberdade.

> A propriedade de bens é um fator de realização do indivíduo, não só porque o homem alcança sua sobrevivência pela utilização dos bens da natureza, mas também – e agora principalmente – porque a partir da troca de bens ele consegue alcançar a autonomia desejada. Se o real é concebível como zona de expansão do sujeito, é na apropriação de bens que se encontra a chave da liberdade humana. (CORTIANO, p. 57-58)

Mas a sociedade tem apresentado interesse por novas coisas, impensáveis para o sujeito proprietário projetado pelo Código Civil desde o texto napoleônico. Este, sendo uma lei feita para o patrimônio e em um tempo histórico em que a acumulação era a marca da apropriação, encontra imensas dificuldades para solucionar demandas em uma sociedade em que os bens estão se descorporificando em um ritmo acelerado.

Voltando os olhos para o passado, de todos os livros do Código Civil, o das sucessões permaneceu intocável mesmo diante de toda a modificação estrutural sofrida pela lei após o advento da Constituição Federal. Felizmente esse cenário vem mudando, e a doutrina tem voltado os olhos para grandes temas ligados a esse ramo do direito.

Novos bens se apresentam no campo de interesses das pessoas. Se há um século a corporeidade era a marca, agora a fluidez é o foco. Antes os bens de maior interesse eram os que permitiam a apropriação física, como fazendas, máquinas, imóveis. Hoje a riqueza está refletida em perfis digitais, número de seguidores, milhas, criptomoedas, pontos em *games*. Mas ainda não estamos prontos legislativamente para promover a sucessão dessas riquezas.

A vida, cada vez mais experienciada em um meio virtual, faz com que os bens corpóreos passem a ficar em segundo plano na lista de interesses das pessoas na era contemporânea, lançando novas perguntas e gerando novas demandas que clamam por soluções justas e modernas.

E para novos bens é preciso uma nova linguagem no direito sucessório. Eis a proposta de reflexão deste texto.

Bens digitais, dados sensíveis, privacidade do morto, são novos temas que batem às portas do direito sucessório. O valor do patrimônio digital chega a surpreender. Uma biblioteca digital, uma coleção de músicas baixadas no iTunes ou obras escritas e armazenadas em nuvem por seus autores podem representar valor econômico relevante, maior do que os bens corpóreos do acervo, e, portanto, de grande interesse sucessório para os herdeiros.

Um cantor pode vender milhões de álbuns após sua morte e, em tempos digitais, essa venda pode se dar por um aplicativo de músicas, como o iTunes, ou mesmo a multiplicação de acessos no Spotify ou Deezer. Tudo isso reflete valor econômico sobre bens digitais, e, portanto, incorpóreos. Há perfis, inclusive, que passam a aumentar seu valor de mercado justamente pela morte do titular, a exemplo do apresentador Gugu Liberato, que recebeu mais de um milhão de seguidores na semana que sucedeu sua morte.[1]

Há um poder e um valor nas redes sociais. Um *post* patrocinado em um perfil de um milhão de seguidores pode chegar a R$20 mil ou R$30 mil reais. Como negar o valor de mercado, e, portanto, patrimonial, de certo número de seguidores em uma rede social? Como se proceder sua sucessão?

O direito das sucessões precisa enfrentar novos parâmetros de tutela. Antes, em um ordenamento voltado para o patrimônio físico, o capítulo das sucessões só tinha um tema a tratar. Agora, em um Código Civil inserido em um ordenamento que tutela a pessoa humana acima do patrimônio, com uma interpretação funcionalizada dos institutos e com novas expressões de riqueza, é preciso ampliar a esfera de tratamento do direito sucessório. Há muito mais que o patrimônio a ser zelado pelo direito.

Como os demais livros do Código Civil, não pode ele se limitar ao patrimônio corpóreo, ignorando um mundo que já vive uma nova forma de experiência ligada ao pertencimento. E enquanto o legislador não atua cabe ao intérprete encontrar soluções no sistema para as novas demandas que batem à porta do direito em busca de soluções.

2 Novos bens a serem reconhecidos pelo direito sucessório

O direito sucessório só conhece a apropriação exclusiva. É ela a finalidade de todo o arcabouço normativo deste livro do direito civil. Sua ligação com os direitos reais e o direito de família é intrínseca, pois são herdeiros necessários os parentes do falecido, os quais aguardam o poder de apropriação sobre os bens do autor da herança.

---

[1] Disponível em: https://noticias.uol.com.br/cotidiano/ultimas-noticias/2019/12/02/aumento-de-seguidores-de-gugu-reacende-debate-sobre-heranca-digital.htm. Acesso em: 9 de julho de 2020.

Mas o fato é que os direitos ligados à apropriação exclusiva estão sofrendo enorme ruptura em sua estrutura fundamental e eles impactam o direito das sucessões. E não é necessário que para apresentar soluções adequadas às novas demandas, o direito das sucessões espere por mudanças profundas nos direitos reais, no sentido de reconhecer os bens digitais como patrimônio.

A resistência do Código Civil em abarcar o que não seja corpóreo se mostra latente. Projetado para uma propriedade corpórea, sempre delegou à legislação extravagante qualquer tipo de tutela. Basta visualizar as leis que cuidam da propriedade intelectual, do meio ambiente e mais recentemente da proteção de dados digitais.

Se a pessoa de hoje possui uma dimensão jurídica patrimonial e existencial, é preciso atualizar a esfera de trabalho do direito das sucessões, pois o mundo onde foi criado já não existe.

> Sem dúvida existe a necessidade de se repensar antigos dogmas jurídicos, com o objetivo de adaptá-los a uma nova realidade que se descortina diante de nossos olhos. De fato, o mundo virtual, em seu atual estágio de evolução, não se conforma com as normas existentes no mundo físico, o que vem causando uma série de incidentes, revelando que a regulamentação dessas relações virtuais deve estar na ordem do dia do legislador pátrio. (EHRHARDT JR, 2006, p. 1)

A multipropriedade, por exemplo, é o primeiro direito inovador sobre o clássico pertencimento exclusivo da propriedade. E embora seja algo de extrema importância, não se vê nenhum projeto de reforma em curto prazo no qual se possa vislumbrar uma reestruturação profunda no modelo de pertencimento que lastreia do Código Civil.

Quem herdar um bem em multipropriedade receberá uma fração de tempo como direito, e não a propriedade plena e perpétua sobre a integralidade da coisa. Deverá aceitar a forma de apropriação que ela impõe, não podendo impor aos demais condôminos nenhum tipo de exclusividade, e devendo ainda se submeter às regras de utilização do bem dispostas de forma coletiva.

Um dos pontos mais importantes para esse novo direito sucessório é redefinir o que seja um bem de valor patrimonial sucessível no meio digital. Os espólios já apresentam uma interessante mudança em sua composição. A lista de bens constantes nas primeiras declarações prestadas pelo inventariante já conta com perfis e canais em plataformas digitais, aplicativos, milhas, criptomoedas, acervo de músicas e livros em aplicativos, moedas de *games*. E todos eles são de interesse dos herdeiros, exigindo novos parâmetros ao direito sucessório.

Há dados pessoais úteis à família, como os bens digitais de expressão econômica, bem como dados que se relacionam com a memória familiar. E por que não dizer, há também o direito de apagar os dados do *de cujus* da rede, ao menos os que estejam guardados em plataformas digitais. Trata-se de verdadeira gestão da vida digital do falecido.

Nessa seara, há dados pessoais, não sucessíveis, e há dados armazenados na rede que podem apresentar alto valor econômico e que precisam ser reconhecidos como bens. Os negócios em meio virtual já rendem mais que os tradicionais e por vezes chega a ser a principal fonte de renda de uma família.

A impossibilidade de continuidade desses negócios por impedimento de acesso do provedor pode comprometer a subsistência dos que viviam com o falecido, além de extinguir uma atividade econômica que deve ser sucessível, tal como nos negócios tradicionais.

A expressão que diz que dados digitais são o novo petróleo é cada vez mais comprovada. Um arquivo com milhares de dados que servem de base para o lançamento de um produto digital tem alto valor de mercado e é uma das bases mais importantes de um negócio digital. Portanto, esse arquivo deve ser considerado um bem de valor econômico, e, portanto, objeto de sucessão.

Na mesma esteira de pensamento, um perfil em rede social ou canal do YouTube precisam ser considerados bens jurídicos passíveis de sucessão. Neles se concentra hoje importante parcela de negócios no mundo contemporâneo, como bem demonstram Gabriel Honorato e Lívia Leal (2020, p. 166):

> Neste sentido, anote-se, considerando-se a rede social YouTube, que dos dez *youtubers* mais bem pagos no ano de 2019, extrai-se uma receita anual que varia de U$26.000.000,00 (vinte e seis milhões de dólares) a U$11.500.000,00 (onze milhões e quinhentos mil dólares), respectivamente as rendas de Ryan Kaji e Vanoss Gamig (Evan Fong),31 o que reforça a afirmativa anterior quanto à expressiva valorização financeira de tais perfis, que podem superar o proveito econômico de muitos negócios empresariais.

Com seu patamar de valor medido a partir da quantidade de seguidores, curtidas, engajamento e venda de produto, um perfil em rede social pode render inúmeras vezes mais que um imóvel, por exemplo. O processo conhecido como *valuation* é capaz de documentar o valor de mercado desse perfil digital e assim, compor o acervo do espólio, com valor específico no monte-mor.

Se a experiência do pertencimento está seguindo para uma nova fase, o direito sucessório, que trata da transmissão dos bens, deve se preparar e se adequar às novas estruturas que exigem novas soluções jurídicas para as novas demandas.

Em um mundo analógico, onde tudo era corpóreo, a tradição da coisa era uma solução simples e adequada. Em um mundo digital, onde se redefinem conceitos como armazenamento, forma de manifestação de vontade, experiência de lazer e apropriação, é preciso uma nova linguagem para os institutos jurídicos.

3 Uma sucessão para os bens digitais: direito de acesso, portabilidade e designação de gestor da vida digital do falecido como alternativas à transmissão de titularidade

Sim, parece que há vida após a morte. Pelo menos é o que promete a tecnologia. Ela permite algo peculiar para a pessoa humana: é possível morrer fisicamente e se tornar eterno virtualmente. Como destaca Lívia Leal (2018, p. 182), "a criação de uma identidade digital, que, em alguns aspectos, pode se destacar da identidade real, traz a possibilidade de uma permanência *post mortem*, por meio dos dados e páginas digitais, que redimensionam a memória e o esquecimento humano".

Se a personalidade termina com a morte, os negócios, não. O mundo da arte já permite que cantores e atores, por exemplo, continuem a fazer *shows* e filmes, por meio de hologramas, recebendo por isso.[2] Muitos, inclusive, começam a se utilizar de testamentos para impedir tal exploração comercial. O humorista Robin Willians, morto em 2014, proibiu o uso comercial de sua imagem até 2039.[3]

Importante frisar que tal exploração econômica do morto vai além de uma simples sucessão de direitos autorais e de imagem. Definir se o herdeiro se apropriará da expressão digital do morto, de modo a torná-la um bem objeto de seus negócios jurídicos, ou se tal expressão não pode ser explorada comercialmente justamente pela expressão de personalidade que resguarda, é uma resposta a ser dada pelo direito sucessório.

Em outras palavras, se é certo que a personalidade termina com a morte, mas não se expira a proteção aos direitos que essa personalidade gerou, a expressão digital pode ser herdada? Ou deve ser protegida pela sua natureza existencial?

É preciso debater a possibilidade de um direito de gestão do conteúdo digital do falecido a ser regulado pelo direito sucessório. Se o inventariante gere o acervo patrimonial físico do falecido, é possível estender a ele (ou a alguém escolhido em testamento) a administração dos dados pessoais, com poderes e limitações descritos na norma.

Dada a possibilidade de exploração econômica do corpo digital do falecido para além de sua morte, a exemplo de *shows* de artistas por meio de avatares ou cursos e palestras gravados em plataformas, será o direito sucessório que deve dar o norte para essa "segunda vida". Muito tem se falado em doutrina sobre a proteção legal do morto no que tange à extensão dos direitos da personalidade para além da morte. Contudo, existe também uma vida patrimonial e econômica depois da morte, que só é possível por meio digital, e que merece tutela específica.

Os autores Colombo e Guilherme (2019, p. 61) alertam para um curioso fato decorrente da virtualização: a inumação. Segundo eles, o chamado corpo eletrônico se expande para além da vida do sujeito:

> O corpo, quando morto, passa necessariamente pela inumação. Já o corpo eletrônico, mesmo com a morte do corpo físico, continua a figurar como uma representação da personalidade do sujeito no espaço virtual. Portanto, se há um dever de os parentes inumarem o corpo físico, com os sistemas digitais, nasce o direito de efetuarem o controle dos dados pessoais que sustentam o corpo digital do *de cujus*. É possível falar, também, na ideia de identidade digital, considerando uma evolução do direito à identidade pessoal, este último reconhecido como um direito da personalidade. Com o uso de sistemas como redes sociais, a identidade digital "sobrevive à morte daqueles que ela representa".

E se essa identidade digital ao ser experienciada deixa bens de conteúdo econômico, será o direito sucessório quem deve regular a separação das duas categorias, determinando os critérios de herança do conteúdo patrimonial, e a limitação de acesso ou o impedimento total de acesso ao conteúdo existencial. Se nasce uma nova categoria de

---

[2] Disponível em: https://www.correiobraziliense.com.br/app/noticia/diversao-e-arte/2019/05/21/Interna_diversao_arte,756213/whitney-houston-pode-voltar-aos-palcos-em-holograma.shtml. Acesso em: 1 de junho de 2019.

[3] Disponível em: https://brasil.elpais.com/brasil/2017/01/20/cultura/1484908608_174550.html. Acesso em: 1 de fevereiro de 2019.

bens, de natureza híbrida, deve o direito dar a ele o correto tratamento legal, separando o que é, ou não, sucessível.

Enquanto o legislador não atua, as empresas vão encontrando suas saídas. No Facebook o contato herdeiro pode acessar, mas não postar, ou seja, encontrou-se uma solução para impedir modificação daquilo que foi feito pelo falecido. O herdeiro encontra uma nova forma de sucessão: o acesso. Nele é possível revisitar o universo de experiência do morto, sem, contudo, modificá-lo.

Neste cenário, as plataformas digitais e os provedores começam a produzir as primeiras demandas, negando-se a permitir o acesso aos herdeiros ao conteúdo armazenado em nuvem, em perfis sociais ou em qualquer meio cujo ingresso necessite de uma senha. Os argumentos passam por respeito à privacidade do morto, o contrato que estabelece uma experiência personalíssima na plataforma, e cláusulas que afirmam que a titularidade do conteúdo inserido no ambiente virtual é do provedor ou plataforma digital.

Há quem diga que tal negativa torna o provedor ou plataforma o herdeiro universal dos bens digitais deixados pelo falecido. Por esta razão, um direito de acesso dado aos herdeiros, ainda que restrito para extinguir uma conta em uma plataforma digital, seria coerente com a proteção de dados do falecido.

Nesse sentido, o impedimento de alteração do acervo se justifica porque nas redes sociais se registra um modo de viver, com suas escolhas pessoais, profissionais, afetivas. Isso não pode ser continuado por outra pessoa. Todavia, esse conteúdo precisa ser transmitido, não nos moldes tradicionais de transmissão de bens, mas pode ficar acessível a todos os herdeiros, como forma de afeto e de preservação da memória do falecido.

> As relações informáticas trouxeram novas possibilidades em relação à proteção dos direitos da personalidade para depois da morte. Capelo de Souza diz que há "bens da personalidade física e moral do defunto que continuam a influir no curso social [...] e como tais são autonomamente protegidos", sendo que um desses bens da personalidade é justamente a sua identidade. Esta fundamentação parece adequar-se completamente à possibilidade de promover a proteção de dados pessoais também da pessoa morta. (COLOMBO; GUILHERME, 2019, p. 61)

Já na hipótese de perfis digitais de conteúdo econômico, como aqueles cujo nome é comercial, sem ligação com o nome de uma pessoa, ou aqueles em que o titular explora sua imagem em troca de patrocínios, ou ainda nos quais se vendem produtos, como cursos ou eventos, o trato é diferente. Neles é possível se falar em transmissão de titularidade. Seu conteúdo é comercial, e não pessoal, mesmo que em muitas postagens ou transmissão seja compartilhada a vida ou rotina do autor.

A migração dos bens corpóreos para o meio digital, naquilo que representa grande parte da intimidade do morto, como livros, músicas e fotos, traz novas demandas jurídicas a serem solucionadas. Muitas plataformas não aceitam a sucessão do material digital, ainda que pago, a exemplo de acervo de músicas ou filmes cujo *download* foi realizado por meio de pagamento, havendo, portanto, compra e venda.

Esse direito de acesso inibe, inclusive, a possibilidade de danos, como a perda definitiva de bens de conteúdo econômico que podem fazer parte da herança digital. Plataformas como iCloud trazem expressamente a negativa de um direito de sucessão do que é guardado na plataforma. Imaginando-se que ali esteja guardado material científico, obras literárias, jurídicas, autobiografias etc., a impossibilidade de acesso retira dos herdeiros importante conteúdo econômico sobre o qual recairia seu direito sucessório.

Um litígio entre usuários e provedores se torna ainda mais complexo quando são herdeiros que litigam no lugar do usuário originário. As políticas de uso das plataformas têm tornado os provedores verdadeiros sucessores de certos bens digitais, na medida em que não permitem como regra a sucessão das informações, nem mesmo as de conteúdo econômico.

O impedimento do acesso ao acervo pode inclusive gerar danos à personalidade. Basta lembrar o que significa para os pais que perdem filhos adolescentes não poderem acessar "o mundo virtual" do filho, como o fariam caso seus arquivos fossem registrados em bens corpóreos como CDs, livros e fotos impressas.

Algo parece assertivo: a forma de sucessão de um bem patrimonial não pode ser igual a forma de sucessão de um bem digital. E isso acontece pela natureza das duas coisas. Enquanto os bens corpóreos possuem a marca da apropriação e da tradição, num grande sistema de trocas, o bem digital tem seu pilar na experiência do usuário, por isso sua expressiva carga de direito da personalidade.

Por esta razão pertinentes são as discussões sobre as peculiaridades da herança digital a se dar juntamente com a herança de outros bens reconhecidos pelo direito civil. Já há pessoas que não possuem mais bens corpóreos que sirvam de instrumento para suas experiências mais íntimas. Livros, filmes, músicas, arquivos de trabalho, fotografias, moedas, tudo é experienciado em meio digital.

Nos grandes centros urbanos, as construtoras inserem no mercado imóveis cada vez menores, o que estimula as pessoas a diminuírem cada vez mais o acúmulo de bens corpóreos por simples falta de espaço.

Um novo mercado de trabalho que possibilita a realização da prestação de serviço por meio virtual estimula jovens a não possuírem bens corpóreos, cujo peso dificulta sua mobilidade na hora de aceitar novos projetos. A nova geração quer viver livre, morando em locais diferentes e trabalhando em vários projetos ao mesmo tempo, por isso um modo de viver ligado ao mundo virtual lhe é muito mais atrativo.

A própria acumulação de bens já é algo estranho para essa geração. Casa própria e carro na maioridade, por exemplo, sonho esperado e desejado por seus pais na adolescência, já não faz mais sentido. A economia do compartilhamento traz uma nova forma de viver e trabalhar, em que experiência é uma palavra mais forte que apropriação.

O modelo de sucesso que até o século XX estava ligado a bens corpóreos (quanto mais bens, mais rica e mais apreciada a pessoa se torna) agora dá lugar à realização pessoal e legados.

E não se quer dizer com isso que a propriedade exclusiva acabou. Muito pelo contrário. Ela ainda será uma protagonista por muito tempo. O que se afirma é que uma forma paralela de experienciar o pertencimento já é uma realidade tão intensa que precisa receber a mesma atenção do legislador.

A doutrina já aponta para três dimensões dos bens digitais: uma patrimonial, uma existencial e uma híbrida. Essa divisão traz algumas soluções práticas para as inúmeras dúvidas que nascem do tema.

A expressão econômica e patrimonial dos bens digitais pode ser objeto de sucessão, enquanto a tutela da expressão existencial pode ficar a cargo dos direitos da personalidade. Mas conflito haverá nos bens que, além do valor econômico, apresentam intensa carga de direitos da personalidade. É o caso das contas de *youtubers* e perfis em redes sociais.

Nesse contexto, os autores Lívia Leal e Gabriel Honorato (2020, p. 158) advertem para temas que vão além da transmissibilidade de bens:

> Contudo, é importante observar que a análise do tema não pode se restringir ao dilema da transmissibilidade/intransmissibilidade dos perfis, na medida em que, mesmo que se entenda pela transmissão da titularidade da conta aos herdeiros, que passariam a ter a possibilidade de acesso irrestrito e administração do perfil, será ainda preciso considerar a proteção de direitos da personalidade de terceiros e também de elementos da personalidade do *de cujus* que seguem merecedores de tutela pelo direito. Também não se pode olvidar que nem todos os direitos são transmitidos com a morte do titular e que, com frequência, há outros aspectos e interesses a serem ponderados, como eventuais direitos autorais envolvidos.

Mas como suceder algo cuja marca é a experiência e não a apropriação? Uma nova linguagem precisa ser escrita no Código Civil. Não se sucede a experiência existencial do uso de bens digitais, mas é possível ter um direito de acesso, cujas limitações e parâmetros sejam determinados pelo direito das sucessões.

Não seria exagero dizer que os novos tempos e, principalmente, a nova percepção do próprio direito permitem suscitar uma nova função do direito sucessório, capaz de tutelar o trato de direitos que protejam a expressão do que foi a experiência existencial do falecido quando em vida. Isso propiciaria institutos interessantes como o direito de acesso aos bens não sucessíveis por ausência de caráter econômico.

A discussão sobre sucessão em perfis digitais de redes sociais nos ajuda a visualizar o dilema jurídico que se impõe. Em uma conta sem caráter profissional ou comercial, o acesso ao perfil se justifica pela necessidade de resguardar a memória do morto. Neste caso o que não se justificaria seria a apropriação da conta por um herdeiro, o qual poderia alterar ou até extinguir seu conteúdo.

Considerando que as plataformas de redes sociais hoje armazenam um enorme acervo de uma pessoa, a exemplo de fotos de viagens, conquistas acadêmicas, momentos marcantes da vida, e também depoimentos de amigos em postagens, esse registro passa a ser algo importante na vida de alguém, um "diário" de grande interesse para os parentes mais próximos, como cônjuge e filhos.

Considerar esses registros como coisa, e, portanto, passível de sucessão não nos parece adequado. Mas o direito a acessar esse acervo, sem alterá-lo, tem mais sintonia com sua natureza. Assim como um álbum de fotos corpóreo, o acervo digital requer acesso, não alteração.

O direito de acesso revolucionou a estrutura do direito de propriedade e tem grande potencial para revolucionar o direito sucessório, redimensionando seu pilar mais denso que é a apropriação exclusiva sobre um bem. E se as coisas objeto de apropriação começam a dar lugar às experiências incorpóreas ligadas somente ao acesso, não seria um exagero pensar em uma tutela sobre bens que não podem ser apropriados por herdeiros, mas que a eles pode ser dado um responsável direito de acesso. É o que acontece com os bens digitais, cujo conteúdo pode conter dados sensíveis ou mesmo da privacidade do morto, que deve ser protegida até mesmo dos herdeiros.

E na mesma seara de instrumentos alternativos à sucessão tradicional, verifica-se outro interessante instrumento legal acrescentado pela Lei Geral de Proteção de Dados: a portabilidade. Em seu art. 18, V, a lei prevê que o usuário requeira a transferência de seus dados de um fornecedor de serviços a outro.[4]

A legislação já utiliza este instrumento em relação a serviços de telefonia, depósitos de salários, dívidas ou planos de saúde. Agora é utilizado para a proteção de dados digitais e tal direito pode ser exigido de redes sociais e plataformas de armazenamento. Trata-se de um direito de receber e transmitir dados pessoais, sem impedimentos.

O que se destaca nesta previsão normativa é se verificar sua incidência em caso de falecimento do usuário, por meio de iniciativa dos herdeiros, que, por exemplo, podem não sentir segurança em determinada plataforma, desejando exercer tal direito em nome do falecido.

Também se pode falar em um interesse na manutenção da identidade familiar, mediante a reunião de dados em uma única plataforma, de forma a preservar e exercer controle sobre dados pessoais dos que se foram.

Internacionalmente, o conceito de direito à portabilidade de dados pessoais já encontra previsão no âmbito da União Europeia, por meio do Regulamento Geral sobre a Proteção de Dados (GDPR, em inglês) sob nº 2016/679, do ano de 2016, mais precisamente, em seu artigo 20º.

O ordenamento comunitário europeu deixa claro que o direito à portabilidade de dados vai além da mera garantia de acesso ou obtenção destes para criar um dever jurídico ao provedor originário/emissor de entregar os dados ao seu titular em "formato estruturado, de uso corrente e de leitura automática", a fim de que possa ser levado a outro provedor receptor/destinatário, de forma compatível. Ou seja, a substituição do fornecedor do serviço não poderá importar em perda na integridade, disponibilidade e segurança de seus dados (COLOMBO; GOULART, 2019, p. 57).

Como se vê, há desafios substanciais ao direito sucessório, mas há caminhos possíveis no alargamento do instituto da sucessão. É preciso que o legislador avance para alcançar as novas demandas trazidas pela experiência virtual.

---

[4] Art. 18, inciso V: O titular dos dados pessoais tem direito a obter do controlador, em relação aos dados do titular por ele tratados, a qualquer momento e mediante requisição: [...] V - portabilidade dos dados a outro fornecedor de serviço ou produto, mediante requisição expressa e observados os segredos comercial e industrial, de acordo com a regulamentação do órgão controlador.

4 É possível um planejamento sucessório de bens digitais?

Se já se faz urgente uma tutela mais ampla do direito sucessório, a fim de abarcar a complexidade da experiência digital, um elemento substancial a ser considerado é a autonomia daquele que, em vida, foi titular dos bens e direitos reclamados pelos herdeiros.

Nesse sentido, e especialmente diante da inércia do Legislativo, um planejamento sucessório se apresenta como um instrumento de grande auxílio para uma pessoa que tenha o desejo de administrar minimamente seu conteúdo digital.

Contando com o atual sistema sucessório, pode uma pessoa planejar sua sucessão digital com base no art. 1.857 do Código Civil e, em especial, seu §2º,[5] que prestigiam a autonomia da vontade do *de cujus* por meio do testamento, autorizando que nele sejam incluídas disposições de caráter não patrimonial. Nesse sentido, é possível registrar em documento escrito, seja codicilo ou testamento, o destino do conteúdo digital.

Tal documento pode conter determinações sobre escolha de um administrador do conteúdo digital, inclusive diferente de um herdeiro, legados sobre determinados conteúdos digitais (exploração de vídeos, aulas, cursos, palestras, livros escritos e não publicados, a que se desse uma destinação filantrópica), exclusão de perfis e contas digitais, impedimento de uso de imagem, dados, avatares e outros meios de exploração econômica etc. Também é possível determinar o acesso a determinados conteúdos, sem que se promova alterações, a exemplo de perfis digitais e canais em plataformas.

Tais disposições, que devem se sobrepor à vontade dos herdeiros, trariam a certeza da justa destinação do conteúdo digital, a partir da vontade daquele que compôs o acervo, evitando uma continuidade indesejada de uma vida digital após a morte. Trata-se de um direito, dado em vida, para que uma pessoa possa expressar diretrizes para o destino de seus dados.

Especialmente quanto ao conteúdo ligado ao direito da personalidade do falecido, pode a pessoa determinar o impedimento de acesso a determinado acervo digital, a exemplo de arquivos de nuvens nos quais se guardem informações íntimas, bastando para isso que se declare ser este o conteúdo do arquivo.

Na mesma seara, é possível manifestar o desejo de ser esquecido virtualmente após a morte. Hoje já existem cemitérios digitais, em que as pessoas podem deixar mensagens e flores virtuais para o falecido. Uma pessoa pode designar o seu impedimento de depósito de suas informações em tal local. Deve-se decidir em vida o desejo de continuar "vivo" digitalmente, ou ser esquecido na rede.

Contudo, se não se deseja lançar mão da formalidade testamentária, as relações contratuais mantidas com as plataformas digitais permitem um planejamento sucessório sobre os dados digitais, especialmente quando carregados de conteúdo existencial.

Algumas plataformas digitais já permitem certo planejamento sucessório, tendo como base as disposições dos "termos e condições de uso" nelas consignados. Por meio da escolha de "contato herdeiro" ou configurações específicas da conta realizadas pelo usuário, é possível manifestar a vontade do usuário na destinação de seu conteúdo digital.

---

[5] Art. 1.857. Toda pessoa capaz pode dispor, por testamento, da totalidade dos seus bens, ou de parte deles, para depois de sua morte. [...] §2º São válidas as disposições testamentárias de caráter não patrimonial, ainda que o testador somente a elas se tenha limitado.

Tais configurações permitem escolher o que será feito com *e-mails*, determinar se haverá a extinção da conta virtual, informando, inclusive se deseja que o conteúdo seja protegido até mesmo dos herdeiros. O Facebook possibilitou, inclusive, a continuidade da conta por pessoa designada pelo usuário, podendo este fazer novas postagens, adicionar e aceitar novos amigos, sem, contudo, apagar o que foi postado pelo falecido.

Também existem empresas que oferecem como serviço a proteção de contas virtuais, por meio de armazenamento de disposições de última vontade, senhas, *logins*, dados esses que serão entregues a uma pessoa designada pelo usuário, após sua morte.

Tais instrumentos ao menos mostram possibilidades que poderiam constar na lei, protegendo os usuários de alterações unilaterais das plataformas quanto aos seus termos e condições de uso.

5 Podemos falar em uma sucessão para bens difusos?

Não se poderia tratar dos desafios trazidos ao direito sucessório na era contemporânea sem tratar, ainda que de forma superficial, de uma nova forma de riqueza que desponta a partir do texto constitucional, os bens difusos. Nas palavras de Rodotà, há uma redefinição da trama formada entre pessoas e bens:

> [...] direitos fundamentais, acesso, bens comuns compõem a trama que redefine a relação entre o mundo das pessoas e o mundo dos bens. Este, ao menos nos últimos dois séculos, havia sido substancialmente confiado à mediação proprietária, às modalidades pelas quais cada um poderia alcançar a apropriação exclusiva dos bens necessários. É exatamente esta mediação que agora passa a ser questionada. A propriedade, pública ou privada que seja, não pode compreender e exaurir a complexidade da relação pessoa/bens. (RODOTÀ, 2013, p. 464)

Muitos dos bens individuais possuem intenso interesse social, chegando a gerar uma dupla titularidade sobre eles: a exclusiva, de valor econômico, e a difusa, de valor social. É o caso, por exemplo, de uma pintura de grande valor mundial, ou registro de etapas de uma pesquisa em medicina com tema de grande interesse global, ou mesmo de um livro escrito e não publicado de um grande autor, aguardado por determinado grupo social ou global, pelo valor literário, artístico ou jurídico.

Tais bens, quando têm seus destinos limitados pela vontade dos herdeiros, podem trazer grande prejuízo à sociedade, pois, por motivos religiosos, políticos e econômicos, por exemplo, podem ter seu acesso negado à comunidade global.

Imaginemos se Pontes de Miranda tivesse deixado os últimos volumes do seu *Tratado de direito privado* armazenado na nuvem, e seus herdeiros proibissem a publicação. Teria a sociedade o direito a uma publicação forçada, em nome do legado deixado pelo autor e da importância jurídica de seus escritos? E se uma grande descoberta científica, como uma vacina ou um medicamento, estivesse aguardando uma publicação interrompida pelo falecimento do seu autor? O relevante interesse social justificaria o acesso a tais bens de forma compulsória diante da recusa dos herdeiros? Há que se falar numa sucessão da sociedade por meio de legados sociais?

Certos bens guardam a marca da socialidade. E justamente por serem inclusivos, e não exclusivos, demandam uma tutela bastante específica, que se dê por meio de instrumentos próprios, disruptivos em relação à linguagem tradicional de um direito civil patrimonialista, exclusivista e descompromissado com o meio social. Essa há muito não é mais a linguagem contemporânea.

> Na experiência brasileira, o aprofundamento da teoria dos bens comuns parece representar oportunidade para a retomada da agenda – ainda crucial após quase trinta anos da Constituição de 1988 – relacionada à efetividade dos direitos fundamentais, notadamente no que se refere à garantia de acesso aos bens essenciais para o exercício destes direitos. (TEPEDINO, 2018, p. 11)

Na relação jurídica envolvendo bens e direitos difusos é possível visualizar a dupla titularidade sobre um único bem, sendo a sociedade um sujeito ativo dentro de uma relação de pertencimento. E isso deve ser analisado também pelo direito sucessório.

Trata-se da coisa que naturalmente possui valor econômico, mas que pela valoração da sociedade faz nascer um direito difuso que multiplica esse valor. A titularidade de direito difuso é de origem constitucional e expande as possibilidades de apropriação de bens presentes no Código Civil. Sua estrutura é inclusiva, rompendo a exclusividade da propriedade prevista como direito real.

No caso da sociedade como sujeito de direito é preciso ampliar os horizontes de possibilidades, para além de sua condição passiva no âmbito dos direitos reais, pois muito mais amplo é o universo legal que regula o pertencimento. Nesse sentido, são oportunas as palavras de Diego Machado (2016, p. 54):

> A subjetividade jurídica deve ser inadiavelmente repensada pelos teóricos do direito não apenas pela impossibilidade de subsistência de um sujeito único, abstrato e isolado, mas também devido ao surgimento de problemas e necessidades de proteção jurídica provocados pelos avanços tecnológicos e científicos.

O regime de titularidades não está presente no direito brasileiro somente no âmbito dos direitos reais. Nele apenas se traduz um limitado campo de titularidades cujo regime promove uma exclusão de sujeitos. Mas existem outras titularidades que promovem a inclusão e o exercício da função social, uma realidade que clama uma mudança de interpretação de um modelo proprietário que já consegue apontar para novos caminhos no direito brasileiro (GUILHERMINO, 2018, p. 119-120).

O poder legislativo já consolidou em nosso ordenamento jurídico contornos diferentes ao estatuto proprietário liberal. Tudo começou com a importante vinculação do direito de propriedade ao dever de cumprimento da função social. E foi além, ao criar uma nova forma de pertencimento que remonta a um modelo autônomo de titularidade, como se vê nos direitos difusos (GUILHERMINO, 2018, p. 120).

O que se observa é que o que determinará a possibilidade ou impossibilidade jurídica da titularidade individual ou difusa será sempre o valor humano dado às coisas e que venha a ser incorporado como bem jurídico. No fim, a ponderação se fará sempre presente a fim de determinar as escolhas históricas, culturais e jurídicas. Seguindo o pensamento de Ricardo Aronne (2014, p. 121): "O conceito de propriedade a emergir do sistema, assim como se verifica no domínio, há de conter a necessária abertura para tratar as tantas espécies que o instituto compreende e que não podem ficar a descoberto do Direito" (GUILHERMINO, 2018, p. 123).

Neste aspecto, tem-se que o proprietário do bem exclusivo pode respeitar os direitos difusos que recaem sobre a coisa que lhe pertence, mas seus herdeiros podem não ter a mesma postura, razão pela qual se faz necessário que o direito das sucessões também se manifeste sobre tais deveres quando da transmissão da propriedade por herança.

Caso emblemático ocorreu nos Estados Unidos. Em 1951 descobriu-se que as células cancerígenas de uma mulher chamada Henrietta Lacks possuíam a extraordinária capacidade de reproduzir uma geração inteira de novas células em 24 horas quando hidratadas em local apropriado, e nunca paravam de se reproduzir. Foram as primeiras células humanas reproduzidas em laboratório. A rapidez de reprodução nunca vista nas pesquisas científicas substituiu o uso de animais e tornou os resultados mais seguros, uma vez que os testes se davam diretamente em um material humano, mas sem precisar usar uma pessoa viva como cobaia. As células foram denominadas HeLa, uma junção das iniciais da paciente Henrietta Lacks (SKLOOT, 2011, *passim*).

Graças a essas células foram realizados estudos que ajudaram nos avanços mais importantes da medicina nos últimos cem anos, como vacina da poliomielite, quimioterapia, mapeamento de genes, fertilização *in vitro*, remédios para herpes, hemofilia, apendicite e mal de Parkinson. O material foi levado em missões espaciais para testes em gravidade zero e possibilitaram os primeiros estudos sobre clonagem. "Um cientista estima que, se fosse possível empilhar num prato de balança todas as células HeLa já cultivadas, elas pesariam mais de 50 milhões de toneladas métricas" (SKLOOT, 2011, p. 18-21).

O rumo da história modificou-se quando em 1973 os filhos de Henrietta descobriram que as células de sua mãe foram coletadas, distribuídas e comercializadas sem autorização, seja da paciente ou de seus herdeiros, e por isso achavam justo que recebessem uma compensação pela riqueza produzida pelo seu uso ao redor do mundo.

A grande questão que se instaurou foi saber se as células cancerígenas de Henrietta, após retirada do corpo, seriam objeto de um direito de propriedade privada ou se a sua inegável essencialidade para a comunidade científica as tornam um bem difuso, impedindo apropriação exclusiva por um titular. Se predominante a primeira tese, então os herdeiros seriam os novos titulares dos direitos de propriedade que recaem sobre a coisa, podendo determinar seu uso ou mesmo o seu descarte (poderiam enterrá-las em memória da mãe). Mas, se predominante a segunda tese, seriam as células consideradas de "domínio público" e seu uso continuaria ilimitado e comercializado com quem tivesse aptidão para lidar com seu potencial científico e de mercado.

O caso traz à tona as novas formas de pertencimento da era contemporânea. Como permitir que um sujeito proprietário impeça o desenvolvimento da ciência em nome de uma titularidade exclusiva que lhe é dada pela lei? Por outro lado, como permitir que a ciência avance sem respeitar o indivíduo e o seu corpo?

O correto é partir da certeza de que há dois bens jurídicos tuteláveis: o individual que define o direito de propriedade (de herdeiros ou laboratórios); e o difuso, que define o direito da sociedade à continuidade das pesquisas científicas. Esta, e não a cura, é o bem difuso, o qual deve receber tal qualificação jurídica, apontando a sociedade como seu titular.

A apropriação individual de um bem, garantida pelo direito de propriedade, traz um crédito para o titular da coisa, mas também lhe traz uma obrigação passiva universal. Entre tais deveres está o de preservação da coisa, com o impedimento de mudança em sua estrutura e função.

Portanto, independentemente de uma solução para a titularidade sobre o direito de propriedade, aquele que lograr êxito deverá harmonizar seu direito individual e econômico com aquele outro direito de titularidade da sociedade. Isso implica deveres, sendo o maior deles o de não impedir o uso em pesquisas científicas que levem benefícios à sociedade.

Entender o direito das sucessões para além da propriedade individual é sem dúvida o maior desafio da era contemporânea. A ruptura do modelo proprietário exclusivo, trazida pelas multititularidades, é o maior salto civilizatório já promovido pelo ordenamento jurídico para o regime de regulação do pertencimento. E o intérprete encontrará no sistema os caminhos de interpretação para a proteção de direitos que se sobrepõem, bem como sua urgência de harmonização.

Referências

COLOMBO, Cristiano; GOULART, Guilherme Damasio. Direito Póstumo à Portabilidade de Dados Pessoais no Ciberespaço à Luz do Direito Brasileiro. *In*: POLIDO, Fabrício Bertini Pasquot; ANJOS, Lucas Costa dos; BRANDÃO, Luíza Couto Chaves (Org.). *Política, Internet e Sociedade*. Instituto de Referência em Internet e Sociedade, Belo Horizonte, 2019.

EHRHARDT JR., Marcos Augusto de A. Sociedade da Informação e o Direito na Era Digital. *CCJUR em Revista*, Maceió/AL, v. 01, n. 05, p. 67-94, 2006.

GUILHERMINO. *A Tutela das Multititularidades*: repensando os limites do direito de propriedade. Lumen Juris. Rio de Janeiro, 2018.

HONORATO, Gabriel; LEAL, Lívia Teixeira. Exploração Econômica de Perfis de Pessoas Falecidas: reflexões jurídicas a Partir do Caso Gugu Liberato. *Revista Brasileira de Direito Civil – RBDCivil*. Belo Horizonte, v. 23, p. 155-173, jan./mar. 2020.

MACHADO, Diego Carvalho. Do Sujeito de Direito à Pessoa Humana: reflexões sobre subjetividade jurídica, teoria do direito civil e tutela da pessoa. *RJLB*. Ano 2. n. 4. 2016.

LEAL, Lívia Teixeira. Internet e Morte do Usuário: a necessária superação do paradigma da herança digital. *Revista Brasileira de Direito Civil – RBDCivil*. Belo Horizonte, v. 16, p. 181-197, abr./jun. 2018.

RODOTÀ, Stefano. *Il terribile diritto: studi sulla proprietà privata e i beni comuni*. Bologna: il Mulino, 2013.

SKLOOT, Rebeca. *A Vida Imortal de Henrietta Lacks*. São Paulo: Companhia das Letras, 2011.

TEPEDINO, Gustavo. Direitos fundamentais e acesso aos bens: entram em cena os Commons. *Revista Brasileira de Direito Civil – RBDCivil*. Belo Horizonte, vol. 15, p. 11-14, jan./mar. 2018.

Informação bibliográfica deste texto, conforme a NBR 6023:2018 da Associação Brasileira de Normas Técnicas (ABNT):

GUILHERMINO, Everilda Brandão. Para novos bens, um novo direito sucessório. *In*: TEIXEIRA, Daniele Chaves (Coord.). *Arquitetura do Planejamento Sucessório*. Belo Horizonte: Fórum, 2021. p. 161-174. Tomo II. ISBN 978-65-5518-117-3.

O INSTITUTO DO REGIME DE BENS E A SUA INFLUÊNCIA NO PLANEJAMENTO SUCESSÓRIO

FABIANA DOMINGUES CARDOSO
VIVIANE GIRARDI

1 Introdução

O regime de bens, que é um instituto destacável do direito de família brasileiro, poderia parecer irrelevante e até mesmo indiferente ao estudo do direito das sucessões e, pois, do planejamento sucessório. Mas, ao contrário, na atual legislação brasileira ocorre a conexão entre esse instituto e o direito sucessório porque o cônjuge, além de ser erigido à condição de herdeiro necessário, passou a concorrer com demais herdeiros, descendentes e ascendentes. E a vocação sucessória do cônjuge, quando ele concorre com os descendentes *do cujus*, depende justamente da escolha do regime de bens do casamento ou da união estável. Portanto, está no regime de bens um dos cernes e, muitas vezes, o eixo central do que se almeja do planejamento patrimonial, em face da finitude da vida e dos reflexos jurídicos da sucessão.

E planejar a própria sucessão, ou seja, disciplinar em vida a destinação do patrimônio transmitido com a morte, passou a ser uma preocupação mais notada na sociedade atual, na qual as pessoas vivem mais e com frequência têm mais de um casamento ou união, com a possibilidade de núcleos familiares distintos que poderão se vincular patrimonialmente na sucessão de um parente comum. Além desses fatores que impactam a sucessão, as modificações no âmbito da família e do patrimônio também são fatores que interferem no planejamento sucessório.

Com advento da Constituição Federal e de todo processo de constitucionalização[1] e de repersonalização[2] do direito civil, o patrimônio passou a ser funcionalizado

---

[1] Os princípios fundamentais, inscritos na ordem constitucional, impuseram a necessária reformulação de toda normativa infraconstitucional, entre elas a vetusta codificação civil que se abre para recepcionar os princípios e valores constitucionais, tendo renovado o sentido de vários de seus artigos ao mesmo tempo em que foram derrogados outros tantos sob o império dos novos valores e máximas constitucionais, sobretudo a incidência do princípio da igualdade e da própria norma de isonomia familiar, tanto na filiação (art. 227, §6º da CF/88) quanto na conjugalidade (art. 226, §5º da CF/88), assim como a proteção de outras formas de organização familiar que não somente o casamento (art. 226, §3º da CF/88). A essa incidência e permanente penetração do direito constitucional sobre a matéria infraconstitucional dá-se o fenômeno hermenêutico da constitucionalização do direito civil. A constitucionalização do direito privado, em especial, no tocante à família, presta-se, igualmente, como um mecanismo, um meio a possibilitar a penetração e o ingresso das normas constantes dos diplomas internacionais na órbita interna dos países signatários, refletindo um movimento universal de preocupação com a família e com as pessoas do núcleo familiar. GIRARDI, Viviane. *Famílias Contemporâneas, filiação e afeto: a possiblidade jurídica da adoção por homossexuais*. Porto Alegre: Livraria do Advogado, 2003, p. 23-25.

[2] Percebe-se, portanto, a falência dos conteúdos eminentemente patrimonialistas da normativa civil, que irradiada por valores e princípios constitucionais processa um movimento de personalização do direito, buscando conferir

para atender às demandas existenciais da pessoa e, consequentemente, das famílias. Diferentemente do paradigma legal anterior, que considerada a família uma unidade indissolúvel, com a finalidade de procriação e de transmissão patrimonial, no atual momento, por força da incidência da ordem constitucional sobre o direito privado, o foco da tutela foi direcionado para a proteção da família, considerada como unidade de mútua ajuda, permeada pelo dever de solidariedade, *locus* de desenvolvimento e para quem o patrimônio está funcionalizado para atender às demandas dos membros familiares. E esse fator também alterou a percepção que se tem do processo sucessório e da própria função da herança.

Ademais, é preciso considerar a necessidade da organização prévia da transmissão patrimonial com a morte para se preservar empresas e negócios familiares, porque é natural a intersecção entre interesses pessoais e interesses societários no âmbito da família. Nesse contexto, o planejamento sucessório é uma ferramenta útil para a preservação econômica da família detentora de grande patrimônio, com operações e estruturas contratuais complexas, mas é de igual valia para pequenos acervos de bens familiares. Esta, aliás, é uma característica importante da antecipação da sucessão que, planejada "sob medida", pode se valer dos instrumentos jurídicos segundo as demandas de cada núcleo familiar. O que se busca com o planejamento da sucessão é a perenidade das relações e dos negócios familiares, inclusive com terceiros, diante da morte do titular do patrimônio.

No contexto da vinculação do direito de família com o direito sucessório, que importa (i) na consideração do cônjuge e do companheiro como herdeiros necessários (art. 1.845 do Código Civil), (ii) na possibilidade de concorrência desses com ascendente e descendentes (art. 1.829, I e II do Código Civil), (iii) na vedação de sociedades mercantis entre cônjuges casados sob o regime da comunhão universal de bens e da separação obrigatória (art. 977 do Código Civil), e (iv) na equiparação do companheiro ao cônjuge para fins da tutela de seus interesses, é que se pode estruturar a sucessão.

Por isso, é valorosa a análise dos regimes de bens, assim como a utilização dos pactos antenupciais e dos contratos de união estável para a gestão do patrimônio familiar em vida ou para depois da morte e para minimizar potenciais litígios entre herdeiros, o que sem dúvida representa uma função social relevante do planejamento sucessório. Porém, longe de esgotar o assunto, o presente trabalho tem como objetivo analisar o instituto do regime de bens e destacar pontos da temática que podem interferir na formação e na eficácia do planejamento da sucessão em vida.

2   Breves notas a respeito do instituto do regime de bens

Toda família, além de ser *locus* de afeto e de solidariedade, é também um núcleo econômico. Ao lado da comunhão de vida e dos aspectos afetivos, pessoais e sociais

---

ao homem autonomia para determinar-se como sujeito da própria história, movimento fortemente sentido e percebido na órbita das organizações familiares. [...]. A chamada repersonalização do direito de família importa na derrocada da família como um fim em si mesma. Ou melhor, sob a perspectiva atual de se privilegiar a pessoa em detrimento da entidade, a família está funcionalizada na medida em que se justifica como um *locus* para o desenvolvimento dos "interesses existenciais e individuais da pessoa humana, favorecendo, assim, o seu pleno desenvolvimento como tal". GIRARDI, Viviane. *Famílias Contemporâneas, filiação e afeto: a possiblidade jurídica da adoção por homossexuais*. Porto Alegre: Livraria do Advogado, 2003, p. 30.

que ligam uma pessoa à outra, existem os efeitos patrimoniais e as regras de gestão dos bens que decorrem do regime ou do contrato adotado, conforme a natureza do relacionamento.[3]

As relações econômicas oriundas da conjugalidade dizem respeito aos cônjuges e aos conviventes entre si, mas também às relações deles com terceiros. Daí a razão do interesse público e a exigência da ampla publicidade do regime de bens, ainda que adotado na esfera privada do casal, a fim de trazer segurança jurídica àqueles que se relacionam economicamente com os cônjuges.

Na união estável essa publicidade é mitigada e é a declaração dos conviventes que norteia as relações contratuais com terceiros. Por isso, a relevância do regime supletivo do art. 1.723 do Código Civil para as uniões informais que cede lugar diante da existência de um contrato escrito e regulador da vida patrimonial do casal. Há, portanto, de plano, os efeitos do regime de bens entre os cônjuges e conviventes, e os efeitos desse núcleo econômico com terceiros.

O regime de bens pode ser definido como um conjunto de regras aplicáveis às relações patrimoniais no âmbito conjugal, ou, nas palavras de Silvio Rodrigues: "é o estatuto que regula os interesses patrimoniais dos cônjuges durante o matrimônio [e união estável]";[4] e para Luiz Edson Fachin, o regime de bens envolve o "governo dos bens pretéritos, dos presentes e dos futuros, o objeto material do casamento e de sua dinâmica".[5] Para Arnoldo Wald, o regime de bens é o ponto de contato entre o direito de família e o direito contratual e afirma que "se o regime é de natureza contratual está tão intimamente vinculado à família que o lugar próprio para tratar dele é logo após a regulamentação do casamento".[6]

A origem do regime de bens é verificada em tempos remotos, com previsão no direito romano, a depender do casamento *cum manus* ou *sine manus*, ou ainda com o pagamento de dote pelo pai da noiva ao noivo, visando à contribuição material com a nova família. Como um instituto de direito de família, ele também reflete os valores sociais do seu tempo e a partir da sua evolução na legislação pode-se, também, aferir a trajetória das mulheres em busca da autonomia pessoal e patrimonial no âmbito do casamento. O exemplo vem da Alemanha, onde o regime da comunhão de bens originou-se do instituto denominado *mundium*, pelo qual o marido era titular de "direitos de senhor feudal" sobre os bens da mulher, o que se aliava ao hábito das prévias doações recíprocas entre os esposos, conforme ensina Clóvis Beviláqua.[7] Posterior e paulatinamente, essa regra cedeu lugar à titularidade igualitária entre os cônjuges sobre o acervo patrimonial do casal.

E provém do direito francês a tendência de unidade de patrimônio entre os casados, já com notícia desde o século IX, representada pela comunhão da administração e a exigência da outorga para a alienação dos bens imóveis, originando também, à época,

---

[3] Nesse sentido, CARDOSO, Fabiana Domingues. *Regime de bens e pacto antenupcial*. São Paulo: Gen/Método. 2010. p. 39.

[4] RODRIGUES, Silvio. *Direito Civil*. Direito de família. 28. ed. atual. por Francisco Cahali. São Paulo: Saraiva. 2004. v. 6. p. 135.

[5] Cf. *Elementos críticos do direito de família*. Rio de Janeiro: Renovar. 199. p. 156.

[6] *O novo direito de família*, São Paulo: Saraiva. 2002. p. 104.

[7] *Direito da família*, Campinas: Red Livros. 2001. p. 202-204.

o costume de registro dos títulos aquisitivos nos livros públicos, sob o nome do casal, o que futuramente se estendeu aos bens móveis, ou seja, a todo o patrimônio comum.

Como nota histórica, a unidade de patrimônio entre os cônjuges do antigo direito anglo-saxão teve aplicação nos Estados Unidos até o século XIX, passando, depois, ao regime da separação total de bens, em virtude da emancipação da mulher.

No Brasil, a regra do patrimônio indiviso oriunda das Ordenações Filipinas de 1595 influenciou o Código Civil de 1916, que fixou como regime legal o da comunhão de todos os bens, salvo se houvesse pacto antenupcial com previsão distinta. Até o ano de 1977, os casamentos eram realizados sob o regime da comunhão universal de bens, sem necessidade da lavratura do respectivo pacto antenupcial, como ocorre hoje.

A partir da Lei do Divórcio, nº 6.515, de 26/12/1977, o regime legal, também chamado de supletivo, passou a ser o da comunhão parcial de bens, em que há comunicação daqueles adquiridos onerosamente na constância do casamento. Essa alteração também reflete a evolução dos costumes e dos valores sociais, apontando para o crescimento da incomunicabilidade patrimonial e a possibilidade da gestão dos próprios bens pela mulher. Atualmente, em virtude da possibilidade da plena igualdade econômica entre os cônjuges e também da maior frequência de mais de um casamento durante a vida, o regime da separação de bens tem sido usual para evitar a comunicação de acervos e para garantir a livre gestão dos próprios bens.

3   O instituto do regime de bens no direito brasileiro

No Brasil, o regime de bens é regido por diversos princípios, com destaque para o princípio da autonomia privada dos consortes e da liberdade de escolha do regramento patrimonial, como também ocorre na legislação da Alemanha, da Argentina, da Espanha, da Itália e de Portugal.[8] E ele vem estabelecido em quatro *fattispecies* nas quais o legislador definiu as regras de (in)comunicação patrimonial e da gestão dos bens no curso do casamento. O Código Civil estabelece, assim, os regimes (i) da comunhão parcial de bens (arts. 1.658 a 1.666 do CC), (ii) da comunhão universal de bens (arts. 1.667 a 1.671 do CC), (iii) da participação final nos aquestos (arts. 1.672 a 1.686 do CC) e o (iv) da separação de bens (art. 1.687 do CC). Segundo as regras desses regimes-tipo, há a possibilidade da coexistência, no curso do casamento, de duas massas de bens: uma comunicável e outra incomunicável a serem consideradas na hipótese de atribuição da meação e também da herança.

E esse aspecto é importante para o direito sucessório e, consequentemente, para o planejamento da sucessão porque, a depender do regime de bens adotado e do que dispõe o art. 1.829 do Código Civil, o cônjuge poderá herdar, em concorrência, justamente na massa de bens que, em vida, se pretendeu permanecesse incomunicável.

Sob os aspectos práticos, ao decidirem pelo casamento, os cônjuges optam por um dos tipos previstos no Código Civil, e não sendo o regime da comunhão parcial de bens (regime legal supletivo) ou aquele imposto pela lei (regime obrigatório da separação de bens), a lavratura do pacto antenupcial é ato imprescindível.

---

8   SANTONJA, Vicente L. Simó. *Compendio de regímenes matrimoniales.* Valença: Tirant lo Blanch, 2005, p. 48 e ss.

Ainda dentro do exercício da autonomia dos cônjuges, o direito brasileiro não veda o estabelecimento de um regime misto, composto pelos cônjuges no pacto antenupcial e segundo as exigências deste ato jurídico formal (art. 1.639 do CC), o que pode ser de grande valia para o planejamento sucessório, especialmente para aqueles familiares que ainda não se casaram, mas que deverão ser considerados na sucessão. O regime misto permite também ao casal tratar de situação específica do patrimônio presente ou futuro, que, de regra, não estaria contemplada em um regime-tipo. O pacto antenupcial, que é negócio jurídico com base na autonomia privada, exige requisitos quanto à forma e encontra no art. 1.655 o limite para as disposições patrimoniais, qual seja, não violar norma de natureza cogente quanto à comunicabilidade ou incomunicabilidade patrimonial.

A vigência do regime de bens, ainda que estabelecido em pacto anterior, acompanha o ato da celebração do casamento, seja o civil ou o religioso com efeitos civis, conforme previsão do §1º do artigo 1.639 do Código Civil. O pacto antenupcial, lavrado obrigatoriamente por escritura pública, tem sua existência e validade como ato jurídico que é, anteriormente ao casamento, porém a sua eficácia – ou seja, a produção dos seus efeitos – está condicionada à realização do casamento. E o pacto antenupcial, muitas das vezes, elaborado em consonância com testamentos, doações e com pactos societários mostra-se um instrumental imprescindível para a organização da sucessão patrimonial dos envolvidos.

Conexo com esses instrumentos que são o pacto antenupcial, o testamento e os pactos societários, a faculdade da modificação do regime de bens após o casamento, conforme previsão contida no §2º do art. 1.639 do Código Civil, é também um mecanismo válido para o planejamento da transmissão sucessória a depender da realidade fática. Mediante a obrigatória autorização judicial, após a análise da motivação e da justificativa do pleito e desde que preservados os direitos de terceiros, a alteração do regime de bens vem sendo utilizada para a reorganização patrimonial, inclusive dos aspectos societários entre os cônjuges –, o que pode ser útil para tratar dos efeitos decorrentes da sucessão deles.

A doutrina classifica o regime de bens no Brasil a partir da sua origem como (a) os *convencionais*, quando a sua fonte é a vontade dos cônjuges e (b) *legais*, quando a fonte é a imposição da lei. Os denominados regimes legais são divididos em supletivos e obrigatórios. Os supletivos são aplicáveis nas hipóteses em que os nubentes, podendo escolher, silenciam a respeito do regime de bens ou, então, na hipótese de nulidade do pacto antenupcial firmado. É por força do regime de bens que se dá a mancomunhão, ou seja, acervo de bens que pertence indistintamente a ambos os cônjuges, só se podendo definir quais bens formam a meação de cada um por ocasião de uma partilha. Até lá esse acervo é comum e a ele está intimamente ligado o instituto da outorga uxória, somente dispensável na separação convencional de bens, a não ser que de modo diferente tenha constado do pacto antenupcial. E, se a mancomunhão importa na indivisibilidade dos bens do acervo comum, o que deve ser necessariamente considerado em um planejamento sucessório, a meação é direito irrenunciável, não passível de cessão ou penhora na vigência do regime de bens.

3.1 O regime legal supletivo da comunhão parcial de bens

A modalidade supletiva do regime é fixada na lei a partir da análise dos costumes e das necessidades da sociedade na qual ele se aplica e, normalmente, engloba as regras que a maioria das pessoas, submetidas a tal legislação, restaria satisfeita ou escolheria.

No sistema jurídico brasileiro o regime da comunhão parcial, que é o supletivo, regerá a vida patrimonial do casal, se outro não for livremente escolhido pelos cônjuges.

Também são as regras do regime supletivo que atuam quando o pacto antenupcial é anulado ou padece de defeito que interfira na sua eficácia, sobretudo em relação a terceiros.

Esse regime pressupõe a existência de uma massa de bens particulares e incomunicável ao outro cônjuge a depender da data da aquisição, se anterior ao casamento ou se recebida a título gratuito no curso da união. Na vigência do casamento os bens e acréscimos patrimoniais adquiridos são presumidamente comunicáveis, a não ser por disposição expressa, como é exemplo a cláusula no pacto antenupcial para afastar a comunicação de frutos e rendimentos de bens particulares, ou mesmo nos respectivos títulos de aquisição de bens sub-rogados aos particulares ou daqueles adquiridos com produto de anterior doação.

O regime legal da comunhão parcial também tem função supletiva e prevalece quando inexiste escolha formal dos conviventes, sendo possível de ser afastado por meio de contrato por instrumento público ou particular, nos termos do artigo 1.725 do Código Civil.

Importante destacar a polêmica existente a respeito da retroatividade dos efeitos do regime de bens nas uniões estáveis,[9] para as hipóteses em que o casal, tendo iniciado o relacionamento sem contrato, em determinado momento decide formalizar a união estável, optando por um regime diferente do legal (comunhão parcial de bens), com a questão de essa escolha ter validade e eficácia desde o início do relacionamento (retroagindo), ou se ela valeria somente a partir do instrumento firmado. Ponto esse importante e que deve ser observado no contexto do planejamento sucessório para evitar problemas e situações não desejadas no futuro. Ainda no que toca ao regime da parcial de bens, também na sucessão será necessário levantar duas massas de bens: aqueles particulares ou a esses sub-rogados e os bens comuns, afetados pela meação. Isto porque, por força do artigo 1.829 do Código Civil, havendo bens particulares, e sendo o casamento regido pelo regime da comunhão parcial de bens, o cônjuge concorrerá

---

[9] Nesse sentido ementa de julgado do STJ: "Não é lícito aos conviventes atribuírem efeitos retroativos ao contrato de união estável, a fim de eleger o regime de bens aplicável ao período de convivência anterior à sua assinatura. Inicialmente, registre-se, acerca dos efeitos do contrato de união estável, que doutrinadores renomados sustentam que, na união estável, é possível a alteração, a qualquer tempo, das disposições de caráter patrimonial, inclusive com efeitos retroativos, mediante singelo acordo despido de caráter patrimonial, sob o argumento de que deve prevalecer o princípio da autonomia da vontade. Não obstante essa vertente doutrinária, o art. 1.725 do CC não comporta o referido alcance. Com efeito, o mencionado dispositivo legal autoriza que os conviventes formalizem suas relações patrimoniais e pessoais por meio de contrato e que somente na ausência dele aplicar-se-á, no que couber, o regime de comunhão parcial. Em síntese: enquanto não houver a formalização da união estável, vigora o regime da comunhão parcial, no que couber. O contrato de convivência, no entanto, não pode conceder mais benefícios à união estável do que ao casamento, pois o legislador constitucional, apesar de reconhecer os dois institutos como entidade familiar e lhes conferir proteção, não os colocou no mesmo patamar, pois expressamente dispôs que a lei facilitará a conversão daquele neste (§3º do art. 226 da CF). Portanto, como o regime de bens entre os cônjuges começa a vigorar desde a data do casamento (§1º do art. 1.639 do CC) e a modificação dele somente é permitida mediante autorização judicial requerida por ambos os consortes, apurada a procedência das razões invocadas e ressalvado o direito de terceiros (§3º do art. 1.639 do CC), não se vislumbra como o contrato de convivência poderia reconhecer uma situação que o legislador, para o casamento, enuncia a necessidade da intervenção do Judiciário. Até porque, admitir o contrário seria conferir, sem dúvida, mais benefícios à união estável do que ao matrimônio civil, bem como teria o potencial de causar prejuízo a direito de terceiros que porventura tivessem contratado com os conviventes" (REsp 1.383.624-MG, Rel. Min. Moura Ribeiro, julgado em 2/6/2015, DJe 12/6/2015).

com os herdeiros do outro. Mas ele só irá participar da herança justamente na cota de bens particulares e receberá fração igual dos herdeiros, com reserva mínima de 1/4 da herança se for também o ascendente dos herdeiros. Curioso porque, ao fazer essa distinção para o regime da comunhão parcial de bens, o legislador acabou por cindir a herança em bens segundo a natureza e data da aquisição.

Nesse regime de bens, o cônjuge sobrevivo recolhe a sua meação e participa da sucessão do outro se houver bens particulares e, exclusivamente, nessa cota hereditária (art.1829 CC). Agora, se não houver bens particulares o cônjuge recolherá a sua meação e somente participará da sucessão do outro se o autor da herança não tiver deixado descendentes, porque, nesta hipótese, o cônjuge concorrerá com o ascendente desaparecendo a distinção entre bens particulares e comuns. Ou seja, na ausência de descendentes não há relevância o regime de bens e tampouco a existência de bens particulares, (art. 1829, II). Por fim, na ausência também da classe dos ascendentes, o cônjuge recolherá integralmente a herança. E esses aspectos devem ser observados quando de um planejamento sucessório porque na hipótese da divisão do acervo em vida é preciso considerar o quinhão de cada herdeiro, sem ser desconsiderado o direito real de habitação do cônjuge.

3.2 Regime legal da separação obrigatória de bens

Por sua vez, o regime legal obrigatório, que é o da separação de bens, destina-se às hipóteses em que características extraordinárias envolvem os nubentes e, por isso, eles não preenchem os requisitos necessários para a livre escolha de outra espécie de regramento para o casamento (art. 1.641 do CC). O regime legal obrigatório costuma apresentar característica de sanção ou de prevenção, pois, segundo a ótica do legislador, a aplicação de outro regime poderia trazer prejuízos para um dos cônjuges ou para terceiros (ex. art. 1.523, I, III do CC).

Sob a imposição do regime da separação de bens, é recorrente a crítica à limitação da vontade dos cônjuges com mais de 70 anos de idade, como prescrito no inciso II do art. 1.641 do Código Civil. Havendo quem defenda a inconstitucionalidade do referido dispositivo legal, uma vez que ele ceifa da pessoa idosa a liberdade na condução das suas relações e do seu patrimônio de forma adequada à própria realidade. Nos tempos atuais causa, no mínimo, estranheza a imposição legal que furta do idoso tal decisão, revelada na dicotomia de tratamento para a hipótese, porque o mesmo idoso que não pode escolher o regime de bens do seu casamento (ou união estável)[10] pode ser um magistrado dotado de plena autonomia para julgar questões sérias da vida dos outros cidadãos –, o que dificulta a razão da lei.[11]

As críticas também são endereçadas para a hipótese daqueles que precisam de suprimento para o casamento, como ocorre com os jovens dos 16 aos 18 anos (art.

---

[10] Inexiste regra legal para limitar a escolha do regime de bens na união estável, mas no Brasil, a jurisprudência é pacífica no sentido de que as uniões estáveis de maiores de setenta anos de idade são submetidas ao regime obrigatório de separação de bens. Nesse sentido:

[11] Comunga desse entendimento João Ricardo Brandão Aguirre, Fernando Sartori, Rolf Madaleno, Cristiano Chaves e Nelson Rosenvald, Francisco Cahali, Débora Brandão, Zeno Veloso, dentre outros, sendo que alguns publicaram suas posições e outros as declararam em exposições durante eventos jurídicos.

1.517 do CC). Pois, sob o viés de buscar a proteção e a tutela daqueles que considera vulneráveis, o legislador pode cometer grandes injustiças ao impor o regime obrigatório da separação de bens. Por exemplo, quando a gravidez é a causa do casamento, ao se impor o regime da separação, diante do divórcio do casal, o patrimônio poderá estar titulado apenas em nome do marido, enquanto a mulher, dedicada à prole e, muitas vezes, com a interrupção de atividade profissional ou dos estudos, restará sem qualquer patrimônio que ajudou a conquistar.

É verdade que a Súmula 377 do Supremo Tribunal Federal buscou corrigir essa injustiça ao determinar a comunicação dos aquestos no regime da separação obrigatória. Porém, se a comunicação patrimonial for entendida como presumida – como era a posição da jurisprudência, ela pode implicar verdadeira burla da imposição legal que visa à proteção patrimonial do cônjuge em função da sua condição etária. Por isso, o entendimento jurisprudencial atual[12] tem sido no sentido da necessidade de comprovação do esforço comum – o que pode resultar em participação desigual no acervo patrimonial conquistado no curso do casamento.

Quando se cogita de esforço comum, é imprescindível perquirir em que medida o envidado por cada qual – ainda que indireto – foi essencial e determinante para o incremento patrimonial do outro. Essa é a razão de ser da Súmula 377 do Supremo Tribuna Federal, que mitiga o efeito da obrigatória separação de bens, para evitar eventual injustiça em face do indevido enriquecimento de um e em detrimento do outro consorte, conforme posição do Superior Tribunal de Justiça:

> A *ratio legis* foi a de proteger o idoso e seus herdeiros necessários dos casamentos realizados por interesse estritamente econômico, evitando que este seja o principal fator a mover o consorte para o enlace... (STJ. REsp 1689152/SC, Rel. Ministro Luis Felipe Salomão, 4ª turma, julgado em 24/10/2017, DJe 22/11/2017)

---

[12] Sobre o tema cabe transcrever trecho do acórdão proferido por ocasião do julgamento do EREsp 1623858/MG: [...]. Ora, a adoção da compreensão de que o esforço comum deve ser presumido (por ser a regra) conduz à ineficácia do regime da separação obrigatória (ou legal) de bens, pois, para afastar a presunção, deverá o interessado fazer prova negativa, comprovar que o ex-cônjuge ou ex-companheiro em nada contribuiu para a aquisição onerosa de determinado bem, conquanto tenha sido a coisa adquirida na constância da união. Torna, portanto, praticamente impossível a separação dos aquestos. Por sua vez, o entendimento de que a comunhão dos bens adquiridos pode ocorrer, desde que comprovado o esforço comum, parece mais consentânea com o sistema legal de regime de bens do casamento, recentemente adotado no Código Civil de 2002, pois prestigia a eficácia do regime de separação legal de bens. Caberá ao interessado comprovar que teve efetiva e relevante (ainda que não financeira) participação no esforço para aquisição onerosa de determinado bem a ser partilhado com a dissolução da união (prova positiva)... (STJ. EREsp 1623858/MG, Rel. Ministro Lázaro Guimarães (Desembargador Convocado do TRF 5ª Região), 2ª seção, julgado em 23/05/2018, DJe 30/05/2018). Seguindo a mesma linha, o Tribunal de Justiça de São Paulo adota idêntica orientação, conforme se infere da ementa a seguir transcrita: [...] No Regime da separação obrigatória de bens. Comunicação de bens. Súmula nº 377 do STF ("No regime de separação legal de bens, comunicam-se os adquiridos na constância do casamento.") que, isoladamente, não confere ao cônjuge o direito de meação aos frutos produzidos durante o período de casamento, sendo imprescindível a demonstração do esforço comum. Regime patrimonial de bens é matéria de ordem pública e deve prevalecer à falta de prova em contrário. Sentença mantida. Recurso desprovido. (TJSP. Apelação 1006487-27.2017.8.26.0566; Relator (a): Mary Grün; Órgão Julgador: 7ª Câmara de Direito Privado; Foro de São Carlos - 2ª Vara da Família e Sucessões; Data do Julgamento: 15/08/2018; Data de Registro: 15/08/2018).

A regra, portanto, é a incomunicabilidade como prevê a dicção do art. 1.641 do Código Civil sendo que a exceção (inequívoco esforço comum para a aquisição do patrimônio) deve ser demostrada por aquele que deseja a comunicação dos acervos.[13]

Porém, por força do artigo 1.829, I, do Código Civil, no regime da obrigatória separação dos bens o cônjuge não herdará em concorrência com os ascendentes, somente podendo concorrer com os ascendentes, porque a hipótese do inciso II do artigo prescinde da análise do regime de bens – o que, a depender do caso em concreto, poderá deixar o cônjuge em uma situação de vulnerabilidade patrimonial a justificar o planejamento prévio, a fim de assegurar a tutela e proteção dessa condição. Aqui no que toca ao planejamento sucessório a consideração é quanto à qualidade de herdeiro necessário do cônjuge e da preservação da meação nos aquestos, além do direito real de habitação, se assim houver.

3.3 O regime legal da comunhão universal de bens

Por força do art. 1.829 e incisos e, pois, da vinculação legal do regime de bens com o direito sucessório, o regime da comunhão universal foi o único que passou ao largo de tantas divergências e polêmicas, na medida em que as suas regras não repercutem na sucessão daqueles que o adotaram no casamento ou na união estável.[14]

O regime da comunhão universal de bens importa na comunicação, aos consortes, dos bens anteriores e daqueles adquiridos, onerosa ou graciosamente, na constância da união conjugal e, neste caso, impõe-se a elaboração de pacto antenupcial. As exceções legais à plena comunhão são as explicitadas no art. 1.668 do Código Civil, mas o pacto pode contemplar outras. Nesse regime de bens os cônjuges não são herdeiros em concorrência com descendentes ou ascendentes e, a depender do caso em concreto, a escolha por esse regime aliado às cláusulas e incomunicabilidade em doações e heranças, por exemplo, pode se mostrar um caminho válido para o planejamento sucessório.

Nesse regime, além de receber a meação que lhe cabe, o cônjuge somente herdará na condição de herdeiro necessário, na ausência de descendentes e ascendentes, segundo a ordem da vocação sucessória. No entanto, para os fins do planejamento da sucessão, haverá de se considerar a reserva da legítima por ser o cônjuge sobrevivo herdeiro necessário do outro.

3.4 O regime legal da separação de bens

O regime da separação de bens é o mais utilizado na organização patrimonial que na maioria das vezes tem como finalidade evitar a comunicação dos acervos de bens. Ele está previsto nos artigos 1.687 e 1.688 do Código Civil e nele os pares não só possuem

---

[13] Neste sentido, é a posição do Superior Tribunal de Justiça nos inúmeros casos apreciados – inclusive em julgamentos realizados pela 2ª seção em sede de embargos de divergência – a exemplo dos seguintes precedentes: AgInt no REsp 1628268/DF, EREsp 1623858/MG, REsp 1689152/SC, REsp 1403419/MG, EREsp 1171820/PR, REsp 1369860/PR e REsp 646259/RS.

[14] Cumpre registrar que no Brasil os direitos sucessórios dos conviventes em união estável se assemelham aqueles aplicados aos cônjuges do casamento, desde o julgamento aos 11/05/2017, dos Recursos Extraordinários de números 646.721 e 878.694, pelo Supremo Tribunal Federal, pelo qual o artigo 1.790 que regula o direito sucessório na união estável foi declarado inconstitucional.

como igualmente administram de forma individualizada os respectivos patrimônios. Nesse regime não se forma a mancomunhão e quando os bens são adquiridos em conjunto a natureza desse acervo é a do condomínio.

Nesse regime, de rigor, a Súmula 377 do Supremo Tribunal Federal não tem aplicação, embora seja recorrente se afastar, expressamente, o seu enunciado no pacto antenupcial, sobretudo para se garantir a incomunicabilidade dos frutos e rendimentos dos bens particulares de cada cônjuge. Decorrente da total incomunicabilidade, na hipótese de rompimento do casamento ou da união estável que o tenham adotado, o que se almeja é a inexistência de meação a não ser por eventual disposição diversa e específica no pacto antenupcial. De regra geral, aplicam-se os princípios e as regras do instituto do condomínio para os bens adquiridos conjuntamente.

O problema se verifica na sucessão, em que a incomunicabilidade pretendida pelos cônjuges deixa de existir por força dos incisos I e II do art. 1.829 do Código Civil, os quais estabelecem que o cônjuge herda em concorrência com descendentes e, também, em concorrência com os ascendentes. Esse fator somado à condição de herdeiro necessário do cônjuge levantou maciça crítica ao legislador porque, no âmbito sucessório, restou totalmente contrariada a liberdade dada em vida aos cônjuges quanto à escolha pela incomunicabilidade dos seus bens.

Aqui também se verifica o descompasso do direito das sucessões com as demandas sociais porque, como antes ressaltado, em função da longevidade e dos valores da sociedade contemporânea, são mais frequentes as segundas e terceiras uniões, com ou sem filhos comuns, a indicar o potencial conflito de interesses na sucessão de um dos cônjuges ou companheiros com herdeiros necessários do outro. E, não só o direito de concorrência com descendentes e ascendentes trouxe essa contrariedade sistêmica, mas sobretudo ao eleger o cônjuge como herdeiro necessário, o Código Civil atual vetou o que antes era permitido na lei de 1916 que era afastar o cônjuge da sucessão por meio de testamento que não o contemplasse. Diante do regime da separação convencional de bens é importante ter em mente a necessária reserva da legítima e o direito real de habitação, direitos que pertencem ao cônjuge sobrevivo independentemente do regime de bens adotado. A isso se agregue o fato de o cônjuge herdar em todo acervo hereditário do cônjuge falecido, independentemente de terem ou não bens condominiais. Portanto, no regime da separação convencional de bens, o cônjuge tem posição mais privilegiada do que no regime da parcial.

3.5 O regime legal da comunicação final dos aquestos

Ademais, nos artigos 1.672 a 1.686 constam as regras para o regime de participação final dos aquestos, o qual configura um misto do regime da separação de bens ao longo do relacionamento para, ao final, quando da dissolução por ruptura ou morte, determinar uma espécie de "ajuste de contas" entre os consortes, com o cômputo e a comunicação dos aquestos em aplicação de regras similares às do regime da comunhão parcial de bens. Também nesse regime a gestão patrimonial é autônoma pelos cônjuges, embora a outorga uxória seja exigida no caso da alienação de bens.

Igualmente, uma boa ferramenta para planejamentos, porém, pouquíssimo utilizada, não apresentando o regime da comunhão final dos aquestos aderência aos costumes brasileiros, e, portanto, praticamente sem uso, desde o seu surgimento com o advento do Código Civil de 2002. Mas, no tocante ao direto sucessório, mesmo tendo como premissa a incomunicabilidade dos bens, reservando-se a possiblidade de comunhão somente para os aquestos ao término da relação, também aqui o cônjuge obrigatoriamente concorrerá com os descendentes nos termos do art. 1.829, I, do Código Civil. A questão tormentosa que se coloca nesse regime de bens, que se assemelha ao regime da parcial de bens, é o fato de a lei não ter destacado bens particulares, importando na concorrência do cônjuge e herdeiros em todo o acervo hereditário. A exemplo do regime da separação convencional de bens também na apuração final dos aquestos o cônjuge sobrevivo recebe mais que receberia se casado no regime da parcial de bens. E dadas as características desse regime, a lei fez questão de enfatizar a impossibilidade de renúncia ou cessão do direito à meação na vigência do casamento, além de manter em favor do cônjuge o direito real de habitação.

4   A escolha do regime e a sua influência no planejamento sucessório

Como se mostrou de forma significativa, com o advento do Código Civil de 2002, o regime de bens passou a influenciar o direito das sucessões, daí a atenção especial do profissional que elabora e conduz o planejamento na análise e na escolha do regime de bens às relações vindouras no âmbito dos envolvidos no planejamento sucessório, bem como aos regimes já praticados nos casamentos ou uniões estáveis configuradas.

A ausência de técnica e conhecimentos específicos sobre regime de bens pode levar à invalidade de atos praticados pelos consortes ou até mesmo invalidar atos previstos e determinados pelo planejamento sucessório. Nesse tocante, destaca-se o recente julgado do Superior Tribunal de Justiça que validou a doação realizada entre cônjuges na constância do regime da comunhão universal de bens, alterando, assim, o patrimônio passível da herança e a meação do cônjuge sobrevivo.[15]

---

[15] Ementa: CIVIL E PROCESSUAL CIVIL. DIREITO DE FAMÍLIA E SUCESSÓRIO NO CÓDIGO CIVIL DE 1916. OMISSÃO OU OBSCURIDADE NO JULGADO. INOCORRÊNCIA. FUNDAMENTAÇÃO SUCINTA, MAS SUFICIENTE. PROCURAÇÃO SEM OBSERVÂNCIA DE FORMALIDADE LEGAL. AUSÊNCIA DE RECONHECIMENTO DE FIRMA DA ASSINATURA. IRRELEVÂNCIA. AUTENTICIDADE COMPROVADA POR PROVA PERICIAL GRAFOTÉCNICA. CESSÃO DE QUOTAS DE SOCIEDADE EMPRESÁRIA ENTRE SÓCIOS CÔNJUGES CASADOS SOB O REGIME DA COMUNHÃO UNIVERSAL DE BENS. NULIDADE DA DOAÇÃO. COMUNICABILIDADE, COPROPRIEDADE E COMPOSSE INCOMPATÍVEIS COM A DOAÇÃO ENTRE OS CÔNJUGES. SUCESSÃO HEREDITÁRIA. ASCENDENTE VIVO AO TEMPO DO FALECIMENTO. ORDEM DA VOCAÇÃO HEREDITÁRIA. EXCLUSÃO DO CÔNJUGE, A QUEM SE RESERVA A MEAÇÃO. DEFERIMENTO DA OUTRA PARTE AO HERDEIRO. DISSÍDIO JURISPRUDENCIAL PREJUDICADO. 1- Ação ajuizada em 08/10/2004. Recurso especial interposto em 10/09/2015 e atribuído à Relatora em 25/08/2016. 2- Os propósitos recursais consistem em definir: (i) se houve omissão ou obscuridade relevante no acórdão recorrido; (ii) se era exigível o reconhecimento de firma na procuração outorgada pela falecida que serviu de base à cessão de quotas que se pretende nulificar; (iii) se foi nula a doação de bens havida entre os cônjuges casados em regime de comunhão universal de bens, seja ao fundamento de impossibilidade do objeto, seja ao fundamento de desrespeito ao quinhão de herdeiro necessário. 3- Não há omissão no julgado que, conquanto de modo sucinto e se valendo de fundamentação *per relationem*, efetivamente se pronuncia sobre as questões suscitadas pela parte. 4- A procuração outorgada pelo mandante sem que tenha sido reconhecida a firma de sua assinatura não invalida, por si só, o mandato, especialmente se a dúvida eventualmente existente acerca da autenticidade do documento vier a ser dirimida por prova suficiente, como a perícia grafotécnica. 5- É nula a doação entre cônjuges casados sob o regime da comunhão universal de bens, na medida em que a hipotética doação resultaria no retorno do bem doado ao patrimônio comum amealhado pelo casal diante da comunicabilidade de bens no regime e do exercício comum da copropriedade e da composse. 6- Na vigência do Código Civil de 1916, a existência de descendentes

A introdução do cônjuge como herdeiro necessário prevista no artigo 1.845 do Código Civil, ao lado da previsão do regime concorrencial do artigo 1.829, I e II, da mesma lei, trouxe dúvidas, polêmicas e lacunas até hoje não dirimidas em plenitude e que precisam ser consideradas no âmbito da organização patrimonial da sucessão.

No entanto, há exceções interessantes à interligação do regime de bens com o direito sucessório, como na hipótese de inexistir descendentes do autor da herança e, assim, o cônjuge concorrer com os ascendentes, independentemente do regime de bens adotado no casamento que teve com o *de cujus* ou na união estável (art. 1.829, II do CC).

Para além do direito de concorrência, o fato é que atualmente o cônjuge é herdeiro necessário e não pode ser afastado da participação na sucessão e esse fato é de suma importância no planejamento da sucessão, pois a legítima terá que ser necessariamente observada, assim como é importante considerar que o direito real de habitação também tem expressão econômica.

Assim, na ausência de herdeiros das primeiras classes e além de recolher a sua meação quando couber, o cônjuge receberá a universalidade da herança deixada pelo outro consorte, nos termos do art. 1.838 do Código Civil. De forma limitada, resta a possibilidade de se disciplinar de modo diverso por doação ou por testamento, desde que respeitada a porção legítima que é direito decorrente da nova condição de herdeiro obrigatório do cônjuge e do companheiro.

E, no âmbito da concorrência sucessória, a *mens legis* do artigo 1.829, I do Código Civil, é clara quanto ao regime da parcial de bens em estabelecer a condição de herdeiro do cônjuge justamente em parcela patrimonial a que ele não teria acesso pela meação. No entanto, isso não foi excepcionado no regime da participação final dos aquestos, em que poderá haver meação sobre os aquestos e bens particulares, levando-se a interpretação de o cônjuge, aqui, neste regime, a exemplo do que ocorre na separação de bens, legal ou convencional, herdar em todo acervo hereditário. Portanto, nos regimes que o permitem, por ocasião da morte do consorte, o cônjuge recolherá o seu direito de meação ao mesmo tempo em que irá participar, como herdeiro e sob as condições do art. 1.831 e seguintes, no acervo hereditário deixado pelo outro.

É de suma relevância ainda registrar que o disposto para a sucessão do cônjuge, de modo especial, o regramento da concorrência do cônjuge sobrevivo com os descendentes, nos termos do artigo 1.829 do Código Civil, passou a ser aplicável às uniões estáveis, a partir de 11/05/2017, com o julgamento dos Recursos Extraordinários de números 646.721 e 878.694, pelo Supremo Tribunal Federal.[16] O tribunal declarou a inconstitucionalidade do artigo 1.790 do Código Civil, que dava tratamento diferente à união estável, atingindo,

---

ou de ascendentes excluía o cônjuge sobrevivente da ordem da vocação hereditária, ressalvando-se em relação a ele, todavia, a sua meação, de modo que, reconhecida a nulidade da doação entre cônjuges casados sob o regime da comunhão universal de bens, deve ser reservada a meação do cônjuge sobrevivente e deferida aos herdeiros necessários a outra metade. 7- O provimento do recurso especial por um dos fundamentos torna despiciendo o exame dos demais suscitados pela parte. Precedentes. 8- Recurso especial conhecido e parcialmente provido, a fim de julgar procedente o pedido formulado na petição inicial e declarar a nulidade da doação realizada entre os cônjuges. (REsp 1787027/RS, Rel. Ministra Nancy Andrighi, Terceira Turma, julgado em 04/02/2020, DJe 24/04/2020)

[16] Parte da ementa que resume o julgamento: "[...] 5. Provimento do recurso extraordinário. Afirmação, em repercussão geral, da seguinte tese: "No sistema constitucional vigente, é inconstitucional a distinção de regimes sucessórios entre cônjuges e companheiros, devendo ser aplicado, em ambos os casos, o regime estabelecido no art. 1.829 do CC/2002".

com essa diferenciação de tratamento, o princípio da isonomia de tutela estabelecida no artigo 226 da Constituição Federal de 1988.

Tratou-se de um marco histórico e da alteração de todo o entendimento e da aplicação (ainda que conturbada) daquelas regras sucessórias às uniões estáveis. De outra banda, o mesmo julgamento deixou de esclarecer se todas as regras da sucessão do cônjuge prevaleceriam na união estável, a exemplo de o companheiro ser ou não herdeiro necessário, o que tem grande repercussão quando se vai planejar a sucessão.

5   O pacto antenupcial e o contrato de união estável: ferramentas indispensáveis ao planejamento da sucessão

Diante da escolha do regime da (i) da separação de bens, (ii) da comunhão universal de bens, (iii) da participação final dos aquestos e (iv) do regime misto, que seria a mescla das regras dos anteriores regimes-tipo, a exigência do pacto antenupcial é a oportunidade para a elaboração de cláusulas que contribuam para os objetivos do planejamento sucessório.

Nesse contexto, o pacto antenupcial, que é um instrumento exigido para todos os regimes, exceto para o da comunhão parcial de bens e para o da separação obrigatória de bens, embora possam neles existir, apresenta a oportunidade de se clausular os interesses, de inúmeras formas, permitindo-se delinear e consagrar a vontade dos nubentes para o seu patrimônio pessoal e do casal, no curso do casamento.

Esse instrumento possui forma legal prevista no artigo 1.653 do Código Civil, devendo ser realizado por escritura pública, apresentado na habilitação do casamento, perante o cartório de registro civil, e após a celebração do casamento, com a qual o pacto passa a ter eficácia. É necessário, ainda, o seu registro perante o cartório de registro de imóveis do primeiro domicílio dos casados, conforme o art. 1.657, além de registro perante a junta comercial (CC, art. 979), caso um dos cônjuges seja empresário, tudo com a finalidade de dar ciência pública a terceiros, e, portanto, do efeito *erga omnes* do regime a ser praticado pelo novo casal.

Ainda que a convenção antenupcial represente o exercício de liberdade dos cônjuges em relação ao patrimônio, as convenções não poderão ferir os preceitos legais, os bons costumes, a ordem pública, e a boa-fé deverá estar presente, sob pena de invalidade do ato, ou, a depender da situação, da invalidade de uma das cláusulas do pacto, se submetida ao crivo do Poder Judiciário.

A previsão legal do artigo 1.639 do Código Civil acrescida do olhar sistemático das regras civis levam a crer que o pacto antenupcial é o instrumento criado pelo legislador para abordar os bens, ou seja, o patrimônio do futuro casal,[17] embora haja profícuo e muito interessante debate na doutrina sobre o conteúdo extrapatrimonial no pacto antenupcial.[18]

---

[17]   Interessante a posição de Débora Vanessa Caús Brandão a respeito, que diz: "Se o legislador quisesse que o conteúdo do pacto antenupcial fosse também extrapatrimonial, não teria inserido capítulo próprio dentro do título 'Do Direito Patrimonial'. O pacto antenupcial deve ter conteúdo eminentemente patrimonial" (*Regime de bens no novo Código Civil*. São Paulo: Saraiva. 2007. p. 189-190).

[18]   Nesse sentido nossa obra CARDOSO, Fabiana Domingues. *Regime de bens e pacto antenupcial*. São Paulo: Gen/ Método. 2010, apresenta diversas posições doutrinárias a respeito, incluindo as posições favoráveis à extensão do

Todavia, mesmo diante desse limite legal, é possível se valer da escritura do pacto antenupcial para diversas possibilidades, além das regras de comunicação dos bens, a exemplo do estabelecimento de cláusulas de gestão patrimonial.

Destarte:

> a restrição ao objeto do pacto aos regimes de bens exclusivamente parece demasiada, pois, sendo assim, o pacto deixa de exercer sua principal função, que é a composição personalizada sobre as regras que incidirão sobre o patrimônio, especialmente no tocante ao futuro acervo de bens dos cônjuges e a sua forma de administração. [...]. As convenções pré-nupciais poderão determinar diversos aspectos e regras sobre o patrimônio familiar e não estritamente sobre os regimes de bens [...].[19]

Assim, podem ser criadas cláusulas que visem (i) a determinar a proporção da titularidade de cada bem adquirido durante a constância do casamento, o que poderá ser criado em decorrência dos rendimentos de cada nubente; (ii) ao esclarecimento sobre a titularidade e divisão de bens existentes antes do casamento, definindo-os como particulares; (iii) às doações entre os cônjuges; (iv) às regras quanto à disponibilidade do patrimônio comum a terceiros (*v.g.* doações, presentes, auxílios a familiares etc.); (v) à obrigação de criação de um fundo financeiro de emergência com as regras para sua composição, bem como sua utilização; (vi) às disposições sobre eventuais bens auferidos por cada cônjuge, sendo aquisições a título gratuito ou oneroso (doações de terceiros, heranças, prêmios, achados, tesouros, vantagens em função da profissão ou fama etc.); (vii) às compensações financeiras pelo fato de o casamento ter gerado alguma minoração ou exoneração de rendimento a um dos consortes, como pensões alimentícias, montepios, soldos comumente destinados às mulheres, enquanto filhas solteiras ou viúvas, que ao contraírem núpcias deixam de auferir tal ganho; (viii) às disposição sobre comunicabilidade ou não de previdências complementares privadas; (ix) às cláusulas em que conste obrigação de um dos genitores em relação ao custeio da educação escolar da futura ou já existente prole, de forma exclusiva; (x) aos ajustes de critérios sobre a partilha de bens na ocasião de eventual separação ou divórcio do casal; (xi) à pactuação sobre participação societária ou ganhos de um dos consortes em eventual empresa exclusiva de sua família que exista previamente ao casamento, entre outros.

Ademais, ainda que polêmico, entende-se não só possível, mas, também, prudente, prever cláusulas visando à resolução de futuros conflitos na partilha dos bens, por meio da mediação e da arbitragem no que for cabível, bem como, já aceita pela jurisprudência[20] a fixação de pensão alimentícia em caso de rompimento da união ou, ao menos, de seus critérios.

---

conteúdo do pacto, incluindo teor extrapatrimonial: Gustavo Tepedino, Francisco Cahali, Maria Berenice Dias, entre outros igualmente relevantes juristas.

[19] CARDOSO, Fabiana Domingues. *Regime de bens e pacto antenupcial*. p. 164.

[20] Decisões de longa data dispõe a respeito, recepcionando a cláusula que versa sobre alimentos no pacto: acórdão n. 437.651, de 5.08.2010, prolatado no Agravo de Instrumento n. 2010.00.2.000253-7, pela 3ª Turma Cível do TJDF, de lavra da Des. Nídia Corrêa Lima, que negou o pedido de redução de alimentos fixados provisoriamente, pois o pensionamento fora determinado em observância ao pacto antenupcial firmado pelas partes. 2. RESP nº 954.567-STJ, de 18.5.2011, Min. Massami Uyeda, Terceira Turma STJ. Desconsiderou a aplicação do pacto naquele caso específico, pois a cláusula suscitada continha previsão explícita *contra legem* (*visava à modificação da regra sucessória legal do casamento*).

Também, fazendo referência ao artigo 190 do Código de Processo Civil, defendem Cristiano Chaves e Nelson Rosenvald:[21]

> exemplos eloquentes de negócios jurídicos atípicos processuais a serem celebrados por meio de pacto antenupcial podem ser ilustrados com um ajuste para a redução de testemunhas a serem arroladas pelas partes, [...], ou mesmo para a impenhorabilidade de certos bens, que em linha de princípio, poderiam ser excutidos.

Visando a apenas mencionar as possibilidades de cláusulas consideradas extrapatrimoniais, mas muito comumente inseridas nas convenções, são disposições sobre a religião da prole futura, a fixação do domicílio do casal ou dos filhos menores, por ocasião do divórcio etc. E a fixação do primeiro domicílio do casal, que é possível de ser feita no pacto, é de suma importância na medida em que será a lei desse primeiro domicílio aquela que irá reger o regime de bens, se de outra forma não for devidamente regulado no pacto.

Indenizações também têm sido alvo de cláusulas nesses instrumentos, seja para compensar um eventual descumprimento conjugal, a exemplo de desrespeito à fidelidade, bem como pelo fato de um dos consortes entender cabível uma compensação monetária ao outro, se findado por aquele o relacionamento das partes.

O contrato de união estável possibilita ainda mais liberdade na sua elaboração porque não possui as exigências impostas ao pacto antenupcial, sobretudo as formalidades e a condição futura de eficácia. Assinado ele passa a viger e aqui, por óbvio, assim como no pacto, devem ser observadas as regras dos negócios jurídicos e a ordem pública, especialmente no aspecto da sua validade, nos termos do artigo 104 do Código Civil. Entretanto, bastará um simples documento particular, podendo ser inclusive redigido de próprio punho ou uma escritura pública, se assim desejar o casal, para que sejam estabelecidos o regime patrimonial e as regras de gestão dos bens no curso da união. É verdade que se recomenda a escritura pública a fim de trazer maior segurança para os envolvidos, mas também na forma particular o contrato de união estável tem plena validade. Importante destacar que o pacto antenupcial é negócio jurídico enquanto o contrato da união estável tem típica natureza contratual.

6 Algumas questões polêmicas que impõem atenção para o planejamento sucessório

Entre as polêmicas mais recentes que dizem respeito ao regime de bens podem ser destacadas para o fim da observação no planejamento sucessório: (a) a dúvida se o companheiro sobrevivente da união estável é ou não herdeiro necessário, e a possibilidade de renúncia do direito de concorrência sucessória no pacto antenupcial e no contrato de união estável, (b) a retroatividade ou não dos efeitos do regime de bens firmado em contrato de união estável, (c) a aplicação da lei vigente ao ato de aquisição de cada bem na união estável para apuração do patrimônio partilhável entre o casal e (d) a validade

---

[21] FARIAS, Cristiano Chaves de; ROSENVALD, Nelson. *Curso de Direito Civil*. Famílias. v. 6. Salvador: Editora JusPodivm. 2019. p. 362.

e eficácia do pacto antenupcial quando elaborado na constância da união estável para casamento futuro.

Vale destacar que não se pretende exaurir cada uma dessas polêmicas, tampouco saná-las; ao contrário, o objetivo é apontar a existência desses aspectos e a necessidade da sua consideração no contexto da análise do regime de bens e da efetividade do planejamento sucessório.

6.1 A condição de herdeiro necessário do convivente e a possibilidade de renúncia do direito de concorrência sucessória

A temática é árdua, tendo crescido seu debate em congressos, eventos e na doutrina especializada após a declaração da inconstitucionalidade do art. 1.790 do Código Civil, por ocasião do julgamento, em 2017, dos Recursos Extraordinários de números 646.721 e 878.694, pelo Supremo Tribunal Federal,[22] cujo acórdão dos respectivos embargos declaratórios, publicado em 09.11.2018, atestou:

> [...] 1. Embargos de declaração em que se questiona a aplicabilidade, às uniões estáveis, do art. 1.845 e de outros dispositivos do Código Civil que conformam o regime sucessório dos cônjuges. 2. A repercussão geral reconhecida diz respeito apenas à aplicabilidade do art. 1.829 do Código Civil às uniões estáveis. Não há omissão a respeito da aplicabilidade de outros dispositivos a tais casos. 3. Embargos de declaração rejeitados.

Com esse resultado, superada a anterior polêmica sobre a equiparação do cônjuge e do companheiro no âmbito do direito de concorrência, permaneceu a incerteza quanto à classificação do convivente como herdeiro necessário, em equiparação à posição ocupada pelo cônjuge no art. 1.845 do Código Civil. E esse aspecto é de suma importância, porque impacta de modo significativo os planejamentos sucessórios, uma vez que haveria nas uniões estáveis a possibilidade de o companheiro ser afastado da sucessão por meio de testamento que não o contemple.

Em que pese a tendência no sentido de o convivente ser considerado herdeiro necessário, aproximando a declarada "equiparação" de todas as regras de direitos sucessórios como já vinha debatendo a doutrina,[23] a visão distinta dessa problemática ganhou holofotes diante do fato de o IBDFAM – Instituto Brasileiro de Direito das Famílias ter oposto, na condição de *amicus curiae*, os embargos de declaração ao acórdão, sob o fundamento de permanecer a omissão do julgado quanto à aplicação da isonomia em relação ao art. 1.845 do Código Civil que estabelece a condição de herdeiro necessário ao cônjuge.

O posicionamento no sentido de tal questão não ter sido objeto de enfrentamento pela Egrégia Suprema Corte na ocasião do julgamento, ao que parece, afastaria a extensão da plena equiparação do companheiro ao cônjuge, apesar de na *praxe* esse

---

[22] Vide mais a respeito em: BONFIM, Marcus Augusto B.; RUZYK, Carlos Eduardo P. *Uma análise do Recurso Extraordinário nº 878.694 à luz do direito fundamental à liberdade: Qual espaço para a autodeterminação nas relações familiares?* Revista Brasileira de Direito Civil. RBDCivil. Belo Horizonte.v. 22. p. 141/178. Out/Dez, 2019.

[23] Nesse sentido, LÔBO, Paulo Luiz Netto. *Direito civil*: sucessões. 4. ed. São Paulo: Saraiva, 2018. E-book.

reconhecimento ser tendência, até mesmo em coerência com a pretendida isonomia constitucional do casamento à união estável.[24]

Sobre o tema, Paulo Luiz Netto Lôbo afirma:

> por arrastamento, pelo mesmo princípio da igualdade sucessória [...] são iguais os direitos dos cônjuges relativamente à ordem de vocação hereditária (art. 1.829, III), ao direito real de habitação (art. 1.831), à sucessão concorrente com os descendentes e quota mínima (art. 1.832), à sucessão concorrente com os ascendentes (art. 1.837 do CC), à qualificação como herdeiro necessário (art. 1.845 do CC).[25]

Entretanto, ainda nesse cenário de forte polêmica, insta destacar vozes no sentido contrário, sob o fundamento de o Supremo Tribunal Federal ter afastado a pretendida isonomia plena do companheiro ao cônjuge para todo os efeitos sucessórios[26] ao declarar, expressamente, que a inconstitucionalidade do artigo 1.790 resultou na equiparação para os fins do art. 1.829 do Código Civil.

Essa não inclusão do companheiro no rol dos herdeiros necessários proporciona maior liberdade no planejar, uma vez que afasta a imposição da reserva da legítima para os companheiros e, sobretudo, possibilita a disposição e o planejamento da destinação do patrimônio sem a intervenção do Estado na esfera da vida privada do casal.

Aliás, essa posição parece contrariar a *ratio decidendi* do julgamento do Supremo Tribunal Federal, que foi no sentido de aplicar a plena igualdade constitucional ao instituto do casamento e da união estável, e, pois, à sucessão do cônjuge e do companheiro. Porém, não havendo o pronunciamento claro e completo sobre a extensão da decisão e as regras aplicáveis, permanece a insegurança jurídica no âmbito dos direitos sucessórios do companheiro.

A esse entendimento se alinham os debates acadêmicos acerca da necessidade de flexibilização ou até mesmo de extinção da legítima de nosso ordenamento. Todavia, pode-se entender, ainda com certa dose de insegurança e com a sensação de iminente necessidade de modificação legislativa ou jurisprudencial, que o companheiro não está no rol dos herdeiros necessários, que tem natureza de *numerus clausus*, possibilitando, assim, excluí-lo da herança, a partir de cláusula testamentária nesse tocante. Mas esse é um aspecto que dever ser bastante analisado no contexto do planejamento sucessório, dada a absoluta incerteza que cerca o tema.

E decorrente da condição de herdeiro do cônjuge e do companheiro tem crescido as reflexões a respeito da possibilidade da inserção de cláusula de renúncia à herança, em pactos antenupciais e em contratos de união estável. Ainda raros os escritos a respeito do tema, Daniel Bucar, Mario Luiz Delgado e Rolf Hansen Madaleno defendem essa

---

[24] Para saber mais sobre essa polêmica, vide artigo no Tomo I dessa obra, de autoria de XAVIER, Luciana Pedroso e XAVIER, Marília Pedroso. *O planejamento sucessório colocado em xeque: afinal, o companheiro é herdeiro necessário?* p. 191-206.

[25] Cf. LÔBO, Paulo Luiz Netto. *Direito civil*: sucessões. 4. ed. São Paulo: Saraiva, 2018. E-book.

[26] Nesse sentido BUCAR, Daniel. *Pactos sucessórios: possibilidades e instrumentalização*. [Org]. TEIXEIRA, Ana Carolina Brochado, RODRIGUES, Renata de Lima. Contratos, família e sucessões. Sao Paulo: Editora Foco, 2020. DELGADO, Mário Luiz. *Os novos herdeiros legitimários*. Revista Nacional de Direito de Família e Sucessões. n. 22. Jan/Fev, 2018. p. 57/58. MADALENO, Rolf. *Renúncia de herança no pacto antenupcial*. [Org.] ROSA, Conrado Paulino da, IBIAS, Delma Silveira, SILVEIRA, Diego Oliveira da. Entre o público e o privado: como fica a família contemporânea? Porto Alegre: IBDFAM/RS, 2020.

hipótese ainda que com fundamentos diversos. É preciso que a doutrina se debruce sobre esse tema, porque a condição de herdeiro necessário e mais que isso, a concorrência do cônjuge com outra classe de herdeiros trouxe um descompasso da lei com a realidade social. O Código Civil foi projetado há décadas, em que outros eram os valores da família e, principalmente da mulher, a quem a lei buscou proteger.

Os argumentos em contrário, no sentido de ser vetada a cláusula de renúncia no pacto ou no contrato de união estável, defendem que esses seriam instrumentos exclusivos para atos *inter vivos*, e, ainda, a questão esbarraria na vedação legal, que proíbe que a herança de pessoa viva seja objeto de contratação; a denominada *pacta corvina* (art. 426 do CC).[27] Porém, da natureza jurídica do pacto antenupcial de negócio jurídico e não de típico contrato, como defendem alguns, poderia ser justificada a possibilidade da renúncia pretendida. Ademais a *mens legis* do art. 426 do Código Civil é a de evitar que o herdeiro passe a desejar a morte do sucedido – situação diametralmente oposta daquela em que renuncia ao direito de participar da herança de outrem. Com a renúncia não reside mais nenhum interesse, tampouco o desejo de morte do outro consorte. Ainda, o pacto sucessório, dentro da convenção antenupcial, infringiria outra norma civil, que é a disposta no art. 1.863 do Código Civil, o qual veda o testamento conjunto. Assim, o pacto antenupcial, por ser instrumento firmado por ambos nubentes, seria uma forma de desvio à citada regra.

De outra banda, modificar as regras sucessórias, por configurarem normas de ordem pública, com resguardo na Constituição Federal ao direito de herança inclusive (art. 5º, XXX) parece afrontar a disposição da doutrina, bem como a regra do artigo 1.655 do Código Civil, possibilitando a nulidade da disposição. Porém é a própria Constituição Federal que também priorizou a tutela dos interesses existenciais sobre os patrimoniais, e funcionalizou o patrimônio para atender às demandas da pessoa. E não desejar ser herdeiro do consorte ou companheiro, para privilegiar outros membros da família, ou mesmo para permitir a paz na organização patrimonial pode ser um mote a ser percorrido. Enfim, muito há para ser debatido nessa temática, e acredita-se que o ideal seria caminhar para a conquista de ampla liberdade e real exercício da autonomia privada dos consortes, onde pudessem, verdadeiramente, se valer do pacto ou do contrato de união estável para expressar sua vontade e tratativas patrimoniais.

6.2 A retroatividade dos efeitos do contrato de união estável e a lei aplicável no tempo

Questão ainda longe de pacificação é a respeito da possibilidade da retroatividade dos efeitos do regime de bens estabelecido em contrato da união estável. O primeiro

---

[27] Em sentido contrário Rolf Madaleno: "[...] Cônjuges e conviventes podem livremente projetar para o futuro a renúncia de um regime de comunicação de bens, tal qual podem projetar para o futuro a renúncia expressa ao direito concorrencial dos incisos I e II, do artigo 1.829 do Código Civil brasileiro, sempre que concorram na herança com descendentes ou ascendentes do consorte falecido. A renúncia de direitos hereditários futuros não só não afronta o artigo 426 do Código Civil (pacta corvina), como diz notório respeito a um mero benefício vidual, passível de plena e prévia abdicação, que, obviamente, em contratos sinalagmáticos precisa ser reciprocamente externada pelo casal, constando como um dos capítulos do pacto antenupcial ou do contrato de convivência, condicionado ao evento futuro da morte de um dos parceiros e da subsistência do relacionamento afetivo por ocasião da morte de um dos consortes e sem precedente separação de fato ou de direito" (MADALENO, Rolf. *Revista IBDFAM*: Famílias e Sucessões. v. 27 p. 48, 2018).

problema diz respeito à determinação do início da união estável, que é um fato jurídico cuja existência prescinde de formalidades. Basta a presença dos requisitos do art. 1.723 do Código Civil, quais sejam: convivência pública, contínua e duradoura, estabelecida com o objetivo de constituir família para se configurar a existência de uma união estável, que é também núcleo econômico com efeitos patrimoniais.

A esse fator se agrega o fato de ser natural que tais relacionamento se iniciem aos poucos, havendo, muitas das vezes, uma zona cinza entre o fim do namoro e a constituição propriamente dita da união estável, sobretudo porque a jurisprudência não exige a morada comum para o estabelecimento desse relacionamento.[28] Assim, é comum a decisão de se firmar o contrato após certo tempo de convívio, a fim de ser registrada e formalmente declarada a existência da união estável com o registro do regime de bens pretendido.

Por longo período, não houve questionamentos a respeito dos efeitos do regime de bens, bastando o contrato firmado apontar a livre escolha dos consortes sobre a sua existência e extensão.

Porém, diante da casuística que tem demonstrado a má-fé nas avenças escritas, com o intuito de prejudicar o cônjuge patrimonialmente vulnerável, com a imposição de regime separatista, quando na verdade o casal vivenciava a comunhão parcial de bens, é que tais reclamos foram levados ao Judiciário, trazendo a discussão ainda sem entendimento pacificado pelos Tribunais. Embora a doutrina defenda a possibilidade da plena autonomia conferida aos conviventes quanto ao estabelecimento de regras que declarem a retroatividade da aplicação do regime, a jurisprudência vem se posicionamento em sentido contrário.

Afirma Euclides de Oliveira que "É preciso que haja estipulação expressa dispondo a esse respeito. Se não houver, entende-se que a escolha de outro regime opera-se *ex nunc*, ou seja, a partir da assinatura do documento. Não existe vedação legal a esse ato, de livre estipulação contratual".[29] No entanto, o Superior Tribunal de Justiça, de forma mais conservadora, vem enfrentado a questão[30] e tem repetido o entendimento no sentido de o regime de bens estabelecido em contrato escrito ter efeitos *ex nunc* e não *ex tunc*, portanto, não retroagindo para alcançar o período anterior à sua existência.[31]

E esse aspecto é importante para se aferir a natureza comum ou particular dos acervos patrimoniais com repercussão no planejamento sucessório, uma vez que, na ausência do contrato de união estável, o regime necessariamente aplicável àquele período será o da comunhão parcial de bens, nos termos do art. 1.725 do Código Civil.

---

[28] Nesse sentido, as palavras de Euclides de Oliveira: "Não haveria como a lei exigir que fosse um pacto ante união estável pela simples razão de que nunca se sabe quando efetivamente começa esse tipo de união, pois inicia-se de mansinho, com o relacionamento afetivo do tipo namoro, e só com o tempo vai se consolidando em entidade familiar, como situação de fato e não por decorrência de alguma solenidade oficial, própria do casamento. Ressalva-se, no entanto, a possibilidade do contrato na origem da união, se houver interesse dos companheiros em desde logo consolidar a situação" (*Regime de bens na união estável pode retroagir se assim estiver firmado em contrato*. http://www.ibdfam.org.br/noticias/5730/regime+de+bens+na+uni%C3%A3o+est%C3%A1vel+pode+retroagir++se+assim+estiver+firmado+em+contrato. Acesso: 27/08/2015).

[29] *Ob cit.*

[30] REsp 1.383.624-MG, Rel. Min. Moura Ribeiro, julgado em 2/6/2015, DJe 12/6/2015.

[31] Nesse sentido podem ser citados os julgados REsp 1597675/SP, de lavra do Relator Ministro Paulo de Tarso Sanseverino, da Terceira Turma, julgado em 25/10/2016, DJe 16/11/2016, também o Agravo Interno no REsp 1751645/MG, com relatoria do Ministro Marco Buzzi, Quarta Turma, Julgado em 04/11/2019, DJE 11/11/2019.

Assim, a quantificação dos bens comunicáveis e dos incomunicáveis pode ser diversa daquela estipulada no contrato escrito a depender da realidade e do regime de bens eleito pelo casal. É inquestionável, entretanto, que a condição de herdeiro do companheiro está vinculada ao regime eleito no contrato, embora possa haver período da união não abrangido por ele. E é para essa distinção que o profissional que atua no planejamento deve estar também atento.

6.3 A aplicação da lei vigente ao ato de aquisição para apuração do patrimônio na união estável

Ainda, um outro debate recorrente no Superior Tribunal de Justiça é a respeito da aplicação da lei vigente no momento da aquisição do patrimônio quando da análise da apuração de bens para a partilha dos conviventes, visto que o instituto da união estável foi alvo de modificações jurídicas, com adequações determinadas em leis diversas (CF/1988, artigo 226, §3º, leis 8.971/1994 e 9.278/1996), até se alcançar sua previsão atual nos artigos 1.723 a 1.727 do Código Civil vigente, e daí a importância do estudo específico a respeito, como se aponta na decisão do agravo interno no recurso especial REsp n. 1519438/SP.[32] Posição apresentada de forma pioneira por Francisco Cahali, em sua obra *Contrato de convivência na união estável* e que ganhou força em diversos julgados perante as Cortes nacionais.[33]

Importa ao planejamento a hipótese de um relacionamento de união estável com interregno temporal, em que tenha havido aquisição de bens pelos conviventes. Dever-se-á analisar a lei incidente, em cada momento de aquisição patrimonial, para, então, alcançar-se exatamente o patrimônio devido a cada parte e não simplesmente a aplicação do regime de bens último, depreendido, por exemplo, do artigo 1.725 do Código Civil.

---

[32] AGRAVO INTERNO. RECURSO ESPECIAL. UNIÃO ESTÁVEL. INÍCIO ANTERIOR E DISSOLUÇÃO POSTERIOR À LEI 9.278/96. BENS ADQUIRIDOS ONEROSAMENTE ANTES DE SUA VIGÊNCIA. DECISÃO AGRAVADA. APLICAÇÃO RETROATIVIDADE. FUNDAMENTO ÚNICO E SUFICIENTE. IMPUGNAÇÃO. SÚMULA 182/STJ. NÃO INCIDÊNCIA. HONORÁRIOS ADVOCATÍCIOS. SUCUMBÊNCIA MÍNIMA. SÚMULA 7/STJ. 1. A ausência de impugnação, no agravo interno, de capítulo independente da decisão singular de mérito, proferida em recurso especial ou agravo, apenas acarreta a preclusão da matéria não impugnada, não atraindo a incidência da Súmula 182/STJ. 2. Hipótese, ademais, em que impugnado no agravo interno, ainda que de forma sumária, o único fundamento suficiente do acórdão recorrido (e da decisão alvo do agravo interno), a saber, a aplicação retroativa da Lei 9.278/1996, sem o qual não se sustenta a solução de partilha igualitária de todos os bens do ex-casal. 3. Os princípios legais que regem a sucessão e a partilha de bens não se confundem: a sucessão é disciplinada pela lei em vigor na data do óbito; a partilha de bens, ao contrário, seja em razão do término, em vida, do relacionamento, seja em decorrência do óbito do companheiro ou cônjuge, deve observar o regime de bens e o ordenamento jurídico vigente ao tempo da aquisição de cada bem a partilhar. 4. A presunção legal de esforço comum na aquisição do patrimônio dos conviventes foi introduzida pela Lei 9.278/96, devendo os bens amealhados no período anterior à sua vigência ser divididos proporcionalmente ao esforço comprovado, direto ou indireto, de cada convivente, conforme disciplinado pelo ordenamento jurídico vigente quando da respectiva aquisição. 5. Os bens adquiridos a título oneroso a partir de 10.5.1996 e até à extinção da união estável, em decorrência da morte do varão, integram o patrimônio comum dos ex-conviventes e, portanto, devem ser partilhados em partes iguais entre eles, nos termos dos arts. 5º da Lei 9.278/1996 e 1.725 do Código Civil. 6. A alteração da conclusão das instâncias de origem no tocante ao quanto os demandantes saíram vencedores ou vencidos, com a finalidade de apurar a ocorrência de sucumbência mínima ou recíproca, demanda o reexame do conjunto fático-probatório dos autos, procedimento vedado no âmbito do recurso especial (Súmula 7/STJ.) 7. Agravo interno e recurso especial providos. (AgInt no REsp 1519438/SP, Rel. Ministro RAUL ARAÚJO, Rel. p/ Acórdão Ministra Maria Isabel Gallotti, Quarta Turma, julgado em 17/12/2019, DJe 16/03/2020).

[33] CAHALI, Francisco José. *Contrato de convivência na união estável*. São Paulo: Saraiva. 2002.

6.4 A validade e eficácia do pacto antenupcial quando elaborado na constância da união estável

Merece destaque ao tema a interpretação que vem sendo dada para o pacto antenupcial quando realizado no âmbito de uma união estável.

Classicamente e por força do art. 1.653 do Código Civil, a lei impõe a ineficácia do pacto antenupcial se a ele não sobrevier o casamento. O pacto antenupcial tem, assim, a sua finalidade voltada para o futuro casamento. A disposição é reforçada pelas regras dos arts. 1.639 e 1.640 do Código Civil, que regulam o regime de bens e o respectivo pacto pré-nupcial. Por sua vez, a união estável prevista nos arts. 1.723 a 1.727 do mesmo diploma legal, no artigo 1.725 do Código Civil, estabelece as regras do regime da comunhão parcial de bens, na ausência de contrato escrito disciplinando de modo diverso.

Decorre disso que, apesar de ambos os instrumentos serem voltados para instituir o regime de bens nas respectivas uniões, o pacto antenupcial é existente e válido ao tempo de sua lavratura, porém a eficácia das suas regras resta condicionada ao futuro enlace. O contrato de união estável, ao contrário, sendo válido, produz efeitos de imediato, podendo, inclusive, disciplinar situações pretéritas, presentes e futuras, aliás, como também ocorre no pacto pré-nupcial, em que pesem divergências jurisprudências sobre o tema.

Nesse contexto acerca da eficácia do pacto antenupcial e do contrato de união estável, merece destaque o acórdão do Tribunal de Justiça do Rio Grande do Sul, de 2006, por ocasião do julgamento da Apelação Cível nº 70016647547 e no qual se reconheceu a possibilidade de o pacto antenupcial fazer também as vezes de contrato de união estável, ainda que implicitamente.[34] No caso em concreto, as partes disciplinaram, no pacto, regras voltadas para a incomunicabilidade de bens passados, presentes e futuros, manifestando claramente a vontade nesse sentido, com vistas ao enlace futuro. Porém, não adveio o casamento e permaneceram vivendo em união estável e o tribunal gaúcho, instado a se manifestar sobre o regime de bens, interpretou o pacto lavrado – que é negócio jurídico válido – como sendo o contrato da união estável e, portanto, com eficácia plena e imediata das cláusulas pactuadas. Havia menção no pacto sobre a incomunicabilidade inclusive dos bens anteriores ao casamento, ou seja, daqueles existentes ao tempo em que as partes já viviam em união estável. E o Superior

---

[34] "Assim, à evidência que os litigantes buscaram resguardar a incomunicabilidade também dos bens que cada um possuía anteriormente ao casamento, mesmo que adquiridos na constância da união estável, porque expressamente pactuaram que a separação total abrangeria também os bens que eles já possuíam e levariam para o casamento, e não só aqueles que lhes sobreviessem na constância do casamento.[...].No caso concreto, contudo, duas pessoas maiores, absolutamente capazes, com nível de instrução superior, ela psicológica, ele contador e fiscal do ICM, totalmente livres para decidir sobre as suas vidas e seu patrimônio, *acordaram, pactuaram,* que casariam sob o regime da separação total de bens, e que tal regime abrangeria também os bens que já possuíam antes do casamento. Ora, qual o impedimento para que, através do pacto antenupcial celebrado para fins de casamento, também dispusessem sobre o regime dos bens preexistentes ao casamento?. [...].Tenho plena convicção de que, o que deve prevalecer acima da formalidade extrema, é a manifestação de vontade das partes no momento do ato, porque os princípios atuais que emanam da legislação civil em vigor, prioriza a boa-fé entre aqueles que se relacionam (em qualquer âmbito). E a vontade manifestada pelos litigantes, ainda que no pacto antenupcial para fins de casamento, é que seus bens não se comunicassem, inclusive os anteriores ao casamento. E essa vontade, que se reveste de toda legalidade, à evidência que deve ser observada" (TJRS, Apelação Cível nº 70016647547, Desemb. Relator: José S. Trindade, j. 28/09/06).

Tribunal de Justiça referendou esse entendimento com a decisão de lavra da Ministra Maria Isabel Galloti, nos autos do Recurso Especial 1.483.863 – SP,[35] que, em 2016, também interpretou o pacto antenupcial, do qual não adveio casamento, como contrato de união estável. Essas decisões parecem privilegiar a boa-fé e a real manifestação de vontade das partes que, desistindo do casamento, permanecem em união estável. Referida decisão implica o alerta da necessidade de se elaborarem contratos para os respectivos períodos do relacionamento, evitando interpretações não desejadas pelo casal, ou, ao menos, por um deles.

6 Conclusão

Atualmente, para se estruturar um planejamento sucessório é imprescindível se conhecer o regramento e as peculiaridades de cada um dos regimes de bens. Além de serem essas regras que irão disciplinar e gerir os bens dos cônjuges e companheiros em vida, reside na escolha do regime de bens a condição de o cônjuge e o companheiro serem alçados à posição de herdeiros em concorrência com os descendentes do *de cujus*. Não bastasse isso, o cônjuge e o companheiro herdam em concorrência com os ascendentes independentemente do regime de bens escolhidos. Situações que podem conter potenciais litígios que podem ser contornados com o planejamento da sucessão. E da posição de herdeiro necessário do cônjuge – e tudo indica também assim o será o companheiro – vem surgindo a discussão a respeito da possibilidade de renúncia da herança no pacto antenupcial, o que parece desafiar a doutrina e a jurisprudência, a fim de se fortalecer a autonomia privada dos envolvidos. Para além dessa possibilidade, o pacto antenupcial ao lado do testamento e dos pactos societários, ao que se soma a possibilidade da alteração do regime de bens e a possibilidade da cláusula de incomunicabilidade em doações, são instrumentos úteis a propiciar a organização patrimonial daqueles que pretendem conduzir, em vida, a própria sucessão.

Referências

BEVILÁQUA. Clóvis. *Direito da família*, Campinas: Red Livros. 2001.

BONFIM, Marcus Augusto B.; RUZYK, Carlos Eduardo P. Uma análise do Recurso Extraordinário nº 878.694 à luz do direito fundamental à liberdade: Qual espaço para a autodeterminação nas relações familiares? *Revista Brasileira de Direito Civil. RBDCivil*. Belo Horizonte, v. 22. p. 141/178. Out/Dez, 2019.

---

[35] Ementa: DIREITO CIVIL. FAMÍLIA. CONVIVÊNCIA EM UNIÃO ESTÁVEL NO PERÍODO ENTRE CASAMENTOS. COMUNHÃO PARCIAL DE BENS. PACTO ANTENUPCIAL, DURANTE A UNIÃO, PRÉVIO AO SEGUNDO CASAMENTO PELO REGIME DE SEPARAÇÃO TOTAL DE BENS. VIGÊNCIA IMEDIATA. ARTIGOS 1.725, DO CÓDIGO CIVIL, E 5°, DA LEI N° 9.278/96. DISSÍDIO JURISPRUDENCIAL NÃO COMPROVADO. ALIMENTOS. REEXAME DE PROVAS. IMPOSSIBILIDADE. ÓBICE DA SÚMULA N° 7, DO STJ. 1. O regime de bens vigente na constância da união estável durante o período entre os dois casamentos dos litigantes é o da comunhão parcial, caso não haja contrato escrito estabelecendo de forma diversa (art. 1.725 do Código Civil e 5° da Lei n° 9.278/96). 2. O contrato pode ser celebrado a qualquer momento da união estável, tendo como único requisito a forma escrita. Assim, o pacto antenupcial prévio ao segundo casamento, adotando o regime da separação total de bens ainda durante a convivência em união estável, possui o efeito imediato de regular os atos a ele posteriores havidos na relação patrimonial entre os conviventes, uma vez que não houve estipulação diversa. 3. Inviável a análise do recurso especial quando dependente de reexame de matéria fática da lide (Súmula 7 do STJ). 4. Recurso especial a que se nega provimento, na parte conhecida. (RESP 1.483.863 - SP (2014/0225668-9). Rel. Min. Maria Isabel Galloti, Quarta Turma, j. 10.05.2016. DJE: 22.06.2016).

BRANDÃO, Débora Vanessa Caús. *Regime de bens no novo Código Civil*. São Paulo: Saraiva. 2007.

CAHALI, Francisco José. *Contrato de convivência na união estável*. São Paulo: Saraiva. 2002.

CARDOSO, Fabiana Domingues. *Regime de bens e pacto antenupcial*. São Paulo: Gen/Método. 2010.

DELGADO, Mário Luiz. Os novos herdeiros legitimários. *Revista Nacional de Direito de Família e Sucessões*. n. 22. Jan/Fev, 2018. p. 43/63.

FACHIN, Luiz Edson. *Elementos críticos do direito de família*. Rio de Janeiro: Renovar. 1999.

FARIAS, Cristiano Chaves de; ROSENVALD, Nelson. *Curso de Direito Civil*. Famílias. v. 6. Salvador: Editora JusPodivm. 2019.

GIRARDI, Viviane. Famílias *Contemporâneas, filiação e afeto*: a possiblidade jurídica da adoção por homossexuais. Porto Alegre: Livraria do Advogado, 2003.

LÔBO, Paulo Luiz Netto. *Direito civil*: sucessões. 4. ed. São Paulo: Saraiva, 2018. E-book.

MADALENO, Rolf. *Direito de Família*. São Paulo: Gen. 2019.

MADALENO, Rolf. *Revista IBDFAM*: Famílias e Sucessões. v. 27 p. 9/58. 2018.

MANFRÉ, José Antonio Encimas. *Regime matrimonial de bens no novo Código Civil*. São Paulo: Juarez de Oliveira, 2002.

OLIVEIRA, Euclides. *Regime de bens na união estável pode retroagir se assim estiver firmado em contrato*. http://www.ibdfam.org.br/noticias/5730/regime+de+bens+na+uni%C3%A3o+est%C3%A1vel+pode +retroagir++se+assim+estiver+firmado+em+contrato <acesso: 27/08/2015>.

RODRIGUES, Silvio. *Direito Civil*. Direito de família. 28. ed. atual. por Francisco Cahali. São Paulo: Saraiva. 2004. v. 6.

SANTONJA, Vicente L. Simó. *Compendio de regímenes matrimoniales*. Valença: Tirant lo Blanch, 2005.

WALD, Arnoldo. *O novo direito de família*, São Paulo: Saraiva. 2002.

XAVIER, Marília Pedroso. O planejamento sucessório colocado em xeque: afinal, o companheiro é herdeiro necessário? p. 191-206. *In*: TEIXEIRA, Daniele Chaves (coord.). *Arquitetura do planejamento sucessório*. Belo Horizonte: Fórum. 2019.

Informação bibliográfica deste texto, conforme a NBR 6023:2018 da Associação Brasileira de Normas Técnicas (ABNT):

CARDOSO, Fabiana Domingues; GIRARDI, Viviane. O instituto do regime de bens e a sua influência no planejamento sucessório. *In*: TEIXEIRA, Daniele Chaves (Coord.). *Arquitetura do Planejamento Sucessório*. Belo Horizonte: Fórum, 2021. p. 175-197. Tomo II. ISBN 978-65-5518-117-3.

FAMÍLIA MOSAICO: DESAFIOS NO ÂMBITO DO PLANEJAMENTO SUCESSÓRIO

FERNANDA LEÃO BARRETTO
FILIPE DE CAMPOS GARBELOTTO
ROSANY NUNES DE MELLO NASCIMENTO

O amor foge a dicionários/ e a regulamentos vários.
(Carlos Drummond de Andrade)

1 Introdução

As experiências da cultura e da natureza se cruzam no cerne da entidade familiar. A tendência "natural" (químico-biológica) da vida em grupo, combinada com o demasiadamente humano medo da solidão e com a necessidade social de organização, levou os seres humanos a acomodarem-se, há tempos longínquos, nisso que chamamos família.[1]

O cunho patrimonialista, nuclear e patriarcal da família do direito romano terminou por influenciar diretamente inúmeras codificações civis modernas, como o *Code de France* e o próprio direito de família brasileiro do Código de 1916.

Foi esse, como sabemos, o único modelo de família admitido juridicamente, em solo pátrio, até quase fins do século passado. Mas é certo que a família, enquanto fato cultural, altera-se cotidiana e sucessivamente.

Se a antiga família greco-romana era "uma associação religiosa, mais do que uma associação natural", e se o que a unia "era algo mais poderoso do que o nascimento, o sentimento ou a força física: e esse poder se encontra na religião dos antepassados",[2] sendo completamente dissociada da ideia de afeto, a família da contemporaneidade é predominantemente afetiva, a ponto de ser reconhecida e tutelada juridicamente ainda que à revelia do que preveem normas de ordem religiosa.

Assim, a despeito da rigidez e do perfil excludente que alguns regimes jurídicos, em consonância com os valores sociais de seu tempo, tentam ou tentaram lhe impor, a família firma-se como substancialmente porosa, plástica, mutável, dinâmica e absorvente de valores e de realidades a ela externas. E segue modelando-se de acordo com as circunstâncias do tempo e do espaço em que figura.

No Brasil, o advento da Constituição Federal de 1988 sepultou o tempo do império de um modelo jurídico familiar único, que se arvorava na qualidade de legítimo

---

[1] DIAS, Maria Berenice. *Manual de direito das famílias*. 6. ed. São Paulo: Revista dos Tribunais, 2019. p. 32.

[2] COULANGES, Fustel De. *A Cidade antiga*, 2006, p. 45.

e relegava à margem as outras qualidades de entidades familiares. Nesse sentido, o artigo 226 firmou-se como verdadeira cláusula geral de inclusão das famílias, fincando o princípio da pluralidade das entidades familiares no âmago do direito pátrio.

Ao lado do casamento, as famílias convivencial e monoparental foram expressamente reconhecidas, sem prejuízo do acolhimento a outras formas de configuração familiar, como confirmou o STF ao reconhecer, no histórico julgamento das ADI 4277 e da ADPF 132, as famílias homoafetivas.

Entre seus princípios, reconheceu também a Lei Maior o da facilitação do divórcio, esculpido no §6º do referido artigo 226 e fortalecido pela EC 66/10, que acabou por eliminar os prazos à dissolução dos vínculos conjugais.

E é do cruzamento da ampla possibilidade de desfazimento de núcleos conjugais ou convivenciais com a liberdade de constituição de outras ou novas entidades familiares que surge o tema que esse artigo busca investigar, na interface com o planejamento sucessório: *a família mosaico.*

2   Família mosaico: conceito e efeitos jurídicos

Na seara de um direito das famílias que presencia o progressivo aumento do número de divórcios e dissoluções de uniões estáveis, assim como a ascensão de novos casamentos e de uniões informais, a família mosaico é um fenômeno em franca expansão. Nas palavras de Rodrigo da Cunha Pereira, ela

> é aquela que se constitui de pessoas oriundas de núcleos familiares diversos, formando um verdadeiro mosaico. [...]. É a família que se constitui de pais e mães que trouxeram para um novo núcleo familiar, filhos de relações anteriores e, muitas vezes, ali também tiveram filhos comuns. Essa família, em que filhos de uniões anteriores convivem com filhos de novas uniões, tem cada vez mais uma representação maior na sociedade contemporânea. Daí a expressão "os seus, os meus os nossos".[3]

A doutrina pátria também as nomeia de recompostas, reconstituídas ou pluriparentais, assim como, na alienígena, encontram-se expressões como *famílias patchwork* (Alemanha), *setp-families* (Estados Unidos), *ensenbladas* (Argentina) e *familles recomposeés* (França).[4]

Vale pontuar, contudo, a distinção conceitual trazida pelo autor, na medida em que todas as famílias mosaico são reconstituídas, pois advém da recomposição de famílias, mas o inverso nem sempre é verdadeiro, uma vez que "nem todas as famílias reconstituídas são mosaico, e só o será se tiverem filhos de conjugalidades anteriores e comuns".[5]

A família mosaico é, pois, marcada pelo signo do movimento, da transformação, na medida em que integra núcleos de relações afetivas anteriores (ou uma família até

---

[3]   PEREIRA, Rodrigo da Cunha. *Dicionário de Direito de Família e Sucessões.* Editora Saraiva, 2018, p. 340.

[4]   *Idem.*

[5]   PEREIRA, Rodrigo da Cunha. *Direito das Famílias.* Editora Forense, 2020, p. 32.

então monoparental) em um novo núcleo mais complexo, que será composto por figuras como padrastos, madrastas, enteados/as, irmãos/ãs e meios/as-irmãos/ãs.[6]

À despeito da sua importância, o legislador do Código Civil de 2002 não se debruçou especificamente sobre essa forma de família, e poucos são os efeitos jurídicos positivados claramente ligados a ela. Não há, por exemplo, qualquer previsão a respeito de alimentos, guarda, convivência ou direitos hereditários entre um dos cônjuges ou companheiros e o filho do outro (seus(suas) enteados/as).

Entre os efeitos jurídicos previstos, podemos destacar o liame indissolúvel que une os parentes por afinidade em linha reta (natureza do vínculo que liga, por exemplo, padrastos e madrastas e seus(suas) enteados/as), o qual atrai a incidência da regra que consagra os impedimentos matrimonias, art. 1.521, III, proibindo os casamentos entre esses parentes. Frise-se que esse impedimento não se estende aos filhos de cada um dos membros do núcleo recomposto, pois que não são considerados irmãos, a menos que um deles venha a ser reconhecido filho socioafetivo do outro cônjuge, ou por ele seja adotado.

No que tange à sucessão que mistura irmãos unilaterais e bilaterais (ou germanos), o Código Reale consagrou, em seu art. 1.841, a diferença entre seus quinhões hereditários, determinando que "Concorrendo à herança do falecido irmãos bilaterais com irmãos unilaterais, cada um destes herdará metade do que cada um daqueles herdar". Essa diferença se estende também aos sobrinhos e não pode ser cogitada como discriminatória, na medida em que a isonomia consagrada pela CF/88, no art. 227, dirige-se aos filhos, e não aos irmãos ou aos filhos destes.

De todo modo, se um meio-irmão desejar contemplar o outro com o mesmo quinhão hereditário destinado a um irmão germano, poderá tranquilamente fazê-lo via testamento, assim como poderá elegê-lo herdeiro privilegiado ou quiçá único, em detrimento de irmãos germanos, desde que não tenha herdeiros necessários.

A inexistência de previsão quanto à possibilidade de regulamentação de guarda ou de convivência no bojo da família mosaico não tem impedido que esses casos ascendam aos nossos tribunais, em que, em virtude da repersonalização da família e da valorização dos vínculos calcados na afetividade, já se reconheceu, numa disputa de guarda entre a madrasta e o pai biológico de um adolescente, que:

> Muito embora o menor não tenha sido gerado pela requerente, inexistindo, portanto, cordão umbilical do seu ventre com a criança, a própria vida se encarregou de lhe dar aquele cordão, surgindo o vínculo no dia a dia, afetiva e efetivamente, fortalecido na transmissão de convivência, segurança, carinho, acompanhamento, responsabilidade, renúncia e, acima de tudo, verdadeiro amor maternal.[7]

O planejamento sucessório no universo das famílias mosaico também não conta com nenhuma regulamentação legal própria, mas é um dos temas mais fascinantes no

---

[6] Criticando a utilização dessas expressões, pela pecha de pejoratividade que elas carregam, v. GRISARD FILHO, Waldyr. Famílias reconstituídas. *In*: GROENINGA, Giselle Câmara; PEREIRA, Rodrigo da Cunha (Coord.). *Direito de família e psicanálise*: rumo a uma epistemologia. Rio de Janeiro: Imago, 2003, p. 257.

[7] TJPB, Apelação Cível n 200.2010.003876-5/001, Rel. Des. Frederico Martinho da Nóbrega Coutinho, 4ª Câmara Cível, pub. 11/07/2012.

âmbito desta atividade, dada a multiplicidade de vínculos que essa família encerra – com níveis de união e afinidades variáveis – e à necessidade de conciliação entre interesses das mais diversas ordens.

Exemplos como o da sucessão do cantor Tim Maia, cujos direitos sobre o acervo os filhos socioafetivo e biológico do cantor (ambos frutos da mesma mãe, ou seja, meios-irmãos) têm sido disputados numa intensa batalha judicial,[8] ou do comediante Mussum, cujo inventário, aberto há quase 20 anos, a imprensa relata ainda não haver sido concluído em razão de litígio entre os filhos do comediante,[9] são emblemáticos de que a importância de se planejar a sucessão será tanto maior quanto for a complexidade das configurações familiares envolvidas.

3   Lineamentos sobre planejamento sucessório

A reunião de medidas estrategicamente escolhidas para predeterminar a destinação do patrimônio de uma pessoa, antes de sua morte, consiste no que é comumente chamado de *planejamento sucessório*.

Os desafios, não só para as famílias como também para os profissionais chamados a planejar, são múltiplos: o primeiro perpassa o comumente negociado silêncio a respeito da morte – apesar de ser inexorável a chegada daquela que foi nomeada, pelo poeta pernambucano Manuel Bandeira, como "a indesejada das gentes".

De um modo geral, não faz parte do imaginário coletivo brasileiro a adoção de medidas que visem regular eventos *post-mortem*: o número de testamentos – o mais básico dos instrumentos utilizados para o planejamento sucessório – é extremamente reduzido em nosso país.

Ademais, não são tantos os escritórios ou advogados autônomos que se propõem a prestar serviços relacionados ao planejamento sucessório, e isso decorre não apenas de uma demanda incipiente, mas também da existência ainda acanhada de acervo a respeito do tema.

Ao lado disso, a legislação é escassa e enseja mais óbices do que incentivos ao ato de planejar a própria sucessão, visto que o nosso ordenamento jurídico reconhece ao titular do patrimônio liberdade limitada de testar, conferindo aos herdeiros necessários a legítima (art. 1.846 CC). A jurisprudência é por vezes estonteante e a doutrina a respeito do tema também é repleta de divergências acerca das latitudes, utilidades e conveniências do planejamento.

Parcela da doutrina defende o planejamento sucessório de maior amplitude, adepta à corrente que ostenta uma postura mais flexível e que sustenta a possibilidade de celebração de determinados pactos sucessórios.[10] Outro contingente de juristas, todavia, segue a vertente atrelada à concepção de que o artigo 426 do Código Civil brasileiro impõe irrestrito óbice aos mencionados pactos, como já decidido pelo STJ:

---

[8]   https://veja.abril.com.br/entretenimento/tim-maia-herdeiros-leo-carmelo/.

[9]   https://caras.uol.com.br/tv/25-anos-apos-sua-morte-inventario-de-mussum-ainda-nao-foi-concluido.phtml.

[10]   DELGADO, Mario Luiz e URBANO MARINHO JÚNIOR, Jânio Novos Horizontes para os Pactos Sucessórios no Brasil. *Revista Magister de Direito das Famílias e Sucessões/Doutrina. Revista Nacional de Direito de Família e Sucessões/* Edições/28. Jan/Fev. 2019.

Acórdão recorrido que manteve a nulidade de cessão de direitos hereditários em que os cessionários dispuseram de direitos a serem futuramente herdados, expondo motivadamente as razões pelas quais entendeu que o negócio jurídico em questão não dizia respeito a adiantamento de legítima, e sim de vedada transação envolvendo herança de pessoa viva. [...]. Embora se admita a cessão de direitos hereditários, esta pressupõe a condição de herdeiro para que possa ser efetivada. A disposição de herança, seja sob a forma de cessão dos direitos hereditários ou de renúncia, pressupõe a abertura da sucessão, sendo vedada a transação sobre herança de pessoa viva. (STJ, Ag. Int. no REsp 1341825/SC, Rel. Ministro Raul Araújo, 4ª Turma, julgado em 15/12/2016, DJe 10/02/2017)

Ademais, ainda é necessário enfrentar um contingente infelizmente expressivo de profissionais que auxiliam no desvirtuamento do planejamento sucessório, convertendo-o em verdadeiro instrumento de fraude à legítima e lhe retirando sua função precípua, que é a de planejar a transmissão de bens de forma segura e garantidora da harmonia familiar e da solidez patrimonial e empresarial.[11]

Não menos importante e como um possível dificultador está o custo operacional para a realização do conjunto de atos que permitem planejar a sucessão: apesar da promessa de redução dos custos quando comparado ao cenário após a morte, o planejamento implica a antecipação de despesas que, ainda que maiores, só ocorreriam em um futuro incerto, após o óbito do titular do patrimônio. Assim, honorários profissionais da equipe multidisciplinar, despesas cartorárias, impostos e outros, comporão o orçamento para o planejamento, tendendo a afastar os menos precavidos e/ou com pouca reserva financeira.

O planejamento sucessório é, pois, em si, um desafio a ser enfrentado por todos os envolvidos. Além do seu caráter necessariamente multidisciplinar, que envolve várias áreas do direito civil e pode demandar especialistas em direito empresarial, tributário, internacional, processual, autoral e outros,[12] pensar em planejamento no âmbito das famílias mosaico torna o cenário ainda mais difícil, em virtude do acréscimo do elemento psíquico – extremamente subjetivo – decorrente dessa particularidade, que é naturalmente mais denso no bojo de entidades familiares mais complexas.

E é justamente por conta da complexidade da mente, das atitudes e das relações humanas, associadas à uma infinidade de insatisfações, decepções e inseguranças, que a maior parte dos litígios judiciais se instalam.

Nessa medida, por que não utilizar o *planejamento sucessório* como uma eficaz forma de minimizar as chances de litígio de natureza sucessória, inclusive e especialmente nas famílias mosaico?

O Brasil ocupa lugar de destaque, quando comparado a outros países, em quantidade de processos judiciais em curso. Estima-se que a cada ano surgem aproximadamente 22 milhões de novos casos.[13] Não por acaso, o novo Código de Processo

---

[11] TARTUCE, Flávio. *Planejamento sucessório*: O que é isso? – Parte I. Disponível em Ihttps://www.migalhas.com.br/coluna/familia-e-sucessoes/290190/planejamento-sucessorio-o-que-e-isso-parte-i.

[12] TEIXEIRA, Daniele Chaves. Noções prévias do direito das sucessões: sociedade, funcionalização e planejamento sucessório. *In*: TEIXEIRA, Daniele Chaves (coord.). *Arquitetura do planejamento sucessório*. Belo Horizonte: Fórum, 2019. p. 35-36.

[13] ROSA, Conrado P. A Justiça que Tarda, Falha: a Mediação como Nova Alternativa no Tratamento dos Conflitos Familiares. *Revista da Faculdade de Direito UniRitter*. Porto Alegre, n. 11. 2010, p. 61-71.

Civil (Lei n. 13.105/2015), em sintonia com a Lei de Mediação (Lei n. 13.140/2015), conta com uma seção inteira dedicada à mediação e à conciliação.

Contudo, ainda mais afetas ao nosso tema estão as disposições para a mediação pré-processual trazidas pela Lei de Mediação – e que não foram contempladas pelo Novo Código Instrumental, uma vez que no tocante à mediação o *códex* processual dispõe de regras de aplicação exclusiva para o ambiente pós-instauração do processo judicial.

A mediação familiar se apresenta como uma técnica alternativa – e complementar – de resolução de conflitos a partir da restauração do diálogo. Tal instrumento culmina na reestruturação da comunicação adequada, conforme a linha (ou escola) circular-narrativa[14] de Sara Cobb ou, mais comum nas mediações familiares e, em especial nas famílias fora da norma,[15] na reestruturação da relação e dos papéis nela desempenhados, conforme a linha transformativa de Bush e Folger.[16]

Assim, eficaz na solução de conflitos e, consequentemente, eficaz na solução de impasses jurídicos – tão comuns nos processos de inventário ou a eles apensados – a mediação na modalidade pré-processual pode e deve ser utilizada como uma ferramenta na construção das estratégias eficazes para o planejamento sucessório.

O objetivo, neste caso, seria tentar "aparar" as arestas emocionais, usualmente mais intensas em famílias cujo tecido constitutivo é mais denso, de modo a facilitar o trabalho dos que executarão o planejamento, conscientizando os envolvidos, garantindo-lhes mais satisfação, costurando entre eles um diálogo mais franco, respeitoso e empático e minimizando, por tudo, a chance de litígios futuros.

O novo regramento do Código de Processo Civil impõe aos profissionais de diversas áreas a necessidade de atuação conjunta, em caráter inter e transdisciplinar, justamente por conta da complexidade da mediação.

> Em contexto tão diversificado, as intervenções multidisciplinares ganham especial aplicabilidade. Primeiro, porque qualquer intervenção, sobre qualquer dos integrantes da família, repercutirá sobre todos: visão sistêmica da família. Segundo, porque em sistema tão diverso, nenhuma questão resulta monotemática. Nenhuma questão é puramente legal, econômica, social ou emocional. Mesmo que em sua origem sejam monotemáticas as questões, suas repercussões serão, sempre, capilarizadas e multifacetadas quando têm a família como cenário.[17]

Planejar a sucessão de uma família mosaico certamente oferece mais desafios que o planejamento para um núcleo familiar que nunca experimentou cisões e recomposições, e por isso exige dos profissionais escolhidos, além da interdisciplinaridade e da abertura

---

[14] São três as escolas de mediação: A tradicional – linear, de Harvard, que tem como meta o acordo; a transformativa, de Bush e Folger, que busca a reestruturação da relação entre as partes envolvidas na disputa; e a circular – narrativa, de Sara Cobb, que foca principalmente no reestabelecimento adequado da comunicação mais harmoniosa.

[15] Por *famílias fora norma* entendemos as famílias que fogem ao ordinário, esperado e culturalmente visto como hegemônico, a exemplo das famílias mosaico.

[16] GARBELOTTO, F. C.; CYSNEIROS, A. B. Notas Sobre a Mediação de Famílias Fora da Norma. *In:* VIEIRA, Tereza Rodrigues (Org.). *Famílias Psicologia e Direito.* I ed. Brasília: Zakarewicz, 2017, V. I, p. 191-202.

[17] ALMEIDA, Tania. *A mediação familiar no contexto da guarda compartilhada.* Disponível em http://www.cnj.jus.br/images/programas/movimento-pela-conciliacao/arquivos/Artigo%20Tania-85_Set-08_Artigo_TA_SP_-_A_Mediacao_Familiar_no_Contexto_da_Guarda_Compartilhada1.pdf. Acesso em: 6 de maio 2017.

para novas técnicas de composição de conflitos, uma anamnese muito cuidadosa e detalhada da estrutura familiar que se oferece ao planejamento.

É necessário mapear a natureza dos vínculos constituídos, verificar se os núcleos anteriores foram desfeitos formalmente ou não, avançar sobre os regimes de bens do casal central, sobre os pactos patrimoniais já existentes, sobre os regimes de bens que regem as relações conjugais ou convivências dos filhos e enteados. Imprescindível, também, avaliar a natureza da relação que se formou entre madrastas/padrastos e enteados/as (ela se transmudou ou não para uma relação paterno ou maternofilial, com base no critério da socioafetividade? Houve o reconhecimento disso? Há multiparentalidade?) e perquirir sobre a existência de filhos nascidos de relações extramatrimoniais, simultâneas ou não à relação conjugal/convivencial, que não tenham sido reconhecidos judicialmente,[18] entre outros pontos cruciais.

4 Dos instrumentos de planejamento no âmbito do planejamento sucessório

O núcleo familiar composto por plurais relações parentais oriundas de divórcios, separações, recasamentos e dos filhos dessas relações é, em regra, permeado por elementos de natureza subjetiva, cultivados ao longo de sua formação, que podem dificultar ou até mesmo inviabilizar a mediação entre os herdeiros no momento da partilha, desencadeando os já mencionados inventários litigiosos intermináveis, contraproducentes e desgastantes para todos os envolvidos.

No âmbito das famílias mosaico, em que as relações nem sempre são estáveis e, em geral, os inventários são permeados de interesses díspares entre os subnúcleos que as compõem, planejar a sucessão é um exercício ainda mais instigante e de relevante consideração.

Conceber um planejamento sucessório alinhado com a legislação de regência possibilita ao disponente, no âmbito do direito civil, conferir os bens integrantes de seu patrimônio de forma organizada, em consonância com a sua vontade e minimizando o potencial litigioso da sua transmissão sucessória.

Nesse contexto, a chance de preservar as relações familiares envolvidas, garantir a continuidade de negócios e a higidez e rentabilidade do patrimônio deixado é substancialmente maior. Ademais, pode ainda viabilizar redução dos encargos e tributos comuns na sucessão, se mostrando eficiente também sob o aspecto tributário.

---

[18] Em 2017, o STJ reconheceu o direito sucessório de filho não reconhecido, 34 anos após efetivada a partilha "A Quarta Turma já assentou o posicionamento de que "máxime em ações de estado, não se apresenta aconselhável privilegiar a coisa julgada formal em detrimento do direito à identidade genética, consagrado na Constituição Federal como direito fundamental, relacionado à personalidade. Descabe, assim, na espécie, recusar o ajuizamento da nova ação (CPC, art. 268), quando há apenas coisa julgada formal decorrente da extinção do processo anterior e a ação posteriormente proposta atende aos pressupostos jurídicos e legais necessários ao seu processamento" (REsp 1215189/RJ, Rel. Ministro Raul Araújo, DJe 01/02/2011). 5. As discriminações existentes entre os filhos foram definitivamente extintas com o advento da Constituição Federal de 1988. No entanto, os direitos sucessórios dos filhos extraconjugais já eram assegurados pela Lei nº 883/49 (com a redação dada pelo artigo 51 da Lei 6.515/77), que estabeleceu o direito à investigação de paternidade e à participação em grau de igualdade na herança, qualquer que seja a natureza da filiação" (STJ, REsp 1279624/PR, 4ª Turma, Luis Felipe Salomão, J. 23.05.2017).

Além do testamento e da doação em vida, instrumentos utilizados com mais frequência no dia a dia, a prática jurídica nos apresenta outros instrumentos de que o titular do patrimônio pode lançar mão como meio para viabilizar a sucessão de acordo com o seu querer, como: a constituição de *holding* familiar, a contratação de planos de previdência privada e de seguros de vida.

Para o presente artigo e sem qualquer pretensão de esgotar o tema, teceremos algumas considerações acerca da aplicabilidade das *holdings* familiares e dos planos de previdência privada ao planejamento sucessório no âmbito das famílias mosaico.

4.1 *Holdings*

4.1.1 Aspectos gerais

O termo *holding* tem origem na língua inglesa, mais especificamente do verbo *to hold*, que denota sentido de controle.[19] Assim, são nominadas de *holdings companies* as empresas que têm como atividade principal a participação de forma majoritária no capital social de outras empresas, de modo a deter controle sobre as respectivas deliberações sociais.

Em sua essência, as *holdings* são constituídas para aplicar o seu capital exclusivamente na participação de outras sociedades, mantendo o controle acionário. No Brasil, entretanto, é comum, porque não vedado pela lei, que empresas com esta conformação detenham participação em outras sociedades sem controlá-las ou mesmo exerçam atividades operacionais, como exemplo, a administração de patrimônio imobiliário e investimentos financeiros próprios.

Neste contexto, tomando por base o conceito originário, bem como a realidade prática brasileira, a doutrina passou a diferenciar as espécies de *holdings*, classificando-as de acordo com o objetivo social para o qual são constituídas.

São classificadas com *holdings de controle* aquelas sociedades constituídas com o único propósito de deter o controle acionário das empresas, cujas participações formam o seu capital social.[20] As *holdings de participação* são aquelas que detêm participação no capital de outras sociedades, sem, contudo, exercer o poder de controle nas deliberações sociais, são consideradas *holdings* de investimento, uma vez que o objetivo desta espécie é "[...] investir seus recursos em participações em outras empresas, de maneira não permanente, para auferir resultados".[21] Há ainda as *holdings patrimoniais*, que se caracterizam por exercer a atividade de administração e controle de patrimônio próprio.

Sob o aspecto contábil, as *holdings* de controle e de participação têm seu resultado composto exclusivamente de ganho ou perdas resultantes de equivalência com o patrimônio das investidas e/ou dos dividendos e de juros de capital próprio pagos por estas. Já as *holdings* patrimoniais auferem receitas operacionais próprias, decorrentes do exercício da administração do seu patrimônio, como: receita de locação de bens móveis ou imóveis, receitas obtidas com investimentos no mercado financeiro.

---

[19] MAMEDE, Gladson; MAMEDE, Eduarda Cotta. Op. cit., p. 6.

[20] TEIXEIRA, Tarcísio. *Direito empresarial sistematizado*: doutrina, jurisprudência e prática. Obra Digital. 3. ed. São Paulo: Saraiva, 2014.

[21] AMENDOLARA, Leslie. *A sucessão em Empresa Familiar*. 2. ed. São Paulo: Editora Lazuli, 2005, p. 35.

No contexto do planejamento sucessório, a adoção de *holdings* familiares se constitui em instrumento facilitador da administração e organização dos bens integrantes do patrimônio do disponente, viabilizando a distribuição em vida do patrimônio aos herdeiros, bem como a tomada de decisões relativas à direção das empresas das quais detêm participação majoritária.

Tomemos como exemplo simples da utilização de *holdings* como veículo facilitador da administração de bens próprios a alienação de um imóvel com propriedade em condomínio,[22] que, como se sabe, só se perfaz com a concordância de todos os condôminos. Admitindo-se que o citado imóvel integrasse o patrimônio de uma *holding* patrimonial, a sua alienação poderia ser aprovada por maioria de votos, salvo apenas se houvesse disposição contratual em sentido contrário,[23] sendo dispensada por conseguinte a aprovação unânime.

Outro aspecto a ser considerado é a possibilidade de concentração do controle societário em um ou mais núcleos integrantes de uma mesma família. Tal objetivo geralmente é alcançado através da pactuação de acordos parassociais – acordo de quotistas ou acionistas, conforme seja a forma de constituição da sociedade.

Segundo as lições de Modesto Carvalhosa, o acordo de acionistas tem por objetivo precípuo "a regulação do exercício dos direitos referentes a suas ações, tanto no que se refere ao voto como à negociabilidade das mesmas".[24]

Nesta senda, mediante adoção de pactos parassociais, cujas disposições não sejam contrárias à lei, dois ou mais sócios/acionistas podem pactuar entre si as regras que regulamentarão as deliberações por si tomadas, relativas ao direito a voto e às respectivas participações societárias. Tratando-se de instrumento particular, em que, em regra, o sigilo é preservado, é possível utilizá-lo com o objetivo de regular determinadas situações e matérias, cujo teor os sócios ou acionistas não desejem publicizar através dos atos constitutivos da sociedade.

Sob o aspecto tributário, o manejo do instrumento em análise pode ser atrativo especialmente quando se trata de *holdings* patrimoniais, que, como visto anteriormente, têm como elemento caracterizador o exercício da atividade de administração de patrimônio próprio. Após a versão do patrimônio pessoal para a formação do capital social desta espécie de *holding*, os bens móveis, imóveis e valores mobiliários passam a ser representados por quotas ou ações e os rendimentos decorrentes da administração e exploração destes, auferidos pela pessoa jurídica e não mais pelo proprietário originário pessoa física.

Nos termos em que está disposta a legislação que rege a cobrança do imposto de renda, os rendimentos auferidos pelas pessoas físicas, a exemplo dos rendimentos de aluguel, estão, em regra, submetidos à incidência do imposto com base em tabela progressiva, cujas alíquotas variam entre 7,5% a 27,5%. Por outro lado, os rendimentos auferidos por pessoas jurídicas que se dediquem à atividade imobiliária se submetem

---

[22] CLÁUDIA, Ana Redecker e KORB, Heloisa Bondan, em Holding Familiar como Instrumento de Efetivação do Planejamento Sucessório.

[23] Artigo 1.071 c/c art. 1.076, ambos da Lei nº 10.406/2002 que aprovou o Código Civil.

[24] CARVALHOSA, Modesto. *Acordo de Acionistas*. São Paulo: Saraiva, 1984, p. 9.

à carga tributária total de até 16,5%, a depender do regime de tributação a que estas estiverem submetidas, encargo tributário bem menos oneroso, portanto.

Em qualquer circunstância, contudo, certo é que a escolha por uma outra espécie de *holding* para fins de consecução de um planejamento sucessório estará, sempre, intrinsecamente relacionada às características do patrimônio a ser objeto da futura partilha e, especialmente, às aspirações pessoais do disponente.

Dito de outra forma, é imprescindível que os advogados e demais profissionais responsáveis pela arquitetura da sucessão se apropriem do contexto em que a família no caso concreto está inserida, bem como das necessidades e demandas dos subnúcleos familiares que a compõem, de modo que possa lançar mão do instrumento ou dos instrumentos adequados ao completo alcance do objetivo colimado.

4.1.2 Aplicabilidade de *holdings* no âmbito dos núcleos familiares mosaico

Usualmente, as *holdings* familiares constituídas com o objetivo de transição patrimonial a herdeiros obedecem ao seguinte formato: (i) a sociedade é constituída tendo como sócios o disponente e os seus descendentes; (ii) o patrimônio da sociedade é composto por bens móveis, imóveis e investimentos de titularidade do genitor/genitora que aspiram manter consigo o controle societário até o advento de sua morte.

Quando o acervo patrimonial é composto tanto de bens móveis e imóveis quanto de valores mobiliários – ações ou quotas de empresas operacionais conduzidas pela família ao longo das gerações –, não é raro que o planejamento contemple a constituição de *holdings* distintas, sendo uma de controle, destinada a concentrar os investimentos no patrimônio das empresas operacionais, e outra patrimonial, constituída para concentrar o patrimônio imobiliário, facilitando, assim, a distribuição futura aos herdeiros, que poderá ocorrer em vida – através de doação – ou após a morte no bojo do processo de inventário.

Em um núcleo familiar mosaico, em que a complexidade das relações é inerente à sua formação, a apropriação quanto às características patrimoniais, ao desejo do disponente e, sobretudo, aos aspectos relacionados à legítima é ainda mais relevante.

Para estes núcleos, a atuação do disponente como agente mediador no ajuste dos interesses individuais dos herdeiros pode constituir elemento fundamental no processo de partilha futura dos bens, daí a importância de planejamento prévio, da transparência no diálogo e do eventual auxílio de técnicas como a mediação.

Adotando como exemplo um acervo patrimonial caracterizado por bens imóveis aptos a locação e quotas do capital de empresas operacionais, e admitindo-se que este patrimônio pertença a uma família composta por um casal com filhos comuns e filhos de apenas um dos cônjuges ou companheiros, em que não se vislumbre a possibilidade de *affectio societatis* entre os herdeiros, é perfeitamente factível planejar a sucessão mediante a constituição de *holdings* distintas, de forma que o patrimônio venha a ser distribuído entre os subnúcleos integrantes da família.

Nesta conformação, é possível manter os filhos comuns em uma unidade empresarial e aqueles oriundos da união anterior noutra, minimizando eventuais conflitos futuros de interesses.

Se assim desejar o disponente, as quotas podem ser transferidas ainda em vida, mediante um contrato de doação que poderá ser gravado com cláusula que garanta ao transmitente manter o controle e administração dos bens, podendo auferir os rendimentos produzidos pelo acervo enquanto vida tiver.

É possível, ainda, incluir nos contratos de doação cláusulas restritivas de direito, como a de incomunicabilidade, de que tratam os artigos 979 e 1.911 do Código Civil, com o propósito de proteger os bens de eventuais enfrentamentos com terceiros, a exemplo dos cônjuges ou companheiros dos herdeiros, na medida em que quotas ou ações destas *holdings* estarão excluídas da comunhão.

Dispõe o artigo 538 do Código Civil que a doação se constitui em negócio jurídico mediante o qual *uma pessoa, por liberalidade, transfere de seu patrimônio bens ou vantagens para outra pessoa, podendo ser formalizada mediante escritura pública ou por instrumento particular*, a depender da natureza do bem doado. A doação afasta-se do testamento na medida em que, ao contrário deste, não pode ser revogada, exceto na hipótese de ingratidão do donatário ou de inexecução de encargo por este.

Entretanto, há de observar que a teor das disposições contidas no artigo 2.020 do CC, a doação a descendentes ou a cônjuge implica, em regra, adiantamento da legítima, de modo que o valor correspondente às doações efetivadas deve ser trazido à colação no momento da abertura do inventário, sob pena de sonegação.

Como ensina-nos a doutrina,[25] a colação tem uma finalidade eminentemente contábil e visa precipuamente igualar as legítimas entre os herdeiros, tal preceituado pelo artigo 2.003 do mesmo *Codex*. Exceção à regra geral se faz aos bens doados a terceiros e àqueles que, por deliberação do doador, devam ser destacados da parte disponível de seu patrimônio.

No caso prático tomado como exemplo para o presente artigo, na hipótese de o disponente pretender contemplar determinado herdeiro ou subnúcleo familiar com um bem ou conjunto específico de bens, deverá observar a legítima, dispondo, no contrato de doação, que a parcela do patrimônio doada não se sujeitará à colação, porquanto pertencente à porção disponível do seu acervo.

Como se constata, a utilização de *holdings* como instrumento de planejamento sucessório se constitui em meio lícito que ganha especial relevância na formatação dos grupos familiares contemporâneos, tal como se verifica com as famílias mosaico.

Essa aptidão se verifica na medida em que a *holding* viabiliza a distribuição, ainda em vida, de forma organizada e paulatina, do acervo que será submetido a processo de inventário, procedimento que, na maioria das vezes, em razão dos conflitos de interesses entre os herdeiros, pode levar mesmo décadas para chegar a termo, pondo em risco, inclusive, a solvência do patrimônio transmitido.

---

[25] VENOSA, Silvio de Sávio, *Direito das Sucessões*, Atlas, 14ª Edição, pg. 391.

4.2 Planos de previdência privada

4.2.1 Considerações gerais

O regime de previdência privada de caráter complementar está previsto no artigo 202 da Constituição Federal que, por sua vez, delegou à lei complementar a tarefa de regulá-lo. Em observância ao comando constitucional, foi promulgada a Lei Complementar nº 109, de 29.05.2001, com o objetivo de disciplinar os planos de previdência privada, que, entre outras diretrizes, incumbiu à Susep – Superintendência de Seguros Privados a função fiscalizatória.

Segundo as disposições contidas na referida norma legal, o regime de previdência complementar deve ser operado por entidades de previdência complementar que têm por objetivo instituir e executar planos de benefícios de caráter previdenciário, os quais são classificados em dois segmentos, abertos ou fechados. Os primeiros são aqueles que permitem que a contratação seja realizada tanto por pessoa física quando jurídica, e os segundos se distinguem como aqueles cuja adesão é restrita a trabalhadores vinculados à própria organização, também conhecidos como fundos de pensão.

Para o presente estudo nos interessa analisar os planos de previdência complementar abertos, administrados por sociedades anônimas com fins lucrativos, geralmente contratados com bancos ou entidades seguradoras.

Trata-se de um modelo de previdência acessível a qualquer pessoa. No Brasil, os modelos, cuja adoção é permitida pela legislação reguladora, são PGBL – Plano Gerador de Benefício Livre e o VGBL – Vida Gerador de Benefício.[26]

Ambos se aproximam por se tratarem de planos por sobrevivência, os quais, após o período de captação de recurso, proporcionam ao participante auferir renda, correspondente à reserva acrescida dos rendimentos capitalizados ao longo do período de acumulação, que, a critério deste, pode ser paga sob a forma de renda mensal vitalícia, em parcelas por prazo determinado, ou mesmo resgatada de uma única vez.

O elemento diferenciador entre os dois modelos é caracterizado pelo tratamento tributário dispensado a cada espécie.

O PGBL possibilita ao contratante deduzir o valor das contribuições pagas no curso do ano calendário da base de cálculo do imposto de renda por ele devido em sua declaração de rendimentos anual, obedecido, para tal fim, o limite de 12% (doze por cento) da sua renda tributável. Quando do resgate, todavia, a incidência do imposto recairá sobre todo o valor da reserva, representado pelos valores correspondentes às contribuições mensais, acrescidas dos rendimentos auferidos no período de acumulação.

Já na modalidade VGBL, as contribuições mensais não são dedutíveis da base de cálculo do imposto de renda devido pela pessoa física optante. Entretanto, ao final do período de acumulação, a tributação pelo imposto de renda ficará restrita aos rendimentos auferidos, não recaindo, portanto, sobre o montante correspondente ao valor nominal dos aportes realizados.

Nos termos da legislação de regência, em ambos os planos, se o titular desejar, também, é possível contratar coberturas de risco – renda, pensão e pecúlios.

---

[26] Regulamentação através das Resoluções do Sistema Nacional de Seguros (CNSP e SUSEP) nº 117/2004; 139/2005 e 140/2005.

4.2.2 Aplicabilidade da previdência privada como instrumento de planejamento no âmbito dos núcleos familiares mosaico

Como visto no tópico precedente, o PGBL se constitui em plano de previdência complementar, enquanto o VGBL se constitui num seguro de pessoa. A despeito de tal diferença constitutiva, a Lei Complementar 109/01 lhes atribui natureza securitária e, nesta condição, lhes é aplicável a disciplina contida no artigo 791 do Código Civil.

Nos termos do referido dispositivo, *no seguro de vida ou de acidentes pessoais para o caso de morte, o capital estipulado não está sujeito às dívidas do segurado, nem se considera herança para todos os efeitos de direito.*

Em razão de sua natureza jurídica e das disposições que lhes são aplicáveis no âmbito do direito civil brasileiro, os planos de previdência privada se constituem em instrumentos que podem ser manejados na arquitetura de uma sucessão. Isto porque, em razão da natureza securitária, o direito creditório correspondente à reserva constituída ao longo do período de acumulação não é transmissível aos herdeiros, exceto na hipótese de o *de cujus* não haver indicado beneficiário legal nas respectivas apólices.

Neste diapasão, é lícito ao disponente contratar planos de previdência privada de modo a destinar parte de seu patrimônio a quem melhor lhe aprouver, sem que tal ato de liberalidade se submeta às regras do inventário. Nestas situações, em regra, os recursos são liberados ao beneficiário de forma muito mais ágil e desburocratizada, não sendo sequer necessária a formalização de processos extrajudiciais ou judiciais para tal fim.

Demais disto, por não integrar herança, a transmissão da reserva aos beneficiários eleitos não se constitui em fato gerador do imposto sobre transmissão *causa mortis* e doação, sendo esta mais uma vantagem do manejo deste instrumento de planejamento.

Insta ressaltar, pela sua importância, que a utilização de planos de previdência como meio de planejar a sucessão há de ser feita com a devida cautela e orientação profissional. Isto porque, a despeito de se constituir em negócio jurídico lícito, devidamente regulado pela legislação pátria, há sempre o risco de questionamento por parte dos herdeiros legítimos que, porventura, se sintam prejudicados.

Não se pode perder de vista que os planos de previdência complementar são, na essência, negócios de longo prazo, de execução continuada, destinados à constituição de reservas. Tratam-se, pois, de patrimônio por afetação, já que dotados de finalidade específica.[27]

Como exposto, a regra geral é que, na hipótese de haver prévia indicação de beneficiários, as reservas constituídas não componham a herança ainda que o montante acumulado supere a legítima.

Todavia, caso reste comprovado que a contratação dos fundos de previdência privada se deu com o único propósito de fraudar a legítima, o negócio jurídico pode vir a ser desconstituído pelo Poder Judiciário, a teor das disposições contidas no artigo 187 do Código Civil, hipótese em que os valores integrantes da reserva passariam a compor o montante a partilhar, sujeitando-se, portanto, às regras do inventário.[28]

---

[27] GONÇALVES, Mairan Junior. *A previdência privada como instrumento de planejamento sucessório.*

[28] AGRAVO EM RECURSO ESPECIAL Nº 1.651.461 - SP (2020/0013742-0). *Em que pese a regra institui o beneficiário do plano de previdência privada como a pessoa indicada livremente pelo participante para receber os valores do benefício na hipótese de seu falecimento, a sucessão anômala não pode ser vista como um meio apto a evitar a aplicação de toda e*

No contexto de uma família com múltiplas relações paternofiliais, tal como a adotada como exemplo no tópico precedente, o instrumento sobre o qual ora nos debruçamos poderia ser manejado pelo disponente como forma de conferir uma parcela de seu patrimônio a um filho ou determinados filhos que desejasse prestigiar, em virtude de afinidades pessoais, sem prejuízo do direito à legitima.

5 Conclusões

De todas as instituições criadas pela cultura, é a entidade familiar – ainda que marcada por violências e assimetrias, em particular de gêneros e nas posições exercidas no interno das relações parentais – a que tem maior disponibilidade para o acolhimento da pessoa, para o abrigo de suas emoções, para a transmissão dos códigos e valores necessários à vida em sociedade e para a formação psíquica do sujeito.

Com a abertura promovida pela Constituição Cidadã, o horizonte das famílias brasileiras se tornou mais amplo, mais inclusivo, mais real e também mais espesso, exigindo do jurista análises que perpassem sempre a isonomia entre as entidades familiares, mas que não desconsiderem suas idiossincrasias.

A família mosaico, nascida de junção de situações familiares anteriores de um ou de ambos os membros do casal, é bastante peculiar na complexidade da rede que seus variados vínculos performam.

Essa complexidade a torna uma natural candidata ao planejamento sucessório, já que a falta deste pode implicar consequências ainda mais desastrosas para o seu processo de transmissão de bens, considerado de alto potencial litigioso.

Mas essa mesma densidade também oferece aos profissionais convocados a atuar nesse planejamento desafios maiores que os usuais, que perpassam desde a habilidade para auxiliar e intermediar o diálogo entre os envolvidos à capacidade de identificação e manejo dos mais adequados instrumentos que permitam planejar essa sucessão, equalizando a vontade do titular do patrimônio e os ditames do ordenamento pátrio.

Referências

ALMEIDA, Tania. *A mediação familiar no contexto da guarda compartilhada*. Disponível em http://www.cnj.jus.br/images/programas/movimento-pela-conciliacao/arquivos/Artigo%20Tania-85_Set-08_Artigo_TA_SP_-_A_Mediacao_Familiar_no_Contexto_da_Guarda_Compartilhada1.pdf. Acesso em: 6 de maio 2017.

AMENDOLARA, Leslie. *A sucessão em Empresa Familiar*. 2. ed. São Paulo: Editora Lazuli, 2005, p. 35.

BRASIL. Lei 13140. Lei da Mediação. *Diário Oficial da União*, Brasília, 29 de junho de 2015.

CARVALHOSA, Modesto. *Acordo de Acionistas*. São Paulo: Saraiva, 1984, p. 9.

COULANGES, Fustel De. *A Cidade antiga*, 2006, p. 45.

---

qualquer regra de sucessão legítima. Os herdeiros necessários devem ter seus direitos sucessórios preservados, de modo que a sua legítima deve ser respeitada, não podendo o participante dispor sobre grande parte do seu patrimônio, alocando-o para planos de previdência e seguros. Recurso provido (e-STJ, fl. 387).

DELGADO, Mario Luiz e URBANO MARINHO JÚNIOR, Jânio. Novos Horizontes para os Pactos Sucessórios no Brasil. *Revista Magister de Direito das Famílias e Sucessões/Doutrina. Revista Nacional de Direito de Família e Sucessões/*Edições/28. Jan/Fev 2019

DIAS, Maria Berenice. *Manual de direito das famílias.* 6. ed. São Paulo: Revista dos Tribunais, 2019. p. 32.

FILHO, Waldyr. Famílias reconstituídas. *In*: GROENINGA, Giselle Câmara; PEREIRA, Rodrigo da Cunha (Coord.). *Direito de família e psicanálise*: rumo a uma epistemologia. Rio de Janeiro: Imago, 2003, p. 257.

GARBELOTTO, F. C.; CYSNEIROS, A. B. Notas Sobre a Mediação de Famílias Fora da Norma. In: VIEIRA, Tereza Rodrigues (Org.). *Famílias Psicologia e Direito.* I ed. Brasília: Zakarewicz, 2017, V. I, p. 191-202.

PEREIRA, Rodrigo da Cunha. *Dicionário de Direito de Família e Sucessões.* Editora Saraiva, 2018, p. 340.

PEREIRA, Rodrigo da Cunha. *Direito das Famílias.* Editora Forense, 2020, p. 449.

ROSA, Conrado P. A Justiça que Tarda, Falha: a Mediação como Nova Alternativa no Tratamento dos Conflitos Familiares. *Revista da Faculdade de Direito UniRitter.* Porto Alegre, n. 11. 2010, p. 61-71.

TEIXEIRA, Daniele Chaves. Noções prévias do direito das sucessões: sociedade, funcionalização e planejamento sucessório. *In*: TEIXEIRA, Daniele Chaves (coord.) *Arquitetura do planejamento sucessório.* Belo Horizonte: Fórum, 2019. p. 35-36.

VELOSO, Zeno. *Novo Código civil comentado.* FIUZA, Ricardo (Coord.). São Paulo: Saraiva, 2003.

Informação bibliográfica deste texto, conforme a NBR 6023:2018 da Associação Brasileira de Normas Técnicas (ABNT):

BARRETTO, Fernanda Leão; GARBELOTTO, Filipe de Campos; NASCIMENTO, Rosany Nunes de Mello. Família mosaico: desafios no âmbito do planejamento sucessório. *In*: TEIXEIRA, Daniele Chaves (Coord.). *Arquitetura do Planejamento Sucessório.* Belo Horizonte: Fórum, 2021. p. 199-213. Tomo II. ISBN 978-65-5518-117-3.

MEDIAÇÃO EM CONFLITOS SUCESSÓRIOS: POSSIBILIDADES ANTES, DURANTE E DEPOIS DA ABERTURA DA SUCESSÃO

FERNANDA TARTUCE
DÉBORA BRANDÃO

1 Relevância do tema

Como lidar com os ajustes necessários para prover a melhor organização familiar sob os prismas existencial e patrimonial à luz da inexorável mudança de gerações?

A utilização da mediação pode se revelar interessante antes do início, propriamente, do planejamento sucessório. Movimentações societárias podem gerar melindres, assim como doações por parte de genitores em favor de filho específico. Para tratar destas questões, com comunicação fluída, pela mediação, os envolvidos poderão chegar à conclusão de que o planejamento sucessório é providência adequada para que possam assegurar transparência e segurança às futuras transições.

Além desse aspecto antecedente e preventivo, a mediação pode ser técnica eficaz para assegurar o cumprimento de definições concernentes à terminalidade da vida, expressas em diretivas antecipadas de vontade ou em codicilo.

Por fim, a mediação poderá ser benéfica para sanar controvérsias entre herdeiros e ensejar respostas conjuntas para diversas questões após o falecimento do autor da herança.

É sempre importante assinalar que, aberta a sucessão com a morte, os herdeiros passam à condição de condôminos até a ultimação da partilha, o que pode trazer incômodos porque surgem obrigações jurídicas (cíveis, tributárias etc.) que devem ser honradas por todos, independentemente de quem tenha a elas dado causa; assim, recomenda-se um encaminhamento adequado para prevenir futuras querelas e evitar a necessária definição das controvérsias por um terceiro.[1]

Apesar das evidentes propaladas vantagens da mediação, chegar à mesa de negociação facilitada por um terceiro imparcial tende a ser árduo... A proposta do

---

[1] TARTUCE, Fernanda. *Mediação nos conflitos civis*. 5. ed. São Paulo: Método, 2019, p. 379.

presente artigo é apreciar limites e possibilidades da adoção da mediação em conflitos sucessórios rumo a um possível planejamento.

2 Dificuldades decorrentes do luto

A morte enseja o encerramento de um ciclo vital do indivíduo e usualmente gera sentimentos de depressão e luto que podem provocar graves crises. A família fica vulnerável e os conflitos tendem a se tornar mais explícitos, acarretando confrontos e impasses que podem desembocar em litígios.[2]

O luto, visto como um processo natural, constitui uma reação emocional diante da perda decorrente de diversos tipos de privações, entre as quais se destaca a morte de alguém importante (como o patriarca ou a matriarca da família, por exemplo).[3]

Diante da morte do ente querido, conflitos que não eram visíveis ou estavam condensados em outra situação podem vir à tona; isso pode ocorrer inclusive pela ausência da pessoa que efetivamente fazia a conexão entre os parentes (ou entre estes e o novo companheiro, por exemplo) – nesse caso, sentimentos hostis podem ocupar o primeiro plano, ensejando o fortalecimento de rivalidades e o despontar de conflitos.[4]

Há diversos fatores antecedentes, concomitantes e posteriores determinantes do resultado do luto. Como exemplos de fatores antecedentes, pode-se citar a relação com o morto, o parentesco, o nível de envolvimento. Há ainda que ser considerada a forma do falecimento – mortes violentas ou horrendas podem impactar de forma diversa, por exemplo. Os fatores simultâneos dizem respeito a aspectos como gênero, idade, nacionalidade, religião e fatores culturais e familiares. Por fim, os fatores posteriores relacionam-se a elementos como apoio ou isolamento social, estresses secundários etc.[5]

A vulnerabilidade pessoal também é fator determinante do luto.

O interessante modelo delineado pela médica suíça Klüber-Ross[6] aponta as cinco fases da perda (ou do processo de luto): negação, raiva, depressão, barganha e aceitação.[7] Tais estágios nem sempre ocorrem nessa ordem ou precisam ser todos experimentados, mas a pessoa sempre passará por pelo menos dois deles.[8]

A negação implica a recusa em assumir a perda. A pessoa pode não crer na informação recebida, tentar esquecê-la, deixar de refletir sobre o falecimento do ente querido ou buscar provas ou argumentos de que a perda não retrata a realidade.[9] A

---

[2] BARBOSA, Águida Arruda; GROENINGA, Giselle Câmara. Concorrência sucessória e a ampliação dos conflitos familiares. In: BARROSO, Lucas Abreu (org.). *Introdução crítica ao Código Civil*. Rio de Janeiro: Forense, 2006, p. 534.

[3] The Student Counseling Virtual Pamphet Collection. O luto. Trad. e adap. Iolanda Boto. Disponível em: https://www.fc.ul.pt/sites/default/files/fcul/institucional/gapsi/O_luto.pdf. Acesso em: 17 dez. 2019.

[4] *Ibidem*.

[5] PARKES, Collin Murray, *Luto*. São Paulo: Summus, p. 147-148, 1998.

[6] Atribui-se à psiquiatra suíça Elisabeth Kübler-Ross a pesquisa inicial sobre o tema e a descrição dos cinco estágios do luto (Modelo de Kübler-Ross. Disponível em: http://pt.wikipedia.org/wiki/Modelo_de_K%C3%BCbler-Ross. Acesso em: 17 dez. 2019).

[7] TARTUCE, Fernanda. *Processo civil no direito de família*, 4. ed. São Paulo: Método, 2019, ver item 3.4.8.2.

[8] Modelo de Kübler-Ross, cit.

[9] PETROFF, Thaís. Processo de perda e luto possui cinco fases. Disponível em: https://www.vyaestelar.com.br/post/8383/processo-de-perda-e-luto-possui-cinco-fases. Acesso em: 17 dez. 2019.

negação funciona como para-choque após notícias chocantes e inesperadas, sendo útil para permitir que a pessoa se recupere com o tempo.[10]

Como é fácil perceber, nesse estágio é muito difícil trabalhar o conflito, já que o indivíduo sequer assume a ocorrência dos fatos que o ensejaram.

Comumente a negação configura uma defesa temporária que acaba sendo substituída por uma aceitação parcial.[11] No mais, não sendo possível viver (ao menos por muito tempo) no mundo do "faz de conta", a partir do momento em que não é viável manter a negação, ela é substituída pela raiva.[12] Tal etapa é marcada pelo aparecimento de emoções como revolta, inveja e ressentimento; a pessoa se sente inconformada e vê a situação como injusta.[13]

Também aqui a abordagem consensual do conflito pode ser infrutífera, já que dificilmente são trabalhadas, com eficiência, as responsabilidades recíprocas nessa árdua fase de indignação.[14]

Na fase de barganha, a pessoa busca "algum tipo de acordo que adie o desfecho inevitável";[15] há uma sorte de negociação, buscando-se algum pacto para que as coisas possam voltar a ser como antes. Essa barganha geralmente se verifica internamente no indivíduo, que pode se voltar à sua espiritualidade; promessas e pactos são comuns nesse estágio, ainda que ocorram em segredo.[16]

Se a pessoa estiver em condições de se comunicar bem, pode ser proveitoso o início de tratativas para ajustar novas fases adiante, desde que ela aceite reconhecer o fim da vivência anterior; só assim ela poderá negociar de modo apropriado uma nova configuração em sua vida.

Na fase da depressão[17] há sofrimentos profundos de tristeza, desolamento, culpa, desesperança e/ou medo; grande introspecção e necessidade de isolamento são percebidas nesse momento.[18]

Finalmente, a última etapa é a da aceitação, que pode ser expressa pela frase "tudo vai acabar bem".[19] Esse é o estágio em que efetivamente a pessoa tem condições de seguir adiante; a partir de tal consciência, poderá buscar uma nova configuração para sua situação e se abrir a saídas consensuais de modo produtivo.

---

[10] KÜBLER-ROSS, Elisabeth. *Sobre a morte e o morrer*. São Paulo: Martins Fontes, 2012, p. 44.

[11] *Idem*, p. 45.

[12] *Idem*, p. 63.

[13] PETROFF, Thaís. *Processo de perda e luto possui cinco fases*, cit.

[14] TARTUCE, Fernanda. *Processo civil no direito de família*. 4. ed. São Paulo: Método, 2019, p. 102.

[15] KÜBLER-ROSS, Elisabeth. *Sobre a morte e o morrer*, cit., p. 95.

[16] PETROFF, Thaís. *Processo de perda e luto possui cinco fases*, cit.

[17] A depressão pode acabar ensejando atos suicidas. Recentemente vieram a lume dois instrumentos normativos para tratar do tema: a) a Lei n. 13.819/2019 instituiu a Política Nacional de Prevenção da Automutilação e do Suicídio, a ser implementada pela União, em cooperação com os Estados, o Distrito Federal e os Municípios; b) o Decreto Federal n. 10.225/2020 instituiu o Comitê Gestor da Política Nacional de Prevenção da Automutilação e do Suicídio, regulamentando a Política Nacional de Prevenção e estabelecendo normas relativas à notificação compulsória de violência autoprovocada.

[18] PETROFF, Thaís. *Processo de perda e luto possui cinco fases*, cit.

[19] KÜBLER-ROSS, Elisabeth. *Modelo de Kübler-Ross*, cit.

É importante considerar: quanto tempo pode demorar até que alguém alcance a etapa da aceitação? Não há como prever, mas pode demorar anos para alguns, enquanto para outros pode nem terminar...[20]

A razão da digressão sobre as fases da perda foi promover uma breve reflexão sobre como o tempo pode variar para cada pessoa: é importante respeitar o processo interno de cada uma, não sendo adequado impor pressão para que ela busque ou atue em prol de uma suposta pacificação.[21]

Diante das possíveis dificuldades que podem apresentar-se pela vivência do luto, sugerem-se dois momentos em que a mediação pode contribuir para a harmonização das relações: a anterior ao óbito, por ocasião das tratativas do planejamento sucessório, e a mediação para o caso de disputas sucessórias instaladas após o falecimento do *de cujus*.

3 Potencial contribuição da mediação em conflitos sucessórios

É preciso ter sensibilidade ao lidar com quem vivencia o luto; quando a pessoa nega o fato, externa raiva ou padece de depressão, dificilmente consegue engendrar opções práticas para resolver problemas – como destacado, somente nas fases de barganha e aceitação é que poderá haver clareza para compreender e buscar saídas produtivas, razão pela qual respeitar o tempo dos envolvidos é crucial.[22]

Por sua vez, determinadas situações precisam ser enfrentadas e resolvidas porque envolvem outras pessoas e interesses, com repercussões existenciais e econômicas importantes; são exemplos as decisões a respeito de partilha e administração dos bens, pagamentos de tributos e percepção de frutos.

Ademais, falecido o autor da herança, os herdeiros passam a ser condôminos por força de lei, sujeitando-se a todas as regras atinentes a tal condição até a partilha. Portanto, alguns herdeiros podem ter pressa em extinguir o condomínio legal porque não querem se ver atrelados às responsabilidades a que não deram causa, por exemplo.

Pelo conceito doutrinário,

> A mediação consiste no meio consensual de abordagem de controvérsias em que alguém atua para facilitar a comunicação entre os envolvidos e propiciar que eles possam, a partir da percepção ampliada dos meandros da situação controvertida, protagonizar saídas produtivas para os impasses que os envolvem.[23]

Portanto, a presença do mediador, que é um facilitador do processo de comunicação entre os envolvidos, busca fomentar a atuação cooperativa entre as pessoas envolvidas no conflito para que, juntas, elas possam construir soluções.

---

[20] ZAPPAROLLI, Celia Regina; KRÄHENBÜHL, Mônica Coelho. *Instrumentos não adjudicatórios de gestão de conflitos em meio ambiente*, cit., p. 176. Como destacam as autoras, o luto pode ser normal ou patológico: "O luto patológico permanece tão intenso e duradouro que não permite ao sujeito a vitalização, a disposição necessária para uma aceitação e ressignificação ao novo contexto vivido, acorrentando-se ao passado. Já no luto normal o impacto da perda pode ser diminuído em breve espaço de tempo, pela formação de novos vínculos afetivos substitutivos, de investimentos produtivos em uma nova situação ou atividade e da aceitação do apoio social" (p. 176).

[21] TARTUCE, Fernanda. *Processo civil no direito de família*. 4. ed. São Paulo: Método, 2019, p. 104.

[22] TARTUCE, Fernanda. *Mediação nos conflitos civis*. 5. ed. São Paulo: Método, 2019, p. 380.

[23] TARTUCE, Fernanda. *Mediação nos conflitos civis*. 5. ed. São Paulo: Método, 2019, p. 197.

O mediador intervém para conduzir os trabalhos sem propor soluções ou decidir sobre o objeto, mas com a incumbência de garantir diálogo respeitoso entre os envolvidos; a conversação facilitada poderá culminar em acordo que, uma vez homologado judicialmente, valerá como título executivo judicial. Caso as partes prefiram, poderão formar título executivo extrajudicial.

A mediação configura um procedimento informal de prevenção de conflitos também porque os envolvidos são os protagonistas na solução da questão, uma vez que é deles a responsabilidade pelas propostas que serão discutidas e, futuramente, acolhidas ou rejeitadas.

A escuta ativa do mediador e a postura colaborativa de todos os participantes para a solução do conflito são fatores determinantes para que a mediação seja produtiva.

Outro ponto que deve ser salientado é que a mediação encampa a linguagem terciária, de modo que o que se almeja é que todos tenham ganhos, afastando-se da concepção adversarial na qual se uma parte ganha é porque a outra perde.

Na mediação, deve-se ressaltar o "ganha-ganha", ou seja, os ganhos mútuos, porque certamente o planejamento sucessório estará fadado ao insucesso se a parte planejadora arquitetar a distribuição de seu patrimônio por ocasião do seu falecimento e ela gerar rupturas familiares.

Imagine-se a insatisfação do viúvo e filhos ao se depararem com disposições de última vontade que, aos olhos deles, são totalmente injustas ou lesivas. Ou, ainda, a partilha em vida como instrumento de planejamento sucessório e, no momento em que o planejador anuncia a divisão dos quinhões, as reações mencionadas acima afloram de maneira violenta.

A mediação, no momento em que se "arquiteta" o planejamento sucessório, tem a função de identificar os possíveis pontos de conflitos e realizar intervenção clarificadora para que controvérsias não contaminem as relações entre o planejador contratante e seus sucessores, ou mesmo entre estes.

Portanto, a mediação assume importância ímpar por poder atuar em situações nas quais o Poder Judiciário não tem lugar, uma vez que o descontentamento intrafamiliar, sem qualquer lesão consumada a direito, não é hipótese de possibilidade jurídica de pedido em face do planejador contratante.

Como mencionado, um dos objetivos a que a mediação tem potencial de atender é o de evitar o acirramento da litigiosidade entre as pessoas em conflito; afinal, por meio do restabelecimento eficiente da comunicação será possível evitar que controvérsias adicionais se avolumem.[24]

Imagine que dois herdeiros comecem a conversar em tom hostil, em situação de típica escalada do conflito. Se eles começarem a participar de uma mediação, suas divergências poderão ser objeto de conversação, negociação e composição. Contar com um espaço seguro e organizado para expressar emoções e percepções faz toda a diferença quando as partes querem avançar.

A mediação é ferramenta eficiente para evitar a ocorrência do fenômeno da litigiosidade remanescente quanto à controvérsia abordada:[25] tendo chance de conversar

---

[24] TARTUCE, Fernanda. *Mediação nos conflitos civis*. 5. ed. p. 247.
[25] TARTUCE, Fernanda. *Mediação nos conflitos civis*. 5. ed. São Paulo: Método, 2019, p. 248.

plenamente sobre o assunto, os herdeiros poderão superá-lo e se habilitar a seguir adiante, liberando tempo e energia para analisar outras situações.

Corroborando essa percepção, Tania Almeida afirma:

> A celeridade não abrevia unicamente o tempo de resolução e o custo financeiro; abrevia, em especial, o tempo e a intensidade do desgaste emocional. O sigilo não favorece somente as relações interpessoais e corporativas futuras; a privacidade possibilita aos mediandos rever e flexibilizar suas posições sem a cobrança social que a publicidade favorece.[26]

4 A mediação como instrumento para o planejamento sucessório: aplicação preventiva ao conflito sobre conteúdo patrimonial e extrapatrimonial

É possível que o planejamento sucessório seja preocupação dos herdeiros em virtude de inúmeros fatores, como a existência de famílias recompostas e o reconhecimento de multiparentalidade decorrente de socioafetividade.

Os modelos de constituição de famílias e os fatores relacionais são múltiplos.

O desconforto ocasionado por situações patrimoniais mal resolvidas pode se instalar silenciosamente por força de decisões tomadas unilateralmente, sem haver a compreensão de todos os herdeiros envolvidos.

A título de exemplo, podemos citar um empresário que funda sua fábrica na constância do primeiro casamento, tendo como sócia sua mulher. Após repentinamente ficar viúvo e com três filhos, ele se casa novamente, desposando uma mulher que já tem dois filhos.

Por pressão da segunda mulher, altera o contrato social para incluí-la como sócia e decide incluir também os filhos do primeiro casamento, uma vez que todos, desde a adolescência, lá trabalhavam diuturnamente.

Anos depois, contrata um enteado para trabalhar na empresa, a pedido de sua mulher; em seguida, contrata o outro enteado. Os filhos não se opuseram até serem surpreendidos por nova alteração do contrato social para a inclusão dos enteados do pai idoso na sociedade.

É nesse momento que o conflito eclode. O patriarca idoso insere a segunda mulher como sócio na empresa fundada e consolidada durante o primeiro casamento. Os filhos se sentem injustiçados com a inclusão da madrasta como sócia, além de injustiçados, traídos e preteridos ao verem os enteados assumindo lugares que entendem ser exclusivamente deles.

A oportunidade da utilização da mediação para o estabelecimento do diálogo produtivo para que todos os familiares envolvidos possam colaborar para a promoção da harmonização familiar é a medida mais aconselhável:

---

[26] ALMEIDA, Tania. *Mediação de Conflitos*: Um meio de prevenção e resolução de controvérsias em sintonia com a atualidade. 2008. Mediare. Disponível em: https://mediare.com.br/mediacao-de-conflitos-um-meio-de-prevencao-e-resolucao-de-controversias-em-sintonia-com-a-atualidade/. Acesso em: 11.07.2020.

A mediação preventiva oportuniza a reflexão sobre nossos próprios interesses e de todos os demais envolvidos, clareia as reais intenções, permitindo ajustes preliminares. Abre espaço para planejamento, para que se pensem temas sensíveis e estratégicos, afasta a possibilidade de futuras controvérsias.[27]

A partir dessa mediação, o encaminhamento do planejamento sucessório se mostrará absolutamente necessário e profilático: necessário para que a relação dialógica iniciada seja completada, e profilático, a fim de que todo o avanço comunicacional alcançado até aquele momento possa produzir a eficácia plena, inclusive para depois da morte do patriarca.

Nesse momento, o papel de cada um dos familiares estará definido de maneira harmônica e a preservação da pessoa jurídica, que é a fonte de sustento de todo o núcleo familiar, o original e o estendido ou ampliado, assegurada.

Portanto, temos a primeira indicação da mediação no planejamento sucessório: a mediação preventiva e antecedente, a fim de assegurar o planejamento sucessório seguro, a união familiar e a preservação da empresa. A percepção de sua necessidade deu-se, no exemplo, por uma movimentação societária, sem qualquer intenção de planejamento sucessório, que gerou desgastes. Estes, uma vez identificados, foram tratados e o futuro planejado.

Porém, é mais comum que os interessados comecem a pensar na sucessão de seu patrimônio. A pessoa que inicia seu planejamento sucessório normalmente passou por algum tempo de amadurecimento a respeito da finitude de sua vida, assunto que não é de fácil enfrentamento para grande parte da população mundial.[28]

Infindáveis questionamentos certamente permearam a mente de quem tomou essa decisão.

Giselda Maria Fernandes Novaes Hironaka descreve algumas de tais indagações:

> Quantas famílias em que há a iniciativa de se falar abertamente sobre a morte de cada um dos seus integrantes e sobre as consequências, para todos os demais à mesa, desse episódio? E, portanto, sobre qual seria a melhor maneira de preparar esse momento ou de preveni-lo: se seria conveniente fazer um seguro de vida, se seria oportuno comprar um terreno no cemitério, se seria apropriado doar os órgãos etc. Seria conveniente organizar, em vida, um planejamento sucessório, a valer depois de nossa morte? [...] o que será transmitido para os que ficam? O que deve constar do testamento? Qual é o quinhão que, por vontade do autor da herança, tende a ser encaminhado para cada um dos sobrevivos? A morte virá; depois que ela vier, qual será o futuro dessa família.[29]

---

[27] SCHNEIDER, Mia Reis. Prevenir também é mediar. 2020. *Mediando por aí*. Disponível em: https://www.mediandoporai.com/single-post/2020/02/23/Prevenir-tamb%C3%A9m-%C3%A9-mediar. Acesso em: 13.7.2020.

[28] Segundo informações do 29º Tabelionato de Notas da Capital, SP, em 2019, no Brasil, foram redigidas 195 DAV's, 21.978 testamentos públicos, 175 testamentos cerrados e 242 testamentos sem conteúdo patrimonial. Até junho de 2020, estes números poderiam ser mais promissores em virtude da pandemia e o interesse de resguardar a possível sucessão. Porém, este quadro não se confirmou. Em comparação com o ano de 2019, em fevereiro houve decréscimo de 8%, em abril o decréscimo foi de 45% e em maio, decréscimo de 66%.

[29] HIRONAKA, Giselda Maria Fernandes Novaes. *Morrer e Suceder*. São Paulo: Editora Revista dos Tribunais, 2011, p. 22.

Superada a primeira barreira, que é o enfrentamento interno de planejar os efeitos patrimoniais que advirão de sua morte, o segundo passo a ser dado é a contratação do advogado que desenvolverá o planejamento sucessório. Concomitantemente, o contratante do planejamento deverá decidir se compartilhará seus desejos e decisões com seus familiares mais próximos, que compõem o núcleo familiar, ou não.

De toda sorte, apenas para exemplificar, se o contratante do planejamento for empresário, outras muitas questões a respeito da longevidade de sua empresa também estarão povoando sua mente.

De acordo com Gilda Gronowicz, o empresário deverá identificar quem são os melhores colaboradores para cada área estratégica de seu negócio, a fim de garantir a harmonia para a realização do trabalho em equipe e identificar os líderes para levar adiante a empresa.[30]

Se ele decidir por arquitetar seu planejamento sucessório somente com o apoio do advogado especialista em sucessões, eventuais discussões, descontentamentos e disputas ficarão para depois de sua morte e poderão implicar rompimentos familiares jamais imaginados.

Por isso, por mais que pareça difícil, o planejamento sucessório dialogado e participativo deve ser incentivado pelos advogados. A comunicação fluida deve prevalecer para que todos os envolvidos possam entender as razões do contratante do planejamento. Assim ele poderá identificar futuros rompimentos, dissabores ou estremecimentos, com algumas de suas escolhas, de modo que poderá valer-se da mediação, preventivamente.

A utilização da mediação entre os futuros herdeiros necessários e o contratante do planejamento para esclarecimento de dúvidas, eliminação de ruídos e inferências que poderão culminar com ações no Poder Judiciário é medida que deve ser considerada pelos profissionais do direito.

No Brasil, o emprego da mediação privada ainda não é amplamente disseminado, embora o alcance de respostas às questões oriundas da realização do planejamento sucessório possa ser bastante exitoso por meio dessa técnica. Assim, a segunda indicação é a mediação preventiva, antecedente, para a discussão e elaboração do planejamento sucessório, tanto no que concerne aos aspectos patrimoniais, quanto aos existenciais, como se abordará a seguir.

Além de garantir a eficácia da aceitação e cumprimento das disposições de última vontade consignadas em testamento, outra aplicação da mediação preventiva, no momento de crise instalada pelo falecimento do ente querido, é que aspectos existenciais significativos para o contratante do planejamento sucessório podem ser discutidos com seus herdeiros.

Esses aspectos são as diretivas antecipadas da vontade, conhecidas como DAVs, e as disposições concernentes à cerimônia fúnebre, ao seu enterro, móveis, roupas ou joias de pouco valor, conteúdo que legalmente pertence ao codicilo (art. 1.881, CC).

---

[30] GRONOWICZ, Gilda. *Os benefícios da mediação na construção do planejamento sucessório.* Comitê Brasileiro de Arbitragem – CBAr. Disponível em: http://cbar.org.br/site/wp-content/uploads/2018/06/os-beneficios-da-mediacao-na-construcao-do-planejamento-sucessorio.pdf. Acessado em 11.07.2020, p. 3.

Diretiva antecipada de vontade, segundo a doutrina de Giselda Maria Fernandes Novaes Hironaka:

> [...] é negócio jurídico – unilateral, personalíssimo, gratuito e revogável – que traduz uma declaração de vontade destinada a produzir efeitos que o declarante pretende e o direito reconhece, para quando estiver em estado de terminalidade da vida e impossibilitado de manifestar qualquer vontade.[31]

Ao estabelecer tais cuidados, o testador pode perceber resistência de seus familiares diante de sua vontade expressa de não reanimação ou reanimação extrema. As reações dependerão dos fatores apontados acima, sobretudo como cada um dos familiares elaborará o luto.

Nesse momento, a mediação poderá ser utilizada para que, com o auxílio das técnicas clássicas (sobretudo o espelhamento, por exemplo), cada um dos envolvidos possa compreender as razões dos outros e construírem juntos a DAV mais adequada à realidade daquela família.

A pergunta que pode ser colocada é: havendo vontade de estabelecer DAV sobre certo assunto, qual a razão de resistência que familiares teriam em observar a vontade do testador?

Desde a internação até o momento em que a terminalidade da vida se apresenta, há a necessidade de um representante do paciente perante o hospital.

É com essa pessoa que médicos discutirão os procedimentos e tomarão decisões sobre o tratamento. Entretanto, é devido considerar que esse representante – normalmente o cônjuge, ascendente ou descendente – necessita de apoio dos demais familiares para receber o suporte necessário ao enfrentamento dos momentos vindouros de adversidade.

Se não houver a aceitação, por parte dos familiares, do conteúdo da DAV e ela for estabelecida por documento particular, será possível que o omitam, desrespeitando a vontade do testador.

Caso a DAV seja firmada por escritura pública e o procurador com poderes para cumpri-la se omitir, mais uma vez, estará fadada à ineficácia.

O mesmo pode acontecer com os conteúdos típicos dos codicilos,[32] como as cerimônias religiosas fúnebres.

O testador pode ter recomendado que determinado ministro de confissão religiosa se encarregue da celebração ou mesmo elabore a liturgia do culto fúnebre. Se os familiares professarem a mesma fé, as chances de algum conflito serão pequenas. Já se os familiares tiverem religiões diferentes, será alta a chance de haver desentendimento no momento das decisões prévias ao velório.

Pode parecer exagerado, mas uma das coautoras[33] já participou de missa de sétimo dia, celebrada na Igreja católica, cujo falecido era protestante e havia manifestado o desejo

---

[31] HIRONAKA, Giselda Maria Fernandes Novaes. Diretivas Antecipadas de Vontade – DAVS – O direito à morte digna. *Revista IBDFAM*. Ed. 28. Instituto Brasileiro de Direito de Família. 2018. p. 9-12.

[32] Codicilo é uma das formas de testamento, dotado de menor formalidade, na qual o testador dispõe sobre bens móveis de pequeno valor, joias e roupas de uso pessoal (art. 1.881 e 1.882 do CC).

[33] A situação foi vivenciada pela coautora Débora Brandão.

de não realizar qualquer cerimônia fúnebre após o sepultamento; a situação acabou gerando o rompimento dos familiares pela inobservância da autonomia do *de cujus*.

Com o diálogo mediado e o comprometimento de todos, o gerenciamento da crise que se instalará a partir do agravamento da saúde do paciente será menos difícil para todos os membros da família, porque já houve discussão, reflexão e consenso sobre os passos finais, de modo que o "roteiro daquela cena" já foi concebido por todos os atores. O fator surpresa tenderá a estar arrefecido e todos poderão assumir posturas colaborativas e amparadoras, sem rupturas.

5 A mediação como instrumento para pacificação nas disputas sucessórias instaladas

Após o falecimento do autor da herança é necessário proceder à abertura do inventário. Esse procedimento objetiva estabelecer o valor da herança para a transmissão dos respectivos quinhões aos herdeiros, bem como a apuração do valor do imposto a ser recolhido por força da transmissão *causa mortis*.

Aqui se encontra a terceira indicação à mediação: sua aplicação posterior ao falecimento.

A mediação pode ser para compor conflitos atinentes à matéria sucessória especialmente quando os herdeiros, maiores e capazes, puderem definir por si próprios a situação na partilha dos bens: sendo clara a possibilidade de transação quanto aos seus termos, é altamente recomendável a tentativa de alcance do consenso entre as partes.[34]

O art. 2.015 do Código Civil prevê que, em caso de herdeiros capazes, a partilha poderá ser feita de forma amigável e por três formas: escritura pública; termo nos autos do inventário; ou escrito particular, homologado pelo juiz. Consoante dispõe o art. 2.027 do Código Civil, a partilha é anulável pelos vícios e defeitos que invalidam, em geral, os negócios jurídicos.

A mediação pode ser eficiente para que os herdeiros construam partilha mais adequada segundo seus interesses; em algumas situações não há propriamente litígio entre os herdeiros, mas interesses comuns (como a conservação do acervo nas melhores condições possíveis)[35] que acabam sendo olvidados por distrações conflituosas.

Se não houver consenso, o procedimento de inventário deverá ser judicial.

Nesse ponto, ressalta-se que o desgaste vivido por todos em virtude da existência da lide, da demora do processo, das despesas processuais, dos honorários advocatícios, como se nota, será suportado por todos os envolvidos, muitas vezes, desnecessariamente.

Diante de tantas providências que devem ser tomadas dentro do prazo legal e considerando o luto paralisante dos familiares, conflitos poderão se instalar.

É possível exemplificar o conflito com a situação do herdeiro que, querendo iniciar o procedimento de inventário, convoca os demais herdeiros para irem à residência do autor da herança a fim de verificarem os documentos existentes, separarem e, eventualmente, dividirem os objetos pessoais. Nesse momento, um dos herdeiros se manifesta veementemente contra qualquer movimentação por entender ser precoce.

---

[34] TARTUCE, Fernanda. *Mediação nos conflitos civis*. 5. ed. SP: Método, 2019, p. 381.

[35] TARTUCE, Fernanda. *Mediação nos conflitos civis*. 5. ed. SP: Método, 2019, p. 381.

A mediação poderá ser útil para permitir a percepção de que esse herdeiro pode estar resistindo a certa conduta não por ganância ou má-fé, mas por não ter condições de lidar com o tema naquele momento. Da mesma forma, a conversação poderá ajudá-lo a entender que, apesar do luto, é preciso seguir adiante. Portanto, será um processo sistêmico, trazendo benefícios a todos, uma vez que considerar o interesse alheio e a escuta ativa de todos os envolvidos trará novas possibilidades de soluções.

Vale também lembrar que o valor dos bens envolvidos na sucessão pode provocar controvérsias por conta de elementos subjetivos: quando as disputas envolvem objetos de significado afetivo, a objetividade matemática não é suficiente. Havendo fatores subjetivos quanto à valorização do bem, dificuldades surgirão para os operadores do direito por estar em jogo uma diferenciada ordem de valores em que os desejos escapam à compreensão meramente objetiva que o sistema jurídico ordinariamente empreende às partilhas.[36] Nessa conjuntura, o aporte interdisciplinar da mediação pode colaborar para descortinar os elementos subjetivos envolvidos e amenizar as resistências dos envolvidos.

Considere o caso em que dois filhos herdaram bens com grande valor afetivo e ambos pretendiam permanecer com a totalidade do acervo: chamado a decidir o Poder Judiciário, em decisão "salomônica", certamente determinaria a venda dos bens para distribuir o valor obtido aos herdeiros.[37] Em circunstâncias como essa, a abordagem judicial pode acabar tornando crônico o conflito e gerar ainda mais impasses, "engessando" o processo evolutivo da família enlutada.[38] Por intermédio da mediação, pôde-se chegar a um acordo satisfatório no qual os herdeiros combinaram usos alternados dos bens em datas ajustadas consensualmente, de forma organizada.[39]

Imagine a situação em que, por conta das divergências (sentidas como insuperáveis em certo momento), tenha sido promovido inventário judicial. Mesmo nesse caso a mediação poderá colaborar para amainar os ânimos contenciosos, propiciando às partes reflexão suficiente para a possível concordância sobre os termos da partilha; para tanto, bastará que as partes se engajem na realização de mediação incidental.

Percebe-se, assim, a notável relevância da mediação na abordagem das controvérsias sucessórias, sendo de todo recomendável que os herdeiros entabulem conversas eficientes para a apropriada definição de sua situação.

6 Conclusões

Toda nossa doutrina jurídica e prática tem ressaltado os resultados positivos das mediações realizadas em causas afetas ao direito de família e conflitos que envolvam direito de vizinhança, por exemplo.

---

[36] BARBOSA, Águida Arruda; GROENINGA, Giselle Câmara. Concorrência sucessória e a ampliação dos conflitos familiares. In: BARROSO, Lucas Abreu (org.). *Introdução crítica ao Código Civil*. Rio de Janeiro: Forense, 2006, p. 536.

[37] GARCEZ, José Maria Rossani. Negociação. *ADRS. Mediação, conciliação e arbitragem*. 2. ed. Rio de Janeiro: Lumen Juris, 2004, p. 48.

[38] BARBOSA, Águida Arruda; GROENINGA, Giselle Câmara. *Concorrência sucessória e a ampliação dos conflitos familiares*, cit., p. 534.

[39] GARCEZ, José Maria Rossani. Negociação. *ADRS. Mediação, conciliação e arbitragem*, cit. p. 48.

Também na "arquitetura do planejamento sucessório" e em sua execução, a mediação é técnica a ser usada sem contraindicação porque, além de prevenir a instalação do conflito, em virtude de eventual disputa entre futuros herdeiros, poderá ser ferramenta valiosa a fim de que inventários desgastantes, longos e custosos não se multipliquem nos Tribunais de Justiça brasileiros.

A aplicação da mediação foi proposta, objetivamente, em três momentos: dois deles antecedentes ao falecimento do contratante do planejamento, e um, após.

A mediação para fins sucessórios terá lugar: (1) quando houver movimentação patrimonial e possíveis conflitos forem identificados, dando início, a partir da comunicação mediada, ao planejamento sucessório; (2) se durante o planejamento sucessório forem identificadas questões aptas a ocasionar rupturas familiares ou institucionais, tanto do ponto de vista existencial quanto patrimonial; (3) após o falecimento do autor da herança quando os herdeiros se encontrarem em posições antagônicas e necessitarem abandoná-las para que, vislumbrando interesses individuais e comuns, possam chegar à pacificação.

Tais possibilidades se devem ao fato de que todas as finalidades da mediação estarão ali contempladas: o restabelecimento da comunicação entre os envolvidos, a preservação dos relacionamentos entre contratantes do planejamento sucessório e seus herdeiros, ou entre estes e a prevenção da instalação do conflito, culminando com a pacificação social que poderá se consubstanciar na celebração de acordos.

O protagonismo na tomada de decisões a respeito de nossas vidas é um dos pilares da mediação: ele deve ser incentivado e também assumido quando nossas decisões em vida impactarão outras pessoas e instituições nos naturais fluxos geracionais.

Referências

ALMEIDA, Tania. *Mediação de Conflitos*: Um meio de prevenção e resolução de controvérsias em sintonia com a atualidade. https://mediare.com.br/mediacao-de-conflitos-um-meio-de-prevencao-e-resolucao-de-controversias-em-sintonia-com-a-atualidade/. Acesso em 11/07/2020.

BARBOSA, Águida Arruda; GROENINGA, Giselle Câmara. Concorrência sucessória e a ampliação dos conflitos familiares. In: BARROSO, Lucas Abreu (org.). *Introdução crítica ao Código Civil*. Rio de Janeiro: Forense, 2006, p. 536.

BOTTINI, Pierpaolo Cruz; RENAULT, Sérgio. Os caminhos da reforma. *Revista do Advogado*, ano XXVI, v. 26, n. 87, p. 7, São Paulo, set. 2006.

BRANDÃO, Débora. *Curso de direito civil constitucional*. Direito de família. São Paulo: Saraiva, no prelo, capítulo sobre poder familiar.

BRANDÃO, Débora; SAMPAIO, Rodrigo de Lima Vaz. *Poder familiar e guarda*: redefinição histórico-dogmática dos institutos. Artigo no prelo em livro a ser lançado em homenagem aos 30 anos do Estatuto da Criança e do Adolescente, sob a coordenação de ANDREUCCI, Ana Claudia Pompeu Torezam *et al*.

GARCEZ, José Maria Rossani. Negociação. *ADRS. Mediação, conciliação e arbitragem*. 2. ed. Rio de Janeiro: Lumen Juris, 2004.

GRONOWICZ, Gilda. *Os benefícios da mediação na construção do planejamento sucessório*. http://cbar.org.br/site/wp-content/uploads/2018/06/os-beneficios-da-mediacao-na-construcao-do-planejamento-sucessorio.pdf, p. 3. Acessado em 11/07/2020.

HIRONAKA, Giselda Maria Fernandes Novaes. Diretivas Antecipadas de Vontade - DAVS - O direito à morte digna. *Revista IBDFAM* ed. 28. Instituto Brasileiro de Direito de Família. 2018. Pp. 9-12.

HIRONAKA, Giselda Maria Fernandes Novaes. *Morrer e Suceder*. São Paulo: Editora Revista dos Tribunais, 2011.

PETROFF, Thaís. *Processo de perda e luto possui cinco fases*.

SCHNEIDER, Mia Reis. Prevenir também é mediar. 2020. *Mediando por aí*. Disponível em: https://www.mediandoporai.com/single-post/2020/02/23/Prevenir-tamb%C3%A9m-%C3%A9-mediar. Acesso em: 13.7.2020.

TARTUCE, Fernanda. *Mediação nos conflitos civis*. 5. ed. SP: Método, 2019.

TARTUCE, Fernanda. *Processo civil no Direito de Família*: teoria e prática. 4. ed. SP: Método, 2019.

THE STUDENT COUNSELING VIRTUAL PAMPHET COLLECTION. *O luto*. Trad. e adap. Iolanda Boto. Disponível em: https://www.fc.ul.pt/sites/default/files/fcul/institucional/gapsi/O_luto.pdf. Acesso em: 17 dez. 2019.

Informação bibliográfica deste texto, conforme a NBR 6023:2018 da Associação Brasileira de Normas Técnicas (ABNT):

TARTUCE, Fernanda; BRANDÃO, Débora. Mediação em conflitos sucessórios: possibilidades antes, durante e depois da abertura da sucessão. *In*: TEIXEIRA, Daniele Chaves (Coord.). *Arquitetura do Planejamento Sucessório*. Belo Horizonte: Fórum, 2021. p. 215-227. Tomo II. ISBN 978-65-5518-117-3.

FUNDAMENTOS DO DIREITO DAS SUCESSÕES EM OUTROS SISTEMAS E NO BRASIL

FLÁVIO TARTUCE

1 Esboço da pesquisa e suas razões

Este artigo científico serve como orientação de estudo das pesquisas que tenho desenvolvido no meu estágio pós-doutoral perante o Departamento de Direito Civil da Faculdade de Direito da Universidade de São Paulo, sob a supervisão do Professor Associado José Fernando Simão, em que investigo a legítima – quota destinada aos *herdeiros necessários* ou *reservatários* –, como cerne do direito das sucessões, e sua eventual revisão.

Por óbvio que, para se verificar se a legítima deve ou não subsistir no direito brasileiro, ou mesmo ser revisitada em seu percentual, é preciso analisar os fundamentos sucessórios que lhe dão esteio. Há tempos – desde Clóvis Beviláqua e a pré-elaboração do Código Civil de 1916 –, a legítima é contestada e debatida pelos juristas. Isso tem acontecido no início de cada século, com o surgimento de teses e afirmações individualistas, até que eventos catastróficos de dimensão mundial aconteçam, como parece se dar neste início de século XXI, com a recente pandemia de Covid-19.

Voltando ao passado, relata Clóvis Beviláqua que na tramitação do então projeto do Código Civil de 1916 a regra da plena liberdade de testar – sem qualquer proteção da legítima – chegou a ser aprovada no Senado, tendo sido rejeitada na Câmara dos Deputados, o que ele denominava como "desastrosa inovação".[1] Na sequência, demonstra os principais argumentos de ordem moral e jurídica para essa *plena liberdade*, repelindo-os um a um, o que representa debate sobre a *função social da herança*.

Como *primeiro argumento contra a legítima*, o direito de testar seria uma simples aplicação do direito de livre disposição atribuído ao proprietário do bem. Em suma, haveria um exercício pleno da autonomia privada relacionado ao direito fundamental à propriedade. Beviláqua procura afastar esse argumento com base no fato de não ser o direito à propriedade absoluto, tendo em vista, principalmente, a sua função social. Sobre a constatação de que a Constituição Federal da época assegurava o exercício

---

[1] BEVILÁQUA, Clóvis. *Direito das sucessões*. Rio de Janeiro: Rio Editora, 1983. Edição histórica. p. 751.

do direito da propriedade de forma plena, o jurista insiste nas limitações existentes a respeito desse direito subjetivo, inclusive no Texto Maior. Em resumo, sustenta ser esse um "argumento sem valor".[2]

Como *segundo argumento*, a *herança forçada* seria uma injusta restrição à liberdade individual. A suposta injustiça é afastada, por Beviláqua, pelos fundamentos de proteção da família contra o arbítrio do indivíduo, "contra um impulso, momentâneo talvez, que sacrifica o bem-estar, senão a vida, de entes, que o testador tinha a obrigação de sustentar".[3] Neste ponto, como se verá, está um dos fundamentos do direito das sucessões brasileiro, como também ocorre em outros países que serviram de base para esta pesquisa.

O *terceiro argumento* é no sentido de que a liberdade de testar serviria para consolidar a *autoridade paterna*, porque o pai teria o direito de transmitir o seu patrimônio ao filho mais digno de sua estima. Para Beviláqua, tal dedução é uma *ilusão*, pois a hipocrisia, a intriga e a ganância afastam a boa-fé dos pais, lançando discórdia entre os irmãos.

Por fim, como *quarto argumento*, a liberdade de testar desenvolveria a iniciativa individual, porque, quando o sujeito sabe que não pode contar com a herança, procura desempenhar atividades que lhe deem o devido sustento, havendo um efeito no inconsciente coletivo pela necessidade do trabalho. Beviláqua aponta ser esse o argumento "mais valioso", mas que, para ele, deve ser afastado diante de outras considerações de maior peso:

> a educação convenientemente dirigida obterá a mesma vantagem de desenvolver a capacidade de direção da vida, sem as funestas consequências da liberdade de testar, entre as quais avultam a inflação do egoísmo, que é retrocesso à animalidade, e a dispersão do grupo familial, que impede o cultivo de afeições, que somente no circuito familiar se podem desenvolver. E esta falha prejudica, enormemente, o aperfeiçoamento moral do homem.[4]

Tendo rebatido todos os argumentos a respeito do afastamento da legítima, a sua proteção foi estabelecida, no Código Civil de 1916, no seu art. 1.576, segundo o qual, "havendo herdeiros necessários, o testador só poderá dispor da metade da herança". Fez o mesmo o Código Civil de 2002, pela repetição da regra acima no seu art. 1.789.

Voltando-se ao cerne da investigação proposta por este artigo científico, indaga-se quais seriam os fundamentos da sucessão. Para chegar a uma conclusão – mesmo que parcial –, serão analisados os entendimentos doutrinários de dois países da Europa e dois da América Latina, na linha do que foi pesquisado até o presente momento. Os dois países da Europa escolhidos são Portugal – constantemente visitado por este autor – e a Itália – pela proximidade dos sistemas e domínio da língua, desde os meus estudos de doutorado. Os países da América Latina são Peru e Chile, com o qual mantive contato desde o início dos estudos pós-doutorais.

---

[2] BEVILÁQUA, Clóvis. *Direito das sucessões*. Rio de Janeiro: Rio Editora, 1983. Edição histórica. p. 752.

[3] BEVILÁQUA, Clóvis. *Direito das sucessões*. Rio de Janeiro: Rio Editora, 1983. Edição histórica. p. 753.

[4] BEVILÁQUA, Clóvis. *Direito das sucessões*. Rio de Janeiro: Rio Editora, 1983. Edição histórica. p. 754.

2 Os fundamentos da sucessão em Portugal. A propriedade privada como norte

Para as conclusões dos fundamentos do direito das sucessões em Portugal, foram utilizados três doutrinadores: José de Oliveira Ascensão, Inocêncio de Galvão Telles e Jorge Duarte Pinheiro. Os três autores pesquisados demonstram ser a propriedade privada um norte fundamental para o direito sucessório naquele país.

Iniciando-se por Ascensão, aduz que algumas Constituições associam o direito das sucessões a tal instituto, caso do art. 14 da Constituição alemã e do art. 62, item 1, da Constituição portuguesa.[5] Sabe-se que a Constituição Federal brasileira de 1988 não faz essa associação direta. O direito de propriedade está nos incs. XII e XXIII do seu art. 5º; enquanto o direito à herança no seu inc. XXX; ambos tratados como direitos fundamentais, verdadeiras *cláusulas pétreas*.

Pontua também o jurista: "pensamos que a admissão da sucessão por morte é uma consequência necessária da admissão da propriedade privada".[6] O doutrinador restringe a sua investigação aos sucessores privados nesta parte da obra, e não à sucessão do Estado. Em seguida, demonstra que podem existir restrições *qualitativas* e *quantitativas* à sucessão. Como *restrições qualitativas*, certos bens podem ser retirados da sucessão; já como *restrições quantitativas*, o Estado pode participar cada vez mais da sucessão, através da imposição de impostos.[7]

Apesar dessa fundamentação na propriedade, demonstra Ascensão haver uma estrita ligação entre as categorias do direito de família e das sucessões, o que conduz a uma necessária sincronia entre propriedade e família, que ainda será aqui aprofundada.[8] Como último aspecto a ser destacado, toca ele no ponto relativo à legítima e aos fundamentos sucessórios, expondo que foi mantida a polêmica relativa à plena liberdade de testar, em Portugal:

> os que defendem o princípio da legítima insurgem-se contra o arbítrio que podia representar a exclusão dos familiares e querem portanto proteger a família; os que defendem o princípio da liberdade de testar preferem o arbítrio de uma escolha feita por lei, a escolha feita por um actor qualificado, que é testador. Parece que neste campo as tradições têm uma

---

[5] Conforme o art. 14 da Lei Fundamental da República Alemã: "[Propriedade – Direito de sucessão – Expropriação]. (1) A propriedade e o direito de sucessão são garantidos. Seus conteúdos e limites são definidos por lei. (2) A propriedade obriga. Seu uso deve servir, ao mesmo tempo, ao bem comum. (3) Uma expropriação só é lícita quando efetuada para o bem comum. Pode ser efetuada unicamente por lei ou em virtude de lei que estabeleça o modo e o montante da indenização. A indenização deve ser fixada tendo em justa conta os interesses da comunidade e dos afetados. Quanto ao montante da indenização, em caso de litígio, admite-se o recurso judicial perante os tribunais ordinários" (texto traduzido – Disponível em: https://www.btg-bestellservice.de/pdf/80208000.pdf. Acesso em: 20 mar. 2020). Por sua vez, prevê o art. 62 da Constituição da República Portuguesa: "Artigo 62º. Direito de propriedade privada. 1. A todos é garantido o direito à propriedade privada e à sua transmissão em vida ou por morte, nos termos da Constituição. 2. A requisição e a expropriação por utilidade pública só podem ser efetuadas com base na lei e mediante o pagamento de justa indemnização".

[6] ASCENSÃO, José de Oliveira. *Direito civil*: sucessões. 5. ed. Coimbra: Coimbra Ed., 2000. p. 26.

[7] ASCENSÃO, José de Oliveira. *Direito civil*: sucessões. 5. ed. Coimbra: Coimbra Ed., 2000. p. 26-28.

[8] Nas suas exatas palavras: "é muito estrita a ligação dos institutos familiares e sucessórios. É primariamente uma proteção da família que é visada. Dá-se posição especial aos familiares mais próximos (e não só na linha recta) no mecanismo de sucessão" (ASCENSÃO, José de Oliveira. *Direito civil*: sucessões. 5. ed. Coimbra: Coimbra Ed., 2000. p. 28).

importância fundamental e que o sistema é bom ou mau, atinge ou não os seus objetivos, consoante a situação de cada país.[9]

Na realidade portuguesa, portanto, foi mantida a ideia de proteção da família, como controle social ao exercício da faculdade de dispor, retirada do direito subjetivo de propriedade.

Quanto à legítima, em Portugal, essa é variável, podendo ser de um terço, metade ou dois terços do patrimônio do falecido. Conforme o art. 2.156º do Código Civil português, entende-se por legítima a porção de bens de que o testador não pode dispor, por ser legalmente destinada aos chamados "herdeiros legitimários". O comando seguinte estabelece que são herdeiros legitimários o cônjuge, os descendentes e os ascendentes, pela ordem e segundo as regras estabelecidas para a sucessão legítima (art. 2.157º). A respeito da legítima do cônjuge, se não concorrer com descendentes nem ascendentes, é de metade da herança (art. 2.158º). No que diz respeito à legítima do cônjuge e dos filhos, caso haja concorrência ou concurso entre eles, é de dois terços da herança. Não havendo cônjuge sobrevivo, a legítima dos filhos é de metade ou dois terços da herança, conforme exista um só filho ou existam dois ou mais (art. 2.159º). Os descendentes do segundo grau e seguintes têm direito à legítima que caberia ao seu ascendente, sendo a parte de cada um fixada nos termos prescritos para a sucessão legítima (art. 2.160º). Por seu turno, a legítima do cônjuge e dos ascendentes, em caso de concurso, é de dois terços da herança. E, se o autor da sucessão não deixar descendentes, nem cônjuge sobrevivo, a legítima dos ascendentes é de metade ou de um terço da herança, conforme forem chamados os pais ou os ascendentes do segundo grau e seguintes (art. 2.161º do Código Civil português). Essas são as regras fundamentais a respeito do seu cálculo.

Inocêncio Galvão Telles, considerado outro *clássico* do direito sucessório português, trata do tema deste artigo em capítulo de importante livro, em que analisa conjuntamente os fundamentos da sucessão do Estado e das pessoas privadas.[10] Segundo ele, o Estado seria, pelo sistema português, um sucessor propriamente dito e um sucessor de direito privado, ou seja, um herdeiro, pelo que consta do art. 2.153º do Código Civil português. Conforme o comando, "o Estado tem, relativamente à herança, os mesmos direitos e obrigações de qualquer outro herdeiro".

Entrando no cerne principal desta discussão, leciona que a *razão de ser* do instituto sucessório é a propriedade individual ou pessoal, eis que,

> uma vez que os indivíduos podem ser proprietários no sentido geral ou amplo da palavra, isto é, podem ter um património maior ou menor, podem ter bens e dívidas, podem ser sujeitos de direitos sobre coisas, de créditos, de débitos, é forçoso que alguém se lhes substitua nessas posições quando falecem que tenham um ou mais sucessores, tomado o termo com a amplitude que atrás ficou definida para este efeito.[11]

---

[9] ASCENSÃO, José de Oliveira. *Direito civil*: sucessões. 5. ed. Coimbra: Coimbra Ed., 2000. p. 28.

[10] GALVÃO TELLES, Inocêncio. *Direito das sucessões*: noções fundamentais. Coimbra: Coimbra Ed., 1996. p. 256.

[11] GALVÃO TELLES, Inocêncio. *Direito das sucessões*: noções fundamentais. Coimbra: Coimbra Ed., 1996. p. 258.

Nesse contexto, "na origem da propriedade está afinal o trabalho, um esforço maior ou menor, que a legitima e a torna conforme com o direito material e mesmo uma imposição sua".[12]

Mas, segundo Galvão Telles, a propriedade não deve ser concebida como algo puramente *egoísta*:

> como existindo no mero interesse do proprietário e menos ainda como um instrumento de dominação ou opressão dos mais fortes relativamente aos mais fracos. Sempre esteve nos espíritos, com maior ou menor nitidez, a ideia de que a propriedade também serve o interesse geral; mas antigamente, dentro de uma visão individualista, partia-se do pressuposto da preestabelecida harmonia entre o interesse do indivíduo e o interesse da colectividade.[13]

Nesse contexto, surge a função social da propriedade, uma vez que ela também deve aproveitar à sociedade. O jurista faz incursão histórica e associa essa proteção a valores da Igreja católica, notadamente às encíclicas *Rerum Novarum* (1891) e *Quadragesimo Anno* (1931).[14] Assim, a função social da propriedade não atende apenas ao Estado, mas também à família, tendo fundamentos em premissas cristãs.[15]

Sobre a tutela da *legítima*, ou *reserva*, quota destinada aos herdeiros necessários, Galvão Telles ensina que, sem ela, a função social da propriedade, em sua projeção familiar, não teria a relevância pretendida, afirmação que tem o meu apoio.[16] Merece relevo, pela importância histórica e para a compressão dos fundamentos sucessórios, os seguintes marcos temporais citados por ele, a respeito da irrestrita liberdade de testar, mas com restrições que foram percebidas em tempos passados: a) desde a Lei das XII Tábuas, no direito romano, não haveria qualquer restrição a respeito dessa liberdade; antes dela havia a proteção dos parentes próximos, com a necessidade expressa de deserdação desses parentes e depois com a tutela dessas partes, em uma quota então denominada de *legítima*, com fundamento no dever de piedade (*officium pietatis*); b) os sistemas anglo-saxônicos são geralmente referidos como exemplos de individualismo, em que não há sucessão necessária; porém, o autor demonstra que já existiam movimentos contra esse "estado de coisas", mesmo nesses países; c) nos países de sistema romano-germânico, demonstra-se a existência de doutrinadores que pregam o fim da legítima, caso de Le Play, na França, e de Alberto Pires de Lima, em Portugal, ambos alvo de críticas.[17]

---

[12] GALVÃO TELLES, Inocêncio. *Direito das sucessões*: noções fundamentais. Coimbra: Coimbra Ed., 1996. p. 263.

[13] GALVÃO TELLES, Inocêncio. *Direito das sucessões*: noções fundamentais. Coimbra: Coimbra Ed., 1996. p. 264.

[14] GALVÃO TELLES, Inocêncio. *Direito das sucessões*: noções fundamentais. Coimbra: Coimbra Ed., 1996. p. 265.

[15] GALVÃO TELLES, Inocêncio. *Direito das sucessões*: noções fundamentais. Coimbra: Coimbra Ed., 1996. p. 265-269.

[16] "Essa quota, que se diz reserva ou legítima, é intocável, só para além dela podendo exercer-se as faculdades dispositivas. Sem esta forma de sucessão a função social da propriedade na sua projecção familiar não adquiria o relevo suficiente, ficando à inteira mercê do querer do testador. A função social da propriedade na sua projecção estadual acha-se em matéria sucessória suficientemente assegurada pelo respectivo imposto que, sendo de sua natureza imperativo, se sobrepõe à vontade dos particulares, tanto do *de cuius* como dos sucessores. Mas família, no seu núcleo mais significativo pela maior proximidade dos vínculos, só fica devidamente resguardada ou acautelada por meio da sucessão necessária" (GALVÃO TELLES, Inocêncio. *Direito das sucessões*: noções fundamentais. Coimbra: Coimbra Ed., 1996. p. 277).

[17] GALVÃO TELLES, Inocêncio. *Direito das sucessões*: noções fundamentais. Coimbra: Coimbra Ed., 1996. p. 277-281.

Por fim, observe-se que, assim como Ascensão, Galvão Telles defende fortemente a proteção da legítima, pela sua estrita relação com a função social da propriedade. Todavia, anote-se que o último autor entende que devem ser procurados mecanismos que evitem a fragmentação da propriedade.[18] Nesse contexto, são citados a *partilha em vida*, o *legado por conta da legítima* e o *legado em substituição da legítima*, previstos nos arts. 2.029º, 2.163º e 2.165º do Código Civil português; respectivamente.[19] Não se pode negar que se trata de institutos que visam ao que hoje se denomina *planejamento sucessório*, que tem sido estudado por este autor no seu estágio pós-doutoral.

Chegando-se à doutrina contemporânea, a obra de Jorge Duarte Pinheiro merece destaque, pelo enfrentamento dos problemas atuais, que existem não só na realidade portuguesa como também na brasileira, que inclusive conduziu aos nossos estudos pós-doutorais. Primeiro, por apontar a existência de uma "crise" do direito das sucessões, citando Pamplona Corte-Real, destacando-se, entre os outros aspectos para tanto, o seu *imobilismo* e o seu *caráter vetusto*, eis que a matéria *parou no tempo*, como diz.[20]

Apesar de reconhecer certa identidade e conexões com o direito de família, reconhece a autonomia entre as matérias, uma vez que,

> apesar de haver entre eles pontos de contacto, quer o Direito de Família quer o Direito das Sucessões são ramos autónomos de Direito Civil institucional. O Direito das Sucessões preocupa-se com o destino do património de uma pessoa que faleceu; o Direito de Família ocupa-se das ligações pessoais e patrimoniais que se estabelecem entre pessoas vivas.[21]

As lições trazem a notória divisão entre sucessão e meação, entre a herança e aquilo que foi pactuado por cônjuges e companheiros em vida, sendo necessário sempre revisitar tal fracionamento, pois ainda são comuns e notórias as confusões entre os institutos aqui no Brasil. Como se sabe, a sucessão é projetada para após a morte; a meação, pela sua natureza contratual atinente ao regime patrimonial dos bens no casamento ou na união estável, gera efeitos com as pessoas ainda vivas.

---

[18] "Sabido que seria inteiramente desaconselhável pôr de lado a sucessão legitimária, aliás, com fundas raízes históricas em nosso país, o que importava, ao fazer-se a renovação do nosso direito civil, era criar instrumentos jurídicos que permitissem na medida do possível, sem ofensa da legítima, evitar a fragmentação excessiva da propriedade ou de conjuntos de bens cuja unidade conviesse conservar" (GALVÃO TELLES, Inocêncio. *Direito das sucessões*: noções fundamentais. Coimbra: Coimbra Ed., 1996. p. 280-281).

[19] Vejamos o conteúdo das normas, com intuito didático: "Art. 2.029º. (Partilha em vida) 1. Não é havido por sucessório o contrato pelo qual alguém faz doação entre vivos, com ou sem reserva de usufruto, de todos os seus bens ou parte deles a algum ou alguns dos presumidos herdeiros legitimários, com o consentimento dos outros, e os donatários pagam ou se obrigam a pagar a estes o valor das partes que proporcionalmente lhes tocariam nos bens doados. 2. Se sobrevier ou se tornar conhecido outro presumido herdeiro legitimário, pode este exigir que lhe seja composta em dinheiro a parte correspondente. 3. As tornas em dinheiro, quando não sejam logo efectuados os pagamentos, estão sujeitas a actualização nos termos gerais. (Redacção do Dec.-Lei 496/77, de 25-11). [...] Art. 2163º. (Proibição de encargos). O testador não pode impor encargos sobre a legítima, nem designar os bens que a devem preencher, contra a vontade do herdeiro. [...] Art. 2165º. (Legado em substituição da legítima). 1. Pode o autor da sucessão deixar um legado ao herdeiro legitimário em substituição da legítima. 2. A aceitação do legado implica a perda do dinheiro à legítima, assim como a aceitação da legítima envolve a perda do dinheiro ao legado. 3. Se o herdeiro, notificado nos termos do nº 1 do artigo 2049º, nada declarar, ter-se-á por aceito o legado. 4. O legado deixado em substituição da legítima é imputado na quota indisponível do autor da sucessão; mas, se exceder o valor da legítima do herdeiro, é imputado pelo excesso, na quota disponível".

[20] PINHEIRO, Jorge Duarte. *O direito das sucessões contemporâneo*. 3. ed. Lisboa: AAFDL, 2019. p. 24-25.

[21] PINHEIRO, Jorge Duarte. *O direito das sucessões contemporâneo*. 3. ed. Lisboa: AAFDL, 2019. p. 31.

Para motivar a impugnação do entendimento de que o direito das sucessões seria uma "parcela" do direito de família, Duarte Pinheiro detalha que a sucessão não opera exclusivamente para beneficiar os familiares do falecido e que

> a propriedade só "é mais familiar do que pessoal" quando os bens integram o património comum dos cônjuges; e, mesmo nesta hipótese, o cônjuge não adquire, necessariamente, por via hereditária, os bens que formavam o activo patrimonial comum dos cônjuges; e, mesmo nesta hipótese, o cônjuge sobrevivo não adquire, necessariamente, pela via hereditária, os bens que formavam o activo patrimonial comum (alguns podem vier a caber a terceiros).[22]

Como se pode perceber, o doutrinador acaba confirmando a linha dos autores clássicos, de que, em Portugal, a propriedade privada é o norte fundamental do direito das sucessões, abrandada pela sua função social e familiar.

3   O direito civil italiano e a solidariedade familiar

No direito italiano foram pesquisados três autores a respeito dos fundamentos do direito das sucessões, pela ordem no tempo: Luigi Cariota Ferrara, Massimo Bianca e Angelo Spatuzzi. Nas suas lições, foi encontrado um mesmo princípio, qual seja a solidariedade familiar, dentro de exposições relativas às *funções da sucess*ão legítima.

Luigi Cariota Ferrara afirma que a sucessão legítima, seja em sentido amplo ou estrito, encontra seu fundamento imediato na vontade da lei, tendente a atuar nos *interesses da família*.[23] Para fundamentar o seu entendimento, são citados os arts. 565 e 572 do Código Civil italiano. De acordo com o primeiro comando, na sucessão legítima, a herança é atribuída ao cônjuge, aos descendentes, aos ascendentes, aos colaterais, aos outros parentes e ao Estado, na ordem e segundo as regras estabelecidas no próprio título da codificação italiana. Por seu turno, a segunda regra mencionada prevê que, se a pessoa morre sem deixar prole, nem genitores, nem outros ascendentes, nem irmãos ou irmãs ou seus descendentes, a sucessão será aberta em favor do parente ou dos parentes próximos, sem distinção de linhas, seja ela paterna ou materna. Ademais, pela parte final desse preceito, a sucessão não tem lugar entre parentes além do sexto grau.[24] Como se pode notar, o sistema italiano tutela amplamente a família, ao reconhecer a possibilidade de sucessão dos parentes além do quarto grau, como ocorre no sistema brasileiro.

Massimo Bianca, igualmente tratando das funções da sucessão baseada em causa morte, especialmente a sucessão legítima, pondera que a herança em favor dos parentes (*congiunti*) tem como fundamento o *princípio da solidariedade familiar*.[25] Em continuidade,

---

[22] PINHEIRO, Jorge Duarte. *O direito das sucessões contemporâneo*. 3. ed. Lisboa: AAFDL, 2019. p. 31.

[23] CARIOTA FERRARA, Luigi. *Le sucessioni per causa di morte*: parte generale. Ristampe della Sucola di specializzazione in diritto civile dell'Univeritá de Camerino. Numero 46. A cura di Pietro Perlingieri. Napoli: Edizioni Schientifique Italiane, 2011. p. 171-172.

[24] CARIOTA FERRARA, Luigi. *Le sucessioni per causa di morte*: parte generale. Ristampe della Sucola di specializzazione in diritto civile dell'Univeritá de Camerino. Numero 46. A cura di Pietro Perlingieri. Napoli: Edizioni Schientifique Italiane, 2011. p. 172.

[25] BIANCA, Massimo. *Diritto civile*: la famiglia – Le successioni. 4. ed. Milano: Giuffrè, 2005. v. II. p. 533.

ensina que, em se tratando de *stretti congiunti* – assim considerados o cônjuge, os descendentes e na falta desses os ascendentes –, a solidariedade familiar prevalece até sobre a autonomia privada, pois esses *legitimados* têm o direito de receber uma quota do patrimônio do falecido, a reserva (*riserva*), compreendida pelos bens residuais e pelos bens dotais.[26] Essas pessoas, ademais, podem fazer valer o seu direito de reserva também contra a vontade testamentária, com o fim de obter uma quota da herança. Se, eventualmente, a redução da disposição testamentária não for suficiente para se chegar a tal montante protetivo, os *parentes legitimados* podem, no sistema italiano, pedir até mesmo redução das doações feitas pelo falecido.[27] E arremeta que a sucessão em favor desses parentes é, em sentido amplo, uma sucessão legítima porque tem fundamento em um *direito sucessório familiar*, tendo um título específico e autônomo denominado como *sucessão necessária*.[28]

Sobre a legítima ou reserva, a Itália também consagra uma variação. Como legitimados, repise-se, o art. 536 do *Codice* elenca o cônjuge, os filhos e os ascendentes. Ao filho único, como regra geral, é reservada a metade do patrimônio do falecido; em havendo dois filhos ou mais, a reserva é de dois terços do patrimônio (art. 537). Em favor dos ascendentes, a reserva é de um terço dos bens do morto, como regra (art. 538). A respeito do cônjuge, a reserva volta a ser a metade dos bens do *de cujus*, salvo se houver concurso ou concorrência com os filhos, hipótese em que terá direito a um terço ou um quarto dos bens, a depender da qualificação dos filhos com os quais concorre (arts. 540 e 542 do Código Civil italiano). Como última regra a ser destacada, o art. 544 da norma codificada italiana estabelece que, quando alguém morre sem ter filhos, mas ascendentes e o cônjuge, a este último é reservada a metade do patrimônio e um quarto para os ascendentes.

Como último doutrinador pesquisado, destaque-se artigo de Angelo Spatuzzi, publicado nos cadernos do Departamento de Negócios e de Ciências Jurídicas da Universidade da Calábria, tratando da autonomia testamentária e da liberdade da pessoa.[29] Abordando fenômeno sucessório *mortis causa*, o autor associa a herança à propriedade privada e à família. Sobre a propriedade privada, cita o art. 47 da Constituição da República italiana, que incentiva e protege a economia em todas as suas formas, favorecendo o acesso à propriedade, especialmente à moradia e às terras para produção agrária.[30] Sobre a relação entre a propriedade privada e a transmissão hereditária, é mencionado o art. 832 do *Codice*, que trata dos atributos ou faculdades do domínio jurídico, assim como faz o art. 1.228, *caput*, do Código Civil brasileiro.[31]

---

[26] BIANCA, Massimo. *Diritto civile*: la famiglia – Le successioni. 4. ed. Milano: Giuffrè, 2005. v. II. p. 533.

[27] BIANCA, Massimo. *Diritto civile*: la famiglia – Le successioni. 4. ed. Milano: Giuffrè, 2005. v. II. p. 533.

[28] BIANCA, Massimo. *Diritto civile*: la famiglia – Le successioni. 4. ed. Milano: Giuffrè, 2005. v. II. p. 534.

[29] SPATUZZI, Angelo. Autonomia testamentaria e libertà della persona. *Collana: Quaderni del Dipartimento di Scienze Aziendali e Giuridiche dell'Università della Calabria*, nuova serie, 31, Napoli, 2014.

[30] SPATUZZI, Angelo. Autonomia testamentaria e libertà della persona. *Collana: Quaderni del Dipartimento di Scienze Aziendali e Giuridiche dell'Università della Calabria*, nuova serie, 31, Napoli, 2014. p. 10.

[31] Código Civil italiano: "Art. 832 Contenuto del diritto Il proprietario ha diritto di godere e disporre delle cose in modo pieno ed esclusivo, entro i limiti e con l'osservanza degli obblighi stabiliti dall'ordinamento giuridico". O Código Civil Brasileiro, por sua vez, estabelece no seu art. 1.228, caput, que "o proprietário tem a faculdade de usar, gozar e dispor da coisa, e o direito de reavê-la do poder de quem quer que injustamente a possua ou detenha".

Superada a fundamentação na propriedade privada, Spatuzzi pondera sobre a *salvaguarda das relações familiares*, lecionando ser necessário equilibrar a autonomia do proprietário com o *princípio da solidariedade familiar*, e repetindo os dois doutrinadores antes citados. Acrescenta, ainda, que o fenômeno sucessório não é estranho à tutela dos interesses coletivos, como se dá com a constante intervenção fiscal do Estado nas questões atinentes à herança. Segundo ele – na mesma linha do que vem ocorrendo no Brasil –, a sucessão deve levar em conta a concepção de entidades familiares além da *família nuclear* retirada do art. 29 da Constituição da República italiana, que reconhece o direito de família como sociedade natural fundada no matrimônio.[32]

Dito de outra forma, a família deve ser baseada em múltiplos modelos, abrangendo, por exemplo, a união de fato (*coppia di fatto*), ou seja, o que aqui denominamos de união estável.[33] Cita, por fim e a respeito dessa solução ampliativa de tutela, decisão da Corte Constitucional italiana, de 7.4.1988, que declarou a inconstitucionalidade do art. 6º da Lei nº 392/1978, na parte que não previa entre os legitimados a suceder no contrato de locação o convivente *more uxorio*, genitor dos filhos naturais havidos com o locatário falecido.[34] A solidariedade familiar como fundamento sucessório serviu, de acordo com o autor, para fundamentar o *decisum* superior.

Como se percebe, portanto, a Itália – não só na doutrina, mas também em decisões jurisprudenciais superiores – tem estabelecido uma clara relação entre a sucessão legítima e a *solidariedade familiar*, entendimento que pode servir de alento também no direito privado brasileiro, como se verá.

4 Direito peruano. A legítima e a fundamentação sucessória na ordem econômica, na propriedade e na família

Na investigação do direito civil peruano – do qual me aproximei nos dois últimos anos –, notadamente pelos contatos realizados com Enrique Varsi, e cujo sistema pude conhecer pessoalmente em pesquisas realizadas *in loco* durante o período inicial dos estudos pós-doutorais, foram levados em conta dois autores: Juan A. Olavarría Vivian, Augusto Ferrero Costa e Benjamín Aguilar Llanos, todos indicados pelo citado Professor da Universidade de San Marco.

O que se percebe pela doutrina pesquisada é uma correlação direta entre fundamentos da sucessão, tutela da legítima e razões de ordem econômica. Mas também são citadas, como ocorre nos outros países ora pesquisados, a propriedade a família.

Cabe esclarecer que a *tutela da legítima*, no Código Civil peruano, está prevista no art. 723, segundo o qual constitui a parte da herança da qual não pode dispor livremente

---

[32] SPATUZZI, Angelo. Autonomia testamentaria e libertà della persona. *Collana: Quaderni del Dipartimento di Scienze Aziendali e Giuridiche dell'Università della Calabria*, nuova serie, 31, Napoli, 2014. p. 11.

[33] Exatamente como tem ocorrido no Brasil, o doutrinador usa o termo "nova família" (*nuova famiglia*) ou "famílias", no plural (*famiglie*) (SPATUZZI, Angelo. Autonomia testamentaria e libertà della persona. *Collana: Quaderni del Dipartimento di Scienze Aziendali e Giuridiche dell'Università della Calabria*, nuova serie, 31, Napoli, 2014. p. 12).

[34] SPATUZZI, Angelo. Autonomia testamentaria e libertà della persona. *Collana: Quaderni del Dipartimento di Scienze Aziendali e Giuridiche dell'Università della Calabria*, nuova serie, 31, Napoli, 2014. p. 12-13.

o testador quando tem *herdeiros forçados*. Pelo art. 724 da mesma legislação, são herdeiros forçados os filhos e demais descendentes, os pais e demais ascendentes e o cônjuge.[35]

Segundo Olavarría Vivian, a legítima tem *duplo fundamento*, de ordem jurídica e econômica. Primeiro, é produto da grande influência que exerce o direito de família sobre o direito das sucessões. Por meio da legítima, e ante o desamparo que pode causar a perda do *cabeza familiar*, o chefe familiar ou de quem dá o sustento familiar, o instituto trata de conservar a união e a coesão dos integrantes da família, assegurando-lhe de forma exclusiva uma parte importante do patrimônio do falecido. Em resumo, diz o jurista peruano, a legítima é uma reserva que tem como beneficiários, principalmente, os membros integrantes da família nuclear do autor da herança.[36] O fundamento econômico, ainda segundo ele, baseado na reciprocidade, tem esteio na premissa de que a riqueza não pode criar uma pessoa por si só, sendo necessária a ajuda de outras pessoas, quais sejam aquelas que formam o núcleo familiar mais próximo.[37]

Sobre as quotas da legítima no Peru, pertinente esclarecer que os parâmetros são os seguintes: a) quanto aos descendentes e o cônjuge, proteção de 2/3 do patrimônio do falecido, conforme o art. 725 do Código Civil daquele país;[38] e b) ascendentes, amparo da metade do patrimônio do *de cujus* (art. 726).[39] Há, portanto, uma *legítima variável*, de acordo com os familiares que sucedem, diferentemente do sistema brasileiro, em que a legítima é fixa. A codificação peruana estabelece, por fim e a respeito da temática, que quem não tem descendentes, ascendentes ou cônjuge tem a livre disposição da totalidade de seus bens, por testamento (art. 727 do Código Civil).

Augusto Ferrero Costa, por sua vez, ao tratar dos fundamentos da sucessão, afirma a existência de *duas balizas*, que remontam ao direito romano, quais sejam a família e a propriedade. Sobre a família, o jurista cita Michel Grimaldi, doutrinador francês, e leciona que o legislador deve prevenir as incoerências ao realizar a reforma do direito pessoal da família, levando em conta as consequências existentes no direito patrimonial de família.[40] A respeito da propriedade, pondera que, ao mesmo tempo que a pessoa pode dispor do seu patrimônio em vida, a título oneroso ou gratuito, não seria possível impedir o exercício do direito *mortis causa*, seja pela vontade declarada ou presumida, na linha do que estabelece o legislador.[41] Sobre as matérias que formam a substância do direito patrimonial de família, Ferrero Costa destaca que são três: a) os regimes matrimoniais; b) as sucessões e c) as liberalidades. Em arremate final, fala na trilogia de interesses envolvidos, a do testador, a da família do morto e do Estado, todas fundadas em razões econômicas.[42]

Benjamín Aguilar Llanos, por fim, investiga o fundamento da sucessão hereditária, interrogando: por que existe a sucessão, qual a razão de sua existência, por que é

---

[35] OLAVARRÍA VIVIAN, Juan A. *Comentarios al derecho de sucesiones*. Lima: Escolani, 2010. p. 102-103.

[36] OLAVARRÍA VIVIAN, Juan A. *Comentarios al derecho de sucesiones*. Lima: Escolani, 2010. p. 102-103.

[37] OLAVARRÍA VIVIAN, Juan A. *Comentarios al derecho de sucesiones*. Lima: Escolani, 2010. p. 102-103.

[38] Código Civil peruano: "Art. 725. Quem tem filhos ou outros descendentes, ou cônjuge, pode dispor livremente de um terço de seus bens".

[39] Código Civil peruano: "Art. 726. Quem tem pais e outros ascendentes pode dispor livremente de metade dos seus bens".

[40] FERRERO COSTA, Augusto. *Tratado de derecho de sucesiones*. 7. ed. Lima: Gaceta Jurídica, 2012. p. 86.

[41] FERRERO COSTA, Augusto. *Tratado de derecho de sucesiones*. 7. ed. Lima: Gaceta Jurídica, 2012. p. 86.

[42] FERRERO COSTA, Augusto. *Tratado de derecho de sucesiones*. 7. ed. Lima: Gaceta Jurídica, 2012. p. 86.

importante, quais são os objetivos que persegue e por acaso podemos prescindir dela?[43] Na sequência são demonstradas duas grandes teorias: a) *teoria da continuação da personalidade jurídica do falecido*, considerada errada e defasada, pois baseada em ficções e abstrações que não condizem com a realidade; e b) *teoria da continuação do patrimônio do morto*, considerada predominante no Peru, como em outros países do modelo romano-germânico, o que mais uma vez demonstra a importância das questões de ordem econômica.[44]

Sobre essa vertente teórica prevalecente, o autor demonstra a existência de três fundamentos. De início, existem os *fundamentos familiares*, uma vez que estes auxiliaram o autor da herança na construção do patrimônio, presente também o afeto presumido do *de cujus* pelos sucessores próximos, uma vez que à aquisição patrimonial não se pode atribuir um intuito individualista ou egoísta.[45] Para ele, essa tese explica a sucessão legítima, mas não a testamentária.

Pela *doutrina econômica e social*, parte-se da premissa de que a pessoa somente construiria as suas riquezas sob a premissa de transmissão para alguém. Caso contrário, as pessoas se converteriam em destruidores dos próprios bens ou em um "peso morto para a sociedade".[46] Aguilar Llanos considera essa afirmação importante, pois, além de explicar a existência da sucessão, termina afirmando a necessidade de um "bom direito hereditário", como uma espécie de alavanca econômica para o desenvolvimento da sociedade.[47]

Por fim, pela *tese dos fundamentos jurídicos*, as razões que justificam o direito sucessório estariam na propriedade privada e no direito das obrigações. Na propriedade, pela possibilidade de disposição dos bens pelo autor da herança, como faculdade decorrente desse direito subjetivo, aqui antes pontuada. No direito das obrigações, pelas atribuições do passivo do morto, uma vez que, pelo art. 1.218 do Código Civil peruano, as obrigações se transmitem aos seus herdeiros, como premissa geral.

Destaca, ainda, o doutrinador que o art. 2º, inc. XVI, da Constituição peruana, assim como fizeram as Constituições alemã e portuguesa, estabeleceu a antes citada relação entre sucessão e propriedade privada, o que fundamenta a sua adesão também a esta teoria, que acaba por complementar a anterior.[48]

De toda sorte, o que se percebe, no sistema peruano, é uma constante fundamentação em razões econômicas, notadamente na necessidade de circulação patrimonial e de riquezas, além da pessoa do falecido.

---

[43] AGUILAR LLANOS, Benjamín. *Manual de derecho de sucesiones*. Breña: Pacífico, 2014. p. 39.
[44] AGUILAR LLANOS, Benjamín. *Manual de derecho de sucesiones*. Breña: Pacífico, 2014. p. 41.
[45] AGUILAR LLANOS, Benjamín. *Manual de derecho de sucesiones*. Breña: Pacífico, 2014. p. 39.
[46] AGUILAR LLANOS, Benjamín. *Manual de derecho de sucesiones*. Breña: Pacífico, 2014. p. 42-43.
[47] AGUILAR LLANOS, Benjamín. *Manual de derecho de sucesiones*. Breña: Pacífico, 2014. p. 43.
[48] AGUILAR LLANOS, Benjamín. *Manual de derecho de sucesiones*. Breña: Pacífico, 2014. p. 44.

5 As sucessões no Chile. Vínculos familiares, patrimônio e as contestações à legítima, diante das recentes mudanças sociais e econômicas. A concentração das rendas e de riquezas

No direito civil chileno, nossas pesquisas se concentraram nos trabalhos de Manuel Somarriva Undurraga – em versão atualizada por René Abeliuk M. –, Ramón Domínguez Benavente e Ramon Domínguez Águila. Curioso observar que os dois últimos doutrinadores são pai e filho, sendo o primeiro falecido, ou seja, o segundo continua a sua obra. Todas as indicações foram feitas pelo Professor Cristian Banfi Del Rio, Professor de Direito Civil da Universidade do Chile.

Começando com o trabalho de Undurraga, diz-se que a justificação da sucessão por causa morte está no patrimônio, pois ela evita a existência de perturbações relativas à morte da pessoa, como dúvidas de contratantes e de outras pessoas que mantinham vínculos jurídicos com o morto.[49] Sobre os seus fundamentos, cita, como é comum, a propriedade particular. E afirma que a sucessão por decorrência da morte tem sido reconhecida desde muito tempo e é difícil que possa chegar a desaparecer.[50]

Sobre os interesses convergentes sobre determinada sucessão, são apontados pelo doutrinador chileno: a) o *interesse individual* do titular do patrimônio; b) o *interesse familiar*, dado que a aquisição do conjunto de direitos e obrigações deixados por uma pessoa ao morrer deve levar em conta uma parte importante da família do falecido e o ambiente em que este viveu; e c) o *interesse social*, uma vez que a pessoa, ao acumular seu patrimônio, necessitou do concurso da sociedade. Sobre o último, o jurista pontua a existência de dois aspectos principais.[51] O primeiro deles é que na *sucessão intestada*, ou seja, na legítima, a lei elenca as pessoas que a vão suceder. Na falta delas, o Fisco, como representante econômico do Estado e da sociedade, passa a herdar do "causante", do falecido. O segundo aspecto de manifestação do interesse social diz respeito ao imposto de herança que devem pagar os herdeiros e legatários.[52]

Sobre a liberdade de testar, Undurraga expõe a existência de dois sistemas, o de *liberdade absoluta* e o de *liberdade restringida de testar*, no último caso com a necessidade de respeito à quota dos herdeiros forçados ou *forzosos*.[53] Demonstra o doutrinador a crítica feita ao segundo regime, no sentido de que os filhos, sabendo que irão herdar dos seus pais, acabam por perder todo o incentivo de trabalhar para formar seu próprio patrimônio, dedução que também é ouvida em outros países como argumento de relevo, inclusive no Brasil. No primeiro sistema, por outra via, como os filhos não têm

---

[49] SOMARRIVA UNDURRAGA, Manuel. *Derecho sucesorio*. Versión de René Abeliuk M. 8. ed. Santiago: Jurídica de Chile, 2019. t. I. p. 17.

[50] SOMARRIVA UNDURRAGA, Manuel. *Derecho sucesorio*. Versión de René Abeliuk M. 8. ed. Santiago: Jurídica de Chile, 2019. t. I. p. 18.

[51] SOMARRIVA UNDURRAGA, Manuel. *Derecho sucesorio*. Versión de René Abeliuk M. 8. ed. Santiago: Jurídica de Chile, 2019. t. I. p. 18-19.

[52] SOMARRIVA UNDURRAGA, Manuel. *Derecho sucesorio*. Versión de René Abeliuk M. 8. ed. Santiago: Jurídica de Chile, 2019. t. I. p. 19.

[53] SOMARRIVA UNDURRAGA, Manuel. *Derecho sucesorio*. Versión de René Abeliuk M. 8. ed. Santiago: Jurídica de Chile, 2019. t. I. p. 19.

a segurança absoluta de herdar, afirma-se que irão se esforçar por formar, por si sós, uma sólida situação.[54]

De todo modo, apesar dos fortes argumentos, o autor chileno demonstra que se pode contra-argumentar que o sistema da liberdade absoluta é igualmente perigoso pois o falecido, em muitos casos, pode ser alguém desapegado de sua família, com falta de carinho em relação a ela, o que pode fazer com que legue os seus bens por testamento a pessoas totalmente estranhas, não obstante sejam os seus parentes meritórios e dignos de ajuda, tendo em vista atos de solidariedade praticados no passado.[55] Por isso, nota-se no autor uma forte argumentação baseada em razões sociais e nos vínculos familiares.

No direito civil chileno, de toda forma, impressionaram-me muito os argumentos sociais e econômicos retirados da obra de Ramón Domínguez Benavente e Ramon Domínguez Águila, pai e filho.[56] Para começar o estudo do tema, ao tratar dos fundamentos do direito das sucessões, demonstram a existência de dois pilares aqui tão citados: a *propriedade privada* e a *afeição* ou *solidariedade familiar*.[57] Sobre essa justificação familiar, contudo, ponderam que ela tem perdido força nos últimos anos, pois haveria justificativa a ela nos tempos em que a vida era breve, de modo que os filhos poderiam usar a herança para o sustento familiar com a morte de seus pais, sendo a família o centro da vida econômica familiar. Porém, hoje em dia, segundo os doutrinadores, na generalidade dos casos, quando ocorre a morte de seus pais, os filhos são pessoas que já passaram pela plenitude de suas vidas, em um sentido patrimonial, uma vez que a média de expectativa de vida tem superado os 75 anos em muitos países. Destacam, também, que a família perdeu o papel econômico de sustento de seus membros, o que faz com que a sucessão deixe de cumprir o seu papel, que justifica o seu fundamento familiar, como ocorre igualmente com as amplas limitações à liberdade de testar existentes no regime chileno.[58]

Anote-se que o art. 1.167 do Código Civil chileno traz limitações à liberdade de testar, prevendo a proteção, entre outros institutos, da legítima.[59] O art. 1.181 da mesma codificação preceitua que a legítima é a quota dos bens do defunto que a lei assegura a determinadas pessoas, chamadas de *legitimários*, a saber: a) os filhos, pessoalmente ou representados por sua descendência; b) os ascendentes; e c) o cônjuge sobrevivente (art. 1.182 do Código chileno).

---

[54] SOMARRIVA UNDURRAGA, Manuel. *Derecho sucesorio*. Versión de René Abeliuk M. 8. ed. Santiago: Jurídica de Chile, 2019. t. I. p. 19.

[55] SOMARRIVA UNDURRAGA, Manuel. *Derecho sucesorio*. Versión de René Abeliuk M. 8. ed. Santiago: Jurídica de Chile, 2019. t. I. p. 19.

[56] DOMÍNGUEZ BENAVENTE, Ramón; DOMÍNGUEZ ÁGUILA, Ramon. *Derecho sucesorio*. 3. ed. Santiago: Jurídica de Chile, 2019. t. I. p. 22-43.

[57] DOMÍNGUEZ BENAVENTE, Ramón; DOMÍNGUEZ ÁGUILA, Ramon. *Derecho sucesorio*. 3. ed. Santiago: Jurídica de Chile, 2019. t. I. p. 22-24.

[58] DOMÍNGUEZ BENAVENTE, Ramón; DOMÍNGUEZ ÁGUILA, Ramon. *Derecho sucesorio*. 3. ed. Santiago: Jurídica de Chile, 2019. t. I. p. 24.

[59] Código Civil chileno: "Art. 1167. Asignaciones forzosas son las que el testador es obligado a hacer, y que se suplen cuando no las ha hecho, aun con perjuicio de sus disposiciones testamentarias expresas. Asignaciones forzosas son: 1. Los alimentos que se deben por ley a ciertas personas; 2. Las legítimas; 3. La cuarta de mejoras en la sucesión de los descendientes, de los ascendientes y del cónyuge. §1. De las asignaciones alimenticias que se deben a ciertas personas".

A legítima, no Chile, também é variável entre 50% e 75% do patrimônio do *de cujus*, havendo diferenças nos cálculos das atribuições patrimoniais, a depender do herdeiro (arts. 1.184 a 1.187). O *monte mor líquido* é dividido da seguinte forma: a) 50% é a *mitad legitimaria*, também chamada de *legítima rigorosa*, que pertence aos herdeiros necessários, e que não pode, de modo algum, ser objeto de disposição em testamento; b) 25% é a *cuarta de mejoras*, que pode ser objeto de testamento para melhorar (*mejorar*) a situação dos legitimários ou de outros descendentes que não sejam legitimários, como os netos, c) 25% é a *cuarta de libre disposición*, que pode ser livremente objeto de testamento para qualquer pessoa. Além dessa variação, chama-se de *legítima efectiva* o somatório da *legítima rigorosa* com a *cuarta de mejoras*.[60]

Voltando-se à argumentação desenvolvida, Ramón Domínguez Benavente e Ramon Domínguez Águila, ao tratarem da liberdade de testar no sistema chileno, acrescentam às suas conclusões fatos sociais relevantíssimos que devem ser considerados a respeito das atribuições patrimoniais *post mortem*. Segundo eles, indubitavelmente, as limitações ora citadas têm como fundamento a ideia de família e os interesses sociais que existiam no momento de elaboração do Código Civil chileno. Porém, perguntam se nos dias atuais ainda se justifica um regime tão estrito de limitações à liberdade, ante a realidade da família de hoje. Sobre a média de vida dos chilenos – como antes pontuado –, hoje gira em torno dos oitenta anos de idade. Disso resulta que, na maioria dos casos, quando falece o "pai de família" (chefe familiar), seus filhos são pessoas já chegando à terceira idade, com sua vida feita, bem ou mal, e com filhos, que são netos do *de cujus*, em plena atividade. Assim, o recebimento da herança, por vezes, acaba sendo um mero *bonus* aos herdeiros.[61]

Os juristas também destacam que o casamento, como instituição geradora da família, deixa de ser a única fonte da existência da família, destacando os grupos familiares uniparentais e também os decorrentes de uniões não matrimoniais. Apontam, ainda, que geralmente o divórcio se dá antes da dissolução do casamento por morte, ou seja, antes da viuvez. Além disso, os meios para assegurar a vida durante uma velhice mais prolongada são múltiplos para as pessoas das classes mais ricas, pois estas podem se socorrer não somente de pensões como de um variado sistema de seguros. Por fim, a importância da propriedade imobiliária cedeu espaço para o sistema econômico e liberal de mercado.[62]

Nessa nova realidade familiar – e também econômica –, Domínguez Benavente e Domínguez Águila colocam em dúvida a possibilidade de se manter um sistema de limitação da vontade testamentária tão amplo. E perguntam: qual papel efetivo cumpre, por exemplo, a instituição da legítima para filhos que são maiores e com uma vida

---

[60] Como esclarecido, por mensagem eletrônica, pelo Professor Carlos Eduardo Elias de Oliveira, que recomendou o seguinte texto para a compreensão do sistema chileno: BARRÍA PAREDES, Manuel. La intangibilidad cuantitativa de la legítima en el Código Civil Chileno: una mirada desde el derecho sudamericano. *Revista de Derecho Privado*, n. 35, p. 129-161, jul./dez. 2018. Disponível em: https://revistas.uexternado.edu.co/index.php/derpri/article/view/5532/7205. Acesso em: 10 abr. 2020.

[61] DOMÍNGUEZ BENAVENTE, Ramón; DOMÍNGUEZ ÁGUILA, Ramon. *Derecho sucesorio*. 3. ed. Santiago: Jurídica de Chile, 2019. t. I. p. 35.

[62] DOMÍNGUEZ BENAVENTE, Ramón; DOMÍNGUEZ ÁGUILA, Ramon. *Derecho sucesorio*. 3. ed. Santiago: Jurídica de Chile, 2019. t. I. p. 35-36.

formada, e com um destino que eles mesmos traçaram, e sobre o qual pouca influência poderia gerar a aquisição de bens que eram do falecido?[63]

De fato, são argumentos fortes e que merecerão por mim um maior aprofundamento em estudos posteriores. O Chile, assim como o Brasil, viveu uma grande concentração de rendas e patrimônio nos últimos anos. Os principais debates sucessórios, tanto lá como aqui, não se pode negar, dizem respeito às famílias com grande patrimônio, até porque a maioria delas não deixa ativos para os seus sucessores. Nessas famílias, mais abastadas, em geral, a expectativa de vida é maior e a instrução, mais desenvolvida. Haveria razão para se manter a legítima nessas realidades familiares e sociais? Essa é uma dúvida que ainda pretendo responder, e, caso a resposta seja negativa, existe um forte argumento para que a reserva seja revisitada.

6 A gênese do direito das sucessões no Brasil. Direito de família e propriedade. Uma necessária sincronização ou alinhamento

Chegando-se à realidade brasileira, sobre os fundamentos sucessórios levaremos em conta, neste artigo científico, as lições de Orlando Gomes, Giselda Maria Fernandes Novaes Hironaka e Rolf Madaleno, doutrinadores que têm a minha preferência para este estudo sobre o direito das sucessões, sem prejuízo de muitos outros que tenho utilizado em minhas pesquisas.

Ao tratar da *justificação do direito das sucessões*, Orlando Gomes aponta uma certa "condenação" da disciplina, por razões diversas, citando Lassale, que a combateu por basear-se em ideias anacrônicas, quais sejam a de continuação da vontade do defunto e a compropriedade aristocrática da família romana. Menciona o jurista baiano, ainda, que outros sustentaram, com o apoio de Saint-Simon, que o Estado deveria ser o "herdeiro universal das fortunas privadas", obtendo sem violência a transferência de todos os bens ao domínio público.[64] Por fim, entre os *negacionistas*, aponta que Menger "preconiza a proibição de se transmitirem, *mortis causa*, os bens de produção, admitindo, entretanto, o direito de disposição dos bens de consumo".[65]

Por seu turno, ainda conforme Orlando Gomes, entre os que afirmam positivamente o direito das sucessões, o argumento mais forte é o de que a herança

> não é mais do que a extensão da propriedade privada além dos limites da vida humana. O próprio Menger reconhece que está intimamente ligado o destino das duas instituições, a propriedade e sucessão. Se a apropriação individual de bens de qualquer espécie é legalmente protegida, e até estimulada, não se justifica a expropriação com a morte do proprietário. Em todos os tempos, a sucessão tem sido admitida e, até nos povos que

---

[63] DOMÍNGUEZ BENAVENTE, Ramón; DOMÍNGUEZ ÁGUILA, Ramon. *Derecho sucesorio*. 3. ed. Santiago: Jurídica de Chile, 2019. t. I. p. 36.

[64] GOMES, Orlando. *Sucessões*. Atualização de Humberto Theodoro Júnior. 11. ed. Rio de Janeiro: Forense, 2001. p. 2.

[65] GOMES, Orlando. *Sucessões*. Atualização de Humberto Theodoro Júnior. 11. ed. Rio de Janeiro: Forense, 2001. p. 2.

DANIELE CHAVES TEIXEIRA (COORD.)
ARQUITETURA DO PLANEJAMENTO SUCESSÓRIO

aboliram a propriedade privada dos bens de produção, ocorre em relação aos bens de uso e consumo, como no Código Civil soviético (art. 416).[66]

Com base em Cimbali, ensina que a propriedade é constituída sob o impulso de fatores diferentes, que concorrem para a sua formação e a sua garantia:

são *elementos subjetivos* que se tripartem. O *elemento individual* prepondera em sua aquisição. O *familiar*, na sua conservação. O *social*, em sua garantia. Enquanto vive, os três fatores compartilham das utilidades da propriedade. Por sua morte, cada um dos três fatores reivindica a parte lhe que cabe.[67]

Arremata dizendo que a sucessão *mortis causa* encontra a sua justificação e a sua fundamentação nos mesmos princípios que fundam o direito de propriedade individual.[68] Essa é uma conclusão muito comum no direito civil brasileiro, no sentido de que o direito de propriedade – atualmente previsto no art. 5º, inc. XXII, da Constituição e no art. 1.228 do Código Civil – estriba a sucessão.

Giselda Maria Fernandes Novas Hironaka, em sua tese de titularidade, defendida perante o Departamento de Direito Civil da Faculdade de Direito da Universidade de São Paulo, aponta fundamentos diferentes para o direito das sucessões e para a transmissão sucessória no transcorrer dos tempos. Cita, de início e nas civilizações antigas, a necessidade de se ocupar o lugar do *pater familias*. Destaca, ainda, a necessidade de se preservar a força da família.[69] Sucessivamente, aponta, os jusnaturalistas procuraram compreender a sucessão – assim como se dá com a propriedade – como mera construção positivista, podendo "ser abolida logo que isso interessasse às conveniências sociais".[70]

Seguindo nos seus estudos, assinala a corrente defendida por Cimbali e D'Aguano, para quem o

fundamento da sucessão encontrava sua ênfase em pesquisas biológicas que buscavam demonstrar existir uma espécie de continuidade da vida humana por meio da transmissão de ascendentes a descendentes, não apenas das características genéticas mas também

---

[66] GOMES, Orlando. *Sucessões*. Atualização de Humberto Theodoro Júnior. 11. ed. Rio de Janeiro: Forense, 2001. p. 2.

[67] GOMES, Orlando. *Sucessões*. Atualização de Humberto Theodoro Júnior. 11. ed. Rio de Janeiro: Forense, 2001. p. 3.

[68] GOMES, Orlando. *Sucessões*. Atualização de Humberto Theodoro Júnior. 11. ed. Rio de Janeiro: Forense, 2001. p. 3.

[69] "Vale dizer, o que, enfim, fundamenta e justifica o fenômeno da transmissão sucessória? O fundamento mais antigo que se noticia é de ordem cultural e também religiosa, pois o sucessor ocupava o lugar do *pater familias* falecido, dele herdando tanto o poder sobre o núcleo familiar regido pelo acervo patrimonial quanto as obrigações religiosas, tornando-se o responsável pelo culto aos antepassados e aos deuses domésticos. No entanto, e como foi possível analisar antes, neste estudo, a permanência do patrimônio, a ânsia pela sua integridade e pela mantença de sua continuidade, estas sim, foram as atividades mais importantes e destacadas do sucessor, no seio da família e da cidade, porque era uma forma de *manter poderosa a família, impedindo a divisão de sua fortuna entre os vários filhos*. Foi nesse período, então, que se desenvolveu o princípio medieval da primogenitura, iniciando-se a discussão filosófica e jurídica a respeito de seu fundamento" (HIRONAKA, Giselda Maria Fernandes Novaes. *Morrer e suceder*: passado e presente da transmissão sucessória concorrente. Tese (Concurso Público de Professor Titular) – Departamento de Direito Civil, Faculdade de Direito, Universidade de São Paulo, São Paulo, 2010 – Edital FD 44/2009. p. 394).

[70] HIRONAKA, Giselda Maria Fernandes Novaes. *Morrer e suceder*: passado e presente da transmissão sucessória concorrente. Tese (Concurso Público de Professor Titular) – Departamento de Direito Civil, Faculdade de Direito, Universidade de São Paulo, São Paulo, 2010 – Edital FD 44/2009. p. 394.

psicológicas. Como conclusão, os estudiosos advertiram que a permissão legal acerca da transmissão do patrimônio do morto para seus descendentes operava-se por razões de ordem biopsíquica. Com o passar do tempo, essa corrente de matiz biológico foi enriquecida com novos fundamentos, como a afeição e unidade familiar, atualizando e humanizando o tema.[71]

Giselda Hironaka destaca, assim como Orlando Gomes, a abordagem feita pelos socialistas que negavam a propriedade privada, mas, mesmo assim, mantiveram a sucessão legítima.[72] Ao final, sustenta, o que também é defendido por muitos autores brasileiros, caso de Caio Mário da Silva Pereira, Itabaiana de Oliveira e Clóvis Beviláqua, que a justificativa do direito das sucessões tem as suas bases na necessidade de se fazer um alinhamento – ou uma sincronização – entre o direito de propriedade e o direito de família:

> esta corrente procura demonstrar que o fundamento da transmissão *causa mortis* estaria além de uma expectativa de continuidade patrimonial, quer dizer, na simples manutenção dos bens na família, como forma de acumulação de capital que, por sua vez, estimularia a poupança, o trabalho e a economia, porém, mais que isso, o grande fundamento da transmissão sucessória habitaria o fator de proteção, coesão e de perpetuidade da família.[73]

Assim também vejo a correta fundamentação da sucessão na realidade jurídica e social brasileira.

Por fim, quanto a Rolf Madaleno, em obra recentemente lançada, igualmente aponta a necessidade de se conceber a sucessão a partir dessa relação. Segundo ele:

> embora a instituição familiar careça de personalidade jurídica, cada integrante desse grupo é uma pessoa, sujeito de direitos e, acentuadamente, a família e sua concepção sofreram profundas e importantes mudanças em seus aspectos históricos, sociais e filosóficos. Com a edição da Carta da República em 1988, a família brasileira mereceu especial tutela jurídica de seus membros, até porque ela é considerada a base da sociedade (CF, art. 226). A família, como círculo afetivo, natural e cultural, identifica-se por suas características biológicas,

---

[71] HIRONAKA, Giselda Maria Fernandes Novaes. *Morrer e suceder*: passado e presente da transmissão sucessória concorrente. Tese (Concurso Público de Professor Titular) – Departamento de Direito Civil, Faculdade de Direito, Universidade de São Paulo, São Paulo, 2010 – Edital FD 44/2009. p. 394-395

[72] "Já os socialistas, ao negarem a legitimidade ao direito de propriedade privada, entendendo pertencerem os bens ao Estado e a ele devendo, por isso, retornar, em benefício de toda a comunidade, negarem, igualmente, legitimidade à transmissão *causa mortis* de bens de produção e consumo, uma vez que, se a permitissem, estariam reforçando as desigualdades sociais existentes e premiando, com a aquisição derivada de propriedade, pessoas que não concorreram para sua aquisição, pela única forma socialmente entendida como apta a legitimar a utilização dos bens que pertencem, em última análise, à sociedade como um todo, qual seja, o trabalho. Por esse motivo, o primeiro Estado de inspiração socialista aboliu o direito sucessório por meio de um decreto, em 27 de abril de 1918, determinando que os bens do *de cujus* fossem (re)incorporados ao patrimônio do Estado. Contudo, a abolição do direito sucessório não perdurou, historicamente, e a promulgação de um Código Civil russo permitiu a transmissão dos bens do falecido a seus herdeiros, até um montante especificado, vindo alterar-se, ainda mais, com o correr do tempo, e assemelhando-se a cada fase, e a cada vez mais, ao direito continental. O retorno do direito sucessório ao ordenamento jurídico dos países socialistas, portanto, nada mais pode representar que o reconhecimento, como legítimos, dos títulos de propriedade dos particulares que, assim, deixariam de ter mero usufruto vitalício dos bens em seu poder, uma vez que readquiririam o caráter da perpetuidade" (HIRONAKA, Giselda Maria Fernandes Novaes. *Morrer e suceder*: passado e presente da transmissão sucessória concorrente. Tese (Concurso Público de Professor Titular) – Departamento de Direito Civil, Faculdade de Direito, Universidade de São Paulo, São Paulo, 2010 – Edital FD 44/2009. p. 395-396).

[73] HIRONAKA, Giselda Maria Fernandes Novaes. *Morrer e suceder*: passado e presente da transmissão sucessória concorrente. Tese (Concurso Público de Professor Titular) – Departamento de Direito Civil, Faculdade de Direito, Universidade de São Paulo, São Paulo, 2010 – Edital FD 44/2009. p. 395-396.

psicológicas, éticas, econômicas e sociais, constituindo-se em um grupo cada vez mais estreito, com limitação dos seus vínculos de parentesco e cuja subsistência é assegurada pelo casal que forma a entidade familiar e cuja sobrevivência os cônjuges ou conviventes também buscam garantir criando lastro patrimonial e mecanismos de transferência das suas riquezas aos seus herdeiros mais próximos.[74]

No trecho seguinte está a conclusão de que o patrimônio conduz à sucessão legítima e testamentária, inclusive como direito fundamental,

assim como a organização da família conduz à sucessão legítima e, dentro dela, à noção de sucessão necessária para a proteção mínima dos herdeiros parentes e familiares mais próximos ao sucedido, preservando, dentro da família, as riquezas patrimoniais e com ela a sua organização, além de pela via reflexa manter o Estado forte e economicamente estável.[75]

Como antes pontuado, a legítima em 50% do patrimônio do falecido foi mantida no direito brasileiro pelo Código Civil de 2002, havendo na sincronização entre propriedade e família um forte entrave para que seja revista em percentual ou mesmo extinta na nossa realidade jurídica. Os estudos que seguirão demonstrarão – ou não – se é viável superar essa barreira.

Conclusões

O presente artigo procurou trazer reflexões parciais dos meus estudos pós-doutorais sobre a tutela da legítima, com a investigação da realidade jurídica sobre os fundamentos sucessórios em quatro países, além do Brasil.

Em Portugal, como se percebeu, tem-se fundado a sucessão legítima na propriedade privada, mas não se ignora uma relação indireta com o direito de família. A legítima é variável, entre a metade e dois terços do patrimônio, estando baseada na função social da propriedade em sua projeção familiar.

Na Itália, o fundamento principal da sucessão tem sido a solidariedade familiar, havendo também um sistema de legítima variável, que pode ser de um quarto, um terço, metade ou dois terços do patrimônio do falecido.

Entre os países da América Latina escolhidos, o Peru tem uma legítima variável na mesma proporção de Portugal, e, além da propriedade e da família, tem se fundamentado a sucessão em razões econômicas, notadamente na ideia de continuidade patrimonial do falecido.

Já o Chile tem um sistema de legítima variável e complexo, que vai de 50% a 75% do patrimônio do *de cujus*. Em sua doutrina foram encontradas contestações sociais e jurídicas relevantes à legítima e à própria sucessão, que leva em conta o aumento da expectativa de vida, a concentração de renda e o desenvolvimento das famílias mais abastadas, em que se concentram os principais debates sucessórios. Penso que tais argumentos servem para a realidade brasileira, e pretendo aprofundá-los nos meus estudos que seguem.

---

[74] MADALENO, Rolf. *Sucessão legítima*. Rio de Janeiro: Forense, 2019. p. 15.
[75] MADALENO, Rolf. *Sucessão legítima*. Rio de Janeiro: Forense, 2019. p. 15.

Como se viu, no Brasil, tem prevalecido o argumento de que a sucessão procura alinhar a propriedade à família, o que justificaria a manutenção da legítima e em 50%, em um regime fixo, sem variações. Mas não seria o caso de se instituir entre nós um sistema de legítima variável? Seria o caso, nesse regime, de diminuir ou aumentar tal percentual? Ou não existem razões para se manter um sistema já consolidado, efetivo para a nossa realidade social? Tais questões serão respondidas na sequência dos meus estudos pós-doutorais.

Referências

AGUILAR LLANOS, Benjamín. *Manual de derecho de sucesiones*. Breña: Pacífico, 2014.

ASCENSÃO, José de Oliveira. *Direito civil*: sucessões. 5. ed. Coimbra: Coimbra Ed., 2000.

BARRÍA PAREDES, Manuel. La intangibilidad cuantitativa de la legítima en el Código Civil Chileno: una mirada desde el derecho sudamericano. *Revista de Derecho Privado*, n. 35, p. 129-161, jul./dez. 2018. Disponível em: https://revistas.uexternado.edu.co/index.php/derpri/article/view/5532/7205. Acesso em: 10 abr. 2020.

BEVILÁQUA, Clóvis. *Direito das sucessões*. Edição histórica. Rio de Janeiro: Rio Editora, 1983.

BIANCA, Massimo. *Diritto civile*: la famiglia – le successioni. 4. ed. Milano: Giuffrè, 2005. v. II.

CARIOTA FERRARA, Luigi. *Le sucessioni per causa di morte*: parte generale. Ristampe della Sucola di specializzazione in diritto civile dell'Univeritá de Camerino. Numero 46. A cura di Pietro Perlingieri. Napoli: Edizioni Schientifique Italiane, 2011.

DOMÍNGUEZ BENAVENTE, Ramón; DOMÍNGUEZ ÁGUILA, Ramon. *Derecho sucesorio*. 3. ed. Santiago: Jurídica de Chile, 2019. t. I.

FERRERO COSTA, Augusto. *Tratado de derecho de sucesiones*. 7. ed. Lima: Gaceta Jurídica, 2012.

GALVÃO TELLES, Inocêncio. *Direito das sucessões*: noções fundamentais. Coimbra: Coimbra Ed., 1996.

GOMES, Orlando. *Sucessões*. Atualização de Humberto Theodoro Júnior. 11. ed. Rio de Janeiro: Forense, 2001.

HIRONAKA, Giselda Maria Fernandes Novaes. *Morrer e suceder*: passado e presente da transmissão sucessória concorrente. Tese (Concurso Público de Professor Titular) – Departamento de Direito Civil, Faculdade de Direito, Universidade de São Paulo, São Paulo, 2010 – Edital FD 44/2009.

MADALENO, Rolf. *Sucessão legítima*. Rio de Janeiro: Forense, 2019.

OLAVARRÍA VIVIAN, Juan A. *Comentarios al derecho de sucesiones*. Lima: Escolani, 2010.

PINHEIRO, Jorge Duarte. *O direito das sucessões contemporâneo*. 3. ed. Lisboa: AAFDL, 2019.

SOMARRIVA UNDURRAGA, Manuel. *Derecho sucesorio*. Versión de René Abeliuk M. 8. ed. Santiago: Jurídica de Chile, 2019. t. I.

SPATUZZI, Angelo. Autonomia testamentaria e libertà della persona. *Collana: Quaderni del Dipartimento di Scienze Aziendali e Giuridiche dell'Università della Calabria*, nuova serie, 31, Napoli: Edizione Scientifiche Italiane, 2014.

Informação bibliográfica deste texto, conforme a NBR 6023:2018 da Associação Brasileira de Normas Técnicas (ABNT):

TARTUCE, Flávio. Fundamentos do direito das sucessões em outros sistemas e no Brasil. *In*: TEIXEIRA, Daniele Chaves (Coord.). *Arquitetura do Planejamento Sucessório*. Belo Horizonte: Fórum, 2021. p. 229-247. Tomo II. ISBN 978-65-5518-117-3.

O PLANEJAMENTO SUCESSÓRIO NO CONCUBINATO

LUCIANA BRASILEIRO
MARIA RITA DE HOLANDA

I Introdução

O planejamento sucessório é uma realidade cada vez mais reconhecida pela comunidade jurídica brasileira, como importante instrumento de prevenção de conflitos, para além da utilização dos mecanismos alternativos à judicialização das relações privadas.

De fato, o direito sucessório tem problemas em seu nascedouro que provocam, muitas vezes, questões insolúveis, gerando custo, conflitos familiares e sobrecarga do Judiciário, sobretudo quando envolve questões complexas, como as famílias simultâneas, especialmente o concubinato. Embora haja críticas válidas à terminologia (concubinato), o termo será utilizado neste artigo em razão de ser aquele mantido pelo Código Civil de 2002, no art. 1.727 e outros relacionados.

Há dois prismas sempre presentes na análise macro do direito sucessório, que têm a ver com a conferência de uma maior autonomia ou manutenção de sua função social. O segundo prisma foi uma opção de atendimento à realidade brasileira com a superação da sucessão testamentária como fator da exclusão da legítima, em um modelo individualista trazido pelas Ordenações Filipinas, pela Consolidação das Leis Civis e o Código Civil de 1916, que estabelecia que, *morrendo a pessoa sem testamento, transmite-se a herança ao seu herdeiro legítimo*. Esse retrato histórico é bem trabalhado por Paulo Lôbo, que também acolhe o novo modelo mais calcado nos valores sociais e de solidariedade familiar.[1] Sendo assim, justifica-se o limite à liberdade de testar do autor da herança para garantir a legítima aos chamados herdeiros necessários. Uma inversão de priorização da família em face da liberdade individual e autonomia do testador.

A esse respeito, registre-se que o Código Civil de 2002, inclusive, ampliou o rol de herdeiros necessários ao gerar o instituto da concorrência do cônjuge sobrevivente com os descendentes, embora de forma condicionada ao regime de bens.

---

[1] LOBO, Paulo. Direito Civil. *Sucessões*. Vol. 6. 5. ed. São Paulo: Saraiva Educação, 2019, p. 43.

É curioso observar o descompasso dos sinais legais trazidos pelo CCB/2002, no Livro de Família e no Livro de Sucessões. Na família, tivemos vários ganhos de autonomia (mudança do regime de bens legal, dissolubilidade da conjugalidade, retirada do regime de separação legal convencional da regra do art. 1.647 que exige anuência do cônjuge, possibilidade de alteração do regime de bens, extrajudicialização da dissolução da sociedade conjugal e do vínculo matrimonial); mas na sucessão, o caminho foi inverso, registrando uma maior preocupação com o que se entende por função social no direito sucessório.

É bem verdade que um planejamento sucessório não se resume ao testamento, pois poderá também produzir efeitos em vida e a finalidade deve residir não em fraudar direitos de ordem pública e que são familiares, mas ao contrário, deve ser o de promover a valorização da pessoa humana. Para tanto, a qualquer preço, deve se evitar o enriquecimento ilícito e garantir meios de sobrevivência calcados na solidariedade familiar.

Entre os aspectos que envolvem o planejamento sucessório, um recorrente é a escolha, ou a condução dos futuros herdeiros para a gestão patrimonial. O Brasil é um país dominado por empresas familiares. A revista *Exame*[2] trouxe em reportagem de 2019 que dados do IBGE combinados a do Sebrae reconhecem que 90% das empresas brasileiras são familiares, representando 65% do PIB, e responsáveis pela empregabilidade de 75% da força de trabalho do país. A pesquisa ainda aponta, entretanto, que apenas 5% dessas empresas chegam à terceira geração do fundador, o que demonstra uma dificuldade na sucessão dentro do bojo familiar.

Talvez o direito sucessório pensado pelo CCB/2002 estivesse enxergando uma diversidade menor na conjugalidade, pautada, principalmente, por um comportamento exclusivo e monogâmico. Contudo, a valorização da pessoa não pode estar atrelada a formas, que embora representem o interesse da maioria da sociedade brasileira – enquanto monogâmica –, não podem ignorar uma realidade, não tão insignificante assim, que é a das famílias simultâneas.

II O atual contexto do concubinato

Ressalte-se também que a preocupação não é apenas patrimonial, mas existencial, porque muitas vezes não se está a falar de divisão de riquezas materiais, mas de meios de subsistência.

O planejamento sucessório, portanto, requer, segundo Daniele Teixeira, uma análise profunda e preocupação sobre a autonomia e sobre a solidariedade.[3] Na análise do contexto da diferença de gênero na realidade, a autora chama a atenção para inserção das mulheres em gestão de empresas familiares e da necessidade de se analisar o planejamento sucessório tendo em vista os valores e princípios constitucionais, em uma

---

[2] Empresas familiares assumem liderança de mercado. Disponível em: https://exame.com/negocios/dino_old/empresas-familiares-assumem-lideranca-de-mercado/. Acesso em 10 julho 2020.

[3] TEIXEIRA, Daniele Chaves. *Planejamento sucessório*. Pressupostos e limites. 2. ed. Belo Horizonte: Fórum, 2019, p. 25.

perspectiva de uma família democrática, conferindo uma maior igualdade possível aos herdeiros e herdeiras.[4]

A autora reconhece, por fim, dada a modificação da concepção familiar no Brasil, calcada na diversidade e na funcionalidade em prol de seus membros, que o planejamento sucessório se faz necessário também para funcionalizar o direito das sucessões, desmistificando a ideia de que se presta sempre a uma finalidade ilícita ou a fraudar a lei, assim como não estaria restrito apenas a grandes riquezas.[5]

Essa concepção se mostra extremamente útil quando estamos diante de relacionamentos simultâneos, cujas regras civis ainda vilanizam a figura da concubina, que não pode ser considerada "coadjuvante" de um cenário legal voltado apenas à proteção do casamento.

Nesse sentido, talvez seja o caso de pensar o direito sucessório horizontal não apenas com relação aos cônjuges (casamento) e companheiros (união estável), mas também com relação a conviventes (concubinato) que possuem existência equiparada.

Há, portanto, inúmeras soluções que poderão ser utilizadas no sentido de protegê-la em sua dignidade, viabilizando um planejamento que lhe garanta meios de subsistência e principalmente diante do perigo real de vir a perder o seu sustento enquanto beneficiária, ainda que parcial, da previdência social, caso o Supremo Tribunal Federal não abra os olhos à proteção das pessoas e não das entidades, no julgamento de repercussão geral que se encontra em pauta.

Sabe-se, no entanto, que há entraves legais que precisam ser superados, como os previstos nos artigos 550 e 1.801, III, do CCB, que assim se expressam:

> Art. 550. A doação do cônjuge adúltero ao seu cúmplice pode ser anulada pelo outro cônjuge, ou por seus herdeiros necessários, até dois anos depois de dissolvida a sociedade conjugal. [...]
>
> Art. 1801. Não podem ser nomeados herdeiros nem legatários: [...]
>
> III - o concubino do testador casado, salvo se este, sem culpa sua, estiver separado de fato do cônjuge há mais de cinco anos;

O referido artigo 550 manteve o previsto na íntegra do art. 1.177 do CCB/1916.

Mas, com relação ao artigo 1.801, não há referência no CCB/1916, que apenas tratava de filhos ilegítimos e legitimados na ordem de vocação hereditária, conforme adiante se verá. Ou seja, a vedação de deixa testamentária ao concubino pelo testador casado foi produto do CCB/2002, cujo projeto foi dos anos 70.

Aliás, em aparente confusão terminológica, e com a mesma intenção de "proteção patrimonial", terminou por chamar os que vivem em união estável de concubinos com separação de fato há pelo menos cinco anos, resgatando uma regra revogada, prevista na Lei 8.971/94.[6]

---

[4] TEIXEIRA, Daniele Chaves. *Planejamento sucessório*. Pressupostos e limites. 2. ed. Belo Horizonte: Fórum, 2019, p. 39

[5] TEIXEIRA, Daniele Chaves. *Planejamento sucessório*. Pressupostos e limites. 2. ed. Belo Horizonte: Fórum, 2019, p. 223.

[6] BRASILEIRO, Luciana; HOLANDA, Maria Rita. A proteção da pessoa nas famílias simultâneas. In: MENEZES; Joyceane Bezerra de; RUZYK, Carlos Eduardo Pianovski; SOUZA, Eduardo Nunes de (Org.). *Direito Civil*

No direito privado, questão sensível da sucessão diz respeito às famílias simultâneas. Tema que tem sido foco de debates cotidianos pela doutrina e tribunais, as famílias simultâneas podem aparecer em mais de um formato, seja pela coexistência de mais de um núcleo familiar formado por uniões estáveis, ou envolvendo também um casamento.

Para esta segunda hipótese, o Código Civil atual trouxe mecanismos de blindagem patrimonial para o casamento. O que o Código chama de concubinato, portanto, sendo aquele formado por pessoas impedidas de casar, está relacionado à manutenção de uma relação estável em concomitância a um casamento.

É importante reconhecer o traço histórico da informação, uma vez que, quando projetado o Código Civil de 2002, não havia sequer a EC 09/1977, que instituiu o divórcio no Brasil. Não havia, por via de consequência, a mudança proposta pela Constituição Federal de 1988 em relação ao tratamento oferecido às pessoas, a grande mudança de valores que propõe alçar cidadãs e cidadãos ao conceito de dignidade.

Assim, o conceito de concubinato e a importância dada à monogamia parecem estar deslocados de um Estado democrático que propõe a diversidade, a liberdade, a responsabilidade e a dignidade como pilares da realização pessoal de cada um. A esse respeito, alerta Rodrigo da Cunha Pereira:

> Para se fazer uma leitura, ou releitura de um Direito que se pretenda traduzir a família contemporânea, ou pós-moderna como dizem alguns, é necessário que as leis estejam em consonância com princípios basilares do Direito de Família. Para se compreender tais princípios, e sustentá-los, é necessário que se adote uma hermenêutica contextualizada numa revolução paradigmática.[7]

Apesar de o sistema jurídico brasileiro não ter, portanto, espaço para tratamento discriminatório de entidades familiares, desde que dotadas de ostensibilidade, afetividade e durabilidade, o fato é que a cultura não se desvencilhou da ideia de que as relações concubinárias são dotadas de ilicitude, ou, ainda, que não se tratam de entidades familiares.

A lógica hodierna, contudo, impede essa visão preconceituosa, calcada nas regras do direito canônico impostas durante o processo de colonização do país, uma vez que a dignidade da pessoa humana, alçada à condição de princípio constitucional, veda a exclusão de direitos às pessoas.

O argumento da monogamia como regra parece ser aquele ostentado para privilegiar o conceito moral da sociedade tradicional. Mas a ideia de monogamia como regra absoluta perde força diante da interpretação inclusiva dada ao art. 226 da Constituição Federal e da leitura do Código a partir da metodologia civil-constitucional.

É razoável compreender a monogamia como princípio absoluto, quando o sistema jurídico era voltado para regulamentar o casamento, única forma de constituição de família. Mas ela não pode ser confrontada com a fidelidade. Esta, segundo Rodrigo da Cunha Pereira, é uma das formas e instrumentos de garantia do sistema monogâmico,

---

Constitucional: a ressignificação dos institutos fundamentais do direito civil contemporâneo e suas consequências. Florianópolis: Conceito Editorial, 2014, p. 498.

[7] PEREIRA, Rodrigo da Cunha. *Direito das Famílias*. Rio de Janeiro: Forense, 2020, p. 76-77.

e também do poligâmico.[8] O autor entende a fidelidade como ordenadora do pacto social, como proibição do desejo. Isto porque, mesmo na poligamia, a vedação à infidelidade existe, uma vez que ela se caracteriza quando há relações para além dos cônjuges envolvidos.

No Brasil, a infidelidade chegou a ser tipo penal, descriminalizada em 2005 pela Lei 11.106, e a monogamia, aplicada atualmente, sobretudo, em contraponto à bigamia (proibição de dois ou mais registros de casamento concomitantes) não pode e não deve se contrapor às pessoas. Ela é reguladora dos pactos sociais, mas não é absoluta. Tanto assim que, ao definir os impedimentos para a união estável, em seu art. 1.723, o Código Civil se restringe às pessoas casadas sem separação de fato, mas não faz referência alguma àquelas já vivendo numa outra união estável, com ou sem separação de fato.

Se antes o concubinato surgiu no Brasil como as relações não formais para as pessoas que não tinham acesso ao casamento, atualmente ele ocupa o espaço de relações não eventuais entre aquelas pessoas impedidas de casar (regra do art. 1.727). Ele saiu de um lugar "útil", não obstante de não direito, mas de organização social, para preencher um espaço de "vilão".

Apesar dos avanços, a sua interpretação cultural ainda é desafiadora. Isto porque as pessoas ainda enxergam no concubinato uma relação "espúria", ameaçadora da "família" e este dado se dá através de um cruel processo de exposição da figura feminina. Isto porque as mulheres são, não raras vezes, apontadas como "as amantes" responsáveis pelo fim de uma família. O Supremo Tribunal Federal, ao julgar demanda de direito previdenciário, no RE 397762, excluiu da partilha de pensão por morte a companheira que partilhou a vida por 37 anos com o fiscal de rendas Valdemar do Amor Divino. Embora o julgado tenha ficado consagrado pelo voto divergente do Min. Ayres Britto, que à época já chamava atenção de seus pares acerca dos princípios constitucionais que regem o direito familiar brasileiro, salta aos olhos a diferença traçada pelo Min. Lewandowski entre união estável e concubinato. Para ele, o concubinato se restringiria a partilha de leito, num entendimento de que este instituto – conceituado no Código Civil e dotado de efeitos jurídicos – existe para legitimar relações entre pessoas que se encontram para momentos íntimos, o que não parece razoável.

Também não é compreensível que o Código Civil de 2002 mantenha em seu bojo regras oriundas das Ordenações Filipinas, como a anulabilidade de doação feita à concubina. Nesse particular, tratando da questão de gênero aqui suscitada, tanto as Ordenações Filipinas quanto o Código Civil de 1916, ao se referirem ao concubinato, colocaram a mulher neste espaço de concubina (ou barregã), sendo o homem, invariavelmente, aquele que mantinha mais de um relacionamento.

E esta informação pesa, sobremaneira, porque ainda hoje as lentes que enxergam o concubinato como um espaço de não direito revelam esse cenário. Além disto, o acesso da mulher à formação de patrimônio ainda enfrenta barreiras que impõem jornadas árduas de trabalho e pouco acesso ao mercado e aos espaços de poder. Mais que isto, a mulher ainda é a responsável pelos cuidados do lar familiar, acumulando funções que desincumbem o homem do papel doméstico, deixando-o livre para ser mais produtivo.

---

[8] PEREIRA, Rodrigo da Cunha. *Direito das Famílias*. Rio de Janeiro: Forense, 2020, p. 85.

Portanto, não obstante a passagem do tempo e a evolução do direito no tratamento das pessoas, a busca por mecanismos de "proteção" de um dos núcleos familiares – excluindo outros que, por lei, têm acesso à sucessão – é cultural.

A legislação já foi responsável, outrora, pela exclusão dos filhos oriundos deste relacionamento, erro grave felizmente corrigido pela Constituição Federal de 1988.

III A filiação extramatrimonial e a superação da desigualdade

Noticia Paulo Lôbo[9] que, com o advento da República no Brasil, o art. 83 da CF de 1891 estabeleceu que continuassem em vigor, enquanto não revogadas, as leis do antigo regime, inclusive as Ordenações Filipinas, que não contrariassem os princípios nela consagrados, revogando-se a morte civil e a diferença entre filhos de nobres e filhos de peões quanto ao direito das sucessões.

Todo o período colonial foi marcado pela exclusão dos filhos extramatrimoniais com relação ao direito sucessório, uma vez que eram classificados segundo as suas origens consideradas ilegítimas, como espúrios, adulterinos, bastardos e incestuosos. Somente na segunda metade do século XX passaram a incorporar lentamente os direitos sucessórios desiguais.

Também o CC/1916, em seu odioso art. 358, passou a proibir o seu reconhecimento, e assim dispunha: "Art. 358. Os filhos incestuosos e os adulterinos não podem ser reconhecidos".

Em matéria sucessória, o CCB/1916 com relação aos filhos extramatrimoniais, especificava em seu artigo 1.605:

> Art. 1.605. Para os efeitos da sucessão, aos filhos legítimos se equiparam os legitimados, os naturais reconhecidos e os adotivos.
>
> §1º Havendo filho legítimo, ou legitimado, só a metade do que a este couber em herança terá direito o filho natural reconhecido na constância do casamento (art. 358).
>
> §2º Ao filho adotivo, se concorrer com legítimos, supervenientes a adoção (art. 368), tocará somente metade da herança cabível a cada um destes.

Observa-se que os filhos adotados ingressavam na mesma seara de discriminação, embora fossem legitimados.

Mas, enfim, os filhos alcançaram o *status* da igualdade jurídica, cujo apogeu ocorreu com o advento da CF/88.[10] Com isso, quanto à filiação, o CCB/2002 pôde reforçar que, não obstante o artigo 1.801, III, o filho do concubino poderia ser legatário, conforme dispõe o art. 1803: "É lícita a deixa ao filho do concubino, quando também o for do testador".

Em outra oportunidade, já foi especificada pelas presentes autoras a valorização do concubinato pelo Livro de Família no CCB/2002, seja pelo art. 1.708, seja pelo art. 1.727.[11]

---

9   LOBO, Paulo. Direito Civil. *Sucessões*. Vol. 6. 5. ed. São Paulo: Saraiva Educação, 2019, p. 22.

10 LOBO, Paulo. Direito Civil. *Sucessões*. Vol. 6. 5. ed. São Paulo: Saraiva Educação, 2019, p. 23.

11 BRASILEIRO, Luciana; HOLANDA, Maria Rita. A proteção da pessoa nas famílias simultâneas. *In*: MENEZES; Joyceane Bezerra de; RUZYK, Carlos Eduardo Pianovski; SOUZA, Eduardo Nunes de (Org.). *Direito Civil*

Importante ressaltar, também, que a base da solidariedade defendida para a proteção da concubina encontra-se respaldada em sua dignidade e também na responsabilidade.

Durante muito tempo o seu filho foi marcado por um julgamento da sociedade e da lei, tendo que viver à margem de seu direito de subsistência "em nome da moral e dos bons costumes".

Com a proibição de discriminação com relação à origem da filiação, ressaltou-se também a ideia de que o casamento não poderia blindar e proteger o homem que violou o dever de fidelidade no casamento. Seria um prêmio ao violador exonerá-lo de responsabilidades patrimoniais com relação ao filho que gerou. E porque deveria ser exonerado de prover a pessoa com a qual conviveu e convive simultaneamente ao casamento? A regra visa ao desestímulo à infidelidade e estímulo à conduta monogâmica? Porque, decerto, não o responsabilizar seria um estímulo maior.

Importante o acompanhamento da história do filho extramatrimonial, como fruto de relações simultâneas, antes adjetivadas a partir do tipo criminal extinto do adultério, como relação adulterina, para entender que a mesma lógica aqui se aplicaria à concubina, enquanto convivente e dentro das mesmas características da companheira ou mesmo da esposa.

IV Críticas às vedações legais e soluções para o planejamento sucessório

Se houve evolução legal em relação ao tratamento dado aos filhos, independentemente de sua origem, culturalmente ainda há marcas deixadas pelo conceito do concubinato.

Pior que isto, a lógica utilizada para os filhos não foi aproveitada para as companheiras que vivem em relações familiares "concubinárias", o que repercute em dilemas levados ao Judiciário.

Conforme mencionado, o Código Civil prevê em seu art. 1.801 a proibição expressa à nomeação de concubinos como herdeiros ou legatários e impõe uma separação de fato há pelo menos cinco anos para aquelas pessoas casadas.

Em precedentes do Superior Tribunal de Justiça é possível encontrar como argumento para defender a regra a ideia de que reconhecer direitos patrimoniais ao concubinato representaria *um atalho para se atingir os bens da família legítima, providência rechaçada por doutrina e jurisprudência.*[12]

Na sequência, o art. 1.802 do Código prevê a nulidade das deixas, inclusive por interposta pessoa.

O que se vislumbra é uma regra pensada para proteger um patrimônio familiar, reconhecidamente (pelo legislador) ameaçado pela figura de uma terceira pessoa e,

---

Constitucional: a ressignificação dos institutos fundamentais do direito civil contemporâneo e suas consequências. Florianópolis: Conceito Editorial, 2014, p. 497.

[12] Superior Tribunal de Justiça, REsp 988090, Relator: Min. Luis Felipe Salomão, DJ: 22/02/2010, disponível em: http://corpus927.enfam.jus.br/legislacao/cc-02#art-1801. Acesso em: 12 julho 2020.

na lógica ainda sustentada pelo Superior Tribunal de Justiça, preservar os bens "da família legítima [*sic*]".

Como é possível perceber, portanto, a legislação civil traz em seu conteúdo regras que visam à proteção do patrimônio familiar, para blindar a instituição, em clara desarmonia com a lógica da metodologia civil constitucional, que se utiliza dos princípios para proteger as pessoas.

Esta metodologia tem sido utilizada para ampliar os direitos de pessoas em relações familiares cujo contexto não esteja previsto de forma expressa na lei. Foi o que ocorreu com as uniões homoafetivas, por exemplo, que tiveram seu reconhecimento pelo Supremo Tribunal Federal, no julgamento da ADI 4277. A ideia de proteção das pessoas veda o tratamento discriminatório e deve se estender às famílias simultâneas, em que há a formação de uma entidade familiar com todos os seus requisitos preenchidos – ostensibilidade, durabilidade e afetividade.

A própria previsão legal prevê um reconhecimento das famílias simultâneas, uma vez que se preocupou com a blindagem dos bens para um único núcleo familiar.

Ocorre que o cenário atual do direito familiar é fruto de uma longa jornada de busca de um direito mais humanizado e menos patrimonializado. A Constituinte, que travou a luta pela legalização das uniões estáveis, permite-nos perceber a abertura dada às famílias, em sua interpretação diversa e inclusiva, sendo ela, atualmente, o modelo que acomoda outros tipos familiares, do ponto de vista da conjugalidade.

Esta abertura, no entanto, parece ainda sofrer entraves em questões sensíveis, como do concubinato, levando ao Judiciário demandas longas, que se sujeitam a interpretações preconceituosas, excludentes e invasivas. E quando isto ocorre, há alguém a quem se está negando direitos, estes, inerentes ao fato de se ter vivido em família – partilha de bens, alimentos, sucessão, impenhorabilidade do bem de família, direitos previdenciários. Certamente, a pessoa reivindicante – inegavelmente, no Brasil, a mulher – é alguém que precisa daquele direito para dar continuidade à vida com dignidade, seja pelo sustento, seja pela garantia do patrimônio que contribuiu para construir e vai ter que lidar com o argumento da parte adversa de que falta possibilidade jurídica ao pedido em razão do relacionamento ter se estabelecido de forma simultânea a um *oficial*, blindado pela justiça.[13]

Além disto, a existência de relações concubinárias e a abertura do tratamento discriminatório dado pelo art. 1.801 do Código estimula uma busca por um planejamento excludente em relação ao patrimônio, incluindo-se, neste planejamento, os filhos, no que diz respeito, por exemplo, à parte disponível. E quando o legislador buscou o tratamento igualitário aos filhos, o fez por saber que a diferença era indigna. Contudo, o reconhecimento de direitos à prole e a negativa de direitos entre companheiros são atentatórios à dignidade humana. A esse respeito, já nos colocamos:

> Sendo a família um *locus* de realização pessoal, ela precisa prever normas de proteção integral de cada indivíduo que a compõe, razão pela qual a atribuição de efeitos jurídicos positivos às relações conjugais simultâneas decorre da interpretação inclusiva da Constituição Federal, que preenche com função familiar toda relação dotada de afetividade,

---

[13] BRASILEIRO, Luciana. *As Famílias Simultâneas e seu regime jurídico*. Belo Horizonte: Fórum, 2019, p. 188.

estabilidade e ostensibilidade. O Código Civil Brasileiro regulamenta o concubinato com regras existenciais e patrimoniais e ele não pode ser tratado de forma diferente das demais entidades familiares, pois as entidades familiares precisam ser tratadas à luz da mesma dignidade e o tratamento diferenciado fulmina de inconstitucionalidade os artigos que impõem exclusão.[14]

Partindo dessa premissa, o direito sucessório parece ter despontado com uma solução até agora utilizada, que inibe, inclusive, o enriquecimento sem causa, pela triação. O primeiro precedente é de 2005, quando o Des. Rui Portanova, do Tribunal de Justiça do Rio Grande do Sul, apontou a solução nos autos da Apelação Cível nº 70009786419,[15] reconhecendo a existência de relacionamentos estáveis para além da exclusividade.[16] O julgado, portanto, vem lançando luz nos casos levados ao Judiciário como forma de assegurar a partilha dos bens oriundos dos relacionamentos, aplicando-se a regra da presunção do esforço comum para sua aquisição.

Atualmente, a matéria previdenciária de divisão da pensão por morte é também objeto de muitas demandas judiciais e o STF reconheceu sua repercussão geral em dois temas: 526 e 529.

O Tema 529 trata de duas uniões estáveis simultâneas e foi pautado para julgamento em setembro de 2019, estando pendente de nova data, haja vista o pedido do Min. Dias Toffoli de vistas. Até o presente momento o Relator Alexandre de Moraes, que votou pelo improvimento do recurso, sinalizando a manutenção da interpretação restritiva, está sendo vencido pelo entendimento de que as relações de boa-fé podem ter seus direitos reconhecidos para partilha da pensão por morte.

O Tema 526, de relatoria do Min. Luiz Fux, ainda não foi pautado e envolve a divisão da pensão por morte entre cônjuge e companheira, ao que o Tribunal chamou, no reconhecimento da repercussão geral, de "concubinato de longa duração".

Parece que a ideia "de longa duração" pode ser um argumento utilizado para legitimar as relações concubinárias como dotadas de efeitos jurídicos positivos, mas é forçoso reconhecer que os elementos que dão formato a uma família são, para além da durabilidade, a ostensibilidade e a afetividade e, uma vez presentes, devem conduzir para o aqui mencionado reconhecimento, fulminando de inconstitucionalidade as regras que negam direitos e desprotegem as pessoas.

O planejamento sucessório surge, portanto, como uma saída para solucionar a ainda desprotegida família simultânea. E a ele deve ser emprestado este efeito prático. Usar o planejamento para excluir direitos precisa entrar em desuso, uma vez que ele desponta, atualmente, como tendência para prevenção eficaz de conflitos familiares e, consequentemente, preservação do patrimônio.

---

[14] BRASILEIRO, Luciana. *As Famílias Simultâneas e seu regime jurídico*. Belo Horizonte: Fórum, 2019, p. 188.

[15] BRASIL. Tribunal de Justiça do Rio Grande do Sul. *AC nº 70009786419*. Oitava Câmara Cível. Relator: Rui Portanova. Julgado em 03.03.2005. Disponível em: http://www.tjrs.jus.br/busca/search?q=tria%C3%A7%C3%A3o&proxystylesheet=tjrs_index&client=tjrs_index&filter=0&getfields=*&aba=juris&entsp=a__politicasite&wc=200&wc_mc=1&oe=UTF-8&ie=UTF-8&ud=1&sort=date%3AD%3AS%3Ad1&as_qj=&site=ementario&as_epq= &as_oq=&as_eq=&as_q=+#main_res_juris. Acesso em: 12 julho 2020.

[16] Aqui é preciso um outro pensar, diria um outro paradigma de divisão. Aqui se pode falar em uma outra forma de partilhar, que vai denominada, com a vênia do silogismo, de "triação", que é a divisão em três e que também deve atender ao princípio da igualdade.

É importante salientar, como já mencionado, que a coexistência de uniões estáveis não esbarra nas vedações legais atualmente previstas – doação e deixa testamentária. O caso se torna crítico, no entanto, quando a relação coexiste com um casamento, sem separação de fato. Atualmente, o planejamento não pode ocorrer por testamento, haja vista que o Código fulmina a deixa com nulidade. Contudo, em relação à doação, a regra é de anulabilidade, dependendo, portanto, da iniciativa da outra parte.

Outro caminho que tem sido utilizado frequentemente é o do seguro de vida, diante da dúvida plantada entre as redações dos artigos dos Códigos de 1916 e 2002.

Isto porque o art. 1.474 do CCB/16 previa de forma expressa que *não se pode instituir beneficiário pessoa legalmente inibida de receber doação do segurado*. Na época, o Código se referia especificamente à concubina.

O Código de 2002 não possui artigo correspondente, mas possui uma regra afirmativa de proteção de companheiros, no art. 793, que prevê a validade da instituição como beneficiário, mas impõe que, ao tempo do contrato, haja separação judicial ou separação de fato.

Chama atenção, contudo, a regra prevista no art. 792, que dispõe sobre a falta de indicação de beneficiário e traz um parágrafo único que se aproxima da lógica do direito previdenciário: "Na falta das pessoas indicadas neste artigo, serão beneficiários os que provarem que a morte do segurado os privou dos meios necessários à subsistência". O *caput* menciona a ordem de vocação hereditária, trazendo como beneficiários o cônjuge não separado de fato (ignora companheiro) e o "restante dos herdeiros do segurado".

Como é possível perceber, o Código blindou as relações formadas pelo casamento, mantendo a tradição dele, mas ignorando, novamente, a vedação ao tratamento discriminatório.

As regras de direito societário seguem na mesma linha de tratar impedimentos para constituição de sociedade apenas entre pessoas casadas, com restrição de regime de bens, excluindo das regras as pessoas que vivem em união estável.

E o art. 978 autoriza o empresário casado a alienar bens da empresa, independentemente de outorga uxória.

Esta autorização e maior liberdade concedida dentro das sociedades empresariais parece despontar como solução para as questões afetas às famílias simultâneas, com a formação de *holdings*, por exemplo, em que se definem as regras relacionadas à sucessão empresarial.

Contudo, a inclusão de companheiros de famílias simultâneas em *holdings* traz problemas críticos, uma vez que pode trazer a inclusão de companheiros para aparar o tratamento desigual dado pela lei, mas também pode ser danosa, no sentido de blindar ainda mais o patrimônio que deveria ser regido pelas regras do direito familiar, mas será pelas do direito societário. E no Brasil, como já vimos, o comportamento cultural aponta muito mais para a desproteção, para a exclusão, como já faz a lei.

Isto porque a noção de responsabilidade parece não ter sido bem absorvida e, ao contrário, o estímulo legal é de punição de quem convive com outrem numa aparente quebra da regra da fidelidade.

Diz-se aparente, porque a fidelidade deve estar na ambiência do pacto conjugal, como norma de comportamento, mas sua descriminalização e o lançamento da dignidade à condição de princípio constitucional obrigam o tratamento das pessoas sob as lentes protetivas.

Os pactos antenupciais têm sido utilizados, inclusive, para afastar regras de fidelidade, embora haja controvérsia ao tema. De toda sorte, uma cláusula como esta revela a boa-fé declarada das partes no reconhecimento da manutenção de relação para além daquela que se firmará.

Assim, famílias orgânicas, como as simultâneas, precisam ser protegidas pelo mesmo Estado que protege os casamentos, porque são as pessoas e não os institutos que devem ser preservados.

O planejamento sucessório, então, através das *holdings*, que alçam companheiras e companheiros à condição de sócios, destinatários de cotas e patrimônio societário, tem sido um caminho para não submeter as partes envolvidas ao escrutínio do Judiciário, que muitas vezes parece reproduzir regras despidas da proteção constitucional.

Além disso, apesar das expressas vedações legais para a utilização do testamento, doação e do seguro de vida em favor da concubina, esta poderá ser protegida em vida e após a morte do companheiro, por usufruto vitalício de propriedade deste, que se poderia ocorrer diretamente sobre o bem, ou no recebimento dos frutos civis provenientes do mesmo (alugueres). Não há qualquer impedimento legal para a instituição desse usufruto, que garantiria, minimamente, certa dignidade àquela que convivia e que dependia.

A Previdência Social estabelece legitimidade para os beneficiários, mas define para fins de concessão do benefício a dependência econômica comprovada como premissa para o exercício do direito. De certo, embora a matéria esteja em sede de repercussão geral, como já mencionado, a jurisprudência dos TRFs assim se consolidou, admitindo a possibilidade, inclusive, de divisão da pensão, na hipótese da simultaneidade. A esse respeito, considera-se a postura do STJ, através de algumas turmas, como sendo de franco retrocesso à jurisprudência previdenciária já consolidada anteriormente.

Ainda na esfera da previdência, aquela que se considera complementar ou privada, em que o contribuinte poderá indicar quem ele quer que seja o beneficiário, não passando pelo inventário do instituidor.[17]

Observa-se, contudo, que as soluções privadas como a do usufruto e previdência complementar dependerão, principalmente, da vontade do instituidor. De qualquer forma, seriam soluções que poderiam ser indicadas para que as interessadas busquem a sua implementação ainda em vida, sem perigo de que tal benefício possa vir a ser reivindicado pela família conjugal.

Ideal mesmo seria que a nossa legislação infraconstitucional se rendesse aos argumentos constitucionais pautados na dignidade, para que a concubina pudesse vir a receber doação, a ser beneficiária em um seguro de vida ou mesmo a ser contemplada em testamento, na parte disponível, respeitando-se, nesse particular, o exercício da autonomia do instituidor.

---

[17] ROLF, Madaleno *apud* TEIXEIRA, Daniele Chaves. *Planejamento sucessório*. Pressupostos e limites. 2. ed. Belo Horizonte: Fórum, 2019, p. 155.

V Conclusões

1. A sucessão *mortis causa* na realidade brasileira é pautada por dificuldades não pensadas pelo autor da herança quando em vida, deixando aos seus sucessores problemas muitas vezes insuperáveis durante toda uma geração.
2. O planejamento sucessório tem despontado como solução contemporânea visando à prevenção dos conflitos judiciais entre os sucessores, de forma a assegurar a manutenção do patrimônio, fazendo uso dos mecanismos autorizados por lei, seja por ato jurídico *inter vivos* ou *mortis causa*.
3. Atualmente, o testamento, o usufruto, a doação, a previdência social e complementar, o seguro de vida e as *holdings* são exemplos de instrumentos utilizados no planejamento sucessório.
4. As famílias simultâneas existem na realidade brasileira e, entre suas configurações, o concubinato é o mais penalizado, por conter vedações expressas aos seus efeitos jurídicos no Código Civil, além do julgamento cultural.
5. As relações concubinárias são, em maior número, formadas por um homem casado e não separado de fato e mais de uma mulher, o que torna ainda mais grave em razão do tratamento de gênero.
6. A metodologia civil-constitucional, que viabiliza a interpretação do direito privado a partir da leitura dos princípios constitucionais, vem contribuindo para uma interpretação mais diversa, solidária e responsável das relações familiares em proteção aos membros que a compõem.
7. As vedações legais que hoje desprotegem a concubina estão sujeitas a uma releitura pela ótica constitucional, uma vez que o princípio da dignidade da pessoa humana veda o tratamento discriminatório atualmente empregado e mantido, ao concubinato.
8. Para proteger estas relações, enquanto não se reconhece a sua legitimidade, o planejamento sucessório aponta soluções a partir de mecanismos previstos na lei, que minimizam eventuais danos provenientes da discriminação legal.

Referências

BRASIL, Superior Tribunal de Justiça. REsp 988090, Relator: Min. Luis Felipe Salomão. *DJ*, 22/02/2010. Disponível em: http://corpus927.enfam.jus.br/legislacao/cc-02#art-1801. Acesso em: 12 julho 2020.

BRASIL. Tribunal de Justiça do Rio Grande do Sul. *AC nº 70009786419*. Oitava Câmara Cível. Relator: Rui Portanova. Julgado em 03.03.2005. Disponível em: http://www.tjrs.jus.br/busca/search?q=tria%C3%A7%C3%A3o&proxystylesheet=tjrs_index&client=tjrs_index&filter=0&getfields=*&aba=juris&entsp=a__politicasite&wc=200&wc_mc=1&oe=UTF-8&ie=UTF-8&ud=1&sort=date%3AD%3AS%3Ad1&as_qj=&site=ementario&as_epq= &as_oq=&as_eq=&as_q=+#main_res_juris. Acesso em: 12 julho 2020.

BRASILEIRO, Luciana. *As Famílias Simultâneas e seu regime jurídico*. Belo Horizonte: Fórum, 2019.

BRASILEIRO, Luciana; HOLANDA, Maria Rita. A proteção da pessoa nas famílias simultâneas. *In*: MENEZES; Joyceane Bezerra de; RUZYK, Carlos Eduardo Pianovski; SOUZA, Eduardo Nunes de (Org.). *Direito Civil Constitucional*: a ressignificação dos institutos fundamentais do direito civil contemporâneo e suas consequências. Florianópolis: Conceito Editorial, 2014.

EXAME. *Empresas familiares assumem liderança de mercado.* Disponível em: https://exame.com/negocios/dino_old/empresas-familiares-assumem-lideranca-de-mercado/. Acesso em: 10 julho 2020.

LOBO, Paulo. *Direito Civil.* Sucessões. Vol. 6. 5. ed. São Paulo: Saraiva Educação, 2019.

PEREIRA, Rodrigo da Cunha. *Direito das Famílias.* Rio de Janeiro: Forense, 2020.

TEIXEIRA, Daniele Chaves. *Planejamento sucessório.* Pressupostos e limites. 2. ed. Belo Horizonte: Fórum, 2019.

Informação bibliográfica deste texto, conforme a NBR 6023:2018 da Associação Brasileira de Normas Técnicas (ABNT):

BRASILEIRO, Luciana; HOLANDA, Maria Rita de. O planejamento sucessório no concubinato. *In*: TEIXEIRA, Daniele Chaves (Coord.). *Arquitetura do Planejamento Sucessório.* Belo Horizonte: Fórum, 2021. p. 249-261. Tomo II. ISBN 978-65-5518-117-3.

O PLANEJAMENTO PARA O FIM DE VIDA COMO ALIADO AO PLANEJAMENTO SUCESSÓRIO

LUCIANA DADALTO

1 Humanidade, finitude e o medo da morte

A morte, assim como os demais fatos naturais que acometem a humanidade, tem passado por inúmeras transformações ao longo dos séculos. Philippe Ariès,[1] historiador francês do século XX, dedicou-se a estudar a morte e chama atenção para uma mudança radical, surgida "durante o século XX, em algumas das zonas mais industrializadas, urbanizadas e tecnicamente adiantadas do mundo ocidental",[2] que ele nomeia de *oposição*. A morte foi expulsa da sociedade,[3] não se fala mais sobre o tema, não se planeja para o fim, não se vive o luto.

Illich, na segunda metade do século XX, afirma que a morte passou por seis estágios diferentes nos últimos cinco séculos e que estava à beira de uma nova mudança, sempre com uma expressão iconográfica: 1) a Dança dos Mortos, no século XIV; 2) a dança conduzida por um esqueleto ou Dança Macabra, na Renascença; 3) o trespasse do velho debochado no conforto de seu quarto de dormir, sob o *Ancien Regime*; 4) a batalha travada pelo médico contra os espectros da fome e da peste no século XIX; 5) a medicina, na pessoa do médico que se interpõe entre o paciente e sua morte, na metade do século XX, e 6) a morte sob tratamento hospitalar intensivo.[4]

Ernest Becker, por sua vez, conclui que uma das grandes redescobertas do pensamento moderno é que "de todas as coisas que movem o homem, uma das principais é o seu terror da morte".[5] Nesse contexto, aquele que é capaz de enfrentar a morte torna-se herói. Os deuses, em quaisquer das religiões, consubstanciam esse heroísmo, pois saem da morte e ressurgem/reencarnam/ressuscitam.

---

[1] ARIÉS, Philippe. *O homem diante da morte*. São Paulo: Unifesp, 2014.

[2] ARIÉS, Philippe. *O homem diante da morte*. São Paulo: Unifesp, 2014, p. 756.

[3] *Op. cit.*

[4] *Op. cit.* p. 133.

[5] BECKER, Ernest. *A negação da morte*: uma abordagem psicológica sobre a finitude humana. 9. ed. Rio de Janeiro: Record, 2017, p. 31.

Existem inúmeras teorias sobre a origem do medo da morte. Seria esse medo inato? Seria uma construção social? Seria fruto do ambiente? Becker[6] afirma que o ser humano talvez nunca saiba a real origem e que possivelmente cria a ciência e a religião para se salvar desse medo.

Resta ao ser humano, portanto, canalizá-lo para alguma ação. As sociedades primitivas canalizavam para os rituais, a sociedade contemporânea canaliza para a obstinação terapêutica e para a imortalidade. Nesse contexto, o objetivo deste artigo é demonstrar que é possível canalizar o medo da morte para uma ação que impacte na qualidade do viver e do morrer: o planejamento. Segundo o dicionário *Houaiss*, planejamento é o "serviço de preparação de um trabalho, de uma tarefa, com o estabelecimento de métodos convenientes; é a determinação de um conjunto de procedimentos, de ações (por uma empresa, um órgão do governo etc.), visando à realização de determinado projeto".[7]

Assim, planejar o fim de vida e a sucessão torna-se um verdadeiro ato de autocuidado e de cuidado com as pessoas que são importantes para o sujeito, sendo imprescindível para a consecução da dignidade no viver e no morrer.

2 Planejamento de cuidados para o fim de vida

A ideia de que o indivíduo tem o direito de planejar-se para o fim de vida remonta à segunda metade do século XX e é produto do reconhecimento da autonomia do sujeito sobre seu corpo. Nesse contexto, surgem nos EUA os documentos de manifestação prévia de vontade do paciente, que partem da ideia de que todo sujeito tem autonomia prospectiva sobre seus cuidados de saúde futuros.

Todavia, no final da década de 1990 e início dos anos 2000, os profissionais de saúde começaram a perceber que apenas a documentação prévia de vontade não garantiria ao paciente os cuidados que ele gostaria no fim de vida, pois os documentos eram feitos unilateralmente pelos pacientes, o que os tornava, por vezes, inexequíveis.

Era preciso, portanto, que a documentação fosse apenas o resultado de um processo dialógico entre profissionais de saúde e paciente, e não o meio para que sua vontade fosse respeitada. Olhando retrospectivamente, essa conclusão parece óbvia, mas foram necessárias algumas décadas para que ela fosse alcançada.

Hoje, sabe-se que o planejamento de cuidados

> é um processo que auxilia adultos de todas as idades e de com diferentes estágios de saúde a compartilharem seus valores pessoais, seus objetivos de vida e suas preferências sobre futuros cuidados de saúde. O objetivo é ajudar as pessoas a receberem cuidados médicos que sejam consistentes com seus valores, metas e preferências quando tiver uma doença ameaçadora da vida.[8]

---

[6] *Op. cit.*

[7] HOUAISS. *Planejamento.* Disponível em: https://houaiss.uol.com.br/pub/apps/www/v5-4/html/index.php#1. Acesso em 08 jul. 2020.

[8] SUDORE, Rebecca *et al.* Defining Advance Care Planning for Adults: A Consensus Definition From a Multidisciplinary Delphi Panel. *J Pain Symptom Manage.* 2017; 53(5):821-832.

Assim, os documentos de manifestação de vontade passam a ser parte do planejamento e não o planejamento em si, pois este envolve cinco etapas: a) pensar sobre seu futuro e sobre o que é importante para você; b) falar com seus familiares e amigos e escolher uma pessoa de confiança para falar em seu nome; c) documentar suas vontades; d) discutir sobre seus planos com seus médicos, enfermeiras e cuidadores; e) compartilhar essas informações com as pessoas que fazem parte do seu convívio, revendo os documentos com regularidade.[9]

Portanto, os documentos – popularmente conhecidos como diretivas antecipadas de vontade – passam a ser apenas (mas não menos importante) uma etapa do processo de planejamento. Sendo absolutamente necessário que as demais etapas sejam feitas, a fim de garantir confiabilidade e eficácia ao processo.

2.1 Diretivas antecipadas de vontade

As diretivas antecipadas de vontade (*advanced directives*), tradicionalmente, têm sido entendidas como gênero cujas espécies são o testamento vital (*living will*) e a procuração para cuidados de saúde (*durable power attorney for health care*). Esta foi a construção feita pela *Patient Self-Determination Act* (PSDA), uma lei federal americana publicada em 1990. Contudo, a população norte-americana criou outras espécies de DAV não positivadas na lei federal, mas regulamentadas por legislações e atos normativos estaduais.

Atualmente, as DAV são entendidas como um gênero de documentos de manifestação de vontade prévia, que apenas terão efeito quando o paciente não conseguir manifestar livre e autonomamente sua vontade. Esse gênero se divide em diferentes espécies: testamento vital, procuração para cuidados de saúde, ordens de não reanimação, diretivas antecipadas psiquiátricas, diretivas antecipadas para demência e plano de parto; cujas aplicações variam de acordo com o estado clínico do paciente.

Gonzáles[10] aponta como os princípios que fundamentam as diretivas antecipadas a autonomia, o respeito às pessoas e a lealdade. Este mesmo autor elenca consequências benéficas das diretivas antecipadas, como a redução do medo do paciente de situações inaceitáveis, o aumento da autoestima do paciente, o aumento da comunicação e da confiança entre médico e paciente, a proteção do médico contra reclamações e denúncias, a orientação do médico ante situações difíceis e conflituosas, o alívio moral para os familiares diante de situações duvidosas ou "potencialmente culpabilizadoras" e a economia de recursos da saúde.

Por óbvio, o benefício das diretivas antecipadas quanto ao melhoramento da relação médico-paciente, à autoestima do paciente e à diminuição de sentimento de culpa e indecisão dos parentes é induvidoso. Não se pode ainda fechar os olhos para o caráter econômico da questão, uma vez que a autonomia decisória do paciente impacta diretamente na sustentabilidade do sistema de saúde, seja ele público ou privado.

---

[9] THE GOLD STANDARDS FRAMEWORK. *Advance Care Planning*. Disponível em: https://www. goldstandardsframework.org.uk/advance-care-planning. Acesso em 06 jul. 2020.

[10] GONZÁLES, Miguel Angel Sánchez. O novo testamento: testamentos vitais e diretivas antecipadas. *In*: BASTOS, Eliene Ferreira Bastos; SOUSA, Asiel Henrique. *Família e jurisdição*. Belo Horizonte: Del Rey, 2006. p. 91-137.

É verdade que a vida não pode ser quantificada, valorada e/ou economicamente determinada, mas também é verdade que, no âmbito da gestão de saúde, deve-se buscar a conformação do interesse privado ao interesse público.

As diretivas antecipadas são necessárias e imprescindíveis, tanto como instrumento de respeito à dignidade humana, como também política pública no âmbito da saúde. Nesse caso, salienta-se que a meta governamental visa à preservação da autonomia do indivíduo-paciente, ao invés de destinar-se para eventual diminuição de despesas públicas.

Como o objetivo deste artigo é falar especificamente do planejamento para o fim de vida, passa-se agora a detalhar as espécies de DAV relacionadas exclusivamente às situações clínicas que ameaçam a vida.

2.1.1 Testamento vital

O testamento vital é um

documento redigido por uma pessoa no pleno gozo de suas faculdades mentais, com o objetivo de dispor acerca dos cuidados, tratamentos e procedimentos que deseja ou não ser submetida quando estiver com uma doença ameaçadora da vida, fora de possibilidades terapêuticas e no pleno gozo de suas faculdades mentais.[11]

É, portanto, um negócio jurídico unilateral e existencial, afeto aos direitos de personalidade que não se confunde com os negócios jurídicos sucessórios.

Fato é que o termo *testamento vital* foi uma tradução equivocada do termo inglês *living will*. Segundo o dicionário *Oxford*,[12] *will* pode ser traduzido para o português como três substantivos: *vontade, desejo* e *testamento*. Por outro lado, a tradução de *living* pode ser o substantivo *sustento*, o adjetivo *vivo* ou o verbo *vivendo*. Assim, é possível afirmar que a tradução mais adequada de *living will* seria "desejos de vida", "vontades vitais" ou ainda "disposição de vontade de vida". Apesar de parecer preciosismo, o erro nessa tradução faz com que operadores do direito e da saúde busquem novas traduções para o termo e acabem nomeando-o de diretivas antecipadas de vontade, em uma verdadeira metonímia.

Para além das questões terminológicas, deve-se ter em mente que o testamento vital se enquadra no modelo denominado por Beauchamp e Childress[13] de pura autonomia, vez que neste há expressa manifestação de vontade do paciente, feita enquanto capaz.[14]

---

[11] DADALTO, Luciana. *Testamento Vital*. 5. ed. Indaiatuba: Editora Foco, 2020, p. 55.

[12] OXFORD DICIONÁRIO. *Verbete will*. Disponível em: https://dictionary.cambridge.org/pt/dicionario/ingles-portugues/will. Acesso em 07 jul. 2020.

[13] BEAUCHAMP, Tom L; CHILDRESS, James F. *Princípios de ética biomédica*. Trad. Luciana Pudenzi. São Paulo: Loyola, 2002. p. 206.

[14] Estes autores afirmam que textualmente que "ele (o modelo da pura autonomia) se aplica a pacientes que já foram autônomos e capazes e que expressaram uma decisão autônoma ou preferência relevante" BEAUCHAMP, Tom L; CHILDRESS, James F. *Princípios de ética biomédica*. Trad. Luciana Pudenzi. São Paulo: Loyola, 2002, p. 199. Todavia, não é possível afirmar que os pacientes terminais deixam de ser autônomos com o diagnóstico de terminalidade da vida, por esta razão, entende este trabalho que estes pacientes são desprovidos, apenas de capacidade.

Esclarecida tal questão, torna-se necessário pormenorizar as especificidades deste instituto. Primeiramente, é importante verificar que esse instrumento deverá ser escrito por pessoa com discernimento[15] e será eficaz apenas em situações de irreversibilidade do quadro, quando o paciente não puder exprimir sua vontade. Contudo, é preciso ficar claro que não é necessário que o outorgante já tenha sido diagnosticado com uma doença ameaçadora da vida. Assim, não existe um momento ideal para a feitura do testamento vital, mas apenas a necessidade de que a pessoa que deseja fazê-lo esteja preparada para lidar com o enfrentamento de sua finitude, vez que precisará refletir sobre ela para poder instrumentalizar a tomada de decisão no testamento vital.

Quanto ao conteúdo, é imperioso verificar que o paciente em fim da vida deve ser assistido de modo digno, recebendo tratamentos de conforto para amenizar o sofrimento e para assegurar-lhe qualidade de vida, pois "o ser humano tem outras dimensões que não somente a biológica, de forma a aceitar que o critério da qualidade de vida significa estar a serviço não só da vida, mas também da pessoa".[16] Tais tratamentos, como já visto, são próprios da abordagem paliativa.

Em contrapartida, os tratamentos extraordinários são aqueles que visam prolongar a vida, e não possuem qualquer perspectiva de reverter o estado clínico do paciente.[17]

A abordagem paliativa tem como um dos objetivos a não iniciação destes tratamentos (*withdraw*) e, quando estes já tiverem sido iniciados, a suspensão (*withholding*) deles, chamada de suspensão do esforço terapêutico (SET).[18] A não introdução e suspensão são condutas iguais do ponto de vista ético e bioético, mas estudos comprovam que, na prática, os profissionais de saúde sentem-se mais confortáveis, do ponto de vista ético e moral, em não as iniciar, haja vista a demasiada dificuldade na suspensão dessas.[19]

Por isso, esses tratamentos precisam ser o objeto de recusa expressa no testamento vital, caso essa seja a vontade do outorgante, afinal, o paciente, ainda que esteja em estado terminal, deve ser respeitado como ser humano autônomo. Ou seja, sua vontade, mesmo que prévia, deve ser observada.

Posto isso, é possível apontar os dois principais objetivos do testamento vital, de acordo com Sánchez. Primeiramente, objetiva garantir ao paciente que seus desejos serão atendidos no momento de terminalidade da vida; em segundo lugar, esse documento

---

[15] Em países como a Espanha, há leis estaduais (ditas *ley autonoma*) que facultam ao menor de idade o direito de realizar diretivas antecipadas. Este tema será melhor desenvolvido no capítulo seguinte, no item sobre a experiência espanhola e no último capítulo, no qual será analisado a necessidade ou não de impor essa restrição etária no Brasil.

[16] SÁ, Maria de Fátima Freire de. *Direito de morrer*: eutanásia, suicídio assistido. 2 ed. Belo Horizonte: Del Rey, 2005, p. 32.

[17] Interessante discussão se dá acerca da possibilidade de o paciente pedir expressamente em seu testamento vital a distanásia, pois a mesma é contra a ética médica e ainda não é proibida no Brasil, assim, este tem se mostrado um assunto que merece um aprofundamento no debate acerca de – eventuais – limites à autonomia do paciente.

[18] Com a SET o paciente não morre de uma overdose de cianureto de potássio, de adrenalina ou de heroína; morre da própria doença, da falência da vida que só é eterna na prosa, na poesia e na visão perspectiva de algumas religiões. RIBEIRO, Diaulas Costa. Um novo testamento: testamentos vitais e diretivas antecipadas. *In*: CONGRESSO BRASILEIRO DE DIREITO DE FAMÍLIA, 5, 2006, São Paulo. *Família e dignidade*. São Paulo: IOB Thomson, 2006. p. 281.

[19] Manalo MFC. End-of-Life Decisions about Withholding or Withdrawing Therapy: Medical, Ethical, and Religio-Cultural Considerations. *Palliative Care*. 2013; 7:1-5.

proporciona ao médico um respaldo legal para a tomada de decisões em situações conflitivas.[20]

Assim, quanto ao conteúdo, a doutrina estrangeira tem apontado para três pontos fundamentais: os aspectos relativos ao tratamento médico, como a SET, a manifestação antecipada diante do desejo de não ser informado sobre diagnósticos fatais, e a não utilização de máquinas e previsões relativas a intervenções médicas que não deseja receber. Nota-se também a continuada menção sobre a nomeação de um procurador, ponto já discutido ao longo deste trabalho, além da manifestação sobre eventual doação de órgãos, ponto que será detalhado no último capítulo.

O testamento vital, em regra, produz efeitos *erga omnes*, vinculando médicos, parentes do paciente, e eventual procurador de saúde vinculado às suas disposições.

> O caráter vinculante das diretivas parece ser necessário para evitar uma perigosa "jurisdicionalização" do morrer, que inevitavelmente ocorreria quando o médico se recusasse a executar as diretivas antecipadas, decisão que precluiria uma impugnação da sua decisão pelo fiduciário ou pelos familiares.[21]

Salienta-se sobre os limites que a doutrina aponta ao testamento vital, são eles: a objeção de consciência do médico, a proibição de disposições contrárias ao ordenamento jurídico e as disposições que sejam contraindicadas à patologia do paciente ou tratamento que já esteja superado pela medicina.

Muito se discute acerca do direito do médico à objeção de consciência.[22] O Código de Ética Médica brasileiro prevê em seu artigo 28 que é direito do médico recusar a realização de atos que, embora permitidos por lei, sejam contrários aos ditames de sua consciência.

Assim, é direito do médico, diante do testamento vital, recusar-se a realizar a vontade do paciente, desde que esteja balizada por razões éticas, morais, religiosas, ou qualquer outra razão de foro íntimo. Não é possível, desta forma, que a objeção de consciência do médico seja respaldada por recusa injustificada, sendo necessário externar o motivo pelo qual está se recusando a cumprir a disposição de vontade do paciente e, neste caso, deverá encaminhá-lo para cuidados de outro médico.[23]

---

[20] Sobre o papel do testamento vital na relação médico-paciente recomenda-se a leitura de DADALTO, Luciana. Declarações previas de vontade em caso de terminalidade: estudos acerca da utilização do testamento vital como forma de prevenir demandas médicas e proteger a autonomia do paciente. *In*: DADALTO, Luciana; TEIXEIRA, Ana Carolina Brochado. *Dos Hospitais aos Tribunais*. Belo Horizonte, 2013, p. 367-389.

[21] "Il carattere vincolante delle direttive appaare necessaria per evitare una rischiosa 'giurisdizionalizzazione'del morire, che inevitavilmente si determinerebbe qualora il medico dovesse rifiutasse di dare esecuzione alle diretive anticipate, decisione che preluderebbe a una impugnativa della sua decisione a opera del fiduciario o dei familiari" RODOTÀ, Stefano. La legge i dilemmi della libertà. *In*: BORASCHI, Andrea; MANCONI, Luigi. *Il dolore e la política*. Milão: Bruno Mondadori, 2007. p. 29, tradução nossa.

[22] Acerca do tema recomenda-se a leitura de CASABONA, Carlos María Romeo. Libertad de conciencia y actividad biomédica. *In*: SÁ, Maria de Fátima Freire de (Coord). *Biodireito*. Belo Horizonte: Del Rey, 2002. p. 20.

[23] No caso em que é esperado objeção de consciência do médico e isso acontece no interior do hospital público ou particular em que o paciente está internado, a instituição deve fornecer de qualquer forma a presença de um médico para executar o disposto nas diretivas (texto original: "Nel caso in cui si prevedesse una obiezione di conscienza del medico e ciò avvenisse all'interno di una struttura pubblica o privata in cui la persona si trova ricoverata, dovrebbe essere previsto anche l'obbligo della struttura di provvedere in ogni caso la presenza di un medico che dia esecuzione a quanto disposto nelle direttive") RODOTÀ, Stefano. La legge i dilemmi della libertà. *In*: BORASCHI, Andrea; MANCONI, Luigi. *Il dolore e la política*. Milão: Bruno Mondadori, 2007. p. 29.

Quanto à proibição de disposições contrárias ao ordenamento jurídico, a principal preocupação é relativa às disposições que incitem a prática da eutanásia. Conforme já mencionado, a eutanásia é proibida no Brasil, assim como na maioria dos países ocidentais e, portanto, qualquer disposição nesse sentido deve ser tida por não escrita.

Por fim, as disposições que sejam contraindicadas à patologia do paciente ou que prevejam tratamentos já superados pela medicina não podem ser consideradas válidas, pois são contrárias ao melhor interesse do paciente. Tal limitação é necessária, pois é possível que decorra um longo lapso temporal entre a feitura do testamento vital e a necessidade de sua utilização, diante da situação de incurabilidade/irreversibilidade do quadro clínico deste paciente.

Desse modo, como a medicina avança a passos largos e não raras vezes são descobertas novas drogas e novos tratamentos, o papel dessa limitação é evitar que haja a suspensão do esforço terapêutico em casos que não mais se caracterizam como obstinação terapêutica, vez que surgiram novos tratamentos ordinários, inexistentes à época da realização do testamento vital.

Deve-se, ainda, recomendar sempre que o paciente consulte um médico de sua confiança para discutir o aspecto técnico da tomada de decisão que constará no testamento vital, isso porque o leigo pode não compreender bem, sozinho, o que significa aceitar ou recusar determinado tratamento. A presença de um advogado na feitura desse documento é recomendável a fim de que haja controle acerca da legalidade do documento.

No que tange ao aspecto formal, o testamento vital, assim como o testamento (patrimonial), é um negócio jurídico solene, portanto, deve ser escrito e seguir forma prevista em lei. Como atualmente inexiste lei no Brasil não há nenhuma formalidade obrigatória, contudo, é recomendável a lavratura de escritura pública em cartório de notas para dar maior segurança jurídica ao documento.

2.1.2 Procuração para cuidados de saúde

A procuração para cuidados de saúde (também conhecida como mandato duradouro) é o documento no qual o paciente nomeia um ou mais procuradores, que deverão ser consultados pelos médicos em caso de incapacidade do paciente. O procurador de saúde decidirá tendo como base a vontade do paciente.

> As decisões do paciente serão sub-rogadas – tomadas em seu nome – pelo mandatário, com base no seu conhecimento do paciente e de suas preferências; quer dizer, o mandatário não deve indicar o que melhor lhe parece e sim o que crê que o paciente elegeria para essa circunstância particular.[24]

Esta modalidade de diretiva antecipada surgiu nos EUA, especificamente no estado da Califórnia na década de 1970, e foi positivada no âmbito federal pela PSDA.

---

[24] "Las decisiones del paciente son subrogadas – tomadas en su nombre – por el apoderado, en base a su conocimiento del paciente y de sus preferencias; es decir, el apoderado no debe indicar lo que mejos le parece a él sino lo que cree que el paciente hubiera elegido para esa circunstancia particular. MANZINI, Jorge Luis. Las directivas anticipadas para tratamientos médicos". MARINO, Ignazio R. Testamentobiológico: i diretti dei malati e l'operato dei Médici. In: BORASCHI, Andrea; MANCONI, Luigi. Il dolore e la política. Milão: Bruno Mondadori, 2007. p. 41, tradução nossa.

A procuração para cuidados de saúde é denominada *durable power of attorney for health care* (EUA), *procuradores de cuidados de saúde* (Portugal) e *poder para el cuidado de salud/ mandato de asistencia sanitária* (Espanha). Ainda, em alguns estados norte-americanos, em algumas comunidades autônomas da Espanha e no Uruguai é tratado como obrigatório em caso de feitura de testamento vital. Esse é um documento que convencionou-se chamar de diretivas antecipadas, mas que já está caindo em desuso, tendo em vista as novas espécies de DAV que têm surgido.

Segundo os modelos de autonomia apontados por Beauchamp e Childress,[25] é possível inferir que a procuração para cuidados de saúde se enquadra no modelo de julgamento substituto, no qual é necessário que "a intimidade do decisor substituto com o paciente seja suficientemente profunda e relevante para que o julgamento reflita os objetivos e as opiniões do paciente".[26]

André Gonçalo Dias Pereira, ao analisar a validade da procuração para cuidados de saúde, afirma que é possível "avançar paulatinamente no reconhecimento dessa faceta da personalidade humana", entendida como "a autodeterminação preventiva e a delegação do exercício dos direitos de personalidade".[27]

Na prática, sabe-se que o maior problema desse instituto é a escolha de quem será nomeado procurador do paciente. "Discute-se se a figura mais adequada seria o cônjuge, algum dos pais ou ambos, o juiz, a equipe médica ou um terceiro imparcial".[28]

Para a solução desse problema é preciso ter em mente que o procurador deve ter um contato próximo com o paciente, ou seja, deve saber exatamente qual é a vontade do paciente, sob pena de decidir com base em seus próprios desejos, desrespeitando o desejo do mandatário.

"A efectividade deste instituto dependerá de o paciente e o procurador terem previamente conversado sobre as opiniões do primeiro relativamente aos seus valores e às opções que tomaria numa determinada situação se estivesse capaz".[29]

Assim, Beauchamp e Childress[30] afirmam que o modelo dos melhores interesses pode ser usado para invalidar decisões do substituto, vez que sejam claramente contrárias aos melhores interesses do paciente.

A coexistência da procuração para cuidados de saúde e do testamento vital em um único documento é salutar para o paciente. Contudo, como a aplicabilidade dessa procuração não se restringe a situações de fim de vida, é interessante a feitura de um testamento vital, contendo a nomeação de um procurador para cuidados de saúde, e, concomitantemente, que fosse redigida uma procuração para cuidados de saúde,

---

[25] BEAUCHAMP, Tom L; CHILDRESS, James F. *Princípios de ética biomédica*. Trad. Luciana Pudenzi. São Paulo: Loyola, 2002.

[26] *Op. cit.*, p. 197.

[27] PEREIRA, André Gonçalo Dias. *O consentimento informado na relação médico paciente*. Coimbra: Coimbra Editora, 2004, p. 250-251.

[28] NAVES, Bruno Torquato de Oliveira; REZENDE, Danúbia Ferreira Coelho de. A autonomia privada do paciente em estado terminal. *In*: FIÚZA, César; NAVES, Bruno Torquato de Oliveira; SÁ, Maria de Fátima Freire de. *Direito civil*: atualidades II. Belo Horizonte: Del Rey, 2007. p. 105.

[29] PEREIRA, André Gonçalo Dias. *O consentimento informado na relação médico-paciente*. Coimbra: Coimbra Editora, 2004, p. 241.

[30] *Op. cit.*

nomeando o mesmo procurador – para que não haja conflito entre os documentos –, de modo que este possa agir em situações que não envolvam fim da vida.

Inexistindo o procurador, seria necessária a nomeação de uma equipe médica, de um juiz ou até mesmo de um comitê de bioética/ética do hospital,[31] para dirimir conflitos existentes entre os parentes do incapaz e, assim, pautando-se nos melhores interesses dos pacientes.[32]

Isso porque "a procuração para cuidados de saúde tem um alcance mais amplo porque demonstra seus efeitos cada vez que a pessoa que o outorgou seja incapaz de tomar uma decisão, ainda que de forma temporária".[33] Ou seja, enquanto o testamento vital, como será visto a seguir, só produzirá efeito em caso de incapacidade definitiva do paciente, a procuração para cuidados de saúde poderá ser utilizada também em caso de incapacidade temporária.

2.1.3 Ordens de não reanimação

As ordens de não reanimação (ONR) surgiram nos EUA na década de 1970, época em que se começou a noticiar o surgimento de protocolos de comunicação sobre reanimação nas instituições hospitalares. Em 1974 a Associação Médica Americana propôs que a ONR fosse documentada em prontuário,[34] prática que começou a ser seguida por dois hospitais de Boston em 1976[35] e que, rapidamente, se tornou uma prática comum nos hospitais americanos.

Atualmente, as discussões sobre o tema nos EUA cotejam, no âmbito dos cuidados paliativos, as ONR com os pedidos de procedimentos que se enquadram no conceito de futilidade terapêutica.[36] Desta forma, a literatura questiona o porquê de dever-se seguir uma ONR, ao mesmo tempo em que se atende a um pedido de respiração artificial, por exemplo.[37]

---

[31] Estes comitês de ética têm, habitualmente, problemas de representatividade, fins e procedimentos. Na Espanha, foram positivados recentemente e tem poucos anos de funcionamento. Por outro lado, seu poder é meramente consultivo. Pelos testemunhos recebidos, chega-se à conclusão que funcionam bem ou mal dependendo das pessoas que os compõe mais do que dos estatutos que o regulam. Texto original: Estos comités de ética tienen, habitualmente, problemas de representatividad, fines y procedimientos. En España han adquirido carácter legal muy recientemente y llevan pocos años de rodaje. Por otro lado, su poder es meramente consultivo. Por los testimonios recibidos, he llegado a la conclusión de que funcionan bien mal dependiendo de las personas que lo componen más que los estatutos que los regulan. BETANCOR, Juana Tereza. Testamento vital. *Eguzkilore: Cuaderno del Instituto Vasco de Criminología*, n. 9, 1995, p. 104.

[32] Aceitar um modelo dos melhores interesses, propriamente falando, equivale a reconhecer que, em casos-limite, temos de decidir quais são os interesses de bem-estar do paciente naquele momento, e não buscar aquilo que ele teria escolhido em algum mundo possível imaginário. BEAUCHAMP, Tom L; CHILDRESS, James F. *Princípios de ética biomédica*. Trad. Luciana Pudenzi. São Paulo: Loyola, 2002. p. 206.

[33] "El poder para el cuidado de la salud tiene un alcance más amplio porque despliega sus efectos cada vez que quien lo otorgó sea incapaz de tomar una decisión, aunque sea de forma temporal". SÁNCHEZ, Cristina López. *Testamento vital y voluntad del paciente*: conforme a la Ley 41/2002, de 14 de noviembre. Madrid: Dykinson, 2003, tradução nossa.

[34] AMERICAN MEDICAL ASSOCIATION. Standards for cardiopulmonary resuscitation (CPR) and emergency cardiac care (ECC). V. Medicolegal considerations and recommendations. *JAMA*, 1974; 227: Suppl: 864-8.

[35] RABKIN MT, GILLERMAN G, RICE NR. Orders not to resuscitate. *N Engl J Med* 1976; 295: 364-6.

[36] Acerca da discussão sobre obstinação terapêutica recomenda-se: MEANA, Pablo Requena. *Doctor no haga todo lo possible*: de la limitación a la prudência terapêutica. Granada: Editora Colmares, 2017.

[37] BOSSLET GT, et al. An official ATS/AACN/ACCP/ESICM/SCCM policy statement: responding to requests for potentially inappropriate treatments in intensive care units. *Am J Respir Crit Care Med* 2015; 191: 1318-30.

Segundo Oselka,[38] a reanimação cardiopulmonar é iniciada sem prescrição e apenas uma ordem médica pode evitá-la. Assim, como inexiste regulamentação sobre a eticidade e a legalidade dessa ordem, a prática instituída nas instituições hospitalares do Brasil, notadamente nos serviços de emergência, é a de reanimar o paciente, ainda que este esteja em uma condição terminal e irreversível.

A verdade é que, no Brasil, a ideia de que a reanimação cardiopulmonar é um procedimento fútil em pacientes com estados clínicos terminais e irreversíveis ainda não é naturalizada entre os profissionais devido à insegurança jurídica –[39] apesar de amplamente caracterizada pela literatura mundial como futilidade terapêutica.[40] Desta feita, é imperioso que o Conselho Federal de Medicina edite uma resolução específica sobre o tema, e que eventual legislação sobre as DAV abarque essa questão, afim de possibilitar que os pacientes manifestem suas vontades e que os profissionais tenham segurança em cumpri-las.

2.1.4 Diretivas antecipadas para demência

Em dezembro de 2017 o geriatra norte-americano Barak Gaster publicou um ensaio na prestigiada revista internacional *JAMA*,[41] defendendo que as manifestações prévias sobre cuidados de saúde na demência sejam retiradas do testamento vital e tratadas em um documento específico, o qual ele nomeou de *advanced directives for dementia*.

Para Gaster, este documento deve conter especificamente "(1) as mudanças na cognição que ocorrem à medida que a demência progride e (2) as mudanças nos objetivos de cuidado que os pacientes desejariam o *continuum* da doença",[42] escalonados nos graus leve, moderado ou severo da patologia. Gaster sugere ainda que as diretivas antecipadas para demência sejam anexadas ao testamento vital ou à procuração para cuidados de saúde do paciente.

O referido autor justifica esse documento afirmando que, no modelo clássico, o paciente manifesta a vontade autonomamente, sem interferência de familiares e amigos, mas que, tendo em vista o impacto que a demência tem na vida de terceiros, deveria ser discutida em um documento com a presença de todos os que seriam impactados pela doença no futuro.

A fim de disseminar a ideia, Gaster disponibiliza em seu *site* um formulário de diretivas antecipadas para demência (DAD), que pode ser baixado gratuitamente por qualquer pessoa.[43]

Diferentemente da DAP, as DAD ainda não foram objeto de variados estudos nos EUA, possivelmente porque são uma construção bastante recente. Também não

---

[38] OSELKA G, Aspectos éticos da ressuscitação cardiopulmonar. *Rev. Assoc. Med. Bras.* vol. 47 n. 1 São Paulo Jan./Mar. 2001.

[39] BATISTA, Kátia Tôrres; TORRES, Rafael Villela Silva Derré. A ordem de não ressuscitar no Brasil, considerações éticas. *Com. Ciências Saúde*. 2008; 19(4):343-351.

[40] BURNS, J. P; TRUOG, R. D. The DNR Order after 40 Years. *New England Journal of Medicine*, 2016. 375(6), 504–506.

[41] GASTER B, LARSON EB, CURTIS JR. Advance Directives for Dementia: Meeting a Unique Challenge. *JAMA*. 2017;318(22):2175–2176.

[42] *Op. cit.*

[43] DEMENTIA DIRECTIVE. *Health Care for Dementia*. Disponível em: https://dementia-directive.org. Acesso em 26 jul. 2019.

existem trabalhos sobre o tema publicados no Brasil, sendo, portanto, mais um tema que merece ser pesquisado em nosso país.

2.2 POLST

Ao contrário das DAV, o *Physician Orders for Life-Sustaining Treatment* (POLST) é um formulário preenchido pelos profissionais de saúde no qual se documenta as condutas a serem tomadas por estes quando o paciente estiver em fim de vida. O POLST foi criado no estado norte-americano do Oregon, em 1991, com o objetivo de ser um documento médico, diferentemente das DAV, que são documentos do paciente.

Segundo Hickman *et al.*,[44] o POLST tem se tornado uma das mais importantes estratégias para honrar as preferências de cuidado dos pacientes em fim de vida nos Estado Unidos, pois se alicerça mais na relação médico-paciente do que no modelo de autonomia pura.

Desta feita, este documento foi incorporado aos modelos de planejamento de cuidados norte-americano e, junto com o testamento vital, a procuração para cuidados de saúde e as ordens de não reanimação compõem um conjunto de documentos estratégicos, hábeis a auxiliar o planejamento de cuidados do paciente.

Nota-se, contudo, que o POLST ainda é uma realidade essencialmente norte-americana[45] e precisa ser melhor desenvolvido no Brasil, notadamente quanto às questões éticas e legais, contudo, apresenta-se como uma importante ferramenta de planejamento para cuidados de fim de vida e merece um olhar atento dos pesquisadores brasileiros.

3 Planejamento para o fim de vida e planejamento sucessório: um encontro necessário

As discussões acerca das questões sucessórias têm dois mil anos de frente às discussões sobre o planejamento para o fim de vida, mas o planejamento sucessório também é algo novo na sociedade ocidental, especialmente na brasileira.

Em comum, ambos os planejamentos têm a necessidade de que o sujeito encare sua finitude, todavia, a forma de encará-la é diferente em cada um. No planejamento sucessório a pessoa toma decisões objetivas sobre questões patrimoniais e negociais, entrando pouco em contato com sua própria subjetividade; nesse contexto, planejar sua sucessão é encarado como uma ação dentro de tantas outras tomadas por pessoas que já têm por hábito administrar seu patrimônio. Não se está aqui, contudo, dizendo que se trata de tarefa fácil, as dificuldades, para além dos limites legais, giram em torno da falta de cultura de pensar e falar sobre a morte – lembrem-se, a morte na contemporaneidade está escondida. O que pretende, apenas, é incutir no leitor a ideia de que ainda é mais fácil para o brasileiro planejar sua sucessão do que seus cuidados de fim de vida.

---

[44] HICKMAN, SE, KEEVERN, E, HAMMES, BJ. Use of the physician orders for life-sustaining treatment program in the clinical setting: A systematic review of the literature. *J Am Geriatr Soc 2015*; 63:341–350.

[45] MAYORAL, Vania Ferreira de Sá et al. Use of the Physician Orders for Life-Sustaining Treatment Program in the Clinical Setting: A Systematic Review of the Literature. *J Am Geriatr Soc.* 2015; 63(2):341-350. DOI: 10.1111/jgs.13248.

Isso porque essa morte, que está escondida, torna-se muito real quando o sujeito é convidado a pensar prospectivamente sobre a sua própria morte. Não aquela que um dia acontecerá, de uma forma que ninguém ainda sabe qual vai ser, mas aquela morte real, em que o sujeito é forçado a se imaginar com uma doença terminal ou neurodegenerativa. Assim, no planejamento para o fim de vida, a morte aparece como uma realidade, um fato contra o qual não é mais possível lutar, pelo contrário, é preciso encarar, acessar e planejar.

É preciso, todavia, entender que o planejamento para o fim de vida e o planejamento sucessório possuem um ponto em comum e que deve ser trabalhado pelos advogados junto a seus clientes: ambos tornam o luto menos complicado,[46] pois dão aos familiares e amigos o direito de sofrer apenas pelo que é natural: a dor da morte, da saudade, da certeza de nunca mais encontrar com o falecido. Por isso, é de extrema importância que a educação para a morte faça parte da formação dos operadores de direito.

4 Considerações finais

A dificuldade de planejamento de temas que envolvem a morte é uma realidade na sociedade brasileira e se fulcra em questões socioculturais que não serão resolvidas rapidamente.

Todavia, quer seja sob o viés patrimonial, quer seja sob o viés existencial, o planejamento dessas questões é necessário para que o indivíduo tenha fim de vida mais digno e também para que seus entes queridos não sejam compelidos a lidar com um peso maior do que o luto.

Faz-se imperioso, portanto, que o tema da educação para a morte faça parte da formação de todo cidadão brasileiro e, especialmente, dos operadores do direito para que seja possível ao profissional tratar a morte de uma forma natural e conduzir, em sua atuação, as discussões sobre planejamento sucessório e planejamento de fim de vida de forma habitual.

Referências

AMERICAN MEDICAL ASSOCIATION. Standards for cardiopulmonary resuscitation (CPR) and emergency cardiac care (ECC). V. Medicolegal considerations and recommendations. *JAMA*, 1974; 227: Suppl: 864-8.

ARIÉS, Philippe. *O homem diante da morte*. São Paulo: Unifesp, 2014.

BATISTA, Kátia Tôrres; TORRES, Rafael Villela Silva Derré. A ordem de não ressuscitar no Brasil, considerações éticas. *Com. Ciências Saúde*. 2008; 19(4):343-351.

BEAUCHAMP, Tom L; CHILDRESS, James F. *Princípios de ética biomédica*. Trad. Luciana Pudenzi. São Paulo: Loyola, 2002.

BECKER, Ernest. *A negação da morte:* uma abordagem psicológica sobre a finitude humana. 9. ed. Rio de Janeiro: Record, 2017.

BETANCOR, Juana Tereza. Testamento vital. *Eguzkilore: Cuaderno del Instituto Vasco de Criminología*, n. 9, 1995.

---

[46] VILLAR, Beatriz Soares. *Há tempo para o luto*: o impacto da realização de tarefas pós-morte no processo de luto. Dissertação de Mestrado. Instituto Universitário Ciências Psicológicas, Sociais e da Vida. 2019.

BOSSLET GT *et al*. An official ATS/AACN/ACCP/ESICM/SCCM policy statement: responding to requests for potentially inappropriate treatments in intensive care units. *Am J Respir Crit Care Med* 2015; 191: 1318-30.

BURNS, J.P; TRUOG, R. D. The DNR Order after 40 Years. *New England Journal of Medicine*, 2016. 375(6), 504–506.

CASABONA, Carlos María Romeo. Libertad de conciencia y actividad biomédica. *In*: SÁ, Maria de Fátima Freire de (Coord). *Biodireito*. Belo Horizonte: Del Rey, 2002.

DADALTO, Luciana. Declarações previas de vontade em caso de terminalidade: estudos acerca da utilização do testamento vital como forma de prevenir demandas médicas e proteger a autonomía do paciente. *In*: DADALTO, Luciana; TEIXEIRA, Ana Carolina Brochado. *Dos Hospitais aos Tribunais*. Belo Horizonte, 2013, p. 367-389.

DADALTO, Luciana. *Testamento Vital*. 5. ed. Indaiatuba: editora Foco, 2020.

DEMENTIA DIRECTIVE. *Health Care for Dementia*. Disponível em: https://dementia-directive.org. Acesso em 26 jul. 2019.

GASTER B, LARSON EB, CURTIS JR. Advance Directives for Dementia: Meeting a Unique Challenge. *JAMA*. 2017; 318(22):2175–2176.

GONZÁLES, Miguel Angel Sánchez. *O novo testamento*: testamentos vitais e diretivas antecipadas. *In*: BASTOS, Eliene Ferreira Bastos; SOUSA, Asiel Henrique. *Família e jurisdição*. Belo Horizonte: Del Rey, 2006. p. 91-137.

HICKMAN, SE, KEEVERN, E, HAMMES, BJ. Use of the physician orders for life-sustaining treatment program in the clinical setting: A systematic review of the literature. *J Am Geriatr Soc* 2015; 63:341–350.

HOUAISS. *Planejamento*. Disponível em: https://houaiss.uol.com.br/pub/apps/www/v5-4/html/index.php#1. Acesso em 08 jul. 2020.

MANALO MFC. End-of-Life Decisions about Withholding or Withdrawing Therapy: Medical, Ethical, and Religio-Cultural Considerations. *Palliative Care*. 2013;7:1-5.

MAYORAL, Vania Ferreira de Sá *et al*. Use of the Physician Orders for Life-Sustaining Treatment Program in the Clinical Setting: A Systematic Review of the Literature. *J Am Geriatr Soc*. 2015; 63(2):341-350. DOI: 10.1111/jgs.13248.

MEANA, Pablo Requena. *Doctor no haga todo lo possible*: de la limitación a la prudência terapêutica. Granada: Editora Colmares, 2017.

NAVES, Bruno Torquato de Oliveira; REZENDE, Danúbia Ferreira Coelho de. A autonomia privada do paciente em estado terminal. *In*: FIÚZA, César; NAVES, Bruno Torquato de Oliveira; SÁ, Maria de Fátima Freire de. *Direito civil*: atualidades II. Belo Horizonte: Del Rey, 2007.

OSELKA, Gabriel. Aspectos éticos da ressuscitação cardiopulmonar. *Rev. Assoc. Med. Bras.* vol. 47 n. 1 São Paulo Jan./Mar. 2001.

PEREIRA, André Gonçalo Dias. *O consentimento informado na relação médico paciente*. Coimbra: Coimbra Editora, 2004.

RABKIN MT, GILLERMAN G, RICE NR. Orders not to resuscitate. *New England Journal of Medicine*, 1976; 295: 364-6.

RIBEIRO, Diaulas Costa. Um novo testamento: testamentos vitais e diretivas antecipadas. *In*: CONGRESSO BRASILEIRO DE DIREITO DE FAMÍLIA, 5, 2006, São Paulo. *Família e dignidade*. São Paulo: IOB Thomson, 2006.

RODOTÀ, Stefano. La legge i dilemmi della libertà. *In*: BORASCHI, Andrea; MANCONI, Luigi. *Il dolore e la política*. Milão: Bruno Mondadori, 2007.

SÁ, Maria de Fátima Freire de. *Direito de morrer*: eutanásia, suicídio assistido. 2 ed. Belo Horizonte: Del Rey, 2005.

SÁNCHEZ, Cristina López. *Testamento vital y voluntad del paciente*: conforme a la Ley 41/2002, de 14 de noviembre. Madrid: Dykinson, 2003.

SUDORE, Rebecca *et al.* Defining Advance Care Planning for Adults: A Consensus Definition From a Multidisciplinary Delphi Panel. *J Pain Symptom Manage.* 2017; 53(5):821-832.

THE GOLD STANDARDS FRAMEWORK. *Advance Care Planning.* Disponível em: https://www. goldstandardsframework.org.uk/advance-care-planning. Acesso em 06 jul. 2020.

VILLAR, Beatriz Soares. *Há tempo para o luto*: o impacto da realização de tarefas pós-morte no processo de luto. Dissertação de Mestrado. Instituto Universitário Ciências Psicológicas, Sociais e da Vida, 2019.

Informação bibliográfica deste texto, conforme a NBR 6023:2018 da Associação Brasileira de Normas Técnicas (ABNT):

DADALTO, Luciana. O planejamento para o fim de vida como aliado ao planejamento sucessório. *In:* TEIXEIRA, Daniele Chaves (Coord.). *Arquitetura do Planejamento Sucessório.* Belo Horizonte: Fórum, 2021. p. 263-276. Tomo II. ISBN 978-65-5518-117-3.

AÇÕES TESTAMENTÁRIAS E O PLANEJAMENTO SUCESSÓRIO

MARCO ANTONIO RODRIGUES
DAVI AMARAL HIBNER

1   Introdução: o testamento no contexto do planejamento sucessório

O testamento é um dos instrumentos[1] que possibilitam a realização do planejamento sucessório, entendido como "o conjunto de atos que visa a operar a transferência e a manutenção organizada e estável do patrimônio do disponente em favor dos seus sucessores".[2]

O planejamento sucessório pode ser realizado para diversas finalidades, como: prevenir conflitos entre os herdeiros, evitar processos judiciais morosos, economizar no pagamento de tributos, permitir que a vontade do autor da herança sobre os seus aspectos patrimoniais e existenciais seja respeitada e executada após a sua morte, evitar a dilapidação do patrimônio, assegurar a continuidade de sociedades e de negócios empresariais, distribuir melhor o patrimônio de acordo com as necessidades e aptidões dos herdeiros e as características dos bens e direitos do acervo hereditário.[3]

Embora os brasileiros, em geral, não gostem de tratar da morte e não tenham o hábito de planejar a sucessão de seus direitos,[4] há notícia de que, com o início da

---

[1] Daniele Chaves Teixeira analisa e destaca diversos modos usuais de efetivação do planejamento sucessório, dividindo-os em três conjuntos: *(i)* instrumentos tradicionais de transmissão mortis causa – testamento, fideicomisso e codicilo; *(ii)* negócios jurídicos com efeitos *post mortem* – seguro de vida, usufruto e doação; e *(iii)* instrumentos com eficácia imediata – partilha em vida, previdência, *trust*, *holding*, fundação e fundo de rendimento (TEIXEIRA, Daniele Chaves. *Planejamento sucessório*: pressupostos e limites. 2. ed. Belo Horizonte: 2019, p. 119-171).

[2] GAGLIANO, Pablo Stolze; PAMPLONA FILHO, Rodolfo. *Novo curso de direito civil*: direito das sucessões. 3. ed. São Paulo: Saraiva, 2016, v. 7, p. 404.

[3] TEIXEIRA, Daniele Chaves. Noções prévias dos direitos das sucessões: sociedade funcionalização e planejamento sucessório. *In*: TEIXEIRA, Daniele Chaves (Coord.). *Arquitetura do planejamento sucessório*. 2. ed. Belo Horizonte: 2019, p. 43; NEVARES, Ana Luiza Maia. Perspectivas para o planejamento sucessório. *In*: TEIXEIRA, Daniele Chaves (Coord.). *Arquitetura do planejamento sucessório*. 2. ed. Belo Horizonte: 2019, p. 385).

[4] Adverte, a propósito, Giselda Maria Fernandes Novaes Hironaka: "Essa espécie de aversão à prática de testar, entre nós, deve-se, certamente, a razões de caráter cultural ou costumeiro, folclórico, algumas vezes, psicológico, outras tantas. O brasileiro não gosta, em princípio, de falar a respeito da morte, e sua circunstância é ainda bastante

propagação da pandemia de Covid, aumentou a procura pela realização de testamentos.[5] Como uma das formas de efetivação do planejamento sucessório, o testamento assegura a autonomia privada do autor da herança, possibilitando, desde que observados os limites e as formalidades do ordenamento jurídico, que seja regulado o destino de seu patrimônio para depois da sua morte.

De acordo com os arts. 1.857 e 1.858 do Código Civil, o testamento pode ser definido como o negócio jurídico unilateral,[6] revogável,[7] personalíssimo,[8] formal (ou solene)[9] e gratuito,[10] por meio do qual a pessoa humana dispõe da totalidade ou de

---

mistificada e resguardada, como se isso servisse para 'afastar maus fluidos e más agruras...'. Assim, por exemplo, não se encontra arraigado em nossos costumes o hábito de adquirir, por antecipação, o lugar destinado ao nosso túmulo ou sepultura, bem como não temos, de modo mais amplamente difundido, o hábito de contratar seguro de vida, assim como, ainda, não praticamos, em escala significativa, a doação de órgãos para serem utilizados após a morte. Parece que essas atitudes – como se diz popularmente – 'atraem o azar...'" (HIRONAKA, Giselda Maria Fernandes Novaes. A forma como foi disciplinada a sucessão testamentária em nosso País é um obstáculo para a maior utilização do ato de última vontade no Brasil. *Revista Jurídica Luso-Brasileira*, Lisboa, a. 3, n. 1, p. 413-422, jan./fev. 2017, p. 414).

[5] Segundo a Associação dos Notários e Registradores do Estado do Paraná (ANOREG-PR), houve, no mês de março de 2020, um aumento de cerca de 70% (setenta por cento) na procura por lavratura de testamentos nos cartórios do referido estado (Procura por informações sobre testamentos no Paraná aumentou 70% durante a pandemia. *Associação dos Notários e Registradores do Estado do Paraná*, 14 mai. 2020. Disponível em: http://www.anoregpr.org.br/clipping-aqui-agora-procura-por-informacoes-sobre-testamentos-no-parana aumentou-70-durante-a-pandemia/. Acesso em: 24 jun. 2020).

[6] "Para a constituição do testamento, é preciso uma única manifestação de vontade, sendo por isso mesmo negócio jurídico unilateral. Não há acordo de vontades. O fato de o herdeiro ou legatário aceitar o benefício testamentário em nada prejudica a unilateralidade do ato. Tal aceitação só ocorrerá após a morte do testador, momento em que o testamento já está constituído, produzindo os seus efeitos" (TEPEDINO, Gustavo; NEVARES, Ana Luiza Maia; MEIRELES, Rose Melo Vencelau. Direito das sucessões. *In*: TEPEDINO, Gustavo (Coord.). *Fundamentos do direito civil*. Rio de Janeiro: 2020, v. 7, p. 125).

[7] A propósito, explica Paulo Lôbo: "O testamento pode ser revogado a qualquer tempo pelo testador, porque, apesar de existir e ser válido, ainda não produziu efeitos. Exceto quanto a declarações não patrimoniais, para as quais o testamento é mero instrumento de sua veiculação, o testador não fica juridicamente vinculado ou obrigado em relação às disposições feitas ou a qualquer dos que institui como herdeiro ou legatário, ou mesmo em relação a seus credores. Os herdeiros e legatários têm mera expectativa de direito; nenhum direito se constituiu ou se iniciou, nada podendo fazer se o testador mudar ou extinguir o testamento. [...] O testador pode, consequentemente, revogar o testamento, expressa ou tacitamente, neste caso realizando outro, destinando os mesmos bens do primeiro para outras pessoas. Para tanto, não há necessidade de o testador justificar a mudança do destino de seus bens, guardando para si seus motivos" (LÔBO, Paulo. *Direito civil*: sucessões. 5. ed. São Paulo: Saraiva, 2019, v. 6, p. 210). Todavia, algumas disposições relativas a interesses existenciais são irrevogáveis, como, por exemplo, o reconhecimento de filhos, nos termos dos arts. 1.609, III, e 1.610 do Código Civil.

[8] "Trata-se de ato personalíssimo, pois só pode emanar da vontade individual e única do testador, que deve ser declarada por ele próprio, não sendo admitido que a última vontade seja manifestada através de representantes, convencionais ou legais" (TEPEDINO, Gustavo; NEVARES, Ana Luiza Maia; MEIRELES, Rose Melo Vencelau. Direito das sucessões. *In*: TEPEDINO, Gustavo (Coord.). *Fundamentos do direito civil*. Rio de Janeiro: 2020, v. 7, p. 125).

[9] Com relação à formalidade: "É também o testamento um negócio jurídico formal, por conta das exigências e formalidades estabelecidas em lei e que exigem atendimento, sob pena de nulidade. Isto é, são formalidades *ad solemnitatem*, por serem essenciais à validade do ato negocial, não se destinando a servir como prova do negócio" (ROSA, Conrado Paulino; RODRIGUES, Marco Antonio. *Inventário e partilha*. 2. ed. Salvador: JusPodivm, 2020, p. 217).

[10] Cristiano Chaves de Farias e Nelson Rosenvald esclarecem que o testamento é "um negócio jurídico gratuito ou benéfico, por não atribuir qualquer vantagem ao testador, encapsulando o benefício no sucessor indicado" (FARIAS, Cristiano Chaves de; ROSENVALD, Nelson. *Curso de direito civil*: sucessões. 6. ed. Salvador: JusPodivm, 2020, v. 7, p. 420). Em sentido semelhante, Flávio Tartuce afirma que o testamento não produz o sacrifício bilateral inerente aos negócios jurídicos onerosos, inexistindo "remuneração ou contraprestação para a aquisição dos bens ou direitos decorrentes de um testamento" (TARTUCE, Flávio. *Manual de direito civil*. 10. ed. Rio de Janeiro: Forense, 2020, p. 1.478).

parte de seus bens, podendo, inclusive, realizar disposições de caráter exclusivamente não patrimonial, ou seja, existencial,[11] para que produzam efeitos *post mortem*.[12]

Analisando as disposições do Código Civil, pode-se afirmar que há duas categorias ou formas de testamentos: *(i)* ordinários (art. 1.862), realizados em situações comuns, englobando os testamentos público (arts. 1.864 a 1.867), cerrado (arts. 1.868 a 1.875) e particular (arts. 1.867 a 1.880); e *(ii)* especiais (art. 1.886),[13] utilizados em situações extraordinárias, abrangendo os testamentos marítimo e aeronáutico (arts. 1.888 a 1.892), além do militar (art. 1.893 a 1.896), previstos no rol taxativo do art. 1.887 do Código Civil.

Por meio do testamento, a pessoa humana exerce o poder de dispor de seus bens e direitos para depois da sua morte. Essa possibilidade de testar decorre do direito fundamental à propriedade – previsto no art. 5º, XII, da CRFB/1988 –, assegurando a autonomia privada[14] no direito sucessório, com certa liberdade para planejar, organizar e disciplinar o destino que o patrimônio terá após a morte do autor da herança.[15]

Para que seja válido e produza os efeitos desejados pela pessoa humana, o testamento deve observar as regras e as solenidades previstas no ordenamento jurídico. Se não houver respeito às disposições legais, o testamento pode não concretizar a manifestação de vontade do autor da herança, além de frustrar a finalidade do planejamento sucessório, instaurando um conflito ou aumentando a litigiosidade entre os herdeiros.

Diante do papel do testamento no planejamento sucessório, o objetivo deste texto é analisar as ações[16] que buscam confirmar a declaração de última vontade do autor da herança, para que seja possível a realização do inventário e da partilha de bens em conformidade com as disposições testamentárias, bem como as ações que se destinam às declarações de ineficácia e de invalidação do testamento. Nesse sentido,

---

[11] São exemplos de disposições não patrimoniais que podem constar no testamento: *(i)* reconhecimento de filhos (arts. 1.609, III, e 1.610, CC); *(ii)* reconhecimento de união estável; *(iii)* nomeação de tutor para filho menor (art. 1.729, parágrafo único, CC) *etc.*

[12] "O testamento é negócio jurídico unilateral, formal e pessoal, cujos efeitos ficam suspensos até que ocorra o evento futuro e indeterminado no tempo, que é a morte do próprio testador. Se o testador puder manifestar conscientemente sua vontade e se tiver observado um dos tipos de testamento que a lei lhe faculta, o negócio jurídico existe, é válido, mas não produz efeitos ainda. Pode ocorrer que esses efeitos nunca se produzam, se o testador revogar o testamento ou se realizar outro testamento subsequente, no qual disponha inteiramente de seus bens. Também não produzirá efeitos o testamento se o testador, em vida, tiver alienado todo seu patrimônio, nada deixando de apreciável economicamente, nem tendo feito disposições de caráter não econômico" (LÔBO, Paulo. *Direito civil*: sucessões. 5. ed. São Paulo: Saraiva, 2019, v. 6, p. 209).

[13] Conrado Paulino da Rosa e Marco Antonio Rodrigues entendem que "a marca inconfundível dos testamentos especiais é a facilitação de sua elaboração, a diminuição de formalidades, a economia de solenidades, a redução de requisitos, a subtração de exigências dos testamentos ordinários" (ROSA, Conrado Paulino; RODRIGUES, Marco Antonio. *Inventário e partilha*. 2. ed. Salvador: JusPodivm, 2020, p. 253).

[14] Pietro Perlingieri critica a utilização do sintagma "autonomia privada", já que o poder de regulamentação de interesses é reconhecido ou atribuído a todos os sujeitos jurídicos, tanto privados quanto públicos. Além disso, sustenta a insuficiência da locução "autonomia contratual", por se restringir apenas ao poder que se manifesta com a realização de um negócio com pluralidade de partes e conteúdo patrimonial. Por tais razões, o autor defende a utilização da expressão "autonomia negocial", definindo o seu conceito como "o poder reconhecido ou atribuído pelo ordenamento ao sujeito de direito público ou privado de regular com suas próprias manifestações de vontade, interesses públicos ou privados, ainda que não necessariamente próprios" (PERLINGIERI, Pietro. *O direito civil na legalidade constitucional*. Rio de Janeiro: Renovar, 2008, p. 334-338).

[15] TEIXEIRA, Daniele Chaves. *Planejamento sucessório*: pressupostos e limites. 2. ed. Belo Horizonte: 2019, p. 122.

[16] "O direito de ação não é somente o direito ao processo ou direito de se obter sentença de mérito ou de procedência, mas, sim, direito à tutela efetiva, que consiste na concretização do devido processo legal aos litigantes e na satisfação tempestiva e adequada do direito material (SICA, Heitor Vitor Mendonça. Velhos e novos institutos fundamentais do direito processual civil". *In*: YARSHELL, Flavio Luiz; ZUFELATO, Camilo (Org.). *Quarenta anos da teoria geral do processo no Brasil*. São Paulo: Malheiros, 2013, p. 430-466).

serão abordadas: *(i)* a ação de abertura e cumprimento de testamento cerrado; *(ii)* a ação de cumprimento de testamento público; *(iii)* a ação de publicação e cumprimento de testamento particular; *(iv)* a ação de redução ou de ineficácia das disposições testamentárias *(actio in rem scripta)*; e *(v)* as ações de invalidação do testamento, seja por nulidade ou por anulabilidade, destacando-se a possibilidade de flexibilização das solenidades exigidas pela lei, com a finalidade de se preservar a autonomia privada exercida pelo autor da herança.

2 Ações de cumprimento do testamento

Seja qual for a modalidade de testamento – público, privado, cerrado, marítimo, aeronáutico ou militar –, o Código de Processo Civil (CPC), em seus arts. 735 e seguintes, estabelece procedimento de jurisdição voluntária[17] como prévia condição para a realização do inventário e da partilha, no qual o juiz, ao final, autoriza o cumprimento da disposição de última vontade do falecido.[18] Esse procedimento se inicia com o exercício do direito de ação, por meio do ajuizamento de uma demanda,[19] em que se busca, como resultado final, uma ordem judicial que determine o cumprimento do testamento, para que, em respeito à autonomia privada, se torne possível realizar o inventário e a partilha de acordo com a vontade do autor da herança.

Vale notar que, tratando-se de procedimento de jurisdição voluntária, não há a necessidade de um conflito de interesses: o Poder Judiciário atuará para a confirmação do ato privado do testador, ainda que os herdeiros não tenham conflito entre si. Como explica Paulo Lôbo, em decorrência da *saisine* (art. 1.784, Código Civil), a determinação judicial de cumprimento da declaração de última vontade confirma a eficácia do testamento desde a morte do autor da herança.[20] Portanto, as ações de cumprimento de todas as formas ou espécies de testamento servem para possibilitar que a partilha dos bens e direitos seja efetivada em consonância com a disposição de última vontade do falecido, tornando viável a concretização da autonomia privada no direito sucessório, cuja regularidade já foi reconhecida pelo Judiciário.

Registre-se que o Superior Tribunal de Justiça decidiu que, uma vez proferida a ordem judicial de cumprimento do testamento, e se todos os herdeiros forem capazes, concordes e não houver conflito de interesses, é possível a realização do inventário e da

---

[17] Para Leonardo Greco, "jurisdição voluntária é uma modalidade de atividade estatal ou judicial em que o órgão que a exerce tutela assistencialmente interesses particulares, concorrendo com o seu conhecimento ou com a sua vontade para o nascimento, a validade ou a eficácia de um ato da vida privada, para a formação, o desenvolvimento, a documentação ou a extinção de uma relação jurídica ou para a eficácia de uma situação fática ou jurídica" (GRECO, Leonardo. *Jurisdição voluntária moderna*. São Paulo: Dialética, 2003, p. 11).

[18] FARIAS, Cristiano Chaves de; ROSENVALD, Nelson. *Curso de direito civil*: sucessões. 6. ed. Salvador: JusPodivm, 2020, v. 7, p. 460.

[19] Flávio Luiz Yarshell esclarece a diferença entre ação e demanda: "[...] a distinção entre ação e demanda é um bom ponto de partida para o exame proposto: a primeira, como cediço, designa o direito ou poder de estimular o exercício da jurisdição e de invocar um provimento jurisdicional – seja ele de qualquer natureza, de mérito ou favorável ao autor; já a segunda corresponde ao ato que se pratica quando do exercício daquele direito ou poder, isto é, o ato inaugural do processo e do procedimento que nele se contém" (YARSHELL, Flávio Luiz. *Tutela jurisdicional*. 2. ed. São Paulo: DPJ, 2006, p. 56).

[20] LÔBO, Paulo. *Direito civil*: sucessões. 5. ed. São Paulo: Saraiva, 2019, v. 6, p. 248.

partilha de bens de forma extrajudicial,[21] a fim de se conferir celeridade e efetividade ao direito sucessório, evitando-se, assim, a morosidade dos processos judiciais, consoante interpretação sistemática do art. 610, *caput* e §1º, do Código de Processo Civil, e dos arts. 2.015 e 2.016 do Código Civil.[22] [23]

Passa-se, então, à análise das ações cuja precípua finalidade é a obtenção de uma ordem judicial que determine o cumprimento do testamento.

2.1 Ação de abertura e cumprimento de testamento cerrado

O testamento cerrado, secreto ou místico é aquele escrito pelo próprio disponente ou por outra pessoa, a seu pedido, devendo o respectivo instrumento ser assinado pelo testador e entregue ao tabelião ou a seu substituto, para fins de aprovação, conforme preceitua o art. 1.868 do Código Civil.[24]

Essa forma testamentária exige os seguintes requisitos: *(i)* entrega do testamento cerrado ao tabelião pelo testador, na presença de duas testemunhas; *(ii)* declaração do testador de que é seu o testamento que foi entregue; *(iii)* lavratura e leitura do auto de aprovação pelo notário; e *(iv)* assinatura do tabelião, das testemunhas e do testador no auto de aprovação.

De acordo com o procedimento previsto nos incisos I a IV do art. 1.868 do Código Civil, o conteúdo do testamento não é acessível ao tabelião nem às testemunhas, já que o instrumento é apenas entregue à autoridade pública, não sendo lido ou aberto.[25] Depois

---

[21] Analisando as normas que permitem a realização de inventário extrajudicial, Conrado Paulino da Rosa e Marco Antonio Rodrigues aduzem que a efetividade do direito fundamental ao acesso à justiça – previsto no XXXV do art. 5º da CRFB – significa o direito de se obter uma solução justa, e não uma imposição de que essa solução seja proveniente do Poder Judiciário (ROSA, Conrado Paulino; RODRIGUES, Marco Antonio. *Inventário e partilha.* 2. ed. Salvador: JusPodivm, 2020, p. 369-370).

[22] Confira-se trecho da ementa do julgado: "[...] 3. Assim, de uma leitura sistemática do caput e do §1º do art. 610 do CPC/2015, c/c os arts. 2.015 e 2.016 do CC/2002, mostra-se possível o inventário extrajudicial, ainda que exista testamento, se os interessados forem capazes e concordes e estiverem assistidos por advogado, desde que o testamento tenha sido previamente registrado judicialmente ou haja a expressa autorização do juízo competente. 4. A *mens legis* que autorizou o inventário extrajudicial foi justamente a de desafogar o Judiciário, afastando a via judicial de processos nos quais não se necessita da chancela judicial, assegurando solução mais célere e efetiva em relação ao interesse das partes. Deveras, o processo deve ser um meio, e não um entrave, para a realização do direito. Se a via judicial é prescindível, não há razoabilidade em proibir, na ausência de conflito de interesses, que herdeiros, maiores e capazes, socorram-se da via administrativa para dar efetividade a um testamento já tido como válido pela Justiça. 5. Na hipótese, quanto à parte disponível da herança, verifica-se que todos os herdeiros são maiores, com interesses harmoniosos e concordes, devidamente representados por advogado. Ademais, não há maiores complexidades decorrentes do testamento. Tanto a Fazenda estadual como o Ministério Público atuante junto ao Tribunal local concordaram com a medida. Somado a isso, o testamento público, outorgado em 2/3/2010 e lavrado no 18º Ofício de Notas da Comarca da Capital, foi devidamente aberto, processado e concluído perante a 2ª Vara de Órfãos e Sucessões. 6. Recurso especial provido (STJ, REsp nº 1808767/RJ, Rel. Min. Luis Felipe Salomão, Quarta Turma, j. 15/10/2019, DJe 03/12/2019)".

[23] Dispõe, a propósito, o Enunciado nº 16 do Instituto Brasileiro de Direito de Família (IBDFAM): "Mesmo quando houver testamento, sendo todos os interessados capazes e concordes com os seus termos, não havendo conflito de interesses, é possível que se faça o inventário extrajudicial". No mesmo sentido, estabelece o Enunciado nº 600 do Conselho de Justiça Federal (CJF/STJ), aprovado na VII Jornada de Direito Civil: "Após registrado judicialmente o testamento e sendo todos os interessados capazes e concordes com os seus termos, não havendo conflito de interesses, é possível que se faça o inventário extrajudicial".

[24] SIMÃO, José Fernando. Do direito das sucessões. *In:* SCHREIBER, Anderson; TARTUCE, Flávio; SIMÃO, José Fernando; MELO, Marco Aurélio Bezerra de; DELGADO, Mário Luiz. *Código Civil comentado*: doutrina e jurisprudência. 2. ed. Rio de Janeiro: Forense, 2020, p. 1.551.

[25] FARIAS, Cristiano Chaves de; ROSENVALD, Nelson. *Curso de direito civil*: sucessões. 6. ed. Salvador: JusPodivm, 2020, v. 7, p. 449.

de aprovado e cerrado, o instrumento testamentário é entregue ao testador pelo tabelião, que não fica com cópia da cédula testamentária, apenas lançando, em seu livro, nota do lugar, dia, mês e ano em que o testamento foi aprovado e entregue.[26]

Assim, se for escrito pelo próprio autor da herança, o testamento cerrado lhe garante privacidade[27] e sigilo quanto à destinação de seus bens e direitos.[28] Como se trata de instrumento com conteúdo sigiloso, é necessário que, antes da realização do inventário e da partilha, seja ajuizada demanda de abertura, registro e cumprimento do testamento cerrado,[29] com o que se torna possível conhecer a vontade manifestada pelo autor da herança.

Essa demanda, em regra, é proposta por quem está de posse do testamento, embora possa ser ajuizada por qualquer interessado. Quando o possuidor se recusa a entregar o instrumento testamentário, é possível ajuizar contra ele ação de exibição de documento, a fim de que seja determinada a apresentação da cédula testamentária em juízo, podendo ser ordenada, em caso de descumprimento da decisão judicial, a busca e apreensão da cédula testamentária, além da aplicação de outras medidas executivas, nos termos dos arts. 396 a 404 do CPC.[30] Trata-se de demanda autônoma, que inaugura uma relação processual entre o autor e o terceiro possuidor do documento, sendo obrigatória a citação deste para responder em quinze dias (art. 401, CPC).[31]

Além disso, é importante destacar que as regras do procedimento comum devem ser subsidiariamente aplicadas aos procedimentos especiais de jurisdição voluntária (art. 318, parágrafo único, CPC)[32] e que, se optar pelo procedimento "padrão", o autor pode cumular pedidos correspondentes ao procedimento comum e ao procedimento especial, utilizando as técnicas de ambos os procedimentos, desde que haja compatibilidade (art. 327, §2º, CPC).

---

[26] SIMÃO, José Fernando. Do direito das sucessões. *In*: SCHREIBER, Anderson; TARTUCE, Flávio; SIMÃO, José Fernando; MELO, Marco Aurélio Bezerra de; DELGADO, Mário Luiz. *Código Civil comentado*: doutrina e jurisprudência. 2. ed. Rio de Janeiro: Forense, 2020, p. 1.554.

[27] Na sociedade contemporânea, a privacidade é compreendida como "o direito de manter o controle sobre suas próprias informações e de determinar a maneira de construir sua própria esfera particular" (RODOTÀ, Stefano. *A vida na sociedade de vigilância*: a privacidade hoje. Trad. Danilo Doneda; Luciana Cabral Doneda. Rio de Janeiro: Renovar, 2008, p. 15).

[28] "Sem dúvida, a grande vantagem da forma cerrada é a garantia do sigilo, a certeza de que sua vontade permanecerá ignorada até que ele morra e o testamento seja aberto. Em princípio (salvo se o tabelião redigir a cédula, hipótese possível, como veremos) nem o tabelião, nem as testemunhas conhecem o conteúdo do documento e a vontade manifestada na cédula testamentária" (ROSA, Conrado Paulino; RODRIGUES, Marco Antonio. *Inventário e partilha*. 2. ed. Salvador: JusPodivm, 2020, p. 252).

[29] ROSA, Conrado Paulino; RODRIGUES, Marco Antonio. *Inventário e partilha*. 2. ed. Salvador: JusPodivm, 2020, p. 477-478.

[30] ROSA, Conrado Paulino; RODRIGUES, Marco Antonio. *Inventário e partilha*. 2. ed. Salvador: JusPodivm, 2020, p. 478.

[31] DIDIER JR., Fredie; BRAGA, Paula Sarno; OLIVEIRA, Rafael Alexandria de. *Curso de direito processual civil*: teoria da prova, direito probatório, decisão, precedente, coisa julgada, processo estrutural e tutela provisória. 15. ed. Salvador: JusPodivm, 2020, v. 2, p. 293-294; MARINONI, Luiz Guilherme; ARENHART, Sérgio Cruz; MITIDIERO, Daniel. *Novo Código de Processo Civil comentado*. 3. ed. São Paulo: Revista dos Tribunais, 2017, p. 516; NEVES, Daniel Amorim Assumpção. *Novo Código de Processo Civil comentado*. Salvador: JusPodivm, 2016, p. 701.

[32] "É preciso verificar se há mesmo lacuna ou omissão. A simples existência de um texto ou enunciado normativo não significa haver norma própria ou específica para o procedimento especial. Não havendo regramento específico, devem ser aplicadas as normas do procedimento comum" (DIDIER JR, Fredie; CABRAL, Antonio do Passo; CUNHA, Leonardo Carneiro da. *Por uma nova teoria dos procedimentos especiais*. Salvador: JusPodivm, 2018, p. 69).

Desse modo, também é possível que o interessado ajuíze uma única demanda pelo procedimento comum, cumulando (i) o pedido incidental de exibição do testamento cerrado contra o terceiro que o detenha (art. 401, CPC) com (ii) o pedido de abertura, registro e cumprimento do ato de última vontade (art. 735 e ss., CPC). Se o terceiro se recusar, sem justo motivo, a exibir o documento, o juiz ordenar-lhe-á que proceda ao respectivo depósito em cartório ou em outro lugar designado, no prazo de 5 (cinco) dias. Caso o terceiro descumpra a ordem de exibição do documento, o juiz deve determinar a busca e apreensão da cédula testamentária, podendo, ainda, aplicar multa[33] e outras medidas executivas, desde que sejam proporcionais, necessárias e adequadas para assegurar a efetividade da decisão (art. 403, parágrafo único, CPC).[34]

Uma vez exibido o documento, seja voluntariamente, seja por força de ordem judicial, passam a ser aplicadas as disposições e as técnicas processuais dos arts. 735 e ss. do CPC, buscando-se, em suma, a autorização judicial para o cumprimento do testamento cerrado. Em um único procedimento, portanto, podem ser combinadas as técnicas do procedimento comum com as técnicas do procedimento especial,[35] para que a tutela jurisdicional seja efetiva e adequada à proteção da situação da vida amparada pelo direito material.[36] Por força do princípio da eficiência (art. 8º, CPC),[37] versão

---

[33] Durante a vigência do CPC/1973, o Superior Tribunal de Justiça firmou o entendimento de que "na ação de exibição de documentos, não cabe a aplicação de multa", sob o fundamento de que o art. 362 da lei processual revogada não previa a possibilidade de imposição dessa penalidade. Contudo, o parágrafo único do art. 403 do CPC/2015 prevê, expressamente, a possibilidade de fixação de multa, motivo pelo qual defende-se a superação do entendimento consolidado no enunciado da Súmula 372 do STJ (enunciado nº 54 do Fórum Permanente de Processualistas Civis). Diante da alteração promovida pelo CPC vigente, a 2ª Seção do STJ afetou o tema à sistemática dos recursos repetitivos (Tema 1.000), para fixar tese vinculante sobre a possibilidade de aplicação de *astreinte* como medida destinada a induzir a exibição de documento (STJ, 2ª Seção, ProAfR no REsp n. 1.763.462/MG, Rel. Min. Paulo de Tarso Sanseverino, j. em 30/10/2018, DJe 06/11/2018). De qualquer modo, registre-se que, mesmo na vigência do CPC/1973, o STJ, excepcionalmente, já afastou a incidência do enunciado da Súmula 372, aplicando a multa em demandas de exibição de documentos, especialmente quando as demais executivas se mostraram ineficazes (STJ, REsp nº 1.359.976/PB, Rel. Min. Paulo de Tarso Sanseverino, Terceira Turma, j. em 25/11/2014, DJe 02/12/2014).

[34] Na aplicação das medidas executivas, o juiz deve observar a proporcionalidade, da qual decorre a exigência da aplicação da medida adequada à finalidade perseguida (meio idôneo), estritamente necessária (utilização do meio menos gravoso) e cujos custos não ultrapassem os benefícios que serão obtidos (proporcionalidade em sentido estrito) (RODRIGUES, Marco Antonio dos Santos. *Modificação da causa de pedir e do pedido no processo civil*. Rio de Janeiro: GZ, 2014, p. 244).

[35] Fredie Didier Jr., Antonio do Passo Cabral e Leonardo Carneiro da Cunha defendem uma nova teoria dos procedimentos especiais, priorizando-se as técnicas processuais, com flexibilização, adaptação e adequação do procedimento às necessidades do direito material, a fim de se garantir eficiência processual: "[...] talvez a melhor alternativa não seja a proliferação de incontáveis procedimentos especiais, mas a inserção de possibilidades de flexibilização e adaptação em um procedimento comum que sirva como modelo procedimental. A solução parece não ser mais focar em procedimentos especiais, mas em técnicas especiais. Assim, passou-se do direito ao procedimento especial ao direito à técnica processual especial, não necessariamente embutida num procedimento especial; ou do procedimento especial obrigatório à técnica processual especial obrigatória, que pode ser observada no próprio procedimento comum. De fato, parece ser mais adequado ao Direito Processual contemporâneo ir pelo caminho de permitir a veiculação de uma pluralidade de técnicas processuais diferenciadas em um mesmo procedimento, seja este comum ou especial" (DIDIER JR, Fredie; CABRAL, Antonio do Passo; CUNHA, Leonardo Carneiro da. *Por uma nova teoria dos procedimentos especiais*. Salvador: JusPodivm, 2018, p. 86-87).

[36] Esclarece, a propósito, José Roberto dos Santos Bedaque: "A técnica processual deve adequar-se, portanto, àquelas situações abstratamente previstas pelo legislador material, para cuja efetivação seja necessária a intervenção jurisdicional" (BEDAQUE, José Roberto dos Santos. *Direito e processo*: influência do direito material sobre o processo. 6. ed. São Paulo: Malheiros, 2011, p. 51.) Nessa linha, sustentando que o resultado proporcionado pelo processo deve ser efetivo e adequado à proteção do direito substancial, Luiz Guilherme Marinoni aduz que a tutela jurisdicional é "o conjunto de meios de que dispõe o direito processual para atender adequadamente às disposições do direito substancial" ou "o conjunto de medidas adequadas à proteção do bem da vida buscado

contemporânea e atualizada do princípio da economia processual,[38] não se deve exigir que o interessado tenha que ajuizar duas demandas, uma para obrigar o possuidor renitente a apresentar a cédula testamentária e outra para obter a ordem judicial de cumprimento da disposição de última vontade.

Apresentado o testamento cerrado, o juiz, se não achar vício externo que o torne suspeito de nulidade ou falsidade, designará audiência para abrir e ler o conteúdo do instrumento na presença do interessado que ajuizou a demanda, consoante dispõe o art. 735, *caput*, do CPC.[39] Nessa audiência, deve-se lavrar um termo de abertura, do qual constarão o nome do apresentante e como ele obteve o testamento, a data e o lugar do falecimento do testador, com as respectivas provas, e qualquer circunstância digna de nota, *ex vi* do §1º do aludido dispositivo.

Nesse procedimento especial, a cognição[40] do juiz é limitada[41] e sumária,[42] devendo apenas analisar e verificar se o testamento está lacrado e intacto e se existe vício externo que o torne suspeito de nulidade ou de falsidade, ou seja, a cognição se restringe às formalidades extrínsecas do instrumento.[43] Não é possível, portanto, que o juiz declare a falsidade ou a invalidade do testamento nesse procedimento, de modo que devem ser veiculadas em ação própria as pretensões declaratórias de falsidade

---

pelo jurisdicionado no processo" (MARINONI, Luiz Guilherme. *Tutela contra o ilícito*: inibitória e de remoção – Art. 497, parágrafo único, CPC/2015. São Paulo: Revista dos Tribunais, 2015, p. 214-215).

[37] A propósito, Marco Antonio Rodrigues e José Roberto Sotero de Mello Porto afirmam que a eficiência, em sentido amplo, pode ser entendida como a conjunção da eficácia com a eficiência em sentido estrito. Enquanto a eficácia se refere à capacidade de produzir efeitos ou resultados, a eficiência, *stricto sensu*, "é a melhor maneira de se fazer as coisas para que se otimize o resultado pretendido – consubstanciado na fórmula produtividade + economicidade + qualidade + celeridade + presteza + desburocratização + flexibilidade" (RODRIGUES, Marco Antonio dos Santos; PORTO, José Roberto Sotero de Mello. Princípio da eficiência processual e direito à boa jurisdição. *Revista de Processo*, São Paulo, v. 275, p. 89-117, jan. 2018, versão digital, p. 3).

[38] DIDIER JR., Fredie. Capítulo I: Das normas fundamentais do processo civil. *In*: CABRAL, Antonio do Passo; CRAMER, Ronaldo (Coord.). *Comentários ao novo Código de Processo Civil*. 2. ed. Rio de Janeiro: Forense, 2016, p. 33. Nessa direção, Leonardo Carneiro da Cunha entende que, em sentido macro, a economia processual constitui a eficiência qualitativa, afirmando que um "o processo que resolve, a um só tempo, várias situações jurídicas é mais eficiente, ainda que, para isso, tenha consumido um pouco mais de tempo e custo" (CUNHA, Leonardo Carneiro da. O princípio da eficiência no Novo Código de Processo Civil. *In*: DIDIER JR., Fredie; NUNES, Dierle; FREIRE, Alexandre (Coord.). *Normas fundamentais*. Salvador: JusPodivm, 2016, p. 377).

[39] ROSA, Conrado Paulino; RODRIGUES, Marco Antonio. *Inventário e partilha*. 2. ed. Salvador: JusPodivm, 2020, p. 479.

[40] Kazuo Watanabe assevera que a cognição é, prevalentemente, um ato de inteligência, pelo qual são consideradas, analisadas e valoradas as alegações e as provas produzidas pelas partes, ou seja, as questões de fato e de direito deduzidas no processo. O resultado desse ato consistirá no alicerce do julgamento do objeto litigioso do processo (fundamento do *judicium*). Segundo o autor, a cognição pode ser vista em dois planos distintos. No plano horizontal, relacionado à extensão ou amplitude das questões debatidas pelas partes e apreciadas pelo juiz, a cognição pode ser: *(i)* plena, não havendo limitação com relação às questões debatidas pelas partes e examinadas pelo juiz; ou *(ii)* limitada (parcial), quando existe limitação na amplitude do debate de questões entre as partes e na cognição que pode ser exercida pelo magistrado, ficando restrita a determinadas questões. No plano vertical, a cognição é classificada de acordo com o seu grau de profundidade, podendo ser: *(i)* exauriente (completa), quando as questões são analisadas com profundidade, buscando-se segurança quanto à certeza do direito controvertido; ou *(ii)* sumária (incompleta), não havendo profundidade na apreciação das questões, ou seja, existe superficialidade quanto à certeza do direito, procurando-se apenas probabilidade (WATANABE, Kazuo. *Cognição no Processo Civil*. 4. ed. São Paulo: Saraiva, 2012, p. 67, 79-113 e 118-121).

[41] ROSA, Conrado Paulino; RODRIGUES, Marco Antonio. *Inventário e partilha*. 2. ed. Salvador: JusPodivm, 2020, p. 478-479.

[42] MARINONI, Luiz Guilherme; ARENHART, Sérgio Cruz; MITIDIERO, Daniel. *Novo Código de Processo Civil comentado*. 3. ed. São Paulo: Revista dos Tribunais, 2017, p. 828.

[43] LÔBO, Paulo. *Direito civil*: sucessões. 5. ed. São Paulo: Saraiva, 2019, v. 6, p. 248.

ou de invalidação do ato de disposição de última vontade.[44] Ainda que conclua que o testamento é suspeito de nulidade ou falsidade, o juiz, após ouvir o Ministério Público, deve registrá-lo e arquivá-lo, não podendo, porém, determinar o seu cumprimento.[45]

Entretanto, se não verificar suspeita de nulidade ou falsidade, o juiz, depois de ouvir o Ministério Público, determinará o registro, o arquivamento e o cumprimento do testamento, nos termos do §2º do art. 735 do CPC e do art. 1.875 do CC. Após o registro, o testamentário será intimado para assinar o termo da testamentária (§3º). Se o testador não tiver nomeado testamentário, ou se este recusar o encargo ou estiver ausente (art. 22, CC), o juiz nomeará testamenteiro dativo, observando-se a preferência legal (art. 1.984, CC), conforme disposto no §4º do art. 735 do CPC. Seja dativo ou não, o testamenteiro deverá cumprir as disposições testamentárias e prestar contas em juízo do que recebeu e despendeu, na forma do art. 735, §5º, CPC, e do art. 1.980 do CC.

Embora a lei processual não exija, defende-se que é necessária a citação dos demais herdeiros para que tomem ciência do processo, já que o prazo de cinco anos para requerer a nulidade do testamento é contado a partir do trânsito em julgado da sentença que determina o registro da declaração de última vontade (art. 1.859, CC).[46] Assim, como forma de proteção ao devido processo legal dos herdeiros, que sofrerão impactos decorrentes do testamento, entende-se como obrigatória a citação dos herdeiros para tal procedimento.

2.2 Ação de cumprimento de testamento público

O testamento público é ato pelo qual o autor da herança manifesta sua disposição de última vontade perante uma autoridade pública, na presença de duas testemunhas, sendo o respectivo instrumento elaborado pelo tabelião, ou por seu substituto legal, e registrado em livro próprio, de acordo com a manifestação de vontade do testador (art. 1.864, I, CC).

Os requisitos do testamento público estão previstos no aludido dispositivo legal, quais sejam: *(i)* ser escrito por tabelião ou por seu substituto legal em seu livro de notas, de acordo com as declarações do testador, podendo este servir-se de minuta, notas ou apontamentos; *(ii)* lavrado o instrumento, ser lido em voz alta pelo tabelião ao testador e a duas testemunhas, a um só tempo; ou pelo testador, se o quiser, na presença destas e do oficial; e *(iii)* ser o instrumento, em seguida à leitura, assinado pelo testador, pelas testemunhas e pelo tabelião.

Nos termos do art. 736 do Código de Processo Civil, qualquer interessado pode ajuizar a demanda de cumprimento do testamento público, exibindo o traslado ou a certidão testamentária. O disposto no art. 735 do CPC é, apenas no que couber, aplicável ao procedimento de cumprimento do testamento público. Diversamente do que ocorre

---

[44] MARINONI, Luiz Guilherme; ARENHART, Sérgio Cruz; MITIDIERO, Daniel. *Novo Código de Processo Civil comentado*. 3. ed. São Paulo: Revista dos Tribunais, 2017, p. 828.

[45] Nesse caso, para Daniel Neves, deve ser determinada a suspensão do procedimento, aguardando-se o ajuizamento e o desfecho de demanda destinada à invalidação do ato (NEVES, Daniel Amorim Assumpção. *Novo Código de Processo Civil comentado*. Salvador: JusPodivm, 2016, p. 1.158).

[46] TEPEDINO, Gustavo; NEVARES, Ana Luiza Maia; MEIRELES, Rose Melo Vencelau. Direito das sucessões. *In*: TEPEDINO, Gustavo (Coord.). *Fundamentos do direito civil*. Rio de Janeiro: 2020, v. 7, p. 146. Os autores, no entanto, falam em intimação dos demais herdeiros.

com o testamento cerrado, não é necessária a designação de audiência para a abertura e a leitura dessa modalidade de testamento, considerando que o seu conteúdo se torna conhecido e acessível a partir da apresentação do traslado ou da certidão testamentária.[47]

Por outro lado, assim como acontece no procedimento traçado para a abertura, o registro e o cumprimento do testamento secreto, o juiz também não poderá declarar a invalidação do testamento público no procedimento do art. 736 do CPC, uma vez que, como salientado no item 2.1 *supra*, a cognição exercida pelo magistrado é limitada[48] e sumária.[49]

Se o testamento público estiver regular, o juiz, após ouvir o Ministério Público, determinará o seu cumprimento, para que se torne viável a realização da partilha do patrimônio de acordo com a declaração de última vontade, ressalvada a possibilidade de invalidação do testamento ou de redução da eficácia de suas disposições (art. 1.967 do Código Civil), o que, todavia, deve ser buscado por meio de ações próprias. Assim, se houver suspeita de invalidade ou falsidade, o juiz não deve determinar o cumprimento do testamento. De qualquer modo, havendo ou não a determinação judicial de cumprimento do ato de última vontade, eventual pretensão de invalidá-lo deve ser deduzida em ação própria, não podendo ser apreciada no procedimento de jurisdição voluntária, em razão da limitação da cognição.

2.3 Ação de publicação e cumprimento de testamento particular

Analisando o art. 1876, *caput*, §§1º e 2º, do Código Civil, Zeno Veloso define o testamento particular como "o ato de disposição de última vontade, escrito de próprio punho ou mediante processo mecânico, assinado pelo testador, e lido a três testemunhas".[50] Com a morte do autor da herança, as seguintes pessoas possuem legitimidade para propor a demanda de publicação e cumprimento do testamento particular: *(i)* o herdeiro, *(ii)* o legatário, *(iii)* o testamentário; e *(iv)* o terceiro detentor do testamento, se estiver impossibilitado de entregá-lo aos referidos legitimados,[51] nos termos do art. 737, *caput*, do CPC.

Em decorrência da natureza privada dessa forma de testar, isto é, da ausência de publicidade a respeito de sua existência, os herdeiros e os legatários que não requereram a publicação e o cumprimento do testamento deverão ser citados (art. 737, §1º do CPC, e art. 1.877 do CC).[52] Considerando o direito de meação ou de concorrência na herança, o

---

[47] Nesse sentido: ROSA, Conrado Paulino; RODRIGUES, Marco Antonio. *Inventário e partilha*. 2. ed. Salvador: JusPodivm, 2020, p. 480; NEVES, Daniel Amorim Assumpção. *Novo Código de Processo Civil comentado*. Salvador: JusPodivm, 2016, p. 1.159.

[48] ROSA, Conrado Paulino; RODRIGUES, Marco Antonio. *Inventário e partilha*. 2. ed. Salvador: JusPodivm, 2020, p. 478-479 e 480-481.

[49] MARINONI, Luiz Guilherme; ARENHART, Sérgio Cruz; MITIDIERO, Daniel. *Novo Código de Processo Civil comentado*. 3. ed. São Paulo: Revista dos Tribunais, 2017, p. 828.

[50] Veloso, Zeno. Do testamento particular. *In*: TEIXEIRA, Daniele Chaves (Coord.). *Arquitetura do planejamento sucessório*. 2. ed. Belo Horizonte: 2019, p. 647-659.

[51] A legitimidade do terceiro detentor do testamento particular é condicionada, já que sua verificação depende das circunstâncias do caso concreto (NEVES, Daniel Amorim Assumpção. *Novo Código de Processo Civil comentado*. Salvador: JusPodivm, 2016, p. 1.160).

[52] Daniel Amorim Assumpção Neves entende que, conforme expressamente previsto no art. 1.877 do Código Civil, a comunicação descrita no §1º do art. 735 do Código de Processo Civil constitui citação, e não intimação, uma

cônjuge supérstite e o companheiro viúvo também deverão ser citados, já que possuem interesse na sucessão do falecido.[53]

Como o testamento particular não foi lavrado por tabelião, o art. 1.878 do Código Civil exige que as testemunhas sejam ouvidas. De acordo com esse dispositivo, para que o testamento seja confirmado pelo juiz, as testemunhas devem reconhecer as suas próprias assinaturas e a do testador, além de ratificar que o testamento foi lido perante elas. Se as testemunhas procederem dessa forma, o juiz tem o dever de confirmar o testamento particular, não se tratando de faculdade.[54]

Se faltarem testemunhas, por morte ou ausência, e se pelo menos uma delas o reconhecer, o testamento poderá ser confirmado, desde haja prova suficiente de sua veracidade, consoante preceitua o §1º do mencionado dispositivo. Trata-se de regra fundada no *favor testamenti*, segundo o qual "a vontade do testador deve prevalecer e toda a interpretação deve ser nesse sentido, buscando dar cumprimento ao ato de última vontade".[55] Logo, se entender que o depoimento da única testemunha é idôneo e suficiente para demonstrar a veracidade da manifestação de última vontade, o juiz deve confirmar o testamento particular.

Contudo, em circunstâncias excepcionais declaradas na cédula – como exemplo, situações que gerem iminente risco de morte da pessoa –, o testamento particular escrito e assinado pelo testador poderá, a critério do juiz, ser confirmado, mesmo que tenha sido elaborado sem a presença de testemunhas (art. 1.879, CC).[56] Fala-se, assim, em testamento hológrafo simplificado ou testamento particular de emergência,[57] que deve ser admitido apenas excepcionalmente, com a flexibilização das solenidades previstas em lei.[58] Todavia, em decorrência de sua natureza emergencial, e a fim de assegurar segurança jurídica e evitar fraudes a direitos sucessórios, entende-se que o

---

vez que os herdeiros são incluídos como partes no processo (NEVES, Daniel Amorim Assumpção. *Novo Código de Processo Civil comentado*. Salvador: JusPodivm, 2016, p. 1.160).

[53] "Devem ser intimados para a audiência os demais interessados, ou seja, os herdeiros e os legatários. A lei não menciona a intimação do cônjuge ou do companheiro viúvo, mas sua presença é exigível em vista do patente interesse, não só na possível meação, mas em eventual concorrência na herança nos termos do art. 1.790 e 1.829 do Código Civil" (OLIVEIRA, Euclides; AMORIM, Sebastião. *Inventário e partilha*: teoria e prática. 26. ed. São Paulo: Saraiva, 2020, p. 256). Com o mesmo entendimento: ROSA, Conrado Paulino; RODRIGUES, Marco Antonio. *Inventário e partilha*. 2. ed. Salvador: JusPodivm, 2020, p. 482.

[54] VELOSO, Zeno. Do testamento particular. *In*: TEIXEIRA, Daniele Chaves (Coord.). *Arquitetura do planejamento sucessório*. 2. ed. Belo Horizonte: 2019, p. 656.

[55] SIMÃO, José Fernando. Do direito das sucessões. *In*: SCHREIBER, Anderson; TARTUCE, Flávio; SIMÃO, José Fernando; MELO, Marco Aurélio Bezerra de; DELGADO, Mário Luiz. *Código Civil comentado*: doutrina e jurisprudência. 2. ed. Rio de Janeiro: Forense, 2020, p. 1.542 e 1.556.

[56] A propósito, José Fernando Simão esclarece que o sintagma "circunstâncias excepcionais" – previsto no art. 1.878 do Código Civil – constitui um conceito aberto a ser preenchido pelo juiz no caso concreto, citando, como exemplo, a hipótese em que a pessoa está em situação de sério risco de morte, em razão de uma onda de violência que atinge determinada cidade (SIMÃO, José Fernando. Do direito das sucessões. *In*: SCHREIBER, Anderson; TARTUCE, Flávio; SIMÃO, José Fernando; MELO, Marco Aurélio Bezerra de; DELGADO, Mário Luiz. *Código Civil comentado*: doutrina e jurisprudência. 2. ed. Rio de Janeiro: Forense, 2020, p. 1.542 e 1.556).

[57] FARIAS, Cristiano Chaves de; ROSENVALD, Nelson. *Curso de direito civil*: sucessões. 6. ed. Salvador: JusPodivm, 2020, v. 7, p. 454.

[58] A propósito, o Superior Tribunal de Justiça confirmou a invalidação de testamento sem a presença de testemunhas, em razão da inexistência de circunstância excepcional que justificasse a mitigação da solenidade exigida pela lei: "[...] 5. Inexistência de circunstância emergencial que nos termos do art. 1.879 do CC/2002 autoriza seja confirmado pelo juiz o testamento particular realizado de próprio punho pelo testador sem a presença de testemunhas. 6. No caso em apreço, o Tribunal de origem, à luz da prova dos autos, concluiu que a verdadeira intenção do testador revela-se passível de questionamentos, não sendo possível, portanto, concluir, de modo seguro, que o testamento

testamento emergencial perderá sua eficácia se, nos noventa dias subsequentes ao fim das circunstâncias excepcionais que justificaram a sua elaboração, a pessoa não testar por uma das formas ordinárias.[59] Trata-se de aplicação analógica do prazo de caducidade do art. 1.891 do Código Civil, referente às formas extraordinárias de testamento.[60]

Como o CPC/2015 não repetiu a regra do art. 1.132 do CPC/1973, existe divergência a respeito da necessidade da oitiva das testemunhas, para fins de confirmação do testamento particular. De um lado, sob o argumento de que os arts. 735 e ss. do CPC/2015 não trazem exigência nesse sentido, há autores que defendem a inaplicabilidade do art. 1.878 do Código Civil, de modo que não seria necessário ouvir as testemunhas.[61] De outro lado, argumenta-se que o Código de Processo Civil de 2015 não revogou expressamente a regra do Código Civil de 2002, de forma que continuaria obrigatória a ouvida das testemunhas.[62]

De lege ferenda, Zeno Veloso defende que deve ser eliminada do nosso ordenamento a exigência do depoimento das testemunhas, afirmando que essa regra pode gerar situações graves e injustas, como exemplo, no caso de falecimento ou de incapacidade superveniente de todas as testemunhas, hipótese em que o testamento particular seria ineficaz, ficando descartada a vontade do falecido.[63] Ademais, o autor sustenta que, nos casos em que não houver dúvidas acerca da identidade e da capacidade do testador e a respeito da autenticidade e da veracidade do ato de disposição de última vontade, o juiz, apesar de não ter ouvido as testemunhas, deve, por meio de interpretação sistemática, teleológica e progressista do ordenamento, aplicar o art. 1.879 do Código Civil – que dispensa a presença das testemunhas em circunstâncias excepcionais –, para fins de determinar o cumprimento do testamento particular.[64]

Em sentido semelhante, Mauro Antonini afirma que, na hipótese de falecimento ou de ausência de todas as testemunhas, o juiz, a fim de assegurar coerência entre o parágrafo único do art. 1.878 e o art. 1.879 do Código Civil, poderá confirmar o testamento, desde que exista prova suficiente da veracidade do ato.[65]

Por fim, o §2º do art. 737 da lei processual estabelece que, constatando a presença dos requisitos legais, o juiz deve confirmar e determinar o cumprimento do testamento

---

exprime a real vontade do testador. 7. Recurso especial não provido" (STJ, REsp nº 1639021/SP, Rel. Min. Ricardo Villas Bôas Cueva, Terceira Turma, j. 24/10/2017, DJe 30/10/2017).

[59] Nessa linha, dispõe o Enunciado nº 611 do Conselho da Justiça Federal, aprovado na VII Jornada de Direito Civil: "O testamento hológrafo simplificado, previsto no art. 1.879 do Código Civil, perderá sua eficácia se, nos 90 dias subsequentes ao fim das circunstâncias excepcionais que autorizaram a sua confecção, o disponente, podendo fazê-lo, não testar por uma das formas testamentárias ordinárias".

[60] SIMÃO, José Fernando. Do direito das sucessões. *In*: SCHREIBER, Anderson; TARTUCE, Flávio; SIMÃO, José Fernando; MELO, Marco Aurélio Bezerra de; DELGADO, Mário Luiz. *Código Civil comentado*: doutrina e jurisprudência. 2. ed. Rio de Janeiro: Forense, 2020, p. 1.557-1.558.

[61] LÔBO, Paulo. *Direito civil*: sucessões. 5. ed. São Paulo: Saraiva, 2019, v. 6, p. 252.

[62] SIMÃO, José Fernando. Do direito das sucessões. *In*: SCHREIBER, Anderson; TARTUCE, Flávio; SIMÃO, José Fernando; MELO, Marco Aurélio Bezerra de; DELGADO, Mário Luiz. *Código Civil comentado*: doutrina e jurisprudência. 2. ed. Rio de Janeiro: Forense, 2020, p. 1.556 e 1.557.

[63] VELOSO, Zeno. Do testamento particular. *In*: TEIXEIRA, Daniele Chaves (Coord.). *Arquitetura do planejamento sucessório*. 2. ed. Belo Horizonte: 2019, p. 658.

[64] VELOSO, Zeno. Do testamento particular. *In*: TEIXEIRA, Daniele Chaves (Coord.). *Arquitetura do planejamento sucessório*. 2. ed. Belo Horizonte: 2019, p. 655-657.

[65] ANTONINI, Mauro. Do direito das sucessões. *In*: PELUZO, Cezar (Coord.). *Código Civil comentado*. 11 ed. Barueri: Manole, 2017, p. 2176-2177.

particular, intimando o testamenteiro para assinar o respectivo termo, uma vez que se aplica, no que couber, o disposto nos parágrafos do art. 735 do CPC, *ex vi* do §4º de seu art. 737.[66]

3 Ação de ineficácia ou de redução das disposições testamentárias (*actio in rem scripta*)

Como destacado, a possibilidade de realizar testamento decorre do direito fundamental à propriedade – previsto no art. 5º, XII, da CRFB/1988 –, assegurando o exercício da autonomia privada no direito sucessório, com certa liberdade para planejar, organizar e disciplinar o destino que o patrimônio seguirá após a morte do autor da herança.[67] Entretanto, havendo herdeiros necessários, a liberdade de testar não se mostra absoluta, sendo limitada por outro direito fundamental, qual seja, o direito à herança, garantido no inciso XXX do mesmo dispositivo constitucional.[68]

Nos termos do art. 1.845 do Código Civil, os herdeiros necessários são os ascendentes, os descendentes e o cônjuge, aos quais é reservada, de pleno direito, metade dos bens da herança – chamada de legítima ou parte indisponível (art. 1.846, CC) –, sendo importante destacar, no entanto, que há divergência se o companheiro é, ou não, herdeiro necessário.[69] [70] Se houver herdeiros necessários, o testador poderá dispor somente de metade de seu patrimônio, parcela disponível da herança (arts. 1.789 e 1.857, §1º, CC), de forma que a outra metade (legítima) deve ser partilhada entre os herdeiros reservatários, de acordo com a ordem de vocação hereditária regulada pelo art. 1.829 do Código Civil.

Fala-se, assim, em intangibilidade da legítima, que resulta em restrição à liberdade de testar, isto é, ao exercício da autonomia privada no direito sucessório, já

---

[66] ROSA, Conrado Paulino; RODRIGUES, Marco Antonio. *Inventário e partilha.* 2. ed. Salvador: JusPodivm, 2020, p. 483.

[67] TEIXEIRA, Daniele Chaves. *Planejamento sucessório*: pressupostos e limites. 2. ed. Belo Horizonte: 2019, p. 122.

[68] LÔBO, Paulo. Direito constitucional à herança, *saisine* e liberdade de testar. *In*: IX Congresso Brasileiro de Direito de Família – Famílias: Pluralidade e Felicidade, 2013, Araxá. *Anais do IX Congresso Brasileiro de Direito de Família.* Araxá: IBDFAM, 2013, p. 35-46.

[69] No julgamento dos Recursos Extraordinários n. 646.721/RS e n. 878.694/MG, o Supremo Tribunal Federal reconheceu, de forma incidental, a inconstitucionalidade do art. 1.790 do Código Civil, que trata da sucessão do companheiro, fixando, em sede de repercussão geral, a seguinte tese: "No sistema constitucional vigente, é inconstitucional a distinção de regimes sucessórios entre cônjuges e companheiros, devendo ser aplicado, em ambos os casos, o regime estabelecido no art. 1.829 do CC/2002". A partir da interpretação dessa decisão, parcela da doutrina entende que o companheiro também é herdeiro necessário, a despeito de não integrar expressamente o rol do art. 1.845 do Código Civil (HIRONAKA, Giselda Maria Fernandes Novaes; TARTUCE, Flávio. Planejamento sucessório: conceito, mecanismos e limitações. *In*: TEIXEIRA, Daniele Chaves (Coord.). *Arquitetura do planejamento sucessório.* 2. ed. Belo Horizonte: 2019, p. 435; FARIAS, Cristiano Chaves de; ROSENVALD, Nelson. *Curso de direito civil*: sucessões. 6. ed. Salvador: JusPodivm, 2020, v. 7, p. 374-379). Em sentido diverso: ROSA, Conrado Paulino; RODRIGUES, Marco Antonio. *Inventário e partilha.* 2. ed. Salvador: JusPodivm, 2020, p. 225-230; XAVIER; Luciana Pedroso; XAVIER, Marília Pedroso. O planejamento sucessório colocado em xeque: afinal, o companheiro é herdeiro necessário? *In*: TEIXEIRA, Daniele Chaves (Coord.). *Arquitetura do planejamento sucessório.* 2. ed. Belo Horizonte: 2019, p. 239-252).

[70] No julgamento do Recurso Especial nº 1.357.117, o Superior Tribunal de Justiça entendeu que o companheiro é herdeiro necessário, conforme se verifica do voto do Ministro Relator: "[...] a companheira, ora recorrida, é de fato a herdeira necessária do seu ex-companheiro, devendo receber unilateralmente a herança do falecido, incluindo-se os bens particulares, ainda que adquiridos anteriormente ao início da união estável" (STJ, REsp nº 1.357.117/MG, Rel. Ministro Ricardo Villas Bôas Cuevas, Terceira Turma, j. em 13/03/2018, DJe 26/03/2018).

que o legislador considera que os herdeiros necessários são, *in abstrato*, merecedores de metade do patrimônio, fundando-se na presunção de que existe relação de afeto entre o autor da herança e os herdeiros reservatários, o que, contudo, nem sempre se verifica.[71]

Se o testador exceder a metade de seu patrimônio, haverá parcial ineficácia do ato de última vontade, de modo que, nos termos do art. 1.967 do Código Civil, os herdeiros necessários poderão requerer a redução das disposições testamentárias. Havendo inércia dos interessados, a redução não poderá ser realizada de ofício, de forma que as disposições excedentes terão plena eficácia.[72]

Caso a exorbitância da legítima possa ser demonstrada e constatada por prova documental, a redução das disposições testamentárias pode ser postulada e resolvida nos autos do próprio inventário. No entanto, se a comprovação do excesso depender da produção de outras provas (art. 612, CPC), constituindo questão (de fato) de alta indagação,[73] a pretensão deve ser exercida por meio de ação declaratória de ineficácia das disposições testamentárias,[74] também denominada de *actio in rem scripta*,[75] para que sejam reduzidas as disposições que exorbitaram a parte disponível, ou seja, que extrapolaram a legítima, seguindo as regras do procedimento comum (art. 318 e ss., CPC).

Os herdeiros necessários possuem legitimidade para ajuizar a demanda declaratória de parcial ineficácia do testamento, devendo ser incluídos no polo passivo os

---

[71] Esse é o entendimento de Daniele Chaves Teixeira e Maici Barboza dos Santos Colombo. Com razão, as autoras defendem, via alteração legislativa, a revisão dos limites quantitativos da legítima e a consequente ampliação da liberdade de testar, garantindo-se aos herdeiros necessários, porém, um mínimo existencial compatível com a dignidade humana e com a vontade do autor da herança (TEIXEIRA, Daniele Chaves; COLOMBO, Maici Barboza dos Santos. Faz sentido a permanência da intangibilidade da legítima no ordenamento jurídico brasileiro? *In*: TEIXEIRA, Daniele Chaves (Coord.). *Arquitetura do planejamento sucessório*. 2. ed. Belo Horizonte: 2019, p. 155-169). Na mesma direção, Giselda Maria Fernandes Novaes Hironaka e Flávio Tartuce sustentam que a proteção da legítima configura "entrave para a efetivação plena do planejamento sucessório", propondo, *de lege ferenda*, a sua redução para 25% do patrimônio do falecido, a fim de assegurar apenas o mínimo existencial ou o patrimônio mínimo (HIRONAKA, Giselda Maria Fernandes Novaes; TARTUCE, Flávio. Planejamento sucessório: conceito, mecanismos e limitações. *In*: TEIXEIRA, Daniele Chaves (Coord.). *Arquitetura do planejamento sucessório*. 2. ed. Belo Horizonte: 2019, p. 437).

[72] TEPEDINO, Gustavo; NEVARES, Ana Luiza Maia; MEIRELES, Rose Melo Vencelau. Direito das sucessões. *In*: TEPEDINO, Gustavo (Coord.). *Fundamentos do direito civil*. Rio de Janeiro: 2020, v. 7, p. 233; ROSA, Conrado Paulino; RODRIGUES, Marco Antonio. *Inventário e partilha*. 2. ed. Salvador: JusPodivm, 2020, p. 312. Em sentido semelhante, esclarece José Fernando Simão: "Por se tratar de interesse privado, podem os herdeiros necessários prejudicados renunciar ao direito de promover essa demanda. E, por óbvio, não poderia ser diferente. Se ninguém é obrigado a receber a herança, podendo, inclusive, a ela renunciar, não haveria motivos para que não fosse possível a renúncia ao direito de pleitear a redução" (SIMÃO, José Fernando. Do direito das sucessões. *In*: SCHREIBER, Anderson; TARTUCE, Flávio; SIMÃO, José Fernando; MELO, Marco Aurélio Bezerra de; DELGADO, Mário Luiz. *Código Civil comentado*: doutrina e jurisprudência. 2. ed. Rio de Janeiro: Forense, 2020, p. 1.600).

[73] "As questões de fato que necessitem de outros meios de prova, que não o documental, são, portanto, consideradas questões de alta indagação, e por isso devem ser analisadas por meio de outra ação, em que haverá pedido sobre elas e será possível cognição plena e exauriente, levando a uma decisão que tenha aptidão para a formação de coisa julgada material [...]". Na mesma linha: "Questões de alta indagação são aquelas em que aparecem elementos de fato que exigem prova a ser produzida em processo à parte, com rito próprio. Questões só de direito são questões puras, em que não se precisa investigar fato ou apurar provas. A dificuldade de interpretação, ou de aplicação, do texto normativo não constitui questão de alta indagação" (NERY, Rosa Maria de Andrade; NERY JUNIOR, Nelson. *Instituições de direito civil*. São Paulo: Revista dos Tribunais, 2017, v. VI, p. 231).

[74] RODRIGUES, Sílvio. Ineficácia de disposição testamentária. Da ação declaratória como meio processual para proclamá-la. *In*: DIP, Ricardo; JACOMINO, Sérgio (Org.). *Doutrinas essenciais de direito registral*: registro imobiliário – propriedade e direitos reais limitados. São Paulo: Revista dos Tribunais, 2011, v. 5, p. 943-953, versão digital, p. 6.

[75] FARIAS, Cristiano Chaves de; ROSENVALD, Nelson. *Curso de direito civil*: sucessões. 6. ed. Salvador: JusPodivm, 2020, v. 7, p. 507.

beneficiários do ato de disposição de última vontade, caracterizando-se o litisconsórcio passivo necessário (art. 114, CPC).

Como se observa do art. 1.967 do Código Civil, embora contrarie expressa vedação legal, o transbordamento da legítima não gera a nulidade do testamento, nem mesmo a sua invalidação parcial, interferindo, apenas, na produção dos efeitos do negócio jurídico.[76] A declaração de parcial ineficácia do testamento, por meio da redução de suas disposições, assegura, a um só tempo, (i) a intangibilidade da legítima, com a diminuição do que lhe foi excedido, a fim de proteger os direitos dos herdeiros necessários, e (ii) a autonomia privada no direito sucessório, isto é, a vontade do falecido, aproveitando-se ao máximo a parcela disponível da herança, com a conservação do negócio jurídico (art. 184, CC).[77]

A solução de se preservar o ato de última vontade, em vez de invalidá-lo, se mostra acertada, sobretudo porque o direito sucessório brasileiro restringe demasiadamente o exercício da autonomia privada,[78] o que constitui um empecilho para a plena realização do planejamento sucessório.

4 Ação de invalidação de testamento: nulidade e anulabilidade

Tratando-se de um negócio jurídico, o testamento deve observar, entre outras,[79] as disposições dos arts. 104, 1.857 e 1.860 do Código Civil: (i) a declaração de vontade deve ser manifestada por agente capaz; (ii) a vontade deve ser exteriorizada conscientemente e de forma livre e desembaraçada; (iii) o objeto deve ser lícito, possível, determinado ou determinável; e (iv) a forma deve ser prevista ou não proibida por lei, respeitando-se as solenidades.

O Código Civil bipartiu o regime de invalidades do negócio jurídico em nulidades (arts. 166 e 167, CC) e anulabilidades (art. 171, CC).[80] De acordo com o art. 1.859 do Código Civil, a pretensão de invalidar o testamento em razão de nulidades deve ser

---

[76] Segundo a construção dogmática de Pontes de Miranda, conhecida como *escada ponteana*, o negócio jurídico deve ser analisado em três planos: (i) existência, relativo à verificação dos elementos constitutivos e essenciais do negócio; (ii) validade, referente ao preenchimento dos requisitos que qualificam os elementos constitutivos, tornando o negócio apto à produção de efeitos; e (iii) eficácia, pertinente às consequências geradas pelo negócio, dada a inexistência de óbices à produção de seus efeitos (PONTES DE MIRANDA, Francisco Cavalcanti. *Tratado de direito privado*: validade, nulidade e anulabilidade. São Paulo: Revista dos Tribunais, 2012, t. IV, p. 6).

[77] Nesse sentido: SOUZA, Eduardo Nunes. Invalidades negociais em perspectiva funcional: ensaio de uma aplicação ao planejamento sucessório. *In*: TEIXEIRA, Daniele Chaves (Coord.). *Arquitetura do planejamento sucessório*. 2. ed. Belo Horizonte: 2019, p. 320-321.

[78] Daniele Chaves Teixeira aponta as disposições legais que limitam a autonomia privada no direito sucessório: (i) restrição à liberdade de testar, com a fixação da parcela disponível da herança em apenas 50% do patrimônio; (ii) proibição de pactos sucessórios (art. 426, CC); (iii) limitação às doações (art. 549, CC); e (iv) ordem rígida de vocação hereditária e dos efeitos sucessórios do regime de bens do cônjuge como herdeiro necessário (arts. 1.829 e 1.845, CC). Além das disposições legais, a autora afirma que, depois que o STF reconheceu a inconstitucionalidade do art. 1.790 do CC, é possível entender que o companheiro também é herdeiro necessário, o que também constitui um fato que limita o exercício da autonomia privada no direito das sucessões (TEIXEIRA, Daniele Chaves. Autonomia privada e a flexibilização dos pactos sucessórios no ordenamento jurídico brasileiro. *In*: TEIXEIRA, Daniele Chaves (Coord.). *Arquitetura do planejamento sucessório*. 2. ed. Belo Horizonte: 2019, p. 137-138).

[79] É importante conferir, por exemplo, o que preceituam os arts. 1.900, 1.903 e 1.909 do Código Civil.

[80] MELLO, Marcos Bernardes. *Teoria do fato jurídico*: plano da existência. 10 ed. São Paulo: Saraiva, 1999, p. 82; BARBOSA MOREIRA, José Carlos. Invalidade e ineficácia do negócio jurídico. *Revista de direito privado*, São Paulo, v. 15, p. 217-229, jul./set. 2003, versão digital, p. 4.

exercida no prazo decadencial de cinco anos, contados da data de seu registro, na forma dos arts. 735 e ss. do CPC, sendo possível falar-se em ação ou demanda declaratória de nulidade.

Diversamente, nos termos do art. 1.909 do Código Civil, a pretensão de anular as disposições testamentárias por erro, dolo ou coação deve ser postulada no prazo decadencial de quatro anos, contados da data em que o interessado tomou conhecimento do vício (*actio nata*), sendo adequado, nesse caso, falar-se em ação ou demanda de anulação do testamento, embora seja certo que o nome da demanda – descrito na petição inicial – não pode impedir ou prejudicar a apreciação da pretensão veiculada, por força do direito fundamental à efetividade do acesso à justiça (art. 5º, XXXV, CRFB).[81] Nessa linha, é preciso interpretar o pedido da demanda à luz de sua causa de pedir, buscando-se conferir a prestação jurisdicional correta, não se vinculando propriamente ao nome conferido à ação proposta.

As demandas destinadas à invalidação do testamento devem observar o procedimento comum, regulado nos artigos 318 e ss. do CPC. Possuem legitimidade ativa as pessoas que podem ser beneficiadas por eventual invalidação do testamento, devendo ser incluídos no polo passivo os beneficiários do ato de disposição de última vontade, constituindo-se o litisconsórcio passivo necessário e unitário, pois a decisão terá que decidir o mérito de modo uniforme para todos os beneficiários do testamento, ou seja, não é possível regular distintamente a situação jurídica dos litisconsortes (arts. 114 e 116, CPC).

É importante destacar, todavia, que a invalidação do testamento deve ser compreendida como o último recurso,[82] de modo que o ato deve ser considerado válido sempre que, a despeito do descumprimento de alguma solenidade, for possível verificar que a real vontade da pessoa foi exteriorizada de forma livre e consciente, com o que se assegura, simultaneamente, a autonomia privada exercida pelo autor da herança e a necessária segurança jurídica. Em outras palavras, com fundamento no *favor negotii*[83] ou no *favor testamenti*,[84] deve-se buscar a prevalência da autonomia negocial, preservando-se, sempre que possível, o ato de disposição de última vontade, ainda

---

[81] "Na concretização pelo Judiciário do direito de acesso à justiça, em primeiro lugar caberá ao juiz dar às normas processuais já estabelecidas pelo legislador uma interpretação que confira a maior efetividade aos direitos fundamentais previstos na Lei Maior, o que, como se viu, se insere no fenômeno da constitucionalização do processo. Deve o juiz, portanto, aplicar o direito processual buscando dar ao processo e aos direitos em jogo a maior efetividade possível, pois, caso contrário, haverá o risco à própria utilidade da atividade jurisdicional. Diante disso, o Judiciário deve adotar uma técnica hermenêutica de *interpretação conforme à efetividade*, sem que, porém, isso signifique aniquilar a segurança jurídica ou a proteção às outras garantias constitucionais do processo" (RODRIGUES, Marco Antonio dos Santos. *Modificação da causa de pedir e do pedido no processo civil*. Rio de Janeiro: GZ, 2014, p. 131-133).

[82] FARIAS, Cristiano Chaves de; ROSENVALD, Nelson. *Curso de direito civil*: sucessões. 6. ed. Salvador: JusPodivm, 2020, v. 7, p. 492.

[83] VELOSO, Zeno. Do testamento particular. *In*: TEIXEIRA, Daniele Chaves (Coord.). *Arquitetura do planejamento sucessório*. 2. ed. Belo Horizonte: 2019, p. 652.

[84] SIMÃO, José Fernando. Do direito das sucessões. *In*: SCHREIBER, Anderson; TARTUCE, Flávio; SIMÃO, José Fernando; MELO, Marco Aurélio Bezerra de; DELGADO, Mário Luiz. *Código Civil comentado*: doutrina e jurisprudência. 2. ed. Rio de Janeiro: Forense, 2020, p. 1.542.

que não tenham sido observadas todas as formalidades – que não podem ser tratadas como fim em si mesmas.[85]

Em sentido semelhante, defende-se, no direito processual, a instrumentalidade das formas, segundo a qual, se não houver ocorrido prejuízo à parte contrária (*pas de nullité sans grief*),[86] deve ser priorizado o aproveitamento do ato que, embora viciado, atingiu a sua finalidade, possibilitando a produção de seus efeitos, mesmo que tenha havido descumprimento à forma exigida pela lei,[87] afastando-se, assim, o formalismo exagerado. Essa ideia pode ser aplicada à conservação do testamento, visando ao aproveitamento máximo da autonomia privada e evitando-se, sempre que possível, a invalidação do ato de última vontade.

Portanto, a vontade do testador – manifestada de forma livre e consciente – deve se sobrepor ao formalismo exagerado ou, dito de outro modo, não se deve priorizar a forma em detrimento da autonomia privada, quando não houver dúvidas a respeito da capacidade e da livre e consciente exteriorização de vontade do testador, atingindo-se, assim, a finalidade do ato.

5 Conclusão

O ato de disposição de última vontade pode ser um importante instrumento para a realização de um planejamento sucessório eficiente e efetivo. As ações de cumprimento do testamento servem para possibilitar que a partilha dos bens seja realizada em consonância com a vontade do falecido, tornando viável a concretização da autonomia privada no direito sucessório.

De igual maneira, a fim de preservar a vontade manifestada pelo *de cujus*, o art. 1.967 do Código Civil dispõe que a extrapolação da legítima não enseja a nulidade do testamento, nem mesmo a sua invalidação parcial, interferindo, apenas, na produção dos efeitos do negócio jurídico. Logo, a declaração de ineficácia parcial do testamento, por

---

[85] É firme, a propósito, o entendimento do Superior Tribunal de Justiça: "[...] ambas as Turmas da 2ª Seção desta Corte Superior têm contemporizado o rigor formal do testamento, reputando-o válido sempre que encerrar a real vontade do testador, manifestada de modo livre e consciente, como reconhecido pelo acórdão recorrido, circunstância que faz incidir o óbice da Súmula 168/STJ [...]" (STJ, AgRg nos EAREsp n. 365.011/SP, Rel. Ministro Marco Aurélio Bellizze, Segunda Seção, j. em 28/10/2015, *DJe* 20/11/2015).

[86] "A consciência de que as exigências formais do processo não passam de técnicas destinadas a impedir abusos e conferir segurança aos litigantes (*due process of law*) manda que elas não sejam tratadas como fins em si mesmas, senão como instrumentos a serviço de um fim. Cada ato processual tem um fim, ou escopo específico, e todos eles em conjunto têm o escopo de produzir uma tutela jurisdicional justa, mediante um processo seguro. Tal é a ideia da *instrumentalidade das formas processuais*, que se associa à *liberdade das formas* e à *não-taxatividade das nulidades*, na composição de um sistema fundado na razão e na consciência dos escopos a realizar. [...]. Diante dessa trama, o ato não será nulo só porque formalmente defeituoso. *Nulo* é o ato que cumulativamente se afaste do modelo formal indicado em lei, deixe de realizar o escopo ao qual se destina e, por esse motivo, cause prejuízo a uma das partes. A *invalidade* do ato, ou seja, seu vício decorrente da inobservância das formas, é indispensável para que ele seja nulo, mas não é suficiente nem se confunde com a sua *nulidade*. O ato viciado poderá não ser nulo se não prejudicar ou se, apesar do vício, seu escopo específico houver sido obtido" (DINAMARCO, Cândido Rangel. *Instituições de direito processual civil*. 7. ed. São Paulo: Malheiros, 2017, v. II, p. 705).

[87] "Não há nulidade se os fins de justiça do processo foram alcançados; não há nulidade se realizada a finalidade do ato processual; não há invalidade sem prejuízo (*pas de nullité sans grief*). O sistema do Código de Processo Civil em tema de nulidades foi pensado e construído para que não se decretem invalidades" (MARINONI, Luiz Guilherme; ARENHART, Sérgio Cruz; MITIDIERO, Daniel. *Novo Código de Processo Civil comentado*. 3. ed. São Paulo: Revista dos Tribunais, 2017, p. 372).

meio da redução de suas disposições, assegura, a um só tempo, *(i)* a intangibilidade da legítima, com a diminuição do que lhe foi excedido, protegendo os direitos dos herdeiros necessários, e *(ii)* a autonomia privada no direito sucessório, isto é, a vontade do falecido, aproveitando-se ao máximo a parcela disponível da herança, com a conservação do negócio jurídico.

Na mesma linha, a invalidade do testamento deve ser evitada. Em suma, o ato deve ser considerado válido sempre que, a despeito do descumprimento de alguma solenidade, for possível constatar que a real vontade da pessoa foi exteriorizada de forma livre e consciente, com o que se torna possível concretizar, simultaneamente, a autonomia privada exercida pelo autor da herança e a necessária segurança jurídica.

Referências

BARBOSA MOREIRA, José Carlos. Invalidade e ineficácia do negócio jurídico. *Revista de Direito Privado*, São Paulo, v. 15, p. 217-229, jul./set. 2003.

BEDAQUE, José Roberto dos Santos. *Direito e Processo*: influência do direito material sobre o processo. 6. ed. São Paulo: Malheiros, 2011.

CUNHA, Leonardo Carneiro da. O princípio da eficiência no Novo Código de Processo Civil. *In*: DIDIER JR., Fredie; NUNES, Dierle; FREIRE, Alexandre (Coord.). *Normas fundamentais*. Salvador: JusPodivm, 2016, p. 365-384.

DIDIER JR, Fredie; CABRAL, Antonio do Passo; CUNHA, Leonardo Carneiro da. *Por uma nova teoria dos procedimentos especiais*. Salvador: JusPodivm, 2018.

DIDIER JR., Fredie. Capítulo I: Das normas fundamentais do processo civil. *In*: CABRAL, Antonio do Passo; CRAMER, Ronaldo (Coord.). *Comentários ao novo Código de Processo Civil*. 2. ed. Rio de Janeiro: Forense, 2016, p. 1-42.

DIDIER JR., Fredie; BRAGA, Paula Sarno; OLIVEIRA, Rafael Alexandria de. *Curso de direito processual civil*: teoria da prova, direito probatório, decisão, precedente, coisa julgada, processo estrutural e tutela provisória. 15. ed. Salvador: JusPodivm, 2020, v. 2.

DINAMARCO, Cândido Rangel. *Instituições de direito processual civil*. 7. ed. São Paulo: Malheiros, 2017, v. II.

FARIAS, Cristiano Chaves de; ROSENVALD, Nelson. *Curso de direito civil*: sucessões. 6. ed. Salvador: JusPodivm, 2020, v. 7.

GAGLIANO, Pablo Stolze; PAMPLONA FILHO, Rodolfo. *Novo curso de direito civil*: direito das sucessões. 3. ed. São Paulo: Saraiva, 2016, v. 7.

GRECO, Leonardo. *Jurisdição voluntária moderna*. São Paulo: Dialética, 2003.

HIRONAKA, Giselda Maria Fernandes Novaes. A forma como foi disciplinada a sucessão testamentária em nosso País é um obstáculo para a Maior utilização do ato de última vontade no Brasil. *Revista Jurídica Luso-Brasileira*, Lisboa, a. 3, n. 1, p. 413-422, jan./fev. 2017.

HIRONAKA, Giselda Maria Fernandes Novaes; TARTUCE, Flávio. Planejamento sucessório: conceito, mecanismos e limitações. *In*: TEIXEIRA, Daniele Chaves (Coord.). *Arquitetura do planejamento sucessório*. 2. ed. Belo Horizonte: 2019, p. 433-450.

LÔBO, Paulo. *Direito civil*: sucessões. 5. ed. São Paulo: Saraiva, 2019, v. 6.

LÔBO, Paulo. Direito constitucional à herança, saisine e liberdade de testar. *In*: IX Congresso Brasileiro de Direito de Família – Famílias: Pluralidade e Felicidade, 2013, Araxá. *Anais do IX Congresso Brasileiro de Direito de Família*. Araxá: IBDFAM, 2013, p. 35-46.

MARINONI, Luiz Guilherme. *Tutela contra o ilícito*: inibitória e de remoção – Art. 497, parágrafo único, CPC/2015. São Paulo: Revista dos Tribunais, 2015.

MARINONI, Luiz Guilherme; ARENHART, Sérgio Cruz; MITIDIERO, Daniel. *Novo Código de Processo Civil comentado*. 3. ed. São Paulo: Revista dos Tribunais, 2017.

MELLO, Marcos Bernardes. *Teoria do fato jurídico*: plano da existência. 10 ed. São Paulo: Saraiva, 1999.

NERY, Rosa Maria de Andrade; NERY JUNIOR, Nelson. *Instituições de direito civil*. São Paulo: Revista dos Tribunais, 2017, v. VI.

NEVARES, Ana Luiza Maia. Perspectivas para o planejamento sucessório. *In*: TEIXEIRA, Daniele Chaves (Coord.). *Arquitetura do planejamento sucessório*. 2. ed. Belo Horizonte: 2019, p. 385-401.

NEVES, Daniel Amorim Assumpção. *Novo Código de Processo Civil comentado*. Salvador: JusPodivm, 2016.

OLIVEIRA, Euclides; AMORIM, Sebastião. *Inventário e partilha*: teoria e prática. 26. ed. São Paulo: Saraiva, 2020.

PERLINGIERI, Pietro. *O direito civil na legalidade constitucional*. Rio de Janeiro: Renovar, 2008

PONTES DE MIRANDA, Francisco Cavalcanti. *Tratado de direito privado*: validade, nulidade e anulabilidade. São Paulo: Revista dos Tribunais, 2012, t. IV.

RODOTÀ, Stefano. *A vida na sociedade de vigilância*: a privacidade hoje. Trad. Danilo Doneda; Luciana Cabral Doneda. Rio de Janeiro: Renovar, 2008.

RODRIGUES, Marco Antonio dos Santos. *Modificação da causa de pedir e do pedido no processo civil*. Rio de Janeiro: GZ, 2014.

RODRIGUES, Marco Antonio dos Santos; PORTO, José Roberto Sotero de Mello. Princípio da eficiência processual e direito à boa jurisdição. *Revista de Processo*, São Paulo, v. 275, p. 89-117, jan. 2018.

RODRIGUES, Sílvio. Ineficácia de disposição testamentária. Da ação declaratória como meio processual para proclamá-la. *In*: DIP, Ricardo; JACOMINO, Sérgio (Org.). *Doutrinas essenciais de direito registral*: registro imobiliário – propriedade e direitos reais limitados. São Paulo: Revista dos Tribunais, 2011, v. 5, p. 943-953

ROSA, Conrado Paulino; RODRIGUES, Marco Antonio. *Inventário e partilha*. 2. ed. Salvador: JusPodivm, 2020.

SICA, Heitor Vitor Mendonça. Velhos e novos institutos fundamentais do direito processual civil. *In*: YARSHELL, Flavio Luiz; ZUFELATO, Camilo (Org.). *Quarenta anos da teoria geral do processo no Brasil*. São Paulo: Malheiros, 2013, p. 430-466.

SIMÃO, José Fernando. Do direito das sucessões. *In*: SCHREIBER, Anderson; TARTUCE, Flávio; SIMÃO, José Fernando; MELO, Marco Aurélio Bezerra de; DELGADO, Mário Luiz. *Código Civil comentado*: doutrina e jurisprudência. 2. ed. Rio de Janeiro: Forense, 2020, p. 1.463-1.635.

SOUZA, Eduardo Nunes. Invalidades negociais em perspectiva funcional: ensaio de uma aplicação ao planejamento sucessório. *In*: TEIXEIRA, Daniele Chaves (Coord.). *Arquitetura do planejamento sucessório*. 2. ed. Belo Horizonte: 2019, p. 311-323.

TARTUCE, Flávio. *Manual de direito civil*. 10. ed. Rio de Janeiro: Forense, 2020.

TEIXEIRA, Daniele Chaves. Autonomia privada e a flexibilização dos pactos sucessórios no ordenamento jurídico brasileiro. *In*: TEIXEIRA, Daniele Chaves (Coord.). *Arquitetura do planejamento sucessório*. 2. ed. Belo Horizonte: 2019, p. 137-154.

TEIXEIRA, Daniele Chaves. Noções prévias dos direitos das sucessões: sociedade funcionalização e planejamento sucessório. *In*: TEIXEIRA, Daniele Chaves (Coord.). *Arquitetura do planejamento sucessório*. 2. ed. Belo Horizonte: 2019, p. 29-46.

TEIXEIRA, Daniele Chaves. *Planejamento sucessório*: pressupostos e limites. 2. ed. Belo Horizonte: 2019.

TEIXEIRA, Daniele Chaves; COLOMBO, Maici Barboza dos Santos. Faz sentido a permanência da intangibilidade da legítima no ordenamento jurídico brasileiro? *In*: TEIXEIRA, Daniele Chaves (Coord.). *Arquitetura do planejamento sucessório*. 2. ed. Belo Horizonte: 2019, p. 155-169.

TEPEDINO, Gustavo; NEVARES, Ana Luiza Maia; MEIRELES, Rose Melo Vencelau. Direito das sucessões. *In*: TEPEDINO, Gustavo (Coord.). *Fundamentos do direito civil*. Rio de Janeiro: 2020, v. 7.

VELOSO, Zeno. Do testamento particular. *In*: TEIXEIRA, Daniele Chaves (Coord.). *Arquitetura do planejamento sucessório*. 2. ed. Belo Horizonte: 2019, p. 647.

WATANABE, Kazuo. *Cognição no Processo Civil*. 4. ed. São Paulo: Saraiva, 2012.

YARSHELL, Flávio Luiz. *Tutela jurisdicional*. 2. ed. São Paulo: DPJ, 2006.

Informação bibliográfica deste texto, conforme a NBR 6023:2018 da Associação Brasileira de Normas Técnicas (ABNT):

RODRIGUES, Marco Antonio; HIBNER, Davi Amaral. Ações testamentárias e o planejamento sucessório. *In*: TEIXEIRA, Daniele Chaves (Coord.). *Arquitetura do Planejamento Sucessório*. Belo Horizonte: Fórum, 2021. p. 277-296. Tomo II. ISBN 978-65-5518-117-3.

PLANEJAMENTO SUCESSÓRIO NA PERSPECTIVA DO ADVOGADO

MARCOS EHRHARDT JR.

Introdução

A afirmação de que o brasileiro não gosta de falar da morte, e que este assunto é um verdadeiro tabu na maior parte das famílias, parece integrar o senso comum. "Quando eu me for, quem quiser que resolva isso...", ou, ainda, "eu não estarei mais aqui para ver isso...", são frases que costumo ouvir de clientes sempre que o tema do planejamento sucessório, por algum motivo, entra em pauta.

Isso ocorre por vários motivos: doença na família, iminência de uma cirurgia com algum grau mais elevado de risco de morte, experiência negativa quanto à duração e problemas no processamento de inventário de alguém próximo, pressão do núcleo familiar atual, quando ocorre a hipótese de pessoas terem vivido relacionamentos sucessivos, com herdeiros necessários de núcleos familiares distintos...

Em geral, o tema do planejamento sucessório vem à tona num contexto de algum outro fato negativo que serve de gatilho para se pensar no futuro. Essa constatação empírica vem acompanhada de outro aspecto que necessita ser considerado: não existe nenhuma relação de causa e efeito entre planejar a sucessão patrimonial dos bens e a data da abertura da sucessão.[1]

Qualquer decisão sobre planejamento sucessório necessita ser livre e consciente. Ao contrário do que muitos pensam, definir os critérios para o planejamento, com clareza das opções e adequação às peculiaridades do caso concreto e, principalmente, aos interesses do proprietário do acervo patrimonial, pode se consubstanciar numa experiência libertadora, longe de ser uma decisão irrevogável ou definitiva, já que um bom planejamento deve respeitar a dinâmica dos ventos e das necessidades deste barco

---

[1] Ao comentar este ponto, Giselda Hironaka lembra que "o brasileiro não gosta, em princípio, de falar a respeito da morte, e sua circunstância é ainda bastante mistificada e resguardada, como se isso servisse para 'afastar maus fluidos e agruras...'. Assim, por exemplo, não se encontra arraigado em nossos costumes o hábito de adquirir, por antecipação, o lugar destinado ao nosso túmulo ou sepultura, bem como não temos, de modo mais amplamente difundido, o hábito de contratar seguro de vida, assim como ainda não praticamos, em escala significativa, a doação de órgãos para serem utilizados após a morte. Parece que essas atitudes, no dito popular, 'atraem o azar'" (*Direito das sucessões*. São Paulo: RT, 2012, p. 263-4).

chamado vida, que exige atenção e diversas correções de rumo. Só nos resta ajustar as velas e seguir.

Este pequeno texto, escrito sob a forma de um breve ensaio, tem por objetivo destacar os principais pontos que geram problemas durante a definição de um planejamento sucessório, na perspectiva do advogado procurado para tal tarefa. A origem desses problemas pode ser encontrada em fatores anteriores ao planejamento sucessório, a problemas na escolha dos instrumentos adequados para as necessidades do proprietário dos bens ou fatos supervenientes à realização do planejamento.

Longe de esgotar o tema, é preciso convidar o leitor a refletir sobre as consequências de um planejamento malfeito por conta da inadequação dos instrumentos diante da realidade específica a ser enfrentada, ressaltando, nesse particular, a responsabilidade profissional daquele que decide prestar serviços dessa natureza.

1 Afinal, em que consiste o planejamento sucessório?

Nos últimos anos, avançam propostas e estudos sobre a necessária atualização do direito sucessório, cuja disciplina legal parece muito distante da complexidade e das necessidades do mundo atual, o que pode ser ilustrado pelo surgimento de novos bens, aliado ao considerável aumento da longevidade em nosso país. Junte-se a isso a incerteza provocada pela flutuação do entendimento jurisprudencial em relação à eficácia do regime de bens escolhido pelo casal e outros temas atinentes ao campo das relações familiares e sucessórias, como exemplo, a natureza jurídica da união estável e a condição de herdeiro necessário do companheiro.

Neste contexto, surge o debate acerca do planejamento sucessório como forma proativa de buscar a pacificação de pontos controvertidos, no interesse do titular dos bens e seus herdeiros. Daniele Teixeira destaca o planejamento como "o instrumento jurídico que permite a adoção de uma estratégia voltada para a transferência eficaz e eficiente do patrimônio de uma pessoa após a sua morte".[2] Estamos diante de um conceito indeterminado e fluido, que precisa ser ressignificado a partir de suas funções, conforme bem ilustrado por Gustavo Tepedino, Ana Luiza Nevares e Rose Meireles:

> O planejamento sucessório consiste num conjunto de medidas empreendidas para organizar a sucessão hereditária de bens e direitos previamente ao falecimento de seu titular. Com o planejamento sucessório, objetiva-se evitar conflitos, assegurar que aspirações fundamentais da vida da pessoa sejam executadas após o seu falecimento, garantir a continuidade de empresas e negócios, permitir melhor distribuição da herança entre os sucessores, bem como buscar formas de gestão e de transmissão do patrimônio que tenham a menor carga tributária possível.[3]

---

[2] TEIXEIRA, Daniele. Noções prévias do direito das sucessões. Sociedade, funcionalização e planejamento sucessório. In: *Arquitetura do planejamento sucessório*. Belo Horizonte: Fórum, 2018. p. 35. Para Pablo Stolze e Rodolfo Pamplona Filho, "consiste o planejamento sucessório em um conjunto de atos que visa a operar a transferência e a manutenção organizada e estável do patrimônio do disponente em favor dos seus sucessores" (*Novo curso de direito civil. Direito das sucessões*, v. 7, 3. ed. São Paulo: Saraiva, 2016. p. 404).

[3] TEPEDINO, Gustavo; NEVARES, Ana Luiza Maia; MEIRELES, Rose Melo Venceslau. *Direito das Sucessões*. Coleção Fundamentos do Direito Civil, vol. 7. Rio de Janeiro: Forense, 2020, p. 279.

No mesmo sentido, Cristiano Chaves, Nelson Rosenvald e Felipe Braga Netto vislumbram o planejamento sucessório como uma "providência preventiva" que permite ao titular de um patrimônio definir, ainda vivo:

> o modo como deve se concretizar a transmissão dos bens aos sucessores, respeitado o limite da legítima, caso existam herdeiros necessários, com vistas a precaver conflitos, cujos reflexos deletérios podem ocasionar, até mesmo, a perda ou deterioração de bens e de pessoas jurídicas.[4]

É na direção apontada acima que caminha a melhor doutrina que trata dos atuais desafios do direito das sucessões. Estabelecidas as noções fundamentais, podemos passar a analisar outros aspectos relacionados ao tema.

2 Qual o momento ideal para se realizar o planejamento sucessório?

A resposta é simples. Você vai encontrá-la usando os mesmos critérios que empregou para decidir o momento de sair da casa dos seus pais e construir sua própria experiência pessoal, ou quando resolveu dar um passo adiante e escolher alguém para conviver ou se casar com você. Dito de outro modo, cada um sabe o momento adequado para o planejamento, que, em geral, diz respeito à necessidade de alguém que se considera em condições de fazê-lo.

Como qualquer ato de disposição patrimonial, é preciso de vontade livre e consciente. Muitas vezes temos a convicção interna da necessidade, e nos falta oportunidade, ou, talvez, recursos financeiros para o planejamento. Quem costuma raciocinar da forma aqui descrita, costuma vislumbrar o planejamento como um ato solene, único, a pedra de toque com poderes para resolver todos os conflitos e oferecer soluções definitivas.[5]

É preciso desmistificar tal entendimento. O planejamento sucessório raramente se materializa num único ato ou é definido em apenas uma reunião com o profissional escolhido para orientar o interessado. Planeja-se tudo: os objetivos, as opções de percurso, as melhores rotas, os custos de cada escolha e, principalmente, os efeitos (presentes e futuros) de cada decisão.

Melhor compreender o planejamento sucessório como uma série de providências e atos fundados na autonomia privada do autor da herança para determinar o destino de

---

[4] Os autores citados seguem seu raciocínio apontando que "a ideia fundamental do planejamento sucessório é a economia de custos póstumos, buscando uma melhoria do relacionamento entre os herdeiros, garantindo a continuidade do negócio (sem perdas e, se possível, maximizando lucros) e a preservação da afetividade que entrelaça os membros do núcleo familiar". Mais adiante, afirmam que outro evidente benefício decorrente do planejamento sucessório é a "celeridade na partilha do patrimônio entre os interessados, na medida em que cessa a litigiosidade. Evita-se, pois, que o tempo venha a causar prejuízos à administração do patrimônio" (FARIAS, Cristiano Chaves de; ROSENVALD, Nelson; BRAGA NETTO, Felipe. *Manual de Direito Civil*. Volume único. Salvador: JusPodivm, 2017, p. 1.935).

[5] " [...] nem sempre o planejamento sucessório ocorre a partir de um conjunto de atos inter-relacionados, praticados em conjunto para aquele fim. De fato, por vezes, o planejamento ocorre de forma paulatina, através de diversos atos, sucessivos ou não, praticados ao longo de toda uma vida, sempre visando à programação do destino da herança" (TEPEDINO, Gustavo; NEVARES, Ana Luiza Maia; MEIRELES, Rose Melo Venceslau. *Direito das Sucessões*. Coleção Fundamentos do Direito Civil, vol. 7. Rio de Janeiro: Forense, 2020, p. 280-1).

seus bens nos limites traçados pelo ordenamento jurídico. Tem-se, por conseguinte, uma série de instrumentos direcionados a uma mesma finalidade: fazer valer as disposições de última vontade do proprietário dos bens, evitando conflitos póstumos, vale dizer, litígios entre sucessores e terceiros, que costumam quase sempre trazer consigo efeitos indesejados para todos os envolvidos.

E como a vida pode nos surpreender a cada passo, pode ocorrer que aquela convicção de ser o momento oportuno para o planejamento mostre-se equivocada. Um novo relacionamento, um fato superveniente que altere substancialmente as condições financeiras do interessado, uma grande decepção pessoal ou familiar... A incerteza quando ao futuro é uma das poucas certezas com que podemos contar durante toda a nossa existência.

O ideal é não transformar o planejamento sucessório de alguém numa prisão, adotando instrumentos que permitam certa ductibilidade para ajustar o plano aos próximos capítulos de nossa existência, sem que isso importe em perdas financeiras consideráveis ou arrependimentos sobre decisões permanentes que não podem ser desconstituídas.

3 Por onde começar?

As jornadas mais bem-sucedidas de que se têm notícia possuem algo em comum: antes do primeiro passo, tratou-se de se realizar a melhor preparação possível. Neste caso, isso significa analisar minuciosamente o acervo de bens do interessado, incluindo aqui débitos e possíveis contingências.

Muitas vezes o trabalho transcende o interessado, pois o acervo patrimonial apresentado foi, ao menos em parte, constituído na constância de um relacionamento, que possui regras quando a partilha dos bens precisa ser considerada.

Fazer uma auditoria do acervo de bens normalmente aponta para a necessidade de ajustes, regularizações e formalizações às vezes negligenciadas por longo período. Trata-se de uma circunstância que propicia um comportamento inusitado e muitas vezes inconsciente: atribui-se ao profissional, em geral, ao advogado, os custos com a regularização dos bens, como se este, mero mensageiro da notícia acerca da necessidade de regularização, fosse o responsável pelas decisões que levaram àquela situação. Como resultado, no momento da discussão acerca dos honorários devidos pelo serviço, surge a célebre frase: "Mas já estou gastando tanto, não pode me dar um desconto nos seus honorários?".

Feita a auditoria dos bens, móveis, imóveis, tangíveis, intangíveis, físicos ou digitais, situados no Brasil ou no exterior, consideradas as regras sobre a partilha de bens relativa ao direito das famílias, regularizada a situação de todos eles, pode-se passar para a próxima etapa: afinal, quanto vale o acervo dos bens?

Aqui, importante pensar nos critérios que serão escolhidos para a avalição econômica dos bens, especialmente em momentos de crise. Valor de mercado? Avaliação por especialista? Estimativa feita pelo próprio interessado?

Muitos optam pela terceira opção para reduzir os custos do planejamento e, às vezes, por não serem profissionais da atividade, acabam colocando em risco todas as etapas futuras, ao basearem suas escolhas em premissas que não correspondem à realidade. Termina aqui a etapa mais simples e menos controvertida do planejamento, pois até o momento estamos lidando com critérios objetivos e valores econômicos.

Avançamos analisando os limites de disposição dos bens, inicialmente separando eventual meação do futuro acervo hereditário, para, em seguida, calcular a legítima dos herdeiros necessários, caso existam.[6]

Esta fase não permite omissões por parte do interessado, especialmente quando se referem à existência de relacionamentos paralelos e/ou filhos anteriores ao relacionamento atual, o que pode se tornar um fator sensível pela eventual necessidade de comunicação ao consorte de uma situação até então desconhecida. Transparência é o melhor remédio para lidar com este momento do percurso, já que a omissão acerca de variáveis existentes modifica todos os cálculos da equação.

Estabelecidos os valores, identificados os direitos do consorte, mapeados os herdeiros necessários e os demais sucessores e, eventualmente, terceiros a serem contemplados, há de se perquirir mais um aspecto antes de seguir para a próxima fase: quais os objetivos do titular dos bens que busca fazer o planejamento?

4   Quem é o titular dos bens e o que ele pretende?

Importante anotar, antes de começar os comentários específicos sobre esta fase do processo dirigido ao planejamento sucessório, que os itens aqui destacados não se dão necessariamente na ordem descrita, podendo ocorrer simultaneamente ou seguir outra dinâmica.

Não é raro começarmos o atendimento com a pessoa interessada no planejamento, questionando seus objetivos com tal medida. Ao tempo que conversamos sobre o acervo de bens, eventual necessidade de regularização destes e o valor de mercado projetado para cada um dos ativos, paralelamente nos aprofundamos nas intenções e desejos daquele que decidiu tomar para si mesmo a tarefa de apontar o destino do patrimônio por ele construído.

Será que estamos tratando do interesse de alguém experiente, que já viveu mais de sessenta anos, que tem vida familiar estável, relacionamento único, descendentes já posicionados no mercado de trabalho? Podemos nos deparar com alguém que teve mais de um relacionamento, que possui descendentes de núcleos familiares distintos? Ou seria o caso de um adulto jovem, com menos de 45 anos de idade, muito bem-sucedido nos negócios, sem nenhum relacionamento estável?

Juntem-se a isso situações pessoais que agravam sobremaneira os objetivos iniciais do interessado, especialmente o diagnóstico de doenças crônicas, vale dizer, incuráveis e progressivas, quando realizado nos estágios iniciais da moléstia. Assim como cada

---

[6]   " [...] No Brasil, pode-se dizer que os principais obstáculos a uma maior amplitude do planejamento sucessório são a legítima dos herdeiros necessários, estabelecida em prol da proteção da família, e a vedação aos pactos sucessórios, instituída para proteger o herdeiro e o *de cujos* quanto às contratações em relação a bens futuros, bem como em virtude da moral, uma vez que, sendo a herança de pessoa viva objeto de contrato, estimular-se-ia o desejo pela morte de alguém" (TEPEDINO, Gustavo; NEVARES, Ana Luiza Maia; MEIRELES, Rose melo Vencelau. *Direito das Sucessões*. Coleção Fundamentos do Direito Civil, vol. 7. Rio de Janeiro: Forense, 2020, p. 279).

indivíduo possui marcadores biométricos singulares, os interesses em jogo no tabuleiro do planejamento sucessório têm muitas peças, com mobilidades diferentes.[7]

No que se refere a aspectos subjetivos do planejamento, não são apenas os interesses e a vontade do titular do acervo de bens que estão em jogo, pois, como advertem Daniel Bucar e Daniele Teixeira:

> o planejamento envolve não só uma consulta ao titular do patrimônio a se transmitir, mas um diálogo honesto relativo aos anseios e à situação de todos os integrantes de sua família. Só assim serão identificadas aptidões, conflitos intrafamiliares (que precisam, em alguma medida, ser neutralizados) e preocupações com vulnerabilidades específicas de certos parentes.[8]

Apenas para exemplificar a afirmação do parágrafo anterior, podemos indagar: o acervo de bens inclui ativos de uma sociedade empresária? O ramo de atividade desenvolvido pela referida sociedade coincide com a atuação profissional dos descendentes ou estes optaram por um caminho totalmente diferente? Estamos diante da possibilidade de sucessão familiar no negócio desenvolvido pelo titular dos bens? Como avaliar a oportunidade e a conveniência de incluir no negócio a próxima geração da família?

As perguntas acima servem para ilustrar como as atividades desenvolvidas para um adequado planejamento sucessório não prescindem de uma conformação com os interesses, valores e objetivos das pessoas envolvidas. Há de se definir a continuidade do negócio para as próximas gerações (mesmo que isso implique a contratação de uma gestão profissional e o afastamento dos sucessores da administração da sociedade) ou, ainda, a manutenção de determinados bens deve assumir posição prioritária para a seleção das alternativas disponíveis ao planejamento.

Neste ponto, interesses e objetivos do titular dos bens nem sempre estão em sintonia com as aspirações e expectativas de seus descendentes e/ou consorte, criando áreas de atrito que podem comprometer o andamento do trabalho, sempre calcado no aproveitamento financeiro e na economia fiscal na transmissão de bens.[9]

Há também que se analisar se, para o caso concreto, será necessário transformar parentes em sócios, criando-se uma nova pessoa jurídica para a gestão prioritária do

---

[7] O planejamento patrimonial para após a morte é a única forma de o autor da herança (e não a lei) decidir sobre o destino dos próprios bens. Entretanto, a despeito da autonomia que é conferida ao titular do patrimônio, uma lembrança é necessária. As normas do ramo não estão centradas unicamente na proteção de interesses do falecido, mas também de seus herdeiros. É nesse contexto que surgem os dois principais obstáculos para o planejamento sucessório. O primeiro deles é a proibição de o autor da herança dispor da metade de seus bens (a legítima) caso tenha herdeiros necessários (descendente, cônjuge/companheiro ou ascendente), prevista nos artigos 1.845 e 1.846, CC. O segundo obstáculo refere-se ao consenso entre os herdeiros e o titular do patrimônio, muitas vezes imprescindível, tanto para os atos de planejamentos *inter vivos*, quanto *causa mortis*. Em relação aos primeiros, a doação exige aceitação do donatário (artigo 539, CC). A formação de sociedades empresárias para concentração do patrimônio, com eleição de um ou alguns dos herdeiros para administração, exige união e organização de pessoas, de modo que a manifestação de vontade permanece como requisito essencial (*As armadilhas do planejamento sucessório*. Disponível em https://www.conjur.com.br/2020-jul-17/bucar-teixeira-armadilhas-planejamento-sucessorio. Acesso em 18.7.2020).

[8] BUCAR, Daniel; TEIXEIRA, Daniele. *As armadilhas do planejamento sucessório*. Disponível em https://www.conjur.com.br/2020-jul-17/bucar-teixeira-armadilhas-planejamento-sucessorio. Acesso em 18.7.2020.

[9] BUCAR, Daniel; TEIXEIRA, Daniele. As armadilhas do planejamento sucessório. Disponível em https://www.conjur.com.br/2020-jul-17/bucar-teixeira-armadilhas-planejamento-sucessorio. Acesso em 18.7.2020.

patrimônio,[10] modificando a disciplina jurídica que rege as relações pessoais entre os interessados – do livro das famílias e sucessões para o livro do direito empresarial, que opera sob outras regras e princípios –, o que nem sempre é devidamente compreendido num primeiro momento, mas pode trazer graves desdobramentos se, eventualmente, um dos herdeiros, *rectius*, sócio de uma *holding* familiar escolhida como principal medida do planejamento, decide casar no regime da comunhão universal de bens, divorciando-se alguns meses depois.

Costumo ouvir com muita frequência afirmações do tipo: "eu confio nos meus filhos" ou "eu sei como eduquei os meus filhos". Em resposta, pergunto se em algum momento o interessado conversou abertamente e de modo objetivo com seus descendentes sobre sua sucessão e possibilidades. Aproveito para perguntar se os filhos que possuem relacionamentos (casamento e/ou união estável) também têm o hábito de discutir temas financeiros com seu parceiro de vida, sem rodeios, distinguindo bens particulares de bens adquiridos na constância do relacionamento.

Muitas vezes, falta a compreensão de que as questões afetas ao planejamento sucessório não ficam adstritas à família nuclear, sofrendo grande interferência, ainda que indevida, de parentes afins que influenciam nas decisões dos descendentes do titular dos bens. Não é raro decidir-se com base em critérios emocionais, superando a lógica racional e matemática por conta do desejo de manutenção do convívio entre todos os interessados, o que, em grande medida, acaba, no futuro, virando fonte de grandes arrependimentos.

Enquanto profissionais do direito, devemos aconselhar, ponderar, apontar alternativas e descrever consequências. Com as informações necessárias o interessado tomará sua própria decisão sobre o destino de seus bens, não cabendo ao especialista consultado substituir a vontade ou a visão do mundo do cliente por sua própria, especialmente no campo de direitos patrimoniais disponíveis, em que os limites de disposição dos bens previstos no ordenamento encontram-se preservados.

Importante destacar que as atividades de planejamento sucessório não podem ser confundidas com expedientes comumente denominados "blindagem patrimonial", expressão de conotação bastante pejorativa, muitas vezes usada em contextos de tentativa de fraude contra credores, por pessoas que buscam simular relações jurídicas de má-fé, com o indisfarçável interesse de prejudicar terceiros.

Quando planejamos o destino dos bens, acabamos por ponderar que parte de nosso acervo patrimonial deve ser afetada a operações que envolvem maiores riscos financeiros. Podemos optar por estruturas que limitem a responsabilidade patrimonial,

---

[10] Sobre a possibilidade de constituição de pessoas jurídicas como instrumento para consecução do planejamento sucessório: "[...] De fato, é possível se organizar em sociedade ou por meio de outras formas de constituição de pessoas jurídicas, dentro dos limites da autonomia privada e desde que não se afronte a legítima, que é segunda regra que não se pode perder de vista. Assim, parece-nos que todos os contratos existentes dentro dos limites das normas sucessórias são válidos e eficazes, inclusive de constituição de *holdings*, para fins de planejamento sucessório, diante de uma interpretação conforme a harmonização das regras sobre liberdade e as limitações aqui referidas, presentes no Código Civil" (TOSCANO DE BRITO, Rodrigo. Planejamento sucessório por meio de holdings: limites e suas principais funções. In: *Família e sucessões: polêmicas, tendências e inovações*. Belo Horizonte: IBDFAM, 2018, p. 671).

ou ainda preservar ativos que não serão comprometidos em projetos empresariais por terem sido destinados à futura legítima dos herdeiros.[11]

Como efeito colateral da adoção de tais medidas, podemos verificar maior dificuldade de acesso de terceiros à parte do acervo, o que não significa que o profissional envolvido com o planejamento sucessório tenha se comprometido com a criação de estruturas jurídicas inexpugnáveis no caso de ocorrência de inadimplemento de obrigações pessoais do titular do acervo de bens em análise.

Embora não a consideremos oportuna, usando ainda a referência à expressão "blindagem",[12] que se disseminou nos últimos anos, especialmente entre profissionais que atuam com direito empresarial ou contadores que prestam serviços a sociedades empresárias, devemos destacar que existem vários níveis diferentes de proteção, o que implica diferentes magnitudes de investimento – cada um com consequências próprias, que podem resultar em grande limitação de ação do titular dos bens, pois qualquer alteração necessária, sobretudo durante cenários de grave crise econômica, pode resultar em perdas patrimoniais consideráveis, especialmente no que concerne à tributação incidente.

5 Os desafios do efetivo processamento das medidas de planejamento

Planejar o destino de nosso acervo de bens implica antecipar custos e ter condições de suportá-los, sem comprometer a finalidade pretendida. A necessidade de regularização de bens, com taxas, tributos incidentes e despesas específicas para esta atividade pode se tornar um desafio logístico cuja superação começa com a definição de etapas para a efetivação de cada uma das medidas de planejamento.

Se for necessário, pode-se optar por iniciar com uma medida subsidiária e transitória, como a elaboração de um testamento, tratando do assunto em temas gerais, nos limites daquele instrumento, enquanto outras medidas não são efetivadas. Com a conclusão de todas as providências, basta se revogar o testamento ou substituí-lo por outro que já reflita a nova configuração patrimonial do interessado.

Neste ponto, é sempre recomendável se ter um registro dos objetivos e dos motivos para cada uma das providências tomadas, para a eventualidade de abertura da sucessão antes da conclusão das tarefas, como forma de subsidiar eventual discussão

---

[11] Tratando dos limites e possibilidades do planejamento sucessório, Flávio Tartuce, em sua coluna no Migalhas, adverte: "[...] a *primeira regra de ouro* do planejamento sucessório, qual seja de proteção da quota dos herdeiros necessários e que corresponde a cinquenta por cento do patrimônio do autor da herança (art. 1.846 do Código Civil). [...] A *segunda regra de ouro* a ser considerada para o planejamento sucessório é a vedação dos pactos sucessórios ou *pacta corvina*, retirada do art. 426 do Código Civil em vigor, segundo o qual não pode ser objeto de contrato a herança de pessoa viva. A hipótese é de nulidade absoluta virtual, situada na segunda parte do art. 166, inc. VII, da própria codificação privada, uma vez que a lei proíbe a prática do ato sem cominar sanção" (*Planejamento sucessório: O que é isso? – Parte I*. Disponível em https://www.migalhas.com.br/coluna/familia-e-sucessoes/290190/planejamento-sucessorio-o-que-e-isso-parte-i. Acesso em 28.7.2020).

[12] Sobre o tema, vale destacar que "a proliferação de situações como essas, de mau uso do planejamento sucessório por profissionais inescrupulosos, com intuito de fraude, compromete e enfraquece essa importante ferramenta, na medida em que se põem sob suspeita diversos atos e negócios jurídicos realizados em vida pelo autor da herança e resultando nas maiores controvérsias sucessórias levadas ao Poder Judiciário. A segurança jurídica que seria propiciada pelo planejamento sucessório, dando lugar a imbróglios intermináveis, os quais, não raro, implicam deterioração do acervo hereditário" (DELGADO, Mario Luiz; MARINHO JÚNIOR, Janio Urbano. Fraudes no planejamento sucessório. In: *Arquitetura do planejamento sucessório*. Belo Horizonte: Fórum, 2018, p. 222).

judicial acerca do tema, com elementos de convicção para o julgador conhecer a vontade do autor da herança.

Atualmente, as medidas direcionadas ao planejamento sucessório costumam ser adotadas por pessoas que estão num relacionamento afetivo ou já passaram pela experiência de compartilhar um projeto de vida com outra pessoa. Cresce, entretanto, a compreensão de que o planejamento patrimonial deve iniciar-se antes mesmo da formação de um vínculo conjugal ou de convivência – no momento, por exemplo, da celebração do pacto antenupcial ou do contrato de convivência, ou ainda quando se faz opção pelo emprego de institutos contratuais como seguros de vida ou investimentos em previdência privada.

Busca-se aqui enfatizar uma visão de longo prazo e um tipo de atividade que precisa ser revisitada e avaliada periodicamente para eventuais correções provocadas por alterações legislativas ou mudanças no regime de tributação,[13] entre outros fatores supervenientes relevantes.

Considerações finais e os novos desafios para o enfrentamento do tema

O campo de atuação profissional relativo ao planejamento sucessório pode ser vislumbrado como uma grande intersecção de temas de direito de família, sucessões, tributação, direito internacional, processual, empresarial, registral, entre outros, que interferem direta ou indiretamente na adoção de medidas por parte do titular dos bens.

Costuma ser um trabalho para uma equipe, que não pode ceder à tentação de adotar medidas, padronizadas e impessoais, para todas as pessoas que procuram o planejamento. O foco deve ser na customização, vale dizer, na adequação dos instrumentos às necessidades específicas do interessado, o que apenas ressalta o comprometimento e a responsabilidade dos profissionais procurados para executar essa complexa tarefa.

Como dito ao longo do texto, deve-se evitar a adoção estruturas estáticas, diante de um mundo que cada vez mais demanda dinamicidade para enfrentar novas situações e desafios. Cite-se, por exemplo, a recente discussão acerca do tema da "herança digital", cada vez mais presente nos eventos jurídicos e trabalhos sobre os impactos da tecnologia no campo das relações privadas.

O primeiro desafio é preencher de significado o termo. Existem diferentes pontos de vista para o que se deve considerar "herança digital", daí minha opção em me referir aos problemas da transmissão de bens digitais *causa mortis*. Muito do dissenso acerca do tema diz respeito a compreensões diversas sobre o que deveria compor o acervo de bens digitais, especialmente quando nos deparamos com a exploração econômica

---

[13] Sobre este tema, Daniel Bucar e Daniele Teixeira Chaves, em recente artigo no CONJUR, anotam que: "[...] No que toca à simples transmissão *causa mortis* do patrimônio mediante a adesão de seu titular à disciplina já disposta na legislação, sabe-se que aos herdeiros é facultada, em certas hipóteses, a escolha de uma complexa rede tributária. Nela, encontram-se 27 leis estaduais próprias que disciplinam a incidência de tributo direto (ITCMD), sem contar com o complemento de legislações municipal e federal para a eventual tributação do ITBI e do Imposto de Renda sobre acréscimos patrimoniais a que um acervo imobiliário venha a ser contemplado" (*As armadilhas do planejamento sucessório*. Disponível em https://www.conjur.com.br/2020-jul-17/bucar-teixeira-armadilhas-planejamento-sucessorio. Acesso em 18.7.2020).

de bens personalíssimos, como exemplo, o uso da imagem em plataformas digitais e redes sociais.

Na falta de normas específicas sobre o assunto, o maior desafio é aplicar regras e princípios concebidos para um mundo analógico a situações em que não há suporte físico, vale dizer, que não dependem do papel e acontecem, por exemplo, no tráfego de dados da rede mundial de computadores. Já é possível encontrar discussões doutrinárias sobre precedentes judiciais que tratam do acesso a contas digitais de uma pessoa falecida. Mas o assunto está apenas começando.

Nos próximos anos, problemas envolvendo titularidade de criptomoedas, milhas aéreas e pontos em programas de fidelidade, acervo de livros e músicas digitais, além de controvérsias sobre a exploração econômica de canais de vídeo e contas pessoais em redes sociais devem se intensificar no Judiciário, que infelizmente não parece estar preparado para lidar com a complexidade de tais situações.

Precisamos identificar e distinguir bens digitais de conteúdo econômico (titularidade de um livro eletrônico, por exemplo) da expressão pessoal do indivíduo no universo virtual. Todos nós temos uma *persona* digital, vale dizer, uma expressão do exercício de nossa personalidade, direito indisponível e intransmissível, no universo virtual.

Não podemos tratar todas as situações virtuais da mesma forma. Quem utiliza o direito à privacidade como forma de limite à transmissibilidade dos "bens digitais" está justamente buscando conferir tratamento distinto a cada uma das situações, o que nem sempre é fácil de identificar, pois vivemos no tempo da "sociedade do espetáculo", em que muitos de nós, voluntariamente, abdicam de suas expectativas de privacidade e buscam retorno financeiro com tais comportamentos.

Junte-se a isso o momento atual que enfrentamos. O grande número de mortes provocadas pela Covid-19 nos faz refletir sobre a finitude da vida. Com a efetiva possibilidade de adoecer e não resistir à doença num curto espaço de tempo, várias pessoas se deram conta de que nunca dialogaram com seu núcleo familiar mais próximo sobre seus desejos e expectativas para o caso de uma morte prematura.

O que à primeira vista pode parecer algo incontornável no momento atual, na verdade se consubstancia numa excelente oportunidade para o manejo de um planejamento sucessório, ou para revisitar instrumentos já consolidados que não abordaram a questão dos bens digitais.

Ainda no tema das inovações que podem influenciar as medidas de planejamento sucessório diante dos avanços tecnológicos, é preciso apontar para o campo da engenharia genética aplicável às técnicas de reprodução assistida, assunto que mereceria um texto específico diante das controvérsias acerca da criopreservação de embriões e da legitimidade para decidir o destino deles nas hipóteses do falecimento de um dos responsáveis pelo planejamento familiar.

Longe de pretender esgotar o tema em estudo, espera-se ter alcançado o resultado de apresentar um panorama geral acerca dos pontos cardeais que devem ser considerados por todos aqueles que se envolverem com a atividade do planejamento sucessório de boa-fé, conscientes dos limites do ordenamento jurídico e vocacionados à preservação dos interesses do titular dos bens e seus sucessores.

Referências

BUCAR, Daniel; TEIXEIRA, Daniele. *As armadilhas do planejamento sucessório*. Disponível em https://www.conjur.com.br/2020-jul-17/bucar-teixeira-armadilhas-planejamento-sucessorio. Acesso em 18.7.2020.

DELGADO, Mario Luiz; MARINHO JÚNIOR, Janio Urbano. Fraudes no planejamento sucessório. *In*: *Arquitetura do planejamento sucessório*. Belo Horizonte: Fórum, 2018.

FARIAS, Cristiano Chaves de; ROSENVALD, Nelson; BRAGA NETTO, Felipe. *Manual de Direito Civil*. Volume único. Salvador: JusPodivm, 2017.

HIRONAKA, Giselda. *Direito das sucessões*. São Paulo: RT, 2012.

STOLZE, Pablo; PAMPLONA FILHO, Rodolfo. *Novo curso de direito civil. Direito das sucessões*, v. 7, 3. ed. São Paulo: Saraiva, 2016.

TARTUCE, Flávio. *Planejamento sucessório: O que é isso? – Parte I*. Disponível em https://www.migalhas.com.br/coluna/familia-e-sucessoes/290190/planejamento-sucessorio-o-que-e-isso-parte-i. Acesso em 28.07.2020.

TEIXEIRA, Daniele. *Arquitetura do planejamento sucessório*. Belo Horizonte: Fórum, 2018.

TEPEDINO, Gustavo; NEVARES, Ana Luiza Maia; MEIRELES, Rose Melo Venceslau. *Direito das Sucessões*. Coleção Fundamentos do Direito Civil, vol. 7. Rio de Janeiro: Forense, 2020.

TOSCANO DE BRITO, Rodrigo. Planejamento sucessório por meio de holdings: limites e suas principais funções. In: *Família e sucessões: polêmicas, tendências e inovações*. Belo Horizonte: IBDFAM, 2018.

Informação bibliográfica deste texto, conforme a NBR 6023:2018 da Associação Brasileira de Normas Técnicas (ABNT):

EHRHARDT JR., Marcos. Planejamento sucessório na perspectiva do advogado. *In*: TEIXEIRA, Daniele Chaves (Coord.). *Arquitetura do Planejamento Sucessório*. Belo Horizonte: Fórum, 2021. p. 297-307. Tomo II. ISBN 978-65-5518-117-3.

REPERCUSSÃO DO REGIME DE BENS NO CONTEXTO SUCESSÓRIO: A DETERMINAÇÃO DA LEI APLICÁVEL AOS EFEITOS PATRIMONIAIS DO CASAMENTO

NADIA DE ARAUJO
LIDIA SPITZ
CAROLINA NORONHA

Introdução

Quando duas pessoas se casam, o elo estabelecido entre elas excede o amor que sentem uma pela outra e a vontade de constituir uma relação familiar.[1] O casamento repercute também na esfera patrimonial do casal e gera consequências em uma circunstância inconcebível quando da festiva formalização de sua união: o falecimento de um dos cônjuges.

Com efeito, quando um dos cônjuges falece na constância do casamento, as disposições aplicáveis ao regime de bens assumem primordial relevância no contexto sucessório. Afinal, os efeitos jurídicos patrimoniais do casamento impactam diretamente no monte partilhável, bem como na ordem da vocação hereditária do cônjuge sobrevivente para suceder o *de cujus*. Vale dizer, não apenas o cônjuge sobrevivente é afetado, mas

---

[1] A segunda metade do século XX no Brasil foi marcada por profundas mudanças sociais que afinal levaram ao reconhecimento do pluralismo das relações familiares. Essas mudanças respondem por desenvolvimentos legais significativos introduzidos no campo do Direito de Família, como o reconhecimento legal de filhos nascidos fora do casamento, a emancipação de mulheres casadas e o reconhecimento da dissolubilidade do casamento, para citar apenas alguns. Nas palavras de Luiz Edson Fachin, atualmente Ministro do Supremo Tribunal Federal: "O direito que incide nas relações familiares constrói-se incessantemente" (FACHIN, Luiz Edson. *Código civil comentado: direito de família, casamento: arts. 1.511 a 1.590*. São Paulo: Atlas, 2009, p. 13). A promulgação da Constituição Federal em 1988 chancelou a mudança de paradigma na ordem jurídica brasileira, com a ascensão da dignidade da pessoa humana como a base sobre a qual o próprio Estado é construído e opera. Deixando de lado a noção individualista tradicional da ordem social (e, por extensão, da lei), a Constituição Federal de 1988 fez a escolha metodológica de perceber e proteger o indivíduo, reconhecendo e protegendo as muitas ordens sociais de que faz parte. O reconhecimento do papel instrumental desempenhado pela ordem social na conquista da dignidade de cada um de seus membros motivou e efetivamente resultou no reconhecimento de todas as entidades familiares, encarnações por serem da ordem social, tão válidas e tão merecedoras da proteção da lei quanto a entidade familiar constituída pelo ato solene do casamento. Não obstante e sem qualquer desprestígio às demais formas de entidade familiar, nos proporemos, nesse estudo, a examinar as repercussões dos efeitos patrimoniais do *casamento* na sucessão.

DANIELE CHAVES TEIXEIRA (COORD.)
ARQUITETURA DO PLANEJAMENTO SUCESSÓRIO

também os demais herdeiros do falecido dele dependem para fins de determinação de sua posição na sucessão e do quanto farão jus.

Diante dessa premissa, o presente artigo cuida de uma questão basilar e precedente a toda e qualquer análise dos efeitos do regime de bens na sucessão e que não raro é inadvertidamente negligenciada pelos nubentes: *a determinação da lei aplicável ao regime de bens, sob a perspectiva do direito brasileiro, quando o casamento possui um elemento internacional.* Apenas quando fixada a lei aplicável ao regime de bens é que será definida a extensão da comunicação dos bens entre os cônjuges, e, por conseguinte, a repercussão dos efeitos econômicos do casamento na sucessão.[2]

O tema é um tanto espinhoso e controverso, até mesmo para aqueles que manejam com alguma familiaridade os dispositivos do direito internacional privado brasileiro. As ponderações ora propostas se colocam em casos cujas circunstâncias fáticas apresentam algum elemento de internacionalidade. Ao revés, a determinação da lei aplicável ao regime de bens em situações puramente domésticas chega a ser até mesmo intuitiva, inexistindo dúvidas de que a lei brasileira irá reger a matéria. Esse é o típico caso de um casal domiciliado no Brasil, que aqui celebra o seu casamento, estabelece domicílio e constrói patrimônio comum. Falecido um dos cônjuges e aqui aberta a sucessão, a conjuntura aponta exclusivamente para a lei brasileira.

Temos visto em nossa prática, no entanto, que as relações interpessoais estão cada vez menos circunscritas a um único país.[3] Múltiplas variações no que se refere ao elemento de internacionalidade, desde o momento da celebração do casamento e definição do regime de bens até a fixação do domicílio conjugal e dispersão do patrimônio comum em mais de um Estado, resultam na potencial aplicação de múltiplas leis ao caso.

A título ilustrativo, há os casais domiciliados no Brasil que, por alguma razão, optam por celebrar o casamento no exterior, retornando após a celebração. Por outro lado, há os casais domiciliados no exterior e que vêm aqui celebrar o casamento, regressando, na sequência, ao seu país de origem. Há, ainda, nubentes que moram em um mesmo país e se mudam para outro após o casamento, ao passo que há nubentes que provêm de domicílios diversos e que fazem de ambas moradas seu domicílio conjugal. Há também casais que celebram pacto antenupcial, enquanto outros não convencionam

---

[2] Veja-se FARIA, Mario Roberto Carvalho. *Direito das Sucessões*. Teoria e Prática. 8. ed. Rio de Janeiro: Forense, 2017. Aponta o autor para a importância do regime de bens do casamento na sucessão: "A importância do regime matrimonial na divisão do patrimônio está em saber quais os bens se comunicam com o cônjuge falecido e quais não se comunicam, pertencendo somente ao cônjuge sobrevivo, não se transmitindo, por conseguinte, aos herdeiros", p. 37.

[3] Assim expõe Hélène Gaudemet-Tallon, "Il n'est pas nécessaire d'être philosophe, sociologue ou psychologue pour prendre conscience des transformations radicales de notre monde en ce début de XXIème siècle. En particulier, on assiste à la fois à la proclamation de la valeur de chaque être humain, de sa dignité, de sa liberté, et, en même temps, à une évolution des modes de vie, tous touché d'une façon ou d'une autre par la 'mondialisation', le brassage des populations, les migrations et déplacements volontaires ou subis" (GAUDEMET-TALLON, Hélène. Individualisme et Mondialisation: Aspects de Droit International Privé de la Famille. *In: A commitment to private international law. Essays in honour of Hans van Loon.* Cambridge: Intersentia Publishing, 2013, p. 181). Veja-se, ainda, NISHITANI, Yuko. Identité Culturelle en Droit International Privé de la Famille. *In: Recueil des cours.* Leiden: Martinus Nijhoff Publishers, tomo 401, 2019, p. 145: "La relativisation et la fragmentation des pouvoirs étatiques influencent également les rapports entre individus, Etats et autres collectivités. Les Etats-nations du XIXe siècle s'appuyaient sur la thèse selon laquelle chaque unité nationale constituait nécessairement un Etat souverain indépandant. Chaque individu étant empreint des caractéristiques de l'Etat auquel il appartenait. A présent, l'augmentation significative et le dynamisme des mouvements transfrontaliers de personnes mettent en évidence les limites et les contradictions de cette thèse".

o regime de bens, quer seja o casamento celebrado no Brasil ou no exterior. Enfim, há uma miríade de arranjos sendo feita nos casamentos, dos quais resultam imbróglios jurídicos que nem sempre terão uma solução satisfatória para as partes.

A fim de organizar a exposição das ideias sustentadas nesse artigo, iniciamos a análise a partir de uma visão panorâmica do regime de bens no direito brasileiro, conforme disciplinado no atual Código Civil (Tópico I). Em seguida, passamos à colocação do problema relativo à lei aplicável ao regime de bens, situando o leitor sobre a regra de direito internacional privado prevista na Lei de Introdução às Normas do Direito Brasileiro ("LINDB") (Tópico II).[4] Na sequência, identificamos a lei aplicável ao regime de bens quando o casamento é celebrado no Brasil (Tópico III). Do outro lado da moeda, examinamos também a lei aplicável ao regime de bens quando o casamento é celebrado no exterior (Tópico IV). Finalmente, aportamos em alguns dos reais efeitos do regime de bens no contexto sucessório sob a perspectiva do direito brasileiro (Tópico V).

I   Panorama do regime de bens do casamento no direito brasileiro

Sabe-se que o casamento estabelece efeitos jurídicos de natureza pessoal e patrimonial.[5] Os efeitos jurídicos de *natureza pessoal* decorrem da comunhão plena de vida estabelecida entre os cônjuges, que é fundada na igualdade de direitos e deveres.[6] A título ilustrativo, são efeitos de natureza pessoal a alteração do estado civil, a possibilidade de o cônjuge, marido ou mulher, acrescer ao seu o sobrenome do outro,[7] bem como de contribuir em igual medida no exercício da direção da sociedade conjugal[8] e no planejamento familiar.[9] Adicionalmente, são deveres (e direitos) de ambos os cônjuges a fidelidade recíproca, a mútua assistência e o sustento, a guarda e a proteção dos filhos.[10]

Por sua vez, os efeitos jurídicos de *natureza patrimonial* abarcam o regime de bens que disciplina a relação econômica entre os cônjuges, a administração dos bens dos filhos menores,[11] o provimento de alimentos[12] e a instituição de bem de família.[13]

Especificamente no que concerne ao regime de bens, o ordenamento jurídico brasileiro confere aos nubentes ampla liberdade para escolher aquele de sua preferência. Em respeito à autonomia privada, o *caput* do artigo 1.639 do Código Civil permite aos nubentes "estipular, quanto aos seus bens, o que lhes aprouver". Podem, portanto,

---

4   Decreto-Lei nº 4.657/1942, denominação alterada pela Lei nº 12.376/2010.

5   Para Caio Mário da Silva Pereira, além dos efeitos pessoais e patrimoniais, o casamento também resulta em efeitos de ordem social, uma vez que a sua celebração resulta na constituição da família, considerada como base da sociedade (v. artigo 226 da Constituição Federal). PEREIRA, Caio Mário da Silva. *Instituições de Direito Civil*. vol. V, 25. ed. Rio de Janeiro: Forense, 2017, p. 189.

6   Artigo 5º c/c Artigo 226, §5 da Constituição Federal c/c Artigo 1.511 do Código Civil.

7   Artigo 1.565, §1º, do Código Civil.

8   Artigo 1.567, *caput*, do Código Civil.

9   Artigo 1.565, §2º, do Código Civil.

10 Artigo 1.566 do Código Civil.

11 Artigo 1.689 e ss. do Código Civil.

12 Artigo 1.694 e ss. do Código Civil.

13 Artigo 1.711 do Código Civil.

eleger uma das opções previstas no Código Civil ou mesmo moldá-las de acordo com suas necessidades, por meio da celebração de um pacto antenupcial.[14]

Essa liberdade de escolha, contudo, tem limites. Aos nubentes é vedado pactuar em contrariedade aos valores reputados essenciais ao ordenamento jurídico brasileiro, protegidos por dispositivos inderrogáveis pela vontade das partes, os quais integram a noção de ordem pública.[15] Como se sabe, a ordem pública constitui o núcleo duro do ordenamento jurídico brasileiro e se exprime no conjunto normativo essencial à salvaguarda dos valores basilares de nosso sistema e dos direitos fundamentais albergados por nossa Constituição Federal. Comumente apreendida em dois níveis, a ordem pública representa no plano interno as normas cuja aplicação não pode ser afastada pelas partes. No nível internacional, opera como uma barreira à aplicação da lei estrangeira que seja a ela contrária,[16] possuindo alcance mais limitado.

O Código Civil estabelece quatro regimes de bens: (i) o regime da comunhão parcial; (ii) o regime da comunhão universal; (iii) o regime de participação final nos aquestos; e (iv) o regime de separação de bens.

Em apertadíssima síntese, no *regime de comunhão parcial*, comunicam-se os bens do casal adquiridos onerosamente na constância do casamento.[17] Todavia, essa comunicação não é absoluta, eis que o artigo 1.659 do Código Civil enumera de forma taxativa hipóteses excluídas da comunhão, como exemplo, os bens que cada cônjuge possuía ao casar, e os bens que adquirirem na constância do casamento por doação ou sucessão, bem como as obrigações, inclusive dívidas, contraídas anteriormente ao casamento.

O *regime da comunhão universal* caracteriza-se por ser bem mais abrangente, pois importa na comunicação de todos os bens presentes e futuros dos cônjuges, bem como de suas dívidas passadas, com exceção das hipóteses relacionadas no artigo 1.668 do Código Civil. São excluídos da comunhão universal, por exemplo, os bens doados ou herdados com cláusula de incomunicabilidade.

---

[14] No direito comparado, nota-se na Europa Continental a existência de regras similares às brasileiras, prevendo que o casal possui autonomia para escolher o regime que mais lhe convém. Veja-se, por todo, BONOMI, Andrea. *Autonomie des parties en droit patrimonial de la famille et intérêt des entrepreneurs:* aspects de droit matériel et de droit international privé. Revue suisse de droit international et de droit européen, vol. 4, 2004, p. 461-462.

[15] É o caso, por exemplo, das hipóteses, previstas no art. 1.641 do Código Civil, em que o regime de bens dos nubentes será, necessariamente, o de separação de bens. Qualquer pacto que vá de encontro a esta regra, representará, invariavelmente, uma violação à norma de ordem pública. Veja-se TEPEDINO, Gustavo. *Regime de bens e tutela sucessória do cônjuge. In:* Relações obrigacionais e contratos. Coleção soluções práticas de direito: pareceres, vol. I. São Paulo: Editora Revista dos Tribunais, 2012, p. 134-137. Veja-se, na jurisprudência, TJSP, Apelação Cível nº 9072313-88.2009.8.26.0000. Rel. Des. Grava Brasil, *DJe* 10.01.2012, em que a 9ª Câmara de Direito Privado manteve a sentença de 1º grau, que negou ao autor da ação de anulação de testamento e viúvo da *de cujus* a qualidade de herdeiro legítimo. Isso se deu uma vez que, em razão da idade da testadora ao tempo do casamento, o regime legal no país estrangeiro de comunhão parcial de bens deveria dar lugar ao regime obrigatório de separação de bens. Confira-se ementa: "Anulatória de testamento – Extinção do feito sem resolução do mérito – Ausência de interesse processual – Inconformismo do autor – Desacolhimento – Testamento que deserda marido que não possui direitos hereditários – Casamento celebrado no exterior e homologado no Brasil – Caso em que vigora o regime da separação obrigatória de bens, ainda que no exterior tenha constado o regime da comunhão parcial – Ausência de provas de que o casal residia no exterior – Norma de ordem pública - Inteligência do art. 258, par. ún., II, do CC/16 e art. 7º, §4º, da LICC – Autor que não ostenta a condição de herdeiro, diante da presença de descendentes da falecida – Inconformismo de um dos réus – Desacolhimento – Concordância com o pedido do autor – Fato que não altera a ausência de interesse processual – Sentença mantida – Recurso desprovido".

[16] Vide, a respeito, ALMEIDA, Ricardo Ramalho. "A Exceção de Ofensa à Ordem Pública na Homologação de Sentença Arbitral Estrangeira". *In:* ALMEIDA, Ricardo Ramalho (Coord). *Arbitragem Interna e Internacional (questões de doutrina e da prática).* Rio de Janeiro: Renovar, 2003, p. 132.

[17] Artigo 1.658 e ss. do Código Civil.

Por sua vez, o *regime de participação final nos aquestos*, pouco utilizado na prática, consiste em um sistema híbrido. Na constância do casamento, os cônjuges mantêm cada qual o seu patrimônio próprio. Todavia, ocorrendo a dissolução da sociedade conjugal, cada cônjuge tem direito à metade dos bens adquiridos pelo casal, a título oneroso, na constância do casamento.[18]

Finalmente, no *regime de separação de bens*, estes permanecem sob a administração exclusiva de cada um dos cônjuges.[19] Dissolvida a sociedade conjugal, cada parte fará jus ao que integrava seu patrimônio separado. O artigo 1.641 do Código Civil estabelece hipóteses em que é obrigatório o regime da separação de bens no casamento, como é o caso da pessoa maior de 70 anos.

Não tendo os cônjuges expressado sua preferência por um ou outro regime, a eles se aplica o regime da comunhão parcial, a menos que a lei lhes imponha regime diverso.[20] A escolha ativa por um regime de bens é condicionada à celebração de um pacto antenupcial, sob a forma de escritura pública. Esse pacto, por sua vez, é apresentado ao processo de habilitação que antecede a cerimônia do casamento.[21]

No direito brasileiro, sempre vigeu o princípio da imutabilidade do regime de bens. Salvo pela hipótese do §5º do artigo 7º da LINDB,[22] não era permitido aos cônjuges alterar o regime de bens escolhido ou modificar o pacto antenupcial após o casamento.

O Código Civil de 2002 inovou consideravelmente ao estabelecer de maneira expressa a possibilidade de alteração do regime matrimonial,[23] mediante procedimento de jurisdição voluntária, com a participação obrigatória do Ministério Público.[24] Exige-se, para tanto, manifestação de vontade de ambos os cônjuges e a exposição dos fundamentos pelos quais assim desejam proceder. A guarida judicial tem por finalidade apurar se a alteração pretendida prejudicará direitos de terceiros. Autorizada a alteração do regime de bens, será necessário dar-lhe publicidade mediante averbação (i) à margem da certidão de casamento, lavrada no cartório de registro civil de pessoas naturais competente e (ii) em livro especial no registro de imóveis do domicílio dos cônjuges.

---

[18] Artigo 1.672 e ss. do Código Civil.

[19] Artigos 1.687 e 1.688 do Código Civil.

[20] Artigos 1.640 e 1.641 do Código Civil.

[21] Artigo 1.640, parágrafo único, do Código Civil. "Ante as consequências do que ficar definido no pacto antenupcial em face de terceiros, parentes ou estranhos, ao longo da existência da união conjugal, impõe a lei a forma pública. Interessa, pois, não apenas aos nubentes, mas também à sociedade, sendo razoável que se lhes exija a escritura pública. Os nubentes deverão procurar o notário de sua escolha, que lavrará a escritura pública de pacto antenupcial, segundo a estruturação por eles definidas. O traslado da escritura será anexado aos documentos que instruem o processo de habilitação ao casamento, junto ao oficial e cartório correspondentes". LOBO, Paulo. *Direito civil: famílias*. 4. ed. São Paulo: Saraiva, 2011, p. 335.

[22] Artigo 7º, §5º, da LINDB: "O estrangeiro casado, que se naturalizar brasileiro, pode, mediante expressa anuência de seu cônjuge, requerer ao juiz, no ato de entrega do decreto de naturalização, se apostile ao mesmo a adoção do regime de comunhão parcial de bens, respeitados os direitos de terceiros e dada esta adoção ao competente registro".

[23] Também no direito comparado, veja-se BONOMI, Andrea. *Op. Cit.*, p. 466.

[24] Artigo 1.639, §2º, do Código Civil.

II A determinação da lei aplicável ao regime de bens

Quando o casamento é celebrado no Brasil, o regime de bens eleito pelos cônjuges passa a constar da certidão de casamento, assim como quaisquer alterações porventura levadas a cabo.[25] Já quando o casamento é celebrado no exterior, a situação é mais complexa. A uma, porque o regime de bens aplicável aos cônjuges não é necessariamente especificado na certidão de casamento e sua determinação pode abrir flanco para uma disputa judicial. A duas, porque, ainda que especificado um regime de bens aparentemente equivalente a um dos tipos previstos no Código Civil, seus efeitos podem divergir sobremaneira daqueles determinados na legislação doméstica ou construídos pela prática de nossos tribunais.

Diante desse pano de fundo, a questão que nos interessa consiste na *determinação da lei aplicável ao regime de bens*. Em particular, estamos tratando da situação em que a definição do regime patrimonial do casamento deve ser apreciada como condição essencial à efetivação da sucessão do falecido.[26]

Como se sabe, a sucessão com elementos internacionais suscita duas questões preliminares essenciais: a aferição da jurisdição da autoridade nacional para decidir sobre a sucessão[27] e a determinação da lei aplicável à sucessão.[28] Neste artigo, contudo, propomo-nos a examinar tão somente a lei aplicável ao regime de bens do falecido para fins de determinação do monte partilhável e da ordem da vocação hereditária, deixando os temas da jurisdição e da lei aplicável à sucessão para um próximo estudo.

A identificação da lei aplicável a determinado fato jurídico é matéria de direito internacional privado, cuja regulação cabe à LINDB. O Brasil adota o método conflitual: não compete ao direito internacional privado fornecer a solução material do caso concreto, mas sim indicar o elemento de conexão de acordo com o qual a norma material será identificada.[29] A regra de conexão funciona, portanto, como um vetor indicativo da solução de questões conectadas a mais de um ordenamento jurídico.[30]

---

[25] Provimento 63/2017 do Conselho Nacional de Justiça, conforme alterado pelo Provimento 83/2019.

[26] Veja-se que, a depender do regime de bens que rege a relação matrimonial, diversa será a posição do cônjuge sobrevivente na sucessão do *de cujus*. Assim, "o Código Civil de 2002 elevou o cônjuge à categoria de herdeiro necessário (CC, Art. 1.845), concorrendo com os descendentes, salvo se casado com o falecido no regime da comunhão universal, no da separação obrigatória de bens e no da comunhão parcial, quando o autor da herança não houver deixado bens particulares (CC, art. 1.829, I), e com os ascendentes (CC, art. 1.829, II)" (NEVARES, Ana Luiza Maia; MEIRELES, Rose de Melo Venceslau; TEPEDINO, Gustavo. *Direito das sucessões*. Rio de Janeiro: Forense, 2020, p. 90).

[27] Nos termos do Artigo 23, II, do Código de Processo Civil, compete à autoridade judiciária brasileira, com exclusividade, em matéria de sucessão hereditária, proceder à confirmação de testamento particular e ao inventário e à partilha de bens situados no Brasil, ainda que o autor da herança seja de nacionalidade estrangeira ou tenha domicílio fora do território nacional. Veja-se recente estudo sistematizado do tema por VARGAS, Daniela T. *Patrimônio Internacional e sucessões: perspectiva do direito brasileiro. In*: Arquitetura do planejamento sucessório. TEIXEIRA, Daniele Chaves (Coord.). 2. ed. Belo Horizonte: Fórum, 2019, p. 115-118.

[28] Na forma do Artigo 10 da LINDB, a sucessão obedece à lei em que domiciliado o defunto, independentemente de sua nacionalidade. O Artigo 5º, XXXI da Constituição Federal prescreve, todavia, que a sucessão de bens de estrangeiros situados no País será regulada pela lei brasileira em benefício do cônjuge ou dos filhos brasileiros, sempre que não lhes seja mais favorável a lei pessoal do *de cujus*.

[29] Outros países, como os Estados Unidos, adotam sistema que leva em consideração o resultado obtido pela utilização da regra de conflito e a possibilidade de se privilegiar (ante o resultado obtido) o direito do foro. Não é o caso do Brasil. Para melhor compreensão sobre os métodos de escolha da lei aplicável, veja-se ARAUJO, Nadia de. *Direito internacional privado*: teoria e prática brasileira. 9. ed. São Paulo: Editora Revista dos Tribunais, 2020, p. 44-57.

[30] Veja-se DOLINGER, Jacob; TIBURCIO, Carmen. *Direito internacional privado*. 15. ed. Rio de Janeiro: Forense, 2019, p. 311-313, sobre qualificação da relação jurídica e determinação da lei aplicável, a partir do elemento de conexão.

O artigo 7º, *caput*, da LINDB estabelece que "a lei do país em que domiciliada a pessoa determina as regras sobre o começo e o fim da personalidade, o nome, a capacidade e os direitos de família". O domicílio, portanto, é o elemento de conexão eleito pelo ordenamento jurídico brasileiro para a determinação da lei aplicável às questões de direito de família.[31] Conquanto a regra de conexão permaneça a mesma, a lei aplicável poderá variar caso seja alterado o país de domicílio da pessoa.

Especificamente com relação à lei aplicável ao regime de bens, determina o §4º do artigo 7º da LINDB que "o regime de bens, legal ou convencional, obedece à lei do país em que tiverem os nubentes domicílio, e, se este for diverso, a do primeiro domicílio conjugal".

Pela literalidade do dispositivo, o regime de bens do casamento é regulado pela lei do país em que domiciliadas ambas as partes enquanto nubentes. Caso tenham mantido domicílio em países diversos anteriormente à celebração do casamento, recorre a LINDB à lei do país em que o casal tenha fixado seu primeiro domicílio conjugal.[32] Trata-se de uma regra de conflito de leis especial e distinta daquela prevista no *caput* para regular as demais questões de direito de família. Aqui, tanto a regra de conexão quanto a solução por ela indicada permanecem estáticas, posto que ao longo da vida das partes existirá apenas um único "domicílio comum dos nubentes" e um único "primeiro domicílio conjugal".[33]

O Código Civil expressa que o domicílio consiste no lugar onde a pessoa estabelece sua residência com ânimo definitivo.[34] A lei se pauta não apenas pelo fator externo – local onde o indivíduo reside – mas também por um elemento subjetivo, que consiste na vontade manifesta de permanecer naquele local onde fixou sua moradia habitual (*animus manendi*).[35]

---

[31] O domicílio, entretanto, nem sempre foi o elemento de conexão indicado pelas regras indiretas brasileiras. Na Introdução ao Código Civil de 1916, o critério utilizado era o da nacionalidade, como se vê no artigo 8º. Veja-se MONACO, Gustavo Ferraz de Campos. *Certa ojeriza do direito internacional privado brasileiro à autonomia conflitual em matéria patrimonial de família: entre fraude à lei e a ordem pública.* Revista Eletrônica de Direito. Faculdade de Direito da Universidade do Porto. nº 2, vol. 22, junho 2020, p. 129-131.

[32] LOPES, Miguel Maria de Serpa. *Comentário Teórico e Prático da Lei de Introdução ao Código Civil.* vol. II, Rio de Janeiro: Editora Livraria Jacinto, 1944, p. 230.

[33] No mesmo sentido, ressaltando que o legislador privilegiou a segurança jurídica na fixação de um critério de conexão imutável ao longo do tempo, veja-se ARAUJO, Nadia de; VARGAS, Daniela Trejos. *Regime de bens no direito internacional privado brasileiro e seus efeitos na sucessão:* análise do RESp 123.633 do STJ. *In:* BRANT, Leonardo Nemer Caldeira; LAGE, Délber Andrade; CREMASCO, Suzana Santi (Coords.). *Direito Internacional Contemporâneo.* Curitiba: Juruá Ed., 2011, p. 779-795.

[34] Artigo 70 do Código Civil: "O domicílio da pessoa natural é o lugar onde ela estabelece a sua residência com ânimo definitivo". Sobre domicílio no direito brasileiro, veja-se, por todos, LEWICKI, Bruno. O domicílio no Código Civil de 2002. *In:* TEPEDINO, Gustavo (coord.). *A parte geral do novo código civil:* estudos na perspectiva civil-constitucional. 2. ed. Rio de Janeiro: Renovar, 2003, p. 125-150. Sobre a diferente entre o conceito de domicílio e residência habitual, v. ARAUJO, Nadia de; DE NARDI, Marcelo. *O conceito de residência habitual na Convenção da Haia sobre os Aspectos Civis do Sequestro Internacional de Crianças:* elemento de contato para reconhecimento da jurisdição internacionalmente competente. Revista dos Tribunais, Caderno Especial – Cooperação Jurídica Internacional, v. 1, 2018, pp. 115-131.

[35] Veja-se que o conceito de domicílio pode também resultar em questões sobre lei aplicável. Para um estudo aprofundado, ver p. TENÓRIO, Oscar. *Direito Internacional Privado.* 11. ed. Rio de Janeiro: Livraria Freitas Bastos, 1976, p. 418 e ss.

A comprovação deste ânimo é crucial para a definição do domicílio[36] e, conquanto seja subjetiva, pode ser alcançada por meio da identificação do local em que são mantidas as relações sociais mais significantes, onde é desenvolvida a principal atividade profissional do indivíduo, sua radicação no meio, sua filiação às entidades locais ou a aquisição e manutenção de seus bens.

Não obstante, dispõe o artigo 71 do Código Civil que mantendo a pessoa diversas residências onde, alternadamente, viva, "considerar-se-á domicílio seu qualquer delas". Entende o ordenamento jurídico brasileiro, portanto, admissível a um único indivíduo estender seu *animus manendi* a mais de uma residência, considerando tantas quantas estas forem seu domicílio.

Embora à primeira vista o §4º do artigo 7º da LINDB pareça ser uma regra de conexão aplicável indistintamente a casamentos celebrados no Brasil e no exterior, e a despeito do regime incidente, legal ou convencional, essa não nos parece a melhor interpretação à luz de uma visão contemporânea do direito internacional privado brasileiro. Entendemos que o dispositivo em comento tem sua aplicação restrita a casamentos celebrados fora do Brasil, em que não haja a indicação do regime de bens na certidão de casamento ou em que as partes não tenham convencionado através de pacto antenupcial o regime de bens aplicável aos efeitos patrimoniais de sua união. É o que será examinado nos tópicos III e IV a seguir.

III A lei aplicável ao regime de bens quando o casamento é celebrado no Brasil, sob a perspectiva do direito brasileiro

Sempre que um casamento for realizado no Brasil, a lei aplicável ao regime de bens é a lei brasileira. Independentemente de os nubentes terem seu domicílio comum ou seu primeiro domicílio conjugal no Brasil ou em país diverso, sob a perspectiva do direito doméstico, a lei brasileira regerá os efeitos patrimoniais de seu casamento, sendo inaplicável nessa circunstância a regra de conexão prevista no §4º do artigo 7º da LINDB.

Decorre do princípio basilar do direito internacional privado expresso no brocardo *locus regit actum* que a lei que governa um ato jurídico é aquela do local em que tal ato é celebrado.[37] Especificamente quanto ao casamento, a regra foi incorporada no §1º do artigo 7º da LINDB, que prevê que "realizando-se o casamento no Brasil, será aplicada a lei brasileira quanto aos impedimentos dirimentes e às formalidades da celebração".

Eis que entre as formalidades de celebração se encontra a necessária observância, pelos nubentes, das regras relativas ao processo de habilitação para o casamento.[38] Esse processo visa assegurar que os noivos não tenham qualquer impedimento para

---

[36] A presença incontestе do ânimo é igualmente elemento essencial para a efetivação da mudança do domicílio, conforme preceitua o artigo 74 do Código Civil: "Muda-se o domicílio, transferindo a residência, com a intenção manifesta de o mudar".

[37] DOLINGER, Jacob. *Direito Civil Internacional. Família no Direito Internacional Privado. Casamento e Divórcio*. Rio de Janeiro: Renovar, 1997, p. 5-15. Na doutrina mais recente, veja RAMOS, André de Carvalho. *Curso de Direito Internacional Privado*. São Paulo: Saraiva Educação, 2018, p. 371-375.

[38] Artigo 1.525 e ss. do Código Civil.

contrair matrimônio, sendo inclusive autorizado a qualquer terceiro oferecer oposição mediante a apresentação fundamentada de algum impedimento ou causa suspensiva.[39]

No âmbito desse processo de habilitação, a lei impõe ao oficial do registro o dever de esclarecer aos nubentes sobre as causas de invalidade do casamento, assim como sobre os regimes de bens.[40]

Como vimos, em regra o ordenamento brasileiro confere ampla autonomia às partes para pactuarem quanto aos seus bens o que lhes aprouver. No entanto, para além das limitações de ordem pública quando do delineamento do pacto antenupcial, também a lei fixa como sendo obrigatório o regime de separação legal nas hipóteses do artigo 1.641 do Código Civil.

Ou seja, a identificação do regime de bens é parte integrante do processo de habilitação, tanto mais porque a escolha dos nubentes quanto ao regime patrimonial tem que ser apresentada ao oficial de registro como condição ao prosseguimento da habilitação para o casamento. É o que se extrai, inclusive, do parágrafo único do artigo 1.640 do Código Civil, segundo o qual poderão os nubentes, *no âmbito do processo de habilitação*, optar por algum dos regimes previstos no código. Quanto à forma, não optando pela comunhão parcial, o regime eleito deve constar de pacto antenupcial por escritura pública.

Portanto, é condição para a validade do processo de habilitação que as partes observem o regime obrigatório da separação legal, quando aplicável, e, em não o sendo, que ou bem reduzam a termo a sua opção pelo regime da comunhão parcial ou então apresentem um pacto antenupcial lavrado em cartório caso optem por outro regime. A devida instrução do processo de habilitação configura formalidade imprescindível à emissão do certificado de habilitação, o qual, por sua vez, antecede e condiciona a celebração do ato solene de casamento.[41]

Ora, considerando que (i) a identificação do regime de bens integra o processo de habilitação, (ii) o processo de habilitação é uma formalidade da celebração do casamento e (iii) a LINDB dispõe que as formalidades de celebração de casamento no Brasil são regidas pela lei brasileira, é forçoso aplicar a lei brasileira ao regime de bens a casamentos celebrados no Brasil. Integrando o regime de bens uma etapa inafastável do processo de habilitação, a sua submissão a um regime legal de um outro país importaria, em última instância, na conjugação de regras potencialmente incompatíveis (*e.g.*, a submissão de pacto antenupcial sob a forma de instrumento particular e não público como prescreve a lei brasileira, se assim permitido pela lei do país em que os nubentes possuam domicílio).

Assim, o regime de bens aplicável em todo e qualquer casamento celebrado no Brasil deve ser regulado pela lei brasileira, independentemente do domicílio dos nubentes ou do primeiro domicílio conjugal.

---

[39] Artigo 1.522 c/c artigo 1.529 c/c artigo 1.530 do Código Civil.
[40] Artigo 1.528 do Código Civil.
[41] Artigo 1.531 do Código Civil c/c artigo 1.533 do Código Civil.

IV A lei aplicável ao regime de bens quando o casamento é celebrado no exterior, sob a perspectiva do direito brasileiro

Quando o casamento é celebrado no exterior, ainda assim a aplicação da regra prevista no §4º do artigo 7º da LINDB quanto à determinação da lei aplicável ao regime de bens deve ser realizada com ressalvas.

Como se sabe, nessa circunstância não incide a obrigatoriedade de aplicação da lei brasileira por força do disposto no §1º do artigo 7º da LINDB, eis que as formalidades da celebração previstas no Código Civil não irradiam efeitos para além do território nacional. Decerto, o casamento é disciplinado por cada Estado e as formalidades da celebração observam regramento próprio.[42]

No entanto, essa constatação não importa na automática aplicação do §4º do artigo 7º da LINDB. A regra prevê, especificamente para o regime de bens, a aplicação da lei do domicílio dos nubentes, e, se este for diverso, a do primeiro domicílio conjugal. Ora, mas quando a aplicar? A resposta requer um exame aprofundado do funcionamento do direito internacional privado brasileiro.

Vimos que a regra para a determinação da lei aplicável com base no §4º do artigo 7º da LINDB só se aplica a casamentos celebrados no exterior. Nesses casos, os efeitos patrimoniais dele decorrentes se sujeitam à lei estrangeira. Caberá à lei do local em que for celebrado o casamento regular as formalidades do ato, o que pode significar que a informação acerca do regime de bens integre a certidão de casamento. Nessa circunstância, tal qual ocorre no Brasil, em que a definição do regime de bens corresponde a um requisito necessário para casar e é então consignada em assento lavrado em livro próprio e refletida na certidão, deverão ser respeitados os requisitos do local da celebração. Em miúdos, quando o regime de bens constar da certidão de casamento emitida no exterior, não há espaço para se perquirir qual seria o regime aplicável com base na regra do §4º do artigo 7º da LINDB.

É possível ainda que a certidão nada informe a respeito do regime de bens, mas os nubentes o tenham convencionado em pacto antenupcial em separado. Nessa última hipótese, em sendo o regime patrimonial afeto ao direito de família e de natureza disponível, deve ser respeitada a autonomia da vontade dos nubentes quanto à disposição da comunicabilidade de seus bens.

Essa posição em favor da prevalência da vontade das partes é coerente com o sistema jurídico brasileiro. Como visto, o artigo 1.639 do Código Civil, ao inaugurar a regulamentação do direito patrimonial do casamento, expressa logo de início ser lícito aos nubentes estipular o que lhes aprouver quanto aos seus bens.[43]

---

[42] "Porque se trata da forma extrínseca do ato, isto é, das solenidades de que se reveste o ato da celebração do casamento, reconhece a doutrina e prescrevem expressamente algumas leis que prevalece a regra – *locus regit actum* –, de cuja aplicação resulta que, se o casamento é concluído de conformidade com a *lex loci celebrationis*, ainda quando diferente seja a forma estabelecida pela lei pessoal dos cônjuges, sua validade deverá ser reconhecida em toda parte". (ESPINOLA, Eduardo; ESPINOLA FILHO, Eduardo. *A Lei de introdução ao Código civil brasileiro*: (Dec.-Lei nº 4.657, de 4 de setembro de 1942, com as alterações da Lei nº 3.238, de 1º de agosto de 1957, e leis posteriores): comentada na ordem de seus artigos. Atualizada por Silva Pacheco. 2. ed. Rio de Janeiro: Renovar, 1995, p. 183).

[43] "O regime de bens consiste no estatuto patrimonial do casamento que, segundo o art. 1.639, *caput*, é informado pela mais ampla liberdade de escolha dos cônjuges, a quem a lei, em respeito à autonomia privada, confere a faculdade de 'estipular, quanto aos seus bens, o que lhes aprouver'". (TEPEDINO, Gustavo; BARBOZA, Heloisa

Ora, se em âmbito puramente doméstico é inequívoca a prevalência da autonomia da vontade dos noivos quanto à escolha do regime de bens, o mesmo tratamento jurídico deve ser dispensado pelo direito internacional privado brasileiro aos casamentos celebrados no estrangeiro, de modo a garantir que a vontade dos nubentes prevaleça sobre o comando do §4º do artigo 7º da LINDB.

Em outras palavras, se para os casamentos aqui celebrados sobressai a vontade dos nubentes (exceção feita ao regime da separação legal obrigatória), coerentemente, as regras de direito internacional privado brasileiro, que também consistem em normas de direito interno, devem garantir que a vontade dos noivos triunfe sobre uma regra de conexão indiferente, a despeito da existência de um elemento de internacionalidade. Consequentemente, apenas na ausência de informação quanto ao regime de bens do casamento é que se fará uso da regra de conexão do §4º do artigo 7º da LINDB.

Apesar de o dispositivo se referir ao "regime de bens, legal ou convencional", quando as partes houverem convencionado por meio de pacto antenupcial o regime de comunicabilidade de seus bens, não há respaldo jurídico para se desprestigiar essa escolha e os efeitos dela decorrentes em prol de uma aplicação cega e descontextualizada de outro regime jurídico.

Do nosso lado, o saudoso Professor Jacob Dolinger também entendia como letra morta a referência ao regime convencional inserta no §4º do artigo 7º da LINDB. Partindo de uma leitura histórica, o professor assinala que a utilização do domicílio conjugal como elemento de conexão visava respeitar uma vontade implícita dos nubentes em se submeter ao regime jurídico do local eleito para acolher seu domicílio. Com mais razão, deveria ser respeitada essa mesma vontade, quando explicitamente convencionado o regime de bens pelos nubentes. Pela clareza na exposição, citamos o seguinte trecho:

> De minha parte vou mais longe, pois vejo o artigo 7, §4º, na parte que se refere ao regime convencional, praticamente como letra morta, pois se os nubentes que se casam em determinado país pactuam ali ou alhures um específico regime de bens, dever-se-ia atribuir a lei do local da celebração do pacto a competência para reger a substância do pacto e as suas conseqüências futuras, o que decorre de outra regra de conexão de nossa lei introdutória, estabelecida no artigo 9º, que dispõe que as obrigações são regidas pela lei do país em que se constituírem – *lex loci contractus*.[44]

O Superior Tribunal de Justiça ainda não enfrentou a hipótese em que o casamento tenha sido realizado no exterior, com a celebração de pacto antenupcial, e a aplicação do §4º do artigo 7º da LINDB resulte na incidência de lei diversa daquela em que celebrados casamento e pacto. A jurisprudência se limitou a casos em que as partes se casaram no exterior sem pacto, o que resultou na aplicação direta do §4º do artigo 7º da LINDB.

Helena; BODIN DE MORAES, Maria Celina. *Código Civil Interpretado Conforme a Constituição da República*. Rio de Janeiro: Renovar, vol. IV, 2014, p. 257).

[44] DOLINGER, Jacob. *Direito Civil Internacional. Família no Direito Internacional Privado. Casamento e Divórcio*. Cit., p. 181.

Em 2004, o Superior Tribunal de Justiça, no âmbito do *Recurso Especial 134.246*,[45] decidiu controvérsia que girava em torno da lei aplicável ao regime de bens para fins de divórcio (e não sucessão).

Tratava-se de ação declaratória proposta pela cônjuge varoa requerendo que o regime a orientar a partilha dos bens fosse o da comunhão parcial, então vigente no estado de Nevada, EUA, local da celebração do matrimônio. Entendeu o Superior Tribunal de Justiça (STJ), contudo, que inexistindo escolha expressa e tendo as partes estabelecido seu primeiro domicílio conjugal no Brasil, aplicar-se-ia a regra do §4º do artigo 7º da LINDB para fins de determinação do regime de bens.[46]

Posteriormente, em 2009, o STJ decidiu no julgamento do *Recurso Especial nº 123.633*[47] que o regime de bens relativo a um casamento contraído na Áustria era o da separação de bens consoante a lei daquele país. No entanto, naquele caso, a despeito de ter sido reconhecido o regime legal imposto pela lei austríaca, foi determinada a comunicação dos bens adquiridos em nome do cônjuge sobrevivente na constância do casamento, para fins de determinação do monte partilhável.

O imbróglio jurídico envolvia a filha do primeiro casamento do *de cujus* e a segunda esposa do falecido, com quem se casara na Áustria no regime da separação de bens, que era o regime legal naquele país. A filha sustentava que a maior parte dos bens do casal vinha sendo propositalmente adquirida em nome da segunda esposa, embora fruto do esforço conjunto do casal, justamente para prejudicá-la na partilha, em proveito da cônjuge varoa e dos filhos do segundo casamento.

Diante das circunstâncias em concreto, sobretudo levando em consideração que o casal passara quase a totalidade de sua vida conjugal no Brasil, o STJ determinou, à luz do direito brasileiro, a comunicação dos bens comprovadamente adquiridos pelo esforço comum do casal.[48] Em seu voto-vista, o Ministro Luis Felipe Salomão utilizou o argumento da ordem pública para justificar a aplicação de normas internas divergentes daquelas impostas pela lei austríaca quanto ao regime de bens.

---

[45] STJ, Recurso Especial nº 134.246. Rel. p. acórdão Min. Carlos Alberto Menezes Direito, *DJ* 01.07.2004.

[46] Transcreve-se a ementa: "Ação declaratória. Casamento no exterior. Ausência de pacto antenupcial. Regime de bens. Primeiro domicílio no Brasil. 1. Apesar do casamento ter sido realizado no exterior, no caso concreto, o primeiro domicílio do casal foi estabelecido no Brasil, devendo aplicar-se a legislação brasileira quanto ao regime legal de bens, nos termos do art. 7º, §4º, da Lei de Introdução ao Código Civil, já que os cônjuges, antes do matrimônio, tinham domicílios diversos. 2. Recurso especial conhecido e provido, por maioria" (grifo original). Em particular, destaca-se a acertada ponderação constante do voto da Min. Nancy Andrighi: "Ocorre que, ao órgão julgador não é dado presumir a vontade das partes quando há critério objetivo estatuído em norma cogente para dirimir a dúvida concernente a respeito de qual lei deve ser chamada para disciplinar o regime matrimonial de bens, quando, na falta pacto ante-nupcial, tiverem os nubentes diversidade de domicílio".

[47] STJ, Recurso Especial nº 123.633. Rel. Min. Aldir Passarinho Junior, *DJe* 30.03.2009. Para exame detido da decisão, v. ARAUJO, Nadia de; VARGAS, Daniela Trejos. *Regime de bens no direito internacional privado brasileiro e seus efeitos na sucessão*: análise do RESp 123.633 do STJ. *In*: BRANT, Leonardo Nemer Caldeira; LAGE, Délber Andrade; CREMASCO, Suzana Santi (Coords.). *Direito Internacional Contemporâneo*. Curitiba: Juruá Ed., 2011, p. 779-795.

[48] Destaca-se o seguinte trecho do voto do Min. Relator Aldir Passarinho Junior: "Pode-se, assim, concluir que os bens adquiridos na constância da união conjugal devem ser comunicados, porém estritamente aqueles oriundos do esforço comum, sem dúvida alguma a solução mais justa, pois harmoniza o regime de bens originariamente estabelecido, com a realidade superveniente, resultante da vida do casal, que unindo forças lograram adquirir determinado patrimônio que não existiria se dependesse dos recursos de apenas um deles. Quanto aos demais bens, aqueles que identificadamente foram amealhados individualmente, preserva-se a vontade dos cônjuges, de que não se misturem".

A lição que fica é a possibilidade de se afastar a lei aplicável apontada pela LINDB em prol da utilização das normas domésticas, em situação de flagrante contrariedade à lei brasileira, quando o caso possui firme conexão com o Brasil. Cabível, assim, a superação do §4º do artigo 7º da LINDB diante de outros elementos de conexão do caso com o Brasil.

A despeito de inexistir jurisprudência acerca da situação envolvendo casamento celebrado no exterior com pacto entre os nubentes, parece-nos que a melhor interpretação seria em prol da prevalência da vontade das partes sobre a aplicação cega da regra de conexão prevista no §4º do artigo 7º da LINDB. Nessa lógica, apenas se os nubentes não houverem escolhido o regime de bens e nenhum regime de bens constar da certidão de casamento é que será aplicada, para fins de sua determinação, a lei do país em que tiverem domicílio, e, se este for diverso, a do primeiro domicílio conjugal.

Vale esclarecer que se considera domicílio dos noivos o local onde estejam estabelecidos com ânimo definitivo, inexistindo um período mínimo de permanência no local para sua caracterização. Nesse sentido, o Supremo Tribunal Federal decidiu que um brasileiro que se declarou domiciliado no Uruguai quando da celebração do casamento deveria efetivamente ser considerado ali domiciliado, a despeito de ter regressado em definitivo ao Brasil 30 dias depois.[49]

V Alguns impactos do regime de bens no contexto sucessório

Na hipótese de falecimento de um dos cônjuges na constância do casamento, será preciso primeiramente identificar o regime de bens aplicável. O regime patrimonial impacta diretamente (i) no monte partilhável e (ii) na legitimidade do cônjuge sobrevivente para suceder o *de cujus*. Explica-se.

A depender do regime de bens, será assegurada a meação ao cônjuge sobrevivente,[50] não devendo essa parcela destacada do patrimônio conjugal integrar o monte partilhável. A meação corresponde à metade dos bens comunicáveis entre os cônjuges. Sucintamente, trata-se de conceito atrelado ao direito de família, intrinsecamente decorrente dos efeitos patrimoniais do casamento. Nos regimes em que há comunicação de bens, a saber, comunhão universal e comunhão parcial, há meação. Ao revés, nos regimes em que não há comunicação de bens, a saber, participação final nos aquestos e separação de bens, não há meação.

---

[49] STF. Recurso Extraordinário nº 86.787-2. Rel. Leitão de Abreu, *DJ* 04.05.1979.

[50] Veja-se, a propósito, o Enunciado nº 270 da III Jornada de Direito Civil do CJF: "O art. 1829, inc. I, só assegura ao cônjuge sobrevivente o direito de concorrência com os descendentes do autor da herança quando casados no regime da separação convencional de bens ou, se casados nos regimes da comunhão parcial ou participação final nos aquestos, o falecido possuísse bens particulares, hipóteses em que a concorrência se restringe a tais bens, devendo os bens comuns (meação) ser partilhados exclusivamente entre os descendentes". Na doutrina Eduardo de Oliveira Leite, citando Miguel Reale, expõe, com relação à mudança na ordem da vocação hereditária, que "Talvez, como pretende Miguel Reale, a razão primeira de tal mudança, remonte à alteração [com relação ao CC/16] radical no tocante ao regime de bens, antes prevalecendo o da comunhão universal, de tal maneira que cada cônjuge era meeiro, não havendo razão alguma para ser herdeiro. 'Tendo já a metade do patrimônio, ficava excluída a idéia de herança. Mas, desde o momento em que passamos do regime da comunhão universal para o regime parcial de bens, sem comunhão de aquestos, a situação mudou completamente'". (LEITE, Eduardo de Oliveira. *Comentários ao Novo Código Civil*. Do Direito das Sucessões. TEIXEIRA, Sálvio de Figueiredo (coord.). Rio de Janeiro: Forense, vol. XXI, 2003, p. 216).

Incide a meação quando da dissolução do vínculo conjugal, seja por divórcio ou falecimento. Nessa última hipótese, a meação precede a determinação do monte partilhável. Por conseguinte, no contexto sucessório, somente após a identificação do regime de bens, e eventual destacamento da meação, é que poderá ser definida a herança do *de cujus*.

Celebrado o casamento no exterior sem que os nubentes tenham pactuado o regime de bens e sem que a certidão emitida pela autoridade local competente o preveja, caberá ao artigo 7º, §4º da LINDB informar a lei aplicável à determinação da meação. Um conhecimento prévio da incidência restrita deste dispositivo auxilia as partes a se planejarem para situações indesejadas, como o divórcio e a sucessão na constância do casamento, sobretudo se idealizam construir seu patrimônio no Brasil.

Definida a herança, resta ainda saber quem serão os legitimados a suceder e em qual ordem. Se o *de cujus* tiver seu último domicílio no Brasil, aplicar-se-á a lei brasileira à sucessão, na forma do artigo 10 da LINDB. Neste caso, o cônjuge é reputado herdeiro necessário, tal qual os descendentes e ascendentes do *de cujus*.[51] Isso significar dizer que lhe é assegurado integrar a sucessão da legítima, que é a parte não disponível da herança.[52]

No entanto, o cônjuge sobrevivente não irá necessariamente receber (parte) da legítima. É justamente nesse aspecto da ordem da vocação hereditária que fica nítida a repercussão do regime de bens na sucessão segundo o direito brasileiro.

Nos termos do artigo 1.829 do Código Civil, a sucessão legítima defere-se, em primeiro lugar:

> aos descendentes, em concorrência com o cônjuge sobrevivente, salvo se casado este com o falecido no regime da comunhão universal, ou no da separação obrigatória de bens (art. 1.640, parágrafo único); ou se, no regime da comunhão parcial, o autor da herança não houver deixado bens particulares.

O direito das sucessões assegura em primeira ordem o direito dos descendentes de receber herança, independentemente da existência de outras classes de herdeiros.

Já os cônjuges, havendo descendentes, só sucedem a depender do regime de bens.[53] [54] A ideia do Código Civil foi afastar da sucessão o cônjuge que já houvesse sido protegido na esfera patrimonial pela meação,[55] e também aquele que por força de lei tenha vedada a comunicabilidade de bens com o falecido.

Nessa lógica, o cônjuge sobrevivente casado no regime da comunhão universal não herda em concorrência com descendentes, eis que faz jus à meação. O mesmo se

---

[51] Artigo 1.845 do Código Civil. Veja-se STJ, Recurso Especial nº 1.346.324. Rel. p/ acórdão Min. João Otávio de Noronha, *DJe* 02.12.2014.

[52] Artigo 1.846 do Código Civil.

[53] Independentemente do regime, o Artigo 1.831 do Código Civil cuida de assegurar ao cônjuge sobrevivente o direito real de habitação relativamente ao imóvel destinado à residência da família, sem prejuízo da participação que lhe caiba na herança desde que seja o único daquela natureza a inventariar.

[54] Observando-se, na concorrência com os descendentes, o disposto no artigo 1.832, segundo o qual "caberá ao cônjuge quinhão igual ao dos que sucederem por cabeça, não podendo a sua quota ser inferior à quarta parte da herança, se for ascendente dos herdeiros com que concorrer".

[55] NEVARES, Ana Luiza Maia; MEIRELES, Rose de Melo Venceslau; TEPEDINO, Gustavo. *Direito das sucessões.* Cit., p. 100.

aplica ao cônjuge casado no regime da comunhão parcial, quando o autor da herança não tenha deixado bens particulares. Nessa última hipótese, como esses bens particulares não são comunicados com o cônjuge meeiro, passarão a integrar o monte partilhável entre descendentes e cônjuges.[56]

Ademais, o artigo 1.829 do Código Civil também excepciona da concorrência com os descendentes o cônjuge que houver sido casado com o *de cujus* em regime da separação obrigatória. Nesse caso, assim como a lei obriga a incomunicabilidade entre os patrimônios em vida, também na morte assegura-se que os descendentes sejam priorizados em detrimento do cônjuge sobrevivente.

Na ausência de descendentes, o Código Civil expressa que o cônjuge concorre com os ascendentes do *de cujus*, sendo indiferente o regime de bens adotado.[57] Da mesma forma, ausentes os ascendentes, a herança é deferida integralmente ao cônjuge, seja qual for o regime patrimonial do casal.[58]

Vale frisar, não é apenas o cônjuge sobrevivente o único afetado pela repercussão do regime de bens no contexto sucessório. Afinal, a fixação do monte partilhável e a determinação da ordem de vocação hereditária, que somente podem ser definidas a partir do regime patrimonial, são de fundamental importância aos demais herdeiros. Eis porque a determinação da lei aplicável ao regime de bens para fins sucessórios interessa a todas as pessoas potencialmente impactadas pela sucessão.

Conclusão

Por todo o exposto, é nossa compreensão que a regra de conexão prevista no §4º do artigo 7º da LINDB, segundo a qual "o regime de bens, legal ou convencional, obedece à lei do país em que tiverem os nubentes domicílio, e, se este for diverso, a do primeiro domicílio conjugal" merece ser apreciada com a devida prudência, e à luz de uma interpretação contemporânea do direito internacional privado brasileiro.

Sempre que o casamento for celebrado no Brasil, o regime de bens deverá ser regido pela lei brasileira. Isso porque a identificação do regime de bens integra necessariamente o processo de habilitação, que por sua vez corresponde às formalidades da celebração do casamento. Nos termos do artigo 7º, §1º, da LINDB, realizando-se o casamento no Brasil, será aplicada a lei brasileira quanto às formalidades da celebração, aí incluído o regime de bens. Assim, em sendo aplicável o regime obrigatório da separação ou tendo os nubentes no processo de habilitação reduzido a termo sua concordância com o regime legal ou convencionado regime próprio em pacto antenupcial, inexistirá espaço para a aplicação de lei estrangeira em função de terem domicílio comum ou fixado o primeiro domicílio conjugal no exterior.

Quando o casamento é celebrado no exterior, deverá prevalecer o regime constante na certidão de casamento, ou em existindo um pacto em separado, a autonomia da vontade dos nubentes quanto à disposição de seus bens. Apenas na ausência de informação expressa é que a lei aplicável ao regime de bens do casamento será determinada a partir da regra de conexão do §4º do artigo 7º da LINDB.

---

[56] STJ, Recurso Especial nº 1.368.123. Rel. p/ acórdão Min. Raul Araújo, *DJe* 08.06.2015.

[57] Artigo 1.829, II, do Código Civil.

[58] Artigo 1.829, III, do Código Civil.

DANIELE CHAVES TEIXEIRA (COORD.)
ARQUITETURA DO PLANEJAMENTO SUCESSÓRIO

Assim, a ponderação que queremos registrar é que diante da extraordinária relevância dos efeitos patrimoniais do casamento no contexto sucessório, é fundamental compreender a dimensão da regra da lei aplicável ao regime de bens prevista no §4º do artigo 7º da LINDB. Mais complexa do que sua leitura sugere, sua abrangência é, todavia, menor do que à primeira vista pode parecer.

Referências

ALMEIDA, Ricardo Ramalho. A Exceção de Ofensa à Ordem Pública na Homologação de Sentença Arbitral Estrangeira. *In*: ALMEIDA, Ricardo Ramalho (Coord.). *Arbitragem Interna e Internacional (questões de doutrina e da prática)*. Rio de Janeiro: Renovar, 2003.

ARAUJO, Nadia de. *Direito internacional privado*: teoria e prática brasileira. 9. ed. São Paulo: Editora Revista dos Tribunais, 2020.

ARAUJO, Nadia de; DE NARDI, Marcelo. *O conceito de residência habitual na Convenção da Haia sobre os Aspectos Civis do Sequestro Internacional de Crianças*: elemento de contato para reconhecimento da jurisdição internacionalmente competente. Revista dos Tribunais, Caderno Especial – Cooperação Jurídica Internacional, v. 1, 2018.

ARAUJO, Nadia de; VARGAS, Daniela Trejos. *Regime de bens no direito internacional privado brasileiro e seus efeitos na sucessão*: análise do RESp 123.633 do STJ. *In*: BRANT, Leonardo Nemer Caldeira; LAGE, Délber Andrade; CREMASCO, Suzana Santi (Coords.). *Direito Internacional Contemporâneo*. Curitiba: Juruá Ed., 2011.

BONOMI, Andrea. Autonomie des parties en droit patrimonial de la famille et intérêt des entrepreneurs: aspects de droit matériel et de droit international privé. *Revue suisse de droit international et de droit européen*, vol. 4, 2004.

BRASIL. Conselho da Justiça Federal. *Enunciado nº 270 da III Jornada de Direito Civil*. Disponível em: https://www.cjf.jus.br/enunciados/enunciado/531. Acesso em 6 ago. 2020.

BRASIL. Conselho Nacional de Justiça. *Provimento nº 63, de 14 de novembro de 2017*. Disponível em: https://atos.cnj.jus.br/atos/detalhar/2525. Acesso em 6 ago. 2020.

BRASIL. *Constituição da República Federativa do Brasil de 1988*. Disponível em: http://www.planalto.gov.br/ccivil_03/Constituicao/Constituicao.htm. Acesso em: 6 ago. 2020.

BRASIL. *Decreto-Lei nº 4.657, de 4 de setembro de 1942*. Promulga a Lei de Introdução às normas do Direito Brasileiro. Disponível em: http://www.planalto.gov.br/ccivil_03/decreto-lei/del4657compilado.htm. Acesso em 6 ago. 2020.

BRASIL. *Lei nº 10.406 de 10 de janeiro de 2002*. Institui o Código Civil. Disponível em: http://www.planalto.gov.br/ccivil_03/leis/2002/l10406compilada.htm. Acesso em 06 ago. 2020.

BRASIL. Superior Tribunal de Justiça. Recurso Especial nº 1.346.324. Rel. p/ Acórdão Min. João Otávio de Noronha, *DJe* 02.12.2014.

BRASIL. Superior Tribunal de Justiça. Recurso Especial nº 1.368.123. Rel. p/ Acórdão Min. Raul Araújo, *DJe* 08.06.2015.

BRASIL. Superior Tribunal de Justiça. Recurso Especial nº 123.633. Rel. Des. Aldir Passarinho Junior, *DJe* 30.03.2009.

BRASIL. Superior Tribunal de Justiça. Recurso Especial nº 134.246. Rel. p/ Acórdão Min. Carlos Alberto Menezes Direito, *DJ* 01.07.2004.

BRASIL. Supremo Tribunal Federal. Recurso Extraordinário nº 86.787-2. Rel. Leitão de Abreu, *DJ* 04.05.1979.

BRASIL. Tribunal de Justiça do Estado de São Paulo. Apelação Cível nº 9072313-88.2009.8.26.0000. Rel. Des. Grava Brasil, *DJe* 10.01.2012.

DOLINGER, Jacob. *Direito Civil Internacional. Família no Direito Internacional Privado. Casamento e Divórcio.* Rio de Janeiro: Renovar, 1997.

DOLINGER, Jacob; TIBURCIO, Carmen. *Direito internacional privado*. 15. ed. Rio de Janeiro: Forense, 2019.

ESPINOLA, Eduardo; ESPINOLA FILHO, Eduardo. *A Lei de introdução ao Código civil brasileiro*: (Dec.-Lei nº 4.657, de 4 de setembro de 1942, com as alterações da Lei nº 3.238, de 1º de agosto de 1957, e leis posteriores): comentada na ordem de seus artigos. Atualizada por Silva Pacheco. 2. ed. Rio de Janeiro: Renovar, 1995.

FACHIN, Luiz Edson. *Código civil comentado*: direito de família, casamento: arts. 1.511 a 1.590. São Paulo: Atlas, 2009.

FARIA, Mario Roberto Carvalho. *Direito das Sucessões*. Teoria e Prática. 8. ed. Rio de Janeiro: Forense, 2017.

GAUDEMET-TALLON, Hélène. Individualisme et Mondialisation: Aspects de Droit International Privé de la Famille. *In: A commitment to private international law. Essays in honour of Hans van Loon.* Cambridge: Intersentia Publishing, 2013.

LEITE, Eduardo de Oliveira. *Comentários ao Novo Código Civil.* Do Direito das Sucessões. TEIXEIRA, Sálvio de Figueiredo (coord.). Rio de Janeiro: Forense, vol. XXI, 2003.

LEWICKI, Bruno. O domicílio no Código Civil de 2002. *In*: TEPEDINO, Gustavo (Coord.). *A parte geral do novo código civil*: estudos na perspectiva civil-constitucional. 2. ed. Rio de Janeiro: Renovar, 2003.

LOBO, Paulo. *Direito civil*: famílias. 4. ed. São Paulo: Saraiva, 2011.

LOPES, Miguel Maria de Serpa. *Comentário Teórico e Prático da Lei de Introdução ao Código Civil.* vol. II, Rio de Janeiro: Editora Livraria Jacinto, 1944.

MONACO, Gustavo Ferraz de Campos. Certa ojeriza do direito internacional privado brasileiro à autonomia conflitual em matéria patrimonial de família: entre fraude à lei e a ordem pública. *Revista Eletrônica de Direito. Faculdade de Direito da Universidade do Porto*. nº 2, vol. 22, junho 2020.

NEVARES, Ana Luiza Maia; MEIRELES, Rose de Melo Venceslau; TEPEDINO, Gustavo. *Direito das sucessões*. Rio de Janeiro: Forense, 2020.

NISHITANI, Yuko. Identité Culturelle en Droit International Privé de la Famille. *In: Recueil des cours.* Leiden: Martinus Nijhoff Publishers, tomo 401, 2019.

PEREIRA, Caio Mário da Silva. *Instituições de Direito Civil*. vol. V, 25. ed. Rio de Janeiro: Forense, 2017.

RAMOS, André de Carvalho. *Curso de Direito Internacional Privado*. São Paulo: Saraiva Educação, 2018.

TENÓRIO, Oscar. *Direito Internacional Privado*. 11. ed. Rio de Janeiro: Livraria Freitas Bastos, 1976.

TEPEDINO, Gustavo. *Regime de bens e tutela sucessória do cônjuge. In*: Relações obrigacionais e contratos. Coleção soluções práticas de direito: pareceres, vol. I. São Paulo: Editora Revista dos Tribunais, 2012.

TEPEDINO, Gustavo; BARBOZA, Heloisa Helena; BODIN DE MORAES, Maria Celina. *Código Civil Interpretado Conforme a Constituição da República*. Rio de Janeiro: Renovar, vol. IV, 2014.

VARGAS, Daniela T. Patrimônio Internacional e sucessões: perspectiva do direito brasileiro. *In*: TEIXEIRA, Daniele Chaves (Coord.). *Arquitetura do planejamento sucessório*. 2. ed. Belo Horizonte: Fórum, 2019.

Informação bibliográfica deste texto, conforme a NBR 6023:2018 da Associação Brasileira de Normas Técnicas (ABNT):

ARAUJO, Nadia de; SPITZ, Lidia; NORONHA, Carolina. Repercussão do regime de bens no contexto sucessório: a determinação da lei aplicável aos efeitos patrimoniais do casamento. *In*: TEIXEIRA, Daniele Chaves (Coord.). *Arquitetura do Planejamento Sucessório*. Belo Horizonte: Fórum, 2021. p. 309-325. Tomo II. ISBN 978-65-5518-117-3.

PARTE II

MOMENTOS PATOLÓGICOS

A SIMULAÇÃO NO PLANEJAMENTO SUCESSÓRIO

ANTONIO DOS REIS JÚNIOR

1 Introdução

Na praxe do direito sucessório, notadamente nos arranjos de planejamento de sucessão *mortis causa*, com vistas à mitigação dos custos (materiais e imateriais) do procedimento regular de inventário e partilha e à promoção de outros interesses do titular do acervo, é comum as partes se depararem com questionamentos acerca da veracidade e higidez dos "negócios sucessórios" praticados pelo futuro autor da herança, quando ainda em vida. A depender da complexidade patrimonial do *de cujus*, os referidos questionamentos podem emanar de todos os lados.

Em primeiro lugar, daquele de cuja herança virá. O próprio sujeito que pretende planejar a sucessão de seu patrimônio costuma realizar questionamentos dos mais diversos ao seu advogado/consultor, não raro sugerindo a realização de negócios simulados como meio mais eficaz para alcançar seus objetivos pessoais. Caberá ao consulente a tarefa de dissuadi-lo. Por outro lado, é possível que as dúvidas surjam do(a) próprio(a) advogado(a) que, ao analisar a realidade patrimonial, desconfia que alguns negócios simulados já foram realizados em momento anterior, precisando lidar com a difícil missão de reorganizar o acervo patrimonial, na forma da lei. Ambas são situações passíveis de correção.

Entretanto, existem situações já consolidadas em que outra solução não haverá, exceto o reconhecimento judicial da ocorrência de simulação e os efeitos dela decorrentes. Trata-se de situações dramáticas que deveriam ter sido rechaçadas no ambiente do planejamento sucessório, mas que passaram ao largo da análise do(a) consulente ou, como sói ocorrer mais comumente, foram levadas a cabo pelos próprios interessados (autor da herança e, eventualmente, herdeiros ou terceiros interessados) sem passar pelo filtro do(a) advogado(a).

Nestes casos, os questionamentos vêm de eventuais herdeiros prejudicados, de credores que tiveram frustradas as suas pretensões, do Ministério Público (nas hipóteses em que são chamados a intervir) ou do próprio juiz, de ofício.

Não importa a origem, a desconfiança se justifica: os atos de planejamento sucessório não podem e não devem servir de fonte adicional de problemas para os herdeiros e demais interessados. A sua função se orienta na direção oposta: antecipar-se ao inevitável evento da morte e, desde logo, reduzir ao máximo o "custo sucessório", de acordo com os interesses patrimoniais e existenciais do titular do patrimônio, utilizando-se dos instrumentos jurídicos válidos postos à disposição dos interessados, conferindo a maior *segurança jurídica* possível na transição patrimonial. É para isso que serve o planejamento sucessório, em apertada síntese, em todas as suas vertentes.[1]

Para além de aspectos culturais e profundos na tensão da relação entre indivíduo e Estado, o que se verifica é que se são parcos, complexos e insuficientes os instrumentos tradicionais postos à disposição dos interessados que pretendem planejar com eficiência a sua própria sucessão. A obsoleta legislação sucessória, neste ponto, contribui para a criação de um indesejado ambiente de estímulo de fraude à lei, no qual a simulação é um dos instrumentos mais conhecidos.

Neste contexto, faz-se necessário revisitar o tradicional instituto e identificar as situações nas quais é mais usual a sua utilização. A partir daí – e com o cenário mais lúcido – torna-se possível trazer o tema a debate e reflexão, seja para convencer o leitor a não tomar o caminho da ilicitude simulatória, seja para reforçar o argumento daqueles que clamam por uma reforma legislativa que mitigue os riscos da simulação, conferindo instrumentos mais modernos e seguros para o ascendente campo do planejamento sucessório.

2 A simulação na ordem civil

Tradicionalmente, diz-se que se houver acordo entre as partes, no intuito de enganar terceiros, com *divergência entre a declaração negocial e a vontade real do declarante*, o negócio se qualifica como simulado.[2] Trata-se de construção dogmática amparada no

---

[1] De modo mais analítico: "o planejamento sucessório consiste num conjunto de medidas empreendidas para organizar a sucessão hereditária de bens e direitos previamente ao falecimento de seu titular. Com o planejamento sucessório, objetiva-se evitar conflitos, assegurar que aspirações fundamentais da vida da pessoa sejam executadas após o seu falecimento, garantir a continuidade de empresas e negócios, permitir uma melhor distribuição da herança entre os seus sucessores, bem como buscar formas de gestão e de transmissão do patrimônio que tenham a menor carga tributária possível" (TEPEDINO, Gustavo; NEVARES, Ana Luiza Maia; MEIRELES, Rose Melo Vencelau *Fundamentos do direito civil*: direito das sucessões. Rio de Janeiro: Forense, 2020, p. 279). Ainda, numa boa síntese, Daniele Chaves Teixeira define o planejamento sucessório como "o instrumento jurídico que permite a adoção de uma estratégia voltada para a transferência eficaz e eficiente do patrimônio de uma pessoa após a sua morte" (Noções prévias do direito das sucessões: sociedade, funcionalização e planejamento sucessório. *In*: TEIXEIRA, Daniele Chaves (Coord.). *Arquitetura do planejamento sucessório*. 1. ed. Belo Horizonte: Fórum, 2018. p. 35).

[2] Cf., por todos, MOTA PINTO, Carlos Alberto. *Teoria geral do direito civil*. Coimbra: Coimbra Editora, 2005, p. 466: "[...] os elementos integradores do conceito são: a) intencionalidade da divergência entre a vontade e a declaração; b) acordo entre declarante e declaratário (acordo simulatório), o que, evidentemente, não exclui a possibilidade de simulação nos negócios unilaterais; e c) intuito de enganar terceiros. Sem tanta preocupação analítica, impressiona a noção dada por Jean Carbonnier, de singular simplicidade e precisão: "a simulação [...] [é uma] mentira acordada entre as partes contratantes, [...] [que] concordam em esconder sua verdadeira vontade por detrás de um contrato que será apenas uma aparência" (tradução livre). No original: "ce n'est donc pas de la cincérité que le droit civil a fait la théorie, mais de son contraire, la simulation, mensonge concerté entre entre les contractants (par opposition à la réserve mentale ou au dol, qui est la réticence ou le mensonge d'un seul). Ils conviennent de dissimuler leur volonté véritable derrière un contrat qui ne sera qu'une apparence" (*Droit civil*. Tome 2. Paris: Puf, 2017, p. 2064).

poder da *vontade* e que encontra ressonância em diversos ordenamentos, com destaque ao elemento subjetivo.[3]

De forma mais objetiva (sem abandonar o elemento volitivo), assevera o ordenamento italiano que a simulação (relativa) ocorre quando se conclui "contrato diverso daquele aparente".[4] Tal simplicidade pode ser resumida nas palavras de Salvatore Pugliatti, para quem "na simulação as partes colocam em prática uma aparência de negócio, mas não querem o negócio em si mesmo (simulação absoluta), ou querem um outro (simulação relativa)".[5]

Mantendo-se como relevante o aspecto subjetivo (intenção de enganar terceiros), como elemento essencial da categoria,[6] basta a demonstração que o ardil ocorreu para enganar terceiros, conquanto desnecessária a *prova* do intuito de *prejudicar* terceiro ou de querer *violar a lei*.[7] Tanto é que basta a presença da "simulação inocente" para que se configure o negócio simulado (desde que presentes os demais requisitos objetivos). Não é preciso, pois, que haja "simulação fraudulenta".[8]

O legislador brasileiro de 2002, superando as críticas à redação demasiadamente subjetivista, com a supressão do correspondente ao art. 103 do Código de 1916,[9] prescreve que haverá simulação nos negócios jurídicos quando: (i) aparentarem conferir ou transmitir direitos a pessoas diversas daquelas às quais realmente se conferem, ou transmitem; (ii) contiverem declaração, confissão, condição ou cláusula não verdadeira; ou (iii) os instrumentos particulares forem antedatados, ou pós-datados.[10]

Não há referência à necessidade de demonstração de qualquer vontade orientada ao *quid* psíquico do declarante,[11] ou sobre a necessidade de participação do declaratário.[12] Não há no texto do art. 167, §1º, do Código Civil, portanto, qualquer homenagem a

---

3 Como, por exemplo, no direito português, cuja redação do art. 240º, n. 1, do Código Civil português assim dispõe: "Se, por acordo entre declarante e declaratário, e no intuito de enganar terceiros, houver divergência entre a declaração negocial e a vontade real do declarante, o negócio diz-se simulado". O legislador português segue a concepção tradicional da simulação calcada na teoria da vontade.

4 Art. 1.414 do Código Civil italiano. "Il contratto simulato non produce effetto tra le parti. Se le parti hanno voluto concludere un contratto diverso da quello apparente, ha effetto tra esse il contratto dissimulato, purché ne sussistano i requisiti di sostanza e di forma. [...]". É a hipótese de simulação relativa, como se verá *infra*.

5 No original: "Nella simulazione le parti pongono in essere una parvenza di negozio, ma non vogliono il nogozio medesimo (simulazione assoluta) ovvero ne vogliono un altro (simulazione relativa)". O consenso doutrinário gira em torno do fato de que "la simulazione risulta costituita da una divergenza tra dichiarazione e consenso consenso concordata dalle parti" (I *fatti giuridici*. Milano: Giuffrè Editore, 1996, p. 93). Na mesma direção, as lições de Francesco FERRARA, ao lecionar que a simulação reflete "a declaração de um conteúdo de vontade não real, emitida conscientemente e de acordo entre as partes, para produzir a aparência de um negócio jurídico que não existe ou é distinto daquele que realmente se levou a cabo" (*La simulación en los negocios jurídicos*. Madrid: Ed. Revista de Derecho Privado, 1960, p. 74) (tradução livre).

6 AMARAL, Francisco. *Direito civil*: introdução. Rio de Janeiro: Renovar, 2003, p. 533.

7 TEPEDINO, Gustavo; BARBOZA, Heloisa Helena; Maria Celina BODIN DE MORAES. *Código civil interpretado conforme a Constituição da República*. Vol. I. Rio de Janeiro: Renovar, 2014, p. 317.

8 A simulação é inocente se houve o mero intuito de enganar terceiros, sem os prejudicar (*animus decipiendi*) e é fraudulenta, se houve o intuito de enganar terceiros ilicitamente ou de contornar qualquer norma da lei (*animus nocendi*) (MOTA PINTO, Carlos Alberto. *Teoria geral do direito civil*, cit., p. 467).

9 Código Civil de 1916. Art. 103. A simulação não se considerará defeito em qualquer dos casos do artigo antecedente, *quando não houver intenção de prejudicar a terceiros*, ou de violar disposição de lei (grifos nossos).

10 Art. 167, §1º, incisos I, II e III, do Código Civil.

11 TRABUCCHI, Alberto. *Istituzione di diritto civile*. T. I. Padova: Cedam, 1971, p. 162.

12 Como ressalta todo o peso da doutrina portuguesa em Manuel de Andrade. *Teoria geral da relação jurídica*. Coimbra: Almedina, 1964, p. 168 e ss.; Rui de Alarcão. Simulação. *Boletim do Ministério da Justiça*, n. 84. Lisboa: [s.n.], 1959, p. 22; e Beleza dos Santos. *A simulação em direito civil*. Coimbra: Almedina, 1921.

algumas das clássicas características da simulação.[13] Não que isso invalide a importância dos conceitos subjetivistas já consagrados pela doutrina, na medida em que dotados de elevada técnica jurídica e alto grau de esclarecimento acerca da matéria, sobretudo no que concerne à presença do elemento subjetivo caracterizado pelo *objetivo de enganar terceiros*. Este elemento, indubitavelmente, integra a causa abstrata da simulação, sem o qual não se pode imputar ao negócio a pecha de simulado. Mas a omissão do legislador tem a vantagem de superar certos óbices do "conceitualismo", como exemplo, a fácil aceitação da possibilidade de haver simulação mesmo sem "acordo entre declarante e declaratário", tal como sucede nos negócios unilaterais (*v.g.*, testamento).[14]

Pela sua objetividade, o legislador brasileiro optou por caracterização mais próxima ao modelo italiano, destacando-se três características comuns de extrema relevância: o *abandono do voluntarismo* (sem perder a relevância do elemento subjetivo essencial à qualificação da simulação); a *aparência do negócio simulado*; e a *inverdade de seu conteúdo*.

Diante disso, pode-se esboçar a definição da simulação como ato jurídico *lato sensu* que visa à constituição de falso ato ou negócio jurídico, dotado de valor exterior aparente e de conteúdo ilusório (seja em relação à pessoa, ao objeto ou à data de sua celebração), para a consecução de finalidades concretas diversas (causa concreta), unidas em torno do intuito geral de enganar terceiros (causa abstrata).[15] [16]

Se a simulação é absoluta, presente quando as partes fingem celebrar um ato ou negócio jurídico e, na realidade, não querem nenhum deles, "há apenas o negócio simulado e, por detrás dele, nada mais (*colorem habet, substantiam vero nullam*)".[17] Por este motivo, o único efeito é a nulidade de toda a operação negocial aparente.

Por seu turno, caso seja a simulação relativa, em que as partes fingem celebrar certo negócio jurídico, mas pretendem a constituição de outro negócio de tipo ou conteúdo diverso, remanesce o efeito quanto ao negócio simulado: a nulidade. Contudo, surge a questão de saber se é possível conservar a existência e a validade do *negócio dissimulado* (aquele realmente pretendido e, não raro, executado pelas partes). Aqui, a parte final

---

[13] Destaque-se, ainda, aqueles que buscam conceituar a simulação através da noção de causa do negócio, como o faz Emilio BETTI, ao asseverar que o negócio simulado é aquele que persegue "fim divergente de sua causa típica" (tradução livre) (*Teoria general del negocio jurídico*. 2. ed. Madrid: Ed. Revista de Derecho Privado, 1959, p. 297).

[14] Pense-se, por exemplo, em testamento particular realizado em 2020 e datado após a assinatura das testemunhas, com data pretérita de 2010, de modo que este testamento simulado pelo testador (para receber elogios da família) seja considerado tacitamente revogado por outro celebrado em 2015, com outras testemunhas e herdeiros ou legatários diversos.

[15] Nas palavras de Manuel Albaladejo GARCÍA, trata-se da finalidade de "fazer crer aos demais que é realidade o que é, unicamente, uma enganosa aparência vazia acerca do necessário propósito negocial" (*La simulación*. Madrid: Ed. Edisofer, 2005, p. 17) (tradução livre). Em última análise, "tem-se a celebração de um negócio que aparentemente está em acordo com a ordem jurídica que o disciplina, mas que, em verdade, não visa ao efeito que juridicamente deveria produzir, por se tratar de uma declaração enganosa de vontade" (TEPEDINO, Gustavo; BARBOZA, Heloisa Helena; BODIN DE MORAES, Maria Celina. *Código civil interpretado...*, cit., p. 316).

[16] Eis por que a simulação não se confunde com os *negócios indiretos*, por via dos quais, nas palavras de Tullio Ascarelli "as partes recorrem a um determinado negócio jurídico, mas o escopo prático derradeiro que este se propõe não é – de fato – aquele normalmente perseguido pelo negócio adotado, mas uma finalidade diversa, frequentemente análoga aquela adotada em outro negócio, normalmente carente de uma determinada forma típica em um determinado ordenamento" (tradução livre). Assim, por exemplo, há negócio indireto quando, através da transmissão de propriedade de uma coisa, quer-se constituir uma simples garantia (alienação fiduciária em garantia), ou mediante uma doação a descendentes, quer-se antecipar a legítima de cada um deles (PUGLIATTI, Salvatore, *I fatti giuridici*, cit., pp. 94-95).

[17] MOTA PINTO, Carlos Alberto. *Teoria geral do direito civil*, cit., p. 467.

do art. 167, *caput*, do Código Civil dispõe que "subsistirá o que se dissimulou, se válido for na sua substância e na forma" (*colorem habet, substantiam vero alteram*).

Como bem prevê o art. 241º do Código Civil português, o ato ou negócio real será objeto do tratamento jurídico que lhe caberia se tivesse sido concluído sem dissimulação.[18] Destarte, pode o ato ou negócio latente ser plenamente válido e eficaz ou poderá ser inválido, consoante as consequências que teriam lugar, se tivesse sido abertamente concluído.[19]

À guisa de síntese, independentemente da modalidade de simulação adotada ou de sua função prático-jurídica (causa concreta), o efeito jurídico inexorável é a sua completa inaptidão para produção de qualquer efeito jurídico com relação ao *ato ou negócio simulado*, porque nulo, na forma do art. 167, *caput*, do Código Civil. A depender das vicissitudes do caso concreto, será possível que os efeitos da nulidade sejam contornados, porque inoponíveis para os terceiros de boa-fé.[20] Mas se houver negócio dissimulado, faz-se mister analisar os seus requisitos de validade e eficácia caso tivesse sido celebrado de forma ostensiva.

É importante, finalmente, distinguir os efeitos jurídicos do aproveitamento do negócio dissimulado, previstos no art. 167, *caput*, do Código Civil, com a hipótese diversa de *conversão dos negócios jurídicos*, consagrado no art. 170 do mesmo diploma. Ambos são corolários do princípio da conservação dos atos e negócios jurídicos. Porém, nas palavras de Antonio Junqueira de Azevedo, o elemento nuclear da conversão repousa na possibilidade de o intérprete, diante de um negócio carente de elemento inderrogável, qualificá-lo como de outro tipo, mediante o aproveitamento dos elementos presentes.[21] Não é o caso da simulação.

Na simulação relativa, percebe-se que existem dois negócios: aquele simulado (nulo) e o negócio dissimulado. Aproveita-se este, caso válido e eficaz na sua substância e na sua forma. Na conversão, requalifica-se o negócio nulo, para torná-lo válido, porque contém elementos de outro negócio que podem ser aproveitados. Eis ainda a característica que distancia definitivamente ambos os institutos: para operar-se a conversão, faz-se necessário que: "i) o negócio reputado como nulo contenha os requisitos do negócio sucedâneo; e ii) a vontade manifestada pelas partes faça supor que, *se tivessem ciência da nulidade do negócio primitivo, mesmo assim, teriam querido celebrar o sucedâneo*".[22] Ao contrário, para que haja simulação, repita-se, o(s) declarante(s) assim o faz(em) conscientemente; traduz-se em "divergência consciente entre vontade e declaração".[23]

Diante deste cenário, não é incomum que o testador – só por si ou em conluio com um ou alguns beneficiários de herança ou legado – lance mão de atos ou negócios

---

[18] Art. 241º, n. 1, do CC português: "Quando sob o negócio simulado exista um outro que as partes quiseram realizar, é aplicável a este o regime que lhe corresponderia se fosse concluído sem dissimulação, não sendo a sua validade prejudicada pela nulidade do negócio simulado".

[19] MOTA PINTO, Carlos Alberto. *Teoria geral do direito civil*, cit., p. 471.

[20] ASCENSÃO, José de Oliveira. *Teoria geral do direito civil*: acções e factos jurídicos. v. 2. Coimbra: Coimbra Ed., 1999, p. 203.

[21] AZEVEDO, Antonio Junqueira de. *Negócio jurídico*: existência, validade e eficácia. 4. ed. São Paulo: Saraiva, 2002, p. 78.

[22] TEPEDINO, Gustavo; BARBOZA, Heloisa Helena; BODIN DE MORAES, Maria Celina. *Código civil interpretado...*, cit., p. 322.

[23] MESSINEO, Francesco. *Dottrina generale del contratto*. T. 2. Milano: Giuffrè, 1946, pp. 2-3 (tradução livre).

simulados, por via da simulação absoluta ou relativa, para obtenção dos mais variados benefícios, sejam eles de ordem patrimonial ou existencial. Sem qualquer pretensão de exaurir a matéria, até porque aqui se atua no campo das motivações pessoais, cuja extensão é incalculável, pode-se selecionar quais são aquelas mais regularmente presentes na praxe.

Entre as vantagens patrimoniais perseguidas se encontram, com destaque, aquelas de natureza tributária, mas também são comuns aquelas que visam à proteção patrimonial, do devedor e seus herdeiros, em face de credores privados (blindagem patrimonial). Como benesse existencial, não é raro a busca por privilégio a certo herdeiro ou legatário, tendo a legítima como alvo a ser eliminado ou ilusoriamente reduzido.

3 A intangibilidade da legítima

Como é cediço, o princípio da intangibilidade da legítima encontra o seu fundamento na composição entre os interesses subjacentes à proteção dos parentes próximos à sucessão, qualificados legalmente como herdeiros necessários,[24] e à plena liberdade de o proprietário dos bens, em vida, deles dispor.[25] Como consequência desta tensão, o ordenamento brasileiro optou pela saída ao centro: permite-se ao proprietário dispor de metade de seus bens em testamento (princípio da liberdade de testar), enquanto se reserva a certa categoria de familiares (herdeiros necessários) a outra metade do acervo patrimonial, no que se convencionou chamar de *legítima*.[26] Esta se torna intangível, não podendo ser reduzida em sua substância ou valor,[27] por cláusula testamentária,[28] assim como não pode ser convertida em bens de outra espécie, por ato *inter vivos* ou *mortis causa*.[29] A única possibilidade de oneração sobre os bens da legítima repousa na possibilidade de inserção de cláusula de inalienabilidade, condicionada à aposição de justa causa (art. 1.848, *caput*, do Código Civil).[30]

Ao titular do patrimônio cuja devolução se operará resta apenas a alternativa da deserdação, como forma testamentária legítima e apta a excluir herdeiro necessário do alcance à legítima. Contudo, as hipóteses são restritas ao rol taxativo descrito nos artigos 1.962 e 1.963 do Código Civil. Ademais, é necessário que a causa da exclusão esteja

---

[24] Art. 1.845. São herdeiros necessários os descendentes, os ascendentes e o cônjuge.

[25] PONTES DE MIRANDA, Francisco Cavalcanti. Tratado de direito privado. t. LV. Rio de Janeiro: Borsoi, 1957, p. 215; e PEREIRA, Caio Mário da Silva. *Instituições de direito civil*: direito das sucessões. v. 6. Rio de Janeiro: Forense, 2012, p. 22.

[26] Código Civil brasileiro (Lei nº 10.406/2002): Art. 1.789. Havendo herdeiros necessários, o testador só poderá dispor da metade da herança. Art. 1.846. Pertence aos herdeiros necessários, de pleno direito, a metade dos bens da herança, constituindo a legítima. Art. 1.857. §1º A legítima dos herdeiros necessários não poderá ser incluída no testamento.

[27] "Na proibição de diminuir a parte indisponível incluem-se o ônus do usufruto, o legado da nua propriedade em bens de reserva" (GOMES, Orlando. *Sucessões*. Rio de Janeiro: Forense, 2008, p. 78).

[28] MAXIMILIANO, Carlos. *Direitos das sucessões*. v. 2. Rio de Janeiro: Freitas Bastos, 1937, p. 361.

[29] Art. 1.848, §1º. Não é permitido ao testador estabelecer a conversão dos bens da legítima em outros de espécie diversa.

[30] "[...] para garantir a plena realização do referido princípio, seu conteúdo é irradiado para outros ramos do Direito Civil, como é possível inferir da análise dos artigos 496, 533, II, 544 e 459 do Código Civil, pertinentes ao Direito das Obrigações" (TEPEDINO, Gustavo; NEVARES, Ana Luiza Maia; MEIRELES, Rose Melo Vencelau. *Fundamentos do direito civil*: direito das sucessões, cit., p. 21).

bem delineada no testamento (art. 1.964 do Código Civil), assim como é preciso que o interessado produza a prova, após a morte do testador – em procedimento próprio – de que a causa alegada pelo testador é verdadeira (art. 1.965 do Código Civil).[31]

Diante de limitação tão rígida à liberdade de testar – ou de dispor sobre o próprio patrimônio para fins sucessórios – é possível que o interessado (ou interessados), ainda que por motivos meramente existenciais, simule certos negócios para transmitir parte de seu acervo que seria destinado aos herdeiros necessários, em pé de igualdade entre eles, em benefício de certo herdeiro ou mesmo de terceira pessoa não integrante do núcleo familiar. Veja-se que a simulação sobre atos sucessórios não pressupõe apenas a prática sobre atos ou negócios típicos de direito sucessório (testamento, codicilo, cessão de herança ou partilha em vida). Envolve, mormente, atos praticados em relações entre vivos, que possuem a *aparência* de se constituírem como negócios regularmente firmados com certa frequência, na vida comum, porém com escopo de iludir terceiros para fraudar as normas sucessórias de caráter cogente. Atinge-se, especialmente, a reserva da legítima aos herdeiros necessários, ocultando o negócio dissimulado que, se fosse realizado às claras, não teria validade ou não teria o condão de produzir os efeitos desejados.

Não obstante seja temerário excluir o uso prático da *simulação absoluta* para fins de ataque à legítima – pense-se no titular do patrimônio que simula a aquisição *inexistente* de certo ativo para aumentar o seu acervo patrimonial e, por conseguinte, ampliar o limite da parte disponível, usando-o posteriormente e, por conseguinte, ofendendo a porção destinada aos herdeiros necessários –[32] certo é que parte relevante das condutas simulatórias existentes no direito sucessório envolve a hipótese da *simulação relativa*. Assim, é preciso compreender quais os efeitos sobre a realização de um contrato simulado que visa à ocultação do verdadeiro acordo dissimulado.

A parte final do art. 167 do Código Civil indica – como visto *supra* – que subsistirá o negócio dissimulado, "se válido for na substância e na forma". Neste sentido, a depender do caso concreto, pode ser ele plenamente válido (porque assim se mantém em sua substância e forma) ou simplesmente nulo, total ou parcialmente. Eis por que se passa a analisar as hipóteses mais comuns de simulação no ambiente do planejamento sucessório, a revelar os efeitos jurídicos em cada uma delas, especialmente sobre o negócio dissimulado.

---

[31] "Depois de aberta a sucessão, ingressará o herdeiro favorecido, ou aquele que, em vista da deserdação, tiver obtido proveito, com a ação ordinária tendente a provar a causa, e objetivando a sentença consolidar a dita exclusão, posto que lhe compete o ônus, em razão do art. 1.965" (RIZZARDO, Arnaldo. *Direito das sucessões*. 8. ed. Rio de Janeiro: Forense, 2014, p. 520).

[32] Para tais casos, apesar do efeito da simulação absoluta ser a simples nulidade – e nada mais – o eventual interessado prejudicado pelo ato simulado não costuma sofrer prejuízos relevantes. É que uma vez declara a nulidade do negócio aquisitivo os efeitos operam *ex tunc*, de maneira que o intérprete deve considerar o patrimônio real para fins de apuração do valor do legítima. Se o negócio translativo de bens da "parte disponível" utilizou, em verdade, parte da porção da legítima, já existem instrumentos de correção, tais como a redução das disposições testamentárias (art. 1.966 a 1.968 do Código Civil), ou, em caso de doação em vida – malgrado haja cláusula que determine a saída da parte disponível (art. 2.005 do Código Civil) – o procedimento da colação, para fins de equiparação das legítimas (artigo 2.002 e seguintes do Código Civil). Neste caso, também haverá redução do excesso, nos moldes do art. 2.007 do Código Civil, como destaca Guilherme Calmon Nogueira da Gama: "se a doação for inoficiosa, o donatário fica obrigado a repor a parte excedente" (Direito civil: sucessões. São Paulo: Atlas, 2007, p. 254).

4 A simulação sobre doação de ascendente para descendente

A hipótese mais recorrente de simulação, cujo desiderato é burlar os limites da legítima reservada aos herdeiros necessários, manifesta-se pela realização de negócio aparente com o fito de ocultar doações realizadas de ascendentes para descendentes (negócio dissimulado), frequentemente através de instrumentos de compra e venda (negócio simulado). A questão que se impõe é saber quais são os efeitos jurídicos produzidos diante deste cenário e de outros a ele correlacionados.

Inicialmente, nada impede que os ascendentes firmem negócios, cujo objeto seja a transmissão de propriedade, com os seus descendentes. Tanto a compra e venda (contrato bilateral oneroso) como a doação (contrato unilateral gratuito) são operações negociais expressamente permitidas, podendo-se incluir aqui os atos ou contratos congêneres (cessão onerosa ou gratuita de direitos, permuta, dação em pagamento etc.).[33] Em ambas as hipóteses, no entanto, exige-se o cumprimento de certos requisitos especiais de validade, para além daqueles genéricos já previstos no art. 104 do Código Civil.

Na compra e venda de ascendente para descendente, para que o negócio tenha validade desde a sua origem, faz-se mister que os demais descendentes (distintos daquele que figura na posição de comprador) e o cônjuge (salvo se casado no regime da separação obrigatória – art. 496, parágrafo único, do Código Civil) manifestem o seu *consentimento expresso*, na forma do art. 496, *caput*, do Código Civil.[34] A sanção pelo descumprimento deste requisito é a *nulidade relativa* do negócio, cuja anulação só pode ser pleiteada pelos interessados,[35] aproveitando a todos os herdeiros em virtude da indivisibilidade da herança.[36] O interessado deve propor a demanda dentro do prazo decadencial de 2 (dois) anos, contados da data da conclusão do ato (art. 179 do Código Civil).[37][38] Assim, o negócio anulável pode ser convalidado se os interessados perderem o

---

[33] O Superior Tribunal de Justiça formulou precedente (Informativo nº 611, de 11/10/2017) no sentido de que "a norma proibitiva disposta no art. 496 do Código Civil de 2002 (antigo art. 1.132 do CC/1916) aplica-se à transferência de quotas societárias realizadas por ascendente sem o consentimento de algum dos descendentes". Todavia, "o reconhecimento de paternidade post mortem não invalida a alteração de contrato social com a transferência de todas as cotas societárias realizada pelo genitor a outro descendente" (STJ, Quarta Turma, Recurso Especial nº 1.356.431/DF, Rel. Min. Luis Felipe Salomão, j. 08/08/2017).

[34] Art. 496. É anulável a venda de ascendente a descendente, salvo se os outros descendentes e o cônjuge do alienante expressamente houverem consentido.

[35] É vedada, assim, a arguição de ofício, como sói ocorrer nas nulidades relativas (SOUZA, Eduardo Nunes de. *Teoria geral das invalidades do negócio jurídico*. São Paulo: Almedina, 2017, pp. 233-240). A propósito, o teor do art. 177 do Código Civil: "A anulabilidade não tem efeito antes de julgada por sentença, nem se pronuncia de ofício; só os interessados a podem alegar, e aproveita exclusivamente aos que a alegarem, salvo o caso de solidariedade ou indivisibilidade". Destarte, no que concerne à legitimidade ativa para propor a demanda anulatória, trata-se de litisconsórcio ativo facultativo entre os interessados, que pode ter efeito unitário nas hipóteses de solidariedade ou indivisibilidade.

[36] Código Civil. Art. 1.791. A herança defere-se como um todo unitário, ainda que vários sejam os herdeiros. Parágrafo único. Até a partilha, o direito dos co-herdeiros, quanto à propriedade e posse da herança, será indivisível, e regular-se-á pelas normas relativas ao condomínio.

[37] Art. 179. Quando a lei dispuser que determinado ato é anulável, sem estabelecer prazo para pleitear-se a anulação, será este de dois anos, a contar da data da conclusão do ato. O referido dispositivo tornou sem efeito o antigo verbete de Súmula nº 494 do STF (1969), segundo o qual "a ação para anular venda de ascendente a descendente, sem consentimento dos demais, prescreve em vinte anos, contados da data do ato, revogada a Súmula 152". Corroborando a perda de importância do referido verbete destaca o Enunciado nº 368 da Jornada de Direito Civil: "o prazo para anular venda de ascendente para descendente é de dois anos".

[38] Cumpre salientar a parcela da doutrina que advoga a tese mediante a qual deveria, ao caso, aplicar-se a teoria revisitada da *actio nata*, no sentido de fixar o termo inicial de contagem do prazo decadencial "o momento do

direito potestativo de anulá-lo, pelo transcurso do tempo (decadência), ou mesmo se for convalidado intencionalmente pelos demais herdeiros, mediante expressa autorização dada posteriormente (art. 176 do Código Civil).[39]

A finalidade da exigência do consentimento dos demais descendentes e cônjuge é (i) prestigiar o interesse da tutela da família nuclear, especialmente sobre aqueles titulares, na primeira ordem de chamamento da ordem de vocação hereditária (art. 1.829, I, do Código Civil), da expectativa de direito sucessório sobre os bens do vendedor; (ii) conferir maior âmbito de controle, por parte dos maiores interessados, sobre os atos propensos à diminuição do patrimônio do futuro *de cujos*, acerca da higidez da operação, evitando a prática de atos tendentes a driblar a ordem jurídica posta, como a celebração de negócios simulados ou simplesmente orientados a favorecer um único descendente, prejudicando a legítima expectativa dos demais quanto à porção que lhe tocará na legítima.[40]

Em virtude desta leitura *funcional*, de forte viés teleológico, do instituto da compra e venda de ascendente para descendente, a jurisprudência do Superior Tribunal de Justiça definiu quais seriam os requisitos específicos para que a avença seja anulada por sentença: (i) a iniciativa da parte interessada; (ii) a ocorrência do fato jurídico, qual seja, a venda inquinada de inválida; (iii) a existência de relação de ascendência e descendência entre vendedor e comprador; (iv) a falta de consentimento de outros descendentes; e (v) a comprovação de simulação com o objetivo de dissimular doação ou pagamento de preço inferior ao valor de mercado.[41] Por este caminho, a simples ausência de consentimento dos futuros coerdeiros no ato de celebração da compra e venda não é suficiente, razão pela qual não há que se falar em direito potestativo

---

conhecimento da celebração do negócio jurídico" (FARIAS, Cristiano Chaves de; ROSENVALD, Nelson. *Curso de direito civil*: contratos. v. 4. São Paulo: Atlas, 2015, p. 611). Contra esta ideia exsurge a objeção de que a *actio nata* (art. 189 do Código Civil) regula os prazos prescricionais (voltados ao exercício da pretensão), mas não os prazos decadenciais, que atingem o direito em si mesmo. O Superior Tribunal de Justiça tem seguido a orientação legal, segundo a qual o termo inicial de contagem do prazo decadencial, nas hipóteses de venda direta de ascendente para descendente, é a data da conclusão do negócio (STJ, Terceira Turma, Agravo Interno no Recurso Especial nº 1.481.596/SP, Rel. Min. Marco Aurélio Bellizze, j. 12/09/2017).

[39] Importante reforçar o importante precedente do Superior Tribunal de Justiça no sentido de que, após o transcurso do prazo decadencial para o exercício do direito potestativo de anular o contrato, "a anulação de venda direta de ascendente a descendente sem o consentimento dos demais descendentes necessita da comprovação de que houve, no ato, simulação com o objetivo de dissimular doação ou pagamento de preço abaixo do preço de mercado" (STJ, Terceira Turma, Recurso Especial nº 476.557/PR, Rel. Min. Nancy Andrighi, j. 18/12/2003).

[40] "[...] motivos diversos podem conduzir um ascendente a beneficiar um de seus descendentes, em prejuízo dos demais. Por isso, tende o ordenamento a estabelecer uma blindagem protetiva dos descendentes, evitando que o seu ancestral venha a frustrar fraudulenta ou simuladamente a sua perspectiva patrimonial, com o escopo de beneficiar outro filho" (FARIAS, Cristiano Chaves de; ROSENVALD, Nelson. *Curso de direito civil*, cit., p. 606). Na mesma direção, diz-se que "os fundamentos históricos residem na vedação pretendida pelo legislador de tentativas de benefícios ou doações mediante vendas aparentes. Ou que se doe como se de venda tratasse. O consentimento dos demais descendentes impediria ou dificultaria tais tentativas" (LÔBO, Paulo. *Direito civil*: contratos. São Paulo: Saraiva, 2011, p. 233).

[41] Confira-se, por todos, Recurso Especial nº 1.356.432/DF, 4ª Turma, Rel. Min. Luis Felipe Salomão, j. 08/08/2017; e Recurso Especial nº 1.679.501/GO, 3ª Turma, Rel. Min. Nancy Andrighi, j. 10/03/2020. Em ambos os julgados, repete-se o teor do precedente da Corte Superior: "O STJ, ao interpretar a norma inserta no artigo 496 do CC/02, perfilhou o entendimento de que a alienação de bens de ascendente a descendente, sem o consentimento dos demais, é ato jurídico anulável, cujo reconhecimento reclama: (i) a iniciativa da parte interessada; (ii) a ocorrência do fato jurídico, qual seja, a venda inquinada de inválida; (iii) a existência de relação de ascendência e descendência entre vendedor e comprador; (iv) a falta de consentimento de outros descendentes; e (v) a comprovação de simulação com o objetivo de dissimular doação ou pagamento de preço inferior ao valor de mercado".

de anular o contrato por uma espécie de "denúncia anulatória vazia". É necessária a presença da prova de "simulação" ou estipulação de *preço vil*, conforme os parâmetros de mercado. O exercício do direito de anular o contrato deve vir, pois, acompanhado de fundamentos robustos de que o interessado sofreu efetivo prejuízo.

Conquanto elogiável a construção jurisprudencial com vistas a alcançar a melhor interpretação do art. 496 do Código Civil, como aquela que mais se adapta ao sistema jurídico como um todo, faz-se necessário apresentar algumas objeções aos referidos requisitos, trazendo o tema à reflexão mais profunda.

Exigir a prova de *simulação* do contrato de compra e venda, que eventualmente teve por intuito ocultar doação de ascendente para descendente, pode causar uma confusão indevida entre cada uma das *fattispecies* elencadas como causa, ora de nulidade do negócio jurídico (simulação), ora de anulabilidade (compra e venda de ascendente para descendente). O risco aqui é atrair determinada disciplina jurídica em detrimento da outra, como se aqui houvesse conflito aparente de normas, a ser resolvido pelo critério da especialidade. Não parece ser este o caso.

A propósito desde problema, o Superior Tribunal de Justiça acabou por adotar o posicionamento segundo o qual, diante de prova de simulação de compra e venda, diretamente ou por interposta pessoa, "a causa real de anulabilidade do negócio jurídico não é propriamente a simulação em si, mas a infringência taxativa ao preceito legal contido no art. 496 do CC/2002". E prossegue, "por esta razão, não há se falar na aplicabilidade dos arts. 167, § 1º, I, e 169 do CC/2002" (cf. Informativo nº 667, de 7 de abril de 2020).[42]

No caso concreto, a Corte Superior reformou o acórdão do Tribunal de Justiça do Estado de Goiás, que havia afastado a preliminar de decadência e reconhecido a nulidade dos negócios simulados, com base no art. 167, §1º, do Código Civil. Naquelas circunstâncias, o ascendente e o descendente beneficiado se utilizaram de interposta pessoa (terceiro) para livrar-se da exigência da outorga dos demais descendentes e cônjuge, situação na qual aquele vendeu o bem ao terceiro que, posteriormente, alienou o mesmo bem ao descendente, em operação comprovadamente simulada, o que prejudicou a legítima dos demais herdeiros. Entendeu a Relatora Ministra Nancy Andrighi que tanto a venda de ascendente para descendente, como a realizada por intermédio de interposta pessoa, "são atos jurídicos anuláveis (e não nulos), desde que comprovada a real intenção de *macular uma doação* ao descendente adquirente, em prejuízo à legítima dos demais herdeiros"[43] (grifos nossos).

A depender da interpretação que se confira a este precedente, pode-se deparar com uma norma um tanto quanto curiosa e perigosa: haveria certos tipos de negócios *simulados* que não estão sujeitos aos efeitos da nulidade, previstos no art. 167 do Código Civil, mas de mera anulabilidade. Neste caso, o interesse deve ser invocado, por via de ação anulatória, no exíguo prazo de 2 (dois) anos, contados da data da conclusão do negócio (e não da data de seu conhecimento). Isso significa que o negócio jurídico simulado – para fins de burla à legítima em venda de ascendente à descendente – pode,

---

[42] Excerto do voto condutor exarado no julgamento do Recurso Especial nº 1.679.501/GO (Terceira Turma, Rel. Min. Nancy Andrighi, j. 10/03/2020).

[43] STJ, Terceira Turma, Recurso Especial nº 1.679.501/GO, Rel. Min. Nancy Andrighi, j. 10/03/2020 (excerto do voto).

segundo este entendimento, convalescer com o tempo. Não parece ser esta a melhor interpretação.

O legislador de 2002 pôs termo à controvérsia de décadas acerca da natureza jurídica da sanção imposta à compra e venda de ascendente para descendente sem os requisitos legais: optou-se pela consequência da nulidade relativa.[44] Pelo caminho inverso, o mesmo legislador fez a escolha de impor a sanção da nulidade absoluta aos negócios simulados, substituindo o antigo modelo de nulidade relativa.[45] São consequências distintas para *fattispecies* diferentes e autônomas entre si. Uma não absorve a outra. Os interesses que se quer proteger no primeiro caso são privados e restritos entre aqueles que têm legítima expectativa sobre determinado patrimônio sucessível. No segundo caso, protegem-se os interesses socialmente relevantes da ordem jurídica, rejeitando-se a convalidação de atos simulados extremamente reprováveis. Neste caso, a arguição de nulidade pode ocorrer a qualquer tempo (não prescreve ou sofre efeito decadencial),[46] razão pela qual não se convalida pelo simples transcurso do tempo.[47]

Neste contexto, são duas as soluções oferecidas pela ordem jurídica civil, para as hipóteses de compra e venda simulada de ascendente para descendente, a fim de ocultar doação: (i) no prazo de dois anos, pode-se pleitear a *anulação* do negócio, na forma do art. 496 do Código Civil, comprovando-se os requisitos legais e jurisprudenciais, cujo efeito será a desconstituição da operação negocial e o retorno do objeto alienado ao patrimônio do ascendente/vendedor; ou (ii) dentro ou fora do prazo de dois anos (visto que, em regra, as nulidades absolutas não prescrevem), pode-se pleitear a nulidade do negócio simulado (compra e venda direta ou por interposta pessoa), passando-se à análise da validade da substância e da forma do negócio dissimulado, que pode subsistir (art. 167, §1º, parte final, do Código Civil).[48]

Em havendo simulação relativa, não se pode afastar o efeito legal previsto no art. 167 do Código Civil, se essa é a pretensão autoral. Declara-se nulo o negócio simulado e se passa a analisar a validade do negócio dissimulado, conforme as circunstâncias do caso concreto. Não se pode olvidar que a simulação – mesmo de compra e venda de

---

[44] A escolha expressa pela nulidade relativa (anulabilidade) pôs pá de cal na controvérsia decorrente do texto do art. 1.132 do Código Civil de 1916. Na codificação anterior não havia qualquer referência ao efeito específico na infração à norma, que apenas dizia "os ascendentes não podem vender aos descendentes, sem que os outros descendentes expressamente consintam". Portanto, por um período considerável, prevaleceu a tese de que tal violação constituía hipótese de nulidade absoluta virtual, como assim defendia Pontes de Miranda, enquanto outros defendiam a natureza da anulabilidade, como Washington de Barros Monteiro. Para uma boa síntese da miríade de posicionamentos na codificação anterior, Cf. RIZZARDO, Arnaldo. *Contratos*. Rio de Janeiro: Forense, 2018, pp. 358-359).

[45] Neste caso, a redação do Código de 1916 era expressa no sentido da nulidade relativa do negócio simulado, à época qualificado pelo legislador positivo, equivocadamente, como um "vício de vontade": "Art. 147. É anulável o negócio jurídico: [...] II - Por vício resultante de erro, dolo, coação, *simulação* ou fraude".

[46] Salientando-se que, por outro lado, prescreve a pretensão de pedir herança, pelo prazo prescricional geral de 10 anos, sendo ainda de grande valia o Verbete de Súmula nº 149 do STF (1963), *in verbis*: "é imprescritível a ação de investigação de paternidade, mas não o é a de petição de herança".

[47] Código Civil de 2002. Art. 169. O negócio jurídico nulo não é suscetível de confirmação, nem convalesce pelo decurso do tempo.

[48] Em sentido semelhante, ainda que restrito à venda por interposta pessoa, a doutrina de Cristiano Chaves de Farias e Nelson Rosenvald: "Em se tratando de exceção, impõe-se uma interpretação restritiva. Assim, omisso o dispositivo, se o ascendente celebrar uma compra e venda simulada com outras pessoas (e.g. a nora ou o sogro) para beneficiar um descendente indiretamente, o contrato pode ser declarado nulo por simulação, através do terceiro interposto ('laranja' ou 'testa de ferro'), na forma da regra geral do sistema (CC, art. 167, §1º, I), não incidindo a regra específica do art. 496 do *Codex*" (*Contratos*, cit., 609).

ascendente a descendente – não tem por único móvel beneficiar um futuro herdeiro em detrimento dos demais. Há motivações de ordem tributária ou mesmo de facilitação para proteção patrimonial em face de terceiros (presentes ou futuros credores).

No entanto, ainda que o interesse seja exclusivamente de burlar a intangibilidade da legítima, não é razoável admitir a convalidação de negócio simulado de compra e venda, que ocultou uma doação (ou seja, não houve qualquer valor pago pelo descendente), consolidando a ofensa à legítima dos demais coerdeiros, pelo simples fato de que pleitearam a declaração de nulidade após o prazo de 2 (dois) anos da data da conclusão do negócio (prazo este restrito à pretensão anulatória do art. 496 do Código Civil). Deve o intérprete e aplicador do direito seguir a pretensão do autor da ação e decidir nos limites da demanda. Se a causa de pedir se funda na declaração de simulação, nos moldes do art. 167, §1º, do Código Civil, presentes os requisitos e a prova dos fatos narrados, a declaração de nulidade do negócio simulado é medida que deve prevalecer. Se a doação dissimulada for válida, conserva-se o negócio, de acordo com a sua verdadeira natureza, devendo o beneficiado levar o bem doado à colação, no momento oportuno (art. 2.002 e seguintes do Código Civil). Se a doação for inoficiosa, nula será apenas sobre a parte que afetou a legítima, remanescendo seus efeitos quanto ao monte da parte disponível (art. 549 do Código Civil).

É por essa razão que, com relação à pretensão de anulação da compra e venda de ascendente para descendente, crê-se que o verdadeiro fundamento apto a caracterizar a *justa causa* para o pedido anulatório não é a existência de simulação, por si só, de um contrato por outro, mas a presença de elementos que traduzam a tentativa de infringir a legítima. A simulação pode, ou não, servir-se de instrumento a este objetivo. Mas não necessariamente.[49] Essa é a finalidade da norma protetiva do art. 496 do diploma civil.

Note-se que, sem qualquer pretensão de exaustão, são ao menos três as estratégias ardis para vilipendiar a legítima de futuros coerdeiros: (i) simular uma compra e venda para ocultar uma doação (o descendente sequer pagou qualquer valor a título de preço); (ii) no instrumento de compra e venda, simular apenas o valor do preço, constando valor de mercado no contrato (a fim de conferir aparência de legalidade), mas pagando quantia inferior ao ascendente-vendedor; (iii) celebrar compra e venda com cláusulas verdadeiras, sem qualquer simulação, mas a preço bem inferior ao valor de mercado.

Na primeira hipótese, o prejuízo é notável, porque a consolidação da simulação suprime bem partilhável (ou vários bens partilháveis), que não será levado à colação. No segundo e terceiro casos, os coerdeiros são atingidos porque a contraprestação – pela venda do bem – em valor inferior ao devido reduz o acervo patrimonial e, por conseguinte, o monte da legítima. Como já afirmado, aqui se defende que, no primeiro caso, o reconhecimento da simulação, nos moldes do art. 167 do Código Civil, é medida que se impõe,[50] com a posterior análise de validade e eficácia do negócio dissimulado

---

[49] Aliás, a própria jurisprudência do Superior Tribunal de Justiça reconhece que é necessário demonstrar "a configuração de simulação, consistente em doação disfarçada (REsp 476557/PR, Rel. Min. NANCY ANDRIGHI, 3ª T., DJ 22.3.2004) ou, *alternativamente*, e) *a demonstração de prejuízo* (EREsp 661858/PR, 2ª Seção, Rel. Min. FERNANDO GONÇALVES, Dje 19.12.2008; REsp 752149/AL, Rel. Min. RAUL ARAÚJO, 4ª T., 2.10.2010)" (STJ, Terceira Turma, REsp nº 953.461/SC, Rel. Min. Sidnei Beneti, j. 14/06/2011).

[50] A jurisprudência adota, com frequência, a solução da nulidade fundada no art. 167, §1º, do Código Civil. O desafio, contudo, é lembrar os julgadores que é necessário formular juízo de validade e eficácia sobre o negócio dissimulado, não sendo a nulidade deste último um efeito necessário. Assim o fez o TJDFT no qual se declarou

(doação). É a opção pela norma de maior proteção aos interesses lesados pelo ato ou negócio simulado.

Na segunda hipótese, também a solução passa tanto pela anulação, fundada no art. 496 do Código Civil, quanto pela nulidade prevista no art. 167, não havendo motivo razoável para afastar a aplicação do dispositivo voltado a combater as *fattispecies* simulatórias, se esta for a pretensão do autor da ação. No último caso, contudo – e apenas nesta hipótese –, não se aplica o art. 167 do Código Civil, pelo simples fato de inexistir ato ou negócio simulado. Eis a utilidade maior do art. 496 do Código Civil. A despeito da falta de simulação, em havendo prejuízo notório à legítima – pela cobrança de preço inferior ao valor de mercado – o negócio é anulável. Preserva-se, em todos os casos, a intangibilidade da legítima.

Superada a análise sobre os contornos da compra e venda de ascendente para descendente, vale lembrar que nas operações de doação entre ascendentes e descendentes não há necessidade de outorga dos demais descendentes e cônjuge, bastando que as próprias partes contratantes atendam aos requisitos dos artigos 104 e 541 do Código Civil. Adiciona-se, ainda, importante requisito negativo: o respeito à futura legítima dos herdeiros necessários (ponto de inflexão de toda a normativa até aqui estudada). Por esta razão, é nula a doação quanto à parte que exceder à de que o doador, no momento da liberalidade, poderia dispor em testamento (art. 549 do Código Civil),[51] considerando que, em regra, a doação de ascendente para descendente, ou de um cônjuge ao outro, importa antecipação do que lhes cabe na herança (art. 544 do Código Civil).[52]

Considerando que o controle de legitimidade das doações realizadas de ascendentes para descendentes ocorre *a posteriori*, por via do procedimento de colação (artigo 2.002 e seguintes do Código Civil e artigo 639 e seguintes do Código de Processo Civil), tornar-se-ia desnecessário, contraproducente e antieconômico exigir consentimento dos demais interessados (futuros herdeiros) para a consecução de atos de doação.[53]

---

a nulidade compra e venda simulada e declarou "reconhecido o negócio dissimulado, qual seja, a aquisição do imóvel por Valdir e a posterior *doação* à sua filha Vanessa". Apesar de tal excerto do voto não constar da ementa, assim lavrou-se: "CIVIL. AÇÃO DECLARATÓRIA DE CANCELAMENTO DE ESCRITURA PÚBLICA DE RERRATIFICAÇÃO E AVERBAÇÃO EM REGISTRO IMOBILIÁRIO. [...]. COMPRA E VENDA. SIMULAÇÃO. INTENÇÃO DIVERSA DA DECLARADA. NULIDADE ABSOLUTA. 1. Trata-se de apelação interposta em face da sentença que julgou procedentes os pedidos para declarar a nulidade do negócio jurídico referente à escritura pública de compra e venda de imóvel, firmada entre a ré e seu companheiro, pai dos autores, em razão de simulação. 2. *Considera-se simulado o negócio jurídico quando a intenção das partes não corresponder à manifestação declarada no contrato (artigo 167, §1º, inciso II, do Código Civil). Constitui tal vício causa de nulidade absoluta. 3. Na hipótese, restando incontese não ser a intenção das partes entabular contrato de compra e venda de imóvel, mas sim de doação, impende reconhecer tratar-se negócio jurídico simulado, nos termos do artigo 167, §1º, inciso II, do Código Civil.* 4. Recurso conhecido e desprovido. (TJ-DFT. 2ª Turma Cível. Apelação Cível nº 1141129/20161510009129. Rel. Des. Sandoval Oliveira, julgado em 28/11/2018) (grifos nossos).

[51] Art. 549. Nula é também a doação quanto à parte que exceder à de que o doador, no momento da liberalidade, poderia dispor em testamento.

[52] Art. 544. A doação de ascendentes a descendentes, ou de um cônjuge a outro, importa adiantamento do que lhes cabe por herança.

[53] "A boa compreensão da norma exige a lembrança de que a doação realizada de ascendente para descendente (v.g., de pai para filho) dispensa o consentimento dos demais descendentes, porque o controle da liberalidade ocorrerá após a morte do doador, por meio da colação [...], restaurando-se a igualdade das legítimas dos herdeiros necessários. Ou seja, a doação de ascendente para descendente implica adiantamento da herança que lhe cabe [...]. Diferentemente, porém, a compra e venda de ascendente para descendente não está submetida à colação. E, por conta disso, faz-se necessária a autorização dos demais interessados, justamente para que possam controlar eventuais artifícios e simulacros capazes de mascarar doações a um descendente em detrimento de outros"

Dito isto, na doação dissimulada é preciso identificar se houve o preenchimento dos requisitos formais dos arts. 104 e 541 do Código Civil e, especialmente, se a doação respeitou a legítima dos demais herdeiros necessários, se houver. Neste quesito, alguns apontamentos são necessários: (i) é necessário apurar se houve cláusula contratual no sentido de que os bens doados tenham saído da parte disponível do doador, como autoriza o art. 2.005 do Código Civil;[54] (ii) caso contrário, se o valor do bem doado, a ser apurado no momento da doação, superou a legítima do donatário e ingressou nas legítimas dos coerdeiros (art. 549 do Código Civil); (iii) se a doação teve caráter universal, sem a reserva de parte ou renda suficiente para a subsistência do ascendente/doador (art. 548 do Código Civil).[55]

Na primeira hipótese, difícil de imaginar considerando que o negócio foi simulado pela aparência de compra e venda, o futuro herdeiro donatário estará dispensado de colacionar o bem, para fins de igualar as legítimas, porque estas não foram antecipadas (como de regra ocorre por força do art. 544 do Código Civil). No segundo caso, trata-se de doação inoficiosa, que importará em nulidade parcial da doação, apenas no que tange ao excesso que interferiu na legítimas dos demais descendentes e/ou cônjuge. Já no último cenário, o negócio dissimulado também será nulo, porque a doação universal é causa de nulidade absoluta, seguindo-se o mesmo destino do(s) negócio(s) simulado(s).

5 A vedação ao pacto sucessório

Costuma-se invocar a regra que rejeita os *pacta corvina*, consagrada no art. 426 do Código Civil,[56] como fator que implica duas consequências práticas: (i) o efeito dissuasório sobre o comportamento das pessoas, no que respeita à prática de atos de planejamento sucessório, ainda muito incipiente na cultura brasileira;[57] e (ii) o efeito contrário de estímulo à prática de atos ou negócios que têm por escopo fraudar a ordem jurídica vigente, para a satisfação dos interesses mais diversos, sobre os quais o ordenamento não atribui proteção.[58] É neste último caso que, mais uma vez, a simulação ganha terreno como meio para alcançar os objetivos ilícitos do(s) interessado(s).

(ROSENVALD, Nelson. *Código Civil comentado*: doutrina e jurisprudência: Lei 10.406, de 10.01.2002. Coord. Cezar Peluso. São Paulo: Manole, 2014, p. 522).

[54] Art. 2.005. São dispensadas da colação as doações que o doador determinar saiam da parte disponível, contanto que não a excedam, computado o seu valor ao tempo da doação. Parágrafo único. Presume-se imputada na parte disponível a liberalidade feita a descendente que, ao tempo do ato, não seria chamado à sucessão na qualidade de herdeiro necessário.

[55] Art. 548. É nula a doação de todos os bens sem reserva de parte, ou renda suficiente para a subsistência do doador.

[56] Art. 426. Não pode ser objeto de contrato a herança de pessoa viva.

[57] Diz-se, na mesma direção, que o alto valor de reserva para a legítima – metade do patrimônio do autor da herança –, para os padrões hodiernos, é outro forte fator limitador ao planejamento sucessório. Cf., por todos, HIRONAKA, Giselda Maria Fernandes Novaes; TARTUCE, Flávio. Planejamento sucessório: conceito, mecanismos e limitações. *Revista Brasileira de Direito Civil – RBDCivil*, Belo Horizonte, v. 21, p. 87-109, jul./set. 2019.

[58] DELGADO, Mário Luiz; MARINHO JÚNIOR, Janio Urbano. Fraudes no planejamento sucessório. *In*: TEIXEIRA, Daniele Chaves (Coord.). *Arquitetura do planejamento sucessório*. 1. ed. Belo Horizonte: Fórum, 2018. p. 222.

Com efeito, além do conjunto de regras que impõem a intangibilidade da legítima, a vedação aos pactos sucessórios representa um dos principais obstáculos para o exercício pleno de planejamento sucessório.[59]

É preciso, pois, definir o alcance da norma que veda o pacto sucessório.[60] Decerto que são nulos todos os atos ou negócios de eficácia translativa realizados por aqueles que têm expectativa de direito à herança, cujo objeto negocial incida sobre a própria ideia de herança de "pessoa viva" (*rectius*: patrimônio), no sentido de alienar ou adquirir, *a título universal*,[61] ou mesmo a título singular, qualquer sorte de participação hereditária futura, à vista do patrimônio presente de pessoa viva. Rejeita-se, destarte, a validade de instrumentos de cessão, onerosa ou gratuita, de herança, firmada por futuro herdeiro, sobre quinhão provável de sua titularidade, projetado sobre o patrimônio de pessoa viva.[62] Outrossim, também sofre os efeitos da nulidade qualquer contrato de "promessa" (contrato preliminar) de cessão de direitos sucessórios, venda ou doação de bem futuro, a ser adquirido por via sucessória.[63]

É de se discutir, todavia, à vista da regra hermenêutica de que normas de exceção se interpretam restritivamente, se o mesmo efeito se produz (i) sobre atos jurídicos *stricto sensu* (ou negócios jurídicos unilaterais) – distintos dos "contratos" a que se alude o art. 426 do Código Civil – que abrem mão do direito à herança, como é o caso da renúncia prévia, anterior à morte do futuro *de cujus*;[64] (ii) em face da criação de *trusts*[65] ou *holdings*

---

[59] "No Brasil, pode-se dizer que os principais obstáculos a uma maior amplitude do planejamento sucessório são a legítima dos herdeiros necessários, estabelecida em prol a proteção da família, e a vedação aos pactos sucessórios, instituída para proteger o herdeiro e o de cujus quanto às contratações em relação a bens futuros" (TEPEDINO, Gustavo; NEVARES, Ana Luiza Maia; MEIRELES, Rose Melo Vencelau. *Fundamentos do direito civil*, cit., pp. 279-280).

[60] É valiosa a síntese do José Fernando Simão, para quem "a grande razão trazida pela doutrina é de cunho moral e seus efeitos perante a sociedade. É o chamado '*votum alicujus mortis*'. O contrato que transfere a herança de pessoa viva só produz efeitos após a morte daquele que tem o bem ou bens transferidos. Assim, desperta-se o desejo de morte ou de antecipação de morte, daquele de quem a herança se trata. Um segundo motivo é a possível pressão a que se sujeitaria o herdeiro. Se ele puder, com o autor da herança ainda vivo, dispor da herança, em momento de dificuldade financeira momentânea estaria tentado a cedê-la onerosamente. Há um outro motivo de ordem lógico-jurídica. Não há herança de pessoa viva. Simplesmente, antes da morte de certa pessoa existe o sujeito titular de um patrimônio. Herança pressupõe o fato jurídico morte. Se meu pai está vivo, herança não há. Há patrimônio apenas" (*Repensando a noção de pacto sucessório: de lege ferenda*. Disponível em: http://www.cartaforense.com.br/conteudo/colunas/repensando-a-nocaode-pacto-sucessorio-de-lege-ferenda/17320: Acesso em: 10 de julho de 2020).

[61] São preciosas as lições de Orlando Gomes acerca do conceito de herança: "A herança é coisa, classificada entre as universalidades de direito – *universum jus, universa bona*. Constitui núcleo unitário [...]. Forma-se de um complexo de relações jurídicas, não se confundindo com as universalidades de fato que se compõem de coisas especificamente determinadas. Não é suscetível de divisão em partes materiais, enquanto permanece como tal" (*Sucessões*, cit., p. 7).

[62] STJ, 4ª Turma, Agravo Interno no Recurso Especial nº 1.341.825/SC, Rel. Min. Raul Araújo, j. 15.12.2016.

[63] STJ, 4ª Turma, Recurso Especial nº 300.143/SP, Rel. Min. Aldir Passarinho Junior, j. 21.11.2006.

[64] MADALENO, Rolf. Renúncia de herança em pacto antenupcial. *Revista de Direito das Famílias e Sucessões*, Belo Horizonte, n. 27, p. 9-57, 2018; DELGADO, Mário Luiz; MARINHO JÚNIOR, Jânio Urbano. "Posso renunciar à herança em pacto antenupcial?". *Revista IBDFAM*, vol. 31, pp. 9-21, jan./fev. 2019.

[65] Leciona Milena Donato Oliva que os *trusts*, apesar de não regulados de forma direta pelo legislador brasileiro, possui instrumentos compatíveis com o ordenamento brasileiro, salientando que a Convenção de Haia reconhece a sua estruturação na forma de patrimônio separado: "a Convenção de Haia estabelece que (i) os bens em *trust* constituem patrimônio separado, que não se confunde com o patrimônio pessoal do *trustee*; (ii) a titularidade dos bens em *trust* fica em nome do *trustee*; (iii) o *trustee* tem o poder e o dever, do qual deve prestar constas, de administrar, gerir ou dispor dos bens, de acordo com os termos do *trust* e com os deveres específicos que lhe são impostos por lei; (iv) os credores pessoais do *trustee* não podem excutir os bens em *trust*; (v) os bens em *trust* não serão arrecadados na hipótese da insolvência ou falência do *trustee*; e (vi) os bens em *trust* não integram o

familiares;[66] e (iii) sobre atos de transferência de ativos presentes do patrimônio de certo titular para pessoas jurídicas ou entidades criadas para fins de planejamento sucessório, na qual os familiares são sócios (ou sócios das empresas sócias da *holding*).

São sobre estes últimos que repousa a maior preocupação da doutrina, a fim de revelar a disciplina jurídica adequada a conferir-lhes regularidade e segurança jurídica, sem descuidar do respeito aos parâmetros da proteção da legítima.

Como são figuras ainda incipientes, são muitos os aperfeiçoamentos necessários a conferir verdadeira prevenção e repressão aos atos ou negócios simulados, bem assim evitar a materialização do maior receio daquele que planeja a própria sucessão de boa-fé: a eterna judicialização dos atos de planejamento. De todo modo, não parece haver, em princípio, qualquer proibição "em tese" destas figuras.

Não faltam vozes autorizadas a ressoar desconfiança acerca dos instrumentos mais sofisticados de planejamento sucessório, notadamente o caso dos *trusts* ou mesmo das *holdings* familiares. Já se disse que "em uma realidade social na qual prosperam mecanismos jurídicos utilizados com intuito de fraude", a busca por sofisticados meios de *blindagem patrimonial* normalmente tem por desiderato a criação de figuras que permitem aos interessados se furtarem às obrigações antes constituídas. Assim, entendem que "a instituição do *trust* não pode e não deve resistir perante as alegações de simulação, fraude contra credores, fraude à execução, ou mesmo diante da possibilidade de aplicação do instituto da desconsideração da personalidade jurídica".[67] Além destes aspectos, defendem ainda a incompatibilidade de tais institutos com a regra que veda o pacto sucessório, pois teriam como objetivo, em última análise, "a gestão e a divisão futura de bens de uma pessoa ainda viva".[68]

No entanto, quanto a este último ponto, ousa-se discordar. As preocupações relatadas são válidas, assim como verdadeiros os relatos de que muitos se apropriam de tais instrumentos com objetivo de fraudar a lei imperativa, especialmente a regra da intangibilidade da legítima. Todavia, não parece razoável ferir de morte os institutos de planejamento sucessório – apontando-lhes nulidade por vedação ao pacto sucessório em interpretação bastante ampliativa do conceito de "herança de pessoa viva" –, porque usados por alguns para fins diversos daqueles tutelados pelo ordenamento. Todo e qualquer instituto pode ser usado para fins ilícitos e a simulação pode ser formatada de diversos modos. Cabe ao legislador – *de lege ferenda* – aperfeiçoar os instrumentos de controle, mas não os extirpar da ordem jurídica. Alegoricamente, é como se proibisse a compra e venda porque usada como simulação aos atos de doação.

---

patrimônio da sociedade conjugal nem o espólio do *trustee*" (OLIVA, Milena Donato. Trust. *In*: TEIXEIRA, Daniele Chaves (Coord.). *Arquitetura do planejamento sucessório*. 1. ed. Belo Horizonte: Fórum, 2018. p. 367-368).

[66] Acerca das *holdings* familiares, trata-se de sociedades que detêm o patrimônio da família, "quer seja constituído por bens móveis ou imóveis individualmente considerados, quer seja constituído por participações em outras sociedades, que por sua vez também são detentoras do patrimônio da família. Dessa forma, transmitem-se para os sucessores as quotas ou ações da *Holding* em caso de falecimento de sócio, havendo a transmissão dos bens familiares coletivamente considerados, representados pelas participações societárias transmitidas *causa mortis*" (TEPEDINO, Gustavo; NEVARES, Ana Luiza Maia; MEIRELES, Rose Melo Vencelau. *Fundamentos do direito civil*, cit., p. 289).

[67] HIRONAKA, Giselda Maria Fernandes Novaes; TARTUCE, Flávio. Planejamento sucessório: conceito, mecanismos e limitações. *Revista Brasileira de Direito Civil – RBDCivil*, Belo Horizonte, v. 21, jul./set. 2019, p. 108.

[68] HIRONAKA, Giselda Maria Fernandes Novaes; TARTUCE, Flávio. Planejamento sucessório: conceito, mecanismos e limitações. *Revista Brasileira de Direito Civil – RBDCivil*, Belo Horizonte, v. 21, jul./set. 2019, pp. 106 e 109.

Sob uma perspectiva funcional, a regra que torna defeso o pacto sucessório – para além de seus fundamentos morais e lógicos –[69] parece voltada mais ao controle sobre as condutas dos futuros herdeiros, que propriamente daquele de cuja herança virá.[70] Ao titular do patrimônio, como expressão de sua autonomia, nada impede que disponha livremente de seus bens, *desde que não tenha por escopo burlar a legítima dos herdeiros necessários.*

Eis o elemento central das regras que limitam o poder de dispor do futuro autor da herança, quando ainda vivo: (i) só é permitido doar a descendente se não infringir a legítima dos demais, sob pena de nulidade parcial; (ii) ao testar, deve respeitar o limite da parte disponível, sob pena de redução das disposições testamentárias; (iii) só é permitido vender a descendente se obtiver a outorga dos demais descendentes ou cônjuge, sob pena de anulabilidade (mas desde que o interessado demonstre efetivo prejuízo – simulação ou redução de sua legítima). Logo, com relação aos negócios realizados pelo próprio titular do patrimônio (ainda não herança, eis que esta só existe com a sua morte), pode o proprietário dos bens dispor deles, inclusive com vistas à realização de planejamento sucessório, desde que respeite a legítima dos herdeiros necessários. Segue-se o mesmo critério das demais normas, por via de interpretação teleológica e sistemática.

Fosse proibido ao titular do patrimônio realizar qualquer negócio sobre o seu próprio patrimônio, em vida, tendente a organizar a sua própria sucessão, não seria admitida a partilha em vida, expressamente autorizada no art. 2.018 do Código Civil. Também nesta categoria autônoma de partilha se impõe, uma vez mais, a limitação do respeito à legítima: "é válida a partilha feita por ascendente, por ato entre vivos ou de última vontade, contanto que não prejudique a legítima dos herdeiros necessários".

Na esteira dos argumentos que aqui se expôs, conclui-se que não importa a natureza jurídica do arranjo implementado para o planejamento sucessório de determinado titular de um patrimônio, se houver prática de simulação em qualquer deles, os efeitos são aqueles previstos no art. 167, §1º, do Código Civil. Em se tratando de simulação absoluta (hipótese mais rarefeita), simplesmente declara-se a nulidade do contrato simulado. Se o caso for de simulação relativa, declara(m)-se nulo(s) o(s) negócio(s) simulado(s) e se passa a formular juízo de validade e eficácia sobre o negócio dissimulado, em sua forma e substância, de modo a aproveitá-lo naquilo que for compatível com o ordenamento jurídico.

O Superior Tribunal de Justiça já julgou recurso especial pelo qual se discutia a legitimidade de nuproprietário de quotas sociais de *holding* familiar para pleitear anulação de atos societários, praticados pelo sócio administrador (usufrutuário das

---

[69] Cf. nota 58, *supra.*

[70] Esclarece, com muita lucidez, Mário Luiz Delgado que "a restrição à pactuação sucessória não é absoluta e a interpretação do artigo 426 deve ser necessariamente restritiva, de modo a abranger apenas a proibição expressa na dicção da lei, qual seja, a de se contratar a herança de pessoa viva, sem participação dessa pessoa. Vale dizer, o que está vedado de forma expressa no Código Civil é a cláusula contratual que tenha por objeto a "herança" de pessoa diversa das partes contratantes" (Da renúncia prévia ao direito concorrencial por cônjuges e companheiros. *Revista Consultor Jurídico*, abr. 2019. Disponível em: https://www.conjur.com.br/2019-abr-07/processo-familiar-renuncia-previa-direito-concorrencial-conjuge-companheiro. Acesso em 10/07/2020).

quotas), sob alegação de ter sido vítima de *simulação* tendente ao esvaziamento do seu patrimônio pessoal.[71]

Neste caso, julgou bem a Corte Especial ao definir que as nulidades decorrentes de simulação podem ser suscitadas por qualquer interessado, "assim entendido como aquele que mantenha frente ao responsável pelo ato nulo uma relação jurídica ou uma situação jurídica que venha a sofrer uma lesão ou ameaça de lesão em virtude do ato questionado".[72] Tudo isso sem opor qualquer questionamento sobre a validade e eficácia da estruturação societária de *holdings* familiares, por possível violação ao art. 426 do Código Civil. De forma correta, corrigem-se os desvios pelos instrumentos adequados de controle, e não pela supressão do instituto, em ofensa à autonomia privada.

Nos Tribunais estaduais, destaca-se elogiável decisão do Tribunal de Justiça do Estado de São Paulo que, em sede de agravo de instrumento, manteve a decisão do juízo de primeira instância que deferiu tutela de urgência, de natureza cautelar (bloqueio nas respectivas matrículas imobiliárias), no bojo de ação anulatória de transferência de imóveis.[73] Na espécie, a medida foi confirmada em razão dos fortes indícios (probabilidade do direito) de simulação operada em *holding* familiar, constituída para fins de planejamento sucessório, mas sem a presença de uma das filhas daquele de cuja herança virá. A transferência dos imóveis para a *holding* – deixando de lado a herdeira necessária – aparentou, segundo o entendimento da Corte, negócio simulado para dissimular a doação em vida do futuro autor da herança, que já ultrapassa os limites da parte disponível. Como se vê, os instrumentos tradicionais que sancionam os negócios simulados funcionam para a tutela dos interesses juridicamente protegidos de cada herdeiro necessário, mesmo nas complexas operações de *holdings* familiares.

6 Notas conclusivas

Propôs-se, por via deste estudo, apresentar uma visão sistematizada do instituto da simulação orientada ao nicho do planejamento sucessório, partindo da análise abrangente da categoria em todos os seus efeitos, para melhor inseri-la nas principais discussões em torno dos negócios simulados tendentes a ofender a regra da intangibilidade da legítima.

Neste aspecto, sempre com o foco nos atos praticados antes da abertura da sucessão (planejamento sucessório), destacaram-se as hipóteses mais comuns de simulação com vistas a fraudar a norma cogente que impende a supressão ou mitigação da legítima de cada herdeiro necessário. Acerca dos negócios simulados de compra e venda de

---

[71] STJ, Terceira Turma, Recurso Especial nº 1.424.617/RJ, Rel. Min. Nancy Andrighi, j. 06/05/2014.

[72] Segue excerto do voto, que constou na ementa: "Ainda que, como regra, a legitimidade para contestar operações internas da sociedade seja dos sócios, hão de ser excepcionadas situações nas quais terceiros estejam sendo diretamente afetados, exatamente como ocorre na espécie, em que a administração da sócia majoritária, uma holding familiar, é exercida por usufrutuário, fazendo com que os nu-proprietários das quotas tenham interesse jurídico e econômico em contestar a prática de atos que estejam modificando a substância da coisa dada em usufruto, no caso pela diluição da participação da própria holding familiar em empresa por ela controlada".

[73] "Agravo de instrumento. Ação anulatória de transferência de imóveis. Tutela provisória para bloqueio das respectivas matrículas. Holding familiar, de que apenas a agravada, também filha, não faria parte, a que transferidos bens do patriarca. Limites da doação em vida pelo autor da herança. Conferência que se dá em substância, tudo ademais da asserção de verdadeira simulação. Hipótese em que se justifica a medida acautelatória deferida na origem. Decisão mantida. Recurso desprovido" (TJSP, 1ª Câmara de Direito Privado, Agravo de Instrumento nº 2263654-16.2018.8.26.0000, Rel. Des. Cláudio Godoy, j. 28/02/2019).

ascendente para descendente (ofuscando verdadeira doação), a partir de análise crítica dos precedentes o STJ sobre a matéria, defendeu-se:

(i) São duas as soluções oferecidas pela ordem jurídica civil, para as hipóteses de compra e venda simulada de ascendente para descendente, a fim de ocultar doação: (i) no prazo de dois anos, pode-se pleitear a *anulação* do negócio, na forma do art. 496 do Código Civil, comprovando-se os requisitos legais e jurisprudenciais, cujo efeito será a desconstituição da operação negocial e o retorno do objeto alienado ao patrimônio do ascendente/vendedor; ou (ii) dentro ou fora do prazo de dois anos (visto que, em regra, as nulidades absolutas não prescrevem), pode-se pleitear a nulidade do negócio simulado (compra e venda direta ou por interposta pessoa), cujo efeito dependerá da análise da validade da substância e da forma do negócio dissimulado, que pode subsistir (art. 167, §1º, parte final, do Código Civil).

(ii) O verdadeiro fundamento apto a caracterizar a *justa causa* para o pedido anulatório não é a existência de simulação, por si só, de um contrato por outro, mas a presença de elementos que traduzam a tentativa de infringir a legítima. A simulação pode, ou não, servir-se de instrumento a este objetivo. Mas não necessariamente. Essa é a finalidade da norma protetiva do art. 496 do diploma civil.

(iii) Com relação à doação dissimulada é preciso identificar se houve o preenchimento dos requisitos formais dos arts. 104 e 541 do Código Civil e, especialmente, se a doação respeitou a legítima dos demais herdeiros necessários, se houver. Neste quesito, alguns apontamentos são necessários: (i) é necessário apurar se houve cláusula contratual no sentido de que os bens doados tenham saído da parte disponível do doador, como autoriza o art. 2.005 do Código Civil; (ii) caso contrário, se o valor do bem doado, a ser apurado no momento da doação, superou a legítima do donatário e ingressou nas legítimas dos coerdeiros (art. 549 do Código Civil); (iii) se a doação teve caráter universal, sem a reserva de parte ou renda suficiente para a subsistência do ascendente/doador (art. 548 do Código Civil).

No que concerne ao debate sobre a licitude dos negócios realizados pelo próprio titular do patrimônio, com vistas ao planejamento de sua própria sucessão, em face da regra que veda o pacto sucessório (art. 426 do Código Civil), defendeu-se:

(iv) Sob uma perspectiva funcional, a regra que torna defeso o pacto sucessório – para além de seus fundamentos morais e lógicos – parece voltada mais ao controle sobre as condutas dos futuros herdeiros, que propriamente daquele de cuja herança virá. Ao titular do patrimônio, como expressão de sua autonomia, nada impede que disponha livremente de seus bens, *desde que não tenha por escopo burlar a legítima dos herdeiros necessários*.

(v) O elemento central das regras que limitam o poder de dispor do futuro autor da herança é o respeito à legítima dos herdeiros necessários. Com relação aos negócios realizados pelo próprio titular do patrimônio, distintos daqueles legalmente previstos (venda ou doação de ascendente para descendente;

e disposições testamentárias), pode o proprietário dos bens deles dispor, inclusive com vistas à realização de planejamento sucessório, desde que respeite a legítima dos herdeiros necessários. Segue-se o mesmo critério das demais normas, por via de interpretação teleológica e sistemática, não havendo espaço para suprimir categorias e arranjos legítimos da ordem jurídica (tais como as *holdings* familiares).

(vi) Não importa a natureza jurídica do arranjo implementado para o planejamento sucessório de determinado titular de um patrimônio, se houver prática de simulação sem qualquer deles, os efeitos são aqueles previstos no art. 167, §1º, do Código Civil. Em se tratando de simulação absoluta (hipótese mais rarefeita), simplesmente declara-se a nulidade do contrato simulado. Se o caso for de simulação relativa, declara(m)-se nulo(s) o(s) negócio(s) simulado(s) e se passa a formular juízo de validade e eficácia sobre o negócio dissimulado, em sua forma e substância, de modo a aproveitá-lo naquilo que for compatível com o ordenamento jurídico.

Referências

ALARCÃO, Rui de. Simulação. *Boletim do Ministério da Justiça*, n. 84. Lisboa: [s.n.], 1959.

AMARAL, Francisco. *Direito civil*: introdução. Rio de Janeiro: Renovar, 2003.

ANDRADE, Manuel de. *Teoria geral da relação jurídica*. Coimbra: Almedina, 1964.

ASCENSÃO, José de Oliveira. *Teoria geral do direito civil*: acções e factos jurídicos. v. 2. Coimbra: Coimbra Ed., 1999.

AZEVEDO, Antonio Junqueira de. *Negócio jurídico*: existência, validade e eficácia. 4. ed. São Paulo: Saraiva, 2002.

BETTI, Emilio. *Teoria general del negocio jurídico*. 2. ed. Madrid: Ed. Revista de Derecho Privado, 1959.

CARBONNIER, Jean. *Droit civil*. Tome 2. Paris: Puf, 2017.

DELGADO, Mario Luiz. Da renúncia prévia ao direito concorrencial por cônjuges e companheiros. *Revista Consultor Jurídico*, abr. 2019. Disponível em: https://www.conjur.com.br/2019-abr-07/processo-familiar-renuncia-previa-direito-concorrencial-conjuge-companheiro. Acesso em 10/07/2020.

DELGADO, Mário Luiz; MARINHO JÚNIOR, Jânio Urbano. "Posso renunciar à herança em pacto antenupcial?". *Revista IBDFAM*, v. 31, p. 9-21, jan./fev. 2019.

DELGADO, Mário Luiz; MARINHO JÚNIOR, Janio Urbano. Fraudes no planejamento sucessório. *In*: TEIXEIRA, Daniele Chaves (Coord.). *Arquitetura do planejamento sucessório*. 1. ed. Belo Horizonte: Fórum, 2018.

FARIAS, Cristiano Chaves de; ROSENVALD, Nelson. *Curso de direito civil*: contratos. v. 4. São Paulo: Atlas, 2015.

FERRARA, Francesco. *La simulación en los negocios jurídicos*. Madrid: Ed. Revista de Derecho Privado, 1960.

GAMA, Guilherme Calmon Nogueira da. *Direito civil*: sucessões. São Paulo: Atlas, 2007.

GARCÍA, Manuel Albaladejo. *La simulación*. Madrid: Ed. Edisofer, 2005.

GOMES, Orlando. *Sucessões*. Rio de Janeiro: Forense, 2008.

HIRONAKA, Giselda Maria Fernandes Novaes; TARTUCE, Flávio. Planejamento sucessório: conceito, mecanismos e limitações. *Revista Brasileira de Direito Civil – RBDCivil*, Belo Horizonte, v. 21, p. 87-109, jul./set. 2019.

LÔBO, Paulo. *Direito civil*: contratos. São Paulo: Saraiva, 2011.

MADALENO, Rolf. Renúncia de herança em pacto antenupcial. *Revista de Direito das Famílias e Sucessões*, Belo Horizonte, n. 27, p. 9-57, 2018.

MAXIMILIANO, Carlos. *Direitos das sucessões*. v. 2. Rio de Janeiro: Freitas Bastos, 1937.

MESSINEO, Francesco. *Dottrina generale del contratto*. T. 2. Milano: Giuffrè, 1946.

MOTA PINTO, Carlos Alberto. *Teoria geral do direito civil*. Coimbra: Coimbra Editora, 2005.

OLIVA, Milena Donato. Trust. *In*: TEIXEIRA, Daniele Chaves (Coord.). *Arquitetura do planejamento sucessório*. 1. ed. Belo Horizonte: Fórum, 2018.

PEREIRA, Caio Mário da Silva. *Instituições de direito civil*: direito das sucessões. v. 6. Rio de Janeiro: Forense, 2012.

PONTES DE MIRANDA, Francisco Cavalcanti. *Tratado de direito privado*. t. LV. Rio de Janeiro: Borsoi, 1957.

PUGLIATTI, Salvatore. *I fatti giuridici*. Milano: Giuffrè Editore, 1996.

RIZZARDO, Arnaldo. *Contratos*. Rio de Janeiro: Forense, 2018.

RIZZARDO, Arnaldo. *Direito das sucessões*. 8. ed. Rio de Janeiro: Forense, 2014.

ROSENVALD, Nelson. *Código Civil comentado*: doutrina e jurisprudência: Lei 10.406, de 10.01.2002. Coord. Cezar Peluso. São Paulo: Manole, 2014.

SANTOS, Beleza dos. *A simulação em direito civil*. Coimbra: Almedina, 1921.

SIMÃO, José Fernando. *Repensando a noção de pacto sucessório*: de lege ferenda. Disponível em: http://www. cartaforense.com.br/conteudo/colunas/repensando-a-nocaode-pacto-sucessorio-de-lege-ferenda/17320: Acesso em: 10 de julho de 2020.

SOUZA, Eduardo Nunes de. *Teoria geral das invalidades do negócio jurídico*. São Paulo: Almedina, 2017.

TEIXEIRA, Daniele. Noções prévias do direito das sucessões: sociedade, funcionalização e planejamento sucessório. *In*: TEIXEIRA, Daniele Chaves (Coord.). *Arquitetura do planejamento sucessório*. 1. ed. Belo Horizonte: Fórum, 2018.

TEPEDINO, Gustavo; BARBOZA, Heloisa Helena; Maria Celina BODIN DE MORAES. *Código civil interpretado conforme a Constituição da República*. Vol. I. Rio de Janeiro: Renovar, 2014.

TEPEDINO, Gustavo; NEVARES, Ana Luiza Maia; MEIRELES, Rose Melo Vencelau *Fundamentos do direito civil*: direito das sucessões. Rio de Janeiro: Forense, 2020.

TRABUCCHI, Alberto. *Istituzione di diritto civile*. T. I. Padova: Cedam, 1971.

Informação bibliográfica deste texto, conforme a NBR 6023:2018 da Associação Brasileira de Normas Técnicas (ABNT):

REIS JÚNIOR, Antonio dos. A simulação no planejamento sucessório. *In*: TEIXEIRA, Daniele Chaves (Coord.). *Arquitetura do Planejamento Sucessório*. Belo Horizonte: Fórum, 2021. p. 329-349. Tomo II. ISBN 978-65-5518-117-3.

APLICAÇÕES DA DISCIPLINA DO ENRIQUECIMENTO SEM CAUSA NO PLANEJAMENTO SUCESSÓRIO

EDUARDO NUNES DE SOUZA
RODRIGO DA GUIA SILVA

1 Introdução

O[1] crescente interesse da comunidade acadêmica pela difusão dos mecanismos de planejamento sucessório enfrenta o constante desafio de revisitar os limites impostos pelo ordenamento jurídico à autonomia da pessoa humana para dispor acerca do destino dos seus bens para após o término da sua vida.[2] Entre tais limites, assume particular destaque a legítima[3] assegurada aos herdeiros necessários (art. 1.846 do Código Civil).[4] Por vezes, compreendida como corolário da própria garantia constitucional do

---

[1]   Os autores agradecem ao bolsista de iniciação científica Matheus Mendes de Moura pelo auxílio com pesquisas para o presente trabalho.

[2]   A temática encontra oportuna síntese em AZEVEDO, Antonio Junqueira de. O espírito de compromisso do direito das sucessões perante as exigências individualistas de autonomia da vontade e as supra-individualistas da família. Herdeiro e legatário. *Revista da Faculdade de Direito da Universidade de São Paulo*, vol. 95, 2000, *passim*. A demonstrar o dilema constante da matéria, alude-se à "rigidez do sistema sucessório brasileiro": "O planejamento sucessório enfrenta algumas dificuldades para sua efetivação. As principais são: a) a demanda por uma maior autonomia do autor da herança perante os limites de nosso sistema sucessório; e b) a questão legislativa e a problematização de leis no tempo. O primeiro problema decorre exatamente da procura da sociedade por maior autonomia ao dispor de seu patrimônio, em contraposição à rigidez do sistema sucessório brasileiro, expresso nas disposições de limite da legítima, na proibição dos pactos sucessórios, nas limitações às doações, nos regimes de bens e seus respectivos efeitos no ordenamento jurídico. Com o Código Civil de 2002, agravou-se a situação de pouca liberdade com a inserção do cônjuge como herdeiro necessário" (TEIXEIRA, Daniele Chaves. *Planejamento sucessório*: pressupostos e limites. 2. ed. Belo Horizonte: Fórum, 2019, p. 66). Para o desenvolvimento da análise acerca dos desafios à expansão ou à plena realização da autonomia privada no âmbito do direito sucessório, v., ainda, por todos, CORTIANO JUNIOR, Eroulths; RAMOS, André Luiz Arnt. Liberdade testamentária *versus* sucessão forçada: anotações preliminares sobre o direito sucessório brasileiro. *Revista de Estudos Jurídicos e Sociais*, n. 4, maio 2015, *passim*; e SILVA, Rafael Cândido da. *Pactos sucessórios e contratos de herança*: estudo sobre a autonomia privada na sucessão *causa mortis*. Salvador: JusPodivm, 2019, p. 167 e ss.

[3]   Não à toa, identifica-se a legítima como uma "regra de ouro" do planejamento sucessório: "A *primeira regra de ouro* do planejamento sucessório é relacionada à proteção da quota dos herdeiros necessários ou reservatários, denominada *legítima*, e que corresponde, no atual sistema jurídico nacional, a cinquenta por cento do patrimônio do autor da herança (art. 1.846 do Código Civil de 2002)" (HIRONAKA, Giselda Maria Fernandes Novaes; TARTUCE, Flávio. Planejamento sucessório: conceito, mecanismos e limitações. *Revista Brasileira de Direito Civil*, vol. 21, jul.-set./2019, p. 90).

[4]   *In verbis*: "Art. 1.846. Pertence aos herdeiros necessários, de pleno direito, a metade dos bens da herança, constituindo a legítima". O rol de herdeiros necessários está contido no art. 1.845 do Código Civil (*in verbis*: "Art.

direito à herança[5] (art. 5º, XXX, da Constituição Federal),[6] a cota legitimária constitui restrição das mais expressivas à liberdade de testar[7] – ao menos no plano das relações patrimoniais, campo precípuo de análise do presente estudo.

A enunciação da legítima, contudo, depende, como imperativo lógico, da correlata identificação dos critérios idôneos a determinar a extensão da liberdade conferida ao testador (art. 1.789 do CC/2002).[8] De fato, sequer se poderia efetivamente implementar a restrição traduzida pela cota legitimária sem que se definissem, preliminarmente, o marco temporal para a apuração do patrimônio do autor da herança (pressuposto lógico para a aferição da parte disponível e da parte indisponível) e, em especial, o marco temporal para a apuração do valor dos bens por ele doados em vida (bens esses que, em regra, devem ser conferidos por ocasião da abertura da sucessão para fins de igualarem-se os

---

1.845. São herdeiros necessários os descendentes, os ascendentes e o cônjuge"), valendo sinalizar a controvérsia atual sobre o reconhecimento ou não dos companheiros como herdeiros necessários, em especial após a conclusão do Supremo Tribunal Federal quanto à inconstitucionalidade do art. 1.790 do Código Civil, sob o fundamento de que "[N]ão é legítimo desequiparar, para fins sucessórios, os cônjuges e os companheiros, isto é, a família formada pelo casamento e a formada por união estável", vez que tal "hierarquização entre entidades familiares é incompatível com a Constituição de 1988" (STF, Tribunal Pleno, RE 878.694/MG, Rel. Min. Roberto Barroso, julg. 10/5/2017; STF, Tribunal Pleno, RE 646.721/RS, Rel. p/ Acórdão Min. Roberto Barroso, julg. 10/5/2017). A ilustrar a proposição de reconhecimento do companheiro como herdeiro necessário, v., por todos, NEVARES, Ana Luiza Maia. A condição de herdeiro necessário do companheiro sobrevivente. *Revista Brasileira de Direito Civil*, vol. 23, jan-.mar./2020, *passim*; e TARTUCE, Flávio. *Manual de direito civil*: volume único. 9. ed. Rio de Janeiro: Método, 2019, p. 1.491. Em sentido contrário, v., por todos, XAVIER, Luciana Pedroso; XAVIER, Marília Pedroso. O planejamento sucessório colocado em xeque: afinal, o companheiro é herdeiro necessário? *In*: TEIXEIRA, Daniele Chaves (Coord.). *Arquitetura do planejamento sucessório*. 2. ed. Belo Horizonte: Fórum, 2019, *passim*.

5 A identificar o art. 5º, XXX, da Constituição Federal como o "fundamento constitucional do direito à legítima", v. BARBOZA, Heloisa Helena; ALMEIDA, Vitor. Partilha em vida como forma de planejamento sucessório. *In*: TEIXEIRA, Daniele Chaves (Coord.). *Arquitetura do planejamento sucessório*. 2. ed. Belo Horizonte: Fórum, 2019, p 487. Em sentido próximo, v. GOZZO, Débora. A busca pela igualdade no direito fundamental de herança: herdeiros reservatários e a colação. *Direitos Fundamentais & Justiça*, a. 9, n. 33, out.-dez./2015, p. 103-105.

6 *In verbis*: "Art. 5º Todos são iguais perante a lei, sem distinção de qualquer natureza, garantindo-se aos brasileiros e aos estrangeiros residentes no País a inviolabilidade do direito à vida, à liberdade, à igualdade, à segurança e à propriedade, nos termos seguintes: [...] XXX - é garantido o direito de herança". A elucidar a mais adequada exegese da garantia constitucional do direito à herança, afirma-se: "A Constituição Federal de 1988 garante o direito de herança em seu art. 5º, inc. XXX, do Título II, concernente aos direitos e garantias fundamentais. Objetiva-se, com esta garantia, impedir que a sucessão *mortis causa* seja suprimida do nosso ordenamento jurídico, com a consequente apropriação pelo Estado dos bens do indivíduo, após a sua morte" (NEVARES, Ana Luiza Maia. Fundamentos da sucessão legítima. *In*: TEIXEIRA, Ana Carolina Brochado; RIBEIRO, Gustavo Pereira Leite (Coord.). *Manual de direito das famílias e das sucessões*. 2. ed. Belo Horizonte: Del Rey, 2010, p. 585). No mesmo sentido, v. SCHREIBER, Anderson; VIÉGAS, Francisco de Assis. Por uma releitura funcional da legítima no direito brasileiro. *Revista de Direito Civil Contemporâneo*, vol. 19, a. 6, abr.-jun./2019, p 228.

7 Não por acaso, afloram em doutrina proposições de revisitação da intangibilidade da legítima, esforço que usualmente se faz acompanhado da preocupação de se assegurar que a legítima se destine precipuamente à tutela de vulnerabilidades no âmbito das relações familiares. A esse respeito, v., por todos, PIRES, Caio Ribeiro. *A legítima e a tutela sucessória da pessoa humana*: uma análise à luz do direito civil constitucional. Dissertação de mestrado. Universidade do Estado do Rio de Janeiro. Rio de Janeiro, 2020, *passim*; SCHREIBER, Anderson; VIÉGAS, Francisco de Assis. Por uma releitura funcional da legítima no direito brasileiro, cit., *passim*; TEIXEIRA, Daniele Chaves; COLOMBO, Maici Barboza dos Santos. Faz sentido a permanência do princípio da intangibilidade da legítima no ordenamento jurídico brasileiro? *In*: TEIXEIRA, Daniele Chaves (Coord.). *Arquitetura do planejamento sucessório*. 2. ed. Belo Horizonte: Fórum, 2019, *passim*; e JEREISSATI, Régis Gurgel do Amaral. A vulnerabilidade, a solidariedade familiar e a afetividade como critérios para o reconhecimento do herdeiro necessário na sucessão legítima. *In*: TEIXEIRA, Daniele Chaves (Coord.). *Arquitetura do planejamento sucessório*. 2. ed. Belo Horizonte: Fórum, 2019, *passim*.

8 *In verbis*: "Art. 1.789. Havendo herdeiros necessários, o testador só poderá dispor da metade da herança".

quinhões dos herdeiros necessários). Eis, em síntese, o escopo da disciplina da colação, evidenciado pela própria literalidade do art. 2.002, *caput*, do CC/2002.[9]

Nesse contexto de desafios à implementação do planejamento sucessório, o presente estudo tem por objetivo central investigar as perspectivas de atuação da disciplina do enriquecimento sem causa na matéria. Analisa-se, inicialmente, a peculiar circunstância de a vedação ao enriquecimento injustificado ser invocada de modo igualmente atécnico por duas correntes teóricas frontalmente divergentes no que diz respeito à definição do marco temporal relevante para fins de apuração do valor dos bens doados no âmbito da colação (item 2, *infra*). Na sequência, busca-se identificar um exemplo de autêntica aplicação do instituto da vedação ao enriquecimento sem causa, especificamente para o equacionamento de possíveis situações litigiosas tendo por referência hipóteses de planejamento sucessório em que venha a se configurar doação inoficiosa (item 3, *infra*).

2 A curiosa invocação da vedação ao enriquecimento como fundamento de entendimentos contrapostos em matéria de colação

A origem da histórica celeuma em matéria de colação remonta, pelo menos, ao Código Civil de 1916, cujo art. 1.792, *caput*, estabelecia que "[O]s bens doados, ou dotados, imóveis, ou móveis, serão conferidos pelo valor certo, ou pela estimação que deles houver sido feita na data da doação". Em complemento da disciplina, o §2º do referido art. 1.792 do CC/1916 expressamente excluía da colação o valor das benfeitorias acrescidas ao bem.[10] A mesma orientação quanto ao marco temporal para apuração do valor dos bens doados foi acolhida pelo art. 488, §2º, do Código de Processo Civil de 1939.[11]

Consagravam-se, assim, (i) o critério da conferência pelo valor certo ou estimativo[12] e (ii) o momento da liberalidade como o marco temporal relevante para a definição do

---

[9] *In verbis*: "Art. 2.002. Os descendentes que concorrerem à sucessão do ascendente comum são obrigados, para igualar as legítimas, a conferir o valor das doações que dele em vida receberam, sob pena de sonegação". A destacar a função primordial da colação, afirma-se: "No direito sucessório moderno, o princípio dominante é o da igualdade dos quinhões. O monte partível se dividirá em tantas quotas iguais quantos são os herdeiros. Quando o ascendente beneficia um descendente, seja com uma doação, seja com a constituição de um dote, seja com a provisão de fundos com que pagar suas dívidas, estará rompendo aquela *par conditio* e desfalcando o monte em detrimento dos demais, mesmo que não haja ultrapassado a metade assegurada dos herdeiros. Presume-se que a liberalidade teve caráter de antecipação de seu quinhão, salvo declaração expressa, em contrário, da parte do doador. Com o fito de restabelecer a igualdade rompida, criou o Direito Romano a *collatio bonorum* e a *collatio dotis*, de elaboração pretoriana, de que provém a colação no direito moderno (*collazione* no italiano, *rapport* no francês, *colación* no espanhol, *Kollation* no germânico). Consiste ela na restituição, ao monte, das liberalidades recebidas em vida, para obter-se a igualdade dos quinhões hereditários, ao se realizar a partilha" (PEREIRA, Caio Mário da Silva. *Instituições de direito civil*. Volume VI. 22. ed. Atual. Carlos Roberto Barbosa Moreira. Rio de Janeiro: Forense, 2015, p. 378).

[10] *In verbis*: "Art. 1.792. [...] §2º Só o valor dos bens doados ou dotados entrará em colação; não assim o das benfeitorias acrescidas, as quais pertencerão ao herdeiro donatário, correndo também por conta deste os danos e perdas, que eles sofrerem".

[11] *In verbis*: "Art. 488. Terminadas as avaliações, e havendo bens sujeitos a colação, os herdeiros que os houverem recebido serão notificados para conferi-los. [...] §2º Se o valor da doação, ou do dote, não constar do ato respectivo, nem houver estimação feita na época desse ato, o avaliador atribuirá aos bens conferidos o valor que teriam ao tempo da doação ou do dote".

[12] Ressalve-se, por oportuno, a existência de certa linha de entendimento segundo a qual do art. 1.786, parágrafo único, do CC/1916 ("Parágrafo único. Se ao tempo do falecimento do doador ou doadores, os donatários já não possuírem os bens doados, trarão à colação o seu valor") decorreria a prioridade da colação em substância. Nesse

valor do bem doado, opção aplaudida pela vertente doutrinária preocupada em evitar que os demais herdeiros viessem a se beneficiar injustificadamente pela valorização que houvesse presumidamente decorrido do labor do próprio herdeiro previamente contemplado pela doação de certo bem.[13] Entendimento diverso conduziria, segundo essa linha de raciocínio, ao *enriquecimento sem causa* dos demais herdeiros.[14]

A esse entendimento contrapunha-se a formulação teórica segundo a qual o marco temporal relevante para a equalização dos quinhões dos herdeiros necessários haveria de ser a data da abertura da sucessão. À luz desse raciocínio, somente no momento da abertura da sucessão poder-se-ia definir, com precisão, a extensão da vantagem auferida pelo herdeiro contemplado pelo adiantamento da legítima.[15] Argumentava-se que raciocínio diverso conduziria a *enriquecimento sem causa* do herdeiro previamente beneficiado pela doação em desfavor dos demais herdeiros, uma vez que esse donatário conservaria apenas para si a valorização e os rendimentos extraídos do bem, em frustração da igualdade prometida aos herdeiros necessários.[16]

Tal proposição restou acolhida pelo Código de Processo Civil de 1973, que estabelecia o dever do herdeiro de colacionar "por termo nos autos os bens que recebeu ou, se já os não possuir, trar-lhes-á o valor" (art. 1.014, *caput*), além de preceituar que "[O]s bens que devem ser conferidos na partilha, assim como as acessões e benfeitorias que o donatário fez, calcular-se-ão pelo valor que tiverem ao tempo da abertura da sucessão" (art. 1.014, parágrafo único). Consagravam-se, assim, (i) o critério da conferência do bem em substância e, para a hipótese de o herdeiro não mais ter o bem em seu poder, (ii) o

---

sentido, v, ilustrativamente, CARVALHO, Luiz Paulo Vieira de. *Direito das sucessões*. 2. ed. São Paulo: Atlas, 2015, p. 940 e ss.

[13] Para o desenvolvimento da análise acerca da orientação adotada pelo CC/1916, v., por todos, BEVILÁQUA, Clóvis. *Direito das sucessões*. Campinas: Red Livros, 2000, p. 448 e ss.

[14] A ilustrar a manifestação dessa preocupação na doutrina contemporânea, afirma-se: "impõe-se a ressalva acerca da complexidade envolvida na apuração dessa indenização, que opera em favor do donatário desidioso, posto ser corriqueiro o fato de os donos das obras, ou os responsáveis pelo pagamento das despesas com a coisa, não conservarem em seu poder os comprovantes das despesas realizadas. De fato, não raro esses valores são pagos em dinheiro, diretamente a empreiteiros, pedreiros, eletricistas, encanadores e outros tantos prestadores de serviços, ou mesmo em lojas de materiais de construção, e os respectivos recibos, quando existentes, acabam por se perder ao longo do tempo. Some-se a isso o fato de a valorização do imóvel não possuir exata correlação com os custos para a efetivação da benfeitoria ou da acessão, pois o acréscimo de um cômodo ou de uma garagem em um imóvel, por exemplo, significa um aumento no seu valor de mercado muito superior ao valor despendido para a sua construção. Como consequência dessa falta de provas, aliada à dificuldade na aferição da valorização do imóvel levada a efeito pelo donatário, o herdeiro que nada contribuiu para esse incremento acaba dele se beneficiando indevidamente, o que, na opinião deste coautor, caracteriza o enriquecimento indevido, vedado por nosso ordenamento" (HIRONAKA, Giselda Maria Fernandes Novaes; AGUIRRE, João Ricardo Brandão. Quais os parâmetros vigentes para a realização das colações das doações realizadas em adiantamento da legítima? *Revista de Direito Civil Contemporâneo*, vol. 17, out.-dez./2018, item 3).

[15] Relata-se: "O principal argumento dessa corrente está ligado às alterações de valor geralmente sofridas pelos bens, do momento da liberalidade até a data do óbito, podendo uns serem valorizados e outros desvalorizados, independentemente da atuação do herdeiro-donatário, beneficiando alguns herdeiros e prejudicando outros de maneira fortuita. Assim, parece-lhes mais pertinente a fixação de um marco único para avaliação de todos os bens, tanto os doados, quanto os existentes no espólio, a fim de garantir maior equivalência na valoração e efetiva igualdade entre os herdeiros" (VIEIRA, Carla Eduarda de Almeida. Direito das sucessões e o novo Código de Processo Civil: considerações sobre as idas e vindas da colação. *Revista de Direito Civil Contemporâneo*, vol. 15, abr.-jun./2018, item 2.5).

[16] Ao analisar o CC1916, ponderava Clóvis BEVILÁQUA: "seria mais natural apreciar o valor dos bens colacionados ao tempo da abertura da sucessão; mas o Código preferiu atender à diminuição efetivamente sofrida pelo patrimônio do doador, com o fato da doação" (*Código Civil dos Estados Unidos do Brasil*, vol. II. Rio de Janeiro: Editora Rio, 1976, p. 1025).

momento da abertura da sucessão como o marco temporal relevante para a definição do valor do bem doado. Com isso, diante da antinomia com norma posterior de igual hierarquia, logo se concluiu que teria restado tacitamente revogado o art. 1.792 do CC/1916.[17] Registre-se, ademais, que, como se extrai da leitura do dispositivo em comento, o diploma processual incluiu as acessões e benfeitorias no âmbito do dever de colação a cargo do herdeiro contemplado pelo autor da herança ainda em vida, escolha coerente com o marco temporal adotado pela norma.

Os debates doutrinários seguiram, assim como as sucessivas reviravoltas no plano legislativo. Em oposição à orientação adotada pelo CPC/1973, argumentava-se, em doutrina, que a apuração do valor dos bens na data da abertura da sucessão poderia propiciar enriquecimento injustificado dos demais herdeiros, que jamais contribuíram para a valorização do bem doado.[18] A situação assumiria contornos ainda mais sensíveis na hipótese de o bem ter recebido benfeitorias e acessões por iniciativa do donatário, o que afastaria até mesmo o caráter fortuito que, não raro, vem associado à valorização do bem – como sucede, por exemplo, com imóveis que se valorizam consideravelmente por razões mercadológicas, por investimentos do Poder Público na localidade do bem etc.[19]

As críticas à escolha política do CPC/1973 vieram a restar acolhidas pelo Código Civil de 2002.[20] Retomando a posição originária do CC/1916, o CC/2002 estabeleceu que "[O] valor de colação dos bens doados será aquele, certo ou estimativo, que lhes atribuir o ato de liberalidade" (art. 2.004, *caput*), com expressa exclusão das benfeitorias, rendimentos ou lucros (art. 2.004, §2º).[21] Ao mencionar *rendimentos ou lucros* ao lado das *benfeitorias*, o CC/2002 revela coerência no propósito de atribuir ao herdeiro contemplado pela doação as mais diversas vantagens porventura oriundas da exploração do bem[22] –

---

[17] Assim relatam, por exemplo, OLIVEIRA, Alexandre Miranda; TEIXEIRA, Ana Carolina Brochado. A colação e seus reflexos no planejamento sucessório. *In*: TEIXEIRA, Daniele Chaves (Coord.). *Arquitetura do planejamento sucessório*. 2. ed. Belo Horizonte: Fórum, 2019, p. 55.

[18] Nesse sentido, por exemplo, Orlando GOMES pondera que "Códigos modernos prescrevem [...] que o valor dos bens doados é o que eles tiverem à data da abertura da sucessão", mas ressalva que apenas devem ser consideradas as oscilações de valor "que não resultarem de melhoramentos feitos pelo donatário" (*Sucessões*. Rio de Janeiro: Forense, 2008, p. 295).

[19] Embora direcionada ao CPC/2015, afigura-se pertinente (por se referir ao critério da substância) a seguinte argumentação: "No entanto, pela teoria da substância, reacendida pelo novo CPC [CPC/2015], as benfeitorias e acessões realizadas pelo donatário devem ser trazidas à colação, somadas ao próprio bem. Isso significa mais uma vantagem indevida para os demais herdeiros, em detrimento do donatário cioso e diligente" (HIRONAKA, Giselda Maria Fernandes Novaes; AGUIRRE, João Ricardo Brandão. Quais os parâmetros vigentes para a realização das colações das doações realizadas em adiantamento da legítima?, cit., item 3).

[20] Ao propósito da orientação acolhida pelo CC/2002, v., por todos, CARVALHO, Luiz Paulo Vieira de. *Direito das sucessões*, cit., p. 943 e ss.; e VENOSA, Sílvio de Salvo. *Direito civil*. Volume 7: direito das sucessões. 13. ed. São Paulo: Atlas, 2013, p. 388-389.

[21] *In verbis*: "Art. 2.004. O valor de colação dos bens doados será aquele, certo ou estimativo, que lhes atribuir o ato de liberalidade. §1º Se do ato de doação não constar valor certo, nem houver estimação feita naquela época, os bens serão conferidos na partilha pelo que então se calcular valessem ao tempo da liberalidade. §2º Só o valor dos bens doados entrará em colação; não assim o das benfeitorias acrescidas, as quais pertencerão ao herdeiro donatário, correndo também à conta deste os rendimentos ou lucros, assim como os danos e perdas que eles sofrerem". Registre-se, por oportuno, que o art. 2.003, parágrafo único, do CC/2002 admite que a colação dos bens se dê *in natura* (e não *in valorem*) quando "não houver no acervo bens suficientes para igualar as legítimas dos descendentes e do cônjuge". Para uma análise dessa hipótese reputada *excepcional* no contexto do CC/2002, v. OLIVEIRA, Alexandre Miranda; TEIXEIRA, Ana Carolina Brochado. A colação e seus reflexos no planejamento sucessório, cit., p. 56.

[22] "Note-se que, como o CC [de 2002] usava o momento da doação para fins do cálculo do valor, as acessões e benfeitorias posteriores, assim com danos que o bem sofresse após a doação, eram irrelevantes para fins de cálculo do valor. A opção do CC era lógica: evita-se que o trabalho e esforço de um dos filhos quanto ao bem beneficiasse

bem como os riscos de danos e perdas, a bem da verdade, como explicita a parte final do art. 2.004, §2º.[23]

O mais recente estágio da celeuma – ao menos, no plano legislativo – se associa à promulgação do Código de Processo Civil de 2015. O art. 639, parágrafo único, do novo diploma processual, retomando o direcionamento do seu antecessor de 1973, estabelece que "[O]s bens a serem conferidos na partilha, assim como as acessões e as benfeitorias que o donatário fez, calcular-se-ão pelo valor que tiverem ao tempo da abertura da sucessão".[24] Segue presente na práxis a invocação da vedação ao enriquecimento sem causa como suposto fundamento a legitimar a escolha do CPC/2015.[25]

Em meio a essa complexa sucessão de orientações legislativas, permanece controvertida a matéria atinente ao critério a reger a avaliação dos bens doados para fins de colação, encontrando-se na doutrina contemporânea proposições as mais diversas, ora no sentido da primazia do art. 2.004 do CC/2002, ora no sentido da prevalência do art. 639 do CPC/2015,[26] ora, ainda, no sentido da compatibilização entre as normas dos dois diplomas.[27] Não se pretende, no presente estudo, examinar propriamente os acertos

---

o outro no momento da colação" (SIMÃO, José Fernando. *In*: SCHREIBER, Anderson *et alii*. *Código Civil comentado*: doutrina e jurisprudência. Rio de Janeiro: Forense, 2019, p. 1.546). Ao propósito, v., ainda, TEPEDINO, Gustavo; NEVARES, Ana Luiza Maia; MEIRELES, Rose Melo Vencelau. *Fundamentos do direito civil*. Volume 7: direito das sucessões. Rio de Janeiro: Forense, 2020, p. 260.

[23] Ao propósito, v. BARBOZA, Heloisa Helena; BODIN DE MORAES, Maria Celina; TEPEDINO, Gustavo *et alii*. *Código Civil interpretado conforme a Constituição da República*. Volume IV. Rio de Janeiro: Renovar, 2014, p. 877-878.

[24] Para o desenvolvimento da análise acerca do art. 639, parágrafo único, do CPC/2015, v., por todos, NEVES, Daniel Amorim Assumpção. *Manual de direito processual civil*. 11. ed. Salvador: JusPodivm, 2019, p. 959 e ss.

[25] Veja-se, ilustrativamente: "Inventário. Colação de bem imóvel. Valor a ser considerado. Conflito aparente entre o artigo 2.004, do Código Civil de 2002, que determina seja considerado o valor do bem ao tempo da liberalidade, e artigo 639, parágrafo único, do Código de Processo Civil de 2015, que ordena que o cálculo seja pelo valor que o bem possua ao tempo da abertura da sucessão. Colação que se destina a permitir a justa partilha de bens, com respeito à legítima, uma vez que a doação realizada entre ascendente e descente importa em adiantamento da herança, conforme artigo 544, do Código Civil. Legítima que é calculada sobre o valor dos bens existentes na abertura da sucessão, por força do artigo 1.847, do código civil. *Regra do artigo 639, parágrafo único, do Código de Processo Civil que bem permite o acertamento das legítimas, sob pena de enriquecimento sem causa do herdeiro beneficiário da doação*. Critério do valor do bem ao tempo da liberalidade que deve ser aplicado apenas na hipótese de o bem não mais pertencer ao donatário. Nesse sentido, Enunciado 119 da Jornada de Direito Civil. Precedentes judiciais. Decisão reformada. Recurso provido" (TJSP, 6ª C. Dir. Priv., AI 2263436-85.2018.8.26.0000, Rel. Des. Vito Guglielmi, julg. 05/04/2019. Grifou-se).

[26] Nesse sentido, v., ilustrativamente, HIRONAKA, Giselda Maria Fernandes Novaes; AGUIRRE, João Ricardo Brandão. Quais os parâmetros vigentes para a realização das colações das doações realizadas em adiantamento da legítima?, cit., item 3; ROSA, Conrado Paulino da; RODRIGUES, Marco Antonio. *Inventário e partilha*: teoria e prática. Salvador JusPodivm, 2019, p. 388.

[27] "Em síntese apertada, promovendo interpretação sistemática e finalística dos diplomas civil e processual civil, conclui-se que o legislador brasileiro pretende levar à colação o bem segundo o real benefício econômico angariado pelos herdeiros donatários, que poderá ocorrer: (i) na data da liberalidade (bens consumíveis; que foram transferidos a terceiros gratuitamente; ou que se deterioram por culpa do donatário); (ii) na abertura da sucessão (bens que permanecem com o donatário até a data do óbito do doador); ou (iii) na data da alienação onerosa a terceiros dos bens recebidos, hipótese em que tal momento traduzirá o efetivo benefício econômico auferido pelo donatário" (TEPEDINO, Gustavo. A colação e o critério de apuração do valor das liberalidades recebidas pelos herdeiros necessários. Editorial à *Revista Brasileira de Direito Civil*, vol. 21, jul.-set./2019, p. 13). Tal formulação encontra-se refletida, em larga medida, no Enunciado n. 644 aprovado na VIII Jornada de Direito Civil promovida pelo Conselho da Justiça Federal: "Os arts. 2.003 e 2.004 do Código Civil e o art. 639 do CPC devem ser interpretados de modo a garantir a igualdade das legítimas e a coerência do ordenamento. O bem doado, em adiantamento de legítima, será colacionado de acordo com seu valor atual na data da abertura da sucessão, se ainda integrar o patrimônio do donatário. Se o donatário já não possuir o bem doado, este será colacionado pelo valor do tempo de sua alienação, atualizado monetariamente". Registre-se, ainda, que desde a I Jornada de Direito Civil, tendo por parâmetros normativos o CC/2002 e o CPC/1973, já se verificava proposta de conciliação dos diplomas material e processual, como se extrai do Enunciado n. 119: "Para evitar o enriquecimento sem causa, a colação será efetuada

ou desacertos de cada uma das linhas de pensamento, mas sim investigar o papel que o instituto da vedação ao enriquecimento sem causa pode desempenhar para a sua elucidação, diante da sua histórica invocação por correntes claramente antagônicas.[28] E, nesse ponto, impende constatar que, apesar de as diversas linhas de entendimento se moverem por esse louvável propósito de assegurar a justa distribuição dos bens em sociedade (como se extrai do brocardo latino usualmente associado à vedação ao enriquecimento sem causa – *suum cuique tribuere*),[29] o instituto em comento não parece ser capaz de fornecer subsídios efetivos para se sustentar, em tese, o acerto ou desacerto de qualquer das posições.

A simples consideração de um dos mais basilares pressupostos para a configuração da cláusula geral do dever de restituir (arts. 884-886 do Código Civil)[30] permite confirmar o quanto exposto.[31] Pense-se, para esse desiderato, no pressuposto da ausência de justa causa: qualquer que seja o parâmetro estabelecido pelo legislador (momento da liberalidade *versus* momento da abertura da sucessão), a previsão legal constitui precisamente a *justa causa* do enriquecimento auferido ora pelo donatário, ora pelos demais herdeiros (a depender do parâmetro adotado, naturalmente).[32] Não haveria,

---

com base no valor da época da doação, nos termos do *caput* do art. 2.004, exclusivamente na hipótese em que o bem doado não mais pertença ao patrimônio do donatário. Se, ao contrário, o bem ainda integrar seu patrimônio, a colação se fará com base no valor do bem na época da abertura da sucessão, nos termos do art. 1.014 do CPC, de modo a preservar a quantia que efetivamente integrará a legítima quando esta se constituiu, ou seja, na data do óbito (resultado da interpretação sistemática do art. 2.004 e seus parágrafos, juntamente com os arts. 1.832 e 884 do Código Civil)". Ainda a ilustrar um esforço conciliatório, veja-se a proposição doutrinária: "O valor da colação dos bens doados será aquele, certo ou estimativo, que lhes atribuir o ato de liberalidade (art. 2004, CC). Não é viável substituir esse critério pelo proveito ou benefício eventualmente decorrente [...] Se do ato de doação não constar valor certo, nem houver estimação feita naquela época, os bens serão conferidos na partilha pelo que então se calcular valessem ao tempo da liberalidade (arts. 639, parágrafo único, CPC, e 2.004, §2º, CC" (MARINONI, Luiz Guilherme; ARENHART, Sérgio Cruz; MITIDIERO, Daniel. *Código de Processo Civil comentado*. 6. ed. São Paulo: Thomson Reuters Brasil, 2020, p. 799).

[28] Emblemática, nesse sentido, a afirmação de que "[I]ndependentemente do parâmetro adotado, em todas as hipóteses, deve ser abatido dessa valoração todo o trabalho imputado ao herdeiro na valoração do bem, sob pena de se praticar enriquecimento sem causa, bem como averiguar sua desídia em caso de efetiva desvalorização" (OLIVEIRA, Alexandre Miranda; TEIXEIRA, Ana Carolina Brochado. A colação e seus reflexos no planejamento sucessório, cit., p. 61).

[29] Ao propósito da recorrente correlação entre a aludida máxima de conduta romana e o imperativo de vedação ao enriquecimento sem causa, v. SILVA, Rodrigo da Guia. *Enriquecimento sem causa*: as obrigações restitutórias no direito civil. São Paulo: Thomson Reuters Brasil, 2018, p. 25 e ss.

[30] *In verbis*: "Art. 884. Aquele que, sem justa causa, se enriquecer à custa de outrem, será obrigado a restituir o indevidamente auferido, feita a atualização dos valores monetários. Parágrafo único. Se o enriquecimento tiver por objeto coisa determinada, quem a recebeu é obrigado a restituí-la, e, se a coisa não mais subsistir, a restituição se fará pelo valor do bem na época em que foi exigido"; "Art. 885. A restituição é devida, não só quando não tenha havido causa que justifique o enriquecimento, mas também se esta deixou de existir"; "Art. 886. Não caberá a restituição por enriquecimento, se a lei conferir ao lesado outros meios para se ressarcir do prejuízo sofrido".

[31] Para o desenvolvimento da análise acerca da configuração da cláusula geral do dever de restituir, seja consentido remeter a SILVA, Rodrigo da Guia. Cláusula geral de restituição do enriquecimento sem causa. *Revista de Direito Privado*, vol. 103, jan.-fev./2020, *passim*.

[32] O desenvolvimento histórico da matéria levou ao reconhecimento de duas grandes categorias de títulos jurídicos aptos a legitimar a atribuição patrimonial: a lei e o negócio jurídico. Afirma-se, desse modo, que toda vantagem patrimonial legitimamente obtida a partir de patrimônio alheio deve encontrar amparo ou bem na lei, ou bem em negócio jurídico: "Julgamos, no entanto, mais adequada, neste aspecto, a perspectiva adotada no espaço europeu-continental; neste, é frequente referir-se que a causa de um enriquecimento pode consistir, designadamente, num negócio jurídico ou na lei, não faltando quem indique outras causas possíveis, tais como uma sentença ou decisão judicial ou os próprios usos" (GOMES, Júlio Manuel Vieira. O conceito de enriquecimento, o enriquecimento forçado e os vários paradigmas do enriquecimento sem causa. Porto: Universidade Católica Portuguesa, 1998, p. 471). No mesmo sentido, v. FENGHI, Francesco. Sulla sussidiarietà dell'azione generale di arricchimento senza causa. *Rivista del Diritto Commerciale e del Diritto Generale delle Obbligazioni*, n. 5-6, 1962, p. 125; e BUDISHTÉANO,

portanto, enriquecimento *sem causa* a deflagrar a obrigação restitutória *ex vi* do art. 884 do CC/2002, pois o propósito deliberado do legislador, independentemente da interpretação que se confira ao tema, teria sido a de beneficiar uma dessas partes com um título jurídico válido para o acréscimo patrimonial.

A atecnia na invocação da vedação ao enriquecimento sem causa não constitui, contudo, particularidade do direito das sucessões. De fato, no que tange ao tratamento das relações privadas patrimoniais, não raramente uma das primeiras ideias que assomam ao jurista é o recurso a essa figura, no afã de se reprimirem atribuições patrimoniais injustificadas. Embora essa constante recordação não chegue a surpreender – consistindo em uma antiga tendência quando o assunto é enriquecimento injustificado –, há de se ter em mente que o intérprete se vê diante de (ao menos) uma perigosa armadilha: a crença de que a disciplina do enriquecimento injustificado deveria, por conta própria, fornecer os parâmetros para a disciplina de diversas situações no cotidiano. Referida armadilha corresponde a um grave desvio técnico, largamente difundido na doutrina e na prática forense, em que frequentemente se invoca o enriquecimento sem causa como parâmetro valorativo *a priori* de atribuições patrimoniais, desconsiderando que o instituto é, muito ao contrário, ele próprio fruto de um juízo de valor anterior.[33]

Permita-se um esclarecimento mais detido da questão. Mostra-se bastante usual a invocação da vedação ao enriquecimento sem causa como possível fundamento para a definição da legitimidade ou não de certas atribuições patrimoniais. Afloram, nesse sentido, proposições a indicar a necessidade de desfazimento (por pronúncia de invalidade, resolução etc.) de certo contrato *sob pena de enriquecimento sem causa*. Trata-se, contudo, de grave equívoco conceitual, apesar de sutil. A origem desse equívoco parece remontar a um ímpeto de maximização das supostas potencialidades suscitadas pela abertura da noção de "sem justa causa" – um dos requisitos para a atuação do art. 884 do Código Civil –, como se com tal expressão o legislador houvesse pretendido conferir ao intérprete-aplicador uma carta em branco para a livre apreciação da justiça das atribuições patrimoniais.

Com vistas à elucidação e à superação desse equívoco conceitual, afigura-se fundamental a advertência no sentido de que a disciplina da vedação ao enriquecimento sem causa não tem por vocação definir abstrata e previamente as causas legítimas de atribuição patrimonial.[34] A esse mister destinam-se setores e comandos normativos os mais diversos no ordenamento jurídico, aos quais o direito restitutório certamente não tem pretensão de se sobrepor.

D. *De l'enrichissement sans cause*. Paris: Ernest Sagot, 1920, p. 165. Ressalve-se, por oportuno, que a referência à lei e ao negócio jurídico como possíveis causas justificadoras da atribuição do enriquecimento obtido à custa de outrem parece merecer, à luz do desenvolvimento contemporâneo da metodologia civil-constitucional, uma releitura capaz de incorporar à análise um juízo valorativo tendo por parâmetro a tábua axiológica constitucional, em percurso teórico a que já se pôde aludir como "giro conceitual do enriquecimento sem causa ao enriquecimento injusto" (SILVA, Rodrigo da Guia. *Enriquecimento sem causa*, cit., item 2.3.2).

[33] Semelhante ordem de advertência foi desenvolvida em SILVA, Rodrigo da Guia. Coronavírus e enriquecimento sem causa. *In*: MONTEIRO FILHO, Carlos Edison do Rêgo; ROSENVALD, Nelson; DENSA, Roberta (Coord.). *Coronavírus e responsabilidade civil*: impactos contratuais e extracontratuais. Indaiatuba: Foco, 2020, item 2.

[34] Assim esclarece GOMES, Júlio Manuel Vieira. *O conceito de enriquecimento, o enriquecimento forçado e os vários paradigmas do enriquecimento sem causa*, cit., p. 469-471.

Em realidade, é justamente a partir da consideração das diretrizes valorativas fornecidas pelo ordenamento jurídico que o intérprete pode concluir, no exame de cada caso concreto, pela *presença ou ausência de justa causa* do enriquecimento (noção tradicionalmente associada à presença ou ausência de *justo título*) –[35] ou, em renovada formulação à luz da metodologia civil-constitucional, pela *justiça ou injustiça* do enriquecimento.[36] Vista a questão sob outro ângulo, pode-se afirmar que a vedação ao enriquecimento sem causa fornece não o critério valorativo da atribuição patrimonial, mas sim o remédio – restitutório – destinado a solucionar os casos de atribuição patrimonial injustificada.

Em suma, a maior utilidade da cláusula geral de restituição do enriquecimento sem causa parece residir na investigação da configuração ou não de pretensão restitutória a partir dos ditames estabelecidos pelo legislador. Justamente por isso, não será a suposta ausência de título idôneo hábil a justificar o eventual acréscimo patrimonial em favor do herdeiro contemplado com a doação em vida ou dos demais herdeiros que servirá como justificativa para se adotar como critério, seja o valor do bem ao tempo da doação, seja o valor do bem ao tempo da abertura da sucessão. Ao contrário, tanto em uma quanto em outra interpretação, haveria justo título para esse eventual benefício, outorgado justamente pela escolha legislativa. Ou, ainda, seria possível dizer: o enriquecimento sem causa não decorre, abstratamente, de uma disposição normativa, pois o mero fato de haver autorização pela norma já torna, em princípio, *justo* o título para o acréscimo patrimonial. Apenas cabe falar em enriquecimento injusto, assim, em um juízo *a posteriori* no qual se verifique que, no plano fático, houve um benefício patrimonial não amparado pelo ordenamento jurídico, o que pode resultar, por exemplo, seja da ausência de justificativa expressa em lei, seja da incompatibilidade de eventual disposição normativa com a tábua axiológica constitucional.[37]

Com base em tais premissas, e afastada a utilidade da noção de enriquecimento injusto para a interpretação das normas acima mencionadas, passa-se a investigar algumas potencialidades efetivas do instituto da vedação ao enriquecimento sem causa para o equacionamento de possíveis litígios no contexto do planejamento sucessório. Com esse propósito, será analisado, como hipótese ilustrativa de aplicação, o caso das vantagens eventualmente auferidas pelo herdeiro beneficiado com a doação em vida de certo bem, nos diversos casos em que, supervenientemente, a coisa precise ser restituída, no todo ou em parte, ao acervo hereditário.

---

[35] Usualmente se associa a noção de *justa causa* à ideia de *justo título*, no sentido de título jurídico idôneo, em tese, à transmissão da vantagem patrimonial. Nesse sentido, v., entre outros, NANNI, Giovanni Ettore. *Enriquecimento sem causa*. 2. ed. São Paulo: Saraiva, 2010, p. 268; e BEVILÁQUA, Clóvis. *Direito das obrigações*. 3. ed. Rio de Janeiro: Freitas Bastos, 1931, p. 115-116.

[36] Para o desenvolvimento da defesa de um *giro conceitual do enriquecimento sem causa ao enriquecimento injusto*, seja consentido remeter a SILVA, Rodrigo da Guia. *Enriquecimento sem causa*, cit., item 2.3.3.

[37] O raciocínio ora proposto, pautado na metodologia civil-constitucional, pode promover a individualização da normativa do caso concreto em sentido diverso do que decorreria da aplicação subsuntiva de uma dada previsão legal específica. Trata-se de fenômeno por vezes denominado, no âmbito da doutrina publicista, de *inconstitucionalidade no caso concreto*, que já se teve oportunidade de analisar em SILVA, Rodrigo da Guia. Um olhar civil-constitucional sobre a "inconstitucionalidade no caso concreto". *Revista de Direito Privado*, vol. 73, jan./2017, *passim*.

3 Lucros ou rendimentos auferidos a partir de doações inoficiosas: perspectivas de deflagração de pretensões de restituição do enriquecimento sem causa

Imaginem-se algumas situações hipotéticas em que alguém extrai vantagens econômicas de um bem ou direito a que teve acesso por força de doação: o proprietário de um imóvel aufere aluguéis a partir da exploração do bem doado; o sócio recebe dividendos tendo por referência a sua participação em determinada sociedade; o investidor colhe os rendimentos de certa aplicação financeira. O que essas situações hipotéticas podem ter em comum no que importa ao estudo do planejamento sucessório?

Poder-se-ia vislumbrar ao menos duas possíveis respostas. De uma parte, em um contexto de partilha em vida validamente efetuada (em conformidade com os arts. 549, 2.007 e 2.018 do Código Civil),[38] colocar-se-ia a questão sobre a necessidade ou não de os lucros e rendimentos auferidos a partir da exploração dos bens recebidos pelo herdeiro donatário serem levados em consideração por ocasião da colação.[39] De outra parte, em um cenário de situações patológicas (pense-se, por exemplo, na invalidade da partilha feita em vida,[40] nas fraudes de diversas feições[41] e nas invalidades negociais, de modo geral),[42] colocar-se-ia a questão sobre a necessidade ou não de os lucros e rendimentos auferidos a partir da exploração dos bens recebidos pelo herdeiro donatário serem restituídos em decorrência de eventual decisão judicial que reconhecesse o caráter

---

[38] *In verbis*: "Art. 549. Nula é também a doação quanto à parte que exceder à de que o doador, no momento da liberalidade, poderia dispor em testamento"; "Art. 2.007. São sujeitas à redução as doações em que se apurar excesso quanto ao que o doador poderia dispor, no momento da liberalidade. §1º O excesso será apurado com base no valor que os bens doados tinham, no momento da liberalidade. §2º A redução da liberalidade far-se-á pela restituição ao monte do excesso assim apurado; a restituição será em espécie, ou, se não mais existir o bem em poder do donatário, em dinheiro, segundo o seu valor ao tempo da abertura da sucessão, observadas, no que forem aplicáveis, as regras deste Código sobre a redução das disposições testamentárias. §3º Sujeita-se a redução, nos termos do parágrafo antecedente, a parte da doação feita a herdeiros necessários que exceder a legítima e mais a quota disponível. §4º Sendo várias as doações a herdeiros necessários, feitas em diferentes datas, serão elas reduzidas a partir da última, até a eliminação do excesso"; "Art. 2.018. É válida a partilha feita por ascendente, por ato entre vivos ou de última vontade, contanto que não prejudique a legítima dos herdeiros necessários".

[39] Registre-se, por oportuno, a possibilidade de se cogitar de uma situação patológica mesmo diante de uma partilha em vida validamente efetuada. Seria a hipótese, por exemplo, da imposição da pena de sonegados (arts. 1.992-1.996 do CC) ao herdeiro que, embora contemplado por doação válida, deixe de proceder à necessária colação.

[40] V., por todos, BARBOZA, Heloisa Helena. A disciplina jurídica da partilha em vida: validade e efeitos. *Civilistica. com*, a. 5, n. 1, 2016, *passim*; e RAMOS, André Luiz Arnt. Invalidade da partilha feita em vida e a necessidade de revisitar o texto do art. 2.028 do Código Civil? *In*: TEIXEIRA, Daniele Chaves (Coord.). *Arquitetura do planejamento sucessório*. 2. ed. Belo Horizonte: Fórum, 2019, p. 307 e ss.

[41] V., por todos, DELGADO, Mário Luiz; MARINHO JÚNIOR, Jânio Urbano. Fraudes no planejamento sucessório. *In*: TEIXEIRA, Daniele Chaves (Coord.). *Arquitetura do planejamento sucessório*. 2. ed. Belo Horizonte: Fórum, 2019, *passim*.

[42] Ao propósito, seja consentido remeter a SOUZA, Eduardo Nunes de. Invalidades negociais em perspectiva funcional: ensaio de uma aplicação ao planejamento sucessório. *In*: TEIXEIRA, Daniele Chaves (Coord.). *Arquitetura do planejamento sucessório*. 2. ed. Belo Horizonte: Fórum, 2019, *passim*. Em tal ocasião se buscou "demonstrar a utilidade de uma perspectiva renovada e amplamente funcional sobre as invalidades negociais, no Direito Civil em geral e, particularmente, em matéria sucessória. As causas textuais e virtuais de invalidade previstas em lei, nesse sentido, não precisam figurar como um obstáculo ao planejamento sucessório: ao contrário, conhecer sua lógica e a rica ponderação valorativa subjacente à sua disciplina jurídica contribuir para tornar, a um só tempo, mais segura e mais flexível a aplicação da invalidade negocial" (Ibid., p. 323).

inoficioso das liberalidades (nos termos dos já mencionados arts. 549, 2.007 e 2.018 do Código Civil), sem que se colocasse propriamente a questão sobre o dever de colação.[43]

A aludida controvérsia sobre os critérios temporais para a aferição dos valores a serem considerados para a colação e a duvidosa utilidade da invocação da vedação ao enriquecimento sem causa naquela matéria (item 2, *supra*) desaconselhariam que se tomasse o primeiro cenário (partilha em vida validamente efetuada) como objeto central de uma análise dedicada precipuamente ao estudo do fenômeno restitutório. Diante disso, adota-se o segundo cenário (situações patológicas de liberalidades feitas em vida pelo autor da herança) como pano de fundo para a investigação sobre autênticas potencialidades do instituto da vedação ao enriquecimento sem causa no contexto do planejamento sucessório.[44]

A partir dessa delimitação temática, passa-se a se investigar se os exemplos introdutórios deste item podem ou não traduzir hipóteses de enriquecimento sem causa aptas a deflagrar o remédio restitutório. Rememorem-se os casos: o proprietário de um imóvel aufere aluguéis a partir da exploração do bem doado; o sócio recebe dividendos tendo por referência a sua participação em determinada sociedade; o investidor colhe os rendimentos de certa aplicação financeira.

Caso venham a ser consideradas inválidas as liberalidades suscitadoras da transmissão originária dos bens ou direitos aos donatários, parece possível afirmar que deixa de haver *justa causa* para o *enriquecimento* auferido a partir da exploração de tais bens ou direitos.[45] Assim, se é inválida a doação do imóvel, parece possível afirmar que, em linha de princípio, carece de *justa causa* a percepção dos respectivos aluguéis. Do

---

[43] A esclarecer que as doações inoficiosas não suscitam dever de colação, afirma-se: "Há que se ponderar quais as doações que devem ser colacionadas. Por evidente, são elas as doações que constituem adiantamento da legítima. Inexiste tal dever quanto às doações expressamente dispensadas da colação, desde que, com efeito, tenha realmente saído da parte disponível. Nada obstante, ainda que haja comprovação cabal de que houve liberalidade inoficiosa, não há que se falar em colação propriamente dita. Só há colação quando há adiantamento de legítima. Ocorre que a recomposição da legítima, pelo reconhecimento de hipotética inoficiosidade não torna os bens restituídos à legítima seu adiantamento, mas, sim, torna ineficaz, *ab initio*, a doação realizada – na parte em que se revela imodesta" (FACHIN, Luiz Edson. Colação e doação em perspectiva sucessória. In: *Soluções práticas de direito*. Volume 2. São Paulo: Revista dos Tribunais, 2012, item 4). No que diz respeito à distinção entre *colação* (das doações em adiantamento da legítima) e *redução* (das doações inoficiosas), v., ainda, HIRONAKA, Giselda Maria Fernandes Novaes; AGUIRRE, João Ricardo Brandão. Quais os parâmetros vigentes para a realização das colações das doações realizadas em adiantamento da legítima?, cit., item 2.

[44] Em atenção à delimitação temática ora proposta, algumas advertências se impõem. Por um lado, o presente estudo não tem por escopo analisar a qualificação das invalidades negociais no contexto do planejamento sucessório, mas sim investigar algumas perspectivas de deflagração do remédio restitutório em relação aos lucros e rendimentos auferidos a partir da exploração do bem recebido por doação considerada inoficiosa. Por outro lado, tampouco se pretende, nesta sede, investigar a delimitação das fronteiras dogmáticas entre as pretensões restitutórias e as pretensões reivindicatórias, assumindo como objeto precípuo de análise os lucros e rendimentos auferidos a partir de bem ou direito recebido por força de doação que vem a ser considerada inoficiosa. Para o desenvolvimento desse último aspecto pontuado – reivindicação *versus* restituição –, remete-se a ARGIROFFI, Carlo. Sul concorso delle azioni di rivendicazione e di ripetizione. *Rivista di Diritto Civile*, a. XXII, n. II, 1976, *passim*.

[45] Não é demais sublinhar que a menção à *justa causa* do enriquecimento por vezes gera uma desnecessária confusão conceitual com a causa do negócio jurídico. Em matéria de direito restitutório, todavia, a noção relevante é a de *causa* como título jurídico justificador de certa atribuição patrimonial (como já se teve oportunidade de advertir em SILVA, Rodrigo da Guia. *Enriquecimento sem causa*, cit., p. 177). Caso esse título seja a própria lei, sequer se cogitará da causa negocial. Por outro lado, caso o referido título jurídico tenha natureza negocial, dever-se-á atentar para a circunstância de que a controvérsia sobre a (in)existência e sobre a (ir)relevância da causa traduzirá questão absolutamente independente daquela referente à identificação da legitimidade, em abstrato, do negócio jurídico a justificar a atribuição patrimonial. Para uma análise pormenorizada sobre o escopo do estudo da causa do negócio jurídico, seja consentido remeter a SOUZA, Eduardo Nunes de. Função negocial e função social do contrato: subsídios para um estudo comparativo. *Revista de Direito Privado*, vol. 54, abr./2013, *passim*; e, com

mesmo, como carece de justa causa o recebimento dos dividendos ou dos rendimentos caso se considere inválida, na origem, a transmissão da participação societária ou da aplicação financeira.

Tais hipóteses parecem ter em comum a circunstância de que a afirmação preliminar acerca da invalidade das liberalidades faz com que, do ponto de vista técnico, os rendimentos e lucros tenham sido extraídos a partir da exploração não autorizada de bem ou direito alheio. Restaria configurada, assim, a figura denominada *lucro da intervenção*, modalidade de enriquecimento sem causa[46] que desfruta de crescente reconhecimento na experiência brasileira, de que constituem exemplos, no plano acadêmico, o Enunciado n. 620 aprovado na VIII Jornada de Direito Civil promovida pelo Conselho da Justiça Federal[47] e, no plano jurisprudencial, algumas pioneiras decisões proferidas pelo Superior Tribunal de Justiça.[48]

À luz dessas considerações, reconhece-se a possibilidade teórica de restar configurado enriquecimento sem causa, na modalidade de lucro da intervenção, em razão dos lucros e rendimentos auferidos a partir da exploração de um bem transmitido com base em doação em vida eivada de invalidade ou que demande posterior redução. Desse reconhecimento não se pode extrair, contudo, uma automática imposição, ao herdeiro donatário, de restituir integralmente as vantagens que houver auferido a partir da utilização econômica do bem. Impõe-se, em realidade, que se proceda com muita cautela na árdua tarefa de delimitação do *quantum* restitutório, levando-se em consideração ao menos duas diretrizes hermenêuticas.

---

ulteriores desenvolvimentos, a SOUZA, Eduardo Nunes de. De volta à causa contratual: aplicações da função negocial nas invalidades e nas vicissitudes supervenientes do contrato. *Civilistica.com*, a. 8, n. 2, 2019, *passim*.

[46] Assim se sustentou em SILVA, Rodrigo da Guia. *Enriquecimento sem causa*, cit., item 3.4; e SCHREIBER, Anderson; SILVA, Rodrigo da Guia. Aspectos relevantes para a sistematização do lucro da intervenção no direito brasileiro. *Pensar*, vol. 23, n. 4, out.-dez./2018, item 2. Em sentido diverso, a qualificar a problemática no interior do que se denominou como *função restitutória* da responsabilidade civil, v. ROSENVALD, Nelson. *A responsabilidade civil pelo ilícito lucrativo*: o *disgorgement* e a indenização restitutória. Salvador: JusPodivm, 2019, *passim* e, em especial, p. 447 e ss.

[47] *In verbis*: "A obrigação de restituir o lucro da intervenção, entendido como a vantagem patrimonial auferida a partir da exploração não autorizada de bem ou direito alheio, fundamenta-se na vedação do enriquecimento sem causa".

[48] Afigura-se emblemática, a esse respeito, a decisão proferida pela 3ª Turma do Superior Tribunal de Justiça em caso que versava sobre a utilização não autorizada da imagem de renomada atriz brasileira em peças publicitárias de determinado produto. Colhe-se do *decisum*: "[...] 2. Ação de indenização proposta por atriz em virtude do uso não autorizado de seu nome e da sua imagem em campanha publicitária. Pedido de reparação dos danos morais e patrimoniais, além da restituição de todos os benefícios econômicos que a ré obteve na venda de seus produtos. 3. Além do dever de reparação dos danos morais e materiais causados pela utilização não autorizada da imagem de pessoa com fins econômicos ou comerciais, nos termos da Súmula nº 403/STJ, tem o titular do bem jurídico violado o direito de exigir do violador a restituição do lucro que este obteve às custas daquele. 4. De acordo com a maioria da doutrina, o dever de restituição do denominado lucro da intervenção encontra fundamento no instituto do enriquecimento sem causa, atualmente positivado no art. 884 do Código Civil. 5. O dever de restituição daquilo que é auferido mediante indevida interferência nos direitos ou bens jurídicos de outra pessoa tem a função de preservar a livre disposição de direitos, nos quais estão inseridos os direitos da personalidade, e de inibir a prática de atos contrários ao ordenamento jurídico. [...] 7. Para a configuração do enriquecimento sem causa por intervenção, não se faz imprescindível a existência de deslocamento patrimonial, com o empobrecimento do titular do direito violado, bastando a demonstração de que houve enriquecimento do interventor" (STJ, 3ª T., REsp 1.698.701/RJ, Rel. Min. Ricardo Villas Bôas Cueva, julg. 02/10/2018).

De uma parte, deve-se ter em mente que a invalidade ou ineficácia superveniente da doação em vida podem ser meramente parciais.[49] Tais possibilidades encontram-se previstas na normativa geral das invalidades negociais (art. 184 do Código Civil[50] e, no que diz respeito à ineficácia superveniente parcial, na disciplina da colação (ao se sujeitarem "à *redução* as doações em que se apurar *excesso* quanto ao que o doador poderia dispor, no momento da liberalidade", *ex vi* do art. 2.007 do Código Civil). Desse modo, caso a doação em vida por parte do autor da herança seja apenas parcialmente afetada, a definição da exata medida do lucro da intervenção dependerá da prévia análise da extensão da *ausência de justa causa* daí decorrente, vez que somente os rendimentos vinculados a uma fonte ilegítima poderiam vir a configurar enriquecimento *sem causa*.

De outra parte, há de se atentar à circunstância de que nem sempre se pode afirmar que a integralidade dos lucros e rendimentos auferidos a partir da utilização econômica de certo bem efetivamente decorreu da exploração daquele bem. Vista a questão sob a lente da vedação ao enriquecimento sem causa, trata-se de reconhecer a necessidade de formulação de critérios que auxiliem o intérprete na delimitação do enriquecimento concreta e injustificadamente obtido à custa de patrimônio alheio. O presente esforço consiste em uma tentativa de elucidação do pressuposto de *obtenção à custa de outrem*, o qual, conjugado com o requisito do *enriquecimento*, desempenha papel central para a definição do *quantum debeatur* com base na cláusula geral do art. 884 do Código Civil.

Muito ao revés de uma suposta exigência de empobrecimento (resquício de uma indevida confusão conceitual entre responsabilidade civil e enriquecimento sem causa),[51] o pressuposto de obtenção à custa de outrem parece corresponder, em matéria de lucro da intervenção, ao grau de contribuição causal de cada um dos fatores concorrentes para a produção do enriquecimento do interventor.[52] Trata-se, em suma, de perquirir o concreto grau de contribuição da conduta própria do interventor e do direito explorado na cadeia causal de produção do lucro da intervenção.[53] Afinal, o montante

---

[49] Particularmente sobre a nulidade parcial, seja consentido remeter aos comentários desenvolvidos em SOUZA, Eduardo Nunes de. *Teoria geral das invalidades do negócio jurídico*: nulidade e anulabilidade no direito civil contemporâneo. São Paulo: Almedina, 2017, p. 311.

[50] *In verbis*: "Art. 184. Respeitada a intenção das partes, a invalidade parcial de um negócio jurídico não o prejudicará na parte válida, se esta for separável; a invalidade da obrigação principal implica a das obrigações acessórias, mas a destas não induz a da obrigação principal". Para uma análise mais detida sobre a figura da redução, compreendida como subprincípio da conservação do negócio jurídico, seja consentido remeter a SOUZA, Eduardo Nunes de. *Teoria geral das invalidades do negócio jurídico*, cit., p. 299 e ss.

[51] Veja-se a advertência consagrada no Enunciado n. 35 da I Jornada de Direito Civil promovida pelo Conselho da Justiça Federal: "A expressão 'se enriquecer à custa de outrem' do art. 886 [*rectius*: art. 884] do novo Código Civil não significa, necessariamente, que deverá haver empobrecimento". No mesmo sentido, a criticar a subsistência da noção de *empobrecimento* como o sentido da exigência de *obtenção à custa de outrem*, v., na doutrina brasileira, MIRAGEM, Bruno. *Direito civil*: direito das obrigações. São Paulo: Saraiva, 2017, p. 118; e SAVI, Sérgio. *Responsabilidade civil e enriquecimento sem causa*: o lucro da intervenção. São Paulo: Atlas, 2012, p. 61; e, na doutrina portuguesa, GOMES, Júlio Manuel Vieira. *O conceito de enriquecimento, o enriquecimento forçado e os vários paradigmas do enriquecimento sem causa*, cit., p. 292 e ss.; e LEITÃO, Luís Manuel Teles de Menezes. *O enriquecimento sem causa no direito civil*: estudo dogmático sobre a viabilidade da configuração unitária do instituto, face à contraposição entre as diferentes categorias de enriquecimento sem causa. Lisboa: Centro de Estudos Fiscais, 1996, p. 876.

[52] Ao propósito, seja consentido remeter a SILVA, Rodrigo da Guia. *Enriquecimento sem causa*, cit., item 3.4.3.

[53] Nesse sentido, veja-se a conclusão da 3ª Turma do Superior Tribunal de Justiça acerca da quantificação do lucro da intervenção por ocasião do julgamento do já referido *caso Giovanna Antonelli*: "[...] 8. Necessidade, na hipótese, de remessa do feito à fase de liquidação de sentença para fins de quantificação do lucro da intervenção, observados os seguintes critérios: a) apuração do *quantum debeatur* com base no denominado lucro patrimonial; b) delimitação do cálculo ao período no qual se verificou a indevida intervenção no direito de imagem da autora; c) aferição do grau

do enriquecimento que decorra diretamente da conduta do próprio interventor não pode ser reputado *obtido a partir de patrimônio alheio*.[54]

Se o raciocínio até aqui desenvolvido estiver correto, parece igualmente acertado afirmar que as pretensões de restituição do lucro da intervenção,[55] fundamentadas na cláusula geral do dever de restituir (arts. 884-886 do Código Civil), submetem-se ao prazo prescricional trienal dispensado à "pretensão de ressarcimento de enriquecimento sem causa" (art. 206, §3º, IV, do Código Civil).[56] Assim, em matéria de regime de prescrição da pretensão referente ao lucro da intervenção, a maior dúvida não haverá de residir na identificação do prazo prescricional, mas sim na definição do respectivo termo inicial.

Pode-se assumir como premissa teórica, nessa investigação, o reconhecimento de que o termo inicial do prazo prescricional se verifica no momento em que a pretensão nasce, é (ou pode ser conhecida) pelo seu titular e pode ser exercida.[57] Adotando-se tal premissa para a investigação do lucro da intervenção no contexto das doações inoficiosas, parece possível afirmar que o termo inicial tende a remontar à data em que os herdeiros preteridos tomam (ou podem tomar) conhecimento da obtenção de cada vantagem injustificada e têm condições de exercer a sua correlata pretensão restitutória.

4 Conclusão

O presente estudo moveu-se pelo propósito de investigar o potencial papel a ser desempenhado pela vedação ao enriquecimento sem causa no contexto do planejamento

---

de contribuição de cada uma das partes e d) distribuição do lucro obtido com a intervenção proporcionalmente à contribuição de cada partícipe da relação jurídica. [...]" (STJ, 3ª T., REsp 1.698.701/RJ, Rel. Min. Ricardo Villas Bôas Cueva, julg. 02/10/2018). Em sentido semelhante, v., em sede doutrinária, LINS, Thiago Drummond de Paula. *O lucro da intervenção e o direito à imagem*. Rio de Janeiro: Lumen Juris, 2016, p. 189; e ALBANESE, Antonio. La lesione del diritto all'immagine (e degli altri diritti della personalità): una alternativa alla tecnica risarcitoria del 'prezzo del consenso'. *Responsabilità Comunicazione Impresa*, n. 3, 2002, p. 571-572.

[54] Nesse sentido, v. KONDER, Carlos Nelson; SAAR, Patrick. A relativização do duplo limite e da subsidiariedade nas ações por enriquecimento sem causa. *In*: TEPEDINO, Gustavo; TEIXEIRA, Ana Carolina Brochado; ALMEIDA, Vitor (Coord.). *Da dogmática à efetividade do direito civil*: Anais do Congresso Internacional de Direito Civil Constitucional – IV Congresso do IBDCivil. Belo Horizonte: Fórum, 2017, p. 153.

[55] Permita-se enfatizar: em atenção à delimitação temática do presente estudo, está-se a tratar do prazo prescricional da pretensão de restituição do lucro da intervenção, sem que se adentre na discussão sobre o prazo de regência de outras pretensões de reconhecida relevância na matéria, tais como as pretensões reivindicatórias dos bens doados em vida pelo autor da herança.

[56] Para o desenvolvimento da análise do art. §3º, IV, do Código Civil, a atribuir-lhe o escopo de sintetizar o prazo prescricional das mais diversas pretensões com perfil funcional restitutório, seja consentido remeter a SILVA, Rodrigo da Guia. *Enriquecimento sem causa*, cit., p. 238 e ss.

[57] A menção conjunta ao *nascimento*, à *ciência* e à *possibilidade de exercício* da pretensão resulta da premissa metodológica segundo a qual a definição do termo inicial do prazo prescricional não se perfaz com a mera identificação do nascimento da pretensão no momento da violação ao direito (como parece sugerir a redação do artigo 189 do Código Civil). Assume-se, com efeito, a relevância da investigação sobre a ciência (real ou potencial) da lesão e a concreta possibilidade de exercício pelo titular da pretensão, na esteira dos desenvolvimentos feitos pela civilística brasileira sob a alcunha de *actio nata* (teoria originariamente desenvolvida, com conteúdo bastante distinto àquele atribuído pela doutrina pátria, por SAVIGNY, Friedrich Karl von. *Traité de droit romain*. Tome 5ème. Paris: Firmin Didot Frères, 1858, p. 288) e, ainda, com o recurso ao brocardo *contra non valentem agere non currit praescriptio* – "contra quem não pode agir não corre a prescrição" (concebido ainda na Idade Média, como relata TESCARO, Mauro. *Decorrenza della prescrizione e autoresponsabilità*: la rilevanza civilistica del principio *contra non valentem agere non currit praescriptio*. Padova: CEDAM, 2006, p. 28-29). Para uma síntese dessas premissas, seja consentido remeter a SOUZA, Eduardo Nunes de; SILVA, Rodrigo da Guia. Influências da incapacidade civil e do discernimento reduzido em matéria de prescrição e decadência. *Pensar*, vol. 22, n. 2, mai.-ago./2017, p. 480-482.

sucessório. Partiu-se, para tanto, da constatação de que a vedação ao enriquecimento injustificado costuma ser invocada pelos diferentes matizes teóricos, em matéria de colação, dedicados à definição do marco temporal relevante para fins de apuração do valor dos bens doados. Destacou-se, na sequência, a conclusão de que o instituto em comento parece não fornecer efetivamente subsídios para se sustentar, em tese, o acerto ou desacerto de qualquer das posições antagônicas no contexto da colação.

Após a análise de algumas hipóteses em que, embora recorrentemente invocada, a noção de enriquecimento sem causa não presta maior auxílio, o presente estudo dedicou-se a investigar algumas autênticas perspectivas de atuação da vedação ao enriquecimento injustificado. Vislumbrou-se, então, terreno fértil para essa empreitada no âmbito dos lucros ou rendimentos auferidos a partir de doações inválidas ou que venham a se tornar supervenientemente ineficazes, em razão da possível configuração de lucro da intervenção, ora compreendido como modalidade de enriquecimento sem causa. À enunciação da possibilidade de caracterização do lucro da intervenção se seguiram os esforços de identificação de parâmetros para a quantificação da obrigação restitutória e para a compreensão do regime prescricional a que se sujeita a correlata pretensão restitutória.

Em uma seara em franco desenvolvimento como a do planejamento sucessório, o retorno aos fundamentos dos institutos e aos seus requisitos básicos consiste, ao mesmo tempo, em uma necessidade e uma oportunidade. De fato, a construção de um arcabouço teórico coeso e sistematizado depende de que se parta de uma base comum, que apenas pode ser oferecida pelos institutos já consagrados, compreendidos no seu rigor técnico. Por outro lado, o pretexto da construção de um campo relativamente inexplorado do saber jurídico proporciona uma valiosa oportunidade: a de extirpar vícios e equívocos historicamente reproduzidos na atividade interpretativa, evitando-se, assim, sua repetição nas novas searas que se buscam construir.

Referências

ALBANESE, Antonio. La lesione del diritto all'imagine (e degli altri diritti della personalità): una alternativa alla tecnica risarcitoria del 'prezzo del consenso'. *Responsabilità Comunicazione Impresa*, n. 3, p. 547-573, 2002.

ARGIROFFI, Carlo. Sul concorso delle azioni di rivendicazione e di ripetizione. *Rivista di Diritto Civile*, a. XXII, n. II, p. 608-631, 1976.

AZEVEDO, Antonio Junqueira de. O espírito de compromisso do direito das sucessões perante as exigências individualistas de autonomia da vontade e as supra-individualistas da família. Herdeiro e legatário. *Revista da Faculdade de Direito da Universidade de São Paulo*, vol. 95, p. 273-281, 2000.

BARBOZA, Heloisa Helena. A disciplina jurídica da partilha em vida: validade e efeitos. *Civilistica.com*, a. 5, n. 1, p. 1-32, 2016.

BARBOZA, Heloisa Helena; ALMEIDA, Vitor. Partilha em vida como forma de planejamento sucessório. *In:* TEIXEIRA, Daniele Chaves (Coord.). *Arquitetura do planejamento sucessório*. 2. ed. Belo Horizonte: Fórum, 2019.

BARBOZA, Heloisa Helena; BODIN DE MORAES, Maria Celina Bodin de; TEPEDINO, Gustavo *et alii*. *Código Civil interpretado conforme a Constituição da República*. Volume IV. Rio de Janeiro: Renovar, 2014.

BEVILÁQUA, Clóvis. *Código Civil dos Estados Unidos do Brasil*, vol. II. Rio de Janeiro: Editora Rio, 1976.

BEVILÁQUA, Clóvis. *Direito das obrigações*. 3. ed. Rio de Janeiro: Freitas Bastos, 1931.

BEVILÁQUA, Clóvis. *Direito das sucessões*. Campinas: Red Livros, 2000.

BUDISHTÉANO, D. *De l'enrichissement sans cause*. Paris: Ernest Sagot, 1920.

CARVALHO, Luiz Paulo Vieira de. *Direito das sucessões*. 2. ed. São Paulo: Atlas, 2015.

CORTIANO JUNIOR, Eroulths; RAMOS, André Luiz Arnt. Liberdade testamentária *versus* sucessão forçada: anotações preliminares sobre o direito sucessório brasileiro. *Revista de Estudos Jurídicos e Sociais*, n. 4, p. 41-73, maio 2015.

DELGADO, Mário Luiz; MARINHO JÚNIOR, Jânio Urbano. Fraudes no planejamento sucessório. *In*: TEIXEIRA, Daniele Chaves (Coord.). *Arquitetura do planejamento sucessório*. 2. ed. Belo Horizonte: Fórum, 2019.

FACHIN, Luiz Edson. Colação e doação em perspectiva sucessória. *In*: *Soluções práticas de direito*. Volume 2. São Paulo: Revista dos Tribunais, 2012.

FENGHI, Francesco. Sulla sussidiarietà dell'azione generale di arricchimento senza causa. *Rivista del Diritto Commerciale e del Diritto Generale delle Obbligazioni*, n. 5-6, p. 121-125, 1962.

GOMES, Júlio Manuel Vieira. *O conceito de enriquecimento, o enriquecimento forçado e os vários paradigmas do enriquecimento sem causa*. Porto: Universidade Católica Portuguesa, 1998.

GOMES, Orlando. *Sucessões*. Rio de Janeiro: Forense, 2008.

GOZZO, Débora. A busca pela igualdade no direito fundamental de herança: herdeiros reservatários e a colação. *Direitos Fundamentais & Justiça*, a. 9, n. 33, out.-dez./2015.

HIRONAKA, Giselda Maria Fernandes Novaes; AGUIRRE, João Ricardo Brandão. Quais os parâmetros vigentes para a realização das colações das doações realizadas em adiantamento da legítima? *Revista de Direito Civil Contemporâneo*, vol. 17, p. 219-238, out.-dez./2018.

HIRONAKA, Giselda Maria Fernandes Novaes; TARTUCE, Flávio. Planejamento sucessório: conceito, mecanismos e limitações. *Revista Brasileira de Direito Civil*, vol. 21, p. 87-109, jul.-set./2019.

JEREISSATI, Régis Gurgel do Amaral. A vulnerabilidade, a solidariedade familiar e a afetividade como critérios para o reconhecimento do herdeiro necessário na sucessão legítima. *In*: TEIXEIRA, Daniele Chaves (Coord.). *Arquitetura do planejamento sucessório*. 2. ed. Belo Horizonte: Fórum, 2019.

KONDER, Carlos Nelson; SAAR, Patrick. A relativização do duplo limite e da subsidiariedade nas ações por enriquecimento sem causa. *In*: TEPEDINO, Gustavo; TEIXEIRA, Ana Carolina Brochado; ALMEIDA, Vitor (Coord.). *Da dogmática à efetividade do direito civil*: Anais do Congresso Internacional de Direito Civil Constitucional – IV Congresso do IBDCivil. Belo Horizonte: Fórum, 2017.

LEITÃO, Luís Manuel Teles de Menezes. *O enriquecimento sem causa no direito civil*: estudo dogmático sobre a viabilidade da configuração unitária do instituto, face à contraposição entre as diferentes categorias de enriquecimento sem causa. Lisboa: Centro de Estudos Fiscais, 1996.

LINS, Thiago Drummond de Paula. *O lucro da intervenção e o direito à imagem*. Rio de Janeiro: Lumen Juris, 2016.

MARINONI, Luiz Guilherme; ARENHART, Sérgio Cruz; MITIDIERO, Daniel. *Código de Processo Civil comentado*. 6. ed. São Paulo: Thomson Reuters Brasil, 2020.

MIRAGEM, Bruno. *Direito civil*: direito das obrigações. São Paulo: Saraiva, 2017.

NANNI, Giovanni Ettore. *Enriquecimento sem causa*. 2. ed. São Paulo: Saraiva, 2010.

NEVARES, Ana Luiza Maia. A condição de herdeiro necessário do companheiro sobrevivente. *Revista Brasileira de Direito Civil*, vol. 23, p. 17-37, jan-.mar./2020.

NEVARES, Ana Luiza Maia. Fundamentos da sucessão legítima. *In*: TEIXEIRA, Ana Carolina Brochado; RIBEIRO, Gustavo Pereira Leite (Coord.). *Manual de direito das famílias e das sucessões*. 2. ed. Belo Horizonte: Del Rey, 2010.

NEVES, Daniel Amorim Assumpção. *Manual de direito processual civil*. 11. ed. Salvador: JusPodivm, 2019.

OLIVEIRA, Alexandre Miranda; TEIXEIRA, Ana Carolina Brochado. A colação e seus reflexos no planejamento sucessório. *In*: TEIXEIRA, Daniele Chaves (Coord.). *Arquitetura do planejamento sucessório*. 2. ed. Belo Horizonte: Fórum, 2019.

PEREIRA, Caio Mário da Silva. *Instituições de direito civil*. Volume VI. 22. ed. Atual. Carlos Roberto Barbosa Moreira. Rio de Janeiro: Forense, 2015.

PIRES, Caio Ribeiro. *A legítima e a tutela sucessória da pessoa humana*: uma análise à luz do direito civil constitucional. Dissertação de mestrado. Universidade do Estado do Rio de Janeiro. Rio de Janeiro, 2020.

RAMOS, André Luiz Arnt. Invalidade da partilha feita em vida e a necessidade de revisitar o texto do art. 2.028 do Código Civil? *In*: TEIXEIRA, Daniele Chaves (Coord.). *Arquitetura do planejamento sucessório*. 2. ed. Belo Horizonte: Fórum, 2019.

ROSA, Conrado Paulino da; RODRIGUES, Marco Antonio. *Inventário e partilha*: teoria e prática. Salvador JusPodivm, 2019.

ROSENVALD, Nelson. *A responsabilidade civil pelo ilícito lucrativo*: o *disgorgement* e a indenização restitutória. Salvador: JusPodivm, 2019.

SAVI, Sérgio. *Responsabilidade civil e enriquecimento sem causa*: o lucro da intervenção. São Paulo: Atlas, 2012.

SAVIGNY, Friedrich Karl von. *Traité de droit romain*. Tome 5ème. Paris: Firmin Didot Frères, 1858.

SCHREIBER, Anderson; SILVA, Rodrigo da Guia. Aspectos relevantes para a sistematização do lucro da intervenção no direito brasileiro. *Pensar*, vol. 23, n. 4, p. 1-15, out.-dez./2018.

SCHREIBER, Anderson; VIÉGAS, Francisco de Assis. Por uma releitura funcional da legítima no direito brasileiro. *Revista de Direito Civil Contemporâneo*, vol. 19, a. 6, p. 211-250, abr.-jun./2019.

SILVA, Rafael Cândido da. *Pactos sucessórios e contratos de herança*: estudo sobre a autonomia privada na sucessão *causa mortis*. Salvador: JusPodivm, 2019.

SILVA, Rodrigo da Guia. Cláusula geral de restituição do enriquecimento sem causa. *Revista de Direito Privado*, vol. 103, p. 191-237, jan.-fev./2020.

SILVA, Rodrigo da Guia. Coronavírus e enriquecimento sem causa. *In*: MONTEIRO FILHO, Carlos Edison do Rêgo; ROSENVALD, Nelson; DENSA, Roberta (Coord.). *Coronavírus e responsabilidade civil*: impactos contratuais e extracontratuais. Indaiatuba: Foco, 2020.

SILVA, Rodrigo da Guia. *Enriquecimento sem causa*: as obrigações restitutórias no direito civil. São Paulo: Thomson Reuters Brasil, 2018.

SILVA, Rodrigo da Guia. Um olhar civil-constitucional sobre a "inconstitucionalidade no caso concreto". *Revista de Direito Privado*, vol. 73, p. 31-62, jan./2017.

SIMÃO, José Fernando. *In*: SCHREIBER, Anderson *et alii*. *Código Civil comentado*: doutrina e jurisprudência. Rio de Janeiro: Forense, 2019.

SOUZA, Eduardo Nunes de. De volta à causa contratual: aplicações da função negocial nas invalidades e nas vicissitudes supervenientes do contrato. *Civilistica.com*, a. 8, n. 2, 2019.

SOUZA, Eduardo Nunes de. Função negocial e função social do contrato: subsídios para um estudo comparativo. *Revista de Direito Privado*, vol. 54, abr./2013.

SOUZA, Eduardo Nunes de. Invalidades negociais em perspectiva funcional: ensaio de uma aplicação ao planejamento sucessório. *In*: TEIXEIRA, Daniele Chaves (Coord.). *Arquitetura do planejamento sucessório*. 2. ed. Belo Horizonte: Fórum, 2019.

SOUZA, Eduardo Nunes de. *Teoria geral das invalidades do negócio jurídico*: nulidade e anulabilidade no direito civil contemporâneo. São Paulo: Almedina, 2017.

SOUZA, Eduardo Nunes de; SILVA, Rodrigo da Guia. Influências da incapacidade civil e do discernimento reduzido em matéria de prescrição e decadência. *Pensar*, vol. 22, n. 2, p. 469-499, mai.-ago./2017.

TARTUCE, Flávio. *Manual de direito civil*: volume único. 9. ed. Rio de Janeiro: Método, 2019.

TEIXEIRA, Daniele Chaves. *Planejamento sucessório*: pressupostos e limites. 2. ed. Belo Horizonte: Fórum, 2019.

TEIXEIRA, Daniele Chaves; COLOMBO, Maici Barboza dos Santos. Faz sentido a permanência do princípio da intangibilidade da legítima no ordenamento jurídico brasileiro? *In*: TEIXEIRA, Daniele Chaves (Coord.). *Arquitetura do planejamento sucessório*. 2. ed. Belo Horizonte: Fórum, 2019.

TEPEDINO, Gustavo. A colação e o critério de apuração do valor das liberalidades recebidas pelos herdeiros necessários. *Editorial à Revista Brasileira de Direito Civil*, vol. 21, p. 11-13, jul.-set./2019.

TEPEDINO, Gustavo; NEVARES, Ana Luiza Maia; MEIRELES, Rose Melo Vencelau. *Fundamentos do direito civil*. Volume 7: direito das sucessões. Rio de Janeiro: Forense, 2020.

TESCARO, Mauro. *Decorrenza della prescrizione e autoresponsabilità*: la rilevanza civilistica del principio *contra non valentem agere non currit praescriptio*. Padova: CEDAM, 2006.

VENOSA, Sílvio de Salvo. *Direito civil*. Volume 7: direito das sucessões. 13. ed. São Paulo: Atlas, 2013.

VIEIRA, Carla Eduarda de Almeida. Direito das sucessões e o novo Código de Processo Civil: considerações sobre as idas e vindas da colação. *Revista de Direito Civil Contemporâneo*, vol. 15, p. 299-317, abr.-jun./2018.

XAVIER, Luciana Pedroso; XAVIER, Marília Pedroso. O planejamento sucessório colocado em xeque: afinal, o companheiro é herdeiro necessário? *In*: TEIXEIRA, Daniele Chaves (Coord.). *Arquitetura do planejamento sucessório*. 2. ed. Belo Horizonte: Fórum, 2019.

Informação bibliográfica deste texto, conforme a NBR 6023:2018 da Associação Brasileira de Normas Técnicas (ABNT):

SOUZA, Eduardo Nunes de; SILVA, Rodrigo da Guia. Aplicações da disciplina do enriquecimento sem causa no planejamento sucessório. *In*: TEIXEIRA, Daniele Chaves (Coord.). *Arquitetura do Planejamento Sucessório*. Belo Horizonte: Fórum, 2021. p. 351-368. Tomo II. ISBN 978-65-5518-117-3.

ALGUMAS REFLEXÕES SOBRE O PLANEJAMENTO SUCESSÓRIO: A ESCOLHA DE ALGUMAS VEREDAS PODE NÃO LEVAR À TERRA PROMETIDA

JOÃO RICARDO BRANDÃO AGUIRRE

1   O espaço de liberdade jurígena e os planos sucessórios

O considerável aumento da demanda por soluções que reflitam os anseios do autor da herança com relação à disposição de seu patrimônio para após a sua morte, de forma diversa daquela indicada pela ordem de vocação hereditária, mas dentro da legalidade, resultou no significativo incremento dos chamados planejamentos sucessórios, no salutar exercício do poder de autodeterminação característico das relações privadas.

Nessa constante transformação do trato social, característica de nossos dias, novos arranjos familiares acabam por surgir e, posteriormente, receber a tutela jurisdicional. Os amores liquefazem-se, como tão bem nos mostrou Bauman,[1] e as relações afetivas tornam-se cada vez mais fluidas e marcadas por intensa volatilidade, incentivando a busca por ajustes patrimoniais diferentes daqueles tipificados em nosso ordenamento.

Os acervos patrimoniais também se transvertem: outrora formados substancial-mente por bens imóveis e, hoje, bastante fragmentados, ultrapassando a propriedade imobiliária, para compreender uma miríade de investimentos, aplicações financeiras, valores mobiliários, planos de previdência privada, além do surgimento de novos bens, decorrentes do avanço da tecnologia, a compor o chamado patrimônio digital e a abranger o imensurável volume de dados pessoais presentes nas redes sociais, além do ilimitado contingente de bens armazenados virtualmente, como fotografias, mensagens, depoimentos, *e-mails*, vídeos, contas bancárias e de outra categoria com acesso à internet, *flash drives*, HD, celulares, câmeras digitais, entre outros.

Sobre o tema, observa Otavio Luiz Rodrigues Junior:

> Para além das meras alterações legislativas, [...] o envelhecimento populacional, o
> prolongamento da expectativa de vida, a queda nas taxas de natalidade, os novos arranjos

---

[1]   BAUMAN, Zygmunt. *Amor líquido*: Sobre a fragilidade dos laços humanos. Trad.: Carlos Alberto de Medeiros. Editora Zahar.

familiares, a perda crescente de referenciais religiosos e o desejo de blindar as empresas contra disputas entre herdeiros têm-se revelado como fatores determinantes para uma repaginação do Direito Sucessório, cada vez mais aberto à autonomia privada.[2]

Neste contexto, releva-se o espaço precípuo do direito civil para abrigar o exercício da autonomia privada, princípio essencial para o desenvolvimento das relações humanas, posto consistir em alicerce básico da convivência social. À falta desse *locus* medular, as pessoas estariam limitadas a praticar atos prévia e expressamente estabelecidos no ordenamento jurídico, sem qualquer oportunidade para a autodeterminação, o que significaria o engessamento dos tratos intersubjetivos e a consequente estagnação da economia, da circulação de riquezas e de capital.

Esse poder de autodeterminação, concessor da faculdade de estabelecer as próprias regras e criar um ordenamento próprio, significa, na acurada lição José de Oliveira Ascensão, que a "ordem jurídica global admite que os particulares participem da construção da sua própria ordem jurídica, nos quadros embora da ordem jurídica global".[3]

Ao discorrer sobre a autonomia privada, Menezes Cordeiro ressalva a sua binária acepção: a) em sentido amplo, equivale ao espaço de liberdade concedido a cada um na ordem jurídica, abrangendo tudo o que as pessoas podem fazer num prisma material ou jurídico; b) em sentido estrito, corresponde ao espaço de liberdade jurígena, ou seja, àquela área reservada através da qual as pessoas podem desenvolver as atividades jurídicas que bem entenderem.[4]

Nesse fecundo terreno da autonomia privada germinam as mais distintas teses, voltadas a dar fundamento às variegadas pretensões relacionadas a disposições patrimoniais de cunho sucessório. A sensação dos últimos tempos parece ser a *holding* patrimonial, cuja instituição, em determinados casos, constitui relevância para o planejamento sucessório. Há hipóteses, porém, que a sua escolha não se justifica, seja em razão dos custos para a sua criação e manutenção, de sua carga tributária, ou, até mesmo, porque o patrimônio objeto do planejamento não seja tão extenso para justificá-la. Em alguns casos, atos jurídicos menos complexos, como atos de disposições de última vontade ou de liberalidade, abrigam as pretensões do autor da herança de forma mais simples e eficaz. O apuro na eleição dos instrumentos jurídicos é o que trará o êxito do plano sucessório.

Nesta senda, é oportuno assinalar que a ordem jurídica concede espaço para o autorregramento de forma não linear, conferindo distintas amplitudes a depender da matéria objeto da atividade jurídica a ser desenvolvida, como bem ressalva Otavio Luis Rodrigues Junior:

> É natural que determinadas atividades econômicas, por sua importância ou por seu impacto na sociedade, mais cedo ou mais tarde, entrem na alça de mira do legislador ou

---

[2]   RODRIGUES JR., Otavio Luiz. *Direito Civil Contemporâneo*. Forense. Edição do Kindle. Posição 2529 a 2535.

[3]   ASCENSÃO, José de Oliveira. *Direito civil*: teoria geral. Ações e fatos jurídicos, 2. ed. Coimbra: Coimbra Ed., 2003, v. 1, p. 79-80.

[4]   MENEZES CORDEIRO, António Manuel da Rocha e. *Tratado de direito civil português*. Parte geral, Coimbra: Almedina, 2007, t. I, p. 391.

do administrador. Desde então, haverá normas legais ou administrativas para tipificar as criações da autonomia privada, desde que atendam aos pressupostos de generalização e de aceitação social, ou, em casos mais extremos, para restringir a autonomia privada por meio de um emaranhado de regras públicas nos diversos setores de interesse do Estado. Nada disso é novo.[5]

Assim, no direito obrigacional, *v.g.*, esse espaço de liberdade jurígena é bem mais amplo do que no direito de família ou no das sucessões, em que normas de ordem pública rebentam com muito mais intensidade. Também no âmbito dos contratos, o poder de autorregulamentação, correspondente à composição ou ao arranjo recíproco "que receberão os interesses das partes, coenvolvidos na operação econômica a que o contrato é chamado a dar veste e vinculatividade jurídica",[6] sofre menos restrições do que aquelas impostas às relações familiares ou decorrentes da sucessão *causa mortis*.

Contudo, não obstante os benéficos estímulos ao exercício da autonomia privada e à assunção do poder de autorregulamentação por parte dos titulares de direitos subjetivos afetos à sucessão *mortis causa*, a afluência dos planos sucessórios tem também o condão de criar alguns instrumentos insólitos, em que a originalidade de seus formuladores parece não encontrar limites e funda-se em uma concepção também ilimitada da autonomia privada, desconsiderando imposições legais de ordem pública imanentes ao direito de família e ao direito das sucessões, o que, fatalmente, acarretará a declaração de sua invalidade.

Em outros casos, a estrutura formada com todo o zelo para a satisfação dos interesses do dono do plano sucessório acaba por não atender às suas pretensões em razão de alteração legislativa posterior, que acabam por desfigurar o sistema anteriormente estabelecido, como é o caso das regras atinentes à colação previstas pelo Código Civil de 2002 e alteradas, posteriormente, pelo Código de Processo Civil de 2015.

O presente artigo pretende discorrer sobre questão que demanda cuidado redobrado quando da formulação de planos sucessórios, atinente à (in)validade de disposições apostas em pactos antenupciais que visem a afastar direitos sucessórios garantidos por normas cogentes.

2 A natureza jurídica do pacto antenupcial ou o libelo contra o "tudo-pode" nas disposições pré-nupciais

Cada vez mais utilizado como instrumento de proteção patrimonial, o pacto antenupcial consiste, como bem ensina Pontes de Miranda, em ato jurídico de direito de família, que "escapa a certos princípios da Parte Geral, do Direito das Obrigações, do Direito das Coisas e do Direito das Sucessões".[7] Essa premissa é fundamental, eis que, presentemente, verifica-se verdadeira profusão de arranjos pré-nupciais em que são inseridas disposições de natureza eminentemente obrigacional, em indevida

---

[5] RODRIGUES JR., Otavio Luiz. *Direito Civil Contemporâneo*. Forense. Edição do Kindle. Posição 4297 a 4304.

[6] ROPPO, Enzo. *O contrato*, tradução de Ana Coimbra e M. Januário C. Gomes, Coimbra: Almedina, 2009, p. 26.

[7] PONTES DE MIRANDA, Francisco Cavalcanti. *Tratado de Direito Privado*. Parte Especial. Tomo VIII: Dissolução da sociedade conjugal. Eficácia jurídica do casamento. Rio de Janeiro: Borsoi, 1955, p. 230.

transposição para o direito de família, muitas delas trazidas de experiência estrangeira não aplicável ao nosso ordenamento.

Exemplo simbólico reside na inclusão de cláusula penal pela violação do dever de fidelidade, bastante comum nos *prenuptials agreements* dos Estados Unidos, comumente chamados de *prenups*. Neste caso, a simples importação de um instituto de direito alienígena sem maiores preocupações com a possibilidade de seu acolhimento em nosso sistema acaba por não render bons frutos, posto que os deveres conjugais não possuem natureza obrigacional no ordenamento jurídico brasileiro.

É preciso atentar para a capital distinção entre deveres e obrigações, a fim de se evitar imprecisões e enganos que podem levar à frustração das expectativas criadas pelas disposições antenupciais. Na clássica lição de Orlando Gomes,[8] a *obrigação* consiste no "dever jurídico de observar certo comportamento exigível pelo titular de um direito subjetivo", ao passo que o *dever jurídico* se traduz pela a "necessidade que corre a todo indivíduo de observar as ordens ou comandos do ordenamento jurídico, sob pena de incorrer em uma sanção". Isso significa que nem todo dever jurídico é obrigacional, o que ocorre, exatamente, com os deveres matrimoniais do art. 1.566 ou os deveres dos companheiros do art. 1.724, ambos do Código Civil.

Por conseguinte, as regras características da responsabilidade civil contratual, previstas nos arts. 389 e seguintes do Código Civil, são inaplicáveis às disposições atinentes aos deveres previstos nos mencionados arts. 1.566 e 1.724, pois a violação aos deveres conjugais ou dos companheiros não constitui hipótese de inadimplemento obrigacional. Pensar de forma contrária seria admitir, *v.g.*, a inconcebível hipótese de incidência dos efeitos da mora ao cônjuge que se recuse a manter relações sexuais com seu consorte. Quiçá esse engano seja causado pelo uso corrente da expressão *débito conjugal*, a levar à falsa impressão de que, aí, haveria uma relação de débito-crédito, cujo descumprimento resultaria na responsabilidade do "devedor" pelo pagamento das "perdas e danos, mais juros e atualização monetária segundo índices oficiais regularmente estabelecidos, e honorários de advogado", nos exatos termos do supracitado art. 389.

O absurdo da proposição pode ser expandido pela defesa da possibilidade de fixação de *astreintes* para forçar o cumprimento de algum dos deveres do art. 1.566, especialmente o relacionado à fidelidade. Seria cabível o ajuizamento de ação de obrigação de fazer com a fixação da multa do art. 500 do Código de Processo Civil, para forçar o cônjuge a ser fiel? Haveria espaço para o juiz determinar o cumprimento da tutela específica de que trata o art. 497 de nosso diploma processual? Poderia o magistrado deferir a obtenção do resultado prático equivalente, no que quer que isso possa significar?

Idêntico e enganoso raciocínio leva à possibilidade de fixação de cláusula penal pelo descumprimento do dever de fidelidade, originando outros questionamentos: qual seria o valor total da "obrigação de fidelidade" para que se apure o teto da cláusula penal de que trata o art. 412 do Código Civil? O que configuraria o cumprimento parcial da "obrigação de fidelidade" para que o juiz estivesse autorizado a reduzir o montante da multa nos termos do art. 413? Caso um dos cônjuges tivesse relações com terceiros por apenas dois dias na semana, estaria autorizado a pedir a redução do valor

---

[8] GOMES, Orlando. *Obrigações*. atualizador Edvaldo Brito. – 19. ed. – Rio de Janeiro: Forense, 2019, p. 6.

da cominação imposta pelo pacto antenupcial sob o argumento de que a "obrigação de ser fiel" foi cumprida em parte?

Este autor pede escusas pelo *non sense* das indagações lançadas nos parágrafos anteriores, mas usou desse artifício para acentuar a impropriedade de se tratar os deveres conjugais ou convivenciais como deveres jurídicos obrigacionais, bem como o equívoco em querer se aplicar as regras da responsabilidade civil contratual para as hipóteses de sua violação.

Vale aclarar que nosso Código Civil acolheu a teoria dualista ou clássica da responsabilidade civil, fundada na dicotomia entre responsabilidade contratual, disposta nos arts. 389 e seguintes, e a extracontratual, prevista expressamente nos arts. 186, 187, 188 e 927 e seguintes.

Como ensina Carlos Roberto Gonçalves, depreendem-se as seguintes distinções entre ambos os regimes: a) o ônus da prova, pois na responsabilidade contratual o credor só precisa comprovar que a prestação não foi cumprida, enquanto na extracontratual há, em regra, a necessidade de se provar a culpa do agente; b) a fonte de que promanam, na contratual, a convenção, e na aquiliana, o dever genérico de não lesar, de não causar dano a ninguém (*neminem laedere*); c) a capacidade do agente causador do dano, posto a convenção exigir agentes plenamente capazes ao tempo de sua celebração, sob pena de nulidade e de não produzir efeitos indenizatórios; ao passo que na obrigação derivada de um delito o ato praticado por um incapaz pode dar origem à reparação por aqueles que legalmente são os encarregados de sua guarda e, até mesmo, pelo próprio incapaz toda vez que as pessoas por ele responsáveis não tenham a obrigação legal de fazê-lo ou não disponham de meios suficientes (art. 928 do Código Civil); d) a gradação da culpa, eis que, em regra, a responsabilidade contratual e a extracontratual fundam-se na culpa, mas a obrigação de indenizar no âmbito da responsabilidade aquiliana deflui da lei que possui eficácia *erga omnes*, o que acarreta certo escalonamento quando decorrente de um contrato, de conformidade com os diferentes casos em que ela se configure, ao passo que na delitual a culpa irá mais longe, alcançando a ligeiríssima falta.[9]

Em nosso sistema, dessarte, a clivagem entre a responsabilidade contratual e a extracontratual apresenta considerável relevância e efeitos jurídicos bastante distintos, o que importa sobremaneira para a análise dos reflexos decorrentes da violação dos deveres dos arts. 1.566 e 1.724 do Código Civil. Na precisa lição de Paulo Lôbo, é possível que a violação de algum dever conjugal venha, eventualmente, a converter-se em dano moral, "mas a responsabilidade civil por danos não é intrinsecamente de direito de família, e sim de direito civil em geral: a ofensa moral deve ser objeto de reparação civil segundo as regras comuns e não em razão do direito de família".[10] Trata-se, quando configurada, de hipótese de responsabilidade civil extracontratual.

No que se refere aos planejamentos sucessórios, fervilham, nestes dias, disposições de pactos antenupciais visando ao afastamento de direitos sucessórios garantidos pelo Código Civil, em especial no que é pertinente à concorrência sucessória dos descendentes com o cônjuge e, desde maio de 2017, também com o companheiro do falecido, em razão

---

[9] GONÇALVES, Carlos Roberto. *Responsabilidade civil*, 10. ed., São Paulo: Saraiva, 2007, p. 29-30.

[10] LÔBO, Paulo. *Direito Civil*: Famílias. 2. ed. São Paulo: Saraiva, 2009.

da tese fixada pelo Supremo Tribunal Federal ao decidir o tema de Repercussão Geral 809 (Recurso Extraordinário nº 646.721/RS e Recurso Extraordinário nº 878.694/MG).

A partir de uma concepção dilatada da autonomia privada no direito de família, supostamente concessora de um espaço de liberdade ilimitado para as disposições pré-nupciais, símile ao obrigacional, avolumam-se arranjos antenupciais continentes de dispositivos que afastam direitos sucessórios de seus signatários, em geral estabelecendo a renúncia antecipada a esses direitos.

Tais disposições atentam contra normas cogentes, além de relegar a estrutura lógica do sistema ordenado pelo Código Civil e desconsiderar o fato de que a amplitude da liberdade para a prática de atos jurídicos de direito de família sofre restrições de ordem pública.

Ainda que este autor seja partidário de uma reforma legislativa capaz de ampliar os espaços de liberdade no âmbito do direito de família e, também, no direito das sucessões, a responder às já referidas transformações no trato social e nas relações afetivas, não assente com interpretações genéricas e apartadas da estrutura lógica do sistema capazes de levar a conclusões que ofendem regras expressas de nosso ordenamento.

Inexiste um terreno ilimitado de liberdade no âmbito das relações familiares, especialmente quando se trata das lindes impostas pelas regras cogentes do direito sucessório, o que restará evidenciado no item a seguir.

3 Disposições sobre direitos sucessórios em pactos antenupciais: singrando as lindes da validade

Existe verdadeiro mantra para alguns autores de planos que visam à blindagem patrimonial no sentido de que as regras de direito sucessório não podem limitar a liberdade das disposições pré-nupciais. Esse enganoso axioma é bastante difundido entre os diversos sujeitos que atuam na formulação de planos sucessórios e, em algum momento, logrou alcançar nossas cortes.

De fato, em notória decisão proferida aos 11 de dezembro de 2009, nos autos do Recurso Especial nº 992.749/MS, a Terceira Turma do Superior Tribunal de Justiça afastou a concorrência sucessória do cônjuge com os descendentes do falecido quando casados pelo regime de separação convencional de bens, sob o fundamento de que o regime de separação obrigatória de bens, previsto no art. 1.829, inc. I, do CC/02, seria gênero a congregar duas espécies: "(i) separação legal; (ii) separação convencional. Uma decorre da lei e a outra da vontade das partes, e ambas obrigam os cônjuges, uma vez estipulado o regime de separação de bens, à sua observância".

A inaudita decisão proferida no REsp 992.749/MS chamou a atenção pelo fato de afirmar que o regime de bens estipulado "obriga as partes na vida e na morte", olvidando-se que a dissolução do vínculo conjugal pela morte de um dos cônjuges põe fim ao regime de bens. Ademais, consta da ementa de r. decisório passagem que parece ser o fundamento de boa parte dos defensores da ideia de um pacto antenupcial sem limitações:

A ampla liberdade advinda da possibilidade de pactuação quanto ao regime matrimonial de bens, prevista pelo Direito Patrimonial de Família, não pode ser toldada pela imposição fleumática do Direito das Sucessões, porque o fenômeno sucessório traduz a continuação da personalidade do morto pela projeção jurídica dos arranjos patrimoniais feitos em vida.

Ora, existem diversas disposições do direito das sucessões que limitam a autonomia privada, impostas por normas cogentes e que possuem por fundamento a tutela de direitos determinados. O que é a legítima senão uma "imposição fleumática do direito sucessório a toldar a liberdade advinda do direito de família"? No mesmo sentido, a necessidade de aposição de justa causa para a clausulação da legítima, imposta pela norma inflexível do art. 1.848, representa outro emblemático exemplo dos limites impostos pelo direito sucessório à autodeterminação. Também as regras atinentes à colação constituem balizas para resguardar direitos garantidos aos herdeiros necessários.

Posteriormente, mais precisamente aos 22 de abril de 2015, reuniu-se a Segunda Seção do Superior Tribunal de Justiça para afastar o entendimento acima referenciado, firmando a tese de que "no regime de separação convencional de bens, o cônjuge sobre-vivente concorre com os descendentes do falecido", com a lei afastando a concorrência apenas quanto ao regime da separação legal de bens prevista no art. 1.641 do Código Civil, conforme se depreende da leitura do acórdão paradigma proferido nos autos do REsp 1.382.170/SP.

Porém, o dogma acerca de existência de uma liberdade ilimitada para se estabelecer o conteúdo dos pactos antenupciais continua a ser professado, notadamente, no que se refere às disposições instituindo a renúncia a direitos sucessórios de cônjuges e companheiros.

Em contundente artigo defendendo a renúncia prévia ao direito concorrencial por cônjuges e companheiros, Mario Delgado assim conclui:

> Permitir a renúncia ao direito concorrencial não configura ato imoral, assim como não o é renunciar à meação, até mesmo porque se insere no quadro mais amplo da autonomia patrimonial da família, consentânea com a atual realidade social, muito mais complexa e mutável. E isso pode ser feito, ressalte-se, de lege lata, ou seja, sem necessidade de alteração legislativa do artigo 426 do Código Civil.[11]

Rolf Madaleno também afirma a possibilidade de renúncia ao direito concorrencial de cônjuges e companheiros, nos seguintes termos:

> Cônjuges e conviventes podem livremente projetar para o futuro a renúncia de um regime de comunicação de bens, tal qual podem projetar para o futuro a renúncia expressa ao direito concorrencial dos incisos I e II, do artigo 1.829 do Código Civil brasileiro, sempre que concorram na herança com descendentes ou ascendentes do consorte falecido. A renúncia de direitos hereditários futuros não só não afronta o artigo 426 do Código Civil (pacta corvina), como diz notório respeito a um mero benefício vidual, passível de plena e prévia abdicação, que, obviamente, em contratos sinalagmáticos precisa ser reciprocamente

---

[11] DELGADO, Mario. Da renuncia prévia ao direito concorrencial por cônjuges e companheiros. *Conjur*, 7 de abril de 2019. Disponível em https://www.conjur.com.br/2019-abr-07/processo-familiar-renuncia-previa-direito-concorrencial-conjuge-companheiro. Acesso em: 24 jul. 2020.

externada pelo casal, constando como um dos capítulos do pacto antenupcial ou do contrato de convivência, condicionado ao evento futuro da morte de um dos parceiros e da subsistência do relacionamento afetivo por ocasião da morte de um dos consortes e sem precedente separação de fato ou de direito.[12]

A nossa opinião diverge frontalmente daquela expressada pelos dois grandes civilistas – e diletos amigos –, posto que a liberdade das disposições antenupciais encontra austeros limites no direito sucessório, cuja rigidez sistemática ancora-se na rigorosa proibição da cessão e, também, da renúncia a direitos hereditários em momento anterior ao da abertura da sucessão. Atos jurídicos que tenham por objeto fraudar essa proibição legal são nulos pela regra do art. 166, inciso VI do Código Civil, o que será demonstrado através da respeitosa contestação aos principais argumentos trazidos por Mario Delgado e Rolf Madaleno.

Para Mario Delgado, a interpretação do artigo 426 do Código Civil tem sido "hiperbolizada", posto que o conteúdo restritivo deste dispositivo legal é limitado "aos pactos dispositivos ou 'de hereditate tertii', mas não abrangente dos pactos renunciativo e aquisitivo". Segundo suas asserções, a proibição de "contrato" de que trata a regra do mencionado art. 426 "permite inferir que a renúncia à herança estaria permitida no direito brasileiro, já que renúncia é ato unilateral de vontade, arbitrário, emanado dos poderes dispositivos de quem é sujeito de um direito legalmente reconhecido". Ademais, sanciona que "não existe qualquer restrição à renúncia de direitos futuros", eis que "quando o Código Civil quis proibir a renúncia a direito futuro, ele o fez expressamente, como no caso do artigo 556, que proíbe ao doador renunciar antecipadamente ao direito (futuro) de revogar a doação por ingratidão".

Entretanto, existe proibição expressa à renúncia antecipada à direito sucessório na previsão imperativa do art. 1.808 do Código Civil, que veda a renúncia sob condição ou a termo. Não se pode olvidar que a morte constitui termo, posto consistir em evento futuro e certo. Outrossim, levando-se em consideração a realidade social muito mais complexa e mutável de que trata Delgado no artigo em comento, essa renúncia, além de sujeita à termo, também estaria condicionada à eventualidade de os cônjuges permanecerem casados até o momento da abertura da sucessão, em virtude da reconhecida fluidez e volubilidade das relações afetivas características destes tempos. Por ambos os prismas, está vedada pela regra proibitiva do art. 1.808.

Na verdade, a análise da questão atinente aos limites impostos às disposições antenupciais pelo direito sucessório não deve se restringir à norma do art. 426 do Código Civil, impondo-se um exame mais abrangente, capaz de aferir todo o ordenado concatenar do sistema normativo do direito das sucessões que têm por objeto elidir os pactos sucessórios, sejam eles dispositivos, renunciativos ou aquisitivos, garantindo-se a intangibilidade da legítima e a preservação de direitos sucessórios de determinados herdeiros.

Decerto, além da norma do art. 426 que proíbe a celebração dos pactos sucessórios e do preceito do art. 1.808, proibindo a renúncia sob condição ou a termo, outras regras

---

[12] MADALENO, Rolf. Renúncia de herança no pacto antenupcial. *Revista IBDFAM: Famílias e Sucessões*. V. 27 (maio/jun). Belo Horizonte: IBDFAM, 2018, p. 58.

garantem a higidez do sistema sucessório de nosso Código Civil e impõem limites à liberdade de pactuação sobre direitos sucessórios em sentido amplo, como ocorre com a prescrição do §1º do art. 1.857 que veda a inclusão em testamento da legítima dos herdeiros necessários; a previsão expressa do inciso I do art. 1.900, estabelecendo a nulidade das disposições que instituam herdeiro ou legatário sob a condição captatória de que este disponha, também por testamento, em benefício do testador, ou de terceiro; a imposição da necessária indicação de justa causa para a aposição de cláusula de inalienabilidade, impenhorabilidade, e de incomunicabilidade, sobre os bens da legítima, do art. 1.848; a proibição do testamento conjuntivo, seja simultâneo, recíproco ou correspectivo, expressa pelo art. 1.863; a disposição dos arts. 1.967 e 1.968 acerca da redução das disposições testamentárias; e, por óbvio, as próprias regras que garantem a legítima dos herdeiros necessários, dos arts. 1.789 e 1.845 a 1.849, além daquelas atinentes à colação, dos arts. 2.002 e seguintes.

Contudo, Mario Delgado traz outro argumento para sustentar a possibilidade de renúncia a direitos sucessórios através de pacto antenupcial, ao afirmar que, conceitualmente, existe distinção entre herança e sucessão, o que afastaria a previsão do art. 426 do Código Civil, eis que "a pactuação sobre o acervo de bens ou sobre bens determinados e que integrariam a 'herança' estariam vedadas. Mas não o estariam a renúncia ao direito de suceder alguém ou a renúncia ao direito concorrencial pelo cônjuge ou pelo companheiro".[13]

Para fundamentar sua argumentação ressalva:

> Essa distinção já era levada em consideração desde a Consolidação das Lei Civis de Teixeira de Freitas, quando no seu artigo 352 estabelecia que "[a]s heranças de pessoas vivas não podem sêr igualmente objeto de contracto", mas no artigo 353 previu que "[s]ão nullos todos os pactos successorios, para succedêr, ou não succedêr, ou sejão entre aquelles, que esperão sêr herdeiros; ou com a propria pessoa, de cuja herança se-trata" e no art. 354 afirmou que "[n]ão é applicavel a disposição do Art. antecedente aos pactos e condições em contractos matrimoniaes sobre a successão reciproca dos esposos".[14]

No entanto, a distinção trazida pelo art. 352 da Consolidação das Leis Civis não foi reproduzida no Código Civil de 1916 nem no de 2002, os quais, em diversos dispositivos, utilizam o vocábulo *herança* em sua ampla acepção, a qual não se restringe aos bens componentes do acervo hereditário, possuindo significado muito mais dilatado. É o que ocorre, também, com a norma do inciso XXX do art. 5º da Constituição Federal, que garante o direito à herança em significado muito mais amplo do que aquele que compreende apenas os bens do falecido.

Em nenhum dos dois códigos, seja o de 1916 ou o de 2002, existe dispositivo que se assemelhe ao art. 352 da Consolidação das Leis Civis, eis que ambos não adotaram a distinção feita por Teixeira de Freitas, mas uma concepção em sentido amplo do termo *herança lato sensu*, a abranger os direitos sucessórios como um todo, consoante se

---

[13] DELGADO, Mario. Da renuncia prévia ao direito concorrencial por cônjuges e companheiros. *Conjur*, 7 de abril de 2019. Disponível em https://www.conjur.com.br/2019-abr-07/processo-familiar-renuncia-previa-direito-concorrencial-conjuge-companheiro. Acesso em: 24 jul. 2020.

[14] *Idem.*

depreende da regra dos arts. 426 e 1.808 do Código Civil, assim como a regra do inciso XXX, do art. 5º da Constituição Federal.

Em nossa opinião, o que se verifica nessas disposições antenupciais que visam a afastar direitos sucessórios dos cônjuges ou dos companheiros, em especial no que se refere à concorrência sucessória com os descendentes do falecido, é a inequívoca caracterização da fraude a lei imperativa.

Sobre o tema, ensina Zeno Veloso que, na fraude à lei, "há uma infringência oblíqua ou indireta da norma proibitiva".[15] Afirmar que a regra do art. 426 do Código Civil não se refere aos direitos sucessórios, os quais, por essa razão, seriam passíveis de disposição, consubstancia, exatamente, essa infringência oblíqua e indireta da norma proibitiva, posto que, a partir de mero jogo de palavras, todos os pactos sucessórios estariam permitidos.

De fato, bastaria que os pactos substituíssem o vocábulo *herança* por *direitos sucessórios* e a proibição estaria superada. Partindo-se dessas premissas, o filho que desejasse ceder seus direitos sucessórios para terceiros, antes do decesso do pai, estaria autorizado a superar a vetusta proibição do *pacta corvina* por meio de singelíssimo recurso: suprimir a palavra *herança* de todo o pacto sucessório. Essa patente tentativa de infração à lei proibitiva é, evidentemente, nula, por fraude à lei imperativa, nos exatos termos do inciso VI, do art. 166 de nosso Código Civil.

Ademais, também discordamos da opinião de Mario Delgado, por entendermos que o Código Civil repele a renúncia prévia a direitos, o que se verifica em diversos dispositivos, como é o caso do art. 191, ao vedar a renúncia antecipada à prescrição; do art. 424, ao prever a nulidade da cláusula que estipule a renúncia antecipada nos contratos de adesão; do art. 556, ao não permitir a renúncia antecipada ao direito de revogar a liberalidade por ingratidão do donatário; do art. 1.682 que veda a renúncia à meação antes do término da sociedade conjugal; do art. 1.707, ao impedir a renúncia aos alimentos. Esse também é o caso da regra do art. 1.808 do Código Civil, ao proibir a renúncia a termo.

Por fim, cabe discorrer sobre a tese trazida à lume por Rolf Madaleno em seu artigo intitulado *Renúncia de herança no pacto antenupcial*. Expressiva parcela de seus argumentos funda-se na autonomia privada em matéria familiar, cujos limites já foram aqui tratados, razão pela qual se remete o leitor aos itens anteriores, a fim de se evitar exaustivas repetições. Existe, também, percuciente levantamento da experiência legislativa estrangeira autorizando a celebração de pactos sucessórios, a corroborar o nosso entendimento no sentido de que deve haver autorização expressa do sistema para a celebração desses arranjos, o que não é o caso do ordenamento brasileiro. Todavia, merecem atenção as seguintes asserções do jurista gaúcho: a) a afirmação de que o cônjuge e o companheiro não têm a qualidade de herdeiros "quando convocados em direito concorrencial com a classe dos descendentes ou ascendentes, só sendo chamada uma classe na falta da outra, nas duas primeiras em concurso com o consorte ou convivente como sucessores irregulares"; e b) o argumento de que o direito concorrencial dos cônjuges e companheiros previsto nos incisos I e II, do artigo 1.829, do Código Civil

---

[15] VELOSO, Zeno. *Invalidade do negócio jurídico*. 2. ed., Belo Horizonte, Del Rey, 2005. p. 84

brasileiro "diz notório respeito a um mero benefício vidual, passível de plena e prévia abdicação".[16]

Em nossa opinião, a condição de herdeiro legítimo do cônjuge está categoricamente estabelecida por normas expressas do Código Civil, a partir do Título II, do Livro V de sua Parte Especial, que trata da sucessão legítima. O direito concorrencial do cônjuge, previsto pelas regras dos incisos I e II do art. 1.829 de nosso diploma civil, confirma a condição de herdeiro legítimo do cônjuge sobrevivente, que herda uma cota do patrimônio, concorrendo por cabeça com os descendentes do falecido e, em alguns casos, sendo titular de quota privilegiada, como na hipótese prevista pelo art. 1.832. E também terá direito à uma quota diferenciada quando concorrer com os ascendentes do *de cujus* nas condições previstas na parte final do art. 1.837.

Não se trata, portanto de "mero benefício vidual" e, tampouco, ostenta-se a condição de sucessor irregular, posto constituir hipótese expressamente positivada de sucessão legítima, em que o cônjuge concorre à quinhão hereditário na qualidade de herdeiro legítimo, possuindo, em determinadas situações, direito à quota mínima superior àquela que caberá aos descendentes ou ascendentes com quem concorrer.

Ademais, é importante ressaltar que o cônjuge sobrevivente não concorrerá com os descendentes na condição de titular de direito sobre um bem específico, característica dos legados, como faz crer a suscitada condição de favorecido por "mero benefício vidual". Como já dito, seu direito concorrencial está expresso nas regras do Título II, do Livro V da Parte Especial do Código Civil, que disciplinam a sucessão legítima e não nas normas do Título III, que disciplinam a sucessão testamentária. Além disso, o cônjuge concorre com os descendentes sobre a universalidade de bens que compõem o acervo hereditário do autor da herança e não sobre um bem certo e determinado. Trata-se de sucessão a título universal, o que afasta a ideia de um sucessor irregular, recebendo benefício vidual a título singular.

Sobre o tema, também se faz necessário ressaltar o disposto na exposição de motivos do Código Civil, a qual, ainda que já esteja antiga, confirma as razões que levaram o cônjuge sobrevivente a ser alçado à condição de herdeiro legítimo e necessário, concorrendo com os descendentes e ascendentes do falecido:

> Com a adoção do regime legal de separação parcial com comunhão de aqüestos, entendeu a Comissão que especial atenção devia ser dada aos direitos do cônjuge supérstite em matéria sucessória. Seria, com efeito, injustificado passar do regime da comunhão universal, que importa a comunicação de todos os bens presentes e futuros dos cônjuges, para o regime da comunhão parcial, sem se atribuir ao cônjuge supérstite o direito de concorrer com descendentes e ascendentes. Para tal fim, passou o cônjuge a ser considerado herdeiro necessário, com todas as cautelas e limitações compreensíveis em questão tão delicada e relevante, a qual comporta diversas hipóteses que exigiram tratamento legal distinto.[17]

---

[16] MADALENO, Rolf. Renúncia de herança no pacto antenupcial. *Revista IBDFAM: Famílias e Sucessões*. V. 27 (maio/jun). Belo Horizonte: IBDFAM, 2018, pp. 09-58.

[17] SENADO FEDERAL. *Novo código civil*: exposição de motivos e texto sancionado. Brasília: Senado Federal, Subsecretaria de Edições Técnicas, 2005. Disponível em: http://www2.senado.leg.br/bdsf/handle/id/70319. Acesso em: 24 jul. 2020.

Idêntica condição cabe, também, ao companheiro sobrevivente em decorrência da paradigmática decisão do Supremo Tribunal Federal no tema de Repercussão Geral 809, que declarou a inconstitucionalidade da distinção de regimes sucessórios entre cônjuges e companheiros prevista pela regra do art. 1.790 do Código Civil, determinando a aplicação, tanto para o casamento como para a união estável, do regime sucessório do art. 1.829 de nosso diploma civil.

Por conseguinte, afasta-se, da mesma forma, a suscitada condição de sucessor irregular do companheiro sobrevivente, que é herdeiro legítimo, e em nossa opinião, também necessário.

4 Considerações finais

Em que pese o apreço deste autor pela autonomia privada e pelo espaço de liberdade jurígena garantido pelo direito civil – o que o torna tão especial –, além do entusiasmo pelas criativas incursões nesse solo fértil do planejamento sucessório, insta que cautelas sejam tomadas na formulação dos respectivos planos, para evitar a declaração da invalidade de alguns dos dispositivos que o compõem.

Compartilhamos dos anseios dos amigos Rolf Madaleno e Mario Delgado, no sentido de que os novos arranjos familiares e as transformações do trato social clamam pela necessária revisão de nosso sistema, a fim de se ampliar os espaços da autonomia privada no direito de família e, também, no direito das sucessões. No entanto, divergimos na forma, posto que, em nosso entendimento, não é possível promover essa almejada transformação através de uma interpretação dilatada do princípio da autonomia privada, mas por meio da necessária reforma legislativa.

Decerto, o estudo das relações entre particulares não deve ser levado à efeito apenas com base na incidência dos princípios constitucionais, pautada por axiologia formal e generalizante, descurando-se do ordenado encadeamento das regras que compõem o nosso sistema de direito privado.

A Constituição Federal de 1988 não regula todos os pormenores das relações de direito privado,[18] a impor a leitura de suas normas em conformidade com a ordem constitucional e sua base axiológica, não através de uma Constituição-Total, mas por uma Constituição-Moldura, "em que nem tudo está predefinido, que não pretende ser o estatuto total da vida em sociedade ou o fundamento material de todo e qualquer ato estatal ou privado".[19]

Neste sentido, alertamos para as armadilhas trazidas por arranjos pré-nupciais que, fundeados em concepção desmedida da autonomia privada, tenham por objeto a disposição de direitos sucessórios, em especial aquelas que estabelecem a sua renúncia e que acarretarão a declaração de sua nulidade por fraude à lei imperativa, nos exatos

---

[18] Ao discorrer sobre um modelo de Constituição total, Virgílio Afonso da Silva ressalva a "pena irônica de Forsthoff, em que tudo seria definido pela constituição, até mesmo a produção de termômetros para a febre" (SILVA, Virgílio Afonso da. *A constitucionalização do direito*. Os direitos fundamentais nas relações entre particulares. São Paulo: Malheiros, 2005, p. 113).

[19] *Idem*, p. 18.

termos do inciso VI do art. 166, do Código Civil, bem como por afronta a regras proibitivas dos arts. 426 e 1.808 de nosso Código Civil.

As planícies da autonomia privada são vastas e acolhedoras para os artífices dos planos sucessórios, mas não ilimitadas, o que faz com que algumas de suas veredas não conduzam às terras prometidas.

Referências

ASCENSÃO, José de Oliveira. *Direito civil: teoria geral*. Ações e fatos jurídicos, 2. ed. Coimbra: Coimbra Ed., 2003, v. 1.

BAUMAN, Zygmunt. *Amor líquido*: Sobre a fragilidade dos laços humanos. Trad.: Carlos Alberto de Medeiros. Editora Zahar.

DELGADO, Mario. Da renuncia prévia ao direito concorrencial por cônjuges e companheiros. *Conjur*, 07 de abril de 2019. Disponível em https://www.conjur.com.br/2019-abr-07/processo-familiar-renuncia-previa-direito-concorrencial-conjuge-companheiro. Acesso em: 24 jul. 2020.

GOMES, Orlando. *Obrigações*. Atualizador Edvaldo Brito. – 19. ed. – Rio de Janeiro: Forense, 2019.

GONÇALVES, Carlos Roberto. *Responsabilidade civil*, 10. ed., São Paulo: Saraiva, 2007.

LÔBO, Paulo. *Direito Civil*: Famílias. 2. ed. São Paulo: Saraiva, 2009.

MADALENO, Rolf. Renúncia de herança no pacto antenupcial. *Revista IBDFAM: Famílias e Sucessões*. V. 27 (maio/jun). Belo Horizonte: IBDFAM, 2018

MENEZES CORDEIRO, António Manuel da Rocha e. *Tratado de direito civil português*. Parte geral, Coimbra: Almedina, 2007, t. I.

PONTES DE MIRANDA, Francisco Cavalcanti. *Tratado de Direito Privado. Parte Especial*. Tomo VIII: Dissolução da sociedade conjugal. Eficácia jurídica do casamento. Rio de Janeiro: Borsoi, 1955.

RODRIGUES JR., Otavio Luiz. *Direito Civil Contemporâneo*. Forense. Edição do Kindle.

ROPPO, Enzo. *O contrato*, tradução de Ana Coimbra e M. Januário C. Gomes, Coimbra: Almedina, 2009.

SENADO FEDERAL. *Novo código civil*: exposição de motivos e texto sancionado. Brasília: Senado Federal, Subsecretaria de Edições Técnicas, 2005. Disponível em: http://www2.senado.leg.br/bdsf/handle/id/70319. Acesso em: 24 jul. 2020.

SILVA, Virgílio Afonso da. *A constitucionalização do direito*. Os direitos fundamentais nas relações entre particulares. São Paulo: Malheiros, 2005.

VELOSO, Zeno. *Invalidade do negócio jurídico*. 2. ed., Belo Horizonte, Del Rey, 2005.

Informação bibliográfica deste texto, conforme a NBR 6023:2018 da Associação Brasileira de Normas Técnicas (ABNT):

AGUIRRE, João Ricardo Brandão. Algumas reflexões sobre o planejamento sucessório: a escolha de algumas veredas pode não levar à terra prometida. *In*: TEIXEIRA, Daniele Chaves (Coord.). *Arquitetura do Planejamento Sucessório*. Belo Horizonte: Fórum, 2021. p. 369-381. Tomo II. ISBN 978-65-5518-117-3.

OS MECANISMOS EXISTENTES PARA O COMBATE À FRAUDE PATRIMONIAL SEJAM NO DIVÓRCIO, NA DISSOLUÇÃO DA UNIÃO ESTÁVEL, COMO EM DECORRÊNCIA DA MORTE

MARINA PACHECO CARDOSO DINAMARCO

1 Introdução

Os planejamentos patrimonial, sucessório e societário são mecanismos que, quando bem elaborados, possibilitam às famílias e às empresas familiares uma melhor divisão dos bens, uma economia tributária, um menor ou nenhum litígio entre os herdeiros e uma preservação e eficácia da governança das sociedades. Juntos ou separados são cada vez mais difundidos, e quando utilizados com o propósito legal de otimizar custos e proteger os entes familiares e seus bens são práticas sofisticadas que devem ser buscadas e exploradas, contudo, existem diversas situações nas quais a implementação de estruturas patrimoniais serve para o fim ilícito de esvaziar a partilha de bens comuns, em prejuízo do cônjuge, do companheiro ou, até mesmo, de outro herdeiro.

Malgrado a disseminação a passos lentos do planejamento patrimonial, isso decorre do fato de não existir no Brasil a cultura de pactuar e de planejar as questões econômicas do casamento e do falecimento. É constrangedor e, por vezes, para evitar um mínimo desconforto inicial da troca de ideias, os cônjuges e companheiros criam problemas finais muito mais dramáticos.

Pela insatisfação da escolha do regime de bens, não são raras as vezes que as fraudes iniciem antes ou no decorrer do matrimônio ou da união estável, transvertidas inicialmente como um planejamento patrimonial com vistas a economizar tributos ou, simplesmente, feitas às escondidas com a criação de pessoas jurídicas anteriores às núpcias ou em nome de terceiros, com contratos de empréstimos, com a contratação de seguro de vida ou de previdência privada, com investimentos em criptomoedas, com alterações societárias, com estruturas de empresas, fundos e fundações em paraísos fiscais, aquisições em nome de terceiros, entre outras formas de deslocar os bens comuns para fora da esfera conjugal.

Nesses casos, assim como naqueles em que a fraude ocorre após a separação do casal, um dos partícipes é profundamente prejudicado por manobras para esvaziar a partilha de bens comuns, tendo a vítima que enfrentar dificuldades financeiras e sociais desumanas, ficando, em contrapartida, o fraudador isento de qualquer sanção, ainda que a lei civil preveja a pena de sonegados para a omissão patrimonial.

Nesse contexto de ódio dos fins dos relacionamentos, assim como de fraudes, o Estado, com as armas que tem ou com as que tiver que construir, deve atuar com rigor para minimizar as atitudes desonestas que marcam o término do casamento e punir o fraudador pelo desvio de bens, para que outros, quando tiverem na eminência de fraudar, desistam da conduta desonrosa pelo receio de sofrer uma penalidade grave.

São muitos os instrumentos processuais investigativos e acautelatórios para buscar e evitar a dissipação dos bens. Os mais conhecidos são as pesquisas de imóveis, as expedições de ofícios aos órgãos públicos e privados com informações fiscais, bancárias e remessas de dinheiro ao exterior, assim como de caráter assecuratório como o arrolamento e bloqueio de bens, o incidente de desconsideração inversa da pessoa jurídica e da pessoa física, a ação de anulação de atos fraudulentos, a compensação ou indenização do montante correspondente aos bens excluídos ilicitamente da partilha, a ação de sobrepartilha de bens, entre outros. Sem dúvida, esses mecanismos são úteis e eficazes, mas nenhum deles pune o fraudador.

Por essa simples razão, as fraudes se perpetuam e aumentam a cada dia.

Logo, quando demonstrado que toda a estrutura patrimonial planejada ou parte dela foi desenhada com um fim ilícito e, por consequência, houver a caracterização do dolo no desvio patrimônio, a sua desconsideração e a punição dos responsáveis são necessárias. Essa penalização, ao contrário do que muitos pensam, é legalmente permitida nas divisões patrimoniais decorrentes do divórcio e das uniões estáveis, basta perceber que o processo de inventário e partilha de bens é único. Ou seja, a ideia do presente ensaio é demonstrar os instrumentos jurídicos de combate à fraude e, principalmente, que são aplicáveis todas as regras materiais e procedimentais em qualquer espécie de partilha de bens – divórcio, dissolução de união estável ou *causa mortis* –, inclusive a pena de sonegados para garantir o princípio geral da igualdade e equilíbrio nas partilhas de bens, pois outra não pode ser a conclusão após a imprescindível interpretação lógica, sistemática e finalística da norma.

2   Partilha de bens litigiosa

Enquanto para o direito sucessório a partilha representa a divisão das relações jurídicas deixadas pelo falecido entre seus herdeiros, na proporção dos respectivos quinhões,[1] para o direito de família a partilha é a distribuição da meação dos cônjuges ou dos companheiros.

No tocante à natureza jurídica, a partilha é declaratória e não constitutiva, tal como no direito romano, pois nem o herdeiro nem o cônjuge adquirem a propriedade na decretação da partilha, mas, respectivamente, no momento da abertura da sucessão

---

1   CAHALI, Francisco José Cahali; HIRONAKA, Giselda Maria Fernandes Novaes. *Direito das Sucessões*. 3. ed. São Paulo: RT, 2007, p. 404.

e da aquisição do bem oneroso durante o relacionamento ou mediante a escolha dos atos do regime da comunhão total de bens.

No direito de família, a partilha é uma consequência lógica do divórcio e da dissolução da união estável quando o regime patrimonial importa na comunhão de bens. Se não houver preexistente separação de fato ou formal separação de corpos para antecipar o efeito final da comunicação patrimonial, é com o divórcio que há a sua extinção, mas não necessariamente com ele ocorrerá a partilha de bens (CC, art. 1.581),[2] pois é permitida e bastante comum a postergação da divisão dos bens para um momento futuro.

O partilhamento, independentemente de sua causa – morte, divórcio ou dissolução de união estável –, pode ser levado a efeito de modo amigável, quando houver consenso entre as partes, ou ser decretado por sentença judicial, na hipótese de discórdia entre os cônjuges, companheiros ou herdeiros. A partilha consensual, a partir da Lei nº 11.441/2007, pode também ser celebrada por procedimento administrativo, por meio de escritura pública, havendo, atualmente, as partilhas consensuais que subdividem em extrajudiciais e judiciais, e as partilhas litigiosas, as quais além de judiciais podem ser submetidas ao processo arbitral.[3]

Se os cônjuges ou companheiros não acordarem sobre a partilha dos bens, poderão optar pelo processo arbitral, se já assim não fizeram na escritura do pacto antenupcial, ou submeter-se à divisão patrimonial no Poder Judiciário, aplicando os princípios genéricos[4] e as regras materiais e processuais da partilha de bens, conforme determina o parágrafo único do art. 731 da lei processual, cujo dispositivo faz a mesma remissão da legislação anterior, ao dispor: "se os cônjuges não acordarem sobre a partilha dos bens, far-se-á esta depois de homologado o divórcio, na forma estabelecida nos arts. 647 a 658".

3 Tipos mais comuns de fraudes e o mau uso do planejamento sucessório

É sabido que existem mais meios de fraudes do que meios de solucionar a fraude. Da forma mais simples, como a ocultação dolosa e direta dos bens, omitindo um dos cônjuges determinado bem ou direito para excluir da divisão patrimonial ou de forma indireta, por meio de subterfúgios aparentemente lícitos.

Independentemente da maneira, para que seja o sonegador penalizado da forma sugerida neste trabalho, necessário é a omissão efetiva e intencional, havendo, no entanto, a necessidade de configuração de dois requisitos, um objetivo (ausência do bem) e outro subjetivo (vontade). Vale dizer, não basta a presença de apenas um, mas se exige a concomitância, pois, como aponta Giselda Hironaka, somente o elemento objetivo

---

[2] Superior Tribunal de Justiça. Súmula 197: "o divórcio direto pode ser concedido sem que haja a prévia partilha de bens".

[3] "A arbitragem é uma técnica que visa dar a solução de uma questão, que interessa as relações entre duas pessoas, por uma ou mais pessoas – o árbitro ou os árbitros – que detêm os seus poderes de uma convenção privada e julgam com base desta convenção, sem serem investidos desta missão pelo Estado". Irineu Strenger. *Comentários à lei brasileira de arbitragem*. São Paulo, LTr, 1998, p. 16.

[4] MADALENO, Rolf Hanssen. *Curso de direito de família*. 10. ed. Rio de Janeiro: Forense, 2020, p. 247.

pode configurar uma ocultação desastrada ou desconhecida, mas não intencional, e, se presente apenas o elemento subjetivo, tratar-se-á de uma mera intenção de ocultar o bem.[5]

Múltiplas são as tramoias conjugais e familiares elaboradas para reduzir indiretamente a meação do cônjuge ou a herança do falecido e, como a cada momento surgem novas e mais complexas estratégias fraudulentas, inviável é a abordagem de todos os embustes conjugais, razão pela qual serão examinadas as fraudes mais corriqueiras efetuadas por intermédio de pessoas jurídicas, interpostas pessoas físicas, previdência privada, remessa de investimentos financeiros para o exterior e por falsos endividamentos dos cônjuges, entre outras.

As pessoas jurídicas, muito utilizadas em planejamentos patrimoniais, em especial para a constituição de *holdings* e estruturas empresariais, passaram a ser uma eficaz e perigosa armadilha às meações conjugais por conta da antiga máxima prevista no art. 20 do Código Civil de 1916 responsável por separar a pessoa jurídica da pessoa física de seu sócio e estabelecer patrimônios e responsabilidades dissociados, pois a aquisição de bens próprios do casamento começaram a ser adquiridos direto no nome da empresa, ou para ela transferidos para frustrar futura partilha de bens.

Rolf Madaleno chama atenção para o fácil caminho do mau uso da pessoa jurídica na meação dos bens conjugais, sobretudo pela possibilidade de o cônjuge desaguar todo e qualquer patrimônio para o rol de bens da pessoa jurídica e ter livre acesso ao patrimônio em face do art. 978 do Código Civil, cuja regra permite ao empresário casado, sem a autorização do outro, alienar os imóveis que integrem o patrimônio da empresa ou gravá-los de ônus real.[6]

Outros riscos de logros patrimoniais pela sociedade empresária decorrem da inexistência de qualquer exigência de concordância do cônjuge não sócio para alteração do contrato social. Vale dizer, os sócios, casados ou não, podem, por exemplo, se desfazer momentaneamente de suas quotas; mudar o tipo social da empresa de participação limitada para sociedade anônima de capital fechado, por cujas ações de propriedade do consorte enganado ninguém se interessará e nunca serão negociadas na bolsa, restando apenas à vítima vender por preço vil ao fraudador, ou cindir de forma fraudulenta a sociedade, implicando a separação entre patrimônio e sócios e na distribuição assimétrica dos direitos entre eles, não sobrando àquele que está prestes a se divorciar nenhum crédito ou propriedade em seu favor.

Como se não bastasse, as sociedades empresárias ainda permitem que o consorte empresário, em ato aparentemente lícito, se valha da subcapitalização da pessoa jurídica, seja através da não inserção de recursos patrimoniais ou financeiros, seja pelo esvaziamento do capital social, como ocorre quando há a venda de um imóvel que havia servido para formar o capital social.[7] Apesar de a constituição de *offshore* – sociedade constituída no exterior – e a alienação de quotas ou ações de empresas brasileiras para estas sociedades estrangeiras não serem por si só um ato ilícito, como igualmente não

---

[5] CAHALI, Francisco José Cahali; HIRONAKA, Giselda Maria Fernandes Novaes. *Direito das sucessões*. 3. ed. São Paulo: RT, 2007, p. 398.

[6] MADALENO, Rolf Hanssen. *A desconsideração judicial da pessoa jurídica e da interposta pessoa física no direito de família e no direito das sucessões*. Rio de Janeiro: Forense, 2013, p. 179.

[7] MADALENO, Rolf Hanssen. *A desconsideração judicial da pessoa jurídica e da interposta pessoa física no direito de família e no direito das sucessões*. Rio de Janeiro: Forense, 2013, p. 102-103.

há ilicitude na constituição de uma sociedade controladora (*holding*), esses igualmente são férteis caminhos para a fraude patrimonial, pois, além de serem instrumentos supostamente regulares, normalmente são executados sob as falsas justificativas de representar uma considerável economia tributária, ou, então, ser necessária para aprimorar e otimizar a atividade empresarial.[8]

Outra forma bastante comum da fraude societária é a alteração do tipo societário, pois, independentemente do tipo social pelo qual a sociedade foi constituída, é possível posteriormente transformá-la em outra espécie sem a sua dissolução ou liquidação. Essa viabilidade está prevista tanto no art. 20 da Lei das Sociedades Anônimas como no art. 1.113 da lei civil.

A transformação deverá obedecer aos preceitos que regulam a constituição e o registro do tipo a ser adotado pela sociedade, ou seja, é realizada por uma mera alteração estatutária ou contratual. É exatamente nisso que reside um perigo ao cônjuge não empresário, pois sequer fica sabendo das transações das empresas comuns, as quais normalmente são sociedades limitadas transformadas em sociedades anônimas de capital fechado de intransitável acesso e, mais grave, formada por inúteis ações que nunca serão comercializadas.[9] Ademais, ainda que sejam avaliadas por uma completa peritagem, dependerá da vontade dos demais acionistas comprar as referidas ações e, sendo os sócios normalmente familiares ou conhecidos do divorciando, assim como ele, nunca irão querer pagar o preço alcançado pelas ações.[10]

Além disso, a lesão ao meeiro ocorre pela maior facilidade de transferências de ações nas sociedades anônimas de capital fechado, mediante singela anotação no Livro de Transferências de Ações Ordinárias Nominativas, pois, ao contrário do exigido pelo contrato social, o estatuto não faz menção aos nomes dos sócios, mas apenas registra aqueles que estavam presentes no momento da fundação da empresa, escapando a cessão das ações da publicidade antes dada pelos registros da junta comercial.[11]

Sem dúvida, ocorrendo uma dessas situações, deve o Poder Judiciário considerar uma sociedade anônima irregular e tratá-la como se limitada fosse, ou de acordo com o tipo societário anterior à fraude, pois, como afirma Hugo Rossi em análise sobre o tema, "os sócios não podem pretender ser tratados como acionistas de uma sociedade anônima se reiteradamente seguem condutas próprias de sócios de outro tipo de sociedade".[12] Aliás, ante o cristalino abuso, mau uso e o desvio da finalidade da alteração societária, o Superior Tribunal de Justiça, no julgamento do Recurso Especial nº 111.294, autorizou a dissolução parcial de uma sociedade anônima com a devida apuração de haveres dos sócios minoritários dissidentes, pois diagnosticou que a afeição pessoal reinava na sociedade anônima familiar, e a

---

[8] MAMEDE, Gladston; MAMEDE, Eduarda Cotta. *Divórcio, dissolução e fraude na partilha de bens*. Simulações empresariais e societárias. 2. ed. São Paulo: Atlas, p. 157.

[9] MADALENO, Rolf Hanssen. *A desconsideração judicial da pessoa jurídica e da interposta pessoa física no direito de família e no direito das sucessões*. Rio de Janeiro: Forense, 2013, p. 184.

[10] ZANNONI, Eduardo A. *Derecho Civil. Derecho de Familia*. Buenos Aires: Astrea, 2002, p. 202.

[11] MAMEDE, Gladston; MAMEDE, Eduarda Cotta. *Divórcio, dissolução e fraude na partilha de bens*. Simulações empresariais e societárias. 2. ed. São Paulo: Atlas, p. 157.

[12] ROSSI, Hugo E. Actuación anómala y desestimación del tipo en la sociedad anónnima "cerrada", sus efectos sobre la responsabilidad de los sócios. *In*: (Coord.) Martín Arecha, Eduardo M. Favier Dubois, Efraín H. Richard e Daniel R. Vítolo. *Conflictos en sociedades "cerradas" y de família*. Buenos Aires, 2004, p. 168.

quebra da *affectio societatis* conjugada à inexistência de lucro e de distribuição de dividendos, por longos anos, pode se constituir em elemento ensejador da dissolução parcial da sociedade, pois seria injusto manter o acionista prisioneiro da sociedade, com seu investimento improdutivo.[13]

Afora o mau uso das sociedades empresárias, as fraudes também ocorrem por intermédio de interpostas pessoas físicas, as quais servem para figurar no negócio sem ser o verdadeiro destinatário de seu efeito. Na realidade são as partes contratantes ou destinatárias que não representam o real titular do direito negociado.[14] No direito de família, os "testas de ferro" normalmente são parentes mais próximos, amigos, sócios ou subordinados que, por favor ou alguma recompensa, submetem-se a dar ares de legalidade a atos de esvaziamento patrimonial.

Os parentes próximos são os únicos que a lei presume serem *interpostas pessoas*, como pode ser extraído do parágrafo único do art. 1.802 do Código Civil, cujo dispositivo prevê serem nulas as disposições testamentárias em favor de pessoas não legitimadas a suceder, ainda quando simuladas ou feitas por interpostas pessoas, as quais se enquadram neste conceito os ascendentes, os descendentes, os irmãos e o cônjuge ou companheiro.[15]

O uso de *laranjas*, além de mais fácil e mais barato que a pessoa jurídica, nas demandas familiares ganha eficácia pela proteção do terceiro adquirente de boa-fé, muito embora a olhos vistos estes terceiros se tratem de meros coadjuvantes, sem recursos e, portanto, sem origem capaz de justificar o acréscimo patrimonial que, casualmente, serve aos interesses do divorciando, como nos casos de uma propriedade imobiliária, de automóveis, barcos e/ou empresas de uso exclusivo do fraudador, mas que constam em nome de interpostas pessoas.[16]

Outro expediente igualmente muito comum são as doações de empresas e bens de um dos consortes para seus descendentes.[17]

Como os planos de previdência privada, em tese, são considerados bens particulares de cada consorte, em face do caráter personalíssimo exposto no inciso VII do art. 1.659 do Código Civil e da finalidade própria de constituição de benefício para garantir renda razoável ao fim da carreira profissional, muitas vezes são utilizados para fraudar a partilha e a herança.

O risco de fraude está nas modalidades de planos como PGBL (Plano Gerador de Benefício Livre), VGBL (Vida Gerador Benefício Livre) e Fapi (Fundo de Aposentadoria Programa Individual), os quais são operados pelas entidades abertas de previdência

---

[13] Tribunal de Justiça do Paraná. Resp. nº 111.294. Quarta Turma. Min. Cesar Asfor Rocha.

[14] THEODORO JÚNIOR, Humberto. *Fraude contra credores*: a natureza da sentença pauliana. Belo Horizonte: Del Rey, 2001, p. 493.

[15] MADALENO, Rolf Hanssen. *A desconsideração judicial da pessoa jurídica e da interposta pessoa física no direito de família e no direito das sucessões*. Rio de Janeiro: Forense, 2009, p. 307-309.

[16] MADALENO, Rolf Hanssen. *A desconsideração judicial da pessoa jurídica e da interposta pessoa física no direito de família e no direito das sucessões*. Rio de Janeiro: Forense, 2013, p. 307-309.

[17] Apelação Cível nº 700329246631, da Sétima Câmara Cível do Tribunal de Justiça do Rio Grande do Sul: "Ação de anulação de doações de pai para os filhos. Devem ser anuladas as doações de quotas da empresa, de valores para aumento do capital, e de imóveis, feitas pelo falecido aos filhos do primeiro casamento, conforme constatadas na perícia, que tenham causado prejuízo à meação autora (segunda esposa), este a ser apurado em liquidação de sentença. Os bens adquiridos pelos réus com recursos próprios devem ser excluídos da anulação. A venda do imóvel feita pelo falecido ao filho, com a anuência da autora, deve ser discutida em ação própria, se a alegada doação simulada não restou demonstrada nos autos".

complementar, normalmente instituições financeiras e empresas seguradoras. São previdências de livre contratação e acessíveis a qualquer pessoa física, independentemente de profissão ou vínculo empregatício, e eventualmente podem caracterizar mais um investimento do que propriamente uma complementação de renda.[18]

Esse foi o entendimento do Tribunal do Estado do Rio Grande no Sul no julgamento das Apelações Cíveis de nºs 7004714404 e 70059498709, sob o fundamento de ser opcional a previdência privada como qualquer outro investimento financeiro, não havendo porque dar tratamento diverso para fins de partilha, não podendo, ainda, no entendimento dos desembargadores gaúchos Ricardo Moreira Lins Pastl, Luiz Felipe Brasil Santos e Rui Portanova, ser dada à previdência outra extensão que a concedida ao FGTS, quando tiverem o período aquisitivo durante o casamento, devendo tanto como a previdência como o fundo de garantia serem considerados bens comum a serem partilhados. Entretanto, esse raciocínio, diga-se minoritário, não parece ser o mais acertado quando não identificado o desvio de finalidade, pois muitos profissionais, sobretudo liberais, contratam realmente a previdência e pagam prestações ao longo da vida como forma de aposentadoria para a velhice ou qualquer infortúnio da vida, de modo que não faz sentido submeter tal verba na divisão patrimonial.

Por outro lado, quando identificada a dissipação do patrimônio conjugal, merecem ser integrados à massa do patrimônio comum, pois, como sabido, a liberdade de contratação e a possibilidade de serem considerados bens particulares os valores migrados para previdência privada, em muitos casos, transformam este instituto em um diligente instrumento de fraude ao regime de bens, pois, pouco antes da separação ou, quando iniciada a crise conjugal, começa o cônjuge afortunado a transferir suas aplicações bancárias para previdência privada, na expectativa de tais verbas conquistarem a natureza securitária e serem excluídas da partilha.

Essa ilicitude ganha força com entendimento aplicado no direito das sucessões de serem os planos de previdência considerados seguros de vida e, por analogia ao exposto no art. 794 do Código Civil, serem excluídos da herança, ou, no caso de divórcio, excluídos da partilha para todos efeitos de direito.[19]

Dessa forma, como a natureza particular da previdência privada é presumida, resta ao cônjuge casado pela comunhão parcial e vítima da fraude patrimonial demonstrar a real natureza de aplicação ou investimento financeiro, ou, ainda, que a finalidade do fundo de pensão não foi outra senão para excluir do monte partilhável, pois mesmo que parte da doutrina lute contra o caráter assistencial da previdência privada,[20] está

---

[18] IBRAHIM, Fábio Zambitte. *Curso de Direito Previdenciário*. 15. ed. Rio de Janeiro: Impetus, 2010, p. 811.

[19] "O VGBL é um plano de previdência privada atrelado a um fundo de investimento de longo prazo, no qual o participante (terminologia utilizada pela Lei Complementar nº 109/2001) realiza depósitos periódicos (geralmente mensais), de forma que o financiamento se sustente pelo regime de capitalização. Pode assumir feições de seguro de vida, quando o participante opta por resgatar todo o valor aplicado; ou então assumir a natureza de uma aposentadoria complementar na hipótese do beneficiário optar pelo recebimento da aplicação em parcelas mensais (art. 2º da Resolução CNSP nº 139/2005 e art. 3º da Circular SUSEP nº 338/2007)". (BRASIL. Ag. n. 0577368-82.2010.8.26.0000, Rel. Des. Júlio Vidal, DJ: 26/04/2011).

[20] Discordamos da orientação que considera a previdência como pecúlio. Antes de se atingir a idade estabelecida no plano, a previdência privada não passa de aplicação financeira como qualquer outra. Não há pensão antes desse momento e, portanto, não há incomunicabilidade. Isso porque, sequer há certeza de que, ao fim do plano, efetivamente os valores se converterão em renda ou serão sacados pelo titular. Trata-se de opção dos cônjuges o investimento na previdência privada, em fundos de ações, ou de renda fixa. Assim, as decisões transcritas

enraizado tal entendimento e assim deve permanecer, pois de fato os fundos de pensão foram criados para oportunizar uma forma complementar ou, até mesmo, única de no futuro garantir a subsistência.

4 Instrumentos jurídicos de combate à desproporção dolosa da partilha de bens

A omissão de bens e a fraude podem ser amenizadas pelos aparatos legais existentes, mas, como ainda não são suficientes para frear os maliciosos desvios patrimoniais, é necessária a aplicação da pena de sonegados também nas partilhas decorrentes do divórcio e dissolução da união estável, para amedrontar, ou quiçá, coibir os consortes de tentar burlar as cogentes normas do regime de bens escolhido no início da união.

O primeiro e mais conhecido instrumento é o arrolamento de bens, cuja medida serve para documentar a existência e o estado do patrimônio no momento da separação do casal (CPC, arts. 301 e 381) e, quando houver prova da dissipação, deve ser acompanhado pelo pedido de bloqueio dos bens para preservar o resultado útil do processo.

A expedição de ofícios para investigação do patrimônio (muitas vezes desconhecido) e para detectar a fraude também deve ser utilizada. Somada às diligências mais corriqueiras como as pesquisas em instituições financeiras e na Receita Federal, importante pedir: a) à Bovespa – Bolsa de Valores de São Paulo, informações sobre a existência de ações e contas de custódia em nome das partes; b) ao Coaf – Conselho de Controle de Atividades Financeiras – e ao Banco Central para que informem as transações financeiras; c) ao Simba – Sistema de Investigação de Movimentação Bancária[21] a quebra do sigilo bancário; d) ao CSS – Cadastro de Clientes do Sistema Financeiro Nacional (CSS – Bacen) o envio de contas de depósito à vista, depósitos de poupança, depósitos a prazo e outros bens, direitos e valores, diretamente ou por intermédio de seus representantes legais e procuradores; e) à Superintendência de Seguros Privados – Susep e à Confederação Nacional das Empresas de Seguros Gerais, Previdência Privada e Vida, Saúde Complementar e Capitalização – CNSEG que informem a existência de quaisquer valores aplicados em VGBL e PGBL, fundos e títulos de capitalização de titularidade das partes; f) à Receita Federal do Brasil que remeta aos autos declaração sobre operações imobiliárias – DOI em nome do cônjuge, a fim de apurar eventuais transações imobiliárias em seu nome; g) às companhias aéreas que remetam aos autos informações sobre a existência de milhas junto às referidas companhias e suas parceiras;

---

permitem a fraude ao regime, bastando que, para tanto, ao invés de um dos cônjuges adquirir um imóvel ou investir em fundos (bens partilháveis ao fim do casamento), basta investir na previdência privada para se ver livre da partilha. (SIMÃO, José Fernando. Comunhão parcial de bens e previdência privada: mear ou não mear eis a questão! Parte 2. In: *Jornal Carta Forense*. Disponível em: http://www.cartaforense.com.br/conteudo/colunas/comunhao-parcial-de-bens-e-previdencia-privada-mear-ou-nao-mear-eis-a-questao-parte-2/3836. Acesso em: 09 jun. 2015).

21 Uma ferramenta de investigação de movimentações bancárias que detecta eventual fraude ou desvio de valores. O SIMBA foi criado por um convênio firmado entre o Tribunal Superior do Trabalho e o Conselho Superior da Justiça do Trabalho para viabilizar a utilização pela Justiça do Trabalho do Sistema de Investigação de Movimentações Bancárias, com plena aplicação pela Justiça comum

e h) às pessoas jurídicas das quais o consorte faz parte do contrato social que remetam os documentos contábeis ao processo.

Quando utilizadas as sociedades empresárias, o caminho será a aplicação inversa da *disregard doctrine* no direito de família a fim de tirar o véu societário abusivamente utilizado e trazer de volta os bens desviados ilicitamente, ou, ao menos, para fixar uma indenização correspondente à meação sobre o patrimônio sonegado. Esta teoria, surgida na Alemanha, originária dos estudos de Rolf Serick[22] e de antiga aplicação no direito argentino, foi introduzida no direito de família pátrio pelo jurista Rolf Madaleno e, para a sorte e esperança dos cônjuges que são submetidos a intermináveis batalhas judiciais e da sociedade como um todo, atualmente encontra-se disseminada em diversos estudos e julgados sobre o assunto, sem contar que deixou de ser uma mera teoria e se tornou uma norma legal, pois o Código de Processo Civil de 2015, no §2º do art. 133,[23] consagrou a aplicação da desconsideração inversa da personalidade jurídica, cujo incidente tem trânsito em todas as fases do processo de conhecimento, no cumprimento de sentença e na execução fundada em título executivo extrajudicial (CPC, art. 134).[24]

Ante esta via bastante ramificada de fraudes patrimoniais, a doutrina e a jurisprudência defendem a possibilidade de situações como essas serem práticas corriqueiras, como pode ser visto no Agravo de Instrumento de nº 649.899-7 do Tribunal de Justiça do Paraná, de relatoria do Desembargador Rogério Ribas, que autorizou a ampla produção de provas, pois aferiu a possibilidade de ter havido desvio de bens do casal para a sociedade empresária para burlar o regime de bens.[25]

Em outro julgado, o Tribunal de Justiça do Rio Grande do Sul manteve a pena da litigância de má-fé pela evidência da manobra societária no escopo de fraudar a partilha.[26] Segundo o Desembargador Relator Alzir Felippe Schmitz, "o apelante foi

---

[22] Foi o jurista alemão Rolf Serick quem, ainda na década de 1950, após estudar diversos casos do direito alemão e norte americano com base na teoria chamada "durchgriff der juristichen personen" elaborou a sistematização da desconsideração da personalidade jurídica. (SERICK, Rolf. *Forma e realtà della persona giuridica*. Milão: Giuffrè, 1966, p. 125.)

[23] Art. 133. O incidente de desconsideração da personalidade jurídica será instaurado a pedido da parte ou do Ministério Público, quando lhe couber intervir no processo. §2º Aplica-se o disposto neste Capítulo à hipótese de desconsideração inversa da personalidade jurídica.

[24] Art. 134. O incidente de desconsideração é cabível em todas as fases do processo de conhecimento, no cumprimento de sentença e na execução fundada em título executivo extrajudicial.

[25] ALEGAÇÃO PLAUSÍVEL DE QUE HOUVE DESVIO DE BENS DO CASAL PARA A SOCIEDADE EMPRESÁRIA, A FIM DE BURLAR O REGIME DE BENS. POSSIBILIDADE, EM TESE, DE APLICAÇÃO DA "DISREGARD DOCTRINE" OU DESCONSIDERAÇÃO "INVERSA" DA PESSOA JURÍDICA. DOUTRINA E JURISPRUDÊNCIA. IMPOSSIBILIDADE DA AGRAVANTE PROVAR A SUPOSTA FRAUDE DE OUTRO MODO. RECURSO PROVIDO EM PARTE. "[...] É possível a aplicação da desconsideração da personalidade jurídica, usada como instrumento de fraude ou abuso à meação do cônjuge promovente da ação, através de ação declaratória, para que estes bens sejam considerados comuns e comunicáveis entre os cônjuges, sendo objeto de partilha". (Tribunal de Justiça do Paraná, 11ª Câmara Cível, AI 649899-7, Rel. Rogério Ribas, j. 16/06/2010).

[26] APELAÇÃO CÍVEL. DIVÓRCIO. PARTILHA. TENTATIVA DE FRAUDE FLAGRADA PELO JUÍZO. CONDENAÇÃO DA PARTE ÀS PENAS RESERVADAS AOS LITIGANTES DE MÁ-FÉ. AJG. REQUISITOS PARA A SUA CONCESSÃO. Evidenciada a manobra da parte no escopo de fraudar a partilha, terceirizando à pessoa jurídica bens que eram do casal, correto o juízo que determina a divisão dos bens entre os cônjuges e condena o mau agir impondo as penas reservadas aos litigantes de má-fé ao autor-apelante. Evidenciada a falta de condições da demandada-apelada para arcar com as custas do processo sem prejuízo do próprio sustento, correta a sentença que lhe defere a gratuidade pugnada. APELO NÃO PROVIDO. (Tribunal de Justiça do Rio Grande do Sul. Apelação Cível nº 70054909148, Oitava Câmara Cível, Rel. Alzir Felippe Schmitz, j. 12/12/2013).

flagrado em sua 'malandragem', razão pela qual, adequada a solução do juízo singular, inclusive no que tange à condenação nas penas reservadas aos litigantes de má-fé".

Nesse passo, através de uma interpretação teleológica do art. 50 do Código Civil, quando detectada a fraude deve ser declarado ineficaz o desvio dos bens, no sentido de recuperar e incluir o patrimônio licitamente desviado no acervo comum para fins de partilha, cujo pedido de acordo com os arts. 133 a 137 do Código de Processo Civil pode ser feito no processo de conhecimento, no cumprimento de sentença e na execução fundada em título executivo extrajudicial, devendo o sócio ou a pessoa jurídica ser citado para manifestar-se e requerer provas no prazo de quinze dias, suspendendo o processo quando o pedido não for realizado na petição inicial. Logo, para fazer uso desta ferramenta terá o cônjuge de envolver na demanda de partilha as pessoas jurídicas ou os sócios coadjuvantes da fraude patrimonial ou mover um incidente próprio para tal fim incluindo as mesmas pessoas, cuja exigência, infelizmente, em muitos casos de direito de família, prejudicará o eficaz instituto, pois inviável será concretizar a citação de dezenas de empresas envolvidas, sobretudo quando entre elas houver uma ou diversas *offshores* e, mais uma vez, para não sair o fraudador privilegiado com as mudanças legislativas, restará à doutrina e à jurisprudência voltarem a adotar o atual entendimento ou encontrar novas soluções para tornar episodicamente ineficaz as fraudes patrimoniais efetuadas por detrás do manto societário.

As pessoas físicas quando atuarem como interpostas pessoas também devem ser desconsideradas, com base no art. 1.802 do Código Civil, cuja norma dispõe serem nulas as disposições testamentárias em favor de pessoas não legitimadas a suceder, ainda quando simuladas sob a forma de contrato oneroso, ou celebrada por intermédio de interpostas pessoas, as quais classifica no parágrafo único, os ascendentes, descendentes, os irmãos e o cônjuge ou companheiro do não legitimado a suceder. Muito embora esta norma se refira à sucessão testamentária, deve ser aplicável em toda e qualquer hipótese de simulação patrimonial feita por intermediários que guardam vínculo de parentesco ou mesmo de íntima amizade, pois a lei repudia aquele que está servindo aos nocivos propósitos de afrontar a boa-fé.[27]

Quando diante do desvio patrimonial o cônjuge trapaceado não tiver interesse de ser contemplado com algum dos bens removidos do acervo comum, lhe é permitido requerer no processo de partilha a correspondente compensação com os bens remanescentes, ou, ainda, a fixação de uma indenização no valor equivalente ao que teria direito sobre os bens sonegados, como, aliás, foi procedido pelo Tribunal de Justiça do Rio Grande do Sul, no julgamento da Apelação Cível nº 70051437192.[28]

---

[27] MADALENO, Rolf Hanssen. *A desconsideração judicial da pessoa jurídica e da interposta pessoa física no direito de família e no direito das sucessões*. Rio de Janeiro: Forense, 2013, p. 96.

[28] APELAÇÃO CÍVEL. DIVÓRCIO. PARTILHA. REGIME DA COMUNHÃO PARCIAL DE BENS. PATRIMÔNIO ADQUIRIDO E REGISTRADO EM NOME DE TERCEIROS – FAMILIARES DE AMBOS OS CÔNJUGES – COMPENSAÇÃO E INDENIZAÇÃO. Nos casamentos celebrados sob regime da comunhão parcial de bens, todo o patrimônio adquirido onerosamente durante sua vigência, que não decorrer de sub-rogação, deverá integrar a partilha. No caso dos autos, considerando que todos os bens, tanto móveis quanto imóveis, foram registrados em nome de terceiros, estranhos à lide, a partilha deverá observar a compensação do patrimônio registrado no nome dos familiares de um ou outro cônjuge e a diferença deverá ser objeto de indenização da quota parte devida. NEGARAM PROVIMENTO AO APELO. (Tribunal de Justiça do Rio Grande do Sul. 8ª Câmara Cível. Apelação Cível nº 70051437192, Rel. Alzir Felippe Schmitz, j. 07/02/2013).

Na hipótese de descobrimento de bens depois de homologada a precedente partilha ou dar celeridade às partilhas que envolvam bens litigiosos e de difícil liquidação, assim como aqueles situados em lugar remoto da sede do juiz, é possível utilizar a sobrepartilha. O cabimento da sobrepartilha nas ações de direito de família é matéria pacífica, mas diverge a doutrina e a jurisprudência sobre a necessidade ou não da prova do vício de consentimento ou do desconhecimento efetivo do bem no momento da divisão quando celebrado por convenção, cujo requisito, evidente que se faz necessário, sob pena de comprometer a segurança jurídica dos acordos de partilhas, quando, não raro, as partes envolvidas, maiores e capazes, no pleno exercício da autonomia da vontade e acompanhado de advogados especialistas no assunto, optam por excluir um ou outro bem do rol de bens partilháveis a fim de acomodar interesses e utilidade do patrimônio, e na sequência, dotados de má-fé, pretendem seu quinhão sob o marcado processo de sobrepartilha. Nessa linha, foi o entendimento recente do Superior Tribunal de Justiça, ao afirmar no julgamento do Recurso Especial nº 1.204.253/RS que o prévio conhecimento sobre a existência do bem é suficiente para afastar a sonegação e, por consequência, indeferir a divisão das quotas societárias que a esposa pretendia sobrepartilhar.

Yussef Said Cahali lembra que, além dessas conhecidas soluções, a jurisprudência ainda admite a ação de responsabilidade civil por ato ilícito contra o ex-cônjuge, o qual atribuiu valores irreais aos bens partilhados, cuja demanda lembra não ser nada mais do que a típica indenização por ato ilícito, fundamentada no art. 927 do Código Civil.[29]

Na esfera criminal, a fraude à partilha pode ser tipificada como estelionato (CP, art. 171), quando o ato for cometido após a separação de corpos, pois muito embora exista a escusa absolutória prevista no art. 181, inciso I, do Código Penal, esta imunidade só isenta de pena aquele que comete crime patrimonial contra o cônjuge na constância do casamento.[30]

5 Aplicação da pena de sonegados

Ainda, quando se tratar de omissão dolosa de patrimônio comum durante o processo judicial de partilha decorrente do divórcio – ainda que a partilha seja consensual –, em que pese haja resistência da doutrina e da jurisprudência, viável a aplicação de pena de sonegados ao cônjuge fraudador, tal como no processo de inventário decorrente da morte. Esta viabilidade decorre do fato de o instituto do sonegados ser específico do partilhamento de bens que visa garantir a equânime divisão patrimonial e coibir a fraude, cujo engodo ocorre com muito mais frequência nos divórcios aos inventários *causa mortis*.

Antes de ingressar nas regras de hermenêutica, importante esclarecer que, assim como a herança, os bens conjugais – quando o casal adota o regime da comunhão de bens – formam uma universalidade, ou total quando universal, ou limitadamente

---

[29] CAHALI, Yussef Said. *Separações conjugais e divórcio*. 12. ed. São Paulo: RT, 2011, p. 710.

[30] LOPES, Anderson Bezerra e DINAMARCO, Marina Pacheco Cardoso. *Aspectos cíveis e penais da fraude à partilha de bens no divórcio*. In.: https://migalhas.com.br/depeso/330256/aspectos-civeis-e-penais-da-fraude-a-partilha-de-bens-no-divorcio. Acesso em: 06 de julho de 2020.

abrangendo somente certa classe de bens, quando parcial.[31] Decorrência inevitável da dissolução da sociedade e do vínculo conjugal, seja pela morte de um dos cônjuges ou pelo divórcio, como dispõem os incisos I e IV do art. 1.571 do Código Civil, é o inventário e a partilha dos bens, cujo procedimento único que se aplica em ambas as situações está situado no direito das sucessões por uma única razão: foi a morte o primeiro motivo histórico ensejador da divisão patrimonial.

Equivale dizer, as normas substanciais e procedimentais presentes no Título IV, Capítulos I a VII, do Código Civil não são exclusivas ao direito das sucessões,[32] mas de qualquer espécie de inventário e partilha, pois conforme já mencionado "uma norma jurídica qualifica-se por seu objeto e não por sua localização neste ou naquele corpo de lei".[33] Como melhor explica Miguel Reale, o que efetivamente caracteriza uma norma jurídica é "o fato de uma estrutura proposicional enunciativa de uma forma de organização ou de conduta, que deve ser seguida de maneira objetiva e obrigatória".[34]

A norma jurídica é produto social e cultural. Portanto, indispensável ao interpretá-la que se busque seu real significado, sentido ou finalidade para a vida real, tocando ao intérprete buscar, dentro dos pensamentos possíveis, o mais apropriado, correto, útil e jurídico sentido e alcance da norma.[35]

As circunstâncias previstas pela norma, que em tempo de antanho se limitava à sucessão hereditária, constituem a *fattispecie* abstrata da norma, a qual relaciona uma consequência. Quando, após a interpretação, verifica-se que em um caso concreto estão presentes as condições indicadas em abstrato pela norma, ou seja, quando há correspondência entre a *fattispecie* concreta e a *fattispecie* abstrata, àquele determinado caso igualmente se aplicam as regras e consequências dispostas naquela norma. Como nem sempre a norma está deduzida em um único artigo, mas na combinação de dois ou mais enunciados, é considerada o resultado da coligação entre as disposições de vários artigos em uma perspectiva unitária e sistemática do ordenamento.[36] Exatamente como ocorre com as diretrizes do inventário e partilha em relação ao divórcio. Como o direito é um fenômeno histórico-cultural, fato nenhum deve ser analisado isolado e ilhado naquela moldura que se desenhou (partilha somente em decorrência da morte), pois sempre dependerá de uma análise que alcança os horizontes do passado e que acompanha as mudanças e necessidades do cotidiano.[37]

---

[31] BEVILAQUA, Clóvis. *Direito de Família*. Recife: Contemporânea, 1905, p. 244.

[32] Em sentido contrário, Washington de Barros Monteiro: "não cabe a pena de sonegados fora do inventário por morte. Trata-se de instituto peculiar ao direito das sucessões. Só tem aplicação, portanto, nos casos de herança, tornando-se inadmissível a cominação se se cuidar de inventário consequente à separação, amigável ou judicial" (Direito de Família p. 272). Essa também a opinião de Orlando Gomes: "Observe-se, por fim, que a ação de sonegados é inadmissível no inventário decorrente de separação ou divórcio, porquanto se destina a imposição de pena cabível unicamente na sucessão hereditária". (Direito de família, p. 282). E ainda de Yussef Cahali: "tenho que não há lugar à pena de sonegados senão no direito da sucessão *causa mortis* [...]" (CAHALI, Yussef Said. *Separações conjugais e divórcio*. 12. ed. São Paulo: RT, 2011, p. 711).

[33] CINTRA, Antonio Carlos de Araújo; GRINOVER, Ada Pellegrini Grinover; DINAMARCO, Cândido Rangel. *Teoria geral do processo*. 30. ed. São Paulo: Malheiros, 2014, p. 111.

[34] REALE, Miguel. *Lições preliminares do direito*. 27. ed. São Paulo: Saraiva, 2009, p. 95.

[35] MONTORO, André Franco. *Introdução à ciência do direito*. 25. ed. São Paulo: RT, 2000, p. 370.

[36] PERLINGIERI, Pietro. *O direito civil na legalidade constitucional*. Rio de Janeiro: Renovar, 2008, p. 256-257.

[37] CAHALI, Francisco José Cahali; HIRONAKA, Giselda Maria Fernandes Novaes. *Direito das sucessões*. 3. ed. São Paulo: RT, 2007, p. 13.

Aliás, a não repetição das normas do inventário e partilha no divórcio para simplesmente remetê-lo pela norma processual do art. 731, parágrafo primeiro, do Código de Processo Civil, cujo artigo de reenvio deve ser interpretado de forma extensiva, já aponta a técnica legislativa de indicar outras consequências dessa proposição sistemática da partilha e do inventário no divórcio. Evidentemente, não só as leis processuais regulam o processo de divisão patrimonial, mas também as descritas no Código Civil, entre as quais se encontram as regras dos sonegados, pois a finalidade de toda e qualquer partilha, assim como da própria pena de sonegação, é uma só, garantir a igualdade da divisão dos bens e proteger não só os herdeiros e a viúva, mas todos os interessados na partilha de bens.

Portanto, não se pretende neste trabalho a aplicação da pena de sonegação prevista no art. 1.992 do Código Civil de forma isolada e analógica às partilhas judiciais oriundas do divórcio, pois sabidamente este entendimento esbarraria na impossibilidade de aplicação extensiva de norma sancionatória e restritiva de direito. Pretende-se, isso sim, expor o entendimento de que *a integralidade das normas de inventário e partilha se aplicam como um todo aos divórcios*, no que for pertinente e de acordo com a finalidade do instituto, tendo em vista ser o ordenamento jurídico um sistema, em que necessária a análise à luz do método lógico-sistemático, bem como de acordo com os elementos teleológicos e com os fatores sociais, pois se preocupa a hermenêutica com a interpretação que conduza à melhor consequência para a coletividade.[38] Seguramente, é mais lógico e eficiente interpretar como existente somente um único regramento para os processos de partilha, para qualquer espécie e origem de divisão patrimonial, com todas as garantias e as sanções aplicáveis à instituição. E se justamente nas partilhas do divórcio é onde ocorre o maior número de ilícito escoamento patrimonial, com mais rigor ainda deve ser aplicada a pena de sonegação, como todas as demais regras que visam alcançar a mais justa e equânime distribuição de bens.

A interpretação lógica-sistemática advém do fato de a norma nunca estar sozinha, pois ela existe e insere-se organicamente em um sistema, que é o ordenamento jurídico, onde vive em mútua dependência com as demais regras do direito.[39] Este exame conjunto é indispensável, pois, como explica Carlos Maximiliano, todo corpo possui órgãos diversos:

> porém a autonomia das funções não importa em separação; operam-se, coordenados, os movimentos, e é difícil, por isso mesmo, compreender bem um elemento sem conhecer os outros, sem os comparar, verificar a recíproca interdependência, por mais que à primeira vista pareça imperceptível. O processo sistemático encontra fundamento na lei da solidariedade entre os fenômenos coexistentes.[40]

Se cada preceito é membro de um grande todo – ordenamento jurídico –, o exame em conjunto da universalidade dos princípios e das regras da partilha de bens levam a uma única conclusão lógica, à aplicação moderna do processo tradicional, porém

---

[38] MAXIMILIANO, Carlos. *Hermenêutica e aplicação do direito*. 19. ed. Rio de Janeiro: Forense, 2001, p. 133.

[39] CINTRA, Antonio Carlos de Araújo; GRINOVER, Ada Pellegrini Grinover; DINAMARCO, Cândido Rangel. *Teoria geral do processo*. 30. ed. São Paulo: Malheiros, 2014, p. 123.

[40] MAXIMILIANO, Carlos. *Hermenêutica e aplicação do direito*. 19. ed. Rio de Janeiro: Forense, 2001, p. 105.

com amplitude maior do que a de outrora. Assim estar-se-á atendendo à conexidade entre as partes da lei civil e entre esta e outras prescrições da mesma legislação, como também do Código de Processo Civil que regula a matéria. É com esta interpretação sistemática que se encontra uma base segura para o alcance do fim pretendido para todas as espécies de partilhas de bens, dando-lhe coerência, já que o procedimento previsto em diversos dispositivos legais é único: o processo de inventário e partilha, localizado no Livro do Direito das Sucessões.

Não pode ser outro o raciocínio senão o dedutivo, já que o processo lógico tem mais valor do que o simplesmente verbal, como inclusive já aconselhavam os textos positivos antigos: "deve-se evitar a supersticiosa observância da lei que, olhando só a letra dela, destrói a sua intenção".[41] De sorte que não pode ser apenas pelo fato de a ação de sonegados estar inserida no título de inventário e partilha, que por sua vez se situa dentro do direito sucessório, ou ainda porque os dispositivos fazem menção ao herdeiro e não ao cônjuge meeiro, que seria legítimo concluir que a lei tenha a intenção de excluir a sanção logo nas partilhas mais fraudulentas, como ocorre no divórcio. Esta singela construção de completo isolamento no ambiente onde vigora a norma deixaria de atender à finalidade da norma e outras necessidades da vida e às exigências da atualidade.

Se o verdadeiro espírito da norma é a proteção dos interessados na partilha, a garantia da equidade de quinhões e a repressão dos atos contrários ao senso ético da sociedade, outra não pode ser a intepretação senão a partir do fim prático e social a que ela se destina,[42] mormente porque, somado aos demais, tem o escopo constitucional de proteger a dignidade da pessoa humana dos integrantes da família e resguardar a boa-fé objetiva nas relações familiares.

E ainda que se entenda ser uma interpretação extensiva, nem mesmo este argumento serviria para excluir a pena de sonegados aos cônjuges, pois, conforme alerta Carlos Maximiliano, existem duas espécies de exegese ampla: a extensiva por força de compreensão e indução e a extensiva por analogia. O raciocínio aqui exposto se enquadraria na primeira opção, primeiro porque o processo análogo não trata de hermenêutica; de forma de interpretação, mas de aplicação do direito; e segundo porque a interpretação extensiva por força da compreensão, apesar de não se ater às palavras, retira da norma o seu sentido integral, ou seja, deduz o preceito para cuja efetividade o dispositivo fora elaborado.[43] E esta segunda razão nada mais é do que a exegese estrita, que declara o sentido exato e finalístico da norma, admissível, no entanto, nas disposições punitivas.[44]

Com base nesta lógica, já houve inclusive o vencimento contra os excessos fetichistas da palavra escrita das disposições acerca dos sonegados no tocante à incidência sobre à meação do cônjuge não herdeiro quando omitir dolosamente bens do inventário *causa mortis*. Esta correta responsabilização, conforme já abordada, decorre, sem dúvida

---

[41] Assento 345, de 17 de agosto de 1811; Assento 358, de 10 de junho de 1817. (MAXIMILIANO, Carlos. *Hermenêutica e aplicação do direito*. 19. ed. Rio de Janeiro: Forense, 2001, p. 101).

[42] Este é o preceito do art. 5º da Lei de Introdução às Normas do Direito Brasileiro, ao dispor que na aplicação da lei, o juiz atenderá aos fins sociais a que ela se propõe.

[43] MAXIMILIANO, Carlos. *Hermenêutica e aplicação do direito*. 19. ed. Rio de Janeiro: Forense, 2001, p. 165.

[44] MAXIMILIANO, Carlos. *Hermenêutica e aplicação do direito*. 19. ed. Rio de Janeiro: Forense, 2001, p. 165.

alguma, da interpretação sistemática e teleológica da norma, pois, conforme ressalva Sílvio de Salvo Venosa, não é possível extrair do conceito de sonegação a restrição das pessoas que podem ou não serem penalizadas pela ocultação dos bens.[45]

A propósito, muito embora não tenha entrado no mérito da questão, o Tribunal de Justiça de São Paulo manteve uma decisão proferida pelo Juiz Mário Sérgio Menezes, da 3ª Vara Cível de Limeira, que reconheceu o interesse de agir e a legitimidade da ex-mulher em ação de sonegados movida contra o ex-marido, pois, segundo corretíssimo entendimento do Desembargador Relator Arthur Guércio:

> tanto a legislação relativa à matéria, como a doutrina correspondente, têm por finalidade punir o ato culposo ou doloso de omitir bens que deveriam integrar o monte partilhável. Assim vistas as coisas, temos que a conclusão encontrada pelo Douto Juízo *a quo*, relacionada à rejeição das preliminares de ilegitimidade de causa e falta de interesse de agir deve prevalecer, na medida em que a agravada busca a paridade que deve reinar na partilha dos bens do casal.[46]

Como visto, a arte de interpretar leis é uma capacidade especial acerca da atilada reflexão hermenêutica do conteúdo da norma que analisa e da mensagem pretendida pelo legislador. A interpretação não é nenhuma leitura ingênua, nem desatenta nem mecânica da lei, mas um reconhecimento da sua estrutura, ou seja, da forma, do conteúdo e, principalmente, do lugar que esta lei ocupa no mundo e do lugar que o mundo ocupa na lei.[47] Interpretar consiste em estabelecer o significado e o alcance da norma, pela qual possível se torna compreender no caso que não só as regras do procedimento do inventário e partilha se aplicam à divisão dos bens conjugais em vida, mas igualmente todas aquelas de caráter substancial ou mesmo procedimentais prevista no Código Civil, as quais inclusive há muito já são aplicadas, como ocorre, por exemplo, com a decadência ânua (CC, art. 2.029);[48] a possibilidade de celebração de partilha administrativa (CC, art. 2.015); a venda judicial, no caso de não haver possibilidade de divisão cômoda dos bens (CC, art. 2.019), a submissão à sobrepartilha de bens (CC, art. 2.022) e às regras do condomínio (CC, art. 1.791, parágrafo único), o princípio da maior igualdade patrimonial (CC, art. 2.016), entre outros.

Se todos os preceitos – sejam materiais ou processuais – são aplicados para garantir a mais justa partilha de bens no divórcio, não há como afastar a útil e pedagógica pena de sonegação, pois igualmente existe para coibir e prevenir o ilícito e muito comum esvaziamento no decorrer da preparação da partilha, seja ela conjugal ou sucessória. Afinal, se os princípios fundamentais e estruturais da lei civil são a eticidade, a socialidade e a operalidade que visam, respectivamente, inserir os valores éticos no ordenamento

---

[45] VENOSA, Sílvio Salvo. *Direito civil* – direito das sucessões. 6. ed. São Paulo: Atlas, 2006, p. 353.

[46] Tribunal de Justiça de São Paulo. Agravo de Instrumento nº 9039351-85.2004.8.26.0000, 7ª Câmara de Direito Privado, j. 11/05/2005. Esse julgamento foi confirmado pelo Superior Tribunal de Justiça (REsp nº 865.435/SP).

[47] HIRONAKA, Giselda Maria Fernandes Novaes. *Morrer e suceder*. São Paulo: RT, 2011, p. 394.

[48] Prazo para o ajuizamento da ação buscando a anulação da partilha amigável realizada no âmbito da ação de divórcio. Partilha que deve seguir a forma prevista no art. 982 e seguintes do CPC. Prazo de um ano para o ajuizamento da demanda. Aplicação do disposto no art. 1.029, par. único, do CPC e art. 2.027, par. único do Código Civil. Prazo, que é decadência, já operado. Precedente do Tribunal. (Tribunal de Justiça de São Paulo. 3ª Câmara de Direito Privado. Apelação Cível: 000444283.2012.8.26.0100, Rel. Donegá Morandini, j. 11/06/2013).

jurídico; superar o manifesto caráter individualista da lei; estabelecer soluções normativas para facilitar a interpretação e aplicação do direito; e ser o constante valor dado à boa-fé o grande diferencial da atual codificação,[49] então outra não pode ser a conclusão senão a aplicação das mesmas regras em qualquer espécie de partilha. Afinal, além de um contrassenso, seria muito cômodo ao potencial fraudador ter o conhecimento de que o descumprimento das regras básicas da boa-fé – omissão e desvio do patrimônio comum – apenas lhe acarretará, na eventual descoberta do cônjuge ludibriado, uma simples sobrepartilha de bens e nada mais.

A pena de sonegados, além de punir o fraudador, tem um caráter pedagógico e social, ou seja, desestimula aquele que tem intenção de fraudar pelo risco da perda do patrimônio omitido. Foi exatamente nesse sentido que o Tribunal de Justiça de Santa Catarina, no julgamento do Agravo de Instrumento de 4014280-06.2016.8.24.0000, determinou a apresentação dos bens sob pena de aplicação da sanção de sonegados, em partilha decorrente de divórcio.

De se notar que, em outros países, além de perder o direito sobre o bem escondido, o fraudador ainda tem que restituir o montante equivalente dobrado (por exemplo, art. 1.768 do Código Civil chileno).

Nessa linha foi proposto pela Senadora Soraya Thronicke (PSL/MS) o PL 2452/19, que acrescenta §§2º e 3º ao art. 1.575 do Código Civil, para dispor sobre a fraude na partilha de bens por ocasião da dissolução do casamento. De acordo com a justificativa do referido projeto de lei, a alteração é inspirada na previsão do mencionado art. 1.992, também do Código Civil, o qual pune o coerdeiro que sonegar bens da herança, omiti-los na colação à qual os deva levar ou deixar de restituí-los, com a perda do direito que sobre eles lhe caiba, ou seja, acaba com a falsa ideia de que a pena de sonegados é exclusiva do direito sucessório.

Contudo, como a ideia não é a aplicação analógica, mas uma interpretação lógica e finalística da norma, melhor seria que o texto da proposta fosse na mesma direção, ou seja, remeter por completo – sem margem para dúvida – todo o contexto normativo, inclusive a pena de sonegados nas partilhas de bens decorrentes dos desenlaces conjugais, de forma que sugerimos apenas a inclusão de um novo parágrafo no art. 1.575 do Código Civil, para constar: "§2º Aplica-se nas partilhas decorrentes do divórcio, no que couber, as regras existentes no Livro V, Título IV, deste Código, inclusive dos sonegados, previstas nos arts. 1.992 a 1.996, sem prejuízo das sanções criminais".

Essa simplória mudança sepultaria de uma vez por todas o argumento de se tratar de um instituto exclusivo do direito das sucessões e, principalmente, o fundamento mais utilizado da suposta impossibilidade de aplicação extensiva de norma restritiva de direitos, justificando, portanto, a modificação sugerida.

6   Conclusão

Não há dúvidas de que os planejamentos familiar, sucessório, empresarial e patrimonial devem ser utilizados e explorados para planejar o futuro, economizar

---

[49] REALE, Miguel. (Coords.) REALE, Miguel; MARTINS-COSTA, Judith. *História do novo Código Civil*. São Paulo: RT, 2005. p. 37-41.

tributos, manter o controle e as futuras gerações em empresas familiares e, por outro lado, rechaçados e desconsiderados quando usados para fins ilícitos de fraude à herança e à meação do consorte ou companheiro.

Para tanto, além dos instrumentos jurídicos já existentes e conhecidos, deve ser aplicada a pena de sonegados, pois sendo a função principal dos sonegados a garantia de uma partilha justa, não há como excluir do rol do art. 1.992 o cônjuge e companheiro sonegadores das partilhas do fim do casamento ou da união estável, pois, além de serem esses os casos mais comuns e que exigem maior rigor da legislação e do Judiciário, entendimento diverso representaria premiá-los pelo simples fato de o dispositivo fazer menção "ao herdeiro que sonegar", ou pelo equivocado raciocínio de se tratar de uma regra sucessória, pois "é natural e óbvio que uma norma jurídica qualifica-se por seu objeto e não por sua localização neste ou naquele corpo de lei".[50]

A sanção de sonegados atende ao princípio da equidade (CC, art. 2.027) e salvaguarda os interesses da moral e da instituição familiar, sem contar que permite a cobrança do imposto de transmissão ou de reposição.[51] Além disso, tem um caráter repressivo e educativo, na medida em que gera um estímulo indireto capaz de induzir o potencial ofensor a se abster de atos antijurídicos.

Sobreleva, assim, perceber que do próprio conceito e, mais importante, da finalidade dos sonegados é possível extrair ser sua aplicação possível e recomendada à partilha de bens do divórcio e da dissolução da união estável, de sorte que, enquanto não houver nenhuma alteração legislativa para acabar de vez com a divergência que paira sobre esse entendimento, onde constar a expressão "herdeiro", leia-se igualmente "cônjuge" e "companheiro", assim como ocorrem com todas as demais regras referentes ao inventário. Isso porque, somado aos fatos de os dispositivos não terem existência isolada, mas integrada organicamente em um sistema, em recíproca dependência com as demais regras de direito,[52] "preocupa-se a hermenêutica, sobretudo depois que entraram em função de exegese os dados da Sociologia, com o resultado provável de cada interpretação", ou seja, que conduza à melhor consequência para a coletividade, pela finalidade implícita da norma.[53]

Por fim, necessário ressaltar, mais uma vez, que não há a ambição de esgotar o tema abordado na pesquisa, mas apenas aventar uma viável ferramenta jurídica para coagir aqueles que pretendem agir desonestamente no fim do casamento, a desistirem da fraude, pois a missão do direito não é apenas disciplinar coercitivamente as relações humanas, mas estabelecer um fator de civilidade de acordo com os valores morais da sociedade.

---

[50] CINTRA, Antonio Carlos de Araújo; GRINOVER, Ada Pellegrini Grinover; DINAMARCO, Cândido Rangel. *Teoria Geral do Processo*. 30. ed. São Paulo: Malheiros, 2014, p. 111.

[51] Súmula 116 do STF: "Em desquite ou inventário, é legítima a cobrança do chamado imposto de reposição, quando houver desigualdade nos valores partilhados".

[52] CINTRA, Antonio Carlos de Araújo; GRINOVER, Ada Pellegrini Grinover; DINAMARCO, Cândido Rangel. *Teoria geral do processo*. 30. ed. São Paulo: Malheiros, 2014, p. 123.

[53] MAXIMILIANO, Carlos. *Hermenêutica e aplicação do direito*. 19. ed. Rio de Janeiro: Forense, 2001, p. 135.

Referências

BEVILAQUA, Clóvis. *Direito de Família*. Recife: Contemporânea, 1905.

BRASIL. Ag. n. 0577368-82.2010.8.26.0000, Rel. Des. Júlio Vidal, *DJ*: 26/04/2011.

BRASIL. *Lei de Introdução às Normas do Direito Brasileiro*. Disponível em: http://www.planalto.gov.br/ccivil_03/decreto-lei/del4657compilado.htm.

CAHALI, Francisco José Cahali; HIRONAKA, Giselda Maria Fernandes Novaes. *Direito das sucessões*. 3. ed. São Paulo: RT, 2007.

CAHALI, Yussef Said. *Separações conjugais e divórcio*. 12. ed. São Paulo: RT, 2011.

CINTRA, Antonio Carlos de Araújo; GRINOVER, Ada Pellegrini Grinover; DINAMARCO, Cândido Rangel. *Teoria Geral do Processo*. 30. ed. São Paulo: Malheiros, 2014.

HIRONAKA, Giselda Maria Fernandes Novaes. *Morrer e suceder*. São Paulo: RT, 2011.

IBRAHIM, Fábio Zambitte. *Curso de Direito Previdenciário*. 15. ed. Rio de Janeiro: Impetus, 2010.

LOPES, Anderson Bezerra e DINAMARCO, Marina Pacheco Cardoso. *Aspectos cíveis e penais da fraude à partilha de bens no divórcio*. Disponível em: https://migalhas.com.br/depeso/330256/aspectos-civeis-e-penais-da-fraude-a-partilha-de-bens-no-divorcio. Acesso em: 06 de julho de 2020.

MADALENO, Rolf Hanssen. *A desconsideração judicial da pessoa jurídica e da interposta pessoa física no direito de família e no direito das sucessões*. Rio de Janeiro: Forense, 2013.

MADALENO, Rolf Hanssen. *Curso de direito de família*. 10. ed. Rio de Janeiro: Forense, 2020.

MAMEDE, Gladston; MAMEDE, Eduarda Cotta. *Divórcio, dissolução e fraude na partilha de bens*. Simulações empresariais e societárias. 2. ed. São Paulo: Atlas.

MAXIMILIANO, Carlos. *Hermenêutica e aplicação do direito*. 19. ed. Rio de Janeiro: Forense, 2001.

MONTORO, André Franco. *Introdução à ciência do direito*. 25. ed. São Paulo: RT, 2000.

PERLINGIERI, Pietro. *O direito civil na legalidade constitucional*. Rio de Janeiro: Renovar, 2008.

REALE, Miguel. (Coords.) REALE, Miguel; MARTINS-COSTA, Judith. *História do novo Código Civil*. São Paulo: RT, 2005.

REALE, Miguel. *Lições preliminares do direito*. 27. ed. São Paulo: Saraiva, 2009.

ROSSI, Hugo E. Actuación anómala y desestimación del tipo en la sociedad anónima "cerrada", sus efectos sobre la responsabilidad de los sócios. *In*: Martín Arecha, Eduardo M. Favier Dubois, Efraín H. Richard e Daniel R. Vítolo (Coord.). *Conflictos en sociedades "cerradas" y de família*. Buenos Aires, 2004.

SERICK, Rolf. *Forma e realtà della persona giuridica*. Milão: Giuffrè, 1966.

SIMÃO, José Fernando. Comunhão parcial de bens e previdência privada: mear ou não mear eis a questão! Parte 2. *Jornal Carta Forense*. Disponível em: http://www.cartaforense.com.br/conteudo/colunas/comunhao-parcial-de-bens-e-previdencia-privada-mear-ou-nao-mear-eis-a-questao-parte-2/3836. Acesso em: 09 jun.2015.

STF. *Súmula 116 do STF*: "Em desquite ou inventário, é legítima a cobrança do chamado imposto de reposição, quando houver desigualdade nos valores partilhados". Disponível em: http://www.stf.jus.br/portal/jurisprudencia/menuSumarioSumulas.asp?sumula=2087.

STJ. *Súmula 197 do STJ*: "o divórcio direto pode ser concedido sem que haja a prévia partilha de bens". Disponível em: http://www.stj.jus.br/sites/portalp/Jurisprudencia/Sumulas.

STRENGER, Irineu. *Comentários à lei brasileira de arbitragem*. São Paulo, LTR, 1998.

THEODORO JÚNIOR, Humberto. *Fraude contra credores*: a natureza da sentença pauliana. Belo Horizonte: Del Rey, 2001.

TRIBUNAL DE JUSTIÇA DE SÃO PAULO. 3ª Câmara de Direito Privado. *Apelação Cível: 000444283.2012.8.26.0100*, Rel. Donegá Morandini, j. 11/06/2013.

TRIBUNAL DE JUSTIÇA DE SÃO PAULO. *Agravo de Instrumento nº 9039351-85.2004.8.26.0000*, 7ª Câmara de Direito Privado, j. 11/05/2005.

TRIBUNAL DE JUSTIÇA DO PARANÁ, 11ª Câmara Cível, *AI 649899-7*, Rel. Rogério Ribas, j. 16/06/2010.

TRIBUNAL DE JUSTIÇA DO PARANÁ. *Resp. nº 111.294*. Quarta Turma. Min. Cesar Asfor Rocha.

TRIBUNAL DE JUSTIÇA DO RIO GRANDE DO SUL. 8ª Câmara Cível. *Apelação Cível nº 70051437192*, Rel. Alzir Felippe Schmitz, j. 07/02/2013

TRIBUNAL DE JUSTIÇA DO RIO GRANDE DO SUL. *Apelação Cível nº 70054909148*, Oitava Câmara Cível, Rel. Alzir Felippe Schmitz, j. 12/12/2013.

VENOSA, Sílvio Salvo. *Direito civil* – direito das sucessões. 6. ed. São Paulo: Atlas, 2006

ZANNONI, Eduardo A. *Derecho Civil*. Derecho de Familia. Buenos Aires: Astrea, 2002.

Informação bibliográfica deste texto, conforme a NBR 6023:2018 da Associação Brasileira de Normas Técnicas (ABNT):

DINAMARCO, Marina Pacheco Cardoso. Os mecanismos existentes para o combate à fraude patrimonial sejam no divórcio, na dissolução da união estável, como em decorrência da morte. *In*: TEIXEIRA, Daniele Chaves (Coord.). *Arquitetura do Planejamento Sucessório*. Belo Horizonte: Fórum, 2021. p. 383-401. Tomo II. ISBN 978-65-5518-117-3.

TERCEIROS DE BOA-FÉ, SOCIEDADE E PLANEJAMENTO SUCESSÓRIO

MICAELA BARROS BARCELOS FERNANDES

Introdução

O falecimento de qualquer pessoa que participe de uma sociedade é fato que repercute não somente na vida de seus herdeiros, mas também na própria pessoa jurídica e na vida dos sócios remanescentes. De um lado, sob a ótica dos herdeiros, eles terão que lidar, além das questões de cunho notadamente existencial, com desafios referentes aos seus próprios interesses patrimoniais, portanto, de administração e distribuição do patrimônio da pessoa falecida conforme a proporção que lhes couber.

De outro lado, do ponto de vista da sociedade e dos sócios remanescentes (cujos interesses podem ser coincidentes, ou conflitantes entre si), há também a preocupação que decorre da morte de um sócio na distribuição da parcela do seu patrimônio para terceiros estranhos ao quadro social, com possível impacto financeiro, na administração e no desenvolvimento das atividades pela sociedade, a depender do papel que o sócio exercia. Assim, caminhos de solução devem ser pensados conforme os diferentes desafios que se apresentam, podendo ser tomada a perspectiva não apenas do sócio falecido ou seus herdeiros, sejam eles quais forem, mas da sociedade e dos demais sócios.

O objetivo deste trabalho é abordar a sucessão da pessoa natural que tenha participação em um ou vários empreendimentos, tendo em conta a premissa de que as questões que surgem com a morte não interessam apenas ao próprio autor da herança ou aos seus herdeiros, mas a sócios que são, em relação à família do falecido, terceiros. Estes terceiros que se relacionam com o falecido de maneira profissional (ou por vezes também pessoal, como amigos ou colegas, mas que não são herdeiros ou legatários), e que terão, no evento de falecimento, suas próprias preocupações relacionadas à sociedade.

O planejamento, neste contexto, pressupõe que também os sócios podem e devem antever e buscar a melhor organização para o fato inevitável da perda de qualquer sócio.

Uma ressalva: o presente trabalho não trata da empresa familiar, em que os sócios já são parentes e terão que lidar com desafios somados em caso de morte de um deles, pois há ao mesmo tempo perda de um ente de suas relações pessoais familiares e profissionais. Algumas considerações aqui apresentadas se aproveitam em parte, mas, dependendo da natureza da relação pessoal entre os sócios (conjugalidade e regime de bens ou parentalidade, por exemplo), há também questões diferentes (e respostas diferentes) que podem surgir em relação àquelas buscadas nestes breves comentários. O artigo tampouco trata da forma de distribuição dos bens de falecido que atuava economicamente por via de Eireli[1] ou de sociedade unipessoal.[2] [3]

Dependendo do tipo societário e também do planejamento feito pela própria sociedade antes do evento do falecimento, diferentes caminhos podem estar disponíveis a todos os afetados.

1 Planejamento sucessório sob o ponto de vista da pessoa natural e planejamento sucessório da sociedade

Qualquer pessoa que participe de algum empreendimento ou desenvolva atividades econômicas por meio de estrutura societária e queira se planejar da melhor forma para a finitude deve sempre considerar que, além de sua própria vontade, há também a de seus herdeiros, mas, adicionalmente, a dos seus sócios (tantos quantos existirem) e a da sociedade.

Toda sociedade a partir de sua constituição regular, isto é, sua inscrição no registro próprio, adquire personalidade[4] e autonomia patrimonial em relação aos sócios.[5] E mais, nas atividades que desempenha, portanto no exercício de atividades econômicas, a sociedade cumpre função social que afeta terceiros, não apenas os sócios, mas também empregados, fornecedores, parceiros, diferentes tipos de credores, os chamados *stakeholders*.

Ainda que o ordenamento jurídico brasileiro prestigie a autonomia privada, ou sobretudo porque a prestigia, mas não somente a autonomia do autor da herança, o planejamento deve levar em conta que a possibilidade de disposição dos bens por parte de qualquer pessoa não é ilimitada, mesmo com relação à parte dita *disponível* do seu

---

[1] Art. 980-A CC. A empresa individual de responsabilidade limitada será constituída por uma única pessoa titular da totalidade do capital social, devidamente integralizado, que não será inferior a 100 (cem) vezes o maior salário-mínimo vigente no País.

[2] Art. 1.052 CC. Na sociedade limitada, a responsabilidade de cada sócio é restrita ao valor de suas quotas, mas todos respondem solidariamente pela integralização do capital social. §1º A sociedade limitada pode ser constituída por 1 (uma) ou mais pessoas. §2º Se for unipessoal, aplicar-se-ão ao documento de constituição do sócio único, no que couber, as disposições sobre o contrato social.

[3] Aqui uma pequena nota sobre o nome e a regulação adotados pela Lei da Liberdade Econômica, tendo em vista que a figura jurídica criada não comporta pluralidade de membros, e que sociedade pressupõe reunião de pessoas, e não somente uma: embora louvável a possibilidade de constituição de pessoa jurídica unipessoal com fim de exercer atividade econômica organizada com fim lucrativo, também criticável a indicação da disciplina jurídica da sociedade limitada, coerente com uma pluralidade de membros. Mas este tema por si só renderia outro artigo.

[4] Art. 985 CC. A sociedade adquire personalidade jurídica com a inscrição, no registro próprio e na forma da lei, dos seus atos constitutivos.

[5] Em reforço do que já era pacífico em doutrina e jurisprudência, a Lei 13.874/2019, a chamada Lei da Liberdade Econômica expressamente previu dispositivo para tratar desta autonomia: Art. 49-A CC. A pessoa jurídica não se confunde com os seus sócios, associados, instituidores ou administradores. Parágrafo único. A autonomia patrimonial das pessoas jurídicas é um instrumento lícito de alocação e segregação de riscos, estabelecido pela lei com a finalidade de estimular empreendimentos, para a geração de empregos, tributo, renda e inovação em benefício de todos.

patrimônio, isto é, a metade que não integra a legítima[6] dos herdeiros necessários.[7] Em vista de tal premissa, as possibilidades de destinação do patrimônio devem ser pensadas também no âmbito do direito societário.

Em verdade, o direito societário quando trata do tema da sucessão tem perspectiva necessariamente ampliada, pois além de considerar sempre o aspecto plúrimo da sociedade, portanto a reunião de várias vontades, pondera, ainda, o fato de que toda empresa centraliza em si um feixe de contratos e integra-se por múltiplas relações e interesses.

Variadas situações patrimoniais afetam e são afetadas em uma sociedade – as sucessões não decorrem apenas do evento do falecimento de um sócio –, e conforme o entendimento sobre seus fundamentos e finalidades, bem como sobre a natureza mais contratual ou institucional da sociedade, caminhos distintos são tomados.

Sob o olhar societário, o planejamento sucessório se refere a qualquer evento de sucessão de direitos e deveres da sociedade ou dos sócios que a integram, a título universal ou não. O motivo do falecimento de um sócio é um dos que, entre tantos outros, ensejam sucessão societária (no caso do falecimento, por herança ou legado).

Mas há questões relacionadas à sucessão em direitos e deveres dos sócios também em outras situações, por exemplo, quando ocorre o exercício do direito de retirada em uma sociedade limitada, ou quando há a exclusão decorrente da não integralização das quotas de participação de um sócio ou, ainda, quando há o rompimento bi ou multilateral do vínculo negocial entre os sócios, o chamado *affectio societatis*, que impede o curso das atividades. Em tais situações, a que se somam outras, a saída do sócio pode acarretar a redução do capital social ou não (nesta última hipótese as quotas passarão a ser titularizadas por alguém, seja um sócio já existente ou um novo sócio, tudo dependendo do que for previsto pelas partes fundantes, em conformidade com a legislação).

Entre as diversas possibilidades, o direito societário investiga e busca dar solução a situações de sucessão da própria sociedade, ou de partes que a integram, ora por mecanismos mais complexos de atos de reorganização societária, como na cisão, na fusão, ou na incorporação, reguladas expressamente na Lei das Sociedades por Ações (LSA),[8] e no Código Civil (CC),[9] ora por meio de mecanismos individuais, referentes à relação entre a sociedade e cada sócio, e sua eventual substituição, inclusive em caso de falecimento.

---

[6] Art. 1.846 CC. Pertence aos herdeiros necessários, de pleno direito, a metade dos bens da herança, constituindo a legítima.

[7] Art. 1.845. São herdeiros necessários os descendentes, os ascendentes e o cônjuge.

[8] Art. 234 LSA. A certidão, passada pelo registro do comércio, da incorporação, fusão ou cisão, é documento hábil para a averbação, nos registros públicos competentes, da sucessão, decorrente da operação, em bens, direitos e obrigações.

[9] Art. 1.116 CC. Na incorporação, uma ou várias sociedades são absorvidas por outra, que lhes sucede em todos os direitos e obrigações, devendo todas aprová-la, na forma estabelecida para os respectivos tipos. Art. 1.119 CC. A fusão determina a extinção das sociedades que se unem, para formar sociedade nova, que a elas sucederá nos direitos e obrigações.

2 Risco de perda patrimonial afeta não apenas herdeiros, mas a sociedade e os sócios remanescentes

Sob o ponto de vista da sociedade, o esforço do planejamento relacionado ao falecimento de qualquer sócio deve ser feito no sentido de evitar que eventos futuros possam colocar em risco o regular desenvolvimento de suas atividades: (i) mesmo que este risco seja baixo, quando, por exemplo, a participação é mínima e a mudança de titularidade não afeta o curso dos negócios; (ii) mesmo quando ele é inevitável, porque a participação é de tal importância e insubstituível, que falecendo o sócio há causa para a dissolução da sociedade. Em qualquer situação cabe o planejamento, pois ele é instrumento para garantir que a saída ou substituição do sócio, ou a dissolução societária, conforme o caso, não gerem perdas patrimoniais evitáveis para todos os sócios e interessados, aí incluídos os herdeiros do falecido.

O planejamento sucessório sob a perspectiva societária deve contemplar todos os interesses que se contrapõem no ato plural da constituição da sociedade, e se concretiza através de documentos relacionados à própria sociedade previstos por todos os sócios em conjunto, portanto seus atos constitutivos, pactos parassociais, e eventualmente documentos auxiliares, e não por meio de documentos emitidos por cada sócio, individualmente.

Em outras palavras, é possível que uma pessoa disponha sobre o destino de sua participação em determinado empreendimento organizado por vias societárias e do qual participe através de um testamento ou outro ato de disposição individual, mas neste caso os sócios não terão participado do planejamento, portanto, não há como assegurar a eficácia do planejamento.

Quando não realizado o planejamento de eventos de sucessão da participação pela sociedade, em caso de dúvida ou conflito o intérprete sempre terá que encontrar alguma saída que trate das consequências do falecimento de um sócio, mas esta saída não necessariamente será aquela desejada pelo autor da herança, ou por seus herdeiros, ou pelos sócios remanescentes. O planejamento mais contribuirá para evitar conflitos e perdas quanto mais contemple todas as posições e interesses contrapostos ou sobrepostos.

Em adição aos desafios no enfrentamento deste tema sob a perspectiva societária, lembre-se de que a morte de um sócio, além de fazer nascerem questões patrimoniais, também suscita eventualmente questões de natureza existencial (ainda que não de origem familiar), que não se confundem com as de natureza patrimonial, mas que podem, também nas relações societárias, afetar o exercício da vontade dos herdeiros e dos próprios sócios remanescentes. Esta é uma premissa que pode aumentar, ou, conforme o caso, reduzir as possibilidades de conflitos entre todas as partes interessadas, especialmente nas sociedades em que as relações pessoais importam mais que as relações econômicas, as chamadas sociedades de pessoas.

E aqui uma pequena digressão: embora a legislação brasileira não classifique as sociedades como de pessoas ou de capitais, distinguindo-as somente conforme o tipo societário (portanto, sua forma, com repercussão na disciplina jurídica de regência), parte da doutrina costuma fazer a distinção, que se apoia em pressupostos mais econômicos do que jurídicos.

Ressalve-se que elementos pessoais e patrimoniais existem conjugados em qualquer sociedade.[10] Contudo, conforme os interesses que levam à reunião societária sejam preponderantemente dependentes da reunião de pessoas ou de capital, as sociedades são identificadas como de pessoas ou de capital.

As sociedades de pessoas têm no relacionamento dos sócios sua razão e fundamentos, gerando um vínculo *intuitu personae*, isto é, muito dependente da confiança recíproca entre os sócios. Elas são mais impactadas, pois, por eventuais alterações na composição societária. Já nas sociedades de capitais importa preponderantemente a reunião do capital, e não o perfil pessoal dos sócios e suas respectivas contribuições, sendo elas bem menos afetadas por qualquer alteração no quadro societário.

Nas sociedades de capitais características, com participação tornada pública através da abertura de capital, a regra, em verdade, é a mutabilidade dos sócios, e não a exceção. Em outras palavras, as sociedades anônimas de capital aberto são sempre de capital,[11] já as sociedades de capital fechado e as limitadas podem ser mais de pessoas ou de capital, conforme a preponderância do elemento pessoal ou financeiro para a reunião dos esforços e empreendimento comum. Não há uma regra absoluta, mas a aproximação a estes conceitos.

As regulações jurídicas referentes aos tipos societários mais comuns previstos no direito brasileiro, isto é, as sociedades limitadas e as sociedades anônimas, foram formuladas em coerência com a perspectiva que costuma apontar as sociedades limitadas como de pessoas (daí em regra a transferibilidade de quotas ser reduzida, comparativamente) e as sociedades anônimas como de capital, inclusive porque não são admitidas normas estatutárias que impeçam totalmente a negociação das ações nas companhias, conforme o artigo 36 da Lei 6.404/76[12] (ainda que possam haver algumas limitações estatutárias à circulação de ações nas companhias fechadas, e sob condições específicas), ou ainda que se admitam restrições contratuais previstas via acordo de acionistas.

Há autores comercialistas que desconsideram a classificação que distingue sociedades de pessoas e de capitais, inclusive porque, de um lado, cada vez mais as sociedades limitadas têm se institucionalizado, e de outro, nas sociedades anônimas, mesmo de capital aberto, tem importado a acionistas (e potenciais investidores) conhecer a pessoa dos administradores e dos integrantes do grupo de controle, que sinalizam para o mercado a qualidade da gestão e a responsabilidade na condução dos negócios da sociedade. Com efeito, a história recente do mercado de capitais brasileiro evidencia a importância da confiança pessoal mesmo nas sociedades de capitais. Ao fim e ao cabo,

---

[10] BORGES, João Eunápio. Sociedades de pessoas e sociedades de capital. *Revista da Faculdade de Direito da Universidade Federal de Minas Gerais*, 1949. p. 27-76. Disponível em https://www.direito.ufmg.br/revista/index.php/revista/article/view/486/455.

[11] Ao menos formalmente. Ressalve-se que parte da doutrina e da jurisprudência consideram, ainda que sob circunstâncias excepcionais, a possibilidade de se considerar sociedades de capital aberto também como dependentes do *affectio societatis*. A respeito, ver nota 41 abaixo.

[12] Art. 36 LSA. O estatuto da companhia fechada pode impor limitações à circulação das ações nominativas, contanto que regule minuciosamente tais limitações e não impeça a negociação, nem sujeite o acionista ao arbítrio dos órgãos de administração da companhia ou da maioria dos acionistas. Parágrafo único. A limitação à circulação criada por alteração estatutária somente se aplicará às ações cujos titulares com ela expressamente concordarem, mediante pedido de averbação no livro de "Registro de Ações Nominativas".

são pessoas que influenciam a reputação e as condições de captação no mercado, sem prejuízo dos controles de processos que cada sociedade possa e deva apresentar. Quanto mais estruturados os processos, esta influência pode diminuir, mas ela nunca é zerada.

Apesar de a qualificação ser tecnicamente menos importante, a sua compreensão contribui para identificar mais facilmente quando algum elemento prepondera na relação entre os sócios. Ainda, a medida da necessidade da confiança recíproca na pessoa de cada sócio pode ser um indicativo relevante para a moldura societária a ser adotada, não bastando identificar o tipo, mas, dentro do tipo, também quais variações poderão ser pensadas na redação dos atos constitutivos e pactos parassociais.

Outra premissa a ser levada em consideração no planejamento é que qualquer patrimônio (dos sócios e da sociedade) tem natureza unitária, no sentido de ser composto por um conjunto de direitos e também deveres,[13] mas também dinâmica, no sentido de que as situações patrimoniais estão sempre sujeitas a variáveis que inevitavelmente mudam no tempo. Isto é, quando se está a falar de patrimônio do sócio, este não se confunde com o da sociedade, e ambos estão sujeitos a mutações contínuas.

E, ainda, um conceito trivial para quem atua na seara empresarial, mas não necessariamente para os herdeiros e legatários: o patrimônio da sociedade, a seu turno, tampouco se confunde com o capital social, este o valor que reúne a contribuição em bens ou dinheiro efetuada por cada sócio conforme um ideal em valores estimados pelos sócios como necessário ao início do desenvolvimento das atividades sociais. O capital social é elemento fixo e essencial a quase todas as sociedades (conforme o artigo 997, III do CC,[14] referente às sociedades simples – que se aplica subsidiariamente às demais sociedades regidas pelo CC –[15] e conforme o artigo 5º da LSA).[16]

Se o valor que cada sócio tivesse em uma sociedade (e em consequência, seus herdeiros quando do seu falecimento) se ativesse ao capital social, a conta da partilha, quanto à titularidade social, seria relativamente simples, pois ele é (salvo mutações) fixo. Mas a participação que cada sócio possui é calculada sobre o patrimônio líquido da sociedade, este variável e por isto mesmo apurado em balanço contábil próprio.

Por abstração, é possível *tirar uma fotografia* da situação patrimonial de uma sociedade a qualquer tempo, assim como a do falecido no momento de sua morte, e assim a lei brasileira presume ao prever a transmissão imediata dos bens do autor da herança aos seus herdeiros,[17] mas, mesmo diante desta abstração, o valor da participação na sociedade nunca será estático. Esta afirmação é especialmente relevante quando a participação do sócio falecido (não apenas seu percentual, mas também sua forma de atuação) é determinante para o valor da própria sociedade.

Por exemplo, quando o autor da herança é sócio que contribui de maneira decisiva para a geração de valor na sociedade, seja por meio das atividades que desenvolve,

---

[13] Art. 91 CC. Constitui universalidade de direito o complexo de relações jurídicas, de uma pessoa, dotadas de valor econômico.

[14] Art. 997 CC. A sociedade constitui-se mediante contrato escrito, particular ou público, que, além de cláusulas estipuladas pelas partes, mencionará: [...] III - capital da sociedade, expresso em moeda corrente, podendo compreender qualquer espécie de bens, suscetíveis de avaliação pecuniária;

[15] Com exceção apenas das sociedades cooperativas, únicas expressamente dispensadas de possuir capital social: Art. 1.094 CC. São características da sociedade cooperativa: I - variabilidade, ou dispensa do capital social; [...].

[16] Art. 5º O estatuto da companhia fixará o valor do capital social, expresso em moeda nacional.

[17] Art. 1.784 CC. Aberta a sucessão, a herança transmite-se, desde logo, aos herdeiros legítimos e testamentários.

somando-se, neste caso, ao investimento financeiro na participação societária, também sua atividade de gestão, ou sua capacidade de captação de clientela, ou a importância do seu nome para o relacionamento com fornecedores, entre outras. Em todas estas situações, o fato da morte do sócio pode afetar não apenas as relações societárias internamente, mas a própria dinâmica das interações empresariais e o valor desta dinâmica, com repercussão imediata no valor patrimonial da sociedade.

Para além da participação existente por meio do aporte financeiro na sociedade, que se inicia com a aquisição do título de participação (ações ou quotas, conforme o tipo societário), a importância das contribuições que cada sócio traz pode alterar o resultado do seu valor patrimonial, e, em decorrência, de todas as participações dos sócios (não apenas do próprio). Assim, a sucessão societária não diz respeito apenas à repartição de um patrimônio estático do sócio que faleceu entre seus sucessores. Ela importa, também, e muito, para a própria sociedade e seus interesses.

Com o fato do falecimento há um potencial conflito de interesses na definição do valor do todo a ser partilhado, que pode ser no mínimo de natureza bilateral (entre os herdeiros e os sócios remanescentes) ou se apresentar em figura poliédrica que terá vértices em número equivalente a tantas quantas forem as posições dos herdeiros e dos sócios remanescentes, se distintas.

Adicionalmente, outro elemento que deve ser somado às variáveis possíveis e ao (potencial) conflito entre os herdeiros e os sócios é a posição de alguns *stakeholders*, caso exerçam de alguma maneira influência importante nos negócios da sociedade e sejam também afetados pelo falecimento do sócio.[18]

É possível que, diante de parcerias estratégicas, ou formas de financiamento junto a terceiros, credores de uma sociedade tenham tal poder de influência em relação a certas decisões importantes para a administração que afetem seu valor patrimonial e, portanto, a parte que cabe a cada um dos sócios. Se a relação com estes terceiros estratégicos depender de alguma confiança especial na pessoa do sócio falecido, da sua presença na sociedade, também eles podem influenciar o curso dos fatos.

Há, portanto, uma dimensão da morte que se relaciona diretamente com a avaliação do valor do patrimônio da sociedade, que não é estático. Além disso, há também uma dimensão da morte que pode se relacionar com a manutenção da organização da atividade econômica realizada pela sociedade, que em princípio deve ser preservada.

Advogados que atuam em família e sucessões lidam com as questões relacionadas ao planejamento sucessório de maneira diferente do advogado societário. Os primeiros costumam ser mais focados na proteção das relações familiares e na preservação do patrimônio do autor da herança, com vistas à sua distribuição conforme a sua vontade e em conformidade com os limites legais (principalmente considerando as fronteiras da legítima). Já o segundo costuma atentar para os meios de preservação das atividades empresariais e para a prevenção, ou ao menos redução, dos conflitos entre os sócios.

---

[18] Não se está aqui a referir à influência significativa, prevista nos §§4º e 5º artigo do 243 da LSA, que trata do poder de participação nas decisões políticas, financeira ou operacional necessariamente exercido por investidor, ainda que não possua o controle. Para além desta influência, há outras que interferem nos rumos da gestão de cada sociedade.

Mas há um ponto importante de convergência de interesses, que é o da preservação do valor patrimonial da sociedade, que interessa a todos.

Daí a importância do olhar plural e compartilhado, não apenas por profissionais com diferentes especializações e experiências, que lidem com direito de família e societário, mas também outros, como exemplo, tributário, ante a possível ponderação sobre eventuais cargas fiscais incidentes conforme as soluções legalmente viáveis possíveis. Costumam ser considerados especialmente os reflexos nos impostos sobre a renda (tanto os individuais da pessoa física dos sócios e dos herdeiros, quanto da pessoa jurídica da sociedade ou de outras pessoas jurídicas constituídas para participação indireta), de transmissão de bens *causa mortis* ou por doação, por vezes impostos de transmissão de bens imóveis, quando estes integram o acervo patrimonial da sociedade.

Em qualquer hipótese, do ponto de vista empresarial, os caminhos possíveis dependem do tipo societário de que participam os sócios que buscam o planejamento. As duas figuras mais comuns na realidade brasileira são, de longe, a sociedade limitada e as sociedades anônimas. Por esta razão, sobre suas estruturas e mecanismos de planejamento recairá nossa atenção.

3 Os atos constitutivos e os pactos parassociais como instrumento de planejamento sucessório nas sociedades

Como mencionado, dependendo do tipo societário e da natureza da sociedade, é possível controlar de forma mais ou menos acentuada a transmissibilidade de quotas (quando uma sociedade limitada) ou ações (quando uma sociedade anônima) da estrutura societária de que participe qualquer pessoa, tanto para efeitos *inter vivos* ou *causa mortis*, estes últimos objeto do presente artigo.

Este controle se dará ora por via dos próprios atos constitutivos, ora por via de pactos parassociais, ou ambos, mais conhecidos por seus nomes específicos, acordo de quotistas (na sociedade limitada) ou acordo de acionistas (na sociedade anônima). Os pactos parassociais são contratos celebrados pelos sócios/acionistas no âmbito de sua autonomia privada para regular o exercício de direitos referentes às suas participações societárias. São instrumentos assinados para orientar os interessados em uma série de situações, estas predefinidas na legislação,[19] que basicamente dizem respeito à transferência de títulos de participação, ao exercício do direito de voto, e ao exercício do poder de controle.

Já os atos constitutivos compreendem documentos de constituição da sociedade, portanto o contrato social para a sociedade limitada, ou o estatuto, na sociedade anônima, elaborados no momento de sua criação. A referência a tais documentos neste trabalho inclui também todos os documentos posteriores que os alterem (alterações do contrato social ou do estatuto, conforme o caso) e, potencialmente, qualquer regra de participação societária no curso das atividades da sociedade, mas ainda antes do evento do falecimento.

---

[19] Art. 118 LSA. Os acordos de acionistas, sobre a compra e venda de suas ações, preferência para adquiri-las, exercício do direito a voto, ou do poder de controle deverão ser observados pela companhia quando arquivados na sua sede.

Justamente em função da natureza dinâmica de qualquer atividade econômica, é perfeitamente possível que uma sociedade se constitua como limitada, depois se transforme em sociedade anônima, devendo adaptar os atos constitutivos e pactos parassociais conforme o estado em que estiver, e as projeções feitas pelos sócios com relação aos seus investimentos. O percurso oposto também acontece, isto é, uma companhia poderá se transformar em limitada.

Assim, os documentos que instrumentalizam cada planejamento são aqueles já produzidos e que indicarão os caminhos para a sociedade no momento do falecimento do sócio, e serão tanto mais adequados quanto: (i) refletirem o que tiver sido de boa-fé avençado pelos sócios ou acionistas em suas previsões do presente para o futuro; e (ii) forem compatíveis com a realidade atual dos fatos da vida da sociedade e dos sócios no momento do falecimento. Planejamentos bem feitos para determinado momento da vida da sociedade, ou de seus sócios, podem não atender aos objetivos estabelecidos, se desatualizados e incongruentes com os fatos na oportunidade de sua efetiva aplicação.

3.1 O planejamento sucessório por falecimento de sócio na sociedade limitada: o contrato social e o acordo de quotistas

Na sociedade limitada, o tipo societário mais utilizado na prática brasileira, os sócios podem dispor sobre todas as hipóteses cabíveis de transferência (total ou parcial) da participação de cada sócio,[20] não apenas, mas inclusive, por motivo de falecimento, em que a transferência será sempre a título universal, ainda que não necessariamente para apenas um sucessor.

Especificamente sobre o falecimento, a lei brasileira prevê que, em regra, é causa de liquidação da quota e dissolução parcial da sociedade.[21] Nos termos do artigo 1.028 do CC,[22] a quota só não será liquidada se o contrato social dispuser diferentemente. Dependendo do impacto do falecimento para a sociedade, pode haver não apenas a dissolução parcial, mas total. Esta, inclusive, era a previsão base do Código Civil de 1916.[23]

Assim, em regra, com a morte de um sócio ocorre dissolução parcial da sociedade, mas caso previsto no contrato social o(s) herdeiro(s) poderá(ão) entrar como novo(s) sócio(s) em seu lugar, desde que também concorde(m) com sua entrada. O fato da morte pode, então, ensejar tanto a apuração dos haveres em favor do espólio, que neste caso receberá em dinheiro ou em bens o valor equivalente à participação do falecido na

---

[20] Por atos *inter vivos*, entre outras hipóteses, incluem-se a cessão de quotas, a título gratuito ou oneroso, e também sua entrega em garantia (penhor ou caução), bem como nas situações previstas no contrato social, na declaração de interdição do sócio (cada vez mais rara no direito brasileiro, em vista das mudanças promovidas pela Lei 13.146/2015, mas não de todo afastada em nosso ordenamento).

[21] Na expressão adotada pelo Código Civil, resolução da sociedade em relação a um sócio. Há quem critique o termo dissolução (ainda que parcial) da sociedade, embora usual sob a vigência do Código de 1916, e ainda referida até hoje, pois o que ocorre é a liquidação de parte das quotas, mas com preservação da sociedade, com sua personalidade própria e patrimônio autônomo, ainda que reduzido. A despeito da crítica e da efetiva mudança no termo adotado pelo Código Civil em 2002, o Código de Processo Civil de 2015 retoma a expressão "dissolução parcial de sociedade" em seus artigos 599 e seguintes, a qual em verdade nunca havia sido abandonada por parte da doutrina.

[22] Art. 1.028 CC. No caso de morte de sócio, liquidar-se-á sua quota, salvo: I - se o contrato dispuser diferentemente; II - se os sócios remanescentes optarem pela dissolução da sociedade; III - se, por acordo com os herdeiros, regular-se a substituição do sócio falecido.

[23] Conforme o artigo 1.399, IV do CC de 1916.

sociedade, com posterior partilha entre o(s) herdeiro(s), quanto ensejar a substituição do sócio falecido nas quotas de participação, assumindo o(s) herdeiro(s) o lugar do falecido, com todos os direitos e obrigações.[24]

Ao tratar da situação de morte de sócio, o contrato social poderá prever a exclusão de suas quotas, ou sua transferência para os sócios remanescentes. Uma ou outra solução pode ser mais conveniente, a depender do impacto do pagamento dos haveres no caixa da sociedade. Nas sociedades limitadas, especialmente quando o elemento pessoal é importante, a morte de um sócio usualmente conduz à exclusão da participação respectiva, salvo nas empresas familiares, em que os sócios já são relacionados e outras soluções (e também questões) aparecem.

Dependendo da quantidade de sócios existentes antes do falecimento, a sociedade continuará com os sócios remanescentes, ou, caso só existam dois, passará a ser unipessoal, ou, ainda, pode ser dissolvida se o(s) sócio(s) remanescente(s) optar(em) pela dissolução total, tal como previsto no inciso II do artigo 1.028 do Código Civil.

De outro modo, sendo permitido o ingresso de sucessores *causa mortis* do sócio, eles assumirão a posição do sócio sucedente, em verdadeira cessão da posição contratual, incorrendo em todos os direitos e obrigações respectivos. Nesta hipótese, não há, em princípio, alteração no plano patrimonial da sociedade, ou seja, o valor do patrimônio (em tese) é o mesmo.

Mas este resultado precisa ser do interesse tanto da sociedade, conforme vontade que pode ser antecipada no contrato social, ou, se não antecipada, externalizada após o falecimento, quanto do(s) herdeiro(s). Ou seja, ainda que prevista no contrato social a possibilidade de o herdeiro substituir o falecido, nada o obriga a fazê-lo.[25] A substituição só ocorrerá em comum acordo, conforme previsto no inciso III do artigo 1.028 do Código Civil. A vantagem da substituição é evitar o pagamento de haveres, com o necessário desembolso de recursos pela sociedade.

Na prática, mesmo havendo substituição do falecido por herdeiro, naturalmente em comum acordo, sempre existe algum risco de repercussão no patrimônio social. Se o sócio falecido era mero investidor de capital, sua substituição pelo herdeiro não importará maiores consequências patrimoniais. Todavia, dependendo da contribuição que o sócio falecido oferecia pessoalmente à sociedade com seu trabalho, contatos,

---

[24] Outro caminho possível, que seria um meio termo entre estes dois extremos, é o da permanência do sócio, mas por meio de participação de quotas preferenciais, a exemplo do que já ocorre na sociedade anônima. A tese das quotas preferenciais sem direito de voto vem ganhando força na doutrina brasileira, especialmente a partir da Instruções Normativas nº 38 e nº 81 emitidas pelo DREI – Departamento Nacional de Registro Empresarial e Integração (o antigo DNRC/MDIC, na atual configuração administrativa do Governo Brasileiro, integrante do Ministério da Economia). Ressalve-se, entretanto, que há controvérsia sobre a possibilidade de supressão ou limitação de voto por ato infralegal, sobre a qual não nos estenderemos, por fugir ao escopo deste trabalho. Todavia, superada a controvérsia (eventualmente, por meio de alteração do Código Civil), a quota preferencial pode, de fato, ser um caminho que viabilize, em muitos casos, a permanência dos herdeiros na sociedade limitada. Neste caso, eles passariam a investidores, com a repercussão patrimonial correspondente, mas sem interferir na gestão da sociedade, porque destituídos de direito de voto, ou com seu direito de manifestação limitado a certos temas. Sobre o tema, ver GONÇALVES, Oksandro; CAMINHA, Anelize Pantaleão Puccini. As quotas preferenciais na sociedade limitada como instrumento para o planejamento sucessório. *In* TEIXEIRA, Daniele Chaves. *Arquitetura do planejamento sucessório*. 2. ed.. Belo Horizonte: Fórum, 2019. Págs. 561-577.

[25] Aliás, nada obriga o herdeiro a aceitar não apenas a participação na sociedade, mas em qualquer outro bem de titularidade do falecido, já que a ele é sempre dado renunciar a herança. Art. 1.804 CC. Aceita a herança, torna-se definitiva a sua transmissão ao herdeiro, desde a abertura da sucessão. Parágrafo único. A transmissão tem-se por não verificada quando o herdeiro renuncia à herança.

relacionamentos e esforços para a consecução do objeto social, ainda que o capital social não seja alterado, pode haver impacto significativo no valor patrimonial da sociedade, com repercussão indireta no patrimônio de todos os sócios.

Esta, aliás, uma razão para o falecimento ser uma causa em regra para a exclusão das quotas do sócio falecido nas sociedades de pessoas (não a única, pois pode ocorrer de o sócio falecido não ser exatamente insubstituível, mas não ser substituível pelos seus herdeiros, do ponto de vista dos sócios remanescentes).[26] Seja qual for a motivação da dissolução parcial da sociedade por falecimento do sócio, haverá a apuração dos haveres correspondentes em favor do espólio, com o respectivo pagamento do valor de sua quota-parte aos herdeiros.

A apuração de haveres é o procedimento pelo qual se calcula a parcela do patrimônio da sociedade que corresponde à participação do sócio falecido. É comum, e extremamente recomendável, em todas as situações de dissolução parcial, que a sociedade estabeleça no contrato social a forma de cálculo do patrimônio e as condições de pagamento da parcela de participação excluída: não apenas o prazo, mas também a forma de pagamento (em dinheiro ou mesmo bens integrantes do ativo da sociedade). Normalmente, estabelece-se o pagamento em parcelas para que o impacto no caixa não prejudique ou mesmo inviabilize o desenvolvimento das atividades da sociedade.

Então, primeiramente, deve ser identificado o valor do patrimônio líquido da sociedade, isto é, o valor da soma dos bens (materiais e imateriais) com expressividade econômica que integram o seu ativo, deduzidas todas as dívidas que integram o passivo. Havendo critérios claros e em consistência com práticas de mercado, o levantamento tem menos chance de suscitar conflitos.[27]

Não obstante, havendo divergência não pacificamente dirimida, seja quanto aos critérios previstos para deduções no patrimônio, seja quanto à regular execução dos cálculos em conformidade com os critérios previstos e aceitos, os interessados (não apenas os herdeiros) poderão sempre recorrer ao Judiciário para tutela dos interesses respectivos (ou eventualmente à via arbitral, caso esta tenha sido eleita para dirimir conflitos societários).[28]

---

[26] Assim como o contrário também pode ocorrer. A importância do nome do sócio pode ser justamente uma causa para o ingresso do herdeiro, se por meio de sua atuação, os elementos pessoais do falecido que importavam à sociedade puderem ser de (re)produzidos também pelo sucessor.

[27] No cálculo do patrimônio a ser partilhado, pode haver conflitos na apuração tanto do lado do ativo quanto do passivo. O STJ já decidiu que na dissolução parcial de sociedade limitada a apuração de haveres deve ser feita incluindo-se no cálculo o valor do fundo de comércio, este composto também por elementos incorpóreos, como o aviamento ou *goodwill* (REsp 1.335.619-SP, Terceira Turma, DJe 27/3/2015). A avaliação dos elementos que se somam ao ativo pode ser feita segundo diferentes critérios, por isto a importância de eles serem predefinidos. Da mesma forma, é importante estabelecer os parâmetros para deduções, por exemplo, para recortes no cômputo de dívidas já contraídas mas não pagas, ou de pagamentos já realizados mas em antecipação a contraprestações ainda não aproveitadas pela sociedade, até certo prazo.

[28] Aqui se abre questão controversa quanto à vinculação dos herdeiros à cláusula de arbitragem, pois não tendo assinado o Contrato Social, há quem entenda que eles não se vinculam à renúncia à tutela judicial decidida pelo sócio falecido (por todos, CARVALHOSA, Modesto. *Acordo de acionistas: homenagem a Celso Barbi Filho*. São Paulo: Saraiva, 2011, págs. 87-88). Parece-nos que o melhor entendimento é no sentido de que situações jurídicas titularizadas pelo sócio falecido e que não dizem respeito ao direito de sucessão em si, mas a direitos patrimoniais validamente dispostos, devem permanecer produzindo efeitos. Portanto, a cláusula compromissória é válida e eficaz também com relação aos herdeiros. Neste sentido, FARIA, Marcela Kohlbach de. *Participação de terceiros na arbitragem*. São Paulo: Quartier Latin, 2019. p. 63. Confirmando este entendimento, o STJ decidiu no Recurso Especial Nº 1.727.979 – MG pela extensão subjetiva dos efeitos do compromisso arbitral em ação de dissolução

Quanto mais detalhadamente quaisquer regras relativas à dissolução parcial forem previstas nos atos constitutivos, aí incluídas as que se referem à apuração de haveres, mais se evita dúvida, e potenciais conflitos, na sociedade. Isto porque mesmo havendo consenso quanto à conveniência da dissolução tanto para os sócios remanescentes quanto para o herdeiro, o conflito pode surgir sobre a forma de apuração de haveres, ou do seu pagamento. Daí a importância de tratar sobre o tema no contrato social, ou em acordo de quotistas, mesmo que a lei já estabeleça a dissolução parcial em regra.

Uma vez não havendo conflito sobre a forma de apuração, ou, sendo ele superado, fica constituído um crédito referente à parte que cabia ao sócio falecido, portanto aos herdeiros, que será quitado conforme calendário previsto no contrato social. Não havendo previsão específica, o prazo é, segundo o artigo 1.031 do Código Civil, de 90 dias contados da liquidação. É comum a previsão contratual da dilação deste prazo, por exemplo, em doze parcelas mensais ou bimestrais.

É possível cogitar, mesmo não havendo previsão específica nos documentos da sociedade, que ela possa, em circunstâncias excepcionais, se prejudicada pela obrigação de pagamento no prazo legal, buscar a tutela para estabelecimento de um prazo maior, com base no princípio da função social da empresa e na comprovação de que o pagamento em 90 dias efetivamente afeta a continuação das atividades, ou a capacidade de cumprimento de outras obrigações assumidas.

Naturalmente, o magistrado (ou árbitro) terá que fazer um juízo de valor, ponderando entre os interesses da sociedade, de um lado, e de outro, dos credores impactados, sejam eles os herdeiros ou terceiros. Por exemplo, se comprovado o comprometimento do caixa para o pagamento de salários de empregados, considerando sua natureza alimentar, os herdeiros podem ser preteridos, se tiverem meios de sustento independentes da parcela de patrimônio a receber pela sucessão do sócio falecido.

Contudo, se os próprios herdeiros dependiam da remuneração havida pelo autor da herança (por exemplo, se com o pró-labore recebido em contrapartida à gestão da sociedade, ou mesmo os dividendos distribuídos, o sócio falecido pagava despesas familiares), o cronograma de pagamento da participação social deverá ser mantido. Esta decisão vai depender do caso concreto, da matéria de fato trazida ao juízo, e será decidida com base nos princípios incidentes a estas relações de natureza patrimonial, entre os quais os da boa-fé e da função social do contrato e da empresa, que podem, eventualmente, afetar os efeitos dos atos de autonomia privada, ainda que válidos.

Um último comentário sobre a apuração de haveres na sociedade limitada: considerando que o valor do patrimônio de toda sociedade decorre de fatores que vão muito além do simples aporte financeiro dos sócios sobre o capital social, pois depende de outras contribuições para o ativo,[29] e também das dívidas contraídas, embora a previsão legal seja de que o cálculo da situação patrimonial tenha por base a data da retirada, ou

---

parcial de sociedade. Segundo a decisão, a cláusula sujeita a sociedade e todos os sócios, atuais e futuros, tenham estes concordado ou não com tal disposição, na medida em que a vinculação dos sócios ao conjunto de normas societárias (em especial, do contrato social) dá-se de modo unitário e preponderante sobre a vontade individual eventualmente dissonante. De qualquer forma, se a intenção é evitar polêmica futura, uma solução possível é obter, para harmonização de interesses da sociedade com os sócios e seus familiares, a anuência expressa também dos sucessores dos sócios, seja em pacto parassocial, como intervenientes, ou em outro documento, por exemplo, um protocolo familiar, tratado no item 4 adiante.

[29] Sobre a possibilidade de contribuição pelo sócio em serviços, e não apenas capital financeiro, ver FERNANDES, Micaela Barros Barcelos. Reflexões sobre a contribuição societária em serviços. *In* HANSZMANN, Felipe (org.). *Atualidades em direito societário e mercado de capitais*: volume IV. Rio de Janeiro: Lumen Juris, 2019. p. 665-698.

seja, do falecimento do sócio, questão sensível é, em qualquer hipótese, a avaliação do patrimônio líquido quando há elementos imateriais de difícil mensuração que compõem o patrimônio, notadamente quando a atuação do sócio integra tais elementos.

Isto porque a sociedade pode, na data do falecimento, mas justamente em função dele, ter seu valor patrimonial imediatamente impactado. Nesta situação, os haveres a serem pagos aos herdeiros podem não corresponder às suas expectativas, ou às dos sócios, gerando potenciais conflitos que, para serem evitados ou dirimidos, dependem da sensibilidade sobre a realidade operacional da empresa por todos os interessados. Não apenas de entendimento sobre projeções para o futuro, mas inclusive da situação patrimonial no presente, na própria data do óbito e abertura da sucessão.

Esta questão deve ser resolvida por qualquer intérprete (em sede litigiosa ou pré-litigiosa, esta última sendo sempre uma solução preferencial), tendo em vista a premissa de que a autonomia privada para os sócios estabelecerem regras de avaliação do patrimônio líquido ou do pagamento da quota-parte respectiva não pode acarretar perda injustificada no patrimônio do sócio falecido (e, em consequência, dos herdeiros), ou enriquecimento sem causa dos sócios remanescentes.[30] Por outro lado, é necessário ter em mente que, especialmente em sociedades de pessoas, todos perdem com o falecimento do sócio, não apenas no aspecto existencial, mas também patrimonial. Em regra, a morte produz um perde-perde, e o entendimento desta realidade apazigua expectativas e evita litígios.

Ainda sobre as sociedades limitadas, considerando que o contrato social pode prever a regência supletiva da sociedade limitada pelas normas da sociedade anônima,[31] é possível que os sócios estabeleçam plano sucessório dispondo sobre a transferência de quotas em documento apartado, o acordo de quotistas. Embora desnecessário, pois o próprio contrato social pode regular integralmente a matéria, as disposições dos sócios, no exercício de sua autonomia privada, podem estar contidas também neste pacto parassocial, igualmente vinculante (inclusive para a própria sociedade, observadas as condições legais). O tratamento do acordo de quotistas no ordenamento brasileiro se referencia bastante na experiência sobre o acordo de acionistas, este o pacto parassocial por excelência das sociedades anônimas, que serão mais bem tratadas no próximo item.

3.2 O planejamento sucessório por falecimento do sócio nas sociedades anônimas: o acordo de acionistas e, nas companhias fechadas, a limitação estatutária

Outra possibilidade é a da participação do falecido em sociedades anônimas. De início, cumpre destacar que neste tipo societário, regulado no ordenamento brasileiro pela Lei 6.404/76, diferentes caminhos aparecem conforme a companhia seja aberta ou fechada. As sociedades anônimas contam com diversos mecanismos para dissociar o

---

[30] NEVARES, Ana Luiza Maia. A importância do contrato na transmissão hereditária. *Portal Migalhas*, 29-04-2020. Disponível em https://www.migalhas.com.br/coluna/migalhas-contratuais/325643/a-importancia-do-contrato-na-transmissao-hereditaria.

[31] Art. 1.053 CC. A sociedade limitada rege-se, nas omissões deste Capítulo, pelas normas da sociedade simples. Parágrafo único. O contrato social poderá prever a regência supletiva da sociedade limitada pelas normas da sociedade anônima.

poder político (voto) dos direitos econômicos, por exemplo, pela adoção de espécies e classes diversas de ações, justamente para dar solução a problemas de organização empresarial.

Nas companhias de capital aberto, isto é, aquelas cujas participações são negociadas em bolsa, portanto em ambiente público e com maior facilidade de investimento ou desinvestimento, a regra é a da transmissibilidade, não autorizando a lei qualquer espécie de limitação estatutária à circulação das ações (nos termos do artigo 36 da LSA).[32] Nestas companhias, portanto, a participação do herdeiro de sócio falecido não traz, em regra, maiores desafios. Os herdeiros podem alienar as ações ou manter o investimento, sem repercussões na condução dos negócios da companhia.

A transferência inclusive será fácil (atendidas as condições de mercado, naturalmente), como ocorre com qualquer bem móvel que possua liquidez. A participação do herdeiro poderá ser transformada em dinheiro até de forma mais simples do que quando há titularidade de um bem imóvel, ou mesmo do que outros bens móveis com baixa liquidez. Se quiser preservar a participação, o herdeiro será um investidor como qualquer outro da sociedade.

Contudo, do ponto de vista da sociedade e dos sócios remanescentes, é possível cogitar uma situação desafiadora para a organização das companhias abertas: caso o sócio falecido seja o controlador ou integre o grupo de controle, é importante, para fins de governabilidade, que haja previsão sobre as matérias do exercício do controle e da transferibilidade de ações, de modo que os herdeiros, sucessores do sócio, não perturbem o curso das atividades sociais ao assumirem o lugar do falecido.

Nestas hipóteses, o acordo de acionistas é o instrumento adequado para minimizar os riscos da mudança de titularidade das ações para a companhia. Ele é um pacto parassocial usualmente celebrado quando formado o grupo de controle (normalmente na constituição da companhia, mas pode ser feito ou refeito em comum acordo a qualquer momento).

Embora a lei vede restrições estatutárias à transmissão de ações nas companhias abertas, nada impede que, mesmo nas sociedades com ampla dispersão acionária, o grupo de controle estabeleça, contratualmente, alguma restrição aos seus direitos de disposição sobre as ações de controle, contemplando, não apenas, mas inclusive, as situações de falecimento de qualquer acionista que integre o grupo. Nada sendo previsto, recebendo os herdeiros as ações representativas da participação social do falecido, elas poderão ser livremente alienadas.

O acordo de acionistas foi previsto no direito brasileiro na LSA para regulação de certas situações (não necessariamente no interesse do grupo de controle, pois é possível também sua celebração por minoritários, e em várias hipóteses não relacionadas ao falecimento dos sócios) nas companhias fechadas ou abertas, disciplinando expressamente os temas gerais apontados no artigo 118 e seus parágrafos.[33] São eles: a compra e venda de suas ações, preferência para adquiri-las, exercício do direito a voto ou do poder de controle.

---

[32] Ver nota 12 acima.

[33] Com ajustes introduzidos pela Lei 10.303/2001, para aumento de coercibilidade, e maior eficácia às disposições previstas no acordo de acionistas, especialmente com relação à matéria de voto.

Embora a morte do sócio não seja uma matéria expressamente apontada no artigo 118 da LSA, considera-se incluída nos temas contemplados no dispositivo, na medida em que a sucessão *causa mortis* é uma forma de transferência de ações, e importa, também, dependendo da participação do falecido na companhia, para a estabilidade no exercício do poder de controle.

As disposições sobre estes temas gerais previstas no acordo de acionistas deverão ser observadas pela companhia quando o acordo estiver arquivado na sua sede, cabendo, portanto, inclusive execução específica em caso de descumprimento. Nada impede que outros temas sejam previstos, mas eles serão, conforme parte da doutrina, eficazes apenas entre os sócios, não sendo oponíveis à sociedade.[34]

O acordo de acionistas pode estabelecer uma série de mecanismos que evitarão surpresas ou a entrada de elementos estranhos à sociedade. Por meio de acordos de bloqueio, pode-se restringir a livre transmissibilidade das ações vinculadas a terceiros não obrigados contratualmente, e desta maneira as relações em torno da sociedade ficam mais estáveis, contribuindo para o seguimento das atividades econômicas desenvolvidas, conectando-se com o princípio da preservação da empresa.

Há várias modalidades de bloqueio, quase todas que funcionam, na prática, como contratos preliminares. Por exemplo, o estabelecimento de direito de preferência para aquisição (nas condições ofertadas pelo titular) aos signatários do acordo, opção de compra (portanto, uma promessa de venda de ações, a ser implementada pelo exercício da opção pela parte), opção de venda, cláusula de prévio consentimento, entre outras. Cada modalidade com suas peculiaridades e requisitos.

As obrigações previstas no acordo de acionistas têm natureza contratual, e, mesmo nas companhias abertas, com vedação legal às restrições estatutárias à livre transmissão de ações, são perfeitamente aplicadas, com base no princípio do *pacta sunt servanda*, ou da obrigatoriedade contratual. Os efeitos perante terceiros dependerão de algumas condições. Sem embargo, como já mencionado, a companhia estará vinculada quando o acordo estiver arquivado na sua sede.

Com relação aos herdeiros, estes estarão vinculados ao pacto, pois ele sempre tem efeito entre as partes signatárias, até mesmo se não houver averbação no livro de registro ou no certificado de ação da companhia, se emitido. Como as situações patrimoniais dos sócios se transferem a seus herdeiros no estado em que se encontram no momento do seu falecimento, eventuais limitações contratuais que ele validamente tiver estabelecido se aplicarão aos sucessores.[35]

É sempre possível ao herdeiro questionar a validade do acordo, por exemplo, na presença de fraude ou abuso, ou, eventualmente, questionar a extensão dos seus

---

[34] Entre os que entendem que acordos parassociais que versam sobre matéria diversa do previsto no artigo 118 da LSA não vinculam a companhia, POTTER, Nelly. O pacto parassocial como instrumento de planejamento sucessório. *In* TEIXEIRA, Daniele Chaves. *Arquitetura do planejamento sucessório.* 2. ed.. Belo Horizonte: Fórum, 2019, pág. 387. Já entre os que entendem que, observados os limites da licitude, quaisquer temas vinculam também a companhia, desde que ela tenha conhecimento inequívoco dos seus termos, por exemplo, pela assinatura como interveniente, PERES, Fábio Henrique. Os acordos de bloqueio no direito brasileiro. *In* ALVES, Alexandre Ferreira de Assumpção; GAMA, Guilherme Calmon Nogueira da. *Temas de direito civil-empresarial.* Rio de Janeiro: Renovar, 2008, pág. 318.

[35] Pensar diferente é supor, por exemplo, que em um contrato de locação de imóvel de propriedade do autor da herança, o fato de sua morte desobrigaria os herdeiros em relação ao locatário, que as partes não mais teriam que observar as condições assumidas contratualmente, o que é inadmissível.

efeitos, com base nos princípios contratuais incidentes em qualquer relação jurídica, como da boa-fé ou da função social do contrato, mas em qualquer hipótese o sucessor não deve ser considerado um terceiro não vinculado ao pacto.

De todo modo, para evitar conflitos, recomenda-se aos sócios sempre expressamente consignarem no pacto parassocial a vinculação de sucessores, a qualquer título. Como não estão dispondo sobre os direitos sucessórios de seus herdeiros, o que seria inválido segundo o ordenamento pátrio, mas sobre situações patrimoniais disponíveis, a cláusula é perfeitamente válida. Com o registro do pacto na sede da companhia, ainda que fosse possível considerar os herdeiros terceiros, o pacto será a eles também oponível.[36]

No caso da morte de acionista de companhia de capital fechado, pode ocorrer de o herdeiro permanecer ou não no quadro societário, a depender do que estiver previsto no acordo de acionistas (com todas as modalidades de bloqueio admitidas em nosso ordenamento), e, naturalmente, de sua própria vontade, pois ninguém é obrigado a permanecer vinculado a qualquer estrutura jurídica.[37]

A previsão pelos acionistas quanto à admissibilidade dos herdeiros dependerá da preponderância do elemento pessoal para a consecução do empreendimento comum. Apesar de as sociedades anônimas serem costumeiramente vistas como de capital, se a colaboração de cada (ou de certo) acionista tem caráter personalístico, constituindo premissa para sua constituição e existência, o falecimento pode eventualmente importar até mesmo na dissolução parcial ou total da sociedade,[38] com fundamento no artigo 206 da LSA[39] e no artigo 599 do CPC,[40] que preveem a dissolução nas hipóteses em que a companhia não tem possibilidade de atingir seu fim.[41]

---

[36] A medida de prudência pode recomendar que sócios, em situações nas quais se vislumbram conflitos, combinem entre si a obtenção da assinatura dos herdeiros em protocolos familiares, que alinhem as expectativas dos sucessores em relação a futuras relações possíveis, inclusive que digam respeito a eventuais participações societárias dos parentes empreendedores. De maneira ainda mais contundente, o planejamento sucessório pode prever a assinatura de todos os herdeiros nos pactos parassociais, como intervenientes anuentes. Alternativamente, o planejamento pode até mesmo prever o ingresso dos herdeiros para os quadros sociais, ainda que com apenas uma ação e sem direito a voto, mas permitindo sua assinatura em qualquer acordo de acionistas como parte. Em qualquer das hipóteses, o que importa é garantir a ciência e regular a expectativa de todos os interessados. Estes cuidados produzem efeitos preventivos, mas também resguardam a tutela futura de interesses: em decorrência dos deveres anexos da cláusula geral de boa-fé (incidente sobre qualquer negócio jurídico), os herdeiros não poderão futuramente se insurgir contra atos de organização social com os quais anuíram validamente.

[37] CR, art. 5º [...]. XX - ninguém poderá ser compelido a associar-se ou a permanecer associado.

[38] CARVALHOSA, Modesto; KUYVEN, Fernando. Sociedades anônimas. *In* CARVALHOSA, Modesto (coord.). *Tratado de Direito Empresarial*. 2. ed.. São Paulo: Thomson Reuters Brasil, 2018. Pág. 1211.

[39] Art. 206 LSA. Dissolve-se a companhia: [...] II - por decisão judicial: [...] b) quando provado que não pode preencher o seu fim, em ação proposta por acionistas que representem 5% (cinco por cento) ou mais do capital social; [...].

[40] Art. 599 CPC. [...] §2º A ação de dissolução parcial de sociedade pode ter também por objeto a sociedade anônima de capital fechado quando demonstrado, por acionista ou acionistas que representem cinco por cento ou mais do capital social, que não pode preencher o seu fim.

[41] Embora as decisões judiciais existentes pela dissolução se refiram quase sempre a companhias fechadas, é possível cogitar a possibilidade de sua aplicação até mesmo nas companhias abertas, quando tiverem baixa liquidez na negociação de ações, e organização muito dependente de elementos pessoais. Neste sentido: MUNHOZ, Eduardo Secchi. Companhia aberta sob controle familiar: virtudes, problemas e regulação jurídica. *In* COELHO, Fábio Ulhoa; FÉRES, Marcelo Andrade. *Empresa familiar: estudos jurídicos*. São Paulo: Saraiva, 2014. Pág. 327. O autor, sem embargo, observa que a aproximação do regime das sociedades de pessoas não é adequada às sociedades anônimas, que têm perfil institucional. Apesar das ressalvas com relação ao uso adequado dos regimes jurídicos, com as quais se concorda, registre-se, por exemplo, a admissão da dissolução parcial de companhia aberta pelo TJRS, no julgamento da Apelação Cível Nº 70071296446. Com efeito, nem toda companhia formalmente de capital aberto é efetivamente uma sociedade de capital, daí a possibilidade, ainda que excepcional, da dissolução parcial.

Especificamente nas companhias fechadas, ainda que vedado legalmente o impedimento total à negociação das ações, podem os sócios prever, nos próprios atos constitutivos, circunstâncias limitadoras de sua transmissibilidade. Assim, além do instrumento do acordo de acionistas, nas companhias fechadas as regras de bloqueio (como direito de preferência, opção de compra, entre outras) podem ser estabelecidas no próprio estatuto, conforme autorizado no artigo 36 da LSA. O dispositivo permite uma limitação mais ampla que a prevista no acordo de acionistas, comparativamente, na medida em que vinculativa para a companhia e todos os acionistas, ainda que a previsão restritiva só possa ser aplicada aos titulares das ações nominativas sob condições específicas.[42]

As restrições devem ser minuciosas e taxativas, e não podem sujeitar o acionista ao arbítrio dos órgãos de administração da companhia ou da maioria dos acionistas, mas podem ser específicas sobre condições pessoais do acionista (por exemplo, exigir certa qualidade para ser sócio, como profissão ou nacionalidade, ainda que sempre seja cabível algum controle funcional sobre o merecimento de tutela das restrições previstas, conforme sua legalidade). Como nas sociedades a transmissão é a regra, as limitações serão interpretadas sempre restritivamente, mas, se não impedirem a negociação, serão válidas e eficazes, vinculando inclusive sucessores.[43]

4 Instrumentos auxiliares: os protocolos familiares e os memorandos de entendimentos

Seja qual for a forma societária adotada para o empreendimento econômico, há outros documentos que podem ser produzidos em sede de planejamento sucessório a partir da iniciativa dos sócios e que podem ter influência na sucessão das participações em sociedade.

No âmbito da família, há a possibilidade da elaboração de um protocolo familiar, ou pacto de família,[44] firmado por cada sócio e seus respectivos parentes. Já entre os sócios, mas não no âmbito societário *stricto sensu*, há o memorando de entendimentos, celebrado com o fim de alinhar possibilidades (normalmente assinado quando a sociedade se encontra ainda em estágio inicial de pré-constituição, mas já com muitas possibilidades alinhadas).

O protocolo familiar é um documento pelo qual os herdeiros (e eventualmente os herdeiros dos herdeiros, por exemplo, seus cônjuges), embora não disponham sobre os bens do parente que se tornou sócio em alguma iniciativa empresarial, o que seria inclusive inválido, ante a vedação ao pacto sucessório no direito brasileiro,[45] podem, em conjunto com ele, antever situações relacionadas ao falecimento, e estabilizar expectativas, em

---

[42] As restrições alcançarão apenas as ações cujos titulares com ela expressamente concordarem, e mediante pedido de averbação no livro de registro de ações nominativas, o que confere proteção ao acionista contra abusos da maioria.

[43] EIZIRIK, Nelson. *A Lei das S/A Comentada*. v. 1, 2. ed. São Paulo: Quartier Latin, 2015, p. 270.

[44] FÉRES, Marcelo Andrade. Protocolo ou pacto de família: a estabilização das relações e expectativas na empresa familiar. *In* COELHO, Fábio Ulhoa; FÉRES, Marcelo Andrade. *Empresa familiar: estudos jurídicos*. São Paulo: Saraiva, 2014. Págs. 333-349.

[45] Art. 426 CC. Não pode ser objeto de contrato a herança de pessoa viva.

benefício não apenas da família, mas também da sociedade de que participa o autor da herança, bem como seus respectivos sócios. Os protocolos podem ser específicos sobre uma situação patrimonial (certa participação societária, por exemplo, em consonância com o alinhamento prévio dos sócios), ou tratar de vários temas, simultaneamente.

É possível também que os sócios, por meio de um memorando de entendimentos, estabeleçam para si as obrigações de obtenção de assinaturas de protocolos com seus respectivos grupos familiares, pensando conjuntamente em desdobramentos de questões societárias, e possíveis soluções.

A assinatura dos pactos de família, como de qualquer ato que envolve terceiros, vai depender da anuência dos herdeiros, além da conformidade com a legislação em vigor, para ser plenamente eficaz. Sob a perspectiva societária, o alcance possível e a utilidade dos protocolos familiares não são tão fortes quanto os atos constitutivos ou os pactos parassociais, estes vinculativos, mas existem e devem ser considerados em um planejamento que considere diferentes possibilidades de formatação.

A iniciativa do pacto de família por parte do sócio permite a construção de diretrizes por via de carta de intenções, em que se regulam valores e princípios, funções dos herdeiros em relação à empresa e sua possível vinculação ou desvinculação respectiva. Entre outras previsões, pode-se, por exemplo, antecipar a criação de um conselho consultivo, não necessariamente integrado por membros da família, mas que possa apontar, inclusive com base em técnicas de mediação privada, ainda que de maneira não vinculativa, caminhos possíveis em caso de conflito, baseados em critérios preestabelecidos no protocolo familiar.

Em qualquer hipótese, se inevitável o litígio, diante da natureza de carta de intenções do pacto de família, assim como o memorando de entendimentos, pode haver controvérsia sobre se seria possível estabelecer desde logo uma convenção de arbitragem, limitada, naturalmente, a temas de natureza estritamente patrimonial, portanto disponíveis. Nosso entendimento é de que embora não previstos expressamente no ordenamento, tanto o protocolo familiar quanto o memorando de entendimentos sempre terão validade como negócio jurídico, considerando o prestígio à autonomia privada no direito brasileiro, e são úteis para evitar conflitos, minimizá-los, ou ao menos indicar os meios para resolvê-los.

Considerações finais

Assumindo que o falecimento de qualquer empreendedor que tenha se unido a outras pessoas por meio de pacto societário afetará não apenas seus herdeiros, mas seus sócios e parceiros de vida profissional, o planejamento sucessório é atividade que deve ser realizada também sob a perspectiva societária. As dúvidas e soluções possíveis vão depender de algumas variáveis, entre as quais o tipo e tamanho de empreendimento, que repercutem na forma societária, e na estruturação respectiva da atividade econômica.

O planejamento sucessório deve considerar todos os instrumentos cabíveis, e, além da autonomia patrimonial da sociedade e dos sócios, também a vontade dos herdeiros de cada um, que pode ser manifestada antes (preferencialmente) ou depois do falecimento. No primeiro caso, como anuentes nos documentos societários e/ou nos parassociais, ou como partes no protocolo familiar, ou mesmo nos documentos societários (se trazidos à sociedade para expressa aderência aos pactos sociais).

É sempre cabível o questionamento sobre o equilíbrio ótimo na intensidade e no detalhamento do planejamento – ele sempre será conveniente, mas a medida de sua adequação varia caso a caso, em função de muitos fatores, inclusive a disposição das partes para antecipar possíveis discussões societárias ou familiares. Há um custo negocial que não pode ser negligenciado, embora haja, igualmente, um risco enorme no negacionismo da finitude, e na opção pela não previsão antecipada de algumas situações, notadamente as potencialmente conflituosas.

É preciso considerar também que a melhor solução do ponto de vista econômico para a sociedade não necessariamente será para os sócios (ou parte deles), ou para os herdeiros. Por vezes, a melhor solução, inclusive do ponto de vista econômico, pode recomendar a continuidade da empresa (portanto da atividade econômica organizada), mas não da sociedade, tal como originalmente constituída. Há fatores como o nome do falecido, sua história e marca pessoal, que podem levar a conflitos com os familiares e controvérsias na sucessão empresarial, conduzindo a soluções que podem não ser ótimas do ponto de vista da racionalidade econômica da sociedade, mas que cedem perante outros interesses, de natureza existencial.

Independentemente da existência da viabilidade da continuação da empresa, e com quais elementos, há que se considerar que nenhum sócio tem direito absoluto à preservação de sua participação, assim como nenhum herdeiro é obrigado a se manter em sociedade.

Todo contrato é, em alguma medida, incompleto. Não poderia ser diferente com o contrato de sociedade. A medida da incompletude variará conforme as circunstâncias e a vontade dos sócios. Pensar em planejamento sucessório no âmbito societário abre grande espaço para o exercício da autonomia privada, que será instrumentalizada por meio de vários documentos possíveis, não apenas os atos constitutivos e os pactos parassociais. A assistência jurídica deve considerar a coexistência de variados interesses, para garantir o máximo de eficácia à vontade expressa pelo consulente.

Tanto nos protocolos de família quanto em memorandos de entendimentos assinados somente pelos sócios pode haver a indicação para solução futura de certos impasses, mediante o atingimento de certos termos ou condições (eventos ou gatilhos). As partes podem, por exemplo, prever que a solução, ao invés de exclusão de sócio ou dissolução, passará pela cisão total da estrutura societária, com a divisão da sociedade original em partes, e a constituição de duas novas pessoas jurídicas, que assumirão cada qual a consecução do objeto da sociedade cindida. Ou, ainda, cada uma pode assumir uma parcela das atividades previstas no objeto social da sociedade-mãe.

Pode ocorrer, também, a cisão parcial da sociedade original, e apenas uma nova ser criada, a partir da parcela desmembrada do seu patrimônio. Neste caso, os herdeiros do sócio falecido podem permanecer na cindida, e os sócios remanescentes seguirem na nova sociedade, ou o inverso, os sócios permanecerem na sociedade original, e os herdeiros seguirem com a parcela cindida.[46] Outrossim, pode não haver cisão, mas da

---

[46] Sobre possíveis consequências da cisão na responsabilidade das partes resultantes, ver FERNANDES, Micaela Barros Barcelos. Responsabilidade na cisão parcial: interpretação conforme os arts. 233 da Lei 6.404/1976, 1.122

DANIELE CHAVES TEIXEIRA (COORD.)
ARQUITETURA DO PLANEJAMENTO SUCESSÓRIO

estrutura original pode ocorrer tanto a saída dos herdeiros do sócio falecido como do(s) sócio(s) sobrevivente(s), este(s) que se retira(m) da sociedade, e apenas os herdeiros darão continuidade aos negócios. São muitas possibilidades.

Seja qual for a previsão feita no planejamento, deve ser compatível com o tipo societário e a respectiva legislação de regência, em coerência com a natureza das sociedades, para garantir que as vontades expressas pelas partes no momento de construção da sociedade sejam preservadas. O estabelecimento de um plano de negócio social que contemple a sucessão, a qualquer título, inclusive a decorrente de falecimento, deve ser feito de maneira a minimizar o impacto patrimonial e organizacional, seja qual for a saída encontrada.

Referências

BORGES, João Eunápio. Sociedades de pessoas e sociedades de capital. *Revista da Faculdade de Direito da Universidade Federal de Minas Gerais*, 1949. p. 27-76. Disponível em https://www.direito.ufmg.br/revista/index.php/revista/article/view/486/455.

CARVALHOSA, Modesto. *Acordo de acionistas: homenagem a Celso Barbi Filho*. São Paulo: Saraiva, 2011.

CARVALHOSA, Modesto; KUYVEN, Fernando. Sociedades anônimas. *In*: CARVALHOSA, Modesto (Coord.). *Tratado de Direito Empresarial*. 2. ed. São Paulo: Thomson Reuters Brasil, 2018.

COELHO, Fábio Ulhoa; FÉRES, Marcelo Andrade. *Empresa familiar: estudos jurídicos*. São Paulo: Saraiva, 2014.

EIZIRIK, Nelson. *A Lei das S/A Comentada*. v. 1, 2. ed. São Paulo: Quartier Latin, 2015.

FARIA, Marcela Kohlbach de. *Participação de terceiros na arbitragem*. São Paulo: Quartier Latin, 2019.

FÉRES, Marcelo Andrade. Protocolo ou pacto de família: a estabilização das relações e expectativas na empresa familiar. *In*: COELHO, Fábio Ulhoa; FÉRES, Marcelo Andrade. *Empresa familiar: estudos jurídicos*. São Paulo: Saraiva, 2014. p. 333-349.

FERNANDES, Micaela Barros Barcelos. Reflexões sobre a contribuição societária em serviços. *In*: HANSZMANN, Felipe (Org.). *Atualidades em direito societário e mercado de capitais*: volume IV. Rio de Janeiro: Lumen Juris, 2019.

FERNANDES, Micaela Barros Barcelos. Responsabilidade na cisão parcial: interpretação conforme os arts. 233 da Lei 6.404/1976, 1.122 do Código Civil, e as legislações tributária e trabalhista brasileiras. *Revista de Direito Privado*, vol. 67. São Paulo: Revista dos Tribunais. p. 241 – 276, 2016.

FRAZÃO, Ana. A morte do sócio e o problema da sucessão das participações societárias. *Revista de Direito Empresarial*, Curitiba, 2015. p. 103-124.

GONÇALVES NETO, Alfredo de Assis; FRANÇA, Erasmo Valladão Azevedo e Novaes. Empresa individual de responsabilidade limitada e sociedades de pessoas. *In*: CARVALHOSA, Modesto (Coord.). *Tratado de Direito Empresarial*. 2. ed.. São Paulo: Thomson Reuters Brasil, 2018.

MUNHOZ, Eduardo Secchi. Companhia aberta sob controle familiar: virtudes, problemas e regulação jurídica. *In*: COELHO, Fábio Ulhoa; FÉRES, Marcelo Andrade. *Empresa familiar: estudos jurídicos*. São Paulo: Saraiva, 2014. p. 313-332.

NEVARES, Ana Luiza Maia. A importância do contrato na transmissão hereditária. *Migalhas*, 29-04-2020. Disponível em https://www.migalhas.com.br/coluna/migalhas-contratuais/325643/a-importancia-do-contrato-na-transmissao-hereditaria.

---

do Código Civil, e as legislações tributária e trabalhista brasileiras. *Revista de Direito Privado*, vol. 67. São Paulo: Revista dos Tribunais, 2016. p. 241 – 276.

Oksandro; CAMINHA, Anelize Pantaleão Puccini. As quotas preferenciais na sociedade limitada como instrumento para o planejamento sucessório. *In*: TEIXEIRA, Daniele Chaves. *Arquitetura do planejamento sucessório*. 2. ed. Belo Horizonte: Fórum, 2019. p. 561-577.

PERES, Fábio Henrique. Os acordos de bloqueio no direito brasileiro. *In*: ALVES, Alexandre Ferreira de Assumpção; GAMA, Guilherme Calmon Nogueira da. *Temas de direito civil-empresarial*. Rio de Janeiro: Renovar, 2008. p. 309-333.

POTTER, Nelly. O pacto parassocial como instrumento de planejamento sucessório. *In*: TEIXEIRA, Daniele Chaves. *Arquitetura do planejamento sucessório*. 2. ed. Belo Horizonte: Fórum, 2019. p. 383-394.

Informação bibliográfica deste texto, conforme a NBR 6023:2018 da Associação Brasileira de Normas Técnicas (ABNT):

FERNANDES, Micaela Barros Barcelos. Terceiros de boa-fé, sociedade e planejamento sucessório. *In*: TEIXEIRA, Daniele Chaves (Coord.). *Arquitetura do Planejamento Sucessório*. Belo Horizonte: Fórum, 2021. p. 403-423. Tomo II. ISBN 978-65-5518-117-3.

PARTE III

INSTRUMENTOS DE PLANEJAMENTO SUCESSÓRIO

MECANISMOS PARA O PLANEJAMENTO SUCESSÓRIO DE DIREITOS AUTORAIS

ANA FRAZÃO
ANGELO PRATA DE CARVALHO

I Introdução

Se já se verifica um descompasso flagrante entre o direito das sucessões vigente e as demandas das relações jurídicas contemporâneas, a ensejar reflexão aprofundada a respeito de suas bases dogmáticas fundamentais,[1] com maior razão é possível evidenciar seu desalinho com relação à disciplina dos bens imateriais que regem a economia atual. Com efeito, entre os desafios que a crescente importância dos bens imateriais apresenta para o direito,[2] encontra-se o de endereçar os problemas decorrentes da sucessão hereditária.

No caso específico da legislação atinente aos direitos autorais, além de esta não se articular de maneira satisfatória ao regime sucessório – de sorte que a própria sucessão de direitos autorais transita em ambiente de grande incerteza –, também não fornece instrumental dogmático capaz de compreender as variadas nuances da chamada economia criativa.[3]

A incerteza quanto ao regime jurídico aplicável às diversas situações jurídicas surgidas nesse contexto tem o condão de promover inúmeros litígios que dificilmente encontrarão respostas diretas e simples, especialmente após o falecimento do titular desses direitos. Evidentemente, discussões relacionadas à sucessão de direitos autorais são naturalmente complexas pelo simples fato de que tais direitos congregam uma dimensão patrimonial a uma dimensão moral, elemento que agrava o problema.

Diante do cenário descrito, verifica-se a necessidade de o direito integrar a seu arcabouço normativo às diversas técnicas que têm surgido para a gestão dos direitos

---

[1] Ver: TEIXEIRA, Daniele Chaves. *Planejamento sucessório*: pressupostos e limites. Belo Horizonte: Fórum, 2017. p. 24-26.

[2] BOMSEL, Olivier. *L'économie immatérielle*: industries et marches d'expérience. Paris: Gallimard, 2010. p. 15-21.

[3] HOWKINS, John. *The creative economy*: how people make money from ideas. Londres: Penguin, 2002.

autorais, seja por intermédio de novas tecnologias de gestão e controle desses bens,[4] seja por meio de instrumentos que confiram maior grau de transparência e previsibilidade sobre o regime jurídico a ser adotado, como ocorre com o planejamento sucessório.

Não é sem motivo, aliás, que o planejamento sucessório é entendido como "o instrumento jurídico que permite a adoção de uma estratégia voltada para a transferência eficaz e eficiente do patrimônio de uma pessoa após a sua morte".[5] Trata-se de técnica que, à luz das demandas específicas dos direitos e interesses envolvidos, pretende estabelecer regime jurídico-patrimonial que minimamente garanta a segurança e a previsibilidade da sucessão desses bens, medida que se faz ainda mais necessária no caótico e incerto cenário da transmissão hereditária dos direitos autorais, muitas vezes marcado por desavenças entre herdeiros quanto ao destino a ser conferido àqueles direitos, provocando diversas discussões tanto na dimensão patrimonial quanto na dimensão moral desses direitos.

Com essas preocupações no horizonte, o presente trabalho pretende discorrer a respeito da importância do planejamento sucessório e dos mecanismos a serem empregados para conferir maior segurança e previsibilidade à sucessão hereditária de direitos autorais. Para tanto, o primeiro capítulo tratará brevemente do regime jurídico de sucessão hereditária de direitos autorais, procurando mapear os principais gargalos e pontos de incerteza quanto às complexidades relacionadas à natureza dúplice desses direitos. Em seguida, pretende-se tratar dos mais importantes conflitos decorrentes dessas incertezas, de modo a descrever os principais interesses contrapostos que comumente protagonizam disputas relativas ao tema. Por fim, no terceiro capítulo, o presente trabalho pretende esboçar mecanismos de planejamento sucessório capazes de administrar e endereçar esses conflitos.

II Desafios da sucessão hereditária de direitos autorais

A sucessão de direitos autorais apresenta características especialmente complexas em virtude do fato de que esses direitos possuem natureza dúplice, na medida em que, de um lado, apresentam-se como direitos de personalidade[6] (direitos morais de autor), e, de outro, como direito de exploração econômica do bem intangível em questão (direitos patrimoniais). Daí dizer Pontes de Miranda que os direitos autorais são verdadeiros feixes de direitos, podendo a parcela patrimonial ser objeto de livre disposição de seu

---

[4] O'DAIR, Marcus. *Distributed creativity:* how blockchain technology will transform the creative economy. Londres: Palgrave MacMillan, 2019. p. 31-34; BIRCH, Kean; MUNIESA, Fabian. *Assetization*: turning things into assets in technoscientific capitalism. Cambridge: The MIT Press, 2020.

[5] TEIXEIRA, Daniele Chaves. Noções prévias do direito das sucessões: sociedade, funcionalização e planejamento sucessório. *In*: TEIXEIRA, Daniele Chaves. *Arquitetura do planejamento sucessório*. Belo Horizonte: Fórum, 2018. p. 35.

[6] Vale registrar, nesse ponto, que, embora os direitos morais sejam amplamente associados aos direitos de personalidade, há divergência sobre essa caracterização por lhes faltar o elemento de universalidade: "Quer por sua natureza extrapatrimonial, quer por seu caráter inalienável e irrenunciável, não são poucos os juristas que incluem os direitos morais do autor dentro da categoria dos direitos da personalidade. Outros afirmam, contudo, que a inclusão é indevida por não serem os direitos morais do autor inerentes a qualquer pessoa humana, mas tão somente àquela que se qualifique como "autor" de obra intelectual. De qualquer modo, não há dúvida que merecem elevada proteção. E o legislador brasileiro parece estar especialmente atento a isso" (SCHREIBER, Anderson. *Direitos da personalidade*. São Paulo: Atlas, 2013. p. 209).

titular, seja em sua integralidade, seja em um ou mais de seus elementos, como o direito de representação, de edição, entre outros.[7]

Essa esfera abrangente de proteção dos direitos de autor, assim, requer postura cautelosa quanto à aplicação dos elementos caracterizadores dos direitos de propriedade intelectual, não obstante a dimensão patrimonial desses direitos e a garantia de exclusividade sobre a sua fruição.[8] Nesse sentido, ao direito de autor – e aos direitos de propriedade intelectual em geral – estão associadas diversas prerrogativas que são próprias do direito de propriedade,[9] mas a transposição desses elementos requer uma série de adaptações que levem em consideração seu caráter imaterial e o elemento da ubiquidade.[10] Não é sem motivo que, segundo Silmara Chinellato, "[a]ludir ao direito de propriedade do autor sobre a obra, como aquilo que lhe é próprio, que a ele pertence, em confronto com os editores, não importa compromisso com a natureza jurídica de propriedade".[11]

A noção de direitos morais de autor afasta-se da ideia de propriedade para integrar a esfera dos direitos de personalidade, garantindo ao autor a prerrogativa de defender a integridade de sua obra e sua liberdade de criação. Os direitos morais de autor estão descritos no art. 24 da Lei de Direitos Autorais (Lei nº 9.610/1998), a saber: (i) o de reivindicar a autoria da obra (direito de paternidade); (ii) o de ter seu nome ou pseudônimo utilizado como sendo o do autor, na utilização da obra; (iii) o de conservar a obra inédita; (iv) o de assegurar a integridade da obra, podendo opor-se a quaisquer modificações que possam prejudicar a reputação ou honra do autor; (v) o de modificar a obra, antes ou depois de utilizada; (vi) o de retirar a obra de circulação, quando importar em afronta à imagem do autor; e (vii) o de ter acesso a exemplar único e raro da obra quando se encontrar em poder de outrem, com vistas a preservar sua memória.

---

7   PONTES DE MIRANDA, Francisco de Cavalcanti. *Tratado de direito privado*. Rio de Janeiro: Borsoi, 1971, v. XVI, p. 7-10.

8   De acordo com Denis Barbosa, atualmente a aplicação subsidiária do direito de propriedade comum à propriedade intelectual parece inevitável: "A aplicação subsidiária das normas do direito comum em matéria de propriedade parece ser inevitável. Segmento do Direito, fração divisionária do Direito Privado, as normas da propriedade em geral não têm tamanha autonomia e continência a ponto de se tornarem um direito a parte. Discute-se, isso sim, se é aplicável o regime geral dos direitos reais àquelas 'propriedades' específicas, derivadas da aquisição originária, pela criação, do privilégio ou registro [...]. Ora, as 'propriedades' das patentes, direitos autorais e marcas são direitos absolutos, exclusivos, de caráter patrimonial. Onde encontraremos normas relativas a figuras jurídicas similares, senão nas disposições referentes com direitos reais? Na inexistência de normas específicas e na proporção em que as regras aplicáveis a coisas tangíveis o são a atividades humanas, os direitos reais serão paradigma dos direitos de propriedade industrial" (BARBOSA, Denis Borges. *Tratado da propriedade intelectual*. Rio de Janeiro: Renovar, 2010. v. I. p. 197).

9   Nesse sentido, ver: RECHT, Pierre. *Le droit d'auteur, une nouvelle forme de propriété*. Paris: Librairie générale de droit et de jurisprudence, 1969.

10 A respeito da contraposição entre os conceitos jurídicos e econômicos relacionados à exclusividade e rivalidade dos bens imateriais, ver: ARAÚJO, Fernando. *A tragédia dos baldios e dos anti-baldios*: o problema económico do nível óptimo de apropriação. Coimbra: Almedina, 2008.

11 CHINELLATO, Silmara Juny de Abreu. O trabalhador-autor: proteção do criador intelectual pelo Direito de Autor. Visão interdisciplinar. *Revista do advogado*. n. 145, p. 203-209, abr. 2020. p. 205. Prossegue a autora: "Há inúmeras diferenças: conteúdo especial e diferenciado (direitos patrimoniais e morais – estes com natureza de direitos da personalidade); prazo de proteção, limitado para os herdeiros; ubiquidade (ao contrário da exclusividade do direito de propriedade); prescrição; regime de bens; rendimentos dos direitos patrimoniais de autor são considerados como o trabalho do cônjuge e, por isso, devem ser incluídos na regra de exclusão de ganhos, proventos, salários, denominados 'proventos do trabalho de cada cônjuge' [...]" (CHINELLATO, Op. cit., p. 205).

Considerando que se trata de direitos de personalidade, não há que se falar na prescritibilidade dessas prerrogativas, de tal maneira que o autor ou seus sucessores poderiam, a qualquer tempo,[12] insurgir-se contra o uso indevido, alteração ou não atribuição de créditos.[13] Daí estabelecer o §1º do art. 24 da Lei de Direitos Autorais que, com a morte do autor, transmitem-se os direitos: (i) de reivindicar, a qualquer tempo, a autoria da obra; (ii) de ter o nome do autor ou seu pseudônimo indicado ou anunciado na utilização da obra; (iii) de conservar a obra inédita; e (iv) de assegurar a integridade da obra, opondo-se a quaisquer modificações ou à prática de atos que, de qualquer forma, possam prejudicá-la ou atingir o autor em sua reputação ou honra.[14]

No caso dos direitos patrimoniais, que têm natureza disponível e quantificável, pode-se falar em verdadeira transmissão hereditária e mesmo em incidência dos limites e deveres oriundos da legítima, motivo pelo qual inúmeras controvérsias podem surgir nesse ponto.[15] Isso porque a transmissão *causa mortis* dos direitos de autor é tema ainda pouco trabalhado pela doutrina brasileira, muitas vezes exposto de forma difusa e com pouca reflexão sobre os desdobramentos dessa transferência.

De outro lado, no caso dos direitos morais, a associação à transmissão hereditária já é mais controversa, tendo em vista que não há propriamente sucessão, diante do caráter personalíssimo dos direitos de personalidade.[16] Desse modo, não faria sentido sustentar que os direitos de personalidade do autor seriam transmitidos a seus herdeiros, mas, sim, que caberá aos herdeiros a legitimidade para defender a integridade e a autoria da obra, de maneira a resguardar os direitos do autor morto,[17] a teor do parágrafo único do art. 12 e do parágrafo único do art. 20 do Código Civil. Não obstante, já se viu que a Lei de Direitos Autorais menciona, no §1º do art. 24, a transmissão dos direitos morais do autor aos sucessores, de forma que uma interpretação sistemática leva à conclusão de que, também em relação a tais direitos, deve se aplicar, dentro do possível, regime jurídico o mais próximo possível da sucessão.

---

[12] Cabe salientar que, muito embora a imprescritibilidade seja apontada como uma das características dos direitos da personalidade (AZEVEDO Antonio Junqueira. *Novos estudos e pareceres de direito privado*. São Paulo: Saraiva, 2009. p. 485), autores como José de Oliveira Ascensão asseveram que a interpretação desse preceito enquanto perpetuidade pode excessivamente alargar o escopo de proteção dos direitos de autor (ASCENSÃO, José de Oliveira. *Direito de autor e direitos conexos*. Coimbra: Coimbra Editora, 1992). De toda sorte, a Convenção de Berna, da qual o Brasil é signatário, oferece conteúdo mínimo à imprescritibilidade, tendo em vista que determina em seu art. 6 bis que, independentemente dos direitos patrimoniais e mesmo depois da cessão desses direitos, os direitos morais do autor conservam-se pelo menos até a extinção dos direitos patrimoniais. Embora se trate de questão controversa, vale ressaltar que, pelo menos no que diz respeito a alguns direitos morais, como o próprio reconhecimento da autoria e a manutenção da integridade da obra, há boas razões para sustentar a tese da imprescritibilidade.

[13] Nesse sentido: BITTAR, Carlos Alberto. *Direito de autor*. Rio de Janeiro: Forense, 2000. p. 47-50. Ver também: TJRS, Apelação Cível 7001.882.223-9, Rel. Des. Odone Sanguiné, Data de julgamento: 23.05.2007, 9ª Câmara Cível, Data de publicação: 23.05.2007.

[14] A exposição do dispositivo é importante para que se demonstre que, apesar de a lei dizer que os direitos de autor se transmitem, é necessário que se compreenda que, por se tratarem de direitos da personalidade, são eles, por natureza, intransmissíveis. Tanto é assim que, segundo Gustavo Tepedino, os direitos de personalidade se extinguiriam "com a morte do titular, em decorrência de seu caráter personalíssimo, ainda que muitos interesses relacionados à personalidade mantenham-se tutelados mesmo após a morte do titular" (TEPEDINO, Gustavo. *Temas de direito civil*. 3. ed. Rio de Janeiro: Renovar, 2004. p. 34).

[15] PRATA DE CARVALHO, Angelo. Transmissão causa mortis de direitos de Propriedade Intelectual. *Revista de Direito Privado*. v. 75, p. 191-208, mar. 2017.

[16] PRATA DE CARVALHO, Op. cit.

[17] ASCENSÃO, José Oliveira. *Direito civil*: Sucessões. 4. ed. Coimbra: Coimbra Editora, 1989. p. 47.

A transferência da titularidade dos direitos de autor pela sucessão legítima importa, por conseguinte, na transferência dos direitos patrimoniais e das prerrogativas daí advindas, de modo que as medidas tomadas pelos herdeiros para a defesa dos direitos do autor defunto não são necessariamente vinculadas pelos atos do autor quando em vida.[18] Já em relação aos direitos morais, tem-se situação jurídica pelo menos próxima da transferência, de forma que os herdeiros também poderão exercer tais direitos, ainda que em nome do falecido.

No entanto, as discussões a respeito da sucessão de direitos de autor ocorrem nas mais diversas searas, desde o regime jurídico aplicável até a forma de administração desses direitos. Basta ver que, considerando que a atual Lei de Direitos Autorais foi editada em 1998 e que os limites temporais à proteção de direitos patrimoniais cobrem períodos bastante alongados, mesmo questões de direito intertemporal poderão surgir, como se demonstrará na sequência, já que ainda é comum que casos de direitos autorais sejam apreciados à luz de diplomas antigos, e não da Lei nº 9.610/1998.[19]

Para além das discussões relacionadas ao escopo de proteção dos direitos patrimoniais – tendo em vista que o diploma aplicável é que definirá o prazo do direito de exclusividade –, a sucessão de direitos autorais enfrenta diversos desafios especialmente quanto à sua forma de gestão após a morte do autor, considerando o caráter complexo desses direitos. De toda sorte, os próprios direitos autorais oferecem mecanismos para que os seus titulares lidem com essa complexidade, concedendo amplo espaço de particionamento das prerrogativas que lhe são próprias.

Contudo, a falta de planejamento que anteceda as desavenças a respeito da repartição da herança pode conduzir a regimes pouco práticos e que dificilmente serão capazes de atender aos interessados, como é o caso de condomínio sobre o monte hereditário. É o que se verifica, por exemplo, na conhecida discussão judicial a respeito da obra da poetisa Cecília Meireles, falecida em 1964, cujos direitos autorais foram herdados por suas três filhas, sendo que uma delas teria cedido os direitos patrimoniais que herdou para seu sobrinho. Dessa maneira, o sobrinho em questão, titular da maior parcela do condomínio instituído sobre os direitos autorais da poetisa, tem tomado decisões sistematicamente impugnadas pela única filha sobrevivente de Cecília Meireles

---

[18] PRATA DE CARVALHO, Op. cit. Vale notar que o fato de o autor não ter se insurgido em vida contra a utilização – ainda que comercial – de suas obras não retira de seus sucessores a possibilidade de fazê-lo após a sucessão, pois o conjunto de prerrogativas que a lei reconhece a todo criador intelectual sobre suas produções passa aos seus sucessores, que se tornarão legitimados a defendê-las em juízo. Por essa razão, a título de exemplo, os herdeiros do pintor modernista Di Cavalcanti puderam insurgir-se contra a veiculação de obras do artista nas capas dos livros de Jorge Amado, o que jamais foi contestado pelo próprio pintor em vida. Ver: TJRJ, Apelação cível 0025519-91.2008.8.19.0001, Rel. Des. José Roberto Portugal Compasso, Data de Julgamento: 02.04.2013, 9ª Câmara Cível, Data de Publicação: 12.04.2013.

[19] "Diferentemente do diploma anterior (Lei nº 5.988/73), a atual Lei de Direitos Autorais não limita a ordem de sucessão, razão pela qual são diretamente aplicáveis as regras do Código Civil. Contudo, a longevidade dos direitos de autor enseja questões de direito intertemporal, à medida que a lei anterior estabelecia prazos muito mais alongados e que a sucessão regula-se pela lei vigente à época de sua abertura (art. 1.787 do Código Civil). Segundo o diploma de 1973, os filhos, os pais ou o cônjuge do autor gozarão de forma vitalícia dos direitos de autor que lhes forem transmitidos mortis causa (art. 42, §1º), ao passo que os demais sucessores gozavam de prazo de 60 anos para fruir dos direitos herdados (art. 42, §2º). Observe-se que a lei de 1973, em seu art. 47, considerava sucessores apenas os seus herdeiros até o segundo grau, na linha reta ou colateral, bem como o cônjuge, legatários ou cessionários. Na lei de 1998, ora vigente, aplica-se a ordem de vocação hereditária conforme exposta no Código Civil de 2002" (PRATA DE CARVALHO, Op. cit.).

(impugnando-se inclusive a aludida cessão de direitos), resultando em expedientes que por vários anos embargaram a publicação de obras da autora.[20]

Vale notar, nesse ponto, que os herdeiros não são obrigados a manter os direitos autorais recebidos em sua indivisibilidade, sendo perfeitamente possível a realização de partilha de tais ativos. Pode-se tanto partilhar direitos de obras diversas entre os herdeiros, em havendo pluralidade de obras na sucessão, quanto partilhar direitos específicos que emergirem do *feixe* de direitos autorais.[21] Por exemplo, é possível que se atribua a um herdeiro o direito de reprodução da obra e a outro o direito de traduzi-la ou, em outro exemplo, pode-se atribuir a um herdeiro o direito de reprodução da obra nos países americanos, enquanto a outro herdeiro caberá reproduzi-la nos países europeus.[22]

Não obstante essa possibilidade, nem sempre tal alternativa se mostra viável, até mesmo diante do valor agregado da obra conjunta do autor falecido. Essa pode ser a razão pela qual a sucessão de direitos autorais no Brasil ainda é marcada por homéricas batalhas judiciais pelo poder absoluto a respeito das obras de artistas falecidos, provocando infindáveis desavenças financeiras entre herdeiros que, ao fim e ao cabo, tanto impedem a adequada fruição dos direitos autorais quanto a própria disponibilidade de obras de interesse geral ao público.[23] Observe-se, por conseguinte, que, se o regramento atualmente existente não é capaz sequer de tutelar adequadamente a sucessão de obras tradicionais, cuja circulação e reprodução *post mortem* do autor podem ficar inviabilizadas por desavenças entre herdeiros, com maior razão não será capaz de tutelar as obras existentes no contexto contemporâneo, que alargou o espectro de autoria, até mesmo diante das tecnologias da informação que permitem a criação de novos suportes aptos a gerar novas manifestações dos direitos de autor.

III Conflitos atinentes ao regime sucessório dos direitos autorais

A instituição de direitos de propriedade intelectual envolve um cuidadoso juízo de análise de custos e benefícios desde a sua origem (e tem sofrido inúmeras críticas nos últimos anos). Isso porque, ao mesmo tempo em que podem ser considerados importantes mecanismos de fomento à inovação, por outro lado podem prejudicar a inovação no longo prazo se forem excessivamente amplos, fortes e vagos, na medida em que limitarão a concorrência ao dificultar a exploração de sinergias entre determinados bens intangíveis.[24] Daí a necessidade de as instituições jurídicas relacionadas à proteção de bens intangíveis como os direitos autorais transcenderem a mera instituição de direitos formais à propriedade intelectual para também preverem regimes capazes de

---

[20] Ver: TJRJ, AI 0050262-27.2015.8.19.0000, Rel. Des. José Carlos Paes, Data de Julgamento: 21.10.2015, 10ª Câmara Cível, Data de Publicação: 23.10.2015.

[21] POUILLET, Eugène. *Traité théorique et pratique de la propriété littéraire et artistique et du droit de représentation.* 3.ed. Paris: Imprimerie et libraisi générale de jurisprudence, 1908. p. 281.

[22] PRATA DE CARVALHO, Op. cit.

[23] Ver: GUILHERMINO, Everilda Brandão. *A tutela das multititularidades*: repensando os limites do direito de propriedade. Rio de Janeiro: Lumen Juris, 2018.

[24] HASKEL, Jonathan; WESTLAKE, Stian. *Capitalism without capital:* the rise of the intangible economy. Princeton: Princeton University Press, 2018. p. 144-157.

regular a transferência desses direitos[25] de forma compatível com os interesses públicos a ele relacionados.

Considerando a relevância de normas e *standards* voltados a interligar a infraestrutura de produção intelectual com a infraestrutura jurídica de fomento e proteção a esses ativos,[26] entende-se que o planejamento sucessório deve, no intuito de evitar conflitos que impeçam a própria fruição dos proventos oriundos desses bens, articular estratégias que adequadamente endereçem as diversas demandas e interesses associados aos direitos autorais e à sucessão propriamente dita.

Tais conflitos surgem, inicialmente, do fato de que o direito brasileiro ainda conserva em seu direito positivo uma sistemática de direito das sucessões marcada pela rigidez de institutos como a legítima, elemento que deve sempre figurar no centro das discussões sobre planejamento sucessório. O instituto da legítima, cabe notar, encontra fundamento na "conciliação entre o princípio da liberdade do proprietário dos bens e o direito dos parentes familiares próximos a sucessão", originalmente justificando-se em virtude da necessidade de evitar que a família ficasse desamparada após a morte do *de cujus*.[27]

No entanto, para além das diversas críticas contemporâneas ao instituto da legítima,[28] posicionada entre os principais símbolos da rigidez dogmática verificável no direito das sucessões,[29] a sistemática de direitos autorais e a transmissão da propriedade intelectual em condomínio aos herdeiros (na falta de instrumentos que modulem a sucessão em outro sentido) pode ensejar uma ampla gama de conflitos entre estes (seja quanto à distribuição dos direitos patrimoniais, seja quanto ao próprio uso da obra) que pode ser capaz de obstaculizar a própria difusão das obras que compõem o acervo do autor falecido. Nesse sentido, podem-se mencionar diversos casos concretos em que desavenças dessa espécie, aliadas à própria incerteza quanto ao regime de proteção à propriedade intelectual aplicável, geraram considerável celeuma.

É conhecida a disputa relativa aos direitos autorais do artista Victor Brecheret, encerrada pelo STJ em 2018.[30] No caso em questão, Victor Brecheret Filho acusou e apontou a responsabilidade de sua irmã pelo "mau uso dos direitos autorais de seu pai", sustentando que ela teria reproduzido obras sem padrão artístico algum e sem o seu aval, "além de impedir a divulgação do trabalho do consagrado artista em exposições". No caso concreto, o voto do Ministro Relator Ricardo Villas-Bôas Cueva destacou a "manifesta desproporção entre a magnitude da obra do criador intelectual, preocupado com o acesso a suas obras pelo público e o próprio destino das artes no Brasil [...] e de outro lado, a pequenez de uma disputa por auferimento financeiro

---

[25] HASKEL; WESTLAKE, Op. cit., p. 144-157.

[26] HASKEL; WESTLAKE, Op. cit., p. 144-157.

[27] NEVARES, Ana Luiza Maia. *A tutela sucessória do cônjuge e do companheiro na legalidade constitucional*. Rio de Janeiro: Renovar, 2004. p. 43-44. Ver também: FACHIN, Luiz Edson. *Estatuto jurídico do patrimônio mínimo*. Rio de Janeiro: Renovar, 2001.

[28] Ver, nesse sentido: RAMOS, André Luiz Arnt; CATALAN, Marcos Jorge. O eterno retorno: a que(m) serve o modelo brasileiro de direito sucessório? *Civilistica.com*. v. 8, n. 2, 2019.

[29] TEPEDINO, Gustavo. Prefácio. *In*: NEVARES, Ana Luiza Maia. *A função promocional do testamento*: tendências do direito sucessório. Rio de Janeiro: Renovar, 2009. p. 1.

[30] STJ, Resp 1.740.265, Rel. Min. Ricardo Villas-Bôas Cueva, Data de Julgamento: 14.08.2018, 3ª Turma, Data de Publicação: 24.08.2018.

entre irmãos resultante de uma partilha pendente", pois sequer teriam promovido o inventário dos direitos autorais. Nesse sentido, asseverou o acórdão que, no desacordo entre os herdeiros, deve-se buscar a partilha dos bens mediante avaliação oficial e, no caso dos direitos autorais, inclusive os frutos percebidos pelos herdeiros, seria o caso de colação e demonstração de eventuais prejuízos ou lucros:

> Não se olvida que os familiares deveriam ser os maiores interessados na preservação da imagem do artista e que se já tivessem promovido o inventário dos direitos autorais, bem como das esculturas deixadas por Brecheret, a controvérsia já estaria resolvida. Como atestado pelo Tribunal local, o imbróglio interessa a ambas as partes já que vêm criando embaraços e empecilhos recíprocos de modo a interferir e questionar a regularidade de toda conduta alheia, o que, ao final, acaba por prejudicar o acervo artístico do genitor (e-STJ fl. 1.738). No lugar de se preocupar com as filigranas patrimoniais e pessoais os herdeiros deveriam tratar de cuidar da obra do artista no lugar de macular o nome, a obra e a imagem do seu criador que são riquezas oriundas do intelecto e do espírito, portanto, personalíssimas. Não se desconhece que as obras do renomado artista já foram objeto de repudiáveis atos de vandalismo, tais como pichações e violações de toda ordem.[31]

Por fim, destacou o relator que "[o] fomento cultural no Brasil é mais do que imprescindível, não sendo razoável se conferir, indefinidamente, o privilégio de herdeiros viverem em função da exploração patrimonial de obra artística de familiar", de sorte que "[o] equilíbrio entre interesses públicos e privados no direito autoral desafia a indispensável ponderação dos valores em jogo".[32] Significa dizer que, para além dos meros interesses particulares envolvidos em disputas dessa espécie, há que se considerar os diversos interesses incidentes sobre a questão dos direitos autorais, notadamente o interesse geral, o que é especialmente importante quando se trata de bens culturais.

Outra questão polêmica foi apreciada pelo Tribunal de Justiça do Rio de Janeiro[33] ao tratar da sucessão dos direitos autorais de Heitor Villa-Lobos. Os direitos de Villa-Lobos foram transmitidos *mortis causa* à sua viúva, Lucilia Guimarães Villa-Lobos, que por sua vez legou os direitos a seus irmãos. Os herdeiros de um dos irmãos, então, sustentaram que os direitos autorais deveriam ser a eles transmitidos em virtude da morte do legatário. Entendeu o TJRJ que "O direito autoral possui cadeia sucessória restrita e própria. Nela, não se incluem pessoas estranhas à relação legal. Com isso se assegura a propagação da arte e do belo, para enlevo da humanidade, sem embaraços". Dessa forma, apenas os herdeiros do autor poderiam herdar direitos patrimoniais de autor, o que não poderia ser transmitido a herdeiros (ou, no caso, legatários) dos herdeiros. Isso porque, segundo o TJRJ, "lei assegura a sucessão, apenas, aos herdeiros do autor", de maneira que, tendo em vista a regra de interpretação restrita de negócios envolvendo direitos autorais, herdeiros do legatário, que não fariam parte da cadeia sucessória do

---

[31] STJ, Resp 1.740.265, Rel. Min. Ricardo Villas-Bôas Cueva, Data de Julgamento: 14.08.2018, 3ª Turma, Data de Publicação: 24.08.2018.

[32] STJ, Resp 1.740.265, Rel. Min. Ricardo Villas-Bôas Cueva, Data de Julgamento: 14.08.2018, 3ª Turma, Data de Publicação: 24.08.2018.

[33] TJRJ, AI 0011414-69.1995.8.19.0000, Rel. Des. Newton Paulo Azeredo da Silveira, Data de Julgamento: 19.12.1995, 8ª Câmara Cível, Data de Publicação: DJ 08.03.1996.

autor, não fariam jus à herança de direitos autorais, ainda que seu prazo de vigência não tivesse se encerrado.

Observe-se, porém, que tal entendimento se deu sob a égide da Lei nº 5.988/1973, que estabelecia cadeia sucessória particular ao dispor em seu art. 47 que "consideram-se sucessores do autor seus herdeiros até o segundo grau, na linha reta ou colateral, bem como o cônjuge, os legatários e cessionários". A legislação atual, no entanto, trouxe redação mais clara em seu art. 41, segundo o qual "Os direitos patrimoniais do autor perduram por setenta anos contados de 1º de janeiro do ano subseqüente ao de seu falecimento, obedecida a ordem sucessória da lei civil".

Apesar de se tratar de discussão travada sob a égide da legislação anterior, cabe ressaltar a constante tensão entre domínio privado e domínio público sobre direitos autorais, já que eventual abuso dos titulares dos direitos (notadamente ao evitarem o acesso do público em geral às obras protegidas) constituiria verdadeira violação ao interesse público relacionado ao acesso à obra. Nesse sentido, o planejamento sucessório é instrumento relevante inclusive para a gestão desse tipo de tensão, ao prevenir conflitos tanto entre herdeiros quanto entre interesses privados e interesse público, de sorte que suas ferramentas – a serem detalhadas no capítulo seguinte – podem servir tanto para a sucessão adequada quanto para a própria proteção dos direitos autorais.

IV Possíveis soluções de planejamento sucessório às incertezas e riscos relacionados à sucessão de direitos autorais

Como já se adiantou anteriormente, o planejamento sucessório apresenta-se como conjunto de estratégias destinado a garantir a transferência eficaz do patrimônio do titular após a sua morte. Por esse motivo, o planejamento sucessório é construído a partir de diversas ferramentas entrecruzadas e voltadas a promover uma proteção mais eficiente tanto dos interesses dos herdeiros quanto da vontade do autor falecido no que se refere à perpetuação de sua obra.

Ademais, como se asseverou na seção anterior, apresentam-se relevantes conflitos, de um lado, com a imperatividade da limitação da legítima e, de outro, com o interesse público que possa existir quanto à publicidade (e talvez até à gratuidade) das obras de determinado(a) autor(a). Em outras palavras, "[o] grau de complexidade de um planejamento sucessório pode ser maior ou menor, conforme as variáveis do caso concreto", sendo necessário analisar determinados requisitos sem os quais se pode inclusive comprometer o planejamento, como aqueles que se referem: (i) à qualificação da pessoa; (ii) ao levantamento do patrimônio; (iii) aos objetivos a serem alcançados; (iv) à veracidade das informações.[34]

Vale salientar que, para Giselda Hironaka e Flávio Tartuce, o planejamento sucessório é governado por duas regras de ouro, quais sejam (i) a proteção da quota dos herdeiros necessários ou reservatários, isto é, a legítima prevista pelo art. 1.846 do Código Civil; e (ii) a vedação aos pactos sucessórios ou *pacta corvina*, nos termos do art. 426 do Código Civil. Não obstante, no que se refere aos direitos de autor, pode-se

---

[34] TEIXEIRA, Op. cit., 2017, p. 157.

cogitar de um terceiro preceito a ser levado em consideração, que diz respeito à garantia de acesso do público em geral, tendo em vista o interesse público na disponibilização de bens culturais.[35]

Em se tratando de direitos patrimoniais, evidentemente que as estratégias já conhecidas para a implementação de planejamento sucessório aplicar-se-ão, *mutatis mutandis*, aos direitos de autor, porém é preciso também salientar que determinadas estratégias (como as que serão expostas a seguir) podem ter especial relevância sobretudo para evitar desavenças deletérias entre herdeiros e para respeitar a vontade do falecido.

Por fim, tendo no horizonte a já mencionada preocupação relacionada à tecnologia e à disponibilização de obras intelectuais em meios digitais, pretende-se tratar de determinados mecanismos destinados a tutelar a faceta digital da sucessão de direitos autorais, sem a pretensão, evidentemente, de esgotar as possibilidades de planejamento sucessório que potencialmente extrapolem os instrumentos aqui comentados.[36]

IV.1 Testamentos

Expostos os contornos da sucessão legítima dos direitos autorais, é possível delinear as modulações pelas quais a autonomia privada pode ser utilizada para disciplinar a sucessão de direitos autorais. Embora seja o direito de autor matéria regulada por lei específica e que dispõe de algumas regras próprias para a sucessão, tal especificidade não tem o condão de tolher a vontade do autor no que diz respeito às suas obras, mas sim de possibilitar exploração e circulação econômica de seus direitos patrimoniais. O direito patrimonial de autor, como já se comentou, pode ser dividido em diversos elementos, como direitos de reprodução em mídias diversas, de edição, de atualização, entre outros direitos que, como aponta Pontes de Miranda,[37] estão desatrelados dos suportes físicos que os representam.

Importa discorrer, dessa forma, sobre em que medida são válidas as cláusulas testamentárias por meio das quais o autor reparte os elementos de seus direitos autorais e, ainda, em que medida poderão essas cláusulas apartar o direito moral do direito patrimonial. Trata-se de discussão essencial para o tema do planejamento sucessório e, no caso específico do direito de autor, para o cumprimento da última vontade do titular dos direitos autorais no que concerne à manutenção e à defesa de sua obra, tendo em vista as inúmeras dificuldades advindas de potenciais conflitos entre herdeiros.[38]

O testamento, segundo Nevares,[39] é negócio que serve à realização da dignidade da pessoa humana, na medida em que serve para que o particular estabeleça tanto a destinação de seu patrimônio quanto a realização de atos concernentes a seus direitos de personalidade. Trata-se de verdadeira *função promocional do testamento*, que se apresenta

---

[35] Ver: LESSIG, Lawrence. *Free culture*: how big media uses technology and the law to lock down culture and control creativity. Nova York: The Penguin Press, 2004.

[36] Nesse sentido, ver: TEIXEIRA, Daniele Chaves. *Arquitetura do planejamento sucessório*. Belo Horizonte: Fórum, 2018. p. 279-482.

[37] PONTES DE MIRANDA, Op. cit., v. XVI, p. 66.

[38] PRATA DE CARVALHO, Op. cit.

[39] NEVARES, Ana Luiza Maia. *A função promocional do testamento*. Rio de Janeiro: Renovar, 2009. p. 312.

no âmbito dos direitos autorais sobretudo nas determinações relativas ao exercício do direito de paternidade, da integridade e da divulgação das obras.

Por essa razão, a ideia de planejamento sucessório adquire caráter especial, pois se refere não apenas à divisão do patrimônio intelectual conforme a vontade do autor morto, mas também à realização de sua vontade final. Por essa razão, Desbois[40] sustenta que a publicação contrária à vontade do autor seria ilícita e não concederá justa causa ao privilégio de exploração econômica da obra. Pelos mesmos motivos e considerando que não há propriamente sucessão dos direitos morais do autor, a vontade deste último, ainda mais quando se traduz em claras disposições testamentárias, deve prevalecer como regra.

Verdade seja dita que tal função promocional do testamento, apesar de ter por fundamento a necessidade de respeito à vontade do autor, comumente entra em conflito com a noção de interesse geral ou interesse público no acesso à obra de determinado(a) autor(a). É claro que pretenso interesse público não poderá servir de fundamento para suplantar direitos patrimoniais, porém se questiona em que medida atos extrapatrimoniais de última vontade podem ser desrespeitados em nome de interesse maior do que o particular do autor. Caso clássico é o de Franz Kafka, que deixou para seu amigo Max Brod tanto seus trabalhos publicados como não publicados, fornecendo instruções expressas de que as obras deveriam ser destruídas no advento de sua morte. Brod desrespeitou o desejo de Kafka e, por isso, a humanidade pôde ter acesso a obras como *O processo, O castelo* e *Amerika*.[41]

No caso de Kafka, não haveria quem reclamasse pelo respeito a seu desejo final, porém, seria possível sustentar que herdeiros legítimos em casos semelhantes se insurgissem contra ato do herdeiro testamentário que atentasse contra a vontade do testador.[42] É certo que os herdeiros ou legatários de direitos de propriedade intelectual detêm o direito de publicar obra inédita, mas a vontade do autor pode obstá-lo ou garantir tal faculdade a terceiro.

Contudo, não se pode esquecer que direitos autorais produzem reflexos pecuniários e que, portanto, são de interesse dos herdeiros necessários e até mesmo dos credores do autor defunto.[43] Logo, a menos que os herdeiros possam demonstrar que a publicação da obra inédita contra a vontade do autor prejudicaria o bom nome deste, os credores poderiam, segundo Stolfi,[44] pleitear judicialmente a publicação da obra para posterior incremento do monte hereditário. Sendo demasiadamente gravosa, tal medida poderia ser substituída – na discordância dos herdeiros – pela compensação dos credores pelos lucros não percebidos.

Situação distinta é aquela em que o morto não deixou nenhuma manifestação de vontade que proíba a publicação da obra. Nessa hipótese, não pode o ordenamento,

---

[40] DESBOIS, Henri. *Le droit d'auteur*. Paris: Dalloz, 1950. p. 516.

[41] O caso de Kafka e suas posteriores repercussões, inclusive disputas referentes à questão do patrimônio cultural, foram tratados por Judith Butler (Who owns Kafka? *London Review of Books*. v. 33, n. 5, p. 3-8, mar. 2011). A respeito do tema, ver também: MERRYMAN, John Henry. Two ways of thinking about cultural property. *The American journal of international law*. v. 80, n. 4, p. 831-853, out. 1986.

[42] PRATA DE CARVALHO, Op. cit.

[43] PRATA DE CARVALHO, Op. cit.

[44] STOLFI, Nicola. *Il diritto di autore*. 3. ed. Milão: Libraria, 1932. p. 612-613.

por óbvio, aceitar que herdeiros, sem qualquer motivo, recusem-se a publicar obra cuja edição não foi oposta pelo morto, prejudicando em grande medida o direito de credores. Tal ponto de vista encontra guarida no direito brasileiro, pois poderia ser visto como abuso de direito por parte dos herdeiros em prejuízo dos credores, os quais, diante do art. 1.813 do Código Civil, poderiam até mesmo aceitar a herança em nome de herdeiros que renunciassem a seus direitos sucessórios.

Em outras palavras, a utilização de testamentos para delimitar os direitos e as prerrogativas de cada um dos herdeiros, preferencialmente determinando os encaminhamentos dos direitos morais e partilhando os poderes decorrentes dos direitos patrimoniais de autor, tende a mitigar em grande medida os riscos de conflitos entre herdeiros.

Não obstante, no que se refere a direitos autorais, tal precaução pode não ser suficiente, já que os conflitos podem surgir com terceiros (como é o caso dos credores) e mesmo com a ordem pública, tendo em vista o potencial interesse público de acesso às obras de determinado(a) autor(a). É preciso, por conseguinte, incluir entre as técnicas de planejamento sucessório utilizadas um cuidado especial com a integridade e o próprio acesso ao conjunto de obras em questão, justificando, sempre que possível, as situações que poderiam conflitar com o interesse público, tal como ocorre quando o autor pretende vedar a publicação ou o acesso público a determinadas obras. Além disso, é relevante manter-se no horizonte também outras técnicas de planejamento sucessório que possam ser aliadas à sucessão testamentária.

Partindo-se da noção de que direitos autorais são, na verdade, um feixe de direitos, é natural concluir que sua transferência poderá ser total – quando o direito se transmite juntamente de todas as faculdades a si atinentes – ou parcial – quando ocorre algum tipo de cisão do direito de reprodução da obra.[45] Assim, como já se comentou, é possível que uma mesma obra possa ser transmitida a diversos herdeiros, que exercerão sua propriedade no limite do que for estabelecido em testamento.

Segundo Pontes de Miranda,[46] a cisão do direito de reprodução pode ser: (i) temporal; (ii) espacial; ou (iii) de conteúdo, podendo esta ser diferida também no tempo e no espaço e, ainda, ser qualitativa ou quantitativa. Com isso, pode um autor definir que o direito de exploração vigerá por determinado período de tempo, constituindo propriedade resolúvel a termo (cisão temporal); que um herdeiro somente poderá explorar os direitos autorais no Brasil, enquanto outro pode fazê-lo no resto do mundo (cisão espacial); que uma pessoa receberá o direito de reproduzir a obra em representação teatral, ao passo que outra poderá reproduzir a obra em peça cinematográfica (cisão de conteúdo qualitativa). É claro que, não havendo disposição expressa sobre a cisão ou diferenciação entre elementos do direito patrimonial de autor – direito de tradução, direito de reprodução, direito de edição, entre outros – presume-se que a vontade do autor era a da transmissão total.[47]

Todavia, há de se verificar em que medida tais soluções são viáveis e não ensejarão ainda mais conflitos entre os herdeiros, até porque uma das grandes dificuldades dos

---

[45] PONTES DE MIRANDA, Op. cit., v. XVI, p. 76.

[46] PONTES DE MIRANDA, Op. cit., v. XVI, p. 76-78.

[47] NONATO, Orosimbo. *Estudos sôbre sucessão testamentária*. Rio de Janeiro: Forense, 1957. p. 119.

direitos autorais é a sua avaliação econômica. Portanto, podem surgir muitas controvérsias sobre o valor econômico de cada direito e as repercussões disso sobre as quotas-partes da legítima. Por essa razão, uma prévia avaliação econômica dos direitos autorais, de acordo com critérios consistentes e razoáveis, pode ser indispensável para assegurar um bom planejamento sucessório.

Diferentemente do que ocorre em outras jurisdições, como é o caso da portuguesa, o direito brasileiro atual não impõe limitação de grau de parentesco para a sucessão de direitos autorais (como ocorria sob a égide da Lei nº 5.988/1973).[48] Contudo, já se viu que o ordenamento pátrio impõe importante limitação à livre disposição patrimonial dos indivíduos: a legítima, prevista pelo art. 1.846 do Código Civil de 2002, segundo a qual pertence aos herdeiros necessários, de pleno direito, a metade dos bens da herança.[49] Além disso, na forma do art. 2.002, não se pode esquecer que os descendentes que concorrem à sucessão de ascendente comum são obrigados a igualar as legítimas, de maneira a conferir o valor de doações que possam ter recebido em vida.[50]

Com isso, a disposição dos direitos concernentes a obras protegidas pelo direito de autor deverá também levar em conta a legítima. Se determinado autor tem como seus únicos bens os seus direitos autorais, evidentemente que não se pode, por ato de sua vontade, burlar a regra legal.[51] Tendo em vista que a vontade do testador poderá modular os direitos a serem transmitidos, é necessário que tais atos somente prevaleçam se ocorridos no âmbito da parte disponível do patrimônio do morto. Atos de disposição, aqui, não serão apenas aqueles que destinam os bens a outrem, mas também aqueles que limitam os direitos a serem recebidos a título de herança ou legado.[52]

Exemplo mais complexo diz respeito à passagem de obras ao domínio público. Ora, se é possível que, em vida, o autor transmita suas obras ao domínio público (independentemente da observância da parte disponível da herança, tendo em vista que não se está a falar em sucessão), é claro que na morte o mesmo pode ser feito pela via do testamento. O que se questiona é se, pela mesma *ratio* do art. 549, do Código Civil, tais disposições não devam respeitar a legítima mesmo em vida e, com maior razão, após a morte.

A elaboração de testamentos, dessa maneira, apresenta-se como um dos métodos mais relevantes para disciplinar a sucessão de direitos autorais, já que permite não somente particionar os direitos autorais da maneira que mais bem atenda à vontade do autor, mas também autoriza o encaminhamento do método por meio do qual a sua obra deverá ser gerida após sua morte. Trata-se, por conseguinte, de ferramenta capaz de mitigar eventuais conflitos entre herdeiros tanto no tocante à repartição de *royalties* quanto, principalmente, à conservação e reprodução da obra do autor falecido, sendo

---

[48] ASCENSÃO, José de Oliveira. *Direito autoral*. Rio de Janeiro: Forense, 1980. p. 133. Cabe salientar que, no mencionado caso de sucessão dos direitos autorais de Villa Lobos (TJRJ, AI 0011414-69.1995.8.19.0000, Rel. Des. Newton Paulo Azeredo da Silveira, Data de Julgamento: 19.12.1995, 8ª Câmara Cível, Data de Publicação: DJ 08.03.1996), a discussão se deu sob a égide da Lei nº 5.988/1973 e, ainda, não se estava a falar propriamente em limitação de grau de parentesco, e sim na limitação à sucessão após a morte dos herdeiros do autor.

[49] PRATA DE CARVALHO, Op. cit.

[50] PRATA DE CARVALHO, Op. cit.

[51] PRATA DE CARVALHO, Op. cit.

[52] PRATA DE CARVALHO, Op. cit.

relevante inclusive para evitar discussões que impeçam o próprio acesso do público à obra em questão.

IV.2 Criação de sociedades para a gestão dos direitos autorais

Conforme se mencionou anteriormente, os mecanismos de planejamento sucessório de direitos autorais, no intuito de mais bem proteger os direitos patrimoniais envolvidos, o interesse do autor e sua obra, podem ser implementados de maneira conjunta, com vistas a compatibilizar os diversos interesses envolvidos. Isso porque, no planejamento sucessório em geral, "as opções dos instrumentos devem sempre ser realizadas na análise de adequar os melhores meios para o patrimônio, desde ferramentas mais simples e ágeis até as de maior complexidade".[53]

A constituição de pessoas jurídicas para o planejamento sucessório é técnica amplamente conhecida e divulgada,[54] de maneira que não é objeto do presente artigo tratar especificamente do *modus operandi* desses mecanismos. No entanto, cabe assinalar que a gestão de direitos autorais pode ser operacionalizada por intermédio de pessoas jurídicas que, a depender de sua natureza, servirão a finalidades distintas. Observe-se, nesse sentido, que os mecanismos societários de planejamento sucessório – normalmente associados à figura da *holding* patrimonial –, de finalidade necessariamente lucrativa, podem desempenhar papel central na gestão de direitos autorais *post mortem*, pois tanto podem ter a aptidão de decidir a respeito do destino da obra a partir de um ponto de vista técnico que transcenda desavenças entre herdeiros, como podem garantir o pagamento das parcelas devidas aos herdeiros em virtude da legítima.

Uma grande vantagem da alternativa é possibilitar a gestão conjunta de todo o acervo do falecido pela pessoa jurídica, garantindo aos herdeiros que recebam as remunerações correspondentes à sua participação na herança. Para isso, basta que se organize a sociedade de forma que as participações societárias reflitam a quota de cada herdeiro e os lucros decorrentes da exploração econômica das obras sejam distribuídos de forma proporcional às quotas.

Na hipótese específica dos direitos autorais, além das sociedades empresárias, ganha espaço a figura da sociedade simples, tendo em vista a natureza dos direitos envolvidos e a possibilidade de, ainda assim, manter-se a finalidade lucrativa e a observância dos limites da legítima.

Outra grande vantagem das pessoas jurídicas encarregadas de gerir os direitos autorais após a morte do autor é a de conterem soluções organizacionais para mitigar eventuais conflitos envolvendo herdeiros, sendo possível inclusive atribuir-lhes (em vida ou via testamento) a prerrogativa de zelar pela integridade e preservação da obra em questão sem prejuízo do pagamento das parcelas correspondentes aos direitos patrimoniais cabíveis aos herdeiros.

---

[53] TEIXEIRA, Op. cit., 2017, p. 155.

[54] Ver: TEIXEIRA, Op. cit., 2017, p. 150-155; CARVALHO, Mário Tavernard Martins. Planejamento sucessório no âmbito da empresa familiar. In: COELHO, Fábio Ulhoa; FÉRES, Marcelo Andrade. *Empresa familiar*: estudos jurídicos. São Paulo: Saraiva, 2014; MADALENO Rolf. Planejamento sucessório. *Revista do IBDFAM*. v. 1, p. 11-33, jan./fev. 2014.

A constituição de pessoas jurídicas no âmbito do planejamento sucessório que envolva direitos autorais, por conseguinte, é medida de grande importância para mitigar conflitos seja entre herdeiros – especialmente na medida em que se lhes assegure os direitos patrimoniais cabíveis –, seja entre o interesse privado e o interesse público. Por fim, a criação de pessoas jurídicas com essa finalidade pode ter o condão de criar uma entidade com maior força e poder de barganha inclusive para mais bem valorizar o acervo do artista após sua morte, concentrando esse poder em torno de uma pessoa jurídica específica em lugar de diluí-lo em torno de herdeiros que muitas vezes podem engajar-se em discussões pouco produtivas.[55]

IV.3 Mecanismos alternativos de proteção aos direitos autorais na era digital

Em artigo paradigmático, Lawrence Lessig denunciou os riscos da concentração dos poderes relacionados a bens culturais, tendo em vista que nunca na história ocidental tão poucos sujeitos tiveram tanto poder sobre o desenvolvimento da cultura, transformando em perpetuamente proprietários ativos que muitas vezes já integrariam o domínio público (como exemplo, a atuação da Disney Corporation diante da obra dos irmãos Grim).[56] Aliado ao advento da internet, que inaugurou um cenário no qual a possibilidade de controle da distribuição de ativos protegidos por direitos autorais foi reduzida drasticamente, o regime jurídico de proteção à propriedade intelectual passou a ser dominado por duas correntes extremas de interpretação: aqueles que defendem que direitos autorais devem ser respeitados a ferro e a fogo e aqueles que defendem que tais prerrogativas devem deixar de existir.[57]

A contradição entre a existência de um sistema rígido de proteção aos direitos autorais e a franca expansão das tecnologias da informação, em verdade, afeta diretamente os mecanismos de planejamento sucessório, uma vez que exige tanto a instituição de mecanismos robustos de proteção à integridade da obra em questão quanto a articulação de estratégias minimamente flexíveis e que compreendam os diversos interesses envolvidos na gestão desses direitos.

Não é sem motivo que alguns autores sustentam que, com o advento das tecnologias digitais e o uso sem precedentes de trabalhos protegidos por direitos autorais por outros artistas[58] e pelo público em geral, não faz mais sentido que a legislação suponha, por exemplo, que toda e qualquer utilização não autorizada constituiria violação passível de indenização.[59] A grande crítica ao sistema de proteção aos direitos autorais, nesse ponto, é a de que tanto essas medidas de proteção seriam pouco efetivas como fariam com que os direitos autorais se tornassem "espada, em lugar de escudo", transformando

---

[55] Nesse sentido: EVANS, Tonya M. Statutory heirs apparent? Reclaiming copyright in the age of author-controlled, author-benefitting transfers. *West Virginia Law Review*. v. 119, p. 297-343, 2016.

[56] LESSIG, Lawrence. The creative commons. *Montana Law Review*. v. 65, n. 1 p. 1-13, 2004.

[57] LESSIG, Op. cit., p. 10-11.

[58] Nesse sentido: WILLIAMS, Justin A. *Rhymin' and Stealin':* musical borrowing in hip-hop. Ann Arbor: University of Michigan Press, 2013.

[59] GANZ, Rebecca F. A portrait of the artist's estate as a copyright problem. *Loyola of Los Angeles Law Review*. v. 41, p. 739-762, 2008.

os titulares desses direitos em guardiões arbitrários da cultura –[60] cujo poder, cabe repisar, pode vir a ser questionado justamente por violar o interesse público. Se tais advertências já são importantes mesmo em relação aos autores, com maior razão o são em relação aos seus sucessores.

Faz-se necessário, portanto, um regime jurídico que dê conta dessa realidade em que os direitos autorais não são mais capazes de, por si sós, cuidarem de suas finalidades declaradas, ao mesmo tempo em que impeçam que as prerrogativas dos titulares dos direitos de autor sejam exacerbadas de maneira a violar o interesse público. Acontece que, para além da perspectiva de mudanças legislativas que viabilizem a gestão de direitos autorais na era da informação, já é possível incluir, entre os mecanismos de planejamento sucessório associados a direitos autorais, estratégias relacionadas justamente ao esclarecimento do regime jurídico aplicável às obras em questão.

O direito autoral, assim, por ato do próprio autor (em vida ou *post mortem*) ou mesmo dos seus herdeiros, pode ser complementado pela utilização de licenças especiais como as do *Creative Commons*, por meio das quais os titulares de direitos autorais podem claramente expressar, de maneira ampla, livre e acessível, as formas pelas quais os trabalhos em questão serão distribuídos.[61] Não significa, por óbvio, abolir os direitos patrimoniais, uma vez que *Creative Commons* possibilita a criação tanto de licenças pagas quanto não pagas associadas a obras ou prerrogativas específicas, mas, sim, tornar o regime jurídico aplicável explícito, assim possibilitando o seu uso legítimo de maneira transparente e simplificada pelos usuários das redes.[62]

Basta ver que as licenças *Creative Commons* são baseadas justamente no intuito de simplificar a explicação de regimes de propriedade intelectual, dividindo-se em quatro licenças gerais representadas por imagens e siglas de fácil compreensão que podem ser combinadas livremente pelo autor, a saber: (i) *attribution*, exigindo que o autor seja sempre devidamente creditado; (ii) *share-alike*, exigindo que trabalhos derivados sejam distribuídos necessariamente sob as mesmas condições da licença original; (iii) *non-commercial*, que veda o uso lucrativo da obra em questão; e (iv) *no derivative works*, assim proibindo trabalhos derivados.[63]

Evidentemente que tais licenças têm o condão de limitar o escopo das prerrogativas dos titulares de direitos de autor, na medida em que autorizam determinadas formas de utilização de seus objetos. Por esse motivo, da mesma forma que por ocasião da passagem de obras ao domínio público por iniciativa do autor (conforme se comentou anteriormente), é necessário verificar em que medida estão presentes as limitações que visam à proteção da legítima, sendo necessário também desenvolver ferramentas capazes de adequadamente quantificar o valor dessas licenças.

---

[60] É o que se atribui, por exemplo, aos direitos relacionados à obra de James Joyce. Ver: GANZ, Op. cit.; SPOO, Robert E. *Three myths for aging copyrights*: Tithonus, Dorian Gray, Uysses.*Cardozo Arts & Entertainment Journal*. v. 31, n. 1, 77-111, 2012.

[61] KIRILLOVA, Yelena Anatolyevna; VASILJEVA, Marina Vladimirovna; KROHINA, Yulia Aleksandrovna. Legal protection of copyright items inheritance in the internet by means of a Creative Commons License. *Review of European Studies*. v. 6, n. 4, p. 232-238, 2014. p. 234.

[62] KIRILLOVA; VASILJEVA; KROHINA, Op. cit., p. 234-235.

[63] KIRILLOVA; VASILJEVA; KROHINA, Op. cit., p. 234-235. Ver também: CREATIVE COMMONS. Nossas licenças. Disponível em: https://br.creativecommons.org/licencas/. Acesso em: 24 jul. 2020.

No entanto, é importante lembrar que, diferentemente da atribuição ao domínio público, as licenças supramencionadas não constituem simples liberação, mas sim de ferramentas destinadas justamente a garantir esses direitos diante da ameaça de erosão de sua esfera de proteção pelo amplo compartilhamento nas redes. Não é sem motivo que, segundo o *website* institucional da própria *Creative Commons*, "[t]odas as licenças ajudam os criadores [...] a manter o seu direito de autor e os seus direitos conexos, ao mesmo tempo que permitem que outras pessoas copiem, distribuam e façam alguns usos do seu trabalho – pelo menos, para fins não comerciais".[64]

Dessa maneira, o planejamento sucessório de direitos autorais pode também envolver mecanismos alternativos que, diferentemente dos direitos autorais propriamente ditos e do próprio direito sucessório, possibilitem maior dinamismo e flexibilidade diante do extremamente dinâmico cenário do mundo digital, oficializando determinadas concessões que nada mais são do que mecanismos de proteção à integridade das obras.

V Considerações finais

O planejamento sucessório, por si só, traz consigo inúmeros desafios pelo fato de que se apresenta como alternativa baseada na autonomia privada ao rígido e formalista regime sucessório presente no ordenamento brasileiro. No caso específico do planejamento sucessório de direitos autorais, a discussão se torna ainda mais delicada, pois se trata de outro regime reconhecidamente descompassado com as inovações trazidas pela tecnologia e pelo advento da era digital.

No entanto, a compreensão do regime sucessório aplicável – que, por si só, é um desafio no caso dos direitos autorais –, aliada à implementação conjunta de estratégias de planejamento sucessório de naturezas variadas, pode servir para atender aos diversos interesses relacionados aos direitos autorais, sejam os dos herdeiros, os do autor falecido e mesmo o interesse público, tendo em vista que a proteção de bens culturais assume contornos que transcendem em grande medida os interesses privados envolvidos.

É preciso, por conseguinte, ressignificar institutos jurídicos como o testamento para que seja este compreendido não somente como mecanismo de garantia da partilha na forma almejada pelo testador, mas também como instrumento eficaz de proteção à sua dignidade e à continuidade de sua obra ao longo dos anos. Da mesma maneira, pessoas jurídicas voltadas ao planejamento sucessório de direitos autorais devem incorporar preocupações com a integridade da obra e o próprio interesse público a ela associado, para muito além da repartição adequada de direitos patrimoniais. Tais entidades, nesse sentido, passam a funcionar como mecanismos de mitigação e gestão de conflitos entre herdeiros que podem prolongar em grande medida processos de inventários e mesmo obstaculizar a disponibilização de criações intelectuais ao grande público. Por fim, é imprescindível associar esses mecanismos também a preocupações relacionadas à difusão das obras intelectuais nos meios digitais, realidade que necessariamente deve estar associada tanto ao planejamento sucessório quanto à gestão da propriedade intelectual na atualidade.

---

[64] CREATIVE COMMONS, Op. cit.

Referências

ARAÚJO, Fernando. *A tragédia dos baldios e dos anti-baldios*: o problema económico do nível óptimo de apropriação. Coimbra: Almedina, 2008.

ASCENSÃO, José de Oliveira. *Direito autoral*. Rio de Janeiro: Forense, 1980.

ASCENSÃO, José de Oliveira. *Direito civil*: Sucessões. 4. ed. Coimbra: Coimbra Editora, 1989.

ASCENSÃO, José de Oliveira. *Direito de autor e direitos conexos*. Coimbra: Coimbra Editora, 1992

AZEVEDO Antonio Junqueira. *Novos estudos e pareceres de direito privado*. São Paulo: Saraiva, 2009.

BARBOSA, Denis Borges. *Tratado da propriedade intelectual*. Rio de Janeiro: Renovar, 2010.

BIRCH, Kean; MUNIESA, Fabian. *Assetization*: turning things into assets in technoscientific capitalism. Cambridge: The MIT Press, 2020.

BITTAR, Carlos Alberto. *Direito de autor*. Rio de Janeiro: Forense, 2000.

BOMSEL, Olivier. *L'économie immatérielle*: industries et marches d'éxperience. Paris: Gallimard, 2010.

BUTLER, Judith. Who owns Kafka? *London Review of Books*. v. 33, n. 5, p. 3-8, mar. 2011.

CARVALHO, Mário Tavernard Martins. Planejamento sucessório no âmbito da empresa familiar. *In*: COELHO, Fábio Ulhoa; FÉRES, Marcelo Andrade. *Empresa familiar*: estudos jurídicos. São Paulo: Saraiva, 2014.

CHINELLATO, Silmara Juny de Abreu. O trabalhador-autor: proteção do criador intelectual pelo Direito de Autor. Visão interdisciplinar. *Revista do advogado*. n. 145, pp. 203-209, abr. 2020.

CREATIVE COMMONS. *Nossas licenças*. Disponível em: https://br.creativecommons.org/licencas/. Acesso em: 24 jul. 2020.

DESBOIS, Henri. *Le droit d'auteur*. Paris: Dalloz, 1950.

EVANS, Tonya M. Statutory heirs apparent? Reclaiming copyright in the age of author-controlled, author-benefitting transfers. *West Virginia Law Review*. v. 119, p. 297-343, 2016.

FACHIN, Luiz Edson. *Estatuto jurídico do patrimônio mínimo*. Rio de Janeiro: Renovar, 2001.

GANZ, Rebecca F. A portrait of the artist's estate as a copyright problem. *Loyola of Los Angeles Law Review*. v. 41, p. 739-762, 2008.

GUILHERMINO, Everilda Brandão. *A tutela das multititularidades*: repensando os limites do direito de propriedade. Rio de Janeiro: Lumen Juris, 2018.

HASKEL, Jonathan; WESTLAKE, Stian. *Capitalism without capital:* the rise of the intangible economy. Princeton: Princeton University Press, 2018.

HOWKINS, John. *The creative economy:* how people make money from ideas. Londres: Penguin, 2002.

KIRILLOVA, Yelena Anatolyevna; VASILJEVA, Marina Vladimirovna; KROHINA, Yulia Aleksandrovna. Legal protection of copyright items inheritance in the internet by means of a Creative Commons License. *Review of European Studies*. v. 6, n. 4, p. 232-238, 2014.

LESSIG, Lawrence. *Free culture*: how big media uses technology and the law to lock down culture and control creativity. Nova York: The Penguin Press, 2004.

LESSIG, Lawrence. The creative commons. *Montana Law Review*. v. 65, n. 1 p. 1-13, 2004.

MADALENO Rolf. Planejamento sucessório. *Revista do IBDFAM*. v. 1, p. 11-33, jan./fev. 2014.

MERRYMAN, John Henry. Two ways of thinking about cultural property. *The American journal of international law*. v. 80, n. 4, pp. 831-853, out. 1986.

NEVARES, Ana Luiza Maia. *A função promocional do testamento*. Rio de Janeiro: Renovar, 2009.

NEVARES, Ana Luiza Maia. *A tutela sucessória do cônjuge e do companheiro na legalidade constitucional.* Rio de Janeiro: Renovar, 2004.

NONATO, Orosimbo. *Estudos sôbre sucessão testamentária.* Rio de Janeiro: Forense, 1957.

O'DAIR, Marcus. *Distributed creativity:* how blockchain technology will transform the creative economy. Londres: Palgrave MacMillan, 2019.

PONTES DE MIRANDA, Francisco de Cavalcanti. *Tratado de direito privado.* Rio de Janeiro: Borsoi, 1971.

POUILLET, Eugène. *Traité théorique et pratique de la propriété litéraire et artistique et du droit de représentation.* 3. ed. Paris: Imprimerie et libraisi générale de jurisprudence, 1908.

PRATA DE CARVALHO, Angelo. Transmissão causa mortis de direitos de Propriedade Intelectual. *Revista de Direito Privado.* v. 75, p. 191-208, mar. 2017.

RAMOS, André Luiz Arnt; CATALAN, Marcos Jorge. O eterno retorno: a que(m) serve o modelo brasileiro de direito sucessório? *Civilistica.com.* v. 8, n. 2, 2019.

RECHT, Pierre. *Le droit d'auteur, une nouvelle forme de propriété.* Paris: Librairie générale de droit et de jurisprudence, 1969.

SCHREIBER, Anderson. *Direitos da personalidade.* São Paulo: Atlas, 2013.

SPOO, Robert E. Three myths for aging copyrights: Tithonus, Dorian Gray, Uysses. *Cardozo Arts & Entertainment Journal.* v. 31, n. 1, 77-111, 2012.

STOLFI, Nicola. *Il diritto di autore.* 3. ed. Milão: Libraria, 1932.

TEIXEIRA, Daniele Chaves. Noções prévias do direito das sucessões: sociedade, funcionalização e planejamento sucessório. *In:* TEIXEIRA, Daniele Chaves. *Arquitetura do planejamento sucessório.* Belo Horizonte: Fórum, 2018.

TEIXEIRA, Daniele Chaves. *Planejamento sucessório*: pressupostos e limites. Belo Horizonte: Fórum, 2017.

TEPEDINO, Gustavo. Prefácio. *In:* NEVARES, Ana Luiza Maia. *A função promocional do testamento*: tendências do direito sucessório. Rio de Janeiro: Renovar, 2009.

TEPEDINO, Gustavo. *Temas de direito civil.* 3. ed. Rio de Janeiro: Renovar, 2004.

WILLIAMS, Justin A. *Rhymin' and Stealin'*: musical borrowing in hip-hop. Ann Arbor: University of Michigan Press, 2013.

Informação bibliográfica deste texto, conforme a NBR 6023:2018 da Associação Brasileira de Normas Técnicas (ABNT):

FRAZÃO, Ana; CARVALHO, Angelo Prata de. Mecanismos para o planejamento sucessório de direitos autorais. *In:* TEIXEIRA, Daniele Chaves (Coord.). *Arquitetura do Planejamento Sucessório.* Belo Horizonte: Fórum, 2021. p. 427-445. Tomo II. ISBN 978-65-5518-117-3.

O TESTAMENTO E SUA INSTRUMENTALIDADE NO PLANEJAMENTO SUCESSÓRIO: LIMITES E POTENCIALIDADES

ANA LUIZA MAIA NEVARES

1 O testamento como instrumento do planejamento sucessório: vantagens e desvantagens

O planejamento sucessório consiste num conjunto de medidas empreendidas para organizar a sucessão hereditária de bens e direitos previamente ao falecimento de seu titular. Com o planejamento sucessório, objetiva-se evitar conflitos, assegurar que aspirações fundamentais da vida da pessoa sejam executadas após o seu falecimento, garantir a continuidade de empresas e negócios, permitir uma melhor distribuição da herança entre os sucessores, bem como buscar formas de gestão e de transmissão do patrimônio que tenham a menor carga tributária possível.

No Brasil, o instrumento por excelência para o planejamento sucessório é o testamento. Dispõe o artigo 1.857 do Código Civil que toda pessoa capaz pode dispor, por testamento, da totalidade dos seus bens, ou de parte deles, para depois de sua morte, prevendo o §2º do referido dispositivo que são válidas as disposições testamentárias de caráter não patrimonial, ainda que o testador somente a elas se tenha limitado. Já se afirmou que o testamento pode conter disposições de natureza patrimonial ou pessoal do testador, servindo-lhe para diversos objetivos que tenham em comum a produção de efeitos *causa mortis*.[1]

Conforme assinala Zeno Veloso:

---

[1] Indicando a eficácia múltipla do testamento, vale reproduzir as lições de Maria Chiara Tatarano: "[...] *il testamento manifesta sua potenzialità múltipla di strumento predispositivo di un regolamento di interessi transmorte, al di là della mera attitudine dispositiva, confermando, pure, di essere strumento principe dell`esercizio dell´autonomia privata, in quanto in grado di dettare precetti privati, destinati ad avere effeto dopo la morte*". Maria Chiara Tatarano. *Il Testamento*. Napoli: ESI, 2003, p. 22. Tradução livre: O testamento manifesta sua potencialidade múltipla de instrumento predispositivo de um regulamento de interesses *post mortem*, além da mera atitude dispositiva, confirmando ser instrumento principal do exercício da autonomia privada por ditar preceitos privados, destinados a produzir efeitos depois da morte.

o conceito generalizado em nossa época, e nos tempos mais recuados, é o de que através do testamento, realiza-se uma das mais importantes atribuições da personalidade humana, sendo de milenar velhez a concepção de que, por meio deste ato e pelos efeitos que ele gera, chega perto o homem do inalcançável e sempre perseguido sonho da imortalidade.[2]

Não há no Código Civil uma definição de testamento, sendo certo que o referido diploma legal, em seu art. 1.858, estabeleceu alguns caracteres do ato testamentário. Segundo Clóvis Beviláqua:

> testamento é o ato personalíssimo, unilateral, gratuito, solene e revogável, pelo qual alguém, segundo as prescrições da lei, dispõe, total ou parcialmente, de seu patrimônio para depois da sua morte; ou nomeia tutores para seus filhos; ou reconhece filhos naturais; ou faz outras declarações de última vontade.[3]

De fato, o testamento é ato personalíssimo, já que só pode emanar da vontade individual e única do testador, que deve ser declarada por ele próprio, não sendo admitido que a última vontade seja manifestada através de representantes, convencionais ou legais. Além disso, é negócio essencialmente revogável e *causa mortis*, uma vez que só produzirá efeitos após a morte do testador, não importando o tempo decorrido entre o testamento e o óbito do disponente, sendo certo que, até tal evento, a vontade pode ser alterada.

Além de ser ato personalíssimo e revogável, para a constituição do testamento, é preciso uma única manifestação de vontade, o que demonstra a sua classificação como negócio jurídico unilateral. Com efeito, não há acordo de vontades na constituição do testamento. Este é, ainda, um negócio gratuito, uma vez que dele emana uma liberalidade. Por fim, trata-se de ato formal, já que, para ser válido, precisa revestir a forma prevista na lei, sob pena de nulidade.

Os caracteres do testamento ora podem configurar vantagens, ora desvantagens diante de um específico planejamento sucessório. Com efeito, a possibilidade de o testador determinar o destino de seus bens para depois de sua morte sem se despojar de seu patrimônio, pode constituir uma vantagem em diversos casos. Isso porque não se pode olvidar que pessoas com mais de 65 (sessenta e cinco) anos serão mais do que um quarto dos brasileiros em 2060, segundo projeção do IBGE.[4] A antecipação de herança para os filhos, por meio de doações em vida, pode ser uma equação muito delicada, na medida em que a pessoa que assim dispõe não mais deterá controle e fruição do patrimônio que construiu durante a vida. Claro que a reserva de usufruto mitiga essa problemática. No entanto, caso o usufrutuário precise alienar o bem para pagar, por exemplo, um custoso tratamento de saúde, ou mesmo para reduzir seus custos de vida, não poderá fazê-lo sem a concordância do nuproprietário. Dessa forma, o planejamento pela via do testamento permite que o titular do patrimônio permaneça como pleno proprietário dos bens, podendo usufruí-los da maneira que melhor lhe convier. Some-se a isso o

---

[2] Zeno Veloso. *Testamentos*, Belém: CEJUP, 1993, 2. ed., p. 14/15.

[3] Clóvis Beviláqua. *Código Civil dos Estados Unidos do Brasil Comentado*, vol. VI, Rio de Janeiro: Livraria Francisco Alves, 1944, 5. ed. p. 89.

[4] http://longevidade.ind.br/noticia/brasil-tera-73-milhoes-de-idosos-em-2060-projeta-ibge/.

fato de o testamento ser um ato essencialmente revogável e, assim, na eventualidade de o titular do patrimônio mudar de ideia quanto às suas disposições, poderá fazê-lo a qualquer tempo, revogando o testamento realizado.

Tendo em vista que o ato de última vontade enseja disposições que só produzirão efeitos após o falecimento do agente, o imposto de transmissão pela transferência da titularidade dos bens é diferido para momento posterior àquele do planejamento. Esta circunstância pode ser vista como uma vantagem quando não há recursos disponíveis para o pagamento da tributação incidente sobre os bens a serem transferidos, bem como uma desvantagem em virtude da tendência de majoração das alíquotas do imposto de transmissão *causa mortis*.[5]

A unilateralidade do testamento pode configurar uma desvantagem quando o patrimônio do testador está conectado com aquele de outras pessoas, já que, pela vedação aos pactos sucessórios (Código Civil, art. 426), não é possível haver ajustes em relação à herança de pessoa viva. Nessa direção, a revogabilidade pode ser vista como uma desvantagem, na medida em que, em alguns casos, como naqueles de sucessão de empresas familiares, o planejamento sucessório clama por segurança para seus partícipes e a possibilidade de mudança das disposições planejadas pode não se coadunar com específicas situações.

2   Principais limites ao ato de testar

Em primeiro lugar e como já afirmado, é preciso registrar que o testamento é um ato formal, pois sua validade depende da observância da forma estabelecida na lei para a constituição do ato (CC, art. 166, IV e V). De fato, as formas testamentárias têm por objetivo a defesa da real vontade do *de cujus*,[6] uma vez que referido ato produzirá efeitos quando o seu agente não mais existir. Afirma-se em doutrina clássica que as formalidades do testamento têm tríplice função: preventiva, pois pretende evitar que o testador seja vítima de captações, dolo, fraude ou violências; probatória, já que pelas referidas formalidades assegura-se a demonstração da última vontade do testador e executiva, eis que fornece aos beneficiários do testamento um instrumento para o exercício dos respectivos direitos.[7]

A inobservância das solenidades do testamento acarretará a nulidade do ato. Nesse aspecto é que se apresenta um aparente conflito: "as formalidades são previstas para assegurar a vontade do testador, vontade esta, todavia, que, muitas vezes, é desconstituída e sacrificada porque não se observou algumas dessas formalidades".[8] Por esta razão, em diversas situações, o rigor das formas testamentárias é atenuado, quando é inequívoca a higidez da manifestação de vontade do testador.[9] No entanto,

---

[5]   No Estado do Rio de Janeiro, o imposto de transmissão causa mortis que era de 4 por cento até 28.03.2016, atualmente tem uma alíquota progressiva, que varia de 4 a 8 por cento.

[6]   Regina Bottentuit. Gondim. *Invalidade do Testamento*, Rio de Janeiro: Renovar, 2001, p. 8.

[7]   Cunha Gonçalves. *Tratado de Direito Civil*, vol. IX, t. II, n. 1.352, 2. ed., p. 595.

[8]   Zeno Veloso, *Testamentos*, cit., p. 35.

[9]   "Civil. Sucessão. Testamento. Formalidades. Extensão. O testamento é um ato solene que deve submeter-se a numerosas formalidades que não podem ser descuradas ou postergadas, sob pena de nulidade. Mas todas essas formalidades não podem ser consideradas de modo exacerbado, pois a sua exigibilidade deve ser acentuada ou

é preciso registrar que essa atenuação do rigor formal do testamento deve ser aplicada com cautela, sendo certo que, em diversos casos, a questão pode gerar insegurança jurídica, por não se saber quais solenidades são reputadas essenciais e quais são aquelas que podem ser mitigadas.

Sobre a questão, vale citar tentativa de sistematização da questão, que pode ser descrita em voto da Ministra Nancy Andrighi do STJ, ao julgar, em 21.08.2018, o REsp nº 1.583.314:

> O exame da jurisprudência produzida até este momento é importante porque revela que esta Corte, ainda que sem uma justificativa teórica expressa e a despeito de o testamento ser um ato extremamente solene e ritualístico, estabeleceu uma gradação entre os vícios que podem atingir um testamento.
>
> De fato, verifica-se que há defeitos de menor gravidade, que se pode denominar como puramente formais e que se relacionam essencialmente com aspectos externos do documento que formaliza o testamento, como é a hipótese, por exemplo, da inexistência de testemunhas na quantidade legal ou da ausência de leitura do testamento a todas elas de forma conjunta.
>
> Todavia, há defeitos de muito maior gravidade e que, a despeito de se relacionarem inicialmente com a forma do ato de disposição, possuem aptidão para contaminar o seu próprio conteúdo, colocando em dúvida a sua exatidão e, consequentemente, a sua validade. Essa espécie de vício, que se pode chamar se formal-material, tem como exemplos a ausência de assinatura do testador ou a assinatura por terceiro a seu pedido.
>
> A consequência prática dessa classificação é que os vícios pertencentes à primeira espécie – puramente formais – são suscetíveis de superação quando não houver mais nenhum outro motivo para que se coloque em dúvida a vontade do testador, ao passo que os vícios pertencentes à segunda espécie – formais-materiais –, por atingirem diretamente a substância do ato de disposição, implicam na impossibilidade de se reconhecer a validade do próprio testamento.
>
> Assim, é correto afirmar, como se verifica em recente julgado desta Corte, que "atendidos os pressupostos básicos da sucessão testamentária – i) capacidade do testador; ii) atendimento

---

minorada, em razão da preservação dos dois valores a que elas se destinam - razão mesma de ser do testamento -, na seguinte ordem de importância: o primeiro, para assegurar a vontade do testador, que já não poderá mais, após o seu falecimento, por óbvio, confirmar a sua vontade ou corrigir distorções, nem explicitar o seu querer que possa ter sido expresso de forma obscura ou confusa; o segundo, para proteger o direito dos herdeiros do testador, sobretudo dos seus filhos. Recurso não conhecido" (STJ, 4ª T, REsp. nº 302767/PR, Rel. Min. Cesar Asfor Rocha, DJ 24/09/2001, p. 313, in www.stj.gov.br em 11/04/2002). Recentemente, vale citar: "Agravo Interno nos Embargos de declaração no Recurso Especial. Nulidade e Anulabilidade de Testamento e Acordo. Violação aos Arts. 458 E 535 do CPC/1973. Inexistência. Vício Formal. Flexibilização. Prevalência da Vontade do Testador. Coação e Capacidade Do Testador. Súmula 7 Do Stj. Alegada Necessidade de desconstituição de Acordo de Cessão de Direitos Hereditários. Súmula 7 Do STJ e 283 Do STF. Agravo Não Provido. 1. A matéria em exame foi devidamente enfrentada pelas instâncias ordinárias, que emitiram pronunciamento de forma fundamentada, ainda que em sentido contrário à pretensão da parte recorrente, não havendo que falar em violação aos arts. 458 e 535 do CPC/1973. 2. "Ambas as Turmas da 2ª Seção desta Corte Superior têm contemporizado o rigor formal do testamento, reputando-o válido sempre que encerrar a real vontade do testador, manifestada de modo livre e consciente, como reconhecido pelo acórdão recorrido" (AgRg nos EAREsp 365.011/SP, Rel. Ministro Marco Aurélio Bellizze, Segunda Seção, julgado em 28/10/2015, DJe 20/11/2015). 3. Rever o acórdão recorrido quanto à validade do testamento e do acordo e acolher pretensão recursal demandaria o revolvimento do conjunto fático-probatório dos autos, o que é inviável nesta via especial ante o óbice da Súmula 7 do STJ. 4. A subsistência de fundamento inatacado apto a manter a conclusão do aresto impugnado impõe o não conhecimento da pretensão recursal, a teor do entendimento disposto na Súmula nº 283/STF. 5. Agravo interno a que se nega provimento" AgInt nos EDcl no REsp 1370897/RS. Agravo Interno nos Embargos de Declaração no Recurso Especial nº 2013/0057889-8, 4ª T., Rel. Luis Felipe Salomão, julg. em 10.10.2019.

aos limites do que pode dispor e; iii) lídima declaração de vontade – a ausência de umas das formalidades exigidas por lei, pode e deve ser colmatada para a preservação da vontade do testador, pois as regulações atinentes ao testamento tem por escopo único, a preservação da vontade do testador". (REsp 1.677.931/MG, 3ª Turma, DJe 22/08/2017)

Apesar de se poder argumentar que as formalidades testamentárias representam valor positivo no ordenamento jurídico, uma vez que se trata de um ato que não se pode repetir e que enseja uma liberalidade e, por tal razão, cobiça daqueles que rodeiam o testador,[10] não se pode negar que a solenidade do ato de última vontade constitui um limite à liberdade de testar. Dessa forma, aquele que pretende deixar disposições que tenham validade para depois de sua morte deverá seguir os ditames legais quanto às formalidades testamentárias.

Como já afirmado, o ordenamento jurídico proíbe os pactos sucessórios (CC, art. 426). Por conseguinte, as disposições de bens para depois da morte de uma pessoa só poderão ocorrer pela via testamentária ou codicilar. A vigente codificação não contemplou as doações *mortis causa*, só admitidas no direito anterior em uma única hipótese, qual seja, quando feitas nos contratos antenupciais em benefício do cônjuge e de sua prole (CC de 1916, art. 314).

De toda forma, o principal limite à liberdade testamentária é a legítima dos herdeiros necessários, fixada em cinquenta por cento dos bens da herança (CC, art. 1.789), sendo herdeiros necessários os descendentes, os ascendentes, o cônjuge e o companheiro (CC, art. 1.845, RE 878.694-MG e 646.721-RS). Com efeito, argumenta-se que a legítima dos herdeiros necessários concilia no direito sucessório a autonomia privada quanto às disposições *causa mortis* e a proteção da família, garantindo aos familiares mais próximos do autor da herança uma proteção de cunho patrimonial por ocasião da abertura da sucessão. A questão é pulsante e muito se discute sobre a pertinência de o ordenamento jurídico garantir para certos parentes uma parte da herança de forma obrigatória e, dessa forma, restringir a liberdade da pessoa de dispor de seus bens como bem lhe aprouver para depois de sua morte.

De fato, muitos são os questionamentos sobre a pertinência de uma reserva hereditária, em especial diante das constantes modificações da família. Ultrapassadas as contestações de inspiração individualista, baseadas na autonomia da vontade e na concepção individualista do direito de propriedade, bem como aquelas de cunho socialista, alega-se que o instituto é ineficaz e inoportuno na família atual, havendo quem defenda sua abolição ou ao menos sua restrição, por manifesta inutilidade,[11] em virtude da atual realidade biológica, social-econômica e jurídica da sociedade, marcada pela longevidade crescente de seus membros e por novas técnicas de proteção, como a Seguridade Social e os contratos de seguro.[12]

---

[10] Afirma-se que a forma dos atos negociais não pode ser um fim em si mesma, arbitrária e caprichosa. Essa deve ser disposta não para um propósito qualquer, mas para uma função que seja constitucionalmente apreciável. Pietro Perlingieri, *Forma dei negozi e formalismo degli interpreti*, Napoli: ESI, 1999, p. 61.

[11] Ioanna Kondyli. *La protection de la famille par la réserve héréditaire en droits français e grec comparés*, Librarie Générale de Droit et Jurisprudence, 1997, p. 39.

[12] *Id. Ibidem.*

Realmente, a partir do desenvolvimento das ciências, especialmente da medicina e da higiene da população, a média da duração de vida do homem aumentou consideravelmente e, assim, a sucessão hereditária ocorre na maior parte das vezes quando os descendentes do autor da herança já estão adultos e independentes, não sendo, assim, a herança um mecanismo indispensável de proteção da descendência. Por outro lado, o aumento da longevidade da população trouxe a maior possibilidade de a pré-morte de filhos deixar pais idosos e dependentes que, por não estarem na linha preferencial sucessória, ficarão desprotegidos.

Outra questão que perpassa a discussão da reserva dos herdeiros necessários, em especial quando o cônjuge ou o companheiro concorre com os descendentes do autor da herança, é aquela relativa ao fenômeno cada vez mais crescente das famílias recompostas, não sendo raro que na sucessão hereditária tenham que ser conjugados diversos interesses que não caminham numa mesma direção, a saber, aquele do cônjuge e do companheiro do *de cujus*, de seus filhos em comum com o consorte sobrevivente e de seus filhos exclusivos.

Assim, diante de pais mais idosos com filhos encaminhados profissionalmente e/ou filhos menores, frutos de novos relacionamentos, filhos comuns com o cônjuge ou companheiro e filhos exclusivos, bem como o desejo de continuidade de negócios familiares, é crescente o número de pessoas que pretendem organizar a sua sucessão hereditária, sendo cada vez mais recorrente a busca por planejamentos sucessórios.

Nesta sede, em análise do testamento como instrumento para o planejamento sucessório, interessa referir disposições de caráter patrimonial, através das quais o testador determinará o destino de seus bens para depois de sua morte.

3 As potencialidades do testamento como instrumento do planejamento sucessório

Como apontado acima, o testamento constitui-se no principal instrumento para o planejamento sucessório, em virtude de sua natureza *causa mortis*. Dessa forma, passa-se a analisar as suas potencialidades para dito planejamento, a partir da abordagem de específicas cláusulas testamentárias.

3.1 Liberdade testamentária qualitativa

O art. 2.014 do Código Civil autoriza que o testador indique os bens e valores que devem compor os quinhões hereditários, deliberando ele próprio a partilha, que prevalecerá, salvo se o valor dos bens não corresponder às quotas estabelecidas. Dessa forma, tem o testador liberdade testamentária qualitativa para deliberar ele próprio a divisão dos bens. Importante registrar que o referido dispositivo se aplica à reserva hereditária, sendo possível ao testador determinar os bens que devem compor o quinhão dos herdeiros necessários.

No entanto, em relação à legítima, o testador deve observar os princípios que regem a partilha, ou seja, a maior igualdade possível conjugada com a comodidade funcional dos bens, a saber, não só que a divisão evite conflitos futuros por conta de indesejáveis condomínios, mas, em especial, que a partilha leve em conta o vínculo dos herdeiros com os bens que compõem o monte hereditário, de modo a concretizar a função promocional do testamento, ou seja, que as disposições testamentárias realizem valor positivo diante do ordenamento jurídico na distribuição dos bens. A direção proposta encontra-se subjacente ao que resta previsto no CPC, no art. 647, parágrafo único, que consagra a tutela de evidência no inventário,[13] admitindo que o juiz defira, em decisão fundamentada, antecipadamente, a qualquer dos herdeiros o exercício dos direitos de usar e de fruir de determinado bem, com a condição de que, ao término do inventário, tal bem integre a cota desse herdeiro, cabendo a este, desde o deferimento, todos os ônus e bônus decorrentes do exercício daqueles direitos. Sem dúvida, a referida fundamentação será encontrada nos interesses e expectativas dos herdeiros, privilegiando vínculos específicos daqueles em relação a determinados bens da herança, bem como atentando para necessidades e especificidades de certos sucessores.

Uma vez que o testamento constitui ato de autonomia privada e sujeita-se ao juízo de licitude e de valor, a autonomia testamentária também perpassa por promover os valores constitucionais. Se os instrumentos *inter vivos* destinados à transferência da propriedade devem realizar os objetivos constitucionalmente ligados à circulação das riquezas, desta função não resta exonerado o testamento, que também assume a mesma função translativa.[14] A avaliação do merecimento de tutela dos atos privados segundo os valores constitucionais está em perfeita consonância com o que se denomina de função promocional do ordenamento jurídico,[15] na medida em que este deve se valer de técnicas de encorajamento, destinadas não apenas a tutelar, mas, também, a *provocar* o exercício dos atos conforme os ditames constitucionais. Sem dúvida, na busca pela promoção dos atos socialmente desejados, que realizam valores constitucionais, não poderão permanecer ilesos aqueles que se colocam no lugar oposto, ou seja, que sejam contrários aos princípios fundamentais do ordenamento jurídico, ainda que possam ser considerados lícitos.

A questão ganha contornos complexos na hipótese de o testador elaborar a partilha sem observar os vínculos dos sucessores com os bens, quando diante de herdeiros reservatários. Nesse caso, poderia ser invocada a tutela de evidência ora em análise contra a disposição testamentária? Sobre a questão, vale trazer a título de ilustração o art. 2.163 do Código Civil português, citado por Zeno Veloso[16] em comentário ao artigo 2.014 do Código Civil, que assim determina: "O testador não pode impor encargos sobre a legítima, nem designar os bens que a devem preencher, *contra a vontade do herdeiro*" (grifos nossos). Embora o posicionamento do ordenamento jurídico português seja muito

---

[13] Art. 647. Cumprido o disposto no art. 642, §3º, o juiz facultará às partes que, no prazo comum de 15 (quinze) dias, formulem o pedido de quinhão e, em seguida, proferirá a decisão de deliberação da partilha, resolvendo os pedidos das partes e designando os bens que devam constituir quinhão de cada herdeiro e legatário. Parágrafo único. O juiz poderá, em decisão fundamentada, deferir antecipadamente a qualquer dos herdeiros o exercício dos direitos de usar e de fruir de determinado bem, com a condição de que, ao término do inventário, tal bem integre a cota desse herdeiro, cabendo a este, desde o deferimento, todos os ônus e bônus decorrentes do exercício daqueles direitos.

[14] Fabrizio Panza. L`autonomia *testamentária tra liberta e controllo*, Adriatica, 2005, p. 15-16.

[15] Norberto Bobbio. Sulla funzione promozionale del diritto. *In: Rivista Trimestrale di Diritto e Procedura Civile*, 1969, p. 1323.

[16] Zeno Veloso. *Comentários ao Código Civil, Parte Especial: Do Direito das Sucessões* (arts. 1.857 a 2.027). *Comentários ao Código Civil:* parte especial (do direito das sucessões), vol. 21, São Paulo: Saraiva, 2003, p. 435.

rigoroso, havendo alguns mecanismos citados pela doutrina para minimizar os seus efeitos,[17] nota-se uma tomada de posição quanto à liberdade testamentária qualitativa, ao menos quando diante de herdeiros necessários: prevalecem os interesses do herdeiro e não aqueles do autor da herança.

O desafio, portanto, é estabelecer critérios para a tensão que pode surgir diante das disposições testamentárias entre os herdeiros e seus interesses e a vontade do autor da herança. Em outras palavras, trata-se da verificação de um conflito entre a autonomia privada testamentária, expressão da livre iniciativa e da liberdade (Constituição Federal, art. 1º, inciso IV, art. 5º, *caput*, art. 170), e direitos fundamentais calcados na dignidade da pessoa humana (Constituição Federal, art. 1º, III), quando o bem objeto da disposição testamentária serve ou é indispensável/relevante à moradia ou ao exercício profissional do sucessor, pois, as consequências das disposições testamentárias passam a ser muito relevantes num ordenamento jurídico que prioriza, em todas as suas esferas, a proteção integral à pessoa, sendo a propriedade um instrumento para a concretização desta proteção, a partir da sua função social.

Sobre as titularidades, assinala com razão Eroulths Cortiano Júnior que é preciso pensar a garantia do patrimônio com a consciência de que os bens não são um fim em si mesmos, mas servem à subsistência física e moral do ser humano. Por conseguinte, segundo o autor, deve ser buscada uma titularidade funcional, ou seja, dirigida à manutenção da dignidade da pessoa humana e exercitável sobre coisas concretas, porque têm importância concreta para o homem, sendo preciso "reaver o que a titularidade das coisas tem de instrumento para a realização concreta da existência humana".[18] É por isso que, no campo das relações jurídicas patrimoniais, deve-se sempre ter em vista o vínculo que une a pessoa ao bem. Esta verificação é salutar para que sejam identificados os parâmetros do regime jurídico que será dispensado àquele bem, que, exatamente para garantir a observância de sua função social, deverá ter como foco a *pessoa* vinculada a ele.

Por conseguinte, vale ponderar, com apoio em Roberta Mauro:[19] se o vínculo que une a pessoa ao bem tiver relevância social, ou seja, tiver relação direta com a realização da existência humana e com a concretização de uma vida digna, estará justificado um regime jurídico diverso, configurado exatamente a partir de uma limitação ao exercício da autonomia privada quanto ao referido bem.

Em outras palavras, na medida em que o conjunto de interesses relativo a determinado bem é qualificado como essencial à concretização da dignidade da pessoa humana, a tutela da autonomia privada em relação a ele deverá ceder diante do aludido conjunto de interesses. Nesta direção, vale retomar o alerta de Roberta Mauro: "a destinação dos bens que se mostram essenciais à manutenção da dignidade de terceiros

---

[17] José de Oliveira Ascensão. "O preenchimento pelo autor da sucessão da quota do herdeiro". *In: Direito e Justiça*, 2000, *passim*. Um exemplo é atribuir ao reservatário parte da disponível, aduzindo que o mesmo só terá direito a essa cota se aceitar a partilha tal como ela foi feita no testamento.

[18] Eroulths Cortiano Júnior. "Para além das coisas (Breve ensaio sobre o direito, a pessoa e o patrimônio mínimo)". *In:* Carmen Lucia Silveira Ramos *et al* (org). *Diálogos sobre Direito Civil: Construindo a Racionalidade Contemporânea*, Rio de Janeiro: Renovar, 2002, p. 162/163.

[19] Roberta Mauro e Silva. *A dignidade das pessoas doentes: saúde e medicamentos à luz do Direito Civil Constitucional*. Dissertação de Mestrado. Rio de Janeiro: UERJ, 2004, mimeo. p. 112.

não deve ser inteiramente submetida à autonomia privada: fixar sua destinação ou função não deve ser tarefa exclusiva de seus titulares".[20]

Ao se aplicar as ponderações acima na esfera do direito sucessório, tem-se que, quando um bem integrante do acervo hereditário serve ao herdeiro como sua moradia ou como local ou instrumento para o exercício de sua profissão, sendo-lhe, portanto, essencial e necessário para a concretização de sua dignidade, deverá ser atribuído *in natura* ao aludido sucessor, estando, em regra, subtraído de outros destinos que lhe poderiam ser conferidos pela autonomia privada testamentária. O mesmo se diga quando o sucessor não utilizava o bem antes da abertura da sucessão, porém é aquele que reúne as qualidades para lhe dar a melhor destinação, por força de suas necessidades específicas, aliadas à sua formação profissional.

Desse modo, atribuir o bem integrante do acervo hereditário ao sucessor que reúne as qualidades para lhe dar o melhor destino, na linha da função promocional do direito, é medida que promove os objetivos constitucionais, ou seja, é medida que estimula o exercício da propriedade pelo herdeiro em atendimento às necessidades sociais, exatamente como preconiza o projeto constitucional, por força da concepção da propriedade como fonte de deveres fundamentais, ou seja, como instrumento para atendimento das necessidades sociais.[21]

Assim, conclui-se que a tutela de evidência prevista na citada disposição legal poderá ser invocada mesmo contra eventual cláusula testamentária, já que na escala de valores serão mais relevantes os vínculos específicos e qualificados do herdeiro com o bem, sendo preciso que a decisão judicial que a conceda esteja fundamentada nos aludidos vínculos, que deverão estar devidamente comprovados pelo interessado.[22]

3.2 Conversão dos bens da herança

A conversão dos bens da herança consiste na possibilidade de o testador definir que determinados bens do acervo hereditário sejam convertidos em outros de espécie diversa, previamente ao pagamento ao herdeiro. Dessa forma, se o testador detém imóveis e determina que ditos imóveis sejam convertidos em dinheiro, o herdeiro não receberá pela transmissão *causa mortis* imóveis, mas sim recursos financeiros nos quais ditos imóveis foram convertidos.

Trata-se de expediente proibido para os bens que integram a legítima dos herdeiros necessários, conforme dispõe o art. 1.848, §1º, do Código Civil. De fato, tendo

---

[20] Roberta Mauro e Silva. *A dignidade das pessoas doentes: saúde e medicamentos à luz do Direito Civil Constitucional*, cit, p. 112.

[21] Fabio Konder Comparato. "Direitos e Deveres fundamentais em matéria de propriedade". In: *Revista do Ministério Público*, vol. 04, nº 07, jan/jun 1998, p. 80.

[22] Nessa linha, o Tribunal de Justiça do Distrito Federal reformou decisão que homologou partilha com base em testamento que deixava para um filho apenas o usufruto de um dos imóveis e apólices e não ações de grandes companhias com elevados dividendos, aquinhoando o outro herdeiro com todas as propriedades do espólio, determinando que o princípio do art. 1.775 do Código Civil de 1916 devia prevalecer sobre a vontade do testador. *Revista dos Tribunais*, vol. 237, julho de 1955, p. 595/596. Lê-se no acórdão: "Quanto ao mérito, não se justifica prevaleça a vontade da testadora sobre a regra do art. 1.775 do Código Civil, que manda observar a maior igualdade possível, na partilha, quanto ao valor, natureza e qualidade dos bens. Justo é, portanto, que nos termos do brilhante parecer da Procuradoria Geral as fls., seja o imóvel da rua da Carioca, 69, nesta cidade, atribuído, pela metade, a cada um dos quinhões".

em vista que no direito brasileiro a legítima é intangível, não podendo ser diminuída na essência, ou no valor, por nenhuma cláusula testamentária,[23] achou por bem o legislador alterar a previsão do sistema anterior, que admitia a conversão dos bens da legítima em outros de espécie diversa (CC/16, art. 1.723), para garantir que ao herdeiro necessário coubesse bens em qualidade tais como existiam no patrimônio do *de cujus*. Sem dúvida, a proibição desencoraja disposições testamentárias que poderiam ser um estorvo para os herdeiros necessários, tendo em vista desejos específicos do testador, que podem não se coadunar com aqueles dos sucessores.

De toda forma, a conversão é possível quanto aos bens que compõem a cota disponível. Dessa forma, conjugando o disposto no art. 1.848, §1º, com o já citado art. 2.014, ambos do Código Civil, permite-se ao testador estabelecer divisão patrimonial com posterior conversão dos bens da disponível em outros de espécie diversa, de forma a possibilitar uma melhor distribuição dos bens entre os seus herdeiros para a continuidade de seus negócios ou para evitar conflitos quanto a bens insuscetíveis de divisão cômoda em virtude de seu valor ou natureza.

Embora haja controvérsias sobre o tema, a conversão deve se dar antes da partilha,[24] para que esta considere os bens que deverão caber ao herdeiro.

Vale registrar que a conversão dos bens da herança é pouco tratada e, mesmo quando era admitida em relação à legítima pelo art. 1.723 do Código Civil de 1916, era raramente utilizada. Atualmente, por força de se buscar uma ampliação da liberdade para o planejamento sucessório, não se justifica a proibição da conversão da legítima em dinheiro. Realmente, a conversão da legítima em quaisquer bens poderia ferir o caráter protetivo da reserva, como acima ponderado, mas a admissão da conversão em pecúnia poderia aperfeiçoar a função da reserva hereditária, entendida como cota não mais de bens, senão de valor, consistente em um *direito de crédito* do herdeiro necessário. Nessa direção, restaria simplificada a disciplina jurídica da legítima, estimulando a livre circulação dos bens hereditários.[25] Realmente, não raras vezes, há herdeiros totalmente alheios aos bens e negócios da pessoa falecida, que teriam sua quota hereditária melhor atendida com dinheiro, a partir de uma avaliação fidedigna dos bens. Assim, a conversão seria permitida apenas em dinheiro – o que garantiria liquidez imediata ao sucessor – mas não em outros bens diversos, uma vez que esta última hipótese poderia ampliar sobremaneira a autonomia do testador em prejuízo do legitimário.

Pode-se ponderar, ainda, que proibição da conversão da legítima em dinheiro está na contramão de ordenamentos estrangeiros, como o direito alemão, que prevê ao herdeiro necessário prejudicado com uma quota menor na divisão hereditária a que

---

[23] Carlos Maximiliano, *Direito das Sucessões, Direito das Sucessões*, 2º Volume, Rio de Janeiro, Freitas Bastos, 1937, p. 361. "a legítima ou reserva, é a porção dos bens do espólio que a lei manda caber, de pleno direito e obrigatoriamente, aos parentes do testador em linha direta, chamados à sucessão. Estes se denominam *herdeiros necessários, forçados, legitimários* ou *reservatários*; porque só mediante renúncia espontânea, ou por motivos especiais determinados em lei, alegados e *provados*, ficam despojados de sua quota primacial". Carlos Maximiliano, *Direito das Sucessões*, 2º Volume, cit., p. 354 (grifos do autor).

[24] Arthur Vasco Itabaiana de Oliveira, *Tratado de Direito das Sucessões*, vol. II. São Paulo: Max Limonad, 1952, p. 643 defendia que a conversão deve ocorrer antes da partilha. Já Clóvis Beviláqua defendia o oposto Clóvis Beviláqua, *Codigo Civil dos Estados Unidos do Brasil Commentado*, Vol. VI. Rio de Janeiro: Livraria Francisco Alves, 1944, p. 192.

[25] Federico Magliulo, "La Legitima quale atribuzione patrimoniale policausale. Contributo ad uma moderna teoria della successione necessária" *in Rivista del Notariato*, 3/2010. p. 536/537.

tem direito não uma prerrogativa de requerer a alienação de bens que não admitem divisão cômoda, mas sim um direito de crédito ao pagamento de uma soma em dinheiro para integrar sua quota legítima. Trata-se, como anota Federico Magliulo, de uma construção refinada e evoluída da legítima, que põe como fundamento do instituto não a conservação pura e simples do patrimônio hereditário na família nuclear, mas sim exigências de solidariedade familiar. Continua o autor assinalando que, dessa forma, apesar de haver uma compressão do direito do legitimário, que terá um direito de crédito sobre a herança e não um direito real, há, sem dúvida, um processo de simplificação da disciplina da legítima, evitando que o instituto em referência constitua um limite à livre circulação dos bens hereditários.[26]

3.3 Cláusulas restritivas da propriedade

Através do testamento, é possível ao testador estabelecer sobre os bens da herança os gravames da inalienabilidade, impenhorabilidade e incomunicabilidade. A cláusula de inalienabilidade é uma restrição aposta ao direito de propriedade do herdeiro, legatário ou donatário, proibindo a alienação da coisa a título gratuito ou oneroso, aniquilando-se, assim, o poder de disposição do bem, temporariamente ou por toda a vida do beneficiário. O efeito substancial decorrente da cláusula de inalienabilidade, portanto, é a proibição de alienar, sendo certo que a proibição também abrange os atos que objetivam a alienação eventual ou futura, como a hipoteca e o penhor. Nessa direção, a impenhorabilidade é efeito da inalienabilidade, sendo certo que dito gravame tornará o bem gravado insuscetível de penhora por dívidas, contraídas por seu titular ou por terceiros. Já a cláusula de incomunicabilidade tem por objetivo impedir a comunicação do bem gravado ao patrimônio comum em caso de casamento ou união estável. Dessa forma, é pressuposto para a sua eficácia a existência de regime de bens compatível com a comunhão, da qual é excluído o bem gravado por conta da sua incomunicabilidade.

As cláusulas de impenhorabilidade e incomunicabilidade podem ser apostas isoladamente. No entanto, uma vez gravado o bem com a cláusula de inalienabilidade, decorrerão logicamente as cláusulas de impenhorabilidade e de incomunicabilidade, tendo em vista que as duas últimas constituem efeitos da primeira (CC, art. 1.911).

A lei prevê apenas duas possibilidades específicas de alienação de bem gravado com a cláusula de inalienabilidade, no caso de desapropriação ou de necessidade econômica do donatário ou herdeiro. Além dessas hipóteses, expressamente mencionadas por lei, admite-se a execução do bem gravado para pagamento de obrigações relativas ao próprio bem (obrigações *propter rem*), como impostos (CTN, art. 184) e cotas condominiais. Para a alienação do bem inalienável, é preciso que ocorra a sub-rogação do gravame, substituindo-se a coisa gravada por outra de propriedade do interessado ou de terceiro, para a qual será deslocada a cláusula de inalienabilidade, liberando a primeira.

É preciso registrar que há firme oposição à possibilidade legal de se gravar o bem doado ou herdado com a cláusula de inalienabilidade e impenhorabilidade, retirando o patrimônio de circulação pela mera vontade individual. Argumenta-se que ditos ônus

---

[26] Federico Magliulo. "La Legitima quale atribuzione patrimoniale policausale. Contributo ad uma moderna teoria della successione necessária" *in Rivista del Notariato*, 3/2010, p. 536/537.

atendem aos interesses privados e não àqueles gerais, estimulando o capricho, o egoísmo e sobrepondo a vontade daquele que se desfaz do bem àquela de quem será o seu novo titular. Contundentes objeções à inalienabilidade ocorrem em relação à possibilidade de gravar a reserva hereditária, pois esta pertence *ex lege* aos herdeiros necessários.

Na esteira das contestações às cláusulas restritivas, algumas decisões judiciais passaram a considerar inconstitucional a cláusula de inalienabilidade. Isto porque a inalienabilidade convencional constitui restrição a direito fundamental constitucionalmente garantido, a saber, o direito de propriedade (CR/88, art. 5º, XXII), informado pela função social (CR/88, art. 5º, XXXIII). Além disso, haveria violação à dignidade da pessoa humana (CR/88, art. 1º, III) sempre que a justificativa do gravame recaísse em suposta prodigalidade do sucessor, na medida em que, dessa forma, o gravame geraria para o herdeiro onerado espécie de incapacidade criada pelo testador e não pelo ordenamento jurídico. Com efeito, constituindo a propriedade privada, assim como sua função social, princípios gerais da atividade econômica, norteadores da ordem econômica (CR/88, art. 170, II e III), as restrições impostas pela lei a tais princípios deveriam estar fundadas na própria Constituição, ou então nas concepções aceitas sobre o poder de polícia.[27] Em regra, a inalienabilidade estabelecida pelo testador não está fundada no poder de polícia, nem mesmo nas exigências relativas à função social da propriedade. Assim, a propriedade, sendo um instrumento para a realização de valores fundamentais estabelecidos na Constituição da República, através do cumprimento de sua função social, não poderia restar violada pela mera vontade individual.

Na esteira das aludidas objeções às cláusulas restritivas da propriedade, o Código Civil limitou a possibilidade de o testador instituir tais gravames à legítima à *justa causa* declarada no testamento (CC, art. 1848), deixando livre a aposição de ditos ônus à cota disponível (CC, art. 1.911). Importante registrar que, apesar de o Código Civil exigir a justa causa apenas nas liberalidades oriundas dos testamentos, por princípio, também nas doações que constituírem adiantamento de legítima deverá ser declarada justa causa para gravar os bens doados com inalienabilidade, impenhorabilidade e incomunicabilidade.

Apesar da referida limitação à autonomia testamentária, o legislador não estabeleceu critérios interpretativos para alcançar o que deve ser considerado como *justa causa* para gravar a legítima dos herdeiros necessários e, diante disso, cabe a doutrina e a jurisprudência a busca pelo sentido da determinação. Segundo Luiz Paulo Vieira de Carvalho, "caberá ao juiz, com base em valores éticos, morais, sociais, econômicos e jurídicos, verificar se os motivos alegados pelo testador para clausular os bens são justos".[28] Em direção similar, manifesta-se Paulo Lôbo, aduzindo que a justificativa deve convencer o juiz de que foi imposta no interesse do herdeiro necessário e nunca para satisfazer valores ou idiossincrasias do testador. Para o referido autor, clausular a reserva hereditária atenta à legítima expectativa convertida em direito adquirido quando da abertura da sucessão, argumentando que a proteção visada pelo testador se transforma, frequentemente, em estorvo, antes prejudicando do que beneficiando o

---

[27] Celso Ribeiro Bastos; Ives Gandra Martins. *Comentários à Constituição do Brasil*, vol. II, São Paulo: Saraiva, 1989, p. 119-120.

[28] Luiz Paulo Vieira de Carvalho, *Direito das Sucessões*, São Paulo: Atlas, 2017, 3. ed, p. 520.

herdeiro, razão pela qual se deve interpretar de forma exigente e restrita a justa causa imposta pela lei atual.[29] Em busca de um conceito mais determinado, Marcelo Truzzi Otero expõe:

> justa causa, no direito sucessório, é o motivo lícito, sério e concreto apontado pessoalmente pelo autor da liberalidade no instrumento de doação ou no testamento que, se persistentes ao tempo da abertura da sucessão, justificam a inalienabilidade, a impenhorabilidade e a incomunicabilidade impostas sobre a legítima do herdeiro necessário, a bem de seus próprios interesses.[30]

Verifica-se na jurisprudência decisões que afastam a inalienabilidade quando presentes causas consideradas genéricas, meramente subjetivas, que não se refiram a singularidades do herdeiro ou fatos em concreto que justifiquem o gravame, como aquelas que se referem genericamente à "proteção do herdeiro" ou "à garantia quanto a incertezas futuras e má administração" ou "para evitar que o patrimônio seja dilapidado", sem uma definição específica da motivação.[31]

Apesar da controvérsia sobre o conceito de justa causa e tendo em vista a finalidade do gravame, que é tirar o bem onerado do comércio e do alcance de credores, restando paralisado no patrimônio de seu titular, deve-se perquirir em quais hipóteses tais fins estariam em consonância com a função social da propriedade. Nessa direção, a autonomia privada que estabelece a inalienabilidade pelo testamento deverá prevalecer, por exemplo, quando o testador grava um único imóvel, de pequeno valor entre os bens da herança,[32] para garantir a moradia de filho insolvente, que não é proprietário de bem

---

[29] Paulo Lôbo, *Direito Civil: Sucessões*, São Paulo: Saraiva, 2016, p. 251.

[30] Marcelo Truzzi Otero, *Justa Causa Testamentária: inalienabilidade, impenhorabilidade e incomunicabilidade sobre a legítima do herdeiro necessário*, Porto Alegre: Livraria do Advogado, 2012, p. 167-168.

[31] "Arrolamento - Doação - Imposição de cláusula de impenhorabilidade - Retificação da doação, a fim de constar a justa causa da restrição a ser imposta - Necessidade - Não aceitação de cláusula genérica de justificação - Aplicação do art. 1848 do Código Civil - Decisão mantida - Recurso desprovido". TJSP, 5ª C.D.Priv., A.I. nº 990100019244, julg. 2.6.2010 e "Apelação Cível. Sucessão Testamentária. Cláusula de Impenhorabilidade, Inalienabilidade e Incomunicabilidade. Bens da Legítima. Necessidade de Justo Motivo. Art. 1.848, do Código Civil - Motivo Genérico - Insubsistência da Cláusula. Em relação aos bens da legítima, a estipulação de cláusulas restritivas não é livre e exige justo motivo que a respalde, sob pena de cancelamento dessa cláusula, nos termos do art. 1848, do Código Civil. A motivação genérica e não fundamentada não é capaz de preencher a justa motivação exigida pelo referido dispositivo." TJMG, 1ª C.C., Ap. Cív. 1.0694.14.000244-5/0010002445-21.2014.8.13.0694 (1), julg. 15.12.2015, publ. DJ. 22.11.2016. No julgamento da Apelação Cível nº 0040817-63.2011.8.26.0506, a justa causa mencionada foi considerada insubsistente. Em seu voto, o Relator do acórdão confirmou a sentença de primeiro grau nesse sentido e reproduziu seus trechos, conforme a seguir: "Essa justa causa, que passou a ser exigida no atual Código Civil, para se impor tais cláusulas restritivas sobre a legítima em testamento, não poderia ser assim genérica, de caráter extremamente subjetivo, refletindo mera opinião do testador. Não complementou ele sua manifestação de vontade, dizendo concretamente porque entendia que a genitora da filha menor dele não detinha condições de gerir o patrimônio que herdasse, na parte da legítima. Nada referiu sobre a qualificação pessoal ou profissional de Elta, nada disse sobre algum eventual problema de saúde que diminuísse ou mesmo restringisse a capacidade dela administrar os bens da filha, nada disse sobre eventual prodigalidade dessa genitora da herdeira, muito menos se referiu a qualquer fato concreto que houvesse ocorrido, para ele externar tal opinião. O testamento traduziu então uma manifestação de vontade que não pode prevalecer, por não atender a exigência legal, de verdadeiramente expor a 'justa causa' que podia ter, para clausular os bens com tamanha restrições". TJSP, 3ª C. Dir. Priv, Ap. Cív. 0040817-63.2011.8.26.0506, julg. 01.04.2014, publ. DJ 02.04.2014.

[32] A indicação de imóvel de pequeno valor está em consonância com a tendência atual de não se proteger patrimônios suntuosos, mesmo quando estes estariam, em tese, protegidos pelo benefício da Lei 8.009/90. Nessa linha, podem ser citadas decisões judiciais que flexibilizam o conceito de imóvel disposto na Lei 8.009/90, de forma a evitar a proteção de bens suntuosos e de valor altíssimo, que muitas vezes superam em muito aquele da dívida: "Agravo interno. Tentativa de rediscutir matéria que foi devidamente analisada quando do exame do agravo de instrumento

imóvel, ou quando grava quotas sociais ou imóvel, no qual o herdeiro explore a sua atividade profissional, para que lhe seja garantida a continuidade do exercício de sua profissão, mesmo após a morte do titular do bem. De igual forma, quando o testador demonstrar fatos concretos ligados à saúde ou especificidades do beneficiário a justificar o gravame, este deverá prevalecer quando não se resumirem à mera subjetividade do autor da herança.

Esses seriam casos que encontrariam guarida nos princípios constitucionais, uma vez que a moradia é direito social, disposto no art. 6º, *caput*, da Constituição da República, indispensável à concretização de uma vida digna (CR/88, art. 1º, III), assim como é fundamento da República o valor social do trabalho (CR/88, art. 3º, inciso IV). Diversa seria a análise se o herdeiro insolvente fosse proprietário de bem imóvel, estando já respaldado pela impenhorabilidade do bem de família (Lei 8.009/90) ao ser aberta a sucessão.

Por conseguinte, a inalienabilidade convencional pode desempenhar, em determinados casos, a função de garantia do patrimônio mínimo da pessoa, a partir da indisponibilidade de um bem essencial ao beneficiário da liberalidade, destinado à sua moradia ou ao desenvolvimento de seu trabalho (CR/88, art. 6º, *caput*). Nestas hipóteses, não haverá violação à propriedade funcionalizada, devendo prevalecer a autonomia privada do testador.[33]

---

com base em conhecida orientação do STJ. Bem de família. Desmembramento. Circunstâncias do caso concreto. Prova pericial. Razoabilidade. Tratando-se de imóvel de área considerável, com matrículas distintas decorrentes dos diversos lotes que o compõem, apontando a prova pericial perfeita possibilidade de desmembramento, não há porque ensejar ao devedor que possa manter-se no luxo, em detrimento do credor". TJRS, 20ª Câmara Cível, Agravo nº 70008940439, Rel. Des. Armínio José Abreu Lima da Rosa, julgado em 16.06.2004. "Imóvel residencial. Impenhorabilidade. E impenhorável o imóvel residencial do devedor e a lei abre espaço para que se permita a penhora de parte desse imóvel, mormente se o terreno não permite divisão cômoda, eis que a parte objeto da constrição é absolutamente encravada". TARS, 1ª Câmara Cível, Agravo de Instrumento nº 196129894, Rel. Des. Heitor Assis Remonti, julgado em 10.09.1996. E no Superior Tribunal de Justiça: "Embargos de terceiro. Penhora. Lei n. 8.009/90. Bem de família. Imóvel residencial. Quatro imóveis contíguos. Matrículas diferentes. Possibilidade do desmembramento. Pelas peculiaridades da espécie, preservada a parte principal da residência em terreno com área superior a 2.200 m², com piscina, churrasqueira, gramados, não viola a lei 8.009/90 a decisão que permite a divisão da propriedade e a penhora sobre as áreas sobejantes. Recurso especial não conhecido". STJ, 4ª T., REsp 139010 / SP, Rel. Ministro Cesar Asfor Rocha, julgado em 21.02.2002, DJ 20.05.2002 p. 143. "Processual civil. Lei 8.009/90. Bem de família. Imóvel residencial. Desmembramento. Circunstâncias de cada caso. Doutrina. Recurso provido. I - Como residência do casal, para fins de incidência da lei n. 8.009/90, não se deve levar em conta somente o espaço físico ocupado pelo prédio ou casa, mas também suas adjacências, como jardim, horta, pomar, instalações acessórias etc, dado que a lei, em sua finalidade social, procura preservar o imóvel residencial como um todo. II - Admite-se a penhora de parte do bem de família quando possível o seu desmembramento sem descaracterizar o imóvel, levando em consideração, com razoabilidade, as circunstâncias e peculiaridades de cada caso". STJ, 4ª T., REsp 188706 / MG, Rel. Ministro Sálvio de Figueiredo Teixeira, julgado em 05.08.1999, DJ 13.09.1999, p. 70.

[33] Na jurisprudência, vale citar: "Apelação cível. Registro de imóveis. Ação de cancelamento de cláusulas restritivas na matrícula de imóvel recebido em doação. Preliminar. Nulidade da sentença. Inocorrência. Rejeita-se a prefacial, visto que inexistente qualquer vício ou nulidade que contamine o decisum e enseje a sua desconstituição. Não há nulidade a ser declarada em sentença devidamente fundamentada, que observou o disposto nos arts. 165 e 458 do CPC e 93, IX, da Constituição Federal, embora adote tese diversa daquela invocada pela parte recorrente. Cancelamento de cláusula de inalienabilidade. Inviabilidade no caso concreto. É entendimento corrente na doutrina e jurisprudência que a indisponibilidade gravada sobre bens imóveis não é absoluta, havendo possibilidade da relativização quando se tornarem óbice à própria fruição da coisa pelo proprietário. Atende-se, com essa exegese, a função social da propriedade. Entretanto, no caso inexistem elementos que configurem justa causa ao cancelamento do gravame, já que o próprio donatário alegou que sua pretensão apenas tem por escopo tornar plena a propriedade do bem. Outrossim, as razões apresentadas pela doadora e pelos demais filhos do autor apresentam-se razoáveis à manutenção da cláusula de inalienabilidade, porquanto visam proteger o genitor, pessoa de idade avançada, que reside sozinho, de eventual influência de terceiros. Preliminar rejeitada. Recurso

Vale ressaltar que a validade da cláusula restritiva estará sempre submetida à análise da permanência dos motivos que a justificaram. Se, nos exemplos anteriores, o herdeiro passa a ganhar muito dinheiro, ou compra outro imóvel, ou, ainda, passa a desenvolver o seu trabalho de outra maneira, não haverá mais razão para a manutenção do gravame. É neste sentido, portanto, que deve ser compreendido o conceito de *justa causa* disposto no art. 1.848 do Código Civil, que deve ser irradiado também para as hipóteses nas quais o testador grava a sua quota disponível (CC, art. 1.911), sob pena de não haver justificativa para o gravame com fundamento constitucional, com evidente violação à propriedade como instrumento para a promoção de valores fundamentais.

Na utilização dos gravames da inalienabilidade, da impenhorabilidade e da incomunicabilidade no planejamento sucessório, quer seja quanto aos bens da legítima ou da disponível, deve-se ponderar que para a incidência do efeito da restrição aos frutos e rendimentos dos bens gravados, deverá o testador ser expresso quanto ao seu desejo, sendo certo que, apesar de previsão expressa no testamento, não se pode afastar o disposto no art. 834 do CPC, que determina que podem ser penhorados, à falta de outros bens, os frutos e os rendimentos dos bens inalienáveis. A questão revela-se de extrema importância nas hipóteses de herdeiros casados pelo regime da comunhão parcial de bens, uma vez que os frutos dos bens particulares se comunicam no aludido regime (CC, art. 1.660, V).

3.4 Proteção de herdeiros menores ou com deficiência pelo testamento

Uma constante preocupação nos planejamentos sucessórios é a proteção de herdeiros menores ou com deficiência. De fato, não raro, pessoas vivenciam mais de um relacionamento ao longo de suas vidas têm filhos de diferentes idades, havendo, em diversos casos, pessoas que, ao lado de filhos adultos e "criados", têm aqueles menores, ainda em idade escolar. Além disso, a angústia com o futuro de descendentes portadores de deficiência é recorrente, considerando a necessidade de zelo constante, bem como de recursos financeiros por vezes expressivos, em virtude de tratamentos e terapias que proporcionam melhores condições de vida e desenvolvimento para os portadores de deficiência.

Diante de um planejamento sucessório, dita proteção encontra sede profícua no testamento.

Inicialmente, pode-se mencionar a diversidade de opções de disposições a serem imputadas na cota disponível do testador. Como é sabido, dita cota disponível ou parte dela pode ser destinada para os herdeiros menores ou portadores de deficiência na direção da necessidade de sua proteção. No entanto, também é possível algumas gradações, em especial quando o testador, apesar da preocupação aqui em foco, sente um desconforto em estabelecer diferenças entre os filhos. Realmente, apesar da igualdade material preconizar que os iguais sejam tratados igualmente e os desiguais de forma desigual na medida de sua desigualdade, nem sempre para os genitores essa máxima

---

de apelação desprovido. Unânime". TJRS, 18ª Câmara Cível, Apelação Cível nº 70012329959, Rel. Des. Pedro Celso Dal Pra, julgado em 12.04.2007.

se aplica pragmaticamente. Nessa direção, é possível estabelecer sobre a cota disponível direitos reais, como o usufruto ou o direito real de habitação sobre determinados bens, garantindo a transmissão do referido patrimônio para os demais filhos ou para os netos do testador uma vez findos os gravames.

Ainda sobre a cota disponível, em relação a esta, pode ser determinada uma verba periódica para o filho menor, até que complete determinada idade que seja na visão do testador aquela na qual já estará devidamente formado, somando-se, por ocasião do falecimento, o número de anos do sucessor faltantes para completar a idade mencionada, multiplicando-se dito número pelo período ajustado. Assim, sendo uma verba anual e fixando o testador a idade de 25 anos para o recebimento de dita quantia, falecendo o autor da herança quando faltem 10 anos para o sucessor alcançar 25 anos, multiplicar-se-iam os 10 anos pelo valor da verba anual, de forma a encontrar o valor do legado deixado. Esta disposição pode ser acompanhada da devida justificativa do testador para o seu estabelecimento, como uma verba fixada para fins de formação do herdeiro menor. Sem dúvida, cláusulas narrativas no testamento, através das quais o testador esclarece os seus objetivos, são muito bem-vindas, são de grande auxílio na interpretação do ato de última vontade.

Outra importante disposição testamentária na linha do ora exposto é aquela que nomeia o tutor do filho menor. Com efeito, os filhos menores são postos sob o regime de tutela uma vez falecidos os pais (CC, art. 1.728, I), sendo certo que a nomeação de tutor compete aos pais, podendo ser estabelecida pela via do testamento ou por qualquer outro ato autêntico (CC, art. 1.729, parágrafo único). Vale registrar que os pais podem, por força do testamento, não só nomear o tutor para seus filhos menores, como fixar os valores destinados ao atendimento das necessidades do pupilo, por força do disposto no art. 1.746 do Código Civil.

Havendo herdeiros maiores portadores de deficiência, sendo os genitores os testadores, diante do que dispõe o art. 1.774 do Código Civil, que determina a aplicação à curatela das disposições pertinentes à tutela com as devidas adequações da lei, o testador poderá designar a quem caberá o exercício da curatela, se ao tempo da abertura da sucessão exerciam os testadores o referido *múnus*, aplicando-se ao caso o mesmo que foi dito em relação à tutela.

Ainda sobre a nomeação de tutor ou curador para filhos, vale registrar a possibilidade de nomeação de tutores ou curadores compartilhados ou conjuntos, na forma do previsto no art. 1.775-A do Código Civil. Na primeira hipótese, ou seja, havendo tutela ou curatela compartilhada, aqueles nomeados exercerão simultaneamente o *múnus*. Já na hipótese de tutela ou curatela conjunta, fraciona-se o exercício do ofício, podendo um dos designados exercer a tutela ou curatela pessoal e o outro a tutela ou curatela patrimonial do menor ou do maior portador de deficiência.

Ainda ponderando sobre herdeiros menores, nas hipóteses de serem beneficiários em ato de última vontade, cabe ao testador nomear curador para a administração de bens que lhes sejam deixados no testamento, não obstante o poder familiar dos pais e os poderes inerentes ao exercício da tutela na gestão do patrimônio do menor. Assim dispõe o inciso III do art. 1.693 do Código Civil, determinando que se excluem do usufruto e da administração dos pais os bens deixados ou doados ao filho, sob a condição de não serem usufruídos, ou administrados, pelos pais, bem como o art. 1.733,

§2º, do Código Civil, que autoriza àquele que institui um menor herdeiro ou legatário nomear-lhe curador para os bens deixados, ainda que o beneficiário se encontre sob o poder familiar ou tutela.

A partir dos dispositivos mencionados, nomeia-se um curador específico para os bens do menor, afastando aquele que teria a gestão de seu patrimônio, para confiá-la à pessoa especialmente designada para tanto no ato de disposição de última vontade. Dessa forma, quando um menor é nomeado herdeiro ou legatário, apesar de estar sob o poder familiar ou sob regime de tutela, poderá ter os bens que lhe sejam destinados através de testamento submetidos à administração de um curador especial. Uma mãe, por exemplo, que tenha restrições fundadas à gestão paterna, poderá designar um curador especial para administrar os bens que venha a deixar para seu filho, o mesmo podendo ocorrer em caso de designação de tutor, quando o genitor entenda que, apesar da nomeação daquele que desempenhará a tutela, a administração de determinados bens caberia melhor à pessoa designada especialmente para tanto.

Segundo abalizada doutrina, o disposto no parágrafo único do art. 1.733 não excepciona o princípio da unidade da tutela, previsto no *caput* e no §1º do referido dispositivo, tolerando-se o cumprimento da vontade do testador, porque do contrário importaria em prejuízo para o menor, quando a tutela assim como o poder familiar têm por objetivo beneficiar o menor.[34]

Neste caso, é preciso ponderar que ao curador especial será devida uma remuneração pelo exercício do seu ofício, bem como deverá ele prestar contas de sua gestão, tal como ocorre com o tutor e o curador.

Sobre a possibilidade de se nomear curador especial para a gestão do patrimônio do herdeiro menor nomeado, na forma do disposto nos citados artigos 1.693, III, e 1.733, parágrafo único, ambos do Código Civil, algumas questões são postas à luz dos dispositivos mencionados.

A primeira delas é sobre a possibilidade de estenderem-se ditas previsões para os herdeiros que sejam maiores, portadores de deficiência que os tornem incapazes. Isso porque os dispositivos mencionados referem-se aos *menores*. No entanto, nos casos em que a situação de ditos herdeiros maiores seja similar àquela dos menores, a extensão é necessária por força da analogia. Realmente, tendo o testador um filho maior, portador de deficiência que o torna incapaz, sob os seus cuidados, a similitude da hipótese é latente, atraindo a aplicação das normativas referidas.

Outra questão diz respeito à pessoa do curador especial. Poderia ser ele uma pessoa jurídica? Apesar de se poder extrair dos citados dispositivos, bem como dos comentários lançados a eles pela doutrina, de que se referem a pessoas físicas, não há nada na lei que proíba que se nomeie uma pessoa jurídica como curador especial. Pode-se colher, neste caso, a vantagem de tornar as decisões sobre a administração dos bens sempre coletivas, tomadas em ambiente profissional e especializado.

Por fim, indaga-se quanto à extensão da atuação do curador especial. Estariam as previsões dos artigos mencionados limitadas à cota disponível do testador, considerando o princípio da intangibilidade da legítima, que proíbe que esta seja diminuída em seu

---

[34] J. M. Carvalho Santos. *Código Civil Brasileiro Interpretado*, Volume VI, Rio de Janeiro: Freitas Bastos, 1961, 7. edição, p. 235.

valor e substância? Em outras palavras, tendo em vista que a legítima pertence *ex lege* aos herdeiros necessários, poderia o testador afetá-la em sua substância, afastando-a da gestão daqueles que são responsáveis pelo herdeiro menor ou maior incapaz? A indagação é tormentosa e a redação dos dispositivos referidos demonstra que a intenção do legislador foi limitar a previsão à cota disponível. Realmente, o art. 1.693 do Código Civil refere-se aos bens *deixados* ou *doados* ao filho, *sob a condição* de não serem usufruídos, ou administrados, pelos pais. A legítima não é *deixada* ao filho, uma vez que pertence a ele de pleno direito e, além disso, em relação à dita cota, não pode ser aposta qualquer condição, em virtude de seu caráter intangível. Por conseguinte, parece que dito dispositivo coaduna-se com a cota disponível. O mesmo pode ser dito em relação ao parágrafo único do art. 1.733 do Código Civil, uma vez que o genitor só *institui* um filho como seu herdeiro em relação à cota disponível, uma vez que, repita-se, a legítima pertence a ele de pleno direito.

Em que pese esta constatação, oriunda da lógica do sistema e da literalidade da lei, não é incomum o desejo de que a administração por um terceiro alcance também a legítima do herdeiro necessário. Nessa direção e para que esta questão possa ter uma resposta interpretativa coerente, deve-se analisar o caso concreto e as motivações do testador.

Já Carvalho Santos mencionava doutrina sobre o tema que sustentava a tese de que, "se a condição imposta a essa liberalidade, em lugar de ser inspirada no interesse do filho, não é ditada senão por um sentimento de inimizade e de vingança contra o pai, não deve ser executada", sendo certo que o autor citado, que escreveu à luz do Código Civil de 1916, já ponderava que esta doutrina era duvidosa em face daquele diploma legal, que não distinguia a hipótese nem a excetuava, na mesma linha do que ocorre com o Código Civil atual.[35]

Sem dúvida, afastar o responsável legal por um menor ou maior incapaz da gestão de seus bens pode ser elemento de discórdia e conflitos, revertendo-se contra o herdeiro. Deve, então, ser bem sopesada no caso concreto. Por conseguinte, via de regra, os dispositivos em análise deverão estar atrelados à cota disponível, seguindo a legítima seu caminho previsto na lei: pertencer de pleno direito ao herdeiro necessário, sendo intangível, não podendo ser reduzida ou modificada em seu valor ou substância. No entanto, motivações relevantes do autor da herança podem justificar a extensão da administração do curador especial aos bens integrantes da reserva. Nessa linha, a extensão da curadoria especial à legítima do herdeiro necessário deve ser excepcional, devendo estar justificada por razões que sejam merecedoras de tutela quanto ao afastamento dos genitores, do tutor ou do curador da gestão dos bens daquele que se encontra sob os seus cuidados e responsabilidade. Nessa direção, mais uma vez, assumem relevância cláusulas testamentárias narrativas do testador, que explicitem seus objetivos, sendo um norte interpretativo do ato de última vontade.

Nesse momento em que o planejamento sucessório está na ordem do dia, havendo muitas informações difundidas sobre a matéria, levando muitas vezes à errônea percepção de que apenas caminhos mais complexos constituirão soluções para tanto, é necessário descortinar as virtudes do testamento, que se constitui em instituto de fácil elaboração,

---

[35] J. M. Carvalho Santos. *Código Civil Brasileiro Interpretado*, Volume VI, cit., p. 234.

que não enseja despojamento de patrimônio pelo titular, podendo, ainda, ser mudado a qualquer tempo.

Registre-se que, como se tem comumente afirmado, o planejamento sucessório é específico para o caso concreto em análise, sendo necessário revê-lo sempre que as condições que o ensejaram se modifiquem. Em muitos casos, será preciso conjugar institutos de outros ramos do direito, como o direito societário e o tributário. No entanto, raras vezes será despiciendo o testamento, ora sendo este a ferramenta única da qual se vale o titular do patrimônio para prever sua sucessão, ora sendo instrumento utilizado em conjunto com outros, para o alcance dos objetivos do titular do patrimônio.

O que se espera é que o planejamento sucessório prime pela harmonia entre aqueles que ficam, auxiliando uma rápida e eficaz transmissão do acervo hereditário, com a conclusão da sucessão *causa mortis*.

4 Conclusão

Neste momento em que o planejamento sucessório está na ordem do dia, havendo muitas informações difundidas sobre a matéria, levando muitas vezes à errônea percepção de que apenas caminhos mais complexos constituirão soluções para tanto, considerou-se necessário demonstrar as virtudes do testamento, que se constitui em instituto de fácil elaboração, que não enseja despojamento de patrimônio pelo titular, podendo, ainda, ser mudado a qualquer tempo.

Para tanto, foram eleitas determinadas cláusulas testamentárias para um específico exame, sem prejuízo de outras disposições de mesma relevância, como aquelas que autorizam o testador a apor elementos acidentais aos benefícios testamentários como a condição, o termo e o encargo, a possibilidade de se nomear substitutos para os herdeiros ou legatários instituídos, bem como a previsão de dispensa de colação pela via do ato de última vontade.

Registre-se que, como se tem comumente afirmado, o planejamento sucessório é específico para o caso concreto em análise, sendo necessário revê-lo sempre que as condições que o ensejaram se modifiquem. Em muitos casos, será preciso conjugar institutos de outros ramos do direito, como o direito societário e o tributário. No entanto, raras vezes será despiciendo o testamento, ora sendo este a ferramenta única da qual se vale o titular do patrimônio para prever sua sucessão, ora sendo instrumento utilizado em conjunto a outros, para o alcance dos objetivos do titular do patrimônio.

O que se espera é que o planejamento sucessório prime pela harmonia entre aqueles que ficam, auxiliando numa rápida transmissão do acervo hereditário, com a conclusão da sucessão *causa mortis*.

Informação bibliográfica deste texto, conforme a NBR 6023:2018 da Associação Brasileira de Normas Técnicas (ABNT):

NEVARES, Ana Luiza Maia. O testamento e sua instrumentalidade no planejamento sucessório: limites e potencialidades. *In*: TEIXEIRA, Daniele Chaves (Coord.). *Arquitetura do Planejamento Sucessório*. Belo Horizonte: Fórum, 2021. p. 447-465. Tomo II. ISBN 978-65-5518-117-3.

BREVES REFLEXÕES SOBRE O PLANEJAMENTO SUCESSÓRIO E O AGRONEGÓCIO

DANIELE CHAVES TEIXEIRA
ANTONIO CARMELO ZANETTE

1 Notas introdutórias

O direito das sucessões é um tema que lida com a morte, ou seja, com algo que a sociedade brasileira em geral não gosta de lidar. Entretanto, trata-se da única certeza que temos na vida. E, sobretudo hoje, o tempo não está propício para deixar tal assunto para ser debatido "depois". A composição da sociedade contemporânea, moldada por sensíveis transformações sociodemográficas, alça o tema à primeira ordem de preocupações da teoria e da prática do direito. Nem poderia ser diferente, dada a notoriedade dos processos de industrialização, urbanização, redimensionamento das organizações familiares, mobilidade social e incorporação da mulher ao mercado de trabalho,[1] entremeados a leituras e releituras dos institutos fundamentais de direito civil.[2]

As necessidades de maior atenção ao direito sucessório – e, principalmente, ao crescimento e à importância dessa área – são realidades hoje. No passado, o impacto do direito sucessório era mais restrito. Este fato decorria por alguns fatores, entre eles: a) o modelo sucessório brasileiro tinha um perfil de maior aderência às peculiaridades de uma sociedade predominante agrária, de baixas expectativas médias de vida e na qual o recorte jurídico da família é tendencialmente monista e hierarquizado; b) até meados do século XX, eram raríssimas as ocasiões em que a sucessão se espraiava para fora das fronteiras nacionais – e a grande preocupação do próprio direito se circunscreve às fronteiras de seus respectivos estados; c) a composição da riqueza das famílias era timbrada pela prevalência da propriedade imobiliária, que é, no mais das vezes, indiferente à passagem do tempo; d) enfim, os umbrais da economia e do direito

---

[1] CARBONERA, Silvana Maria. Aspectos históricos e socioantropológicos da família brasileira. *In*: MENEZES, Joyceane Bezerra de; MATOS, Ana Carla Harmatiuk (Org.). *Direito das famílias por juristas brasileiras*. São Paulo: Saraiva, 2013.

[2] RUZYK, Carlos Eduardo Pianovski. *Institutos fundamentais de direito civil e liberdade(s)*: repensando a dimensão funcional do contrato, da propriedade e da família. Rio de Janeiro: GZ, 2011.

favoreciam a concentração de patrimônio imobilizado, o que tornava a preocupação com a sucessão *mortis causa* problema de uns poucos.

Hoje, as funções tradicionalmente atribuídas ao direito sucessório – conservação da família transpessoal por meio da mantença, no tronco familiar, da propriedade privada, sobretudo imobiliária –[3] perdem sentido mediante o estado do governo jurídico das relações entre particulares. Da mesma forma, o propósito de proteção aos desamparados pela morte de um provedor se decompõe ante o vertiginoso aumento da expectativa média de vida, a igualmente sensível redução do número de filhos por mulher e a difusão de mecanismos de amparo mais eficazes do que a sucessão, a exemplo de arranjos de seguridade social e previdência complementar. A própria família perde seus traços institucionais, para se convolar em uma comunidade de afeto e solidariedade, responsável pelo desenvolvimento de seus integrantes.[4]

No plano patrimonial, a riqueza se desmaterializa. Não mais a propriedade imobiliária, mas a *informação* apresenta-se como o ativo de maior significância econômica. E ela não conhece fronteiras, bem assim as possibilidades, clareadas por aceleradíssimos fluxos informacionais de aquisição de bens móveis e imóveis no exterior, agora com os bens digitais. Enfim, o sucesso de programas de inclusão e a maior divisão social do trabalho permitem, senão uma melhor distribuição, ao menos um maior acúmulo de riqueza, mesmo por quem se considerava nas dobras do direito e da economia de outrora. A sucessão, pode-se dizer, torna-se tópico de interesse comum.

A tendência, nas próximas décadas, diante disso tudo e de outras características da sociedade líquida, globalizada e conectada dos dias atuais, é de que haja brutais incrementos na transmissão de riqueza pela via sucessória *mortis causa*.

Nessa ordem de ideias, o despertar da sociedade contemporânea para o direito das sucessões vem acompanhado da necessidade de uma maior atenção ao planejamento sucessório. E, exatamente pelas referidas mudanças socioeconômicas, com a inserção da mulher no mercado de trabalho e as consequências da vulnerabilidade de gênero em várias áreas, como a violência doméstica, a discriminação salarial e acadêmica, torna-se oportuna a conjugação de um escrutínio dos mecanismos de planejamento sucessório[5] a uma leitura atenta à temática de gênero.

Deve-se observar que o direito sucessório no Brasil passou muito tempo ao largo das preocupações da comunidade jurídica especializada. Esse distanciamento associa-se à dificuldade técnica, intensificada por duas peculiaridades. Uma, a de que o direito das sucessões não comporta noções imprecisas; outra, a de que todos os problemas dos demais ramos do direito civil se reflete no estudo das sucessões – as quais consistem em normativa de síntese, como já se teve oportunidade de enaltecer.

Diante desse pano de fundo, este trabalho objetiva fazer uma contextualização do direito sucessório brasileiro na sociedade contemporânea. Demonstra-se de que maneira

---

[3] BEVILAQUA, Clóvis. *Direito das sucessões*. Rio de Janeiro: Rio, 1978.

[4] MORAES, Maria Celina Bodin de. A nova família, de novo – Estruturas e função das famílias contemporâneas. *Pensar*, v. 18, n. 2, p. 587-628, maio/ago. 2013. p. 593.

[5] Segundo Daniele Teixeira, "Destaca-se que a finalidade do planejamento está exatamente na flexibilização dos instrumentos jurídicos de que se vale para adequar-se às variáveis das situações fáticas. Não existe um modelo padrão; pode-se até ter instrumentos mais utilizados conforme a complexidade do patrimônio, visto que cada pessoa tem relações familiares e patrimoniais diversas uma das outras" (TEIXEIRA, 2019, p. 65).

os efeitos das transformações socioeconômicas desestruturaram os pilares do direito das sucessões, que são a família e a propriedade. Analisa-se, especificamente, de que forma estas transformações interferem no agronegócio com relação à aplicação de um planejamento sucessório que demanda certas peculiaridades culturais e econômicas.

2 Sucessão e planejamento sucessório

A percepção dos brasileiros sobre a morte é de dificuldade. Ela é, no entanto, inexorável e infalível. Como tal, merece enfrentamento sereno. Nesse giro, abordar esse tabu é um esforço que demanda atitude de compreensão íntima e de observação externa, para além da singela, mas certeira lição da teoria do direito civil, de que a morte é evento futuro e certo – termo, portanto –, mas de impossível precisão – o que lhe confere o qualificador *indeterminado*.

A sucessão, que é a transmissão de direitos, pode ocorrer durante a vida (*inter vivos*) ou após a morte (*causa mortis*). Nesse contexto, o direito sucessório é todo dedicado à sucessão *causa mortis* que, por seu turno, pode ocorrer a título universal ou singular. No primeiro caso, há a herança, e quem a recebe é o herdeiro; já a título singular, há o legado, e quem o recebe é o legatário. A função do direito das sucessões é estabelecer o destino das situações jurídicas transmissíveis do autor da herança, conforme os ditames constitucionais e legais. Com a morte, ocorre a abertura da sucessão, e é nesse momento que nascem os direitos hereditários.

O vigente Código Civil brasileiro pouco avançou na parte do livro do direito das sucessões, pois ainda reflete institutos que correspondiam às peculiaridades da sociedade predominantemente agrária do Brasil de fins do século XIX e início do século XX. É dizer: os enunciados normativos atinentes à sucessão no Código Civil de 2002 não se coadunam com a sociedade contemporânea, com todas as complexidades sociais, porque, em geral, o sistema atual das sucessões não atende aos anseios finais dos indivíduos, detenham eles vastos patrimônios ou não. Pior: o Código se baseia numa família que não corresponde ao perfil das famílias da atual sociedade brasileira.

Pode-se afirmar que, no novo diploma, poucas mudanças foram registradas quanto ao direito das sucessões, diferentemente do que ocorreu em outras áreas do direito civil. Constata-se, dessa maneira, que o direito sucessório, dentro do direito civil, é esquecido pela doutrina, e que os legisladores do Código Civil de 2002 perderam uma ótima oportunidade para esclarecer e atualizar institutos do direito sucessório, tornando-os mais coerentes com as demandas do mundo contemporâneo.

A expansão do direito das sucessões decorre do mundo globalizado, tecnológico, imediatista, consumista e fluido em que vive a sociedade contemporânea.[6] Para Anthony Giddens,[7] a globalização se define como "a intensificação em escala mundial de relações

---

6 TEIXEIRA, Daniele Chaves. *Planejamento sucessório*: pressupostos e limites. 2. ed. Belo Horizonte: Fórum, 2019. p. 30.

7 GIDDENS, Anthony. *The consequences of modernity*. Stanford: Polity Press, 1996.

sociais que conectam localidades distantes, de tal maneira, que acontecimentos locais são moldados por eventos ocorrendo a muitas milhas de distância e vice-versa".[8]

Deve-se dar destaque para a questão do desenvolvimento tecnológico e, consequentemente, da velocidade das novas técnicas de comunicação eletrônica. Isso levou à unificação de espaços, ou seja, à intercomunicação dos lugares que, embora geograficamente distantes, tornaram-se próximos.

Zygmunt Bauman também retrata precisamente essa sociedade instantânea e fluida.[9] O autor considera que "o derretimento dos sólidos levou à progressiva libertação da economia de seus tradicionais embaraços políticos, éticos e culturais. Sedimentou uma nova ordem, definida principalmente em temos econômicos".[10] Seria imprudente negar a mudança que a "modernidade fluida" produziu na condição humana, alterando, dessa forma, a condição política-vida de um modo radical e, consequentemente, fazendo com que seja necessário repensar os velhos conceitos.

Até este ponto buscou-se contextualizar a sociedade contemporânea, demonstrar o descompasso com o direito sucessório brasileiro e ressaltar a necessidade de adequar o direito das sucessões a essa nova sociedade. Cabe ressaltar que, por serem fatores que envolvem a sociedade contemporânea, vários ordenamentos jurídicos, como da França, da Alemanha, entre outros, efetuaram reformas na legislação relativas ao direito das sucessões. Nesse prisma, a conjugação aparentemente aporética entre as preocupações contemporâneas com a sucessão e a desatualização do direito sucessório conduz à busca pelo planejamento sucessório. Daniele Teixeira afirma:

> a relevância do planejamento sucessório e sua respectiva demanda são crescentes nos dias de hoje, em razão de diversos motivos. Entre eles, então: as transformações das famílias e seus desdobramentos jurídicos; a valorização e fluidez dos bens; a economia no pagamento de impostos; a possibilidade de maior autonomia do autor de herança; a celeridade da sucessão; a prevenção de litígios futuros; e o evitamento da dilapidação do patrimônio.[11]

Pode-se compreender que isso decorre da cunhagem de mecanismos conformes ao direito que permitam abrandar eventuais conflitos sucessórios, assegurar o cumprimento dos desígnios do titular do patrimônio a ser sucedido, reduzir os custos da sucessão de situações jurídicas *mortis causa* e ajustar o corpulento tempo do direito ao cada vez mais fugaz tempo da vida. O direito sucessório brasileiro está extremamente engessado, distante das necessidades das famílias contemporâneas e das funções patrimoniais, que devem ser atendidas à luz dos princípios constitucionais, mas que dispõem de poucas

---

[8] Tradução livre. No original: "Globalisation can thus be defined as the intensification of worldwide social relations which link distant localities in such a way that local happenings are shaped by events occurring many miles away and vice versa".

[9] O autor denomina "'fluidez' a principal metáfora para o estágio presente da era moderna". Segundo ele, os fluidos não fixam o espaço nem prendem o tempo; já para os sólidos, o que conta é o tempo mais do que o espaço que ocupa. As "descrições de líquidos são fotos instantâneas, que precisam ser datadas [...] A extraordinária mobilidade dos fluidos é o que os associa à ideia de 'leveza' [...]". Por isso, "fluidez" ou "liquidez" são metáforas adequadas quando se quer capturar "a natureza da presente fase, nova de muitas maneiras, na história da modernidade" (BAUMAN, Zygmunt. *Modernidade líquida*. Tradução de Plínio Dentzien. Rio de Janeiro: Jorge Zahar, 2001. p. 8-9).

[10] BAUMAN, Zygmunt. *Modernidade líquida*. Tradução de Plínio Dentzien. Rio de Janeiro: Jorge Zahar, 2001.

[11] TEIXEIRA, Daniele Chaves. *Planejamento sucessório*: pressupostos e limites. 2. ed. Belo Horizonte: Fórum, 2019. p. 67.

alternativas para exercer a própria autonomia. Por isso, o planejamento sucessório é tão necessário na atualidade. Com base na liberdade de testar, é possível buscar instrumentos para a efetivação desejada e corrigir algumas distorções que o sistema jurídico provoca.

Entretanto, tratar da sucessão em vida sempre representou um enorme tabu. Culturalmente, seja por medo ou egoísmo, muitos não se interessam pela própria morte. Em geral, as pessoas afirmam que "Não é um problema para eles, mas para os filhos e, havendo, para outros herdeiros. Eles que resolvam quando a hora chegar".[12] Contudo, as características da sociedade brasileira atual demandam uma melhor estruturação patrimonial para após a morte. Um adequado planejamento democratizaria e internalizaria a vontade do autor da herança.[13]

O planejamento sucessório atende à procura por organização e permite que as pessoas enfrentem a dificuldade humana de lidar com a morte. A procura crescente por maiores informações na questão sucessória em relação ao patrimônio e à família é questão fática na atualidade; pode-se entender que o planejamento sucessório é a consequência maior do fenômeno da pluralidade familiar da sociedade.[14]

Com efeito, deve-se analisar o que é um planejamento sucessório e com que finalidade é realizado. Primeiramente, o planejamento sucessório é o instrumento jurídico que permite a adoção de uma estratégia voltada para a transferência eficaz e eficiente do patrimônio de uma pessoa após a sua morte.[15] Importante destacar que esse planejamento é realizado em vida e que sua completa aplicabilidade de efeitos ocorrerá somente com a morte. Ele é essencial para quem quer a realização de sua vontade após sua morte e pode ser realizado por meio de diversos instrumentos jurídicos: o testamento é apenas um deles.

O planejamento sucessório envolve várias áreas do direito civil, como o próprio direito das sucessões, o direito de família, o direito dos contratos, entre outros institutos civis, conjugando-se, também, ao direito empresarial e ao direito tributário. Além disso, um planejamento envolve não somente direito privado, mas diversas áreas de direito, como o direito processual, o direito administrativo, o direito internacional privado, "em face da sucessão de bens deixados no estrangeiro",[16] em virtude da globalização e da facilidade de se adquirir e administrar bens no exterior. No caso do artigo em específico, demonstramos a interface do planejamento sucessório com o agronegócio. Destaque-se que a finalidade do planejamento está exatamente na flexibilização dos instrumentos jurídicos de que ele se vale para adequar-se às variáveis das situações fáticas. Não existe um modelo padrão; pode-se até ter instrumentos mais utilizados conforme a complexidade do patrimônio, visto que cada pessoa tem relações familiares e patrimoniais diversas uma das outras.

---

[12] MAMEDE, Gladston; MAMEDE, Eduarda Cotta. *Planejamento sucessório*: introdução à arquitetura estratégica – patrimonial e empresarial – com vistas à sucessão causa mortis. São Paulo: Atlas, 2015. p. 2.

[13] OLIVA, Milena Donato. *Do negócio fiduciário à fidúcia*. São Paulo: Atlas, 2014. p. 118.

[14] HIRONAKA, Gisela Maria Fernandes Novaes. Planejar é preciso: planejamento sucessório para as novas famílias. *Revista IBDFAM: Famílias e Sucessões*, Belo Horizonte, ed. 10, p. 5-7, abr. 2014. p. 6.

[15] TEIXEIRA, Daniele Chaves. *Arquitetura do planejamento sucessório*. 2. ed. Belo Horizonte: Fórum, 2019. p. 41.

[16] PEREIRA, Caio Mario da Silva. *Instituições de direito civil*: direito das sucessões. 15. ed. rev. e atual. por Carlos Roberto Barbosa Moreira. Rio de Janeiro: Forense, 2005. v. VI. p. 4.

DANIELE CHAVES TEIXEIRA (COORD.)
ARQUITETURA DO PLANEJAMENTO SUCESSÓRIO

O objetivo do planejamento sucessório é determinar a sucessão, atividade "preventiva com o objetivo de adotar procedimentos, ainda em vida do titular da herança, com relação ao destino de seus bens após a sua morte".[17] Desse modo, faz-se necessária a busca de novas ferramentas, para "compor [a] sucessão de modo a atender a vontade dos titulares do patrimônio",[18] existentes em outros ramos do direito privado, para auxiliar nas novas exigências sociais, que evidenciam a necessidade crescente de se "planificar a transferência do patrimônio pessoal de uma forma racional e segura, respeitados os comandos da legislação vigente".[19]

O planejamento sucessório enfrenta algumas dificuldades para sua efetivação. As principais são: a) a demanda por uma maior autonomia do autor da herança perante os limites de nosso sistema sucessório; e b) a questão legislativa e a problematização de leis no tempo.

O primeiro problema decorre exatamente da procura da sociedade por maior autonomia ao dispor de seu patrimônio, em contraposição à rigidez do sistema sucessório brasileiro, expresso nas disposições de limite da legítima, na proibição dos pactos sucessórios, nas limitações às doações, nos regimes de bens e seus respectivos efeitos no ordenamento jurídico. Com o Código Civil de 2002, agravou-se a situação de pouca liberdade com a inserção do cônjuge como herdeiro necessário; atualmente, o Supremo Tribunal Federal, no julgamento do RE nº 878.694, equiparou os regimes jurídicos do casamento e da união estável.[20]

Entretanto, a análise da questão por maior ou menor liberdade deve ser sempre realizada com base nos direitos e garantias fundamentais expressos na CRFB/1988. Na Constituição, não só estão presentes os direitos à propriedade privada, à livre iniciativa, à herança, como também princípios da solidariedade, da proteção familiar e, principalmente, da funcionalização dos institutos do direito civil.

Outra dificuldade decorre do fato de o planejamento sucessório ser realizado em momento presente para ser cumprido, na completude de seus efeitos, somente após a morte do indivíduo. O planejamento está, portanto, sujeito a possíveis alterações supervenientes na legislação brasileira. Ou seja, "eventuais alterações legislativas impõem uma reavaliação do planejamento sucessório e a readequação às condições pessoais do titular e aos objetivos traçados".[21] Como exemplo dos efeitos supervenientes da alteração legislativa para o planejamento sucessório, há a significativa alteração do instituto da

---

[17] TEIXEIRA, Silvia Maria Benedetti. Planejamento sucessório: uma questão de reflexão. *Revista Brasileira de Direito de Família*, Porto Alegre, ano VIII, n. 31, p. 5-18, ago./set. 2005. p. 6.

[18] DIAS, Maria Berenice. Manual das sucessões. São Paulo: Revista dos Tribunais, 2009. p. 382.

[19] MADALENO, Rolf. Planejamento sucessório. *Revista IBDFAM: Famílias e Sucessões*, Belo Horizonte, v. 1, p. 11-33, jan./fev. 2014. p. 12.

[20] No Recurso Extraordinário nº 878.694-MG, de relatoria do Min. Roberto Barroso, decidiu-se pela inconstitucionalidade do art. 1.790 do CC/2002, devendo-se, por consequência, aplicar à sucessão do companheiro a mesma disciplina legal do cônjuge, portanto, com a extensão do art. 1.829 do CC/2002 também à união estável. Diante da conclusão do julgamento, com a declaração de inconstitucionalidade do art. 1.790 do CC/2002, o Instituto Brasileiro de Direito de Família – IBDFam apresentou embargos de declaração em razão da omissão do STF quanto à aplicação ao companheiro dos demais dispositivos legais sobre o direito sucessório destinados ao cônjuge, sobretudo o art. 1.845, que o qualifica como herdeiro necessário. Contudo, o Tribunal rejeitou os embargos sob o fundamento de que a questão constitucional foi decidida nos limites em que foi proposta, não se podendo estender o julgamento a questões que não haviam sido anteriormente discutidas.

[21] CRUZ, Elisa; AZEVEDO, Lilibeth. Planejamento sucessório. *In*: TEPEDINO, Gustavo; FACHIN, Luiz Edson (Org.). *Diálogos sobre direito civil*. Rio de Janeiro: Renovar, 2012. v. III. p. 540.

colação com o ingresso no ordenamento do Código de Processo Civil brasileiro de 2015, fator de significativa importância para um planejamento sucessório.

Conforme já assinalado, a relevância do planejamento sucessório e sua respectiva demanda são crescentes nos dias de hoje, em razão de diversos motivos. Entre os quais, podemos citar: as transformações das famílias e seus desdobramentos jurídicos; a valorização e fluidez dos bens;[22] a economia no pagamento de impostos; a possibilidade de maior autonomia do autor da herança; a celeridade da sucessão; a prevenção de litígios futuros; e o evitamento da dilapidação do patrimônio.

Um planejamento sucessório efetivo é capaz de minimizar o risco de litígios judiciais, uma vez que respeita os limites legais da liberalidade do autor da herança e a parte legítima dos herdeiros necessários. Em contraposição, a ausência do planejamento sucessório ou sua existência ineficaz pode acarretar uma instabilidade em razão da multiplicidade de critérios utilizados pelos julgadores, com decisões judiciais muitas vezes contrariando a vontade do autor da herança. Há, ainda, de se considerar a lentidão dos processos judiciais, que termina por corroer o patrimônio.

3 Considerações sobre o agronegócio

O agronegócio é responsável por quase 30% do PIB nacional, formado por um elevado percentual de 96% de empresas familiares, porém, apenas 19% dessas empresas familiares no âmbito do agronegócio têm uma estratégia de sucessão. Os números revelam a necessidade de maior investimento no planejamento interno, para evitar futuras surpresas e garantir estabilidade para as nossas empresas rurais em sua fundamental condição de provedoras do abastecimento alimentar do Brasil e do mundo.[23]

Ao longo das épocas, verificaram-se três diferentes gerações com pensamentos e objetivos fundamentalmente distintos: a partir da década de 1940/1950, objetivava-se constituir e proteger o patrimônio, até a chegada da época inflacionária (1980/1990), que tinha por propósito combatê-la. A presente geração, desde os anos 2000 e que alcança os dias atuais, a partir do êxodo rural e da formação dos sucessores em diversas profissões, revela uma notória preocupação com a propriedade rural, sobretudo no contexto da empresa familiar: a sucessão.

É necessário diferenciar uma empresa familiar dentro do agronegócio de uma empresa que opere nos centros urbanos, pois o patrimônio de ambas é diametralmente oposto. Isso porque, no agronegócio, o patrimônio é ilíquido e imobilizado, de modo que uma propriedade rural, em boa localização para produção de grãos, pode valer de vinte a quinhentos milhões de reais ou mais, aliada à cadeia complexa do agronegócio, demandando uma necessidade ainda maior de organização.[24]

---

[22] "A multiplicidade e diversidade de bens tornam mais possível o conflito entre os herdeiros e, pior, tornam mais difícil a solução" (MAMEDE, Gladston; MAMEDE, Eduarda Cotta. *Planejamento sucessório*: introdução à arquitetura estratégica – patrimonial e empresarial – com vistas à sucessão causa mortis. São Paulo: Atlas, 2015. p. 3).

[23] SANSEVERINO, Paulo de Tarso. Segurança jurídica e agronegócio. *In*: ZANETTE, Antonio Carmelo (Consult.). *Manual do jovem empreendedor rural*. Brasília: SNJ, 2020. p. 12. Disponível em: https://www.gov.br/mdh/pt-br/assuntos/noticias/2020-2/julho/Manualdojovemempreendedorrural.pdf.

[24] BOTERO, Isabel C; CRUZ, Allan Discua; MÜLLER, Claudio G. Family firms in Latin America: why are they important and why should we care. *In*: MÜLLER, Claudio G. BOTERO, Isabel C; CRUZ, Allan Discua; SUBRAMANIAN, Ram. *Family firms in Latin America*. New York: Routledge, 2019. p. 1-7.

Neste contexto, deve-se levar em conta três pilares para a sucessão no agronegócio: a família, a propriedade e a gestão do negócio, tendo em consideração a estrutura, os órgãos e os documentos da organização patrimonial, assim como o planejamento sucessório, e a governança coorporativa e familiar.

A empresa familiar organiza-se por meio de assembleia familiar com acordo ou pacto familiar e conselho de família, regimento interno e comitês, testamentos, pactos antenupciais, doações com e sem usufruto, assim como por meio de cláusulas restritivas à propriedade, que se tornam mecanismos de controle para que a empresa rural possa seguir prosperando ao famoso estilo italiano: *cent'anni*.[25]

A propriedade familiar é o principal instrumento gerador de receita, portanto, a realização de conselhos de sócios ou *holding* com estatuto ou contrato social e acordo de acionistas/quotistas, bem como a realização da assembleia geral ou reunião dos sócios são extremamente importantes para a deliberação sobre a venda ou os investimentos na propriedade.

No que tange à gestão a ser realizada no âmbito da empresa familiar no agronegócio, é necessária a criação de conselho consultivo e de conselho de administração, juntamente com uma auditoria externa e um conselho fiscal, objetivando um maior controle e a profissionalização do negócio, em busca de maior segurança jurídica ante as possíveis tomadas de decisão.

Deste modo, torna-se premente a verificação de dois grandes objetivos com este modelo de organização: a preservação da unidade patrimonial e a introdução de uma cultura profissional.

Com a preservação da unidade patrimonial será possível a manutenção da empresa familiar no agronegócio, de modo que ela possa ser explorada dentro de um planejamento de longo e médio prazo, considerando seus altos investimentos.

Relativamente à introdução de cultura profissional, com regras de governança bem delimitadas, torna-se possível que as escolhas do negócio sejam concretizadas por meio da capacidade técnica de acordo com cada área de atuação do profissional escolhida, e de maneira racional, estancando o modelo antigo advindo da cultura patriarcal nas tomadas de decisões da empresa.

Ademais, no meio rural, especificamente, a imprevisibilidade associada ao clima impõe flexibilidade e agilidade na tomada de decisões, atributos geralmente associados aos empreendimentos de natureza familiar.[26]

Assim, é de extrema relevância a conscientização do empresário rural a despeito da sucessão da empresa familiar no setor do agronegócio, objetivando uma maior organização do patrimônio, a continuidade do negócio e, sobretudo – se bem delimitadas as coisas –, a harmonia familiar,[27] evitando conflitos no futuro, trazendo segurança

---

[25] Expressão usada pelos italianos para celebrar cem anos de vida.

[26] OLIVEIRA, Walber Machado de Oliveira; VIEIRA, José Eustáquio Ribeiro. A sucessão familiar no setor agropecuário. *Revista de Política Agrícola*, ano XXVIII, n. 122, abr./jun. 2019. p. 122. Disponível em: https://ainfo.cnptia.embrapa.br/digital/bitstream/item/205351/1/A-sucessao-familiar-no-setor-agropecuario.pdf.

[27] Para que haja sucessão e harmonia familiar, "discutir abertamente o processo de sucessão no âmbito da família pressupõe a exposição de princípios e valores individuais de cada partícipe, no intuito de que sejam estabelecidos denominadores mínimos que permitam a continuidade do negócio e a harmonia da família. Para Ward (2004), é fundamental que se dispense todo o tempo necessário para definir os objetivos de cada um, sobretudo em sua interação com o negócio. Discuti-los com toda a família seria o primeiro passo para que, no futuro, conflitos

econômico-financeira ao núcleo familiar e primando pela profissionalização do negócio rural que é de suma importância em um país continental como o Brasil.

4 Conclusão

O objetivo deste artigo foi de forma sucinta expor a complexidade que o tema do planejamento sucessório tem por si, com sua interdisciplinaridade, no caso específico, sua interface ante as peculiaridades do agronegócio. A sociedade contemporânea composta por suas diversas entidades familiares e novas formas de composição do patrimônio requer mecanismos de maior oxigenação na sucessão, processo em que a autonomia tem papel fundamental.

A tendência do direito sucessório é por maior autonomia e solidariedade. São estes valores que devem embasar qualquer modificação na legislação sucessória brasileira. Entretanto, deve-se atentar para temática do planejamento sucessório, o qual, além de tardar em assimilar as viragens que marcam os demais ramos do direito civil, ainda ecoa ruídos do patriarcalismo. Assim, embora os instrumentos de planejamento possam ser concebidos como vetores de liberdade, ingerências indevidas podem aflorar e perpetuar exclusões de mulheres e outros grupos sociais vulneráveis.

Com relação ao diálogo com o agronegócio, tendo em vista a sua relevância em termos de economia nacional e a natureza geradora de receita da propriedade familiar, a sucessão deve tomar como ponto de partida a família, a propriedade e a gestão do negócio, para que se busque a preservação da unidade patrimonial e a introdução de uma cultura profissional, como instrumentos de profissionalização e de desenvolvimento empresarial na cadeia complexa do agronegócio.

Demonstrou-se no artigo a necessidade de se efetuar na atualidade o planejamento sucessório, não existe mais momento para se postergar, principalmente, quando se têm negócios e/ou empresas familiares e as dificuldades que se encontram na passagem de bastão entre as gerações.

Referências

BAUMAN, Zygmunt. *Modernidade líquida*. Tradução de Plínio Dentzien. Rio de Janeiro: Jorge Zahar, 2001.

BEVILAQUA, Clóvis. *Direito das sucessões*. Rio de Janeiro: Rio, 1978.

BOTERO, Isabel C; CRUZ, Allan Discua; MÜLLER, Claudio G. Family firms in Latin America: why are they important and why should we care. *In*: MÜLLER, Claudio G. BOTERO, Isabel C; CRUZ, Allan Discua; SUBRAMANIAN, Ram. *Family firms in Latin America*. New York: Routledge, 2019.

---

sejam evitados. Há que se considerar, também, que o desenrolar e o desfecho do processo sucessório envolvem, por definição, mudança nas relações de poder dentro da família e a eventual perda de status da geração sênior. A preocupação quanto à segurança econômico-financeira depois da aposentadoria é um terceiro fator que dificulta a abordagem da questão sucessória, particularmente quanto à transferência patrimonial (Lobley & Baker, 2012)" (OLIVEIRA, Walber Machado de Oliveira; VIEIRA, José Eustáquio Ribeiro. A sucessão familiar no setor agropecuário. *Revista de Política Agrícola*, ano XXVIII, n. 122, abr./jun. 2019. p. 122. Disponível em: https://ainfo.cnptia.embrapa.br/digital/bitstream/item/205351/1/A-sucessao-familiar-no-setor-agropecuario.pdf).

CARBONERA, Silvana Maria. Aspectos históricos e socioantropológicos da família brasileira. *In*: MENEZES, Joyceane Bezerra de; MATOS, Ana Carla Harmatiuk (Org.). *Direito das famílias por juristas brasileiras*. São Paulo: Saraiva, 2013.

CRUZ, Elisa; AZEVEDO, Lilibeth. Planejamento sucessório. *In*: TEPEDINO, Gustavo; FACHIN, Luiz Edson (Org.). *Diálogos sobre direito civil*. Rio de Janeiro: Renovar, 2012. v. III.

DIAS, Maria Berenice. *Manual das sucessões*. São Paulo: Revista dos Tribunais, 2009.

GIDDENS, Anthony. *The consequences of modernity*. Stanford: Polity Press, 1996.

HIRONAKA, Gisela Maria Fernandes Novaes. Planejar é preciso: planejamento sucessório para as novas famílias. *Revista IBDFAM: Famílias e Sucessões*, Belo Horizonte, ed. 10, p. 5-7, abr. 2014.

MADALENO, Rolf. Planejamento sucessório. *Revista IBDFAM: Famílias e Sucessões*, Belo Horizonte, v. 1, p. 11-33, jan./fev. 2014.

MAMEDE, Gladston; MAMEDE, Eduarda Cotta. *Planejamento sucessório*: introdução à arquitetura estratégica – patrimonial e empresarial – com vistas à sucessão causa mortis. São Paulo: Atlas, 2015.

MORAES, Maria Celina Bodin de. A nova família, de novo – Estruturas e função das famílias contemporâneas. *Pensar*, v. 18, n. 2, p. 587-628, maio/ago. 2013.

OLIVA, Milena Donato. *Do negócio fiduciário à fidúcia*. São Paulo: Atlas, 2014.

OLIVEIRA, Walber Machado de Oliveira; VIEIRA, José Eustáquio Ribeiro. A sucessão familiar no setor agropecuário. *Revista de Política Agrícola*, ano XXVIII, n. 122, abr./jun. 2019. Disponível em: https://ainfo.cnptia.embrapa.br/digital/bitstream/item/205351/1/A-sucessao-familiar-no-setor-agropecuario.pdf.

PEREIRA, Caio Mario da Silva. *Instituições de direito civil*: direito das sucessões. 15. ed. rev. e atual. por Carlos Roberto Barbosa Moreira. Rio de Janeiro: Forense, 2005. v. VI.

RUZYK, Carlos Eduardo Pianovski. *Institutos fundamentais de direito civil e liberdade(s)*: repensando a dimensão funcional do contrato, da propriedade e da família. Rio de Janeiro: GZ, 2011.

SANSEVERINO, Paulo de Tarso. Segurança jurídica e agronegócio. *In*: ZANETTE, Antonio Carmelo (Consult.). *Manual do jovem empreendedor rural*. Brasília: SNJ, 2020. Disponível em: https://www.gov.br/mdh/pt-br/assuntos/noticias/2020-2/julho/Manualdojovememempreendedorrural.pdf.

TEIXEIRA, Daniele Chaves. *Arquitetura do planejamento sucessório*. 2. ed. Belo Horizonte: Fórum, 2019.

TEIXEIRA, Daniele Chaves. *Planejamento sucessório*: pressupostos e limites. 2. ed. Belo Horizonte: Fórum, 2019.

TEIXEIRA, Silvia Maria Benedetti. Planejamento sucessório: uma questão de reflexão. *Revista Brasileira de Direito de Família*, Porto Alegre, ano VIII, n. 31, p. 5-18, ago./set. 2005.

Informação bibliográfica deste texto, conforme a NBR 6023:2018 da Associação Brasileira de Normas Técnicas (ABNT):

TEIXEIRA, Daniele Chaves; ZANETTE, Antonio Carmelo. Breves reflexões sobre o planejamento sucessório e o agronegócio. *In*: TEIXEIRA, Daniele Chaves (Coord.). *Arquitetura do Planejamento Sucessório*. Belo Horizonte: Fórum, 2021. p. 467-476. Tomo II. ISBN 978-65-5518-117-3.

PLANEJAMENTO SUCESSÓRIO E AUTORIDADE PARENTAL: A (DES)NECESSIDADE DE AUTORIZAÇÃO JUDICIAL PARA A VENDA DE BENS MÓVEIS DE FILHOS MENORES

BEATRIZ DE ALMEIDA BORGES E SILVA

1 Introdução

O advento da Constituição Federal de 1988 (CF/1988), identificada como o marco jurídico nacional a partir do qual passou a haver busca mais efetiva pela promoção da dignidade da pessoa concretamente considerada, culminou na intensificação dos estudos vertidos à tutela existencial do ser humano, em notório movimento de superação do modelo até ali vigente, no qual as atenções do direito eram preponderantemente direcionadas à seara patrimonial da vida humana.

Tal movimento irradiou-se pelo direito de família e, em especial, pelas investigações doutrinárias relativas ao antigo pátrio poder a partir de considerações de importância inquestionável sobre o sentido das funções parentais numa perspectiva democrática da família. Cunhou-se, assim, a atual noção de autoridade parental, bem como se delineou o conteúdo dos deveres parentais de assistência, criação e educação dos filhos menores elencados no art. 229 da CF/1988.

Como que pendularmente, se até o advento da CF/88 a preocupação era centrada nas questões patrimoniais da vivência humana, os estudos atinentes aos atributos da autoridade parental passaram, a partir daí, a focar no que não havia sido até então explorado (isto é, os aspectos existenciais), relegando os aspectos patrimoniais a um segundo plano, embora ainda carecessem de investigações sobre sua funcionalização a essa mesma perspectiva existencial.

Dito de outra forma, o expressivo e necessário desenvolvimento doutrinário pós-CF/1988 dos aspectos existenciais da autoridade parental parece ter refreado as investigações relativas aos aspectos patrimoniais, de modo que atualmente se delineia um cenário deficitário em relação ao debate do conteúdo patrimonial da autoridade parental. Diz-se deficitário, pois são poucas as considerações doutrinárias atuais sobre os arts. 1.689 a 1.693 do Código Civil (CC/2002) que problematizem, a partir dos parâmetros inaugurados pela CF/1988, as considerações feitas na vigência do Código Civil de 1916 (CC/1916).

Identificado esse hiato de debate sobre o tema, é precisamente a problematização de um dos aspectos patrimoniais da autoridade parental[28] que se coloca como alvo do presente estudo, recortando-se, como objeto de enfoque, o art. 1.691 do CC/2002,[29] segundo o qual os pais precisam, sob pena de nulidade do ato praticado, de autorização judicial prévia para alienar ou gravar de ônus real os imóveis dos filhos, bem como para contrair, em nome deles, obrigações que ultrapassem os limites da simples administração, demonstrando judicialmente a existência de necessidade ou evidente interesse da prole.

A questão que se pretende enfrentar é saber se, pelo fato de atualmente o patrimônio mobiliário com frequência assumir valor pecuniário maior do que o imobiliário, faria sentido (isto é, preservaria a *ratio legis*) estender a proibição legal e exigir que os pais busquem autorização judicial também para alienação de bens móveis, corpóreos ou incorpóreos, dos filhos menores. Em outras palavras, se a essência da lei é proteger o patrimônio dos filhos menores e se esse patrimônio passa a ser cada vez mais frequentemente composto por bens móveis, seria legítimo exigir dos pais, detentores da autoridade parental, autorização judicial para, por exemplo, vender a participação societária (quotas/ações) de que o filho menor seja titular?

A discussão não é meramente acadêmica. Ao contrário, revela-se de notória repercussão prática, na medida em que uma das consequências da instituição gradual de bens móveis e, em especial, de participação societária na formação patrimonial dos indivíduos é a releitura de institutos que tradicionalmente eram aplicados e destinados aos bens imóveis a esses bens móveis. Além disso, a repercussão de ordem prática do assunto aqui debatido também é evidente diante da crescente utilização de estruturas societárias para fins de planejamento patrimonial no âmbito familiar, tornando-se necessário investigar em que medida a atuação dos pais é legítima sem a intervenção estatal, até para que se avalie se a entrega de participação societária aos menores seria um mecanismo que facilitaria o planejamento pretendido ou, ao contrário, que o engessaria.

Assim, o trabalho terá início com o exame do atual conteúdo patrimonial da autoridade parental. Na sequência, será analisado se a referência exclusiva a bens imóveis constante do art. 1.691 decorreria de um anacronismo do CC/2002 ou de uma deliberada escolha legislativa, bem como se a alienação de bens móveis de filhos menores levada a efeito pelos pais desbordaria da noção de "administração" prevista pelos arts. 1.689, II e 1.691, ambos do CC/2002. Ao final, serão apresentadas as conclusões a respeito de se a necessidade de autorização judicial para venda de bens móveis de filhos menores seria justificável ou se, ao contrário, seria uma interferência estatal incabível e contrária à premissa de exercício funcional da autoridade parental no âmbito patrimonial, sendo

---

[28] Sobre mais um dos dilemas patrimoniais da autoridade parental seja consentido remeter ao nosso RETTORE, Anna Cristina de Carvalho; SILVA, Beatriz de Almeida Borges e. Sobre um dos dilemas patrimoniais da autoridade parental: o usufruto legal previsto do art. 1.689, I, do Código Civil. *In*: TEIXEIRA, Ana Carolina Brochado; DADALTO, Luciana (Coord.). *Autoridade parental*: dilemas e desafios contemporâneos. Indaiatuba: Foco, 2019, p. 289-304.

[29] Art. 1.691. Não podem os pais alienar, ou gravar de ônus real os imóveis dos filhos, nem contrair, em nome deles, obrigações que ultrapassem os limites da simples administração, salvo por necessidade ou evidente interesse da prole, mediante prévia autorização do juiz.

possível cogitar-se de outros mecanismos tendentes a assegurar a finalidade protetiva da norma.

2   O atual conteúdo patrimonial da autoridade parental

O giro de perspectiva promovido pela CF/1988 com relação ao papel ocupado pelas crianças e adolescentes no ordenamento jurídico implicou a transição de uma concepção passiva da infância e da juventude para uma concepção ativa, alçando-os, sem descurar do aspecto protetivo, à condição de sujeitos de direito em desenvolvimento, protagonistas de sua formação, que merecem ter a personalidade promovida desde a infância.[30]

A partir daí as funções e responsabilidades parentais foram sendo redefinidas, a começar pela terminologia designativa do instituto referente ao conjunto de atribuições conferidas aos pais. O pátrio poder vigente à época do CC/1916 era, para além do aspecto conceitual, um instituto marcadamente patriarcal e hierarquizado, pois voltado aos interesses do chefe da família e eivado por autoritarismo e submissão dos filhos.

Sua razão de ser era eminentemente patrimonial, por ser o instrumento viabilizador da representação e assistência do filho menor no trânsito jurídico negocial e sua roupagem era de poder-sujeição, ou seja, de direito subjetivo do pai, consistente "[n] o poder reconhecido pelo ordenamento a um sujeito para a realização de um interesse próprio do sujeito".[31]

Sob os contornos delineados pelo texto constitucional, o antigo pátrio poder reestruturou-se, dando novo conteúdo ao instituto. Com relação à terminologia, a opção legislativa constante dos arts. 1.630 e ss. do CC/2002 foi por "poder familiar". Há, contudo, advertências doutrinárias,[32] com as quais se concorda inteiramente, sinalizando ser mais adequado falar em "autoridade parental", em virtude da concepção contemporânea das relações parentais, que substitui a ideia de poder – atrelada a autoritarismo e comando – pela de função. Defende-se, ainda, que a expressão "familiar" sugere que o exercício dessa função caberia extensivamente a outros membros da família, quando, na verdade, cabe de forma personalíssima aos pais, como indica de maneira precisa a expressão "parental".[33]

Indo além das discussões relativas à precisão conceitual, a releitura do conteúdo do instituto revelou a precípua função parental diante de um cenário no qual, alçados à condição de sujeito de direitos, os filhos tornaram-se protagonistas das decisões a seu respeito, "inserindo-se mais e mais no processo educacional na medida de seu

---

[30] Sobre as inúmeras representações sociais, filosóficas, políticas e jurídicas pelas quais a criança passou ao longo da história ver, por todos, MARTINS, Rosa. Responsabilidades parentais no século XXI: a tensão entre o direito da participação da criança e a função educativa dos pais. *In*: PEREIRA, Tânia da Silva; OLIVEIRA, Guilherme de (coord.). *Cuidado e vulnerabilidade*. São Paulo: Atlas, 2009, p. 76-89.

[31] PERLINGIERI, Pietro. *Perfis de Direito Civil*. 2. ed. Rio de Janeiro: Renovar, 2002, p. 120.

[32] Sobre o tema, ver, por todos, TEIXEIRA, Ana Carolina Brochado. *Família, guarda e autoridade parental*. 2. ed. revista e atualizada de acordo com as leis 11.698/08 e 11.924/09. Rio de Janeiro: Renovar, 2009.

[33] TEPEDINO, Gustavo; BARBOZA, Heloisa Helena; MORAES, Maria Celina Bodin de. *Código Civil interpretado conforme a Constituição da República*. Vol. IV. Rio de Janeiro: Renovar, 2014, p. 228.

amadurecimento".[34] Nesse contexto, a agora autoridade parental supera a noção de direito subjetivo do chefe de família e se identifica como um poder jurídico, que "constitui um verdadeiro ofício, uma situação de direito-dever: como fundamento da atribuição dos poderes existe o dever de exercê-los. O exercício da *potestà* não é livre, arbitrário, mas necessário no interesse de outrem [...]".[35]

Nessa nova roupagem, as funções parentais deixaram de ser patriarcais e hierarquizadas e tornaram-se democráticas e dialógicas, o que faz com que a legitimidade da atuação dos pais repouse precisamente no melhor interesse dos filhos, promovendo a participação efetiva deles, de forma progressivamente mais intensa com o avançar da idade, no processo decisório sobre a sua própria vida.

Significa que aos pais, cujas experiências e idade viabilizam uma melhor compreensão do mundo, cabe conduzir os filhos à emancipação, norteando-os pelos caminhos a serem trilhados em busca de uma autonomia responsável, franqueando-lhe maior participação nos processos decisórios referentes à sua esfera individual à medida que aumenta o discernimento e a maturação. Ao fim, atingido dado estágio de desenvolvimento, torna-se possível findar a autoridade parental, o que ocorre em regra com a maioridade, como previsto no art. 1.635, III, do CC/2002.

Demonstrado que, sob esses novos contornos, a autoridade parental é o poder jurídico conferido aos pais pelo ordenamento jurídico que se legitima à medida que assegura a conquista de autonomia responsável pelos filhos em formação, há defesa no sentido de que "a autoridade parental é mais relevante na sua função educativa do que a de administração patrimonial".[36]

Sem pretender adentrar a discussão a respeito de uma prevalência das funções existenciais sobre as patrimoniais, certo é que ambas as funções compõem o conteúdo da autoridade parental, haja vista o que dispõem os arts. 1.634, 1.689 e 1.691 do CC/2002 e, portanto, norteiam-se pela mesma lógica de salvaguarda e promoção do melhor interesse dos filhos.

Igualmente certo é que, como por relevante período da vida os filhos não dispõem de maturidade e discernimento suficientes para articulação de sua vontade e participação em processos decisórios que lhes digam respeito, caberá inteiramente aos pais a tomada de decisões relativas aos menores e, igualmente, essa atuação será legítima à medida que assegurar e promover os interesses de ordens existencial e patrimonial dos filhos.

> A titularidade do poder familiar dos pais não se resume à proteção dos menores em si, mas se estende aos bens dos quais, porventura, sejam estes proprietários. Dada a condição de incapaz da criança e do adolescente, não podem, por si só, prezarem (sic) pelo próprio patrimônio, transferindo-se tal incumbência aos pais enquanto exercerem o poder familiar.

---

[34] MEIRELES, Rose Melo Vencelau; ABÍLIO, Vivianne da Silveira. Autoridade parental como relação pedagógica: entre o direito à liberdade dos filhos e o dever de cuidado dos pais. *In:* TEPEDINO, Gustavo; FACHIN, Luiz Edson (org.). *Diálogos sobre direito civil.* v. III. Rio de Janeiro: Renovar, 2012, p. 341.

[35] PERLINGIERI, Pietro. *Perfis de Direito Civil.* 2. ed. Rio de Janeiro: Renovar, 2002, p. 129.

[36] TEIXEIRA, Ana Carolina Brochado. Autoridade parental. *In:* TEIXEIRA, Ana Carolina Brochado; RIBEIRO, Gustavo Pereira Leite (Coord.). *Manual de direito das famílias e sucessões.* 3. ed. rev. e atual. Rio de Janeiro: Processo, 2017, p. 228.

No interregno até a maioridade ou emancipação dos filhos, a administração patrimonial fica a cargo do pai e da mãe. Isso é o que preveem os arts. 1.689, II, e 1.690 do Código Civil.[37]

Assim, na medida em que tanto as funções existenciais (em relação à pessoa dos filhos) quanto patrimoniais (em relação ao patrimônio dos filhos) são atributos da autoridade parental, é dedutivo que a atuação dos pais *presumidamente* se norteia pelo melhor interesse dos filhos e isso, no que se refere especificamente ao conteúdo patrimonial, implica administrar o patrimônio dos filhos menores para que, uma vez atingida a maioridade, eles tenham "capacidade de administrar seus bens através de escolhas responsáveis, fruto do processo educativo do qual foi instrumento o poder familiar".[38]

O Superior Tribunal de Justiça (STJ) já se manifestou sobre o tema, assentando a presunção de boa-fé que milita em favor dos pais no exercício da autoridade parental e que, portanto, deve pautar toda e qualquer investigação a respeito dos limites de sua atuação em prol dos filhos. Nas precisas palavras do relator do Recurso Especial (REsp) 1.131.594 RJ, Ministro Marco Buzzi:

> Assim, reitere-se, o levantamento do valor segurado permitirá que a mãe, utilize o dinheiro para manutenção da própria subsistência e de sua filha; aliás, *presunção* quanto à mãe e representante legal recorrente deve ser de que age de *boa-fé* e na *adequada* gestão dos bens de seus filhos.
>
> No caso dos autos, *não há notícia* acerca de eventual *conflito de interesse* entre a menor e sua genitora, nem mesmo discussão quanto à *correção* do exercício do poder familiar, daí porque inexiste motivo plausível ou justificado que imponha restrita a (sic) mãe, titular do poder familiar, de obter o controle dos valores recebidos por menor de idade.
>
> Também não se pode perder de vista a natureza conservadora das cadernetas de poupança, de modo a ensejar o reconhecimento de que, ao longo do tempo, a possibilidade da corrosão inflacionária atingir, de maneira contundente o capital bloqueado justifica a necessidade de se conferir à mãe, representante legal, da recorrente, a liberdade de movimentar o valor segurado, dando-lhe destinação, evidentemente, no interesse de sua filha.
>
> Nessa linha de raciocínio, alinho-me aos precedentes desta eg. Corte Superior que possibilitam aos pais, no exercício do poder familiar, a prerrogativa de livre administração dos bens dos filhos menores sob sua guarda, ressalvando-se, porém, a existência de justo motivo, devidamente comprovado, de violação aos interesses dos menores.[39]

Dessa forma, diante da presunção de que a rigor a atuação dos pais é funcional, isto é, orientada pelo melhor interesse dos filhos, parece possível assumir, em qualquer reflexão a respeito do legítimo alcance da atuação parental, não só que a tomada de decisão dos pais é responsável, mas que em regra não há ninguém mais preocupado e engajado do que eles em zelar e promover os interesses, inclusive patrimoniais, dos filhos.

---

[37] ALMEIDA, Renata Barbosa de; RODRIGUES JÚNIOR, Walsir Edson. *Direito civil*: famílias. São Paulo: Atlas, 2012, p. 460

[38] TEIXEIRA, Ana Carolina Brochado. Autoridade parental. *In*: TEIXEIRA, Ana Carolina Brochado; RIBEIRO, Gustavo Pereira Leite (Coord.). *Manual de direito das famílias e sucessões*. 3. ed. rev. e atual. Rio de Janeiro: Processo, 2017, p. 246.

[39] STJ. REsp 1.131.594 RJ. Rel. Min. Marco Buzzi. Quarta Turma, j. 18/04/2013.

DANIELE CHAVES TEIXEIRA (COORD.)
ARQUITETURA DO PLANEJAMENTO SUCESSÓRIO

É exatamente essa premissa de atuação funcional dos pais no exercício da autoridade parental que norteará a investigação feita a seguir, relativa à extensão da restrição do art. 1.691 do CC/2002 à alienação de bens móveis.

3 O art. 1.691 do Código Civil

Inserido no subtítulo referente ao usufruto e à administração dos bens de filhos menores, o art. 1.691 do CC/2002 é uma norma limitadora do poder de administração dos pais em relação ao patrimônio dos filhos menores, cuja finalidade é a proteção do patrimônio das crianças e dos adolescentes em face de eventual má administração dos pais.

Justamente porque se presume, pelo conteúdo e razão de ser da autoridade parental, que "ninguém melhor do que os pais para zelarem pelo patrimônio dos filhos, daí a liberdade de atuação nos atos gerais de administração",[40] o CC/2002 enumera os atos que o legislador entendeu desbordarem da administração permitida aos pais e cuja prática depende, para ser válida, da chancela estatal.

Assim, na literalidade do art. 1.691 do CC/2002, os pais precisam, sob pena de nulidade do ato praticado, de autorização judicial prévia para alienar ou gravar de ônus real os imóveis dos filhos, bem como para contrair, em nome deles, obrigações que ultrapassem os limites da simples administração, demonstrando judicialmente a existência de necessidade ou evidente interesse da prole.

A defesa da extensão do referido dispositivo legal à alienação de bens móveis centra-se, resumidamente, em dois principais argumentos: (i) uma dita desatualização do CC/2002, cujo anteprojeto data de 1972, de modo que a ausência de menção a bens móveis no art. 1.691 seria resultado não de uma escolha legislativa, mas de um contexto histórico em que os bens móveis não teriam relevância econômica e por isso não teriam sido levados em consideração. Assim, defende-se que a exigência de autorização judicial para a venda de bens móveis de menores pelos pais implicaria uma mera atualização do dispositivo legal, no sentido de compatibilizá-lo a uma realidade em que os valores mobiliários crescem em importância econômica;[41] e (ii) o poder de administração dos

---

[40] TEPEDINO, Gustavo; BARBOZA, Heloisa Helena; MORAES, Maria Celina Bodin de. *Código Civil interpretado conforme a Constituição da República*. Vol. IV. Rio de Janeiro: Renovar, 2014, p. 352.

[41] "Tanto o Código Civil de 1916 como o vigente os conceitua por exclusão, ao explicitar, respectivamente, nos arts. 386 e 1.691, os atos que não podem ser efetivados sem autorização judicial. Ambos referem-se apenas a bens imóveis, não alcançando os móveis que podem ter valor até maior do que aqueles. Lembre-se do alto valor de jóias, veículos e pedras preciosas. Em obra específica sobre bens de incapazes, propõe Nestor Duarte que, quando patrimônio do incapaz contiver bens móveis em proporção significativa, poderá o juiz determinar, na sentença que nomear o tutor ou o curador, que a alienação de tais bens ou de parte deles só possa ser feita por meio de autorização judicial. Embora só aluda à tutela e à curatela, esses argumentos podem aplicar-se aos bens de menores sob o poder familiar e, por consequência, sob a administração e usufruto dos pais. Na introdução de seu estudo, critica o autor as normas do Código Civil de 1916 que procuram resguardar os bens imóveis, olvidando-se que, na atualidade, grandes somas são investidas em títulos e valores mobiliários e a dilapidação destes pode, muitas vezes, ser mais ruinosa que a de um bem de raiz" (CHINELATO, Silmara Juny. *In*: AZEVEDO, Antônio de Junqueira de. *Comentários ao Código Civil*: Parte Especial. Do Direito de Família, v. 18. São Paulo: Saraiva, 2004, p. 412-415).

pais, assegurado pelo art. 1.689, II, do CC/2002, não implicaria a faculdade de dispor do patrimônio dos filhos menores.[42]

Apresentados resumidamente os argumentos em que se esteia a defesa de uma interpretação ampliativa do art. 1.691 do CC/2002, cabe investigar em que medida eles prosperam. No que se refere ao primeiro argumento, não parece suficiente que um dito anacronismo do CC/2002 possa ser invocado para ampliar o rol de situações em que a prática de atos pelos pais em relação ao patrimônio dos filhos dependeria de autorização judicial, notadamente porque, no que se entendeu necessário, houve atualização do CC/1916 para conformá-lo aos ditames constitucionais. Exemplo disso são as substituições das palavras "homem" por "pessoa" e de "marido" por "cônjuge" ao longo de todo o texto legal, com vistas a compatibilizá-lo com o princípio da igualdade de gênero consagrado pelo art. 5º, I, da CF/88.

Ainda, a análise do CC/1916 não sugere que o legislador àquele tempo desconhecesse a importância econômica de bens móveis. Daí porque, ao disciplinar a exigência de autorização judicial para a alienação de bens de menores sujeitos à tutela, o CC/1916 é expresso quanto à sua exigibilidade para a venda de bens móveis e imóveis (arts. 427, VI e 428, I). Contudo, ao tratar do então pátrio poder quanto aos bens do filho menor, a mesma legislação de 1916 refere-se apenas aos bens imóveis (art. 386). Tudo a indicar que a inexigibilidade de autorização judicial para alienação de bens móveis de filhos menores pelos pais parece mais ser fruto de uma opção legislativa, confirmada quando da promulgação do CC/2002, do que de uma defasagem histórica.

Além disso, ainda que a utilização de estruturas societárias no âmbito familiar seja crescente, não é possível afirmar que a relevância econômica de participações societárias na formação patrimonial dos indivíduos seja fenômeno posterior ao CC/2002 – tanto assim que desde 1976 há legislação específica versando sobre as sociedades por ações, não raramente utilizadas em planejamentos sucessórios.

Não fosse isso o bastante, há ainda a dificuldade em mensurar, diante do caso concreto, quais seriam os bens móveis de alta expressividade econômica a justificar a intervenção estatal, na medida em que a noção do que é expressivo está intimamente relacionada ao padrão socioeconômico da família. Quais seriam os parâmetros, indispensáveis à segurança jurídica, para enquadrar um bem móvel como de expressivo valor para que os pais tivessem como avaliar a necessidade de recorrer ou não ao Poder Judiciário? A um pretexto protetivo, a intenção é, realmente, submeter todos os atos de alienação de bem dos menores ao crivo judicial, a exemplo da venda de uma motocicleta,[43] que pode ou não ser relevante a depender da realidade patrimonial do

---

[42] "Na administração, os pais devem zelar pela preservação do patrimônio de que cuidam, não podendo praticar atos que impliquem alienação direta ou indireta de bens, ou dos quais possa resultar uma diminuição patrimonial. A essa restrição se impõe uma ressalva. Podem os pais exorbitar dos atos de administração, em caso de necessidade evidente ou utilidade da prole, mediante autorização do juiz" (RODRIGUES, Silvio. *Direito civil*, v. 6. São Paulo: Saraiva, 2007, p. 364-365).

[43] "Observo, pois, que se mostra correto o procedimento do DETRAN, eis que o exercício do poder-dever parental não outorga aos genitores a livre administração dos bens dos filhos menores, sendo inarredável o controle do Poder Judiciário e da fiscalização do Ministério Público sobre o destino dos bens de pessoas menores, o que justifica plenamente a cautela verificada na não transferência da motocicleta sem a apresentação do devido alvará judicial" (TJRS. Ap. Cível 0476260-92.2013.8.21.7000. Rel. Des. Sérgio Fernando de Vasconcellos Chaves. Sétima Câmara Cível, j. 26/03/2014).

menor, sem que a lei traga, como faz em relação aos bens imóveis, qualquer diretriz para que os pais possam saber se estão ou não praticando um ato nulo?

Por tudo isso, ainda que não se pretenda negar a importância de buscar sentidos atuais a velhos institutos – a exemplo do que se fez com o usufruto, inicialmente cunhado tendo em mira os bens imóveis –,[44] é insuficiente recorrer a uma dita desatualização da lei, que sequer se nota efetivamente, para ampliar o alcance de normas restritivas de direito.[45]

O segundo argumento invocado por aqueles que defendem a extensão da exigência de autorização judicial à alienação de bens móveis também não parece prosperar. Isso porque pela leitura CC/2002 é possível depreender que o papel dos pais de administradores dos bens dos filhos menores preconizado pelo art. 1.689, II, não é por si só incompatível com a possibilidade de alienação do referido patrimônio, pois se administrar pressupusesse não alienar, não faria sentido o art. 1.691 expressamente se referir à vedação de alienação de bens imóveis.

Ou seja, a análise sistemática dos comandos legais indica que a administração dos bens pelos pais prevista no art. 1.689, II é ampla, referindo-se a todos os atos tendentes a tutelar os interesses de ordem patrimonial dos filhos, não só no sentido de preservar o patrimônio conservadoramente, mas também de fomentar seu crescimento, o que poderá implicar eventualmente aliená-lo. Por outro lado, o art. 1.691 do CC/2002 traça os limites dessa administração ao disciplinar, taxativamente, os atos que os pais não podem praticar sem a chancela judicial, incluindo aí a alienação de bens imóveis.

Em linha com esse entendimento, Carvalho Santos, ao comentar os dispositivos correlatos ao pátrio poder quanto aos bens do dos filhos menores no CC/1916, ensinava:

> Ao pai, para o desenvolvimento das faculdades contidas no instituto do pátrio poder que ele exercita, concede o Código uma ampla liberdade de ação, estabelecendo que nenhum outro critério deve nortear-lhe a atividade, como administrador do patrimônio do filho, que não seja aquele da utilidade, do bem-estar deste, presumindo, por outro lado, que ninguém possa melhor que o pai, e com mais vantagem, administrar o que pertence ao menor.[46]

Assim, administrar deve ser entendido, no contexto do exercício da autoridade parental, como zelar pelo patrimônio, dando-lhe destinação compatível com os interesses dos filhos. Do contrário, caso a administração dos pais fosse limitada à estrita conservação do patrimônio e qualquer ato que desbordasse disso dependesse

---

[44] "Mais frequente no passado que recaísse em coisa imóvel, urbana ou rural, ganha terreno a sua incidência em coisa móvel e mesmo em *títulos*, e especialmente em ações de sociedades anônimas, gozando o usufrutuário a percepção de dividendos" (PEREIRA, Caio Mário da Silva. *Instituições de direito civil*, v. 4. 22. ed. Rio de Janeiro: Forense, 2014, p. 249).

[45] Alvará judicial. Levantamento de valores securitários pertencentes a menores. 1 – Administração pelos genitores. Direito inerente ao pátrio poder. 2 – Autorização judicial para movimentação. Inexigibilidade. 1 – A livre administração dos bens pertencentes aos filhos menores pelos genitores, dentre os quais se incluem as quantias securitárias, é direito inerente ao exercício do pátrio poder, assegurado pelo art. 383 do CC. 2 – A restrição do art. 386, quanto à necessidade de autorização judicial para disposição dos bens, diz respeito somente aos imóveis, descabendo sua ampliação para incluir os bens móveis ou as quantias em dinheiro, haja vista que as normas limitadoras de direitos devem ser interpretadas de forma restritiva (TJDFT. Ap. Cível nº 45.410-9. Rel. Des. Hermenegildo Gonçalves, j. 18/12/1997).

[46] SANTOS, J. M. de Carvalho. *Código Civil Brasileiro interpretado*, v. VI. 2. ed. Rio de Janeiro: Freitas Bastos, 1937, p. 65.

de autorização judicial, haveria verdadeira equiparação do papel de pai e mãe ao de um tutor, de quem se exige autorização judicial para alienação dos bens, sejam imóveis ou móveis (art. 1.748, IV, do CC/2002).

Contudo, ainda que tanto a autoridade parental quanto a tutela sejam poderes jurídicos a serviço de outrem (os filhos, no caso dos pais; e os pupilos, no caso dos tutores), é intuitivo que se conceda aos pais autonomia infinitamente maior do que aos tutores, haja vista que o papel por eles desempenhado não é múnus público.

Daí porque o que é vedado aos pais, pois indiscutivelmente contrariaria a funcionalidade da autoridade parental, é a prática de atos que impliquem diminuição patrimonial, o que não se verifica *a priori* na alienação, que, ao contrário, frequentemente vai implicar acréscimo patrimonial, pois, em última análise, equivale a substituir o bem por seu correspondente pecuniário.

Dito isso, uma vez demonstrado que eventual impossibilidade de alienação de bens móveis pelos pais sem autorização judicial não decorre *per se* do fato de eles serem administradores do patrimônio dos filhos e que uma dita atualização do sentido da lei para compatibilizá-la a um cenário de crescente preponderância dos ativos mobiliários tampouco se justifica, parece seguro afirmar que a exigência de autorização judicial para alienação de bens móveis dos filhos menores é uma intervenção estatal incabível e sem respaldo legal.

É preciso deixar claro que não se ignora que nas relações paterno-filiais o público e o privado convivem a serviço da proteção da criança e do adolescente, de maneira que não é possível demarcar limites estanques e aprioristicos à interferência estatal, pois tal interferência é legítima sempre que a situação concreta demonstrar ser necessária a tutela dos vulneráveis.[47] De igual forma, tampouco se perde de vista a existência de casos disfuncionais, em que a atuação dos pais não é guiada pelo melhor interesse dos filhos e justamente por isso reclamam a intervenção judicial.

Contudo, uma vez que há a presunção de que a atuação dos pais é pautada pelo bem dos filhos,[48] o que se pretende defender é que não há justificativa para uma fiscalização estatal prévia, sobretudo na ausência de disposição legal que a respalde, pois isso equivaleria a assumir como regra que a atuação dos pais é disfuncional e que o Estado tem melhores condições de definir como administrar o patrimônio de crianças e adolescentes do que seus próprios pais.[49]

---

[47] Ver, por todos, MULTEDO, Renata Vilela. *Liberdade e família*: limites para a intervenção do Estado nas relações conjugais e parentais. Rio de Janeiro: Editora Processo, 2017.

[48] Ana Carolina Brochado Teixeira e Gustavo Tepedino falam sobre a desnecessidade de autorização judicial para a alienação de bens móveis dos filhos menores, "pois se presume que o produto de tal transação será aplicado em benefício dos filhos" (TEPEDINO, Gustavo; TEIXEIRA, Ana Carolina Brochado. *Fundamentos de direito civil*, v. 6. Rio de Janeiro: Forense, 2020, p. 309). As lições de Renata Barbosa de Almeida e Walsir Edson Rodrigues Jr. vão no mesmo sentido: "A alienação de bens móveis, porém, dispensa autorização judicial, mas os valores assim obtidos hão de ser convertidos em favor do proprietário menor. Dispensar isso equivaleria permitir ao mero administrador dispor de direito alheio em benefício próprio, o que foge das regras jurídicas mais elementares. De qualquer maneira, há presunção relativa de que os pais destinem este crédito para realização dos interesses do menor. Quando assim não for, será necessário comprovar para que seja possível pleitear perdas e danos" (ALMEIDA, Renata Barbosa de; RODRIGUES JÚNIOR, Walsir Edson. *Direito civil*: famílias. São Paulo: Atlas, 2012, p. 460).

[49] Em linha com o que aqui se defende, o Tribunal Regional Federal da 4ª Região negou provimento à apelação interposta pela Junta Comercial do Estado do Rio Grande do Sul contra sentença que concedeu o pedido formulado em mandado de segurança para ordenar à Junta que promovesse o registro de alteração no contrato social de

O desafio passa a ser, então, pensar em meios para esses casos excepcionais de atuação dos pais descomprometida com o melhor interesse dos filhos, de modo a assegurar proteção ao patrimônio das crianças e adolescentes, sem que isso implique engessamento da atuação dos pais ou mesmo entrave ao tráfego negocial. Meios, é preciso ressaltar, que vão corrigir/reparar uma atuação disfuncional e, pois, excepcional ao invés de impor uma interferência estatal prévia no âmbito familiar.

Nesse sentido, uma alternativa pode ser a possibilidade, já reconhecida pelo STJ, de o filho exigir a prestação de contas dos pais quando houver suspeita de abuso na administração de seus bens, ou seja, quando o exercício da autoridade parental ocorrer de forma disfuncional. Ao relatar o REsp 1.623.098 MG, o Ministro Marco Aurélio Bellizze pontuou que *"em regra,* não existe o dever de prestar contas acerca dos valores recebidos pelos pais em nome do menor, durante o exercício do poder familiar, [...], porquanto há presunção de que as verbas recebidas tenham sido utilizadas para a manutenção da comunidade familiar".[50]

Contudo, quando diante do caso concreto tal presunção não se sustenta, entendeu que "deve-se permitir, *em caráter excepcional,* o ajuizamento da ação de prestação de contas pelo filho, *sempre que a causa de pedir estiver fundada na suspeita de abuso de direito no exercício desse poder, como ocorrido na espécie".*[51] Assim, uma vez demonstrado pelo filho que a atuação dos pais foi disfuncional, serão eles condenados a prestar contas de sua administração e, caso as contas prestadas não sejam julgadas boas, restará constituído um crédito em favor do filho, a teor do que dispõe o art. 552 do Código de Processo Civil.

Tem-se, assim, um mecanismo que se afigura como uma justa medida entre a presunção de que a atuação dos pais é orientada pelos melhores interesses dos filhos e a necessária intervenção do Poder Judiciário para remediar as situações em que essa presunção não se sustenta e que, justamente por isso, compatibiliza, de um lado, a utilização de estruturas societárias em planejamentos envolvendo menores de idade sem que isso implique engessamento à atuação dos pais na administração desse patrimônio e, de outro lado, a necessária proteção às crianças e aos adolescentes nos casos em que essa atuação não é deliberadamente pautada por seus melhores interesses.

4 Notas conclusivas

Do estudo aqui empreendido foi possível concluir que toda investigação a respeito dos limites da atuação dos pais deve ter como ponto de partida a presunção que milita em favor deles de que suas ações são pautadas pelo melhor interesse dos filhos, ou seja, de que a regra é que o exercício da autoridade parental se dá de forma funcional. E isso

---

empresa para a retirada de sócia menor de idade, sem que se cogitasse de autorização judicial para tanto. As razões de decidir do acórdão são no sentido de que "se a lei refere apenas bens imóveis na limitação, não pode ser incluída qualquer vedação quanto à alienação de quotas de participação societária" e que "estando no exercício do poder familiar, presume-se que os pais visem sempre a acautelar o patrimônio de seus descendentes" (TRF-4. Ap. Cível/Reexame necessário nº 5080702-45.2014.404.7100 RS. Rel. Des. Luís Alberto D'azevedo Aurvalle, Quarta Turma, j. 28/04/2015).

50 STJ. REsp 1.623.098 MG. Rel. Min. Marco Aurélio Bellizze. Terceira Turma, j. 13/03/2018, p. 07, com grifos no original.

51 STJ. REsp 1.623.098 MG. Rel. Min. Marco Aurélio Bellizze. Terceira Turma, j. 13/03/2018, p. 09, com grifos no original.

porque toda a redefinição das funções e responsabilidades parentais promovida desde a CF/88 assenta-se na ideia central de que o ordenamento jurídico só confere aos pais esse poder jurídico para que ele seja usado em benefício de outrem (os filhos), de modo que sua legitimidade repousa precisamente na promoção dos interesses patrimoniais e existenciais dos menores.

Da perspectiva patrimonial, também foi possível concluir que parte das responsabilidades parentais se refere à administração dos bens dos filhos menores para que, no futuro, eles próprios tenham condições de geri-los de forma responsável. Contudo, a administração dos pais não se limita a uma postura abstencionista e refratária, no sentido de não dilapidar ou, no máximo, conservar o patrimônio dos filhos. Ao contrário, franqueia-se aos pais a prerrogativa de tomar, com responsabilidade e prudência, todas as medidas tendentes a alavancar esse patrimônio, pois o fomento à valorização dos bens dos filhos é providência inegavelmente alinhada com o melhor interesse deles.

Ou seja, a regra é que a administração dos bens dos filhos pelos pais é ampla, devendo ser entendida como o dever de zelar por esse patrimônio, dando-lhe destinação compatível com os interesses dos filhos – o que pode significar aliená-los – e o que o art. 1.691 do CC/2002 traça são os limites a essa administração ao disciplinar, taxativamente, os atos que os pais não podem praticar sem a prévia chancela judicial. Acredita-se que entender diferente, isto é, entender que a rigor a atuação dos pais dependeria de uma autorização judicial prévia corresponderia a subverter a lógica por detrás das funções parentais, assumindo que elas são comumente disfuncionais e que o Poder Judiciário estaria mais comprometido com o bem-estar das crianças e dos adolescentes do que seus próprios pais.

Por tudo isso, concluiu-se que a limitação trazida pelo art. 1.691 do CC/2002 ao determinar que os pais obtenham autorização judicial prévia para a alienação de bens imóveis dos filhos menores, sob pena de nulidade do ato, não pode ser estendida à alienação de bens móveis, a exemplo de participações societárias frequentemente usadas para fins de planejamento sucessório. A uma porque, como demonstrado, os argumentos invocados por aqueles que defendem a ampliação do art. 1.691 do CC/2002 não se sustentam; e a duas porque é possível pensar em outros mecanismos jurídicos para compatibilizar a livre (e responsável) administração dos pais sobre os bens dos filhos e o dever que o Estado tem de zelar por esses mesmos menores, inclusive no que diz respeito a aspectos patrimoniais, por expressa previsão do art. 227 da CF/88.

Não obstante, a investigação aqui empreendida não deixou de levar em conta que, a despeito da presunção que milita em favor dos pais, há situações em que a atuação parental não ocorre de forma comprometida com o melhor interesse dos filhos e que não poderiam ficar desassistidas, isto é, sem uma resposta do Estado.

Para essas situações excepcionais, concluiu-se que uma alternativa para as remediar seria garantir aos filhos a possibilidade de ajuizar em face dos pais a ação de exigir contas. Caberia, então, ao filho demonstrar os indícios de abuso de direito dos pais no exercício da autoridade parental para que fosse reconhecido judicialmente o dever desses últimos de prestar contas. Em seguida, caso as contas a que os pais foram obrigados a prestar não fossem consideradas satisfatórias, isto é, se os pais não conseguissem ilidir os indícios de abuso de direito, o filho veria constituído um crédito em desfavor dos pais, resultante da má administração do patrimônio no curso de sua menoridade.

Em conclusão, foi possível compatibilizar, de um lado, a utilização de estruturas societárias em planejamentos envolvendo menores de idade sem que isso implique engessamento à atuação dos pais na administração desse patrimônio – sem sujeitá-los a uma interferência estatal prévia – e, de outro lado, a necessária proteção às crianças e aos adolescentes nos casos em que essa atuação não é deliberadamente pautada por seus melhores interesses.

Referências

ALMEIDA, Renata Barbosa de; RODRIGUES JÚNIOR, Walsir Edson. *Direito civil*: famílias. São Paulo: Atlas, 2012, p. 460

AZEVEDO, Antônio de Junqueira de. *Comentários ao Código Civil*: Parte Especial. Do Direito de Família, v. 18. São Paulo: Saraiva, 2004.

MARTINS, Rosa. Responsabilidades parentais no século XXI: a tensão entre o direito da participação da criança e a função educativa dos pais. *In*: PEREIRA, Tânia da Silva; OLIVEIRA, Guilherme de (Coord.). *Cuidado e vulnerabilidade*. São Paulo: Atlas, 2009.

MEIRELES, Rose Melo Vencelau; ABÍLIO, Vivianne da Silveira. Autoridade parental como relação pedagógica: entre o direito à liberdade dos filhos e o dever de cuidado dos pais. *In:* TEPEDINO, Gustavo; FACHIN, Luiz Edson (Org.). *Diálogos sobre direito civil*. v. III. Rio de Janeiro: Renovar, 2012.

MULTEDO, Renata Vilela. *Liberdade e família*: limites para a intervenção do Estado nas relações conjugais e parentais. Rio de Janeiro: Editora Processo, 2017.

PELUSO, Cezar (Coord.). *Código Civil comentado*: doutrina e jurisprudência. 11. ed. rev. e atual. Barueri: Manole, 2017.

PEREIRA, Caio Mário da Silva. *Instituições de direito civil*, v. 4. 22. ed. Rio de Janeiro: Forense, 2014.

PERLINGIERI, Pietro. *Perfis de Direito Civil*. 2. ed. Rio de Janeiro: Renovar, 2002.

REQUIÃO, Rubens. *Curso de direito comercial*, v. II. 20. ed. São Paulo: Saraiva, 1995.

RETTORE, Anna Cristina de Carvalho; SILVA, Beatriz de Almeida Borges e. Sobre um dos dilemas patrimoniais da autoridade parental: o usufruto legal previsto do art. 1.689, I do Código Civil. *In*: TEIXEIRA, Ana Carolina Brochado; DADALTO, Luciana (Coord.). *Autoridade parental*: dilemas e desafios contemporâneos. Indaiatuba: Foco, 2019.

RODRIGUES, Silvio. *Direito civil*, v. 6. São Paulo: Saraiva, 2007.

SANTOS, J. M. de Carvalho. *Código Civil Brasileiro interpretado*, v. VI. 2. ed. Rio de Janeiro: Freitas Bastos, 1937.

SCHREIBER, Anderson *et al*. *Código Civil comentado*: doutrina e jurisprudência. Rio de Janeiro: Forense, 2019.

TEIXEIRA, Ana Carolina Brochado. Autoridade parental. *In*: TEIXEIRA, Ana Carolina Brochado; RIBEIRO, Gustavo Pereira Leite (Coord.). *Manual de direito das famílias e sucessões*. 3. ed. rev. e atual. Rio de Janeiro: Processo, 2017.

TEIXEIRA, Ana Carolina Brochado. *Família, guarda e autoridade parental*. 2. ed. rev. e atual. de acordo com as leis 11.698/08 e 11.924/09. Rio de Janeiro: Renovar, 2009.

TEPEDINO, Gustavo; BARBOZA, Heloisa Helena; MORAES, Maria Celina Bodin de. *Código Civil interpretado conforme a Constituição da República*. Vol. IV. Rio de Janeiro: Renovar, 2014.

TEPEDINO, Gustavo; TEIXEIRA, Ana Carolina Brochado. *Fundamentos de direito civil*, v. 6. Rio de Janeiro: Forense, 2020.

Informação bibliográfica deste texto, conforme a NBR 6023:2018 da Associação Brasileira de Normas Técnicas (ABNT):

SILVA, Beatriz de Almeida Borges e. Planejamento sucessório e autoridade parental: a (des)necessidade de autorização judicial para a venda de bens móveis de filhos menores. *In*: TEIXEIRA, Daniele Chaves (Coord.). *Arquitetura do Planejamento Sucessório*. Belo Horizonte: Fórum, 2021. p. 477-489. Tomo II. ISBN 978-65-5518-117-3.

A DOAÇÃO COMO INSTRUMENTO DE PLANEJAMENTO SUCESSÓRIO

CAMILA FERRÃO DOS SANTOS
CARLOS NELSON KONDER

1 Introdução

Diante de uma legislação sucessória ainda presa ao paradigma da família matrimonial e restrita à perspectiva puramente estrutural, a doutrina vem se esforçando por disponibilizar aos particulares diversos expedientes para que possam se adaptar às plurais circunstâncias familiares em que se encontram e consigam, assim, perseguir seus interesses com mais efetividade no que tange à distribuição de seu patrimônio depois de sua morte. Desenvolvem-se, assim, diversos instrumentos de planejamento sucessório, que resguardam possibilidades de exercício legítimo da autonomia patrimonial, muitas vezes com fins existenciais, já que "atende[m] à procura por organização e propicia[m] que as pessoas enfrentem a dificuldade humana de lidar com a morte".[1]

Entre os instrumentos à disposição, cada um com diferentes potenciais e adaptáveis a diferentes objetivos do titular, os mais tradicionais são o testamento e a doação. Assim como já se destacou que "o testamento parece ser um dos poucos atos de autonomia privada a permanecer estranho ao processo de funcionalização e socialização por que atravessaram todas as tradicionais e fundamentais categorias do Direito Privado",[2] também a doação se ressente da falta de uma abordagem mais sensível às transformações sociais e ao seu aspecto funcional.

Por serem instrumentos tradicionais, são aqueles em que se revela mais nítido o conflito entre a liberdade de dispor do patrimônio para depois da morte (liberdade de testar e de doar) e as normas de ordem pública que protegem o direito à herança e, mais especificamente, a legítima. Trata-se de limitações apoiadas nos princípios da solidariedade e da dignidade da pessoa humana, visando a garantir a proteção aos familiares próximos do titular.

---

[1] TEIXEIRA, Daniele Chaves. *Planejamento sucessório: pressupostos e limites*. Belo Horizonte: Fórum, 2017, p. 57.

[2] NEVARES, Ana Luiza Maia. *A função promocional do testamento: tendências do direito sucessório*. Rio de Janeiro: Renovar, 2009, p. 9.

A partir da proteção constitucional ao direito à herança (CF, art. 5º, XXX), pautada também na necessidade de "continuação para além da morte das relações jurídicas econômicas deixadas pela pessoa falecida, sendo necessário preservar a garantia do adimplemento das obrigações",[3] o legislador estipulou rol de herdeiros necessários (CC, art. 1.845) e concedeu, em favor deles, a garantia de proteção da legítima, que funciona como verdadeira reserva intangível de bens em favor dos herdeiros necessários, correspondente à metade do patrimônio do titular (CC, art. 1.846). Tal restrição não se circunscreve à liberdade de dispor *mortis causa*, por testamento, atingindo também a liberdade de dispor a título gratuito em vida, como nas doações.[4] Em relação ao testamento, a doação apresenta vantagens dignas de nota: os donatários, salvo reserva, passam a usar e gozar imediatamente dos bens; o doador receberá gratidão em vida dos donatários; a distribuição equânime dos bens poderá contar com o consenso dos herdeiros em potencial; os donatários poderão se beneficiar de eventual variação da alíquota tributária em razão da transmissão *mortis causa* etc.[5]

A doutrina tem se voltado a analisar se, hoje, ainda, é justificável a proteção à legítima, verdadeira "limitação inderrogável – ao menos pela vontade da pessoa que sofre a restrição – quanto à disposição gratuita dos próprios bens, que ficam necessariamente reservados aos descendentes, ascendentes e cônjuge ou companheiro, na ordem estabelecida pelo art. 1.829".[6] Com efeito, já se destacou que a conciliação entre a liberdade patrimonial (de testar e de efetuar liberalidades em vida) com a proteção da família "dependerá das tradições de cada país e de cada momento histórico, havendo sempre questionamentos e controvérsia doutrinária entre a plena liberdade de testar e a proteção familiar".[7] Especialmente em um contexto em que a família deixa de ter uma função institucional em si mesma, passando a ser protegida em função do desenvolvimento das pessoas que a integram, as normas protetivas da legítima devem ser revisitadas.[8]

Esse é o contexto em que se deve abordar o alcance do planejamento sucessório realizado por meio de contrato de doação e a interpretação das normas que o limitam, como a imposição de colação das doações feitas em antecipação da legítima e o limite fixado pela regra de nulidade das doações inoficiosas. Em um novo contexto histórico, é imperioso reler essas normas que deitam raízes profundas, tendo em vista que, por

---

[3] TEPEDINO, Gustavo; NEVARES, Ana Luiza; MEIRELES, Rose Melo Vencelau. *Direito das sucessões*. Rio de Janeiro: Forense, 2020, p. 3.

[4] Nesse sentido, "tutela-se a legítima não somente contra excessivas liberalidades testamentárias, mas, igualmente, contra as liberdades excedentes que se efetuam por negócio inter vivos, a doação direta, a indireta, a simulada e o *negotio mixtum cum donatione*. Ademais, importa menos considerar essa proteção ao legitimário como uma restrição ao poder de dispor a título gratuito do que como situação lesiva da legítima" (GOMES, Orlando. *Sucessões*. 15. ed. rev. e atual. / por Mario Roberto Carvalho de Faria. Rio de Janeiro: Forense, 2012, p. 81). Por isso, "Se a liberalidade inoficiosa ocorreu em vida, o excesso tem de ser apreciado no momento da doação, como se o doador falecesse nesse mesmo dia" (BEVILÁQUA, Clóvis. *Código Civil dos Estados Unidos do Brasil*. v. IV, 7ª tiragem. Rio de Janeiro: Editora Rio, 1958, p. 341).

[5] MEIRELES, Rose Melo Vencelau. Imputação, redução e colação: efeitos da doação no direito sucessório. *In* TEIXEIRA, Ana Carolina Brochado; RODRIGUES, Renata de Lima (coord.). *Contratos, família e sucessões*: diálogos complementares. Indaiatuba: Foco, 2019, p. 210.

[6] SCHREIBER, Anderson; VIEGAS, Francisco. Por uma releitura funcional da legítima no direito brasileiro, *Revista de Direito Civil Contemporâneo*, n. 6, v. 19, abr-jun 2019, p. 211-250.

[7] TEPEDINO, Gustavo; NEVARES, Ana Luiza; MEIRELES, Rose Melo Vencelau. *Direito das sucessões*, cit., p. 21.

[8] TEIXEIRA, Daniele Chaves. *Planejamento sucessório: pressupostos e limites*, cit., p. 75.

exemplo, a expressão "doação inoficiosa" está ligada à ofensa do ofício do doador ante seus herdeiros necessários: "o pai, que doar excessivamente a um dos filhos ou a um estranho, peca contra o estado de pai, o dever, o ofício de pai"[9] e, nessa esteira, denominam-se inoficiosas, pois "contrárias ao *officium pietatis*, ou seja, ao dever de piedade para com os parentes próximos, dever que seria desrespeitado quando não se lhes reservasse, efetivamente, determinado quinhão da massa hereditária (legítima)".[10] Sustentava-se que a legítima protegeria a família contra o arbítrio de um único indivíduo (normalmente o patriarca, financeiramente responsável pelos demais) e "contra um impulso, momentâneo talvez, que sacrifica o bem-estar, senão a vida, de entes, que o testador tinha a obrigação de sustentar".[11] Por outro lado, ainda hoje, a reserva de parte dos bens aos familiares tem ampla aceitação no Brasil e "continua a desempenhar importante função diante da proteção dispensada à família, voltada para a pessoa de seus componentes, como instrumento para a promoção da dignidade da pessoa humana", sendo certo que persiste seu especial relevo como "instrumento para a concretização de uma vida digna, já que estabelece mecanismos econômicos capazes de libertá-los de suas necessidades".[12]

Nessa toada, o objeto do presente artigo consiste em verificar os contornos e os efeitos atuais da doação como instrumento de planejamento sucessório, de forma a garantir a efetiva proteção almejada, bem como assegurar que a estrutura e função do instituto estejam em harmonia com os valores e princípios constitucionais vigentes. Para tanto serão examinadas as questões mais controversas envolvidas, iniciando pela própria qualificação do contrato de doação, com o exame de situações fronteiriças como as doações indiretas, dissimuladas, mistas, onerosas e impuras. Em seguida será abordada a doação inoficiosa, com os debates sobre eventual prazo para sua impugnação e seu termo inicial, bem como a legitimidade para argui-la, especialmente daquele herdeiro que já havia para ela consentido. Por fim, adentra-se no tema da colação das doações que configuram antecipação de legítima, examinando-se o cálculo do valor do bem no conflito entre o regime do Código Civil e aquele previsto pelo Código de Processo Civil, bem como a situação peculiar das doações sucessivas.

2   A qualificação da doação e seus efeitos sucessórios

2.1   A qualificação do contrato de doação *para fins sucessórios*

A qualificação do contrato de doação é bastante controversa, principalmente por causa do embate entre leituras da liberalidade que se satisfazem com o aspecto puramente objetivo, referente à atribuição de vantagem patrimonial a outrem sem

---

9   ALVIM, Agostinho. *Da doação*. São Paulo: Revista dos Tribunais, 1963, p. 165.

10   TELLES, Inocêncio Galvão. *Sucessão legítima e sucessão legitimária*. Coimbra: Coimbra Editora, 2004, p. 61.

11   BEVILÁQUA, Clóvis. *Direito das Sucessões*. Rio de Janeiro: Editora Rio, 1983, p. 753.

12   TEPEDINO, Gustavo; NEVARES, Ana Luiza; MEIRELES, Rose Melo Vencelau. *Direito das sucessões*, cit., p. 24. No mesmo sentido, "poder-se-á presentemente dizer que a sucessão legitimaria tem como fundamento a proteção da família nuclear, num princípio de entreajuda e solidariedade (aliás, em correspondência com particulares e prioritários deveres de alimentos) [...], de modo a assegurar uma base do patrimônio familiar e a garantir aos familiares mais próximos um mínimo de bens para a manutenção e desenvolvimento de sua personalidade" (SOUSA, Rabindranath Capelo de. *Lições de direito das sucessões*. 4. ed. Coimbra: Almedina, 1990, p. 153).

obtenção de proveito (gratuidade) – a "transferência de bem ou vantagem", prevista no artigo 538 do Código Civil –, e leituras que exigem a presença de elementos subjetivos, referentes à intenção altruística: trata-se do conflito entre afirmar que "a liberalidade é a intenção de bem fazer, de proteger", e, de outro lado, que "liberalidade é gratuidade, dispensada a sondagem íntima".[13] A raiz dessa dificuldade pode ser imputada a um problema de fundo, relativo à dificuldade de compreender o gesto de liberalidade no âmbito contratual, em que se regulam exclusivamente operações econômicas: os atos gratuitos são sempre vistos com desconfiança, seja como sintoma de imprudência, seja como disfarce de fraude.

Hyland destaca como o ato de presentear costuma fazer parte de complexos sistemas antropológicos de reciprocidade, inserção social e reconhecimento, bastando pensar nos presentes de casamento para reconhecer como são práticas regidas por costumes muito antes de serem reguladas pelo direito formal.[14] Em especial, presentes dados aos herdeiros ainda em vida, bem como aqueles deixados por ocasião da morte, são intrinsecamente ligados a práticas culturais, associadas ao significado social da família e da morte.[15] Para o autor, dar algo por nada é um evento inexplicável para um direito privado formulado para se preocupar primariamente com o mercado, de modo que quem quer que faça isso está incapacitado ou enganado – e precisa da proteção da lei.[16] Embora atos de liberalidade sejam universais, as normas que os regem variam muito, são um dos campos mais complexos do direito privado e não há estudos sobre sua efetividade e pouco consenso sobre o que eles visam.[17]

Diante disso, o exame da doação como instrumento de planejamento sucessório deve partir de uma perspectiva funcional, levando em conta não somente a causa concreta do negócio de doação, mas especialmente a *ratio* por trás das normas que regulam os efeitos sucessórios desse tipo de contrato. Cumpre delimitar, portanto, os aspectos a serem considerados exclusivamente para a qualificação de um contrato de doação *para fins sucessórios*, ou seja, para determinar, *a priori*, a incidência das regras que determinam efeitos do contrato para a sucessão do doador, como aquelas referentes à presunção de antecipação da legítima (CC, art. 544), à doação inoficiosa, isto é, que deva ser reduzida por superar o montante disponível pelo doador em testamento (CC, art. 549) e, principalmente, ao procedimento de colação das doações no inventário para igualar os quinhões hereditários (CC, arts. 2.002 a 2.012).

O alcance da doação para fins sucessórios (*rectius*: o âmbito de incidência das normas relativas a efeitos sucessórios da doação), por um lado, pode ser mais restrito em comparação com o debate sobre a abrangência da doação em geral, ante a existência de outros institutos voltados à transmissão gratuita de bens para fins sucessórios, como é o caso da chamada "partilha em vida", prevista pelo artigo 2.018 do CC. Em que pese a controvérsia sobre o tema, Heloisa Helena Barboza afirma que "a partilha em vida feita por ascendente configura-se, desse modo, como um instituto jurídico

---

[13] ALVIM, Agostinho. *Da doação*, cit., p. 11 e p. 12, respectivamente.

[14] HYLAND, Richard. *Gifts: a study in comparative law*. New York: Oxford University Press, 2009, p. 8 e 19.

[15] Para um estudo comparativo de distintas tradições culturais, v. ANDRADE, Gustavo Henrique Baptista. *O direito à herança e a liberdade de testar: um estudo comparado entre os sistemas jurídicos brasileiro e inglês*. Belo Horizonte: Fórum, 2019.

[16] HYLAND, Richard. *Gifts: a study in comparative law*. New York: Oxford University Press, 2009, p. 10.

[17] *Ibidem*, p. 12 e 86.

independente, especial, distinto da doação que é revogável, enquanto a partilha não é, nem pode ser".[18] Por outro lado, para a incidência das normas relativas a efeitos sucessórios, pode o âmbito da doação ser mais amplo, alcançando atos jurídicos que, sob a perspectiva puramente estrutural, talvez não tivessem todos seus elementos, como se passa a analisar.

2.2 Doações indiretas, dissimuladas, mistas, onerosas e impuras

A aplicação das normas próprias da doação para fins sucessórios, como as relativas à inoficiosidade, colação e antecipação da herança, pode alcançar situações jurídicas que se encontram normalmente além das fronteiras tradicionais da sua estrutura típica. Assim, por exemplo, pode-se encontrar a incidência das normas sucessórias relativas à doação a casos como o perdão, feito pelo *de cujus* em testamento, de dívidas relativas a empréstimos feitos em vida em favor de determinado herdeiro, apesar da distinção estrutural entre o ato de remissão em geral e o contrato de doação. Agostinho Alvim amplia o exemplo para as hipóteses de prescrição e usucapião: "Se um filho usucape contra o pai, que deliberadamente silencia, *animus novandi* terá havido, com o possível defraudamento das legítimas".[19] Na mesma linha, pode-se aduzir o ato de renúncia à meação, com o consequente prejuízo dos herdeiros.[20] Trata-se das chamadas *liberalidades indiretas*, que abrangem "o pagamento de dívida do filho pelo pai, a remissão de dívidas, aquisições para o descendente, a construção de benfeitorias, entre outras".[21] Nesse sentido, já se indicou que caracteriza doação – no caso inoficiosa – negócio em que "a aquisição dos imóveis em nome dos herdeiros varões foi efetuada com recursos do pai".[22]

A avaliação da caracterização da liberalidade para fins de incidência das normas de direito sucessório, todavia, vai exigir, no mais das vezes, a aferição da função própria do negócio concreto, caracterizando até mesmo, em certas situações, o *intuito simulatório*. Na simulação, há um acordo para enganar terceiros por meio de uma divergência intencional entre o negócio aparentemente realizado e os reais efeitos a que se visa produzir.[23] Isso pode ocorrer, por exemplo, na doação feita a pessoa jurídica da qual um dos herdeiros é sócio majoritário ou mesmo o único sócio.[24] Também levanta

---

[18] BARBOZA, Heloisa Helena. A disciplina jurídica da partilha em vida: validade e efeitos. *Civilistica.com*. Rio de Janeiro, a. 5, n. 1, 2016, p. 11. Disponível em: <http://civilistica.com/a-disciplinajuridica-da-partilha-em-vida/>. Acesso em 26 jun. 2020. Sobre o tema, v. ainda WALD, Arnoldo. O regime jurídico da partilha em vida. Revista dos Tribunais, 622, jul./1987.

[19] ALVIM, Agostinho. *Da doação*, cit., p. 13.

[20] STJ, 3ª T., REsp 1217154, Rel. Min. Nancy Andrighi, julg. 15 mai. 2014.

[21] TEPEDINO, Gustavo; NEVARES, Ana Luiza; MEIRELES, Rose Melo Vencelau. *Direito das sucessões*, cit., p. 258.

[22] STJ, 4ª T., REsp 259406, Rel. Min. Aldir Passarinho Jr., julg. 17 fev. 2005. Na mesma linha, STJ, 4ª T., REsp 151935, Rel. Min. Ruy Rosado de Aguiar, julg. 25 jun. 1998.

[23] Entre todos, v. PEREIRA, Caio Mário da Silva. *Instituições de direito civil*, vol. 1, 23. ed. Rio de Janeiro: Forense, 2013, p. 533.

[24] "Compulsando os anseios recursais, observa-se que o cerne da celeuma repousa na legalidade da hipoteca firmada pelo genitor dos autores em garantia real ao contrato de financiamento firmado por empresa que tem apenas um dos descendentes como sócio. [...] Na espécie, ante a ausência de quitação da contraprestação firmada no mútuo feneratício, a instituição financeira, acionando o Judiciário, socorreu-se do direito de credora hipotecária sobre o imóvel, dando ensejo a incidência de restrição judicial sobre o mesmo. Circunstância, pois, evidente que culminará na transferência do imóvel por dívida assumida por empresa que tem como sócio um dos filhos dos garantidores hipotecários. [...] A interpretação aplicada ao caso não pode ser literal/gramatical, mas teleológica, qual visa resguardar a finalidade da norma, pois do contrário, estaríamos relegando o instituto jurídico da simulação

questões a posse não remunerada (sem pagamento de aluguel), pelo herdeiro, de bem do falecido enquanto ele ainda estava vivo. Nesses casos, cumpre aferir a finalidade do negócio efetivamente perseguida pelas partes, para decidir sobre a incidência das normas relativas à antecipação de legítima, colação e inoficiosidade.

A insignificância do bem transferido também pode ser guia nessa delicada aferição, pois em se tratando de bens de pequeno valor, "seria absurdo pressupor que o ascendente, em casos tais, esteja fazendo adiantamento da legítima do descendente".[25] Entretanto, é imperioso que a avaliação dessa insignificância seja feita em concreto e de forma global, pois a reiteração da conduta ao longo dos anos pode conduzir a uma distinção significativa entre os quinhões dos herdeiros.

Nessa seara insere-se o disposto no artigo 2.010 do Código Civil, que isenta da colação "os gastos ordinários do ascendente com o descendente, enquanto menor, na sua educação, estudos, sustento, vestuário, tratamento nas enfermidades, enxoval, assim como as despesas de casamento, ou as feitas no interesse de sua defesa em processo-crime". A doutrina indica que a isenção oferecida pela norma decorre de não se tratar de liberalidades, mas do cumprimento de deveres de assistência.[26] Todavia, fala-se igualmente da necessidade de um "justo limite"[27] para avaliar se eventual generosidade no cumprimento desses deveres ante somente um dos herdeiros em detrimento dos demais pode justificar a colação nesses casos.[28]

Outro âmbito rico em controvérsias encontra-se na cinzenta fronteira entre a doação e a compra e venda. Para além da compra e venda a preço vil, que costuma apenas dissimular efetiva doação, abre-se campo para o *negotium mixtum cum donatione*, em que o preço exigido do comprador é significativamente mais baixo do que o valor de mercado em razão de relativa liberalidade que lhe realiza o vendedor. Tratando-se de contrato misto, a normativa que lhe é aplicável é controversa, entre posições que defendem a absorção do tipo principal pelos demais, a combinação das diversas normativas típicas ou o reconhecimento de que, sendo o contrato misto no fundo atípico, toda aplicação de norma atípica será por analogia.[29] Em consequência, seria possível a incidência de normas relativas à antecipação de legítima, colação e inoficiosidade no que

---

(estirpar da vida social a intenção de violar o direito alheio mediante má-fé), permitindo que o ascendente, por via transversa, em detrimento do direito de legítima dos demais descendentes, direcione seu patrimônio em proveito único e exclusivo de um. [...] ainda que o contrato de financiamento com a instituição financeira tenha sido subscrito por pessoa jurídica que detêm personalidade jurídica distinta dos sócios, a concessão da garantia hipotecária submetida a tal ajuste só foi desencadeada pela qualidade pessoal do sócio Edson Ricardo – descendente dos proprietários, pois, como dito, não há qualquer tipo de relação (crédito/ débito/ negócio/ parceria/ lucro) que estabeleça uma conexão entre ela e os garantidores. [...] Portanto, considerando que a garantia hipotecária prestado na Cédula de Crédito Industrial assumiu inegável feição de doação de ascendente para descendente sem consentimento dos demais, seu alcance deve se limitar ao quinhão atribuído ao descendente/herdeiro Edson Ricardo" (TJRS, 1ª Câmara de Direito Comercial, Ap. Cív. 0071728-14.2008.8.24.0023, Rel. Des. Guilherme Nunes Born, julg. 11 jul. 2019).

[25] TEPEDINO, Gustavo; NEVARES, Ana Luiza; MEIRELES, Rose Melo Vencelau. *Direito das sucessões*, cit., p. 258.

[26] SIMÃO, José Fernando *et al*. *Código civil comentado: doutrina e jurisprudência*. Rio de Janeiro: Forense, 2019, p. 1.549.

[27] LEITE, Eduardo Oliveira. *Comentários ao novo código civil*, vol. XXI. Rio de Janeiro: Forense, 2004, p. 783.

[28] OLIVEIRA, Euclides de. *Código civil comentado*, vol. XX. São Paulo: Atlas, 2004, p. 167: "imagine-se a efetivação de gastos com cursos extracurriculares ou estágios no exterior, em favor de um dos filhos, em detrimento de outros".

[29] Sobre o tema, cf. CASCIO, Salvatore Orlando; ARGIROFFI, Carlo. Contratti misti e contratti collegati. *Enciclopedia Giuridica Treccani*, IX. Roma: Treccani, 1988, p. 1-6. Especificamente sobre doação mista, v. BISCONTINI, Guido. *Onerosità, corrispettività e qualificazione dei contratti: il problema della donazione mista*, 5ª ristampa. Napoli: ESI, 2005.

tange à parcela de "desconto" do preço pago propiciada pela liberalidade do *de cujus* quando o vendeu. A solução é defendida em doutrina: "far-se-á a colação pelo valor e, assim, ela terá por objeto a diferença de valor entre o enriquecimento que o *de cujus* proporcionou ao beneficiário e a prestação recebida deste".[30] Entretanto, a questão não se coloca com a mesma relevância tendo em vista que a parte do negócio subsumível à compra e venda já atrairia a exigência de consentimento dos demais herdeiros, sob pena de anulabilidade.[31]

Mais significativa é a hipótese de *doação onerosa* ao herdeiro, ou seja, aquela que não lhe é puramente gratuita, exigindo dele o cumprimento de um encargo em razão da aceitação do bem doado. O encargo não chega a caracterizar uma contraprestação ao doador, o que degeneraria o negócio em troca ou compra e venda, mas impõe-lhe uma obrigação cujo descumprimento pode levar à revogação da doação. Além da revogabilidade, a existência do encargo atrai a incidência de outras normas específicas. No âmbito sucessório, afirma-se que o bem doado com encargo, por exemplo, deve ser levado na íntegra à colação, mas é possível exigir da massa o valor correspondente ao encargo.[32]

Por fim, vale mencionar as chamadas doações impuras, como a doação *propter nuptiam*, a doação em contemplação de merecimento do donatário e a chamada doação remuneratória, feita para recompensar serviços recebidos sem contraprestação exigível. São consideradas impuras justamente porque não movidas exclusivamente pela liberalidade, o que lhes afasta, por exemplo, a possibilidade de revogação por ingratidão do doador. Apesar dessa peculiaridade, deve-se ter em vista que nelas prevalece ainda o elemento gratuito, razão pela qual em princípio ainda estariam submetidas à normativa sucessória relativa à antecipação da legítima, à colação e à inoficiosidade.[33]

---

[30] PENTEADO, Luciano de Camargo. *Doação com encargo e causa contratual*. Campinas: Millennium, 2004, p. 301.

[31] CC, art. 496: "É anulável a venda de ascendente a descendente, salvo se os outros descendentes e o cônjuge do alienante expressamente houverem consentido".

[32] PENTEADO, Luciano de Camargo. *Doação com encargo e causa contratual*, cit., p. 300.

[33] Nesse sentido, "a doação remuneratória, caracterizada pela existência de uma recompensa dada pelo doador pelo serviço prestado pelo donatário e que, embora quantificável pecuniariamente, não é juridicamente exigível, deve respeitar os limites impostos pelo legislador aos atos de disposição de patrimônio do doador, de modo que, sob esse pretexto, não se pode admitir a doação universal de bens sem resguardo do mínimo existencial do doador, nem tampouco a doação inoficiosa em prejuízo à legítima dos herdeiros necessários sem a indispensável autorização desses, inexistente na hipótese em exame" (STJ, 3ª T., REsp 1708951, Rel. Min. Nancy Andrighi, julg. 14 mai. 2019). Sobre o mesmo tema, é digno de destaque acórdão lavrado no âmbito do Tribunal Estadual do Rio Grande do Sul, tratando de doação que, embora tenha ultrapassado o limite da legítima, não foi declarada nula: "AÇÃO DECLARATÓRIA DE NULIDADE DE ESCRITURA DE COMPRA E VENDA. SIMULAÇÃO. DOAÇÃO INOFICIOSA. CONVERSÃO SUBSTANCIAL DO NEGÓCIO. O apelante pretende obter a declaração de nulidade de duas escrituras públicas de compra e venda de imóveis realizadas entre seu falecido avô e seu tio. Ficou cabalmente demonstrado nos autos a existência de simulação, nos termos dos incisos I e II do § 1.º do art. 167 do CCB/02, sob o manto de uma doação de pai para filho como forma de retribuição, uma vez que o filho favorecido ficou responsável pelos cuidados do pai na velhice e doença por trinta anos. Considerando que a doação superou infimamente o limite de 50% da parte disponível, isto é, em menos de 5%, bem andou o juízo de primeiro grau aproveitando a vontade do falecido, à luz do art. 549 CCB e segundo os princípios da solidariedade e da função social da família, para julgar válida a doação realizada em favor do apelado, qualificando-a como remuneratória. RECURSO DESPROVIDO" (TJRS. Ap. Cív. 70055882849, 17ª Câmara Cível, Rel. Des. Elaine Harzheim Macedo, julg. 12 set. 2013).

3 A doação inoficiosa e sua invalidade

3.1 Prazo para impugnar (existência ou não de prazo, termo inicial, simulação)

Independentemente da roupagem que a doação apresente e ainda que se afaste da estrutura típica do instituto, as normas relativas à inoficiosidade devem incidir sobre todas as formas de liberalidade, ainda que indiretas, que representem uma ofensa à legítima e, por conseguinte, acarretem desequilíbrio entre os quinhões legitimários de cada herdeiro necessário. De plano, importante destacar que a lei não estabelece a nulidade de toda a doação, mas apenas da parcela que exceder a parte disponível. O efeito pretendido, pois, é a redução das parcelas atentatórias à quota necessária, admitindo-se a conservação do contrato na parte remanescente que esteja enquadrada nos limites da disponível.

Da redação do art. 549 do Código Civil, extrai-se a conclusão de que a doação inoficiosa é caso de nulidade taxativamente determinada por lei, nos termos do art. 166, VII, do mesmo diploma legal. Nesse sentido, a opção legislativa pela nulidade do excedente parece-nos incontestável. Não obstante, não há consenso na doutrina, tampouco na jurisprudência, acerca da natureza dessa invalidade – se nula ou meramente anulável. Enquanto parte mais expressiva da doutrina[34] sustenta que o art. 549 do Código Civil traz regra cogente e de ordem pública (capaz, inclusive, de atingir terceiros que não ostentam a qualidade de herdeiros, mas que tenham sido contemplados por doação), relata-se a existência segunda corrente, que defenderia a natureza de anulabilidade do vício, haja vista, entre outros argumentos, a possibilidade de os herdeiros prejudicados decidirem respeitar a liberalidade inoficiosa.[35]

Partindo-se da premissa mais adequada, no sentido de que a doação inoficiosa é nula, ter-se-ia, como decorrência lógica, a imprescritibilidade da arguição dessa nulidade

---

[34] "A pretensão não prescreve, pois a norma é de nulidade. Equivoca-se certa corrente jurisprudencial que entende ser a abertura da sucessão o termo inicial de prazo prescricional para o exercício da pretensão. A pretensão não prescreve e nada tem a ver com a redução do excesso com a sucessão hereditária, pois o legislador apenas utilizou o mesmo parâmetro que determinou para o testador" (LÔBO, Paulo. *Direito civil: contratos*. São Paulo: Saraiva, 2011, p. 305). Seguindo a mesma linha de entendimento, v. SCHREIBER, Anderson. *Manual de Direito Civil Contemporâneo*. 3. ed. São Paulo: Saraiva Educação, 2020, p. 1.380.

[35] A controvérsia é delimitada por Pablo Stolze Gagliano e Rodolfo Pamplona Filho: "Importante aspecto a ser considerado diz respeito à natureza desta invalidade: o ato seria reputado nulo (nulidade absoluta) ou anulável (nulidade relativa)? Jurisprudência anterior à entrada em vigor do Código Civil de 2002 atribuía a natureza anulatória ao ato, admitindo prazo de vinte anos para o exercício da ação judicial correspondente. Nesse sentido, confira-se o seguinte acórdão do Superior Tribunal de Justiça, da lavra do Min. Ruy Rosado De Aguiar Jr.: 'VENDA DE ASCENDENTE PARA DESCENDENTE. Interposta pessoa. Anulação. Prescrição. Data inicial. Doação inoficiosa. - A prescrição da ação de anulação de venda de ascendente para descendente por interposta pessoa é de quatro anos e corre a partir da data da abertura da sucessão. Diferentemente, a prescrição da ação de nulidade pela venda direta de ascendente a descendente sem o consentimento dos demais, é de vinte anos e flui desde a data do ato de alienação. - A prescrição da ação de anulação de doação inoficiosa é de vinte anos, correndo o prazo da data da prática do ato de alienação. Arts. 177, 1.778, 1.132 e 1.176 do C. Civil. Primeiro recurso não conhecido; conhecimento parcial do segundo e seu provimento, também parcial' (STJ, Recurso Especial 1997/0074150-8, rel. Min. Ruy Rosado de Aguiar, data da decisão 25-6-1998, 4ª Turma). Vê-se, portanto, que o norte jurisprudencial, firmado antes da entrada em vigor do Código de 2002, era no sentido de considerar de natureza anulatória, e com prazo de vinte anos (a contar do ato de doação), a ação judicial de invalidade da doação inoficiosa. Ora, se este posicionamento persistir, forçoso será concluir que o prazo da anulatória teria sido reduzido para dois anos, a teor do art. 179 do Código Civil" (*Novo curso de direito civil*, volume 4: contratos, 2. ed. São Paulo: Saraiva Educação, 2019, p. 404-405).

absoluta, tendo em vista que o ordenamento é expresso ao determinar que o ato nulo não convalesce pelo decurso do tempo (CC, art. 169). Nesse contexto, a declaração de nulidade da doação não se submeteria a prazo algum. Entretanto, faz-se necessário diferenciar a pretensão de invalidar a doação da pretensão de desfazer os efeitos patrimoniais dela decorrentes. Com efeito, entende-se que eventual pedido de reivindicação da coisa (ou pagamento do equivalente) formulado pelo herdeiro prejudicado, em decorrência da invalidação, se submeteria ao prazo prescricional geral de 10 anos (CC, art. 205).

Sobre esse ponto, doutrina majoritária afirma que os efeitos patrimoniais dos atos nulos são passíveis de prescrição já que, em se confrontando o não convalescimento do ato nulo com o "perpétuo silêncio sobre os efeitos do negócio jurídico", deve-se priorizar o primeiro[36] e, de forma minoritária, sustenta-se a imprescritibilidade não apenas do ato inoficioso, como também das pretensões patrimoniais decorrentes daquele.[37] A divergência foi recente objeto de debate no Superior Tribunal de Justiça, tendo prevalecido o primeiro entendimento.[38]

Outra controvérsia se coloca em relação ao termo inicial do prazo prescricional: jurisprudência e doutrina divergem em relação ao termo *a quo* desse prazo, que oscila entre a data do ato,[39] a data do registro do título translativo[40] e, de forma menos recorrente, a data de abertura da sucessão[41] (esta última apoiada no fundamento de que os herdeiros prejudicados apenas tomarão ciência de eventuais doações inoficiosas nesse momento).

---

[36] PEREIRA, Caio Mário da Silva. *Instituições do direito civil*, cit., p. 542. Seguindo a mesma linha de raciocínio, Marco Aurélio Bezerra de Melo afirma que "não concebemos a possibilidade de perpetuidade para lesões de ordem patrimonial em razão da necessidade de se proteger a segurança jurídica, questão de ordem pública que deve ser pronunciada de ofício pelo Juízo" (MELO, Marco Aurélio Bezerra de. *Direito civil*: contratos. 3. ed. Rio de Janeiro: Forense, 2019, p. 453).

[37] TARTUCE, Flávio. *Direito Civil*, v. 3: Teoria geral dos contratos e contratos em espécie. 12. ed. Rio de Janeiro: Forense, 2017, p. 460-462.

[38] O voto vencedor, de lavra da Ministra Nancy Andrighi, consignou que: "A transferência da totalidade de bens do pai da recorrida para a ex-cônjuge em partilha e para a filha do casal, sem observância da reserva da legítima e em detrimento dos direitos da recorrida caracterizam doação inoficiosa. 5. Aplica-se às pretensões declaratórias de nulidade de doações inoficiosas o prazo prescricional decenal do CC/02, ante a inexistência de previsão legal específica". Restou vencido o voto do Ministro João Otávio de Noronha, que defendeu a imprescritibilidade da pretensão nos seguintes termos: "E, a teor da norma contida no art. 169 do mesmo Código, 'o negócio jurídico nulo não é suscetível de confirmação, nem convalesce pelo decurso do tempo', a significar que a nulidade é imprescritível. Essa é a tese que defendo. Não desconheço a discussão existente a respeito dessa norma e que, em nome da paz social, levou ao entendimento jurisprudencial de que tal nulidade não fica imune à ocorrência de prescrição. Reservo-me o direito de, em momento oportuno, trazer a matéria a debate na profundidade que entendo necessária" (STJ, 3ª T, REsp 1321998, Rel. Min. Nancy Andrighi, julg. 7 ago. 2014).

[39] "A ação para nulidade do excesso pode ser ajuizada a partir do momento da liberalidade e não se confunde com a colação. [...] A ação deve ser promovida pelos herdeiros necessários, que já eram assim ao tempo da doação, a qualquer tempo, após o conhecimento do excesso. Não se aguarda a abertura da sucessão porque a ação tem por objeto contratos entre vivos e é referente ao momento da liberalidade" (LÔBO, Paulo. *Direito civil: contratos*, cit., p. 305). No âmbito jurisprudencial, "Se a aquisição dos imóveis em nome dos herdeiros varões foi efetuada com recursos do pai, em doação inoficiosa, simulada, em detrimento dos direitos da filha autora, a prescrição da ação de anulação é vintenária, *contada da prática de cada ato irregular*" (STJ, 4ª T, REsp 259406, Rel. Min. Aldir Passarinho Junior, julg. 17 fev. 2005).

[40] "O Superior Tribunal de Justiça há muito firmou entendimento no sentido de que, no caso de ação anulatória de doação inoficiosa, o prazo prescricional é vintenário e *conta-se a partir do registro do ato jurídico que se pretende anular*" (STJ, 3ª T., REsp 1755379, Rel. Ministro Moura Ribeiro, Rel. p/ Acórdão Ministro Ricardo Villas Bôas Cueva, julg. 24 set. 2019).

[41] "O herdeiro necessário pode pleitear a revogação das doações na parte em que prejudiquem a sua legítima, mas somente depois da morte do doador" (GOMES, Orlando. *Sucessões*, cit., p. 86).

À primeira vista, as duas primeiras soluções (data do ato ou do registro) parecem, em alguns casos, deixar desamparado o herdeiro que teve sua legítima violada. Pense-se na hipótese de doações inoficiosas de bens móveis, feitas sem qualquer publicidade, que só chegam ao conhecimento do herdeiro prejudicado quando da abertura da sucessão e, pois, quando já decorridos mais de dez anos desde a data da liberalidade. Para impedir a prescrição, o herdeiro teria verdadeiro encargo de "controlar" todas as movimentações patrimoniais e operações financeiras realizadas por seu ascendente – o que não apenas é absolutamente inviável, como ineficaz (haja vista a total ausência de "rastro" deixado por alguns tipos de liberalidades indiretas).[42] Por outro lado, a eleição da data da abertura da sucessão como termo inicial do prazo prescricional também apresentaria problemas, haja vista que referido critério ignora a necessidade de se conferir segurança jurídica à situação fática consolidada ao longo de mais de dez anos, que muitas vezes envolve terceiros e que, justamente em razão do longo lapso temporal decorrido, já conta com inequívoca aceitação social.

Intimamente relacionada à controvérsia anterior, há discussão que se dedica a avaliar se a ação de redução poderia ser ajuizada antes do falecimento do doador e autor da herança. O entendimento predominante afirma que a ação é cabível desde a prática da liberalidade, haja vista que "o legislador pátrio imprimiu ao direito do herdeiro lesado a nota de atualidade e não de mera expectativa", pelo que, "consumada a doação inoficiosa, pode ele ingressar em Juízo imediatamente com a competente ação de redução",[43] não havendo que se aguardar o falecimento do doador. Referido entendimento, contudo, não é unânime, não sendo raras as decisões jurisprudenciais que corroboram o entendimento em sentido contrário.[44]

Por fim, há última controvérsia concernente ao tema da prescrição, envolvendo as doações inoficiosas feitas mediante simulação. O próprio Superior Tribunal de Justiça diverge e aplica ora o mesmo critério das doações inoficiosas genéricas (sem simulação),[45] ora o prazo previsto para o vício de simulação, que, na vigência do Código Civil de

---

[42] Pense-se, a título de exemplo, na doação de joias, de obras de arte e até mesmo de bens digitais, como as criptomoedas. Estas últimas vêm sendo alvo de crescente popularização e difusão na sociedade, pelo que são, de igual forma, objeto de debate cada vez mais recorrente no âmbito do direito sucessório. Moedas digitais, como a bitcoin, utilizam-se de mecanismos como criptografia e *blockchain*, que, por sua própria natureza, garantem uma circulação sem publicidade e, em alguns casos, até mesmo anônima. Tal peculiaridade, por si só, representa inegável desafio à verificação de eventual inoficiosidade que venha a acometer as doações dessa categoria.

[43] MONTEIRO, Washington de Barros. *Curso de Direito Civil*: Obrigações, 2ª parte. 34. ed. Atual. Por Carlos Alberto Dabus Maluf e Regina Beatriz Tavares da Silva. Editora Saraiva: São Paulo, 2003, p. 127.

[44] "APELAÇÃO CÍVEL. AÇÃO ANULATÓRIA DE CONFISSÃO DE DÍVIDA. ALEGAÇÃO DE SIMULAÇÃO PARA MASCARAR DOAÇÃO INOFICIOSA. CARÊNCIA DE AÇÃO. PRECEDENTES. SENTENÇA DE EXTINÇÃO SEM JULGAMENTO DE MÉRITO MANTIDA. Verifica-se a carência de ação da autora apelante, que pretende ver declarado nulo instrumento particular de confissão de dívida firmado pelo seu genitor em favor da sua ex-mulher. Em que pese a ação esteja fundamentada na alegação de que o referido instrumento, em realidade, mascara doação inoficiosa, a fim de afirmar a legitimidade ad causam da autora, afastada na sentença, ainda assim, impõe-se a manutenção da decisão extintiva sem julgamento de mérito, igualmente com escopo no inciso VI do art. 267 do CPC, porquanto não é possível à demandante, na qualidade de herdeira, alegar prejuízo a sua legítima antes da abertura da sucessão, sendo vedado questionar herança de ascendente vivo. Apelo Desprovido" (TJRS. 7ª Câmara Cível. Ap, Cív. 70064493000, Rel. Des. Sandra Brisolara Medeiros, julg. 29 jul. 2015).

[45] "É vintenária a prescrição da ação que pretende desconstituir doação inoficiosa, sem reserva para subsistência do doador, *ainda que efetuada mediante simulação*" (STJ, 4ª T., REsp 591401, Rel. Ministro Cesar Asfor Rocha, julg. 23 mar. 2004).

1916, era o prazo decadencial quadrienal,[46] eis que considerada causa de anulabilidade (CC/16, art. 147, II), e que, no sistema atual, é tida como imprescritível, nos termos do art. 167 do Código Civil de 2002, que a enquadra na categoria de nulidade absoluta.[47]

3.2 Legitimidade para impugnar e consentimento do herdeiro prejudicado

A redução da doação inoficiosa destina-se a alterar uma situação jurídica pré-constituída que impede os herdeiros de obter a quota que lhes é reservada pela legítima. Por isso, afirma-se que a legitimidade para propor ação de redução é concedida exclusivamente aos herdeiros legitimários, ou a seus sucessores, e, caso julgada procedente, tem como consequência a reintegração de suas legítimas a partir da restituição do bem que foi objeto da disposição inoficiosa.

É majoritário o entendimento doutrinário e jurisprudencial no sentido de que a ação somente poderá ser proposta pelos herdeiros necessários do doador, únicos interessados.[48] Essa circunstância ressalta o caráter de "nulidade especial",[49] pois, apesar de envolver norma de ordem pública, a ação seria personalíssima e caberia apenas aos herdeiros necessários, que, inclusive, conservam essa legitimidade mesmo em caso de cessão dos direitos hereditários.[50]

A regra, contudo, não é isenta de problemas. Suponha-se o caso de autor de herança que doa todo o seu patrimônio a um dos filhos, sem observância da legítima

---

[46] "Hipótese em que se pretende a anulação de escritura pública de compra e venda de imóvel alegadamente lavrada mediante simulação entre vendedor, genitor falecido e herdeira, cujo acolhimento levaria à necessidade lógica de colação do bem ao inventário do de cujus. 5- O direito de anular escritura pública sob o fundamento de que o negócio foi simulado se extingue no prazo decadencial quadrienal previsto no art. 178, §9º, V, "b", do CC/1916. Precedentes. 6- Inviabilidade de acolhimento do pleito autoral também sob a ótica do prazo prescricional vintenário previsto no art. 177 do CC/1916, tendo em vista que, de acordo com a teoria da actio nata, a pretensão nascer quando há ciência inequívoca da lesão e de sua extensão, permitindo-se o ajuizamento da ação que, na hipótese, apenas foi proposta mais de 20 (vinte) anos após o termo inicial do prazo prescricional" (STJ, 3ª T., REsp 1694417, Rel. Min. Nancy Andrighi, julg. 02 out. 2018).

[47] "Simulação. Negócios que mascaram liberalidades que fraudam direitos de herdeiros. Imprescritibilidade. O de cujus (pai dos litigantes) celebrou negócios onerosos de forma a prejudicar a sucessão universal, favorecendo o filho menor do segundo casamento, em detrimento dos demais. Ofensa da legítima. Doação inoficiosa. Ato simulado é nulo e não convalesce (art. 169, do CC). Correta a sentença que desmistifica as aquisições simuladas e refaz o acervo hereditário para partilha igualitária e justa. Não provimento" (TJSP, Ap. Cív. 0110500-47.2011.8.26.0100, Rel. Des. Enio Zuliani, 28ª Câmara Extraordinária de Direito Privado, julg. 21 fev. 2017).

[48] Paulo Lôbo, que se filia à corrente majoritária, afirma que "a nulidade não é de ordem pública, mas no exclusivo interesse dos herdeiros necessários. Assim, apenas estes estão legitimados a reclamá-la. Do mesmo modo, o Ministério Público pode alegá-la e o juiz pronunciá-la, sempre no interesse dos herdeiros necessários. A ação deve ser promovida pelos herdeiros necessários contra o doador, que já eram assim ao tempo da doação, a qualquer tempo, após o conhecimento do excesso" (LÔBO, Paulo. *Direito civil: contratos*, cit., p. 305). No mesmo sentido, "provado o excesso de doação, invadindo a legítima dos herdeiros necessários, o interessado pode ajuizar uma ação de redução das doações inoficiosas. A legitimidade ativa é dos herdeiros necessários, diretamente prejudicados, apesar de se tratar de nulidade e, via de consequência, de matéria de ordem pública" (FARIAS, Cristiano Chaves de; ROSENVALD, Nelson. Curso de direito civil: contratos - teoria geral e contratos em espécie. 5. ed. São Paulo: Atlas, 2015, p. 727-728).

[49] TARTUCE, Flávio. *Direito Civil*, cit., p. 463.

[50] "Discute-se a legitimidade de herdeiro, que cedeu seus direitos hereditários, para pleitear a declaração de nulidade da doação realizada pelo ascendente aos demais coerdeiros necessários, bem como a validade desse negócio jurídico. 3. A cessão de direitos hereditários não retira da cedente a qualidade de herdeira, que é personalíssima, e, portanto, não afasta a sua legitimidade para ajuizar a presente ação, porque apenas transferiu ao cessionário a titularidade de sua situação, de modo a permitir que ele exija a partilha judicial dos bens que compõem a herança" (STJ, 3ª T., REsp 1361983, Rel. Min. Nancy Andrighi, julg. 18 mar. 2014).

que caberia ao outro, em razão de estar, este último, sendo alvo de execuções de elevada monta. A doação inoficiosa, portanto, é feita para intencionalmente proteger os interesses do herdeiro que não foi contemplado pelas liberalidades – e que, por isso mesmo, não irá pleitear a nulidade. Com o adiantamento de todo o patrimônio ao outro irmão (que passaria, então, a fazer transferências mensais de pequeno valor para, de forma gradativa e velada, transferir o quinhão que caberia ao executado), estar-se-ia diante de manifesta fraude a credores. Nesse caso, poder-se-ia cogitar da legitimidade dos credores que, na inegável posição de interessados na proteção da legítima que caberia ao seu devedor comum, poderiam agir para garantir o recebimento do "crédito" futuro, apto a honrar com as dívidas do herdeiro, conferindo-se a eles, para tanto, uma espécie de "legitimidade extraordinária".[51]

É digna de nota outra questão concernente à legitimidade: caso a doação inoficiosa tenha sido feita com expressa autorização do herdeiro prejudicado, pode ele, futuramente, invocar a nulidade e pretender reaver o *quantum* que excedeu a parte disponível? Noutras palavras, ainda que restasse comprovado o excesso à legítima, estaria o herdeiro que interveio e consentiu com a liberalidade inoficiosa impedido de requerer a sua nulidade?

À primeira vista, por se tratar de norma cogente, tender-se-ia a responder que o consentimento não impede o exercício da pretensão de ver a doação inoficiosa declarada nula, justamente porque, sob perspectiva pragmática, não se pode negar que a ordem jurídica foi atacada e o mecanismo sancionatório mereceria, pois, ser deflagrado.[52] No entanto, consolidou-se no ordenamento brasileiro o entendimento no sentido de que a proibição de comportamentos contraditórios constitui legítima expressão do interesse público, que se consubstancia na tutela da confiança. Nesse contexto, o princípio da boa-fé veda que alguém pratique uma conduta em contradição com sua conduta anterior, lesando a legítima confiança de quem acreditara na preservação daquele comportamento inicial.[53]

No exemplo sob análise, é inegável que o herdeiro que impugna a doação inoficiosa para a qual havia consentido adota comportamento contraditório, violando o princípio do *nemo potest venire contra factum proprium*, que, nas palavras de Judith Martins-Costa, "tem por escopo tutelar situações de confiança e vedar o comportamento contraditório quando, pela própria conduta, despertou-se, no alter ou em terceiros, a legítima confiança de que a palavra seria mantida ou o comportamento seguido seria

---

[51] Em contraposição, afirma-se que "a legitimidade para propor a ação anulatória não guarda qualquer relação lógica com a possibilidade de a recomposição de o patrimônio vir a satisfazer créditos que terceiros detenham contra o de cujus ou mesmo contra o espólio. No que diz respeito ao interesse dos herdeiros – interesse econômico, bem entendido – em intentar a dita ação, esta é uma questão que só a eles toca, cabendo-lhes avaliar a conveniência e oportunidade de intentá-la. Os credores não devem qualquer deferência ao esforço dos herdeiros necessários, o que, diga-se de passagem, é uma questão estritamente moral, não jurídica" (BARBOZA, Heloisa Helena; MORAES, Maria Celina Bodin de Moraes; TEPEDINO, Gustavo. *Código Civil Interpretado conforme a Constituição da República*, v. II. 2. ed. Rio de Janeiro: Renovar, 2007, p. 233).

[52] BARBOZA, Heloisa Helena; MORAES, Maria Celina Bodin de Moraes; TEPEDINO, Gustavo. *Código Civil Interpretado conforme a Constituição da República*, cit., p. 232.

[53] SCHREIBER, Anderson. *A proibição do comportamento contraditório* - tutela da confiança e venire contra factum proprium. 4ª ed. São Paulo: Atlas, 2016.

observado".[54] Aplicável, pois, o instituto da *supressio* (ou *Verwirkung*), que se destina justamente a evitar a ruptura representada pela quebra súbita de um não exercício estável.[55] A questão chegou ao Tribunal de Justiça de São Paulo, que, em consonância com a segunda linha de entendimento acima exposta, julgou improcedente o pleito formulado pelo herdeiro que interveio e ratificou o instrumento que, posteriormente, pretendia anular.[56]

Ainda sobre a vedação do comportamento contraditório nas relações que envolvem doações inoficiosas, interessante destacar precedente em que se reconheceu que a atitude dos herdeiros que foram beneficiados pela doação inoficiosa "demonstra um comportamento contraditório, pois ao mesmo tempo em que prometeram levar os bens à colação, ajuizando o tão esperado inventário, ajustando assim a igualdade de quinhões hereditários, sustentam decadência do direito reclamado pelos requerentes". Não obstante o esgotamento do prazo, o Tribunal de Justiça do Rio Grande do Sul afastou a prescrição que acometia à pretensão dos herdeiros prejudicados, sob o fundamento de que "os requerentes somente não exercitaram o direito de ação anteriormente, porque estavam esperando o ajuizamento de inventário".[57]

4 Antecipação de herança por doação e colação dos valores

4.1 Cálculo do valor do bem colacionado (direito intertemporal)

A doação feita em favor de um herdeiro necessário constitui adiantamento de legítima (CC, art. 544) e, por isso, deve ser conferida por ocasião da abertura da sucessão do doador. A doação feita a herdeiro necessário que ultrapassa os limites da disponível não trata, necessariamente, de doação inoficiosa, pelo que não está sujeita à redução, mas, sim, à colação.[58] Colação é o ato pelo qual os herdeiros descendentes,

---

[54] MARTINS-COSTA, Judith. A ilicitude derivada do exercício contraditório de um direito: o renascer do venire contra factum proprium. *Revista Forense*, Rio de Janeiro, v. 100. n. 376, p. 110.

[55] "Se uma pessoa, pela sua conduta, deu durante bastante tempo a impressão de que não iria, por exemplo, usar um direito de denúncia ou de uma exceção de prescrição, de tal forma que a outra parte, segundo as circunstâncias, seja justificadamente levada a acreditar que ela não mais os exerceria, passando, por isso, a agir em conformidade com essa expectativa, fica mesmo extinto o direito em causa" (NORONHA, Fernando. *O Direito dos contratos e seus princípios fundamentais*: autonomia privada, boa-fé, justiça contratual. São Paulo: Saraiva, 1994, p. 185).

[56] "Isso porque, como bem consignou o Juiz de primeiro grau, a autora figurou como interveniente na doação realizada em 1997, e a ratificou posteriormente, em 2002. Do mesmo modo, constou expressamente na escritura pública que os bens doados compunham a parte disponível do doador e, portanto, não pode agora a recorrente alegar que a declaração a qual anuiu não refletia a verdade, até porque a afirmação goza de presunção de veracidade, não infirmada pela requerente [...]. Em suma, tanto a doação como a alienação e suas respectivas confirmações contaram com a participação da autora, cuja pretensão revela comportamento contraditório e não pode ser prestigiada, devendo prevalecer a boa-fé, que deve ser considerada padrão ético de conduta a ser obrigatoriamente observado pelos contratantes" (TJSP, Apel. 0002639-05.2006.8.26.0576, Rel. Des. Erickson Gavazza Marques, 5ª Câmara de Direito Privado, Foro de São José do Rio Preto, julg. 29 mai. 2013).

[57] TJRS, 8ª Câmara Cível, Ap. Cív. 70072153364, Rel. Des. Rui Portanova, julg. 22 jun. 2017.

[58] "A inoficiosidade da doação feita a herdeiro necessário tem lugar apenas se inexistente o dever de colacionar, seja por exclusão legal, seja por determinação do doador. Isto porque a colação garante que a legítima do herdeiro necessário seja respeitada sem se cogitar de nulidade da doação [...]. Desse modo, somente as doações não incursas na colação podem ser questionadas em vida do doador para reposição do excesso inoficioso". Nesse contexto, seguindo linha de entendimento já exposta no presente trabalho, "tanto as liberalidades diretas, quanto as indiretas devem ser conferidas. Desse modo, não escapa o pagamento de dívida do filho pelo pai, a remissão de dívidas, aquisições em nome do descendente, a construção de benfeitorias, entre outras". MEIRELES, Rose Melo Vencelau. Imputação, redução e colação: efeitos da doação no direito sucessório, cit., p. 213-214.

concorrendo à sucessão do ascendente comum, são obrigados a conferir, sob pena de sonegados, as doações e os dotes que dele em vida receberam, a fim de serem igualadas as respectivas legítimas.[59] A dispensa do dever de colação só se opera por expressa e formal manifestação do doador, determinando que a liberalidade recaia sobre a parcela disponível de seu patrimônio (CC, art. 2.005).[60]

Para o correto cálculo do valor dos bens trazidos à colação, há questão de direito intertemporal que merece atenção, originada pela aparente incompatibilidade entre os arts. 2.003 e 2.004 do Código Civil e o art. 639 do Código de Processo Civil, que estipulam diferentes critérios para a colação: enquanto o primeiro determina a colação pelo valor do bem ao tempo da liberalidade, o segundo dispõe que a colação deve se dar através do retorno do bem doado ao espólio.

A melhor solução parece ser a da interpretação que, conciliando ambas as regras, garanta a igualdade das legítimas e a coerência do ordenamento.[61] Nesse sentido, se o bem doado em adiantamento de legítima ainda integrar o patrimônio do donatário na data da abertura da sucessão, deverá ser colacionado de acordo com seu valor atual. Se, ao contrário, o donatário não mais possuir o bem doado, este deverá ser colacionado (i) pelo valor a ele atribuído ao tempo da liberalidade, caso tenha sido transmitido gratuitamente; perecido – com ou sem culpa do donatário –; ou consumido; e (ii) pelo valor da alienação, caso o bem tenha sido alienado onerosamente, incidindo, em ambos os casos, correção monetária até a data da abertura da sucessão.[62]

Ainda que se apresente como solução adequada, tal critério não está livre de problemas e, a depender do caso concreto, pode gerar, justamente, a desigualdade que objetivava impedir. Considere-se, ilustrativamente, a hipótese de pai que doa, a seus dois filhos, apartamentos idênticos (de igual valor e no mesmo local). Enquanto um dos filhos vende o imóvel alguns meses após a doação, o outro mantém o bem e, em decorrência de melhorias realizadas ao longo de mais de dez anos na região, o imóvel é alvo de grande valorização e passa a ter valor significativamente maior que ao tempo da liberalidade.

Quando da colação desses bens, muito embora ambos os filhos tenham recebido exatamente o mesmo bem, os valores colacionados serão extremamente discrepantes (de um lado, o imóvel valorizado e, de outro, o valor de venda realizada quando o imóvel ainda era desvalorizado). Na prática, o herdeiro que se desfez do imóvel precocemente fará jus a uma parcela maior de bens para igualar a legítima (ainda que, no passado,

---

[59] OLIVEIRA, Arthur Vasco Itabaiana de. *Tratado de direito das sucessões*. v. 3. São Paulo: Max Limonad, 1952, p. 824.

[60] "A dispensa da conferência se dá porque, estando expresso que as doações saíram da parte disponível, presume-se que, por tal motivo, não prejudicam a igualdade das legítimas. Ou seja: embora possam ser sujeitas à redução, se inoficiosas, as doações declaradas como saídas da metade disponível não se confundem com a legítima. A colação tem o escopo de igualar as legítimas, ao passo que a redução visa a conter as liberalidades praticadas nos limites da parte disponível. A colação das doações de bens que saiam da parte disponível é dispensada porque as liberalidades não afetam diretamente o elemento igualdade da partilha da legítima, pois não constituem seu adiantamento. A igualdade é o princípio fundamental" (FACHIN, Luiz Edson. Colação e doação em perspectiva sucessória: soluções práticas. *Revista dos Tribunais*. Jan/2012, p. 273-302).

[61] V. Enunciados n.º 119 e 644, aprovados na I e VIII Jornadas de Direito Civil, organizadas pelo Conselho da Justiça Federal.

[62] Sobre o tema, v. TEPEDINO, Gustavo. A colação e o critério de apuração do valor das liberalidades. *Revista Brasileira de Direito Civil*, v. 21, 2019.

tenha sido contemplado com o mesmíssimo bem que o herdeiro concorrente).[63] Em casos como esse, em que as doações feitas em adiantamento de herança são, na origem, idênticas, poder-se-ia cogitar de exceção à regra geral, em razão de já terem as doações "nascido" equilibradas.

Sob esse ponto de vista, vale dizer que, ao adiantar a herança de forma equilibrada e igualitária entre seus herdeiros necessários, o doador não apenas respeitou o comando legal, como fez valer e deu efetividade ao objetivo intrínseco da norma, que, como se viu, é o de garantir a igualdade entre os quinhões da legítima e evitar, assim, que um herdeiro seja desprezado em relação a outro e reste patrimonialmente desamparado. Comprovada a igualdade desde a realização das liberalidades, levada a cabo pelo próprio autor da herança, não haveria que se falar em afronta à legítima, pelo que, nesses casos, seria adequado admitir exceção à regra geral para autorizar a colação dos bens pelos valores históricos idênticos. Com isso, seria efetivamente atendida a função do instituto da colação, enquanto, por outro lado, aplicando-se indistintamente a regra geral, sem a observância das peculiaridades e características de cada caso concreto, estar-se-ia diante de verdadeira distorção e incongruência interna no ordenamento.

4.2 Doações sucessivas e o momento da liberalidade para o cálculo

É reconhecida a possibilidade de se fraudar a lei embutindo pequenas doações que se acumulam, de modo que cada uma isoladamente não realiza o excesso, mas todas juntas fazem com que a doação se mostre inoficiosa.[64] O legislador elegeu o "momento da liberalidade" como critério para verificar a existência de excesso à legítima dos herdeiros necessários, e não o da abertura da sucessão. Como decorrência lógica de tal regra, não pode ser reputada inoficiosa a liberalidade feita quando o titular do patrimônio ainda não tinha herdeiros necessários e, de igual forma, é absolutamente irrelevante se houve posterior aumento de patrimônio do doador, sendo este fato incapaz de "corrigir" o vício, mantendo-se íntegra a possibilidade de se declarar nulo o excesso doado.[65]

Não obstante a adequação do critério eleito pelo legislador, não se pode ignorar a peculiaridade inerente às doações sucessivas que, à primeira vista, parecem escapar da regra legal. Isso porque, se analisadas sob a perspectiva do "momento da liberalidade" (logo, de forma individualizada) não violariam a legítima. Nesse contexto, indaga-se: havendo lapso temporal entre duas doações, pode-se dizer que um "novo" patrimônio é consolidado, sobre o qual o titular pode dispor livremente da "nova" metade?

O critério do art. 549 do Código Civil mostra-se insuficiente justamente porque as doações sucessivas, aproveitando-se das flutuações que o patrimônio sofreu por

---

[63] Nesse sentido: "O sistema que avalia a porção disponível no momento da abertura da sucessão, peca por injusto. Realmente o doador poderia ser rico, dar moderadamente, e depois empobrecer, por qualquer razão estranha à liberalidade. E não é razoável que os herdeiros, que tiveram herança escassa, por um acidente da vida, a enriqueçam à custa do donatário de muitos anos passados" (BEVILÁQUA, Clóvis. *Código Civil dos Estados Unidos do Brasil*, cit., p. 353).

[64] MELO, Marco Aurélio Bezerra de. *Direito civil*: contratos, cit., p. 450.

[65] "A nulidade de um negócio jurídico é fenômeno originário, não superveniente. A relação jurídica nasce viciada, e da existência do vício surge, concomitantemente, a sanção. Não se pode condicionar a aplicação da sanção ao acaso ou à sorte de fortuna do doador vir a se modificar" (BARBOZA, Heloisa Helena; MORAES, Maria Celina Bodin de Moraes; TEPEDINO, Gustavo. *Código Civil Interpretado conforme a Constituição da República*, cit., p. 232).

ocasião de liberalidades anteriores, podem mascarar o caráter inoficioso do "todo" doado (conjunto de doações que, sozinhas, são menos expressivas), abrindo brechas para fraudes ao direito sucessório. A insuficiência desse critério, aliás, já foi ventilada no âmbito do Superior Tribunal de Justiça e, nos termos do voto vencido da Ministra Isabel Galotti, consignou-se que não é possível a aplicação isolada da regra "que estipula o momento da doação para a aferição de seu caráter inoficioso, quando o doador em vida realizou sucessivas doações, e não apenas uma única doação" pois, nesse caso:

> a fim de se verificar se houve ou não gradual transferência do patrimônio ao donatário sem respeito à legítima dos herdeiros, é necessário fazer o somatório dos bens doados em vida com aqueles remanescentes no momento da abertura da sucessão e, então, constatar se as doações excederam ou não o valor da legítima, isto é, se padecem ou não de nulidade.[66]

Atento a tal peculiaridade, Orlando Gomes aponta que o dispositivo legal parte do pressuposto de que a doação seria sempre única, mas "não se pode aplicar a regra isoladamente no caso de sucessivas doações, sob pena de se tornar irrisória a proteção da legítima", concluindo que, "para os efeitos da redução devem levar-se em conta todas as liberalidades, somando-se seus valores para verificação do excesso em relação ao conjunto dos bens deixados".[67] A partir daí, em havendo mais de uma doação, devem todos os bens doados se reunir à massa dos existentes para que, assim, seja calculada a verdadeira metade disponível ao doador, eis que, evidentemente, influem na apuração da parte que o doador poderia, no momento da liberalidade, dispor em testamento.[68] Em consonância com tal entendimento, afirma-se que a doação em forma de subvenção periódica ao beneficiado, isto é, aquela que assume a natureza de constituição de renda a título gratuito, tem sua eficácia limitada temporalmente e deverá ser avaliada a partir do somatório de toda a renda destinada ao donatário, sendo certo que "não poderá atingir a parcela indisponível do patrimônio do doador, de modo que a eficácia da doação se extinguirá no momento em que se esgotar o seu patrimônio disponível".[69]

A denotar a controvérsia existente sobre o tema e retomando a discussão sobre o termo inicial do prazo para ajuizar a ação de redução, Giselda Hironaka destaca que, em que pese o posicionamento majoritário ser no sentido de que o caráter inoficioso das doações deva ser averiguado individualmente e no momento de cada transação,

---

[66] O voto vencedor, por outro lado, de lavra do Ministro Luis Felipe Salomão, consignou que "Não incorre em ofensa literal ao art. 1.176 do Código Civil/2002 o acórdão que, para fins de anulação de doação por suposta ofensa à legítima dos herdeiros necessários, considera preciso observar se no momento da liberalidade o doador excedeu a parte de que poderia dispor em testamento. 'Para ser decretada a nulidade é imprescindível que resulte provado que o valor dos bens doados exceda o que o doador podia dispor por testamento, no momento da liberalidade, bem como qual o excesso. Em caso contrário, prevalece a doação' (SANTOS, J. M. Carvalho, in Código Civil Brasileiro Interpretado, vol. XVI, 12 ed., Editora Livraria Freitas Bastos, Rio de Janeiro, 1986, p. 402). 'O sistema da lei brasileira, embora possa resultar menos favorável para os herdeiros necessários, consulta melhor aos interesses da sociedade, pois não deixa inseguras as relações jurídicas, dependentes de um acontecimento futuro e incerto, tal o eventual empobrecimento do doador' (RODRIGUES, Silvio. in Direito Civil - Direito das Sucessões, vol. 7, 19 ed., Editora Saraiva, São Paulo, 1995, p. 189)" (STJ, 2ª S, AR 3493, Rel. Ministro Massami Uyeda, Rel. p/ Acórdão Ministro Luis Felipe Salomão, julg. 12 dez. 2012).

[67] GOMES, Orlando. Sucessões, cit., p. 83.

[68] SANTOS, J. M. Carvalho. Código Civil Brasileiro Interpretado, vol. XVI, 12. ed. Editora Livraria Freitas Bastos, Rio de Janeiro, 1986, p. 1.176.

[69] TEPEDINO, Gustavo; KONDER, Carlos Nelson; BANDEIRA, Paulo Greco. Contratos. Rio de Janeiro: Forense, 2020, p. 206.

há, no âmbito do Supremo Tribunal Federal, decisões antigas que sustentam que "o direito de reclamar o caráter inoficioso da doação é do herdeiro, e herdeiro só há após o falecimento do autor da herança, de modo que o critério para aferir a validade da avença só poderia ser o do patrimônio do *de cujus* ao tempo do falecimento", concluindo, pois, ser "intuitivo que, se o direito de anulação só nasce no momento da morte do doador, é claro que a averiguação da inoficiosidade das doações deve se dar nesse momento e levando em consideração o conjunto de doações realizadas em vida". Segundo a autora, portanto, "o momento para aferição da inoficiosidade deve ser o da primeira doação, de modo que a soma das sucessivas doações seguintes não ultrapasse a metade do patrimônio que tinha o disponente quando da primeira liberalidade que realizou".[70]

Para resolver a questão, portanto, o juiz deverá levar em consideração as sucessivas liberalidades a fim de se aferir se a doação configura ou não uma doação inoficiosa.[71] Assim, quando o excesso de doação for constatado mediante o somatório de diversas doações realizadas de forma espaçada no tempo, deve-se partir do reconhecimento da nulidade ou da redução da última doação para a primeira, até a eliminação do excesso (CC, art. 2.007, §4º), não se admitindo o critério de redução proporcional de cada liberalidade, a não ser que se trate de doações simultâneas.

5 Considerações finais

Os pontos até aqui apresentados demonstram a grande discrepância que hoje existe em relação aos critérios utilizados para aferição da validade da doação para fins de planejamento sucessório e, ainda, para o exercício dos direitos e pretensões que derivam desse tipo contratual. Na prática, casos idênticos são, muitas vezes, contemplados com decisões antagônicas, o que se deve não apenas à inobservância da função que o instituto deveria cumprir, mas também à grande variedade de critérios – por vezes mesmo incompatíveis entre si – que vêm sendo defendidos por diferentes correntes doutrinárias, contribuindo para um cenário de cada vez maior insegurança jurídica.

A ausência de consenso, aliada à inexistência de dispositivos legais que positivem referidos critérios, geram diversos parâmetros à disposição do jurista, todos eles aptos a afetar questões determinantes e imprescindíveis ao adequado funcionamento do instituto, como: se existe prazo prescricional para impugnar as doações inoficiosas; qual seria o termo inicial; se aplicável à doação dissimulada; quem teria legitimidade para impugnar; quais seriam os efeitos de eventual consentimento do herdeiro prejudicado; quais os critérios a serem usados na colação (aí incluídas as doações sucessivas), entre outras.

Não se pretende, nesta conclusão, eleger, aprioristicamente, os critérios que deverão ser observados em todo e qualquer caso envolvendo o contrato de doação para fins de planejamento sucessório. O exame das nuances envolvendo cada contrato é essencial para a eleição dos parâmetros adequados a cada caso, que deverá, pois, ser efetuado casuisticamente, partindo-se de uma perspectiva funcional do instituto, de

---

[70] HIRONAKA, Giselda Maria Fernandes Novaes; AGUIRRE, João Ricardo Brandão. Contratos de doação entre potenciais herdeiros necessários. *In* TEIXEIRA, Ana Carolina Brochado; RODRIGUES, Renata de Lima (coord.). *Contratos, família e sucessões*: diálogos complementares. Indaiatuba: Foco, 2019, p. 203-205.

[71] MELO, Marco Aurélio Bezerra de. *Direito civil*: contratos, cit., p. 450.

forma que se tenha em mente não somente a causa concreta do negócio, mas também – e especialmente – a *ratio* que justifica a própria existência do instituto.

Nesse sentido, a solução não está na eleição de critérios que, de modo a engessar o ordenamento, sejam impostos ao jurista em todo e qualquer caso. Ao revés, a existência de diferentes parâmetros deve criar para o magistrado o correspondente dever de minudenciar, de forma motivada, as razões que o levaram a optar por determinado critério em detrimento de outro, indicando as peculiaridades fáticas que justifiquem a adequação daquela escolha ao caso concreto.

Referências

ALVIM, Agostinho. *Da doação*. São Paulo: Revista dos Tribunais, 1963.

ANDRADE, Gustavo Henrique Baptista. *O direito à herança e a liberdade de testar*: um estudo comparado entre os sistemas jurídicos brasileiro e inglês. Belo Horizonte: Fórum, 2019.

BARBOZA, Heloisa Helena. A disciplina jurídica da partilha em vida: validade e efeitos. *Civilistica.com*. Rio de Janeiro, a. 5, n. 1, 2016. Disponível em: http://civilistica.com/a-disciplinajuridica-da-partilha-em-vida/. Acesso em 26 jun. 2020.

BARBOZA, Heloisa Helena; MORAES, Maria Celina Bodin de Moraes; TEPEDINO, Gustavo. *Código Civil interpretado conforme a Constituição da República*, v. II. 2. ed. Rio de Janeiro: Renovar, 2007.

BEVILÁQUA, Clóvis. *Código Civil dos Estados Unidos do Brasil*. v. IV, 7ª tiragem. Rio de Janeiro: Editora Rio, 1958.

BEVILÁQUA, Clóvis. *Direito das sucessões*. Rio de Janeiro: Editora Rio, 1983.

BISCONTINI, Guido. *Onerosità, corrispettività e qualificazione dei contratti*: il problema della donazione mista, 5ª ristampa. Napoli: ESI, 2005.

CASCIO, Salvatore Orlando; ARGIROFFI, Carlo. Contratti misti e contratti collegati. *Enciclopedia Giuridica Treccani*, IX. Roma: Treccani, 1988.

FACHIN, Luiz Edson. Colação e doação em perspectiva sucessória: soluções práticas. *Revista dos Tribunais*. Jan/2012, p. 273-302.

FARIAS, Cristiano Chaves de; ROSENVALD, Nelson. *Curso de direito civil*: contratos – teoria geral e contratos em espécie. 5. ed. São Paulo: Atlas, 2015.

GAGLIANO, Pablo Stolze; PAMPLONA FILHO, Rodolfo. *Novo curso de direito civil*, volume 4: contratos, 2. ed. São Paulo: Saraiva Educação, 2019.

GOMES, Orlando. *Sucessões*. 15. ed. rev. e atual. / por Mario Roberto Carvalho de Faria. Rio de Janeiro: Forense, 2012.

HIRONAKA, Giselda Maria Fernandes Novaes; AGUIRRE, João Ricardo Brandão. Contratos de doação entre potenciais herdeiros necessários. *In*: TEIXEIRA, Ana Carolina Brochado; RODRIGUES, Renata de Lima (Coord.). *Contratos, família e sucessões*: diálogos complementares. Indaiatuba: Foco, 2019, p. 193-208.

HYLAND, Richard. *Gifts*: a study in comparative law. New York: Oxford University Press, 2009.

LEITE, Eduardo Oliveira. *Comentários ao novo código civil*, vol. XXI. Rio de Janeiro: Forense, 2004.

LÔBO, Paulo. *Direito civil*: contratos. São Paulo: Saraiva, 2011.

MARTINS-COSTA, Judith. A ilicitude derivada do exercício contraditório de um direito: o renascer do venire contra factum proprium. *Revista Forense*, Rio de Janeiro, v. 100. n. 376.

MEIRELES, Rose Melo Vencelau. Imputação, redução e colação: efeitos da doação no direito sucessório. *In*: TEIXEIRA, Ana Carolina Brochado; RODRIGUES, Renata de Lima (Coord.). *Contratos, família e sucessões*: diálogos complementares. Indaiatuba: Foco, 2019, p. 209-224.

MELO, Marco Aurélio Bezerra de. *Direito civil*: contratos. 3. ed. Rio de Janeiro: Forense, 2019.

MONTEIRO, Washington de Barros. *Curso de Direito Civil*: Obrigações, 2ª parte. 34. ed. Atual. Por Carlos Alberto Dabus Maluf e Regina Beatriz Tavares da Silva. Editora Saraiva, São Paulo, 2003.

NEVARES, Ana Luiza Maia. *A função promocional do testamento*: tendências do direito sucessório. Rio de Janeiro: Renovar, 2009.

NORONHA, Fernando. *O direito dos contratos e seus princípios fundamentais*: autonomia privada, boa-fé, justiça contratual. São Paulo: Saraiva, 1994.

OLIVEIRA, Arthur Vasco Itabaiana de. *Tratado de direito das sucessões*. v. 3. São Paulo: Max Limonad, 1952.

OLIVEIRA, Euclides de. *Código civil comentado*, vol. XX. São Paulo: Atlas, 2004.

PENTEADO, Luciano de Camargo. *Doação com encargo e causa contratual*. Campinas: Millennium, 2004.

PEREIRA, Caio Mário da Silva. *Instituições de direito civil*, vol. 1, 23. ed. Rio de Janeiro: Forense, 2013.

RODRIGUES, Silvio. *Direito civil* - Direito das Sucessões, vol. 7, 19 ed. Editora Saraiva, São Paulo, 1995.

SANTOS, J. M. Carvalho. *Código civil brasileiro interpretado*, vol. XVI, 12 ed. Editora Livraria Freitas Bastos, Rio de Janeiro, 1986.

SCHREIBER, Anderson *et al*. *Código civil comentado*: doutrina e jurisprudência. Rio de Janeiro: Forense, 2019.

SCHREIBER, Anderson. *A proibição do comportamento contraditório* - tutela da confiança e venire contra factum proprium. 4. ed. São Paulo: Atlas, 2016.

SCHREIBER, Anderson. *Manual de direito civil contemporâneo*. 3. ed. São Paulo: Saraiva Educação, 2020.

SCHREIBER, Anderson; VIEGAS, Francisco. Por uma releitura funcional da legítima no direito brasileiro. *Revista de Direito Civil Contemporâneo*, n. 6, v. 19, abr-jun. 2019.

SOUSA, Rabindranath Capelo de. *Lições de direito das sucessões*. 4. ed. Coimbra: Almedina, 1990.

TARTUCE, Flávio. *Direito civil*, v. 3: Teoria geral dos contratos e contratos em espécie. 12. ed. Rio de Janeiro: Forense, 2017.

TEIXEIRA, Daniele Chaves. *Planejamento sucessório*: pressupostos e limites. Belo Horizonte: Fórum, 2017.

TELLES, Inocêncio Galvão. *Sucessão legítima e sucessão legitimária*. Coimbra: Coimbra Editora, 2004.

TEPEDINO, Gustavo. A colação e o critério de apuração do valor das liberalidades. *Revista Brasileira de Direito Civil – RBDCivil*, v. 21, 2019.

TEPEDINO, Gustavo; KONDER, Carlos Nelson; BANDEIRA, Paulo Greco. *Contratos*. Rio de Janeiro: Forense, 2020.

TEPEDINO, Gustavo; NEVARES, Ana Luiza; MEIRELES, Rose Melo Vencelau. *Direito das sucessões*. Rio de Janeiro: Forense, 2020.

WALD, Arnoldo. O regime jurídico da partilha em vida. *Revista dos Tribunais*, 622, jul./1987.

Informação bibliográfica deste texto, conforme a NBR 6023:2018 da Associação Brasileira de Normas Técnicas (ABNT):

SANTOS, Camila Ferrão dos; KONDER, Carlos Nelson. A doação como instrumento de planejamento sucessório. *In*: TEIXEIRA, Daniele Chaves (Coord.). *Arquitetura do Planejamento Sucessório*. Belo Horizonte: Fórum, 2021. p. 491-509. Tomo II. ISBN 978-65-5518-117-3.

UM NOVO FIDEICOMISSO: PROPOSTA DE TRANSFORMAÇÃO DO INSTITUTO EM PROL DO PLANEJAMENTO SUCESSÓRIO

CLÁUDIA STEIN VIEIRA
GISELDA MARIA FERNANDES NOVAES HIRONAKA

1 Introdução

Não obstante a sua importância histórica e o destacado papel que assume em ordenamentos de vários países,[1] o fideicomisso, no Brasil, vem, desarrazoadamente, na contramão do fortalecimento da autonomia privada e da globalização, limitado à restritiva norma do art. 1.952 do Código Civil, que o admite apenas "em favor dos não concebidos ao tempo da morte do testador".

O presente artigo traz à discussão a versatilidade do instituto, desaproveitada pelo legislador de 2002, focando na sua repercussão sobre operações econômicas consubstanciadas em sede de planejamento sucessório.

Partindo, justamente, da análise dos instrumentos oferecidos pelo Código Civil vigente para o propósito de planejar a sucessão em seu sentido mais amplo, passa-se ao estudo do fideicomisso e do *trust* como figuras que podem colmatar as lacunas da legislação, para, ao final, propugnar-se por uma alteração legal que, revisando, restaurando e redimensionando o fideicomisso, permita um incremento em sua utilidade prática e a positivação, por seu intermédio, do *trust* no país.

O artigo é uma versão concisa da tese apresentada pela coautora Cláudia Stein Vieira, sob orientação da Professora Giselda Hironaka, ora também coautora, perante

---

[1] Sendo o fideicomisso um instituto com origens no Direito Romano, natural que os países de origem romano-germânica o contemplem de uma forma ou outra. Portugal, por exemplo, com o Código Varela, de 1966, foi muito generoso e liberal em matéria de fideicomisso, permitindo seu estabelecimento por atos *inter vivos* e sua incidência em âmbito contratual. Na França, o instituto é permitido apenas nos casos das chamadas "liberalidades graduais" e "liberalidades residuais". A Itália, por sua vez, é bastante refratária ao seu uso, admitindo-o como uma substituição testamentária restrita e relacionada com a situação de curatela da pessoa. Por fim, o BGB alemão permitiu seu emprego em várias situações, aceitando, inclusive, o fideicomisso irregular, nos casos em que a essência do negócio entabulado entre as partes apontar para a estrutura do fideicomisso. O que se extrai desse breve relato é que o fideicomisso pode ser regulado de várias formas e não se limita ao emprego sucessório.

banca realizada na Faculdade de Direito do Largo São Francisco e que rendeu à primeira o título de doutora em direito. Tendo em vista os limites do presente trabalho, empregam-se essencialmente os métodos histórico e dialético,[2] como colunas para a exposição das conclusões a que se chegou na tese referida.

2 Planejamento sucessório e as (im)possibilidades do direito brasileiro

A legislação sucessória brasileira, comparada com a realidade vigente, com o desenvolvimento técnico-econômico e com o direito positivo de outros países, está bastante defasada. Exemplo eloquente dessa realidade são os rígidos limites a que está sujeito o exercício da autonomia privada de um titular de posições jurídicas ativas,[3] que queira planejar sua sucessão.

Conceitualmente, o planejamento sucessório é o meio pelo qual o detentor de um patrimônio, a partir da prática de certos atos jurídicos, toma todas as providências visando à respectiva organização e preparação de sua esfera jurídica para depois de sua morte.

Os propósitos para isso são os mais diversos: desde fins lícitos a objetivos escusos,[4] que, como tais, devem ser desencorajados, proibidos e sancionados, sem que sua eventualidade macule a conveniência e serventia do instituto para o direito e para a atividade econômica. Sua utilidade, a propósito, é evidenciada quando se constata que o principal escopo de um planejamento sucessório é a proteção do patrimônio e das pessoas que serão contempladas, minimizando-se riscos de dilapidação e diluição do patrimônio,

---

[2] O método dialético consiste na "análise e discussão das posições doutrinárias antagônicas em face de cada argumento ou problema", ao passo que o método histórico se destaca "pela reconstrução histórica dos aspectos econômicos, políticos, sociais e religiosos que podem ter influenciado a legislação, a doutrina e a jurisprudência no tocante ao assunto a ser tratado" (MARCHI, Eduardo Cesar Silveira Vita. *Guia de metodologia jurídica*. Italia: Edizioni Del Grifo, 2002. p. 105).

[3] A propósito do conceito de "posição jurídica ativa", ensinava Giuseppe Lumia que "[a] posição jurídica subjetiva é o lugar que cada um dos sujeitos ocupa no contexto da relação jurídica; esta se estabelece, normalmente, entre dois sujeitos (ou, mais corretamente, entre duas partes ou polos), um dos quais tem a necessidade jurídica de se comportar de determinado modo, e o outro a possibilidade jurídica, exercitável em face do primeiro, para que este se comporte naquele modo determinado". A primeira posição seriam as posições jurídicas subjetivas passivas, ao passo que a segunda, as posições jurídicas subjetivas ativas. O propalado "direito subjetivo" seria, na verdade, "um complexo unitário (e unificante) de posições jurídicas subjetivas ativas elementares; indica[ndo] um conjunto de faculdades, pretensões, poderes formativos e imunidades, que se acham em coligação habitual e constante, sob a titularidade de um determinado sujeito, relativamente a determinado objeto" (LUMIA, Giuseppe. *Lineamenti di teoria e ideologia del diritto*. 3. ed. Milano: Giuffrè, 1981. p. 102-123. Tradução com adaptações e modificações por Alcides Tomasetti Jr., 1999. p. 7, 9). Evidente que, em matéria sucessória, o que se transmite, como regra, são posições jurídicas ativas, uma vez que o legislador limitou a transmissão dos débitos ao valor dos créditos, ao menos nas sucessões não empresariais. Lembra Caio Mário da Silva Pereira que, no nosso direito, "a aceitação é sempre a benefício do inventário *ex vi lege* e sem necessidade de ressalva expressa" (PEREIRA, Caio Mário da Silva. *Instituições de direito civil*: direito das sucessões. 21. ed. Rio de Janeiro: Forense, 2014. v. 6), o que não impede o herdeiro de renunciar ao benefício e assumir os encargos hereditários *ultra vires*, mas desde que o faça de forma expressa.

[4] Promover "blindagens patrimoniais", cujo escopo é sonegar patrimônio ou ferir a legítima, não está entre os objetivos legítimos de um planejamento sucessório, constituindo práticas ilícitas que devem ser devidamente sancionadas. Entretanto, essa é uma distorção do instituto, em nada impeditiva de seu emprego e utilidade. A propósito de situações patológicas envolvendo o planejamento sucessório, *vide* DELGADO, Mario Luiz; MARINHO JÚNIOR, Janio Urbano. Fraudes no planejamento sucessório. *In*: TEIXEIRA, Daniela Chaves (Coord.). *Arquitetura do planejamento sucessório*. Belo Horizonte: Fórum, 2019.

inseguranças jurídicas e econômicas, gastos com tributos e honorários advocatícios, e até mesmo potenciais conflitos entre os herdeiros, gerados do procedimento sucessório em si ou da existência de condomínio entre pessoas sem qualquer vínculo.

Por outro ângulo, não se há de contestar a licitude do próprio planejamento em si, desde que observe duas regras básicas ("regras de ouro do planejamento sucessório").[5] A primeira, relacionada à proteção da quota dos herdeiros necessários, é que a legítima seja respeitada. A segunda atine à vedação dos pactos sucessórios ou *pacta corvina*.[6] A respeito dessa segunda regra, não obstante a vedação imposta pelo art. 426 do Código Civil, que proíbe que a herança de pessoa viva seja objeto de contrato, tem-se apontado para o anacronismo do Código, que alberga, paralelamente à referida previsão normativa, diversas situações limítrofes, a exemplo dos pactos *post mortem*, da doação-partilha, da possibilidade de o contrato social de uma sociedade de pessoas conter disposições sobre a sucessão de um sócio falecido, do usufruto vitalício, da substituição fideicomissária, entre outros.[7]

De qualquer forma, sem entrar propriamente no mérito de cada uma dessas restrições, o que impende ressaltar é que os instrumentos utilizados para operacionalizar o planejamento sucessório estão previstos no próprio ordenamento jurídico ou admitidos por ele, como o testamento;[8] a doação em vida da nua propriedade, com reserva de usufruto vitalício para o doador;[9] a constituição de pessoa jurídica;[10] e a contratação

---

[5] HIRONAKA, Giselda Maria Fernandes Novaes; TARTUCE, Flávio. Planejamento sucessório: conceito, mecanismos e limitações. *Revista Brasileira de Direito Civil – RBDCivil*, Belo Horizonte, v. 21, p. 87-109, jul./set. 2019.

[6] Antonio Cicu ensinava que, no pacto sucessório, incluíam-se diversas figuras. Segundo o autor, haveria (1) o pacto institutivo, pelo qual o *de cujus* dispõe da própria herança para depois da morte; (2) o pacto renunciativo, pelo qual uma pessoa que seria chamada a herdar renuncia enquanto o *de cujus* ainda está vivo; e (3) o pacto dispositivo, em que um sucessível dispõe, antes de aberta a sucessão, da herança a favor de um terceiro. Em comum entre as três figuras está o objeto do contrato, consistente na sucessão ainda não aberta (CICU, Antonio. *Le successioni*: parte generale. 3. ed. Milano: Giuffrè, 1945).

[7] MONTEIRO FILHO, Carlos Edison do Rêgo; SILVA, Rafael Cândido da. A proibição dos pactos sucessórios: releitura funcional de uma antiga regra. *Revista de Direito Privado*, São Paulo, v. 72, n. 17, p. 169-194, dez. 2016.

[8] A sucessão testamentária é o principal meio de planejamento sucessório, cumprindo, precipuamente, a função de destinar, *mortis causa*, os bens do *de cujus* para aqueles que forem indicados por ele, salvo quando o mesmo tiver herdeiros necessários, ocasião em que só poderá dispor de metade dos bens que possuir quando da abertura da sucessão.

[9] A doação com cláusula de reserva de usufruto é forma de se efetivar a partilha em vida, seja da parte disponível, seja em adiantamento da legítima, quando realizada em favor dos herdeiros necessários, pelo que, quando válida, pode ser considerada forma de antecipação da sucessão. Apenas deve ser lembrado que o donatário pode não ser, necessariamente, dispensado da colação, situação que afeta diretamente o planejamento em si.

[10] A constituição de uma pessoa jurídica com fins de planejamento sucessório é utilizada nas situações em que a família possui empresa e teme que, no inventário, a divisão dos bens seja prejudicial para a empresa e gere conflitos entre os sucessores. A forma como o planejamento é operacionalizado, normalmente, passa pela constituição de uma *holding patrimonial* ou *familiar*, cujo objetivo precípuo é o de controlar o patrimônio familiar (a propósito, MAMEDE, Gladston; MAMEDE, Eduarda Cotta. Holding *familiar e suas vantagens*: planejamento jurídico e econômico do patrimônio e da sucessão familiar. 9. ed. São Paulo: Atlas, 2017). A *holding* se torna a titular dos bens da pessoa natural que deseja proceder ao planejamento sucessório, o que facilita a administração e a proteção de tais bens, além de dar mais liberdade para decidir a sucessão hereditária. A vantagem desse tipo de instrumento sucessório nem sempre é a economia ou eficiência tributária. "Haverá situações nas quais, do ponto de vista tributário, o planejamento sucessório será desaconselhável, mas aconselhável do ponto de vista de perpetuidade do patrimônio. [...] Nesse sentido, antes da opção pelo sistema de *holding*, talvez seja importante analisar as tradicionais formas de planejamento e compará-las com o uso da *holding*, pois o que leva à opção por uma ou outra forma são os objetivos do plano" (FLEISCHMANN, Simone Tassinari Cardoso; TREMARIN JR., Valter. Reflexões sobre *holding* familiar no planejamento sucessório. *In*: TEIXEIRA, Daniele Chaves (Coord.). *Arquitetura do planejamento sucessório*. 1. reimpr. Belo Horizonte: Fórum, 2019. p. 431 e 432).

de planos de previdência privada e de seguros de vida.[11] Flávio Tartuce,[12] a seu turno, lembra, amparado na jurisprudência, que a escolha do regime de bens no casamento ou união estável não mais configura hipótese de planejamento sucessório, haja vista a imposição legal da figura do cônjuge e, em interpretação extensiva, do companheiro como herdeiros necessários.[13]

Os quatro instrumentos citados, em que pese úteis, ainda não suprem todas as necessidades ou interesses legítimos passíveis de ocorrerem em um planejamento sucessório. Assim, no intento de apontar lacunas a serem colmatadas para uma maior completude de nosso atual sistema jusprivatista na matéria, poderia ser citada, primeiramente, a impossibilidade de se estabelecer, com maior liberdade, beneficiários sucessivos, o que será solucionado com uma disciplina legal mais complacente com o fideicomisso, que vem tão rijamente previsto no art. 1.952, CC. Uma segunda lacuna que poderia ser mencionada é a inexistência de figura equivalente ao *trust*, que se ocupa de regular a possibilidade de se nomear administrador para o patrimônio originalmente do instituidor e que beneficiará, com sua gestão, as pessoas por ele indicadas.[14]

Em face desse quadro, que precisa de preenchimento na doutrina nacional, passa-se à análise das figuras indicadas como supridoras da lacuna existente.

3 O fideicomisso

3.1 A origem histórica do instituto

O fideicomisso é um instituto com origens no direito romano.[15] Envolvendo uma relação jurídica estabelecida entre um instituidor, chamado disponente, um onerado,

---

[11] Os planos de previdência privada aberta são aqueles planos que qualquer cidadão pode contratar, por si só, com uma entidade que ofereça tal serviço. Entre os modelos mais comuns estão o PGBL (Plano Gerador de Benefício Livre) e o VGBL (Vida Gerador de Benefício Livre), cada qual com suas próprias particularidades. Os seguros de vida, por outro lado, também são utilizados de forma complementar no planejamento sucessório, apesar de legalmente não serem considerados como herança nos termos do art. 794, CC. Justamente nisso reside seu diferencial, como ensina Angélica Carlini, pois o capital será recebido pelo beneficiário livremente indicado pelo segurado independentemente dos valores de débito que o falecido tenha deixado e independentemente da linha sucessória determinada por lei (CARLINI, Angélica. Seguro de vida na aplicação do planejamento sucessório. *In*: TEIXEIRA, Daniele Chaves (Coord.). *Arquitetura do planejamento sucessório*. 2. ed. Belo Horizonte: Fórum, 2019).

[12] TARTUCE, Flávio. Planejamento sucessório: mecanismos tradicionais para a sua efetivação – Parte 2. *Migalhas*, 28 nov. 2018. Disponível em: https://www.migalhas.com.br/coluna/familia-e-sucessoes/291921/planejamento-sucessorio-mecanismos-tradicionais-para-a-sua-efetivacao-parte-2. Acesso em: 26 jun. 2020. No mesmo sentido, *vide* HIRONAKA, Giselda Maria Fernandes Novaes; TARTUCE, Flávio. *Planejamento sucessório*: conceito, mecanismos e limitações, cit.

[13] No RE 878.694/ MG (STF, relator Ministro Roberto Barroso, *DJ* 10.05.2017), o STF teve a oportunidade de se manifestar expressamente sobre a inclusão do companheiro no rol dos herdeiros necessários, mas não o fez de forma expressa. De qualquer forma, essa parece ser uma decorrência implícita da tese fixada, segundo a qual, "no sistema constitucional vigente, é inconstitucional a distinção de regimes sucessórios entre cônjuges e companheiros, devendo ser aplicado, em ambos os casos, o regime estabelecido no art. 1.829 do CC/2002".

[14] Com respeito ao *trust*, impende diferenciar entre *trust real* e *trust pessoal*. Isso porque a operação socioeconômica realizada pelo primeiro é possível, no Brasil, por intermédio das fundações, ainda que com diferenças jurídicas substanciais. Por isso, ao se tratar das lacunas em matéria de planejamento sucessório, deve-se sublinhar que, no que tange ao *trust* no Brasil, a maior lacuna é a impossibilidade de se instituir uma operação socioeconômica de *trust pessoal*, ou seja, aquele no qual se busca beneficiar uma ou mais pessoas, ou ainda beneficiar certas pessoas de forma sucessiva, e não afetar o patrimônio para uma determinada finalidade, que é o objetivo do *trust real*.

[15] Na dicção de Moreira Alves, o fideicomisso seria a "disposição de última vontade pela qual o disponente determina a outrem (o fiduciário), que irá receber, *mortis causa*, bens deixados por aquele, que realize, dentro dos limites

chamado fiduciário, e um beneficiário, chamado fideicomissário, surgiu para resolver problemas sucessórios,[16] uma vez que vinha ligado à vontade de beneficiar pessoas que eram então incapazes de serem nomeadas, publicamente, para receber uma herança ou legado.[17] Criou-se, assim, a dação dos bens a um intermediário, para que os entregasse a um destinatário final quando do advento de um termo ou do implemento de uma condição.

A ideia do fideicomisso era obter o mesmo resultado que seria obtido com a instituição de herdeiro ou legatário, mas de maneira mais informal, possivelmente passando ao largo de restrições legais de ordem formal ou material, que impediriam a instituição daquela pessoa que se pretendia beneficiar. Foi em razão da ausência de previsão legal e, portanto, de amparo dos poderes públicos que, originariamente, "a execução do fideicomisso dependia exclusivamente da boa-fé do onerado, constituindo, assim, uma obrigação moral".[18] Daí a denominação "fideicomisso", que significa, em sua raiz etimológica, "confiado à fé" ou "entregue por confiança".

A partir de Augusto, foi admitida a possibilidade de o fideicomissário propor ação para obter os bens que lhe haviam sido fideicometidos, mas ainda não entregues pelo fiduciário. Essa inovação deu grande impulso à evolução do instituto, que, na época do Principado, passou a ser um dos meios preferidos de disposição de última vontade, haja vista as vantagens que oferecia.[19]

A pesquisa sobre a origem romana do instituto serve para ressaltar as características que o tornaram necessário outrora e que devem inspirar a sua revolução em nossa contemporaneidade.

---

dessa aquisição, uma prestação em favor de terceiro (o fideicomissário)" (MOREIRA ALVES, José Carlos. *Direito romano*. 18. ed. rev. Rio de Janeiro: Forense, 2018. Formato digital *e-pub* [Kindle], loc. 23.959).

[16] Ainda que o fideicomisso tenha surgido para resolver problemas sucessórios, é de se ponderar que as relações por ele geradas eram muito mais contratuais do que sucessórias. Isso se explica, porque nem sempre o fideicomissário foi entendido como herdeiro do disponente, já que o fideicomisso se originou como forma de instituição do fiduciário como tal, e a transferência posterior se operava como se fosse um novo negócio privado, entre o fiduciário e o fideicomissário.

[17] MEIRA, José Corrêa. *Do fideicomisso*: apontamentos de um juiz sobre as substituições fideicommissarias em geral. Analise das principaes questões. São Paulo: Livraria Acadêmica. Saraiva & Cia. Editores, 1929. p. 11. Moreira Alves ainda chama a atenção para o fato de que "Gaio chega até a acentuar (Institutas, II, 285) que a origem do fideicomisso se encontra, provavelmente, no fato de ser ele um meio de possibilitar ao estrangeiro (que não possuía *testamenti factio passiua*, e que, portanto, não podia figurar num testamento como legatário ou herdeiro) receber bens de pessoa falecida" (MOREIRA ALVES, José Carlos. *Direito romano*, cit., loc. 23.969).

[18] MARKY, Thomas. *Curso elementar de direito romano*. 8. ed. São Paulo: Saraiva, 2008. p. 195. No mesmo sentido, Pontes de Miranda: "[o] disponente romano esperava da *lides*, da lealdade do *rogatus*, que entregasse o que êle queria que fôsse, em seu nome, a terceiro" (PONTES DE MIRANDA, Francisco Cavalcanti. *Tratado de direito privado*. 1. ed. em e-book baseada na ed. atual de 2012. Atualizado por Giselda Hironaka e Paulo Lôbo. São Paulo: Revista dos Tribunais, 2015. t. LVIII: Direito das sucessões. § 5.833, item 2. [Livro eletrônico]. Disponível em: https://proview.thomsonreuters.com/launchapp/title/rt/monografias/102787286/v58/document/103334607/anchor/a-103334607. Acesso em: 16 jul. 2020).

[19] MARKY, Thomas. *Curso elementar de direito romano*, cit., p. 196. Como principais vantagens do fideicomisso, a permitir ampla liberdade ao testador para formular sua última vontade, poderíamos citar (1) a desnecessidade de formalidades para sua instituição, que poderia, inclusive, realizar-se por testamento, codicilo ou oralmente; (2) a desnecessidade de a redação estar em latim e em termos imperativos; e (3) a possibilidade de sua execução se dar por qualquer sucessor e não apenas pelo fiduciário.

3.2 O fideicomisso no Brasil e sua progressiva involução

Antes, contudo, de propor caminhos para referida "revolução" do fideicomisso, mister analisar como se deu seu desenvolvimento no Brasil. Não seria equivocado apontar que, em que pese herdeiro de um sistema de matriz romanística, o direito brasileiro nunca foi exatamente simpático à ideia do fideicomisso. A restrição que atualmente lhe é imposta pelo art. 1.952 do Código em vigor reflete, na verdade, uma hesitação que remonta às discussões em torno do Projeto de Código Civil promulgado em 1916[20] e bem lembradas por Pontes de Miranda em seu magnífico *Tratado de direito privado*.[21]

Durante a tramitação do projeto que resultaria no CC/16, chegou-se, inclusive, a aventar que a figura do fideicomisso seria dispensável, pois se positivava o usufruto, que atendia muito bem aos interesses sociais que se prendem à organização produtiva e evitava muitos dos litígios ligados ao fideicomisso.[22] Contra isso levantou-se, acertadamente, Clóvis Beviláqua, ensinando que, embora se aproximassem, usufruto e fideicomisso não se confundiam,[23] o que ainda hoje continua válido para o direito civil.[24]

Seja como for e mesmo tendo previsto o instituto no capítulo das substituições testamentárias, fato é que o Código de 1916 representou uma novidade para a legislação civil brasileira, na medida em que instituiu o fideicomisso e fortaleceu os mecanismos de exercício da autonomia privada.

O Código Civil de 2002 manteve o fideicomisso no capítulo das substituições testamentárias, mas foi ainda mais restritivo,[25] permitindo-o apenas em benefício

---

[20] Consultando as "Actas das reuniões da Commissão Revisora nomeada pelo Governo em 1900", vê-se discussão que ocorreu na 49ª reunião, datada de 2 de agosto de 1900, em torno do então art. 1.898, que dispunha o seguinte: "Pode tambem o testador instituir herdeiros ou legatarios por meio de fideicomisso, impondo a um, que é o gravado, ou fiduciario, a obrigação de transmitir a outro, que é o fideicomissário, a herança, o legado ou o que restar deles, por sua morte ou em outro tempo e ainda sob certa condição". Registra a ata a oposição de Olegario Herculano d'Aquino e Castro, que propugnava pela exclusão, do Projeto, das disposições relativas ao fideicomisso, sob a justificativa que o instituto tinha sido excluído de Códigos modernos, como o italiano de 1865 e o português de 1867, e que a instituição do usufruto atendia suficientemente os interesses que se visava resguardar na transmissão dos bens, sem ser precioso recorrer ao fideicomisso (BRASIL. *Codigo Civil Brasileiro*: trabalhos relativos á sua elaboração. V. 1. Rio de Janeiro: Imprensa Nacional, 1917. v. 1. Disponível em https://bd.camara.leg.br/bd/handle/bdcamara/14356. Acesso em: 27 jun. 2020. p. 606-607).

[21] PONTES DE MIRANDA, Francisco Cavalcanti. *Tratado de direito privado*, cit.

[22] *Codigo Civil Brasileiro:* trabalhos relativos á sua elaboração, cit., p. 607.

[23] Discutindo, no CC/16, a tese de que a possibilidade de o fideicomitente poder limitar os poderes de alienação do fiduciário importaria, na prática, nos mesmos poderes de um usufrutuário, Clóvis Beviláqua ponderava que ambos os institutos diferem por sua estrutura e por sua finalidade. Pela estrutura, porque o fiduciário continuaria sendo proprietário, não obstante não possa dispor dos bens gravados. Pela finalidade, porque o fideicomisso poderia ser instituído em favor de prole eventual do fiduciário, o que não ocorreria no usufruto (BEVILÁQUA, Clóvis. *Código Civil dos Estados Unidos do Brasil (CC/16), comentado por Clóvis Beviláqua*. Edição histórica. Rio de Janeiro: Ed. Rio, 1973. v. I. p. 942-943).

[24] Enquanto no usufruto os direitos reais estão simultaneamente distribuídos entre o nuproprietário e o usufrutuário, no fideicomisso existe uma disposição sucessiva da propriedade plena, inicialmente concedida ao fiduciário para, após o termo ou condição, ser titularizada pelo fideicomissário. Nesse sentido, o fideicomisso não é verdadeira "substituição" testamentária, mas herança sucessiva, sendo inadequada sua colocação no capítulo das substituições testamentárias (VENOSA, Sílvio de Salvo. *Código Civil interpretado*. 3. ed. São Paulo: Atlas, 2013. p. 1628). Ademais, no fideicomisso, o fiduciário pode, onerosamente, alienar o bem e ceder seus direitos, contanto que mantenha o equivalente (ou seja, os novos bens adquiridos se sub-rogam nas posições nos antigos), salvo oposição no instrumento que o institui. Isso não ocorre no caso do usufruto.

[25] HIRONAKA, Giselda Maria Fernandes Novaes; CAHALI, Francisco José. *Direito das sucessões*. 5. ed. São Paulo: Editora RT, 2014. p. 407.

de pessoa não concebida ao tempo da abertura da sucessão do disponente.[26] Nesse sentido, se o fideicomisso, por sua especificidade, já era de pouca adesão social, nos dias de hoje, com a limitação imposta pelo CC/02, e que inexistia no CC/16, só se pode concordar que o dispositivo foi, na prática, aniquilado. Resulta que o art. 1.952 prestou um desserviço público ao Brasil.

3.3 Feições do fideicomisso no ordenamento jurídico brasileiro

Com respeito aos seus efeitos, o fideicomisso, pela atual disciplina normativa, não pode ser estabelecido de modo perpétuo, sob pena de nulidade, limitando-o o art. 1.959 ao segundo grau.[27] Além disso, uma vez aceito, o instituto gera, para o fiduciário, a propriedade resolúvel; e, para o fideicomissário, a propriedade plena, mas sucessiva, pois está sujeita à condição ou a termo, estipulados pelo disponente.

Contudo, pode ocorrer de o fiduciário renunciar à herança ou legado. Nesse caso, o art. 1.954 do CC determina que, salvo estipulação diversa do testador, defere-se ao fideicomissário o poder de aceitar, o que não faz muito sentido, haja vista a regra de que o fideicomissário não pode estar concebido ao tempo da morte do testador (art. 1.952, CC). Assim, necessária a nomeação, pelo juiz, de curador especial para os bens, se o fideicomitente não o indicar no testamento.

Por outro lado, pode o fideicomissário renunciar à herança, o que redunda na caducidade do fideicomisso e na consolidação, na pessoa do fiduciário, da titularidade dos bens afetados, salvo, novamente, se o fideicomitente houver estabelecido de modo diverso.

A interpretação corrente, que emerge da literalidade das normas jurídicas, vai no sentido de que o Código Civil teria restringido o fideicomisso ao uso sucessório-testamentário. De fato, *de lege lata*, a interpretação subsiste. Assim, necessária se faz uma reforma legislativa para que, *de lege ferenda*, o fideicomisso possa admitir transações *inter vivos*, tanto com finalidades sucessórias como para outras finalidades,[28] além de admitir a instituição do fiduciário como administrador dos bens em benefício do fideicomissário, o que permitiria a instituição de instituto muito próximo ao *trust* no Brasil, como se passa a analisar.

---

[26] "A limitação imposta pelo CC/2002 desencoraja o fideicomisso, já que, na prática, grande será o risco de não surgir a prole eventual e caducar o fideicomisso no caso concreto" (SCHREIBER, Anderson; TARTUCE, Flávio; SIMÃO, José Fernando; MELO, Marco Aurélio Bezerra de; DELGADO, Mário Luiz. *Código Civil comentado*: doutrina e jurisprudência. Rio de Janeiro: Forense, 2019. p. 1522). A restrição é tão severa que o parágrafo único do próprio art. 1.952 dispõe que, caso o testador faleça e o fideicomissário já tenha nascido, a aquisição dos bens se dará com a conversão, em usufruto, do direito do fiduciário.

[27] Nosso CC proíbe fideicomissos perpétuos, com indefinidos graus. Pela previsão do art. 1.959, são nulos os fideicomissos além do segundo grau. É, porém, necessário diferenciar a vedação de instituição de fideicomisso além do segundo grau da possibilidade de substituição testamentária no fideicomisso. A proibição legal consiste em o fideicomitente estipular a transferência patrimonial por mais de duas sucessões, o que não elide o direito que tem de estipular substitutos vulgares ou recíprocos para o fiduciário e para o fideicomissário.

[28] A propósito, escrevendo sob a égide do Código anterior, muito menos limitante que o atual, que restringe as substituições fideicomissárias ao evento sucessório (*vide* art. 1.951, CC), Alvino Lima endossava as fileiras daqueles que defendiam a possibilidade de se aplicar o fideicomisso às doações *inter vivos* (LIMA, Alvino. Do fideicomisso nas doações inter-vivos. *Revista da Faculdade de Direito, Universidade de São Paulo*, v. 36, n. 1-2, p. 133-147, 1º jan. 1941).

4 O *trust* e a progressiva convergência dos sistemas jurídicos

A globalização jurídica, entendida como a tendência à conversão dos sistemas jurídicos e ao intercâmbio de institutos de direito, é fenômeno inquestionável, intensificado pela globalização econômica, política e cultural. É nesse contexto que se insere o *trust*, instituto jurídico típico dos sistemas de *Common Law*,[29] mas que oferece muitas vantagens para sistemas jurídicos como o nosso, de matriz continental, haja vista os reflexos do próprio fenômeno da globalização.[30]

O *trust*, de forma simplificada, é um contrato pelo qual o instituidor (*settlor*) entrega, fiduciariamente, bens e direitos a um administrador (*trustee*), que passa a titularizá-los e administrá-los em prol de um beneficiário (*cestui que trust*) indicado pelo instituidor, e com o dever de, ao final, entregar os bens afetados a quem o instituidor indicou.[31]

Via de regra, como estabelecido na Convenção de Haia sobre a lei aplicável ao *trust* e a seu reconhecimento,[32] os bens afetados pelo outorgante constituem um patrimônio de afetação, que se distingue do patrimônio geral do curador (*trustee*). Entretanto, os bens serão juridicamente titularizados por ele, sendo que o curador terá poderes e deveres ligados à administração e disposição dos bens em consonância com os termos do *trust* estipulados pelo outorgante.

---

[29] Diz-se que o *trust* é um instituto de matriz anglo-saxã, mas que, em virtude da dinâmica comercial e da importância dos países anglófonos nessa dinâmica, tem aparecido em obras doutrinárias ou em textos legislativos mesmo de países de base romanística. Para melhor entender esses conceitos, mister um breve esclarecimento acerca do conceito de "sistema jurídico". Este conceito se refere a um conjunto de ordens jurídicas nacionais diversas, que podem ser agrupadas em virtude de um critério, que, para René David, talvez o comparatista mais famoso, era o critério ideológico (DAVID, René. *Os grandes sistemas do direito contemporâneo*. Tradução Hermínio A. Carvalho. 4. ed. São Paulo: Martins Fontes, 2002). Dentre os vários sistemas que foram apontados pelo autor, o chamado "sistema jurídico ocidental" agrupa as ordens jurídicas que lhe pertencem em torno de uma base tripartida, composta pela herança grega, pelo cristianismo e pela índole materialista do capitalismo (OLIVEIRA ASCENSÃO, José de. Sistemas atuais de direito. *Revista da Faculdade de Direito da UFMG*, [S.l.], n. 17, p. 7-32, fev. 2014. Disponível em: https://www.direito.ufmg.br/revista/index.php/revista/article/view/763. Acesso em: 30 jun. 2020). Tal sistema subdivide-se em subsistema romanístico (também chamado continental ou de *Civil Law*) e subsistema anglo-saxão (ou de *Common Law*). Elementos essenciais do primeiro são a forte influência do direito romano, o valor dado à lei como fonte do direito e a apurada técnica científica. Por seu turno, o subsistema anglo-americano, apesar de guardar vários pontos de contato com a influência romana, não foi essencialmente sensível a ela, forjando-se com base em um direito costumeiro, comum dos povos da Inglaterra, e com especial predileção pela jurisprudência como fonte do direito.

[30] Tamanho é o relevo do instituto no trânsito jurídico internacional que foi objeto da "Convenção de Haia sobre a lei aplicável ao *trust* e a seu reconhecimento", assinada em 1985. As regras nela contidas visam a criar um padrão mínimo na facilitação e aplicação do instituto, sendo priorizadas as leis internas que o façam de forma mais benéfica. A Convenção não foi assinada pelo Brasil, mas serve como fonte de direito comparado, doutrina sobre *trust* e fonte de direito internacional.

[31] BARRETO FILHO, Oscar. *Regime jurídico das sociedades de investimento*. São Paulo: Max Limonad, 1956. Convém, ainda apontar, que o *trust* ostenta, como características, (1) a coexistência, sobre o mesmo bem, de dois direitos de propriedade (a do *trustee* e a do beneficiário); (2) a destinação do patrimônio para um propósito específico pelo *settlor*; (3) a imposição de deveres ao *trustee*; (4) a existência de um direito de sequela conferido aos beneficiários, salvo contra terceiros de boa-fé, resultante da combinação entre seu direito real à propriedade e o direito de ação junto aos tribunais de *equity*; (5) a existência de uma relação de confiança entre as partes (TERPINS, Nicole Mattar Haddad. Algumas considerações sobre o *trust* e as perspectivas de sua assimilação no direito brasileiro. *Revista de Direito Mercantil, Industrial, Econômico e Financeiro*, ano XLIX, São Paulo, n. 153-154, jan./jun. 2010).

[32] HAGUE CONFERENCE ON PRIVATE INTERNATIONAL LAW (HCCH). 30. *Convention on the law applicable to trusts and on their recognition*. Hague: HCCH, 1º jul. 1985. Disponível em: https://www.hcch.net/en/instruments/conventions/full-text/?cid=59. Acesso em: 21 jun. 2018.

4.1 O desenvolvimento do *trust* na Inglaterra

O *trust* remonta ao feudalismo inglês,[33] ligando-se à separação entre o domínio direto, titularizado pelo *tenure* (suserano), e o domínio útil, concedido aos *tenants* (vassalos).[34] Os *tenants* estavam sujeitos a diversas restrições relacionadas ao uso e transferência da terra, o que gerava constantes aborrecimentos e embaraços, em especial em matéria sucessória, e levou os vassalos a conceberem formas de contornar os poderes predatórios do monarca.

Uma dessas formas foi o que, em determinado momento, convencionou-se denominar *trust* e que evoluiu, em observância às limitações impostas pelo *Statute of Uses* de Henrique VIII,[35] para um negócio que chega a nossos dias supondo um instituidor (*settlor*), proprietário dos bens constituídos em *trust*, que nomeia um administrador, também chamado de curador ou fiduciário (*trustee*), para gerir determinados bens e direitos em proveito de um beneficiário (*cestui que trust*) ou para permitir que se alcance certo fim estipulado pelo instituidor.[36] Originalmente, o *trust* não recebia qualquer tutela jurídica, sendo estabelecido na confiança de que o fiduciário cumpriria o acordo encetado, sob pena de sanções no campo moral. Com o tempo, o instituto passou a fazer parte do direito comum e pode ser julgado pelos tribunais jurisdicionais da *Common Law*.

4.2 A singularidade do *trust* em comparação a institutos previstos no ordenamento brasileiro

Não se encontram, no nosso ordenamento, institutos que realizem a mesma função socioeconômica desempenhada pelo *trust*, nem a previsão de negócios jurídicos com a mesma flexibilidade.

O fato de bens serem transferidos do *settlor* para o *trustee* e o dever deste de os conservar poderiam levar a crer que o *trust* é equiparável ao depósito. Mas tal pensamento é errôneo, porque a causa do depósito é o desejo de entregar um objeto em guarda para que depois seja restituído (art. 627, CC). No *trust*, o que se busca primordialmente é a administração do ativo pelo *trustee*, que pode, até mesmo, alienar o bem afetado. O *trust*

---

[33] MARTINS-COSTA, Judith. Os negócios fiduciários: considerações sobre a possibilidade de acolhimento do "trust" no direito brasileiro. *Revista dos Tribunais*, São Paulo, n. 657, v. 79, p. 37-50, 1990.

[34] LOBINGIER, Charles Sumner. Rise and fall of feudal law, art. 5, v. 18. *Cornell Law Review*, Ithaca, 2 fev. 1933. Disponível em: https://scholarship.law.cornell.edu/cgi/viewcontent.cgi?article=2364&context=clr. Acesso em: 6 jan. 2020.

[35] Em 1535, Henrique VIII promulgou o *Statute of Uses*, que tinha por objetivo extinguir a prática dos *uses* (ou *trusts*), em razão de seu frequente emprego como meio de fraudar direitos do suserano, em especial, o monarca (FRENCH, Robert. Critique and comment trusts and statutes. *Melbourne Law School*, Australia, 20 maio 2015. Disponível em: https://law.unimelb.edu.au/__data/assets/pdf_file/0007/1774555/07-French.pdf. Acesso em: 5 jan. 2020). Os *uses* eram prática que "correspondia à transferência da terra a terceiro, em caráter fiduciário, 'para uso' (*to the use*) de outro. Por este meio, o terceiro (*feoffee of use*) passava a ostentar a posição de titular da terra, devendo, entretanto, administrá-la de acordo com os interesses do transmitente (*cestui que use*)" (TERPINS, Nicole Mattar Haddad. Algumas considerações sobre o *trust* e as perspectivas de sua assimilação no direito brasileiro, cit., p. 169). O *Statute of Uses* estabeleceu que apenas o beneficiário do *use* deveria ser considerado o titular dos direitos sobre a terra e ostentar poderes sucessórios. Contudo, em que pese o intento do rei em abolir os *uses*, a *Chancery Court* continuou empregando-o, usando de uma brecha interpretativa para afastar os rigores legais.

[36] MARTINS-COSTA, Judith. Os negócios fiduciários: considerações sobre a possibilidade de acolhimento do "trust" no direito brasileiro, cit., p. 37-50.

até pode ser estruturado para abrigar em si um depósito, mas o depósito não pode ser estruturado para atingir as finalidades do *trust*.

O *trust* também não se confunde com a fundação.[37] Ambos os institutos se aproximam na medida em que no *trust*, a depender da forma como foi positivado, também há a criação de um patrimônio que não pertence ao seu instituidor, aos seus beneficiários e que, com relação ao seu administrador, está separado de seu patrimônio geral. Contudo, no Brasil, a constituição de fundação está restrita a fins especificamente indicados pela lei (art. 62, CC). O *trust*, por seu turno, pode versar sobre qualquer assunto ou tema que não seja ilícito. Além disso, o *trust* pode beneficiar causas e também pessoas específicas, ao passo que a fundação só pode beneficiar causas específicas previamente indicadas pela lei (art. 62, parágrafo único). Por fim, o *trust* nasce de uma relação de confiança entre os envolvidos, tem caráter privado e liberal, e os componentes se fiscalizam entre si. A fundação, pelo contrário, nasce de uma relação impessoal, tem caráter publicista e intervencionista, e a fiscalização é exercida pelo MP (art. 66, *caput*).

O *trust* não se confunde, em terceiro lugar, com o usufruto. Usufruto é direito real sobre coisa alheia, sem alterar sua substância e relacionado apenas a alguns dos poderes inerentes à propriedade. A administração do bem em usufruto é procedida pelo próprio usufrutuário e somente em prol dele mesmo. Já no *trust*, a administração é realizada por um terceiro e se dá em prol de qualquer pessoa. Ademais, no usufruto os benefícios são simultâneos, enquanto no *trust* eles podem ser simultâneos entre duas pessoas se o *settlor* houver nomeado mais de um beneficiário da administração, mas, em regra, trata-se de uma liberalidade que implica benefícios sucessivos.

O mandato é outro contrato que, ainda que próximo, não se confunde com o *trust*. Mandato e *trust* são contratos fiduciários, em que o contratado procede no interesse de terceiros, mas, enquanto o mandatário atua em nome do mandante (art. 653), no *trust* o fiduciário age em nome próprio. O mandato resulta em outorga de poderes de representação pelo mandante ao mandatário, o que não ocorre no *trust*. Além disso, o mandato não inclui em seu bojo a transmissão do domínio da coisa ao mandatário, o que é ínsito ao *trust*. No mandato, há uma relação de subordinação, ao passo que, no *trust*, os poderes, direitos, deveres, faculdades e ônus do *trustee* são indicados no começo do contrato e, depois disso, o *trustee* tem liberdade para administrar os bens com autonomia, desde que dentro dos escopos estipulados tanto na lei como no contrato que instituiu o *trust*.

Outra diferença é entre *trust* e comissão mercantil.[38] O comissário, segundo o art. 693 do CC, não representa o comitente, mas age em nome próprio pelos interesses dele (espécie de mandato sem representação).[39] A comissão mercantil não inclui a transferência

---

[37] CERQUEIRA, Gustavo. *Sucessão hereditária nas empresas familiares*: interações entre o direito das sucessões e o direito das sociedades. São Paulo: YK, 2018. p. 117-118.

[38] Aparentemente diverso do aqui defendido, Waldemar Ferreira entendia que "[n]o Brasil, não se sentiu a necessidade de dar carta de cidadania brasileira a êsse instituto anglo-saxão [*trust*]. Não se sentiu essa necessidade, porque tais contratos, sejam quais forem os nomes por que se batism, se resolverão pelas regras da comissão mercantil, quando haja a entrega da coisa a ser negociada ou do mandato" (FERREIRA, Waldemar. O "trust" anglo-americano e o "fideicomisso" latino-americano. *Revista da Faculdade de Direito, Universidade de São Paulo*, v. 51, p. 182-202, 1º jan. 1956. p. 201-202).

[39] TERPINS, Nicole Mattar Haddad. Algumas considerações sobre o *trust* e as perspectivas de sua assimilação no direito brasileiro, cit., p. 185.

da coisa do comitente ao comissário, o que acontece no *trust*. O comissário, perante terceiros, aparenta ser dono, mas não é; o *trustee* tem, de fato e de direito, a propriedade sobre os bens. Na comissão, há relação de subordinação entre comissário e comitente; no *trust*, o *settlor* não tem um direito subjetivo a dar ordens e orientações diretas ao *trustee*, que tem autonomia para gerir os negócios dentro do que fora estipulado no documento. No mais, a comissão é contratada para a prática de negócios jurídicos determinados, já o *trust* é constituído para um sem-número de atos jurídicos. O beneficiário do *trust* tem direito de sequela, já o comitente não tem ação contra o terceiro que contratou com o comissário, apenas contra este.

Por fim, deve-se estabelecer a diferença entre *trust* e fideicomisso, conforme positivado no Código Civil em vigor. O fideicomisso, nos termos do art. 1.951, só pode durar até o final da vida do fiduciário. Se é o fideicomissário que falece antes da condição ou termo do fideicomisso, o bem é revertido em favor do fiduciário (art. 1.958), o que não acontece no *trust*, pois o falecimento do *cestui que trust* faz com que o bem retorne ao *settlor* ou a seus herdeiros. Ademais, o ordenamento brasileiro só aceita o fideicomisso *causa mortis*, estipulando-o como um instituto de direito sucessório e apto a beneficiar apenas aqueles que não eram concebidos ao tempo da abertura da sucessão. Já o *trust* é caracterizado por uma grande fungibilidade, podendo gerar efeitos enquanto vivo o instituidor.

4.3   O *trust* em sistemas de *Civil Law*: as propostas da França e da Argentina

Em que pese o desenvolvimento do *trust* ter se iniciado na Inglaterra e se desenvolvido como instituto da *Common Law*, o que não se disse foi que, de alguma forma, tem-se admitido que tal instituto se abeberou da disciplina romana da fidúcia. É o que se vê no relato de Waldemar Ferreira:

> Por igual se tem admitido que da fidúcia romana se originou o instituto anglo-americano do *trust*, que se há conceituado como a relação jurídica que nasce quando uma pessoa, chamada – *trustee*, se obriga, pela equity, a exercer seus direitos em proveito de outras pessoas, que são *cestui que trust*, ou para permitir que se logre fim certo, de tal sorte os lucros pertençam, não ao *trustee*, mas ao beneficiário, ou dono do negócio – o *settlor*.[40]

Seja como for, o movimento atual tem sido no sentido da recepção do *trust* pelos países de *Civil Law*, o que esbarra em algumas dificuldades, entre as quais se destaca a disciplina taxativa dos direitos reais e o conceito unitário de patrimônio. Nada disso, entretanto, impediu movimentos legislativos no sentido de se positivar o *trust*, como o que se sucedeu na França e na Argentina.

O *Code Civil* francês prevê disciplina análoga ao *trust* no instituto da *fiducie*.[41] O contrato de fidúcia, hoje disciplinado entre os arts. 2.011 e 2.030, envolve um ato por meio do qual certos bens e direitos são transferidos a um fiduciário, a quem se atribui

---

[40]   FERREIRA, Waldemar. O "trust" anglo-americano e o "fideicomisso" latino-americano, cit., p. 182-202.

[41]   EMERICH, Yaëll. Les fondements conceptuels de la fiducie française face au trust de la common law: entre droit des contrats et droit des biens. *Revue Internationale de Droit Comparé*, 61ème année, n. 1, p. 49-71, jan./mar. 2009.

o encargo de geri-los, visando ao cumprimento de determinada finalidade, em proveito de beneficiários. A *fiducie* trouxe fim para uma das concepções mais fundamentais do direito francês: a ideia de que o patrimônio de uma pessoa não poderia ser dividido. Assim, na legislação francesa há a segregação patrimonial entre os bens do fiduciário e os bens da fidúcia (art. 2.025).

O contrato de fidúcia francês, porém, está cercado de restrições, haja vista seu escopo de impedir a transferência dos bens em substituição à doação ou ao testamento, que possuem vários desdobramentos tributários. Nesse sentido, uma primeira restrição é a proibição de seu uso para fins de liberalidade. A regra implica que, para o contrato fiduciário gerar efeitos, o beneficiário do contrato de fidúcia terá de provar que poderá prover a contraprestação de valor equivalente ao valor do bem que lhe seria transmitido pelo fiduciário ao final do contrato. Essa contraprestação pode ser de qualquer tipo. Outra restrição da lei francesa é que apenas as instituições financeiras, companhias de seguros, empresas de investimentos e advogados podem figurar como fiduciários, isto é, como administradores dos bens e direitos afetados ao cumprimento da fidúcia.

O recente Código Civil e Comercial argentino de 2014 também internalizou o *trust* entre seus arts. 1.666 e 1.707.[42] O modelo argentino, totalmente afeito à Convenção de Haia sobre *trust*, vem ao encontro do quanto propugnado nesse artigo, uma vez que recepciona o instituto por meio da atualização do regramento do fideicomisso. Ademais, como principal efeito do contrato de fideicomisso, estabelece a criação da propriedade fiduciária sobre os bens fideicometidos, o que gera um patrimônio separado que é distinto dos patrimônios do fiduciário, do fiduciante, do beneficiário e do fideicomissário.

Portanto, a objeção de que não é possível transpor para um país de *Civil Law* o instituto de *trust*, porque seria uma figura típica da *Common Law*, não é verdadeira. Várias experiências bem-sucedidas de positivação do instituto, das quais a francesa e a argentina são singelos exemplos, demonstram que é possível proceder a esse intento.

5 Nossa proposta de reformulação do fideicomisso

A internalização da figura do *trust* por países de tradição continental tem se operado de várias formas, como vimos nos exemplos da criação de um contrato de fidúcia, no ordenamento francês, e na opção argentina por um fideicomisso mais funcional, opção essa com a qual nos alinhamos em termos de uma proposição que, por um lado, corrigiria um movimento equivocado de limitação do fideicomisso levado a efeito pelo legislador de 2002 e que, por outro lado, permitiria ao direito brasileiro despontar na vanguarda jurídica, disciplinando um instituto de grande utilidade para o trânsito comercial e para as operações econômicas, como é o caso do *trust*.

Essa falta de um instituto apto a atender às atuais expectativas sociojurídico-econômicas,[43] de alguma forma, já foi constatada por membros da comunidade jurídica,

---

[42] CARAMELO, Gustavo; PICASSO, Sebastián; HERRERA, Marisa. *Código Civil y Comercial de la Nación comentado.* Ciudad Autónoma de Buenos Aires: Infojus, 2015. v. 4. Disponível em: http://www.saij.gob.ar/docs-f/codigo-comentado/CCyC_Nacion_Comentado_Tomo_IV.pdf. Acesso em: 13 jul. 2020.

[43] No campo sucessório, área de concentração do presente artigo, os mecanismos disponíveis, no Brasil, para quem quer planejar sua sucessão não contemplam as necessidades de quem queira levar a efeito operação que tenha os mesmos efeitos de um *trust* ou de quem queira estabelecer beneficiários sucessivos vivos.

e alguns projetos de lei tentaram supri-la. Nenhum, contudo, vingou. Pelo menos, não por ora.[44]

Além do mais, vozes se levantaram, por exemplo, a favor da exequibilidade do *trust* no Brasil, mesmo não estando o instituto regulamentado entre nós, como foi o caso de Walter Douglas Stuber.[45] Em vértice oposto, Rodrigo Castro[46] e Nicole Terpins[47] entenderam que o *trust* deveria ser positivado por meio de uma figura jurídica nova, que aproveitasse conceitos com os quais os operadores do direito brasileiro já estivessem acostumados.

O que propomos é um caminho alternativo às sugestões mencionadas, que, no nosso sentir, ou carecem de segurança jurídica ou propõem figura autônoma que, de alguma forma, é nova, quando já se tem um instituto codificado, tradicional no cenário brasileiro, mas completamente desprezado em virtude dos limites que lhe foram impostos pelo legislador do Código. Melhor, portanto, uma reforma legislativa que potencialize todas as virtudes do fideicomisso e, em atenção aos contornos já desenhados pela Convenção de Haia sobre o *trust*, dote-o de algumas características básicas, como:

1. A possibilidade de ser instituído por atos *inter vivos*, ampliando as opções de arranjos sucessórios;
2. A necessidade de reconhecer e positivar o *trust*, trazendo maior segurança jurídica a negócios fiduciários;
3. A necessidade de conferir flexibilidade e versatilidade ao instituto, permitindo-lhe alcançar, no mínimo, quatro escopos fundamentais: escopo sucessório, escopo de garantia, escopo de captação de investimentos e escopo de beneficiamento a certas pessoas.

Pretende-se, assim, por meio de um único instituto jurídico, apresentar a possibilidade de coexistência entre o *trust*, pelo menos o *trust pessoal*,[48] e o fideicomisso. As restrições que foram impostas ao último, pelo Código Civil, praticamente o reduziram à inexistência jurídica prática. Daí a necessidade de, mantendo a atual possibilidade de beneficiar, após a morte, pessoa ainda não concebida, somar, adicionar e acrescentar a essa utilidade outras que permitam dar vazão a mais interesses sucessórios e negociais legítimos.

Para que seja possível a renovação do fideicomisso nos moldes propostos, é preciso haver o atendimento a dois postulados: primeiro, o fideicomisso deve ser retirado do

---

[44] Projetos de lei, como o PL n. 3.362/1957, o Anteprojeto de Código Civil e Projeto de Código das Obrigações, o PL n. 4.809/2008 e, mais atualmente, o Projeto de novo Código Comercial (PLS n. 487/2013), tentaram retirar o fideicomisso do âmbito exclusivamente sucessório ou prever a figura do "contrato de fidúcia".

[45] STUBER, Walter Douglas. A legitimidade do *trust* no Brasil. *Revista de Direito Mercantil, Industrial, Econômico e Financeiro*, São Paulo, n. 76, 1989.

[46] CASTRO, Rodrigo R. Monteiro. Do texto: o contrato fiduciário no PSL 487/2013. In: *Novas reflexões sobre o Projeto de Código Comercial*. São Paulo: Saraiva, 2015.

[47] TERPINS, Nicole Mattar Haddad. Algumas considerações sobre o *trust* e as perspectivas de sua assimilação no direito brasileiro, cit.

[48] A propósito da distinção entre *trust pessoal* e *trust real*, *vide* a nota de rodapé n. 14. Apenas se repete que a maior lacuna no que tange ao *trust*, no Brasil, é aquela atinente à impossibilidade de se realizarem operações socioeconômicas de *trust pessoal*, mas é justamente levando-se em conta essa lacuna que se defende que o instituto existente em nosso ordenamento apto a, uma vez reformado, abarcar esse tipo de operação econômica é o *fideicomisso*.

livro de direito das sucessões; segundo, ele não mais deve mencionar figuras típicas do direito sucessório, como legatário, herdeiro, testamento etc., a fim de evitar-se eventual confusão ou sobreposição entre os âmbitos de atuação de cada instituto.

Finalmente, seguindo no intento de usar o fideicomisso para positivar o *trust*, não só como forma de se expandir o âmbito de autonomia privada das pessoas, mas também para estreitar os laços jurídicos e comerciais entre os países, essencial que o novo regramento do fideicomisso atenda ao estabelecido na Convenção de Haia sobre *trust*.

6 Notas conclusivas

A intenção do trabalho foi demonstrar a insuficiência dos institutos jurídicos disponibilizados pelo ordenamento brasileiro para responder às exigências econômicas e sociais por mecanismos que permitam maior autonomia aos sujeitos para planejarem sua sucessão.

Historicamente, foram a necessidade e a ausência de mecanismos legais que fizeram os romanos conceber o fideicomisso. Diante das necessidades apontadas no trabalho e do fato de os mecanismos vigentes não estarem disponíveis para solucionar a lacuna mencionada, propôs-se volver, novamente, ao fideicomisso e reestruturá-lo, para que oxigene e atualize o sistema atual.

O art. 1.952 do CC/02 prestou um desserviço público ao Brasil ao restringir o fideicomisso da forma que fez. O instituto, que já estava engessado no Código anterior, ao invés de, seguindo a tendência mundial, ser flexibilizado, foi ainda mais restringido, fechando-se as portas de sua aplicabilidade.

Nesse sentido, o que se propôs, considerando a experiência estrangeira, foi a possibilidade de se instituir um novo fideicomisso, apto a corrigir a restrição excessiva da atual disciplina normativa e a positivar o *trust* no Brasil, intento já antigo, mas ainda não logrado.

Referências

BARRETO FILHO, Oscar. *Regime jurídico das sociedades de investimento*. São Paulo: Max Limonad, 1956.

BEVILÁQUA, Clóvis. *Código Civil dos Estados Unidos do Brasil (CC/16), comentado por Clóvis Beviláqua*. Edição histórica. Rio de Janeiro: Ed. Rio, 1973. v. I.

BRASIL. *Codigo Civil Brasileiro*: trabalhos relativos á sua elaboração. Rio de Janeiro: Imprensa Nacional, 1917. v. 1. Disponível em: https://bd.camara.leg.br/bd/handle/bdcamara/14356. Acesso em: 27 jun. 2020.

CARAMELO, Gustavo; PICASSO, Sebastián; HERRERA, Marisa. *Código Civil y Comercial de la Nación comentado*. Ciudad Autónoma de Buenos Aires: Infojus, 2015. v. 4. Disponível em: http://www.saij.gob.ar/docs-f/codigo-comentado/CCyC_Nacion_Comentado_Tomo_IV.pdf. Acesso em: 13 jul. 2020.

CARLINI, Angélica. Seguro de vida na aplicação do planejamento sucessório. *In*: TEIXEIRA, Daniele Chaves (Coord.). *Arquitetura do planejamento sucessório*. 2. ed. Belo Horizonte: Fórum, 2019.

CASTRO, Rodrigo R. Monteiro. Do texto: o contrato fiduciário no PSL 487/2013. *In: Novas reflexões sobre o Projeto de Código Comercial*. São Paulo: Saraiva, 2015.

CERQUEIRA, Gustavo. *Sucessão hereditária nas empresas familiares*: interações entre o direito das sucessões e o direito das sociedades. São Paulo: YK, 2018.

CICU, Antonio. *Le successioni*: parte generale. 3. ed. Milano: Giuffrè, 1945.

DAVID, René. *Os grandes sistemas do direito contemporâneo*. Tradução Hermínio A. Carvalho. 4. ed. São Paulo: Martins Fontes, 2002.

DELGADO, Mario Luiz; MARINHO JÚNIOR, Janio Urbano. Fraudes no planejamento sucessório. *In*: TEIXEIRA, Daniela Chaves (Coord.). *Arquitetura do planejamento sucessório*. Belo Horizonte: Fórum, 2019.

EMERICH, Yaëll. Les fondements conceptuels de la fiducie française face au trust de la common law: entre droit des contrats et droit des biens. *Revue Internationale de Droit Comparé*, 61ème année, n. 1, p. 49-71, jan./mar. 2009.

FERREIRA, Waldemar. O "trust" anglo-americano e o "fideicomisso" latino-americano. *Revista da Faculdade de Direito, Universidade de São Paulo*, v. 51, p. 182-202, 1º jan. 1956.

FLEISCHMANN, Simone Tassinari Cardoso; TREMARIN JR., Valter. Reflexões sobre *holding* familiar no planejamento sucessório. *In*: TEIXEIRA, Daniele Chaves (Coord.). *Arquitetura do planejamento sucessório*. 1. reimpr. Belo Horizonte: Fórum, 2019.

FRENCH, Robert. Critique and comment trusts and statutes. *Melbourne Law School*, Australia, 20 maio 2015. Disponível em: https://law.unimelb.edu.au/__data/assets/pdf_file/0007/1774555/07-French.pdf. Acesso em: 5 jan. 2020.

HAGUE CONFERENCE ON PRIVATE INTERNATIONAL LAW (HCCH). 30. *Convention on the law applicable to trusts and on their recognition*. Hague: HCCH, 1º jul. 1985. Disponível em: https://www.hcch.net/en/instruments/conventions/full-text/?cid=59. Acesso em: 21 jun. 2018.

HIRONAKA, Giselda Maria Fernandes Novaes; CAHALI, Francisco José. *Direito das sucessões*. 5. ed. São Paulo: Editora RT, 2014.

HIRONAKA, Giselda Maria Fernandes Novaes; TARTUCE, Flávio. Planejamento sucessório: conceito, mecanismos e limitações. *Revista Brasileira de Direito Civil – RBDCivil*, Belo Horizonte, v. 21, p. 87-109, jul./set. 2019.

LIMA, Alvino. Do fideicomisso nas doações inter-vivos. *Revista da Faculdade de Direito, Universidade de São Paulo*, v. 36, n. 1-2, p. 133-147, 1º jan. 1941.

LOBINGIER, Charles Sumner. Rise and fall of feudal law, art. 5, v. 18. *Cornell Law Review*, Ithaca, 2 fev. 1933. Disponível em: https://scholarship.law.cornell.edu/cgi/viewcontent.cgi?article=2364&context=clr. Acesso em: 6 jan. 2020.

LUMIA, Giuseppe. *Lineamenti di teoria e ideologia del diritto*. 3. ed. Milano: Giuffrè, 1981. p. 102-123. Tradução com adaptações e modificações por Alcides Tomasetti Jr., 1999.

MAMEDE, Gladston; MAMEDE, Eduarda Cotta. Holding *familiar e suas vantagens*: planejamento jurídico e econômico do patrimônio e da sucessão familiar. 9. ed. São Paulo: Atlas, 2017.

MARCHI, Eduardo Cesar Silveira Vita. *Guia de metodologia jurídica*. Italia: Edizioni Del Grifo, 2002.

MARKY, Thomas. *Curso elementar de direito romano*. 8. ed. São Paulo: Saraiva, 2008.

MARTINS-COSTA, Judith. Os negócios fiduciários: considerações sobre a possibilidade de acolhimento do "trust" no direito brasileiro. *Revista dos Tribunais*, São Paulo, n. 657, v. 79, p. 37-50, 1990.

MEIRA, José Corrêa. *Do fideicomisso*: apontamentos de um juiz sobre as substituições fideicommissarias em geral. Analyse das principaes questões. São Paulo: Livraria Acadêmica. Saraiva & Cia. Editores, 1929.

MONTEIRO FILHO, Carlos Edison do Rêgo; SILVA, Rafael Cândido da. A proibição dos pactos sucessórios: releitura funcional de uma antiga regra. *Revista de Direito Privado*, São Paulo, v. 72, n. 17, p. 169-194, dez. 2016.

MOREIRA ALVES, José Carlos. *Direito romano*. 18. ed. rev. Rio de Janeiro: Forense, 2018. Formato digital *e-pub* (Kindle).

OLIVEIRA ASCENSÃO, José de. Sistemas atuais de direito. *Revista da Faculdade de Direito da UFMG*, [S.l.], n. 17, p. 7-32, fev. 2014. Disponível em: https://www.direito.ufmg.br/revista/index.php/revista/article/view/763. Acesso em: 30 jun. 2020.

PEREIRA, Caio Mário da Silva. *Instituições de direito civil*: direito das sucessões. 21. ed. Rio de Janeiro: Forense, 2014. v. 6.

PONTES DE MIRANDA, Francisco Cavalcanti. *Tratado de direito privado*. 1. ed. em e-book baseada na ed. atual de 2012. Atualizado por Giselda Hironaka e Paulo Lôbo. São Paulo: Revista dos Tribunais, 2015. t. LVIII: Direito das sucessões. [Livro eletrônico]. Disponível em: https://proview.thomsonreuters.com/launchapp/title/rt/monografias/102787286/v58/document/103334607/anchor/a-103334607. Acesso em: 16 jul. 2020.

SCHREIBER, Anderson; TARTUCE, Flávio; SIMÃO, José Fernando; MELO, Marco Aurélio Bezerra de; DELGADO, Mário Luiz. *Código Civil comentado*: doutrina e jurisprudência. Rio de Janeiro: Forense, 2019.

STUBER, Walter Douglas. A legitimidade do trust no Brasil. *Revista de Direito Mercantil, Industrial, Econômico e Financeiro*, São Paulo, n. 76, 1989.

TARTUCE, Flávio. Planejamento sucessório: mecanismos tradicionais para a sua efetivação – Parte 2. *Migalhas*, 28 nov. 2018. Disponível em: https://www.migalhas.com.br/coluna/familia-e-sucessoes/291921/planejamento-sucessorio-mecanismos-tradicionais-para-a-sua-efetivacao-parte-2. Acesso em: 26 jun. 2020.

TERPINS, Nicole Mattar Haddad. Algumas considerações sobre o trust e as perspectivas de sua assimilação no direito brasileiro. *Revista de Direito Mercantil, Industrial, Econômico e Financeiro*, ano XLIX, São Paulo, n. 153-154, jan./jun. 2010.

VENOSA, Sílvio de Salvo. *Código Civil interpretado*. 3. ed. São Paulo: Atlas, 2013.

Informação bibliográfica deste texto, conforme a NBR 6023:2018 da Associação Brasileira de Normas Técnicas (ABNT):

VIEIRA, Cláudia Stein; HIRONAKA, Giselda Maria Fernandes Novaes. Um novo fideicomisso: proposta de transformação do instituto em prol do planejamento sucessório. *In*: TEIXEIRA, Daniele Chaves (Coord.). *Arquitetura do Planejamento Sucessório*. Belo Horizonte: Fórum, 2021. p. 511-526. Tomo II. ISBN 978-65-5518-117-3.

RESSIGNIFICANDO O FIDEICOMISSO PARA O PLANEJAMENTO SUCESSÓRIO

DANIELA DE CARVALHO MUCILO

E, pouco a pouco, o uso dos fideicomissos se ia generalizando em Roma, o que não deve causar estranheza, não só porque são os costumes, as ideias e os sentimentos que, modificando-se, pedem modificações correspondentes nas leis, como também porque é o aparecimento dos fideicomissos um caso de survival, no direito romano, de institutos desaparecidos, que ressurgem mais corretos depois.[1]

I Notas introdutórias

Por que falar em fideicomisso quando o Código Civil atual o prevê de forma tão limitada? Por que falar de um instituto que, mesmo quando tinha previsão mais ampla em lei, foi relegado ao esquecimento, como letra morta na legislação?

Muitas vezes, esta necessária releitura de determinado instituto faz notar que não é necessário prever outro para seu lugar, sendo possível, décadas depois, aproveitar de um mesmo regramento, de um mesmo princípio, passando pelas reformulações necessárias e adequações ao seu tempo e espaço, para que a ideia principiológica seja aproveitada, entendendo, acima de tudo, as razões de sua "não aceitação" pela comunidade jurídica.

Do Código Civil, nenhum livro clama tanto por uma adequação que o Livro V, *Das Sucessões*.[2]

Vários são os fatores que contribuem para esta transformação ou, melhor dizendo, adequação das regras sucessórias à sociedade contemporânea.

A começar pela ampliação dos modelos de família e seus novos contornos, iniciada pela Constituição Federal de 1988 para contemplar a diversidade familiar que, numa constante evolução, proliferando o afeto, acima de tudo, como norteador e

---

[1] BEVILÁQUA, Clovis. *Direito das Sucessões*. Edição Histórica. Rio de Janeiro: Editora Rio, 1983, p. 336.

[2] "O vigente Código Civil brasileiro pouco avançou, na parte do livro das sucessões, pois ainda reflete institutos que não se coadunam com a sociedade contemporânea, com todas as complexidades sociais, porque, em geral, o sistema atual das sucessões "não atende aos anseios finais do indivíduo, detenham eles vastos patrimônios ou não". O Código Civil de 2002, no que concerne ao direito sucessório, baseia-se numa família que não corresponde ao perfil das famílias da atual sociedade brasileira", TEIXEIRA, Daniela Chaves. *Planejamento Sucessório*, pressupostos e limites, 2ª reimpressão, Belo Horizonte: Fórum, 2018, p. 24.

fator determinante nas relações interpessoais familiares, traz à proteção da lei novos arranjos familiares.[3]

As famílias monoparentais, as famílias recompostas, as uniões estáveis, as famílias concubinárias, as famílias anaparentais, as famílias simultâneas e as famílias multiespécies, não se olvidando, da família casamentária, mostram um contexto sem fim de possibilidades de arranjos familiares das quais emanam uma série de efeitos, entre os quais, os efeitos sucessórios. São todas elas coligadas por um norte; pelo afeto e pela vontade de união, que transcende uma forma única.

Um segundo aspecto seria o choque geracional impactado pelas diferentes gerações, dentro de uma mesma família nuclear, impondo um olhar mais detido sobre a contemplação da herança pela diversidade de herdeiros dentro de uma mesma sucessão. Isso quer dizer que, de um mesmo sucessor, surgem herdeiros de idades diferentes, de gerações diferentes e, claro, de aptidões e necessidades diferentes, rompendo, claramente, com a igualdade da herança entre os herdeiros de um mesmo grau, especificamente, da linha reta descendente, permitindo-se o direcionamento de quotas diferentes, da disponível, para aqueles herdeiros que necessitem mais do socorro da herança do que outros.

Nesta toada, a condição de vulnerabilidade de determinados herdeiros há que ser considerada como diferencial a lhes trazer um maior grau de proteção e, com isso, flexibilizando o formalismo do direito das sucessões que, engessando a vontade do autor da herança, tolhe-lhe a autonomia e esvazia seu conteúdo protetivo.

Ainda, dentro desta importante renovação do direito das sucessões, a tão discutida permanência da "legítima", da forma como se expressa, comporta reflexão e, quiçá, uma necessária adequação de seu percentual, mais compatível com a liberdade individual e consectária com uma menor intervenção do Estado nas normas subjetivas relativas à família.

Neste contexto de efervescente mudança, nem sempre a criação de um novo instituto, idealizador de um novo direito, supre a ausência de uma maior liberdade sucessória, tão perseguida quando se fala, especialmente, da indispensável leitura da sucessão testamentária como opção sucessória a ser absorvida pela cultura brasileira, especialmente, diante da ideia, agora já permanente, do planejamento sucessório.

O texto de Clovis Beviláqua acima transcrito nunca foi tão atual; mudam-se as ideias, os sentimentos, muda a família. Resgata-se o *survival* do fideicomisso com novos ares, agora adequado a suprir a necessária revisão da relação entre herança e autonomia da vontade.

Em momento em que se discute os modelos possíveis e os contornos do planejamento sucessório – assumindo sua pertinência já inafastável das discussões acadêmicas e judiciais – trazer à tona a possibilidade de aliar sistemas de proteção ao vulnerável com garantias existenciais e, também, patrimoniais, soa como vetor de importância considerável.

---

[3] Artigo 226, da Constituição Federal de 1988.

II O contexto histórico do fideicomisso

A noção histórica do fideicomisso, mais uma vez apoiada nas lições de Clovis Beviláqua, é originada de certa "desarmonia entre as necessidades indivíduo-sociais e a lei escrita, entre o direito real, tal como se refletia nas consciências, e o direito positivo, tal como se petrificara na lei".[4]

Na impossibilidade de certos indivíduos herdarem, por conta da sua incapacidade,[5] confiava-se na figura de um terceiro a delação da herança, para que ao depois, este a entregasse àquele que, originalmente, não a poderia receber diretamente do autor da herança.

Havia, também, nítido caráter de perpetuar determinado patrimônio dentro de uma mesma família ou, ainda, para um rol restrito de pessoas contempladas.

Para que a herança não ficasse apenas na confiança do testador e na fidelidade do terceiro em contemplar herdeiro incapaz de receber a herança, ganhou o fideicomisso a necessária regulação.

No Código Civil de 1916[6] o fideicomisso veio contemplado nos artigos 1.733 e seguintes:

> Art. 1.733. Pode também o testador instituir herdeiros ou legatários por meio de fideicomisso, impondo a um deles, o gravado ou fiduciário, a obrigação de, por sua morte, a certo tempo, ou sob certa condição, transmitir ao outro, que se qualifica de fideicomissário, a herança, ou o legado.

Assim é que o fideicomisso contempla a tríade presença do *fiduciário*[7] (aquele que recebe a herança com o encargo de transmitir o "bem"[8] ao herdeiro sucessivo, o chamado *fideicomissário*); o *fideicomissário*[9] (o beneficiado, em 2º grau pelo fideicomisso e destinatário final do "bem") e *fideicomitente* (o testador, instituidor do fideicomisso).

José Carlos Moreira Alves sintetizou a fórmula empregada para o fideicomisso, a partir de Gaio: "*CumTitius heres meus mortuus erti, uolo herdeitatem meam ad P. Meium pertinere* (Quando meu herdeiro Tício morrer, quero que minha herança pertença a P. Mévio)".[10]

Muito se discutiu sobre a inutilidade do fideicomisso, posto que, supostamente, coberto pelo *usufruto*, mas que com aquele não se confunde, não apenas por sua natureza

---

4 BEVILÁQUA, Clovis. *Direito das Sucessões*. Edição Histórica. Rio de Janeiro: Editora Rio, 1983, p. 335.

5 Era o caso das mulheres que com o casamento se tornavam absolutamente incapazes e demais pessoas que, igualmente, pela incapacidade, não poderiam ser instituídas herdeiras.

6 Lei nº 3.071, de 1º de janeiro de 1916.

7 "o fiduciário ou gravado, isto é, aquele que recebe a herança com o encargo de restituí-la" (Clovis Beviláqua, Direito das Sucessões, p. 342).

8 A noção contemporânea de herança impõe tratar do acervo hereditário como o conjunto das "relações jurídicas" do falecido transmissíveis aos herdeiros, excluindo-se destas relações jurídicas, aquelas que, por sua natureza personalíssima, são intransmissíveis.

9 "o fideicomissário, isto é, aquele a quem o gravado transmite a herança, é um herdeiro sob condição suspensiva" (Clovis Beviláqua, Direito das Sucessões, p. 345).

10 ALVES, José Carlos Moreira. *Direito Romano*, Vol. II, 4. ed. Rio de Janeiro: Forense, p. 578.

jurídica,[11] mas, também, por sua duração, dado o caráter personalíssimo do usufruto que impede sua transferência a terceiro.[12]

Historicamente, este pouco uso do fideicomisso, que, entende-se, decorre mais da pouca prática testamentária (já que o fideicomisso é, acima de tudo, uma disposição testamentária), levou-o quase à supressão pelo legislador civil atual, não fosse ele contemplado no atual Código Civil limitado, como se verá, à contemplação da prole eventual.

Alie-se a isso fato já trazido a lume, de que o direito sucessório brasileiro, já no contexto do Código Civil anterior (Código Civil de 1916), tratava o livro do direito das sucessões como algo que já nascera extemporâneo, fora de seu tempo.

Neste sentido, o estudo ímpar de Claudia Lima Marques sobre o Código Civil de 1916:

> O Direito das Sucessões, Livro IV da Parte Especial do CCBr., foi bastante criticado: suas normas seriam simples em demasia e criariam na prática um regime das sucessões burocrático, caro e não suficientemente identificado com os ideais liberais. O direito das sucessões do CCBr. pode ser, efetivamente, considerado conservador e formal, típico conjunto de normas do século XIX. [...] A influência alemã nestas regras do CCBr. foi pequena, apenas os Artigos 1.675, 1.676, 1.677 e 1.679 CCBr. teriam sido inspirados em normas do segundo Projeto de BGB, assim como indiretamente os Art. 1. 707 und 1. 735, 1.536 CCBr. A influência do primeiro Projeto de BGB restringiu-se aos temas das cláusulas do testamento (Art. 1.675ss. CCBr.), do legado do Art. 1.707 (comparável com o §1.888 do Entwurf I), e do *fideicomisso no Art. 1.735* (comparável com o§1.832 do Entwurfl).[13]

Com a vigência da Lei nº 10.406, de 10 de janeiro de 2002 (Código Civil de 2002), perdeu-se excelente oportunidade para revisão do livro das sucessões, já nascendo em descompasso com o contexto social de sua entrada em vigência.

Os apontamentos feitos no capítulo introdutório poderiam ter sido, ainda que parcialmente, absorvidos pelo Código Civil de 2002, tornando-o, ao menos, mais alinhado com o ideário amplo de uma nova concepção familiar, anote-se, trazida desde a Constituição Federal de 1988.

III A aplicação limitada do fideicomisso no Código Civil de 2002

A doutrina clássica civilista traz como ponto central para o banimento do fideicomisso de algumas legislações a ideia de que sua instituição comprometeria a livre circulação dos bens, que passariam de geração a geração, sempre conduzidos pela vontade de uma única pessoa, o testador.

Particularmente, sendo o fideicomisso restrito à disponível e, ainda, limitado à prole eventual, na realidade legislativa sucessória nacional não há justificativa para

---

[11] Usufruto é direito real sobre coisa alheia, previsto no art. 1.390 e seguintes do Código Civil.

[12] Art. 1.393. Não se pode transferir o usufruto por alienação; mas o seu exercício pode ceder-se por título gratuito ou oneroso.

[13] MARQUES, Claudia Lima. Cem anos de Código Civil Alemão: o BGB de 1896 e o Código Civil Brasileiro de 1916. *Revista da Faculdade de Direito da Universidade Federal do Rio Grande do Sul*, v. 13, 1997, p. 95

seu tão pouco – ou quase inexistente – uso. Talvez, tal fato se dê muito mais pela negativa – dentro do aspecto ocidental cultural brasileiro de não aceitação e não opção por "pactos" que gravitem sobre as finitudes (quer seja a finitude da vida, quer seja a finitude de uma relação familiar etc.) e, por isso, a elaboração de um testamento, ou seja, sobre a possibilidade de sua própria morte – do que por um problema do fideicomisso em si, que, em verdade, escapa de entendimento de parte significativa da população.

Contribui, certamente, para essa pouca aplicação, sua limitação à prole eventual.

Orlando Gomes, ao dedicar todo um capítulo ao fideicomisso, abre seu estudo reconhecendo a resistência de variadas legislações sobre o tema, mas, ao mesmo tempo, advogando para os inúmeros "defensores, todos empenhados em demonstrar sua utilidade".[14]

Afastado do Código Civil de 2002 com a amplitude prevista na codificação anterior, como já se expôs, o fideicomisso ficou restrito à previsão das "substituições" sucessórias, muito embora, com estas não se confunda.

Em verdade, quando o Código Civil de 2002 trata das *substituições*, prevê a inclusão de outra pessoa, igualmente nomeada pelo testador, para ocupar o lugar daquela primeira indicada, pela falta dela ou da impossibilidade desta em aceitar a herança, sucedendo o herdeiro *substituto* (como assim é chamado) *em lugar do primeiro instituído, quando este não possa ou não queira aceitar a herança.*[15]

Diferindo-se, portanto, da chamada substituição vulgar, a substituição fideicomissária,[16] prevista no art. 1.951, do atual Código Civil, prevê vocação sucessiva já que duas pessoas são chamadas a suceder, cada uma a seu tempo.

Na sempre clara lição de Orlando Gomes, *a substituição fideicomissária implica vocação sucessiva, porque os herdeiros são chamados um após o outro, enquanto na substituição vulgar o chamamento do substituto ocorre sem sequência, tão somente porque faltou o primeiro instituído.*[17]

Em complemento e restringindo a aplicação da substituição fideicomissária, o novo legislador civil restringiu sua aplicação para prole eventual, sendo obrigatório que ao tempo da morte do testador o fideicomissário não tenha sido concebido, em estrito teor do art. 1.952, do Código Civil.[18]

Mantém-se, portanto, o caráter de propriedade resolúvel do fiduciário[19] que manterá a coisa até que se contemple a condição ou o alcance do termo.[20]

Os elementos constitutivos do fideicomisso são, em resumo, (i) dupla e sucessiva designação de herdeiro ou legatário (designando a pessoa do fiduciário e a pessoa do

---

[14] GOMES, Orlando, *Sucessões*. Atualizador Mario Roberto Carvalho de Faria, 14. ed. Rio de Janeiro: Forense, p. 209.

[15] *Idem*, p. 201.

[16] Art. 1.951. Pode o testador instituir herdeiros ou legatários, estabelecendo que, por ocasião de sua morte, a herança ou o legado se transmita ao fiduciário, resolvendo-se o direito deste, por sua morte, a certo tempo ou sob certa condição, em favor de outrem, que se qualifica de fideicomissário.

[17] *Idem*, p. 201.

[18] Art. 1.952. *A substituição fideicomissária somente se permite em favor dos não concebidos ao tempo da morte do testador.* Parágrafo único. Se, ao tempo da morte do testador, já houver nascido o fideicomissário, adquirirá este a propriedade dos bens fideicometidos, convertendo-se em usufruto o direito do fiduciário.

[19] Art. 1.734, Código Civil de 1916: o fiduciário tem a propriedade da herança, mas restrita e resolúvel.

[20] Art. 1.359. Resolvida a propriedade pelo implemento da condição ou pelo advento do termo, entendem-se também resolvidos os direitos reais concedidos na sua pendência, e o proprietário, em cujo favor se opera a resolução, pode reivindicar a coisa do poder de quem a possua ou detenha.

fideicomissário) e (ii) condição ou termo que delimitam no tempo a propriedade resolúvel do fiduciário, guiados pelos direitos e deveres deste, durante, repita-se, seu exercício de proprietário resolúvel findo o qual restituirá a propriedade diferida ao fideicomissário.

Sua natureza jurídica sucessória permite prever que dois sucessores (ou duas, sucessões, ainda que uma delas seja *inter vivos*) sejam contemplados por um mesmo bem ("bem fideicometido").

Talvez ainda, guardando o estigma histórico deste instituto, a opção do "Código Civil Projetado"[21] em manter o fideicomisso, mas de restrita aplicação, quase inexistente, como se ali estivesse tão somente para não ser enterrado em definitivo, guardando lugar, quem sabe, ao seu ressurgimento em novas eras que, talvez, agora se avizinham.

IV O fideicomisso como modelo de autorregulamentação sucessória com vistas à proteção do vulnerável

Como trazido alhures, várias legislações baniram o fideicomisso, sob a alegada justificativa de que sua aposição na deixa testamentária eliminaria a livre circulação do bem legado, concentrando fortunas nas mãos dos aristocratas,[22] além de ter sido, igualmente como antecipado, modelo para encobrir sucessão a herdeiro não legitimado a suceder.

Impõe-se, como dever inicial, relembrar que o tanto o Código Civil de 1916 quanto o Projeto do Código Civil de 2002 foram baseados em premissas de uma família casamentária, patriarcal, paternal, enlaçadas pelo comando masculino na chefia do núcleo familiar.

Com as gritantes mudanças enfrentadas pela sociedade contemporânea – e já destacadas no preâmbulo do presente artigo – não limitadas à configuração da família, mas, e aqui especialmente no que nos interessa, nos sujeitos de direito que compõem esta nova família, com destaque à presença de pessoas vulneráveis –[23] justifica-se o convite à revisitação do fideicomisso, como ferramenta, ao lado de tantas outras – de planejamento sucessório dentro da perspectiva de proteção jurídica do vulnerável.

Todas as pessoas podem apresentar certo grau de fragilidade, de ordem física ou psíquica. Entretanto, fatores externos podem acentuar esta fragilidade, tornando-as mais suscetíveis a desvios que lhes causem prejuízos (igualmente, de várias naturezas)

---

[21] "Depois de tentativas frustradas de reformá-lo, em 1969 foi encomendado projeto a Comissão presidida por Miguel Reale, e composta ainda pelos professores José Carlos Moreira Alves, Agostinho Alvim, Sylvio Marcondes, Ebert Chamoun, Clóvis do Couto e Silva e Torquato Castro. É este trabalho que começa a tramitar em 1975 e chega à sanção em janeiro de 2002" (PASSOS, Edilenice, LIMA, João Alberto de Oliveira. *Memória Legislativa do Código Civil, quadro comparativo, vol. 1, senado federal in* http://www.senado.leg.br/publicacoes/MLCC/pdf/mlcc_v1_ed1. pdf. p. xvii.

[22] "Na Idade Média foi instituto florescente, animando o propósito de conservação dos bens nas famílias nobres. Não deixou, contudo, de acusar seus inconvenientes, salientando-se a concentração das fortunas, e a subtração dos imóveis da aristocracia á garantia dos credores" (PEREIRA, Caio Mário da Silva. *Instituições de Direito Civil*, v. VI, 14. ed. Rio de Janeiro: Forense, p. 147).

[23] Vulneráveis assim considerado como um grupo de pessoas coligadas por uma determinada fragilidade que os expõem a determinados riscos, quando confrontados com outros sujeitos que não apresentam a mesma exposição. Daí podermos falar não apenas de crianças, como também de deficientes, idosos, consumidores, para trazer alguns exemplos.

que outras. Por isso, a proteção do vulnerável é, acima tudo, a busca pelo tratamento isonômico, alcançando uma proteção diferenciada para manter a igualdade.[24]

O mestre Orlando Gomes, já criticando o afastamento do fideicomisso de várias legislações, apontava que *a proibição absoluta é injustificável*. E chamava a compreender este instituto como cláusula testamentária de proteção e não de burla ou mesmo de engessamento do bem fideicometido, ao ensinar que o fideicomisso deveria ser aceito (ainda que com limitações, anote-se), "não apenas ao círculo da família e ao primeiro grau, mas também relativamente à hipótese única em que se apresenta *como o processo técnico adequado à consecução de resultados dignos de proteção jurídica*".[25]

A proteção jurídica a que alude Orlando Gomes enquadra-se perfeitamente à imperiosa proteção do vulnerável, como merecedor de posição diferenciada na busca da isonomia e inclusão em sociedade.

Não basta falar em vulnerabilidade, não basta prever leis que visem equiparar o grau de proteção dos vulneráveis, sem que se tenham instrumentos efetivos e assimilados pela sociedade, para efetiva redução destas assimetrias fragilizantes.

Gustavo Tepedino e Milena Donato Oliva, ao destacarem a vulnerabilidade da pessoa, que somente encontrou sua definitiva proteção no princípio da dignidade da pessoa humana, afirmado pela Constituição Federal de 1988, dão o contorno do sujeito de direito, não mais visto abstratamente, mas sim concretamente considerado onde se incluem as peias de suas vulnerabilidades: "Isto significa que o indivíduo, elemento subjetivo basilar e neutro do direito civil codificado, deu lugar, no cenário das relações de direito privado, à pessoa humana, para cuja promoção se volta a ordem jurídica como um todo".[26]

Paralelamente a isso, a ideia de autonomia da vontade nunca ganhou tanto destaque, no contexto sucessório, como nos dias atuais, impulsionada não apenas pelos fortes reflexos das mudanças contemporâneas que atacam diretamente a família e, de modo específico, os componentes destes novos arranjos familiares, mas, e infelizmente, pela forçosa presença da finitude, escancarada pelo período pandêmico causado pelo vírus da Covid-19 que inquinou o mundo.

Sendo senhores detidos de autodeterminação,[27] capazes de apor a vontade na definição do futuro, as pessoas passaram a se ocupar, ainda que longe do enfrentamento ativo da matéria e do ideal de assunção deste pleno conhecimento, da responsabilidade

---

[24] Daí o Estatuto da Criança e do Adolescente (Lei nº 8.069/1990), o Estatuto do Idoso (Lei nº 10.741/2003), o Código de Defesa do Consumidor (Lei nº 8.078/1990), o Estatuto da Pessoa com Deficiência (Lei nº 13.146/2015), dentre outras normativas ordinárias que interferem na proteção do vulnerável fornecendo-lhe meios de assegurar seus direitos em igualdade com sujeitos fora de sua categoria protetiva específica.

[25] GOMES, Orlando, Sucessões. Atualizador Mario Roberto Carvalho de Faria, 14. ed. Rio de Janeiro: Forense, p. 209, grifou-se.

[26] TEPEDINO, Gustavo, OLIVA, Milena Deodato. "Personalidade e Capacidade na Legalidade Constitucional", *in Direito das pessoas com deficiência psíquica e intelectual e nas relações privadas*, (Joyceane Bezerra de Menezes, coord.), Rio de Janeiro: Editora Processo, 2016, p. 229.

[27] "Sob o ponto de vista técnico, que revela a importância prática do princípio, a autonomia privada é o poder jurídico particular de criar, modificar ou extinguir situações jurídicas próprias ou de outrem", AMARAL NETO, Francisco dos Santos, *Autonomia Privada in* "Comentários ao Projeto do Código Civil Brasileiro", Série Cadernos do Centro de Estudos Judiciários, volume 20, Brasília: Divisão de Serviços Gráficos da Secretaria de Administração do Conselho da Justiça Federal, 2002.

pelas determinações que impactam a continuidade do indivíduo e de seus entes e dependentes.

Significa afirmar que o planejamento sucessório e, com isso, a importante ideia de reconhecer sua finitude e seu próprio desaparecimento como fato objetivo e jurídico com consequências relevantes, ganha ares de importância, entrando na pauta da ciência jurídica, como símbolo desta mudança estrutural em busca de um maior poder de autorregulamentação do indivíduo, para além da liberdade contratual já consagrada pelo Código Civil de 2002, mas também no campo do direito de família e das sucessões.

Vários são os instrumentos que contribuem para o firmamento do planejamento sucessório e variadas são suas formas para atender de forma específica e funcionalizada, como propõe Daniele Chaves Teixeira,[28] à urgente tomada de decisão quanto à sucessão dos ativos e, porque não, das relações jurídicas do autor do planejamento sucessório.

A proposta do presente artigo, ainda que de forma sucinta, é a de pensar-se sobre a restauração, por óbvio, via processo legislativo, de antigo instituto, na esperança de resplandecer sua importância, porque, acima de tudo, é ato que decorre, necessariamente e apenas, da vontade do autor do planejamento (porque não há outro meio de fazer surgir o fideicomisso que não pela vontade do testador aposta em testamento), propondo-se, de *lege ferenda* sua reformulação no direito das sucessões sem as amarras da legitimação apenas à prole eventual.

Neste contexto de efervescentes mudanças na sociedade, frise-se, incansavelmente, com reflexos instransponíveis ao direito das sucessões, da forma como posta no ordenamento civil, urge sua revisão para adequação de modelos, acima de tudo, compatíveis com a maior liberdade do sujeito de direito, com o olhar detido sobre as diferentes vulnerabilidades dos sucessores e, também, com a nova forma como a pessoa se relaciona com os bens.

A ideia superada de que a herança é composta apenas pela posse e pela propriedade dos bens do falecido, transmitida automaticamente pelo princípio da *saisina* impõe um olhar renovado para o direito de propriedade, assim contemplado no seu feixe de direitos (uso, gozo e disposição) e da nova forma de o indivíduo se relacionar com as coisas, com os bens suscetíveis de serem transmitidos por herança.

Neste contexto, eliminando e superando a visão binária e corpórea de que a grande massa da herança é composta por bens a serem exclusiva e unicamente "usados" (no sentido mais literal) pelos herdeiros, o fideicomisso se apresenta como forma de superar o uso restrito e condicionado de uma coisa, permitindo sua sucessão e, portanto, seu aproveitamento, com o cumprimento de sua mais ampla função social, por mais de um sucessor, em diferentes momentos.

O fideicomisso guarda, assim, a possibilidade de permitir que um mesmo bem seja usado e fruído por determinado sucessor (o fiduciário) durante período que atenda às suas demandas, quem sabe até de subsistência, ganhando, assim, este relevo alimentar, mas, permitindo-se que, passado determinado período de uma maior vulnerabilidade

---

[28] TEIXEIRA, Daniele Chaves, *Planejamento Sucessório, pressupostos e limites*, Belo Horizonte: Fórum, 2018. Ainda, da mesma autora (Coord.), *Arquitetura do Planejamento Sucessório*. 2. ed. Fórum: Belo Horizonte, 2019, obra que retrata os vários instrumentos possíveis no Planejamento Sucessório.

deste, assim chamado, primeiro sucessor, outra pessoa possa deste bem, igualmente, apoderar-se (o fideicomissário).

Amplia-se, assim, a propriedade em sua plena extensão, para mais de um sucessor, permitindo-se que em momentos diferentes mais de um beneficiário possa se satisfazer do bem sem que após sua utilização e fruição siga a cadeia da sucessão legítima do fiduciário, nem sempre compatível com o desejo do testador que, em seu desenho de autorregulamentação, deseja contemplar terceiro (o fideicomissário).

Assim é que a proposta de resgate do fideicomisso tem a ver com esta nova forma de se encarar a sucessão e as rédeas da autonomia da vontade dentro do planejamento sucessório.

Em mais um exemplo da utilização do fideicomisso, poder-se-ia pensá-lo como forma de salvaguardar um indivíduo (aqui o fiduciário) cuja premência em ser amparado, por sua vulnerabilidade, seja transitória ao tempo de sua existência sem que, com isso, o bem a ele confiado seja-lhe outorgado em definitivo; atende-se à vontade do testador que desse bem extraia todo seu uso para este que vulnerável, para que depois de certo tempo, ou com a sua morte, siga o destino de uma outra sucessão, repassando-se ao fideicomissário.

Não se olvide a situação de negativa do testador em beneficiar determinada pessoa que, por seu discernimento reduzido ou, mesmo, incapacidade reconhecida, receie que a herança não seja efetivamente por ele fruída, ainda que se revista o testamento de toda a rede de proteção, prevendo a figura de curador especial e até mesmo optando pelas restrições testamentárias (justificadas, anote-se), como a cláusula de inalienabilidade, por exemplo.

Pode-se, assim, eleger-se o fideicomisso como um modelo de proteção dos vulneráveis, alinhado à sua proteção específica, quer quando se o coloca como fiduciário, quer como quando se pensa na proteção do vulnerável como fideicomissário.

Superada a limitação do art. 1.952, do Código Civil que condiciona, como já referido, o fideicomisso à prole eventual, estar-se-ia diante de efetivo instrumento de controle e proteção de pessoas vulneráveis que dependam de recursos organizados pelo testador que, desaparecendo, legará meios para a continuidade da sobrevivência de seus dependentes.

Sob este ponto de vista, não há qualquer óbice a que a pessoa com incapacidade reconhecida –[29] vulnerável, portanto – possa ocupar a posição de fiduciário – usando e fruindo do imóvel até que, exemplificativamente, com sua morte (termo final) seja transmitida a coisa para o fideicomissário que, eventualmente, pode coincidir com a própria pessoa que cuidava e zelava pelo bem-estar do incapaz.[30]

Sob tal aspecto não há qualquer objeção para que, com a morte do incapaz (tal incapacidade assim reconhecida mediante ação de interdição),[31] seja o bem transferido

---

[29] Dentro das situações do art. 4º, do Código Civil e já sob a proteção assistencial da Curatela.

[30] A mesma situação pode ser aplicada ao menor, do art. 3º, do Código Civil, igualmente, vulnerável, podendo, o testador, nesta hipótese, nomear-lhe inclusive curador especial, nos termos do art. 1.733, §2º, do Código Civil.

[31] Mantendo-se a dicção do art. 747, do Código de Processo Civil, muito embora, entenda a autora que o termo mais adequado seja Ação de Curatela.

para o fideicomissário, eis que não é o incapaz quem o transmite, mas sim o fideicomitente (o testador) que ao instituir o fideicomisso prevê duas sucessões, ou duas transferências.[32]

Igualmente, poderá o testador incluir o vulnerável como fideicomissário, eventualmente, para dar meios ao fiduciário de obter renda, com o bem legado, inclusive, para sustento do fideicomissário.

Vários, são, portanto, os ensaios possíveis de utilização do fideicomisso como meio não apenas de autorrealização da vontade do testador, mas, especialmente, de proteção específica do vulnerável, todos estes ensaios, à toda evidência, impossíveis de se pensar na atualidade, eis que incompatíveis, com a restrição – inúmeras vezes aqui mencionada – do art. 1.952, CC, mas que diante da plena efervescência do direito das sucessões, clamando por uma urgente revisão, poderia fazer parte da pauta legislativa para sua ampliação, a fim de possibilitar outros legitimados ao fideicomisso.

As críticas ao fideicomisso, ao contrário, reforçam a necessidade de seu reestudo; são justamente nelas que se assentam a necessidade de proteção ao vulnerável.

Se antes era usado de maneira a disfarçar a contemplação de herança por herdeiro "incapaz" (daí seu caráter de *fidúcia*, de confiança, na pessoa do fiduciário para que se incumbisse da transmissão do bem fideicometido ao fideicomissário), quando a incapacidade era vista como a morte civil do indivíduo, hoje, descortinada a plena necessidade de inserção e proteção do vulnerável nos sistemas legais, o fideicomisso vem, manifestamente, sem caráter de ocultação de bens, mostrar seu sistema de maior fruição e alcance da propriedade para mais de uma sucessão.

Igualmente, cai por terra a tensão aposta ao fideicomisso de ser instrumento de subtração na circulação de bens. Limitado que é ao segundo grau,[33] vale dizer, não podendo haver disposição para além da figura do fideicomissário (sendo vedado substituto para o fideicomissário), garantirá que o gancho de circulação do imóvel não se manterá para além do 2º sucessor, garantindo que o bem volte a circular, imediatamente, com o diferimento da propriedade ao segundo contemplado.

Outros institutos já existem a restringir a circulação de bens herdados, sem que com isso as críticas sejam contundentes a ponto de justificar sua exclusão do sistema civil brasileiro.[34]

O fideicomisso fomenta o modelo de sucessão testamentária, ainda tão incipiente na cultura brasileira, e reafirma a autonomia da vontade ao expandir sua atuação para mais de uma geração, especialmente, sob o âmbito de proteção dos vulneráveis.

Quiçá, diante da premente reforma do direito das sucessões, possa o fideico- misso ser efetivamente conhecido e ressignificado, sepultando, definitivamente, suas

---

[32] Igualmente, não seria óbice o art. 1.749, inc. I, do Código Civil, aplicável, da mesma forma, à Curatela, eis que tanto o tutor quanto o curador não estariam recebendo por contrato particular, mas sim por Testamento e, repita-se, pela vontade do testador que promove as duas sucessões: a primeira (do testador para o fiduciário) *causa mortis* e a segunda (do fiduciário ao fideicomissário), tanto por *causa mortis* (se o Fideicomisso considerar a morte do fiduciário como termo) quanto *inter vivos* (se o Fideicomisso considerar outra condição ou outro termo para a cessação da propriedade resolúvel do fiduciário).

[33] Art. 1.959, do Código Civil: "São nulos os fideicomissos além do segundo grau".

[34] Exemplos sejam trazidos dos direitos reais, tais como usufruto (art. 1.390 e seguintes, do Código Civil) e direito real de habitação (art. 1.414, do Código Civil) cuja duração, geralmente vitalícia, dado o seu caráter alimentar, privam o proprietário da coisa até a morte do titular do direito real.

críticas, oportunizando uma mais ampla aplicação deste modelo, acima de tudo, de autorregulamentação sucessória.

V Considerações finais

A nova ordem constitucional não permite mais a consideração do sujeito de direito em abstrato, demando o reconhecimento da pessoa *in concreto* com todos os seus vieses de especificidades em que se incluem suas vulnerabilidades.[35]

Esta pessoa, concretamente e realisticamente considerada, não pode ficar à mercê do desenvolvimento de teias de proteção; eles devem efetivamente agir e promover sua proteção, ampliando suas potencialidades de sobrevivência e igualdade com as demais pessoas. Por isso, necessitam de instrumentos específicos que minimizem suas fragilidades.

Desta necessidade, aliado à esta proteção, o fideicomisso, antes utilizado, justamente, para proteger, às escondidas, sujeitos cuja incapacidade os afastava da sucessão, da proteção legal, deixa o túmulo da insignificância onde jazia, para se mostrar como instrumento apto à proteção dos incapazes.

Talvez esta ressignificação do fideicomisso possa inspirar e fomentar a opção pela sucessão testamentária.

A possibilidade de ampliar a sucessão do autor da herança para que duas pessoas possam usar da coisa legada (bem fideicometido) até determinado tempo para, ao término, transmitir a terceiro, mostra como o fideicomisso, ao contrário do que se acreditava, faz uma necessária utilização do bem, funcionalizada em atendimento do vulnerável.

Não há, ao contrário das críticas, nenhum engessamento e tampouco vedação de circulação de bem. Ao contrário, há, com o fideicomisso, a autonomia da vontade do testador em contemplar mais de uma pessoa para que em momentos diferentes possa fazer uso do bem, sem que ocorra, ao término do primeiro contemplado, a sucessão legítima.

Sem qualquer pretensão, o artigo em apreço procurou resgatar o fideicomisso, como instituto praticamente banido de nosso ordenamento, por motivos que já se encontram em muito superados, obrigando o aplicador do direito, dentro de uma previsível reforma do direito sucessório, ponderar por sua reativação, permitindo-se como mais um modelo de proteção especial ao vulnerável.

É indispensável que a igualdade formal esteja cada vez mais próxima da igualdade substancial, já que somente assim poder-se-á tratar, efetivamente, da proteção da pessoa, concretamente realizada, reduzindo-se as assimetrias causadas por sua vulnerabilidade.[36]

---

[35] "A pessoa humana, portanto, qualificada na concreta relação jurídica em que se insere, de acordo com o valor social de sua atividade, e protegida pelo ordenamento segundo o grau de vulnerabilidade que apresenta, torna-se a categoria central do direito privado" (TEPEDINO, Gustavo, DONATO, Milena Oliva, "Personalidade e Capacidade na Legalidade Constitucional", *in Direito das pessoas com deficiência psíquica e intelectual e nas relações privadas*, (Joyceane Bezerra de Menezes, coord.), Rio de Janeiro: Editora Processo, 2016, p. 229.

[36] A este respeito, Pietro Perlingieri explica, a partir da Constituição Italiana, a diferença entre igualdade formal e igualdade substancial: "Afirma-se, comumente, que o art. 3 Const. enuncia no §1 a igualdade formal e no §2 aquela substancial; a primeira seria expressão de uma revolução praticamente realizada, a segunda, ao contrário, de uma revolução 'prometida'. Pela primeira, os cidadãos têm 'igual dignidade social e são iguais perante a lei, sem distinção de sexo, de raça, de língua, de religião, de opiniões políticas, de condições pessoais e sociais';

Referências

ALVES, José Carlos Moreia. *Direito Romano*, V. II, 4. ed. Rio de Janeiro: Forense, 1986.

AMARAL NETO, Francisco dos Santos, *Autonomia Privada in* "Comentários ao Projeto do Código Civil Brasileiro", Série Cadernos do Centro de Estudos Judiciários, volume 20, Brasília: Divisão de Serviços Gráficos da Secretaria de Administração do Conselho da Justiça Federal, 2002. Disponível em www.cjf.jus.br, acessado em 14/07/2020.

BEVILÁQUA, Clovis. *Direito das Sucessões. Edição Histórica*. Rio de Janeiro: Editora Rio, 1983.

GOMES, Orlando. *Sucessões*. Atualizador Mario Roberto Carvalho de Faria – 14ª. ed. – Rio de Janeiro: Forense, 2007.

MARQUES, Claudia Lima. *Cem anos de Código Civil Alemão: o BGB de 1896 e o Código Civil Brasileiro de 1916*, *in* Revista da Faculdade de Direito da Universidade Federal do Rio Grande do Sul, v. 13, 1997, p. 71-97.

PASSOS, Edilenice. LIMA, João Alberto de Oliveira. *Memória Legislativa do Código Civil, quadro comparativo, vol. 1*. Brasília: Senado Federal, 2010. Disponível em http://www.senado.leg.br/publicacoes/MLCC/pdf/mlcc_v1_ed1.pdf, acessado em 27/07/2020.

PEREIRA, Caio Mário da Silva. *Instituições de Direito Civil*, Vol. VI, 14ª. ed. – Rio de Janeiro: Forense.

PERLINGIERI, Pietro. *Perfis do Direito Civil: introdução ao direito civil constitucional*, tradução de Maria Cristina De Cicco, 2. ed. Rio de Janeiro: Renovar, 2002.

TEIXEIRA, Daniele Chaves. *Autonomia Privada e a flexibilização dos pactos sucessórios no ordenamento jurídico brasileiro in* (Coord. Daniele Teixeira). *Arquitetura do Planejamento Sucessório*. 2. ed. Fórum: Belo Horizonte, 2019, p. 137-154.

TEIXEIRA, Daniele Chaves. *Planejamento Sucessório: pressupostos e limites*, 2ª reimpressão, Fórum: Belo Horizonte, 2018.

TEPEDINO, Gustavo, OLIVA, Milena Deodato. *Personalidade e Capacidade na Legalidade Constitucional, in Direito das pessoas com deficiência psíquica e intelectual e nas relações privadas*, (Joyceane Bezerra de Menezes, coord.), Rio de Janeiro: Editora Processo, 2016, p. 227-247.

Informação bibliográfica deste texto, conforme a NBR 6023:2018 da Associação Brasileira de Normas Técnicas (ABNT):

MUCILO, Daniela de Carvalho. Ressignificando o fideicomisso para o planejamento sucessório. *In*: TEIXEIRA, Daniele Chaves (Coord.). *Arquitetura do Planejamento Sucessório*. Belo Horizonte: Fórum, 2021. p. 527-538. Tomo II. ISBN 978-65-5518-117-3.

---

pela segunda, é 'tarefa da República remover os obstáculos de ordem econômica e social que, limitando de fato a liberdade e a igualdade dos cidadãos, impedem o pleno desenvolvimento da pessoa humana e a efetiva participação de todos os trabalhadores na organização política, econômica e social do País', *in* "Perfis do Direito Civil: introdução ao direito civil constitucional", tradução de Maria Cristina De Cicco, 2. ed. Rio de Janeiro: Renovar, 2002, p. 44.

PLANEJAMENTO SUCESSÓRIO E O DIREITO IMOBILIÁRIO: IMÓVEIS, HERANÇA E DÍVIDA DE CONDOMÍNIO

GABRIEL SCHULMAN
ANDRE LUIZ ARNT RAMOS

Vizinhos, vizinhos. Todo o mundo tem histórias de vizinhos. Vizinhos de cima vizinhos de baixo, vizinhos de trás e da frente, vizinhos de porta ou de janela, vizinhos com filhos ou sem filhos, com cachorros ou sem cachorros. Bons vizinhos, maus vizinhos... Você escolhe, até certo ponto, os amigos que quer ter e as pessoas com quem quer viver, mas não escolhe as pessoas mais importantes da sua vida. As pessoas que condicionam e determinam a sua existência e os seus humores: seus pais e os seus vizinhos. Ninguém escolhe a família em que vai nascer – ou seja, a forma do seu nariz e da sua herança – nem, salvo raras exceções, os vizinhos que vão rodeá-lo.[1]

Introdução

Múltiplas são as questões que se apresentam na sucessão de bens imóveis. Entre tantos temas, a cobrança ao herdeiro que faz uso exclusivo da casa herdada,[2] a valorização dos imóveis no curso das relações de união estável, a usucapião do bem por herdeiro, o direito real de habitação que assegura ao companheiro ou cônjuge do falecido a permanência na moradia (CC, art. 1.831),[3] a existência de bens do falecido no estrangeiro e os possíveis efeitos sucessórios do pacto antenupcial.[4]

No acervo de julgados do STJ, consagraram-se as compreensões de que a valorização patrimonial dos imóveis não se comunica na união estável, pois não decorre do esforço comum dos companheiros. Respeitadas certas condições, admite-se

---

[1] VERÍSSIMO, Luis Fernando. Vizinhos. In: *Comédias Brasileiras de Verão*. Rio de Janeiro: Objetiva, 2009. p. 69.

[2] STJ. REsp 1704528/SP, Rel. Ministro MARCO AURÉLIO BELLIZZE, 3ª Turma, DJe 24/08/2018.

[3] VELOSO, Zeno. Direito real de habitação na união estável. *In*: DELGADO, Mário Luiz; ALVES, Jones Figueiredo. *Questões controvertidas no novo código civil*. São Paulo: Método, 2004, p. 405-416, v. 1.

[4] FRANK, Felipe. *Autonomia Privada e Pacto Antenupcial: problematizações sobre o conceito de sucessão legítima e sobre a cláusula pré-nupcial de exclusão da concorrência sucessória do cônjuge*. Tese. (Doutorado em Direito Civil), Universidade Federal do Paraná, Curitiba, 2017.

a possibilidade de usucapião por herdeiro,[5] bem como de que bens do falecido no exterior possam se submeter ao direito sucessório estrangeiro.[6]

O Superior Tribunal de Justiça, de maneira recorrente, consagra a cobrança de aluguéis em face do herdeiro que faz uso exclusivo do bem,[7] mesmo quando for o inventariante. Além disso, a Corte reconhece o direito real de habitação, no casamento e na união estável,[8] inclusive quando o espólio for composto por outros bens imóveis,[9] vedado o comodato.[10]

Neste artigo, localizado na intersecção entre o direito imobiliário e sucessório, ou quiçá em seus pontos de sobreposição, enfoca-se a responsabilidade pela dívida condominial. Este estudo se estrutura nos seguintes aspectos: 1) Introdução; 2) Transmissão da dívida condominial aos herdeiros e a força da herança; 3) Débito condominial e responsabilidade do possuidor e herdeiro no curso do inventário; 4) Doação com reserva de usufruto; 5) Considerações finais.

A temática proposta reúne relevância prática e teórica. Neste sentido, há importantes *nós* por identificar e por desatar. Apenas para ilustrar, é preciso bem alinhar a conhecida natureza *propter rem* da dívida condominial com as dificuldades decorrentes de aplicação do *droit de saisine*. A partir da consagração pelo Superior Tribunal de Justiça, em julgamento pela sistemática dos recursos repetitivos, da posse como critério para atribuição de responsabilidade pelo débito condominial como fundamento para atribuir ao promitente comprador o dever de pagamento, mesmo antes do registro,[11] é preciso refletir, analogamente, acerca dos (possíveis) efeitos no período até o registro da aquisição *mortis causa*.

Antes de prosseguir, permita-se uma singela ressalva para maior clareza. Como se sabe, com a morte estabelece-se um condomínio *pro indiviso* sobre o acervo hereditário. Salvo indicação diversa, aplicável à sentença anterior, neste texto o sentido de *condomínio* diz respeito sobretudo ao condomínio edilício ou ainda condomínio horizontal, em que há áreas comuns e exclusivas e débitos condominiais a serem adimplidos.

---

5 STJ. REsp 1631859/SP, Rel. Ministra Nancy Andrighi, 3ª Turma DJe 29/05/2018.

6 O Superior Tribunal de Justiça já decidiu: "Tendo em vista que a sucessão de bens do de cujus situados no estrangeiro regula-se pela lei do país alienígena, nos termos do art. 23, II, do CPC/2015 (art. 89, II, do CPC/1973), o qual preconiza o princípio da territorialidade, mostra-se descabida a solicitação de informações a instituição financeira situada no estrangeiro (Suíça no presente caso), uma vez que os valores lá constantes de titularidade do autor da herança, à data de abertura da sucessão, não serão submetidos ao inventário em curso no Brasil, devendo ser processada naquele país a sua transmissão a quem de direito". STJ. AgInt no AREsp 1297819/SP, Rel. Ministro Marco Aurélio Bellizze, 3ª Turma, DJe 19/10/2018. Anteriormente, já se havia decidido em interessante caso com testamento feito durante a Segunda Guerra Mundial, "A existência de imóvel situado na Alemanha, bem como a realização de testamento nesse país são circunstâncias prevalentes a definir a *lex rei sitae* como a regente da sucessão relativa ao aludido bem (e somente a ele, ressalta-se), afastando-se, assim, a lei brasileira, de domicílio da autora da herança". STJ. REsp 1362400/SP, Rel. Ministro Marco Aurélio Bellizze, 3ª Turma, DJe 05/06/2015.

7 STJ. REsp 1704528/SP, Rel. Ministro Marco Aurélio Bellizze, 3ª Turma, DJe 24/08/2018.

8 STJ. AgInt no REsp 1757984/DF, Rel. Ministro Antonio Carlos Ferreira, 4ª Turma, DJe 30/08/2019.

9 "O objetivo da lei é permitir que o cônjuge/companheiro sobrevivente permaneça no mesmo imóvel familiar que residia ao tempo da abertura da sucessão como forma, não apenas de concretizar o direito constitucional à moradia, mas também por razões de ordem humanitária e social, já que não se pode negar a existência de vínculo afetivo e psicológico estabelecido pelos cônjuges/companheiros com o imóvel em que, no transcurso de sua convivência, constituíram não somente residência, mas um lar". STJ. REsp 1582178/RJ, Rel. Ministro Ricardo Villas Bôas Cueva, 3ª Turma, DJe 14/09/2018.

10 STJ. REsp 1654060/RJ, Rel. Ministra Nancy Andrighi, 3ª Turma, DJe 04/10/2018.

11 Trata-se do REsp Repetitivo 1.345.331/RS (Tema 886), ao qual se voltará adiante.

1 A transmissão da dívida condominial aos herdeiros e a força da herança

Na seara do direito sucessório o *droit de saisine* e os limites da força da herança são elementos fundantes. A primeira expressão assinala que, no instante da morte, os bens do falecido transmitem-se aos herdeiros, como um todo unitário (CC, arts. 1.784 e 1.791).[12] A segunda locução traduz a ideia de que o espólio responde pelas dívidas, nos limites da herança, apurada no momento em que se promover a partilha (CC, art. 1.997).[13]

Vale resgatar a contundente afirmação de Paulo Lôbo, sobre a *saisine*, quando explica que a transmissão se verifica "desde o preciso momento da morte do autor da herança. A transmissão é por força de lei. O que uma pessoa herdou e ainda não sabe, ou não aceitou, já ingressou em seu patrimônio".[14]

Sob outra ótica, é pacífica[15] a natureza *propter rem* da contribuição devida pelo condômino, como se extrai do disposto no Código Civil, art. 1.345. "O adquirente de unidade responde pelos débitos do alienante, em relação ao condomínio, inclusive multas e juros moratórios". Em outras palavras, o dever de pagar "acompanha o imóvel nas transferências de titularidade"[16] e inclui os acessórios – penalidades, juros e multa.[17]

Recordados tais pressupostos, cabe formular algumas questões. A posse (direta) do bem interfere na definição do dever de pagamento ou, dito em outras palavras, quais são os efeitos do uso exclusivo do bem por um dos herdeiros no tocante à reponsabilidade de pagar o condomínio? Como a *saisine* se relaciona com a posse do bem e como repercute na responsabilidade sobre os débitos condominiais diante da conhecida natureza *propter rem*? Concluído o inventário, serão os herdeiros devedores solidários do débito condominial?

É chegada a hora de reunir os pontos acima expostos. Como já se assinalou, o *droit de saisine* implica que com a morte transmitem-se, imediatamente, os bens que compõem o espólio. Independentemente da formalização registral que ocorre no registro de imóveis somente após a expedição do formal de partilha, não há vazio de titularidade.[18] É elementar que com a morte o espólio torna-se responsável pelos débitos até o momento do falecimento. Nem poderia ser diferente, uma vez que o monte partível se delimita após a dedução do passivo deixado pelo autor da herança. Contudo e como se demonstrará, a resposta não é tão simples no tocante aos débitos posteriores.

A limitação dos débitos à força da herança (CC, art. 1.792), certamente, não pode ser confundida com a ideia de que o débito condominial estaria limitado ao valor

---

[12] Art. 1.784. Aberta a sucessão, a herança transmite-se, desde logo, aos herdeiros legítimos e testamentários; Art. 1.791. A herança defere-se como um todo unitário, ainda que vários sejam os herdeiros. Parágrafo único. Até a partilha, o direito dos co-herdeiros, quanto à propriedade e posse da herança, será indivisível, e regular-se-á pelas normas relativas ao condomínio.

[13] Art. 1.997. A herança responde pelo pagamento das dívidas do falecido; mas, feita a partilha, só respondem os herdeiros, cada qual em proporção da parte que na herança lhe coube.

[14] LÔBO, Paulo. *Sucessões*. São Paulo, Saraiva, 2013, p. 47.

[15] PONTES DE MIRANDA. *Tratado de Direito Privado*. São Paulo: RT, 2012. t. XI, p. 167.

[16] PENTEADO, Luciano Camargo. *Direito das Coisas*. 3. ed. São Paulo: RT, 2014, p. 487.

[17] PEREIRA, Caio Mário da Silva. *Condomínio e Incorporações*: 11. ed. rev., atual. Rio de Janeiro: Forense, 2014, p. 201.

[18] LÔBO, Paulo. *Sucessões*. São Paulo, Saraiva, 2013, p. 47.

do imóvel recebido (ou ainda da fração ideal de cada herdeiro). Ultimada a partilha, encerra-se a indivisibilidade que caracteriza a universalidade de bens do espólio, e os herdeiros respondem de forma proporcional e limitada ao quinhão.

Como define o Código Civil, em seu art. 1.997, "A herança responde pelo pagamento das dívidas do falecido; mas, feita a partilha, só respondem os herdeiros, cada qual em proporção da parte que na herança lhe coube". Dessa maneira, com a sucessão se transmite a herança, e com a partilha os débitos são repassados aos herdeiros, respeitado seu quinhão.

> A dívida da herança deve ser suportada pelo monte-mor. Já antes da partilha os credores da herança fazem jus à satisfação de seu crédito, se se der a partilha e ainda houver dívida da herança não satisfeita, o herdeiro responde por elas, até a força de seu quinhão hereditário (CC 1792) e na proporção da parte que na herança lhe coube.[19]

Em síntese, com a conclusão da partilha, os herdeiros tornam-se titulares de bens individualizados, ou ainda de frações ideais, sucedendo também as dívidas, em parcela proporcional ao patrimônio herdado e jamais superior ao valor total do quinhão.

Acontece que, apesar da literalidade da norma enunciada pelo Código Civil, art. 1.997 (recém transcrita acima), não se pode extrair que, concluída a partilha, cada herdeiro responderá apenas por sua proporção dos débitos condominiais. Em primeiro, porque a natureza *propter rem*, que é da essência da contribuição condominial, faz com que a dívida seja atrelada à titularidade do direito real, não exclusivamente à pessoa.[20] Em segundo, porque os Tribunais têm reconhecido que entre os cotitulares do imóvel há solidariedade passiva quanto aos débitos condominiais.[21]

No plano ideal, os débitos condominiais são pagos antes do fim do inventário e cada herdeiro passa a cuidar do patrimônio que recebeu. A realidade, porém, é distinta. A começar pelo fato de que a dívida condominial, frequentemente, não será paga antes do fim do inventário. Permita-se um parêntesis, desde logo: como providência prática, no curso do inventário deve-se promover a criteriosa apuração dos débitos condominiais, haja vista que seu adimplemento antes de se proceder à partilha é medida que potencialmente evitará conflitos.

Dito de modo objetivo, a única maneira de assegurar, sem ressalvas, que o herdeiro não será cobrado pela dívida condominial em valor que supera o seu quinhão será a renúncia da herança como um todo. Salvo tal incomum hipótese, o respeito à força da herança não decorrerá da limitação da cobrança do condomínio ao quinhão hereditário. Antes, a limitação da força da herança estará resguardada pela possibilidade de regresso.

Do ponto de vista prático, sabe-se que o inventário frequentemente será realizado sem que a dívida condominial seja levada em conta, o que fará com que os herdeiros não tenham previamente avaliado a conveniência de renunciar à herança ante o impacto

---

[19] STJ, REsp: 1591288, Relator: Ministro Marco Aurélio Bellizze, 3ª Turma, DJe 30/11/2017.

[20] NEVES, José Roberto Castro. *Direito as Obrigações*. 3. ed. São Paulo: GZ, 2012. p. 77.

[21] STJ. AR 5.931/SP, Rel. Ministro Paulo de Tarso Sanseverino, 2ª Seção, DJe 21/06/2018. STJ. AgRg no AREsp 524.135/SP, Rel. Ministro Sidnei Beneti, 3ª Turma, DJe 05/09/2014. STJ. AgRg no AREsp 213.060/RJ, Rel. Ministro Sidnei Beneti, 3ª Turma, DJe 06/11/2012. Em sentido diverso, Scavone Jr. considera ser necessária previsão convencional. SCAVONE Jr., Luiz Antonio. *Direito Imobiliário*. 9. ed. São Paulo, 2015, p. 909.

que a dívida atrelada à titularidade terá em sua esfera patrimonial. Também é usual que haja atribuição de imóveis específicos para cada herdeiro (com ou sem torna), o que faz com que possa haver dívidas condominiais não acompanhadas tão de perto pelo inventariante.

Em resposta às questões levantadas nesta seção, observa-se que, por força da *saisine*, de pronto os herdeiros recebem a posse e a propriedade dos bens imóveis e, diante da natureza *propter rem* do débito condominial, referidos herdeiros tornam-se devedores das contribuições condominiais. Durante o inventário, o espólio responde pelas dívidas (CC, art. 1.997). Concluída a partilha, a despeito da definição do quinhão de cada herdeiro, diante da natureza *propter rem* estabelecida na lei, e da solidariedade passiva dos cotitulares assegurada pelos Tribunais, conclui-se que o débito condominial, por inteiro, poderá ser cobrado de qualquer dos herdeiros.[22]

Ultrapassada a possibilidade do adimplemento previamente ao fim do inventário, permita-se insistir, nem o valor do quinhão recebido pelo herdeiro nem o imóvel em si (salvo quando for o único bem do espólio) se prestarão a limitar o montante exigível do saldo devedor de débitos condominiais constituído antes do falecimento. A limitação estabelecida pelo limite da força da herança deve ser bem interpretada. Para começar, enquanto os ônus reais, como a hipoteca, limitam o risco do adquirente à perda do bem, as obrigações *propter rem* não atraem tal restrição.[23]

À primeira vista poderia parecer que a natureza *propter rem* prevalece, neste caso, sobre os limites da força da herança ou, ainda, em termos normativos que haveria primazia do Código Civil, art. 1.345, em relação ao disposto no art. 1.997. Parte dessa contradição, como já se expôs, resolve-se pelo direito de regresso.

A partir da distinção entre débito e dever, pode-se admitir que o herdeiro, por ser cotitular, seja alcançado por débitos condominiais além de sua fração ideal sobre o imóvel, mas também ao próprio quinhão hereditário, desde que a dívida, em seu total, respeite as forças da herança. Na situação em que o herdeiro pagar além de seu quinhão poderá se ressarcir junto aos cotitulares (coerdeiros ou ainda junto ao cônjuge meeiro).

Nesta medida regressiva tomada pelo herdeiro, por sub-rogar-se (CC, art. 346, inc. III) após pagar o débito condominial (que ultrapassa sua fração), poderá valer-se das medidas que tocavam ao condomínio para exigibilidade do débito condominial. Entre as providências para exercício do crédito na ação regressiva, o herdeiro pode empregar inclusive a penhora, mesmo do imóvel que seja bem de família, haja vista a previsão expressa da Lei n. 8009/90, art. 3º, inc. IV[24] que excepciona a impenhorabilidade.

De maneira similar, ao examinar a responsabilidade do vendedor por débitos anteriores à alienação, Milena Donato Oliva pondera que os débitos anteriores não são propriamente transferidos ao novo titular. Conforme explica, o adquirente, a teor

---

[22] Em sentido diverso ao proposto, decidiu-se que "após a partilha, não há cogitar em solidariedade entre os herdeiros de dívidas divisíveis, por isso caberá ao credor executar os herdeiros *pro rata*, observando a proporção da parte que coube (quinhão), no tocante ao acervo partilhado". STJ, REsp n. 1.367.942/SP, Rel. Min. Luis Felipe Salomão, 4ª Turma, DJe 11/06/2015.

[23] DONATO, Milena Oliva. A responsabilidade do adquirente pelos encargos condominiais na propriedade horizontal. *Revista Trimestral de Direito Civil*, n. 26, Rio de Janeiro: Padma, abr/jun 2006, vol. 26, p. 67-105.

[24] "A jurisprudência do Superior Tribunal de Justiça firmou o entendimento de que é possível a penhora do imóvel quando a dívida é oriunda de cobrança de taxas e despesas condominiais". STJ, AgInt no REsp 1642127/SP, Rel. Ministro Paulo de Tarso Sanseverino, 3ª Turma, DJe 29/10/2018.

do Código Civil, art. 1.345, é um garantidor dos débitos condominiais, que poderá se ressarcir junto ao alienante.[25]

Deve-se observar ainda que as obrigações, ou melhor, os deveres na esfera ambiental, são também considerados pelas Cortes como obrigações *propter rem*, transmitidos ao adquirente e exigíveis tanto do antigo quanto do novo proprietário, consoante o enunciado da Súmula n. 623, do STJ: "As obrigações ambientais possuem natureza *propter rem*, sendo admissível cobrá-las do proprietário ou possuidor atual e/ou dos anteriores, à escolha do credor".[26]

Como se observa, a perspectiva de que a obrigação *propter rem* transfere o dever de pagar ao adquirente não é acolhida pelos Tribunais, que admitem a cobrança do devedor anterior: "a responsabilidade civil pela reparação dos danos ambientais adere à propriedade, como obrigação *propter rem*, sendo possível cobrar também do atual proprietário condutas derivadas de danos provocados pelos proprietários antigos".[27] Circunstância igualmente interessante, mas que escapa ao alcance deste trabalho, respeita à exigibilidade de cotas condominiais ante os legatários, com e sem imissão imediata na posse. Nada obstante ao escopo do texto, o critério adiante escrutinado é via segura para enfrentamento também da temática dos legados de imóveis condominiados.

A seguir, analisa-se outra questão instigante, qual seja, o uso exclusivo do bem.

2 Uso exclusivo do bem pelo herdeiro e responsabilidade pelo débito condominial

Ao apreciar o REsp 1.345.331/RS, o Superior Tribunal de Justiça consagrou, pelo rito dos recursos repetitivos (Tema n. 886), a compreensão de que a imissão na posse do promitente comprador importa a transferência do dever de pagar as despesas condominiais. A tese adotada estabeleceu:

a) O que define a responsabilidade pelo pagamento das obrigações condominiais não é o registro do compromisso de compra e venda, mas a relação jurídica material com o imóvel, representada pela imissão na posse pelo promissário comprador e pela ciência inequívoca do condomínio acerca da transação.

b) Havendo compromisso de compra e venda não levado a registro, a responsabilidade pelas despesas de condomínio pode recair tanto sobre o promitente vendedor quanto sobre o promissário comprador, dependendo das circunstâncias de cada caso concreto.

---

[25] "Vale dizer, o legislador criou expediente para proteger o condomínio, possibilitando a ação de cobrança de encargos condominiais seja proposta diretamente em face do rente, já que este possui, ao menos, um bem para ser executado, qual seja, a unidade autônoma. Todavia, tal possibilidade conferida ao condomínio não altera o devedor da ação propter rem, que continua sendo o alienante. Dessa forma, o alienante permanece devedor das obrigações reais nascidas na vigência de sua titularidade e, por esta razão, não há porque se excluir a possibilidade de o condomínio cobrar seu crédito diretamente do alienante". (OLIVA, Milena Donato. Apontamentos acerca das obrigações propter rem. *Revista de direito da cidade*, Rio de Janeiro, abr. 2017, v. 9, n. 2, p. 591.

[26] STJ. DJe 17.12.2018.

[27] STJ, AgInt no AREsp 268.217/PE, Rel. Ministro Gurgel de Faria, 1ª Turma, DJe 08/03/2018. No mesmo sentido: STJ, REsp 1622512/RJ, Rel. Ministro Herman Benjamin, 2ª Turma, DJe 11/10/2016.

c) Se ficar comprovado: (i) que o promissário comprador se imitira na posse; e (ii) o condomínio teve ciência inequívoca da transação, afasta-se a legitimidade passiva do promitente vendedor para responder por despesas condominiais relativas a período em que a posse foi exercida pelo promissário comprador.[28]

Com base na clássica distinção entre débito e dever, a Corte Superior considerou que, independentemente da "propriedade registral", é necessário avaliar a relação jurídica concreta para definir a responsabilidade pelo débito condominial.[29] A premissa da posição adotada pela Corte, como posteriormente afirmou-se, é de que "o débito deve ser imputado a quem se beneficia dos serviços prestados pelo condomínio".[30] Em reforço, a lei prevê a possibilidade de a convenção condominial equiparar "os promitentes compradores e os cessionários de direitos relativos" aos proprietários (CC, art. 1.344, §2º). Considerar a titularidade do bem (com o devido registro) como critério suficiente para estabelecer a responsabilidade pelo pagamento de débitos condominiais não é, portanto, acertado.

Como se observa, ainda que não se confundam, há lições úteis que podem ser obtidas em relação à cobrança de condomínio do promitente comprador, as quais, com os devidos cuidados, podem ser aplicadas à situação jurídica do herdeiro, no curso do procedimento do inventário.

Em direção semelhante, a Segunda Seção do STJ, ao apreciar o REsp 1.250.362/RS, decidiu pela primazia da *posse* (sobretudo *direta*) – isto é, do exercício *de fato* de todos ou qualquer dos poderes inerentes à propriedade – sobre o modo de exercício da propriedade para efeito de delimitar obrigação indenitária ao cônjuge alijado do uso de coisa comum pendente de partilha. A Corte firmou, em tal ocasião:

> o que importa no caso não é o modo de exercício do direito de propriedade, se comum ou exclusivo ("mancomunhão" ou condomínio), mas sim a relação de posse mantida com o bem, se comum do casal ou exclusiva de um dos ex-cônjuges. Ou seja, o fato gerador da indenização não é a propriedade, mas sim a posse exclusiva do bem no caso concreto.
>
> Logo, o fato de certo bem comum aos ex-cônjuges ainda pertencer indistintamente ao casal, por não ter sido formalizada a partilha, não representa empecilho automático ao pagamento de indenização pelo uso exclusivo por um deles, sob pena de gerar enriquecimento ilícito. [...]
>
> Nessa toada, propõem-se as seguintes afirmações: a) a pendência da efetivação da partilha de bem comum não representa automático empecilho ao pagamento de indenização pelo seu uso exclusivo, desde que a parte que toca a cada um dos ex-cônjuges tenha sido defendida por qualquer meio inequívoco, sempre suscetível de revisão judicial e fiscalização pelo Ministério Público; e b) o indigitado direito à indenização também não é automático, sujeitando-se às peculiaridades do caso concreto sopesadas pelas instâncias de origem.[31]

---

[28] STJ. REsp 1.345.331/RS, Rel. Ministro Luis Felipe Salomão, 2ª Seção, DJe 20/04/2015.

[29] STJ. REsp 1.297.239/RJ, Rel. Ministra Nancy Andrighi, 3ª Turma, DJe 29/04/2014.

[30] STJ. REsp 1.442.840/PR, Rel. Ministro Paulo de Tarso Sanseverino, 3ª Turma, DJe 21/08/2015.

[31] STJ, REsp 1.250.362, Rel. Ministro Raúl Araújo, 2ª Seção, DJe 20/02/2017.

É dizer: se antes a tônica recaía sobre a sucessão dos estados (estruturais) de mancomunhão e de condomínio comum, com essa decisão passa a estar no exercício e na privação da posse, sujeita à avaliação circunstanciada e de viés funcional.[32]

Sem prejuízo ao efeito da *saisine*, que transmite a posse e a propriedade de maneira imediata, é possível que haja posse direta por um dos coerdeiros, em detrimento dos demais. Tal circunstância, como citou-se acima, torna possível até mesmo que o herdeiro promova a usucapião do bem em face dos coerdeiros, como reconheceu o Superior Tribunal de Justiça:

> O condômino tem legitimidade para usucapir em nome próprio, desde que exerça a posse por si mesmo, ou seja, desde que comprovados os requisitos legais atinentes à usucapião, bem como tenha sido exercida posse exclusiva com efetivo *animus domini* pelo prazo determinado em lei, sem qualquer oposição dos demais proprietários.[33]

Uma vez estabelecido que, independentemente da *saisine*, podem haver diferentes tipos de posse entre os herdeiros, ou mesmo que, a despeito do modo da posse, a maneira de exercê-la também é relevante para atribuição da responsabilidade pelas despesas condominiais, torna-se admissível que haja direcionamento da dívida ao herdeiro que faz ocupação exclusiva.

Para o STJ, quando "ao imóvel ocupado exclusivamente pela inventariante, não se mostra razoável que as verbas de condomínio e de IPTU sejam custeadas pelos demais herdeiros, sob pena de enriquecimento sem causa".[34] Sobre o tema, consignou-se:

> em regra, as despesas do inventário serão suportadas pelo espólio, repercutindo, inarredavelmente, no quinhão de todos os herdeiros. Na hipótese, contudo, a inventariante reside de forma exclusiva no imóvel objeto de discussão, tolhendo o uso por parte dos demais herdeiros, não havendo, tampouco, qualquer pagamento de aluguel ou indenização referente à cota-parte de cada um na herança. *Dessa forma, em relação ao respectivo imóvel, não se mostra razoável que as verbas de condomínio e de IPTU, após data do óbito do autor da herança, sejam custeadas pelos demais herdeiros,* sob pena de enriquecimento sem causa, devendo, portanto, as referidas despesas serem descontadas do quinhão da inventariante.

Sobre o julgado, é preciso advertir para os riscos da analogia estabelecida com a exigibilidade de tributos. Em primeiro, eventual aproximação entre a sistemática dos deveres condominiais e o débito de IPTU deve ter em conta que a legislação tributária previu expressamente a possibilidade de cobrança do titular do bem e do possuidor (CTN, art. 32). Em segundo, no procedimento de inventário, inclusive quando processado pela via não judicial, são exigidas as certidões tributárias negativas para emitir-se o título que permitirá o registro da transmissão do bem *causa mortis*. Fora do plano tributário, no âmbito condominial não há previsão normativa desta etapa. Enfim, trata-se de débitos de natureza distinta, cujas aproximações devem ser cercadas de cautela.

---

[32] V., a propósito: ARNT RAMOS, André Luiz. Uso exclusivo de coisa comum não partilhada: a relevância decisiva da posse segundo o acórdão que julgou o REsp 1.250.362/RS. Rio de Janeiro, *Revista OAB/RJ*. Edição Especial – Direito Civil, 2018.

[33] STJ. REsp 1631859/SP, Rel. Ministra Nancy Andrighi, 3ª Turma DJe 29/05/2018. No mesmo sentido: STJ. AgRg no AREsp 22.114/GO, 3ª Turma, Rel. Ministro João Otávio de Noronha, DJe 11/11/2013.

[34] STJ. REsp 1.704.528, 3ª Turma, Rel. Ministro Marco Aurélio Bellizze, DJe 24/08/2018.

Dessa feita, como se afirmou acima, na prática nem sempre haverá a verificação dos débitos condominiais no curso do inventário, do que emanam possíveis surpresas desagradáveis após o fim dele. Embora o condomínio – a despeito de sua "supostamente polêmica" personalidade jurídica –[35] tenha legitimidade para habilitar-se como credor (CPC, art. 644), ou até para promover o inventário (CPC, art. 616, inc. VI), não é o que se verifica no cotidiano forense. Por outro lado, adverte-se que a Lei de Condomínios e Incorporações, Lei n. 4.591/1964, conforme redação conferida pela Lei n. 7.182/1984, em seu art. 4º, parágrafo único, estabelece que "A alienação ou transferência de direitos de que trata este artigo dependerá de prova de quitação das obrigações do alienante para com o respectivo condomínio".

Diante do exposto, deve ser reconhecida a possibilidade de direcionar a cobrança ao herdeiro que faz uso exclusivo, contudo, a questão não se encerra aqui. Deve-se levar em conta ainda que o uso exclusivo do bem impõe o pagamento de aluguel na proporção da fração dos demais herdeiros, o pagamento do condomínio pelo uso exclusivo, mas não justifica que sejam pagas integralmente as despesas extraordinárias do condomínio. Nem poderia ser diferente, pois o possuidor exclusivo não é titular da coisa pendente de partilha. E pode jamais vir a ser, conforme o desfecho que se dê à indivisibilidade dos bens da herança. Esta é, aliás, a *ratio* da Lei de Locações, que determina que ao locador competem as despesas extraordinárias (art. 22, inc. X) e ao locatário se atribuem as despesas ordinárias (art. 23, XII). Na medida em que o uso exclusivo não restringirá o direito ao resultado da venda do bem, não se justifica que despesas extraordinárias sejam pagas integralmente pelo ocupante exclusivo.

3 Doação com reserva de usufruto

Solução singela e bastante recorrente no esquadrinhar de modelos para elisão de futuros conflitos sucessórios é a doação com reserva de usufruto. Trata-se de transferência, em regra por ascendente, da nua-propriedade de determinado bem, com resguardo, para si, do direito real de usufruto. Esta operação, que é viabilizada pela elasticidade dos direitos reais, não tem por habitat apenas os escritórios de advocacia e a literatura jurídica; repercute, também e amplamente, na imprensa não especializada.[36]

Sem embargo da expectativa de resolução integral e antecipada de qualquer possível incômodo relativo ao bem assim transferido, problemas podem surgir, inclusive, no tocante às dívidas condominiais. A razão para tanto é singela e começa pela constatação de que a posse é o critério decisivo para atribuição do débito condominial, em simetria

---

[35] V. por todos CORRÊA DE OLIVEIRA, J. L. *A dupla crise da pessoa jurídica*. São Paulo: Saraiva, 1979. Para uma leitura mais recente: LEONARDO, Rodrigo Xavier. Pessoa Jurídica: Por que reler a obra de J. Lamartine Corrêa de Oliveira hoje?. *In*: CASTRO, Rodrigo Pironti Aguirre de. (Org.). *Concurso de monografias Prêmio José Lamartine Corrêa de Oliveira*. Ordem dos Advogados do Brasil - Seção Paraná, 2005, v. 1, p. 31-75.

[36] Vejam-se, por exemplo, as reportagens dos jornais Extra e Valor Econômico: PAIVA, Fabiana. Doação de imóvel com reserva de usufruto elimina burocracia do inventário e preserva a herança. *Extra*. Disponível em: https://extra.globo.com/casa/doacao-de-imovel-com-reserva-de-usufruto-elimina-burocracia-do-inventario-preserva-heranca-2250224.html. Publicado em: 17/07/2011. Última consulta em: 23/01/2020; e SOUZA, Mauri Fernando de. Doações em vida, herdeiros e pagamento de impostos. *Valor Econômico*. Disponível em: https://www.valor.com.br/financas/consultorio-financeiro/4793835/doacoes-em-vida-herdeiros-e-pagamento-de-impostos. Publicado em: 01/12/2016. Última consulta em: 23/01/2020.

DANIELE CHAVES TEIXEIRA (COORD.)
ARQUITETURA DO PLANEJAMENTO SUCESSÓRIO

à orientação do STJ ao uniformizar entendimentos atinentes às cotas condominiais em caso de compromisso de compra e venda registrado ou não registrado, bem assim à compensação por uso exclusivo de coisa comum não partilhada.

No caso da doação com reserva de usufruto, quem exerce poderes inerentes à propriedade é o usufrutuário. Logo, é ele quem possui e quem, *prima facie*, deve arcar com as despesas condominiais. O *direito* titulado sobre a coisa, entretanto, é impenhorável, a teor do art. 1.393, CC: são passíveis de constrição apenas os frutos e rendimentos dele decorrentes. E esses inexistirão se o imóvel for usado para residência do donatário. O crédito condominial, então, ficaria na berlinda.

Sucede que o mesmo STJ, ao julgar outros casos concernentes a cotas condominiais, tem se posicionado em prol da satisfação do crédito em detrimento do proprietário, inclusive quando este não exerce posse. É o caso do acórdão que julgou o REsp 1.442.840/PR, proferido pela Terceira Turma, sob relatoria do Min. Paulo de Tarso Sanseverino. Essa decisão foi exarada poucos meses após o julgamento do Tema 886 e resultou em ajuste, pelo órgão fracionário, do julgado da Corte Especial. Isso se verifica pelo seguinte excerto:

> Nos casos de promessa de compra e venda não ultimada, havia intensa controvérsia acerca da responsabilidade do promitente vendedor e do promitente comprador quanto ao pagamento das despesas condominiais.
>
> Essa controvérsia foi enfrentada por esta Corte Superior no julgamento do REsp 1.345.331/RS, tendo-se consolidado, pelo rito do art. 543-C do Código de Processo Civil, o entendimento de que a imissão na posse define a responsabilidade do promitente comprador pelas despesas condominiais. [...].
>
> Pela leitura isolada da tese 1, "c", desse precedente, o proprietário (in casu, promitente vendedor) estaria isento de arcar com as despesas de condomínio a partir da imissão do promitente comprador na posse do imóvel, o que conduziria à improcedência do pedido de cobrança deduzido nos presentes autos.
>
> Porém, a tese firmada no repetitivo deve ser interpretada de acordo com a solução dada ao caso que deu origem à afetação.[37]

Tal interpretação, segundo o acórdão em comento, construiu-se com vistas a dois objetivos. Em primeiro lugar, o de preservação da coisa, que seria, segundo a literatura especializada e a posição do relator, a *raison d'être* das obrigações *proter rem*.[38] Em segundo, o de realizar o interesse da coletividade dos condôminos sobre o individual – numa espécie de cálculo utilitarista.[39] O alcance desses propósitos se deu mediante razões de

---

[37] REsp 1442840/PR, Rel. Ministro Paulo de Tarso Sanseverino, Terceira Turma, julgado em 06/08/2015, DJe 21/08/2015.

[38] A propósito, v. BUNAZAR, Maurício. *Obrigação propter rem*: aspectos teóricos e práticos. São Paulo: Atlas, 2014, p. 81.

[39] Essa orientação guarda correspondência ao decidido quando do julgamento do REsp 425.015/SP, pela Terceira Turma, sob relatoria do Min. Humberto Gomes de Barros. Nessa ocasião, a Corte se debruçou sobre apelo de Condomínio vocacionado à reforma de acórdão que sinalizara para diferenças de tratamento entre nuproprietários e usufrutuários de unidade habitacional condominiada. O recurso foi provido, ao fundamento de que "Diante dos encargos obrigatórios que se renovam todos os meses para manutenção dos serviços de um edifício de apartamentos (água, luz, gás, elevadores, conservação, jardinagem, limpeza, etc), é indispensável que todos colaborem prontamente com recursos suficientes, sob pena de ser inviabilizado o local como morada de seus habitantes ou onerados excessivamente os que cumprem com seus encargos e assumem as quotas da responsabilidade de outros. [...] o condomínio nada tem a ver com questiúnculas e avenças, como na hipótese, que possam ser reclamadas entre proprietários e usufrutuários" (STJ, REsp 425.015/SP, Rel.: Min. Humberto Gomes de Barros, DJ 30/06/2006, p. 214).

ordem técnica, sobretudo no tocante à dualidade do vínculo obrigacional. Disse, nesse diapasão, o relator:

> verifica-se que o débito deve ser imputado a quem se beneficia dos serviços prestados pelo condomínio, no caso, o promitente comprador, valendo assim o brocardo latino *ubi commoda, ibi incommoda*.
> Até aqui, não há, a rigor, nenhuma novidade.
> A grande diferença é que o proprietário não se desvincula da obrigação, mantendo-se na condição de responsável pelo pagamento da dívida, enquanto mantiver a situação jurídica de proprietário do imóvel.

E houve, ainda, outros avanços no itinerário percorrido pela Corte rumo à renovação do patamar de proteção conferido ao crédito condominial. Mais especificamente: a Terceira Turma do STJ, ao julgar o REsp 1.829.663/SP, sob relatoria da Ministra Nancy Andrighi, foi instada a se pronunciar a respeito da insurgência de condomínio ante acórdão do TJSP que deu provimento à apelação da proprietária de imóvel condominiado, julgando procedentes os embargos de terceiro que ela opusera em face de penhora realizada em cumprimento de sentença em desfavor de sua locatária. Nesta oportunidade, o STJ reafirmou que "a ação de cobrança de débitos condominiais pode ser proposta em face de qualquer um daqueles que tenha uma relação jurídica vinculada ao imóvel, o que mais prontamente possa cumprir com a obrigação".[40] É dizer: novamente se posicionou em prol da prevalência do interesse da coletividade encarnada no condomínio sobre a posição individual do proprietário. E foi além. A Corte arrostou a questão federal suscitada pela recorrente – alcance da coisa julgada, sob o art. 472, CPC/73 – mediante digressão norteada pela instrumentalidade das formas:

> É certo que, como regra, [...] os efeitos da coisa julgada apenas operam *inter partes*, não beneficiando nem prejudicando estranhos à relação processual em que se formou.
> No entanto, essa regra não é absoluta e comporta exceções. Em determinadas hipóteses, a coisa julgada pode atingir, além das partes, terceiros que não participaram de sua formação.
> E, partindo da premissa de que, em última análise, o próprio imóvel gerador das despesas constitui garantia ao pagamento da dívida, dada a natureza *propter rem* da obrigação, deve-se admitir a inclusão do proprietário no cumprimento de sentença em curso.
> A solução da controvérsia perpassa pelo princípio da instrumentalidade das formas, aliado ao princípio da efetividade do processo, no sentido de se utilizar a técnica processual não como um entrave, mas como um instrumento para a realização do direito material.[41]

Com o provimento unânime do recurso, restabeleceu-se a originária sentença de improcedência dos embargos de terceiro opostos pela proprietária, à qual se assegurou o direito de regresso em face da locatária. Tudo isso revela o quão pungente tem sido o crédito do condomínio à luz das decisões do Superior Tribunal de Justiça – o que, de fato, parece corroborar o *interesse da coletividade* dos condôminos ante o interesse individual do proprietário. Mas, especificamente no âmbito das doações com reserva

---

[40] STJ, REsp 1829663/SP, Rel. Ministra Nancy Andrighi, 3ª Turma, julgado em 05/11/2019, DJe 07/11/2019.

[41] STJ, REsp 1829663/SP, Rel. Ministra Nancy Andrighi, 3ª Turma, julgado em 05/11/2019, DJe 07/11/2019.

de usufruto, essa (re)leitura pode importar consequências imprevistas. Isso porque o resguardo do direito de regresso ao proprietário que paga a dívida condominial ante o possuidor inadimplente deságua em crédito do espólio diante do donatário.

Deste modo, a superação antecipada de desavenças atinentes à atribuição de tais ou quais bens pode ser ofuscada pela administração da dívida do sucessor, a qual, salvo vontade majoritária de imputação dela ao seu quinhão, será partilhada entre todos os herdeiros (v. CC, art. 2.001).[42] Isso sem que se cogite de eventuais desavenças concernentes à colação e à assombrosa insegurança relativa ao valor que se deve atribuir aos bens quando de sua feitura.[43]

Embora se tenha que a posse é – e deve ser – o critério decisivo para atribuir o débito condominial, e a abordagem pela via da dualidade do vínculo seja um caminho sustentável para informar investidas contra o patrimônio do proprietário (mesmo despido dos poderes de usar e fruir), este rápido inventário da situação do tema nos julgados do Superior Tribunal de Justiça adverte cautela ante as soluções simples para o complexo problema da sucessão e de seu planejamento. Faz eco, pois, à conhecida frase de Henry Mencken, de que "sempre há uma solução muito bem conhecida para todos os problemas humanos – elegante, plausível e errada".[44]

Conclusão

Planejamento e execução de sucessões são empreendimentos complexos, com dificuldades agravadas pelas agruras de quem vivencia na qualidade de interessado. Esses atributos se reforçam, ainda, pela peculiaridade de o direito das sucessões ser uma espécie de foz do direito civil, a demandar, do profissional, conhecimento técnico especializado e uma boa dose de assertividade.

O comum recurso a soluções *prêt-à-porter*, como a célebre doação com reserva de usufruto, nesse cenário, pode conduzir a resultados desastrosos em virtude dos desdobramentos de questões que parecem simples e banais, a exemplo dos débitos condominiais. É com isso em vista que o presente texto se propôs a mapear as decisões do Superior Tribunal de Justiça a respeito desse tema, que tanto se intersecciona com escolhas ou situações recorrentes na ambiência das sucessões.

Viu-se, então, que a *saisine*, a sistemática de delimitação do monte partível e a adstrição das dívidas do falecido ao alcance das forças da herança são os marcos a se considerar na responsabilidade dos herdeiros pelas dívidas condominiais vencidas.

Na sequência, foram discutidos os entendimentos do STJ a respeito das consequências do uso exclusivo de coisa comum pendente de partilha e da relevância da posse para definição do devedor das contribuições condominiais. Esse esforço revelou que, muito embora a posse seja a chave para resolver a questão do débito, a Corte tem

---

[42] Art. 2.001. Se o herdeiro for devedor ao espólio, sua dívida será partilhada igualmente entre todos, salvo se a maioria consentir que o débito seja imputado inteiramente no quinhão do devedor.

[43] Sobre o tema: ARNT RAMOS, André Luiz e ALTHEIM, Roberto. Colação Hereditária e Legislação Irresponsável: Descaminhos da Segurança Jurídica no Âmbito Sucessório. *REDES – Revista Eletrônica Direito e Sociedade*. Canoas, v. 6, n. 1, 2018.

[44] Tradução livre. No original: "there is always a well-known solution to every human problem – neat, plausible, and wrong" (MENCKEN, Henry Louis. *Prejudices*. Second series. Londres: Jonathan Cape, 1921, p. 158).

se inclinado em prol da ampla responsabilização patrimonial do proprietário, com o propósito de fazer prevalecer o interesse da coletividade dos condôminos.

Enfim, as consequências dessa construção jurisdicional foram projetadas sobre a costumeira doação com reserva de usufruto. Constatou-se, assim, que essa solução simples pode ser insuficiente para elidir conflitos sucessórios – pela tese utilitarista de maximização de resultados com minimização de sacrifícios – como também tem potencial para originar dificuldades não antevistas – a exemplo da administração da dívida do donatário ante o espólio ou os demais herdeiros.

De tudo isso, conclui-se pela indispensabilidade de um levantamento cuidadoso dos riscos e possibilidades de cada escolha realizada no curso de uma sucessão ou em seu planejamento. Para dizê-lo de outro modo, recorde-se o ditado mexicano: *Lo heredado, dura menos que lo ganado*.[45] Espera-se que o presente texto sirva ao modesto propósito de auxiliar juristas práticos e teóricos no estudo e no delineamento de soluções satisfatórias para si, seus clientes e suas inquirições, ao menos no tocante às conexões entre os direitos imobiliário e sucessório aqui trabalhadas.

Informação bibliográfica deste texto, conforme a NBR 6023:2018 da Associação Brasileira de Normas Técnicas (ABNT):

SCHULMAN, Gabriel; RAMOS, André Luiz Arnt. Planejamento sucessório e o direito imobiliário: imóveis, herança e dívida de condomínio. *In*: TEIXEIRA, Daniele Chaves (Coord.). *Arquitetura do Planejamento Sucessório*. Belo Horizonte: Fórum, 2021. p. 539-551. Tomo II. ISBN 978-65-5518-117-3.

---

[45] CONDE, Manuel. *Dichos ciertos y ciertos dichos*. México: B. Costa-Amic, 1971, p. 232.

A UTILIDADE DO BEM DE FAMÍLIA VOLUNTÁRIO NO PLANEJAMENTO SUCESSÓRIO

LUANA MANIERO MOREIRA

1 Introdução

O planejamento sucessório, entre outros objetivos, pode (e deve) visar à proteção patrimonial do titular e da família. Há situações, inclusive, a depender da qualificação subjetiva e objetiva das partes envolvidas, que essa análise passa a ser condição *sine qua non* para uma adequada, efetiva e eficiente organização antecipada da sucessão do patrimônio de um indivíduo.

Isso porque nosso ordenamento jurídico determina, em regra, que todos os bens, presentes e futuros, pertencentes à pessoa respondem pelo cumprimento de suas obrigações[1] (art. 789 do CPC e art. 391 do CC), de modo que o risco se torna inerente à vida em sociedade.[2] Para uns, mais, para outros, menos.

Em razão disso, para a proteção particular e familiar, um instrumento que se destaca é a instituição do bem de família,[3] que torna impenhoráveis o bem ou o conjunto de bens destinados à moradia da família, livre de execução por dívidas, e, pois, exceção legal quanto à responsabilidade patrimonial dos devedores.[4]

---

[1] Para Orlando Gomes: "obrigação é um vínculo jurídico em virtude do qual uma pessoa fica adstrita a satisfazer uma prestação em proveito de outra". *In*: Obrigações, Rio de Janeiro: Forense, 5. ed. 1978, p. 17.

[2] Nesse sentido, ensina Luiz Edson Fachin: "sabe-se que as relações entre sujeitos de direito, muito frequentemente, geram direitos e, também, obrigações, cujo cumprimento é assegurado, em virtude de lei, pelo patrimônio do devedor. Tem-se no patrimônio do obrigado uma garantia genérica da satisfação do interesse do credor, no âmbito contratual ou extracontratual". *In*: Estatuto do Patrimônio Mínimo, Rio de Janeiro: Renovar, 2001, p. 73.

[3] Explica Daniel Bucar: "o direito brasileiro conhece inúmeros instrumentos de proteção e assistência à pessoa, destinados, sobretudo, ao gerenciamento de riscos que ela se submete no curso de sua experiência humana. Essa rede – que encontra justifica na ideia de um mínimo material (direito social) para a execução de um projeto de vida possível (direito fundamental) – espraia-se pelo ordenamento e vincula todos que se submetem aos objetivos da República brasileira [...]. Basta pensar, também a título de ilustração, na proteção ao bem de família, que encontra lastro no direito à moradia, também elencado no mesmo art. 6º da Constituição da República". *In*: Superendividamento: Reabilitação patrimonial da pessoa humana, São Paulo: Saraiva, 2017.

[4] Segundo Adriano Ferriani: "a responsabilidade patrimonial implica na possibilidade de o credor buscar, no patrimônio do executado (ou de terceiros, em situações excepcionais), bens que serão destinados à alienação. O credor, assim, não pode, num primeiro momento, apropriar-se de bens do devedor-executado sob a justificativa de existência de dívida inadimplida. Deve necessariamente, no âmbito do processo executivo, identificar bens passíveis de alienação para, com o produto da venda, obter exatamente aquilo a que tem direito. [...] A maior

Tal se justifica uma vez que a moradia, muito mais do que um "teto", é o espaço de promoção da pessoa e da vivência familiar, "um complexo absolutamente indispensável à estrutura de segurança material e moral do sujeito de direito".[5] Tanto que, a partir do Código Civil de 2002, é possível também proteger como bem de família valores mobiliários destinados à conservação do imóvel e ao sustento da família – uma importante inovação desse diploma civil.

Desse modo, por meio do instituto do bem de família, permite-se ao titular proteger parte dos bens – imóvel, móveis e valores mobiliários – que compõe seu patrimônio e, consequentemente, proteger os seus sucessores, evitando que suas atividades profissionais, projetos e escolhas recaiam negativamente sobre o patrimônio familiar.

Em outras palavras, o bem de família propicia a segurança ao titular de projetar seus negócios, investir, mas proteger aqueles que dele dependem, dentro dos estritos ditames legais, tendo, portanto, utilidade no campo do planejamento patrimonial sucessório.

Porém, muito se fala sobre o instituto (são inúmeras obras sobre o tema) e pouco se aplica, por diversos fatores. Nesse cenário, e sem a pretensão de esgotar o assunto, a finalidade deste artigo é analisar a relevância do bem de família como instrumento ao planejamento sucessório, por meio do amparo e efetivação do direito social à moradia.

2 Bem de família no Brasil

O instituto do bem de família se originou na República do Texas, no ano de 1839, antes de se incorporar aos Estados Unidos, e assegurava a cada família uma porção de terra rural ou terreno urbano livre de execução por dívidas[6] (*Homestead Exception Act*).

Embora em moldes diferentes, foi incorporado pela legislação brasileira[7] no Código Civil de 1916, disciplinado nos artigos 70 a 73 da Parte Geral, por meio do qual permitia-se ao "chefe da família",[8] em estado de solvência, destinar por escritura

---

parte dos bens do devedor é penhorável. Não todos como, repita-se, aparentemente sugere o Código Civil (artigo 391). Alguns bens, conforme anunciado de início e de conhecimento geral, são impenhoráveis porque a lei assim determina. Tais bens, denominados de impenhoráveis, não são suscetíveis de constrição judicial para alienação forçada". *In*: Responsabilidade patrimonial e mínimo existencial: elementos de ponderação. Tese (Doutorado em Direito) - Programa de Estudos Pós-Graduados em Direito, Pontifícia Universidade Católica de São Paulo, São Paulo, 2016, p. 47.

[5] NERY JR, Nelson; NERY, Rosa Maria de Andrade. *Código civil comentado*. São Paulo: RT, 9. ed. 2012.

[6] Sobre as origens do instituto, vale conferir ASSIS, Araken. Princípio da Dignidade da Pessoa Humana e Impenhorabilidade da Residência Familiar, *Revista Jurídica* v. 57, n. 384, out., 2009, p. 11/39.

[7] Explica Álvaro Villaça Azevedo "o modelo texano, escolhido pelo Código Civil brasileiro e pelos demais países, que o adotaram, já nasceu velho, pois procurou defender a família proprietária de bem imóvel, que existe em pequeno número, e com excesso de formalismos, e a inalienabilidade do imóvel". *In*: Bem de Família Internacional (necessidade de unificação). Revista da Faculdade de Direito da Universidade de São Paulo, v. 102, jan./dez. 2007, p. 102.

[8] A esse respeito, os esclarecimentos de lições de Zeno Veloso sobre a expressão chefe de família: "o Código reflete o seu tempo, a sua época. Afinal, ele foi aprovado em 1916 para um país sob uma estrutura rural, individualista, patriarcal. Portanto, era o varão, o marido, que, em princípio, tinha legitimidade para decidir e constituir o bem de família. Embora a mulher pudesse também fazê-lo, mas apenas nos casos em que estivesse à testa da sociedade conjugal. Se fosse viúva, ou se a ela incumbisse a direção do casal, podia instituir bem de família. Observe-se que não havia necessidade da outorga do cônjuge para a constituição; não se trata de alienação ou de gravação de ônus real, até pelo contrário. Mas se o imóvel era de propriedade de ambos os cônjuges, como no regime da comunhão universal de bens, é obvio que o marido e a mulher tinham de participar do ato e outorgar a instituição. *In*: Bem de Família. Revista de Direito Civil, a. 27, n. 107, jul/set. 1990, p. 203.

pública um prédio para domicílio familiar, resguardando-o de execução por dívidas, exceto por impostos do próprio imóvel, enquanto vivessem os cônjuges e até que os filhos completassem a maioridade.

Por meio do Decreto 3.200/41, estipulou-se um limite máximo de valor para o imóvel ser instituído como bem de família, afastado, posteriormente, pela Lei 6.742/79, na hipótese de o imóvel servir de residência para a família por mais de 2 anos, exigindo a Lei de Registros Públicos (Lei 6.015/73) ampla publicidade do ato, com a publicação de editais, para a proteção de credores.

O rigor de exigências e formalismos para sua instituição tornou o bem de família voluntário pouco utilizado, fazendo cair por terra a tentativa de proteção ao patrimônio familiar.[9]

Em 1988, com a promulgação da Constituição Federal da República, inaugurou-se uma reordenação de prioridades de tutela, passando a pessoa, sujeito de direitos, a ser o centro das preocupações jurídicas, e a família, reconhecidamente, o elemento nuclear da sociedade.

Assim, as garantias e proteção do indivíduo e da família foram ampliados e, sob essa nova perspectiva, coube ao patrimônio um papel funcionalizado, passando a ser visto e considerado a serviço da pessoa, como forma de subsistência e desenvolvimento dela e dos demais membros da família. A casa tornou-se asilo inviolável e a moradia um direito social (art. 5º, *caput* e inciso XI, e art. 6º, inserido pela EC n. 26/2000, ambos da CF).

Guiado por essa nova tábua de valores, de proteção dirigida à pessoa humana e às entidades familiares, foi editada a Lei 8.009/90, que instituiu o bem de família legal, conferindo proteção e impenhorabilidade ao imóvel residencial e aos móveis que o guarnecem. Garantiu-se, assim, a todas as famílias e de forma automática, ou seja, independentemente de ato ou iniciativa do titular, um patrimônio mínimo[10] que abrange, além do bem imóvel, os móveis que o guarnecem, utensílios, pertenças, equipamentos, inclusive os de uso profissional, benfeitorias e plantações.

Em que pese a garantia do bem de família legal, o Código Civil de 2002 resgatou o instituto na sua forma voluntária, ou seja, mediante a constituição por iniciativa do seu titular, trazendo algumas inovações quanto ao sujeito, objeto e forma,[11] a seguir delineadas, porém mantendo a ideia de proteção à moradia da pessoa e da entidade familiar (arts. 1.711 a 1.722).

É essa a essência e finalidade do instituto do bem de família, garantir a preservação da moradia como mínimo indispensável à sobrevivência e desenvolvimento com dignidade da família e de cada membro individualmente considerado, atribuindo ao lar familiar um valor jurídico superior àquele que ele representa economicamente,[12]

---

[9] Como ressaltou Álvaro Villaça Azevedo: "A sua inutilidade, quase que completa, decorre da infelicidade de seu tratamento jurídico-social". *In*: Bem de Família Internacional (necessidade de unificação). *Op. cit.*, p. 107.

[10] Esclarece Luiz Edson Fachin: "com as transformações operadas no seio da sociedade, os institutos são avistados em relação à sua função social, e aflora o princípio da dignidade humana. [...] O valor 'pessoa' abarca a possibilidade de se lhe garantir um patrimônio mínimo, a fim de que seja resguardada a dignidade em razão da qual os indivíduos merecem proteção e amparo. A tutela desses valores não preserva apenas a individualidade, como também se projeta para a coletividade". *In*: Estatuto do Patrimônio Mínimo, *Op. cit.*, p. 123.

[11] FERRIANI, Adriano. *Op. cit.*, p. 57.

[12] CALIXTO, Marcelo Junqueira. KONDER, Cintia Muniz de Souza. O Estatuto Jurídico do Patrimônio Mínimo e a Mitigação da Reparação Civil. *In*: EHRHARDT JUNIOR, Marcos, CORTIANO JUNIOR, Eroulths (coord.).

3 Regime jurídico "especial"

O bem de família pode ser conceituado como bem ou conjunto de bens, imóveis e móveis, que por força da lei ou da vontade das partes recebe especial proteção, não se sujeitando à penhora e à expropriação para o pagamento de dívidas, salvo exceções legais.

Álvaro Villaça de Azevedo considera bem de família como patrimônio especial, afetado à finalidade de proteção da entidade familiar.[14]

Para Caio Mário da Silva Pereira, trata-se de uma forma de afetação de um bem a um destino especial, que é ser a residência da família, assim explicitando:[15]

> Não se verifica uma transmissão (salvo constituição de terceiro) porque a coisa não sai da propriedade do *pater familias*, e não ocorre a criação de um condomínio, pela razão de nenhum dos membros do grupo familiar ter uma quota ideal do imóvel. Se se atentar para o fato de que com a morte dos cônjuges e a maioridade dos filhos se opera, *pleno iure*, a sua extinção, da mesma forma que esta pode ser declarada a requerimento dos interessados, se o bem tiver deixado de preencher o requisito da sua destinação, concluir-se-á que não sofre a coisa, como objeto da relação jurídica, uma alteração essencial da sua natureza. É, e continua sendo objeto do direito de propriedade do instituidor, mas afetado a uma finalidade, *sub conditione* da utilização como domicílio dos membros da família.

Embora uma forma de afetação, Milena Donato Oliva ressalta sua distinção com a figura do patrimônio afetado:

> Não é dado confundir limitação de responsabilidade com segregação patrimonial. As hipóteses de limitação de responsabilidade são previstas em lei para afastar certos bens integrantes do patrimônio do devedor da ação executiva dos credores, como no caso do bem de família e dos bens impenhoráveis previstos no Código de Processo Civil. O patrimônio afetado, por outro lado, surge com vistas à realização de determinado escopo, para cujo alcance serve de garantia somente aos credores pertinentes com a finalidade de sua unificação.[16]

Assim, como explica a autora, no patrimônio afetado (também chamado destacado, segregado, separado) há criação de um núcleo patrimonial autônomo destinado a uma finalidade específica, que constitui uma universalidade de direito distinta do

---

Transformações no Direito Privado nos 30 anos da Constituição, estudos em homenagem a Luiz Edson Fachin. Belo Horizonte: Fórum, 2019, p. 504.

[13] Explica Luiz Edson Fachin: "o ordenamento jurídico moderno, a partir da Constituição, fixa vários princípios fundamentais espelhando valores nele consagrados a serem observados pelo credor que através do Judiciário pretende satisfazer-se por meio da execução judicial do patrimônio do seu devedor". *Op. cit.*, p. 194.

[14] AZEVEDO, Álvaro Villaça. *Bem de Família com comentários à Lei 8009/90*, São Paulo: Atlas, 6. ed. 2010, p. 93.

[15] PEREIRA, Caio Mario da Silva. *Instituições de Direito Civil.* 28. ed. Rio de Janeiro: Editora Forense, 2010. p. 602.

[16] OLIVA, Milena Donato. *Patrimônio Separado* – herança, massa falida, securitização de créditos imobiliários, incorporação imobiliária, fundos de investimento imobiliário, *trust*. Rio de Janeiro: Renovar, 2009, p. 231/232.

patrimônio tido como "geral" e fica responsável exclusivamente pelas dívidas relativas a tal fim.[17] Desse modo, os bens pertencentes ao patrimônio separado garantem a débitos próprios relacionados ao escopo da afetação, sendo, para esse seleto grupo de credores, penhoráveis.

Não é o que ocorre com o bem de família. Neste, não há criação de uma nova universalidade de direito, pois continua integrante do patrimônio que serve de garantia geral aos credores, porém, fica fora do poder de excussão desses em razão da função serviente à pessoa, ao casal e à família, o que justifica essa proteção especial.

Quanto a esse aspecto, não se pode olvidar os ensinamentos do hoje ministro e, para sempre professor, Luiz Edson Fachin:

> O instituto da impenhorabilidade é resultante da discricionariedade do legislador que toma um bem não necessariamente inalienável e, em virtude de interesses sociais ou humanitários superiores, o elege ao patamar de impenhoráveis. [...] Sem invalidar o legítimo interesse dos credores, a impenhorabilidade desloca do campo dos bens a tutela jurídica, direcionando-a para a pessoa do devedor, preenchidas as condições prévias necessárias.[18]

Portanto, a proteção ao bem de família não afeta o direito material de crédito dos credores, apenas o retira da órbita da executoriedade, em atenção às necessidades mínimas do devedor à luz da dignidade da pessoa humana.

Em suma, o bem de família provoca a impenhorabilidade de determinado bem imóvel e móveis do devedor, de modo a preservá-los em caso de dívidas supervenientes, que, nas palavras de Daniel Bucar,[19] caracteriza-se como "cláusula pétrea" da responsabilidade patrimonial brasileira e evidencia a função precípua do patrimônio.

4   Bem de família e suas modalidades

Como dito, o ordenamento jurídico prevê duas espécies de proteção ao bem de família, cada qual com suas especificidades: o bem de família previsto na Lei 8.009/90, chamado de *legal* ou *involuntário*, e o bem de família *convencional* ou *voluntário*, disciplinado pelo Código Civil.

As duas modalidades convivem harmoniosamente e não se excluem.

O bem de família legal, de aplicação automática, é o imóvel residencial, urbano[20] ou rural, próprio do casal ou da entidade familiar, incluindo benfeitorias, construções, equipamentos e móveis quitados que o guarnecem.

Como explica Álvaro Villaça Azevedo "nesse conceito, o instituidor é o próprio Estado, que impõe o bem de família, por norma de ordem pública, em defesa da célula familial".[21] Desse modo, para sua constituição, não há necessidade de qualquer custo,

---

[17] OLIVA, Milena Donato. *Op. cit.*, p. 236.

[18] FACHIN, Luiz Edson. *Op. cit.*, p. 208 e 220.

[19] BUCAR, Superendividamento: Reabilitação patrimonial da pessoa humana, São Paulo: Saraiva, 2017, p. 56.

[20] Com relação as vagas de garagem, se individualizada no condomínio ou registrada em matrícula própria, o E. STJ editou a Súmula 449: a vaga de garagem que possui matrícula própria no registro de imóveis não constitui bem de família para efeito de penhora.

[21] AZEVEDO, Álvaro Villaça. *Bem de Família Internacional. Op. cit.*, p. 107.

formalidade ou ato de vontade do titular: basta servir de residência da pessoa (inclusive solteiras, separadas e viúvas – Súmula 364 do STJ)[22] e da família, essa entendida em seu sentido mais amplo, abrangendo todas as formas de arranjo familiar.

A Lei 8.009/90 não trouxe limitação de valor[23] ou tamanho para o imóvel urbano, sendo que, no caso de imóvel rural, a impenhorabilidade abarca a pequena propriedade ou a "sede de moradia" das grandes propriedades rurais (art. 4º, § 2º). Quanto aos móveis, foram afastados da proteção obras de arte, adornos suntuosos e veículos de transporte, cabendo ressaltar que o diploma processual civil, tanto anterior quanto o vigente, excetua do rol de bens considerados impenhoráveis os móveis de elevado valor ou que ultrapassem o padrão de vida médio (art. 649, II, CPC/1973; art. 833, II, CPC/2015).

A proteção da lei é em favor de um único imóvel residencial utilizado para moradia permanente[24] (art. 5º, Lei 8.009/90), de modo que estão afastados os imóveis não residenciais e os terrenos não edificados[25] e, havendo vários imóveis, a impenhorabilidade recairá sobre o de menor valor,[26] salvo se outro houver sido registrado (art. 5º, parágrafo único, da Lei 8.009/90).

Protege-se não só o proprietário e os integrantes da família, mas também o possuidor,[27] sendo que, no caso de locatário, a tutela se dirige aos bens móveis quitados de propriedade dele que guarneçam a residência (art. 2º, parágrafo único, da Lei nº 8.009/1990).

A impenhorabilidade do bem de família legal abrange qualquer tipo de dívida civil, comercial, fiscal, previdenciária ou de outra natureza (art. 1º). Todavia, a lei prevê exceções: a) crédito de financiamento para construção ou aquisição do imóvel; b) crédito decorrente de pensão alimentícia;[28] c) tributos e taxas condominiais do próprio imóvel;

---

[22] Súmula 364 STJ: "O conceito de impenhorabilidade de bem de família abrange também o imóvel pertencente a pessoas solteiras, separadas e viúvas". Portanto, a dissolução da sociedade conjugal ou da entidade familiar não extingue o bem de família, uma vez permanecendo na posse o ex-cônjuge ou companheiro e filhos, mantém-se a impenhorabilidade.

[23] Segundo Araken de Assis "à Lei 8.009/1990 não interessa a qualidade e o valor da moradia [...] alcança tanto o casebre quanto o palácio". In: Princípio da Dignidade da Pessoa Humana e Impenhorabilidade da Residência Familiar. *Op. cit.*, p. 23. A confirmar esse entendimento, destaca-se REsp n. 1.351.571/SP, Rel. Ministro Luis Felipe Salomão, Rel. p/ Acórdão Ministro Marco Buzzi, Quarta Turma, julgado em 27/09/2016, DJe 11/11/2016).

[24] Segundo o entendimento adotado pelo E. STJ, admite-se como bem de família o imóvel ainda que locado a terceiro, por gerar frutos que possibilitam à família constituir moradia em outro bem alugado ou mesmo para garantir a sua subsistência. Nesse sentido, a Súmula 486 da Corte: "É impenhorável o único imóvel residencial do devedor que esteja locado a terceiros, desde que a renda obtida com a locação seja revertida para a subsistência ou a moradia da sua família".

[25] Conforme explica Luiz Edson Fachin: "o imóvel deve ser de propriedade do devedor, destinado à moradia para si e sua família, o que pode excluir imóveis industriais. Se o imóvel for de destinação mista e for composto por diversas edificações individualizáveis, a impenhorabilidade incide só sobre a edificação destinada à moradia. Nos terrenos não edificados (no caso de a moradia estar em fase de construção), o benefício incidirá se o prédio em construção for o único próprio destinado à moradia do devedor, demonstrada a sua boa-fé se a construção se iniciou antes da instauração do processo executivo. In: Estatuto Jurídico do Patrimônio Mínimo, *Op. cit.*, p. 154.

[26] Aqui também se destaca a ressalva feita pelo Prof. Luiz Edson Fachin: "[...] critério legal discutível em situações em que o devedor seja solvente e a expropriação de outro imóvel que não aquele em que resida a família seja possível para a satisfação do crédito, ou nos casos de pluralidade de domicílio, em que o devedor com sua família ocupem diversas residências". *Op. cit.*, p. 158.

[27] O E. STJ já declarou impenhorável bem em nome de pessoa jurídica, quando único imóvel de residência da família do sócio, sob o fundamento de ser a empresa eminentemente familiar". Vide RESP 621.399, Rel. Ministro Luiz Fux, DJ, 20/02/2006.

[28] Com o advento da Lei 13.144/2015, que alterou o inciso III do artigo 3º da Lei 8.009/1990, a exceção da impenhorabilidade quanto ao crédito alimentar foi restringida, assegurando a meação do novo cônjuge ou

d) crédito hipotecário sobre o imóvel dado como garantia real; e) aquisição criminosa; f) por obrigação decorrente de fiança em contrato de locação (declarada constitucional pelo Pleno do E. STF, RE 407.688-SP, 08.02.2006, Rel. Min. Cezar Peluso, *DJU* 06.10.2006).

Além dessas exceções, o artigo 4º da referida lei também afasta a impenhorabilidade se caracterizada a má-fé do titular, ou seja, "aquele que, sabendo-se insolvente, adquire de má-fé imóvel mais valioso para transferir a residência familiar, desfazendo-se ou não da moradia antiga". Portanto, o instituto não pode ser usado com o intuito de prejudicar credores, caso em que o juiz poderá transferir a impenhorabilidade para a moradia anterior ou anular a venda, liberando a mais valiosa para execução.

Em suma, como explica Luiz Edson Fachin,[29] por meio do bem de família legal

> nota-se uma preocupação legislativa clara no sentido de assegurar maior guarida às famílias em face das intempéries da vida e das mudanças a que todos estão submetidos, de modo que todos possam ter garantido seu acesso à moradia, direito constitucionalmente previsto e de tutela obrigatória pelo Estado. Percebe-se também que entre a segurança jurídica de acesso ao crédito pelo credor e o direito à moradia do devedor, o legislador optou por este último, de cunho existencial, preferindo a tutela de sua dignidade em face de dívidas que possa contrair a partir de negócios jurídicos realizados. A partir dessa maior proteção conferida ao devedor, protege-se também sua família e demais dependentes, de modo a evitar que fiquem sem domicílio. Pode-se dizer que tal proteção é um ponto positivo na Lei n. 8.009/1990.

No entanto, é certo que o bem de família legal, por garantir somente o imóvel residencial e móveis essenciais à morada, tornou-se insuficiente e aquém à proteção da família,[30] a qual, não raras vezes, necessita também de recursos financeiros para conseguir manter o bem protegido; daí a novidade do Código Civil de 2002, que ampliou o instituto quanto ao objeto, sujeitos e forma, tornando um instrumento útil também ao planejamento sucessório.

Por meio do bem de família voluntário, os cônjuges ou a entidade familiar,[31] ou um terceiro (inovação do CC/2002 quanto ao sujeito) podem, por escritura pública ou testamento (novidade quanto à forma), escolher o bem ou bens que pretendem proteger, desde que não ultrapasse 1/3 do patrimônio líquido existente ao tempo da constituição. Se a instituição for por terceiro, exige-se a aceitação dos beneficiários (art. 1.711, parágrafo único). Há necessidade do registro do ato perante o cartório de imóveis competente (art. 1.714), a fim de conferir ampla publicidade a terceiros e credores, inclusive por

---

companheiro do devedor de pensão alimentícia, a depender do regime de bens escolhido.

29 FACHIN, Luiz Edson. Bem de Família e o Patrimônio Mínimo. *In*: PEREIRA, Rodrigo da Cunha (Coord.). Tratado de direito das famílias. 2. ed., Belo Horizonte: IBDFAM, 2016, p. 687/688.

30 MADALENO, Rolf. Direito de Família, 7. ed. rev. atual. ampl., Rio de Janeiro: Forense, 2016, p. 1096.

31 Vale repisar sempre: o conceito de entidade familiar abrange todas as formas de convívio, incluindo aqueles que optam em permanecer solteiros ou sozinhos. Conforme Rolf Madaleno: "como aduz Ana Marta Cattani de Barros Zilveti, multiplicaram-se as agregações convencionais, ligadas não exclusivamente pelo sangue, mas pelo afeto, e, portanto mesmo um celibatário está apto a constituir bem de família; [...] Destarte, na concepção da entidade familiar devem ingressar todas as formas de constituição de família, casados, conviventes, parentes, monoparental, separados, divorciados, viúvos, filhos morando sozinhos, casais homoafetivos; [...] Enfim, o fundamento do bem de família está ligado à proteção da pessoa do devedor e, portanto, protege o lugar em função da pessoa e não pela soma de seus componentes (*In*: Curso de Direito de Família, 4. ed., Ed. Forense, 2010, p. 1.004).

meio de publicação de edital (procedimento da Lei de Registro Público) e, a partir do registro, os bens instituídos passam a gozar da impenhorabilidade.

O termo inicial da proteção é de suma importância no âmbito do planejamento sucessório, pois há que se ter em vista que essa parcela do patrimônio somente ficará protegida de dívidas posteriores ao registro. Se a instituição for por testamento, somente passará a produzir efeitos após a abertura da sucessão, o que, segundo Adriano Ferriani,[32] poderá ser um impeditivo à proteção:

> se o bem de família tem origem no testamento, feito pelo próprio beneficiário, apenas com a morte deste nascerá a proteção, pois, afinal, nos termos do artigo 1714, a sua constituição opera-se com o registro do respectivo título no Registro de Imóveis. No momento da abertura da sucessão, é bem possível que existam dívidas, principalmente se entre a data do testamento e a do óbito do testador-beneficiário houver decorrido período de tempo significativo. Nada impedirá, nessa hipótese, que os seus credores habilitem seus respectivos créditos no inventário, pois o requisito de inexistência de dívidas anteriores não estaria preenchido.

Além de poder escolher o bem a ser protegido, a vantagem do bem de família voluntário em comparação ao bem de família legal é a proteção contra dívidas de qualquer natureza, incluindo crédito decorrente de pensão alimentícia, de modo a oferecer uma abrangência protetiva maior àquela proporcionada pela Lei 8.009/1990. As únicas exceções são os tributos relativos ao próprio imóvel e as despesas de condomínio; nesses casos, a critério do juiz, poderá se aplicar eventual saldo positivo remanescente na aquisição de outro prédio, ou em títulos da dívida pública, para sustento da família, sendo essa a única possibilidade legal para que o bem de família se torne exclusivamente mobiliário e não fundiário (art. 1.715, parágrafo único).

Afora essa hipótese, o instituto do bem de família estará sempre – e intimamente – ligado à propriedade imobiliária, ou seja, é necessária a instituição de um bem imóvel ("prédio residencial, urbano e rural"), cuja proteção se estende às "suas pertenças e acessórios" e aos "valores mobiliários", que, segundo Rodrigo Almeida Magalhães,[33] são todos os títulos que gerem rendimentos, ou seja, dinheiro, debêntures, títulos da dívida pública, ações, cotas de sociedade etc.

Aí se vê outra vantagem do bem de família voluntário e importante inovação do Código Civil de 2002: a possibilidade de se instituir, além do imóvel e os respectivos móveis, também valores mobiliários, assegurando, assim, uma renda mínima à família beneficiada, por meio da constituição de um fundo patrimonial, que poderá ser confiada e administrada por uma instituição financeira, sob as regras do contrato de depósito.

---

[32] FERRIANI, Adriano. *Op. cit.*, p. 69.

[33] MAGALHÃES, Rodrigo Almeida. Direito de Família e Direito de Empresa. *In*: COELHO, Fabio Ulhoa. FERES, Marcelo Andrade (Coord.). Empresa familiar: estudos jurídicos. São Paulo: Saraiva, 2014. A respeito do conceito de valores mobiliários, convém destacar Sergio Ávila Dória Martins: "valores mobiliários, em uma definição teórica de uso corrente, são os títulos representativos de todo investimento em dinheiro ou em bens suscetíveis de avaliação monetária, realizado pelo investidor em razão de uma captação pública de recursos, de modo a fornecer capital de risco a um empreendimento, em que ele, o investidor, não tem ingerência direta, mas do qual espera obter ganho ou benefício futuro. Em definição ainda mais geral, que preferimos, são instrumentos fungíveis e negociáveis, representativos de valor financeiro". *In*: O bem de família mobiliário no novo Código Civil. Revista *Jus Navigandi*, ISSN 1518-4862, Teresina, ano 13, n. 1727, 24 mar. 2008. Disponível em: https://jus.com.br/artigos/11078. Acesso em: 23 jul. 2020.

Desse modo, embora o ordenamento jurídico não permita o bem de família exclusivamente mobiliário, a possibilidade de constituição de valores mobiliários e aplicação da renda para conservação do imóvel residencial e, também, para o sustento da família trouxe inovação e vantagem ao instituto na forma voluntária, garantindo um patrimônio mínimo em acepção mais ampla que tão somente a da moradia, um reforço econômico-financeiro.[34]

Há que se ressaltar que essa destinação, de "conservação do imóvel e sustento da família", deve ser rigorosamente observada para a instituição dos valores mobiliários, assim como o limite de valor – não pode exceder o valor do prédio na época da constituição –,[35] exigindo-se ainda a individualização dos valores mobiliários no instrumento e, se títulos nominativos, nos livros de registros competentes, e disciplinada a forma de pagamento da respectiva renda por parte da instituição financeira (art. 1.713).

Diferentemente da Lei 8.009/90, que não previu limite de valor da moradia, o Código Civil trouxe uma limitação fixada em função do patrimônio do instituidor: a parcela patrimonial protegida não pode exceder um terço do patrimônio líquido existente ao tempo da constituição (art. 1.711, *caput*). Em razão disso, o patrimônio do instituidor deve ser de significativa expressão econômica para que um terço possa ser instituído como impenhorável. Explica Adriano Ferriani:[36]

> Se o patrimônio líquido é mais robusto, de maior valor pode ser o bem protegido pela impenhorabilidade, desde que não ultrapasse um terço do patrimônio líquido total. [...] se um casal possui um único imóvel e dívidas esparsas de mesmo valor, ainda que não vencidas, não pode o imóvel ser instituído como bem de família, pois o patrimônio líquido nesse caso seria igual a zero. A limitação do valor a um terço do patrimônio líquido traz outro problema. Em que pese a grande maioria da população brasileira não ter imóvel próprio, outra boa parte, dentre aqueles que são proprietários, concentra todo o patrimônio no imóvel residencial próprio. Ou seja, não teriam por essa razão a possibilidade de instituir a proteção voluntária prevista no Código Civil, restando-lhes aquela conferida pela Lei nº 8.009/90. Tal cenário permite concluir que o instituto, sob o seu aspecto prático, tem potencial para proteger apenas uma parcela pequena da população.

A duração do benefício perdurará até a morte dos cônjuges e a maioridade dos filhos capazes; sendo incapazes, a proteção se estenderá enquanto sobrevier a situação de vulnerabilidade, caso em que a proteção pode ser até vitalícia, sob a administração ao curador (art. 1.716). Sob esse prisma, o bem de família voluntário poderá servir à especial proteção dos membros familiares vulneráveis, assegurando a moradia e também o sustento desses. Assim, ao lado dos direitos reais de usufruto e direito real de habitação, usualmente indicados nesses casos por meio do testamento, a instituição do bem de família voluntário, sobretudo por permitir a conjugação com ativos financeiros confiada

---

[34] MARTINS, Sergio Ávila Doria. *Op. cit.*, p. 20.

[35] Sergio Ávila Doria Martins destaca "os valores mobiliários não podem ultrapassar o valor do imóvel no momento de instituição, mas podem se valorizar posteriormente, de modo a constituir, por exemplo, até várias vezes o valor do imóvel, sem que se abale a sua impenhorabilidade. Se o contrário ocorrer, fica autorizada a família a incrementar, mediante nova escritura pública, novos valores mobiliários ao bem de família, até o diferencial de valorização alcançado pelo imóvel". *Idem*, p. 21.

[36] FERRIANI, Adriano. *Op. cit.*, p. 68.

à instituição financeira, pode vir a ser extremamente útil para garantir a manutenção digna desses familiares.

A esse respeito, Ana Luiza Maia Nevares:[37]

> Uma constante preocupação nos planejamentos sucessórios é a proteção de herdeiros menores ou com deficiência. De fato, não raro, pessoas vivenciam mais de um relacionamento ao longo de suas vidas têm filhos de diferentes idades, havendo, em diversos casos, pessoas que, ao lado de filhos adultos e "criados", têm aqueles menores, ainda em idade escolar. Além disso, a angústia com o futuro de descendentes portadores de deficiência é recorrente, considerando a necessidade de zelo constante, bem como de recursos financeiros por vezes expressivos, em virtude de tratamentos e terapias que proporcionam melhores condições de vida e desenvolvimento para os portadores de deficiência.

Importa ainda salientar que a dissolução da sociedade conjugal não extingue o bem de família (art. 1.721, *caput*), mas, no caso de morte de um dos cônjuges, o sobrevivente pode pedir a extinção "se for o único bem do casal" (art. 1.721, parágrafo único). Também em caso de impossibilidade de manutenção do bem nas condições originais, o juiz poderá extingui-lo, ou autorizar a sub-rogação por outro (art. 1.719).

A doutrina aponta como o grande desestímulo e a razão para a sua pouca aplicação prática o fato de o bem de família voluntário tornar-se não apenas impenhorável (como ocorre com o bem de família da Lei 8.009/90), mas também relativamente inalienável. Ou seja, embora a constituição se dê por ato do instituidor, mediante escritura pública ou testamento, a alienação posterior do bem está condicionada à anuência dos interessados e seus representantes legais, ouvido o Ministério Público. A esse respeito, destacam-se as palavras de Adriano Ferriani:[38]

> Se os proprietários gozam de plena capacidade, não existe razão alguma para determinar a inalienabilidade do bem, a exemplo do que também acontece com relação ao bem de família legal (Lei nº 8.009/90). As relações negociais são dinâmicas e apenas sobrevivem quando há certa agilidade em seus trâmites. Submeter ao Poder Judiciário questões de ordem familiar, muitas vezes íntimas, representa custos com processo, com advogados, possíveis perícias para avaliação do bem, além de perda de tempo, exposição e principalmente, ausência da dinamicidade imprescindível aos bons negócios.

Todavia, o bem de família voluntário tem inequívoca importância e algumas situações podem se mostrar vantajosas e recomendadas, a superar o inconveniente da inalienabilidade relativa.

---

[37] NEVARES, Ana Luiza Maia. *O planejamento sucessório e a proteção de herdeiros menores ou com deficiência pelo testamento*. Artigo publicado em https://www.migalhas.com.br/coluna/migalhas-patrimoniais/331385/o-planejamento-sucessorio-e-a-protecao-de-herdeiros-menores-ou-com-deficiencia-pelo-testamento, acesso 30/07/2020.

[38] Idem. *Op. cit.*, p. 70.

5 Utilidade do bem de família e alternativa ao planejamento sucessório

Conforme pontua Rolf Madaleno:[39]

> O planejamento sucessório, até onde isso seja possível, permite às pessoas preverem quem, quando, como e com quais propósitos serão utilizados os bens destinados a seus herdeiros legítimos e testamentários, reduzindo conflitos, fortalecendo vínculos, identificando lideranças e atuando na preservação dos interesses familiares, que ao fim e ao cabo, continuarão atendendo pela própria essência do acervo material a nutrição e o constante processo de socialização dos sucedidos. [...] Uma vez acumulada a riqueza, o homem se preocupa em protegê-la das mais distintas ameaças e busca formas de transferi-la com segurança para seus sucessores.

Sob essa perspectiva, o bem de família voluntário vai ao encontro dessa proteção e segurança familiar, na medida em que põe a salvo o bem ou os bens dos riscos de dívidas futuras.

Aí está a principal vantagem do instituto: tutelar o lar da família, protegendo-o tanto dos riscos envolvendo a figura do titular, quanto dos sucessores. Ou seja, há situações em que as atividades profissionais do titular, seus negócios e suas escolhas colocam em evidente risco a moradia familiar; outras, os riscos podem advir dos herdeiros e sucessores da herança (prodigalidade, regime de bens, atividades profissionais etc.).

Nessa toada, o bem de família, notadamente o voluntário, por permitir a prévia seleção do bem imóvel que será protegido, estendido às pertenças e aos acessórios e, ainda, aos valores mobiliários, tornando-o impenhorável e livre de execução, sem sombra de dúvidas assegura proteção e autonomia ante o exercício do direito patrimonial e, ainda, uma abrangência, extensão e proteção maior aos bens se comparado com o legal, servindo como um eficiente instrumento, dentro dos ditames legais, para a preservação do patrimônio pessoal e familiar dos riscos inerentes à vida em sociedade.

Sobre a relevância do instituto, destacam-se as lições de Zeno Veloso:[40]

> É inegável a importância e a utilidade do bem de família. Trata-se de um recurso eficiente e poderoso de proteção da família. Livrando a casa de penhora por dívidas, resguarda, ampara e põe a salvo o lar. Não deixa ruir, sob o peso de uma execução, aquele patrimônio que, não raramente, é o último abrigo, o extremo asilo, o derradeiro teto do casal e dos filhos menores. É evidente a alta função social do instituto, poupando a residência familiar dos azares e riscos, dos percalços e surpresas da vida. É claro que ele deve ser lembrado no momento da tranquilidade e da abastança. Seu objetivo é preventivo. Se o infortúnio já chegou, ou se avizinha, a instituição não pode mais servir de remédio.

Desse modo, nada obstante as inúmeras críticas da doutrina sobre o instituto, sejam quanto ao excesso de formalismo, custo, inalienabilidade, favorecimento a famílias abastadas dada a condicionante de representar 1/3 do patrimônio líquido, o fato é que,

---

[39] MADALENO, Rolf. *Planejamento Sucessório*. Anais do IX Congresso Brasileiro de Direito de Família Famílias: Pluralidade e Felicidade, p. 109. Disponível em http://www.ibdfam.org.br/assets/upload/anais/299.pdf.

[40] VELOSO, Zeno. op. cit., p. 208.

nos tempos atuais, a salvaguarda da moradia assume, definitivamente, um papel de relevo, daí a vantagem e importância do bem de família voluntário.

Aliada a isso, está a possibilidade de conjugar também como bem de família valores mobiliários como quantia em dinheiro, títulos da dívida pública etc., cuja renda se destinará ao sustento familiar e estará confiada a instituições financeiras com garantia do capital reservado. O que torna um instrumento mais abrangente na medida em que proporciona um reforço financeiro à família para suportar a manutenção do imóvel.

Por isso, a proposta do artigo é que se tenha em vista a gama de ferramentas legalmente oferecidas ao planejamento patrimonial, cada qual capaz de atender ao caso em concreto, sobretudo se considerar que nosso ordenamento jurídico não prevê o instituto do *trust*; a doação com cláusula de impenhorabilidade implica a transferência da titularidade do patrimônio aos beneficiários; a constituição de uma *holding* familiar, com a integralização do bem de moradia em nome da pessoa jurídica, pode implicar perda da garantia legal de impenhorabilidade; enfim, tudo depende dos aspectos subjetivos e objetivos do caso em concreto.

Nesse sentido, convém ressaltar, novamente, os ensinamentos de Rolf Madaleno:

> Entre estes caminhos tradicionais de planificação patrimonial voltada ao planejamento sucessório podem ser utilizados diversos recursos que se complementam e auxiliam no caminho mais adequado para a sucessão patrimonial de uma pessoa. Instrumentos de maior ou de menor utilidade, mas que, em seu conjunto, se constituem nas úteis ferramentas de construção da planificação patrimonial, que, por sua vez, e na sua medida permite prever até onde é possível, saber quem, quando e com quais propósitos irá utilizar os bens depois da morte do seu titular.

Em suma, a impenhorabilidade do bem e sua salvaguarda de dívidas do titular garantem a relevância do instituto, sobretudo nos dias atuais, em que se enfrentam graves crises econômicas, além de também minimizar os prejuízos que os familiares poderão enfrentar com o falecimento da pessoa à frente dos negócios e do sustento da família.

Mas não é só. O bem de família voluntário poderá ser muito útil diante da vulnerabilidade de algum dos membros familiares, porque o instituto visa não só a garantia do direito de moradia, de forma efetiva, mas igualmente a possibilidade de manutenção do vulnerável, seja em função da idade ou da condição de deficiente.

6 Conclusão

O ordenamento jurídico oferece inúmeros instrumentos que devem ser utilizados concomitantemente, a depender dos aspectos subjetivos e objetivos de cada caso.

Uma análise criteriosa e individualizada, especialmente quanto à natureza do patrimônio, expectativas e peculiaridades das partes envolvidas, é fundamental para o sucesso do planejamento patrimonial.

Nesse passo, a segurança familiar possui indiscutível relevância e íntima vinculação com o planejamento sucessório e a concretização dessa proteção pode advir da instituição do bem de família voluntário.

Assegura-se, assim, a moradia da família, os bens que a guarnecem e os recursos financeiros para a manutenção desses bens, livres de execuções por dívidas, promovendo a efetiva garantia do mínimo necessário a uma vida condigna.

Referências

ASSIS, Araken. Princípio da Dignidade da Pessoa Humana e Impenhorabilidade da Residência Familiar, *Revista Jurídica* v. 57, n. 384, out., 2009.

AZEVEDO, Álvaro Villaça. *Bem de Família com comentários à Lei 8.009/90*, 6. ed. rev., atual. e ampl. São Paulo: Atlas, 2010.

AZEVEDO, Álvaro Villaça. *Curso de Direito Civil 6*: Direito de Família, 2. ed., São Paulo: Saraiva, 2019.

AZEVEDO, Álvaro Villaça.Bem de Família Internacional (necessidade de unificação). *Revista da Faculdade de Direito da Universidade de São Paulo*, v. 102, jan./dez. 2007.

BUCAR, Daniel. *Superendividamento*: Reabilitação patrimonial da pessoa humana, São Paulo: Saraiva, 2017.

CALIXTO, Marcelo Junqueira. KONDER, Cintia Muniz de Souza. O Estatuto Jurídico do Patrimônio Mínimo e a Mitigação da Reparação Civil. *In*: EHRHARDT JUNIOR, Marcos, CORTIANO JUNIOR, Eroulths (coord.). *Transformações no Direito Privado nos 30 anos da Constituição, estudos em homenagem a Luiz Edson Fachin*. Belo Horizonte: Fórum, 2019.

DIAS, Maria Berenice. *Manual de direito das famílias*. 11 ed., rev., atual. e ampl. São Paulo: Revista dos Tribunais, 2016.

FACHIN, Luiz Edson. Bem de família e o patrimônio mínimo. *In*: PEREIRA, Rodrigo da Cunha. (Coord.). *Tratado de direito das famílias*. 2. ed., Belo Horizonte: IBDFAM, 2016.

FACHIN, Luiz Edson. *Estatuto do Patrimônio Mínimo*, Rio de Janeiro: Renovar, 2001.

FERRIANI, Adriano. *Responsabilidade patrimonial e mínimo existencial*: elementos de ponderação. Tese (Doutorado em Direito) - Programa de Estudos Pós-Graduados em Direito, Pontifícia Universidade Católica de São Paulo, São Paulo, 2016.

FONSECA, Priscila M. P. Corrêa. *Manual do planejamento patrimonial das relações afetivas e sucessórias*. 2. ed. rev. e atual. São Paulo, Thomson Reuters Brasil, 2020.

GOMES, Orlando. *Obrigações*, Rio de Janeiro: Forense, 5. ed. 1978.

MADALENO, Rolf. *Curso de Direito de Família*, 4. ed., Ed. Forense, 2010.

MADALENO, Rolf. *Direito de Família*, 7. ed. rev. atual. ampl., Rio de Janeiro: Forense, 2016.

MADALENO, Rolf. Planejamento Sucessório. *Revista IBDFAM: Família e Sucessões*, Belo Horizonte, v. 1, jan./fev. 2014.

MAGALHÃES, Rodrigo Almeida. Direito de Família e Direito de Empresa. *In*: COELHO, Fabio Ulhoa. FERES, Marcelo Andrade (Coord.). *Empresa familiar*: estudos jurídicos. São Paulo: Saraiva, 2014.

MARTINS, Sergio Ávila Doria. O bem de família mobiliário no novo Código Civil. *Revista Jus Navigandi*, ISSN 1518-4862, Teresina, ano 13, n. 1727, 24 mar, 2008. Disponível em: https://jus.com.br/artigos/11078. Acesso em: 23/07/2020.

NERY JR, Nelson; NERY, Rosa Maria de Andrade. *Código civil comentado*. São Paulo: RT, 9. ed. 2012.

NEVARES, Ana Luiza Maia. *O planejamento sucessório e a proteção de herdeiros menores ou com deficiência pelo testamento*. Artigo publicado em https://www.migalhas.com.br/coluna/migalhas-patrimoniais/331385/o-planejamento-sucessorio-e-a-protecao-de-herdeiros-menores-ou-com-deficiencia-pelo-testamento, acesso em: 30/07/2020.

OLIVA, Milena Donato. *Patrimônio Separado* – herança, massa falida, securitização de créditos imobiliários, incorporação imobiliária, fundos de investimento imobiliário, trust. Rio de Janeiro: Renovar, 2009.

OLIVEIRA, José Sebastião de; ALONSO, Paulo Gimenes. *Bem de Família nas Relações Familiares*, Juruá Editora, 2019.

PEREIRA, Caio Mario da Silva. *Instituições de Direito Civil*. 28. ed. Rio de Janeiro: Editora Forense, 2010.

SILVA, David Roberto E. Soares da *et al*. *Planejamento patrimonial*: família, sucessão e impostos. 1. ed., São Paulo: Editora B18.

TEIXEIRA, Daniele Chaves. *Planejamento sucessório*: pressupostos e limites. Belo Horizonte: Fórum, 2017.

TEPEDINO, Gustavo. Bem de família e direito à moradia no Superior Tribunal de Justiça. *Revista Trimestral de Direito Civil*, vol. 36, p. iii, out/dez 2010.

VELOSO, Zeno. Bem de Família. *Revista de Direito Civil*, a. 27, n. 107, jul/set. 1990.

Informação bibliográfica deste texto, conforme a NBR 6023:2018 da Associação Brasileira de Normas Técnicas (ABNT):

MOREIRA, Luana Maniero. A utilidade do bem de família voluntário no planejamento sucessório. *In*: TEIXEIRA, Daniele Chaves (Coord.). *Arquitetura do Planejamento Sucessório*. Belo Horizonte: Fórum, 2021. p. 553-566. Tomo II. ISBN 978-65-5518-117-3.

A DESERDAÇÃO COMO INSTRUMENTO DE PLANEJAMENTO SUCESSÓRIO

MAICI BARBOZA DOS SANTOS COLOMBO

1 Limitação à liberdade de testar: o princípio da intangibilidade da legítima e o planejamento sucessório

Segundo o direito sucessório brasileiro, a existência de certas classes de herdeiros limita a liberdade testamentária do autor da herança à metade de seu patrimônio.[1] A esses herdeiros – qualificados como necessários, reservatários ou legitimários – cabe, de pleno direito, a porção legítima,[2] a qual escapa à plena autonomia patrimonial do autor da herança por ser insuscetível de redução ou supressão imotivada.[3]

De acordo com o Código Civil, são beneficiados pela legítima os descendentes, os ascendentes e o cônjuge sobrevivente.[4] A qualificação sucessória do companheiro é objeto de divergências doutrinárias[5] porquanto o Supremo Tribunal Federal não se posicionou relativamente ao alcance da declaração de inconstitucionalidade decidida no julgamento dos Recursos Extraordinários 878.694 e 646.721 sobre a distinção legal dos regimes sucessórios da união estável e do casamento.[6]

Mesmo havendo herdeiros necessários, subsiste ao autor da herança a liberdade testamentária qualitativa concernente à partilha dos bens que compõem a legítima,[7]

---

[1] Código Civil, art. 1.789. Havendo herdeiros necessários, o testador só poderá dispor da metade da herança

[2] Código Civil, art. 1.846. Pertence aos herdeiros necessários, de pleno direito, a metade dos bens da herança, constituindo a legítima.

[3] Código Civil, art. 1.857, §1º. A legítima dos herdeiros necessários não poderá ser incluída no testamento.

[4] Código Civil, art. 1.845. São herdeiros necessários os descendentes, os ascendentes e o cônjuge.

[5] Nesse trabalho, adota-se a posição doutrinária que parece ser majoritária no sentido afirmativo à consideração do companheiro como herdeiro necessário.

[6] Foi fixada a seguinte tese (Temas 809 e 498): "É inconstitucional a distinção de regimes sucessórios entre cônjuges e companheiros prevista no art. 1.790 do CC/2002, devendo ser aplicado, tanto nas hipóteses de casamento, quanto nas de união estável, o regime do art. 1.829, CC/2002". Para aprofundamento da matéria, recomenda-se: NEVARES, Ana Luiza Maia. A condição de herdeiro necessário do companheiro sobrevivente. *Revista Brasileira de Direito Civil – RBDCivil*, Belo Horizonte, v. 23, p. 17-37, jan./mar. 2020.

[7] CC, art. 2014. Pode o testador indicar os bens e valores que devem compor os quinhões hereditários, deliberando ele próprio a partilha, que prevalecerá, salvo se o valor dos bens não corresponder às quotas estabelecidas.

desde que isso não represente desigualdade quantitativa dos quinhões pertencentes aos herdeiros necessários, tampouco viole os legítimos interesses destes últimos.[8] [9]

O princípio da intangibilidade da legítima, embora persistente no direito positivo brasileiro, encontra críticos desde a elaboração do Projeto do Código Civil de 1916, tendo, no entanto, prevalecido a norma restritiva.[10] Os argumentos contrários ao modelo adotado situam-se, não raras vezes, em dogmas liberais-individualistas, que propugnam a valorização da autodeterminação patrimonial.[11]

Contemporaneamente, em razão da solidariedade familiar, as críticas se direcionaram não tanto quanto à existência da legítima, mas quanto à sua disciplina jurídica, seja pelos questionamentos quanto ao rol legal de herdeiros necessários, seja pela excessiva abstração da lei ao desconsiderar as qualidades pessoais de cada herdeiro como critério para o deferimento da tutela sucessória.[12]

Apesar de sacramentada no ordenamento jurídico vigente, a proteção da legítima não é um direito absoluto, e um planejamento sucessório eficiente deve considerar os instrumentos lícitos que permitem excepcioná-la. Entre as exceções à intangibilidade da legítima, o foco do presente estudo será a deserdação.

2 A deserdação como exceção ao princípio da intangibilidade da legítima

De acordo com o direito positivo vigente, representam exceções ao princípio da intangibilidade da legítima a clausulação e o afastamento do herdeiro necessário por indignidade ou deserdação.

A primeira situação se refere à aposição de cláusula restritiva ao exercício do direito de propriedade do herdeiro necessário sobre bens constantes da porção legítima,[13] o que é legalmente permitido somente quando houver justo motivo declarado expressamente pelo testador na cédula testamentária.[14] Nessas hipóteses, embora a legítima não seja reduzida quantitativamente, restringem-se as faculdades proprietárias do herdeiro por meio de cláusulas de inalienabilidade, incomunicabilidade ou impenhorabilidade.[15]

Observa-se que o fundamento da clausulação da legítima não consiste em punição ao herdeiro necessário, mas, ao contrário, em uma proteção à família, motivo pelo qual o

---

[8] NEVARES, Ana Luiza Maia. *A função promocional do testamento*. Rio de Janeiro: Renovar, 2009. p. 185-220.

[9] Sobre o tema, Cf. nesta obra: OLIVEIRA, Alexandre Miranda de; TEIXEIRA, Ana Carolina Brochado. *Aspectos qualitativos da partilha e o planejamento sucessório*.

[10] PEREIRA, Caio Mário da Silva. *Instituições de Direito Civil*. rev. e atual. por Carlos Roberto Barbosa. 26 ed. Rio de Janeiro: Forense, 2019. vol. VI. p. 171.

[11] *Ibidem*, p. 171.

[12] TEIXEIRA, Daniele Chaves; COLOMBO, Maici Barboza dos Santos. Faz sentido a permanência do princípio da intangibilidade da legítima no ordenamento jurídico brasileiro? *In*: TEIXEIRA, Daniele Chaves (Coord.). *Arquitetura do Planejamento Sucessório*. 2 ed. Belo Horizonte: Fórum, 2019. p. 164-165.

[13] Sobre o tema, Cf. CORTIANO JR., Eroulths. Sucessão e cláusulas restritivas. *In*: TEIXEIRA, Daniele Chaves (Coord.). *Arquitetura do planejamento sucessório*. 2 ed. Belo Horizonte: Fórum, 2019. p. 451-463. Nesta obra: OTERO, Marcelo Truzzi. *As cláusulas restritivas de propriedade como instrumento de planejamento sucessório*.

[14] CC, art. 1.848. Salvo se houver justa causa, declarada no testamento, não pode o testador estabelecer cláusula de inalienabilidade, impenhorabilidade, e de incomunicabilidade, sobre os bens da legítima.

[15] VELOSO, Zeno. *Comentários ao Código Civil*. São Paulo: Saraiva, 2003, p. 327.

instituto é por vezes identificado na doutrina como "deserdação *in bona mente*",[16] ou seja, com boas intenções. Também em razão de seu caráter não punitivo, as hipóteses de justa causa não são descritas no preceito normativo, configurando, portanto, cláusula geral.[17]

A indignidade e a deserdação, por outro lado, são institutos jurídicos de caráter punitivo, ambos destinados a obstar o recolhimento da herança por quem tenha cometido atos de ingratidão contra o autor da herança ou, em determinados casos, contra algum de seus familiares.

Embora funcionalmente semelhantes, difere a indignidade da deserdação porque a primeira é ato de iniciativa somente dos interessados (e não do autor da herança). Além disso, na indignidade qualquer modalidade de sucessor (legítimo ou testamentário, necessário ou facultativo, herdeiro ou legatário) sujeita-se à exclusão, e o substrato fático pode ocorrer antes ou depois da abertura da sucessão ou mesmo concomitantemente à morte do autor da herança. A ação de conhecimento deve ser proposta até quatro anos após a morte, sob pena de decadência[18] e a legitimidade para promover a ação de indignidade será de quem tiver interesse jurídico na exclusão – herdeiros ou legatários que se beneficiem com o afastamento do indigno – ou do Ministério Público caso a indignidade emane de atentado doloso à vida do *de cujus* ou de seu familiar, nos termos da lei.[19]

Na indignidade não se exige do autor da herança a ciência sobre o ato cometido pelo sucessor. Sua atuação será relevante somente para reabilitar o suposto indigno por meio do perdão em testamento ou outro ato autêntico,[20] se assim desejar e se, logicamente, a causa for anterior à reabilitação.

Diferentemente, a deserdação depende de cláusula testamentária e tem a finalidade de afastar somente herdeiros necessários.[21] Por isso a sua pertinência enquanto instrumento de planejamento sucessório: é nela que o autor da herança exerce papel fundamental para excluir herdeiros necessários que não mereçam receber a legítima.

Os motivos para a deserdação também são restritos às hipóteses legais e devem necessariamente ser anteriores à elaboração do testamento,[22] razões pelas quais não

---

[16] *Ibidem*, p. 327.

[17] Segundo Judith Martins-Costa, no método das cláusulas gerais "verifica-se a ausência, na hipótese legal, de uma prefiguração descritiva ou especificativa. São empregados termos cuja tessitura é semanticamente aberta, muitas vezes dotados de cunho valorativo (*bons costumes, boa-fé, justa causa, diligência habitual*, etc.). O detalhamento próprio da casuística estará ausente" (MARTINS-COSTA, Judith. *A boa-fé no direito privado*: critérios para a sua aplicação. 2 ed. São Paulo: Saraiva, 2018, p. 145).

[18] Código Civil, art. 1.815, §1º O direito de demandar a exclusão do herdeiro ou legatário extingue-se em quatro anos, contados da abertura da sucessão

[19] Código Civil, art. 1.815, §2º Na hipótese do inciso I do art. 1.814, o Ministério Público tem legitimidade para demandar a exclusão do herdeiro ou legatário.

[20] Código Civil, art. 1.818. Aquele que incorreu em atos que determinem a exclusão da herança será admitido a suceder, se o ofendido o tiver expressamente reabilitado em testamento, ou em outro ato autêntico.

[21] Registre-se que os herdeiros facultativos podem ser afastados livremente pelo autor da herança, sem necessidade de motivação, de acordo com o art. 1.850 do Código Civil, razão pela qual a deserdação não se lhes aplica.

[22] Nesse sentido já decidiu o Superior Tribunal de Justiça em acórdão assim ementado: "Ação de deserdação em cumprimento a disposição testamentária. 1. Exceto em relação aos arts. 1.742 e 1.744 do código civil de 1916, os demais dispositivos legais invocados no recurso especial não foram prequestionados, incidindo os verbetes sumulares 282 e 356, do STF. 2. Acertada a interpretação do Tribunal de origem quanto ao mencionado art. 1744, do CC/1916, ao estabelecer que a causa invocada para justificar a deserdação constante de testamento deve preexistir ao momento de sua celebração, não podendo contemplar situações futuras e incertas. 3. É vedada a reapreciação do conjunto probatório quanto ao momento da suposta prática dos atos que ensejaram a deserdação, nos termos

se pode concluir que haja arbitrariedade do autor da herança na deserdação. Aliás, a causa indicada ficará ainda sujeita à comprovação judicial posteriormente à abertura da sucessão.[23]

Por se exigir a ciência do autor da herança quanto ao ato desonroso praticado pelo herdeiro necessário, são vedadas as deserdações condicionais, ou seja, subordinadas a evento futuro e incerto,[24] ou com indicação genérica do motivo.

Observa-se então que, sob o perfil estrutural, a deserdação resulta de uma série de fatos interligados que tendem a um mesmo efeito final e unitário:[25] excepcionar a legítima a partir da valoração negativa de um ato praticado pelo herdeiro necessário. Não basta somente a cláusula testamentária, tampouco apenas a atuação de sucessores interessados, como na indignidade. Trata-se, portanto, de uma *fattispecie* complexa.[26]

Posto que é deflagrada a partir de um direito potestativo[27] do autor da herança, a deserdação enfrenta resistência por parte das doutrinas tradicional e contemporânea que a consideram uma forma de "perpetuar ressentimentos",[28] "uma expressão de cólera"[29] ou "poder excessivo e discricionário do autor da herança".[30] Há quem defenda até mesmo a inconstitucionalidade da deserdação[31] ou a absorção do instituto pela indignidade.[32] Esses argumentos, contudo, podem ser vencidos por meio de uma releitura funcional da deserdação.

3 Perspectiva funcional da deserdação

Para a compreensão contemporânea da deserdação são determinantes as modificações introduzidas pela Constituição Federal de 1988 no âmbito das relações familiares, o que representou um verdadeiro marco normativo para a família democrática e eudemonista inaugurada desde então.[33]

---

da súmula 07, do STJ. Recurso não conhecido" (BRASIL. Superior Tribunal de Justiça. Quarta Turma. Recurso Especial 124313/SP (1997/0019264-4). Rel. Min. Luís Felipe Salomão, j. 16 abr. 2009. DJE 08 jun. 2009).

[23] A confirmação judicial configura condição legal imposta à eficácia da deserdação. Explicam Tepedino e Oliva: "A condição legal caracteriza-se como exigência da ordem jurídica para a produção de efeitos de determinado negócio. Não há aqui elemento intencional, mas pressuposto legal de eficácia" (TEPEDINO, Gustavo; OLIVA, Milena Donato. *Fundamentos do Direito Civil*. Rio de Janeiro: Forense, 2020, p. 294).

[24] NONATO, Orosimbo. *Estudos sôbre sucessão testamentária*. Rio de Janeiro: Revista Forense, 1957. p. 161.

[25] PERLINGIERI, Pietro. *O direito civil na legalidade constitucional*. Rio de Janeiro: Renovar, 2008, p. 648.

[26] *Ibidem*, p. 647.

[27] A necessidade de ação judicial confirmatória não descaracteriza a natureza de direito potestativo da cláusula deserdativa. Nas palavras de Agnelo Amorim Filho: "O que tem em vista a lei, ao eleger a via judicial como forma especial e exclusiva de exercício de direitos potestativos dessa terceira categoria, é conceder maior segurança para determinadas situações jurídicas cuja alteração tem reflexos acentuados na ordem pública" (AMORIM FILHO, Agnelo. Critério científico para distinguir a prescrição da decadência e para identificar as ações imprescritíveis. *Revista da Faculdade de Direito da Universidade Federal do Ceará*, vol. 14, 1960, p. 314. Disponível em: http://www.revistadireito.ufc.br/index.php/revdir/article/view/434. Acesso em: 15 jul. 2020).

[28] DIAS, Maria Berenice. *Manual das Sucessões*. 6 ed. Salvador: JusPodivm, 2019, p. 436.

[29] BEVILÁQUA, Clóvis. *Apud* VELOSO, Zeno. *Comentários ao Código Civil*. São Paulo: Saraiva, 2003, p. 306.

[30] LÔBO, Paulo. *Direito Civil: Sucessões*. vol. 6.6 ed. São Paulo: Saraiva, 2020. Edição Kindle.

[31] *Ibidem*.

[32] DIAS, Maria Berenice. *Manual das Sucessões*. 6 ed. Salvador: JusPodivm, 2019, p. 436.

[33] HIRONAKA, Giselda Maria Fernandes Novaes. A incessante travessia dos tempos e a renovação dos paradigmas: a família, seu status e seu enquadramento na pós-modernidade. *Revista da Faculdade de Direito da Universidade de São Paulo*, v. 101, p. 153-167, jan./dez. 2006, *passim*.

A irradiação do princípio constitucional da igualdade e o reconhecimento da solidariedade como base fundante do ordenamento jurídico impulsionaram a instrumentalização da família à realização dos interesses existenciais de seus membros, abandonando-se a retrógrada concepção institucional, pela qual a paz doméstica poderia sacrificar a felicidade individual desde que a instituição familiar fosse preservada.[34]

Diante disso, percebe-se que a família contemporânea existe para o indivíduo e é tutelada na exata medida em que cumpre seu mister. Nessa linha de raciocínio o princípio da intangibilidade da legítima somente se justifica na solidariedade familiar, ou seja, na proteção especial reservada a determinados familiares do *de cujus* com quem se presume tenha o autor da herança laços afetivos e de solidariedade inderrogáveis imotivadamente por ato de autonomia privada.

Portanto, quando a solidariedade familiar e o afeto são rompidos ou inexistentes no caso concreto, em decorrência de atos graves praticados pelo herdeiro necessário, compromete-se a função do princípio da intangibilidade da legítima. Nas palavras de Zeno Veloso:

> ao direito do herdeiro à legítima deve corresponder deveres. Quem não cumpre seus deveres – e deveres relacionados com o direito de família, portanto deveres elementares, conspícuos, sagrados – não pode pretender que seus direitos sejam absolutos e intangíveis.[35]

Assim, a partir da repersonalização das relações familiares, não seria adequado sustentar que o vínculo meramente formal, abstrato, entre o *de cujus* e o herdeiro necessário conduza a uma presunção absoluta de merecimento a uma parcela sobre o patrimônio do falecido. O direito à legítima se projeta, então, como concretização da solidariedade familiar para além da morte de um membro da família, *ratio* essa que justifica o afastamento do herdeiro necessário por meio de ato voluntário do autor da herança, quando aquele incorrer em ato tipificado pela lei e incompatível com a solidariedade familiar.

O caráter punitivo da deserdação não deve, assim, contaminar a postura do testador como vingativa, expressão de ódio ou ressentimento. Ao se dedicar à deserdação, Pontes de Miranda já afirmava:

> Qual o fundamento da deserdação? Não deveria ser uma pena; à alma contemporânea só serviria a alegação de não caber sucessão necessária quando, com a morte do de cuius, o herdeiro não precisa, é um desligado da família, de que não deve receber proveitos. *Mas a verdade é que o Código Civil manteve o caráter odioso de pena*, reflexo assaz compreensível do individualismo estacionário do direito das sucessões.[36] (Grifos no original)

Apesar de configurar uma privação a um direito, o caráter punitivo da deserdação deve ser reinterpretado no sentido não mais de castigo, mas de consequência por um ato deliberado do herdeiro necessário que viola o padrão de comportamento esperado

---

[34] TEIXEIRA, Daniele Chaves. *Planejamento sucessório*: pressupostos e limites. 2 ed. Belo Horizonte: Fórum, 2019, p. 42-48.

[35] VELOSO, Zeno. *Comentários ao Código Civil*. São Paulo: Saraiva, 2003, p. 308.

[36] MIRANDA, Francisco Cavalcanti Pontes de. *Tratado dos testamentos*. Leme: BH Editora e Distribuidora, 2005. v. 4. p. 308.

na relação familiar e que oportuniza ao autor da herança julgá-lo desmerecedor do direito hereditário. Assim, a noção de merecimento deve preceder à de desagravo ou vingança. Trata-se mais de responsabilização do que de castigo, embora não se negue, assim como o fez Pontes de Miranda, o caráter ablativo de direitos para efeitos de qualificação do fato jurídico deserdativo.

A razão jurídica para a constitucionalidade da deserdação reside na ponderação entre os seguintes direitos fundamentais: o direito à herança dos herdeiros necessários (art. 5º, XXX, CF/1988) e o direito à propriedade privada (art. 170, II, CF/1988) e à dignidade humana do autor da herança. O direito à propriedade privada, uma vez que a liberdade testamentária reflete a autodeterminação patrimonial para depois da morte do titular do direito de propriedade; e da dignidade humana porque as causas da deserdação representam violações graves a bens jurídicos existenciais do autor da herança.

Por fim, é importante salientar que não há arbitrariedade por parte do testador, uma vez que a exclusão por meio da deserdação somente será válida se baseada em fatos previamente tipificados na lei civil e cuja veracidade deverá ser submetida ao crivo judicial em ação confirmatória posterior ao falecimento.

4 Hipóteses de cabimento da deserdação

Afirmou-se anteriormente que as causas da deserdação representam violações graves à dignidade humana do autor da herança, o que lhe permite reagir aplicando ao ofensor a sanção do afastamento da herança. Deve-se reconhecer, no entanto, que o tratamento dado pelo Código Civil à matéria comprometeu a plena potencialidade funcional do instituto no planejamento sucessório dada a sua obsolescência.[37]

Segundo o Código Civil, as hipóteses de indignidade podem também ensejar a deserdação. São consideradas indignas as pessoas cujas condutas estão descritas no art. 1.814, a saber: I - que houverem sido autores, coautores ou partícipes de homicídio doloso, ou tentativa deste, contra a pessoa de cuja sucessão se tratar, seu cônjuge, companheiro, ascendente ou descendente; II - que houverem acusado caluniosamente em juízo o autor da herança ou incorrerem em crime contra a sua honra, ou de seu cônjuge ou companheiro; III - que, por violência ou meios fraudulentos, inibirem ou obstarem o autor da herança de dispor livremente de seus bens por ato de última vontade.

Nada obstante a interpretação estrita cabível à indignidade e à deserdação, o Superior Tribunal de Justiça já decidiu que o desamparo à pessoa alienada mentalmente ou com grave enfermidade redunda em atentado à vida passível de afastar o sucessor por indignidade.[38] Entendeu o Tribunal que não foi o desamparo em si que ensejou a exclusão por indignidade, mas o atentado à vida que ele representou, interpretando a hipótese de incidência de forma teleológica.

---

[37] Para uma análise crítica das causas de indignidade e deserdação, recomenda-se: GOMES, Renata Raupp. Deserdação, indignidade e revogação de doação por ingratidão: a necessária compreensão do tríptico jurídico. *In*: PEREIRA, Rodrigo da Cunha; DIAS, Maria Berenice. *Famílias e Sucessões*: polêmicas, tendências e inovações. Belo Horizonte: IBDFam, 2018. p. 277-295.

[38] BRASIL. Superior Tribunal de Justiça. Quarta Turma. Recurso Especial 334.773/RJ. Rel. Min. Cesar Asfor Rocha, j. 21 maio 2002.

Deve-se atentar também ao fato de que a causa prevista no inciso I do art. 1.814, que descreve o atentado doloso à vida do autor da herança, de seu cônjuge ou companheiro ou de seu descendente ou ascendente não exige prévia condenação do ofensor pelo juízo criminal, o que é reforçado pelo princípio geral da independência das instâncias cível e penal.[39] Da mesma forma, opera-se a primeira parte da hipótese prevista no inciso seguinte, quanto à acusação caluniosa. A prévia condenação criminal é pressuposto apenas das hipóteses previstas na segunda parte do referido inciso (II), pois ali sim exige-se textualmente a prática de "crime contra a honra" e em um Estado Democrático de Direito somente comete crime quem assim é julgado e condenado pelo juízo criminal.

As demais causas específicas de deserdação são divididas entre os artigos 1.962 e 1.963, conforme se trate de deserdação de descendente por ascendente ou de ascendente por descendente, respectivamente. A divisão acompanha o texto do Código Civil de 1916, mas com isso trouxe uma incoerência: o Código Civil de 2002 acresceu ao rol dos herdeiros necessários o cônjuge, sem, contudo, alterar a disciplina da deserdação. Diante disso, tem-se entendido que caberia aos cônjuges (e companheiros) a deserdação tão somente quanto às causas comuns à indignidade, por interpretação do art. 1.961 do Código Civil que se refere a "herdeiro necessário", incluindo-se, assim, cônjuges e companheiros.

O art. 1.962 arrola as seguintes causas de deserdação de descendente: I - ofensa física; II - injúria grave; III - relações ilícitas com a madrasta ou com o padrasto; IV - desamparo do ascendente em alienação mental ou grave enfermidade. Os ascendentes, por outro lado, podem ser deserdados por seus descendentes se praticarem alguma das causas do art. 1.963: I - ofensa física; II - injúria grave; III - relações ilícitas com a mulher ou companheira do filho ou a do neto, ou com o marido ou companheiro da filha ou o da neta; IV - desamparo do filho ou neto com deficiência mental ou grave enfermidade.

O Projeto de Lei 3.799/2019, apresentado pela Senadora Soraya Thronicke e idealizado pelo Instituto Brasileiro de Direito de Família (IBDFam), pretende alterar a disciplina da deserdação para incluir entre as suas hipóteses de cabimento a ofensa à integridade psicológica, o desamparo material e o abandono afetivo voluntário.[40]

A alteração será bem-vinda, na medida em que o desamparo evidencia o descumprimento da solidariedade familiar e do dever jurídico de cuidado, fundamentos do princípio da intangibilidade da legítima. Essa lacuna no texto atualmente vigente gera situações de flagrante perplexidade, como no caso julgado pelo Tribunal de Justiça do Estado de São Paulo, em que a tese de afastamento por indignidade do pai que rejeitou o filho homossexual foi rechaçada por ausência de previsão legal.[41]

---

[39] Código de Processo Penal, art. 66. Não obstante a sentença absolutória no juízo criminal, a ação civil poderá ser proposta quando não tiver sido, categoricamente, reconhecida a inexistência material do fato.

[40] BRASIL. Senado Federal. Projeto de Lei 3.799/2019. Altera o Livro V da Parte Especial da Lei nº 10.406, de 10 de janeiro de 2002, e o Título III do Livro I da Parte Especial da Lei nº 13.105, de 16 de março de 2015, para dispor sobre a sucessão em geral, a sucessão legítima, a sucessão testamentária, o inventário e a partilha. Autoria: Senadora Soraya Thronicke. Disponível em: https://www25.senado.leg.br/web/atividade/materias/-/materia/137498. Acesso em: 13 jul. 2020.

[41] SÃO PAULO. Tribunal de Justiça. Segunda Câmara de Direito Privado. Apelação Cível 1000250-68.2016.8.26.0547; Rel. Des. Marcos Vinicius Rios Gonçalves, j. 06 dez. 2018. DJE 06 dez. 2018.

Observa-se que o cabimento da deserdação é restrito às hipóteses legais, pois o legislador adotou a técnica da descrição casuística do preceito normativo.[42] E, embora compreensível diante do caráter restritivo de direitos, essa técnica, diferentemente das cláusulas gerais, é insuficiente para prever exaustivamente todas os atos graves capazes de ensejar o desmerecimento do direito sucessório.

Além disso, a previsão de dois institutos para a exclusão da herança (a indignidade e a deserdação), com hipóteses próprias para a deserdação, gera incoerências como aquela constatada no caso também julgado pelo Tribunal de Justiça do Estado de São Paulo em que se afastou por indignidade uma genitora, com base em uma hipótese, a rigor, de deserdação. No caso, a pretensa herdeira necessária, na condição de ascendente do autor da herança, havia perdido a autoridade parental do filho falecido, justamente por não lhe dispensar em vida os cuidados inerentes aos deveres parentais. Mais grave ainda é a circunstância de que o falecido era pessoa com deficiência mental grave, o que lhe privava de capacidade testamentária e, portanto, segundo a interpretação restrita das normas do direito positivo, restaria inviabilizada a deserdação.[43]

Diante disso, a reforma legislativa das hipóteses legais de exclusão por indignidade e por deserdação é imperiosa, mas enquanto ainda não se perfaz a mudança na lei, a deserdação ainda assim poderá ser promovida numa perspectiva funcional das hipóteses normativas e de acordo com o princípio da solidariedade familiar.

5 Da possibilidade jurídica da deserdação parcial

A função jurídica da deserdação é excepcionar o recebimento da legítima pelo herdeiro necessário. Cabe indagar-se se a privação deve necessariamente ser total, de modo que o herdeiro necessário nada receba, ou se poderia ser parcial, atribuindo-se ao herdeiro necessário cota menor do que lhe caberia na legítima ou excluindo-o de certo bem ou direito.

O primeiro argumento a favor da deserdação parcial pode ser extraído da natureza privada do instituto, o que permite fundamentar a modulação da pena no exercício das liberdades testamentárias quantitativa e qualitativa do autor da herança.

Por meio da deserdação, a lei confere ao testador o direito potestativo de caráter extintivo de afastar um herdeiro necessário de sua sucessão, condicionando-se a total eficácia desse ato à confirmação judicial dos motivos. Assim, surge aos interessados na sucessão direito potestativo próprio consistente na possibilidade de pleitear judicialmente, no prazo decadencial legal, a eficácia definitiva da deserdação.[44]

---

[42] Elucidativa a lição de Martins-Costa: "[...] nas regras casuísticas há uma prevalência do *elemento descritivo*, ocorrendo, por isso, uma *tipificação de condutas* no próprio texto legal". Conclui a autora que o intérprete "encontrará no texto a ser interpretado um detalhamento dos elementos a serem considerados, tendo ocorrido uma espécie de *prefiguração*, pelo legislador, do *comportamento marcante*, a ser levado em conta, uma vez que o legislador optou por descrever a factualidade" (MARTINS-COSTA, Judith. *A boa-fé no direito privado*: critérios para a sua aplicação. 2 ed. São Paulo: Saraiva, 2018, p. 144-145).

[43] SÃO PAULO. Tribunal de Justiça. Sexta Câmara de Direito Privado. Apelação Cível 1000127-70.2014.8.26.0602; Rel. Des Maria Salete Corrêa Dias, j. 12 set. 2018. DJE. 12 set. 2018.

[44] "Diversamente do Código de 1916 (art. 178, §9º, nº IV), o Código Civil em vigor não cogitou, expressamente, da chamada "ação de impugnação", a que estava legitimado (como autor) o herdeiro deserdado, para exigir do beneficiário da deserdação a prova da causa invocada pelo testador. A doutrina a ela se referia como ação

Assim como a vontade do autor da herança mostra-se determinante para o afastamento do herdeiro necessário por via da deserdação, também o é para reabilitá-lo ao recebimento da herança, caso deseje perdoá-lo pelo ato desonroso praticado, mormente quando qualificável também como ato de indignidade. Caso já tenha havido a elaboração de testamento com cláusula de deserdação, o autor da herança poderá revogá-la em testamento posterior.[45]

Se a causa da deserdação for comum à indignidade, para certificar-se da inteira reabilitação do sucessor e obstar a atuação dos interessados após a abertura da sucessão, o testador deverá admiti-lo a suceder por meio do perdão expresso constante em testamento ou outro documento autêntico.[46] Não havendo perdão expresso e ciente o ofendido a respeito do ato desonroso praticado, se ainda assim nomear o ofensor como herdeiro ou legatário, os legitimados poderão ingressar com a ação de indignidade para excluí-lo da sucessão legítima, permanecendo ao indigno o direito somente à deixa testamentária.[47]

Daí se extrai um segundo argumento a favor da deserdação parcial, por analogia aos efeitos do perdão no instituto da indignidade, funcionalmente similar à deserdação. Isso porque o efeito de exclusão parcial é acolhido no ordenamento jurídico ainda que indiretamente como consequência do perdão tácito na *indignidade*. Assim, comprova-se que a função da deserdação parcial – assim considerados os seus efeitos essenciais – encontra guarida no direito positivo, podendo-se considerar legitimada a intenção de reduzir a cota legitimária, em vez da total privação.

A utilidade prática da deserdação parcial, como instrumento de autodeterminação patrimonial, consiste na modulação dos efeitos da privação da legítima proporcionalmente ao agravo cometido pelo herdeiro necessário, diante da diversidade de gravidade das hipóteses legais de cabimento. Afinal, é perfeitamente concebível que o autor da herança não deseje aplicar a penalidade mais grave – privação total de qualquer direito sucessório – ao herdeiro necessário, por não considerar o ato grave o suficiente para tanto, embora não queira deixá-lo sem qualquer sanção. Da mesma forma, pode o autor da herança desejar afastar o herdeiro necessário de algum bem ou direito específico de modo que implique redução quantitativa de sua cota legitimária. E, para isso, a deserdação parcial se mostra instrumento adequado para alcançar o desejo do autor da herança.

Outra utilidade da deserdação parcial consiste na garantia de meios de subsistência mínimos ao ofensor, consideradas as suas condições pessoais. Orosimbo Nonato já havia identificado essa função na deserdação parcial apoiado em Lambert, para quem

---

cominatória, porque destinada a constranger o réu a se desincumbir de um ônus probatório. A despeito do silêncio da lei vigente, deve-se admitir a subsistência da ação, sujeita a idêntico prazo decadencial, diante do interesse do deserdado em ver rapidamente reconhecida, por sentença, a ineficácia da cláusula de deserdação" (PEREIRA, Caio Mário da Silva. *Instituições de Direito Civil*. 26 ed. Rio de Janeiro: Forense, 2019. vol. VI, p. 307).

[45] Segundo Zeno Veloso, o art. 1.818 do Código Civil pode ser aplicado por analogia, permitindo-se o perdão ao deserdado por meio de outro ato autêntico do autor da herança que não seja necessariamente por meio de testamento posterior (VELOSO, Zeno. *Comentários ao Código Civil*. São Paulo: Saraiva, 2003, p. 326).

[46] CC, art. 1.818. Aquele que incorreu em atos que determinem a exclusão da herança será admitido a suceder, se o ofendido o tiver expressamente reabilitado em testamento, ou em outro ato autêntico.

[47] CC, art. 1.818, parágrafo único. Não havendo reabilitação expressa, o indigno, contemplado em testamento do ofendido, quando o testador, ao testar, já conhecia a causa da indignidade, pode suceder no limite da disposição testamentária.

era razoável que o autor da herança, mesmo ao deserdar, cuidasse de assegurar a subsistência do deserdado por meio de uma renda vitalícia ou um usufruto.[48]

Portanto, a deserdação parcial atende à função do instituto no que tange à avaliação concreta do merecimento da porção legítima, conforme a gravidade da conduta praticada pelo deserdado, suas condições pessoais e o desejo do testador.

6 Eficácia da deserdação

A deserdação não se esgota apenas na cláusula deserdativa. Trata-se, ao contrário, de *fattispecie* complexa,[49] estruturalmente composta de fatos de natureza diversa, cada um com relevância jurídica própria e autônoma.[50] O primeiro fato, qualificável como negócio jurídico unilateral,[51] é a cláusula testamentária deserdativa, que tem natureza constitutiva da deserdação e, por isso, configura seu núcleo essencial.

Mas a eficácia da deserdação depende de outros fatos sucessivos que devem ser considerados pelo autor da herança ao elaborar o seu planejamento sucessório. São eles: a) a morte, b) o exercício do direito potestativo de pleitear judicialmente a produção de efeitos da cláusula deserdativa pelos interessados após a abertura da sucessão, c) provimento jurisdicional de procedência dos motivos suscitados pelo autor da herança na cláusula deserdativa. Pode-se concluir que, enquanto a cláusula deserdativa é o núcleo essencial da deserdação, os fatos sucessivos dos quais ela depende representam elementos declarativos de eficácia.[52]

Em suma, observa-se que apenas a vontade do autor da herança não é suficiente para garantir que a deserdação produzirá inteira e definitivamente os seus efeitos.[53] E, sendo uma *fattispecie* complexa, é necessário debruçar a análise sobre a eficácia da deserdação entre a elaboração do primeiro ato que a compõe, portanto, da elaboração da cláusula deserdativa, até o último fato, que é o ato judicial confirmatório.

Decerto, até a abertura da sucessão não há que se falar em eficácia da deserdação, pois a cláusula deserdativa acompanhará a eficácia *post mortem* do testamento no qual é instrumentalizada. É a partir da abertura da sucessão que a doutrina diverge, havendo aqueles que defendem a eficácia imediata da deserdação, enquanto outros advogam no

---

[48] NONATO, Orosimbo. *Estudos sôbre sucessão testamentária*. Rio de Janeiro: Revista Forense, 1957. p. 147.

[49] "O fato complexo, quando consiste em um conjunto de fatos e/ou de atos interligados sob um perfil lógico-funcional tendente a um efeito unitário e final, assume a qualificação de procedimento jurídico". PERLINGIERI, Pietro. *O direito civil na legalidade constitucional*. Rio de Janeiro: Renovar, 2008, p. 648.

[50] *Ibidem*, p. 647.

[51] De acordo com Marcos Bernardes de Mello, no negócio jurídico, "o direito não recebe a vontade manifestada somente como elemento nuclear do suporte fáctico da categoria que for escolhida pelas pessoas, mas, lhe reconhece, dentro de certos parâmetros, o poder de regular a amplitude, o surgimento, a permanência e a intensidade dos efeitos que constituam o conteúdo eficacial das relações jurídicas que nascem do ato jurídico" (MELLO, Marcos Bernardes de. Classificação dos fatos jurídicos. *In*: TEIXEIRA, Ana Carolina Brochado; RIBEIRO, Gustavo Pereira Leite (Coord.). Manual de Teoria Geral do Direito Civil. Belo Horizonte: Del Rey, 2011, p. 558).

[52] PERLINGIERI, Pietro. *O direito civil na legalidade constitucional*. Rio de Janeiro: Renovar, 2008, p. 648.

[53] Adota-se o conceito de Marcos Bernardes de Mello, segundo o qual a eficácia do negócio jurídico pode ser total ou parcial, conforme a sua amplitude; e definitiva, resolúvel ou interimística conforme esteja suscetível a modificação posterior (MELLO, Marcos Bernardes de. *Teoria do Fato Jurídico*: plano da eficácia. 11 ed. São Paulo: Saraiva, 2019, p. 68).

sentido de que a cláusula não produzirá efeitos até que seja confirmada judicialmente, estando, pois, sob condição suspensiva.[54] [55]

O enfrentamento dessa questão exige a compreensão de que um fato jurídico reverbera de diferentes maneiras nas esferas jurídicas alheias. Por essa razão, mostra-se útil a classificação da eficácia que a considera: a) provisória ou definitiva, conforme esteja ou não sujeita à modificação ulterior; b) total ou parcial, conforme esgote, ou não, os seus efeitos primários e secundários, c) *ex tunc* ou *ex nunc*, conforme produza efeitos retroativos ou não.[56]

Por se tratar de *fattispecie* complexa, conclui-se que a eficácia total e definitiva somente valerá quando o último dos seus elementos se verificar,[57] com a particularidade de que é necessário o trânsito em julgado da sentença de procedência da ação confirmatória para garantir essas qualidades à eficácia da deserdação.

Os efeitos da cláusula deserdativa que demandam maior atenção concernem às restrições efetivas do direito à legítima dos herdeiros necessários, tendo em vista que o princípio da *saisine*, como regra, determina a transmissão patrimonial do acervo hereditário aos herdeiros desde a abertura da sucessão. Deve-se considerar também que o art. 5º, LIV, da Constituição Federal preceitua que ninguém será privado de seus bens sem o devido processo legal.

Assim, a abertura da sucessão por si só não autoriza a imediata eficácia da cláusula deserdativa relativamente às restrições de direitos do herdeiro deserdado. Afinal, a proteção à legítima opera de pleno direito, ou seja, sem necessidade de intervenção judicial, de modo que não basta o ato de autonomia privada patrimonial do autor da herança para suprimir esse direito.

Isso não significa, porém, que até o trânsito em julgado da sentença confirmatória a deserdação será inócua. A cláusula deserdativa poderá fundamentar, em caráter provisório e acautelatório, a tomada de medidas a fim de assegurar os direitos hereditários do deserdado e dos interessados, enquanto pende o estado de incerteza quanto à confirmação dos motivos. Nesse sentido já decidiu o Tribunal de Justiça do Estado de São Paulo, em acórdão no qual foi nomeado inventariante dativo para a administração do acervo hereditário, face à deserdação promovida pelo autor da herança.[58]

---

[54] TEPEDINO, Gustavo; BARBOZA, Heloisa Helena; MORAES, Maria Celina Bodin de. *Código Civil Interpretado conforme a Constituição da República*. Rio de Janeiro: Renovar, 2014, Vol. IV, p. 817.

[55] Zeno Veloso afirma: "Embora sob condição resolutiva, o deserdado é herdeiro. E como herdeiro, adquire a propriedade e entra na posse dos bens hereditários, *ope legis*, por força da *saisine* (ar. 1.784). Com a instauração da lide (art. 1.965), e tornando-se litigiosa a herança, aí sim, mas só a partir daí, admito que os bens sejam colocados sob depósito judicial, na posse do inventariante ou de outra pessoa, designada pelo juiz" (VELOSO, Zeno. *Comentários ao Código Civil*. São Paulo: Saraiva, 2003, p. 324). Veja-se que o presente trabalho não discorda totalmente da afirmação do autor, mas impõe como termo inicial para a produção de efeitos, ainda que parciais, da cláusula testamentária, o "cumpra-se" judicial do testamento.

[56] MELLO, Marcos Bernardes de. *Teoria do Fato Jurídico*: plano da eficácia. 11 ed. São Paulo: Saraiva, 2019, p. 58-80.

[57] *Ibidem*, p. 59.

[58] AGRAVO DE INSTRUMENTO. INVENTÁRIO. REMOÇÃO DE INVENTARIANTE. Recurso interposto pela agravante em face da decisão que a removeu do cargo de inventariante, nomeando profissional dativo em seu lugar. Existência de testamento público em que o falecido deserdou todos os seus quatro filhos, inclusive a agravante. Circunstância que recomenda a inventariança judicial, uma vez que o múnus será exercido por pessoa isenta, sem interesse direto nos bens que compõe o espólio e totalmente distante do conflito familiar inerente à deserdação. Nomeação do inventariante dativo mantida, assim como a remuneração fixada pelo juízo de origem, porquanto compatível com o vasto patrimônio a ser administrado. RECURSO NÃO PROVIDO. (SÃO PAULO.

DANIELE CHAVES TEIXEIRA (COORD.)
ARQUITETURA DO PLANEJAMENTO SUCESSÓRIO

Em outro caso semelhante, também julgado pelo Tribunal de Justiça de São Paulo, atribuiu-se a execução do testamento a testamenteiro dativo por haver cláusula deserdativa que desaconselhava a entrega dos bens ao deserdado ou aos herdeiros instituídos.[59] Consigne-se que, em ambas as decisões judiciais, não houve o favorecimento dos interessados em detrimento do deserdado, tampouco o contrário. Os provimentos colacionados nomearam terceiros de confiança do juízo para os encargos de inventariante e testamenteiro, de modo a garantir os direitos de ambas as partes ao final do litígio.

Ou seja, o plano jurídico não é indiferente à cláusula testamentária de deserdação até a confirmação de motivos, mas a perda efetiva e definitiva do direito à intangibilidade da legítima, que é o efeito essencial esperado da deserdação, somente se opera após o processo judicial, resguardados os direitos à ampla defesa e ao contraditório do herdeiro deserdado.

Nesse sentido, o provimento judicial da ação confirmatória tem como objetivo verificar se o suporte fático suscitado pelo testador para deserdar é verídico e se se enquadra na tipicidade legal. Deve-se ter em consideração que a regra é o princípio da intangibilidade da legítima e a deserdação, como excepcionalidade do ordenamento jurídico, somente é permitida com expressa declaração de causa. Como consequência, a existência do fato e sua tipificação legal são requisitos de validade da deserdação,[60] os quais, inobservados, inquinam a cláusula deserdativa de nulidade.[61]

A sentença que confirma os motivos da deserdação terá efeitos *ex tunc*, portanto, retroagirá à data da abertura da sucessão, em razão de seu caráter declaratório quanto à validade da cláusula. O efeito desconstitutivo da qualidade de herdeiro provém da eficácia da cláusula testamentária – núcleo essencial da deserdação – e não propriamente do provimento jurisdicional. No que for compatível ao caso concreto, defende-se a aplicação analógica da disciplina do herdeiro aparente prevista para o instituto da indignidade no art. 1.817 do Código Civil.[62]

Caso a ação confirmatória seja julgada improcedente, do mesmo modo, a sentença retroagirá à data da abertura da sucessão, devendo ser entregue ao deserdado o seu quinhão, acrescido de eventuais frutos.

No que tange aos limites subjetivos da eficácia jurídico-material da deserdação devidamente comprovada, somente ao deserdado recai a redução ou a exclusão da parte legítima, subsistindo aos seus descendentes o direito de herdar a cota legítima que lhe

---

Tribunal de Justiça. Segunda Câmara de Direito Privado. Agravo de Instrumento 2271505-09.2018.8.26.0000. Rel. Des. Rosangela Telles, j. 02 ago. 2019. DJE 02 ago. 2019).

[59] SÃO PAULO. Tribunal de Justiça. Segunda Câmara de Direito Privado. Agravo de Instrumento 1010063-52.2018.8.26.0482. Rel. Des. Rosangela Telles, j. 28 jan. 2020. DJE 12 fev. 2020.

[60] O princípio da intangibilidade da legítima proíbe o testador de afastar o herdeiro necessário imotivadamente. A violação a esse preceito reclama a aplicação do art. 166, VII do Código Civil, acarretando a nulidade virtual da cláusula que não explicite o motivo da deserdação.

[61] TEPEDINO, Gustavo; BARBOZA, Heloísa Helena; MORAES, Maria Celina Bodin de. *Código Civil Interpretado*: conforme a Constituição da República. Rio de Janeiro: Renovar, 2014, p. 815.

[62] Código Civil, art. 1.817. São válidas as alienações onerosas de bens hereditários a terceiros de boa-fé, e os atos de administração legalmente praticados pelo herdeiro, antes da sentença de exclusão; mas aos herdeiros subsiste, quando prejudicados, o direito de demandar-lhe perdas e danos. Parágrafo único. O excluído da sucessão é obrigado a restituir os frutos e rendimentos que dos bens da herança houver percebido, mas tem direito a ser indenizado das despesas com a conservação deles.

caberia por direito de representação, em razão do art. 1.816 do Código Civil, aplicado de forma analógica à deserdação.

Nos casos de deserdação parcial, a diferença entre o que foi deixado pelo testador ao deserdado e a cota legítima deverá ser recolhida pelos descendentes do excluído, por força do direito de representação, a menos que o testador indique expressamente que o bem deixado ao deserdado deva ser descontado da parte disponível, caso em que os descendentes do excluído herdarão toda a cota legítima que caberia ao ofensor.[63]

7   Aspectos instrumentais da deserdação

Conforme já exaustivamente exposto, a deserdação deve ser veiculada por meio de cláusula testamentária, com expressa declaração de causa. É necessário atentar-se à caracterização de alguma das hipóteses taxativamente previstas na lei para que a deserdação seja válida.

Ao promover a deserdação do herdeiro necessário, o testador deverá também levar em consideração que a legitimidade para propor a ação confirmatória dos motivos restringe-se ao herdeiro instituído ou àqueles que tenham interesse jurídico no afastamento,[64] ou seja, que aproveitem a deserdação do herdeiro necessário. Não há, portanto, legitimidade do Ministério Público ou do testamenteiro para promover a necessária ação confirmatória.[65]

Recomenda-se ao autor da herança que disponibilize e indique meios de prova para que os sucessores interessados possam se valer na ocasião da ação confirmatória, pois é sobre eles que recai o ônus probatório, de acordo com o art. 1.965 do Código Civil.

Nesse sentido, embora o autor da herança não possa atuar judicialmente para promover a deserdação pela impossibilidade jurídica do pedido, poderá ele se valer do procedimento de produção antecipada de prova,[66] com fundamento no art. 381, I do Código de Processo Civil.[67] Isso porque o lapso temporal entre a ocorrência do fato e a abertura da sucessão pode acarretar imensas dificuldades aos interessados na deserdação quando da propositura da ação confirmatória.[68]

Não se deve descartar também a possibilidade de fundamentar a ação de antecipação de prova no inciso III do art. 381 do Código de Processo Civil, pois o conhecimento prévio acerca dos fatos pode dissuadir o autor da herança de deflagrar a deserdação.

---

[63] Essa conclusão é extraída da interpretação analógica dos arts. 2.005 e 2.006 do Código Civil, *in verbis*: "Art. 2.005. São dispensadas da colação as doações que o doador determinar saiam da parte disponível, contanto que não a excedam, computado o seu valor ao tempo da doação". "Art. 2.006. A dispensa da colação pode ser outorgada pelo doador em testamento, ou no próprio título de liberalidade".

[64] CC, art. 1.965. Ao herdeiro instituído, ou àquele a quem aproveite a deserdação, incumbe provar a veracidade da causa alegada pelo testador.

[65] ROSENVALD, Nelson; BRAGA NETTO, Felipe. *Código Civil comentado*. Salvador: JusPodivm, 2020. p. 1926.

[66] No mesmo sentido: VELOSO, Zeno. *Comentários ao Código Civil*. São Paulo: Saraiva, 2003, p. 319.

[67] Código de Processo Civil, art. 381: A produção antecipada da prova será admitida nos casos em que: I - haja fundado receio de que venha a tornar-se impossível ou muito difícil a verificação de certos fatos na pendência da ação [...]".

[68] VELOSO, Zeno. *Comentários ao Código Civil*. São Paulo: Saraiva, 2003, p. 319.

É importante consignar que o procedimento não se destina a provar a deserdação,[69] mas tão somente provar a existência de um fato do qual dependerá a eficácia da deserdação operada pelo autor da herança em testamento. Tanto assim que o art. 382, §2º do Código de Processo Civil preceitua que "[o] juiz não se pronunciará sobre a ocorrência ou a inocorrência do fato, nem sobre as respectivas consequências jurídicas".

Também poderá o autor da herança lançar mão da ata notarial lavrada por tabelião,[70] prevista no art. 384 do Código de Processo Civil, para provar a ocorrência do fato desonroso. Trata-se de medida extrajudicial que conferirá fé pública aos fatos atestados pelo tabelião.

A ação confirmatória da deserdação deverá ser ajuizada no prazo decadencial de quatro anos, segundo o art. 1.965 do Código Civil, a contar da data da abertura do testamento. O termo inicial previsto no texto legal é problemático, pois somente estão sujeitos à abertura os testamentos cerrados, em solenidade prevista no art. 735 do Código de Processo Civil. Logicamente dispensada essa solenidade nas demais modalidades testamentárias, poderia haver dúvida quanto ao início do cômputo do referido prazo.

Diante disso, propõe-se que o termo inicial nesses casos seja a data da publicação da sentença de registro e cumprimento do testamento, exarada nos termos do art. 735, §2º do Código de Processo Civil, pois essa decisão indica a conformidade do ato de disposição com os requisitos extrínsecos exigidos pela lei, ainda que os requisitos intrínsecos permaneçam sujeitos à discussão em ação judicial própria.[71]

O ônus probatório da ocorrência do suporte fático da deserdação apontada em testamento, segundo preceitua o art. 1.965 do Código Civil, é do herdeiro instituído ou daquele que aproveite a exclusão, independentemente de quem proponha a ação para a confirmação dos motivos. Contudo, essa regra não afasta a incidência do art. 139, VI do Código de Processo Civil, o qual contempla a positivação da teoria da carga dinâmica das provas na doutrina processualista.[72]

As defesas específicas para afastar a deserdação por parte do herdeiro deserdado podem residir i) na impugnação aos fatos aventados pelo testador, negando-lhes a ocorrência ou a forma como se produziram, o que configura defesa direta; ii) na inobservância do requisito legal de indicação do motivo, portanto, na invalidade da

---

[69] "Embora não seja o testador, ele próprio, que vai ingressar com a ação futura, tem, sem dúvida, o interesse atual, justo e justíssimo, de fornecer meios e subsídios para que sua última vontade seja cumprida, e isso depende de que tal ação vingue e prospere. [...] Concluo, então, que o testador pode requerer, em juízo, medida cautelar, pedindo a antecipação da prova, quanto à causa apontada como ensejadora da deserdação de seu herdeiro necessário [...]" (*Ibidem*, p. 319).

[70] A ata notarial é "documento revestido de fé pública, lavrado por tabelião que atesta a existência de um fato ou o modo de esse fato existir, descrevendo-o conforme ele se apresenta, de sorte a preservar a memória de sua ocorrência e servir como prova autêntica de como, quando e de que forma tais fatos se deram" (NERY JR., Nelson; NERY, Rosa Maria de Andrade. *Código de Processo Civil Comentado*. 18 ed. rev., atual., ampl. São Paulo: Thomson Reuters, 2019, p. 1031.

[71] Em sentido diverso, José Fernando Simão defende que o termo inicial do prazo é a intimação dos demais herdeiros pelo juízo que procederá ao registro do testamento (SIMÃO, José Fernando. In: SCHREIBER, Anderson [et. al.]. *Código Civil Comentado*: doutrina e jurisprudência. Rio de Janeiro: Forense, 2019. p. 1527). Apesar de louvável posição, entende-se que a fixação do termo inicial no ato judicial comum às demais formas testamentárias oferece maior segurança jurídica e equivalência ao ato indicado pela lei. Além disso, caso o testamento não receba o "cumpra-se", sua exequibilidade estará comprometida, prejudicando-se, por conseguinte, também a cláusula deserdativa.

[72] ROSENVALD, Nelson; BRAGA NETTO, Felipe. *Código Civil Comentado*. Salvador: JusPodivm, 2020. p. 1926.

cláusula; iii) na impugnação à consequência jurídica da deserdação porque, embora verdadeiro, o motivo não configura causa legal de deserdação.[73] A essas defesas somam-se, decerto, qualquer fato impeditivo ou extintivo da exclusão, como eventuais invalidades testamentárias que atinjam a cláusula deserdativa.[74]

8 Conclusão

Nos dizeres de Daniele Chaves Teixeira, "o planejamento sucessório é instrumento jurídico que permite a adoção de uma estratégia voltada para a transferência eficaz e eficiente do patrimônio de uma pessoa após a sua morte",[75] com o objetivo de atender à vontade do titular do patrimônio, que é limitada pela incidência do princípio da intangibilidade da legítima, quando houver herdeiros necessários.

Como a legítima é um limite inderrogável ao planejamento sucessório e, portanto, deve ser respeitado, a deserdação surge como o instrumento adequado para contornar o direito do herdeiro se – *e apenas se* – houver transgressão à solidariedade familiar por meio da prática de algum dos atos tipificados pela lei. É importante salientar que a atuação do profissional no planejamento sucessório deve ser pautada pelo respeito às normas imperativas e pelo comportamento ético, não devendo ser empregados institutos jurídicos em fraude à lei.

Portanto, ao identificar no cliente o desejo de afastar um herdeiro necessário, a primeira providência do advogado deverá ser a identificação do motivo do autor da herança e a subsequente análise das hipóteses legais. Se for possível concluir que existe no caso concreto suporte fático para sustentar a deserdação, o profissional deverá orientar a elaboração de um testamento com cláusula deserdativa em que as razões sejam explicitamente apresentadas, com a narração específica dos fatos ensejadores da deserdação.

Convém que sejam reunidas provas acerca dos fatos suscitados para a exclusão, pois isso será objeto de ação confirmatória posterior, sendo facultado ao autor da herança a utilização do procedimento judicial de produção antecipada de provas ou da ata notarial. É importante reforçar que não há instrumentos jurídicos hábeis a atribuir efeito à deserdação enquanto ainda vivo o autor da herança. Essas providências sugeridas têm natureza apenas probatória, e não desconstitutiva da qualidade de herdeiro. De qualquer modo, não se dispensa a atuação dos interessados posteriormente à abertura da sucessão para a análise judicial da validade da deserdação.

Ao assistir o autor da herança que pretenda deserdar um herdeiro necessário, é importante também que o advogado esclareça acerca da possibilidade de deserdação parcial, para que seja avaliada a extensão da sanção proporcionalmente à ofensa, considerando as qualidades pessoais do ofensor.

---

[73] VELOSO, Zeno. *Comentários ao Código Civil*. São Paulo: Saraiva, 2003, p. 324.

[74] Em observância ao princípio da conservação do negócio jurídico, recepcionado no direito testamentário no art. 1.910 do Código Civil, ineficácia de uma cláusula testamentária não implica necessariamente a ineficácia de todo o ato.

[75] TEIXEIRA, Daniele Chaves. *Planejamento sucessório*: pressupostos e limites. 2 ed. Belo Horizonte: Fórum, 2019, p. 64-65.

Por derradeiro, salienta-se que, enquanto vigente o princípio da intangibilidade da legítima por norma imperativa e cogente, a autonomia patrimonial do autor da herança é limitada, e caberá ao profissional na execução do planejamento sucessório avaliar com responsabilidade e ética o cabimento dos institutos jurídicos que o excepcionam licitamente.

Referências

AMORIM FILHO, Agnelo. Critério científico para distinguir a prescrição da decadência e para identificar as ações imprescritíveis. *Revista da Faculdade de Direito da Universidade Federal do Ceará*, vol. 14, 1960, p. 300-351. Disponível em: http://www.revistadireito.ufc.br/index.php/revdir/article/view/434. Acesso em: 15 jul. 2020.

BRASIL. Senado Federal. *Projeto de Lei 3.799/2019*. Altera o Livro V da Parte Especial da Lei nº 10.406, de 10 de janeiro de 2002, e o Título III do Livro I da Parte Especial da Lei nº 13.105, de 16 de março de 2015, para dispor sobre a sucessão em geral, a sucessão legítima, a sucessão testamentária, o inventário e a partilha. Autoria: Senadora Soraya Thronicke. Disponível em: https://www25.senado.leg.br/web/atividade/materias/-/materia/137498. Acesso em: 13 jul. 2020.

BRASIL. Superior Tribunal de Justiça. Quarta Turma. *Recurso Especial 334.773/RJ*. Rel. Min. Cesar Asfor Rocha, j. 21 maio 2002.

BRASIL. Superior Tribunal de Justiça. Quarta Turma. Recurso Especial 124313/SP (1997/0019264-4). Rel. Min. Luís Felipe Salomão, j. 16 abr. 2009. *DJE* 08 jun. 2009.

CORTIANO JR., Eroulths. Sucessão e cláusulas restritivas. *In:* TEIXEIRA, Daniele Chaves (Coord.). *Arquitetura do planejamento sucessório*. 2 ed. Belo Horizonte: Fórum, 2019. p. 451-463.

DIAS, Maria Berenice. *Manual das Sucessões*. 6 ed. Salvador: JusPodivm, 2019.

GOMES, Renata Raupp. Deserdação, indignidade e revogação de doação por ingratidão: a necessária compreensão do tríptico jurídico. *In:* PEREIRA, Rodrigo da Cunha; DIAS, Maria Berenice. *Famílias e Sucessões*: polêmicas, tendências e inovações. Belo Horizonte: IBDFam, 2018. p. 277-295.

HIRONAKA, Giselda Maria Fernandes Novaes. *A incessante travessia dos tempos e a renovação dos paradigmas*: a família, seu status e seu enquadramento na pós-modernidade, v. 101, p. 153-167, jan./dez. 2006

LÔBO, Paulo. Direito Civil: *Sucessões*. vol. 6. 6 ed. São Paulo: Saraiva, 2020. Edição Kindle.

MARTINS-COSTA, Judith. *A boa-fé no direito privado*: critérios para a sua aplicação. 2 ed. São Paulo: Saraiva, 2018.

MELLO, Marcos Bernardes de. Classificação dos fatos jurídicos. *In:* TEIXEIRA, Ana Carolina Brochado; RIBEIRO, Gustavo Pereira Leite (Coord.). *Manual de Teoria Geral do Direito Civil*. Belo Horizonte: Del Rey, 2011. p. 549-563.

MELLO, Marcos Bernardes de. *Teoria do fato jurídico*: plano da eficácia. 11 ed. São Paulo: Saraiva, 2019.

MELLO, Marcos Bernardes de. *Teoria do fato jurídico*: plano da existência. 22 ed. São Paulo: Saraiva, 2019.

MIRANDA, Francisco Cavalcanti Pontes de. *Tratado dos testamentos*. Leme: BH Editora e Distribuidora, 2005. v. 4.

NERY JR., Nelson; NERY, Rosa Maria de Andrade. *Código de Processo Civil Comentado*. 18 ed. rev., atual., ampl. São Paulo: Thomson Reuters, 2019.

NEVARES, Ana Luiza Maia. A condição de herdeiro necessário do companheiro sobrevivente. *Revista Brasileira de Direito Civil – RBDCivil*, Belo Horizonte, v. 23, p. 17-37, jan./mar. 2020.

NEVARES, Ana Luiza Maia. *A função promocional do testamento*. Rio de Janeiro: Renovar, 2009.

NONATO, Orosimbo. *Estudos sôbre sucessão testamentária*. Rio de Janeiro: Revista Forense, 1957.

PEREIRA, Caio Mário da Silva. *Instituições de Direito Civil*. rev. e atual. por Carlos Roberto Barbosa. vol. VI. 26. ed. Rio de Janeiro: Forense, 2019.

PERLINGIERI, Pietro. *O direito civil na legalidade constitucional*. Rio de Janeiro: Renovar, 2008.

ROSENVALD, Nelson; BRAGA NETTO, Felipe. *Código Civil comentado*. Salvador: JusPodivm, 2020.

SÃO PAULO. Tribunal de Justiça. Segunda Câmara de Direito Privado. Agravo de Instrumento 2271505-09.2018.8.26.0000. Rel. Des. Rosangela Telles, j. 02 ago. 2019. *DJE* 02 ago. 2019.

SÃO PAULO. Tribunal de Justiça. Segunda Câmara de Direito Privado. Agravo de Instrumento 1010063-52.2018.8.26.0482. Rel. Des. Rosangela Telles, j. 28 jan. 2020. *DJE* 12 fev. 2020.

SÃO PAULO. Tribunal de Justiça. Segunda Câmara de Direito Privado. Apelação Cível 1000250-68.2016.8.26.0547; Rel. Des. Marcos Vinicius Rios Gonçalves, j. 06 dez. 2018. *DJE* 06 dez. 2018.

SÃO PAULO. Tribunal de Justiça. Sexta Câmara de Direito Privado. Apelação Cível 1000127-70.2014.8.26.0602; Rel. Des Maria Salete Corrêa Dias, j. 12 set. 2018. *DJE*. 12 set. 2018.

TEIXEIRA, Daniele Chaves. *Planejamento sucessório*: pressupostos e limites. 2 ed. Belo Horizonte: Fórum, 2019.

TEIXEIRA, Daniele Chaves; COLOMBO, Maici Barboza dos Santos. Faz sentido a permanência do princípio da intangibilidade da legítima no ordenamento jurídico brasileiro? *In:* TEIXEIRA, Daniele Chaves (Coord.). *Arquitetura do Planejamento Sucessório*. 2 ed. Belo Horizonte: Fórum, 2019. p. 155-169.

TEPEDINO, Gustavo; BARBOZA, Heloísa Helena; MORAES, Maria Celina Bodin de. *Código Civil Interpretado*: conforme a Constituição da República. Vol. IV. Rio de Janeiro: Renovar, 2014.

TEPEDINO, Gustavo; OLIVA, Milena Donato. *Fundamentos do Direito Civil*. Rio de Janeiro: Forense, 2020

VELOSO, Zeno. *Comentários ao Código Civil*. São Paulo: Saraiva, 2003.

Informação bibliográfica deste texto, conforme a NBR 6023:2018 da Associação Brasileira de Normas Técnicas (ABNT):

COLOMBO, Maici Barboza dos Santos. A deserdação como instrumento de planejamento sucessório. *In*: TEIXEIRA, Daniele Chaves (Coord.). *Arquitetura do Planejamento Sucessório*. Belo Horizonte: Fórum, 2021. p. 567-583. Tomo II. ISBN 978-65-5518-117-3.

AS CLÁUSULAS RESTRITIVAS DE PROPRIEDADE COMO INSTRUMENTO DE PLANEJAMENTO SUCESSÓRIO

MARCELO TRUZZI OTERO

Notas introdutórias

Caio Mário[1] bem descreve a gradativa evolução da propriedade, desde a origem, pautada pela necessidade de dominação (animais, terra e bens da vida), passando pela sua disciplina no *Corpus Iuris Civilis*, resultante de evolução milenar do direito romano, pautado pelo individualismo, adentrando nas transformações provocadas pelas invasões bárbaras geradoras de instabilidade e insegurança que culminaram na transferência, em troca de proteção, das terras aos nobres, estrutura esta mitigada pela Revolução Francesa, abolidora de alguns privilégios, mas sem aniquilar as principais características da propriedade, consistentes no seu caráter individual, absoluto e perpétuo, bem delineados no artigo 544 do Código Napoleônico.[2]

Para evitar abusos, inclusive e notadamente contra as investidas e desmandos do próprio Estado, a propriedade passou a ser considerada garantia individual, tal como a vida, a liberdade, a inviolabilidade de domicílio, expressões existenciais por excelência que, listadas em mesmo patamar de importância, bem evidenciam o destaque emprestado pelo legislador à propriedade, expressão máxima do individualismo.

A ideia de riqueza, prestígio e *status* associada à propriedade, notadamente à propriedade imobiliária, tornou-se de tal modo marcante que, até muito recentemente, mostrava-se decisiva para o direito privado que, embora não tenha permanecido infenso às transformações econômicas, políticas e sociológicas, emprestava a ela, propriedade, magnitude ímpar, como se representasse algo autônomo e alheio, cunhado por características particulares que emprestava autonomia e independência face a todos os demais institutos jurídicos, ignorando, desse modo, que nenhum instituto jurídico, e isso se aplica à propriedade, constitui fim em si mesmo, a suplantar os interesses da própria pessoa humana.

---

[1] *Instituições de Direito Civil*: Direitos Reais, Forense, p. 83-85.

[2] La proprieté est le droit de jouir et disposer des choses de la manière plus absolute, pourvu qu´on ne fasse un usage prohibé par les lois ou par les règlements.

Dignidade, solidariedade, boa-fé, função social obrigaram uma releitura dos institutos jurídicos em geral, e da propriedade em particular, para amoldá-los à nova realidade constitucional, de perspectiva existencial e solidarista. Isso não quer dizer, evidentemente, que a propriedade deixou de ser expressão de interesses individuais privados ou que o proprietário deixou de ter atribuições e poderes sobre o próprio patrimônio.

Essa nova perspectiva da "propriedade constitucional, ao contrário, não se traduz numa redução quantitativa dos poderes do proprietário, que a transformasse em uma 'minipropriedade', como alguém, com fina ironia, a cunhou, mas, ao reverso, revela uma determinação conceitual qualitativamente diversa, na medida em que a relação jurídica da propriedade, compreendendo interesses não proprietários (igualmente ou predominantemente) merecedores de tutela, não pode ser examinada *se non construendo in una endiadi le situazioni del proprietario e dei terzi*'. Assim considerada, a propriedade (deixa de ser uma ameaça e) e transforma-se em instrumento para a realização do projeto constitucional",[3] com conciliação de interesses, tanto do proprietário, como daqueles que estejam envolvidos, direta ou indiretamente, com a propriedade.

O problema é que essa visão funcionalizada do ordenamento em geral, e da propriedade em particular, como vetor de promoção da tutela da pessoa humana, na prática passa ao largo da realidade de inúmeras situações jurídicas subjetivas vivenciadas na realidade da vida. O individualismo quase soberano imbricado nos conceitos de propriedade e de proprietário ainda é claramente exercido pelo proprietário, olvidando dessa mirada constitucional, em que o *ser* sobrepõe o *ter*.

Como bem anotado por Marcus Dantas e Pablo Rentería:

> é possível dizer que dessa visão jusnaturalista acerca do direito de propriedade nasce uma "mentalidade proprietária", caracterizada pela ideia de que a disciplina do uso de todo e qualquer bem existente em sociedade pode ser pensada como atribuição da titularidade exclusiva a determinada pessoa, da prerrogativa de decidir como ele será utilizado. Sua característica essencial é conhecida: o individualismo e, – em grande medida, o egoísmo – de quem não precisa pensar nas consequências sociais do exercício do seu direito.[4]

O ordenamento jurídico volta-se para a pessoa humana (CF, art. 1º); não o contrário, como aponta Francisco Amaral:

> A pessoa é hoje um valor fonte do direito, no sentido de que dele é causa eficiente e a ele preexiste. Já assim pensava Hermogeniano ao dispor que "...*hominum cause omne ius constitutum sit*" (D. I, 2, 2). Também a Constituição da República a ela se refere, atribuindo-lhe caráter central e natureza de fundamento da ordem jurídica brasileira (CR, art. 1º, III). Sua natureza e dignidade são o fundamento, a causa e medida dos direitos e deveres.[5]

Entendimento diverso implica clara e manifesta subversão hermenêutica e sistemática já que:

---

[3] Gustavo Tepedino, *Temas de Direito Civil*, Renovar, p. 286.

[4] Notas sobre os bens comuns, in: *O Direito Civil, entre o Sujeito e a Pessoa*: estudos em homenagem ao Professor Stefano Rodotà, Foco, p. 139.

[5] Francisco Amaral, *Direito Civil*: Introdução, Saraiva, p. 62.

no vigente ordenamento não existe um direito subjetivo – propriedade privada, crédito, usufruto – ilimitado, atribuído ao exclusivo interesse do sujeito, de modo tal que possa ser configurado como entidade pré-dada, isso é, preexistente ao ordenamento e que deva ser levada em consideração enquanto conceito, ou noção, transmitido de geração em geração.[6]

Certo é que ainda hoje nos deparamos com titulares de situações subjetivas que, *embora imbuídos ou não dos melhores e mais altivos propósitos, mas ainda apegados àquele ultrapassado conceito de propriedade oitocentista que lhes assegurava fazer tudo o que lhes aprouvesse relativamente ao patrimônio*, mostram-se desejosos em dar destinação ao próprio patrimônio ou definir como este patrimônio será explorado pelos herdeiros, mesmo depois da morte, quando referido patrimônio sequer mais lhes pertence, e muitas vezes de forma absolutamente desvinculada dos interesses dos destinatários.

É dentro dessa perspectiva civil-constitucional solidarista e humanizada, dentro desse novo espectro da propriedade constitucional, que devemos analisar as cláusulas restritivas de propriedade como instrumento válido e eficaz de planejamento sucessório, ou melhor, quando as cláusulas de inalienabilidade, de impenhorabilidade e de incomunicabilidade serão efetivamente instrumentos válidos e eficazes para um planejamento sucessório minimamente seguro, eficaz, e que venha ao encontro dos efetivos interesses do sucessor.

A legítima do herdeiro necessário sob a perspectiva civil-constitucional

São herdeiros necessários, segundo o artigo 1.845 do Código Civil, os descendentes, os ascendentes e o cônjuge, sendo que a doutrina amplamente majoritária inclui o companheiro neste seleto rol, em especial após o julgamento do Recurso Extraordinário n. 878.694, Tema 809 do Supremo Tribunal Federal,[7] responsável pela equiparação do regime jurídico sucessório entre cônjuge e companheiros. A eles, herdeiros necessários, é assegurada, pelo sistema vigente, metade do patrimônio do falecido, intitulada legítima, reserva ou parte obrigatória, da qual não podem ser alijados, salvo nas hipóteses de indignidade ou deserdação.

Pela codificação revogada, a legítima do herdeiro necessário, como de resto toda a herança, era considerada uma *longa manus* da propriedade, pautada pelo extremo individualismo, sujeitando-se a toda sorte de limitações e de restrições, a exemplo da imposição irrestrita das cláusulas de inalienabilidade, impenhorabilidade e incomunicabilidade ou a conversão de bens que compunham a legítima em outros de distinta natureza, pouco ou nada vinculadas às necessidades e aos interesses dos sucessores.

A legítima era compreendida dentro da perspectiva estritamente patrimonial, desvinculada de qualquer solidarismo familiar, e da perspectiva existencial trazidas pela Constituição Federal de 1988, que não mais compreende a legítima como um mecanismo de tutela da família enquanto ente despersonalizado, mas sim como vetor concreto de tutela da dignidade do sucessor. O compromisso ético e moral de proteção

---

[6] Pietro PERLINGIERI, *Perfis do Direito Civil*: introdução ao direito civil constitucional, p. 121.

[7] Dentre aqueles que defendem que o companheiro não é herdeiro necessário destaca-se a doutrina de Mario Luis Delgado Regis, Os novos herdeiros legitimários, in: *Revista Nacional de Direito de Família e Sucessões*, nº 22, jan-fev/2018, Porto Alegre: Lex-Magister, p. 42-63.

à família enquanto ente abstrato e despersonalizado foi substituído pelos princípios da afetividade e da solidariedade, a serem observados entre os integrantes do núcleo familiar, conforme bem observa Cláudio Luiz Bueno de Godoy:[8]

> a instituição de herdeiros que necessariamente recebem parte da herança, bem diferente do direito antigo, tem outro fundamento e outra função. Como se disse, forte na lição de Luigi Mengoni, a instituição da reserva destinada aos herdeiros necessários realiza diretamente o interesse coletivo de conservação econômico-social da família, de seu núcleo mais restrito. Ou, ao menos, constitui uma exigência social de preservação de interesses individuais dos parentes de vínculo mais estreito com o *de cujus*, expressão de uma inderrogável solidariedade que deve haver entre esses parentes mais próximos, mas de toda a sorte com isso tutelando-se, afinal, a própria família.

Nas palavras de Ana Luiza Maia Nevares,[9] a legítima não só evita o desamparo à família, mas também concretiza o princípio da solidariedade familiar previsto no artigo 3º, inciso I, da Constituição Federal, na medida em que distribui compulsoriamente os bens do *de cujus* entre os membros mais próximos da comunidade familiar, auxiliando-os no processo de inserção social.

A legítima concretiza, portanto, os princípios da proteção familiar e o da dignidade da pessoa humana, preconizados nos artigos 1º, inciso III, e 226 da Constituição Federal, o que lhe assegura a natureza de norma de ordem pública,[10] como no direito francês.[11]

Disso resulta que o herdeiro necessário "não é um simples credor da herança por uma quantia em dinheiro, calculada sobre o valor desta; mas tem o direito a uma quota abstracta da herança",[12] livre de condições, termos ou encargos, como se verificava nas Ordenações Filipinas e na Consolidação de Teixeira de Freitas, sob pena de inviabilizar a própria função promocional da legítima.

As cláusulas restritivas de propriedade

O direito de propriedade assegura ao titular três prerrogativas principais: usar, usufruir e dispor da coisa. Não se trata de prerrogativa absoluta e ilimitada, como afirmava Clóvis Beviláqua,[13] já que tais prerrogativas podem sofrer restrições em

---

[8] Dos herdeiros necessários e da gravação da legítima no novo Código Civil. In: NANNI, Giovanni Ettore (Coord.). *Temas relevantes do direito civil contemporâneo: reflexões sobre os cinco anos do Código Civil.* São Paulo: Atlas, 2008, p. 722.

[9] O princípio da intangibilidade da legítima. In: MORAES, Maria Celina Bodin de (Coord.). *Princípios do Direito Civil Contemporâneo.* Rio de Janeiro: Renovar, 2006, p. 537-539.

[10] Cf. PONTES DE MIRANDA, Francisco Cavalcante. *Tratado de Direito Privado.* Rio de Janeiro: Editor Borsoi, 1968, t. LV, p. 201; STOLZE, Pablo Gagliano. *O contato de doação: análise crítica do atual sistema jurídico e os seus efeitos no direito de família e das sucessões.* São Paulo: Saraiva, 2007, p. 46, 47 e 49; CLÁPIS, Alexandre Laizo. Clausulação da legítima e a justa causa do artigo 1.848 do Código Civil. In: *Revista de Direito Imobiliário.* São Paulo: Revista dos Tribunais, jul.-dez. 2004, ano 27, n. 57, p. 25.

[11] France. *Code civil.* Paris: Dalloz, 2000. nota 2, artigo 913, p. 709: Caractere d'ordre public de la reserve. Aucune disposition testamentaire ne peut modifier les droits que les héritier réservataires tienent de la loi, et la clause ayant pou effet de priver l'héritier réservataire du droit de jouir et disponer de biens compris dans as reserve (tableaux) ne peut être déclarée valable pars les juges du fond".

[12] Diogo Leite Campos. *Lições de Direito da Família e das Sucessões.* 2. ed., rev. e actual. Coimbra: Livraria Almedina, 1997, p. 599.

[13] *Direito das Coisas.* 4. ed., atual. Rio de Janeiro: Revista Forense, 1956, p. 115.

seus atributos naturais, ou nas circunstâncias de uso, fruição e disposição – provindas de mandamento constitucional e infraconstitucional e no interesse coletivo – como se verifica, respectivamente, com a função social da propriedade, com os direitos de vizinhança e com a desapropriação por interesse da coletividade; ou, ainda, decorrente da vontade humana, como se verifica com a imposição das cláusulas de inalienabilidade, de impenhorabilidade e de incomunicabilidade.

A cláusula de inalienabilidade mutila a prerrogativa do *jus abutendi*, impedindo o proprietário de alienar o patrimônio clausulado sob quaisquer de suas formas, gratuita ou onerosamente.[14] Impede, portanto, o titular de vendê-lo, permutá-lo, dá-lo em pagamento, doá-lo ou mesmo partilhá-lo em vida, como também de fazê-lo objeto de direitos reais de garantia, como a hipoteca, já que o fim desta importa em alienação forçada do bem.[15]

A impenhorabilidade representa uma exceção à regra de que o patrimônio do devedor responde por suas dívidas, na medida em que subtrai o bem da qualidade de garantia dos credores. Desse modo impede-se a suscetibilidade da penhora do bem assim clausulado, o que provoca a desconfiança da doutrina quanto ao conteúdo ético de semelhante restrição.[16]

A incomunicabilidade impede que o patrimônio integre a comunhão estabelecida com o casamento ou com a união estável, mantendo-o particular ao beneficiário, sem constituir coisa comum. Não impede, porém, a alienação do bem pelo titular, valendo a observação de que o produto obtido na venda se sub-rogará ao anterior, insuscetível de comunicação.[17]

A impenhorabilidade e a incomunicabilidade podem ser impostas isoladamente[18] ou *cumulativamente*, inclusive com a cláusula de inalienabilidade. Todavia, se impostas isoladamente, delas não resultará a inalienabilidade, como sói ocorrer, ordinariamente, com a inalienabilidade, abrangente da impenhorabilidade e da incomunicabilidade.[19]

Todas as três cláusulas retratadas constituem importante instrumento de planejamento sucessório, quando apostas no verdadeiro interesse do sucessor, e não do instituidor.

---

[14] "La clause d'inaliénabilité déroge au principe de la libre disposition des biens", in: Cass. Civ. 1, 15 juin 1994, Bull. Ci, I, n. 211, apud Philippe Malurie; Laurent Aynès. *Les Succecions – Les libéralités*, p. 191.

[15] Carlos Alberto Dabus Maluf. *Cláusulas de inalienabilidade, incomunicabilidade e impenhorabilidade*. 4. ed., rev. e atual. São Paulo: Revista dos Tribunais, 2006, p. 49.

[16] Maria Berenice Dias. *Manual das Sucessões*. São Paulo: Revista dos Tribunais, 2008, p. 276: "A cláusula de impenhorabilidade é de questionável conteúdo ético, pois, consiste em blindar o herdeiro. Ao fim e ao cabo, visa protegê-lo de seus credores. Ao ser impedida a penhora dos bens que recebeu por herança, desonera o herdeiro de responder por seus débitos". Diversa é a posição de Washington de Barros Monteiro. *Curso de Direito Civil: Direito das Sucessões*, 35. ed. atual. por Ana Cristina de Barros Monteiro França Pinto, São Paulo: Saraiva, v. 6, p. 113: "Tal cláusula, extensiva aos frutos e rendimentos, é perfeitamente válida; não ofende a lei nem contraria os bons costumes".

[17] Em sentido contrário, Ademar Fioranelli defende que as cláusulas de incomunicabilidade e de impenhorabilidade não se sub-rogam no bem que vier a ser adquirido com o produto havido na venda do bem atingido por aquelas cláusulas e que veio a ser alienado. In: *Das cláusulas de inalienabilidade, impenhorabilidade e incomunicabilidade*. São Paulo: Saraiva, 2008.

[18] *RSTJ* 137/457: "O gravame da impenhorabilidade pode ser instituído independentemente da cláusula de inalienabilidade. O donatário não estará impedido de alienar, mas o bem ficará a salvo de penhora".

[19] Código Civil, art. 1911: A cláusula de inalienabilidade, imposta aos bens por ato de liberalidade, implica penhorabilidade e incomunicabilidade.

Um filho sabidamente incapaz para administrar o próprio patrimônio; o cônjuge ou companheiro idoso, em reconhecida vulnerabilidade, sujeito à captação dolosa de vontade por parte de um parente ou mesmo de um estranho; um neto órfão que não tem quem zele pelos seus interesses até a maioridade; o jovem inebriado pela paixão arrebatadora que obscurece a razão e o conduz a se unir a pessoa de duvidosa índole,[20] enfim, qualquer situação de vulnerabilidade, como essas listadas exemplificativamente, desassossega, inquieta, desassiste quem, compreendendo a própria finitude, preocupa-se com o futuro dessas pessoas que são caras afetivamente, como filhos, cônjuges e companheiros, e como elas administrarão, a bem dos interesses delas, o patrimônio que lhes será transmitido hereditariamente.

Inúmeras são as arquiteturas de planejamentos sucessórios tutelando os interesses destes vulneráveis, sendo a imposição de cláusulas de inalienabilidade, de impenho-rabilidade ou de incomunicabilidade, *cumulativa ou isoladamente*, uma das soluções possíveis, com as vantagens e desvantagens inerentes.

Não basta, contudo, ao titular do patrimônio apor irrestrita e injustificadamente as cláusulas restritivas ao patrimônio sucedendo, notadamente sobre a parte que onera a legítima do herdeiro necessário, para tê-las como válidas. É imperioso ao instituidor observar não só os rigores da lei quanto à forma de imposição, como também, *relativamente ao conteúdo delas*, atentar para os efetivos e concretos interesses dos herdeiros, cumprindo, assim, a instituição, a função promocional imanente às cláusulas restritivas que lhes assegura juridicidade e lhes dá razão de ser. Na medida em que as cláusulas em estudo constituem uma restrição ao direito de propriedade dos herdeiros, elas somente serão admitidas se tutelarem, no caso concreto e diante da realidade fática, o efetivo interesse do sucessor que experimentará a restrição ao seu quinhão hereditário, como se verifica nas hipóteses exemplificativamente elencadas acima.

Com absoluta razão, Daniele Chaves Teixeira e Maici Barboza dos Santos Colombo destacam:

> a necessidade de se contemplar as vulnerabilidades em concreto dos herdeiros que dependiam do autor da herança, mais do que o mero vínculo familiar, a fim, de com isso, atender-se a igualdade material, imperiosa em decorrência da dignidade da pessoa humana.[21]

Em rol exemplificativo, um filho sabidamente estroina e dissipador, viciado em jogo ou dependente químico que, em razão do vício, aniquila seu patrimônio pessoal, teria seus interesses preservados com a imposição da cláusula de inalienabilidade, temporária ou vitalícia, abrangendo a totalidade ou apenas parte dos bens transmitidos por doação ou sucessão pelo autor da herança. O cônjuge envolto em dívidas, insolvente, repleto de pendências financeiras que comprometem a sua saúde financeira, terá seus interesses preservados com a cláusula de impenhorabilidade. Aquele outro que se consorcia com pessoa condenada judicialmente pela prática de estelionato, extorsão, posse sexual mediante fraude ou outra situação que, pela natureza, induz dúvida concreta

---

[20] Zeno Veloso, em palestras proferidas, preconiza: todo apaixonado deveria ser interditado.

[21] Faz sentindo a permanência do princípio da intangibilidade da legítima no ordenamento jurídico brasileiro? in: *Arquitetura do Planejamento Sucessório*, p. 133.

quanto à idoneidade de propósitos do cônjuge ou do companheiro, como a existência de relacionamentos anteriores em que o cônjuge ou o companheiro experimentou vantagem patrimonial decorrente da contratação de regime da comunhão de bens, terá seus interesses justificadamente assegurados com a cláusula de incomunicabilidade.[22]

Partindo do pressuposto de que as cláusulas são apostas no efetivo e concreto interesse dos sucessores, *pressuposto de validade da clausulação da legítima do herdeiro necessário*, a inalienabilidade, a impenhorabilidade e a incomunicabilidade têm significativa vantagem relativamente a outros modelos de planejamentos sucessórios pelo baixíssimo custo e a quase nenhuma burocracia para a sua formalização, além da efetividade prática resultante da imposição.

Enquanto as *holdings* familiares e os *trusts, instrumentos de planejamento sucessórios que também possibilitam proteção do patrimônio transmitido aos sucessores em vulnerabilidade,* demandariam tempo, um complexo emaranhado de instrumentos para conformar a estruturação corporativa das pessoas jurídicas e, sobretudo, gastos consideráveis com assessorias jurídica e contábil e com tributos, a imposição das cláusulas restritivas sobre a propriedade é relativamente simples, sem maiores burocracias ou gastos.

A imposição das cláusulas deve ser feita obrigatoriamente em testamento ou no instrumento de doação, sob pena de invalidade, cabendo, ao instituidor, especificar, no instrumento que encerra as cláusulas, quais delas onerarão o quinhão hereditário do sucessor, quais bens e direitos se sujeitarão a elas, qual será o termo final ou as condições para a permanência de cada uma das cláusulas, além da motivação que o levou a impor as restrições.

Deve, portanto, o instituidor esclarecer se as cláusulas de inalienabilidade, de impenhorabilidade e de incomunicabilidade incidirão cumulativamente ou se apenas uma ou duas delas atingirão o patrimônio listado, lembrando que a cláusula de inalienabilidade abrange as duas outras, nos termos do artigo 1.911 do Código Civil. Compete, também, ao instituidor deixar absolutamente claro se as cláusulas incidirão sobre todo o patrimônio transmitido ao herdeiro/donatário ou se elas ficarão adstritas a certos e determinados bens, competindo-lhe, ainda, estabelecer se as cláusulas são vitalícias ou temporárias, e, se temporárias, quais as eventuais circunstâncias que autorizariam o levantamento da restrição aposta, a exemplo da possibilidade de levantamento da inalienabilidade após o sucessor incapaz atingir a plenitude da capacidade ou do levantamento da impenhorabilidade após a normalização da situação financeira pelo sucessor envolto em dívidas.

Exceção à forma legal (testamento ou instrumento de doação) e a estes cuidados pontuais a serem observados quanto ao conteúdo das cláusulas, não há maior complexidade ou gasto na instituição das cláusulas restritivas que produzirão os efeitos almejados pelo instituidor imediatamente após a liberalidade, em caso de doação, ou da abertura da sucessão, no caso de morte.

---

[22] Defendemos ponto de vista semelhante ao desenvolvido pelos idealizadores do Projeto de Lei 6.960, de 2002, de autoria do saudoso Deputado Ricardo Fiúza, entendendo que as razões da incomunicabilidade estão inseridas na própria incomunicabilidade, não carecendo de maiores justificativas. Referido projeto não foi convertido em lei até o final da legislatura de sua apresentação, não se tendo notícia de algum substituto apresentado em seu lugar.

Inegáveis, sob essas perspectivas, as vantagens desse tipo de planejamento sucessório: baixo custo, pouquíssima burocracia, rapidez; tudo o que muitas vezes não se tem em um significativo número de planejamentos sucessórios, em que o estado de saúde e a premência da realidade fática do herdeiro muitas vezes demandam.

A par das vantagens apontadas, a imposição de cláusulas restritivas sobre a propriedade não é isenta de críticas. A principal delas é que ditas cláusulas encerram severíssima restrição ao direito de propriedade, constituindo desestímulo à circulação da riqueza, impedindo não só a venda, mas toda forma de alienação e de oneração do patrimônio constrito, obstando, assim, a doação, a dação em pagamento, a instituição de hipoteca ou de outro direito real sobre o patrimônio, o que, em boa parte das vezes, acaba prejudicando o herdeiro ao invés de beneficiá-lo, na medida em que dificulta a obtenção de recursos para fazer realizar outras necessidades ou interesses do herdeiro, como exemplo, vender o bem para aplicar o produto em um outro negócio reputado mais promissor ou mesmo aplicá-lo em um tratamento de saúde, enfim, limitações que acabam reduzindo consideravelmente as potencialidades que o patrimônio pode proporcionar ao novo titular.

Outro ponto que desqualifica a imposição de cláusulas restritivas é a burocracia enfrentada pelo sucessor para *levantá-las* ou *extingui-las*. Enquanto no levantamento dos vínculos o interessado reclama a superação de cláusulas restritivas ainda válidas e vigentes, sub-rogando-as ou não em outros bens ou direitos, na extinção dos vínculos o interessado reclama simplesmente a desoneração do patrimônio pelo adimplemento da condição ou do termo consignados no instrumento que os instituiu ou, então, porque o motivo determinante da clausulação exauriu ou simplesmente deixou de existir.[23]

Para Clóvis Beviláqua,[24] o levantamento das cláusulas restritivas é possível "não apenas nos casos de indeclinável necessidade, senão ainda nos de real e manifesta conveniência do proprietário do bem clausulado", assim reconhecidas como tais a ruína do prédio e a escassez de recursos para repará-lo; a escassez de recursos financeiros para tratamento de saúde,[25] para quitar de impostos do próprio imóvel,[26] para fazer frente aos impostos de despesas do inventário em que a transmissão do patrimônio afetado está sendo instrumentalizada.[27]

Salvo situações objetivas que permitem ao interessado formular pedido administrativo diretamente ao oficial do cartório de registro de imóveis, *como a hipótese da inalienabilidade até a maioridade do herdeiro,* todas as demais hipóteses de levantamento ou de extinção das cláusulas demandam, sempre e necessariamente, autorização judicial,

---

[23] Euclides de Oliveira e Sebastião Amorim. *Inventários e Partilhas: direito das sucessões: teoria e prática.* 26. ed. São Paulo: Saraiva, 2020, p. 247: "Os vínculos são extintos uma vez cessada sua eficácia". No mesmo sentido, Mauro Antonini. *Código Civil Comentado.* Coord. César Peluso. Barueri: Manole, 2007, p. 1837.

[24] *Código Civil.* 4. ed. Rio de Janeiro: Freitas Bastos, v. VI, 1939, p. 137: "A subrogação póde dar logar a abusos; mas a sua prohibição, em absoluto, seria injusta por lesiva de legitimos interesses. Muitas vezes o proprietário estará impossibilitado de utilizar o immovel, por falta de recursos, pela situação do bem, ou por outra razão egualmente valiosa. O direito não póde querer o prejuízo do proprietário e a inutilização do bem, quando os fins da inalienabilidade se podem alcançar com o expediente da subrogação".

[25] RT 772/395-398.

[26] RT 669/156.

[27] RT 594/220.

redundando em acentuada burocracia,[28] elevados custos e considerável tempo que, na maioria das vezes, mostram-se incompatíveis com a própria necessidade do herdeiro e com a agilidade exigida pelas transações imobiliárias.

Em outras palavras, as vantagens com a imposição das cláusulas de inalienabilidade, de impenhorabilidade e de incomunicabilidade – baixo custo, pouca burocracia e pronta eficácia na tutela dos interesses dos herdeiros – soçobram completamente quando a carência do herdeiro demanda o pronto levantamento ou a extinção dos vínculos pela consecução da finalidade protetiva que conduziram à própria clausulação do patrimônio.

Deve, portanto, o instituidor, antes de optar por este tipo de planejamento sucessório, ser esclarecido detidamente sobre todos os *prós e contras* para, sopesadas objetivamente todas as circunstâncias concretas, tomar uma decisão que melhor se amolde aos efetivos interesses e as necessidades dos sucessores, com o risco de menor dano possível.

As cláusulas restritivas sobre a legítima do herdeiro necessário

Na perspectiva solidarista imposta pela Constituição Federal, o patrimônio desempenha funções sociais relevantes que vão muito além da perspectiva marcantemente individualista desenhada pela codificação revogada. Realmente, "em um sistema inspirado na solidariedade política, econômica e social e pelo pleno desenvolvimento da pessoa (art. 2 Const)", em que "o conteúdo da função social assume um papel promocional, de maneira que a disciplina das formas proprietárias e a sua interpretação deverão ocorrer de forma a garantir e promover os valores sobre os quais se funda o ordenamento".[29]

A partir destes vetores constitucionais que tutelam a dignidade e impõem a solidariedade, definitivamente não há mais espaço para o proprietário onerar a propriedade injustificadamente, de forma desvinculada da tutela de algum interesse efetivo, raciocínio que, evidentemente, aplica-se às cláusulas de inalienabilidade, de impenhorabilidade e de incomunicabilidade.

Não basta ser lícito, *no sentido de estar conforme a legislação infraconstitucional*, para ter como jurídicas as cláusulas de inalienabilidade, de impenhorabilidade e de incomunicabilidade. Somente serão dignas de tutela jurídica as situações que observarem a função promocional de tutela da dignidade do sucessor. Daí a importância da motivação, pois dela que se constatará a pertinência ou não de cada uma das cláusulas restritivas.

Se esse posicionamento se sujeita à crítica daqueles que encontram na literalidade do civil[30] a possibilidade de imposição das cláusulas de inalienabilidade, de impenhorabilidade e de incomunicabilidade imotivadamente sobre a parte disponível do patrimônio do testador, dúvida alguma remanesce sobre a imperiosidade de o testador

---

[28] Contratação de advogado, perícias avaliatórias, contratação de assistentes técnicos, custas processuais.

[29] Pietro PERLINGIERI, *O Direito Civil na Legalidade Constitucional*, p. 940.

[30] Corrente doutrinária majoritária se apega a literalidade do artigo 1848 do CC para sustentar que a lei expressamente proibiu a imposição de cláusulas sobre a legítima, salvo se houver justificativa. *Contrario senso*, as admite, imotivadamente, sobre a parte disponível do patrimônio.

justificar, pormenorizadamente, cada uma das cláusulas restritivas incidentes sobre a legítima do herdeiro necessário, quando apostas em testamento.

Diferentemente do entendimento anteriormente desenvolvido de que as cláusulas restritivas devem sempre ser motivadas para se coadunarem à hermenêutica constitucional e à perspectiva funcionalizada da propriedade, a motivação para a imposição das cláusulas restritivas de propriedade sobre a legítima do herdeiro necessário, *em testamento*, conta com expressa disposição legal, precisamente, no artigo 1.848 do Código Civil que assim dispõe: "salvo se houver justa causa, declarada no testamento, não pode o testador estabelecer cláusula de inalienabilidade, impenhorabilidade, e de incomunicabilidade sobre os bens da legítima".

Sobre a legítima do herdeiro necessário, portanto, não há margem para a discussão sobre imperiosidade de justificar as cláusulas restritivas.

Conceito indeterminado, a justa causa deve ser compreendida como o motivo sério, concreto e lícito, apontado pessoalmente pelo autor da liberalidade no instrumento de doação ou no testamento, os quais, persistentes ao tempo da abertura da sucessão, justificam a inalienabilidade, a impenhorabilidade e incomunicabilidade impostas sobre a legítima do herdeiro necessário, a bem dos interesses deste herdeiro.

Essa motivação deve ser declinada no próprio testamento que instituiu as cláusulas restritivas ou em ulterior testamento que pode ser lavrado especificamente para justificar as cláusulas restritivas apostas em testamento anterior.

O que não se admite é a falta de justificativa, fato que conduzirá a nulidade das cláusulas injustificadas, matéria que pode, inclusive, ser reconhecida de ofício pelo magistrado, por afronta à disposição literal de lei (CC, art. 1.848 c/c 166, VII).

Generalidades, ilegalidades e as preocupações comuns a todo ascendente, como temor pelo futuro da prole, igualmente não são admitidas, cumprindo ao instituidor especificar, concretamente, o motivo pelo qual, naquele caso particular, a restrição é medida salutar aos interesses do herdeiro, cuidando de observar criteriosamente se a restrição imposta guarda conexão com o motivo declarado, sob pena de insubsistência da cláusula restritiva. Salvo as hipóteses de manifesta ilegalidade,[31] em que o magistrado pode reconhecer de ofício, uma vez apontada uma causa, por mais genérica que ela seja, caberá somente ao magistrado reconhecê-la como tal e determinar o levantamento das restrições.

A justa causa na doação feita em antecipação da legítima

As doações feitas pelos ascendentes aos descendentes, ou de um cônjuge ao outro, importam em adiantamento da legítima,[32] obrigando os descendentes e cônjuge a colacionarem as liberalidades recebidas em vida por ocasião da morte do doador,[33]

---

[31] Pai que impõe a incomunicabilidade a partir de crenças religiosas ou raciais.

[32] *CC*, Art. 544. A doação de ascendentes a descendentes, ou de um cônjuge a outro, importa adiantamento do que lhes cabe por herança.

[33] *CC*, Art. 2.002. Os descendentes que concorrem à sucessão do ascendente comum são obrigados, para igualar as legítimas, a conferir o valor das doações que dele em vida receberam, sob pena de sonegação.

salvo quando expressamente dispensados de fazê-lo.[34] Nesse caso, estarão adstritos apenas ao dever de conferência dos bens doados com a finalidade específica de apurar se houve ou não excesso e, por conseguinte, afronta à legítima dos demais herdeiros.

Comentando o artigo 1.171 do Código Civil de 1916, equivalente ao artigo 544 do Código Civil atual, Agostinho Alvim[35] destacava:

> O texto diz "importa" adiantamento.
>
> Resultado: morto o doador, ela aumentará a metade dos bens considerada *legítima* ou *reserva*; o bem conferido não aumenta a parte disponível, diz o art. 1.785, 2ª parte.
>
> Tal doação terá que ser descontada no pagamento que, a título de legítima, se fizer ao herdeiro donatário.
>
> Assim não será, porém, se o doador determinar que a doação saia de sua metade, ou se houver dispensado a colação, o que poderá ser dito no próprio título da liberalidade, ou em testamento (Código Civil, arts. 1.788 e 1.789).

Trata-se, portanto, de uma presunção segundo a qual a lei supõe "que os pais queiram manter, mesmo depois da morte, a igualdade de tratamento, em relação aos filhos, até para evitar disputas judiciais e ressentimentos entre eles",[36] admitindo prova em contrário unicamente quando o doador declara que a liberalidade foi feita por conta de sua parte disponível, dispensando expressamente[37] o herdeiro necessário da colação, no próprio instrumento da liberalidade ou em testamento posterior ou, ainda, quando consigna que a liberalidade não importará em adiantamento de legítima.[38]

Diante do silêncio ou da omissão do doador, a liberalidade feita pelo ascendente ao descendente ou de um cônjuge ao outro é considerada *adiantamento de legítima*:

> na perspectiva constitucionalizada do Direito Civil, a legítima, como ficou demonstrado no item acima, continua a desempenhar importante função. A família, ainda base da sociedade (CRFB/88, art. 226, caput), mas não mais legítima apenas se oriunda do casamento, não representa um valor em si mesma, constituindo uma formação social voltada para a pessoa de seus componentes, sendo instrumento de promoção da dignidade da pessoa humana. Neste sentido, a legítima adquire especial relevo, uma vez que desempenha, para os membros da família, a função de instrumento para a concretização de uma vida digna, uma vez que estabelece mecanismos econômicos capazes de libertá-los de suas necessidades.[39]

Esta é a função promocional da legítima.

---

[34] *CC*, Art. 2.005. São dispensadas da colação as doações que o doador determinar saiam da parte disponível, contanto que não a excedam, computado o seu valor ao tempo da doação.

[35] *Da doação*. São Paulo: Revista dos Tribunais, 1963, p. 102-103.

[36] Sylvio Capanema de Souza. *Comentários ao novo Código Civil: das várias espécies de contrato, da troca ou permuta, do contrato estimatório, da doação, da locação de coisas*. Coord. Sávio de Figueiredo Teixeira. Rio de Janeiro: Forense, v. III, 2004, p. 154.

[37] Ibidem, p. 159; MONTEIRO, Washington de Barros. *Curso de Direito Civil: Direito das Sucessões*, 35. ed. atual. por Ana Cristina de Barros Monteiro França Pinto, São Paulo: Saraiva, v. 6, p. 315.

[38] LOBO, Paulo Luiz Netto. *Comentários ao Código Civil*. Coord. Antonio Junqueira de Azevedo. São Paulo: Saraiva, v. 6, 2003, p. 311.

[39] Ana Luisa Maia Nevares, *A Função Promocional do Testamento*, p. 169.

Considerando a legítima como importante instrumento de tutela da dignidade e de execução de mínimo existencial e *atentando* para o fato de que é um direito que o herdeiro necessário não pode ser alijado ou sofrer restrições senão nas excepcionalíssimas hipóteses previstas na lei,[40] soaria enorme contrassenso admitir a imposição injustificada da inalienabilidade, da incomunicabilidade e da impenhorabilidade no instrumento de doação.

Admitida, por hipótese, que prevaleça a corrente mais liberal e majoritária, *que aceita a clausulação irrestrita e imotivada da parte disponível da herança a partir da literalidade do artigo 1.848 do Código Civil,*[41] ainda assim, a clausulação da legítima do herdeiro necessário em doação deve contar com justificativa concreta, a exemplo do que se verifica no testamento, afinal, não seria razoável impedir o testador de clausular a legítima sem justa causa, mas permitir que o fizesse imotivadamente em doação, como observa Mauro Antonini:[42]

> *Justa causa na doação*: na doação, o doador pode impor as cláusulas restritivas de inalienabilidade, impenhorabilidade e incomunicabilidade, mas o art. 1.848 não faz menção à necessidade de indicação de justa causa na doação. A despeito da falta de previsão legal expressa, a solução mais acertada parece ser considerar necessária a declaração de justa causa também na doação, quando represente adiantamento de legítima. A não se adotar tal entendimento, o doador, por meio de doação, conseguirá burlar a restrição do art. 1.848. Sendo a doação de ascendente a descendentes, ou de um cônjuge a outro, adiantamento de legítima, por expressa previsão do art. 544, não há sentido em dar tratamento legal diferenciado à limitação da clausulação da legítima por testamento ou por doação. A coerência do sistema exige solução uniforme.

Essa também é a expressão de Alexandre Laizo Clápis:[43]

> A natureza contratual da doação é atualmente inquestionável. Os códigos incluem-na entre os contratos, ainda que reconheçam se deva submeter a algumas regras aplicáveis ao testamento.
>
> É o que ocorre com o art. 1.848 do CC/2002. Este permite clausular bens nos contratos de doação – inclusive nas modais, como dito – valendo-se para tanto, do referido dispositivo legal que está contido nas regras de testamento.
>
> Assim, se declarado no título que o bem doado é destacado da parte disponível, desnecessário que se manifeste a justa causa exigida pelo mencionado art. 1.848, *caput*, do CC/2002. No entanto, nas situações em que tais liberalidades refiram-se ao aditamento daquilo que compõe a legítima, indispensável que o doador apresente expressa motivação para a clausulação, pelos mesmos fundamentos apresentados anteriormente.

---

[40] Deserdação e indignidade.

[41] Cf. item anterior.

[42] *Código Civil Comentado*. Coord. César Peluso. Barueri: Manole, 2007, p. 1837-1838.

[43] Clausulação da legítima e a justa causa do art. 1.848 do Código Civil, in: *RDI*, v. 57, p. 23-24. Esse também parece ser o entendimento de GODOY, Cláudio Luiz Bueno de. Dos herdeiros necessários e da gravação da legítima no novo Código Civil. In: NANNI, Giovanni Ettore (Coord.). *Temas relevantes do direito civil contemporâneo: reflexões sobre os cinco anos do Código Civil*. São Paulo: Atlas, 2008, p. 739, assim como é o entendimento de FIORANELLI, Ademar. São Paulo: Saraiva, 2008, p. 8-14.

Compartilhando desse posicionamento, o Eg. Tribunal de Justiça do Rio Grande do Sul[44] decidiu pelo levantamento das cláusulas restritivas impostas sobre a legítima dos herdeiros. O argumento empregado foi de que, além de impedir a função social da propriedade, no caso em questão "não ocorreu, no ato da doação e instituição das cláusulas questionadas, a justificativa hoje exigida na lei civil. Art. 1848 do CC".

O mesmo entendimento foi referendado pela 1ª Vara de Registros Públicos da Capital de São Paulo que, nos autos do procedimento administrativo de dúvida registral, julgou procedente a dúvida suscitada pelo Oficial do 13º Registro de Imóveis da Capital, reconhecendo a indispensabilidade de justa causa, no próprio instrumento de doação, para a clausulação do patrimônio doado em antecipação de legítima.[45]

Diante desses posicionamentos, soa prudente que o doador, desejoso que o planejamento sucessório por ele idealizado mantenha-se íntegro e não tenha a sua validade questionada, observe os mesmos rigores do artigo 1.848 do Código Civil, relativamente à imposição das cláusulas restritivas sobre a parte dos bens doados em antecipação de legítima.

Conclusão

Não há planejamento sucessório padrão, universal, aplicável a todos os casos indistintamente. Para um planejamento sucessório se mostrar efetivo é imperativo conhecer as particularidades da situação, detalhes familiares, peculiaridades do patrimônio, as finalidades almejadas com o planejamento sucessório, sem o que se incorre no risco da completa inutilidade do planejamento estruturado. Com todas as informações possíveis, buscar-se-á uma solução específica para cada pessoa, cada família, cada estrutura patrimonial. Às vezes um testamento mostra-se muito mais efetivo do que a estruturação de uma complexa *holding*.

O sucesso do planejamento familiar raramente resulta de fatores aleatórios ou das generalidades. Os resultados esperados somente serão alcançados se o titular do planejamento sucessório estiver consciente de todas as possibilidades apresentadas por cada modelo de planejamento sucessório para, desse modo, decidir refletidamente qual caminho seguir.

Observadas as particularidades e necessidades específicas de cada caso, as cláusulas de inalienabilidade, de impenhorabilidade e de incomunicabilidade representam uma forma eficiente, barata e pouco burocrática de proteger o interesse do sucessor incapaz

---

[44] *AC* 70009761180, 18ª Câm. Cível, Rel. Des. André Luiz Planella Villarinho, j. 27.10.2005, v.u. No mesmo sentido, entendendo indispensável a declaração da justa causa já no instrumento de doação levado a efeito em antecipação da legítima, decisão da 1 Vara de Registros Públicos de São Paulo, proc. n. 583.00.2005.209086-6, Juíza Taia Mara Ahualli, j. 30.03.2006 e decisão do Conselho Superior da Magistratura de São Paulo, acórdão 776/6-2, j. 29.11.2007, Des. Rel. Gilberto Passos de Freitas.

[45] *RDI* 60, p. 370-371: "A dúvida é procedente. Como brilhantemente sustentado pelo Sr. Oficial Substituto Alexandre Laizo Clapis, em seu arrazoado inicial, a lei permite a estipulação de cláusulas de inalienabilidade, incomunicabilidade e impenhorabilidade nos contratos de doação remetendo as partes às normas contidas no direito sucessório, atendendo ao contido no art. 1.848 do CC. Não há dúvida da necessidade de se declinar o motivo da restrição ao direito de propriedade sobre bens que constituam adiantamento de legítima, como o caso em exame. Insuperável, portanto, a exigência formulada".

de administrar o próprio patrimônio, envolto em dívidas ou que contrai núpcias com pessoa interessada mais no patrimônio dos que nos encantos pessoais do noivo.

Merecem, contudo, detida reflexão, pois os inconvenientes com a desoneração do patrimônio, como a burocracia, os custos e o tempo demandados para o levantamento ou para a extinção das restrições, muitas vezes são inconciliáveis ao pronto atendimento das necessidades do herdeiro que reclama a disposição rápida do patrimônio para atender a um interesse premente.

O caso concreto dirá se é ou não a melhor solução!

Referências

ALVIM, Agostinho. *Da doação*. São Paulo: Revista dos Tribunais, 1963.

AMARAL, Francisco. *Direito Civil: introdução*. 10. ed., rev. e mod. São Paulo: Saraiva, 2018.

ANTONINI, Mauro. *Código Civil Comentado*. Coord. César Peluso. Barueri: Manole, 2007.

BEVILÁQUA, Clóvis. *Código Civil*. 4. ed. Rio de Janeiro: Freitas Bastos, v. VI, 1939.

BEVILÁQUA, Clóvis. *Direito das Coisas*. 4. ed., atual. Rio de Janeiro: Revista Forense, 1956.

CAMPOS, Diogo Leite. *Lições de Direito da Família e das Sucessões*. 2. ed., rev. e actual. Coimbra: Livraria Almedina, 1997.

CLÁPIS, Alexandre Laizo. Clausulação da legítima e a justa causa do artigo 1.848 do Código Civil. *Revista de Direito Imobiliário*. São Paulo: Revista dos Tribunais, jul.-dez. 2004, ano 27, n. 57, p. 9-26.

DANTAS, Marcus; RENTERÍA, Pablo. Notas sobre os bens comuns. *In*: TEPEDINO Gustavo; TEIXEIRA, Ana Carlina Brochado; ALMEIDA, Vitor (Coord.). *O Direito Civil, entre o Sujeito e a Pessoa*: estudos em homenagem ao Professor Stefano Rodotà. Belo Horizonte: Foco, p. 131-146.

DELGADO, Mario Luiz. Os novos herdeiros necessários. *Revista Nacional de Direito de Família e Sucessões*. v. 22. (jan/fev. 2018). Porto Alegre: Lex Magister, p. 42-63.

DIAS, Maria Berenice. *Manual das Sucessões*. São Paulo: Revista dos Tribunais, 2008.

FIORANELLI, Ademar. *Das cláusulas de inalienabilidade, impenhorabilidade e incomunicabilidade*. São Paulo: Saraiva, 2008.

GODOY, Cláudio Luiz Bueno de. Dos herdeiros necessários e da gravação da legítima no novo Código Civil. *In*: NANNI, Giovanni Ettore (Coord.). *Temas relevantes do direito civil contemporâneo*: reflexões sobre os cinco anos do Código Civil. São Paulo: Atlas, 2008, p. 719-748.

LOBO, Paulo Luiz Netto. *Comentários ao Código Civil*. Coord. Antonio Junqueira de Azevedo. São Paulo: Saraiva, v. 6, 2003.

MALUF, Carlos Alberto Dabus. *Cláusulas de inalienabilidade, incomunicabilidade e impenhorabilidade*. 4. ed., rev. e atual. São Paulo: Revista dos Tribunais, 2006.

MONTEIRO, Washington de Barros. *Curso de Direito Civil: Direito das Sucessões*. 35. ed., atual. por Ana Cristina de Barros Monteiro França Pinto. São Paulo: Saraiva, v. 6, 2007.

NEVARES, Ana Luiza Maia. *A função promocional do testamento: tendências do direito sucessório*. Rio de Janeiro: Renovar, 2009.

NEVARES, Ana Luiza Maia. O princípio da intangibilidade da legítima. *In*: MORAES, Maria Celina Bodin de (Coord.). *Princípios do Direito Civil Contemporâneo*. Rio de Janeiro: Renovar, 2006, p. 495-545.

NONATO, Orozimbo. *Estudos sobre Sucessão Testamentária*. Rio de Janeiro: Revista Forense, 1957.

OLIVEIRA, Euclides Benedito de; AMORIM, Sebastião. *Inventários e Partilhas: direito das sucessões: teoria e prática*. 26. ed. São Paulo: Leud, 2020.

PEREIRA, Caio Mário da Silva. *Instituições de Direito Civil*. 28. ed. Rio de Janeiro: Forense, v. IV, 2004.

PERLINGIERI, Pietro. *O Direito Civil na Legalidade Constitucional*. Trad. Maria Cristina De Cicco. Rio de Janeiro: Renovar, 2008.

PERLINGIERI, Pietro. *Perfis do Direito Civil: introdução ao direito civil constitucional*. Trad. Maria Cristina De Cicco. 3. ed., rev., e ampl. Rio de Janeiro: Renovar, 1997.

PONTES DE MIRANDA, Francisco Cavalcante. *Tratado de Direito Privado*. Rio de Janeiro: Editor Borsoi, 1968, t. LV.

SOUZA, Sylvio Capanema. *Comentários ao novo Código Civil*: das várias espécies de contrato, da troca ou permuta, do contrato estimatório, da doação, da locação de coisas. Coord. Sávio de Figueiredo Teixeira. Rio de Janeiro: Forense, v. III, 2004.

STOLZE, Pablo Gagliano. *O contato de doação*: análise crítica do atual sistema jurídico e os seus efeitos no direito de família e das sucessões. São Paulo: Saraiva, 2007.

TEIXEIRA, Daniele Chaves; COLOMBO, Maici Barboza dos Santos. Faz sentido a permanência do princípio da intangibilidade da legítima no ordenamento jurídico brasileiro? In: TEIXEIRA, Daniele Chaves. (Coord.). *Arquitetura do Planejamento Sucessório*. Belo Horizonte: Fórum, 2019, p. 125-140.

TEPEDINO, Gustavo. *Temas de Direito Civil*. Rio de Janeiro: Renovar, 1999.

Informação bibliográfica deste texto, conforme a NBR 6023:2018 da Associação Brasileira de Normas Técnicas (ABNT):

OTERO, Marcelo Truzzi. As cláusulas restritivas de propriedade como instrumento de planejamento sucessório. *In*: TEIXEIRA, Daniele Chaves (Coord.). *Arquitetura do Planejamento Sucessório*. Belo Horizonte: Fórum, 2021. p. 585-599. Tomo II. ISBN 978-65-5518-117-3.

PLANEJAMENTO SUCESSÓRIO E QUESTÕES EXISTENCIAIS: A REPRESENTAÇÃO MISTA COMO ALTERNATIVA AO TESTAMENTO VITAL

MARIA CARLA MOUTINHO NERY
GUSTAVO HENRIQUE BAPTISTA ANDRADE

1 Introdução

A terminalidade da vida é uma matéria ainda pouco debatida no Brasil, mormente com relação ao direito de viver sem o prolongamento artificial, já que, apesar das relevantes publicações sobre o tema, até o momento, inexiste consenso quanto ao regramento a ser adotado para as situações existenciais. A metodologia civil-constitucional tem ajudado na construção de paradigmas, em especial no que concerne à interpretação da manifestação da vontade daquele que decide por não se submeter a tratamentos que causem dor e sofrimento e têm por resultado um período a mais de vida, mantida, entretanto, de forma artificial desnecessariamente e, muitas vezes, aumentando o seu sofrimento.

Isso decorre principalmente da omissão do legislador ordinário federal, que ainda não se posicionou sobre o assunto, apesar da existência de alguns projetos de lei com tal finalidade.

Nesse sentido, o instituto da ortotanásia, materializado na medicina paliativa, tem o propósito de permitir que o processo de morte ocorra naturalmente, com o mínimo de sofrimento possível e o máximo de conforto prestado ao paciente em estágio terminal, não resultando, portanto, em ofensa ao direito fundamental à vida.

Permitir que a finitude da vida aconteça sem prolongamentos, de forma suave, nada mais é do que atender ao escopo da ortotanásia, isto é, do morrer corretamente.

A questão, portanto, é multidisciplinar porque está inserida tanto na seara dos direitos da personalidade, notadamente nos momentos finais da existência humana, como também na seara do direito das famílias e das sucessões.

Seja por medo, crença ou tabu, naturalmente não se enfrenta o evento futuro e mais certo da vida, que é a própria morte. No entanto, o processo de finitude deve ser visto com naturalidade para que as pessoas sejam capazes de decidir sobre si, ao invés de delegar a decisão sobre a própria morte a terceiros.

Em uma análise mais detida, o direito de viver sem o prolongamento artificial é uma das formas de materialização do princípio da autonomia privada, exercido por meio da vontade declarada do doente terminal, com os contornos constitucionais da dignidade humana.

Diante disso, indaga-se: a escolha do paciente terminal pode ser formalizada? Como essa declaração de vontade vai se instrumentalizar no direito? Aqui já é possível adiantar, diante da problematização proposta, que a forma mais comum para viabilizar o direito de viver sem prolongamento artificial é o denominado testamento vital, expressão cunhada por Luciana Dadalto.[1]

Porém, apesar de o testamento vital ser o instrumento mais conhecido pela sociedade, já que em torno dele há longevos debates, existem outras alternativas também viáveis para a finalidade de atender à autonomia do paciente, como exemplo, o mandato duradouro (procuração de saúde) ou o instituto da representação mista.

Com o testamento vital ou o mandato duradouro, a experiência estrangeira *instrumentalizou* o direito de viver sem o prolongamento artificial. No Brasil, uma considerável parte da doutrina[2] defende o testamento vital como meio hábil para o exercício desse direito.

Este trabalho tem por objetivo apresentar alternativas úteis e menos formais ou burocráticas à pessoa para o enfrentamento da problemática relativa à finitude da vida.

2   O testamento vital

2.1   Historicidade e contextualização do tema

O trabalho de Jacques Roskam, publicado em 1950, despertou para o termo "ortotanásia", o qual significa a morte justa, correta, ao tempo certo.[3] Desde então, entretanto, já se anunciava que não seria possível ao paciente incapaz opinar sobre a suspensão de tratamentos invasivos e terapeuticamente obstinados.

Excepcionalmente, era possível respeitar a autonomia do paciente, caso ele tivesse manifestado por escrito seu desejo de escapar da distanásia, o equivalente à morte lenta, resultante de técnicas de prolongamento da vida, em geral de modo irracional e exagerado.

Assim, em caso de incapacidade, a manifestação de vontade deveria partir dos familiares do paciente, após o parecer de três médicos, de autoridade científica e moral indiscutível, na presença de um tabelião, e levado ao presidente provinciano do Conselho de Ética Médica.

Já no final dos anos 60 do século passado, quando ainda não havia um termo específico que traduzisse com perfeição a ideia de "exteriorização da vontade garantidora da autonomia do paciente terminal", a despeito da existência de várias terminologias,

---

[1]   DADALTO, Luciana. *Testamento Vital*. 2. ed. Rio de Janeiro: Lumen Juris, 2013.

[2]   Por todos: LÔBO, *Direito Civil*: sucessões. São Paulo: Saraiva, 2013a, p. 237-240; DADALTO, Luciana. *Testamento Vital*. 2. ed. Rio de Janeiro: Lumen Juris, 2013.

[3]   ROSKAM, Jacques. Survie Purement Végétative dans La cérébrosclérose. Euthanasie, Dysthanasie, Orthothanasie. *Revue Médicale de Liège*. Liège: Faculdade de Medicina de Liège vol. V. nº 20. p. 709 - 713, ISSN : 0370-629X, 15 out. 1950.

surgiu, nos Estados Unidos, o "testamento vital" (*living will*). Neste contexto, outros termos também foram utilizados para a materialização do desejo de finitude, como exemplo, "testamento biológico", "testamento em vida", "*testament de vie*", "biotestamento", "diretivas avançadas", "vontades antecipadas", "manifestação explícita da própria vontade" e "diretivas antecipadas de vontade".

A "Lei da Morte Natural", pioneira em regulamentar o assunto, surgiu a partir do caso Karen Ann Quinlan, no estado norte-americano da Califórnia, na década de 70, e exigia que um documento fosse assinado por pessoa maior e capaz, na presença de duas testemunhas, vindo a produzir seus efeitos após quatorze dias da assinatura, com validade de cinco anos e revogabilidade a qualquer tempo.[4]

E, apesar de a primeira lei sobre o testamento vital ter sido criada na Califórnia, o caso paradigmático de Karen Ann Quinlan ocorreu na Suprema Corte do Estado de Nova Jérsei, no ano de 1976, quando se reconheceu judicialmente o direito de recusa de tratamento médico para diagnóstico crônico e irreversível.

Karen, segundo o boletim médico, estava em estado vegetativo permanente, sem perspectiva de cura, em decorrência de overdose de entorpecentes, sendo mantida por aparelhos. Naquela ocasião, como não era possível manifestar a própria vontade, seu pai requereu judicialmente o desligamento dos aparelhos médicos, com fundamento no princípio constitucional da autodeterminação e da privacidade.[5]

A legislação federal norte-americana, no entanto, começou a ser modificada com o caso Nancy Cruzan (Cruzan by Cruzan v. Director, Missouri Department of Health). Nancy sofreu um acidente automobilístico aos 25 anos de idade e foi diagnosticada como paciente em estado vegetativo permanente e irreversível.[6]

Com isso, seus pais ingressaram com um pedido judicial para a retirada dos aparelhos que a mantinham viva, sob o argumento de que ela havia afirmado, inúmeras vezes, que não gostaria de ser mantida viva quando tivesse menos da metade de sua capacidade normal.

Embora o pedido tenha sido autorizado em 1ª instância, o advogado designado para representar os interesses de Nancy em juízo recorreu da decisão e o Tribunal do Missouri negou o desligamento dos aparelhos, sob o fundamento de não existir prova clara e contundente da manifestação de vontade da paciente.

Entretanto, a Suprema Corte dos Estados Unidos, após a ouvida de colegas de trabalho de Nancy Cruzan que testemunharam sobre o seu desejo de jamais viver em estado vegetativo, reconheceu o direito constitucional de pessoas capazes exigirem o desligamento dos seus suportes vitais, determinando a retirada daqueles que as mantinham vivas.[7]

---

4   BORGES, Roxana Cardoso Brasileiro. *Direitos de Personalidade e Autonomia Privada*. 2. ed. 2ª tiragem. São Paulo: Saraiva, 2009. p. 249 e MARINELI, Marcelo Romão. A Declaração de Vontade do Paciente Terminal. As diretivas antecipadas de vontade à luz da Resolução 1.995/2012 do Conselho Federal de Medicina. *Jus Navigandi*, Teresina, ano 18, n. 3774, 31 out. 2013. Disponível em: http://jus.com.br/artigos/25636. Acesso em: 9 nov. 2013.

5   CASTRO, Carlos Roberto Siqueira. *A Constituição e o direito ao corpo humano*. Nos limites da vida: aborto, clonagem humana e eutanásia sob a perspective dos direitos humanos. Rio de Janeiro: Editora Lumen Juris, p. 291, 2007.

6   DADALTO, Luciana. *Testamento Vital*. 2. ed. Rio de Janeiro: Lumen Juris, 2013, p. 99-100.

7   BORGES, Roxana Cardoso Brasileiro. *Direitos de Personalidade e Autonomia Privada*. 2. ed. 2ª tiragem. São Paulo: Saraiva, 2009, p. 264-265);

Essa mesma batalha judicial se repetiu no caso de Terry Schiavo, acometida de um ataque cardíaco com comprometimento cerebral enquanto se submetia a uma severa dieta de emagrecimento, em 1990. Em extensa batalha judicial, o então marido e curador de Terry ingressou com pedido judicial para desligamento dos aparelhos contra a vontade dos seus pais.[8]

Em razão disto, Terry passou 15 anos em estado vegetativo persistente até o encerramento do processo judicial e a obtenção da autorização para o desligamento dos aparelhos. Ironicamente, ela morreu de fome ao ter sua alimentação parental suspensa, passando dias para falecer.

Já em 1991, como consequência direta do caso Cruzan, o Congresso dos Estados Unidos editou a "Lei de Autodeterminação do Paciente", cuja finalidade era conscientizar as pessoas para estarem preparadas para as decisões médicas ao final da vida, regulamentando o direito de autonomia de pacientes terminais ou em estado vegetativo.

Assim foi que os hospitais mantidos por fundos federais passaram a ter o dever de informar aos pacientes que ali ingressassem sobre o conteúdo das leis estaduais de autodeterminação, bem como sobre as formalidades a serem observadas, sobretudo no tocante ao dever de exteriorizar seus desígnios sobre a finitude da vida, caso não desejassem submeter-se ao prolongamento artificial.

É importante observar que essa lei não criou o testamento vital no âmbito federal, mas somente obrigou os nosocômios financiados por recursos federais a informar sobre a previsão do *living will* na legislação de cada estado.

Os aparelhos mantenedores das vidas de Karen Quilan, Nancy Cruzan e Terry Schiavo só foram desligados depois de longa batalha judicial, justamente porque elas não manifestaram previamente qual seria o desejo delas nesse sentido.

Observe-se que esses paradigmas decorreram de situações de reconstrução da vontade das pacientes por meio do Judiciário, pois elas já se encontravam em estado vegetativo, quando as respectivas famílias solicitaram o desligamento dos suportes vitais.

Daí se extrai a relevância da exteriorização da vontade como meio de garantir a autonomia do paciente no final de sua existência.

A propósito do direito brasileiro, é importante ter o intérprete sempre em mente que a liberdade de autodeterminação deve ser a regra da conduta humana, correspondente à denominada autonomia privada. E, no âmbito das questões de ordem existencial, inexiste dúvida de que seu fundamento é também alicerçado pelo princípio da dignidade da pessoa humana (CR, art. 1º, III), o qual tem o condão de proteger a dignidade da pessoa em vida, mas, também, afirmar-lhe o direito a uma morte digna.[9]

A autonomia privada, em seu percurso histórico, sempre esteve vinculada à seara das relações patrimoniais, em especial ao tráfego jurídico decorrente do direito contratual. No entanto, como aponta Giselda Hironaka, o direito, ao regular as relações humanas,

---

[8] GOODNOUGH, Abby. Schiavo Dies, Ending Bitter Case Over Feeding Tube. *New York Times*. Nova York. 2005. Disponível em: http://www.nytimes.com/2005/04/01/national/01schiavo.html?pagewanted=2&_r=0. Acesso em: 02 de nov. 2013.

[9] FARIAS, Cristiano Chaves de; VEIGA, Melissa Ourives. A concretização dos direitos da pessoa com deficiência e o reconhecimento da possibilidade das diretivas antecipadas como exercício de sua autonomia privada. *Revista de doutrina e jurisprudência*. Disponível em: https://revistajuridica.tjdft.jus.br/index.php/rdj/article/view/190/71. Acesso em 12 de julho de 2020.

perde o sentido e a razão de ser se não for ele mesmo humano. Com tal assertiva, quis a autora demonstrar algo que, em seu dizer, sequer necessitaria ser evidenciado: o fato de o direito não ter por função a limitação arbitrária das liberdades, porém o reconhecimento destas, visando tutelar os anseios de cada comunidade. No dizer de Hironaka, o direito "deve propiciar a cada indivíduo, na maior medida possível, a fruição de sua existência e a oportunização de caminhos que realizem ao máximo sua *condição humana*".[10]

2.2 A relevância da manifestação de vontade

A reconstrução judicial da vontade ou a vontade substitutiva dos familiares não são providências adequadas para decidir a vida do outro, por mais próxima e querida que seja esta pessoa. Por outro lado, também não compete ao médico decidir sozinho o destino a ser dado à vida de seus pacientes.

Apesar de não ser da ordem natural das relações familiares, tampouco da conduta ética do médico, não se deve ignorar a parcialidade inerente àqueles que cercam o paciente terminal.

No âmbito das relações familiares pode haver não só o apego de não querer deixar o outro partir e completar o seu ciclo vital, mas também: a) a ambição de parentes de lançar mão dos benefícios previdenciários; b) o desejo de despojar-se do encargo de cuidar de alguém; c) os interesses sucessórios, advindos da morte do enfermo.

Por outro lado, os profissionais de saúde têm como regra o desejo de vencer a doença. Além disto, é possível existir: a) o interesse na liberação de leitos ocupados por vidas em via de extinção;[11] b) ou mesmo o prolongamento artificial da vida de alguém com o intuito de aumentar os honorários médicos em caso de consultas particulares.

Ademais, no âmbito empresarial, os hospitais podem ganhar mais por dias de internamento e os planos de saúde, por sua vez, também gastam mais com o prolongamento do internamento, o que pode levar à sobreposição de interesses financeiros em detrimento da liberdade de escolha do paciente.

Essas questões familiares e médicas somente podem ser solucionadas a partir do momento em que o sujeito decide sobre qual destino dar aos momentos finais da sua vida. A decisão é pessoal, compete a cada um, com todas as suas crenças e precompreensões.

Diante de tais ponderações, é preciso considerar a importância de cada um manifestar a sua vontade. Isso porque quando a caminhada da vida chega perto do fim, ainda restará à pessoa o direito de decidir sobre si mesma, exercendo seu poder de autodeterminação existencial.

2.3 A inadequação da expressão "testamento vital"

A inadequação da expressão "testamento vital" é evidente, já que os testamentos tradicionais têm efeitos *post mortem*, ao passo que a eficácia do testamento vital se mantém

---

[10] HIRONAKA, Giselda Maria Fernandes Novaes. *Diretivas antecipadas de vontade*. O direito à morte digna. Disponível em: https://flaviotartuce.jusbrasil.com.br/artigos/620505047/diretivas-antecipadas-de-vontade-artigo-da-professora-giselda-hironaka. Acesso em 11.07.2020

[11] Na atualidade, em meio a pandemia da Covid-19, o interesse na liberação de leitos está cada vez mais evidente, tendo, inclusive, chegado ao judiciário demandas acerca do assunto (*vide* processo n. 0024723-51.2020.8.17.2001 em trâmite no Tribunal de Justiça de Pernambuco).

enquanto o paciente viver. Todavia, o testamento vital assemelha-se ao testamento comum por ser um negócio jurídico unilateral, personalíssimo, gratuito e revogável.

Na realidade, o termo provém de uma tradução equivocada do inglês, já que o substantivo *will* pode significar vontade, desígnio ou testamento, e *living* é flexão do verbo viver (*to live*), razão pela qual, apesar de a locução "testamento vital" ser a mais comum na doutrina, há quem prefira a expressão "declaração prévia de vontade para o fim da vida".[12]

Por outro lado, deve-se esclarecer que as chamadas "diretivas avançadas", "manifestação explícita da própria vontade", "vontades antecipadas" e "diretivas antecipadas de vontade" não se confundem nem com o "testamento vital" nem com o "mandato duradouro" (ou procuração de saúde). Aquelas representam o conteúdo a ser materializado por estes, tidos como instrumentos hábeis para tratar questões relativas à terminalidade da vida.

Isto fica evidenciado na Lei nº 25/2012, da República de Portugal, publicada em 16 de julho de 2012, na qual tanto no seu preâmbulo como também no art. 1º, onde está definido o seu objeto, foi destacado que dito ato normativo regula as diretivas antecipadas de vontade, designadamente sob a forma de testamento vital, criando inclusive o Registo Nacional de Testamento Vital, órgão vinculado ao Ministério da Saúde daquele país, com a finalidade de recepcionar, registrar, organizar e manter atualizadas informações e documentos relativos a diretivas antecipadas de vontade e à procuração de cuidados de saúde (art. 15º).[13]

De modo diverso, Luciana Dadalto[14] classifica as diretivas antecipadas como gênero que tem como espécies o testamento vital e o mandato duradouro. A autora se baseia na lei norte-americana de autodeterminação do paciente para tratar as diretivas antecipadas como um documento apto a dar instruções acerca das terapias médicas de uma pessoa em qualquer fase da vida, independentemente de ela ter ou não atingido o estágio terminal.

Contudo, como já referenciado, prefere-se utilizar o testamento vital e a procuração de saúde como instrumentos das ditas diretivas antecipadas de vontade. Nesse sentido, a Resolução 1.995/2012, editada pelo Conselho Federal de Medicina, definiu, no artigo 1º, diretivas antecipadas de vontade como: "O conjunto de desejos, prévia e expressamente manifestados pelo paciente, sobre cuidados e tratamentos que quer, ou não, receber no momento em que estiver incapacitado de expressar, livre e autonomamente, sua vontade", referendando a ideia de que as diretivas são, de fato, o conteúdo e não a forma.

Ademais, cumpre registrar a distinção entre o testamento vital e o mandato duradouro. O primeiro é o "instrumento por meio do qual a pessoa manifesta, antecipadamente, sua recusa a tratamentos médicos, com o propósito de escapar ao drama terminal vivido por pacientes incapazes de exprimir a sua vontade".[15]

---

[12] DADALTO, Luciana. *Testamento Vital*. 2. ed. Rio de Janeiro: Lumen Juris, 2013, p. 17.

[13] Disponível em: http://app.parlamento.pt/webutils/docs/doc.pdf?path=6148523063446f764c32467959584 2774f6a63334e7a637664326c75644756346447397a58324677636d39325957527663793938794d4445794c3078664d6a 56664d6a41784d6935775a47593d&fich=L_25_2012.pdf&Inline=true. Acesso em 11.07.2020.

[14] Op. cit. p. 82-83.

[15] SCHREIBER, Anderson. *Direitos da personalidade*. São Paulo: Editora Atlas, 2011, p. 61.

O mandato duradouro é um documento pelo o qual o paciente constitui um procurador, conferindo-lhe poderes para tomar decisões atinentes à aceitação ou à recusa de tratamentos quando este paciente atingir o estágio de inconsciência.[16]

Sob a perspectiva ontologicamente existencial, o testamento vital é a forma de garantir a autonomia do paciente terminal nos últimos dias de sua vida.

Na visão jurídica, segundo Paulo Lôbo,[17] o testamento vital é, em essência, um "negócio jurídico unilateral sujeito a condição suspensiva, isto é, o estado de inconsciência duradoura do declarante".

2.4 A experiência internacional

Os norte-americanos, como dito, foram os pioneiros na edição de leis sobre o testamento vital (*living will*), o mandato duradouro (*Durable Power of Attorney for Care Act*), além das diretivas antecipadas de vontade (*Advance Medical Care Directives*).

As diretivas são institutos da manifestação de vontade do paciente, materializados em formulários próprios, em que, logo após os imprescindíveis esclarecimentos da equipe médica, o paciente indica quais os tratamentos ele aceita e quais ele rejeita.

Contudo, outras leis editadas no âmbito internacional também merecem realce na regulamentação do assunto. Na Europa, a Convenção de Direitos Humanos e Biomedicina de 1997, ocorrida em Oviedo, e a Recomendação do Conselho Europeu de 2009 são os documentos de maior evidência na consideração do tema.

A Espanha regulamentou a matéria com legislação federal específica em 2002 (Lei 41/2002), apesar de algumas comunidades autônomas, como exemplo, Catalunha, Galícia, Navarra e Madri, já terem pronunciamento legislativo anterior no que tange às chamadas "instruções prévias" ou "vontade antecipada".

A Lei espanhola 41/2002, em seu artigo 11, dispõe, em linhas gerais, que pessoas maiores e capazes estão autorizadas a realizar suas instruções prévias acerca dos cuidados de saúde, tratamentos médicos e doação de órgãos, podendo designar, inclusive, um procurador para cumprir a manifestação de vontade ali prestada. Tais instruções são revogáveis a qualquer tempo, por escrito, e serão assentadas no Registro Nacional de Instruções Prévias.[18]

Ressalte-se, por oportuno, que algumas comunidades autônomas da Espanha, tais como Andaluzia, Valência e Navarra, nas respectivas leis locais, enfocam a possibilidade de utilização das diretivas antecipadas de vontade por parte de menores de idade, com a exigência de que eles sejam emancipados.[19]

Todavia, essa distinção não tem utilidade para o sistema jurídico brasileiro, tendo em vista que as pessoas emancipadas gozam de capacidade plena para os atos da vida civil.

---

[16] DADALTO, Luciana. *Testamento Vital*. 2. ed. Rio de Janeiro: Lumen Juris, 2013, p. 85.

[17] LÔBO, *Direito Civil*: sucessões. São Paulo: Saraiva, 2013a, p. 237.

[18] DADALTO, Luciana. *Testamento Vital*. 2. ed. Rio de Janeiro: Lumen Juris, 2013, p. 102-109.

[19] BLANCO, Jaime Zabala. *Autonomía e Instrucciones Previas*: um análisis comparativo de lãs legislaciones autonômicas del Estado Español. 2007. Tese – Universidade de Cantabria. Departamento de Fisiología e Farmacología. Cantabria 19.12.2007. Disponível em: http://www.tesisenred.net/bitstream/handle/10803/10650/TesisJZB.pdf?sequence=1. Acesso em 27 nov 2013.

Na mesma linha de pensamento, em Portugal, a já referida Lei do Testamento Vital – Lei 25/2012 – tem por objetivo regular as "diretivas antecipadas de vontade" em matéria de saúde, na forma de testamento vital.

Essas diretivas, à semelhança da lei argentina, descrita mais adiante, implicam a manifestação de vontade escrita, unilateral e revogável, prestada por agente capaz, com o objetivo de explicitar quais tratamentos o declarante deseja que lhe sejam aplicados, na hipótese de não mais ser possível, no futuro, exprimir seus desejos.

Distingue-se da norma da Argentina, contudo, porque, enquanto as "diretivas antecipadas" daquele país não estipulam prazo de validade, a lei portuguesa determina o período de eficácia de cinco anos para a declaração de vontade, renovável mediante confirmação.

Neste ponto, a lei argentina supera a lei portuguesa porque não deveria haver prazo certo para o fim da produção de efeitos das declarações prestadas no "testamento vital", considerando que não se sabe quando e em que situação a enfermidade se instalará no corpo do declarante.

A Lei 25/2012 possibilita algumas exceções para o descumprimento do testamento, a saber: a) em caso de urgência ou risco eminente de morte do declarante; b) quando se verifica a desatualização da vontade do paciente, decorrente do avanço científico das terapias disponíveis, e c) ante a possibilidade de escusa de consciência por parte do médico. Esta última não implica desrespeito à vontade do paciente, pois a instituição de saúde fica obrigada a proporcionar meios para que essa deliberação seja cumprida.

Por outro lado, a família não pode recusar-se a cumprir as declarações prestadas no testamento vital, exceto se o documento tiver parado de produzir os seus efeitos. A ineficácia do testamento por caducidade aumenta a insegurança do declarante, deixando-o vulnerável quanto ao momento da necessidade de utilização do testamento.

Já o Registo Nacional do Testamento Vital (Rentev), previsto na lei portuguesa, apesar de não ser obrigatório para que a declaração tenha eficácia, é de grande valia para o conhecimento dos procedimentos a serem adotados nos tratamentos dos testadores, por parte dos profissionais de saúde competentes, que devem guardar o sigilo ético quanto ao teor de tais declarações.

Em acréscimo, há um capítulo próprio relativo ao "procurador para cuidados em saúde", pessoa nomeada para representar o doente, quando este não conseguir expressar a sua vontade autonomamente.

Existe um amplo regramento sobre as atribuições do representante legal, devendo-se ressaltar que, em caso de conflito entre as decisões expressas no testamento vital e a vontade do procurador de saúde, as disposições do outorgante prevalecerão.

Por outro lado, a Lei 26.742/2012 da Argentina autoriza que o enfermo, tendo sido suficientemente informado sobre o seu estado de saúde, os tratamentos disponíveis, os benefícios e os riscos destes decorrentes, firme a sua declaração de intenções, expressando, de forma clara e precisa, qual o tipo de terapia deseja que lhe seja aplicado.

O denominado "consentimento informado" é uma declaração unilateral de vontade revogável, a ser respeitada pelo profissional de saúde, mediante o devido registro no prontuário médico, e pode ser proferida tanto pelo paciente como por seu representante legal.

Além do consentimento informado, há, no artigo 11 da lei em comento, a previsão das "diretivas antecipadas de vontade" na qual o indivíduo, em pleno gozo de suas faculdades mentais, pode expressar quais são os tratamentos a que deseja submeter-se, e quais ele pretende repelir. O médico responsável pelo tratamento do paciente deve aceitar essa declaração, desde que não implique em prática de eutanásia.

Observe-se, contudo, ter a lei argentina falhado em alguns aspectos. Isso porque, apesar de existir norma da província de Buenos Aires, aprovada pelo Conselho Diretivo de Escrivães, criando o primeiro "Registro de Atos de Autoproteção de Prevenção de uma Eventual Incapacidade", o ato normativo federal foi silente quanto à criação de um registro nacional de testamentos vitais.

Além disso, a referida lei não regulamentou a questão dos menores de idade, nem a possibilidade de escusa de consciência por parte do médico, e, contrariando a essência da ortotanásia, autorizou a rejeição do paciente aos cuidados paliativos.

Na Noruega, a "lei de tutela" (tradução livre), que regulamenta o "mandato para o futuro" (tradução livre), foi editada no ano de 2010, porém, somente entrou em vigor naquele país em julho de 2013.

Em princípio, naquele país nórdico, assim como no Brasil, a procuração tradicional perde seus efeitos quando o mandante se torna incapaz para reger os seus atos da vida civil.

Todavia, a regra norueguesa foi alterada para que, em observância à orientação do Conselho Europeu, havendo previsão no instrumento procuratório, o mandato possa ter a sua eficácia diferida para o momento futuro e certo do estado de inconsciência do sujeito.

Ainda segundo essa legislação, o mandante deve ser maior de idade e pode constituir mais de um procurador, seja para administrar questões financeiras, seja para cuidar das questões existenciais, devendo o documento ser escrito, à semelhança do testamento, na presença de duas testemunhas e assinado pelo declarante.[20]

Do mesmo modo, a legislação editada na Suíça permite a emissão de "mandato duradouro" para surtir efeitos quando o declarante atingir o seu estado de incapacidade, exigindo, porém, que o documento seja feito de próprio punho, datado e assinado pelo declarante, por meio de escritura pública, e registrado em uma central de banco de dados.

Ademais, a lei suíça permite a criação de uma diretiva antecipada de vontade para as decisões relativas à saúde do declarante, sem exigir as formalidades do mandato duradouro. Estas são mais restritas que aqueles, pois ficam limitadas à escolha dos tratamentos de saúde a serem realizados no doente.

A aludida lei determina o registro da indicação de existência de uma diretiva antecipada no cartão de saúde do paciente, ficando este livre para escolher onde guardar o documento que contém suas disposições de vontade para sua saúde. O médico fica obrigado a cumprir a diretiva antecipada, salvo se o seu conteúdo ferir a lei ou se houver sérias dúvidas quanto à veracidade dos desígnios ali contidos.[21]

---

[20] HAMBRO, Peter. Future Powers of Attorney. In ATKIN, Bill. *The International Survey of Family Law*. p. 305-319. Wellington: Family Law, 2013, p. 305-311.

[21] SCHWENZER, Ingeborg; KELLER, Tomie. A new law for the protection of adults. In ATKIN, Bill. *The International Survey of Family Law*. p. 375-386. Wellington: Family Law, 2013, p. 375-380.

610 DANIELE CHAVES TEIXEIRA (COORD.)
ARQUITETURA DO PLANEJAMENTO SUCESSÓRIO

Analisando a diversidade de regulamentações quanto aos meios legais existentes para fazer valer a autodeterminação da pessoa natural no que concerne aos seus desígnios para quando alcançar o estágio da terminalidade, percebe-se estar o direito brasileiro muito aquém das previsões internacionais sobre o assunto.

Na verdade, o ordenamento brasileiro se limitou a regulamentar a matéria por meio de resoluções editadas pelo Conselho Federal de Medicina, sem que o Congresso Nacional, até então, tenha disciplinado a matéria, de modo específico.

2.5   Testamento vital: instituto do direito das sucessões?

A tentativa de afastar as dúvidas acerca da categoria jurídica em que estará inserido o instituto do testamento vital, dada a própria semântica do termo, deve ser perseguida, uma vez que a precisão científica contribui para a consolidação das situações jurídicas nele contidas.

E apesar de guardar a forma dos negócios jurídicos em geral e o dever de observância dos requisitos de validade descritos no artigo 104 do Código Civil (agente capaz, objeto lícito e forma expressa, ou não defesa em lei), o testamento vital muito se afasta do testamento tradicional.

Quanto à forma, o testamento vital se distancia dos testamentos tradicionais, pois naquele a forma há de ser livre, desde que não proibida por lei, tendo em vista não haver prescrição legal específica para tal.

Não se pode, por falta de determinação legal, impor o cumprimento de requisitos extrínsecos essenciais a um negócio jurídico, como exemplo, a presença de testemunhas.

Assim, o testamento vital detém forma livre e pode ser realizado por meio de documento público ou particular, ficando dispensada a escritura pública lavrada por tabelião – solenidade típica do testamento público (CC, art. 1.864).

Com base na liberdade da forma, Marcelo Marineli[22] aceita, além de quaisquer escritos do declarante, ainda que não assinados, a gravação de vídeo como meio idôneo para o doente expressar suas disposições de vontade, quanto aos tratamentos médicos desejados por ele a serem executados quando alcançar o estágio de inconsciência.

Recomenda-se, todavia, a forma escrita e assinada pelo interessado, por ser o meio mais seguro de o sujeito externar, de maneira clara e precisa, os seus desígnios, e afastar quaisquer dúvidas sobre sua declaração.

Diferentemente da capacidade testamentária ativa aos maiores de 16 anos, prevista no parágrafo único do artigo 1.860 do Código Civil, entende-se que a capacidade e o discernimento plenos são essenciais para a feitura de um testamento vital, não se demonstrando adequado aos incapazes, ainda que relativamente, o exercício do direito de autodeterminação em situações de terminalidade.

Ademais, nos testamentos tradicionais, o conteúdo das disposições de última vontade tem natureza eminentemente patrimonial e, excepcionalmente, guardam disposições de natureza existencial.

---

[22] MARINELI, Marcelo Romão. A Declaração de Vontade do Paciente Terminal. As diretivas antecipadas de vontade à luz da Resolução 1.995/2012 do Conselho Federal de Medicina. *Jus Navigandi*, Teresina, ano 18, n. 3774, 31 out. 2013. Disponível em: http://jus.com.br/artigos/25636. Acesso em: 9 nov. 2013.

E justamente em sentido oposto, as disposições do testamento vital são de conteúdo eminentemente existencial, devendo conter, por exemplo, o posicionamento do paciente sobre prática de ortotanásia, recusa à obstinação terapêutica e a medidas heroicas invasivas, não oferta de suporte vital, ordens de não ressuscitação ou de não reanimação, doação de órgãos e local onde deseja passar seus últimos dias.

Por outro lado, para produzir efeitos, o testamento vital está sujeito ao implemento de uma condição suspensiva, ou seja, o estado de inconsciência duradouro do enfermo.

É nesse estágio, sobretudo, que se devem respeitar as diretivas antecipadas de vontade, materializadas no testamento vital. A produção de efeitos *inter vivos* afasta, mais uma vez, as disposições legais sobre os testamentos tradicionais do testamento vital, pois enquanto aqueles são aptos a surtir efeitos com o advento da morte, este busca produzir eficácia durante a vida do sujeito.

Diante de tais ponderações, percebe-se que o testamento vital, seja na forma, seja no conteúdo ou ainda na produção de efeitos, pouco se assemelha ao testamento tradicional inserido no livro do direito das sucessões.

Em reforço aos argumentos expostos acima, o Enunciado 528 das Jornadas de Direito Civil, ao comentar os artigos 1.729, parágrafo único, e 1.857 do Código Civil, considerou:

> É válida a declaração de vontade expressa em documento autêntico, também chamado "testamento vital", em que a pessoa estabelece disposições sobre o tipo de tratamento de saúde, ou não tratamento, que deseja no caso de se encontrar sem condições de manifestar a sua vontade.

Utilizou-se, por analogia, a regra contida no artigo 1.729, parágrafo único, do Código Civil, que autoriza aos pais a nomeação de tutor, por meio de testamento, para ficar responsável civilmente pelos filhos incapazes, com o objetivo de admitir a emissão de um documento idôneo – não necessariamente um testamento – com a finalidade de viabilizar o exercício da autodeterminação da pessoa, quanto aos tratamentos de saúde desejados para o final da vida.

3   A representação mista como possível alternativa menos burocrática

Após este estudo, é possível enumerar alguns entraves ao testamento vital e ao mandato duradouro, ao mesmo tempo em que se percebe a possibilidade de ser utilizado outro instrumento viável e acessível ao problema trazido, aqui denominado instituto da representação mista.

Caio Mário da Silva Pereira[23] esclarece que essa nova espécie de representação ocorre "quando os poderes vêm da lei, mas a designação do representante vem dos interessados", utilizando como exemplo o síndico de um condomínio edilício, detentor de poderes especificados em lei, porém nomeado pelos demais condôminos.

---

[23] PEREIRA, Caio Mário da Silva. *Instituições de Direito Civil*: Contratos. Vol. III. 12. ed. rev. e atual. Rio de Janeiro: Editora Forense, 2007, p. 621.

A representação é denominada mista porque a escolha do representante é convencional, porém os poderes deste representante decorrem da lei. Difere do mandato convencional porque tanto a escolha do mandatário como a imputação de poderes específicos são realizadas pelo mandante.

Nas situações de terminalidade, a representação mista é convencional – para admitir a escolha de quem melhor representaria o declarante nas situações de incapacidade, e é também legal – para prestar eficácia aos poderes assumidos pelo representante durante essa incapacidade.

A possibilidade de eleição do representante misto pelo declarante preserva a autonomia privada deste e afasta a incidência do artigo 1.775 do Código Civil.[24] Com isso, soluciona-se a problemática da parcialidade inerente aos familiares do enfermo terminal, seja pelo sofrimento da perda de um ente querido, seja por interesse na situação econômica do paciente, como ocorre na hipótese do rotineiro recebimento de benefícios previdenciários, proporcionado pelo prolongamento da sobrevida deste.

Além disso, a declaração de vontade do enfermo permanece eficaz, mesmo após o advento da sua incapacidade, pois os poderes do representante misto são garantidos por lei, conforme se verifica no artigo 1.780 do Código Civil,[25] sem que haja a incidência do artigo 680, inciso II, do mesmo diploma legal.[26]

Por outro lado, o testamento e a procuração não constituem instrumentos essenciais para o ato de nomeação do representante misto, pois a forma é livre, desde que não vedada por lei, conforme prevê o artigo 104 do Código Civil.

Para as situações existenciais como a da terminalidade, melhor seria que o instrumento utilizado para consignar as disposições dos últimos dias de vida fosse um formulário, porquanto é o meio mais simples e acessível para o exercício do direito de viver sem o prolongamento artificial.

Assim, o "Formulário de Consentimento de Saúde" conteria a nomeação do representante misto, bem como o posicionamento do declarante quanto à ortotanásia, à obstinação terapêutica, a medidas heroicas invasivas, à oferta (ou não) de suporte vital, à doação (ou não) de órgãos e ao local onde deseja passar seus últimos dias, tudo escrito de forma simples, clara, precisa e com ênfase às situações de negativa de tratamentos invasivos, possibilitando ao interessado assinalar, de maneira rápida, quais as suas opções.

Embora o Conselho Federal de Medicina chame essas disposições de "diretivas antecipadas de vontade", é preferível, todavia, o emprego da locução "desígnio cautelar de terminalidade (mandato misto)", porque melhor se ajusta ao que o paciente almeja, no sentido de acautelar-se para que a sua decisão seja respeitada, quando não mais lhe for possível a autodeterminação.

---

[24] Art. 1.775. O cônjuge ou companheiro, não separado judicialmente ou de fato, é, de direito, curador do outro, quando interdito. §1º Na falta do cônjuge ou companheiro, é curador legítimo o pai ou a mãe; na falta destes, o descendente que se demonstrar mais apto. §2º Entre os descendentes, os mais próximos precedem aos mais remotos. §3º Na falta das pessoas mencionadas neste artigo, compete ao juiz a escolha do curador.

[25] Art. 1.780. A requerimento do enfermo ou portador de deficiência física, ou, na impossibilidade de fazê-lo, de qualquer das pessoas a que se refere o art. 1.768, dar-se-lhe-á curador para cuidar de todos ou alguns de seus negócios ou bens.

[26] Art. 682. Cessa o mandato: II - pela morte ou interdição de uma das partes.

Tomando por base os regramentos internacionais estudados para este trabalho, o meio mais eficiente de viabilizar um "Formulário de Consentimento de Saúde", contendo o "Desígnio Cautelar para Viver sem Prolongamento Artificial", é a carteira de saúde do cidadão, como ocorre na lei suíça, porquanto, quer seja ele usuário da rede pública de saúde, quer da rede particular, terá sempre a posse desse documento para conseguir acesso aos atendimentos médico-hospitalares.

Além disso, a experiência estrangeira demonstra ser mais adequada a aquisição da capacidade civil plena para o exercício desse direito, afastando, portanto, a possibilidade dos maiores de dezesseis anos de dispor sobre tais aspectos da vida, por não terem o discernimento necessário. Também não é apropriada a estipulação de prazo de validade para a declaração, podendo, todavia, tais disposições serem afastadas, nas hipóteses legais de nulidade do negócio jurídico, como a coação, por exemplo, e em caso de verificação de desatualização da vontade do paciente, devendo ser mantida também a revogabilidade do documento. Impende registrar, ainda, que, embora sendo possível a escusa de consciência, outro médico, todavia, deve assumir o tratamento, para viabilizar o respeito à vontade declarada do indivíduo.

Em texto esclarecedor, Vitor de Azevedo Almeida Junior, sobre os contornos atuais da autonomia privada e sua radical alteração a partir da Constituição de 1988, dada a gama de valores por ela acolhidos e o vetor axiológico do princípio da dignidade da pessoa humana, aponta que a natureza jurídica da representação voluntária já foi ponto controvertido na doutrina, em virtude de parte dela confundir a representação voluntária com o contrato de mandato. No entanto, sua autonomia dogmática no Código Civil de 2002 a desvinculou do contrato de mandato e ela pode se manifestar de maneira autônoma. Salienta o autor, entretanto, que deve ser repensada a margem de discricionariedade concedida ao representante para a celebração de atos negociais de cunho patrimonial, quando o poder de representação se der em face de atos de autonomia existencial e que, diante da ausência de regulamentação, é razoável que a liberdade de forma seja a regra para a realização do instrumento, devendo-se sempre evitar os formalismos extremos.[27]

Fato é que os cientistas ainda não criaram máquinas que levem as pessoas de volta ao passado. Não existe um poder apto a fazer o tempo parar ou trazer de volta a saúde da juventude de outrora. Cabe a cada um viver intensamente todos os dias com serenidade e mansidão, para, assim, alcançar o ponto final da história terrena, em paz com o que foi realizado e agradecido por ter usufruído a vida da melhor maneira possível. A última linha de uma história de vida é mais um estágio do ciclo vital, que pode terminar com louvor, por se ter alcançado essa fase da existência, como quem atinge um ponto de chegada – em última análise, sem sofrimento.

---

[27] ALMEIDA JR, Vitor de Azevedo. A autonomia existencial prospectiva e as procurações de saúde no direito brasileiro. BARBOSA-FOHRMANN, Ana Paula; BARRETO, Gustavo Augusto Ferreira. *A vida dos direitos humanos*: reflexões sobre questões atuais. Rio de Janeiro: Gramma 2016, p. 210-212.

4 Conclusão

É possível observar que muitos são os questionamentos e não são poucas as dúvidas na construção doutrinária acerca da melhor forma de a pessoa expressar sua vontade no que diz respeito aos aspectos ligados à finitude de sua vida, mais precisamente aos momentos a que a ela antecede, caso não esteja no gozo de sua plena capacidade.

Impende lembrar ter o Conselho Federal de Medicina, seguindo a mesma orientação adotada pela lei argentina, apontado o prontuário médico como instrumento hábil para o registro das diretivas antecipadas de vontade do enfermo, tanto no §2º do artigo 1º da Resolução 1.805/06,[28] como no §4º do artigo 2º da Resolução 1.995/2012.[29]

Contudo, esta indicação não parece ser a mais acertada, pois, caso o paciente receba alta hospitalar, e, depois de algum tempo, volte a ser internado em outro hospital, em situação de emergência, quando não mais seja possível externar a sua vontade, os médicos encarregados de prestar este novo atendimento não terão conhecimento da declaração de vontade já externada pelo enfermo em ocasião anterior, ante a falta de publicidade inerente ao prontuário. Muitas vezes, na prática, isso acontece em uma mesma unidade de saúde.

Em razão disso, são mais adequadas as disposições das leis editadas na Europa, as quais estabelecem um registro nacional de conservação e acesso às diretivas antecipadas de vontade dos cidadãos, ou orientam a anotação da existência dessas informações na carteira de saúde do indivíduo.

Para a confecção do testamento vital, é dispensável que o sujeito alcance o estágio terminal da vida, aconselhando-se, inclusive, que isso ocorra antes mesmo do aparecimento de quaisquer doenças tidas como graves e de cura difícil, quando então o discernimento do indivíduo estará vulnerável a eventuais pressões oriundas da sua falta de saúde.

Não se deve ignorar, também, ser o testamento vital revogável a qualquer tempo, permitindo ao sujeito a alteração de suas disposições de vontade, durante o curso da sua vida, se casualmente suas convicções mudarem com o passar do tempo, ou, ainda, se o avanço tecnológico permitir a eficácia do tratamento. Nesse sentido, Paulo Lôbo assevera:

> O testamento vital apenas deve ser desconsiderado em virtude de mudança das circunstâncias que estiveram presente no momento de sua feitura (*rebus sic stantibus*), como a evidente desatualização da vontade do outorgante em face do ulterior progresso dos

---

[28] Art. 1º. É permitido ao médico limitar ou suspender procedimentos e tratamentos que prolonguem a vida do doente em fase terminal, de enfermidade grave e incurável, respeitada a vontade da pessoa ou de seu representante legal. §1º. O médico tem a obrigação de esclarecer ao doente ou a seu representante legal as modalidades terapêuticas adequadas para cada situação. §2º. A decisão referida no caput deve ser fundamentada e registrada no prontuário. §3º. É assegurado ao doente ou a seu representante legal o direito de solicitar uma segunda opinião médica.

[29] *Art. 2º* Nas decisões sobre cuidados e tratamentos de pacientes que se encontram incapazes de comunicar-se, ou de expressar de maneira livre e independente suas vontades, o médico levará em consideração suas diretivas antecipadas de vontade. §1º Caso o paciente tenha designado um representante para tal fim, suas informações serão levadas em consideração pelo médico. §2º O médico deixará de levar em consideração as diretivas antecipadas de vontade do paciente ou representante que, em sua análise, estiverem em desacordo com os preceitos ditados pelo Código de Ética Médica. §3º As diretivas antecipadas do paciente prevalecerão sobre qualquer outro parecer não médico, inclusive sobre os desejos dos familiares. §4º. O médico registrará, no prontuário, as diretivas antecipadas de vontade que lhes foram diretamente comunicadas pelo paciente.

meios terapêuticos, ou se se comprovar que ele não desejaria mantê-lo, em respeito a sua autonomia, presumida na primeira hipótese, expressa na segunda.[30]

É importante lembrar que, caso a escrita do testamento vital ocorra após a ciência do diagnóstico irreversível, o doente deverá receber todas as informações necessárias sobre os tratamentos disponíveis, de forma clara e precisa, para que, assim, a sua escolha seja exercida com discernimento e coerência.

Afinal, o doente deve ter condições de agir com competência, isto é, "conceito clínico de possuir habilidades para a tomada de decisões válidas em relação ao tratamento".[31]

Tenha-se em mente estar-se tratando do maior bem a ser protegido pelo ordenamento: a vida. Morte digna é qualidade de vida e de morte, é reconhecer e tutelar a tão festejada dignidade da pessoa humana, vetor máximo do ordenamento jurídico brasileiro, aqui considerada em sua plena concretude, ainda que a pessoa não tenha mais consciência desse exercício.

Referências

A INFORMAÇÃO como direito fundamental do consumidor. *Jus Navigandi*, Teresina, ano 6, n. 51, 1 out. 2001. Disponível em: http://jus.com.br/artigos/2216. Acesso em: 4 nov. 2013.

ALMEIDA JR, Vitor de Azevedo. A autonomia existencial prospectiva e as procurações de saúde no direito brasileiro. BARBOSA-FOHRMANN, Ana Paula; BARRETO, Gustavo Augusto Ferreira. *A vida dos direitos humanos*: reflexões sobre questões atuais. Rio de Janeiro: Gramma 2016, p. 197-221.

ASCENSÃO, José de Oliveira. *O direito: introdução e teoria geral*. Uma perspectiva luso-brasileira. 10. ed. Coimbra: Almedina, 1997.

BARROSO, Luís Roberto e MARTEL, Letícia de Campos Velho. A morte como ela é: dignidade e autonomia individual no final da vida. *Revista do Ministério Público*. Rio de Janeiro, MPRJ, n. 40, abr./jun. 2011, p. 103-139.

BLANCO, Jaime Zabala. *Autonomía e Instrucciones Previas*: um análisis comparativo de lãs legislaciones autonômicas del Estado Español. 2007. Tese – Universidad de Cantabria. Departamento de Fisiología e Farmacología. Cantabria 19.12.2007. Disponível em: http://www.tesisenred.net/bitstream/handle/10803/10650/TesisJZB.pdf?sequence=1. Acesso em 27 nov 2013.

BORGES, Roxana Cardoso Brasileiro. *Direitos de Personalidade e Autonomia Privada*. 2. ed. 2ª tiragem. São Paulo: Saraiva, 2009.

DADALTO, Luciana. *Testamento Vital*. 2. ed. Rio de Janeiro: Lumen Juris, 2013.

DWORKIN, Ronald. *Domínio da vida*: aborto, eutanásia e liberdades individuais. São Paulo: Martins Fontes, 2003.

FARIAS, Cristiano Chaves de; VEIGA, Melissa Ourives. A concretização dos direitos da pessoa com deficiência e o reconhecimento da possibilidade das diretivas antecipadas como exercício de sua autonomia privada. *Revista de doutrina e jurisprudência*. Disponível em: https://revistajuridica.tjdft.jus.br/index.php/rdj/article/view/190/71. Acesso em 12 de julho de 2020.

HAMBRO, Peter. Future Powers of Attorney. *In* ATKIN, Bill. *The International Survey of Family Law. p.* 305-319. Wellington: Family Law, 2013.

---

[30] LÔBO, *Direito Civil*: sucessões. São Paulo: Saraiva, 2013a, p. 240.

[31] MOREIRA, Luiza Amélia Cabus; OLIVEIRA, Irismar Reis de. Algumas questões éticas no tratamento de anorexia nervosa. *Jornal Brasileiro de Psiquiatria*. Rio de Janeiro, v. 57, n. 3, 2008. Disponível em: http://www.scielo.br/pdf/jbpsiq/v57n3/01.pdf. Acesso em: 24 nov. 2013

HIRONAKA, Giselda Maria Fernandes Novaes. *Diretivas antecipadas de vontade*. O direito à morte digna. Disponível em: https://flaviotartuce.jusbrasil.com.br/artigos/620505047/diretivas-antecipadas-de-vontade-artigo-da-professora-giselda-hironaka. Acesso em 11.07.2020

LÔBO, Paulo. Autorregramento da vontade - um insight criativo de Pontes de Miranda. *Jus Navigandi*, Teresina, ano 18, n. 3748, 5 out. 2013. Disponível em: http://jus.com.br/artigos/25357. Acesso em: 04 nov. 2013.

LÔBO, Paulo. *Direito Civil: parte geral*. 2. ed. São Paulo: Saraiva, 2010.

LÔBO, Paulo. *Direito Civil: sucessões*. São Paulo: Saraiva, 2013.

MARINELI, Marcelo Romão. A Declaração de Vontade do Paciente Terminal. As diretivas antecipadas de vontade à luz da Resolução 1.995/2012 do Conselho Federal de Medicina. *Jus Navigandi*, Teresina, ano 18, n. 3774, 31 out. 2013. Disponível em: http://jus.com.br/artigos/25636. Acesso em: 9 nov. 2013.

MATOS, Gustavo Faissol Janot de e VICTORINO, Josué Almeida. Critérios para diagnóstico de Sepse, Sepse Grave e Choque Séptico. *Revista Brasileira de Terapia Intensiva*. 2013, p. 102-104. Disponível em: http://www.amib.com.br/rbti/download/artigo_2010622183955.pdf Acesso em 07 out. 2013.

MEIRELES. Rose Melo Vencelau. *Autonomia Privada e Dignidade Humana*. Rio de Janeiro: Renovar, 2009.

MENEZES CORDEIRO, Antônio Manuel da Rocha e. *Da Boa-fé Objetiva no Direito Civil*. Coimbra: Almedina, 1997.

MENEZES, Rachel Aisengart. Autonomia e decisões ao final da vida: notas sobre o debate internacional contemporâneo. *Vida, Morte e Dignidade Humana*. Rio de Janeiro: Editora GZ, p. 09-29, 2010.

MENEZES, Rachel Aisengart. Um modelo para morrer: uma etapa na construção social contemporânea da pessoa? *Revista de Antropologia Social*. Paraná, vol. 3, p. 103-116, 2003.

MORAES, Maria Celina Bodin de. A causa dos contratos. *Revista Trimestral de Direito Civil*. Rio de Janeiro: Editora Padma, vol. 21. p. 95-119, jan/mar. 2005.

MORAES, Maria Celina Bodin de. *Na medida da pessoa humana*: estudos de direito civil-constitucional. Rio de Janeiro: Renovar, 2010.

MORALES, Ricardo Royo-Villanova. *O direito de morrer sem dor*: o problema da eutanásia. 2. ed. São Paulo: Edições e Publicações Brasil Ltda, 1933.

MOREIRA, Luiza Amélia Cabus; OLIVEIRA, Irismar Reis de. Algumas questões éticas no tratamento de anorexia nervosa. *Jornal Brasileiro de Psiquiatria*. Rio de Janeiro, v. 57, n. 3, 2008. Disponível em: http://www.scielo.br/pdf/jbpsiq/v57n3/01.pdf. Acesso em: 24 nov. 2013

NEVARES, Ana Luiza Maia; MEIRELES. Rose Melo Vencelau. Apontamentos sobre o direito de testar. *Vida, Morte e Dignidade Humana*. Rio de Janeiro: Editora GZ, p. 83-99, 2010.

PEREIRA, Caio Mário da Silva. *Instituições de Direito Civil: Contratos*. Vol. III. 12. ed. rev. e atual. Rio de Janeiro: Editora Forense, 2007.

PERLINGIERI, Pietro. *Perfis do Direito Civil*: introdução ao direito civil constitucional. 2. ed. Rio de Janeiro: Renovar, 2002.

PESSOA, Laura Scalldaferri. *Pensar o final e a honrar a vida*: direito à morte digna. São Paulo: Saraiva, 2013.

PETERKOVA, Helena. Rationing – A marginal argument in the end-of-life debate? *Revista Fórum de Direito Civil – RFDC*. Belo Horizonte: Editora Fórum, ano II, n. 2, p. 175-188, jan/abr 2012.

RACHELS, James. Active and Passive Euthanasia. *The New England Journal of Medicine*. 2013. Vol. 292, p. 78-80. Disponível em: http://people.brandeis.edu/~teuber/Rachels_Euthanasia.pdf Acesso em: 28/03/2013.

RÉPÚBLICA DE PORTUGAL. PARLAMENTO. *Lei 25/2012*. Disponível em: http://app.parlamento.pt/webutils/docs/doc.pdf?path=6148523063446f764c324679595842774f6a63334e7a637664326c75644756346447397a58324677636d393259957527637938794d4445794c3078664d6a56664d6a41784d6935775a47593d&fich=L_25_2012.pdf&Inline=true. Acesso em 11.07.2020.

ROSKAM, Jacques. Survie Purement Végétative dans La cérébrosclérose. Euthanasie, Dysthanasie, Orthothanasie. *Revue Médicale de Liège*. Liège: Faculdade de Medicina de Liège vol. V. nº 20. p. 709 - 713, ISSN: 0370-629X, 15 out. 1950.

SANTOS, Maria Celeste Cordeiro Leite. *Transplante de Órgãos e eutanásia*: liberdade e responsabilidade. São Paulo: Saraiva, 1992.

SCHREIBER, Anderson. *Direitos da personalidade*. São Paulo: Editora Atlas, 2011.

SCHWENZER, Ingeborg; KELLER, Tomie. A new law for the protection of adults. *In* ATKIN, Bill. *The International Survey of Family Law*. p. 375-386. Wellington: Family Law, 2013.

SZTAJN, Rachel. *Autonomia privada e direito de morrer: eutanásia e suicídio assistido*. São Paulo: Cultural Paulista. Universidade Cidade de São Paulo, 2002.

TEIXEIRA. Ana Carolina Brochado. *Saúde, Corpo e Autonomia Privada*. Rio de Janeiro: Renovar, 2010.

TEPEDINO, Gustavo. A tutela da personalidade no ordenamento Civil-constitucional Brasileiro. *In*: TEPEDINO, Gustavo. *Temas de Direito Civil*. 4. ed. Rio de Janeiro: Renovar, 2008.

TEPEDINO, Gustavo; SCHREIBER, Anderson. Minorias no direito civil brasileiro. *Revista Trimestral de Direito Civil*, Rio de Janeiro: Editora Padma, v. 10, p. 135-155, abr/jun 2002.

TEPEDINO, Gustavo; SCHREIBER, Anderson. O extremo da vida. Eutanásia, accanimento terapêutico e dignidade humana. *Revista Trimestral de Direito Civil*. Rio de Janeiro: Editora Padma, vol. 39, p. 3-17, jul/set 2009.

Informação bibliográfica deste texto, conforme a NBR 6023:2018 da Associação Brasileira de Normas Técnicas (ABNT):

NERY, Maria Carla Moutinho; ANDRADE, Gustavo Henrique Baptista. Planejamento sucessório e questões existenciais: a representação mista como alternativa ao testamento vital. *In*: TEIXEIRA, Daniele Chaves (Coord.). *Arquitetura do Planejamento Sucessório*. Belo Horizonte: Fórum, 2021. p. 601-617. Tomo II. ISBN 978-65-5518-117-3.

O PACTO SUCESSÓRIO COMO INSTRUMENTO DE PLANIFICAÇÃO DA HERANÇA

RAFAEL CÂNDIDO DA SILVA

1 Introdução

Após longo tempo de raridade de estudos e de pesquisas no direito pátrio sobre os pactos sucessórios, florescem as discussões sobre o tema, diante dos anseios contemporâneos por maior liberdade na delação dos bens *post mortem* e, sobretudo, da necessidade de assegurar instrumentos efetivos no âmbito do planejamento sucessório.

Da mesma forma que o planejamento tributário ganhou destaque na organização fiscal das sociedades empresariais, embora não limitado a elas, o planejamento sucessório passou a despertar cada vez mais interesse, em razão da sua aptidão de viabilizar uma ampliação da autonomia do titular do patrimônio, além de segurança, de celeridade e de organização na transmissão dos bens para após a morte, por meio da combinação de diversos instrumentos jurídicos previstos na legislação.

Assim, conceitua-se o planejamento sucessório como um "conjunto de medidas empreendidas para organizar a sucessão hereditária de bens e direitos previamente ao falecimento de seu titular".[1] Essa organização prévia tem origem no anseio do titular do patrimônio, ou das pessoas com que ele se relaciona, por maior segurança na transmissão da herança, além de minimizar custos e evitar conflitos.

Por outro lado, são inegáveis e conhecidos os entraves em matéria de autonomia privada na sucessão hereditária. Como bem acentua Daniele Chaves Teixeira, o Código Civil brasileiro pouco avançou na parte atinente ao direito das sucessões, de modo que as regras ali contidas refletem um sistema cada vez mais desconectado à realidade da família da atual sociedade brasileira.[2]

No Brasil, costuma-se citar, em doutrina, que os principais obstáculos para uma maior amplitude no planejamento da sucessão hereditária são a legítima e a proibição

---

[1] TEPEDINO, Gustavo. NEVARES, Ana Luiza Maia. MEIRELES, Rose Melo Vencelau. *Fundamentos de Direito Civil*: Direito das Sucessões. Rio de Janeiro: Forense, 2020, v. 7, p. 279.

[2] TEIXEIRA, Daniele Chaves. *Planejamento sucessório*: Pressupostos e Limites. 2. ed. Belo Horizonte, Fórum, 2019, p. 28.

dos pactos sucessórios.[3] Com efeito, já é realidade a demanda da sociedade atual por uma maior autonomia no fenômeno sucessório. Nunca se falou tanto no planejamento dos bens para além da morte. O porvir, outrora ignorado, talvez pela aversão cultural do brasileiro ao debate acerca da morte,[4] cede paulatinamente espaço em prol da necessidade de regular a organização da transmissão hereditária.

Por outro lado, apesar de franqueado o exercício de certa liberdade em relação à parte disponível do patrimônio, as modernas técnicas e instrumentos jurídicos utilizados no que se convencionou chamar de *planejamento sucessório* revelam não apenas a busca por menores custos fiscais, mas também a sentida necessidade social por ampliação da autonomia privada qualitativa no fenômeno sucessório, visando garantir segurança e estabilidade na passagem do patrimônio, a preservação de situações patrimoniais em prol da família ou de núcleos produtivos e, também, a fixação de diretrizes de delação dos bens em função das condições pessoais do sucessor.

Diante das limitações e desafios, entre os quais a legítima e a proibição dos pactos sucessórios, notabiliza-se, nesse particular, a criatividade e a argúcia dos juristas em utilizar variados mecanismos, objetivando ampliar a autonomia sem perder de vista a segurança na sucessão *causa mortis*.

O presente estudo ocupa-se tão somente dos pactos sucessórios ou contratos sobre herança futura que, em sentido amplo, designam as convenções cujo objeto seja a herança de pessoa viva ou, de maneira mais específica:

> o negócio jurídico bilateral estabelecido entre vivos, precipuamente, mas não necessariamente irrevogável, com a finalidade de regular a sucessão não aberta de um dos contratantes ou de terceiro, mediante a atribuição da qualidade de herdeiro, a instituição de um legado contratual ou a renúncia antecipada à herança.[5]

Inicialmente, será realizada a incursão nas tendências modernas sobre o tema e fornecido enfoque crítico sobre o regime comum de nulidade em contraposição aos fundamentos da proscrição na ordem jurídica pátria para, em seguida, abordar as potencialidades do pacto sucessório como instrumento de planificação sucessória.

2 Tendências contemporâneas para o tema

À partida, cumpre o destaque de que os pactos sucessórios não são proibidos de maneira ampla e irrestrita em todos os países de tradição romano-germânica. Reconhece-se a permissividade desses pactos em países de cultura e influência germânica, a exemplo da Alemanha,[6] Áustria,[7] Suíça[8] e Liechtenstein.[9]

---

[3] Nesse sentido: TEPEDINO, Gustavo. NEVARES, Ana Luiza Maia. MEIRELES, Rose Melo Vencelau. *Fundamentos de Direito Civil*: Direito das Sucessões. Rio de Janeiro: Forense, 2020, v. 7, p. 279, p. 279. Também: TEIXEIRA, Daniele Chaves. *Planejamento sucessório*: Pressupostos e Limites. 2. ed. Belo Horizonte, Fórum, 2019, p. 198.

[4] HIRONAKA, Giselda Maria Fernandes Novaes; CAHALI, Francisco José. *Curso avançado de direito civil*: direito das sucessões. São Paulo: Revista dos Tribunais, 2000. v. 6. p. 277.

[5] SILVA, Rafael Cândido da. *Pactos sucessórios e contratos de herança*: Estudo sobre a autonomia privada na sucessão *causa mortis*. Salvador: JusPodivm, 2019, p. 29.

[6] Conforme disposição do §1941 do BGB: "§1941 Erbvertrag. (1) Der Erblasser kann durch Vertrag einen Erben einsetzen, Vermächtnisse und Auflagen anordnen sowie das anzuwendende Erbrecht wählen (Erbvertrag). (2)

Pouco a pouco, todavia, países da União Europeia passaram a flexibilizar as respectivas legislações nacionais, como uma decorrência dos imperativos de uniformização do trato legislativo no direito comunitário, assim também como a constatação da utilidade de tais negócios, especialmente em matéria societária.

Entre os países reveladores da tendência de abertura do sistema à validade de determinados pactos sucessórios estão a França, a Itália e, mais recentemente, a Bélgica.

Com a reforma empreendida pela *Loi du 23 juin 2006*, em vigor a partir de 1º de janeiro de 2007, novos institutos relacionados ao pacto sucessório foram admitidos na França, como a renúncia antecipada à herança a favor de uma ou mais pessoas, herdeiras ou não (*renonciation a l'action en réduction*),[10] formalizada através de dois notários e na presença destes assinada separadamente por cada renunciante, cientificando-lhes das consequências do ato. Ela pode abranger a totalidade, parte da herança ou um bem determinado.[11] Também foi ampliada, naquele país, a percepção de figuras assemelhadas aos pactos sucessórios no âmbito das liberalidades, passando-se à permissão mais larga das substituições, inclusive no âmbito das doações,[12] e de outras figuras como a *libéralité graduelle*[13] e a *liberalité residualle*.[14]

Als Erbe (Vertragserbe) oder als Vermächtnisnehmer kann sowohl der andere Vertragschließende als ein Dritter bedacht werden". Tradução livre: "Contrato de Herança. (1) O autor da herança pode, através de contrato, instituir um herdeiro, dispor de legados ou encargos, assim como escolher a lei sucessória aplicável (contrato de herança). (2) Tanto a outra parte do contrato como o terceiro podem ser considerados como um herdeiro (herdeiro contratual) ou como um legatário". Também são regulados pela legislação alemã os pactos renunciativos (*Erbverzichtsvertrag*), figura contratual de renúncia à herança futura, seja porque o renunciante ostenta a condição potencial de herdeiro legítimo, testamentário ou legatário (REIMANN, Wolfgang; BENGEL, Manfred; MAYER, Jörg. *Testment und Erbvertrag*. Luchterhand: Neuwied, 2006. p. 858).

7   Na Áustria, os pactos sucessórios têm aplicação mais restrita que nos demais países germânicos. Permite-se que os cônjuges, noivos ou "parceiros registrados" (destinados a pessoas do mesmo sexo) disponham de até três quartos da herança. Também os testamentos de mão comum, bem como as *donationes mortis causa* (artigo 956º), que são doações de bens pessoais realizadas mediante contrato por alguém que preveja morrer no futuro próximo, devendo se revestir de ato notarial. A renúncia contratual à legítima é igualmente permitida e deve ser celebrada entre o autor da herança e o herdeiro em potencial. (HRUBESCH-MILLAUER, Stephanie. *Der Erbvertrag*: Bindung und Sicherung des (letzten) Willens des Erblassers. Zürich: Dike Verlag, 2008. p. 29-30). A regulação legal encontra-se no art. 1249º e seguintes do *Allgemeines bürgerliches Gesetzbuch – ABGB*.

8   Art. 468, 481, 494 e ss. 512 a 516, todos do Código Civil Suíço. Nesse país, as disposições por pacto sucessório podem compreender todo ou parte do patrimônio, dentro dos limites da quota disponível.

9   Art. 533 do ABGB do Principado de Liechtenstein: "Das Erbrecht gründet sich auf den nach gesetzlicher Vorschrift erklärten Willen des Erblassers, auf einen Erbvertrag (§§602 ff.) oder auf das Getz". Tradução livre: "A sucessão baseia-se nas prescrições legais de vontade declarada do autor da herança, nos pactos sucessórios e na lei". Os pactos sucessórios vêm ainda regulados pelos artigos 602 a 602-e do Código.

10   A ação de redução é aquela através da qual o herdeiro deduz a sua pretensão de invocar a proteção da legítima, eventualmente prejudicada por uma liberalidade, por exemplo (MAXIMILIANO, Carlos. *Direito das sucessões*. 3. ed. Rio de Janeiro: Freitas Bastos, 1952. v. 3. p. 36-37).

11   FAVIER, Yann. Le principe de la prohibition des pactes successoraux en droit français. *In*: BONOMI, Andrea; STEINER, Marco (Org.). *Les pactes Successoraux en droit comparé et en droit international privé*. Genève: Droz, 2008, p. 34.

12   Art. 1054 do Código Civil Francês: *Si le grevé est héritier réservataire du disposant, la charge ne peut être imposée que sur la quotité disponible. Le donataire peut toutefois accepter, dans l'acte de donation ou postérieurement dans un acte établi dans les conditions prévues à l'article 930, que la charge grève tout ou partie de sa réserve. Le légataire peut, dans un délai d'un an à compter du jour où il a eu connaissance du testament, demander que sa part de réserve soit, en tout ou partie, libérée de la charge. A défaut, il doit en assumer l'exécution. La charge portant sur la part de réserve du grevé, avec son consentement, bénéficie de plein droit, dans cette mesure, à l'ensemble de ses enfants nés et à naître.*

13   Previsto no art. 1054 do Código Civil Francês, é a operação pela qual o disponente doa ou lega bens ou direitos, estabelecendo que o donatário ou legatário deve conservar integralmente os bens ou direitos transmitidos até a sua morte, quando um segundo beneficiário designado assumirá a titularidade da situação jurídica transmitida

Na Itália, a reforma empreendida pela Lei de 14 de fevereiro de 2006, n. 55, alterou o artigo 458 e acrescentou o artigo 768-*bis* e seguintes do *Codice*, para regulamentar um novel instituto naquele país, o *patto di famiglia*.[15] Foi uma resposta do legislador italiano à solicitação de matriz comunitária voltada à resolução do problema da transmissão de bens produtivos em sucessão *causa mortis*.[16] Trata-se, em suma, de um contrato por meio do qual o empresário transfere, no todo ou em parte, a um ou mais dos seus descendentes em linha reta, a sua empresa ou participação societária, com intervenção do cônjuge do disponente e dos herdeiros legítimos, que poderão renunciar ou desde já receber por antecipação a liquidação de sua herança.[17]

Na Bélgica, a possibilidade de celebração de pacto sucessório se deu a partir da reforma empreendida em matéria de direito sucessório, em vigor desde 1º de setembro de 2018. O Código belga passou a dedicar um título específico sobre os pactos sucessórios, regulados agora de maneira geral pelos novéis artigos 1100/1 a 1100/7. Nesse país, somente no primeiro ano de vigência da permissão, em 2019, foi noticiada a celebração de 3.705 pactos sucessórios.[18]

Também na América do Sul houve a percepção da necessidade de reconhecer, embora de maneira excepcional, os contratos sobre herança futura, como sói ocorrer com o Código Civil argentino de 2014 que, mantendo a regra geral de proibição dos pactos sucessórios, fez desde já a ressalva quanto àqueles relativos à exploração de unidade produtiva ou a participações societárias de qualquer tipo, com vistas à conservação da unidade da gestão empresarial, à prevenção ou solução de conflitos, desde que tais disposições não prejudiquem os direitos de terceiros, a legítima e a meação do cônjuge.[19]

No Brasil, no entanto, persiste a proibição dos pactos sucessórios, consoante dicção do artigo 426 do Código Civil de 2002, segundo o qual "não pode ser objeto de contrato a herança de pessoa viva", cuja redação é cópia do artigo 1.089 do Código Civil de 1916. A vedação genérica não impede, contudo, o estudo de tão interessante tema, envolvido numa historicidade marcada por rupturas e na ausência de coesão no

---

[14] De função semelhante a *libéralité graduelle*, mas com a ressalva de que inexiste o dever do primeiro beneficiário de conservar integralmente o bem ou direito doado ou legado, mas unicamente de transmitir os bens subsistentes, residuais, no estado em que se encontram, por ocasião da abertura da sucessão, conforme previsão do art. 1057 do *Code*.

[15] A nova redação do art. 458 do *Codice Civile Italiano* é a seguinte: Art. 458 - "Divieto di patti successori. Fatto salvo quanto disposto dagli articoli 768-bis e seguenti, è nulla ogni convenzione con cui taluno dispone della propria successione. È del pari nullo ogni atto col quale taluno dispone dei diritti che gli possono spettare su una successione non ancora aperta, o rinunzia ai medesimi".

[16] ACHILLE, Davide. *Il divieto dei patti successori*: contributo allo studio dell'autonomia privata nella successione futura. Napoli: Jovene Editore, 2012. p. 198. nota 69.

[17] UNINDUSTRIA BOLOGNA. *Il Patto di Famiglia*. p. 1. Disponível em: http://www.unindustria.bo.it/flex/cm/pages/ServeBLOB.php/L/IT/IDPagina/83305. Acesso em: 13 nov. 2016.

[18] Disponível em: https://www.lecho.be/monargent/succession/pourquoi-pas-un-pacte-successoral-plutot-qu-un-testament/10201418.html. Acesso em 24 jun. 2020.

[19] Trata-se do artigo 1010 do *Código Civil y Comercial de la Nación*, cuja redação é a seguinte: "Herencia futura. La herencia futura no puede ser objeto de los contratos ni tampoco pueden serlo los derechos hereditarios eventuales sobre objetos particulares, excepto lo dispuesto en el párrafo siguiente u otra disposición legal expresa. Los pactos relativos a una explotación productiva o a participaciones societarias de cualquier tipo, con miras a la conservación de la unidad de la gestión empresaria o a la prevención o solución de conflictos, pueden incluir disposiciones referidas a futuros derechos hereditarios y establecer compensaciones en favor de otros legitimarios. Estos pactos son válidos, sean o no parte el futuro causante y su cónyuge, si no afectan la legítima hereditaria, los derechos del cónyuge, ni los derechos de terceros".

trato da matéria mesmo entre os países de família romano-germânica. A par daqueles países onde a sucessão pactícia se firmou como uma realidade incontestável, o exame da ordem jurídica estrangeira é revelador de uma tendência de alargamento das hipóteses de permissão desses negócios jurídicos, demonstrando a importância de revisitação da matéria, adequando-a à realidade social e jurídica nacional.

3 Pactos sucessórios: classificação e crítica ao regime comum de nulidade

A principal diferença dos pactos sucessórios em relação ao testamento é a irrevogabilidade. Afinal, são contratos e, como tal, submetidos ao *pacta sunt servanda*, não se admitindo a revogação, salvo estipulação em contrário das partes. Entretanto, o conteúdo e a função desses negócios jurídicos podem ser os mais diversos, desde que mantido o traço comum de referir-se à sucessão não aberta.

Tradicionalmente,[20][21] são classificados em institutivos (*de sucedendo*), atribuindo a herança ou o legado a alguém, renunciativos (*de non succedendo*), quando se refere à renúncia à futura herança, e os dispositivos (*hereditate tertii*), quando envolver efeitos sobre a participação na herança de terceiro.

Apesar das diferentes manifestações e fins dos pactos sucessórios, todos eles esbarram no óbice legal que desautoriza a sua prática, reputando-se nulo o negócio jurídico. São citadas, normalmente, as seguintes razões para justificar a posição legislativa contrária à admissão dos contratos de herança. Em primeiro, a vulneração aos bons costumes, por suscitarem, esses negócios jurídicos, a esperança na morte daquele de cuja sucessão se trata, expressa no adágio latino *votum alicujus mortis*. Além disso, o contrato determinaria uma sucessão pactícia, em violação à ordem pública sucessória, que estabelece o regime dualista de delação sucessória com base na lei e no testamento. Os pactos seriam, também, atentatórios à liberdade de testar, pois as disposições de última vontade têm como traço marcante a revogabilidade do ato até o momento da morte do autor da herança. Por fim, esses negócios teriam o potencial de criar situações lesivas ao herdeiro presuntivo, que não teria condições de avaliar e precificar o seu direito.

A proibição genérica presente no Código Civil napoleônico e os receios morais em torno dessa figura jurídica inspiraram, ainda que tardiamente, a disciplina comum de nulidade de todas as formas de pactos sucessórios em diversos países, inclusive no Brasil. À míngua de um controle funcional desses negócios, preferiu o nosso legislador a sua proscrição. Após citar algumas razões contrárias, Clóvis Beviláqua reconhece que "êsses argumentos podem não ser esmagadores, mas induzem-nos à convicção

---

[20] CRUZ, Guilherme Braga da. Os pactos sucessórios na história do direito português. *Revista da Faculdade de Direito da Universidade de São Paulo*, São Paulo, v. 60, p. 94 e 97, 1965.

[21] Semelhantemente, José Tavares classifica-os assim: "Os pactos sucessórios são de duas especies – *adquisitivos* e *renunciativos*; e abrangem quatro categorias: pactos de instituição de herdeiro (*pacta de succedendo*), quer simples, quer mutua (*pacta de mutua successione*), pactos de renuncia (*pacta de non succedendo*), e finalmente, pactos de disposição da herança de um terceiro" (TAVARES, José. *Sucessões e direito successorio*. Coimbra: França Amado, 1903. v. 1. p. 23). Também: Id. *Os principios fundamentais do direito civil*. Coimbra: Coimbra Editora, 1922. v. 1. p. 801-802.

de que é preferível proibir os pactos sucessórios a correr o risco de vê-los originar os inconvenientes alegados".[22]

Contudo, uma análise mais profunda lança interrogações sobre a efetiva prevalência das razões da proibição. À guisa de exemplo, cite-se o voto homicida (*votum mortis*), ou seja, o despertar de sentimentos odiosos consistente no desejo da morte da pessoa, que é trazido pela doutrina como um dos principais argumentos contrários à admissão dos contratos sobre herança futura.[23]

Nesse particular, há diversos institutos jurídicos consagrados pela legislação que poderiam, em tese, suscitar o desejo de morte alheia, razão pela qual esse fundamento certamente não pode ser o único para proscrição dos pactos sucessórios. Como exemplos citem-se as substituições vulgar ou fideicomissária, o seguro de vida, a cláusula de reversão em contrato de doação, o usufruto vitalício, o direito de acrescer, a constituição de renda vitalícia, entre outros. Pode-se concluir, então, que o legislador não adotou a repressão ao *votum mortis*[24] como verdadeiro princípio geral da ordem privada.

Diante das diversas expressões possíveis dos pactos sucessórios (institutivo, renunciativo e dispositivo), mais acertada é a análise dos fundamentos da proibição sob a perspectiva individualizada, não generalizante. Nesse sentido, Vincenzo Barba denuncia como inadequada a explicação das razões da interdição desses negócios de modo unificado, sem distinguir entre os pactos institutivos, dispositivos e renunciativos, concluindo que a rica complexidade dos pactos sucessórios permite aferir que as razões da proibição, enquanto são apropriadas para algumas espécies, parecem pouco relevantes a outras.[25]

Não por outro motivo é possível identificar claramente o movimento de diversas legislações nacionais no sentido de admitir exceções à regra proibitiva de celebração dos pactos sucessórios, ante a constatação de que tais negócios podem ser socialmente úteis ao atendimento de determinados interesses, em cujas circunstâncias não se afigurem as razões e receios para sua interdição.

Foge ao escopo do presente artigo a imersão no estudo acerca das razões da proibição dos pactos sucessórios sob a perspectiva atomística, setorizada a cada

---

[22] BEVILÁQUA, Clóvis. *Direito das sucessões*. 4. ed. Rio de Janeiro: Freitas Bastos, 1945. p. 279.

[23] "Divulgados se acham os argumentos adversos à aceitação ou, pelo menos, à aceitação irrestringida dos pactos sucessórios. E dêles o primeiro é o de que importam o *votum captandae mortis* e, pois, contrários se mostram à ordem pública e aos bons costumes. O argumento vem atravessando os séculos, inspirou textos romanos e transparece ainda no magistério dos doutores" (NONATO, Orosimbo. *Estudos sôbre sucessão testamentária*. Rio de Janeiro: Forense, 1957. v. 1. p. 28-29)

[24] Sobre o fundamento genérico do *votum mortis* aplicável a todas as modalidades de pactos sucessórios, elucidativa a preleção de Guilherme Braga da Cruz, que atribui essa construção teórica aos romanistas: "A regra de que os pactos sucessórios são, em princípio, proibidos e feridos de nulidade vão os romanistas desta época sobretudo buscá-la à famosa constituição *De quaestione*, do imperador Justiniano. Embora esta constituição se refira restrita e concretamente, como vimos, aos pactos de *hereditate tertii* – e não à instituição contratual, nem aos pactos renunciativos –, ela é sempre tomada agora pelos romanistas como uma proibição de ordem genérica de todos os pactos sucessórios. E a razão que nela se invoca – o facto de tais pactos implicarem um 'votum mortis' e, portanto, um perigo para a vida do *de cuius* – é agora apresentada pelos romanistas como justificação da nulidade de todos os pactos sobre a sucessão duma pessoa viva" (CRUZ, Guilherme Braga da. Os pactos sucessórios na história do direito português. *Revista da Faculdade de Direito da Universidade de São Paulo*, São Paulo, v. 60, p. 105, 1965).

[25] BARBA, Vincenzo. *I patti successori e il divieto di disposizione della delazione*: Tra storia e funzioni. Napoli: Edizioni Scientifiche Italiane, 2015. p. 33.

modalidade.[26] Fica, no entanto, o registro da crítica da abordagem generalizante e a ressalva da afirmação segundo a qual é menos problemática a superação da proibição precisamente em relação aos pactos dispositivos e renunciativos, cujos obstáculos não se afiguram intransponíveis em termos de reforma,[27] sendo essa a direção apontada pela tendência de relativização da regra de proscrição no direito estrangeiro.

4 O pacto sucessório como instrumento de planificação da herança

Tanto a natureza dos bens existentes na herança como a qualidade dos sucessores são importantes dados para uma perspectiva sucessória qualitativa, bastante desprezada pela sucessão legítima, alicerçada nos princípios da unidade e neutralidade. No que tange à regulação sucessória, o Código Civil de 2002 manteve-se alinhado à isonomia formal, prevendo a divisão do acervo hereditário em igualdade de quinhões entre herdeiros concorrentes vocacionados a suceder.[28] Raras são as regras que visam atender a interesses específicos, de acordo com a natureza dos bens e condições pessoais dos sucessores, a exemplo do direito de habitação legal instituído em favor do cônjuge sobrevivente.

Não cabe à autonomia privada expressar o seu traço atávico de individualismo, mas representar um instrumento promocional, na persecução de interesses socialmente úteis ou viabilizar meios para atendimento de interesses de seus sucessores. Com efeito, as lições de Pietro Perlingieri informam a necessidade de funcionalização das situações patrimoniais àquelas existenciais, ante a prevalência destas últimas, por via da atuação dos princípios constitucionais.[29] Mesmo as situações patrimoniais assumem o papel de valores quando usadas como instrumentos de concretização de uma vida digna, do pleno desenvolvimento da pessoa, inclusive mediante o fornecimento de meios para libertar-se das necessidades.[30]

Os contemporâneos anseios de planejamento sucessório demandam uma reavaliação do espaço e função da autonomia privada no fenômeno sucessório, em contraste com uma visão secular de proibição dos pactos sobre herança futura, justificada pela fossilização acrítica de uma tradição normativa de alto cunho moral, mas de certa forma desconectada da complexidade do ordenamento vigente e das necessidades da sociedade contemporânea.

Os argumentos a seguir são capazes de demonstrar, exemplificativamente, os interesses e funções que o exercício da autonomia privada, por via dos pactos sucessórios,

---

[26] Sobre o tema, seja consentido remeter: SILVA, Rafael Cândido da. *Pactos sucessórios e contratos de herança*: Estudo sobre a autonomia privada na sucessão *causa mortis*. Salvador: Juspodivm, 2019, p. 111-154.

[27] ZANCHI, Giuliano. Percorsi del diritto ereditario attuale e prospettive di riforma del divieto dei patti successori. *Jus Civile*, n. 10, p. 729, 2013.

[28] Exceção se abre ao direito de representação que, longe de representar uma superação da igualdade formal, só vem a confirmá-la. A sucessão, no caso, dá-se por estirpe e, na lógica estritamente patrimonial, tem a função de reparar o mal sofrido pelos filhos com a morte prematura. (OLIVEIRA, Arthur Vasco Itabaiana de. *Tratado de direito das sucessões*. 4. ed. São Paulo: Max Limonad, 1952. v. 1. p. 156).

[29] PERLINGIERI, Pietro. *Perfis de direito civil*: introdução ao direito civil constitucional. 3. ed. Rio de Janeiro: Renovar, 2007. p. 32.

[30] PERLINGIERI, loc. cit.

poderiam contemplar,[31] conformando-os aos valores perseguidos pela Constituição da República, a fim de avaliar, embora reconhecendo o juízo de ilicitude derivado do art. 426 do Código Civil, a compatibilidade axiológica do texto codificado com o ordenamento constitucional.

O novo espaço de autonomia decorrente da eventual permissão do contrato de herança poderia viabilizar a concreção de interesses patrimoniais, por exemplo, na tutela de pessoas vulneráveis.[32] Afinal, a vulnerabilidade de algum herdeiro torna a igualdade formal, prestigiada pelas regras abstratas do direito sucessório, um caminho para a injustiça material.[33]

Assim é que os vulneráveis devem ser protegidos de modo integral, em todas as situações existenciais e patrimoniais.[34] Em consequência, um contrato de herança que viesse ao encontro dos interesses do herdeiro vulnerável estaria afinado aos valores constitucionais.

Exemplo disso seria um pacto sucessório renunciativo pelo qual um herdeiro presuntivo, plenamente capaz, tendo obtido conquistas profissionais e patrimoniais, venha a renunciar total ou parcialmente à herança não aberta de seu pai, privilegiando seu único irmão, com deficiência grave que o incapacita para o trabalho. Ou até mesmo se permitir que venha a anuir com uma doação em favor de herdeiro vulnerável que avance sobre a legítima (doação inoficiosa), à semelhança de uma renúncia antecipada ao direito de redução.

Outra potencialidade dos pactos sucessórios se dá na regulação da sucessão recíproca entre os cônjuges, evitando distorções como aquela identificada no julgamento do Recurso Especial nº 992.749/MS. Em resumo do caso julgado,[35] o cônjuge casou-se pela segunda vez pelo regime da separação total de bens, quando já tinha doença grave, vindo a falecer apenas dez meses depois. A quase totalidade do patrimônio do *de cujus* fora constituído antes das segundas núpcias. De acordo com o regime sucessório, o cônjuge, mesmo com as especificidades das condições narradas, herdaria em igualdade de condições com os descendentes, apesar de o casamento ter durado tão somente dez meses, contrapondo-se ao ideal de justiça presente na sociedade.[36]

---

[31] Nas palavras de Pietro Perlingieri os atos de autonomia são dirigidos à realização de interesses merecedores de tutela e socialmente úteis: "E na utilidade social existe sempre a exigência de que atos e atividades não contrastem com a segurança, a liberdade e a dignidade humana" (PERLINGIERI, Pietro. *Perfis de direito civil*: introdução ao direito civil constitucional. 3. ed. Rio de Janeiro: Renovar, 2007. p. 19).

[32] Sobre os aspectos jurídicos da vulnerabilidade, cf. BARBOZA, Heloisa Helena. Vulnerabilidade e cuidado: aspectos jurídicos. *In*: PEREIRA, Tânia da Silva; OLIVEIRA, Guilherme de (Coord.). *Cuidado e vulnerabilidade*. São Paulo: Atlas, 2009. p. 107.

[33] Vale lembrar que a dignidade da pessoa humana é objetivo fundante do ordenamento e "a igualdade é a manifestação primeira da dignidade" (BARBOZA, op. cit., p. 108).

[34] "A dignidade da pessoa humana concretiza-se na cláusula geral de tutela da pessoa humana. A efetivação dessa cláusula, em qualquer caso, deve levar em consideração a vulnerabilidade inerente às pessoas humanas e as diferenças existentes entre elas, para que se possa obter o quanto possível, a igualdade substancial. A proteção que lhes é assegurada deve dar-se integralmente, em todas as situações, existenciais e patrimoniais, de modo a contemplar todas e cada uma de suas manifestações" (BARBOZA, loc. cit.).

[35] Para maiores reflexões sobre o caso julgado: SILVA, Rafael Cândido da. *Pactos sucessórios e contratos de herança*: Estudo sobre a autonomia privada na sucessão *causa mortis*. Salvador: Juspodivm, 2019, p. 111-154.

[36] Do ideal de justiça se extrai os valores expressos pelo legislador constituinte que devem informar o sistema como um todo. Consoante Maria Celina Bodin de Moraes, "tais valores, extraídos da cultura, isto é, da consciência social, do ideal ético, da noção de justiça presentes na sociedade, são, portanto, os valores através dos quais aquela comunidade se organizou ou se organiza. É neste sentido que se deve entender o real e mais profundo

Não se nega o valor da família constituída pelo casamento e o papel da legítima no atendimento dos interesses dessa formação social. Também não devem ser confundidas as noções de meação e de herança, cujos fundamentos são reconhecidamente diversos. Independentemente das razões para considerar errada ou acertada a decisão, o caso concreto remete à reflexão acerca de eventual permissão da regulação privada da sucessão recíproca dos cônjuges através do pacto antenupcial. Com certas limitações abstratas estipuladas pelo legislador ordinário, o pacto sucessório pode ser um interessante instrumento para corrigir as distorções da isonomia formal que a lei sucessória impõe entre os herdeiros.

Em suma, na sociedade contemporânea, em que a abertura da sucessão via de regra ocorre quando os herdeiros normalmente já de longe ultrapassaram a tenra idade,[37] propõe-se a reflexão acerca da ilicitude da renúncia antecipada à herança.[38] É a hipótese já citada de duas pessoas, já contando com idade consideravelmente avançada, desejarem contrair matrimônio para aproveitar os seus últimos dias de vida e, preocupados em não gerar disputas entre os seus respectivos herdeiros com o cônjuge ou até mesmo evitar conflitos societários (se forem sócios de sociedades), decidissem, consensualmente, renunciar previamente à sucessão não aberta um do outro. A depender das peculiaridades do caso concreto, o (até então existente) atentado à liberdade, nesses casos, não encontra ressonância nos valores axiológicos da Constituição da República.[39] Serve, quando muito, para garantir a observância de princípio (*rectius*, regra) arcaico, por vezes estéril e desajustado aos tempos modernos, que veda qualquer potencialidade dos pactos sucessórios. Retrata o apego exasperado à subsunção[40] e a prevalência da visão estrutural em desprestígio da funcionalização do direito.[41]

---

significado marcadamente axiológico, da chamada constitucionalização do direito civil" (MORAES, Maria Celina Bodin de. O conceito de dignidade humana: substrato axiológico e conteúdo normativo. *In*: SARLET, Ingo (Org.). *Constituição, direitos fundamentais e direito privado*. Porto Alegre: Livraria dos Advogados, 2003. p. 107).

[37] Aspecto social relevante a ser considerado na reavaliação da proibição dos pactos sucessórios é que, diferentemente de outrora, a idade média atual dos herdeiros na abertura da sucessão aumentou consideravelmente, em consequência da elevação da expectativa de vida das pessoas. Na França, por exemplo, noticia-se que a idade média dos herdeiros, ao tempo da abertura da sucessão, é de 46 anos para os filhos e 52 anos para os demais. (FAVIER, Yann. Le principe de la prohibition des pactes successoraux en droit français. *In*: BONOMI, Andrea; STEINER, Marco (Org.). *Les pactes Successoraux en droit comparé et en droit international privé*. Genève: Droz, 2008. p. 33).

[38] Nesta direção: MADALENO, Rolf. Renúncia de herança no pacto antenupcial. *In*: *Família e Sucessões*: Polêmicas, tendências e inovações. Belo Horizonte: IBDFAM, 2018, p. 74-75.

[39] Na lição de Gustavo Tepedino: "Com a entrada em vigor do Código Civil de 2002, debruça-se a doutrina na tarefa de construção de novos modelos interpretativos. Abandona-se, deliberadamente, o discurso hostil dos que, justamente, entreviam a incompatibilidade axiológica entre o texto codificado e a ordem pública constitucional. Afinal, o momento é de construção interpretativa e é preciso retirar do elemento normativo todas as suas potencialidades, compatibilizando-o, a todo custo, à Constituição da República. Esta louvável mudança de perspectiva, que se alastra no espírito dos civilistas, não há de ser confundida, contudo, com postura passiva e servil à ordem codificada. Ao revés, parece indispensável manter-se um comportamento atento e permanente crítica em face do Código Civil para que, procurando lhe conferir a máxima eficácia social, não se percam de vista os valores consagrados no ordenamento civil-constitucional" (TEPEDINO, Gustavo. Crise de fontes normativas e técnicas legislativa na parte geral do Código Civil de 2002. *In*: *A parte geral do novo código civil*: estudos na perspectiva civil-constitucional. 2. ed. Rio de Janeiro: Renovar, 2003. p. xv).

[40] Com relação ao excessivo apego à técnica de subsunção, cf. MONTEIRO FILHO, Carlos Edison do Rêgo. Subversões hermenêuticas: a Lei da Comissão da Anistia e o direito civil-constitucional. *Civilistica.com*, Rio de Janeiro, v. 5, n. 1, 2016. Disponível em: http://civilistica.com/subversoes-hermeneuticas/. Acesso em: 20 jun. 2020.

[41] Criticando o predomínio das teorias estruturalistas sobre as teorias funcionalistas na teoria geral do direito, Bobbio afirma: "Se aplicarmos à teoria do direito a distinção entre abordagem estruturalista e abordagem funcionalista, da qual os cientistas sociais fazem grande uso para diferenciar e classificar as suas teorias, não resta dúvida de

Ademais, não se deve perder de vista as mudanças que vêm acontecendo na própria estrutura das famílias. A pluralidade de modelos familiares existentes na sociedade atual exige uma reflexão profunda sobre o tratamento jurídico do regime sucessório.

Talvez o direito sucessório do cônjuge tenha sido concebido em uma premissa linear de constituição e evolução da família e do casamento. Olvida-se, contudo, das rupturas e da realidade da vida conjugal de muitos brasileiros em que, não raras vezes, atam novos laços afetivos no avançar da vida, em momento em que as discussões patrimoniais do porvir só servirão de combustível para conflitos, muitas vezes com os próprios filhos, e para temores e receios na tomada de uma decisão existencial do estabelecimento de uma nova união afetiva.

Questiona-se, ademais, se se justifica a proibição absoluta em face da liberdade contratual e dos contornos que a autonomia negocial ganhou a partir dos valores expressa e implicitamente consagrados na Constituição Federal. Do ponto de vista do juízo de merecimento de tutela,[42] como compatibilizar a regra proibitiva com a restrição à liberdade, quando o seu exercício constituir, se permitido fosse, um interessante caminho no sentido da realização das expectativas patrimoniais e até mesmo existenciais da pessoa humana?

Grande utilidade dos pactos sucessórios pode ser observada, ainda, no campo das doações de ascendentes a descendentes. Ao longo da vida, é natural que pais realizem doações diversas aos filhos. Porém, com a abertura da sucessão surgem inesgotáveis conflitos em torno daqueles bens doados em vida que, por força da lei, devem ser colacionados, a fim permitir a igualdade formal dos quinhões hereditários.

Por ocasião da colação, surge a polêmica em torno do valor a ser atribuído ao bem colacionado. A solução legislativa é insuficiente e divide até mesmo os juristas.[43] De qualquer forma, a identificação dos bens doados e a estimação do valor a ser colacionado podem ser citadas como alguns dos principais entraves para solução de muitos inventários, mormente quando se está diante de um número considerável de herdeiros e quando estão a concorrer filhos de núpcias diversas.

À luz do dado normativo vigente, situações como a exemplificada são de difícil solução, mesmo quando o titular do patrimônio ainda esteja vivo e pretenda prevenir o conflito futuro.

Contudo, por via de um pacto sucessório, poder-se-ia tomar em conta todas as vantagens e doações realizadas em vida pelo pai em favor dos filhos, estabelecendo desde já o valor tido por certo por todos, a fim de evitar discussões posteriores e permitir o adequado planejamento sucessório. O objetivo do negócio, nesse caso, não seria outro senão o de fixar o exato valor a ser colacionado por cada filho quando da abertura da

---

que, no estudo do direito em geral, nesses últimos cinquenta anos, a primeira abordagem prevaleceu sobre a segunda". E prossegue: "Em poucas palavras, aqueles que se dedicaram à teoria geral do direito se preocupam muito mais em saber 'como o direito é feito' do que 'para que o direito serve'" (BOBBIO, Norberto. *Da estrutura à função*: novos estudos de teoria do direito. Barueri, SP: Manole, 2007. p. 53).

[42] Na lição de Pietro Perlingieri, a função social, a que todo negócio jurídico tem o dever de perseguir, pode se realizar através da satisfação de exigências merecedoras de tutela, não necessariamente ou exclusivamente do mercado e da produção, mas também exigências pessoais ou existenciais, individuais ou da coletividade (PERLINGIERI, Pietro. *O direito civil na legalidade constitucional*. Rio de Janeiro: Renovar, 2008. p. 949-952).

[43] Sobre o tema, confira-se: TEPEDINO, Gustavo. A disciplina da colação no Código Civil: Proposta para um diálogo com o Código de Processo Civil. *In*: *Família e Sucessões*: Polêmicas, tendências e inovações. Belo Horizonte: IBDFAM, 2018, p. 327-346.

sucessão, sem que isso signifique forçosamente a observância do rigor matemático, uma vez que tudo decorreria de um ato de vontade livre e espontâneo. Ou seja, eventuais diferenças entre as doações realizadas aos filhos poderiam até mesmo ser relevadas, desde que de comum acordo, em razão das mais diversificadas motivações, desde condições pessoais de saúde até mesmo financeiras de cada herdeiro. O consenso entre os herdeiros presuntivos, deve-se reconhecer, é mais facilitado enquanto o autor da herança estiver vivo do que após a morte.

A família contemporânea está marcada com um aumento de afetividade e convívio entre avós e netos. No âmbito do direito de família, reconhece-se até mesmo o direito de visitas em favor dos avós, consoante dicção do parágrafo único do art. 1.589 do Código Civil, inserido pela Lei n. 12.398/2011. A doação feita pelo autor da herança ao neto, em princípio, não é suscetível de colação, a não ser que ele próprio seja herdeiro.

A par disso, é notável a crescente expectativa de vida das pessoas e, por vezes, a outorga de liberalidades em favor de netos, principalmente quando os filhos já se encontram bem estabelecidos financeiramente. Imagine-se a situação em que uma pessoa tenha dois filhos e o primeiro tenha lhe dado apenas um neto, ao passo que o segundo tenha gerado três netos. O avô, então, decide realizar doações iguais em favor de cada neto (um imóvel para cada, por exemplo). Essas doações, no entanto, podem provocar um certo desequilíbrio na linha descendente, na medida em que a estirpe com mais netos seria privilegiada com mais doações.

Do ponto de vista legal, nenhum problema há quanto à possibilidade de favorecimento de uma estirpe a partir de doações diretamente aos netos. Por outro lado, seria interessante permitir, por via dos pactos sucessórios, que interviessem os respectivos pais, caso assim estivessem de comum acordo, para ajustar que a doação "por salto de geração" ou "intergeracional" possa ser imputada na sua respectiva parte da herança, viabilizando, assim, e por força da vontade, um tratamento isonômico a cada braço da família.

Os pactos sucessórios também podem ir ao encontro de interesses relevantes na seara do direito empresarial. Como exemplo, citem-se os flagrantes conflitos societários decorrentes da morte de um dos sócios nas sociedades de pessoas. As quotas sociais, qualificadas como direito de cunho patrimonial, transmitem-se aos herdeiros com a morte do autor da herança. As legislações normalmente admitem que o contrato social preveja a impossibilidade de ingresso de pessoas estranhas ao quadro social, sem a autorização dos demais sócios, preservando, com isso, a *affectio societatis*. Por óbvio, as disposições do contrato social não podem prejudicar o direito dos herdeiros, motivo pelo qual, se for contratualmente inviabilizado o ingresso dos herdeiros no quadro social, caberá à sociedade promover a apuração dos haveres do sócio falecido, pagando o respectivo valor aos herdeiros. A sociedade, pode-se assim dizer, sofre liquidação parcial. Um tal processo de descapitalização, não raro, pode ser determinante para o insucesso da sociedade empresária.

No âmbito da União Europeia há diversos estudos sobre o encerramento de atividades empresariais, apontando-se, entre as principais causas, a transmissão *causa mortis* em decorrência da morte de sócios, razão pela qual foi emitida a Recomendação n. 94/1069/CE, da Comissão Europeia, visando instar os Estados-Membros a adotar soluções, inclusive no âmbito da legislação nacional, voltadas a simplificar e a reduzir obstáculos à continuidade do empreendimento diante da necessidade de transmissão por morte, em matéria de direito sucessório, fiscal e societário. A seguir, a recomendação da CE de 28/3/1998 concluiu que os progressos não foram suficientes e, ciente de que um elevado número de Estados-Membros proíbe os pactos sucessórios, entendeu que eles deveriam ser flexibilizados, aconselhando-se a alteração das legislações nacionais como uma das medidas úteis ao desiderato de evitar a "mortalidade" das empresas em razão da sucessão hereditária.

Diante desse quadro, eventual testamento instituindo como legatária a sociedade empresária relativamente às quotas sociais do sócio não constitui um instrumento verdadeiramente seguro por ser livremente revogável a qualquer tempo. Um pacto sucessório institutivo, nesse caso, ou até mesmo um pacto renunciativo, firmado pelos herdeiros do sócio, apresentariam grande relevância para o empreendimento. Garantiriam segurança e estabilidade da sociedade empresária para além da morte dos seus sócios, cumprindo a função social da empresa[44], no sentido de garantir a preservação do empreendimento.[45] De maneira até mais simples, poder-se-ia permitir a inserção no contrato social *do direito de acrescer em favor dos sócios sobreviventes relativamente às quotas do sócio falecido.*

Ainda no campo empresarial e visando igualmente à preservação da empresa, o pacto sucessório poderia ser utilizado nos pactos antenupciais dos sócios que desejassem contrair matrimônio, estabelecendo consensualmente que o cônjuge não participará por sucessão das quotas sociais (pacto negativo ou *non succedendo*).

Esses são só alguns exemplos da utilidade do pacto sucessório, cabendo à criatividade da liberdade negocial a identificação de outros interesses que podem por ele ser atendidos, sempre funcionalizados à promoção da tábua axiológica da Constituição da República e respeitando outros interesses igualmente relevantes, entre os quais, adiante-se, a proteção da legítima.

5 Conclusão

Diante de um ordenamento jurídico promocional à tutela e à realização dos valores esculpidos no projeto constitucional, a eventual admissão dos pactos sucessórios, no âmbito da autonomia privada *causa mortis*, denota a relevância de se estabelecer as potencialidades desse negócio jurídico na persecução de interesses socialmente relevantes e merecedores de tutela.

A abordagem unitária da regra proibitiva, o seu caráter genérico, a aceitação acrítica pela comunidade jurídica, a repetição das fórmulas e lições da manualística, a

---

[44] Segundo Modesto Carvalhosa, "tem a empresa uma óbvia função social, nela sendo interessados os empregados, os fornecedores, a comunidade em que atua, o próprio Estado, que dela retira contribuições fiscais e parafiscais" (CARVALHOSA, Modesto. *Comentários à Lei de Sociedades Anônimas*. São Paulo: Saraiva, 1997. v. 3. p. 237).

[45] Para Eros Grau, "o que importa destacar, em tal concepção, é a visualização da propriedade não estaticamente, mas sim como dinamismo. Nesse ponto, na concepção de empresa como conjunto de bens em dinamismo – e que, portanto, deve ser objeto de um tratamento jurídico diferenciado daquele que se aplica à propriedade enquanto estaticamente considerada – iremos encontrar não apenas as bases que justificam o entendimento da empresa como detentora de função social, mas também ponderáveis razões a justificar a construção desenvolvida em torno da ideia da empresa como sujeito de direitos" (GRAU, Eros Roberto. *Elementos de direito econômico*. São Paulo: Revista dos Tribunais, 1981. p. 116).

raridade de profundos estudos do tema e, por fim, o exacerbado apego moral de um de seus fundamentos, o *votum capitandae mortis*, talvez sejam alguns dos motivos pelos quais a disposição legal se mantenha aparentemente intacta durante mais de um século, representando um verdadeiro fóssil em nosso sistema.

Não que a norma não tenha sua razão de ser, mas as grandes transformações sociais que implicaram a adequação das normas civis em vários segmentos do direito civil, associadas à tendência, na experiência estrangeira, de alargamento da permissão dos pactos sucessórios naqueles países onde tradicionalmente a legislação consagrava a proibição geral, tudo isso suscita o debate em torno do art. 426 do Código Civil.

A potencialidade prática dos pactos sucessórios pode se apresentar de variadas formas. Com o traço marcante da estabilidade que lhes é peculiar, por força da característica da irrevogabilidade, os pactos sucessórios revelam sua utilidade social, por exemplo, quando celebrados com vistas à preservação de uma unidade produtiva, regulando a morte do sócio ou titular. Também podem ser úteis quando formalizados para privilegiar a posição sucessória de um herdeiro vulnerável, indo ao encontro do valor constitucional da solidariedade, da isonomia substancial e, enfim, da dignidade da pessoa humana. Ou quando se presta a fixar de maneira consensual, entre todos os descendentes, e antecipadamente à abertura da sucessão, o valor dos bens recebidos por doação do autor da herança e suscetíveis de colação, a permitir-se até mesmo a renúncia antecipada ao direito de redução em virtude de uma doação inoficiosa.

Como visto, não são poucas as situações em que o exercício da autonomia privada atende a interesses socialmente relevantes, mesmo quando o objeto do negócio é a herança de pessoa viva. Indubitavelmente, o pacto sucessório tem o potencial de representar um importante instrumento de planificação da herança, a denunciar a imperativa necessidade de releitura da autonomia privada no fenômeno sucessório à luz da Constituição da República e dos valores por ela albergados.

A eventual permissão dos pactos sucessórios, ainda que sob o regime de exceções, abrirá um notável espaço de autonomia privada no fenômeno sucessório, capaz de atender aos contemporâneos anseios por planejamento sucessório.

Referências

ACHILLE, Davide. *Il divieto dei patti successori*: contributo allo studio dell'autonomia privata nella successione futura. Napoli: Jovene Editore, 2012.

BARBA, Vincenzo. *I patti successorî e il divieto di disposizione dela delazione*: Tra storia e funzioni. Napoli: Edizioni Scientifiche Italiane, 2015.

BARBOZA, Heloisa Helena. Vulnerabilidade e cuidado: aspectos jurídicos. *In*: PEREIRA, Tânia da Silva; OLIVEIRA, Guilherme de (Coord.). *Cuidado e vulnerabilidade*. São Paulo: Atlas, 2009.

BEVILÁQUA, Clóvis. *Direito das sucessões*. 4. ed. Rio de Janeiro: Freitas Bastos, 1945.

BOBBIO, Norberto. *Da estrutura à função*: novos estudos de teoria do direito. Barueri, SP: Manole, 2007.

CARVALHOSA, Modesto. *Comentários à Lei de Sociedades Anônimas*. São Paulo: Saraiva, 1997. v. 3.

CRUZ, Guilherme Braga da. *Os pactos sucessórios na história do direito português*. *Revista da Faculdade de Direito da Universidade de São Paulo*, São Paulo, v. 60, p. 93-120, 1965.

FAVIER, Yann. Le principe de la prohibition des pactes successoraux en droit français. *In*: BONOMI, Andrea; STEINER, Marco (Org.). *Les pactes Successoraux en droit comparé et en droit international privé*. Genève: Droz, 2008.

GRAU, Eros Roberto. *Elementos de direito econômico*. São Paulo: Revista dos Tribunais, 1981.

HIRONAKA, Giselda Maria Fernandes Novaes; CAHALI, Francisco José. *Curso avançado de direito civil*: direito das sucessões. São Paulo: Revista dos Tribunais, 2000. v. 6.

HRUBESCH-MILLAUER, Stephanie. *Der Erbvertrag*: Bindung und Sicherung des (letzten) Willens des Erblassers. Zürich: Dike Verlag, 2008.

MADALENO, Rolf. Renúncia de herança no pacto antenupcial. *In*: *Família e Sucessões*: Polêmicas, tendências e inovações. Belo Horizonte: IBDFAM, 2018, p. 39-99.

MONTEIRO FILHO, Carlos Edison do Rêgo. Subversões hermenêuticas: a Lei da Comissão da Anistia e o direito civil-constitucional. *Civilistica.com*, Rio de Janeiro, v. 5, n. 1, 2016. Disponível em: http://civilistica.com/subversoes-hermeneuticas/. Acesso em: 20 jun. 2020.

MORAES, Maria Celina Bodin de. O conceito de dignidade humana: substrato axiológico e conteúdo normativo. *In*: SARLET, Ingo (Org.). *Constituição, direitos fundamentais e direito privado*. Porto Alegre: Livraria dos Advogados, 2003

NONATO, Orosimbo. *Estudos sôbre sucessão testamentária*. Rio de Janeiro: Forense, 1957. v. 1.

OLIVEIRA, Arthur Vasco Itabaiana de. *Tratado de direito das sucessões*. 4. ed. São Paulo: Max Limonad, 1952. v. 1.

PERLINGIERI, Pietro. *O direito civil na legalidade constitucional*. Rio de Janeiro: Renovar, 2008.

PERLINGIERI, Pietro. *Perfis de direito civil*: introdução ao direito civil constitucional. 3. ed. Rio de Janeiro: Renovar, 2007.

REIMANN, Wolfgang; BENGEL, Manfred; MAYER, Jörg. *Testment und Erbvertrag*. Luchterhand: Neuwied, 2006.

SILVA, Rafael Cândido da. *Pactos sucessórios e contratos de herança*: Estudo sobre a autonomia privada na sucessão *causa mortis*. Salvador: JusPodivm, 2019.

TAVARES, José. *Os principios fundamentais do direito civil*. Coimbra: Coimbra Editora, 1922. v. 1.

TAVARES, José. *Sucessões e direito sucessorio*. Coimbra: França Amado, 1903. v. 1.

TEIXEIRA, Daniele Chaves. *Planejamento sucessório*: Pressupostos e Limites. 2. ed. Belo Horizonte, Fórum, 2019.

TEPEDINO, Gustavo. A disciplina da colação no Código Civil: Proposta para um diálogo com o Código de Processo Civil. *In*: *Família e Sucessões*: Polêmicas, tendências e inovações. Belo Horizonte: IBDFAM, 2018, p. 327-346.

TEPEDINO, Gustavo. Crise de fontes normativas e técnicas legislativa na parte geral do Código Civil de 2002. *In*: *A parte geral do novo código civil*: estudos na perspectiva civil-constitucional. 2. ed. Rio de Janeiro: Renovar, 2003.

TEPEDINO, Gustavo. NEVARES, Ana Luiza Maia. MEIRELES, Rose Melo Vencelau. *Fundamentos de Direito Civil*: Direito das Sucessões. Rio de Janeiro: Forense, 2020.

ZANCHI, Giuliano. Percorsi del diritto ereditario attuale e prospettive di riforma del divieto dei patti successori. *Jus Civile*, n. 10, p. 700-768, 2013.

Informação bibliográfica deste texto, conforme a NBR 6023:2018 da Associação Brasileira de Normas Técnicas (ABNT):

SILVA, Rafael Cândido da. O pacto sucessório como instrumento de planificação da herança. *In*: TEIXEIRA, Daniele Chaves (Coord.). *Arquitetura do Planejamento Sucessório*. Belo Horizonte: Fórum, 2021. p. 619-632. Tomo II. ISBN 978-65-5518-117-3.

A VIVÊNCIA DO PLANEJAMENTO SUCESSÓRIO

RENATA MEI HSU GUIMARÃES
ALESSANDRA RUGAI BASTOS
ARNALDO DE ALMEIDA DOTOLI JUNIOR
MARÍLIA MELLO DE LIMA

I Introdução

O capítulo que aqui se inicia tem por objetivo dar notícia acerca de alguns dos temas mais constantes nos planejamentos sucessórios em geral. Advogados de família e sucessões que somos, trabalhando conjuntamente e com dedicação exclusiva à referida área do direito, nossa proposta é compartilhar vivências com o leitor, daí porque através de uma abordagem com viés deliberadamente prático.

De partida, traçamos um panorama com a diversidade dos temas e providências que comumente se apresentam nos planejamentos sucessórios, prosseguindo até o final com assuntos mais específicos notadamente recorrentes no "dia a dia" desse desafiador mister que lida, inarredavelmente, não apenas com dois dos pilares mais caros ao ser humano (família e patrimônio), mas especialmente com a conjugação de ambos.

II A construção do Planejamento Sucessório (Renata Mei Hsu Guimarães)

Família e patrimônio, ao longo das últimas três décadas, sofreram grandes mudanças, seja no que diz respeito à multiplicidade das relações maritais e parentais seja no que toca à complexidade do patrimônio envolvido na sucessão, que, não raro, ultrapassa as fronteiras nacionais.

Os ciclos das relações familiares e pessoais de confiança sucedem-se em menor espaço de tempo e o perfil dos negócios e empresas também tem mudado com maior velocidade. Um planejamento sucessório que, no passado, era revisitado a cada dez anos, atualmente é, em vários casos, revisto e ajustado em intervalos de cinco anos.

Planejar a sucessão vai da elaboração de um testamento, em alguns casos, até o desenvolvimento de um trabalho de maior escopo, muito mais amplo, envolvendo advogados de família e sucessões, societário e tributário, além de advogados de outros países, a depender da existência de bens em outras jurisdições, a exemplo de um imóvel em Portugal ou uma sociedade nas Bahamas.

Assim é que os planejamentos sucessórios de maior envergadura envolvem advogados de várias áreas do direito, inclusive externos, como referido acima, e muitas vezes também profissionais experientes, que não advogados, a depender do perfil do patrimônio – financeiro, imobiliário, de tecnologia e tantos outros ramos de negócio –, focados na governança familiar e corporativa, egressos de conselhos de administração, oriundos de consultoria na área de empresas familiares ou, ainda, vindos de instituições financeiras e *family offices* profissionais.

Nesse contexto maior de planejamento cabe ao advogado de família e sucessões atender aos propósitos sucessórios dos titulares do patrimônio e dos membros da família e fazê-los convergir, preservando o acervo de bens, nas seguintes situações de crise: (i) divórcio ou dissolução de união estável, (ii) incapacidade civil e (iii) falecimento.

O desenvolvimento deste trabalho jurídico se inicia com a compreensão, em profundidade, do cliente, da família em questão e do patrimônio envolvido.

No que concerne aos membros da família, inicialmente é preciso conhecer o regime de bens que pauta seus casamentos e uniões estáveis, bem como sua situação marital de forma geral, identificando relacionamentos não pactuados, rompimentos não formalizados e assim por diante. É necessário, igualmente, apurar se há familiares residindo no exterior e, a depender da jurisdição, se o regime de bens eleito no casamento tem vigência nesse país ou há necessidade de providências locais.

É preciso também identificar as doações já feitas e transferências patrimoniais outras, a fim de avaliar a regularidade jurídica desses atos. É comum que as doações não tenham sido devidamente formalizadas, quando em dinheiro apenas indicadas nos impostos de renda do doador e do donatário e recolhido o imposto ou, em se tratando de participações societárias, somente referida a transferência na correspondente alteração contratual. Nesse ponto merece especial atenção a questão da colação, notadamente quando há filhos de relacionamentos distintos e cônjuges/companheiros herdeiros necessários que não são pais desses descendentes.

Ainda na esfera dos membros da família, é necessário saber se fizeram testamento e qual seu teor. Se as disposições de última vontade se coadunam com o Código Civil vigente e se não há causa para seu rompimento (como um filho desconhecido do testador ao tempo da lavratura do testamento).

Entendidos os aspectos familiares, cumpre conhecer com profundidade o patrimônio envolvido na sucessão, tanto no Brasil quanto no exterior, se o caso. Imóveis residenciais de moradia e lazer e de que forma são detidos. Sociedades patrimoniais e operacionais, limitadas e/ou anônimas, de capital fechado e/ou aberto, e se há, conforme o caso e dentro das disposições legais, ações ordinárias e preferenciais, bem como a existência de acordo de sócios e qual seu teor, especialmente em relação às situações de crise acima referidas.

Importa também entender os ativos financeiros. Se há no patrimônio em análise, por exemplo, um fundo exclusivo fechado que detenha, e organize, boa parte dos investimentos e qual o teor de seu regulamento.

Caso haja patrimônio no exterior, é preciso identificar as jurisdições envolvidas, se exclusivas ou não, e conhecer a lei aplicável, além dos aspectos fiscais nessas jurisdições.

Mais recentemente houve aumento da contratação de produtos previdenciários e securitários, valendo sempre checar os beneficiários indicados e, sobretudo, analisar sua natureza jurídica, previdenciária/securitária e, portanto, obrigacional (fora da partilha de bens brasileiros) ou modalidade/veículo de investimento e, como tal, adstritos ao inventário.

Importante, ainda no âmbito patrimonial, apurar se há dívidas, constrições judiciais e indisponibilidade de bens.

Compreendidos família e patrimônio, o planejamento prossegue com reuniões e entendimentos com os membros da família e demais profissionais envolvidos para estabelecer as premissas e os propósitos da sucessão. Trata-se de parte fundamental do trabalho (identificar os desígnios familiares e a implementação possível em face das pessoas envolvidas e do patrimônio existente), sendo certo que tais premissas e propósitos nortearão a construção da sucessão e a conjugação dos instrumentos jurídicos necessários para esse fim.

Nessa toada alguns clientes buscam um sucessor, um descendente de perfil compatível para dar continuidade – e crescimento – ao patrimônio familiar. Outros viabilizam a sucessão no comando dos negócios através da conjugação de direitos políticos e propriedade nas mãos de determinados descendentes, ou estabelecendo matérias estratégicas e quóruns de deliberação para os descendentes em fóruns familiares e corporativos. Há também clientes que conjugam a sucessão através de um misto de familiares e profissionais qualificados.

Nesse ponto, havendo clareza acerca das providências jurídicas necessárias à construção do planejamento (cuja implementação muitas vezes se estende por meses), a iniciar pelo tratamento legal dos relacionamentos conjugais e estáveis dos membros da família até a adequação da configuração jurídica dos bens para alcançar os propósitos sucessórios então estabelecidos, faz-se muitas vezes necessária, primeiramente, a elaboração e lavratura de escrituras de testamento e curatela que assegurem determinadas situações em caso de falecimento ou incapacidade civil do cliente, que serão revistas ao final do planejamento.

Assim é que em um testamento inicial é possível, por exemplo, direcionar a porção disponível aos herdeiros desejados, determinando quais bens ou que percentual do patrimônio caberão a esses herdeiros; indicar os bens que comporão o quinhão legitimário de cônjuge/companheiro(a) que não seja progenitor(a) dos descendentes; estabelecer cláusulas e vínculos, como incomunicabilidade extensiva a frutos, rendimentos e bens sub-rogados, em proteção dos bens objeto da sucessão; afastar o usufruto parental dos pais de herdeiros menores e indicar, em contrapartida, curadoria especial para gestão do patrimônio recebido por esses sucessores menores; e disposições outras de última vontade pertinentes nesse momento inicial do planejamento.

Já numa escritura de curatela, na hipótese de incapacidade civil e consequente interdição judicial, é possível nomear curador, pessoa física, ou um colegiado curador (conselho curador) para gestão patrimonial, estabelecer cuidador(res) para questões pessoais e de saúde da pessoa incapaz e, se o cliente desejar, testamento vital (diretivas antecipadas de vontade no sentido, por exemplo, da não manutenção artificial da vida, consoante possibilita a Resolução 1.995/2012 do Conselho Federal de Medicina).

Uma vez assegurados falecimento e incapacidade civil do cliente, cabe aos advogados dedicar-se à implementação dos atos jurídicos necessários à construção do planejamento.

Em alguns casos é preciso formalizar o divórcio ou a dissolução de união estável, partilhando bens comuns, tornando jurídica situação fática vivência pelo cliente ou membros da família. Da mesma forma, pactuar a união estável ou promover o casamento daquele que já convive em entidade familiar, também considerando nesse sentido a pertinência da partilha de bens comuns.

Em outros casos, conforme os desejos sucessórios, pode convir modificar o regime de bens do casamento, por exemplo, da comunhão parcial para separação total, mediante ação judicial nesse sentido, com partilha dos bens comuns afetos à comunhão, judicialmente, em juízo sucessivo à modificação do regime de bens, ou por escritura.

Também, quando se fizer necessário, regrar o casamento ou união estável dos descendentes, mediante pactos antenupciais e de união estável. A esse propósito retoma-se a questão de filhos casados residindo em outras jurisdições, como Estados Unidos e Reino Unido, o que demanda providência local a fim de tentar tornar vigente e eficaz nesse país o regime de bens pactuado no Brasil, a exemplo de um *post nuptial agreement*.

Ao analisar as doações havidas no passado, como as referidas acima, convém formalizar aquelas não instrumentalizadas na ocasião ou, se necessário for, promover a rerratificação desses atos, devendo haver a convergência de todos os interessados em ambos os casos. A esse propósito vale, se o cliente assim desejar, estabelecer cláusulas protetivas de incomunicabilidade e impenhorabilidade (extensiva a frutos, rendimentos e bens sub-rogados), eventualmente cláusula de reversão e, ainda e se convier, dispor que tais liberalidades foram tiradas da parte disponível, dispensada expressamente a colação.

Ainda na esfera das liberalidades em vida, alguns clientes manifestam a vontade de transferir aos descendentes alguns bens, como imóveis por eles utilizados, ativos financeiros e participações societárias. Relativamente às participações societárias, a reserva de usufruto, tanto direitos políticos quanto econômicos, traz conforto ao cliente, que permanece gerindo a empresa e detendo os lucros (ou parte deles, conforme sua vontade). Isso em linhas gerais, havendo também doações a termo, com encargos específicos e assim por diante.

Em continuação ao planejar, há que se ter um olhar sucessório relativamente aos bens que compõem o patrimônio, como fundos exclusivos fechados que, em muitos casos, organizam os ativos financeiros, além trazer vantagens fiscais. Nesse sentido é possível trazer para o regulamento desse fundo algumas disposições que se coadunam com os propósitos sucessórios e se harmonizam com as cláusulas testamentárias, desde que viáveis em face das normas legais e órgãos responsáveis, e firmar, em acréscimo e havendo interesse do cliente, acordo de cotistas.

No âmbito das empresas detidas pela família pode ocorrer verdadeira reorganização, mudança do tipo societário de limitada para sociedade anônima, criação de *holding* estirpe por ramo de descendente, sociedades anônimas com ações ordinárias e preferenciais (para privilegiar o voto nas primeiras e favorecer a distribuição de lucros nas segundas), segregar sociedades imobiliárias e operacionais, criar empresas por áreas de negócio e/ou grau de risco e assim por diante; enfim, uma gama de possibilidades e configurações societárias para, juntamente com os demais instrumentos jurídicos, que sempre devem conversar entre si, alcançar os objetivos sucessórios.

No cenário da sociedade familiar, ou entre empresas familiares, o acordo de sócios ganha maior relevo, muitas vezes abrigando a governança corporativa, importante ferramenta do planejamento sucessório, sendo certo que, em determinados casos, os membros da família, sócios em maior ou menor proporção daquela determinada sociedade estratégica (ou sociedades), são signatários desse acordo, além de sempre herdar participações societárias com tudo que nelas se contém, inclusive, e especialmente, o acordo de acionistas ou quotistas.

Assim como há o governo da empresa, muitos clientes estabelecem a governança familiar, constituindo um conselho familiar, outra importante ferramenta do planejamento sucessório, que pode ser tanto um órgão da sociedade, a exemplo de um conselho de administração, quanto ter natureza contratual. Esse conselho pode ter caráter informativo e representar um fórum para entendimentos familiares ou ser um colegiado que delibera matérias a ele afetas, previstas em seus atos constitutivos.

O conselho familiar externo à sociedade é instituído contratualmente pelos membros da família, composto só por eles ou por familiares e externos, muitas vezes também com a presença de um facilitador, que participa, coordena e traz o trato societário para a dinâmica familiar. Esse conselho tem um regulamento, outro contrato, que regra seu funcionamento, prevendo cargos e funções, reuniões e procedimentos.

A consolidação da governança familiar, ou da governança familiar e corporativa, pode se dar através de um protocolo familiar, contrato inominado, regido pela boa-fé e firmado pelos membros da família. Esse contrato pode conter princípios e valores da família, diretrizes empresariais (inclusive diversificação de negócios), disposições acerca do trabalho executivo de familiares nas sociedades envolvidas na sucessão, relações comerciais de familiares com as empresas, política de investimentos, utilização de bens comuns (como imóveis de lazer, aeronaves e embarcações), filantropia e atuação no terceiro setor, mecanismos de solução de conflitos, entre outros temas.

As considerações até aqui feitas não têm a pretensão de esgotar as várias frentes do planejamento, tampouco indicar que famílias empresárias, no escopo maior do trabalho sucessório, devam firmar todos os instrumentos jurídicos referidos. Evidentemente cada caso tem suas peculiaridades e dentro delas deve ser construído o planejamento, com segurança jurídica e empatia em face das preocupações sucessórias do cliente.

Pois bem. Edificado o planejamento nas frentes pertinentes, há que se revisitar o testamento e a curatela inicialmente lavrados, adequando-os e harmonizando-os aos instrumentos jurídicos conjugados, assentando sobre a base patrimonial assim organizada as disposições testamentárias que viabilizem os objetivos sucessórios.

Assim é que na revisão do testamento anterior e feitura do seguinte, além das disposições inicialmente referidas, que sempre podem ser ajustadas, valendo-se da organização patrimonial empreendida, é possível estabelecer legados, inclusive instituindo usufruto (distinguindo direitos políticos e dosando direitos econômicos), encargos e condições relativamente aos bens alocados na disponível (a exemplo de participações societárias e cotas de fundos exclusivos fechados), e ampliar os vínculos protetivos, dentre outras disposições de última vontade.

E no ensejo da lavratura desse testamento, em alguns casos convém também que sejam feitos testamento e curatela dos descendentes, e/ou colaterais, que sejam casados ou mantenham união estável, tenham filhos (especialmente se menores) ou participação nos bens tratados juridicamente no planejamento.

Alguns clientes, além do patrimônio existente no Brasil, têm relevantes bens no exterior (imóveis, ativos financeiros, fundos e/ou participações em sociedades), daí o trabalho desenvolvido pelos advogados externos, cabendo ao advogado brasileiro a interface com nossas normas legais.

Nesse contexto o advogado externo pode elaborar, por exemplo, um testamento nas Bahamas para um cliente que tenha uma sociedade relevante nessa jurisdição. Testamento esse que, não obstante firmado de acordo com as leis locais, deve respeitar as regras sucessórias brasileiras, o que implica compatibilizar as disposições testamentárias estrangeiras com a lei brasileira. Nesse caso a existência de um testamento nas Bahamas, refletindo as disposições de última vontade do testamento brasileiro no que toca aos bens lá situados, trará considerável celeridade ao inventário que se processará naquela jurisdição por ocasião do falecimento do testador.

Ainda no tratamento sucessório dos bens existentes no exterior, quer para evitar o processamento de inventário na corte estrangeira, quer em virtude da necessidade de gestão profissional em razão dos herdeiros envolvidos, quer por razões outras, os advogados externos também podem sugerir a contratação de um *trust*. Nessa hipótese, ainda que essa contratação seja conduzida e assistida juridicamente pelo advogado externo, caberá ao advogado brasileiro harmonizar esse contrato, e os atos a ele afetos, com a lei brasileira e assegurar que guarde coerência com as disposições testamentárias brasileiras e os propósitos sucessórios.

Enfim, há também no exterior, a depender da jurisdição envolvida e do tipo de ativo, uma gama de providências que podem ser tomadas e que devem ser compatibilizadas com os instrumentos jurídicos brasileiros.

Para além do contexto jurídico acima delineado em linhas gerais, que é vasto e multidisciplinar, o planejamento sucessório demanda do advogado o trato responsável de questões familiares delicadas e sensíveis e a disponibilidade para compor e convergir os interesses em discussão.

O ato de construir, por sua vez, implica organização, método, constância e criação.

Muitas vezes, quando se inicia um planejamento, o cliente tem preocupações, anseios e determinados focos, mas não há clareza acerca do desenho possível e propósitos sucessórios viáveis legalmente. O que é natural, até porque o planejamento é um processo de decantação e depuração de expectativas, cabendo ao advogado a condução criteriosa para uma estruturação jurídica segura, dentro dos limites da lei (normas sucessórias e cláusulas gerais do direito brasileiro, pilares inafastáveis).

Ao término dessa construção, pela conjugação dos vários instrumentos jurídicos eleitos, o cliente deverá ter clareza acerca de sua configuração sucessória e conforto relativamente aos documentos firmados.

Por fim, é importante que se coloque, voltando ao princípio, que o planejamento sucessório não é estático. Ao contrário, os vínculos familiares mudam, as relações de confiança se alteram e o patrimônio, por exemplo, pode migrar de um imóvel para uma plataforma digital. Há, portanto, que se ter cautela com soluções e desfechos irreversíveis.

III O Planejamento Sucessório e os vínculos contratuais (Alessandra Rugai Bastos)

Das limitações impostas pela lei sucessória brasileira, notadamente a legítima e sua intangibilidade, nasce a necessidade de combinar medidas legais para endereçar as preocupações e desejos sucessórios do titular do patrimônio sujeito à transmissão sucessória. Realmente, a depender da extensão do planejamento que se pretende, o uso exclusivo das soluções clássicas, como o testamento e a doação, se mostra insuficiente, exigindo que os profissionais envolvidos pensem em alternativas fora das vias mais notórias.

É nessa toada que surge a perspectiva de organizar, alterar e, muitas vezes, introduzir vínculos obrigacionais que abarcarão os bens que sofrerão transmissão hereditária, de forma sincronizada com o formato final da planificação sucessória. Este artigo, assim, pretende discorrer sobre os vínculos contratuais como elemento do planejamento sucessório, suas possibilidades e fragilidades.

Imprescindível esclarecimento é que não se está a sustentar a viabilidade de contratar a sucessão; aqui se tratará das contratações que podem atingir o patrimônio a ser transmitido, explanando sua conveniência para a transmissão hereditária.

A respeito, é de se notar que, apesar das restrições da legislação pátria, o proprietário dos bens que serão objeto de sucessão pode subscrever ajustes que envolvam esses ativos, estabelecendo vínculos obrigacionais que se combinarão com a transmissão hereditária e que, ao menos por certo período – mais ou menos extenso –, auxiliarão na obtenção de seus desejos.

Cite-se, por exemplo, os acordos de acionistas ou de sócios,[1] com clara natureza contratual e assim capazes de gerar obrigações, desde que atendidos os ditames legais. Esses pactos podem versar sobre diversos temas de interesse ao planejamento, como aqueles relativos ao exercício do direito de voto, direito de preferência e correlatos,[2] sem prejuízo de assuntos outros, não citados expressamente na LSA, mas que também podem ser ali abordados, respeitados os limites da lei, os estatutos/contratos sociais e os mandamentos gerais da categoria em que inseridos.

A valia do acordo de acionistas para fins sucessórios é significativa e aumenta na proporção do porte dos negócios e da sofisticação da estrutura societária. Cláusulas que regram o exercício do voto são normalmente bem-vindas naquelas sociedades que passarão pela pulverização do capital com a transmissão sucessória, diante da distribuição das ações de um acionista para vários herdeiros. Em algumas empresas, tal situação é potencializada na medida em que os vários acionistas originais têm, cada qual, suas próprias questões familiares, herdeiros aptos ou não para o negócio e ambientes de variados graus de harmonia.

Não é difícil perceber que a dinâmica societária nesse cenário reclama organização, com a criação de níveis de governança. Mas, mais do que preservar a empresa e as relações entre os futuros sócios, tais regramentos podem complementar e dialogar com

---

[1] Lei nº 6.404/76, art. 118 e Código Civil, artigo 1.053, parágrafo único.

[2] Direito a primeira oferta, por exemplo.

a transmissão sucessória que se planeja, representando valioso suporte na obtenção dos objetivos traçados.

Imagine-se o empresário que pretende deixar a participação societária que detém a três filhos, dos quais apenas um tem aptidão para administrar o negócio. É de suma importância que se garanta a voz desse herdeiro, minoria ante os outros dois. Da mesma forma, é vital que esse indivíduo possa se manter no cargo executivo que já ocupa com sucesso. A destinação de maior fração da participação societária desde a disponível pode não ser solução do agrado de seu titular, na medida em que marcaria patrimonialmente seus outros descendentes, inclusive netos.

Num cenário tal, o acordo de sócios é de grande utilidade para, por exemplo, estabelecer políticas corporativas, convenientes quóruns de deliberação e critérios para a nomeação de executivos, como formação mínima e condizente com o cargo pretendido. Essa medida, somada a previsões testamentárias outras – a exemplo do legado de usufruto –, ajudará na obtenção das soluções desejadas pelo cliente.

Aí se encaixam também as disposições constantes dos estatutos e contratos sociais, que também merecem consideração no planejar. Nas limitadas, é no contrato social que se encontram as cláusulas que versam sobre a recepção ou não dos herdeiros na sociedade e ainda aquelas que tratam da apuração e pagamento dos haveres sociais; é difícil que tais disposições não tenham relevância para o planejamento, ainda que seja pensando nas futuras gerações.

Mas não é só no campo do patrimônio societário que as contratações apoiam o planejamento sucessório. O protocolo familiar, contrato inominado que pode versar sobre inúmeros temas, desponta como caminho atrativo pela sua versatilidade. Pode regulamentar o uso de ativos comuns, evitando desgastantes conflitos, como no caso de imóveis detidos (ou que serão detidos) em condomínio. Suporta o tratamento de questões ligadas à dinâmica familiar, a criação e regramento de conselho para tal finalidade. Pode ainda conter previsões ligadas às premissas familiares, com assunção de compromissos correlatos (de ordem ética e pessoal, por exemplo); esses vínculos, embora de difícil exigência coercitiva, têm utilidade que não deve ser diminuída.

Os acordos de investidores no âmbito dos fundos de investimento exclusivos, as opções de compra, os contratos de seguro, os contratos preliminares, o mútuo e mesmo o comodato, inúmeras são as contratações que podem figurar no planejamento, desempenhando incumbências de relevância variada, a depender de vários fatores, mormente do que se pretende alcançar.

Usualmente têm função específica, destinando-se a tratar situação particular. Em certas ocasiões, porém, tem papel de destaque, aderindo aos ativos transmitidos e a eles acrescentando elementos essenciais para que se atinjam os desígnios traçados.

Apesar de sua indiscutível utilidade, o uso dos vínculos contratuais ao planejar deve ser precedido de reflexão quanto às suas restrições, vantagens e desvantagens. Seus pontos fortes residem na sua flexibilidade e diversidade, criando interessante contraponto com a rigidez da transmissão proprietária, definitiva e que encontra limitações várias, em particular nas normas cogentes citadas no início deste artigo.

Não se pode dizer, porém, que as contratações, para fins de planejamento, apresentem soluções infalíveis. Nessa análise, o primeiro ponto que se destaca é a finitude dos vínculos contratuais, forte na premissa de que inexiste obrigação perpétua.

Como diz Serpa Lopes, "o direito pessoal é por essência temporário",[3] de modo que essa solução não terá a natureza definitiva que caracteriza os direitos reais que favorecerão o herdeiro na transferência proprietária.

Os prazos contratuais, ademais, devem ter ressonância nos fins e características que se esperam das contratações, repelindo-se os interregnos desproporcionais e ainda aqueles que acabam por desnaturar a essência do vínculo jurídico que representam.[4] Daí porque o alongamento desses prazos para além do razoável expõe a contratação a questionamentos, muitas vezes judiciais, com impacto na segurança jurídica do planejamento.

Essa possibilidade de revisão não fica adstrita aos prazos contratuais, mas aos vários elementos que identificam a relação material que a contratação retrata (ou deveria retratar). Assim, um mútuo que prevê lapso para pagamento incompatível e a não incidência de atualização monetária perde o elemento de onerosidade que o caracteriza, expondo-se à adequação judicial. Nesse ponto, desnuda-se outra questão própria das contratações: sua maior suscetibilidade à revisão pelo Judiciário, em comparação aos direitos advindos da propriedade. Mesmo deixando de lado as situações extremas – em que se vê a inadequada formação da relação contratual –, o contrato pode sofrer as repercussões da imprevisibilidade, os efeitos da conduta das partes e do decurso do tempo. Não se pretende com isso sustentar a fragilidade dos vínculos contratuais, mas é preciso enfrentar a existência de institutos que mitigam a força vinculante dos contratos, analisando a matéria também sob essa perspectiva.

É imprescindível, em acréscimo, analisar os efeitos da contratação perante terceiros, tópico que ganha relevância sempre que os herdeiros não forem partícipes da relação contratual.

O ponto suscita poucos questionamentos em relação aos contratos e estatutos sociais. Já no caso do acordo de acionistas, sua oponibilidade a terceiros e capacidade de vinculação da sociedade está prevista na lei, de modo que tais efeitos serão obtidos desde que averbados nos livros da companhia e arquivados na sede respectiva. Tal, porém, se dá claramente em relação àquelas matérias previstas na LSA, conforme bem esclarecido por Nelly Potter;[5] quanto às demais, acresço às conclusões daquela autora a circunstância de que os herdeiros herdam os bens com tudo aquilo que neles se contém, prerrogativas e obrigações. Afinal, como já se disse, "o direito de herança não lhes confere direitos maiores ou melhores do que aqueles herdados da pessoa extinta",[6] em julgado que bem esclarece a impossibilidade de igualar os herdeiros a terceiros, já que aqueles se confundem com a posição do sucedido.

A sucessão no contrato pode ocorrer também em outras modalidades (como no caso do mútuo), mas nem sempre será evidente ou mesmo possível, assim desnudando outro tema a considerar no momento de eleger os instrumentos do planejamento.

---

[3]   *Curso de Direito Civil*, 2. ed. Freitas Bastos, 1957, p. 23.

[4]   STJ, REsp nº 1327627 RS 2012/011065-0, Rel. Min. Luis Felipe Salomão, j. 25 de outubro de 2016, Quarta Turma, *DJe* 01/12/2016.

[5]   *O pacto parassocial como instrumento de planejamento sucessório*. In Arquitetura do Planejamento Sucessório, coord. Daniela Chaves TEIXEIRA, 2. ed. Belo Horizonte: Fórum, 2019, p. 551 e seguintes.

[6]   STJ, REsp 296.064-RJ, Rel. Min. Aldir Passarinho Junior, j. 04.09.2003, Quarta Turma.

Das observações acima se percebe que não há necessidade de escolha. O planejamento sucessório, como conjunto de medidas variadas e que abarca diversas áreas do direito, tem a característica de ser inclusivo, assim respondendo aos contornos mais restritos do nosso direito sucessório. É nesse cenário que as contratações, mesmo as mais inesperadas, podem desempenhar função relevante no desenho das providências voltadas para transmissão hereditária.

IV Testamento: partilha ideal entre os herdeiros ou conferência específica de bens aos beneficiários da herança? (Marília Mello de Lima)

Boa parte dos planejamentos sucessórios tem como um de seus documentos fundamentais, quando não o mais relevante, o testamento. Diversas são as disposições que podem integrar um testamento (imposição de cláusulas protetivas, como incomunicabilidade, impenhorabilidade e inalienabilidade; nomeação de testamenteiro e inventariante; reconhecimento de filhos; nomeação de tutores caso haja herdeiros menores e assim por diante), sendo certo, entretanto, que – no mais das vezes – o que motiva determinada pessoa a ter um testamento é seu desejo de definir como os bens por ela amealhados ao longo da vida serão partilhados entre seus herdeiros.

E, ao iniciar as ponderações sobre suas disposições sucessórias, não é incomum que haja questionamentos sobre o que se deseja para a partilha de seu patrimônio: que todos os bens sejam partilhados idealmente entre os herdeiros, ou seja, cada um deles receberá uma fração ideal de todos os bens integrantes do espólio conforme a proporção de seus quinhões hereditários, ou que cada herdeiro – ou categorias de herdeiros, a exemplo de filhos – receba bens específicos como o testador julga ser mais conveniente.

O artigo 2.014 do Código Civil permite ao testador "indicar os bens e valores que devem compor os quinhões hereditários, deliberando ele próprio a partilha, que prevalecerá, salvo se o valor dos bens não corresponder às quotas estabelecidas". Nesse contexto, ao refletir sobre a melhor maneira de se direcionar uma partilha de bens via testamento, as variáveis envolvidas são muitas, passando notadamente pelos tipos de bens que integrarão o futuro espólio (se são bens que comportam cômoda divisão, se são negócios que demandam gestão específica, se há bens de uso direto da família), pelas características dos herdeiros envolvidos na sucessão (como o grau de parentesco existente entre eles e seus interesses pessoais e profissionais), e como se espera – e deseja – seja a dinâmica de seus herdeiros relativamente aos bens herdados após o falecimento.

De um lado, indaga-se quais são os tipos de ativos envolvidos: imóveis de uso da família, a exemplo de imóveis residencial e de lazer, que possivelmente despertarão nos herdeiros o desejo de continuar a usufruí-los, tal como antes faziam? Imóveis vocacionados à geração de renda, cuja capacidade pode variar conforme fatores externos do mercado (imóveis rurais, urbanos)? Ativos financeiros, que como regra permitem fácil divisão entre os beneficiários? Participações societárias, também passíveis de cômoda partilha, o que, porém, poderá importar o direito de voto (político) que, em algumas sucessões, revela-se tema de acentuada importância? Assim, é necessário que bem se compreenda quais espécies de bens integram o patrimônio do testador, em qual extensão (ou seja, quanto representam da base patrimonial dele) e se são passíveis ou não de segregação entre os herdeiros.

Além disso, para que haja segurança de que as legítimas dos herdeiros necessários serão respeitas, imperioso que sejam feitas contas sucessórias levando-se em consideração as doações eventualmente já realizadas aos herdeiros necessários, seus respectivos valores, e se serão – ou não – objeto de colação por ocasião do falecimento do testador, sob pena de macular todo o planejamento realizado.

De outro lado, é necessário avaliar quais as características dos herdeiros envolvidos na sucessão: atuam em determinados negócios familiares e desempenham papel relevante na condução de empresas detidas pelo testador? Possuem interesses ou atuações profissionais voltadas a um determinado negócio? Há bens de uso direto de um dos herdeiros, como por exemplo o respectivo imóvel residencial? Há (ao menos aparente) harmonia entre os herdeiros ou expectativa de litígio futuro entre eles?

Uma vez realizada essa avaliação inicial, é de se ponderar então o que se mostra mais conveniente: que todos os herdeiros sejam sócios e coproprietários entre si de todos os bens a eles transmitidos ou que sejam atribuídos a cada qual determinados bens?

Não há resposta certa ou errada, mas sim, como em boa parte das questões afetas a um planejamento sucessório, uma avaliação dos elementos envolvidos em cada caso para a tomada de decisão de forma coerente e que possibilite – ao menos é o que se espera – que o inventário transcorra de forma amigável e célere. Afinal, o propósito daquele que organiza sua sucessão é que a transmissão de bens decorrente de seu falecimento ocorra da forma por ele estabelecida e sem solução de continuidade.

A decisão pela partilha ideal do patrimônio ensejará, no momento logo posterior à finalização do inventário, a manutenção dos herdeiros como coproprietários e sócios dos bens transmitidos, nas proporções de seus respectivos quinhões hereditários, em especial no que diz respeito aos imóveis e sociedades.

Essa modalidade de partilha de bens atende ao objetivo daquele testador que deseja que sua herança beneficie de forma absolutamente idêntica todos os seus herdeiros. Por exemplo: é casado o testador sob o regime da separação voluntária de bens (o que faz, portanto, do cônjuge seu herdeiro) e tem três filhos. Ao se optar pela partilha ideal, cada um desses quatro herdeiros terá uma quarta parte de cada bem a eles transmitido em herança, vale dizer, cada um terá vinte e cinco por cento do imóvel residencial no qual residir a viúva, uma quarta parte de todas as eventuais participações societárias, uma quarta parte de cada imóvel e da mesma forma em relação aos ativos financeiros por eles herdados. Caso o testador pretenda atribuir a totalidade da porção disponível somente à sua esposa, então cada bem será herdado na proporção de 62,5% para a cônjuge supérstite e 12,5% individualmente pelos herdeiros-filhos.

A partilha ideal da herança bem a bem possibilitará que o processo de inventário transcorra, em tese, sem a necessidade de avaliação do patrimônio integrante do espólio eis que, independentemente do valor de cada ativo envolvido na sucessão, os herdeiros receberão, em cada bem, o percentual de seu quinhão hereditário. Tal circunstância possivelmente tornará o processo bastante mais célere se comparado a um inventário em que há necessidade de avaliação do patrimônio para atribuição de bens a cada herdeiro, conforme adiante melhor detalhado.

Após o encerramento do processo de inventário, os herdeiros serão conjuntamente proprietários de todos os bens do espólio, em igual ou desigual proporção a depender do quinhão que em partilha lhe foi atribuído. Especialmente em relação a imóveis, passarão a ser condôminos de ditos bens e submeter-se-ão aos dispositivos legais afetos às relações condominiais. No que se refere às participações societárias herdadas, passarão então a ser sócios de determinada pessoa jurídica e terão sua relação societária regida pelos regramentos sociais vigentes (a exemplo de acordos de sócios, estatutos e contratos sociais e assim por diante) e dispositivos legais afetos às sociedades. Havendo a pretensão de não mais deter determinados bens em condomínio ou sociedade, as regras para a individualização de dito patrimônio serão aquelas previstas nas respectivas legislações (extinção de condomínio, dissolução parcial de sociedade), o que, se não for alcançado de forma consensual, poderá ensejar demandas judiciais e, consequentemente a avaliação judicial do patrimônio que, diga-se, havia sido evitada no curso do inventário.

Há que se lembrar que determinados bens, ainda que partilhados em benefício de todos os herdeiros (sempre observados os quinhões cabentes a cada qual), não conferem ao beneficiário da herança o direito de usar e dispor desse bem. É o caso, por exemplo, do imóvel residencial de propriedade do *de cujus* quando há cônjuge sobrevivente eis que, qualquer que seja o regime de bens do casamento, é assegurado a ele o direito real de habitação no imóvel destinado à residência da família (desde que seja o único daquela natureza a inventariar), tal como disposto no artigo 1.831 do Código Civil. O que se tem, então, é que ocorrendo uma partilha ideal, determinados herdeiros terão a fração ideal de um imóvel de natureza residencial sobre o qual não poderão exercer de forma plena seus direitos de proprietário enquanto o viúvo ou viúva lá habitar, eis que o direito vitalício de lá residir cabe exclusivamente a ele(a), independentemente de quem sejam os proprietários.

Disso conclui-se que, a princípio, a partilha ideal se adequa a contextos sucessórios nos quais não deseja o testador nominar os bens que serão partilhados a cada herdeiro ou que tal não é possível em decorrência da composição patrimonial. É o caso, por exemplo, de um determinado ativo que corresponde à quase totalidade do patrimônio do testador, não sendo possível alocá-lo nos quinhões de apenas alguns dos herdeiros, ou quando a diversidade e complexidade de bens é tamanha que não se consegue avaliar os valores individuais dos bens, tampouco projetá-los considerando-se a sucessão futura.

Diverso da partilha ideal bem a bem, também é permitido ao testador indicar bens ou espécies de bens individualizados para a composição dos quinhões de cada um de seus herdeiros, sendo vários os fatores que ensejam essa escolha.

Nesse sentido é bastante frequente o propósito de transmitir somente à descendência bens de origem familiar, como participações societárias e imóveis nos quais os demais sócios ou coproprietários são outros membros da família do testador, a exemplo de irmãos e sobrinhos. Sendo esta, a título ilustrativo, a situação familiar do testador, ele pode em seu testamento destinar tais ativos de origem familiar exclusivamente aos filhos, enquanto outros bens serão nominados para preenchimento do quinhão do cônjuge, tal como o próprio imóvel residencial acima referido, eis que ele já será detentor do direito real de habitação por força da lei, além de outros bens que se considere pertinentes para recebimento pelo cônjuge, como ativos financeiros (em regra de fácil segregação e entrega individualizada aos herdeiros) e eventuais imóveis de lazer ou outros geradores de renda, por exemplo.

Com tal disposição testamentária, desde que a porção legitimária de seus herdeiros necessários e eventual meação de seu cônjuge estejam resguardadas, esse testador promoverá partilha de bens de tal forma que somente seus descendentes serão sócios de sua sociedade de origem familiar, assim como a integralidade do imóvel residencial caberá ao seu cônjuge, assegurando-lhe a propriedade exclusiva sobre a totalidade do imóvel – e, consequentemente, autonomia para dele dispor. Trata-se de escolha, portanto, que pode trazer grande comodidade aos herdeiros envolvidos na sucessão, na medida em que permite a entrega de bens aos herdeiros que, aos olhos do testador, correspondem aos interesses de cada qual.

Outra situação que pode recomendar, sempre considerada a dinâmica de cada família, que se evite uma partilha ideal, são aquelas sucessões nas quais há filiação de matrimônios distintos e/ou cônjuges que não são genitores de todos os filhos do testador ou mesmo de nenhum deles. Como consequência, mostra-se bastante oportuno determinar no testamento quais bens deverão ser partilhados em favor dos filhos de uma união e quais devem ser atribuídos aos filhos de outro matrimônio. Nesse sentido, existindo a título ilustrativo duas sociedades/*holdings* patrimoniais de valores semelhantes, pode ser oportuno, a depender do relacionamento existente entre os filhos das diversas uniões, a atribuição de um dessas sociedades aos filhos oriundos de um primeiro relacionamento e a outra sociedade aos filhos provenientes da segunda união. Por sua vez, sendo o cônjuge do testador genitor desses últimos filhos, pode se revelar uma boa solução que parte de seu quinhão hereditário seja composto por quotas da sociedade que seus filhos herdarão.

A atribuição de bens de forma específica para cada herdeiro é também uma ferramenta relevante quando se deseja atribuir participações societárias com poderes políticos distintos entre os herdeiros ou em medidas diferentes entre eles, visando-se concentrar o direito de voto –[7] e consequentemente a condução do negócio – em determinado(s) herdeiro(s), a exemplo do cônjuge ou um filho específico.

A esse propósito, testadores que possuem empresas operacionais (indústrias e assim por diante) que demandam a tomada de decisões afetas aos negócios sociais, caso considerem necessário concentrar o direito de voto em determinado(s) herdeiros(s), quer porque apenas algum(ns) dele(s) seja(m) apto(s) a tanto, quer para evitar a fragmentação do poder de controle por ele(s) detido, quer por razão outra, podem atribuir para preenchimento dos quinhões desse(s) herdeiro(s) ações com direito a voto (a exemplo de ordinárias) e, nessa hipótese, caberá a esse(s) herdeiro(s), portanto, a condução da sociedade. Aos demais herdeiros serão partilhadas ações sem direito a voto (a exemplo de preferenciais) e, como consequência, não participarão, via de regra, das deliberações sociais.

Necessário dizer que a partilha de bens específicos entre os herdeiros poderá ensejar a avaliação dos bens envolvidos na sucessão, justamente para que se verifique se em termos de valores as legítimas dos herdeiros necessários foram respeitadas. Diferentemente da partilha ideal anteriormente referida, na qual em cada bem

---

[7] Sobre este tema, *vide* o capítulo sobre *O planejamento sucessório e os vínculos contratuais*.

individualmente considerado o herdeiro possuirá (ao menos) o percentual equivalente ao seu quinhão legitimário, pouco importando o valor do bem e do espólio como um todo, nas sucessões nas quais o testador determina quais bens serão partilhados para cada herdeiro é necessário que se valore os bens integrantes do espólio para que seja possível verificar se o quinhão de cada herdeiro tem valor compatível com sua legítima.

Trata-se de procedimento que certamente prolongará o trâmite do inventário, principalmente se existirem bens fora da comarca na qual é processado e caso haja bens de mais complexa avaliação, tal como sociedades, haja vista os diversos métodos de avaliação possíveis. Não obstante, havendo entendimento e consenso entre os herdeiros, é possível que apresentem partilha consensual observados os termos do testamento sem que haja necessariamente uma avaliação judicial. Não se pode menosprezar, entretanto, que, inexistindo dito consenso, tais avaliações tendem a ensejar inúmeras controvérsias judiciais e também reflexos fiscais, notadamente no que diz respeito ao imposto sucessório, a depender dos critérios previstos na lei estadual que regram a apuração da base de cálculo.

O direito das sucessões possui admirável diversidade de casos, situações, contextos e variáveis. Cada família possui sua dinâmica, formação, composição, princípios e propósitos, de forma que os exemplos e as situações práticas aqui apresentados têm como objetivo ilustrar essa que consideramos uma decisão importante no contexto de um planejamento sucessório: como atribuir os bens entre os herdeiros.

Como referido no preâmbulo deste capítulo, o planejamento sucessório não tem uma fórmula pronta e tampouco um protocolo que se adeque à maioria das famílias. O que se tem é uma somatória de disposições, estabelecidas em instrumentos jurídicos vários (dentre os quais o testamento tem lugar de destaque), convergentes entre si, que buscam atender, da forma mais próxima possível e dentro dos limites da lei, aos propósitos daquele que está a planejar sua sucessão. Nesse contexto, a escolha pela partilha ideal ou pela atribuição de bens específicos aos herdeiros envolvidos na sucessão é definição que passa – entre outros – pela análise das questões abordadas neste tópico e, fundamentalmente, deve estar alinhada aos demais documentos firmados no escopo do planejamento sucessório, para que assim a sucessão transcorra como almejado.

V Os desafios do Planejamento Sucessório em face do Direito de Família e dos regimes de bens (Arnaldo de Almeida Dotoli Junior)

Não há planejamento sucessório eficaz e completo que não passe pela abordagem dos vínculos familiares dos envolvidos e da estrutura formada (ou em fase de formação) a partir dos relacionamentos afetivos. São estes últimos, notadamente, os impulsionadores dos casais aos primeiros passos da estrada que leva ao namoro, à união estável, ao casamento ou, até mesmo, à alguma "zona nebulosa" na qual o *status* do relacionamento não encontra definição tão clara e certeira.

Daí que todo planejamento sucessório, diretamente impactado pelo estado civil, passa pela discussão acerca dos diversos regimes de bens que regem os relacionamentos afetivos, bem como pelo enfrentamento da tarefa (nem sempre tão simples) de conjugar a vida a dois com os efetivos interesses sucessórios das partes.

O início de um trabalho de planejamento da sucessão é marcado pela análise da história familiar e pessoal do cliente, daí passando ao mapeamento de sua estrutura patrimonial (com a abordagem acerca dos desejos quanto à destinação dos próprios bens aos sucessores).

Esse primeiro olhar específico para a situação familiar permite sejam identificados os herdeiros, quer necessários ou não. E é da conjugação *família – patrimônio* que são extraídos os desejos sucessórios e os pilares para a construção do planejamento, daí derivando uma série de providências que vão desde as transferências patrimoniais em vida à organização de uma ou mais estruturas para a entrega direcionada dos bens após o falecimento (com confecção dos mais variados documentos), o que por vezes convida as áreas societária e fiscal a entrar em cena – sem prejuízo da interface internacional.

A missão do *planejar* – é necessário que se diga – muitas vezes não trafega por mares tranquilos, eis que diversas situações pessoais podem se apresentar, a começar pela discussão dos regimes de bens entre os casais, a demandar equacionamento com sensibilidade no trato.

De fato, a escolha de um regime de bens nem sempre é de simples resolução. Ao leigo, tratar do tema muitas vezes só se torna realidade quando posta a decisão pelo casamento, eis que uma definição inevitavelmente é questionada a todo nubente por ocasião das obrigatórias providências burocráticas que antecedem o casamento civil, em especial o procedimento de habilitação (artigos 1.525 e seguintes do Código Civil) perante o Cartório de Registro Civil.

Esse "lidar" com a escolha de um regime de bens, porém, não ocorre em inúmeros relacionamentos que, com o passar dos anos (e atingidos os requisitos necessários), acabam se consubstanciando em uniões estáveis, daí então sem que os companheiros tenham passado por escolha qualquer de um regime de bens. E tal ocorre pela pura e simples razão de que nada havia que os impulsionasse para essa definição, ao contrário do que ocorre com o casamento. Na união estável, o tempo age e pode, no mais das vezes, ser implacável ao impor a companheiros uma situação patrimonial absolutamente dissociada daquilo que efetivamente desejavam e até mesmo do que compreendiam como decorrência natural da vida cotidiana a dois, no que toca aos próprios bens.

Muitas vezes, é necessário dizer, esse agir do tempo se dá sem que os interessados desconfiem que já constituíram união estável e que sua inércia prolongada importou, sim, uma "escolha" (passiva) daquele que é o regime legal para os casamentos civis (comunhão parcial de bens) desde o advento da Lei Federal 6.515/77 ("Lei do Divórcio"), em não havendo elaboração de pacto antenupcial elegendo regime de bens diverso.

Historicamente, a geração que se casou até a década de 70, notadamente antes da entrada em vigor da "Lei do Divórcio" (26.12.1977), esteve em sua grande maioria regida pela comunhão universal de bens, regime legal à época. Pós-1977, esse padrão foi modificado para a comunhão parcial, assim predominando até hoje. Seja em uma ou outra situação, fato é que muitas décadas se passaram e quer parecer que, ainda hoje, o ideal da comunhão de vidas muitas vezes siga intrinsecamente ligado a algum tipo de comunhão patrimonial. E não se ignora que, por detrás disso, encontram-se de um lado a preocupação legítima de evitar a desassistência em caso de adversidades da vida e, de outro, os próprios critérios de justiça das partes: para muitos casais, é natural que tudo aquilo que seja adquirido ao longo do relacionamento – não importa se por um ou por outro – efetivamente pertença a ambos, o que é a ideia central da comunhão parcial de bens.

É exatamente por isso que, em muitas situações, a abordagem do regime de separação convencional e absoluta de bens é delicada, eis que pode resvalar na quebra desse ideal da comunhão de vidas referido acima. Ainda que a segregação completa da rotina financeira e do patrimônio possa fazer total sentido para um dos envolvidos, não se trata de decisão unilateral, de modo que tratar disso com o par significa, inarredavelmente, discutir os bens em meio aos sentimentos nobres da vida a dois. E, daí, muito tato e cautela são necessários, pois a escolha (ou mesmo a alteração, que veremos mais adiante) do regime de bens não pode custar o próprio relacionamento – mesmo que para fins de planejamento sucessório.

Fato é que os regimes de comunhão implicam a inevitável apuração de meação do cônjuge ou companheiro, que efetivamente tem direito a 50% dos bens comuns, situação que se apresenta, diga-se, não apenas no divórcio ou dissolução de união estável, mas igualmente na sucessão *post mortem*. E, verdade seja dita, há diversas questões limitadoras da autonomia individual que marcam os regimes de comunhão (a exemplo da necessidade de outorga marital para alienação de bens), assim como outras questões que constituem verdadeiro ônus, como a comunicação das dívidas entre o casal. São elementos que agregam risco significativo à sucessão, podendo impactar todo o patrimônio e, direta ou indiretamente, a descendência.

Regimes de comunhão determinam que a organização eficaz dos desejos sucessórios seja realizada por ambos os integrantes do casal, a fim de que as providências "conversem entre si", tendo em vista a existência de massa patrimonial indivisa e a inescapável apuração de meação nos bens comuns titulados quer por um, por outro ou por ambos, o que se dará em caso de falecimento de quaisquer deles.

No regime de comunhão universal de bens, por exemplo, cada qual é proprietário de 100% de todo o acervo (o dito "todo de dois"), de modo que o planejamento, caso realizado apenas por um dos cônjuges, está fadado a não alcançar a completude dos desígnios sucessórios de um testador se, porventura, antes dele falecer a cônjuge ou companheira que não lavrou testamento. Ora, toda a sorte de cláusulas protetivas e o próprio direcionamento dos bens que vier a constar no ato de última vontade daquele que planejou pode acabar se esvaindo ou restando prejudicado se, por sua vez, o cônjuge ou companheiro falecer sem organizar sua sucessão, a igualmente regrar a entrega dos bens (todos comuns) *post mortem*.

É prática comum que casais longevos, unidos ou casados sob regimes de mancomunhão, desejem mutuamente se beneficiar em caso de falecimento, destinando a porção disponível de seus bens um ao outro, de modo que o supérstite apure no inventário não apenas sua meação (a metade já detida por direito próprio), mas também 50% da herança deixada (a outra metade dos bens), daí totalizando o recebimento de 75% do acervo comum. Essa dinâmica, por si só, já recomenda seja o planejamento estruturado pelo casal, daí derivando, de saída, dois testamentos para a conjugação dos planos de sucessão – vedado, à toda evidência, o testamento conjuntivo.

Já no que toca ao regime de separação de bens, muitas vezes ainda rondado por algum desconforto no debate acerca da segregação patrimonial, algumas verdades precisam ser ditas em prol de sua eleição (inclusive a facilitar a abordagem de forma mais natural e pragmática entre os casais, quebrando tabus): permite a cada integrante ter autonomia sobre os próprios bens e recursos, sem ingerência do outro – o que está longe de significar desarmonia ou desamor; permite também que os cônjuges e companheiros realizem doações entre si (algo inviável onde há comunhão); não obsta que ambos sejam coproprietários em bens, na medida que desejarem e de suas efetivas contribuições; preserva a esfera patrimonial (individual) das dívidas que o outro venha a contrair ou dos próprios riscos que deseje tomar; permite a alienação (amplamente considerada, incluindo a oneração) de bens sem a necessária anuência do outro; facilita em muito a solução das questões patrimoniais em caso de ruptura, desmotivando as partes para o litígio familiar; e confere independência aos desejos sucessórios.

Notadamente, sob regime de separação de bens, cônjuges (e, mais recentemente, companheiros)[8] são herdeiros necessários uns dos outros, mas a inexistência de massa indivisa/comum de bens permite que o regramento da sucessão de ambos não necessariamente guarde uma relação de interdependência para que os desejos sucessórios sejam cumpridos em sua plenitude. É dizer: se sou casado ou unido em separação total de bens e minha esposa ou companheira falece, não haverá bens titulados por mim sendo "carregados" para o inventário dela para que, naquela sede, seja apurada minha meação, pois inexiste comunhão. Em resumo: o testador que tem seu casamento ou união estável regido pela separação total de bens pode lavrar testamento direcionando sua sucessão na certeza de que terá a transmissão *post mortem* de seus bens vinculada exclusivamente ao seu próprio destino, ainda que o cônjuge ou companheiro supérstite tenham sua quota-parte na herança.

Aliás, quanto ao direito sucessório do qual gozam os unidos ou casados sob regime da separação convencional de bens, por vezes o advogado de família lida com a ideia inicial do cliente no sentido de que a incomunicabilidade eleita em vida se estende para a sucessão, ou seja, a falsa crença de não existir conferência de bens ao cônjuge ou companheiro(a) supérstite. Efetivamente, planejar a sucessão também pode passar pela necessária desconstrução dessa percepção equivocada, com esclarecimentos preliminares acerca dos efeitos completamente diversos nas duas situações pelas quais os casais podem passar: (i) divórcio ou dissolução de união estável e (ii) falecimento (sucessão).

A condição de herdeiro necessário, conferida por lei (Código Civil) inicialmente aos cônjuges e, mais recentemente, aos companheiros pelo Supremo Tribunal Federal (e, em ambos os casos, concorrendo com filhos), pode também não ser exatamente a mais confortável e desejada, notadamente em relacionamentos não longevos. Esse é um dos pontos que, imagina-se, possa militar em desfavor das constituições formais (documentadas) das uniões estáveis, trazendo eventual sentimento de passo prematuro a alguns. Fato é que, repita-se, para fins de união estável o tempo age mesmo contra a vontade ou negação da realidade posta. Situações como essa demandam, portanto, planejamentos sucessórios com viés de concentração de bens na descendência e nos herdeiros consanguíneos, via destinação da porção disponível da herança a tais herdeiros e, daí, automática redução dos impactos sucessórios entre o casal.

Quanto à temática do regime de bens e exercício da autonomia da vontade, uma novidade trazida pelo Código Civil de 2002 veio a somar para fins de planejamento

---

8   Recursos Extraordinários (REs) 646721 e 878694, ambos com repercussão geral reconhecida.

sucessório: a possibilidade de alteração do regime de bens pelo casal. Sem dúvidas, a vida é dinâmica e a própria maturidade dos relacionamentos pode fazer com que aquele ideal da comunhão de vidas (então atrelado à comunhão de bens) acabe cedendo espaço ao pragmatismo e instinto de proteção da própria sucessão. Ora, se há bens comuns, as dívidas e os riscos assumidos (ainda que apenas por um) restam igualmente comuns, daí colocando toda a sorte de incertezas sobre a massa patrimonial familiar. De forma absolutamente legítima, muitos casais buscam a modificação dos regimes de bens, migrando da comunhão para a separação convencional, possibilitando que riscos passem a ser assumidos individualmente, sem a contaminação de todo o patrimônio. Cumpridas as formalidades da lei e a via judicial (ainda necessária), é a partir da sentença que passam a vigorar as regras do novo regime, razão pela qual é de todo recomendável que a *partilha* dos bens comuns seja realizada (via judicial ou extrajudicial), daí sendo entregues as respectivas meações e, efetivamente, seguindo cada qual com sua massa de bens exclusiva (comunhão de vidas, sem comunhão de bens).

Alguns obstáculos chegaram a ser inicialmente enfrentados no Poder Judiciário paulista, pois em que pese a modificação do regime de bens ser chancelada, a partilha por vezes era indeferida, sob fundamento de só poder ser efetivada em caso de divórcio ou falecimento. Tal situação impunha que o patrimônio comum seguisse intocável, ou seja, permaneceria indiviso quanto aos bens até então existentes e incrementado por novos bens particulares de cada um (adquiridos a partir da sentença), daí passando os casais a terem seus bens permeados por dois tipos de regime. Ao mesmo tempo, dívida de um dos cônjuges poderia comprometer quaisquer bens desse devedor, inclusive aqueles anteriores e ainda titulados pelo casal. Felizmente, tais barreiras iniciais acabaram sendo ultrapassadas, para, então, restar autorizada a realização das partilhas dos bens comuns, de molde que essa problemática ficou relegada ao passado.

Não posso finalizar este capítulo sem tecer breves linhas sobre o regime da separação legal (ou obrigatória) de bens, inclusive porque ele já se apresenta com uma "condição sucessória" embutida. Realmente, em tal regime os cônjuges ou companheiros não herdam na concorrência com os descendentes, estando limitados à apuração de meação nos eventuais aquestos adquiridos no período do relacionamento, por força da Súmula 377, do Supremo Tribunal Federal.

Essa é uma situação positiva para fins de planejamento sucessório, porque as uniões estabelecidas após os 70 anos de idade são, em regra, aquelas de casais que se formam quando ambos já possuem universos patrimoniais totalmente individualizados e estabelecidos, em dinâmica saudável de independência financeira e absoluta incomunicabilidade dos bens, sem qualquer intenção de ingerência mútua nas esferas patrimoniais individuais de cada qual. Mais que isso, por vezes os envolvidos já passaram por outros relacionamentos, possuem filhos unilaterais frutos dessas relações anteriores, ou pura e simplesmente já contam muitos anos (no mais das vezes, décadas) de construção patrimonial com esforço exclusivo, ou mesmo em continuidade ao empreendedorismo das gerações passadas de sua estirpe. São pessoas que partem, portanto, de uma ideia de completa individualidade do próprio acervo de bens, com clara visão de patrimônio com origem e destinação familiares, ou seja, objeto de sucessão apenas pela própria descendência ou, no limite, entre os demais herdeiros consanguíneos.

Quando tal situação se apresenta, os cônjuges ou companheiros naturalmente se sentem confortáveis com os desejos manifestos de não serem herdeiros uns dos outros, trazendo consigo justamente uma demanda de incomunicabilidade absoluta dos bens, tanto na vida como para depois da morte (aquela situação que a separação convencional de bens não autoriza). E tal só não se dá de forma automática por conta dos citados aquestos e Súmula própria a respeito, ainda vigente, mas a solução é atingida pura e simplesmente com o afastamento expresso, por ambos os cônjuges ou companheiros, da comunicabilidade desses bens adquiridos no curso do relacionamento.

Ora, sendo as pessoas maiores, capazes e estando a regrar direitos patrimoniais absolutamente disponíveis, uma primeira conclusão saltaria às vistas: não há óbice à lavratura de uma escritura de união estável ou de pacto antenupcial, portanto, deixando consignado o regime da separação legal e obrigatória de bens (que sequer é uma escolha), mas afastando completamente a comunicação dos aquestos. A realidade da vida prática, porém, pode trazer surpresas, remetendo aos infortúnios daqueles citados mares não tranquilos. E é com essa passagem que me permito a finalização dessa singela contribuição que, longe de qualquer pretensão exaustiva do tema, busca apenas trazer ao leitor alguns poucos aspectos práticos da vivência do planejamento sucessório.

Pois bem. Há cerca de três anos, "ousamos" lavrar um pacto antenupcial de um casal declarando expressamente a separação obrigatória de bens, com ambos nubentes se curvando ao artigo 1.641, inciso II, do Código Civil, mas expressamente afastando a aplicação da Súmula 377, do STF. Tal procedimento já havia sido por nós adotado incontáveis vezes no passado; desta feita, entretanto, o Cartório de Registro Civil competente recusou-se ao prosseguimento do processo de habilitação, sustentando que os nubentes estariam criando um "regime misto" e modulando os efeitos da separação obrigatória de bens, em exercício da autonomia privada, porém aderindo aos efeitos sucessórios que lhes aproveitavam. Diante do impasse, o procedimento de dúvida foi instaurado perante o Juízo de Registros Públicos da Comarca de São Paulo.

No julgamento do feito, restou consignado em sentença que os nubentes estariam, na verdade, pleiteando a adoção do regime de separação convencional de bens em substituição daquele de separação legal, valendo-se de um "poder de autodeterminação" tendente a regrar suas questões patrimoniais em ofensa ao regime de separação obrigatória de bens, daí porque não seria possível o afastamento da incidência da Súmula 377, STF. Assim, em concordância com o ofício de registro civil, foi indeferido aquilo que a r. sentença nominou de "alteração de regime de bens" pretendida.

Apresentado o recuso administrativo pertinente, foram colacionados, tal qual havido na origem, os ensinamentos da mais autorizada doutrina de Zeno Veloso,[9]

---

[9] "Querem lavrar uma escritura – pacto antenupcial, mencionando que vão casar-se, e o casamento seguirá o regime obrigatório da separação de bens, por força do art. 1.641, inciso II, do Código Civil. Até aí, nada de novo: só estão repetindo o que a lei já diz. Todavia, não querem que, em nenhuma hipótese, haja comunicação de bens, mantendo-se a separação de bens de forma absoluta, em todos e quaisquer casos, sem limitação ou ressalva alguma, excluindo, portanto, expressamente, a aplicação da Súmula 377 do STF. Já dei ao casal a minha opinião: não acho que o enunciado da Súmula seja matéria de ordem pública, represente direito indisponível, e tenha de ser seguida a qualquer custo, irremediavelmente" (Disponível em: https://flaviotartuce.jusbrasil.com.br/artigos/333986024/casal-quer-afastar-a-sumula-377-artigo-de-zeno-veloso#:~:text=Por%20Zeno%20Veloso.,Carlos%20e%20Matilde%20est%C3%A3o%20namorando).

Francisco José Cahali,[10] José Fernando Simão, Mário Luiz Delgado, Caio Mario da Silva Pereira[11] e Flavio Tartuce,[12] todos notáveis juristas a avalizar a possibilidade de afastamento da aplicação da Súmula 377 do STF, então pretendida pelos nubentes. Igualmente, vasta jurisprudência foi colacionada,[13] sem prejuízo da menção a um Provimento da Corregedoria-Geral de Justiça do Pernambuco que, já em 2016, inovara não apenas autorizando dito afastamento como, também, imponto ao Oficial de Registro Civil o dever de esclarecimento prévio aos nubentes acerca dos aquestos e da possibilidade de afastarem a sua comunicação.

Sucedeu, então, parecer contrário da d. Procuradoria-Geral de Justiça, entendendo que a livre administração e gerenciamento dos bens (também referida na escritura pública) era exclusiva dos regimes de separação convencional e que, portanto, o pacto antenupcial apresentado objetivava regrar a separação obrigatória de bens como se convencional fosse. Foram meses de notícias ruins e um sentimento terrível de incompreensão.

Eis que, finalmente, um dos juízes assessores da Corregedoria proferiu parecer favorável ao provimento do recurso, reconhecendo não apenas a autonomia da vontade das partes (inclusive os maiores de 70 anos) como também o caráter de maior proteção que a incomunicabilidade absoluta dos aquestos conferiria aos nubentes. Em seguida, a d. Corregedoria-Geral de Justiça, aprovando o Parecer do Juiz Assessor, deu provimento ao recurso, aos 6 de dezembro de 2017. Os maiores interessados puderam, finalmente, convolar suas núpcias (adiadas havia oito meses) e o bom Direito prevaleceu ao final dessa tormentosa batalha, dando origem a precedente no Estado de São Paulo.[14]

Uma das belezas da advocacia é justamente a possibilidade de se ver o conhecimento teórico, que extraímos dos manuais ao longo de nossa formação técnica constante, "aterrissar" em nossas mesas de trabalho como instrumento para a construção de soluções que atendam aos anseios dos clientes e, ao mesmo tempo, deixem frutos para a melhor aplicação do direito, tal qual ocorreu no caso. O planejamento sucessório é e sempre será, ao final do dia, um conjunto de providências para o enfretamento de situações desafiadoras, cada qual à sua maneira.

---

[10] "A Súmula 377 e o novo código civil e a mutabilidade do regime de bens". *Revista do Advogado*, São Paulo, n. 76, Ano XXIV, junho de 2004.

[11] *Instituições de direito civil*: direito de família. 11. ed., Rio de Janeiro: Forense 2004, p. 195.

[12] Citando Zeno Veloso, José Fernando Simão, Mário Luiz Delgado: *Da possibilidade de afastamento da súmula 377 do STF por pacto antenupcial*. Disponível em: http://www.migalhas.com.br/FamiliaeSucessoes/104,MI239721,61044-Da+possibilidade+de+afastamento+da+sumula+377+do+STF+por+pacto.

[13] TJRS, Apelação Cível nº 0290172-43.2013.8.21.7000; Oitava Câmara Cível; Luiz Felipe Brasil Santos; TJSP – 4ª Câm. De Direito Privado – Ag In. 9035030- 07.2004.8.26.0000 – Rel. Des. José G. Jacobina Rabello; STJ – REsp: 141062 PA 1997/0050914-1, Relator: Ministro Ari Pargendler, Data de Julgamento: 05/04/2001, T3 – Terceira Turma; TJMG, 6ª Câmara Cível, Apelação Cível 1.0620.06.017911-1/001 0179111-80.2006.8.13.0620 (1), Rel. Des. José Domingues Ferreira Esteves; Apelação Cível nº 70012778023, Sétima Câmara Cível, Tribunal de Justiça do RS, Relator: Sérgio Fernando de Vasconcellos Chaves, Julgado em 07/12/2005.

[14] 412/2017-E. REGISTRO CIVIL DE PESSOAS NATURAIS – CASAMENTO – PACTO ANTENUPCIAL – SEPARAÇÃO OBRIGATÓRIA – ESTIPULAÇÃO DE AFASTAMENTO DA SÚMULA 377 DO STF – POSSIBILIDADE. Nas hipóteses em que se impõe o regime de separação obrigatória de bens (art. 1641 do CC), é dado aos nubentes, por pacto antenupcial, prever a incomunicabilidade absoluta dos aquestos, afastando a incidência da súmula 377 do Excelso Pretório, desde que mantidas todas as demais regras do regime de separação obrigatória. Situação que não se confunde com a pactuação para alteração do regime de separação obrigatória, para o de separação convencional de bens, que se mostra inadmissível.

VI Horizontes largos e o cliente do mundo: domicílio e lei aplicável na sucessão internacional (Alessandra Rugai Bastos)

Não raro, as questões internacionais aparecem nos planejamentos sucessórios nas mais variadas formas. Anos atrás, surgiam com os investimentos no exterior titulados pelo cliente domiciliado no Brasil, no mais das vezes, sob a forma de sociedades *offshore*.

Hoje, o horizonte internacional no planejamento se ampliou de maneira significativa, abarcando inúmeros temas que se expandem na exata medida em que a participação brasileira no cenário externo também aumenta. Esse artigo, longe de pretender esgotar o tema, cuida de uma das questões internacionais hoje encontradas no planejamento sucessório: as fronteiras tênues e a mobilidade dos indivíduos.

É fato que diversos países de inegável interesse para o cidadão do mundo têm previsões vantajosas para aqueles que, por gosto ou necessidade, pretendem permanecer por mais tempo, ou mesmo residir, fora de seu país sem se submeter às limitações dos vistos turísticos ou enfrentar pesadas consequências fiscais.

Essa tendência atingiu também o cliente brasileiro, que hoje, de maneira geral, se sente mais aclimatado ao ambiente internacional.

A existência de diversos regimes fiscais privilegiados, permite, já há algum tempo e com maior comodidade, a mudança de porto, fundamentada por numerosas razões, iniciando pela experiência de vida cotidiana em cidade estimada, passando pelas demandas profissionais e outras tantas.

Nessa cena, Portugal revelou-se nos últimos anos uma das opções preferidas pelo cliente brasileiro e sua justa popularidade se explica pela acessibilidade das regras de seu regime e, evidente, pela familiaridade existente entre os dois países. Há, porém, outras localidades que oferecem regimes interessantes, como a Inglaterra e a Suíça, que igualmente atraem número considerável de nacionais.

Em algumas ocasiões, a mudança é realizada de forma mais simples, alicerçada apenas em vistos de estudante ou de trabalho, mas cuja duração acaba se mostrando extensa e, portanto, relevante para o planejamento. Em comum, esses vários cenários têm a sensível diminuição dos períodos que a família passa em sua residência brasileira.

Essa mobilidade não vem acompanhada, no mais das vezes, de alterações na localização do patrimônio – ou, pelo menos, dos bens ditos estratégicos, como participações societárias relevantes –, que muitas vezes prossegue sendo detido majoritariamente em território nacional ou então da forma mais conveniente, sem, repita-se, espelhar os locais de estadia frequente do proprietário. Da mesma forma, é comum a manutenção da residência nacional, diante das relações familiares, pessoais e até mesmo profissionais dos clientes, com também a preservação do domicílio fiscal pátrio.

Nesse cenário, temos então um cliente que transita entre vários países, dividindo-se entre diversas residências e nelas dispendendo mais ou menos tempo, sem prejuízo de deter bens em jurisdições variadas, às vezes desconectadas das localidades em que reside.

Dessa multiplicidade de jurisdições surgem inúmeros desafios para o profissional encarregado de pensar a sucessão de tal cliente.

De início, já se vê que esse trabalho exigirá o concurso de profissionais habilitados nos demais países que tem conexão com o planejamento, a indicar que estamos a falar de tarefa que não se esgota em um só indivíduo.

O decisivo desafio desse concurso de esforços é, sem dúvida, a definição da lei material aplicável à sucessão do cliente. O Brasil, como sabemos, elege o último domicílio do *de cujus* para definir a lei material aplicável a sua sucessão.[15] Esse critério, embora razoavelmente comum no cenário internacional,[16] passa pelo conceito de domicílio nas várias jurisdições envolvidas e que não será necessariamente uniforme ao longo desses diversos ordenamentos.

Como então definir o domicílio de pessoa que transita entre vários países de forma cotidiana, com relações diversas em cada um? Que tem residências em mais de um lugar e que em todas elas permanece?

Em termos nacionais, a questão parece ter solução mais simples, já que o Brasil subscreve a multiplicidade de domicílios, traduzida pelo artigo 71 do Código Civil, nos termos do que ensina a doutrina.[17] Assim, para os bens aqui situados e havendo suficientes conexões com o Brasil, o planejamento pode ser endereçado levando em consideração a lei sucessória pátria. Vale notar, a esse respeito, que é de todo aconselhável que os instrumentos sucessórios aqui produzidos tratem abertamente da situação, expressamente declarando, por exemplo, o domicílio nacional e a vinculação da herança à lei brasileira.

Por outro lado, não se pode deixar de notar que a disposição do §1º do artigo 10 da LINDB dialoga com a aplicação da lei brasileira nas circunstâncias acima tratadas, valendo então notar que, para os ativos nacionais, poderá sempre existir a invocação da lei pátria em favor dos herdeiros também nacionais.

Mas, e os bens situados no exterior?

Passa-se então pela polêmica da competência da Justiça brasileira para a partilha dos bens situados no exterior, tema que certamente merece detida atenção, mas que será aqui abordado de forma sucinta, exclusivamente por não ser o cerne do presente (*vide*, sobre o assunto, o artigo de Daniela T. Vargas).[18] Aqui basta dizer que, havendo disputa, não é certa a aceitação da competência da Justiça brasileira para decidir a partilha de bens externos, ainda que o debate tenha visto novos desdobramentos recentemente.[19]

Ademais, não se pode deixar de considerar que, ainda que exista essa aceitação de competência aqui, a autoridade judiciária estrangeira pode, por sua vez, não reconhecer essa partilha decretada alhures, na medida em que é possível que aquela nação (como a nossa) tenha em seu ordenamento jurídico norma de competência exclusiva, de modo a concluir que somente a autoridade local poderá deliberar a partilha dos bens ali localizados, especialmente se paira dúvida sobre a lei aplicável à sucessão. De todo modo, a problemática do local (ou locais) em que se processará a sucessão não é intransponível.

---

[15] LINDB, Art. 10. "A sucessão por morte ou por ausência obedece à lei do país em que domiciliado o defunto ou o desaparecido, qualquer que seja a natureza e a situação dos bens".

[16] *Vide*, por exemplo, o artigo 21 do Regulamento (EU) nº 650/2012 do Parlamento Europeu e Conselho da União Europeia.

[17] "De qualquer forma, o próprio Código Civil flexibiliza o conceito, ao prever no art. 71 que quando a pessoa possuir várias residências, onde alternadamente viva, qualquer uma dessas será considerada seu domicílio. Nesse sentido, aquele que possuir mais de uma residência, desde que uma delas seja no Brasil, poderá ser acionado no País, com base no art. 88, I do CPC" (TIBURCIO, Carmen. *Extensão e Limites da Jurisdição Brasileira*. Ed. JusPodivm. Salvador, 2016, p. 44). No mesmo sentido, Washington Monteiro de Barros e Pontes de Miranda.

[18] *Patrimônio Internacional e Sucessões: Perspectiva do Direito Brasileiro*. In Arquitetura do Planejamento Sucessório, coord. Daniela Chaves TEIXEIRA, 2. ed. Belo Horizonte: Fórum, 2019, p. 111 e seguintes.

[19] TJSP, Apelação nº 0119897-04.2009.8.26.0003, Rel. Des. Francisco Loureiro, j. 14 de maio de 2015. STJ, REsp nº 1552913 RJ 2008/0194533-2, Rel. Min. Isabel Gallotti, j. 08 de novembro de 2016, Quarta Turma, *DJe* 02/02/2017.

Em última instância, será enfrentada pelos herdeiros com sucesso, vivenciando maiores ou menores dificuldades, a depender das providências tomadas ao planejar.

O que é certo, entretanto, é que o planejamento eficaz não parece viável sem a definição segura da lei aplicável. Nesse ponto, é preciso encarar a circunstância em que o reconhecimento do domicílio brasileiro, de modo a aplicar então a lei nacional, pode não ser acompanhada pela autoridade judiciária de outro país, voltando-se então ao impasse da lei material que irá regrar a transmissão sucessória dos bens externos. O mesmo destino, claro, poderá ter a invocação da lei brasileira para os herdeiros igualmente brasileiros: pode ser rejeitada por autoridade judiciária externa que não se submete a referida regra.

Daí porque é preciso analisar a questão sob o prisma da legislação do país em que situados os ativos a serem transmitidos, o que nos remete novamente para a importância do aconselhamento jurídico nesses locais, única forma de entender o que é possível fazer para garantir desfecho adequado aos desígnios sucessórios do cliente.

Para tanto, as possibilidades variam, a depender do país em questão.

Para aqueles países signatários do Regulamento Europeu 650/2012 – caso de Portugal, para exemplificar –, existe a opção da escolha da lei da nacionalidade,[20] a ser expressa e formalmente declarada em ato cuja "validade material" é regulada pela lei escolhida.

Outro caminho, especialmente feliz nas localidades em que a sucessão é aberta, sem previsão de herdeiros necessários, é a confecção do testamento local, definindo o destino dos ativos ali existentes, sendo também possível nesses casos a adaptação do testamento brasileiro com tal finalidade.

O ponto pode também ser tratado diretamente nos bens, com o uso de soluções como o *trust* ou mesmo as menos frequentes fundações privadas (*private foundations*). Em comum, esses caminhos evitam o inventário, distribuindo os ativos a eles afetos da forma especificada em seus contratos, mas acrescem complexidade e custo ao planejamento, merecendo sempre estudo cuidadoso sob vários prismas, para evitar consequências indesejadas (inclusive fiscais).

Vale notar, entretanto, que, a depender dos objetivos pretendidos, são opções valiosas para se atingir os objetivos traçados em relação aos bens no exterior, já que trazem flexibilidade e se amoldam bem às situações que demandam governança a longo prazo. É preciso dizer, porém, que nem aqui a questão do domicílio será desimportante, já que várias legislações de *trust* remetem à observância das leis essenciais do país em que domiciliado o instituidor.

Ainda agindo diretamente sobre os bens, havendo impasse é possível pensar em alterar a situação do bem, modificando então a jurisdição a que afeto. Nem sempre a providência é possível; não raro, no entanto, não apenas é factível como é razoavelmente simples essa modificação com o uso de sociedades *offshores*, para citar exemplo corriqueiro.

Finalizando a descrição das possibilidades – em rol claramente exemplificativo –, existem jurisdições que admitem os pactos sucessórios aqui proibidos, vedação que, aliás, tem gerado sadios debates. Esses pactos, observada sempre a forma lá prescrita,

---

[20] *Vide* artigo 22 do Regulamento (EU) nº 650/2012 do Parlamento Europeu e Conselho da União Europeia.

podem também encaminhar de forma conveniente a sucessão dos bens relativos àquela jurisdição.

Para encerrar, é importante lembrar que a incerteza do domicílio não vem necessariamente daquele que planeja. Há situações em que são os herdeiros que têm situação de residência externa, muitas vezes temporária – como no contexto de estudo –, mas, em outras ocasiões, com maiores veios de definitividade.

Casos assim demandam que se projete a sucessão tendo esse elemento em vista, com especial foco nos eventuais impactos tributários do recebimento da herança, se a situação do herdeiro o colocar em posição de contribuinte em sua residência. Sendo esse o caso e independente da situação de domicílio do autor da herança, é recomendável ter previsões a respeito nos documentos sucessórios, sem se desprezar o estudo das medidas convenientes no local de moradia do herdeiro.

Nessa última categoria pode-se citar os *trusts* do herdeiro, elaborados para receber o futuro quinhão hereditário, sendo, porém, imprescindível que o instrumento sucessório que regrará a transmissão da herança seja compatível com esse projeto.

Os desdobramentos internacionais no planejamento sucessório são marcados por desafios em vários campos, coerentes com sua característica multidisciplinar. Seu espectro e regularidade vem crescendo de forma continuada, indicando a pertinência do aprofundamento de seu estudo e análise.

VII Conclusão

A missão de planejar é, como visto, um conjunto de providências desafiadoras tanto para o cliente (com suas demandas internas) como para os advogados envolvidos na estruturação e instrumentalização dos desígnios sucessórios daqueles que os procuram.

O trabalho, justamente por envolver família, valores, princípios e patrimônio, mostra-se de magnitude tamanha a demandar estratégia e visão para além das obviedades que emergem dos institutos jurídicos isoladamente considerados. No mais das vezes, o planejamento agrega várias providências coordenadas e, como visto, tem amplo espectro e extensão a outras áreas do direito, sem prejuízo do envolvimento de jurisdições diversas, a depender da configuração patrimonial e das escolhas do cliente.

Quanto aos instrumentos derivados das várias fases desse processo, a segurança jurídica da qual precisam gozar é um substrato permanente a nortear o trabalho do advogado, no melhor interesse do cliente. Notadamente, operada a sucessão, os documentos serão submetidos ao crivo dos herdeiros a quem se destinam e, quiçá, passarão por eventual desafio de quaisquer deles sendo, portanto, lançados ao escrutínio do Poder Judiciário.

Daí que a experiência da advocacia contenciosa de família e sucessões, aplicada ao planejamento, confere-lhe um diferencial notadamente relevante na busca das melhores soluções para a consecução dos desejos sucessórios do cliente, então assentados de modo a não ceder espaço a percalços futuros – o que, ao final, é o desejo de todo aquele que planeja sua sucessão.

Informação bibliográfica deste texto, conforme a NBR 6023:2018 da Associação Brasileira de Normas Técnicas (ABNT):

GUIMARÃES, Renata Mei Hsu; BASTOS, Alessandra Rugai; DOTOLI JUNIOR, Arnaldo de Almeida; LIMA, Marília Mello de. A vivência do Planejamento Sucessório. *In*: TEIXEIRA, Daniele Chaves (Coord.). *Arquitetura do Planejamento Sucessório*. Belo Horizonte: Fórum, 2021. p. 633-657. Tomo II. ISBN 978-65-5518-117-3.

AUTONOMIA PRIVADA, PORTABILIDADE DE DADOS PESSOAIS E PLANEJAMENTO SUCESSÓRIO

SERGIO MARCOS CARVALHO DE ÁVILA NEGRI
MARIA REGINA DETONI CAVALCANTI RIGOLON KORKMAZ

1 Introdução

Com os avanços tecnológicos sem precedentes, a contemporaneidade lança novas bases para o desenvolvimento e a expressão da personalidade humana. Múltiplos são os desafios gerados pela crescente digitalização de aspectos da vida. Entre eles, como apresenta Stefano Rodotà, as tecnologias da informação constroem um corpo eletrônico a partir do conjunto das nossas informações pessoais.[1] A leitura de que as tecnologias da informação e da comunicação redefinem a expressão da pessoa humana é significativa para o exercício da autonomia privada, esteja presente uma conotação patrimonial ou não.

Giorgio Resta destaca que características intrínsecas do meio tecnológico redesenham paradigmas: a esfera da pessoa toma novos contornos com o fluxo de informações que a projetam em uma multiplicidade de bancos de dados em um espaço temporal notavelmente amplo.[2] A perenidade tendencial dos dados pessoais lança o tema para a fronteira entre o direito das sucessões e os direitos da personalidade, projeção essa que se justifica "por um dado fenomenológico de imediata evidência: a dissociação entre a existência biológica de um indivíduo e a sua 'pessoa eletrônica'".[3]

A cultura de planejar em vida a destinação do conteúdo produzido e armazenado no meio digital ainda é incipiente. No plano jurídico, o alcance do fenômeno sucessório sobre o conteúdo digital e a tutela *post mortem* dos dados pessoais estão indefinidos no Brasil. Nesse cenário, a análise do planejamento sucessório abre significativo campo para que seja fortalecida a autonomia privada e para o controle da pessoa sobre as suas informações. Assim, expandem-se as possibilidades de autodeterminação para depois

---

[1] RODOTÀ, Stefano. Persona, libertà, tecnologia. *Diritto & Questione Pubbliche*. n. 5, 2005. Disponível em: http://www.dirittoequestionipubbliche.org/page/2005_n5/mono_S_Rodota.pdf. Acesso em: 28 jul. 2018. p. 25.

[2] RESTA, Giorgio. La "morte" digitale. *Il Diritto Dell'informazione e Dell'informatica*, Milano, v. 30, n. 6, p. 891-920, [s. n.] 2014. Giuffrè Editore. p. 892.

[3] RESTA, Giorgio. La "morte" digitale, cit., p. 894, tradução nossa.

da morte em atenção, igualmente, à solidariedade familiar, nos limites cogentes da ordem jurídica.[4] Além disso, inegável é a repercussão no sentido de se evitar onerosos litígios familiares e discussões judiciais.

Entre os instrumentos hábeis a reforçar a autonomia privada da pessoa com relação aos dados pessoais para o planejamento sucessório, o presente trabalho busca explorar um deles: a portabilidade de dados prevista na Lei Geral de Proteção de Dados Pessoais (LGPD) – n. 13.709 de 2018. A partir de uma análise exploratória, o presente artigo tem por fim compreender as potencialidades e os limites do instituto para o planejamento da sucessão.

2 Da autonomia privada ao controle informacional

Na realidade brasileira, foram significativos os esforços no sentido de se construir a LGPD e ainda o são para garantir uma efetiva agenda de proteção de dados.[5] No ano de 2020, o Supremo Tribunal Federal reconheceu expressamente a natureza de direito fundamental da proteção de dados pessoais,[6] em julgamento paradigmático,[7] e a LGPD entrou em vigor, apesar de sucessivas iniciativas para a extensão da sua *vacatio legis*.

Historicamente, a noção de privacidade compreendeu diferentes demandas, entre as quais está a sua consideração como autodeterminação informativa, definida por Rodotà como o "direito de manter controle sobre as suas informações e de determinar a maneira de construir sua esfera particular".[8] O caráter relacional da personalidade com o mundo exterior é o fundamento dessa noção de privacidade, na qual a pessoa determina o seu grau de exposição e de inserção para a construção da sua individualidade.[9]

Para além da abrangência comportada pela privacidade, a proteção de dados se autonomiza para promover valores como liberdade e igualdade, transcendendo a esfera individual para alcançar situações e valores coletivos. Em última análise, parte-se do pressuposto de que os dados pessoais representam diretamente a personalidade, de forma a compreender a informação como a sua extensão pela vinculação direta à pessoa.[10]

---

[4] COLOMBO, Maici Barboza dos Santos. Resenha à obra "Planejamento Sucessório: Pressupostos e Limites" de Daniele Chaves Teixeira (segunda edição). *Civilistica.com*. Rio de Janeiro, a. 8, n. 2, 2019. Disponível em: http:// civilistica.com/resenha-a-obra-planejamento-sucessorio/. Acesso em: 08 jun. 2020. p. 1.

[5] "O dado estaria associado a uma espécie de 'pré-informação', anterior à interpretação e ao processo de elaboração. [...] Sem aludir ao significado ou conteúdo em si, na informação já se pressupõe uma fase inicial de depuração de seu conteúdo [...]" (DONEDA, Danilo. *Da Privacidade à Proteção de Dados Pessoais*. Rio de Janeiro: Renovar, 2006. p. 152).

[6] No Brasil está em trâmite a Proposta de Emenda à Constituição 17 de 2019 para que a proteção de dados pessoais conste expressamente no rol do art. 5º da Constituição da República (Disponível em: https://www.camara.leg.br/ proposicoesWeb/fichadetramitacao?idProposicao=2210757. Acesso em: 12 maio 2020).

[7] MENDES, Laura Schertel. Decisão histórica do STF reconhece direito fundamental à proteção de dados pessoais. *Jota*. [s.l.]. 10 maio 2020. Disponível em: www.jota.info/opiniao-e-analise/artigos/decisao-historica-do-stf-reconhece-direito-fundamental-a-protecao-de-dados-pessoais-10052020. Acesso em: 12 maio 2020. n. p.

[8] Sobre as críticas endereçadas à impossibilidade fática do exercício do controle pela pessoa, permita-se referir às considerações de Stefano Rodotà, especialmente sobre a cumulação do controle individual com o controle coletivo (RODOTÀ, Stefano. *A vida na sociedade da vigilância*: A privacidade hoje. Rio de Janeiro: Renovar, 2008. p. 15, 37).

[9] DONEDA, Danilo. *Da Privacidade à Proteção de Dados Pessoais*, cit., p. 146.

[10] DONEDA, Danilo. *Da Privacidade à Proteção de Dados Pessoais*, cit., p. 168.

A partir da leitura do planejamento sucessório como instrumento jurídico estratégico para promover a transferência eficaz e eficiente do patrimônio após a morte,[11] a consideração de uma abordagem existencial desse instrumento abre campo para que a pessoa determine em vida o tratamento de aspectos essenciais da sua personalidade, em atenção às peculiaridades de cada situação jurídica. O anacronismo do tratamento jurídico oferecido pelo direito das sucessões no Código Civil reafirma a importância do planejamento sucessório,[12] especialmente na esfera digital.

A propósito, a tutela *post mortem* dos dados pessoais está em aberto na LGPD. Na União Europeia, o Regulamento Europeu de Proteção de Dados (*General Data Protection Regulation*, sigla em inglês GDPR) exclui da sua abrangência os dados pessoais referentes às pessoas falecidas, conforme o Considerando 27: "O presente regulamento não se aplica aos dados pessoais de pessoas falecidas. Os Estados-Membros poderão estabelecer regras para o tratamento dos dados pessoais de pessoas falecidas".[13] Com a abertura conferida pelo GDPR para a iniciativa dos Estados-Membros, alguns países já regulamentaram nas suas respectivas ordens jurídicas a matéria.

Na Itália, o *Codice in materia di protezione dei dati personali* – integrado com as modificações introduzidas pelo Decreto Legislativo de 10 de agosto de 2018, n. 101 – estabelece, em se tratando de dados de pessoas falecidas, o possível exercício dos direitos dos titulares de dados dispostos no GDPR, do artigo 15 ao 22, por parte de quem tenha interesse próprio, ou que aja para a proteção do interessado – na qualidade de seu mandatário –, bem como por razões familiares merecedoras de tutela. A regulação italiana estabelece a possibilidade de a pessoa em vida proibir expressamente o exercício dessas prerrogativas, ainda que de forma parcial. Esse veto deverá ser feito com base em manifestação escrita e qualificada como inequívoca, específica, livre e informada. Anote-se que a manifestação da pessoa neste âmbito é revogável, além de que não poderá prejudicar o exercício de direitos patrimoniais de terceiros derivados da morte, bem como o direito de defender-se em juízo.[14]

---

[11] TEIXEIRA, Daniele Chaves. Noções prévias do Direito das Sucessões: sociedade, funcionalização e planejamento sucessório. *In:* TEIXEIRA, Daniele Chaves (Coord.). *Arquitetura do planejamento sucessório.* 2. ed. Belo Horizonte: Fórum, 2019. p. 29-46. ISBN 978-85-450-0718-8. p. 41.

[12] TEIXEIRA, Daniele Chaves. Noções prévias do Direito das Sucessões, cit., p. 41.

[13] Os Considerandos 158 e 160, do GDPR, ratificam a não aplicação do regulamento aos dados pessoais de pessoas falecidas para a finalidade de arquivo e a de investigação histórica (UNIÃO EUROPEIA. *Regulamento n.º 2016/679, de 27 de abril de 2016.* Regulamento Geral Sobre A Proteção de Dados. 2016. Disponível em: https://eur-lex.europa.eu/legal-content/PT/TXT/PDF/?uri=CELEX:32016R0679&from=PT. Acesso em: 15 mar. 2020. p. 15, 29-30).

[14] "Art. 2-terdecies (Diritti riguardanti le persone decedute) 1. I diritti di cui agli articoli da 15 a 22 del Regolamento riferiti ai dati personali concernenti persone decedute possono essere esercitati da chi ha un interesse proprio, o agisce a tutela dell'interessato, in qualità di suo mandatario, o per ragioni familiari meritevoli di protezione. 2. L'esercizio dei diritti di cui al comma 1 non è ammesso nei casi previsti dalla legge o quando, limitatamente all'offerta diretta di servizi della societa' dell'informazione, l'interessato lo ha espressamente vietato con dichiarazione scritta presentata al titolare del trattamento o a quest'ultimo comunicata. 3. La volontà' dell'interessato di vietare l'esercizio dei diritti di cui al comma 1 deve risultare in modo non equivoco e deve essere specifica, libera e informata. Il divieto può riguardare l'esercizio soltanto di alcuni dei diritti di cui al predetto comma. 4. L'interessato ha in ogni momento il diritto di revocare o modificare il divieto di cui ai commi 2 e 3. 5. In ogni caso, il divieto non può produrre effetti pregiudizievoli per l'esercizio della parte dei terzi dei diritti patrimoniali che derivano dalla morte dell'interessato nonché del diritto di difendere in giudizio i propri interessi" (ITALIA. *Decreto legislativo 30 giugno 2003, n. 196 integrato con le modifiche introdotte dal DECRETO LEGISLATIVO 10 agosto 2018, n. 101, recante "Disposizioni per l'adeguamento della normativa nazionale alle disposizioni del regolamento (UE) 2016/679 del Parlamento europeo e del Consiglio, del 27 aprile 2016, relativo alla protezione delle persone fisiche con riguardo al trattamento dei dati personali, nonché alla libera circolazione di tali dati e che abroga la direttiva 95/46/CE (regolamento generale sulla protezione dei dati)" (in G.U. 4 settembre*

Na LGPD não é possível identificar uma previsão que taxativamente exclua da sua abrangência a proteção de dados de pessoas falecidas. A rigor, o art. 1º estabelece como objetivo da norma o "de proteger os direitos fundamentais de liberdade e de privacidade e o livre desenvolvimento da personalidade da pessoa natural".[15]

Para Laura Mendes e Karina Fritz, a não aplicação da LGPD aos dados de pessoas falecidas seria depreendida dos fundamentos e do objetivo da normativa, partindo do princípio de que o tratamento de dados pode acarretar riscos para as liberdades fundamentais da pessoa, seu livre desenvolvimento, o que se atribuiria a uma representação não consentida, equivocada ou discriminatória. As autoras asseveram que a pessoa falecida não estaria sujeita a esses riscos, de forma que "não faria sentido submeter seus dados ao mesmo sistema de proteção forte e preventivo estabelecido pela LGPD para as pessoas vivas".[16]

A aplicação da LGPD aos dados de pessoas falecidas está em aberto, devendo-se ter em mente que o GDPR não negou proteção a esses dados, porque autorizou que os Estados-Membros, em atenção às suas contingências culturais, o fizessem. No caso brasileiro, expectativas são depositadas na implementação e na atuação da Autoridade Nacional de Proteção de Dados (ANPD), que tem papel elementar na interpretação da norma, além de uma maior atenção ao tema pelos estudiosos diante da incipiência do debate no Brasil.

A falta de clareza sobre a aplicabilidade da LGPD para a tutela *post mortem* de dados pessoais bem como a ausência de um regulamento sucessório próprio para os bens digitais – como será endereçado – abrem espaço para disciplinas bem diversas, seja com base na autonomia privada,[17] seja como consequência, por exemplo, de contingências próprias do meio digital.

Considerando a possível abrangência das situações extrapatrimoniais pelo testamento prevista pelo Código Civil, no art. 1.857, § 2º,[18] podem ser apontadas, de forma exemplificativa, as manifestações tradicionais para o planejamento sucessório como as feitas por meio de testamento público, testamento cerrado, testamento particular, codicilo,[19] legado,[20] entre outros.

2018 n.205). Codici in materia di protezione dei dati personali. 2003. Disponível em: https://www.garanteprivacy. it/documents/10160/0/Codice+in+materia+di+protezione+dei+dati+personali+%28Testo+coordinato%29.pdf/ b1787d6b-6bce-07da-a38f-3742e3888c1d?version=1.8. Acesso em: 13 de jul. 2020. p. 12).

[15] BRASIL. *Lei n. 13.709, de 14 de agosto de 2018.* Lei Geral de Proteção de Dados Pessoais. Brasília, Disponível em: http://www.planalto.gov.br/ccivil_03/_ato2015-2018/2018/lei/L13709.htm. Acesso em: 12 maio 2020. n. p.

[16] MENDES, Laura Schertel Ferreira; FRITZ, Karina Nunes. Case Report: Corte alemã reconhece a transmissibilidade da herança digital. *RDU*, Porto Alegre, v. 15, n. 85, p. 188-211, 2019. p. 208.

[17] Nesse âmbito, é comum a referência à expressão "testamento digital" como manifestação sucessória sobre conteúdo digital, e não como um testamento tradicional realizado por meio eletrônico (CARVALHO, Gabriel Honorato de; GODINHO, Adriana Marteleto. Planejamento sucessório e testamento digital: a proteção dinâmica do patrimônio virtual. In: TEIXEIRA, Daniele Chaves (Coord.). Arquitetura do planejamento sucessório. 2. ed. Belo Horizonte: Fórum, 2019. p. 171-191. ISBN 978-85-450-0712-8. p. 184).

[18] "São válidas as disposições testamentárias de caráter não patrimonial, ainda que o testador somente a elas se tenha limitado" (BRASIL. *Lei n. 10.406, de 10 de janeiro de 2002.* Código Civil. Brasília, 2002. Disponível em: http:// www.planalto.gov.br/ccivil_03/leis/2002/l10406.htm. Acesso em: 10 jul. 2020. n. p.

[19] "Não obstante a maioria das páginas sociais (população comum) gozarem de baixo ou nenhum valor financeiro, de tal modo que parece ser possível a destinação destas através dos codicilos, resta a dúvida quando se estiver diante de contas com elevada potência econômica [...]" (HONORATO, Gabriel; LEAL, Livia Teixeira. Exploração econômica de perfis de pessoas falecidas: reflexões jurídicas a partir do caso Gugu Liberato. *Revista Brasileira de Direito Civil – RBDCivil, Belo Horizonte,* v. 23, p. 155-173, jan./mar. 2020. DOI: 10.33242/rbdc.2020.01.008. p. 167).

[20] Apesar dos limites operados pela legítima, não se deve excluir a possibilidade de planejar a sucessão e singularizar o sucessor de contas e perfis em plataformas por intermédio da figura do legatário (HONORATO, Gabriel; LEAL, Livia Teixeira. Exploração econômica de perfis de pessoas falecidas, cit., p. 166).

De forma diversa, determinadas plataformas[21] abrem margem para manifestações em vida dos interessados no sentido de "personalizar" o tratamento a ser conferido ao conteúdo digital após a morte. No entanto, a interferência gerada pelos termos de uso dos diferentes provedores de aplicação, que apresentam tratamento diverso para situações análogas na destinação desses conteúdos, é fator de significativa insegurança, ao que se acrescenta a própria fragilidade e fácil alteração da governança das plataformas digitais, fortemente marcada por falta de transparência e de um escrutínio público mínimo.[22] A arquitetura[23] das plataformas, nesse cenário, emerge como um eixo importante de regulação, podendo atuar para produzir repercussões diversas.

Adentrar ao debate sobre o tratamento jurídico a ser dispensado ao conteúdo digital – seja ele referente a dados pessoais ou não – após a morte não é o propósito central deste artigo. Como a portabilidade de dados está sendo analisada à luz do planejamento sucessório, é importante assinalar alguns pontos do debate referente à sucessão do conteúdo digital para se dar a devida dimensão à portabilidade.

3 O alcance do fenômeno sucessório: entre a (in)transmissibilidade do conteúdo digital e a tutela dos direitos da personalidade

Sobre a sucessão de conteúdos digitais, não se constata uma regulação específica na ordem jurídica brasileira, seja no Código Civil, no Marco Civil da Internet (MCI – Lei n. 12.965 de 2014) ou na LGPD, embora sejam identificadas iniciativas no Congresso Nacional.[24]

---

[21] Como exemplo, confira-se a possibilidade da designação em vida de um "contato herdeiro" no Facebook, da transformação da conta em memorial ou da sua exclusão (Disponível em: https://www.facebook.com/help/103897939701143. Acesso em: 08 jul. 2020). Outro exemplo que deve ser destacado é o "Gerenciador de contas inativas" disponibilizado pelo Google (Disponível em: https://support.google.com/accounts/answer/3036546?hl=pt-BR. Acesso em: 08 jul. 2020).

[22] MAGALHÃES, João Carlos; KATZENBACH, Christian. *Coronavirus and the frailness of platform governance*. 2020. Internet Policy Review. Disponível em: https://policyreview.info/articles/news/coronavirus-and-frailness-platform-governance/1458. Acesso em: 08 jul. 2020. n. p.

[23] "The code or software or architecture or protocols set these features, which are selected by code writers. They constrain some behavior by making other behavior possible or impossible. The code embeds certain values or makes certain values impossible. In this sense, it too is regulation, just as the architectures of real-space codes are regulations" (LESSIG, Lawrence. *Code*: version 2.0. Nova York: Basic Books, 2006. p. 125).

[24] Com o propósito de regulação com a referência da herança digital foram identificados alguns Projetos de Lei (PL) no Congresso Nacional, inclusive com disposições para alterar o Código Civil e o MCI. O denominador comum às propostas estava na referência à herança digital no âmbito da sucessão legítima, com a atribuição aos herdeiros de plena liberdade quanto à gestão e ao destino do acervo (TARTUCE, Flávio. Herança digital e sucessão legítima: primeiras reflexões. *Revista Jurídica Luso-Brasileira*, Lisboa, v. 5, n. 1, p. 871-878, 2019. Disponível em: http://www.cidp.pt/revistas/rjlb/2019/1/2019_01_0871_0878.pdf. Acesso em: 20 jun. 2020. p. 875). Atualmente, está em trâmite na Câmara dos Deputados o PL 5.820 de 2019 que tem por objetivo alterar o art. 1.881 do Código Civil para incluir o §4º que dispõe: "Para a herança digital, entendendo-se essa como vídeos, fotos, livros, senhas de redes sociais, e outros elementos armazenados exclusivamente na rede mundial de computadores, em nuvem, o codicilo em vídeo dispensa a presença das testemunhas para sua validade" (Disponível em: https://www.camara.leg.br/proposicoesWeb/prop_mostrarintegra?codteor=1829027&filename=PL+5820/2019. Acesso em: 21 jun. 2020). Deve-se também mencionar o PL 6.468 de 2019 do Senado que propõe o acréscimo de parágrafo único ao art. 1.788, do Código Civil, para dispor que "Serão transmitidos aos herdeiros todos os conteúdos de contas ou arquivos digitais de titularidade do autor da herança" (Disponível em: https://legis.senado.leg.br/sdleg-getter/documento?dm=8056437&ts=1582125860667&disposition=inline. Acesso em: 22 jun. 2020). Por outro lado, o PL 3.799 de 2019 do Senado que pretende reformar o Livro V do Código Civil – Do Direito das Sucessões – não entra no mérito da herança digital (Disponível em: https://legis.senado.leg.br/sdleg-getter/documento?dm=7973456&ts=1567534292228&disposition=inline. Acesso em: 22 jun. 2020).

A questão debatida residiria, em um primeiro momento, na transmissibilidade ou não do conteúdo digital e/ou dos dados pessoais e, por conseguinte, na sua integração ou não ao acervo hereditário. Todavia, tal análise não é suficiente, na medida em que se deve considerar os direitos da personalidade de terceiros, da pessoa falecida, além de outros fatores como questões referentes a direitos autorais porventura presentes.[25]

Ausente uma conformação normativa prévia, é possível identificar posições divergentes a respeito do tema. A primeira delas sustenta a transmissibilidade de todos os conteúdos como regra, salvo manifestação do interessado em vida em sentido contrário, o que tem como grande referência a paradigmática decisão na Alemanha do Bundesgerichtshof (BGH).[26]

Na decisão do BGH foi realizado um controle de legalidade dos termos de uso do Facebook que impunham a transformação da conta de pessoa falecida em memorial, salvo indicação de um "contato herdeiro" pela pessoa em vida. O caso tratava da morte de uma adolescente em estação de metrô em Berlim, em 2012, cuja conta na rede social os pais pretendiam ter acesso, considerando a suspeita de suicídio. Ao imprimir uma leitura da relação jurídica em termos obrigacionais entre a falecida e o Facebook, o BGH deliberou pela aplicação da regra da sucessão universal, com a consequente transmissão do acesso a todo o conteúdo da conta, ressalvando-se o exercício abusivo ou a manifestação em vida em sentido diverso.

A partir do relato da decisão, Laura Mendes e Karina Fritz acrescentam que seria necessária a distinção entre a transmissibilidade da obrigação – na visão delas indubitável – e as repercussões da transmissão nos direitos da personalidade, seja em caráter *post mortem*, seja com relação aos interlocutores do falecido, não se tratando de transmissão dos direitos da personalidade. Em termos pragmáticos, as autoras questionam a viabilidade de se distinguir os dados patrimoniais dos dados existenciais, além de frisar que competiria aos herdeiros ou a pessoas próximas do falecido as decisões fundamentais sobre a sua identidade.[27]

De outra parte, sobre a orientação que sustenta a intransmissibilidade de certos conteúdos, é acentuada a distinção promovida entre os bens digitais em bens de natureza patrimonial, de natureza personalíssima/existencial e de natureza dúplice.[28] A rigor, seguiria o regime do direito sucessório apenas aqueles bens com natureza patrimonial e dúplice, no que couber – quando então deveriam ser discriminados os interesses existenciais e patrimoniais presentes na situação jurídica. Em se tratando de natureza existencial, os bens digitais não seriam transmissíveis, tendo em vista a tutela dos direitos da personalidade de terceiros e da pessoa falecida.[29]

---

[25] HONORATO, Gabriel; LEAL, Livia Teixeira. Exploração econômica de perfis de pessoas falecidas, cit., p. 158.

[26] Os termos da decisão foram extraídos de: MENDES, Laura Schertel Ferreira; FRITZ, Karina Nunes. Case Report, cit., p. 192-210.

[27] MENDES, Laura Schertel Ferreira; FRITZ, Karina Nunes. Case Report, cit., p. 210.

[28] Sobre as situações jurídicas dúplices e a distinção entre as patrimoniais e as existenciais pelo o aspecto funcional, cf. TEIXEIRA, Ana Carolina Brochado; KONDER, Carlos Nelson. Situações jurídicas dúplices: controvérsias na nebulosa fronteira entre patrimonialidade e extrapatrimonialidade. *In:* TEPEDINO, Gustavo; FACHIN, Luiz Edson. *Diálogos sobre direito civil.* Rio de Janeiro: Renovar, 2012. v. IIII.

[29] LEAL, Livia Teixeira. Internet e morte do usuário: a necessária superação do paradigma da herança digital. *Revista Brasileira de Direito Civil – RBDCilvil*, Belo Horizonte, v. 16, p. 181-197, abr./jun. 2018. p. 194.

Partir-se-ia da premissa de que as situações jurídicas patrimoniais constituem o objeto da sucessão *mortis causa*.[30] Por outro lado, os direitos da personalidade são intransmissíveis, embora transmissíveis sejam os efeitos patrimoniais deles decorrentes, condicionada a utilização da expressão econômica destes direitos ao princípio da dignidade humana,[31] como ocorre, por exemplo, com o direito à imagem e os direitos autorais.

Adotada essa leitura, em se tratando de bens patrimoniais a integrarem a herança digital, aplicar-se-ia a vocação hereditária com a restrição dos que têm capacidade para suceder.[32] Para os bens existenciais, por outro lado, o paradigma da herança digital seria inaplicável, podendo-se mesmo superar uma leitura restrita daqueles que teriam legitimidade para promover a tutela *post mortem* da personalidade, a ser ampliada para terceiros juridicamente interessados, tendo em vista a insuficiência dos parágrafos únicos dos artigos 12 e 20, do Código Civil.[33] Não raro, a proteção *post mortem* da personalidade pode se operar inclusive em face dos próprios familiares.[34]

A diferenciação da natureza dos bens digitais também geraria implicações sucessórias como na definição da legítima, na impossibilidade de excluir herdeiro sem fundamento jurídico – que poderia se operar nas hipóteses de deserdação –, entre outros.[35] Além disso, a complexidade adicional na aferição do patrimônio para a finalidade da sucessão deve ser assinalada nas situações em que embora a pessoa armazene digitalmente determinado conteúdo, como músicas e filmes em serviço de *streaming*, tal se faz sob a concessão de licenças para fins de gestão de direitos autorais (*digital rights management*).[36]

As fronteiras entre o direito sucessório e o regime jurídico da tutela da personalidade *post mortem* estão em disputa. Enquanto bens jurídicos que têm natureza extrapatrimonial, mas que também podem ter repercussões patrimoniais, os dados

---

[30] TEPEDINO, Gustavo; NEVARES, Ana Luiza Maia; MEIRELES, Rose Melo Vencelau. *Direito das sucessões*. Rio de Janeiro: Forense, 2020. Fundamentos do Direito Civil – Volume 7. p. 13.

[31] Tal seria depreendido, de acordo com Luiz Edson Fachin, do art. 12, do Código Civil (FACHIN, Luiz Edson. *Análise crítica, construtiva e de índole constitucional da disciplina dos direitos da personalidade no Código Civil brasileiro: fundamentos, limites e transmissibilidade*. Disponível em: http://www.abdireitocivil.com.br/wp-content/uploads/2013/07/Análise-Cr%C3%ADtica-Construtiva-e-de-Índole-Constitucional-da-Disciplina-dos-Direitos-da-Personalidade-no-Código-Civil-Brasileiro-Fundamentos-Limites-e-Transmissibilidade.pdf. Acesso em: 04 maio 2020. p. 17).

[32] COLOMBO, Cristiano; GOULART, Guilherme Damasio. Direito póstumo à portabilidade de dados pessoais no ciberespaço à luz do direito brasileiro. In: POLIDO, Fabrício Bertini Parquot; ANJOS, Lucas Costa dos; BRANDÃO, Luiza Couto Chaves (org.). *Políticas, Internet e Sociedade*. Belo Horizonte: Iris, 2019. p. 55-67. Disponível em: https://irisbh.com.br/wp-content/uploads/2019/07/Livro-III-Seminario.pdf. Acesso em: 20 jan. 2020. p. 64.

[33] "A crítica não deriva apenas de omissões pontuais, algumas flagrantes, como é o caso do companheiro ou companheira, outras menos evidentes, como a situação daquele que falece sem deixar cônjuge, ascendentes, descendentes ou parentes até o quarto grau. O erro é de perspectiva. Ao enumerar os legitimados para a defesa dos direitos da personalidade do morto, o Código Civil seguiu claramente a trilha do direito das sucessões. [...] Solução mais adequada seria ter deixado as portas abertas à iniciativa de qualquer pessoa que tivesse 'interesse legítimo' em ver protegida, em circunstâncias concretas, a personalidade do morto" (SCHREIBER, Anderson. Direitos da Personalidade. 3. Ed. – São Paulo: Atlas, 2014. p. 155-156).

[34] LEAL, Livia Teixeira. Internet e morte do usuário, cit., p. 191-193.

[35] COLOMBO, Cristiano; GOULART, Guilherme Damasio. Direito póstumo à portabilidade de dados pessoais no ciberespaço à luz do direito brasileiro, cit., p. 64.

[36] MARTINS, Guilherme Magalhães; FALEIROS JÚNIOR, José Luiz de Moura. O planejamento sucessório da herança digital. *In:* TEIXEIRA, Daniele Chaves (Coord.). *Arquitetura do planejamento sucessório*. 2. ed. Belo Horizonte: Fórum, 2019. p. 465-484. ISBN 978-85-450-0712-8. p. 478.

pessoais integram este debate – debate este não restrito aos dados pessoais, porque abrangente de uma ampla gama de bens digitais. Sobretudo diante da indefinição jurídica assinalada, importa ampliar a abrangência do planejamento sucessório para que a pessoa, em vida, fortaleça o controle e a proteção dos seus dados para após a morte, especialmente a partir da portabilidade.

4 A portabilidade de dados e o planejamento sucessório

4.1 Origem e finalidade da portabilidade

Para além da previsão da portabilidade na LGPD, o instituto já tinha aplicação em outros âmbitos regulatórios no Brasil, como no mercado financeiro, na área de telefonia e como um remédio concorrencial.[37]

No GDPR, a portabilidade pode ser lida como um objetivo operacional, que teria como propósito maior o de promover o controle dos dados pessoais e a confiança no ambiente digital. O imperativo da portabilidade seria o de ajudar a reequilibrar a relação entre os agentes de tratamento e os titulares dos dados, frequentemente comprometida pela assimetria de informações e de poder.[38]

Além do direito de acesso aos dados previsto na anterior Diretiva 95/46/CE, o GDPR avançou ao estabelecer no seu art. 20[39] a portabilidade como a prerrogativa de o titular "receber os dados pessoais que tenham fornecido a um responsável pelo tratamento, num formato estruturado, de uso corrente e de leitura automática, e transmitir esses dados a outro responsável pelo tratamento sem impedimentos".[40]

Considerando o objetivo central da portabilidade de fortalecer o controle da pessoa sobre os seus dados, emerge a sua funcionalidade para o exercício da autonomia privada e, mais adiante, para o planejamento sucessório, que deve ser endereçada.

---

[37] CRAVO, Daniela Copetti. O direito à portabilidade na Lei de Proteção de Dados. In: TEPEDINO, Gustavo; FRAZÃO, Ana; OLIVA, Milena Donato (Org.). *Lei Geral de Proteção de Dados Pessoais e suas repercussões no direito brasileiro.* São Paulo: Thomson Reuters Brasil, 2019. p. 347-365. p. 347-348.

[38] SOMAINI, Laura. The right to data portability and user control: ambitions and limitations. *Rivista di Diritto Dei Media, Milano*, v. 2018, n. 3, p.1-27, out. 2018. Disponível em: http://www.medialaws.eu/rivista/the-right-to-data-portability-and-user-control-ambitions-and-limitations/. Acesso em: 02 fev. 2020. p. 9-11.

[39] "Artigo 20º Direito de portabilidade dos dados. 1. "O titular dos dados tem o direito de receber os dados pessoais que lhe digam respeito e que tenha fornecido a um responsável pelo tratamento, num formato estruturado, de uso corrente e de leitura automática, e o direito de transmitir esses dados a outro responsável pelo tratamento sem que o responsável a quem os dados pessoais foram fornecidos o possa impedir, se: a) O tratamento se basear no consentimento dado nos termos do artigo 6º, n.º 1, alínea a), ou do artigo 9º, n.º 2, alínea a), ou num contrato referido no artigo 6º, n.º 1, alínea b); e b) O tratamento for realizado por meios automatizados. 2. Ao exercer o seu direito de portabilidade dos dados nos termos do nº 1, o titular dos dados tem o direito a que os dados pessoais sejam transmitidos diretamente entre os responsáveis pelo tratamento, sempre que tal seja tecnicamente possível. 3. O exercício do direito a que se refere o nº 1 do presente artigo aplica-se sem prejuízo do artigo 17º. Esse direito não se aplica ao tratamento necessário para o exercício de funções de interesse público ou ao exercício da autoridade pública de que está investido o responsável pelo tratamento. 4. O direito a que se refere o nº 1 não prejudica os direitos e as liberdades de terceiros" (UNIÃO EUROPEIA. *Regulamento n.º 2016/679, de 27 de abril de 2016*, cit., p. 45).

[40] GRUPO DO ARTIGO 29.º PARA A PROTEÇÃO DE DADOS. *Orientações sobre o direito à portabilidade dos dados.* [s.l.], 2017. Disponível em: https://ec.europa.eu/newsroom/article29/item-detail.cfm?item_id=611233. Acesso em: 17 mar. 2020. p. 3-4.

4.2 Limites e potencialidades do instituto para o planejamento sucessório na LGPD

Entre o conteúdo digital a ser gerido pela pessoa para o planejamento da sucessão, certo é que nem todo ele diz respeito a dados pessoais, como dito. Ao recorrer à definição normativa de dado pessoal, a LGPD o conceitua no art. 5º, inciso I, como: "informação relacionada a pessoa natural identificada ou identificável". Assim, o dado pessoal se caracteriza não só pela identificação imediata do titular, mas pela identificação em potencial, aferível através dos meios tecnológicos disponíveis. Como exemplo, um *e-book* não é um dado pessoal, ainda que disposto na conta de um serviço de leitura digital da pessoa, como a Amazon, porque não autoriza *per se* a sua identificação, ao passo que o perfil criado pela Amazon indicando as preferências de leitura da pessoa, o seu comportamento na plataforma,[41] além dos seus dados cadastrais como nome, endereço, data de nascimento, entre outros, são dados pessoais porque se referem a uma pessoa identificada.

A LGPD tem por fim regular o tratamento de dados pessoais, estejam eles situados no meio físico ou digital, embora os seus artigos 3º e 4º delimitem o âmbito da sua incidência.[42] Na abrangência da LGPD, entre os direitos do titular de dados dispostos no art. 18,[43] é prevista a portabilidade de dados pessoais nos seguintes termos:

> O titular dos dados pessoais tem direito a obter do controlador, em relação aos dados do titular por ele tratados, a qualquer momento e mediante requisição: [...]
>
> V - portabilidade dos dados a outro fornecedor de serviço ou produto, mediante requisição expressa, de acordo com a regulamentação da autoridade nacional, observados os segredos comercial e industrial; (Redação dada pela Lei nº 13.853, de 2019).[44]

Acrescente-se que a portabilidade também poderá ser exercida, segundo a redação do §3º, do art. 18, da LGPD, por um representante legal – além de o próprio titular –, ante o agente de tratamento, sem quaisquer custos (§5º).[45]

---

[41] COLOMBO, Cristiano; GOULART, Guilherme Damasio. Direito póstumo à portabilidade de dados pessoais no ciberespaço à luz do direito brasileiro, cit., p. 59.

[42] BRASIL. *Lei n. 13.709*, de 14 de agosto de 2018, cit., n.p.

[43] Sobre o debate da natureza de direitos e de remédios no art. 18 da LGPD, Eduardo Nunes Souza e Rodrigo da Guia Silva consideram que "a ancoragem das medidas e procedimentos previstas no rol do art. 18 ao direito de privacidade (vale dizer, sua instrumentalização a esse direito) mostra-se imprescindível, pois é o direito que, traduzindo valores e interesses, é passível de um juízo de merecimento de tutela". Na visão dos autores, a portabilidade na LGPD é uma manifestação do conteúdo da autodeterminação informativa (SOUZA, Eduardo Nunes de; SILVA, Rodrigo da Guia. Direitos do titular de dados pessoais na Lei 13.709/2018: uma abordagem sistemática. In: TEPEDINO, Gustavo; FRAZÃO, Ana; OLIVA, Milena Donato (Org.). *Lei Geral de Proteção de Dados Pessoais e suas repercussões no direito brasileiro*. São Paulo: Thomson Reuters Brasil, 2019. p. 243-286. p. 265, 279).

[44] O §7º, do art. 18, da LGPD, determina que a portabilidade não abrangerá os dados anônimos. Em se tratando de dados que se referem a pessoas identificáveis, os dados pseudonimizados estão na abrangência da portabilidade, o que se depreende do próprio art. 11, do GDPR, apesar da LGPD não se referir expressamente sobre a questão (BRASIL. *Lei n. 13.709, de 14 de agosto de 2018*, cit., n.p).

[45] O exercício da portabilidade pode ser cumulado com o apagamento de dados por parte do agente de tratamento de origem, que não poderia ser depreendido de maneira automática (FRAZÃO, Ana. Nova LGPD: considerações finais sobre o direito à portabilidade. *Jota*. [s.l.]. 21 nov. 2018. Disponível em: https://www.jota.info/opiniao-e-analise/colunas/constituicao-empresa-e-mercado/nova-lgpd-consideracoes-finais-sobre-o-direito-a-portabilidade-21112018. Acesso em: 12 jan. 2020, n.p.). Além disso, o §4º, do art. 18, da LGPD, dispõe acerca do procedimento do agente de tratamento quando da impossibilidade de adotar a providência (BRASIL. *Lei n. 13.709, de 14 de agosto de 2018*, cit., n.p).

Em um dispositivo separado, o legislador estabeleceu no §3º, do art. 19, a prerrogativa de o titular dos dados solicitar, quando o tratamento de dados tiver por base legal o consentimento ou o contrato, a "cópia eletrônica integral de seus dados pessoais, observados os segredos comercial e industrial, nos termos de regulamentação da autoridade nacional, em formato que permita a sua utilização subsequente [...]".[46]

A regulação da portabilidade na LGPD se deu de forma aberta e sem muitas diretrizes normativas. De maneira diversa, o GDPR estabeleceu restrições para o alcance do instituto, como a limitação da portabilidade aos dados fornecidos pela pessoa no contexto de um contrato ou através do consentimento, além de apenas ser aplicável quando o tratamento for realizado por meios automatizados. Ainda, a tutela de interesses de terceiros é expressamente assinalada no modelo europeu.[47] No Brasil, na visão de Daniela Copetti Cravo, o alcance da portabilidade de dados estaria contido na mesma abrangência da LGPD, nos limites dos artigos 3º e 4º da norma, o que poderia tornar esse direito muito oneroso e pouco factível em termos pragmáticos.[48]

A implementação da portabilidade de dados vem sendo amplamente discutida, principalmente na União Europeia, como em questões atinentes aos contornos do seu exercício legítimo, à segurança da informação, às suas implicações na concorrência, ao conflito com o princípio da minimização – correspondente ao princípio da necessidade na LGPD – etc. Mas uma questão interessa particularmente ao planejamento sucessório: quais dados pessoais são portáveis?

Em atenção às citadas circunstâncias nas quais a portabilidade pode ser exercida no contexto da União Europeia, o GDPR delimita que apenas são portáveis os *dados fornecidos* pelo titular. A leitura da expressão "dados fornecidos" pode se dar de forma restrita ou ampla. Através de uma leitura restrita, apenas seriam compreendidos neste conceito os dados fornecidos explicitamente pela pessoa, como através de preenchimento de formulários. De outra parte, na defesa de uma leitura ampla da expressão, o Grupo do Artigo 29 sustenta:

> Os dados "fornecidos pelo" titular devem igualmente incluir os dados pessoais que sejam observados a partir das atividades dos utilizadores, tais como os dados brutos tratados por um contador inteligente ou por outros tipos de objetos conectados, os registos das atividades e os históricos da utilização de um sítio Web ou das pesquisas realizadas.[49]

Exemplos de dados observados seriam aqueles gerados a partir da interação do usuário com a plataforma digital, como histórico de navegação, *cookies*, geolocalização

---

[46] BRASIL. *Lei n. 13.709, de 14 de agosto de 2018*, cit., n.p.

[47] Segundo Hert *et al.*, em se tratando da relação com dados pessoais de terceiros seria demandado um *case-by-case approach* para a delimitação da portabilidade (HERT, Paul de; PAPAKONSTANTINOU, Vagelis; MALGIERI, Gianclaudio; BESLAY, Laurent; SANCHEZ, Ignacio. The right to data portability in the GDPR: Towards user-centric interoperability of digital services. *Computer Law & Security Review*, [s.l.], v. 34, n. 2, p.193-203, abr. 2018. Elsevier BV. p. 198).

[48] CRAVO, Daniela Copetti. O direito à portabilidade na Lei de Proteção de Dados, cit., p. 359-360.

[49] GRUPO DO ARTIGO 29.º PARA A PROTEÇÃO DE DADOS. *Orientações sobre o direito à portabilidade dos dados*, cit., p. 11.

etc.[50] Como argumento favorável a uma interpretação ampla dos dados fornecidos para abranger os dados observados, é apontado o Considerando 68, do GDPR.[51]

Entretanto, ainda que se adote um conceito amplo de dados fornecidos, aqueles dados inferidos (ou derivados) do processamento desses dados fornecidos, como os resultados algorítmicos, são, de maneira geral, apontados como não portáveis. Assim sustenta o Grupo do Artigo 29 em vista dos objetivos políticos da portabilidade.[52] Exemplo conhecido dessa categoria de dados inferidos é a criação de perfis[53] da pessoa pelo agente de tratamento com base nos dados pessoais, seja para prognósticos, definição de comportamentos ou preferências, análises de crédito, entre outros.[54] Isto é, valorações ou julgamentos construídos pelos agentes de tratamento sobre a pessoa com base nos seus dados pessoais não seriam portáveis de acordo com o GDPR.[55] Para além da proteção de dados, a repercussão em termos da tutela da pessoa a partir da sua identidade digital deve ser destacada, porque estaríamos tratando da circulação de reputações.[56]

A associação da portabilidade de dados à personalidade humana deriva do conceito de "identidade digital", considerando que "os dados pessoais e as suas combinações poderiam ser interpretados como uma continuação da personalidade no ambiente digital".[57] Nesse sentido que se fala em *portable reputation*, que teria o alcance delimitado pelo conceito de dados fornecidos, embora a restrição da possibilidade de portar o perfil criado com base no processamento realizado pelo agente de tratamento poderia repercutir na atenuação da relação entre portabilidade e identidade.[58]

Esse debate interessa diretamente ao planejamento sucessório. Isso porque, delimitar o alcance da portabilidade de dados, isto é, se ela alcançaria a criação desses perfis – entre outros dados inferidos – ou não, pode representar o fortalecimento desse instrumento para uma tutela existencial a ser exercida pela pessoa em vida, especialmente sobre a sua identidade. No Brasil, a atuação da ANPD será fundamental nessa definição e na regulamentação do instituto, em cotejo com questões como as atinentes aos segredos comercial e industrial, expressamente apontados na LGPD.

---

[50] BATTELLI, Ettore; D'IPPOLITO, Guido. Il diritto alla portabilità dei dati. *In*: TOSI, Emilio. *Privacy digitale: riservatezza e protezione dei dati personali tra gdpr e nuovo codice privacy*. Riservatezza e protezione dei dati personali tra GDPR e nuovo Codice Privacy. Milano: Giuffrè Francis Lefebvre, 2019. Cap. 6. p. 185-227. p. 197.

[51] UNIÃO EUROPEIA. *Regulamento n.º 2016/679, de 27 de abril de 2016*, cit., p. 13.

[52] GRUPO DO ARTIGO 29.º PARA A PROTEÇÃO DE DADOS. *Orientações sobre o direito à portabilidade dos dados*, cit., p. 12.

[53] Sobre a problematização desses perfis – que podem ser individuais, familiares ou de grupos –, inclusive da sua mercantilização, cf. RODOTÀ, Stefano. *A vida na sociedade da vigilância*, cit., p. 82-83.

[54] A diferenciação entre dados observados e dados inferidos não é simples: "For instance, heart rate data collected from an individual can be seen as raw data as the individual's health is observed through a device. However, heart rate could be measured indirectly. An example is an algorithm that can detect heart rate and beat length from video recordings by measuring subtle head motions. Whether this data is inferred (because some calculations are made) or raw (because it is a basic measurement that can also be measured in more simple ways) is not clear. Further, if the main measurement (heart rate) combines several other measurements (e.g. blood flow, head motions, etc.), it is not clear if underlying measurements should be made portable as well" (BOZDAG, Engin. Data Portability Under GDPR: Technical Challenges. *Ssrn Electronic Journal*, [s.l.], p. 1-7, 2018. Elsevier BV. p. 3).

[55] BATTELLI, Ettore; D'IPPOLITO, Guido. Il diritto alla portabilità dei dati, cit., p. 197.

[56] BATTELLI, Ettore; D'IPPOLITO, Guido. Il diritto alla portabilità dei dati, cit., p. 197.

[57] SOMAINI, Laura. The right to data portability and user control, cit., p. 8, tradução nossa.

[58] NEGRI, Sergio Marcos Carvalho de Ávila Negri; KORKMAZ, Maria Regina Detoni Cavalcanti Rigolon; FERNANDES, Elora Raad. Portabilidade e proteção de dados pessoais: tensões entre pessoa e mercado. No prelo.

Outra prerrogativa da portabilidade merece atenção no planejamento sucessório: a possibilidade de portar os dados pessoais para uma plataforma que possua uma política de proteção de dados ou termos de uso mais satisfatórios, especialmente considerando a tutela *post mortem* das informações. Fatores como a política da plataforma, a sua arquitetura, a valorização da manifestação em vida junto ao provedor ou a segurança da informação podem ser avaliados pelo titular para realizar a portabilidade a um provedor com características mais compatíveis com os seus interesses.

Um outro fator a ser avaliado diz respeito à própria aplicabilidade da LGPD aos dados de pessoas falecidas. Diante da indefinição da abrangência ou não desses dados pela LGPD, uma plataforma digital que na sua política, espontaneamente, destaque a adoção das regras da regulação geral brasileira de dados pessoais para as pessoas falecidas pode ser um elemento importante para a decisão no planejamento sucessório.

Com efeito, embora não possa ser estabelecida, necessariamente, uma relação de causalidade entre a portabilidade e a concorrência em abstrato, ela pode se erigir como um importante remédio concorrencial entre os agentes econômicos, apesar de esse não ser o seu propósito central em se tratando de regulações de dados pessoais.[59]

A portabilidade dos dados referentes à saúde e à genética, categorizados como sensíveis,[60] também é de particular relevância para o planejamento da sucessão. Para além da tutela da própria pessoa que exerceria a portabilidade desses dados, a repercussão em termos de recursos para a promoção da saúde de membros da família seria direta, especialmente em vista dos crescentes expedientes na área da saúde com base no tratamento automatizado de dados, a exemplo de diagnósticos e prognósticos.

4.3 Riscos da equiparação estrutural da portabilidade em vida com a *post mortem*

O presente trabalho buscou analisar o exercício da portabilidade de dados em vida no âmbito do planejamento sucessório, embora deva ser ressaltado, a partir da referência italiana do *Codice in materia di protezione dei dati personali*, que no Brasil há quem sustente a existência de um direito póstumo à portabilidade a ser exercido por familiares ou pessoas designadas para o controle dos dados do morto.[61]

---

[59] GIORGIANNI, Michaela. Il «nuovo» diritto alla portabilità dei dati personali: profili di diritto comparato. *Contratto e Impresa*, [s.l.], v. 4, n. 35, p. 1387-1471, 2019. p. 310.

[60] Segundo a LGPD, em alinhamento com o GDPR, são considerados sensíveis os dados pessoais "sobre origem racial ou étnica, convicção religiosa, opinião política, filiação a sindicato ou a organização de caráter religioso, filosófico ou político, dado referente à saúde ou à vida sexual, dado genético ou biométrico, quando vinculado a uma pessoa natural" (BRASIL. *Lei n. 13.709, de 14 de agosto de 2018*, cit., n.p.). Segundo o Considerando 51 do GDPR, "merecem proteção específica os dados pessoais que sejam, pela sua natureza, especialmente sensíveis do ponto de vista dos direitos e liberdades fundamentais, dado que o contexto do tratamento desses dados poderá implicar riscos significativos para os direitos e liberdades fundamentais" (UNIÃO EUROPEIA. *Regulamento n.º 2016/679, de 27 de abril de 2016*, cit., p. 10). Sobre dados sensíveis na LGPD, cf. KORKMAZ, Maria Regina Detoni Cavalcanti Rigolon. *Dados sensíveis na Lei Geral de Proteção de Dados Pessoais*: mecanismos de tutela para o livre desenvolvimento da personalidade. 2019. 118 f. Dissertação (Mestrado) – Curso de Direito e Inovação, Universidade Federal de Juiz de Fora, Juiz de Fora, 2019. Disponível em: http://repositorio.ufjf.br:8080/jspui/bitstream/ufjf/11438/1/mariareginadetonicavalcantirigolonkorkmaz.pdf. Acesso em: 31 maio 2020; MULHOLLAND, Caitlin. Dados pessoais sensíveis e a tutela de direitos fundamentais: uma análise à luz da lei geral de proteção de dados (Lei 13.709/18). *Revista de Direitos e Garantias Fundamentais*, v. 19, p. 159-180, 2018.

[61] COLOMBO, Cristiano; GOULART, Guilherme Damasio. Direito póstumo à portabilidade de dados pessoais no ciberespaço à luz do direito brasileiro, cit., p. 62.

A regulação italiana *post mortem* de dados pessoais abre campo para se questionar como é problemático equiparar o alcance do exercício dessas prerrogativas em nome da pessoa falecida com o exercício em vida. Vale dizer, a referência do código italiano ao GDPR quanto aos direitos dos titulares como o de acesso, de apagamento dos dados,[62] da portabilidade, com a delegação do seu exercício a interessados sobre os dados da pessoa falecida, assume, na prática, função muito diversa em caráter *post mortem*. Além disso, ainda que próximos, existem riscos em se comparar o simples acesso com outras prerrogativas, como a portabilidade e o apagamento dos dados.

A possível existência de conflitos de interesses deve também ser assinalada. Não são raros os casos em que familiares, contrariando a própria vontade do falecido, conferem uma destinação *post mortem* das informações pessoais distante dos interesses manifestados em vida. Nesse sentido, o exercício indiscriminado dessas prerrogativas pode representar, em concreto, uma ruptura com a identidade da pessoa falecida.

A importância dos dados pessoais para a construção da identidade, em cotejo com a ampla gama de prerrogativas passíveis de serem exercidas sobre os dados da pessoa falecida, valorizam significativamente a possibilidade de manifestação em vida no sentido de vedar ou limitar o exercício dessas prerrogativas. Embora a regulação da Itália tenha expressamente destacado a possibilidade de vedação do exercício desses direitos previstos no GDPR, acabou, ao final, equiparando indevidamente instrumentos com distintas funções.

A regulação italiana, ao incorporar parte da citada decisão alemã, representa uma tendência importante em relação ao tema da portabilidade *post mortem*. Mesmo com os riscos de uma falsa simetria a partir de uma equiparação estrutural dos instrumentos, é inegável a importância de se respeitar os interesses manifestados em vida pelas pessoas. A leitura funcional da portabilidade abre, assim, espaços para o exercício qualificado da autonomia privada da pessoa e, consequentemente, para o devido planejamento da sucessão em matéria informacional.

Em última análise, a portabilidade de dados pessoais pode ser enquadrada entre recurso de natureza jurídica e tecnológica que abre significativo campo para o planejamento sucessório. No cenário das sociedades movidas a dados, é cada vez mais importante que o planejamento da sucessão se atente para a proteção das informações da pessoa. Giorgio Resta assinala as potencialidades da tecnologia no sentido de dar maior concretude à autorregulamentação privada dos interesses, vale dizer, governar o destino da sua identidade digital, dos seus dados, inclusive para após a morte.[63]

5 Considerações finais

A dissociação entre a vida biológica e as expressões da pessoa no ambiente digital é um fenômeno que tende a gerar implicações cada vez mais desafiadoras diante da crescente digitalização da vida. Enquanto não se verifica, na ordem jurídica brasileira,

---

[62] A propósito, sobre o controle temporal de dados e o direito ao esquecimento, cf. BUCAR, Daniel. Controle temporal de dados: o direito ao esquecimento. *Civilistica.com*. Rio de Janeiro, a. 2., n. 3., jul.-set./2013. Disponível em: http://civilistica.com/controle-temporal-de-dados-o-direito-ao-esquecimento/. Acesso em: 15 ago. 2017.

[63] RESTA, Giorgio. La "morte" digitale, cit., p. 920.

uma regulação específica para essas questões impulsionados pelo avanço das tecnologias da informação e da comunicação, o planejamento sucessório representa um campo fundamental para que esses desafios sejam endereçados, equilibrando-se valores como autonomia privada e solidariedade.

A portabilidade de dados pessoais apresentada pela LGPD contribui para esse propósito. Apesar de o alcance do instituto estar em aberto no Brasil, potencialidades para o planejamento da sucessão podem ser assinaladas. Entre elas, é possível apontar desde a tutela da identidade digital da pessoa, até questões particularmente sensíveis como as que dizem respeito à promoção da saúde não só do titular, mas de seus familiares após a morte.

Vale dizer, a importância crescente da informação em diversas estruturas reclama uma maior atenção dos operadores do direito quando do planejamento da sucessão, especialmente para endereçar questões que transcendem a esfera da patrimonialidade, mas que progressivamente se estreitam com a tutela da pessoa – através do seu corpo eletrônico – e ganham importância na era digital.

Referências

BATTELLI, Ettore; D'IPPOLITO, Guido. Il diritto alla portabilità dei dati. In: TOSI, Emilio. *Privacy digitale*: riservatezza e protezione dei dati personali tra gdpr e nuovo codice privacy. Riservatezza e protezione dei dati personali tra GDPR e nuovo Codice Privacy. Milano: Giuffrè Francis Lefebvre, 2019. Cap. 6. p. 185-227.

BOZDAG, Engin. Data Portability Under GDPR: Technical Challenges. *Ssrn Electronic Journal*, [s.l.], p. 1-7, 2018. Elsevier BV.

BUCAR, Daniel. Controle temporal de dados: o direito ao esquecimento. *Civilistica.com*. Rio de Janeiro, a. 2., n. 3., jul.-set./2013. Disponível em: http://civilistica.com/controle-temporal- de-dados-o-direito-ao-esquecimento/. Acesso em: 15 ago. 2017.

BRASIL. *Lei n. 10.406, de 10 de janeiro de 2002*. Código Civil. Brasília, 2002. Disponível em: http://www.planalto.gov.br/ccivil_03/leis/2002/l10406.htm. Acesso em: 10 jul. 2020.

BRASIL. *Lei nº 13.709, de 14 de agosto de 2018*. Lei Geral de Proteção de Dados Pessoais. Brasília, Disponível em: http://www.planalto.gov.br/ccivil_03/_ato2015-2018/2018/lei/L13709.htm. Acesso em: 12 maio 2020.

CARVALHO, Gabriel Honorato de; GODINHO, Adriana Marteleto. Planejamento sucessório e testamento digital: a proteção dinâmica do patrimônio virtual. *In*: TEIXEIRA, Daniele Chaves (Coord.). *Arquitetura do planejamento sucessório*. 2. ed. Belo Horizonte: Fórum, 2019. p. 171-191. ISBN 978-85-450-0712-8.

COLOMBO, Cristiano; GOULART, Guilherme Damasio. Direito póstumo à portabilidade de dados pessoais no ciberespaço à luz do direito brasileiro. In: POLIDO, Fabrício Bertini Parquot; ANJOS, Lucas Costa dos; BRANDÃO, Luiza Couto Chaves (org.). *Políticas, Internet e Sociedade*. Belo Horizonte: Iris, 2019. p. 55-67. Disponível em: https://irisbh.com.br/wp-content/uploads/2019/07/Livro-III-Seminario.pdf. Acesso em: 20 jan. 2020.

COLOMBO, Maici Barboza dos Santos. Resenha à obra "Planejamento Sucessório: Pressupostos e Limites" de Daniele Chaves Teixeira (segunda edição). *Civilistica.com*. Rio de Janeiro, a. 8, n. 2, 2019. Disponível em: http://civilistica.com/resenha-a-obra-planejamento-sucessorio/. Acesso em: 08 jun. 2020.

CRAVO, Daniela Copetti. O direito à portabilidade na Lei de Proteção de Dados. In: TEPEDINO, Gustavo; FRAZÃO, Ana; OLIVA, Milena Donato (Org.). *Lei Geral de Proteção de Dados Pessoais e suas repercussões no direito brasileiro*. São Paulo: Thomson Reuters Brasil, 2019. p. 347-365.

DONEDA, Danilo. *Da Privacidade à Proteção de Dados Pessoais*. Rio de Janeiro: Renovar, 2006.

FACHIN, Luiz Edson. *Análise crítica, construtiva e de índole constitucional da disciplina dos direitos da personalidade no Código Civil brasileiro:* fundamentos, limites e transmissibilidade. Disponível em: http://www.abdireitocivil.com. br/wp-content/uploads/2013/07/Análise-Cr%C3%ADtica-Construtiva-e-de-Índole-Constitucional-da-Disciplina-dos-Direitos-da-Personalidade-no-Código-Civil-Brasileiro-Fundamentos-Limites-e-Transmissibilidade.pdf. Acesso em: 04 maio 2020.

FRAZÃO, Ana. Nova LGPD: considerações finais sobre o direito à portabilidade. *Jota*. [s.l.]. 21 nov. 2018. Disponível em: https://www.jota.info/opiniao-e-analise/colunas/constituicao-empresa-e-mercado/nova-lgpd-consideracoes-finais-sobre-o-direito-a-portabilidade-21112018. Acesso em: 12 jan. 2020.

GIORGIANNI, Michaela. Il «nuovo» diritto alla portabilità dei dati personali: profili di diritto comparato. *Contratto e Impresa*, [s.l.], v. 4, n. 35, p. 1387-1471, 2019.

GRUPO DO ARTIGO 29.º PARA A PROTEÇÃO DE DADOS. *Orientações sobre o direito à portabilidade dos dados*. [s.l.], 2017. Disponível em: https://ec.europa.eu/newsroom/article29/item-detail.cfm?item_id=611233. Acesso em: 17 mar. 2020.

HERT, Paul de; PAPAKONSTANTINOU, Vagelis; MALGIERI, Gianclaudio; BESLAY, Laurent; SANCHEZ, Ignacio. The right to data portability in the GDPR: Towards user-centric interoperability of digital services. *Computer Law & Security Review*, [s.l.], v. 34, n. 2, p. 193-203, abr. 2018. Elsevier BV.

HONORATO, Gabriel; LEAL, Livia Teixeira. Exploração econômica de perfis de pessoas falecidas: reflexões jurídicas a partir do caso Gugu Liberato. *Revista Brasileira de Direito Civil – RBDCivil*, Belo Horizonte, v. 23, p. 155-173, jan./mar. 2020. DOI: 10.33242/rbdc.2020.01.008.

ITALIA. *Decreto legislativo 30 giugno 2003, n. 196 integrato con le modifiche introdotte dal DECRETO LEGISLATIVO 10 agosto 2018, n. 101, recante "Disposizioni per l'adeguamento della normativa nazionale alle disposizioni del regolamento (UE) 2016/679 del Parlamento europeo e del Consiglio, del 27 aprile 2016, relativo alla protezione delle persone fisiche con riguardo al trattamento dei dati personali, nonchè alla libera circolazione di tali dati e che abroga la direttiva 95/46/CE (regolamento generale sulla protezione dei dati)" (in G.U. 4 settembre 2018 n.205)*. Codici in materia di protezione dei dati personali. 2003. Disponível em: https://www.garanteprivacy.it/documents/10160/0/Codice+in+materia+di+protezione+dei+dati+personali+%28Testo+coordinato%29.pdf/b1787d6b-6bce-07da-a38f-3742e3888c1d?version=1.8. Acesso em: 13 de jul. 2020.

KORKMAZ, Maria Regina Detoni Cavalcanti Rigolon. *Dados sensíveis na Lei Geral de Proteção de Dados Pessoais*: mecanismos de tutela para o livre desenvolvimento da personalidade. 2019. 118 f. Dissertação (Mestrado) – Curso de Direito e Inovação, Universidade Federal de Juiz de Fora, Juiz de Fora, 2019.

LEAL, Livia Teixeira. Internet e morte do usuário: a necessária superação do paradigma da herança digital. *Revista Brasileira de Direito Civil – RBDCilvil*, Belo Horizonte, v. 16, p. 181-197, abr./jun. 2018.

LESSIG, Lawrence. *Code*: version 2.0. Nova York: Basic Books, 2006.

MAGALHÃES, João Carlos; KATZENBACH, Christian. *Coronavirus and the frailness of platform governance*. 2020. Internet Policy Review. Disponível em: https://policyreview.info/articles/news/coronavirus-and-frailness-platform-governance/1458. Acesso em: 08 jul. 2020.

MARTINS, Guilherme Magalhães; FALEIROS JÚNIOR, José Luiz de Moura. O planejamento sucessório da herança digital. *In:* TEIXEIRA, Daniele Chaves (Coord.). *Arquitetura do planejamento sucessório*. 2. ed. Belo Horizonte: Fórum, 2019. p. 465-484. ISBN 978-85-450-0712-8.

MENDES, Laura Schertel Ferreira; FRITZ, Karina Nunes. Case Report: Corte alemã reconhece a transmissibilidade da herança digital. *RDU*, Porto Alegre, v. 15, n. 85, p. 188-211, 2019.

MENDES, Laura Schertel. Decisão histórica do STF reconhece direito fundamental à proteção de dados pessoais. *Jota*. [s.l.]. 10 maio 2020. Disponível em: www.jota.info/opiniao-e-analise/artigos/decisao-historica-do-stf-reconhece-direito-fundamental-a-protecao-de-dados-pessoais-10052020. Acesso em: 12 maio 2020.

MULHOLLAND, Caitlin. Dados pessoais sensíveis e a tutela de direitos fundamentais: uma análise à luz da lei geral de proteção de dados (Lei 13.709/18). *Revista de Direitos e Garantias Fundamentais*, v. 19, p. 159-180, 2018.

NEGRI, Sergio Marcos Carvalho de Ávila Negri; KORKMAZ, Maria Regina Detoni Cavalcanti Rigolon; FERNANDES, Elora Raad. *Portabilidade e proteção de dados pessoais*: tensões entre pessoa e mercado. No prelo.

RESTA, Giorgio. La "morte" digitale. *Il Diritto Dell'informazione e Dell'informatica*, Milano, v. 30, n. 6, p. 891-920, [s. n.] 2014. Giuffrè Editore.

RODOTÀ, Stefano. *A vida na sociedade da vigilância:* A privacidade hoje. Rio de Janeiro: Renovar, 2008.

RODOTÀ, Stefano. Persona, libertà, tecnologia. *Diritto & Questione Pubbliche.* n. 5, 2005. Disponível em: http://www.dirittoequestionipubbliche.org/page/2005_n5/mono_S_Rodota.pdf. Acesso em: 28 jul. 2018.

SCHREIBER, Anderson. *Direitos da Personalidade.* 3. Ed. – São Paulo: Atlas, 2014.

SOMAINI, Laura. The right to data portability and user control: ambitions and limitations. *Rivista di Diritto Dei Media*, Milano, v. 2018, n. 3, p.1-27, out. 2018. Disponível em: http://www.medialaws.eu/rivista/the-right-to-data-portability-and-user-control-ambitions-and-limitations/. Acesso em: 02 fev. 2020.

SOUZA, Eduardo Nunes de; SILVA, Rodrigo da Guia. Direitos do titular de dados pessoais na Lei 13.709/2018: uma abordagem sistemática. *In:* TEPEDINO, Gustavo; FRAZÃO, Ana; OLIVA, Milena Donato (Org.). *Lei Geral de Proteção de Dados Pessoais e suas repercussões no direito brasileiro.* São Paulo: Thomson Reuters Brasil, 2019. p. 243-286.

TARTUCE, Flávio. Herança digital e sucessão legítima: primeiras reflexões. *Revista Jurídica Luso-Brasileira*, Lisboa, v. 5, n. 1, p. 871-878, 2019. Disponível em: http://www.cidp.pt/revistas/rjlb/2019/1/2019_01_0871_0878.pdf. Acesso em: 20 jun. 2020.

TEIXEIRA, Ana Carolina Brochado; KONDER, Carlos Nelson. Situações jurídicas dúplices: controvérsias na nebulosa fronteira entre patrimonialidade e extrapatrimonialidade. *In:* TEPEDINO, Gustavo; FACHIN, Luiz Edson. *Diálogos sobre direito civil.* Rio de Janeiro: Renovar, 2012. v. IIII.

TEIXEIRA, Daniele Chaves. Noções prévias do Direito das Sucessões: sociedade, funcionalização e planejamento sucessório. *In:* TEIXEIRA, Daniele Chaves (Coord.). *Arquitetura do planejamento sucessório.* 2. ed. Belo Horizonte: Fórum, 2019. p. 29-46. ISBN 978-85-450-0718-8.

TEPEDINO, Gustavo; NEVARES, Ana Luiza Maia; MEIRELES, Rose Melo Vencelau. *Direito das sucessões*. Rio de Janeiro: Forense, 2020. Fundamentos do Direito Civil – Volume 7.

UNIÃO EUROPEIA. *Regulamento n.º 2016/679, de 27 de abril de 2016.* Regulamento Geral Sobre A Proteção de Dados. 2016. Disponível em: https://eur-lex.europa.eu/legal-content/PT/TXT/PDF/?uri=CELEX:32016R0679&from=PT. Acesso em: 15 mar. 2020.

Informação bibliográfica deste texto, conforme a NBR 6023:2018 da Associação Brasileira de Normas Técnicas (ABNT):

NEGRI, Sergio Marcos Carvalho de Ávila; KORKMAZ, Maria Regina Detoni Cavalcanti Rigolon. Autonomia privada, portabilidade de dados pessoais e planejamento sucessório. *In:* TEIXEIRA, Daniele Chaves (Coord.). *Arquitetura do Planejamento Sucessório.* Belo Horizonte: Fórum, 2021. p. 659-674. Tomo II. ISBN 978-65-5518-117-3.

CONTORNOS JURÍDICOS DA *HOLDING* FAMILIAR COMO INSTRUMENTO DE PLANEJAMENTO SUCESSÓRIO

SIMONE TASSINARI CARDOSO FLEISCHMANN
FERNANDO RENÉ GRAEFF

1 Introdução

Diferentemente do que ocorria até pouco tempo atrás no Brasil, vem sendo cada vez mais frequente a utilização de instrumentos jurídicos visando ao planejamento sucessório. Esse fenômeno decorre de inúmeras razões, sendo as principais delas a inexistência de legislação clara e satisfatória para a transmissão dos bens em caso de falecimento (a ponto de, muitas vezes, não se saber quem são todos os herdeiros), a tentativa de facilitar a transmissão e de evitar conflitos entre os herdeiros (o que é algo recorrente no Judiciário) e a busca pela redução da carga tributária incidente sobre a tramitação do patrimônio. Recentemente, a pandemia Covid-19 aproximou a realidade da finitude e da morte. Com ela, a preocupação com o futuro. No âmbito das famílias empresárias, o tema do planejamento sucessório vem se fazendo ainda mais presente, na medida em que a continuidade dos negócios da família (e, consequentemente, a manutenção do patrimônio e das relações familiares) muitas vezes depende de uma sucessão exitosa.

Atualmente, uma das principais ferramentas utilizadas para a implementação do planejamento sucessório é a constituição da *holding* familiar. Trata-se, em suma, da formação de uma sociedade para a qual são transferidos bens de determinada(s) pessoa(s) (mediante integralização do capital social), que, em contrapartida, se torna(m) titular(es) de quotas ou ações da referida sociedade. Posteriormente, através de um ato *inter vivos*, ou por força do falecimento do titular da participação societária, as respectivas quotas ou ações são transmitidas aos herdeiros. Como resultado, em vez de os herdeiros receberem uma fração de diversos bens, recebem as quotas ou ações de uma sociedade (com personalidade jurídica própria) que, por sua vez, é a titular dos referidos bens.

São diversas as vantagens que esta estratégia, se bem arquitetada, pode trazer, indo desde a mera organização patrimonial até a redução lícita de custos habituais (especialmente tributos). Especificamente no âmbito sucessório, a constituição de uma *holding* familiar pode ser decisiva não só para facilitar a transmissão do patrimônio (especialmente em decorrência da concentração dos bens), como também para reduzir e dirimir conflitos, na medida em que o âmbito societário oferece mecanismos jurídicos para a mediação da relação entre os interesses efetivos dos herdeiros – patrimoniais ou não (que, em regra, pode servir como anteparo à carga afetiva e emocional das relações familiares).

Com efeito, especialmente no contexto das famílias empresárias, a combinação de instrumentos societários com os institutos do direito de família e das sucessões torna possível a realização de um planejamento sucessório que facilita a manutenção dos negócios e do patrimônio ao longo do tempo.[1]

Todavia, muitas vezes a *holding* é erroneamente oferecida e implementada como se fosse uma ferramenta mágica para solução de todo e qualquer problema – inclusive para alcançar objetivos ilícitos –, a ponto de ser referida por muitos como uma "febre"[2] ou um "modismo". Tal uso desvirtuado ou equivocado deste instrumento jurídico pode acarretar consequências nefastas (como exemplo, a caracterização de fraude), bem como produzir resultados diametralmente opostos aos pretendidos (como a incidência mais onerosa de tributos), além de acirrar conflitos internos nas famílias.

É importante ter presente que a *holding* familiar, por si só, não gera automaticamente benefícios ou malefícios, tampouco apresenta vantagens ou desvantagens patrimoniais. O que define o resultado exitoso desta ferramenta jurídica é a forma como é utilizada. Portanto, o primeiro passo é questionar quais os objetivos pretendidos com o instrumento, a fim de poder reconhecer se há êxito, ou não. Apenas o bom uso da *holding*, que a alinha corretamente com as pessoas, os objetivos, e o patrimônio envolvidos, é que poderá trazer reais e significativas vantagens, especialmente em se tratando de planejamento sucessório. Em outras palavras: a *holding* servirá muito bem para alguns casos, mas, para outros, poderá ser inclusive prejudicial, pois não se trata de uma equação universal.[3] Nesse contexto, a análise acurada das circunstâncias fáticas envolvidas (especialmente das características das pessoas e do patrimônio), aliada ao conhecimento técnico das inúmeras questões jurídicas que circundam a constituição de uma *holding*, é que garantirá – em um processo de atividades – que sejam alcançados os resultados almejados.[4]

Assim, é fundamental, em primeiro lugar, que a constituição de uma *holding* seja acompanhada de profissionais especializados, que possuam domínio de distintas áreas do direito, notadamente do direito de família, do direito das sucessões, do direito empresarial e do direito tributário. Também é necessário que se defina previamente o real objetivo da *holding*, bem como que se tenha conhecimento dos riscos e benefícios que sua constituição pode gerar. Além disso, é essencial que sejam compreendidas todas

---

[1] MAMEDE, Eduarda Cotta; MAMEDE, Gladston. *Holding familiar e suas vantagens: planejamento jurídico e econômico do patrimônio e da sucessão familiar*. 11. ed. São Paulo: Atlas, 2019, p. 101.

[2] MAMEDE, Eduarda Cotta; MAMEDE, Gladston. *Blindagem patrimonial e planejamento jurídico*. 3. ed. São Paulo: Atlas, 2013, p. 106.

[3] MAMEDE, Eduarda Cotta; MAMEDE, Gladston. *Holding familiar e suas vantagens: planejamento jurídico e econômico do patrimônio e da sucessão familiar*. 11. ed. São Paulo: Atlas, 2019, p. 14.

[4] Uma das questões mais importantes é o reconhecimento e a identificação clara dos objetivos pretendidos, para que, a partir deles, se possa completar a atividade sucessiva de atos, negócios e cautelas em prol da licitude do instrumento.

as etapas que envolvem a estruturação de uma *holding*, o que engloba sua constituição, sua operação e sua extinção (total ou parcial). Ainda, para que a *holding* sirva como efetivo instrumento de planejamento sucessório, é importante que sua implementação seja acompanhada de outros instrumentos complementares[5] que venham a regular e facilitar a transmissão – lícita e regular – do patrimônio aos herdeiros. Por fim, de modo a prevenir problemas, é extremamente relevante que se tenha conhecimento dos litígios judiciais mais comuns envolvendo *holdings* familiares, bem como a solução que vem sendo empregada pelos Tribunais em tais casos.

O objeto central do presente estudo consiste justamente na análise de todo esse contexto jurídico que envolve a *holding* familiar como instrumento de planejamento sucessório. Para tanto, será examinado, passo a passo, todo o itinerário para estruturação de uma *holding* familiar, destacando-se, em cada uma das etapas, os principais aspectos familiares, sucessórios, societários e tributários envolvidos. Ao final, a fim de se demonstrar que a *holding* não é uma solução padrão e muito menos mágica, serão examinadas as consequências nocivas que o uso inadequado ou desvirtuado da *holding* pode trazer.

2 Planejamento sucessório

O ordenamento jurídico brasileiro contempla uma série de regras que estabelecem como deve ocorrer a transmissão do patrimônio em caso de falecimento. Todavia, estas regras, especialmente em face das alterações legislativas e dos recentes posicionamentos adotados pelos Tribunais Superiores sobre a matéria (muitos deles contrariando a própria legislação), não têm oferecido a jurídica desejada acerca da destinação do patrimônio em caso de falecimento. Além disso, nem sempre as ferramentas existentes no direito sucessório são suficientes para atender com plenitude às necessidades das famílias (como é o caso, por exemplo, das famílias empresárias), ensejando a necessidade da utilização de ferramentas complementares. Isso sem falar que, na maioria dos casos, organizar ou antecipar a sucessão pode resultar na incidência de uma menor carga tributária sobre a transmissão do patrimônio, ou mesmo na antecipação do pagamento dos tributos pelos genitores – deixando os sucessores sem ônus, ou com ônus minimizado sobre este tema.

Tais circunstâncias, entre diversas outras, vêm acarretando uma mudança cultural nas famílias brasileiras – historicamente sem o hábito de planejar a transferência dos bens aos sucessores.[6] Em um primeiro momento, percebeu-se isso, especialmente naquelas famílias detentoras de um patrimônio significativo, as quais têm passado a se preocupar cada vez mais em antecipar a organização da sucessão para o caso de falecimento. E, recentemente, muito em função da aproximação da possibilidade da morte em função da pandemia Covid-19, atingiu famílias com menor patrimônio, mas ocupadas com a minimização dos conflitos entre os filhos e a preservação dos bens amealhados durante a vida. A esta antecipação se atribui a denominação de *planejamento sucessório*.

---

5   TEIXEIRA, Daniele Chaves. *Planejamento sucessório: pressupostos e limites*. 2. ed. Belo Horizonte: Fórum, 2019, p. 163.

6   MAMEDE, Eduarda Cotta; MAMEDE, Gladston. *Holding familiar e suas vantagens: planejamento jurídico e econômico do patrimônio e da sucessão familiar*. 11. ed. São Paulo: Atlas, 2019, p. 95.

Entre as diversas conceituações de planejamento sucessório,[7] [8] destaca-se a definição proposta por Daniele Chaves Teixeira, segundo a qual se trata de um "instrumento jurídico que permite a adoção de uma estratégia voltada para a transferência eficaz e eficiente do patrimônio de uma pessoa após a sua morte".[9] Deste conceito, extraem-se dois elementos centrais que pautam todo e qualquer planejamento sucessório: estratégia (que está ligada à ideia de antecipação, organização e otimização) e eficiência (que remete aos benefícios efetivos que devem resultar do planejamento).

São inúmeras as vantagens que um planejamento sucessório bem implementado pode trazer. Podem-se citar, entre elas: a preservação e a perpetuidade do patrimônio familiar;[10] a organização e a melhor gestão patrimonial;[11] a prevenção de conflitos entre os herdeiros; a proteção lícita do patrimônio em relação a terceiros; a não formação de condomínio entre os herdeiros;[12] a simplificação do procedimento para a transferência dos bens em caso de falecimento; a redução de custos.[13] Entretanto, é preciso ter clareza de que nem sempre todos esses objetivos serão alcançados concomitantemente com a proposta de planejamento sucessório, visto que o planejamento poderá, por vezes, ser desaconselhável sob determinado aspecto (como o tributário, por exemplo), mas ainda assim aconselhável sob outro aspecto (como a perpetuidade do patrimônio, por exemplo).[14] O planejamento, em regra, atinge uma gama de objetivos, mas não todos, há de se adequá-lo aos objetivos preponderantes.

Ainda, deve-se ressaltar que, para se assegurar o sucesso do planejamento sucessório, é fundamental sua revisão periódica, recomendando-se, inclusive, o preestabelecimento de períodos para essa revisão.[15] Em tais momentos, deverá ser avaliada a ocorrência de alguma modificação fática ou legal, no contexto da *holding*, que possa comprometer a eficácia do planejamento, para, assim, empreender as atualizações

---

[7] "Para o presente estudo será considerada como organização patrimonial e sucessória a adoção de providências diversas visando observar a autonomia da vontade dos titulares do patrimônio com a prevenção de conflitos futuros de forma a planejar a transmissão de seus bens" (BAGNOLI, Martha Gallardo Sala. *Holding imobiliária como planejamento sucessório*. São Paulo: Quartier Latin, 2016, p. 35).

[8] "Pois bem, afigura-se o planejamento sucessório com uma providência preventiva, permitindo ao titular de um patrimônio definir, ainda vivo, o modo como deve se concretizar a transmissão dos bens aos sucessores, respeitado o limite da legítima, caso existam herdeiros necessários, com vistas a precaver conflitos, cujos reflexos deletérios podem ocasionar, até mesmo, a perda ou deterioração de bens e de pessoas jurídicas" (FARIAS, Cristiano Chaves de; ROSENVALD, Nelson. *Curso de direito civil, volume 7*: sucessões. 2. ed. rev. ampl. e atual. Salvador: JusPodivm, 2016, p. 78).

[9] TEIXEIRA, Daniele Chaves. Noções prévias do direito das sucessões: sociedade, funcionalização e planejamento sucessório. *In*: TEIXEIRA, Daniele Chaves (Org.). *Arquitetura do planejamento sucessório*. Belo Horizonte: Fórum, 2019, p. 35.

[10] FLEISCHMANN, Simone Tassinari Cardoso; TREMARIN JUNIOR, Valter. Reflexões sobre *holding* familiar no planejamento sucessório. *In*: TEIXEIRA, Daniele Chaves (Org.). *Arquitetura do planejamento sucessório*. Belo Horizonte: Fórum, 2019, p. 431.

[11] TEIXEIRA, Daniele Chaves. *Planejamento sucessório*: pressupostos e limites. 2. ed. Belo Horizonte: Fórum, 2019, p. 162.

[12] GARCIA, Fátima. *Holding* familiar: planejamento sucessório e proteção patrimonial. Maringá: Viseu, 2018. E-book, p. 5.

[13] DIAS, Maria Berenice. *Manual das Sucessões*. 3. ed. rev., atual. e ampl. São Paulo: Revista dos Tribunais, 2013, p. 393

[14] FLEISCHMANN, Simone Tassinari Cardoso; TREMARIN JUNIOR, Valter. Reflexões sobre *holding* familiar no planejamento sucessório. *In*: TEIXEIRA, Daniele Chaves (Org.). *Arquitetura do planejamento sucessório*. Belo Horizonte: Fórum, 2019, p. 431.

[15] PRADO, Roberta Nioac. Parte I. *In*: PRADO, Roberta Nioac (Org.). *Aspectos relevantes da empresa familiar e da família empresária: governança e planejamento patrimonial sucessório*. 2. ed. São Paulo: Saraiva Educação, 2018, p. 55.

necessárias. Portanto, planejamento sucessório ou instituição de *holding* não são atos realizados em um só tempo, ao contrário, são processos que exigem revisão e atualização temporal.

Entre as diversas ferramentas usualmente utilizadas na arquitetura do planejamento sucessório – como a doação, o testamento, a partilha em vida, o *trust*, o pacto parassocial, a previdência privada –, o presente estudo está voltado especificamente para o uso da *holding* familiar, instrumento que se faz cada vez mais presente especialmente (mas não só) no âmbito das famílias empresárias, em que a figura do planejamento sucessório possui uma relevância ainda maior, já que a ausência de um planejamento pode comprometer a própria continuidade dos negócios da família.[16]

3   *Holding* familiar e suas vantagens

A expressão *holding* advém do verbo em inglês *to hold*, entre cujos sentidos estão o de segurar, deter, possuir. Trata-se, no âmbito societário, de uma sociedade (pessoa jurídica) titular de bens (móveis, imóveis etc.), incluindo participações societárias, que pode ou não exercer alguma atividade operacional. A constituição de uma *holding*, em regra, está atrelada à ideia de concentração de determinado patrimônio, cujas finalidades usualmente estão associadas a um melhor controle, administração ou gestão, bem como à obtenção de benefícios fiscais.

Como exemplo de grandes *holdings*, pode-se citar a da família norte-americana Walton, cuja *holding* Walton Enterprises LCC é responsável por gerar os negócios familiares (que já estão na terceira geração), incluindo a participação na multinacional Walmart. Outro exemplo é a *holding* Porsche Automobil Holding SE, das famílias alemãs Porsche e Piëch, que, além de ser proprietária da marca Porsche, também detém participação na Volkswagen e em outros negócios.[17] Já no Brasil, uma das maiores *holdings* é a Itaúsa, detentora de participações em diversas sociedades (como Banco Itaú, Duratex, Alpargatas), sendo controlada pelas famílias Setubal e Villela.

A legislação brasileira prevê a existência da sociedade *holding* na Lei nº 6.404/1976, que dispõe sobre as Sociedades Anônimas, e cujo art. 2º, §3º, estabelece que a companhia pode definir a participação em outras sociedades como meio de realizar o objeto social, ou para beneficiar-se de incentivos fiscais. Também o Código Civil, em seus arts. 1.097 e 1.101, faz alusão à existência de sociedades de "simples participação".

Especificamente no âmbito do planejamento sucessório, utiliza-se a expressão "*holding* familiar", a qual não se trata propriamente de um tipo de *holding*, tampouco, de um tipo societário, sendo assim definida em razão do contexto específico em que está inserida,[18] qual seja, o de concentrar o patrimônio pertencente a uma família[19] ou de contemplar, em seu quadro social, pessoas com vínculo familiar. Trata-se de uma

---

[16]   ROSSI, Alexandre Alves; SILVA, Fabio Pereira da. *Holding familiar: visão jurídica do planejamento societário, sucessório e tributário*. São Paulo: Trevisan, 2015. E-book, p. 95.

[17]   Disponível em: https://www.porsche-se.com/en/company/holding-structure.

[18]   MAMEDE, Eduarda Cotta; MAMEDE, Gladston. *Holding familiar e suas vantagens: planejamento jurídico e econômico do patrimônio e da sucessão familiar*. 11. ed. São Paulo: Atlas, 2019, p. 16.

[19]   ROSSI, Alexandre Alves; SILVA, Fabio Pereira da. *Holding familiar: visão jurídica do planejamento societário, sucessório e tributário*. São Paulo: Trevisan, 2015. E-book, p. 24.

ferramenta de suma relevância, eis que une duas das principais instituições que compõem a base social e econômica do país: a empresa e a família.[20] Uma *holding* familiar, se bem implementada, pode trazer inúmeros benefícios para o planejamento sucessório.

A *holding* familiar se conforma, normalmente, a duas situações. A primeira, para o caso de famílias que possuem um patrimônio significativo (não necessariamente grandes fortunas), mas volume de itens patrimoniais. A segunda, para o caso de famílias empresárias, especialmente aquelas que atuam em diferentes negócios. Em ambos os casos, existem vantagens que podem ser obtidas com a *holding* familiar no âmbito do planejamento sucessório.

Com relação à herança, destaca-se, primeiramente, que com a constituição de uma *holding* familiar, as relações atinentes ao patrimônio herdado passam a ser reguladas pelo direito empresarial (mais especificamente pelo direito societário), na medida em que são transmitidas participações societárias. Assim, ao receberem suas participações, os sucessores ficam subordinados à legislação societária, às disposições do contrato social/estatuto social e de outros instrumentos regulatórios que vinculam os sócios.[21] Com efeito, são as regras do direito sucessório que atuam na transmissão das quotas.[22] Além do que é possível que se estipule regras para a própria gestão dos negócios.[23] Assim, ao menos em relação ao patrimônio e aos negócios, os familiares terão que atuar como sócios, reduzindo-se a carga emotiva das relações (muitas vezes causadora de conflitos entre os sucessores).[24]

Tal diferença acarreta um reflexo direto, por exemplo, em uma *holding* patrimonial imobiliária, que concentra os bens imóveis da família. Isso porque, além de centralizar a administração desses bens, facilitando sua gestão e a própria sucessão hereditária, a criação de uma *holding* pode otimizar inclusive as deliberações sobre a destinação desses bens.[25] Nesse contexto, com uma *holding* familiar imobiliária, far-se-ia possível a criação de quóruns diferenciados de deliberação entre os sócios (herdeiros). Situação outra seria a imposição de condomínio de bens imóveis – que se formaria caso os sucessores recebessem frações desses bens por doação ou herança –, em que seria exigido um consenso de todos para deliberar, por exemplo, acerca de sua alienação (questão que é corriqueira fonte de litígios), sendo que o impasse poderia resultar, ao final, na alienação judicial do bem, trazendo um prejuízo financeiro a todos os envolvidos.[26]

---

[20] SANTOS, Ana Bárbara Moraes; VIEGAS, Cláudia Mara de Almeida Rabelo. *Planejamento sucessório e societário: a holding familiar e a governança corporativa*. Revista dos Tribunais, vol. 988/2018, p. 285 - 318, fev. 2018, p. 3.

[21] PRADO, Marina de Almeida; ROSALEM JUNIOR, Laerte. *A tributação das sociedades holdings patrimoniais*. Revista dos Tribunais, vol. 976/2017, p. 401 - 416, fev. 2017, p. 4.

[22] BAGNOLI, Martha Gallardo Sala. *Holding imobiliária como planejamento sucessório*. São Paulo: Quartier Latin, 2016, p. 8.

[23] FARIAS, Cristiano Chaves de; ROSENVALD, Nelson. *Curso de direito civil, volume 7: sucessões*. 2. ed. rev. ampl. e atual. Salvador: JusPodivm, 2016, p. 79.

[24] MAMEDE, Eduarda Cotta; MAMEDE, Gladston. *Holding familiar e suas vantagens: planejamento jurídico e econômico do patrimônio e da sucessão familiar*. 11. ed. São Paulo: Atlas, 2019, p. 72.

[25] BAGNOLI, Martha Gallardo Sala. *Holding imobiliária como planejamento sucessório*. São Paulo: Quartier Latin, 2016, p. 74-75.

[26] Além dos custos e da demora da alienação judicial, pelo regramento processual em vigor é possível que o bem seja arrematado, em leilão judicial, por até 50% do valor de avaliação.

No que tange às famílias empresárias, a *holding* familiar permite centralizar as participações societárias (evitando, assim, a pulverização[27] ou a fragmentação[28] dessas participações) ou organizar o controle e a gestão dos negócios,[29] o que pode favorecer a harmonização das estratégias,[30] a continuidade das atividades ao longo das gerações[31] e a própria administração dos negócios.[32] Quanto ao ponto, aliás, a *holding* familiar possibilita criar ferramentas que garantem que os negócios da família sejam administrados por pessoas capacitadas e com expertise para a função, profissionalizando-se a gestão.[33] Tal pode ser realizado, por exemplo, com a nomeação e um administrador externo com experiência no exercício da função que lhe é atribuída (isso porque nem sempre os sucessores estão preparados para exercer a administração).[34] Além disso, é possível atribuir poder de voto a determinados herdeiros que tenham tino para o negócio e que tragam maiores benefícios à sua gestão, enquanto, aos demais que não possuem tal expertise ou interesse sejam atribuídos maiores proventos.[35] Segrega-se, assim, a sucessão dos negócios da família em dois planos: em um primeiro plano, a titularidade das quotas ou ações da empresa, e, em um segundo plano, a administração efetiva do negócio.[36]

Importante, nesse sentido, o apontamento de Eduarda Cotta Mamede e Gladston Mamede, segundo o qual há, na cultura empresarial brasileira, uma sobrevalorização da figura do administrador, como se este fora dono da empresa, quando, na verdade, os benefícios de ser sócio de uma empresa são muitos.[37] Daí porque, segundo os referidos autores, o sucesso do planejamento jurídico de uma empresa familiar usualmente passaria pela "capacidade de ensinar aos familiares as vantagens da condição de sócio, acompanhada da implementação de medidas que protejam e valorizem essa condição".

Não se pode deixar de mencionar que uma *holding* familiar bem implementada pode resultar em uma economia fiscal, seja na redução da carga tributária,[38] seja no

---

[27] BAGNOLI, Martha Gallardo Sala. *Holding imobiliária como planejamento sucessório*. São Paulo: Quartier Latin, 2016, p. 77.

[28] SANTOS, Ana Bárbara Moraes; VIEGAS, Cláudia Mara de Almeida Rabelo. *Planejamento sucessório e societário: a holding familiar e a governança corporativa*. Revista dos Tribunais, vol. 988/2018, p. 285 - 318, fev. 2018, p. 9.

[29] PRADO, Roberta Nioac. Parte I. *In*: PRADO, Roberta Nioac (Org.). *Aspectos relevantes da empresa familiar e da família empresária: governança e planejamento patrimonial sucessório*. 2. ed. São Paulo: Saraiva Educação, 2018, p. 54.

[30] TEIXEIRA, Daniele Chaves. *Planejamento sucessório: pressupostos e limites*. 2. ed. Belo Horizonte: Fórum, 2019, p. 161.

[31] BAGNOLI, Martha Gallardo Sala. *Holding imobiliária como planejamento sucessório*. São Paulo: Quartier Latin, 2016, p. 90.

[32] MAMEDE, Eduarda Cotta; MAMEDE, Gladston. *Holding familiar e suas vantagens: planejamento jurídico e econômico do patrimônio e da sucessão familiar*. 11. ed. São Paulo: Atlas, 2019, p. 70.

[33] BAGNOLI, Martha Gallardo Sala. *Holding imobiliária como planejamento sucessório*. São Paulo: Quartier Latin, 2016, p. 71.

[34] ROSSI, Alexandre Alves; SILVA, Fabio Pereira da. *Holding familiar: visão jurídica do planejamento societário, sucessório e tributário*. São Paulo: Trevisan, 2015. E-book, p. 18.

[35] BAGNOLI, Martha Gallardo Sala. *Holding imobiliária como planejamento sucessório*. São Paulo: Quartier Latin, 2016, p. 90.

[36] MAMEDE, Eduarda Cotta; MAMEDE, Gladston. *Holding familiar e suas vantagens: planejamento jurídico e econômico do patrimônio e da sucessão familiar*. 11. ed. São Paulo: Atlas, 2019, p. 79.

[37] MAMEDE, Eduarda Cotta; MAMEDE, Gladston. *Holding familiar e suas vantagens: planejamento jurídico e econômico do patrimônio e da sucessão familiar*. 11. ed. São Paulo: Atlas, 2019, p. 77.

[38] DIAS, Maria Berenice. *Manual das Sucessões*. 3. ed. rev., atual. e ampl. São Paulo: Revista dos Tribunais, 2013, p. 392

próprio diferimento do recolhimento do imposto.[39] Aliás, os aspectos tributários estão presentes em diversas etapas da implementação do planejamento sucessório via constituição de uma *holding*, sendo indispensável uma assessoria especializada nesta matéria para que os benefícios sejam efetivamente alcançados. Mormente considerando que a estruturação de uma *holding* acaba, em regra, por envolver impostos nas esferas federal (como o imposto de renda), estadual (como o ITCMD) e municipal (como o ITBI), o que pode trazer complexidades, dada a pluralidade brasileira nestes temas.

Outrossim, outra vantagem da *holding* familiar advém do fato de que a concentração do patrimônio em uma sociedade pode obstaculizar que pessoas fora do núcleo familiar, seja em caso de dívidas dos sócios, seja em decorrência de litígios de ordem familiar, possam ingressar na sociedade titular do patrimônio. Alcança-se a condição de credor, mas não de sócio. Com efeito, conforme será demonstrado, é possível criar ferramentas que dificultem ou que impeçam tal ingresso, sendo que, ainda que um dos sócios-herdeiros perca sua participação na sociedade, tal participação será liquidada, e não transferida a terceiros. Sob esta ótica é que se pode dizer que a *holding* familiar acaba por proteger o patrimônio familiar.

Por fim, menciona-se que o fato de uma *sociedade* (dividida em quotas ou ações) ser a titular do patrimônio torna possível que a transmissão do patrimônio seja mais rápida e eficaz.[40] Isso porque, ainda que não torne desnecessário o procedimento de inventário dos bens, tal concentração patrimonial, no mínimo, apresenta-se como um facilitador em diversos aspectos que envolvem a transmissão *causa mortis* (como a divisão dos bens, o recolhimento dos tributos, entre outros).

4 Espécies de *holding* familiar

São diversas as formas de classificar as sociedades *holdings*, a depender do critério a ser utilizado.[41] Especificamente no âmbito do planejamento sucessório, interessa a classificação que considere o seu objetivo, podendo a *holding* ser dividida em três espécies: *holding* pura, *holding* patrimonial e *holding* mista. Trata-se de uma distinção importante, na medida em que o objeto social declarado da *holding* deve corresponder à real atividade exercida, de modo a evitar problemas de ordem tributária e inclusive a responsabilidade dos administradores, caso seja reconhecido o desvio da finalidade da sociedade.[42]

Holding pura caracteriza-se como aquela que tem como único objetivo ser titular de quotas ou ações de outra(s) sociedade(s). Se esta titularidade conferir o controle da sociedade operacional, é denominada *holding* de controle. Caso a titularidade de ações ou quotas não conferir o controle da sociedade operacional, é denominada *holding* de participação. Esta espécie de *holding* usualmente é utilizada no planejamento sucessório

---

[39] PRADO, Marina de Almeida; ROSALEM JUNIOR, Laerte. *A tributação das sociedades holdings patrimoniais*. Revista dos Tribunais, vol. 976/2017, p. 401 - 416, fev. 2017, p. 3.

[40] SOUZA, João de. *Manual da Holding Familiar*. Vitória: Publiquese, 2017. E-book, p. 12.

[41] ROSSI, Alexandre Alves; SILVA, Fabio Pereira da. *Holding familiar: visão jurídica do planejamento societário, sucessório e tributário*. São Paulo: Trevisan, 2015. E-book, p. 26

[42] ROSSI, Alexandre Alves; SILVA, Fabio Pereira da. *Holding familiar: visão jurídica do planejamento societário, sucessório e tributário*. São Paulo: Trevisan, 2015. E-book, p. 75.

das famílias empresárias, de modo a concentrar os negócios da família em uma sociedade cujos sócios serão os integrantes da família. A receita da sociedade advém dos resultados obtidos pelas sociedades operacionais.

Holding patrimonial é aquela que tem como único objetivo ser titular de patrimônio, o qual pode ser constituído de bens móveis (como aplicações financeiras, automóveis, propriedade imaterial etc.) e/ou imóveis. Esta espécie de *holding* usualmente é utilizada no planejamento sucessório das famílias que detêm uma diversidade de bens imóveis (designando-se *holding* familiar imobiliária), de modo a concentrar a titularidade de tais bens em um único sujeito, facilitando sua administração e transferência sucessória, além de resultar (em alguns casos) em benefícios fiscais. A receita da sociedade, em regra, advém da locação e/ou alienação destes bens, sendo, portanto, uma sociedade operacional.

Holding mista é aquela que tem como objetivo tanto ser titular de quotas ou ações de outra(s) sociedade(s), como também de outros bens, envolvendo, assim, a exploração de alguma atividade operacional.[43]

5 Escolha do tipo societário

Conforme preceitua o art. 981 do Código Civil, celebram contrato de sociedade as pessoas que reciprocamente se obrigam a contribuir, com bens ou serviços, para o exercício de atividade econômica e a partilha, entre si, dos resultados. Esta atividade econômica pode ser empresária ou não empresária. De acordo com a teoria da empresa adotada pelo Código Civil em seu art. 978 – reproduzindo o modelo adotado pelo Código Civil italiano de 1942 –,[44] será empresária a sociedade que exerce atividade típica de empresário,[45] qual seja, atividade econômica organizada para a produção ou a circulação de bens ou de serviços.[46] Por sua vez, serão simples (não empresárias) todas as demais sociedades, incluindo aquelas que tenham como objeto o exercício de profissão intelectual, de natureza científica, literária ou artística, ainda com o concurso de auxiliares ou colaboradores, salvo se o exercício da profissão constituir elemento de empresa.[47] Usualmente, as *holdings* familiares são sociedades empresárias, seja por exercerem uma atividade operacional (como a locação ou alienação de bens imóveis, por exemplo), seja por deterem participação em sociedade que exerce atividade empresária (sociedades operacionais).

---

[43] ROSSI, Alexandre Alves; SILVA, Fabio Pereira da. *Holding familiar: visão jurídica do planejamento societário, sucessório e tributário*. São Paulo: Trevisan, 2015. E-book, p. 26

[44] BORBA, José Edwaldo Tavares. *Direito societário*. 14. ed. São Paulo: Atlas, 2015, p. 14.

[45] Importante ressaltar que há, no Direito Brasileiro, três formas de exercício regular da atividade empresária: (a) empresário individual (Empresário individual é aquele que exerce individual e profissionalmente atividade econômica organizada para a produção ou a circulação de bens ou de serviços); (b) empresa individual de responsabilidade limitada (conhecida pela abreviatura EIRELI, na igualmente a atividade é exercida de forma individual. Todavia, há a formação de um ente com personalidade jurídica própria, havendo distinção entre o patrimônio pessoal e o patrimônio da atividade empresária) e (c) sociedade empresária.

[46] FRANÇA, Erasmo Valladão Azevedo e Novaes; GONÇALVES NETO, Alfredo de Assis. *In*: CARVALHOSA, Modesto (Coord.) *Tratado de Direito* Empresarial, v. 2. São Paulo: Editora Revista dos Tribunais, 2016, p. 122.

[47] FRANÇA, Erasmo Valladão Azevedo e Novaes; GONÇALVES NETO, Alfredo de Assis. *In*: CARVALHOSA, Modesto (Coord.) *Tratado de Direito* Empresarial, v. 2. São Paulo: Editora Revista dos Tribunais, 2016, p. 123.

Em razão do princípio da tipicidade adotado pelo Código Civil, a sociedade deve, obrigatoriamente, adotar um dos tipos societários previstos em lei. Alguns tipos societários detêm personalidade jurídica, enquanto outros, não. As sociedades não personificadas são a sociedade em comum[48] e a sociedade em conta de participação.[49] Já as sociedades personificadas são a sociedade em nome coletivo;[50] a sociedade em comandita simples;[51] a sociedade limitada; a sociedade anônima (que pode ser de capital aberto ou fechado); e a sociedade em comandita por ações.[52]

Os dois tipos mais largamente utilizados (mormente no âmbito do planejamento sucessório) são a sociedade limitada e a sociedade anônima de capital fechado, razão pela qual a abordagem do presente estudo – até mesmo por uma questão prática – ficará restrita aos referidos tipos societários.

A sociedade limitada é constituída por contrato social, e seu capital é dividido em quotas.[53] Recentemente, a Lei nº 13.874/2019[54] alterou o art. 1.052 do Código Civil, passando a permitir que a sociedade limitada seja constituída por uma só pessoa (até então, exigia-se pelo menos dois sócios). A responsabilidade de cada sócio é restrita ao valor de suas quotas, mas todos respondem solidariamente pela integralização do capital social (o que significa dizer que, se um dos sócios não integralizar a sua parte do capital social, tal poderá ser exigido dos demais sócios). A sociedade limitada pode ser classificada[55] como de pessoas[56] (em que os atributos pessoais são mais importantes do que a contribuição material) ou como de capital[57] (em que a contribuição material é mais importante do que os atributos individuais), a depender do que dispõe o contrato social. Quando a sociedade é de pessoas, o contrato social, geralmente, impõe restrições ao ingresso de novos sócios, como, por exemplo, a exigência de determinado quórum de deliberação para a alienação de quotas a terceiros ou a garantia do direito de preferência

---

[48] Sociedade que ainda não realizou a inscrição dos atos constitutivos.

[49] *Sociedade na qual a atividade constitutiva do objeto social é exercida unicamente pelo sócio ostensivo, em seu nome individual e sob sua própria e exclusiva responsabilidade, participando os demais dos resultados correspondentes. Sua constituição independe de qualquer formalidade.*

[50] A sociedade em nome coletivo é constituída por contrato social e é dividida em quotas. Somente pessoas físicas podem tomar parte na sociedade em nome coletivo, respondendo todos os sócios, solidária e ilimitadamente, pelas obrigações sociais.

[51] A sociedade em comandita simples é constituída por contrato social e é dividida em quotas. Há duas categorias de sócios: os comanditados, pessoas físicas, responsáveis solidária e ilimitadamente pelas obrigações sociais; e os comanditários, obrigados somente pelo valor de sua quota.

[52] A sociedade em comandita por ações é constituída por estatuto e é dividida em ações. Somente o acionista tem qualidade para administrar a sociedade e, como diretor, responde subsidiária e ilimitadamente pelas obrigações da sociedade.

[53] Nas sociedades divididas em quotas, a quota social é a unidade representativa de uma fração do capital social, correspondendo a uma posição de direitos e deveres perante a sociedade (BORBA, José Edwaldo Tavares. *Direito societário*. 14. ed. São Paulo: Atlas, 2015, p. 44).

[54] Que instituiu a Declaração de Direitos de Liberdade Econômica.

[55] SILVEIRA, Marco Antonio Karam. *A sucessão causa mortis na sociedade limitada: tutela da empresa, dos sócios e de terceiros*. Porto Alegre: Livraria do Advogado Editora, 2009, p. 48.

[56] "A constituição de uma sociedade pode ter como principal referência o mútuo reconhecimento entre seus sócios. São sócios porque se identificam e se aceitam reciprocamente. São sociedades *intuitu personae*, isto é, sociedades contratadas em função das pessoas" (MAMEDE, Gladston. *Direito Societário – Sociedades Simples e Empresárias*. 11 ed. São Paulo: Atlas, 2019, p. 42).

[57] "Em oposição, há sociedades nas quais a identidade do sócio não tem tal relevância, importa o aporte de capital; justamente por isso, a transferência da participação societária é livre. São sociedades *intuito pecuniae*, ou sejam sociedades focadas no aporte do capital e não na pessoa dos sócios" (MAMEDE, Gladston. *Direito Societário – Sociedades Simples e Empresárias*. 11 ed. São Paulo: Atlas, 2019, p. 42).

pelos demais quotistas. As deliberações sociais da sociedade limitada são tomadas em reunião ou assembleia de quotistas.

Já a sociedade anônima é constituída por estatuto social e seu capital é dividido em ações.[58] A responsabilidade de cada sócio ou acionista será limitada ao preço de emissão das ações subscritas ou adquiridas. A sociedade por ações pode ser aberta (quando as ações são negociadas no mercado de valores mobiliários – bolsa de valores) ou fechada (quando as ações não são negociadas no mercado de valores mobiliários). Em que pese a sociedade por ações seja, por sua natureza, classificada como de capital, entendendo-se a contribuição material como mais importante do que os atributos individuais (tanto é assim que, em grandes companhias, um acionista desconhece quem são os outros acionistas),[59] muito embora em algumas situações possa ocorrer o inverso. Com efeito, as sociedades anônimas de capital fechado são, muitas vezes, compostas por grupos familiares, pelo que, comumente, acabam se impondo restrições ao ingresso de novos sócios, como a garantia do direito de preferência pelos demais acionistas. Quanto ao ponto, aliás, importante ressaltar que, em se tratando de *holding* familiar constituída para fins de planejamento sucessório, a opção pela sociedade por ações resulta, na maioria dos casos, na constituição de uma sociedade por ações de capital fechado.

Observa-se que a principal característica comum entre a sociedade limitada e a sociedade por ações é a responsabilidade limitada dos sócios (o que, aliás, é um dos principais fatores pelos quais são os tipos de sociedade mais utilizados no Brasil), a qual consiste em um mecanismo de proteção dos sócios que se justifica como incentivo ao desenvolvimento econômico.[60] A limitação da responsabilidade é fator de grande importância, eis que restringe (ainda que não de forma absoluta)[61] a possibilidade de atingimento do patrimônio pessoal dos sócios a partir de obrigações da sociedade. Preserva o princípio da entidade, disciplinando autonomia pessoal e patrimonial entre as pessoas físicas e a jurídica.

Já na esfera do planejamento sucessório, cada um destes tipos societários tem suas vantagens próprias. Na sociedade por ações, ao se planejar a sucessão, é possível alocar diferentes espécies de ações a cada um dos herdeiros, inclusive no que diz respeito à composição da legítima, na medida em que o Código Civil determina a igualdade quantitativa da legítima (valor do patrimônio) e não qualitativa (espécie de patrimônio).[62] Assim, por exemplo – respeitada a igualdade constitucional, com distribuição equânime de ônus e bônus –, é possível destinar mais ações com direito a voto (ações ordinárias) para aqueles herdeiros escolhidos para administrar a sociedade, e mais ações que geram

---

[58] Nas sociedades divididas em ações, a ação consiste em um valor mobiliário representativo de unidade do capital social (COELHO, Fábio Ulhoa. Manual de direito comercial: direito de empresa. 28. ed. rev., atual. e ampl. – São Paulo: Editora Revista dos Tribunais, p. 183).

[59] ROSSI, Alexandre Alves; SILVA, Fabio Pereira da. *Holding familiar: visão jurídica do planejamento societário, sucessório e tributário*. São Paulo: Trevisan, 2015. E-book, p. 83.

[60] ROSSI, Alexandre Alves; SILVA, Fabio Pereira da. *Holding familiar: visão jurídica do planejamento societário, sucessório e tributário*. São Paulo: Trevisan, 2015. E-book, p. 32.

[61] Como se verá a seguir, há determinadas situações em que os sócios podem responder pessoalmente pelas dívidas da sociedade.

[62] Embora aqui há de se ter cuidados especiais com o princípio da igualdade na filiação, de forma que a distinção qualitativa seja justificada e fundamentada, a fim de que o privilégio não possa ser utilizado como desculpas para fraudes.

maiores proventos (ações preferenciais) para aqueles que não atuarão na sociedade. Já a sociedade limitada é mais vantajosa no sentido de envolver menor burocracia para sua constituição e menores custos para sua manutenção,[63] sendo mais apropriada para negócios ou patrimônio de pequeno e médio porte. Daí porque a sociedade limitada tem-se apresentado como a preferida em planejamentos sucessórios.

6 Constituição

Após a decisão pela realização de um planejamento sucessório com a utilização de uma *holding* familiar, bem como pela definição de seu objetivo, o próximo passo a ser dado é a constituição da sociedade. Trata-se de uma etapa fundamental, na medida em que é a partir do registro dos atos constitutivos que a sociedade adquire personalidade jurídica própria (art. 985 do Código Civil).

A sociedade limitada é constituída mediante contrato escrito (particular ou público) que mencionará, obrigatoriamente: (a) qualificação dos sócios; (b) denominação, objeto, sede e prazo da sociedade; (c) capital da sociedade, expresso em moeda corrente, podendo compreender qualquer espécie de bens, suscetíveis de avaliação pecuniária; (d) a quota de cada sócio no capital social; (e) as pessoas incumbidas da administração da sociedade, seus poderes e atribuições; (f) a participação de cada sócio nos lucros e nas perdas; e (g) se os sócios respondem, ou não, subsidiariamente, pelas obrigações sociais. Além destas cláusulas obrigatórias, as partes podem estipular outras cláusulas que não contrariem a legislação, sendo recomendável, especialmente no âmbito do planejamento sucessório, que o contrato social seja o mais completo possível (regulando questões importantes, como, exemplo, a possibilidade ou não de ingresso de novos sócios, direito de preferência, forma de pagamento dos haveres em caso de retirada de sócio,[64] entre outros). Trata-se de um documento que se tornará público após o registro, sendo seu conteúdo acessível a terceiros.

O registro da sociedade limitada pode ser de competência da junta comercial ou do registro de títulos e documentos. A primeira é competente para o registro dos atos constitutivos das sociedades limitadas empresárias (como, conforme visto acima, normalmente são classificadas as *holdings* familiares). O segundo é competente para o registro dos atos constitutivos das sociedades limitadas simples (não empresárias).

Já a sociedade por ações é constituída por subscrição pública (com a intermediação de instituição financeira e prévio registro da emissão na Comissão de Valores Mobiliários) ou particular (via assembleia geral ou por escritura pública). Em ambos os casos, é requisito a elaboração e a aprovação de um estatuto, o qual deve mencionar questões

---

[63] ROSSI, Alexandre Alves; SILVA, Fabio Pereira da. *Holding familiar: visão jurídica do planejamento societário, sucessório e tributário*. São Paulo: Trevisan, 2015. E-book, p. 34.

[64] "Na medida em que tais conflitos podem afetar o negócio e o seu desempenho, é útil prevenir os conflitos mediante diferentes contratos no nível familiar (p.ex., constituição familiar ou assembleias) ou por opções de saída claramente definidas para os familiares sócios que não desejam participar por mais tempo na empresa familiar ou que necessitam de maior liquidez" (PRIGGE, Stefan; THIELE, Felix K. Corporate Governance Codes: How to Deal with the Bright and Dark Sides of Family Influence, p. 297-332 (p. 304). *In*: MEMILI, Esra; DIBRELL, Clay. (Ed.). *The Palgrave Handbook of Heterogeneity among Family Firms*. Palgrave Macmillan, 2019. 1023 p.) (tradução nossa).

como: (a) objeto social;[65] (b) valor do capital social; (c) número de ações em que se divide o capital social; (d) eventuais preferências ou vantagens que sejam atribuídas aos acionistas sem direito a voto; (e) a forma das ações e a conversibilidade de uma em outra forma. Além destes itens obrigatórios, o estatuto pode estabelecer uma série de outros regramentos que não contrariem a legislação, sendo recomendável, especialmente no âmbito do planejamento sucessório, que, como autoriza o art. 36 da Lei 6.404/1976, o estatuto imponha limitações à circulação das ações (não podendo, todavia, impedir a negociação). Além do estatuto, há uma série de exigências formais para a constituição de uma sociedade anônima, o que torna o procedimento mais complexo.[66] O registro da sociedade anônima sempre será de competência da junta comercial.

Importante atentar para algumas regras específicas relacionadas ao direito de família que repercutem diretamente na constituição da *holding* familiar.

A primeira delas é a regra do art. 977 do Código Civil segundo a qual "faculta-se aos cônjuges contratar sociedade, entre si ou com terceiros, desde que não tenham casado no regime da comunhão universal de bens, ou no da separação obrigatória". Embora ainda sejam muitas as discussões sobre o tema,[67] trata-se de um dispositivo que deve ser levado em consideração na estruturação do planejamento.

A segunda delas é a desnecessidade de outorga conjugal para a constituição da sociedade, eis que tal ato não está elencado no art. 1.647 do Código Civil, dispositivo que estipula os atos que não podem ser realizados por um cônjuge sem autorização do outro. Aliás, importante mencionar que não há necessidade de outorga conjugal para qualquer que seja o regime de bens, inclusive no caso de o empresário casado alienar os imóveis que integrem o patrimônio da empresa ou gravá-los de ônus real (art. 978 do Código Civil). Trata-se de atos realizados no exercício de atividade empresarial.

A terceira delas diz respeito à obrigação de que sejam arquivados e averbados, no registro público de empresas mercantis, os pactos e declarações antenupciais do empresário, o título de doação, herança, ou legado, de bens clausulados de incomunicabilidade ou inalienabilidade (art. 979 do Código Civil). Quanto ao ponto, merece menção, ainda, a regra segundo a qual a sentença que decretar ou homologar a separação judicial do empresário e o ato de reconciliação não podem ser opostos a terceiros antes de arquivados e averbados no registro público de empresas mercantis (art. 980 do Código Civil). Isso significa dizer que há necessidade de levar ao registro mercantil atos especificamente familiares.

---

[65] Importante que se defina a Classificação Nacional de Atividades Econômicas (CNAE) mais adequada (ARAÚJO, Elaine Cristina de; ROCHA JUNIOR, Arlindo Luiz. *Holding: visão societária, contábil e tributária*. Rio de Janeiro: Freitas Bastos, 2019, p. 6.

[66] ROSSI, Alexandre Alves; SILVA, Fabio Pereira da. *Holding familiar: visão jurídica do planejamento societário, sucessório e tributário*. São Paulo: Trevisan, 2015. E-book, p. 57.

[67] Tais como: (i) se a proibição seria apenas à sociedade formada por ambos os cônjuges ou também de apenas um dos cônjuges com terceiros; (ii) se a regra se aplicaria apenas às sociedades constituídas após o Código Civil de 2002, ou também às sociedades constituídas anteriormente; (iii) se a regra seria aplicável apenas às sociedades contratuais (como a sociedade limitada) ou também às sociedades estatutárias (como a sociedade anônima); (iv) se a regra seria aplicável apenas às sociedades empresárias ou também às sociedades simples (não empresárias); (v) se a regra seria aplicável apenas às sociedades por quotas ou também às sociedades por ações; (vi) se a vedação se aplicaria somente ao casamento ou também à união estável.

7 Subscrição de quotas/ações e integralização do capital

No que tange à divisão do capital social, as sociedades podem ser classificadas como sociedades por quotas[68] ou como sociedades por ações.[69] Nas sociedades divididas em quotas, como é o caso da sociedade limitada, a quota social é a unidade representativa de uma fração do capital social, correspondendo a uma posição de direitos e deveres perante a sociedade.[70] Nas sociedades divididas em ações, como é o caso da sociedade anônima, a ação consiste em um valor mobiliário representativo de unidade do capital social.[71]

O capital social que consta em um contrato (sociedades contratuais) ou estatuto social (sociedades estatutárias) corresponde ao valor que cada um dos sócios integralizou ou se obrigou a integralizar à sociedade ao subscrever suas quotas,[72] não possuindo necessária correlação com o valor do patrimônio do qual a sociedade é titular.[73] Enquanto o valor do capital social é, em regra, permanente, oscilando nos casos de aumento ou redução, o patrimônio corresponde ao valor dos bens e direitos que a sociedade possui.[74] Pode-se dizer que a formação do patrimônio da sociedade se inicia com a integralização do capital registrado.[75]

Quando uma sociedade é constituída, os sócios constituintes assumem títulos societários (quotas ou ações) representativos de uma fração do capital social, obrigando-se, em contrapartida, a transferir para a sociedade o respectivo valor. O referido ato de assumir as quotas ou ações é denominado subscrição, enquanto o referido ato de transferir à sociedade o valor das quotas ou ações que foram subscritas é denominado integralização do capital.[76] Portanto, a subscrição antecede à integralização.[77]

A integralização do capital social se trata de obrigação existente tanto na sociedade limitada (art. 1.052 do Código Civil) quanto na sociedade anônima (art. 106 da Lei 6.404/1976), havendo importantes questões jurídicas relacionadas ao referido ato que merecem ser consideradas quando da constituição de uma *holding* familiar, e que ora serão sucintamente analisadas.

O primeiro aspecto relevante diz respeito às consequências do inadimplemento de tal obrigação. O sócio que não cumpre com a obrigação de integralizar o capital é denominado sócio remisso. Na sociedade limitada, todos os sócios respondem

---

[68] É o caso da sociedade simples, da sociedade em nome coletivo, da sociedade em comandita simples e da sociedade limitada.

[69] É o caso da sociedade em comandita por ações e da sociedade anônima.

[70] BORBA, José Edwaldo Tavares. *Direito societário*. 14. ed. São Paulo: Atlas, 2015, p. 44

[71] COELHO, Fábio Ulhoa. *Manual de direito comercial*: direito de empresa. 28. ed. rev., atual. e ampl. São Paulo: Editora Revista dos Tribunais, p. 183

[72] BORBA, José Edwaldo Tavares. *Direito societário*. 14. ed. São Paulo: Atlas, 2015, p. 71.

[73] MAMEDE, Eduarda Cotta; MAMEDE, Gladston. *Blindagem patrimonial e planejamento jurídico*. 3. ed. São Paulo: Atlas, 2013, p. 24.

[74] BAGNOLI, Martha Gallardo Sala. *Holding imobiliária como planejamento sucessório*. São Paulo: Quartier Latin, 2016, p. 111.

[75] MAMEDE, Eduarda Cotta; MAMEDE, Gladston. *Blindagem patrimonial e planejamento jurídico*. 3. ed. São Paulo: Atlas, 2013, p. 23.

[76] MAMEDE, Eduarda Cotta; MAMEDE, Gladston. *Holding familiar e suas vantagens: planejamento jurídico e econômico do patrimônio e da sucessão familiar*. 11. ed. São Paulo: Atlas, 2019, p. 119.

[77] ROSSI, Alexandre Alves; SILVA, Fabio Pereira da. *Holding familiar: visão jurídica do planejamento societário, sucessório e tributário*. São Paulo: Trevisan, 2015. E-book, p. 35.

solidariamente pela integralização do capital social, de maneira que, no caso de inadimplemento de quaisquer dos sócios, os demais sócios responderão até o limite do valor a ser integralizado;[78] assim o fazendo, poderão tomar as quotas do sócio remisso para si ou as transferir a terceiros, excluindo o remisso e devolvendo-lhe o que houver pago. Na sociedade anônima, o sócio que não integraliza o capital é denominado acionista remisso (art. 107 da Lei 6.404/1976), podendo a sociedade promover contra o acionista processo de execução para cobrar as importâncias devidas ou mandar vender as ações em bolsa de valores, por conta e risco do acionista.

A segunda questão que merece análise diz respeito à forma de integralização, tanto na sociedade limitada (art. 997, III do Código Civil) quanto na sociedade anônima (art. 7º da Lei 6.404/1976), a qual poderá ocorrer através de aporte em dinheiro ou mediante a transferência de qualquer espécie de bens suscetíveis de avaliação em dinheiro, como bens imóveis, bens móveis, participações societárias, propriedade industrial, investimentos financeiros etc.,[79] sendo apenas vedada a contribuição em serviços.[80] A diferença é que, na sociedade anônima, a integralização deve ser precedida de uma avaliação dos bens a ser realizada por três peritos ou empresas especializadas, cujo valor atribuído deverá ser aprovado em assembleia (art. 8º da Lei 6.404/1976), sendo um procedimento mais complexo e custoso.

A depender da natureza do bem integralizado, há regras próprias a serem observadas, seja quanto aos aspectos formais, seja no que diz respeito a questões tributárias.

Se a integralização ocorrer por meio da transferência de dinheiro ou de bens móveis, não há maiores formalidades, sendo dispensada, inclusive, a outorga conjugal. Todavia, quando a integralização envolver a transferência de bens imóveis, o ato se torna mais complexo. Primeiro, é necessária a outorga conjugal para a transferência do bem imóvel de uma pessoa física para uma pessoa jurídica, salvo no regime da separação absoluta de bens (art. 1.647 do Código Civil). Segundo, ao contrário da regra geral, o ato de transferência não exige escritura pública, servindo a certidão dos atos de constituição da sociedade, passada pela junta comercial em que foi arquivada, como documento hábil para a transferência (art. 64 da Lei 8.934/94) – sendo que a transferência de propriedade, nos termos do art. 1.245 do Código Civil, apenas se concretiza com o registro do título translativo no registro de imóveis (nesse sentido inclusive já decidiu o Superior Tribunal de Justiça).[81] Terceiro, essa operação envolve duas espécies de tributação: Imposto de Renda da Pessoa Física ("IRPF") e Imposto sobre a Transmissão de Bens Imóveis ("ITBI").[82]

Quanto ao ITBI, a regra geral é a de que tal tributo incide sobre a transmissão por ato oneroso e *inter vivos*, a qualquer título, de bens imóveis, sendo o recolhimento de competência dos municípios (art. 156, II da Constituição Federal), de maneira que a

---

[78] SANTOS, Ana Bárbara Moraes; VIEGAS, Cláudia Mara de Almeida Rabelo. *Planejamento sucessório e societário: a holding familiar e a governança corporativa*. Revista dos Tribunais, vol. 988/2018, p. 285 - 318, fev. 2018, p. 7.

[79] PRADO, Marina de Almeida; ROSALEM JUNIOR, Laerte. *A tributação das sociedades holdings patrimoniais*. Revista dos Tribunais, vol. 976/2017, p. 401 - 416, fev. 2017, p. 4.

[80] Exceto no caso da sociedade simples (art. 997, V do Código Civil).

[81] REsp 1743088/PR, Rel. Ministro Marco Aurélio Bellizze, Terceira Turma, julgado em 12/03/2019, DJe 22/03/2019.

[82] PRADO, Marina de Almeida; ROSALEM JUNIOR, Laerte. *A tributação das sociedades holdings patrimoniais*. Revista dos Tribunais, vol. 976/2017, p. 401 - 416, fev. 2017, p. 5.

alíquota varia de município para município. E não há dúvidas de que a integralização do capital em uma *holding* através de bens imóveis configura transferência onerosa.[83] Todavia, a legislação constitucional prevê a não incidência do ITBI sobre a transmissão de bens ou direitos incorporados ao patrimônio de pessoa jurídica em realização de capital, salvo se, nesses casos, a atividade preponderante do adquirente for a compra e venda desses bens ou direitos, locação de bens imóveis ou arrendamento mercantil (art. 156, §2º, I da Constituição Federal). A definição de atividade preponderante de venda ou locação de propriedade imobiliária está contida no Código Tributário Nacional (art. 37), que prevê como característica de "atividade preponderante" quando mais de 50% da receita operacional da pessoa jurídica adquirente decorrer das referidas operações (a) nos dois anos anteriores e nos dois anos subsequentes à aquisição, ou (b) nos três primeiros anos seguintes à data da aquisição, se a pessoa jurídica adquirente iniciar suas atividades após a aquisição, ou menos de dois anos antes dela. Com efeito, não importa, para tal fim, a atividade descrita no objeto social do contrato da sociedade, mas sim a atividade efetivamente exercida.[84]

Contudo, há mais uma variante a ser considerada nesta análise. É que há decisões do Tribunais de Justiça do Rio Grande do Sul, do Paraná e do Rio de Janeiro, entendendo pela não incidência da imunidade em relação a *holdings* familiares que tenham por único objeto a administração de patrimônio próprios. O Tribunal de Justiça do Rio Grande do Sul fundamentou tal entendimento no fato de que o intuito do legislador, ao prever a imunidade tributária do art. 156, inciso I, §2º, da CF, era o de promover o desenvolvimento das atividades econômicas, o que não ocorreria em *holdings* que se limitam a administrar o próprio patrimônio.[85] Também o Tribunal de Justiça do Paraná afastou a imunidade tributária sob o argumento de que a *holding* familiar, no caso analisado, não comprovou exercer atividade econômica.[86] O Tribunal de Justiça do Rio de Janeiro, por sua vez, entendeu que, no caso analisado, a *holding* familiar havia sido criada para o fim único de planejamento sucessório, sem desenvolver atividade econômica, razão pela qual estaria fora do escopo da imunidade do art. 156, inciso I, §2º, da CF.[87]

Portanto, em relação ao ITBI, é de suma importância a verificação do enquadramento da integralização de bem imóvel em *holding* familiar na hipótese de imunidade desse imposto, eis que tal imunidade somente será aplicável se a atividade preponderante da *holding* familiar não for de compra e venda desses bens ou direitos, locação de bens imóveis ou arrendamento mercantil.[88] E isso porque a inobservância da preponderância

---

[83] ROSSI, Alexandre Alves; SILVA, Fabio Pereira da. *Holding familiar: visão jurídica do planejamento societário, sucessório e tributário*. São Paulo: Trevisan, 2015. E-book, p. 161.

[84] SOUZA, João de. *Manual da Holding Familiar*. Vitória: Publiquese, 2017. E-book, p. 37. Isso significa dizer que há uma comprovação operacional a ser realizada no tempo para esta modalidade.

[85] Nesse sentido: "Apelação e Reexame Necessário, Nº 70070663059, Vigésima Segunda Câmara Cível, Tribunal de Justiça do RS, Relator: Francisco José Moesch, Julgado em: 26-01-2017"; e "Reexame Necessário, Nº 70068906056, Vigésima Segunda Câmara Cível, Tribunal de Justiça do RS, Relator: Denise Oliveira Cezar, Julgado em: 28-07-2016".

[86] "Apelação Cível. 0006425-58.2018.8.16.0077, TJPR Relator: Desembargador Ruy Cunha Sobrinho Órgão Julgador: 1ª Câmara Cível Data Julgamento: 13/08/2019".

[87] "Apelação Cível 0005378-79.2015.8.16.0004 (Acórdão) Relator: Desembargador Eduardo Sarrão. Órgão Julgador: 3ª Câmara Cível. Data Julgamento: 11/09/2018".

[88] FLEISCHMANN, Simone Tassinari Cardoso; TREMARIN JUNIOR, Valter. Reflexões sobre *holding* familiar no planejamento sucessório. *In*: TEIXEIRA, Daniele Chaves (Org.). *Arquitetura do planejamento sucessório*. Belo

no faturamento poderá ensejar a cobrança de ITBI retroativo à data de integralização do bem imóvel ao capital social, com todos os ônus decorrentes do não recolhimento correto do tributo.[89]

Quanto ao IRPF, há de ser analisada a possibilidade de incidência do imposto de renda sobre ganho de capital decorrente da transferência do imóvel da pessoa física para a pessoa jurídica, cuja alíquota pode variar de 15% a 22,5% (art. 21 da Lei 8.891/1995, alterado pela Lei 13.259/2016). Nesse ponto, a legislação tributária oferece duas opções à pessoa física titular do bem imóvel a ser integralizado. A primeira delas é a transferência do imóvel pelo mesmo valor que ele estava sendo declarado no imposto de renda da pessoa física (DIRPF), e, neste caso, não haverá a incidência de imposto de renda sobre ganho de capital. A segunda delas é a transferência do imóvel pelo valor de mercado, sendo que, neste caso, provavelmente haverá a incidência de imposto de renda sobre ganho de capital calculado sobre a diferença entre o valor de mercado do bem e o valor pelo qual ele era declarado no imposto de renda da pessoa física (DIRPF).

Embora, à primeira vista, pareça mais lógico optar pela primeira hipótese (já que não haverá a incidência de imposto de renda sobre ganho de capital), nem sempre esta é a opção mais vantajosa. E isso porque a legislação prevê hipóteses de redução do imposto de renda sobre ganho de capital. Com efeito, o art. 18 da Lei 7.713/1988 prevê que, para a apuração do valor a ser tributado, no caso de alienação de bens imóveis, poderá ser aplicado um percentual de redução sobre o ganho de capital apurado (que pode variar de 5% a 100%), segundo o ano de aquisição ou incorporação do bem (período até 1988). Já o art. 40 da Lei 11.196/2005 estabelece que fatores de redução (FR1 e FR2) do ganho de capital incidirão por ocasião da alienação, a qualquer título, de bens imóveis realizada por pessoa física. Todavia, na constituição de uma *holding* familiar, estas reduções somente poderão ser aproveitadas quando da transferência do bem imóvel da pessoa física para a pessoa jurídica, e não posteriormente, quando da alienação futura do bem pela *holding*.[90] E isso porque a transmissão de bens imóveis dos sócios para a *holding* é considerada fato jurídico tributário.[91]

Ou seja, de duas, uma: ou a pessoa física integraliza o capital social da *holding* familiar mediante a transferência de bens imóveis pelo mesmo valor que estava sendo declarado no seu imposto de renda (DIRPF), sendo que, neste caso, não haverá a incidência de imposto de renda sobre ganho de capital, mas não poderão ser mais aproveitadas eventuais reduções do referido tributo quando da alienação futura do bem; ou, então, a pessoa física integraliza o capital social da *holding* familiar mediante a transferência de bens imóveis pelo valor de mercado, sendo que, neste caso, provavelmente haverá a incidência de imposto de renda sobre ganho de capital calculado sobre a diferença entre o valor de mercado do bem e o valor pelo qual ele era declarado no imposto de renda

---

Horizonte: Fórum, 2019, p. 431.

[89] GARCIA, Fátima. *Holding familiar: planejamento sucessório e proteção patrimonial*. Maringá: Viseu, 2018. E-book, p. 193.

[90] FLEISCHMANN, Simone Tassinari Cardoso; TREMARIN JUNIOR, Valter. Reflexões sobre *holding* familiar no planejamento sucessório. *In*: TEIXEIRA, Daniele Chaves (Org.). *Arquitetura do planejamento sucessório*. Belo Horizonte: Fórum, 2019, p. 431.

[91] MANSUR, Augusto de Andrade. *Aspectos tributários da constituição patrimonial de holdings familiares como mecanismo de planejamento sucessório*. Revista Tributária e de Finanças Públicas, vol. 132/2017, p. 29 - 40, Jan - fev. 2017, p. 7.

da pessoa física (DIRPF), mas também serão aproveitadas todas as reduções previstas em lei. Isso, com relação à integralização. Após o ingresso na *holding*, novo tratamento tributário recebe este imóvel, de forma que, na constituição, a fim de verificar qual a modalidade lícita será utilizada, deve-se ter em conta que, ao ingressar na sociedade, o bem será capital na integralidade.

8 Transferência das participações societárias aos sucessores conforme o seu momento

Sendo o caso de a *holding* familiar ser constituída como instrumento de planejamento sucessório (hipótese para a qual está voltada o presente estudo), é fundamental que se examine como, após a constituição da sociedade e a integralização do capital, se dará a transferência das quotas ou ações aos seus sucessores. Neste tocante, prevalecem as regras do direito sucessório.

Consoante o que prevê o art. 1.786 do Código Civil, o Brasil adota um sistema misto de sucessão, mesclando a sucessão testamentária com a sucessão legítima. Enquanto na sucessão testamentária a divisão da herança se estabelece por declaração de última vontade, prevalecendo, portanto, o desejo do testador, na sucessão legítima, prevalece a divisão estabelecida pela legislação, através da ordem de vocação hereditária (art. 1.829 do Código Civil).

A sucessão legítima ocorre em três hipóteses. A primeira é se o *de cujus* não tiver deixado testamento, de maneira que todo o patrimônio será partilhado entre os herdeiros consoante a ordem de vocação hereditária. A segunda é se, mesmo tendo o *de cujus* deixado testamento, este não tiver contemplado toda a parte disponível do patrimônio, de maneira que a parcela não contemplada será partilhada entre os herdeiros, consoante a ordem de vocação hereditária. A terceira é se, mesmo tendo o *de cujus* deixado testamento, houver herdeiros necessários, de maneira que ao menos metade do patrimônio será partilhada consoante a ordem de vocação hereditária.

Esta terceira hipótese decorre da regra do art. 1.789 do Código Civil, que impõe uma limitação ao direito de testar ao estabelecer que, havendo herdeiros necessários (pelo Código Civil, os descendentes, os ascendentes e o cônjuge; e, para parte da doutrina e da jurisprudência, o companheiro em união estável),[92] o testador só poderá dispor da metade da herança. Ou seja, o legislador buscou conciliar a preservação dos herdeiros necessários, que, em regra, não podem ser afastados da sucessão, com a liberdade de disposição dos bens através de testamento,[93] estabelecendo regras gerais que regulam a transmissão do acervo patrimonial de pessoa falecida. Ressalva-se, todavia, que, nos termos do art. 2.014 do Código Civil, a existência da legítima não impede o direito do titular do patrimônio de indicar os bens que irão compor a parte de cada herdeiro, na

---

[92] A questão ainda não está pacificada.

[93] HIRONAKA, Giselda Maria Fernandes Novaes. Direito das sucessões brasileiro - disposições gerais e sucessão legítima. Destaque para dois pontos de irrealização da experiência jurídica em face da previsão contida na regra estampada na nova legislação civil pátria, o código civil de 2002. *Revista dos Tribunais*. São Paulo, v. 808/2003, p. 20 – 38, fev. 2003.

medida em que a legítima se limita ao valor, e não à natureza ou ao tipo de bem a ser transmitido.[94]

Importante ressaltar, ainda, que, sem prejuízo da sucessão testamentária e da sucessão legítima, pode o titular de determinado patrimônio antecipar a transferência dos bens aos sucessores – fazendo-a em vida, por meio de doação –, desde que respeitadas as limitações impostas pela legislação, as quais serão mais adiante analisadas. Ou mesmo realizar partilha em vida na forma do art. 2.018 do Código Civil.

Diante desse contexto, há basicamente três possibilidades da transmissão das quotas ou ações do titular do patrimônio aos seus sucessores, nada impedindo que ocorram conjuntamente: (a) transmissão *inter vivos*, por meio de doação; (b) transmissão *causa mortis*, por meio de testamento; e (c) transmissão *causa mortis*, de acordo com a ordem de vocação hereditária. Passa-se, então, à análise de cada uma dessas hipóteses.

A opção pela transmissão *causa mortis* de acordo com a ordem de vocação hereditária não é comum nos planejamentos sucessórios baseados na estruturação de uma *holding* familiar, eis que, em regra, faz parte do planejamento a organização da sucessão e a definição, quanto possível, de como se dará a distribuição dos bens entre os herdeiros. Todavia, é possível que o titular dos bens esteja confortável quanto à distribuição da herança na forma prevista na legislação, e também não se ocupe com a incidência de tributos na transmissão dos bens aos herdeiros. Nesta hipótese, a *holding* familiar é constituída tão somente para fins de concentração do patrimônio em uma sociedade, o que, a bem da verdade, traz, por si só, vantagens não só para a administração dos bens, como também para a própria sucessão hereditária (como acima já analisado). Dessa forma, quando do falecimento, as quotas ou ações serão partilhadas entre os herdeiros conforme a ordem de vocação hereditária, incidindo o respectivo imposto de transmissão *causa mortis* (ITCD) de acordo com a alíquota vigente na data do óbito.

Já a transmissão por meio de testamento exige que sejam observadas algumas regras específicas. O testamento poderá ser elaborado na forma particular, cerrada ou pública (as duas últimas envolvem maiores formalidades). Como já referido, em havendo herdeiros necessários, o objeto do testamento poderá abranger apenas a metade do patrimônio do testador, sendo a outra metade partilhada conforme a ordem de vocação hereditária. Por meio do testamento, é possível, dentro dos limites legais, distribuir as quotas e ações entre os herdeiros, o que pode definir, por exemplo, quem terá o controle da sociedade, bem como destinar ações de natureza distinta aos herdeiros, algumas com direito a voto, outras com direitos a maiores proventos. O testamento é revogável a qualquer tempo, sendo possível a alteração das disposições testamentárias a qualquer tempo, o que permite que o titular da participação societária faça adequações necessárias no planejamento sucessórios conforme eventuais alterações da situação fática. O custo para a elaboração de testamento é diminuto ou inexistente (no caso específico do testamento particular), e a transferência das quotas ou ações aos herdeiros ocorrerá somente quando do falecimento, incidindo o respectivo imposto de transmissão *causa mortis* (ITCD) de acordo com a alíquota vigente na data do óbito.

---

[94] MAMEDE, Eduarda Cotta; MAMEDE, Gladston. *Holding familiar e suas vantagens: planejamento jurídico e econômico do patrimônio e da sucessão familiar*. 11. ed. São Paulo: Atlas, 2019, p. 98.

Por fim, é possível a doação das quotas ou ações, antecipando-se a transmissão aos sucessores. Neste caso, há algumas questões que devem ser observadas (especialmente no bojo de um planejamento sucessório). A primeira são as nulidades. É a de que é nula a doação de todos os bens sem reserva de parte, ou renda suficiente para a subsistência do doador (art. 548 do Código Civil), assim como também é nula a doação quanto à parte que exceder à de que o doador, no momento da liberalidade, poderia dispor em testamento (art. 549 do Código Civil). A segunda é a perpetuidade. A doação realizada é irreversível, podendo ser revogada apenas da hipótese de ingratidão do donatário (nos casos previstos em lei – art. 557 do Código Civil), ou por inexecução do encargo (no caso de doação sujeita a encargo). A terceira é própria legítima. Sabe-se que a doação de ascendentes a descendentes importa adiantamento do que lhes cabe por herança (art. 544 do Código Civil) – salvo dispensa expressa por parte do doador em testamento ou no próprio título de liberalidade, conforme arts. 2.005 e 2.006 do Código Civil –, cabendo aos descendentes trazerem à colação o valor das doações que dele em vida receberam, sob pena de sonegação (art. 2.002 do Código Civil).

Por outro lado, há uma série de mecanismos que podem ser utilizados em prol do doador. É o caso, por exemplo, da possibilidade de ser estipulado que os bens doados voltem ao patrimônio do doador, se este sobreviver ao donatário (denominada cláusula de reversão – art. 547 do Código Civil). Há, também, a possibilidade de se realizar a doação com reserva de usufruto, na qual o doador permanece com direito à posse, uso, administração e percepção dos frutos.

Ambos os mecanismos acima mencionados são recomendados em um planejamento sucessório pautado pela constituição de uma *holding* familiar e pela transferência antecipada das quotas ou ações aos sucessores. Especialmente recomendada é a reserva de usufruto, uma vez que permite ao doador que mantenha para si os direitos de voto e de receber dividendos da sociedade, agindo, assim, como se sócio fosse.[95] Todavia, para evitar futuros litígios, é muito importante que, ao reservar o usufruto, se especifique, no respectivo instrumento, a quem cabe o direito de voto,[96] mormente em se tratando de sociedade anônima, pelo que prevê a Lei da S.A. em seu art. 114, ao estabelecer que "o direito de voto da ação gravada com usufruto, se não for regulado no ato de constituição do gravame, somente poderá ser exercido mediante prévio acordo entre o proprietário e o usufrutuário".

A opção pela doação pode trazer vantagens e desvantagens. De um lado, a doação das quotas ou ações permite que o doador organize antecipadamente a sucessão, além do que, em alguns estados, o imposto incidente sobre a doação é inferior ao imposto de transmissão *causa mortis*,[97] garantindo-se, ainda, o pagamento da alíquota vigente à época da doação (o que confere proteção a eventuais alterações legislativas estaduais que

---

[95] BAGNOLI, Martha Gallardo Sala. *Holding imobiliária como planejamento sucessório*. São Paulo: Quartier Latin, 2016, p. 51.

[96] BAGNOLI, Martha Gallardo Sala. *Holding imobiliária como planejamento sucessório*. São Paulo: Quartier Latin, 2016, p. 53.

[97] No Estado do Rio Grande do Sul, por exemplo, a alíquota do imposto de transmissão *causa mortis* pode alcançar 6% (a depender do valor do quinhão transmitido), enquanto a alíquota do imposto de transmissão *inter vivos* está limitada a 4%.

venham a majorar a alíquota do ITCMD).[98] De outro lado, a doação retira do doador a livre disposição dos bens, ensejando, ainda, o recolhimento antecipado do ITCMD.[99] O doador que era livre para atos de disposição patrimonial por liberalidade, ou necessidade, não tem mais esta prerrogativa, pois se autolimitou em domínio e titularidades.

Não se pode deixar de mencionar que, tanto no caso de testamento, quanto no caso de doação, é possível a inclusão de cláusulas restritivas sobre as quotas ou ações, as quais têm como objetivo conferir proteção ao patrimônio em relação a terceiros. São elas as cláusulas de inalienabilidade, impenhorabilidade e incomunicabilidade. Sobre a parte disponível, tais cláusulas podem ser instituídas em qualquer justificativa. Já sobre a legítima, nos termos do art. 1.848 do Código Civil, instituídas sem qualquer justificativa. Já sobre a legítima, nos termos do art. 1.848 do Código Civil, tais cláusulas não podem ser instituídas, via testamento, se não houver justa causa – cabendo aqui a ressalva de que não foi atribuído pelo legislador o conceito de justa causa para tal fim,[100] o que torna complexa tal tarefa.[101]

A cláusula de inalienabilidade importa a vedação ao herdeiro de alienar, doar permutar ou dar em pagamento o bem recebido[102] e, uma vez imposta, implica também a impenhorabilidade e a incomunicabilidade do bem (art. 1.911 do Código Civil). Trata-se de cláusula bastante utilizada em planejamentos sucessórios envolvendo a constituição de *holding* familiar, na medida em que obstaculiza o ingresso de terceiros na sociedade. No entanto, em se tratando especificamente de sociedade por ações, pode-se entender que a instituição de tal cláusula contraria a regra do art. 36 da Lei 6.404/1976, segundo a qual não se pode limitar por completo a negociação de ações.[103] A cláusula de impenhorabilidade tem como objetivo proteger os herdeiros de eventuais credores.[104] Todavia, ainda que o bem seja assim clausulado, podem ser penhorados, à falta de outros bens, os frutos e os rendimentos de tais bens (art. 834 do Código de Processo Civil). Já a incomunicabilidade objetiva impedir que os bens recebidos por herança se comuniquem com o cônjuge ou companheiro do herdeiro.[105] Vale lembrar que o único regime de bens em que o patrimônio recebido por herança é comunicável é o da comunhão universal dos bens (art. 1.667 do Código Civil). Assim, a cláusula de incomunicabilidade se justifica apenas em tal situação (art. 1.668, I do Código Civil),

---

[98] PRADO, Roberta Nioac. Parte I. *In*: PRADO, Roberta Nioac (Org.). *Aspectos relevantes da empresa familiar e da família empresária: governança e planejamento patrimonial sucessório*. 2. ed. São Paulo: Saraiva Educação, 2018, p. 54.

[99] ROSSI, Alexandre Alves; SILVA, Fabio Pereira da. *Holding familiar: visão jurídica do planejamento societário, sucessório e tributário*. São Paulo: Trevisan, 2015. E-book, p. 159.

[100] A doutrina vem entendendo que configuram justa causa circunstâncias que tornem provável a dilapidação da herança pelo herdeiro, como, por exemplo, prodigalidade ou incapacidade que comprometa o discernimento do herdeiro. Nesse sentido: NERY JUNIOR, Nelson; NERY, Rosa Maria de Andrade. *Código Civil Comentado*. 10. ed. São Paulo: Editora Revista dos Tribunais, 2013, p. 1.580-1.581.

[101] Sobre o tema, vide OTERO, Marcelo Truzzi. *A justa causa testamentária*. Porto Alegre: Livraria do Advogado, 2012.

[102] DIAS, Maria Berenice. *Manual das Sucessões*. 3. ed. rev., atual. e ampl. São Paulo: Revista dos Tribunais, 2013, p. 291.

[103] ROSSI, Alexandre Alves; SILVA, Fabio Pereira da. *Holding familiar: visão jurídica do planejamento societário, sucessório e tributário*. São Paulo: Trevisan, 2015. E-book, p. 140.

[104] DIAS, Maria Berenice. *Manual das Sucessões*. 3. ed. rev., atual. e ampl. São Paulo: Revista dos Tribunais, 2013, p. 292.

[105] DIAS, Maria Berenice. *Manual das Sucessões*. 3. ed. rev., atual. e ampl. São Paulo: Revista dos Tribunais, 2013, p. 293.

sendo certo, todavia, que esta incomunicabilidade não se estende aos frutos, quando se percebam ou vençam durante a união (art. 1.669 do Código Civil).

Tais cláusulas se extinguem com o falecimento do herdeiro, não se transmitindo a restrição para a geração seguinte.[106] Além disso, mesmo antes do falecimento do herdeiro, a jurisprudência vem conferindo certa flexibilização à manutenção de tais cláusulas, autorizado o seu cancelamento, por exemplo, naqueles casos em que resta demonstrado que a restrição, ao invés de cumprir sua função de garantia de patrimônio aos descendentes, acaba acarretando lesão aos seus legítimos interesses.[107] Aliás, a própria legislação prevê a possibilidade de cancelamento da cláusula de inalienabilidade mediante autorização e havendo justa causa, embora determine a sub-rogação do ônus ao produto da venda (art. 1.848, §2º do Código Civil).

Por fim, especificamente quanto às questões tributárias envolvendo a transferência das quotas ou ações, o art. 155, I da Constituição Federal estabelece a competência dos estados e do Distrito Federal de instituir impostos sobre transmissão *causa mortis* e doação, de quaisquer bens ou direitos. Assim, a alíquota o ITCMD varia de estado para estado. Para definir qual o estado competente para o recolhimento do tributo (e, consequentemente, qual será a alíquota aplicada), é preciso observar a regra do §1º do art. 155, I da Constituição Federal, segundo o qual o recolhimento do ITCMD relativamente a bens móveis, títulos e créditos (enquadrando-se aqui ações ou quotas) compete ao estado onde se processar o inventário ou arrolamento, ou tiver domicílio o doador, ou ao Distrito Federal. A depender do estado, o sujeito passivo da obrigação tributária, na doação, pode ser o doador[108] ou o donatário.[109] Já quanto à base de cálculo do imposto, cada estado possui seus critérios próprios para chegar ao respectivo valor.[110]

Quando a doação é realizada com reserva de usufruto, alguns estados segregam o recolhimento do ITCMD entre o usufruto e a nua-propriedade.[111] É o caso do estado de São Paulo, que atribui o peso de um terço para o usufruto, e dois terços para a nua-propriedade.[112] Já em outros estados, como o Rio Grande do Sul, não há essa

---

[106] BAGNOLI, Martha Gallardo Sala. *Holding imobiliária como planejamento sucessório*. São Paulo: Quartier Latin, 2016, p. 63.

[107] Nesse sentido: REsp 1422946/MG, Rel. Ministra Nancy Andrighi, Rel. p/ Acórdão Ministro Paulo de Tarso Sanseverino, Terceira Turma, julgado em 25/11/2014, DJe 05/02/2015.

[108] No Estado do Rio Grande do Sul, o art. 8º da Lei 8.821/1989 estabelece que na doação, o contribuinte do ITCMD é o doador, salvo se este não for domiciliado ou residente no país, hipótese na qual o contribuinte será o donatário.

[109] No Estado de São Paulo, o art. 7º da Lei 10.705/2000 estabelece que na doação, o contribuinte do ITCMD é o donatário, salvo se este não residir nem for domiciliado no Estado, hipótese na qual o contribuinte será o doador.

[110] No Estado do Rio Grande do Sul, por exemplo, são levados em consideração os seguintes documentos para a avaliação e o cálculo do ITCMD na doação de quotas de capital e ações de capital fechado: a) Contrato social atualizado; b) Balanço Patrimonial (ao menos dos 3 últimos exercícios findos, preferencialmente dos últimos 5); c) Demonstrações de Resultado do Exercício (ao menos dos 3 últimos exercícios findos, preferencialmente dos últimos 5); d) Relação sumária de bens da empresa (imóveis e veículos) ou declaração de inexistência destes bens; e) Relação detalhada das participações societárias em coligadas e/ou controladas (se existente); f) Declaração de inatividade assinada por contabilista habilitado (quando a empresa se encontrar nessa situação); g) Demonstração de Fluxo de Caixa (DFC) para empresas com patrimônio líquido superior a R$2 milhões.

[111] BAGNOLI, Martha Gallardo Sala. *Holding imobiliária como planejamento sucessório*. São Paulo: Quartier Latin, 2016, p. 57.

[112] De acordo com o art. 9º da Lei 10.705/2000, a base de cálculo do imposto será equivalente a um terço do valor do bem, na instituição do usufruto, por ato não oneroso, e a dois terços do valor do bem, na transmissão não onerosa da nua-propriedade.

segregação, de maneira que a tributação do ITCMD ocorre sobre a propriedade plena, ainda que realizada a doação com reserva de usufruto.[113]

9 Aspectos relativos à operacionalidade da *holding* familiar

Independentemente de as quotas ou ações da *holding* familiar terem sido transferidas antecipadamente ou não aos sucessores, há aspectos importantes, relativos à operação da sociedade que devem analisados em um planejamento sucessório. No presente estudo, tais aspectos serão examinados em três blocos: o primeiro destinado a mecanismos de gestão e de organização da sociedade; o segundo focado nas deliberações a serem tomadas pelos sócios; e o terceiro reservado aos aspectos tributários da operação.

9.1 Mecanismos auxiliares de gestão, organização e solução de conflitos

Como já referido no capítulo destinado à constituição da *holding* familiar, é de extrema importância que os atos constitutivos da sociedade (contrato social ou estatuto social, a depender do tipo societário) sejam os mais completos possíveis, regulando de forma clara e detalhada as questões mais relevantes da sociedade (notadamente por ser composta por sócios de um mesmo núcleo familiar, envoltos por vínculos sanguíneos e/ou afetivos). É o caso, por exemplo, de cláusulas que envolvam o administrador da sociedade (como exemplo, suas atribuições, procedimentos de escolha etc.), figura que está no centro dos negócios e de quem, na maioria das vezes, depende o sucesso empresarial (e, consequentemente, a proteção do patrimônio da família).[114] Ou, ainda, da cláusula que regula a distribuição dos lucros da sociedade,[115] aspecto que pode ser decisivo para garantir a manutenção dos sucessores.

Contudo, para além dos atos constitutivos, é possível – e recomendável – que os sócios celebrem acordos entre si (acordo de quotistas nas sociedades por quotas e acordos de acionistas nas sociedades por ações), os quais são denominados *pactos parassociais*. Uma das principais vantagens dos referidos pactos é a de vincular também os sucessores que recebem a participação societária, podendo, inclusive, estabelecer regras que deverão ser cumpridas pelos herdeiros.[116] Além disso, tais acordos, em regra, dispensam publicidade,[117] o que é relevante quando, por vezes, há questões inclusive de cunho familiar que são nele reguladas, podendo não ser de interesse dos sócios que

---

[113] De acordo com o art. 4º da Lei 8.821/1989, o fato gerador do ITCMD na transmissão por doação é a data da transmissão da nua-propriedade.

[114] ROSSI, Alexandre Alves; SILVA, Fabio Pereira da. *Holding familiar: visão jurídica do planejamento societário, sucessório e tributário*. São Paulo: Trevisan, 2015. E-book, p. 86.

[115] ROSSI, Alexandre Alves; SILVA, Fabio Pereira da. *Holding familiar: visão jurídica do planejamento societário, sucessório e tributário*. São Paulo: Trevisan, 2015. E-book, p. 88.

[116] GARCIA, Fátima. *Holding familiar: planejamento sucessório e proteção patrimonial*. Maringá: Viseu, 2018. E-book, p. 237.

[117] BAGNOLI, Martha Gallardo Sala. *Holding imobiliária como planejamento sucessório*. São Paulo: Quartier Latin, 2016, p. 111.

se tornem de conhecimento de terceiros. A publicidade somente será exigida quando o objetivo for o de tornar o pacto oponível a terceiros.[118]

Tais pactos podem estabelecer diversos regramentos e obrigações entre os sócios, desde que suas cláusulas não sejam contrárias à lei ou aos atos constitutivos da sociedade.[119] São exemplos de regramentos a serem estabelecidos nos pactos parassociais: direito de preferência, vedação de contratação de parentes, restrições na transferência de quotas (*quorum* mais elevado, direito de preferência), votação em bloco, cláusula de exigência de mediação, ou arbitral,[120] *tag along*,[121] *drag along*[122] etc.

Também é possível a elaboração de regulamentos internos adicionais que auxiliem no estabelecimento de regras de convivência, como regimento interno, código de conduta, código de ética etc.[123] Especialmente em sociedades formadas por integrantes de uma mesma família, tais regramentos podem se tornar importantes instrumentos de prevenção de conflitos.

Nesse contexto, outra medida de suma importância para o bom funcionamento de uma *holding* familiar é a implementação de práticas de governança corporativa. Segundo definição do Instituto Brasileiro de Governança Corporativa (IBGC), trata-se de um "sistema pelo qual as empresas e demais organizações são dirigidas, monitoradas e incentivadas, envolvendo os relacionamentos entre sócios, conselho de administração, diretoria, órgãos de fiscalização e controle e demais partes interessadas".[124] Ainda segundo o referido instituto, são princípios básicos de governança corporativa a transparência, a equidade, a prestação de contas, a responsabilidade corporativa. Um sistema de governança corporativa bem implementado pode ser decisivo na manutenção

---

[118] Nas sociedades anônimas, s acordos de acionistas, sobre a compra e venda de suas ações, preferência para adquiri-las, exercício do direito a voto, ou do poder de controle deverão ser observados pela companhia quando arquivados na sua sede (art. 118 da Lei 6.404/1976).

[119] MAMEDE, Eduarda Cotta; MAMEDE, Gladston. *Holding familiar e suas vantagens: planejamento jurídico e econômico do patrimônio e da sucessão familiar*. 11. ed. São Paulo: Atlas, 2019, p. 155.

[120] Especificamente quanto à cláusula arbitral, em recente decisão, o Superior Tribunal de Justiça (REsp 1727979/MG, Rel. Ministro Marco Aurélio Bellizze, Terceira Turma, julgado em 12/06/2018, DJe 19/06/2018) reconheceu a competência de juízo arbitral para realização de dissolução parcial de sociedade em decorrência de falecimento de sócio e da inexistência de *affectio societatis* de seus herdeiros com o sócio remanescente. Entendeu o referido Tribunal a eleição do juízo arbitral, previsto no contrato social, sufraga a vontade individual dos sócios, sendo aplicável também aos sucessores da quota social do sócio falecido. Embora, no caso analisado, a cláusula estivesse prevista no contrato social, os fundamentos utilizados na decisão tornam claro que o mesmo entendimento prevaleceria no caso de a cláusula estar prevista em um pacto parassocial.

[121] O *tag along* consiste no direito assegurado aos acionistas de alienarem sua participação na sociedade em caso de alienação por outros acionistas, em condições idênticas ou semelhantes. Em que pese se admita a possibilidade de *tag along* inclusive no caso de alienação de ações por não controladores, tal mecanismo é, na prática, utilizado nas hipóteses de alienação de controle da sociedade, obrigando o acionista controlador a somente alienar suas ações para os interessados que se disponham a também adquirir as ações de titularidade dos não controladores. Quando estipulado nos acordos de acionistas, o *tag along* é denominado convencional, tratando-se de uma cláusula que estabelece que, no caso de venda das ações detidas por determinados signatários do acordo, os demais signatários terão o direito de aliená-las conjuntamente, regulando-se, ainda, em que condições esta venda conjunta deverá ocorrer.

[122] O *drag along* consiste na obrigação dos acionistas de alienarem sua participação na sociedade em caso de alienação por outros acionistas. Em que pese também se admita a possibilidade de *drag along* no caso de alienação de ações por não controladores, tal mecanismo é, na prática, utilizado nas hipóteses de alienação de controle da sociedade, obrigando o acionista não controlador a alienar suas ações para os interessados que desejem adquirir as ações de titularidade dos controladores. Por isso são também chamadas de cláusula de arraste.

[123] MAMEDE, Eduarda Cotta; MAMEDE, Gladston. *Holding familiar e suas vantagens: planejamento jurídico e econômico do patrimônio e da sucessão familiar*. 11. ed. São Paulo: Atlas, 2019, p. 161.

[124] Disponível em: https://www.ibgc.Org.br/conhecimento/governanca-corporativa.

de uma boa relação entre os familiares dentro de uma *holding*, na qual os laços afetivos são intensos e podem atrapalhar a tomada de decisões.[125] Além disso, podem auxiliar o objetivo – que é natural e comum em uma *holding* familiar – de manter os herdeiros unidos e com interesses afins ao longo do tempo.[126]

Entre as medidas que podem ser criadas nesse sentido, está a implementação de órgãos internos, como a assembleia familiar (foro para discutir questões pessoais que possam repercutir na empresa),[127] o conselho familiar (que tem propósito semelhante à assembleia familiar, mas que é um órgão deliberativo de questões relacionadas à empresa),[128] [129] o *family office* (estrutura criada para a família administrar os bens particulares que não integram o patrimônio da *holding*)[130] e o acordo familiar (que estabelece diretrizes e princípios a serem seguidos pela família para a condução da sociedade),[131] o sistema de resolução de conflitos via mediações sucessivas, círculos de diálogos, entre outros.

9.2 Processo decisório

Os atos decisórios de uma sociedade são tomados por deliberação dos sócios. Em relação ao *quorum* de deliberação, o Código Civil e a Lei 6.404/76 estipulam regras específicas para a sociedade limitada e para a sociedade anônima, respectivamente. Importante serem analisados os principais desses *quoruns* no âmbito de uma *holding* familiar.

Na sociedade limitada, os *quoruns* de deliberação estão previstos, basicamente, nos arts. 1.061, 1.063, 1.071, 1.076 e 1.085 do Código Civil. Em síntese, os seguintes atos dependem da deliberação dos sócios: I - a aprovação das contas da administração (aprovação da maioria de votos dos presentes à assembleia ou à reunião, salvo se o contrato não exigir maioria mais elevada); II - a designação dos administradores, quando feita em ato separado (aprovação de mais de metade do capital social); III - a destituição dos administradores (aprovação de mais de metade do capital social), sendo que, em se tratando de sócio nomeado administrador no contrato, sua destituição somente se opera pela aprovação de titulares de quotas correspondentes a mais da metade do capital social, salvo disposição contratual diversa (art. 1.063, §1º); IV - o modo de sua remuneração, quando não estabelecido no contrato (aprovação de mais de metade do

---

[125] SANTOS, Ana Bárbara Moraes; VIEGAS, Cláudia Mara de Almeida Rabelo. *Planejamento sucessório e societário: a holding familiar e a governança corporativa*. Revista dos Tribunais, vol. 988/2018, p. 285 - 318, fev. 2018, p. 14.

[126] BAGNOLI, Martha Gallardo Sala. *Holding imobiliária como planejamento sucessório*. São Paulo: Quartier Latin, 2016, p. 160.

[127] BAGNOLI, Martha Gallardo Sala. *Holding imobiliária como planejamento sucessório*. São Paulo: Quartier Latin, 2016, p. 161.

[128] BAGNOLI, Martha Gallardo Sala. *Holding imobiliária como planejamento sucessório*. São Paulo: Quartier Latin, 2016, p. 162.

[129] "A principal responsabilidade do Conselho Familiar é ser a voz da família para o Conselho de Administração e construir uma comunicação e um consenso efetivos entre os membros da família. Tipicamente o Conselho Familiar é composto apenas por membros da família, sejam ou não sócios" (THE FAMILY FIRM INSTITUTE. *Family enterprise understanding families in business and families of wealth*. New Jersey: John Wiley & Sons, 2014, 169 p. p 48 (tradução nossa).

[130] BAGNOLI, Martha Gallardo Sala. *Holding imobiliária como planejamento sucessório*. São Paulo: Quartier Latin, 2016, p. 164.

[131] BAGNOLI, Martha Gallardo Sala. *Holding imobiliária como planejamento sucessório*. São Paulo: Quartier Latin, 2016, p. 165.

capital social); V - a modificação do contrato social (aprovação de 3/4 do capital social); VI - a incorporação, a fusão e a dissolução da sociedade, ou a cessação do estado de liquidação (aprovação de 3/4 do capital social); VII - a nomeação e destituição dos liquidantes e o julgamento das suas contas (aprovação da maioria de votos dos presentes); VIII - o pedido de concordata – o equivalente à atual recuperação judicial (aprovação da maioria de votos dos presentes à assembleia ou à reunião, salvo se o contrato não exigir maioria mais elevada). Além disso, a designação de administradores não sócios dependerá de aprovação da unanimidade dos sócios, enquanto o capital não estiver integralizado, e de dois terços, no mínimo, após a integralização (art. 1.061). Por fim, a exclusão de sócio exige aprovação da maioria dos sócios, representativa de mais da metade do capital social, desde que preenchidos os demais requisitos legais (art. 1.085). Em todos os demais casos previstos em lei ou no contrato, as deliberações são tomadas pela maioria de votos dos presentes, salvo se o contrato não exigir maioria mais elevada.

Já na sociedade anônima, a regra geral é que as deliberações da assembleia-geral (principal órgão decisório da sociedade) serão tomadas por maioria absoluta de votos, não se computando os votos em branco (art. 129 da Lei 6.404/1976). Todavia, a deliberação acerca de algumas matérias específicas exige a aprovação de acionistas que representem metade, no mínimo, das ações com direito a voto, se maior *quorum* não for exigido pelo estatuto da companhia cujas ações não estejam admitidas à negociação em bolsa ou no mercado de balcão: I - criação de ações preferenciais ou aumento de classe de ações preferenciais existentes, sem guardar proporção com as demais classes de ações preferenciais, salvo se já previstos ou autorizados pelo estatuto II - alteração nas preferências, vantagens e condições de resgate ou amortização de uma ou mais classes de ações preferenciais, ou criação de nova classe mais favorecida; III - redução do dividendo obrigatório; IV - fusão da companhia, ou sua incorporação em outra; V - participação em grupo de sociedades; VI - mudança do objeto da companhia; VII - cessação do estado de liquidação da companhia; VIII - criação de partes beneficiárias; IX - cisão da companhia; X - dissolução da companhia. Além disso, há outros *quoruns* bastante específicos (como para aprovar a transformação da sociedade, que exige aprovação unânime – art. 122 da Lei 6.404/1976).

Importante destacar que, tanto na sociedade limitada, quanto na sociedade anônima (art. 129, §1º da Lei 6.404/1976), é possível a estipulação, pelos sócios, de *quoruns* mais elevados dos que os previstos em lei para determinadas deliberações, o que pode ser bastante interessante em um planejamento sucessório. É o caso, por exemplo, de se estabelecer um *quorum* de unanimidade para a destituição de sócio administrador, quando este administrador é um dos patriarcas da família.[132]

9.3 Aspectos tributários da operação

Quanto aos aspectos tributários, a *holding* familiar, especialmente a *holding* patrimonial criada para administrar bens imóveis (alienação e locação), pode gerar importante redução da carga tributária se comparada à manutenção do referido patrimônio na pessoa física. Mesmo que incida ITBI sobre o ato da integralização do

---

[132] ROSSI, Alexandre Alves; SILVA, Fabio Pereira da. *Holding familiar: visão jurídica do planejamento societário, sucessório e tributário*. São Paulo: Trevisan, 2015. E-book, p. 80.

capital social mediante a transferência de bens imóveis (o que ocorre nas sociedades que tenham por objeto a alienação ou a locação de imóveis), tal custo pode ser recuperado em poucos meses, mediante efeitos operacionais lícitos relacionados à redução de outros tributos.[133]

A tributação da operação de uma *holding* familiar patrimonial irá depender, basicamente, de três fatores: (a) o regime fiscal escolhido pela sociedade; (b) a atividade desempenhada pela sociedade; (c) a classificação contábil do bem. Tais fatores, importante frisar, devem ser analisados conjuntamente, pois a definição equivocada de qualquer um deles pode comprometer todo o planejamento tributário. Ademais, pontue-se que a mudança em tais questões com a finalidade exclusiva de reduzir os tributos sobre tal operação (como exemplo, reclassificação contábil às vésperas de uma operação de compra e venda) pode ser desconsiderada pelo fisco para fins de tributação.[134] Neste aspecto, a ética e o compromisso técnico são fundamentais.

Quanto ao regime fiscal, as *holdings* familiares podem optar, em regra, pelo regime do lucro real ou pelo regime do lucro presumido.[135] O regime do lucro real considera, para fins de tributação, o lucro líquido do período de apuração ajustado pelas adições, exclusões ou compensações prescritas ou autorizadas pela legislação (art. 13 da Lei 9.718/1998);[136] este regime pode ser escolhido por toda e qualquer pessoa jurídica, sendo, todavia, obrigatório nas sociedades cuja receita anual for superior a R$78.000.000,00, nos termos do art. 13 da Lei 9.718/1998, bem como naquelas que se enquadrem nas hipóteses do art. 14 da mesma lei. Já o regime do lucro presumido é uma forma de tributação simplificada, em que se pressupõe uma margem de lucro sobre a receita bruta da sociedade;[137] no que tange à atividade de administração, locação ou cessão de bens imóveis, móveis e direitos de qualquer natureza, a presunção é de que o lucro corresponde a 32% da receita bruta (art. 15, III, "c" da Lei 9.249/1995), incidindo, sobre este percentual, os respectivos tributos. A maioria das *holdings* familiares patrimoniais adotam o regime do lucro presumido,[138] [139] eis que, em regra, é mais vantajoso quando se trata da alienação ou da locação de bens imóveis.

Em relação à atividade desempenhada, é fundamental, como já destacado, que o objeto declarado corresponda à realidade fática. Com efeito, se a atividade da sociedade englobar atividade de administração, locação ou cessão de bens imóveis, por exemplo, tal atividade deve necessariamente constar no objeto declarado no contrato social. Caso

---

[133] SOUZA, João de. *Manual da Holding Familiar*. Vitória: Publiquese, 2017. E-book, p. 37

[134] Nesse sentido, por exemplo, o art. 39, VIII, §3º da Instrução Normativa RFB nº 1.700/2017, estabelece que "o ganho de capital nas alienações de bens do ativo não circulante imobilizados, investimentos e intangíveis, ainda que reclassificados para o ativo circulante com a intenção de venda, e de ouro não considerado ativo financeiro, corresponderá à diferença positiva verificada entre o valor da alienação e o respectivo valor contábil".

[135] BAGNOLI, Martha Gallardo Sala. *Holding imobiliária como planejamento sucessório*. São Paulo: Quartier Latin, 2016, p. 188.

[136] Que regulamenta a tributação, fiscalização, arrecadação e administração do Imposto sobre a Renda e Proventos de Qualquer Natureza.

[137] PRADO, Marina de Almeida; ROSALEM JUNIOR, Laerte. *A tributação das sociedades holdings patrimoniais*. Revista dos Tribunais, vol. 976/2017, p. 401 - 416, fev. 2017, p. 6.

[138] GARCIA, Fátima. *Holding familiar: planejamento sucessório e proteção patrimonial*. Maringá: Viseu, 2018. E-book, p. 172.

[139] BAGNOLI, Martha Gallardo Sala. *Holding imobiliária como planejamento sucessório*. São Paulo: Quartier Latin, 2016, p. 188.

contrário, correr-se-á o risco de ocorrer uma tributação mais onerosa do que aquela que poderia incidir caso a atividade tivesse sido declarada corretamente. Assim, por exemplo, de nada adiantará omitir do contrato social a atividade de administração, locação ou cessão de bens imóveis para que não haja a incidência de ITBI no momento da integralização, se esta omissão poderá acarretar tributos maiores durante toda a vida operacional da sociedade. Novamente, a responsabilidade profissional se estende desde o planejamento, passa pela implementação, acompanha o desenvolvimento e assegura-se na revisão dos institutos.

Por fim, no que tange à contabilização, os bens podem ser classificados, em síntese, como ativo não circulante ou ativo circulante. O ativo não circulante é composto por ativo realizável em longo prazo, investimentos, imobilizado e intangível (art. 178, II da Lei 6.404/1976). Já o ativo circulante é composto pelas disponibilidades, os direitos realizáveis no curso do exercício social subsequente e as aplicações de recursos em despesas do exercício seguinte (art. 179, II da Lei 6.404/1976). Tal distinção, por exemplo, pode ser decisiva na tributação de um bem imóvel, na medida em que, a depender da classificação contábil, pode incidir imposto sobre ganho de capital (se o imóvel estiver no ativo não circulante) ou como lucro decorrente da própria atividade (se o imóvel estiver no ativo circulante). No caso de uma sociedade que opte pelo lucro presumido, e que tenha como objeto a alienação de bens imóveis, a segunda hipótese ensejará uma tributação significativamente menor.

Como já ressalvado anteriormente, embora sejam as circunstâncias de cada caso concreto que irão encontrar a melhor definição desses três fatores, tem-se, ao menos em tese – e é o que ocorre normalmente, embora não seja uma equação aplicável a todos os casos –, que uma *holding* familiar patrimonial constituída para gerir bens imóveis, e que gere resultados positivos, terá menor carga tributária se: (a) optar pelo lucro presumido; (b) tiver em seu objeto social a locação e/ou alienação de bens imóveis; (c) classificar os bens imóveis no ativo circulante.

Diante disso, não há dúvidas de que, em sendo estruturada corretamente a *holding* familiar patrimonial, a vantagem na tributação das receitas obtidas com locação e alienação de imóveis de titularidade da pessoa jurídica é inequívoca em comparação com a tributação incidente sobre as receitas obtidas pelas mesmas operações por uma pessoa física. Mormente considerando que não há incidência de tributos na distribuição dos lucros aos sócios pela pessoa jurídica (art. 10 da Lei 9.249/1995).

10 Circulação de quotas/ações pelos sucessores

Considerando que um dos principais objetivos da constituição de uma *holding* familiar, no contexto de um planejamento sucessório, seja a manutenção dos bens no núcleo familiar,[140] protegendo-o da interferência de terceiros, é fundamental que se criem mecanismos para atingir tal finalidade.[141]

---

[140] ROSSI, Alexandre Alves; SILVA, Fabio Pereira da. *Holding familiar: visão jurídica do planejamento societário, sucessório e tributário*. São Paulo: Trevisan, 2015. E-book, p. 45.

[141] SANTOS, Ana Bárbara Moraes; VIEGAS, Cláudia Mara de Almeida Rabelo. *Planejamento sucessório e societário: a holding familiar e a governança corporativa*. Revista dos Tribunais, vol. 988/2018, p. 285 - 318, fev. 2018, p. 7.

A própria legislação, a depender do tipo societário, estabelece regras específicas sobre a matéria. Nas sociedades em que o foco são as pessoas (e não o capital), a legislação impõe regras mais rígidas para a circulação de ações, exigindo *quoruns* elevados para tanto (nas sociedades simples em comum, em nome coletivo e em comandita simples é exigido o consentimento de todos para o ingresso de novos sócios). Nas sociedades em que o foco é o capital (e não as pessoas), a legislação, contrariamente, impõe regras que vedam a restrição absoluta à circulação das ações (como é o caso das sociedades por ações).

Especificamente no caso da sociedade limitada, o art. 1.057 do Código Civil estabelece que, na omissão do contrato, o sócio pode ceder sua quota a quem seja sócio, independentemente de consentimento dos demais, ou a estranho, se não houver oposição de titulares de mais de um quarto do capital social (ou seja, os sócios representativos de 25% do capital social podem vetar o ingresso de pessoas estranhas ao quadro social, o que atribui uma natureza pessoal à sociedade, ainda que não de forma absoluta).[142] Já na sociedade anônima, a regra é da livre circulação de ações (já que se trata, em regra, de sociedade de capital), sendo que, no caso específico da sociedade anônima fechada, o estatuto pode impor limitações à circulação das ações, desde que regule minuciosamente tais limitações e não impeça a negociação.

Diante disso, é de extrema relevância que os atos constitutivos da sociedade limitada (contrato social) ou da sociedade anônima de capital fechado (estatuto social), tipos societários mais utilizados em *holdings* familiares constituídas com a finalidade de planejar a sucessão, estabeleçam regras que restrinjam a circulação de quotas e ações – como exemplo, a previsão de um *quorum* mais elevado para deliberação sobre a matéria ou direito de preferência. Tudo a fim de evitar situações que podem ser indesejadas, como a modificação do controle ou o interesse de terceiros na sociedade.[143]

Quanto ao direito de preferência, trata-se de uma ferramenta bastante utilizada, que garante aos sócios a aquisição das quotas ou ações dos demais sócios com prioridade em relação a terceiros que não integram a sociedade. É importante, todavia, que a cláusula de direito de preferência seja regulada da maneira mais clara e completa possível, de modo a impossibilitar distintas interpretações, e, consequentemente, futuros litígios. A esse respeito, destaca-se a decisão proferida pelo Tribunal de Justiça do Rio Grande do Sul[144] em caso no qual se discutiu a alienação de cotas sociais da empresa que ocorreu sem que fosse oportunizado o direito de preferência por um sócio aos demais. No referido caso, as ações de uma sociedade anônima de capital fechado (de cunho familiar) foram transferidas para uma *holding* familiar dos próprios sócios alienantes, tendo em vista que o estatuto social permitia a transferência de ações para cônjuges e filhos. Entendeu o Tribunal que, em razão de a *holding* familiar ser composta pelos cônjuges e filhos do alienante, incidiria a exceção que tornava desnecessária a conferência do direito de

---

[142] MAMEDE, Eduarda Cotta; MAMEDE, Gladston. *Holding familiar e suas vantagens: planejamento jurídico e econômico do patrimônio e da sucessão familiar*. 11. ed. São Paulo: Atlas, 2019, p. 140.

[143] ROSSI, Alexandre Alves; SILVA, Fabio Pereira da. *Holding familiar: visão jurídica do planejamento societário, sucessório e tributário*. São Paulo: Trevisan, 2015. E-book, p. 84.

[144] Apelação Cível, Nº 70059175356, Décima Sétima Câmara Cível, Tribunal de Justiça do RS, Relator: Liege Puricelli Pires, Julgado em: 11-12-2014.

preferência aos demais sócios (embora nada impedisse, no âmbito da *holding* familiar, o ingresso de novos sócios estranhos ao núcleo familiar).

Ressalva-se, por fim, que, embora a distribuição de rendimentos da pessoa jurídica à pessoa física dos sócios seja isenta de tributação, a alienação das quotas poderá gerar a incidência de impostos, caso seja obtida vantagem patrimonial.

11 Extinção da participação societária

O fato de a *holding* familiar ser constituída para concentrar o patrimônio da família e facilitar transmissão dos bens aos herdeiros não significa, necessariamente, que os sucessores possam ou tenham que ficar eternamente vinculados patrimonialmente à sociedade ou aos demais sócios. Assim, imprescindível que sejam examinadas as hipóteses de extinção da participação societária.

Analisando-se especificamente a sociedade limitada, a dissolução pode ser total ou parcial. A primeira implica o encerramento definitivo das atividades, enquanto a segunda resulta da saída de algum(ns) sócio(s), com a permanência de outro(s), de maneira que a sociedade continua com suas atividades.

São hipóteses de dissolução total da sociedade:[145] (a) o vencimento do prazo de duração, salvo se, vencido este e sem oposição de sócio, não entrar a sociedade em liquidação, caso em que se prorrogará por tempo indeterminado (art. 1.033 do Código Civil); (b) o consenso unânime dos sócios (art. 1.033 do Código Civil); (c) a deliberação dos sócios, por maioria absoluta, na sociedade de prazo indeterminado (art. 1.033 do Código Civil); (d) a extinção, na forma da lei, de autorização para funcionar (art. 1.033 do Código Civil); (e) anulação da sua constituição (art. 1.034 do Código Civil); (f) exaurimento ou inexequibilidade do fim social (art. 1.034 do Código Civil); (g) outras causas previstas no contrato social (art. 1.035 do Código Civil); (h) falência, quando se tratar de sociedade empresária (art. 1.044 do Código Civil).

Ocorrendo a dissolução total da sociedade, será nomeado um liquidante, ao qual compete representar a sociedade e praticar todos os atos necessários à sua liquidação, inclusive alienar bens móveis ou imóveis, transigir, receber e dar quitação. Após pago o passivo, o patrimônio restante é partilhado entre os sócios, na proporção da participação de cada um no capital social.

Contudo, são os casos de dissolução parcial da sociedade que mais interessam ao presente estudo, na medida que o que se pretende verificar é o que acontecerá com a *holding* patrimonial caso reste impossibilitada a permanência de todos os familiares na sociedade. Há seis hipóteses para tanto.

A primeira delas é pela vontade dos sócios, pressupondo-se que todos os sócios estão de acordo com a retirada de um/alguns deles.[146] A segunda é no caso de falecimento de sócio, cuja participação será liquidada exceto se o contrato dispuser diferentemente, se os sócios remanescentes optarem pela dissolução da sociedade, ou se, por acordo

---

[145] Com o advento da Lei 13.874/2019, a falta de pluralidade de sócios, não reconstituída no prazo de cento e oitenta dias, deixou de ser uma das hipóteses de dissolução da sociedade limitada.

[146] COELHO, Fábio Ulhoa. *Manual de direito comercial: direito de empresa.* 28. ed. rev., atual. e ampl. São Paulo: Editora Revista dos Tribunais, p. 169)

com os herdeiros, regular-se a substituição do sócio falecido (art. 1.028 do Código Civil). A terceira é pela falência do sócio (art. 1.030, parágrafo único do Código Civil). A quarta é pela liquidação da participação societária de sócio na hipótese em que o credor particular de sócio fizer recair a execução sobre o que a este couber nos lucros da sociedade, ou na parte que lhe tocar em liquidação (art. 1.030, parágrafo único do Código Civil). A quinta é pela exclusão de sócio, que pode ocorrer pela não integralização do capital (sócio remisso – art. 1.004 do Código Civil), por falta grave no cumprimento das obrigações ou por incapacidade superveniente (o que depende de iniciativa judicial da maioria dos demais sócios – art. 1.030 do Código Civil), e, ainda, quando a maioria dos sócios, representativa de mais da metade do capital social, entender que um ou mais sócios estão pondo em risco a continuidade da empresa, em virtude de atos de inegável gravidade (art. 1.085 do Código Civil). E, por fim, a sexta é pela retirada do sócio, sendo que, se a sociedade for por prazo indeterminado, basta a notificação aos demais sócios com antecedência mínima de sessenta dias, enquanto, se for por prazo determinado, é necessária prova judicial da justa causa[147] (art. 1.029 do Código Civil).

Dissolvida parcialmente a sociedade, será liquidada a quota do sócio que deixará a sociedade com base na situação patrimonial da sociedade, à data da resolução, verificada em balanço especialmente levantado, sendo o respectivo valor pago em dinheiro, no prazo de noventa dias, a partir da liquidação. Todavia, esta forma de liquidação pode ser alterada pelo contrato social, o que pode ser de grande importância em uma *holding* familiar.[148] Apenas a título de exemplo, a depender do patrimônio da sociedade, pode ocorrer que o prazo de noventa dias para o pagamento do valor da quota se mostre inviável e prejudicial à sociedade. De outro lado, a estipulação de uma forma de pagamento muito diferida pode ser prejudicial ao sócio que deixar a sociedade e que depender das referidas quotas para sua mantença (especialmente considerando que, em uma *holding* familiar constituída para fins de planejamento sucessório, a tendência é que o patrimônio herdado esteja concentrado na sociedade).

Já na sociedade por ações, a dissolução total da sociedade pode ocorrer de pleno direito, por decisão judicial ou por decisão administrativa. As hipóteses de dissolução de pleno direito são (art. 206, I, da Lei 6.404/1976): os casos previstos no estatuto; por deliberação da assembleia-geral; pela existência de um único acionista, verificada em assembleia-geral ordinária, se o mínimo de dois não for reconstituído até à do ano seguinte; pela extinção, na forma da lei, da autorização para funcionar. Já as hipóteses de dissolução por decisão judicial (art. 206, II, da Lei 6.404/1976) são: anulação da sua constituição, em ação proposta por qualquer acionista; quando provado que não pode preencher o seu fim, em ação proposta por acionistas que representem 5% ou mais do capital social; em caso de falência, na forma prevista na respectiva lei. As hipóteses de dissolução por decisão administrativa dependem de previsão em lei especial.

No caso de ocorrer a dissolução total da sociedade, será nomeado um liquidante, ao qual compete representar a companhia e praticar todos os atos necessários à liquidação,

---

[147] Pontua-se que o art. 1.077 do Código Civil estabelece que quando houver modificação do contrato, fusão da sociedade, incorporação de outra, ou dela por outra, terá o sócio que dissentiu o direito de retirar-se da sociedade, nos trinta dias subsequentes à reunião.

[148] BAGNOLI, Martha Gallardo Sala. *Holding imobiliária como planejamento sucessório*. São Paulo: Quartier Latin, 2016, p. 108.

inclusive alienar bens móveis ou imóveis, transigir, receber e dar quitação. Após pago o passivo, o patrimônio restante é partilhado entre os sócios, na proporção da participação de cada um no capital social.

Já quanto à retirada de acionista da sociedade anônima (sem a extinção sociedade e o encerramento das atividades), de acordo com a Lei 6.404/76, tal possibilidade é bastante restrita. De acordo com seu art. 137, somente pode se retirar da sociedade o acionista que for dissidente na aprovação de algumas matérias específicas (como exemplo, a aprovação de fusão ou incorporação da companhia). Todavia, especificamente no que tange às sociedades anônimas de capital fechado, os Tribunais vêm assegurando aos acionistas o direito de retirada em caso de falta de *affectio societatis*,[149] [150] já havendo precedente no Superior Tribunal de Justiça nesse sentido.[151] Tal entendimento tem especial aplicação nos casos em que a sociedade anônima de capital fechado tem cunho familiar (como é o caso da *holding* familiar), tendo em vista que, nessa hipótese, em regra, a qualidade das pessoas dos sócios tem mais importância do que o capital investido.

Importante referir, por fim, que a extinção da participação societária poderá gerar a incidência de tributos no caso de ser obtida vantagem patrimonial.[152]

12 Utilização equivocada da *holding* familiar

Como destacado no início do presente estudo, em um planejamento sucessório, a *holding* familiar pode ser um instrumento extremamente eficaz, sob diversos aspectos. Todavia, como toda e qualquer ferramenta jurídica, o mau uso da *holding* pode acarretar consequências negativas, inclusive a ponto de comprometer o planejamento arquitetado.

A primeira forma de utilização equivocada da *holding* familiar decorre de erros em sua implementação e estruturação. Consoante demonstrado nos capítulos anteriores, são inúmeros os aspectos envolvidos em um planejamento baseado na constituição de uma *holding* (societários, familiares, sucessórios, tributários), sendo que uma decisão equivocada pode alterar por completo o resultado do planejamento, além de inviabilizar a própria continuidade da empresa.[153] Daí a importância da atuação de profissionais ou equipes de profissionais capacitados e especializados, que detenham domínio técnico de diversas áreas do direito.

A segunda forma de utilização equivocada da *holding* familiar é o desvirtuamento de sua finalidade. Quanto ao ponto, não se pode deixar de mencionar os efeitos negativos decorrentes da atuação de profissionais que apresentam a *holding* como uma fórmula milagrosa para todas as finalidades, sejam elas lícitas ou não.[154] Não é difícil encontrar

---

[149] ROSSI, Alexandre Alves; SILVA, Fabio Pereira da. *Holding familiar: visão jurídica do planejamento societário, sucessório e tributário*. São Paulo: Trevisan, 2015. E-book, p. 56.

[150] MAMEDE, Eduarda Cotta; MAMEDE, Gladston. *Holding familiar e suas vantagens: planejamento jurídico e econômico do patrimônio e da sucessão familiar*. 11. ed. São Paulo: Atlas, 2019, p. 142.

[151] REsp 1303284/PR, Rel. Ministra Nancy Andrighi, Terceira Turma, julgado em 16/04/2013, DJe 13/05/2013.

[152] MAMEDE, Eduarda Cotta; MAMEDE, Gladston. *Holding familiar e suas vantagens: planejamento jurídico e econômico do patrimônio e da sucessão familiar*. 11. ed. São Paulo: Atlas, 2019, p. 196.

[153] SANTOS, Ana Bárbara Moraes; VIEGAS, Cláudia Mara de Almeida Rabelo. *Planejamento sucessório e societário: a holding familiar e a governança corporativa*. Revista dos Tribunais, vol. 988/2018, p. 285 - 318, fev. 2018, p. 21.

[154] MAMEDE, Eduarda Cotta; MAMEDE, Gladston. *Blindagem patrimonial e planejamento jurídico*. 3. ed. São Paulo: Atlas, 2013, p. 43.

ofertas de *holdings* como a solução definitiva para "blindar o patrimônio", impedindo que credores tenham seus créditos satisfeitos. E tais ofertas podem sensibilizar aqueles que se encontram em situação de dificuldade.[155]

Uma das principais consequências (e, também, uma das causas)[156] desse desvirtuamento é a possível desconsideração da personalidade jurídica da sociedade, a qual acarreta o atingimento do patrimônio pessoal dos sócios.[157] Nesse sentido, o art. 50 do Código Civil[158] estabelece que a personalidade jurídica da sociedade pode ser desconsiderada para que os efeitos de certas e determinadas relações de obrigações sejam estendidos aos bens particulares de administradores ou de sócios beneficiados direta ou indiretamente pelo abuso da personalidade jurídica, caracterizado pelo desvio de finalidade ou pela confusão patrimonial.

Mais comum ainda, em se tratando de *holding* familiar constituída para "blindar" o patrimônio, é a desconsideração inversa da personalidade jurídica, que pode ocorrer quando bens da pessoa física são transferidos para a pessoa jurídica para prejudicar terceiros de boa-fé, como credores, por exemplo.[159] Neste caso, os bens da pessoa jurídica é que são atingidos por passivos da pessoa física. Aqui, inclusive, no que tange a fraudes contra a meação.

Além disso, há diversos dispositivos legais que podem levar à responsabilização pessoal dos gestores da sociedade. É o caso do art. 135 do Código Tributário Nacional, segundo o qual são pessoalmente responsáveis pelos créditos correspondentes a obrigações tributárias resultantes de atos praticados com excesso de poderes ou infração de lei, contrato social ou estatutos os diretores, gerentes ou representantes de pessoas jurídicas de direito privado (não se trata de desconsideração de personalidade jurídica, mas sim de responsabilidade pessoal). E, também, do art. 117 (que responsabiliza o acionista controlador pelos danos causados por atos praticados com abuso de poder) e do art. 158 (que responsabiliza civilmente o administrador quando proceder, dentro de suas atribuições ou poderes, com culpa ou dolo, ou com violação da lei ou do estatuto), ambos da Lei 6.404/1976.

---

[155] "Como ocorre com o mito do canto das sereias, a sedução dessas propostas é facilitada pela própria condição de seus destinatários: empresários que se sentam acuados com situações financeiras adversas, temerosos em ver perder-se o trabalho de toda uma vida. A crise econômico-financeira de uma empresa torna seus sócios e administradores mais suscetíveis a soluções milagrosas, certo que já se empenharam nas mais diversas estratégias comuns, mas sem resultado. Dessa maneira, agem como aquele que se vê afundado na areia movediça. Fazem qualquer coisa que aparentemente possa salvar-lhes" (MAMEDE, Eduarda Cotta; MAMEDE, Gladston. *Blindagem patrimonial e planejamento jurídico*. 3. ed. São Paulo: Atlas, 2013, p. 44).

[156] "Não se pode desconhecer que a demanda generalizada por mecanismos de blindagem patrimonial, ainda que envolva práticas criminosas, dá-se num cenário jurídico preciso: a proliferação de decisões que desconsideram a personalidade jurídica de sociedades empresárias para responsabilizar o patrimônio pessoal de seus administradores ou sócios" (MAMEDE, Eduarda Cotta; MAMEDE, Gladston. *Blindagem patrimonial e planejamento jurídico*. 3. ed. São Paulo: Atlas, 2013, p. 29).

[157] ROSSI, Alexandre Alves; SILVA, Fabio Pereira da. *Holding familiar: visão jurídica do planejamento* societário, sucessório e tributário. São Paulo: Trevisan, 2015. E-book, p. 81.

[158] Há, ainda, outras hipóteses legais de desconsideração da personalidade jurídica, como a prevista no art. 28 do Código de Defesa do Consumidor.

[159] ROSSI, Alexandre Alves; SILVA, Fabio Pereira da. *Holding familiar*: visão jurídica do planejamento societário, sucessório e tributário. São Paulo: Trevisan, 2015. E-book, p. 20.

Para demonstrar as consequências do mau uso da *holding* familiar na prática, nada melhor do que o exame de decisões judiciais a respeito do tema.

No que diz respeito aos incidentes de desconsideração de personalidade jurídica inversa, interpostos por credores com a finalidade de atingir bens de propriedade de *holding* familiar, em execução de sócios ou ex-sócios, foram analisadas cinco decisões do Tribunal de Justiça de São Paulo. Embora as circunstâncias fáticas variem muito de um caso para o outro, pode-se concluir, da referida análise, que o referido Tribunal admite a desconsideração quando a transferência de bens dos devedores para a *holding* familiar ocorreu após a constituição do débito. Além, disso, é possível verificar ser frequente a caracterização de confusão entre o patrimônio da pessoa jurídica (*holding* familiar) e dos sócios.

No primeiro caso, restou constatada a existência de confusão patrimonial entre os bens do executado e da *holding* da qual ele era sócio, junto com sua esposa, a qual foi criada com o fim de administrar bens próprios e participações em outras empresas, e para a qual o devedor transferiu imóvel.[160] No segundo caso, igualmente restou verificada confusão patrimonial entre o executado e a *holding* familiar, ainda que o devedor tenha se retirado da sociedade, tendo permanecido como sócios apenas seus filhos.[161] No terceiro caso, em incidente de desconsideração de personalidade jurídica, determinou-se o arresto de bens da *holding* familiar dos executados sob o fundamento de que os sócios constituíram uma *holding* familiar, para administração de bens pouco antes de contraírem a dívida em execução, e, após, transferiram, através de doação, suas cotas sociais para os filhos, ficando sem bens, o que pode vir a configurar hipótese de fraude a credores.[162] No quarto caso, foi determinada a indisponibilidade de seus bens em ação civil pública por ato de improbidade administrativa de um de sócio sob o fundamento de que havia fortes indícios de que o sócio utilizava a empresa agravante para a ocultação das verbas públicas desviadas.[163] Finalmente, no quinto caso, foi rechaçada a desconsideração, mas em razão de que o bem do devedor havia sido transferido para a *holding* antes da constituição do débito, bem como pelo fato de que o devedor nunca havia feito parte do quadro societário da *holding* (mas apenas sua esposa), de modo que não se verificou confusão patrimonial entre ele e a empresa.[164]

---

[160] TJSP; Agravo de Instrumento 2081492-19.2019.8.26.0000; Relator(a): Alberto Gosson; Órgão Julgador: 22ª Câmara de Direito Privado; Foro Regional II - Santo Amaro - 13ª Vara Cível; Data do Julgamento: 11/06/2019; Data de Registro: 11/06/2019.

[161] TJSP; Agravo de Instrumento 2147295-46.2019.8.26.0000; Relator(a): L. G. Costa Wagner; Órgão Julgador: 34ª Câmara de Direito Privado; Foro Regional IV – Lapa – 3ª Vara Cível; Data do Julgamento: 28/10/2019; Data de Registro: 29/10/2019.

[162] TJSP; Agravo de Instrumento 2108734-50.2019.8.26.0000; Relator(a): Sandra Galhardo Esteves; Órgão Julgador: 12ª Câmara de Direito Privado; Foro de Ribeirão Preto - 6ª Vara Cível; Data do Julgamento: 13/01/2013; Data de Registro: 27/08/2019.

[163] TJSP; Agravo de Instrumento 2110897-08.2016.8.26.0000; Relator(a): Teresa Ramos Marques; Órgão Julgador: 10ª Câmara de Direito Público; Foro de Itapetininga - 1ª. Vara Cível; Data do Julgamento: 04/07/2016; Data de Registro: 05/07/2016.

[164] TJSP; Agravo de Instrumento 2213569-26.2018.8.26.0000; Relator(a): Carlos Abrão; Órgão Julgador: 14ª Câmara de Direito Privado; Foro Central Cível - 27ª Vara Cível; Data do Julgamento: 06/01/2019; Data de Registro: 07/01/2019.

Ainda nesse sentido, em outros casos três casos julgados pelos Tribunais de São Paulo[165] [166] e do Paraná,[167] verificou-se o entendimento de que a transferência de bens por sócio para *holding* familiar somente caracteriza fraude ao credor quando a transferência ocorre após a constituição do débito exequendo.

Também merecem menção casos nos quais restou configurada a existência de grupo econômico familiar, tendo em vista que os membros das famílias eram titulares de distintas sociedades. Foram encontradas decisões admitindo o reconhecimento do grupo familiar e a responsabilização das empresas participantes nos Tribunais de Justiça de São Paulo, Minas Gerais, Rio de Janeiro e Rio Grande do Sul, como se vê adiante.

No primeiro caso, o Tribunal de Justiça do Estado de São Paulo reconheceu a configuração de grupo familiar entre as empresas com identidade de sócios e com objeto social semelhante ao da empresa executada, restando caracterizada a formação de *holding* entre as empresas de uma mesma família.[168] No segundo caso, o Tribunal de Justiça de Minas Gerais autorizou a penhora de bens de uma sociedade que possuía identidade de sócios com a sociedade devedora e mesmo endereço, restando evidenciada a existência de grupo econômico familiar, com confusão patrimonial entre as empresas.[169] No terceiro caso, o Tribunal de Justiça de Minas Gerais reconheceu a existência de grupo econômico familiar entre a executada e empresa que tem como sócia majoritária a mãe dos sócios da devedora, mormente considerando que a executada transferiu para a empresa todos os seus bens, e que ambas possuem o mesmo endereço.[170] No quarto caso, o Tribunal de Justiça do Rio de Janeiro reconheceu que as sociedades rés pertenciam a um mesmo grupo econômico familiar, sendo sediadas no mesmo endereço, atuando com a mesma finalidade, com identidade de sócio e o mesmo objeto social, sendo uma delas *holding* gerenciadora do grupo.[171] No quinto caso, o Tribunal de Justiça do Rio Grande do Sul constatou que as três empresas participavam de um grupo econômico familiar que, conforme reconhecido no processo de falência, se valia de *holding* familiar e empresa *offshore* para concentrar seus bens e fraudar credores.[172] Finalmente, no sexto caso, o Tribunal de Justiça de Minas Gerais determinou a inclusão, no polo passivo do processo de execução, de sociedade que era gerida pela mesma pessoa da sociedade executada, no

---

[165] TJSP; Apelação Cível 1001368-04.2017.8.26.0011; Relator(a): Jacob Valente; Órgão Julgador: 12ª Câmara de Direito Privado; Foro Regional XI - Pinheiros - 2ª Vara Cível; Data do Julgamento: 14/03/2019; Data de Registro: 14/03/2019.

[166] TJSP; Apelação Cível 1005561-27.2017.8.26.0152; Relator(a): Lavínio Donizetti Paschoalão; Órgão Julgador: 23ª Câmara de Direito Privado; Foro de Cotia - 1ª Vara Cível; Data do Julgamento: 30/08/2019; Data de Registro: 30/08/2019.

[167] TJPR: Apelação Cível 0021499-55.2015.8.16.0014; Relator: Desembargador Luiz Fernando Tomasi Keppen; Processo: 0021499-55.2015.8.16.0014; Órgão Julgador: 16ª Câmara Cível; Data Julgamento: 07/11/2018.

[168] TJSP; Agravo de Instrumento 2063639-31.2018.8.26.0000; Relator(a): Walter Fonseca; Órgão Julgador: 11ª Câmara de Direito Privado; Foro de Bauru - 2ª. Vara Cível; Data do Julgamento: 14/06/2018; Data de Registro: 18/06/2018.

[169] Processo: Apelação Cível – TJMG - 1.0145.06.321072-1/001 - 3210721-82.2006.8.13.0145; Relator(a): Des.(a) Alvimar de Ávila; Data de Julgamento: 12/06/2013.

[170] Processo: Agravo de Instrumento-Cv – TJMG - 1.0024.08.255812-3/001; 0331153-58.2011.8.13.0000; Relator(a): Des. (a) Alvimar de Ávila; Data de Julgamento: 05/10/2011.

[171] TJRJ 0001450-86.1994.8.19.0000 - Apelação; Des(a). Laerson Mauro - Julgamento: 16/08/1994 - Oitava Câmara Cível.

[172] Apelação Cível, Nº 70048795215, Quinta Câmara Cível, Tribunal de Justiça do RS, Relator: Isabel Dias Almeida, Julgado em: 30-05-2012.

DANIELE CHAVES TEIXEIRA (COORD.)
ARQUITETURA DO PLANEJAMENTO SUCESSÓRIO

mesmo endereço, sendo que todos os recursos geridos pelo sócio gerente da sociedade executada eram direcionados para a empresa que não estava em execução.[173]

Por fim, em outro interessante caso, buscava-se anular a transferência de imóveis para uma *holding* familiar criada para administrar os bens do genitor das partes e sua esposa. A ação foi proposta pela meia-irmã do réu, sob o argumento de que tal transferência caracterizaria uma simulação, sendo tentativa de evitar a partilha dos bens em decorrência do falecimento do pai. O Tribunal de Justiça de São Paulo manteve a decisão liminar de primeiro grau que havia determinado o bloqueio dos imóveis até decisão final, uma vez que presentes os indícios da simulação.[174]

13 Conclusões

Foi demonstrado, no presente estudo, que a *holding* familiar constitui um dos mais importantes instrumentos de planejamento sucessórios, notadamente para aquelas famílias que possuem um patrimônio que necessite ser gerido e organizado e para as famílias empresárias que precisam administrar seus negócios. Mesmo porque são diversas as vantagens que a constituição de uma *holding* pode gerar.

Todavia, para que as finalidades de uma *holding* familiar sejam alcançadas, é fundamental que ela seja corretamente implementada, na medida em que o uso equivocado ou desvirtuado pode gerar resultados catastróficos ao patrimônio familiar. Nesse sentido, cada um dos aspectos de uma *holding* familiar deve ser cuidadosamente analisado, o que exigirá a expertise jurídica em diferentes áreas (direito de família, direito das sucessões, direito societário, direito tributários), além de conhecimentos contábeis.

Primeiramente, é necessário definir a espécie de *holding* a ser constituída, o que dependerá fundamentalmente do objeto (atividade) que será exercido pela sociedade. O passo seguinte é a escolha do tipo societário, não havendo dúvida, nesse aspecto, que os tipos mais utilizados para a implementação de *holdings* familiares são a sociedade limitada (em uma maior escala) e a sociedade anônima de capital fechado (em uma escala menor).

Após tais definições, parte-se para a constituição da *holding*, para que o que é necessária a elaboração dos atos constitutivos (contrato social na sociedade limitada, e estatuto na sociedade anônima), os quais devem conter cláusulas claras e uma regulação ampla. Constituída a sociedade, as quotas ou ações são subscritas e devem ser integralizadas pelos sócios, etapa que exige uma série de cuidados formais e conhecimento de aspectos tributários (os quais podem ser decisivos para o sucesso da *holding*).

Subscritas as ações ou quotas e integralizado o capital social, é possível a definição acerca da transmissão das participações societárias aos sucessores (que é o objetivo central do planejamento sucessório). Essa transmissão pode ser antecipada (através de doação das participações) ou diferida para o momento da morte (podendo ou não ser objeto de testamento).

---

[173] Processo: Apelação Cível - TJMG 1.0024.11.184456-9/001 - 1844569-44.2011.8.13.0024; Relator(a): Des.(a) Newton Teixeira Carvalho; Data de Julgamento: 08/05/2014

[174] TJSP; Agravo de Instrumento 2263654-16.2018.8.26.0000; Relator(a): Claudio Godoy; Órgão Julgador: 1ª Câmara de Direito Privado; Foro de Assis - 1ª Vara Cível; Data do Julgamento: 28/02/2019; Data de Registro: 28/02/2019.

Independentemente da transmissão antecipada ou não aos sucessores, toda e qualquer *holding* familiar deve ser bem estruturada no que diz respeito à sua operacionalidade. Quanto ao ponto, há, entre outros, três aspectos que são fundamentais. O primeiro, relativo a mecanismos de gestão e de organização da sociedade. O segundo, relacionado ao processo decisório. E o terceiro, vinculado aos aspectos tributários da operação.

Outrossim, é necessário que se estabeleçam regras claras quanto à circulação das quotas ou ações, especialmente considerando que, em regra, a ideia central é a concentração patrimonial em um núcleo familiar, evitando-se a interferência de terceiros. Também é preciso ter presente as hipóteses de extinção da participação societária, na medida em que, em não sendo possível a alienação de quotas a terceiros, a única alternativa que pode restar ao sócio para se desfazer da participação societária é o exercício do direito de retirada da *holding*.

Por fim, mas não menos importante, é preciso que fique claro aos profissionais do direito e às pessoas que optam pela realização de um planejamento sucessório que a *holding* familiar não é uma solução mágica, não servindo para a obtenção de objetivo ilícitos, tampouco para fraudar legítima, nem para blindar o patrimônio em prejuízo de terceiros de boa-fé (como credores). A adoção de estratégias como estas podem, ao final, ser extremamente prejudiciais ao patrimônio familiar, contrariando o objetivo inicial quando de sua constituição.

Referências

ARAÚJO, Elaine Cristina de; ROCHA JUNIOR, Arlindo Luiz. *Holding: visão societária, contábil e tributária.* Rio de Janeiro: Freitas Bastos, 2019

BAGNOLI, Martha Gallardo Sala. *Holding imobiliária como planejamento sucessório.* São Paulo: Quartier Latin, 2016.

BORBA, José Edwaldo Tavares. *Direito societário.* 14. ed. São Paulo: Atlas, 2015.

COELHO, Fábio Ulhoa. *Manual de direito comercial*: direito de empresa. 28. ed. rev., atual. e ampl. São Paulo: Editora Revista dos Tribunais.

DIAS, Maria Berenice. *Manual das Sucessões.* 3. ed. rev., atual. e ampl. São Paulo: Revista dos Tribunais, 2013.

FARIAS, Cristiano Chaves de; ROSENVALD, Nelson. *Curso de direito civil, volume 7:* sucessões. 2. ed. rev. ampl. e atual. Salvador: JusPodivm, 2016.

FLEISCHMANN, Simone Tassinari Cardoso; TREMARIN JUNIOR, Valter. Reflexões sobre *holding* familiar no planejamento sucessório. *In:* TEIXEIRA, Daniele Chaves (Org.). *Arquitetura do planejamento sucessório.* Belo Horizonte: Fórum, 2019.

FRANÇA, Erasmo Valladão Azevedo e Novaes; GONÇALVES NETO, Alfredo de Assis. *In:* CARVALHOSA, Modesto (Coord.). *Tratado de Direito* Empresarial, v. 2. São Paulo: Editora Revista dos Tribunais, 2016.

GARCIA, Fátima. *Holding familiar: planejamento sucessório e proteção patrimonial.* Maringá: Viseu, 2018. E-book.

HIRONAKA, Giselda Maria Fernandes Novaes. Direito das sucessões brasileiro - disposições gerais e sucessão legítima. Destaque para dois pontos de irrealização da experiência jurídica em face da previsão contida na regra estampada na nova legislação civil pátria, o código civil de 2002. *Revista dos Tribunais.* São Paulo, v. 808/2003, p. 20 – 38, fev. 2003.

MAMEDE, Eduarda Cotta; MAMEDE, Gladston. *Blindagem patrimonial e planejamento jurídico.* 3. ed. São Paulo: Atlas, 2013.

MAMEDE, Eduarda Cotta; MAMEDE, Gladston. *Holding familiar e suas vantagens: planejamento jurídico e econômico do patrimônio e da sucessão familiar*. 11. ed. São Paulo: Atlas, 2019.

MAMEDE, Gladston. *Direito Societário – Sociedades Simples e Empresárias*. 11 ed. São Paulo: Atlas, 2019.

MANSUR, Augusto de Andrade. *Aspectos tributários da constituição patrimonial de holdings familiares como mecanismo de planejamento sucessório*. Revista Tributária e de Finanças Públicas, vol. 132/2017, p. 29 - 40, Jan - fev. 2017.

NERY JUNIOR, Nelson; NERY, Rosa Maria de Andrade. *Código Civil Comentado*. 10. ed. São Paulo: Editora Revista dos Tribunais, 2013.

OTERO, Marcelo Truzzi. *A justa causa testamentária*. Porto Alegre: Livraria do Advogado, 2012.

PRADO, Marina de Almeida; ROSALEM JUNIOR, Laerte. *A tributação das sociedades holdings patrimoniais*. Revista dos Tribunais, vol. 976/2017, p. 401 - 416, fev. 2017

PRADO, Roberta Nioac. Parte I. *In*: PRADO, Roberta Nioac (Org.). *Aspectos relevantes da empresa familiar e da família empresária: governança e planejamento patrimonial sucessório*. 2. ed. São Paulo: Saraiva Educação, 2018.

PRIGGE, Stefan; THIELE, Felix K. Corporate Governance Codes: How to Deal with the Bright and Dark Sides of Family Influence, p. 297-332 (p. 304). *In*: MEMILI, Esra; DIBRELL, Clay. (Ed.). *The Palgrave Handbook of Heterogeneity among Family Firms*. Palgrave Macmillan, 2019.

ROSSI, Alexandre Alves; SILVA, Fabio Pereira da. *Holding familiar: visão jurídica do planejamento societário, sucessório e tributário*. São Paulo: Trevisan, 2015. E-book.

SANTOS, Ana Bárbara Moraes; VIEGAS, Cláudia Mara de Almeida Rabelo. *Planejamento sucessório e societário: a holding familiar e a governança corporativa*. Revista dos Tribunais, vol. 988/2018, p. 285 - 318, fev. 2018.

SILVEIRA, Marco Antonio Karam. *A sucessão causa mortis na sociedade limitada: tutela da empresa, dos sócios e de terceiros*. Porto Alegre: Livraria do Advogado Editora, 2009.

SOUZA, João de. *Manual da Holding Familiar*. Vitória: Publiquese, 2017. E-book.

TEIXEIRA, Daniele Chaves. Noções prévias do direito das sucessões: sociedade, funcionalização e planejamento sucessório. *In*: TEIXEIRA, Daniele Chaves (Org.). *Arquitetura do planejamento sucessório*. Belo Horizonte: Fórum, 2019.

TEIXEIRA, Daniele Chaves. *Planejamento sucessório: pressupostos e limites*. 2. ed. Belo Horizonte: Fórum, 2019.

THE FAMILY FIRM INSTITUTE. *Family enterprise understanding families in business and families of wealth*. New Jersey: John Wiley & Sons, 2014.

Informação bibliográfica deste texto, conforme a NBR 6023:2018 da Associação Brasileira de Normas Técnicas (ABNT):

FLEISCHMANN, Simone Tassinari Cardoso; GRAEFF, Fernando René. Contornos jurídicos da holding familiar como instrumento de planejamento sucessório. *In*: TEIXEIRA, Daniele Chaves (Coord.). *Arquitetura do Planejamento Sucessório*. Belo Horizonte: Fórum, 2021. p. 675-712. Tomo II. ISBN 978-65-5518-117-3.

DIREITO DAS SUCESSÕES E PATRIMÔNIO IMOBILIÁRIO: O PROBLEMA DA LIQUIDEZ[1]

YVES LIMA NASCIMENTO
RODRIGO DA MATA

1 Introdução

O escopo do direito das sucessões é garantir a continuidade do patrimônio do falecido.[2] Com efeito, não se pode falar de patrimônio e de sua liquidação tendo por fundamento esse ramo do direito, sem lembrar da propriedade imobiliária.

Ao se reconhecer a importância da liquidação do patrimônio imobiliário, não se pretende ignorar as transformações sociais e econômicas que colocam a riqueza mobiliária em lugar de destaque em relação aos bens imóveis atualmente.[3] Ações negociadas em bolsa, cotas de sociedades empresárias, propriedade industrial, títulos creditícios são alguns exemplos de bens móveis que ganharam protagonismo, inclusive, na composição do acervo de bens e direitos que formam o patrimônio da pessoa humana.[4] De todo modo, forçoso reconhecer que tais transformações não alteram o fato de que a propriedade imobiliária ainda é, em grande medida, objeto de transmissão em razão da sucessão causa morte.

Nesse contexto, falar de sucessão é pensar o patrimônio e suas diversas complexidades, porquanto liquidar o patrimônio perpassa não só o aspecto financeiro inerente aos bens deixados, mas sua fungibilidade. Portanto, para evitar entraves que podem surgir de uma sucessão mal planejada, indispensável a compreensão da (i) liquidez do patrimônio imobiliário.

---

[1] Gostaríamos de agradecer a Daniele Chaves Teixeira pelas trocas generosas e pela confiança. De igual modo, Caio Ribeiro Pires foi imprescindível para pensarmos o presente artigo, o olhar arguto e as críticas atentas de ambos provam que pensar o direito é, acima de tudo, pensar em conjunto. Obrigado!

[2] TEPEDINO, Gustavo; NEVARES, Ana Luiza Maia; MEIRELES, Rose Melo Vencelau. Direito das Sucessões. In: TEPEDINO, Gustavo (Org.). *Fundamentos de Direito Civil, volume 7*. Rio de Janeiro: Forense, 2020, p. 3/4.

[3] TEPEDINO, Gustavo; NEVARES, Ana Luiza Maia; MEIRELES, Rose Melo Vencelau. Direito das Sucessões. In: TEPEDINO, Gustavo (Org.). *Fundamentos de Direito Civil, volume 7*. Rio de Janeiro: Forense, 2020, p. 4.

[4] BUCAR, Daniel. *Superendividamento*: reabilitação da pessoa humana. São Paulo: Saraiva, 2017. p. 19-46.

Isso porque os caminhos percorridos após a morte do autor da herança são inúmeros e não é nossa pretensão esgotá-los, mas suscitar reflexão sobre a (i) liquidez do patrimônio imobiliário herdado. Afinal, o patrimônio liquidado deixado pelo *de cujus* vai muito além dos bens imóveis, mas são esses que podem gerar maiores imbróglios na sua transformação em pecúnia.

2 Reflexões sobre a liquidez do patrimônio imobiliário

Como se sabe, o objeto do direito das sucessões é a destinação do patrimônio de uma pessoa física em virtude do seu falecimento.[5] Não obstante as diferentes concepções jurídicas acerca do que é o patrimônio, podemos compreendê-lo, dentro do escopo deste trabalho, como conjunto de bens de uma pessoa que compõe o seu monte apresentado à sociedade como sua riqueza ou fortuna de seu titular.[6]

A partir da premissa acima, entende-se que o cerne está na compreensão de sua (i) liquidez perante o monte do *de cujus*, com vistas, inclusive, a salvaguardar e otimizar o patrimônio que será objeto de transmissão.

Isso porque se entende como liquidez a capacidade do patrimônio de se reverter em dinheiro, de modo que quando se herda bem imóvel, é necessário vendê-lo para que seja convertido em pecúnia. A liquidez, portanto, seria a facilidade de resgatar o patrimônio e revertê-lo em dinheiro. Suponhamos que o monte do *de cujus* fosse uma casa avaliada em R$100.000,00 (cem mil reais) e uma quantia no valor de R$100.000,00 (cem mil reais), será que o valor líquido, da pecúnia e do imóvel em si considerados, na prática, equivalem?

Partindo do exemplo acima, suponha-se que se os herdeiros quiserem vender o bem imóvel, o primeiro requisito a ser considerado é avaliar se a propriedade integrava o acervo patrimonial do *de cujus* ou se ele apenas era possuidor (ou ostentava direito aquisitivo) relacionado ao imóvel. Nesse sentido, não se pode perder de vista que a aquisição da propriedade imobiliária depende do registro do título translativo no registro de imóveis em que o bem possui matrícula, nos termos do *caput*, do art. 1.245, do CC.[7]

O legislador para não deixar dúvidas quanto ao momento em que a propriedade imobiliária se constitui em favor do adquirente, estabelece no §1º do mesmo artigo que enquanto pendente o registro do título aquisitivo, a propriedade permanece no patrimônio do alienante. Ao se conjugar o regramento que disciplina a aquisição da propriedade imobiliária com a disciplina das sucessões, ambas previstas no Código Civil, alerta-se para a necessidade de analisar as formalidades necessárias ao título dominial.[8]

---

[5] Neste sentido, PEREIRA, Caio Mário da Silva. *Instituições de direito civil, volume 6, direito das sucessões*. 5. ed. Rio de Janeiro: Forense, 1993; SCHREIBER, Anderson. *Manual de Direito Civil Contemporâneo*. 3. ed. São Paulo: Saraiva Educação, 2020. p. 1.006.

[6] HIEZ David. *Etude critique de la notion de patrimoine em droit privê actuel*. Paris: LGDJ, 2003. p. 55. *apud*: BUCAR, Daniel. *Superendividamento*. Reabilitação Patrimonial da Pessoal Humana – São Paulo: Saraiva, 2017, p. 28.

[7] Art. 1.245. Transfere-se entre vivos a propriedade mediante o registro do título translativo no Registro de Imóveis. §1º Enquanto não se registrar o título translativo, o alienante continua a ser havido como dono do imóvel. §2º Enquanto não se promover, por meio de ação própria, a decretação de invalidade do registro, e o respectivo cancelamento, o adquirente continua a ser havido como dono do imóvel.

[8] SILVA, Alexandre Barbosa da *A propriedade sem registro*: o contrato e a aquisição da propriedade imóvel na perspectiva civil-constitucional. Orientador: Eroulths Cortiano Junior. – Curitiba, 2014.

Não raras vezes, o herdeiro por fruir da propriedade imobiliária amealhada por seu ascendente tem para si que a propriedade está constituída em favor do autor da herança e que, portanto, basta transferir para o seu patrimônio com a realização do inventário. A realidade documental do imóvel, muitas vezes é diversa. Promessa de compra e venda, cessão de direitos hereditários, escritura de compra e venda, títulos aquisitivos que se não forem devidamente registrados não transferem efetivamente a propriedade. No caso da promessa de compra e venda, mesmo com o seu registro, alienante e adquirente se obrigam a celebrar outro contrato que, por fim, ensejará a transmissão do bem mediante registro no cartório de registro de imóveis.

A previsão do dispositivo se estende à transmissão do patrimônio imobiliário inventariado. Nessa trilha, ainda que os bens tenham sido inventariados, o registro do formal de partilha no registro de imóveis relacionado ao imóvel é imprescindível para consolidar a propriedade em favor dos herdeiros. Tal desdobramento, portanto, não pode ser ignorado, sob pena de se manter a propriedade em nome do autor da herança.

Dentro de um cenário ideal, em que o ativo imobiliário está perfeitamente regular no patrimônio do autor do sucessor, os seus herdeiros poderão se ater ao procedimento de inventário exclusivamente. Ao contrário, a necessidade de regularizar o bem imóvel também será transferida aos herdeiros (inclusive os custos inerentes às formalidades) que terão tal etapa como anterior à possibilidade de alienar o bem e, finalmente, atribuir-lhe liquidez.

A bem da verdade, tratando-se de bem imóvel, os herdeiros necessitarão de dinheiro para promover a transferência do patrimônio, seja pelo custo inerente ao inventário – judicial ou extrajudicial –, seja pelo pagamento do imposto de transmissão (ITCMD).[9]

Percebe-se, portanto, que o patrimônio, com especial destaque à propriedade imobiliária, não existe simplesmente pelo seu uso, mas pelas formalidades dos mais diferentes ramos do direito que alçam o bem ao *status* de propriedade regular, atribuindo-lhe mais liquidez.

Nesse sentido, a propriedade imobiliária devidamente regularizada é fundamental para viabilizar a execução de um planejamento sucessório adequado. Não quer dizer, contudo, que a falta de titularidade da propriedade imóvel impeça o planejamento, ao revés, alerta o devir de caminhos tortuosos, onerosos e morosos pelos quais quem planeja a sucessão – ou o seu sucessor – irá passar, cientificando-o dos riscos existentes na efetiva transferência do patrimônio imobiliário, conforme será exposto no capítulo a seguir.

3 A impositiva figura do inventário como um dos principais motivos do planejamento sucessório

Importante registrar que, pela leitura do art. 1.784 do Código Civil, "Aberta a sucessão, a herança transmite-se, desde logo, aos herdeiros legítimos e testamentários",

---

[9] Para o custeio do inventário e partilha de bens seja pela via judicial ou extrajudicial, é recorrente a utilização de contratos securitários, nesse sentido, vide por todos CARLINI, Angélica. Seguro de vida na aplicação do planejamento sucessório. *In*: TEIXEIRA, Daniele Chaves (Coord.). *Arquitetura do planejamento sucessório*. 2. ed. Belo Horizonte: Fórum, 2019. p. 403-415.

o ordenamento brasileiro acolheu o chamado *droit de saisine*, desenvolvido pelo direto costumeiro francês,[10] porquanto afirma que, no momento da morte, a transmissão do patrimônio do *de cujus* ocorre imediatamente aos seus herdeiros, o qual é alvo de crítica acentuada pela doutrina.[11]

Outra parte dos autores, inclusive, sustenta que a sucessão imediata promovida pela *saisine* seria uma espécie de ficção necessária, pois não poderia haver patrimônio sem titular,[12] muito embora os herdeiros estejam sujeitos ao obrigatório procedimento de inventário.

Os problemas decorrentes da *saisine* e da sua operacionalidade em nosso ordenamento jurídico são muitos e não constituem objeto deste estudo, de modo que esta ressalva funciona como uma forma de reflexão sobre o instituto, cuja aplicabilidade no Brasil é questionável quando se confronta com o procedimento do inventário. Aliás, a demora, os custos e a dificuldade corriqueiramente enfrentada para transferir o patrimônio para o sucessor, em grande medida, justificam a necessidade de organizar o patrimônio e pensar na destinação do patrimônio com ocorrência do fato morte.

Nesse ponto, não se pode perder de vista que, a depender da configuração familiar, os sucessores – em muitos casos vulneráveis economicamente ou portadores de alguma deficiência – ou a própria configuração do patrimônio não permitem aguardar a tramitação do processo de inventário por anos a fio. Dessa forma, o planejamento sucessório eficiente consegue antever possíveis entraves na sucessão do patrimônio daquele que será o autor da herança.

3.1 Aspectos gerais do inventário judicial

De início, registre-se que não é pretensão deste trabalho esgotar o tema do inventário, que pode ser compreendido como liquidação do patrimônio do *de cujus*, pelo contrário, busca-se trazer algumas reflexões para a compreensão do instituto na hora de realizar o planejamento sucessório.

Isso porque cumpre esclarecer que o inventário é obrigatório no Brasil,[13] seja judicial ou extrajudicial, conforme preleciona o art. 610 e §1º do CPC. Na prática, a finalidade do procedimento é (i) liquidar o patrimônio do *de cujus*, (ii) o pagamento de eventuais credores e, por fim, (iii) com a existência de saldo, a divisão de bens e direitos entre os sucessores.

Ressalte-se que mesmo se o falecido não tenha deixado bens a inventariar, a doutrina e jurisprudência admitem a figura do "inventário negativo", apesar de parecer estranho e sem sentido sua abertura, sabe-se que a pessoa viúva e que tenha filho do

---

[10] SCHREIBER, Anderson. *Manual de Direito Civil Contempo*rân*eo*. 3. ed. São Paulo: Saraiva Educação, 2020. p. 1.014.

[11] BUCAR, Daniel e PIRES, Caio. Sucessão e Tributação: Perplexidades e Proposições Equitativas. In Daniele Teixeira Chaves (Coord.) *Arquitetura do Planejamento Sucessório*. 1 ed. Belo Horizonte: Fórum, 2019. p. 85.

[12] MARIONI, Luiz Guilherme, ARENHART, Sérgio Cruz e MITIDIERO, Daniel. *Curso de Processo Civil: tutela dos direitos mediante procedimentos diferenciados*, Volume 3. 4. ed. São Paulo: Thomson Reuters Brasil, 2019. p. 203.

[13] TEPEDINO, Gustavo; NEVARES, Ana Luiza Maia; MEIRELES, Rose Melo Vencelau. Direito das Sucessões. p. 3/7.

falecido não pode se casar novamente enquanto não for realizado o inventário, na forma do art. 1.523, I, do CC.[14]

Como já dito, o inventário é o procedimento padrão para liquidação do patrimônio do falecido, de modo que existe, ainda, o rito do arrolamento como uma forma de abreviação do inventário,[15] para causas menos complexas e menos burocráticas, que é adotado em quatro hipótese: (i) herdeiros capazes e concordes sobre a forma de partilha dos bens (art. 659, CPC); (ii) existência de apenas um herdeiro (art. 659, §1º, CPC); (iii) quando o valor da herança for igual ou inferior a mil salários mínimos (art. 664, CPC) ou, por fim, (iv) se a herança for igual ou superior a mil salários mínimos e houver interesse de incapaz, mas todos herdeiros e o Ministério Público forem concordes (art. 665, CPC).

Sem embargo a possibilidade de abreviamento no inventário com o arrolamento, cumpre destacar que, apesar da crise na liquidez do patrimônio imobiliário, tal como exposto no capítulo anterior, o fato é que os bens imóveis compõem o monte do falecido, sendo parte integrante do procedimento de inventário.

Nesse sentido, a lei prevê que o inventário deve ser iniciado em até 2 (dois) meses, a contar da abertura da sucessão, com fim nos 12 (doze) meses subsequentes (art. 611, CPC). Tal prazo decorre da necessidade de a Fazenda Pública individualizar os bens e recolher os impostos *causa mortis* devidos.[16]

Cabe salientar que, mesmo após os 2 (dois) meses da abertura da sucessão, ainda subsiste o direito do ajuizamento da ação de inventário, no entanto, ficarão os interessados sujeitos à multa arbitrada por lei estadual, considerada, inclusive, constitucional pelo Supremo Tribunal Federal (Súmula 542).[17]

De igual forma, após os 12 (doze) meses para o término do procedimento, pode o juiz prorrogar o prazo, de ofício ou com requerimento das partes, a teor do que dispõe a parte final do art. 611, CPC.

Com efeito, em se tratando de inventário judicial, via de regra, todas as questões de direito serão decididas pelo juiz, de modo que só serão remetidas para as vias ordinárias (ação própria) as questões que exigirem ampla cognição, conforme art. 612 do CPC.

Conforme recente julgado, ao apreciar uma pretensão de anulação de negócio jurídico anterior ao óbito no inventário, o Superior Tribunal de Justiça entendeu que questões de alta indagação e que exigem ampla cognição para serem solucionadas devem ser propostas por meio de ação própria.[18] Tal fato é importante para que seja delimitado o objeto das questões decididas no processo de inventário.

---

[14] MARIONI, Luiz Guilherme, ARENHART, Sérgio Cruz e MITIDIERO, Daniel. *Curso de Processo Civil: tutela dos direitos mediante procedimentos diferenciados, Volume 3*. 4. ed. São Paulo: Thomson Reuters Brasil, 2019. p. 203.

[15] MARIONI, Luiz Guilherme, ARENHART, Sérgio Cruz e MITIDIERO, Daniel. *Curso de Processo Civil: tutela dos direitos mediante procedimentos diferenciados, Volume 3*. 4. ed. São Paulo: Thomson Reuters Brasil, 2019. p. 223.

[16] Em razão da pandemia causada pelo Covid-19, confira-se o art. 19 da Lei nº 14.010, de 10 de Junho de 2020: prazo do art. 611 do Código de Processo Civil para sucessões abertas a partir de 1º de fevereiro de 2020 terá seu termo inicial dilatado para 30 de outubro de 2020. Parágrafo único. O prazo de 12 (doze) meses do art. 611 do Código de Processo Civil, para que seja ultimado o processo de inventário e de partilha, caso iniciado antes de 1º de fevereiro de 2020, ficará suspenso a partir da entrada em vigor desta Lei até 30 de outubro de 2020.

[17] "Não é inconstitucional a multa instituída pelo Estado-membro como sanção pelo retardamento do início ou da ultimação do inventário".

[18] STJ, 4ª Turma. AgInt no REsp 1359060/RJ. Rel. p/acórdão Min. Maria Isabel Gallotti. Dje. 01.08.18.

A competência para abertura do inventário, apesar de ser regra de foro especial, é relativa por natureza,[19] sendo em geral do foro do domicílio do autor da herança (art. 48, CPC). Contudo, se o autor da herança não possuir domicílio certo, é competente: (i) o foro de situação dos bens imóveis; (ii) havendo bens imóveis diferentes, qualquer um destes; (iii) não havendo bens móveis, o foro do local de qualquer dos bens do espólio (parágrafo único do art. 48, CPC).

Importante destacar, por oportuno, que por ser regra de competência territorial relativa, caso haja conflito com alguma norma de competência absoluta, esta deve prevalecer, de modo que se a demanda tratar sobre algum dos direitos reais imobiliários inseridos no art. 47 do CPC, o foro competente é o da situação da coisa.

Assim, havendo ausência de domicílio certo do autor e de demanda que verse sobre algum dos direitos reais no art. 47 do CPC, o patrimônio imobiliário pode facultar a abertura do inventário em qualquer estado do Brasil. Basta pensar que, se o falecido possuía imóveis no Rio de Janeiro, São Paulo e Sergipe, pode-se optar pela escolha deste último por ter uma maior celeridade em relação aos outros, por exemplo.

Os custos do Judiciário também podem ser um fator de escolha da abertura do inventário. Para ficar no exemplo acima, os legitimados podem escolher o Tribunal de Justiça de São Paulo caso seja mais barato do que o do Rio de Janeiro e Sergipe, o que pode ser levado em consideração para diminuir os custos do procedimento de liquidação.

Quem estiver na posse e na administração dos bens do espólio é o legitimado para requerer a abertura do inventário (art. 615, CPC), sendo inclusive seu administrador provisório, até a efetiva nomeação daquele que exercerá a inventariança[20] dos bens deixados pelo *de cujus*.

Não se pode esquecer, no entanto, os legitimados concorrentes para requererem a abertura do inventário, previstos no art. 616 do CPC, quais sejam: (i) o cônjuge ou companheiro supérstite; (ii) o herdeiro; (iii) o legatário; (iv) o testamenteiro; (v) o cessionário do herdeiro ou do legatário; (vi) o credor do herdeiro, do legatário ou do autor da herança; (vii) o Ministério Público, havendo herdeiros incapazes; (viii) a Fazenda Pública, quando tiver interesse; e, por fim, (ix) o administrador judicial da falência do herdeiro, do legatário, do autor da herança ou do cônjuge ou companheiro supérstite.

A petição inicial seguirá as exigências do art. 319 do CPC, sendo peça indispensável para propositura da demanda a certidão de óbito. Caso não apresente nenhuma irregularidade (321, CPC), o juiz nomeará o inventariante, seguindo a ordem de preferência do art. 617 do CPC, o qual será intimado para prestar compromisso.

Após prestar compromisso, o inventariante tem 20 (vinte) dias para apresentar as primeiras declarações, as quais terão uma descrição organizada da qualificação do *de*

---

[19] NEVES, Daniel Amorim Assumpção. *Manual de Direito Processual Civil – Volume Único* – 8. ed. Salvador: Ed. JusPodivm, 2016, p. 176.

[20] Nas lições de Caio Mario da Silva Pereira: [...] o inventariante tem a *representação ativa e passiva da herança*. É o que se pode denominar 'representação anômola', pelo fato de haver o 'representante', mas não existir a 'pessoa do representado'. Nessa qualidade, intentará as ações que visem à defesa dos bens e segurança dos direitos hereditários; e será citado para as que se ajuízem contra o espólio, que lhe cumpre defender. [...] Como representante do espólio, o inventariante administra todos os bens, recebe créditos, paga débitos líquidos e exigíveis; aliena as coisas a isto destinadas, e as que necessitem ser, precedendo autorização do juiz. Faz despesas. Exerce todos os poderes de administração ordinária, mas necessita de outorga judicial para os que dela exorbitem" (PEREIRA, Caio Mário da Silva. *Instituições de direito civil*. Rio de Janeiro: Forense, 2009. p. 345-346. v. 6).

cujus e de todo seu patrimônio, notadamente dos imóveis, que deverá conter o local em que estes se encontram, extensão da área, limites, confrontações, benfeitorias, origem dos títulos, números das matrículas e ônus que os gravam, nos termos da alínea "a" do inciso IV do art. 620 do CPC.

Ressalte-se que, havendo herdeiro incapaz, o inventário será obrigatoriamente judicial e o Ministério Público intervirá no feito, além de receber cópia das primeiras declarações apresentadas, conforme consta no *caput* do art. 620 do CPC.

Após a finalização do procedimento de inventário, em regra, passa-se para fase de partilha, momento em que o juiz facultará as partes que no prazo de 15 (quinze) dias formulem o pedido de quinhão, para em seguida proferir decisão sobre a partilha.

Não se pode esquecer, contudo, que o juiz só julgará por sentença a partilha após o pagamento do imposto de transmissão, salvo se o pagamento do imposto estiver garantido, a teor do que disciplina o art. 654 e parágrafo único do CPC.

Note-se que o relato panorâmico do inventário judicial – apenas com a tentativa de ilustrar a complexidade do procedimento – permite intuir o desinteresse de investidores e de possíveis compradores do ativo imobiliário que passa pelo inventário, reduzindo significativamente a liquidez (entendida como a reversibilidade do patrimônio em dinheiro) dessa propriedade, enquanto pendente o procedimento do inventário.

3.2 O inventário extrajudicial: o remédio para alguns dos males

O inventário extrajudicial pode ser feito se todos os herdeiros forem capazes e concordes (art. 610, §1º, CPC), sendo o instrumento público apto à produção de efeitos, inclusive para levantamento de importância depositada em instituições financeiras. Fora do Juízo, as serventias notariais documentarão por meio de escritura pública o acervo patrimonial do espólio, a inexistência de passivo, o recolhimento do imposto de transmissão *causa mortis* e o pagamento dos quinhões de cada sucessor. A realização do procedimento extrajudicial confere exclusividade à liquidação patrimonial do espólio apresentada ao serviço de notas, evitando a demora comum aos processos judiciais de inventário e partilha.

Até porque no inventário extrajudicial os sucessores não se sujeitam à ordem cronológica de tramitação dos processos judiciais prevista no art. 12 do CPC. Mais que isso, a liquidação do acervo patrimonial do espólio pela via administrativa não concorre com a infinidade de processos judiciais existentes no Brasil.

Destaque-se que, ao contrário do que dispunha o art. 982 do CPC/73, a escritura pública do inventário extrajudicial não serve apenas para registro imobiliário, valendo-se como documento hábil para transmissão da propriedade em geral, como de veículos junto aos órgãos correspondentes, por exemplo.

A Resolução 35/2007 do CNJ[21] regulamenta a forma do inventário e partilha extrajudicial, sendo facultada a escolha pela via administrativa, nos termos do art. 2º da

---

[21] Resolução 35 do CNJ: Art. 2º É facultada aos interessados a opção pela via judicial ou extrajudicial; podendo ser solicitada, a qualquer momento, a suspensão, pelo prazo de 30 dias, ou a desistência da via judicial, para promoção da via extrajudicial.

referida resolução.[22] Será possível, inclusive, inventário negativo por escritura pública. Em outras palavras, mesmo sendo herdeiros capazes e concordes, pode-se optar pela via judicial.

Assim, envolvendo interesses disponíveis, herdeiros capazes e concordes, o Judiciário não é obrigado a intervir. Parte da doutrina, inclusive, afirma que mesmo quando houver credores do espólio ou herdeiros preteridos não estará configurado o interesse processual.[23]

Com efeito, é obrigatória a presença do advogado ou defensor público para que o tabelião possa lavar a escritura (art. 610, §2º, CPC), de modo que a figura do advogado passa a ser indispensável para elaboração do documento que será levado ao cartório.

Deverão constar na escritura pública a qualificação completa do autor da herança, local e dia do falecimento, certidão de óbito, documento de identificação de todas as partes, certidão comprobatória do vínculo de parentesco com o outro da herança, certidão de casamento do cônjuge sobrevivente, se houver, bem como de documentos comprobatórios de propriedade dos bens e seus respectivos valores.

Importante registrar, oportuno, que é obrigatória a nomeação de interessado, na escritura pública, para representar o espólio, com poderes de inventariante, no cumprimento de obrigações ativas ou passivas pendentes, caso exista, sem, contudo, ter que seguir a ordem do art. 617 do CPC.

Registre-se, por fim, que segundo o art. 15 da Resolução 35/2007 do CNJ, o recolhimento dos tributos incidentes no inventário deverá ser antecedido à lavratura da escritura, o que se assemelha à regra existente no art. 654 do CPC, que preleciona que o juiz só julgará por sentença a partilha com o pagamento do imposto de transmissão.

A realidade sucessória vivenciada por incontáveis famílias esbarra na insuficiência de recursos para pagamento dos emolumentos cartorários à vista e do imposto de transmissão, e até mesmo na falta de consenso entre os herdeiros, fatores que inviabilizam a realização ágil e eficaz do inventário e partilha de bens. Ainda, assim, com o advento da Lei nº 11.441/07 regulamentando a possibilidade de realizar inventário, partilha, separação consensual e divórcio consensual em cartórios de notas, houve significativo aumento na procura pelos expedientes extrajudiciais.

Dados do Colégio Notarial do Brasil (CNB/SP) de 2018 noticiam que, desde a promulgação da mencionada legislação, cerca de 2 milhões de inventários foram realizados de modo extrajudicial no país, em pouco mais de uma década. Apesar da necessidade imediata de recursos para custear o procedimento, a possibilidade de liquidar o patrimônio em meses contrasta com a realidade do processo judicial de inventário, dando sentido à busca pela via não judicial.[24]

---

[22] Art. 2º É facultada aos interessados a opção pela via judicial ou extrajudicial; podendo ser solicitada, a qualquer momento, a suspensão, pelo prazo de 30 dias, ou a desistência da via judicial, para promoção da via extrajudicial.

[23] DONIZETTI, Elpidio. *Curso didático de direito processual civil*. 21. ed. rev., atual. e ampl., São Paulo: Atlas, 2018. p. 864º.

[24] Disponível em: https://www.anoreg.org.br/site/revistas/cartorios/Cartorios-Com-Voce-13.pdf. Acesso em 30/07/2020, p. 4-5.

4 Utilização econômica de bens imóveis no curso do inventário

Em nosso ordenamento jurídico, a Constituição Federal, para não deixar dúvidas, erigiu não só a propriedade (art. 5º, *caput*, e inciso XXII) como o direito de transmiti-la e recebê-la (art. 5º, XXX) como garantia constitucional do cidadão. Dessa forma, a utilização da propriedade – assim como a sua constituição – é objeto de estudo perene da doutrina civilista.

É importante frisar que a propriedade tutelada pelo legislador originário não se confunde com a propriedade afirmada no período oitocentista. Ao revés, a garantia ao direito de propriedade na ordem jurídica inaugurada pela Constituição de 1988 estabelece que o fundamento da República fundada é a dignidade da pessoa humana (art. 1º, III), compreendida como vértice axiológico de todo o ordenamento jurídico.

A opção do Constituinte por tal valor redesenha a propriedade, circunscrevendo-a. É dizer que a propriedade passa a ser ela e suas circunstâncias. A análise do caso concreto passa a ser um imperativo, aferindo-se se a conformidade de determinada propriedade com as diretrizes constitucionais de solidariedade e de conformidade com o princípio da dignidade da pessoa humana.[25]

Abandona-se a abstração jurídica que marcava o direito à propriedade descrito como absoluto e da mais ampla oponibilidade. Resguarda-se, assim, a propriedade que atende a valores extrapatrimoniais insertos na Constituição da República e os promove. A propriedade foi ressignificada e harmonizada com outros valores jurídicos socialmente caros à sociedade civil[26] (art. 5º, XXIII), a justificar a reinterpretação de diversos institutos jurídicos, sobretudo, no âmbito do direito privado.[27]

A manifesta alteração do paradigma e a releitura dos tradicionais institutos do direito civil de modo algum importam no aniquilamento da propriedade da sua utilidade para obtenção de proveito econômico (art. 170, da CF) e consequente circulação de riquezas. Pelo contrário, interpretação atenta do operador do direito almeja a convivência harmônica desses valores no texto constitucional, como a necessidade de promover a tutela do direito de propriedade na exata medida que funcionalizado ao atendimento de valores constitucionais.

Contudo, apesar da ampla revisão do conceito de propriedade de modo geral, pouco se discute sobre a gestão da propriedade imobiliária no curso do inventário. Se por um lado o direito das sucessões durante longo período fora pouco explorado pela literatura jurídica; por outro, a legislação processual civil regulou a transmissão do patrimônio do *de cujus* em favor de seus sucessores, desconsiderando a incidência simultânea de outras áreas do direito, e da própria *praxis* jurídica.

---

[25] TEPEDINO, Gustavo; NEVARES, Ana Luiza Maia; MEIRELES, Rose Melo Vencelau. Direito das Sucessões. In: TEPEDINO, Gustavo (Org.). *Fundamentos de Direito Civil, volume 7*. Rio de Janeiro: Forense, 2020. p. 5.

[26] TEPEDINO, Gustavo. *Temas de Direito Civil*. Rio de Janeiro: Renovar, 2004, espec. pp. 1-22.

[27] Nas lições do professor Luiz Edson Fachin e Carlos Eduardo Pianovski Ruzyk: "os três pilares de base do Direito Privado — propriedade, família e contrato — recebem uma nova leitura sob a centralidade da constituição da sociedade e alteram suas configurações, redirecionando-os de uma perspectiva fulcrada no patrimônio e na abstração para outra racionalidade que se baseia no valor da dignidade da pessoa" (FACHIN, L. E.; RUZYK, C. E. Pianovski. Direitos fundamentais, dignidade da pessoa humana e o novo Código Civil: uma análise crítica. In: SARLET, I. W. (Org.). *Constituição, direitos fundamentais e direito privado*. Porto Alegre: Livraria do Advogado, 2003. p. 87- 104).

Nesse ponto, exemplo emblemático é o prazo aqui já abordado do art. 611, do CPC, que prevê a conclusão do inventário nos 12 (doze) meses subsequentes à sua abertura. O prazo além de estranho à duração da maioria dos processos de inventário, nas mais variadas regiões do país, evidencia a falta de sistematização das ferramentas dispersas pelo Código Civil que permitem a otimização dos recursos inventariados enquanto pendente a conclusão do inventário.

A acentuada delonga na duração do procedimento decorre não apenas da sobrecarga das serventias judiciais, mas da corrente dificuldade de o sucessor acessar o patrimônio deixado. Bens, direitos, obrigações contraídas, contratos em curso, financiamentos e débitos são expedientes da vida civil do autor da herança, em muitos casos, desconhecidos dos sucessores. Muito embora a declaração do imposto de renda seja ferramenta de grande utilidade no mapeamento do patrimônio a ser inventariado,[28] a existência de outros bens e de dívidas ignorados pelos herdeiros é frequente.

Nesse cenário muitas vezes obscuro ao sucessor e cheio de incertezas, surge o dever de administrar o patrimônio deixado, qualificado pela legislação civil como um todo unitário e indivisível que institui condomínio entre os herdeiros quanto à posse e à propriedade da herança que será inventariada, até que seja ultimada a partilha, como estampado no parágrafo único, do art. 1791, do CC. Como consequência, a regra é a indivisibilidade dos bens.

Em outras palavras, ativos móveis, imóveis, líquidos e ilíquidos, corpóreos e incorpóreos fazem parte de uma massa unitária de ativos e, eventualmente, passivos que serão individuados, quando da prolação de sentença que determinará a partilha de bens ou homologa o esboço de partilha apresentado, depois de comprovadamente quitados os débitos do espólio. A pergunta que surge é: como o inventariante, administrador investido pelo juízo, gere este acervo patrimonial até a partilha dos bens?

Definitivamente, a resposta ao questionamento só pode ser construída diante do caso concreto. A análise criteriosa dos ativos ostentados pelo espólio, o levantamento do passivo, a aferição da regularidade de cada bem e o direito que compõe o acervo patrimonial permitirão ao operador do direito, junto com o inventariante, a construção de soluções para otimizar os ativos deixados, prestando-se conta em juízo dos atos praticados na administração do espólio (art. 1.797, do CC c/c arts. 618, 619 e 620, do CPC).

De todo modo, a locação de bens imóveis, a celebração de comodatos, a alienação de determinados ativos com maior liquidez mediante alvará judicial (art. 619, do CC) são expedientes utilizados para administrar[29] essa massa de bens e mantê-la enquanto não ultimada a partilha que definirá o contorno do patrimônio que será reservado para cada sucessor.

Em muitos inventários, é a receita oriunda da locação de bens imóveis ou até mesmo o comodato do bem que garantem recursos – ou estanca o acúmulo de débitos decorrentes de despesas condominiais e de imposto predial territorial urbano

---

[28] Importante o registro de que a Declaração do Imposto de renda apresentada pelo Contribuinte muitas vezes não reflete a extensão do patrimônio do autor da herança. Bens situados no exterior, ausência de contingência em processos judiciais de vulto, sociedades dissolvidas de modo irregular são exemplos de informações patrimoniais relevantes, frequentemente, omitidas pelo *de cujus* e ignoradas pelos herdeiros.

[29] CABRAL, Antonio do Passo. *Comentários ao Novo Código de Processo Civil.* Rio de Janeiro: Forense, 2015. p. 953.

(IPTU) – para que o ITCMD seja recolhido em favor do Estado e as demais formalidades inerentes ao inventário e à transmissão da propriedade imobiliária sejam custeadas.

Não por outro motivo, a adequada administração dos bens deixados em razão do fato morte é indispensável para manutenção do acervo patrimonial como um todo no curso do inventário até a efetiva transmissão dos ativos. É reconhecer que a depender da gestão do espólio poder-se-á partilhar mais – ou menos – ativos entre os herdeiros.

Depreende-se que, apesar das amarras de ordem legal e burocrática dos agentes partícipes do complexo processo de inventário, faz-se necessária a construção de soluções aplicáveis a cada espólio, ao conjunto de patrimônio, enquanto acervo patrimonial formado por ativos e passivos, ao efeito de otimizar os créditos que serão objeto de posterior partilha.

5 Organização patrimonial e o planejamento sucessório

Assumida a condição dinâmica, complexa e unitária[30] do patrimônio, com especial destaque, à propriedade imobiliária inventariada – seja de modo judicial ou extrajudicial –, torna-se impositiva a reflexão sobre o planejamento sucessório.

A professora Daniele Chaves no que se refere ao direito das sucessões denuncia o descompasso do ramo das sucessões em relação às necessidades das famílias, notadamente, a complexidade dos novos arranjos familiares e do próprio patrimônio por eles amealhado. Como adverte a autora, é indispensável a releitura do ramo do direito à luz dos valores incertos na Constituição, funcionalizando-os.[31]

De fato, a necessidade de projetar a sucessão decorre não só de reconhecer como fato a própria morte, mas a composição, a regularidade e a destinação do acervo patrimonial construído em vida.

Por esse viés, o descompasso do direito das sucessões é extensível a outras áreas do direito, não só por ignorarem a complexidade dos fatos e das relações jurídicas em voga em um planejamento sucessório, mas pela flagrante setorização do tratamento da propriedade imobiliária, o que retira deste ativo a liquidez indispensável para otimizar o valor do bem imóvel em uma sociedade que possui por axioma a circulação de riquezas. Nessa ordem de ideias, o panorama descrito nos capítulos anteriores, no que toca ao procedimento de inventário, acena para a necessidade de compreender o acervo patrimonial erigido em vida, com vistas a dinamizar sua transmissão com a ocorrência do fato morte.

Dessa forma, o planejamento sucessório pressupõe que para a adoção de medidas que permitirão a transmissão de bens e direitos do titular do patrimônio, compreenda-se a complexidade deste acervo patrimonial que será transmitido, constituindo, em última análise, a gestão deste patrimônio que será liquidado, seja para pagamento de eventuais credores, para o pagamento do Estado e, por fim, transmitir o patrimônio aos herdeiros.

---

[30] Reflexão oportuna sobre o patrimônio da pessoa humana na contemporaneidade é apresentada em BUCAR, Daniel. *Superendividamento*: reabilitação da pessoa humana. São Paulo: Saraiva, 2017. p. 19-46.

[31] TEIXEIRA, Daniele Chaves. *Planejamento Sucessório*: pressupostos e limites. 1 reimpr. Belo Horizonte: Fórum, 2017. p. 56-58.

Planejar a sucessão pressupõe, portanto, conhecer a natureza dinâmica do patrimônio pessoal economicamente apreciável e seu procedimento de liquidação,[32] construído cotidianamente por toda pessoa.

Não se pode perder de vista, como já mencionado, da regra estampada no artigo 1.784 do CC, que deixa claro que os sucessores recebem o patrimônio do *de cujus* nos mesmos termos em que integrava o patrimônio do transmitente. Vale dizer, qualquer irregularidade do ativo imobiliário, seja de ordem registral, tributária, possessória será devolvida aos sucessores nos exatos termos em que o ativo se encontrava no patrimônio do autor da herança.[33]

Nesse sentido, a sucessão do patrimônio imobiliário, quando planejada com este fim, deve projetar, ao máximo, variáveis atinentes à transferência do bem imóvel para aquele que será o novo titular desse bem, sob pena de esbarrar nos incontáveis entraves que limitam a ampla fruição do bem imóvel objeto de transmissão.

Considerar a demora no trâmite dos processos judiciais em juízos orfanológicos – ou de serventias judiciais cíveis em locais que não dispõem de juízo especializado –, a excessiva burocracia das Secretarias de Fazendas Estaduais (Sefaz) e a rigidez das serventias extrajudiciais de notas e registradoras de imóveis é indispensável para que o patrimônio imobiliário objeto de planejamento sucessório – portanto, antes do evento morte do titular do patrimônio – seja bem gerido no curso do procedimento de inventário.

É que, como exposto, no caso do inventário judicial, em que inexistem dívidas, não há menores e existe consenso entre os herdeiros, bem como recursos para arcar com o ITCMD e emolumentos incidentes na sucessão hereditária, possui duração otimista de dois a três anos, a propriedade imobiliária é acompanhada de encargos com vencimento mensal e anual.[34]

Assim, conciliar (i) o tempo necessário para as providências do inventário – seja ele judicial ou extrajudicial – e (ii) os custos incidentes neste procedimento com as despesas mensais e anuais geradas pela propriedade imobiliária é desafio que se não programado antes da morte do autor da herança se acentuará no processo de inventário.

Nessa ordem de ideias, é necessário destacar que o fator tempo potencializa os custos que recaem sobre a propriedade imobiliária. Cotas condominiais, IPTU, eventualmente foro, são despesas inerentes à propriedade imobiliária que se inadimplidas

---

[32] OLIVA, Milena Donato. *Patrimônio separado*: herança, massa falida, securitização de créditos imobiliários, incorporação imobiliária, fundos de investimento imobiliário, trust. p. 170.

[33] TEPEDINO Gustavo, Heloisa Helena Barbosa, Maria Celina Bodin de Morais. *Código Civil interpretado conforme a Constituição da República – vol. IV*. Rio de Janeiro: Renovar 2014. p. 531.

[34] Periódico publicado bimestralmente pelo Sindicato dos Notários e Registradores de São Paulo (Sinoreg-SP) e a Associação dos Notários e Registradores de São Paulo (Anoreg-SP) reportam a economia de tempo e recurso que o procedimento extrajudicial proporciona, nas palavras do Conselho Editorial da revista [...], "Desde que foi aprovada, em 2007, a lei que autorizou que separações, divórcios, inventários e partilhas consensuais passassem a ser feitas em cartórios, mais de 2 milhões de escrituras foram realizadas nos Tabelionatos de Notas, processos estes que até então desaguariam diretamente em Tribunais de Justiça de todo o País, acarretando custos que seriam suportados por todos os brasileiros, que são aqueles que pagam os serviços judiciários no Brasil. A prática dos atos em cartórios significou uma economia de R$4 bilhões aos cofres públicos. Mas não foi só o Estado o beneficiado. Basta uma consulta rápida aos advogados e aos cidadãos, que viram um prazo de inventário cair de 15 anos no Judiciário para 1 mês no cartório, ou um divórcio que levava seis meses ser solucionado no mesmo dia em um cartório, em ato bancado exclusivamente pela parte que necessita do serviço, e não por toda a sociedade, para saber o quão eficaz foi a medida para a sociedade" Disponível em: https://www.anoreg.org.br/site/revistas/cartorios/Cartorios-Com-Voce-13.pdf. Acesso em 30/07/2020, p. 4-5.

podem levar o bem à alienação judicial para pagamento dos credores, demonstrando a necessidade de considerar esses gastos durante o período estimado para transmitir o patrimônio do futuro autor da herança aos seus herdeiros, evitando que a baixa liquidez do ativo imobiliário implique a alienação judicial do bem para pagamento dos débitos que eventualmente se acumularam no curso do procedimento seja ele judicial ou extrajudicial.

Contudo, compreendendo o inventário como procedimento complexo que envolve, necessariamente, o interesse de terceiros antes que o quinhão hereditário possa ser efetivamente transferido em favor do herdeiro, a previsibilidade do término do processo que busca catalogar passivo e ativo do autor da herança, pagar eventuais credores, entre eles o Estado, sem o qual não se obterá a partilha ou lavratura da escritura (art. 654, CPC e art. 15 da Resolução 35/2007 do CNJ) e transmitir patrimônio aos herdeiros, é tarefa hercúlea, impactando na liquidez na propriedade imobiliária.

Ignorar tais aspectos, portanto, importa em sujeitar o patrimônio inventariado aos incontáveis entraves e exigências que cada expediente público citado criou, de maneira assistemática para cumprir seu *múnus* institucional previsto nas legislações incidentes sobre o procedimento do inventário, limitando significativamente o proveito econômico do bem imóvel enquanto pendente o inventário.

Nessa perspectiva, o planejamento sucessório eficaz permite trazer cenário de previsibilidade e estabilidade ao autor da herança e aos seus familiares beneficiários do seu patrimônio, viabilizando a manutenção deste ativo no seio familiar e garantindo previsibilidade aos sucessores. Não se pode ignorar, igualmente, a importância que ativos móveis (dinheiro em conta, ações, investimentos de modo geral), previdências, possuem na preservação da propriedade imobiliária no curso do inventário.

Aliás, a maior participação de instituições públicas e privadas para otimização do procedimento de inventário de modo cooperativo é indispensável para conferir liquidez ao patrimônio imobiliário objeto ou não de planejamento sucessório.

É necessário reconhecer não só a unidade do ordenamento jurídico, mas do próprio patrimônio. Embora a propriedade imobiliária seja permeada por diversos ramos do direito, como antes abordado, não deve importar na sua burocratização. As diferentes legislações que regulam a transferência do bem imóvel devem convergir para transferência fluida e orgânica do patrimônio imobiliário em favor dos herdeiros do *de cujus*, sob pena de o procedimento obstar o exercício da função social da propriedade, enquanto pendente inventário.

Nesse aspecto, a participação proativa de instituições financeiras, inclusive com produtos que assegurem a manutenção da propriedade no nome do autor da herança, enquanto pendente o inventário, mostra-se mais que bem-vinda, posto que em muitos casos o procedimento, embora tenha data para abertura e encerramento, na prática, possui termo final incerto. Dessa forma, os custos mensais que pendem sobre o bem imóvel com periodicidade mensal estariam cobertos, evitando a alienação forçada do imóvel para pagar eventuais credores, por avaliação inferior à de mercado.

Assim, o planejamento sucessório é medida que permite, antes de tudo, mapear o patrimônio e antever entraves de ordem burocrática, assumindo postura proativa na própria sucessão, permitindo a transmissão do patrimônio construído em vida, não só como medida de otimização dos recursos angariados, mas sobretudo para assistir o sucessor que reconhecidamente ostenta maior vulnerabilidade – seja ela econômica, em razão da idade ou decorrente de qualquer limitação – e que poderá se valer de tais recursos para subsistência.

6 Conclusão

Apesar de se compreender que a composição patrimonial da pessoa humana passa por sensível alteração, migrando da riqueza imóvel para a móvel, não se pode olvidar de que o ativo imobiliário foi – e ainda é – componente relevante no acervo de bens e direitos da pessoa humana. Nesse passo, compreender as peculiaridades desse ativo e considerá-las na realização do planejamento sucessório é imprescindível para que a transmissão do bem imóvel ocorra de forma eficaz.

Os custos, a burocracia e, sobretudo, o tempo dispendido no procedimento do inventário judicial provocam a reflexão sobre a liquidez da propriedade imobiliária, organização e, portanto, gestão patrimonial do bem imóvel que será transmitido.

Isso porque a manutenção do imóvel depende de receitas mensais e anuais que não encontram lastro nos demais ativos do espólio. Em razão disto, muitas vezes a alienação de determinado bem mostra-se indispensável para o pagamento de débitos que acompanham a propriedade imobiliária no curso da ação de inventário e partilha de bens – para não mencionar a ulterior necessidade de pagar dívidas contraídas pelo transmitente e que deverão ser saldadas na força da herança antes da partilha em favor dos herdeiros. O inventário extrajudicial, por sua vez, embora manifestamente mais célere, tem por exigência legal que os herdeiros sejam maiores, concordes e disponham de recursos suficientes ao pagamento do imposto, das certidões e da escritura que será lavrada em tabelionato de notas.

À míngua da previsão expressa do art. 1.784, do CC, de que aberta a sucessão, o patrimônio se transmite desde logo aos seus sucessores, a realidade do procedimento por meio do qual se liquida o patrimônio do *de cujus*, promovendo o pagamento de eventuais credores, e rateio do saldo aos herdeiros, é bem mais complexa (do que possa parecer) e dispendiosa.

Nesse cenário, o planejamento sucessório eficiente, levando-se em conta o patrimônio imobiliário, apresenta-se como ferramenta imprescindível para organização do patrimônio, projetando-o para uma transmissão causa morte arquitetada e que permite a automanutenção dos bens – em especial os imóveis – do espólio enquanto pendente a conclusão do inventário, guarnecendo os seus sucessores.

Referências

BUCAR, Daniel. *Superendividamento*. Reabilitação Patrimonial da Pessoal Humana – São Paulo: Saraiva, 2017.

CABRAL, Antonio do Passo. *Comentários ao Novo Código de Processo Civil*. Rio de Janeiro: Forense, 2015.

DONIZETTI, Elpidio. *Curso didático de direito processual civil*. 21. ed. rev., atual. e ampl., São Paulo: Atlas, 2018.

FACHIN, L. E.; RUZYK, C. E. Pianovski. Direitos fundamentais, dignidade da pessoa humana e o novo Código Civil: uma análise crítica. *In*: SARLET, I. W. (Org.). *Constituição, direitos fundamentais e direito privado*. Porto Alegre: Livraria do Advogado, 2003.

MARIONI, Luiz Guilherme, ARENHART, Sérgio Cruz e MITIDIERO, Daniel. *Curso de Processo Civil*: tutela dos direitos mediante procedimentos diferenciados, Volume 3. 4. ed. São Paulo: Thomson Reuters Brasil, 2019.

NEVES, Daniel Amorim Assumpção. *Manual de Direito Processual Civil* – Volume Único – 8. ed. – Salvador: Ed. JusPodivm, 2016.

OLIVA, Milena Donato. *Patrimônio separado*: herança, massa falida, securitização de créditos imobiliários, incorporação imobiliária, fundos de investimento imobiliário, trust. Rio de Janeiro: Renovar, 2009.

PEREIRA, Caio Mário da Silva. *Instituições de direito civil*. Rio de Janeiro: Forense, 2009. p. 345-346. v. 6.

PERLINGIERI, Pietro. *Perfis de Direito Civil*. Tradução de Maria Cristina de Cicco. 3. ed., revista e ampliada. Rio de Janeiro: Renovar, 2002.

SCHREIBER, Anderson. *Manual de Direito Civil Contemporâneo*. 3. ed. São Paulo: Saraiva Educação, 2020.

TEIXEIRA, Daniele Chaves. *Planejamento Sucessório*: pressupostos e limites. 1 reimpr. Belo Horizonte: Fórum, 2017.

TEPEDINO, Gustavo; NEVARES, Ana Luiza Maia; MEIRELES, Rose Melo Vencelau. Direito das Sucessões. *In*: TEPEDINO, Gustavo (Org.). *Fundamentos de Direito Civil*, volume 7. Rio de Janeiro: Forense, 2020.

Informação bibliográfica deste texto, conforme a NBR 6023:2018 da Associação Brasileira de Normas Técnicas (ABNT):

NASCIMENTO, Yves Lima; MATA, Rodrigo da. Direito das sucessões e patrimônio imobiliário: o problema da liquidez. *In*: TEIXEIRA, Daniele Chaves (Coord.). *Arquitetura do Planejamento Sucessório*. Belo Horizonte: Fórum, 2021. p. 713-727. Tomo II. ISBN 978-65-5518-117-3.

SOBRE OS AUTORES

Alessandra Rugai Bastos
Advogada, nascida em São Paulo – SP. Sócia fundadora do escritório Guimarães Bastos Advogados, em 2006. Experiência profissional: Machado, Meyer, Sendacz e Opice Advogados, 2003 a 2006. Companhia Brasileira de Alumínio, 2002 a 2003. Machado de Campos Advogados, 1999 a 2002. Membro da Ordem dos Advogados do Brasil (OAB) e da The Society of Trust and State Practitioners (STEP). Relatora do Tribunal de Ética e Disciplina da Ordem dos Advogados do Brasil, desde 2007. Formação superior na Faculdade de Direito da Universidade de São Paulo (USP), 1995. Pós-Graduação *lato sensu* em Direito Processual Civil, 2003, Pontifícia Universidade Católica de São Paulo (PUC – Cogeae).

Alexandre Miranda Oliveira
Mestre em Direito pela Universidade de Deusto/ES. Professor de Direito Processual Civil da PUC Minas. Advogado.

Ana Carolina Brochado Teixeira
Doutora em Direito Civil pela UERJ. Mestre em Direito Privado pela PUC Minas. Professora de Direito Civil do Centro Universitário UNA. Coordenadora editorial da *Revista Brasileira de Direito Civil – RBDCivil*. Advogada.

Ana Frazão
Advogada. Professora de Direito Civil, Comercial e Econômico da Universidade de Brasília – UnB. Ex-Conselheira do Cade – Conselho Administrativo de Defesa Econômica (2012-2015). Ex-Diretora da Faculdade de Direito da Universidade de Brasília (2009-2012). Graduada em Direito pela Universidade de Brasília – UnB. Especialista em Direito Econômico e Empresarial pela Fundação Getúlio Vargas – FGV. Mestre em Direito e Estado pela Universidade de Brasília – UnB. Doutora em Direito Comercial pela Pontifícia Universidade Católica de São Paulo – PUC-SP. Líder do Gecem – Grupo de Estudos Constituição, Empresa e Mercado.

Ana Luiza Maia Nevares
Doutora e Mestre em Direito Civil pela UERJ. Professora de Direito Civil da PUC-Rio. Coordenadora do curso de Pós-Graduação *lato sensu* de Direito das Famílias e das Sucessões da PUC-Rio. Vice-Presidente da Comissão de Estudos Constitucionais da Família do IBDFAM. Membro do IBDFAM-RJ, do IBDCivil e do IAB. Advogada.

André Luiz Arnt Ramos
Doutor e Mestre em Direito pela Universidade Federal do Paraná. Professor de Direito Civil na Universidade Positivo. Membro do Grupo de Pesquisa Virada de Copérnico (UFPR). Associado ao Instituto dos Advogados do Paraná, ao Instituto Brasileiro de Direito Contratual e ao Instituto Brasileiro de Estudos em Responsabilidade Civil. Advogado.

Angelo Prata de Carvalho
Advogado. Mestre e Doutorando em Direito na Universidade de Brasília. Professor voluntário na Faculdade de Direito da Universidade de Brasília. Vice-Líder do Gecem – Grupo de Estudos Constituição, Empresa e Mercado.

Antonio dos Reis Júnior
Doutor e Mestre em Direito Civil pela Faculdade de Direito da Universidade do Estado do Rio de Janeiro (UERJ). Especialista em Direito Privado Europeu, pela Faculdade de Direito da Universidade

de Coimbra (FDUC-PT). Professor de Direito Civil do IBMEC-RJ e da Ucam-RJ. Professor dos programas de Pós-Graduação da PUC-Rio, Ceped (UERJ) e EMERJ. Diretor Adjunto do Instituto Brasileiro de Estudos de Responsabilidade Civil – Iberc. *E-mail*: antoniodosreisjr@gmail.com.

Antonio Carmelo Zanette
Mestre em Direito Privado pela UFRGS. Pós-Graduado em Direito Processual Civil pela UFRGS. Professor e Coordenador da pós-graduação em Direito Agrário e do Agronegócio da Fundação Escola Superior do Ministério Público. Árbitro na Câmara Arbitral da Bolsa Brasileira de Mercadorias. Membro Consultor da Comissão de Direito Agrário e do Agronegócio do Conselho Federal da OAB. Membro da Comissão Especial de Direito Agrário e do Agronegócio da OAB/RS. Presidente da Comissão do Jovem Advogado e Conselheiro Seccional da OAB/RS. Conselheiro Nacional de Juventude (biênio 08/2017 – 08/2019) e Presidente da Comissão de Acompanhamento Parlamentar do Conselho Nacional de Juventude do Governo da Presidência da República do Brasil, representando a Ordem dos Advogados do Brasil. Professor convidado de diversos cursos de pós-graduação *lato sensu* em Processo Civil e Direito Agrário e do Agronegócio. Autor da obra *Contratos agrários: novos paradigmas do arrendamento e da parceria rural* (Editora Livraria do Advogado, 2019). Autor do *Manual do jovem empreendedor rural*, lançado pelo Governo Federal em parceria com a Unesco, em 2020. Advogado.

Arnaldo de Almeida Dotoli Junior
Advogado, nascido em São Paulo – SP. Sócio do escritório Guimarães Bastos Advogados desde 2014, tendo nele ingressado em 2009. Experiência profissional: Dotoli e Gebara Advogados, 2000 a 2009. Procuradoria Geral do Estado de São Paulo, 1998 a 2000. Membro da Ordem dos Advogados do Brasil. Assessor da Presidência da Segunda Turma do Tribunal de Ética e Disciplina da Ordem dos Advogados do Brasil, desde 2010. Membro Efetivo da Comissão de Defesa do Consumidor da OAB-SP, 2002 a 2004. Professor Assistente de Direito Civil da Pontifícia Universidade Católica de São Paulo (PUC-SP), 2000 a 2002. Formação superior na Faculdade de Direito da Pontifícia Universidade Católica de São Paulo (PUC-SP), 1999. Especialização em Direito do Consumidor na Escola Superior da OAB – SP, 2000. Pós-Graduação *lato sensu* em Direito de Família e Sucessões na EPD – Escola Paulista de Direito e IBDFAM – Instituto Brasileiro de Direito de Família, São Paulo, 2011.

Beatriz de Almeida Borges e Silva
Mestre em Direito Privado pela PUC Minas. Advogada em Gestão Patrimonial, Família e Sucessões no escritório Mattos Filho, Veiga Filho, Marrey Jr. e Quiroga Advogados.

Caio Ribeiro Pires
Mestre em Direito Civil pela UERJ. Graduado em Direito pela PUC Campinas. Advogado.

Camila Ferrão dos Santos
Mestranda em Direito Civil pela Universidade do Estado do Rio de Janeiro (UERJ). Advogada. *E-mail*: camilafdsantos@gmail.com.

Carlos Nelson Konder
Professor do Departamento de Direito Civil da Universidade do Estado do Rio de Janeiro (UERJ) e do Departamento de Direito da Pontifícia Universidade Católica do Rio de Janeiro (PUC-Rio). Doutor e Mestre em Direito Civil pela UERJ. Especialista em Direito Civil pela Universidade de Camerino (Itália). Advogado. *E-mail*: carlos@konder.adv.br.

Carolina Noronha
Sócia de Nadia de Araujo Advogados. Mestre em Direito Internacional, UERJ.

Caroline Pomjé
Mestra em Direito Privado pela Universidade Federal do Rio Grande do Sul (UFRGS). Pesquisadora do Núcleo de Estudos e Pesquisa em Direito Civil-Constitucional, Família, Sucessões e Mediação

de Conflitos (UFRGS) e do Núcleo de Estudos em Direito Civil-Constitucional (Grupo Virada de Copérnico – UFPR). Advogada.

Cláudia Stein Vieira
Mestre e Doutora em Direito Civil pela Universidade de São Paulo. Professora de Direito Civil no curso de Pós-Graduação da Escola Paulista de Direito – EPD. Diretora de Estudos de Direito das Sucessões e de Planejamento Sucessório do IBDFAM-SP. Advogada.

Conrado Paulino da Rosa
Advogado. Pós-Doutor em Direito – UFSC. Presidente da Comissão Especial de Direito de Família e Sucessões da OAB/RS. Professor do Curso de Direito da Faculdade do Ministério Público – FMP. Autor de obras sobre direito de família, sucessões e mediação de conflitos.

Daniel Bucar
Doutor e Mestre em Direito Civil pela Universidade do Estado do Rio de Janeiro – UERJ. Especialista em Direito Civil na Università degli Studi di Camerino. Professor de Direito das Sucessões do IBMEC/RJ. Procurador do Município do Rio de Janeiro. Advogado.

Daniela de Carvalho Mucilo
Mestre em Direito das Relações Sociais pela Pontifícia Universidade Católica de São Paulo (PUC-SP). Especialista em Direito Civil pela Università degli Studi di Camerino, Itália. Especialista em Direito de Família e das Sucessões pelo Centro de Extensão Universitária de São Paulo (CEU/SP). Professora e Coordenadora de Cursos de Pós-Graduação em Direito de Família e Sucessões. Secretária da Comissão de Direito de Família da OAB/SP. Advogada.

Daniele Chaves Teixeira
Doutora e Mestre em Direito Civil pela Universidade do Estado do Rio de Janeiro – UERJ. Especialista em Direito Civil pela Scuola di Specializzazione in Diritto Civile pela Università degli Studi di Camerino – Itália. Pesquisadora bolsista do Max Planck Institut für Ausländisches und Internationales Privatrecht – Alemanha. Especialista em Direito Privado pela PUC-Rio. Professora e Coordenadora de pós-graduação *lato sensu* em Direito Civil Constitucional no Ceped/UERJ. Advogada. Endereço eletrônico: danielecteixeira@gmail.com.

Davi Amaral Hibner
Mestre em Direito Processual pela Universidade do Estado do Espírito Santo (UFES). Advogado. *E-mail*: davi.hibner@alveshibner.adv.br.

Débora Brandão
Pós-Doutora em Direitos Humanos pela Universidade de Salamanca, Espanha. Doutora e Mestre em Direito Civil pela PUC-SP. Professora Titular da Faculdade de Direito de São Bernardo do Campo (FDSBC). Coordenadora e Professora do curso de especialização em Direito Civil na Faculdade de Direito de São Bernardo do Campo (FDSBC). Professora nos cursos de especialização na Escola Paulista de Direito (EPD). Supervisora Acadêmica e Professora no curso de especialização em Direito de Família e Sucessões da Escola Brasileira de Direito (Ebradi). Advogada e Mediadora.

Eduardo Nunes de Souza
Doutor e Mestre em Direito Civil pela Universidade do Estado do Rio de Janeiro (UERJ). Professor Adjunto de Direito Civil da Faculdade de Direito da UERJ.

Eleonora G. Saltão de Q. Mattos
Especialista em Direito Processual Civil pela PUC-SP. Membra do Instituto Brasileiro de Direito de Família – IBDFAM. Membra da Comissão de Direito de Família e das Sucessões do Instituto dos Advogados de São Paulo – IASP. Advogada especializada em Direito de Família e das Sucessões.

Elisa Costa Cruz
Doutora e Mestra em Direito Civil pela UERJ. Professora. Defensora Pública no Rio de Janeiro.
Everilda Brandão Guilhermino

Advogada. Mestre e Doutora em Direito Civil (UFPE). Professora de Direito Civil. Membro do grupo de pesquisa Conrep – Constitucionalização das Relações Privadas (UFPE).

Fabiana Domingues Cardoso
Doutora e Mestre em Direito Civil pela PUC-SP. Advogada atuante em Direito de Família e Sucessões. Professora de Direito Civil na Unip – Sorocaba-SP. Palestrante em eventos jurídicos. Diretora do IBDFAM-SP. Membro da Comissão de Direito de Família e Sucessões do IASP – Instituto dos Advogados de São Paulo.

Fernanda Leão Barretto
Advogada. Mestre em Família na Sociedade Contemporânea pela UCSAL. Professora da UNIFACS – Universidade Salvador e de diversos cursos de pós-graduação. Conselheira da OAB/BA. Primeira Vice-Presidente do IBDFAM/BA. Presidente da Comissão Especial de Diversidade e Gênero do Conselho Federal da OAB.

Fernanda Tartuce
Doutora e Mestre em Direito Processual pela USP. Professora do programa de mestrado e Doutorado da FADISP. Coordenadora e Professora em cursos de especialização na Escola Paulista de Direito (EPD). Presidente da Comissão de Processo Civil do Instituto Brasileiro de Direito de Família (IBDFAM). Diretora do Centro de Estudos Avançados de Processo (Ceapro). Vice-Presidente da Comissão de Mediação do Instituto Brasileiro de Direito Processual (IBDP). Membro do Instituto dos Advogados de São Paulo (IASP). Advogada e mediadora.

Fernando René Graeff
Doutor e Mestre em Direito Privado pela Universidade Federal do Rio Grande do Sul. Especialista em Direito de Família pela Pontifícia Universidade Católica do Rio Grande do Sul. Advogado e Professor atuante nas áreas de Direito de Família, Sucessões e de Direito Empresarial há mais de 15 anos.

Filipe de Campos Garbelotto
Advogado. Mestre em Cultura e Sociedade (UFBA). Especialista em Direito Civil (UNIFACS). Conselheiro seccional da OAB/BA. Presidente da Comissão de Diversidade Sexual e Gênero da OAB/BA. Membro da Comissão Especial de Diversidade e Gênero do Conselho Federal da OAB e do IBDFAM – Instituto Brasileiro de Direito das Famílias.

Flávio Tartuce
Pós-Doutorando e Doutor em Direito Civil pela USP. Coordenador-Geral e Professor Titular do programa de mestrado e doutorado da Escola Paulista de Direito (EPD). Coordenador e Professor dos cursos de pós-graduação em Direito Privado *lato sensu* da mesma instituição. Presidente e Fundador do Instituto Brasileiro de Direito Contratual – IBDCont. Presidente do Instituto Brasileiro de Direito de Família em São Paulo (IBDFAMSP). Advogado, Consultor Jurídico e Parecerista.

Gabriel Schulman
Doutor em Direito pela Universidade do Estado do Rio de Janeiro. Mestre em Direito pela Universidade Federal do Paraná. Professor de Direito Civil na Universidade Positivo. Membro do Grupo de Pesquisa Virada de Copérnico (UFPR). Associado ao Instituto Brasileiro de Direito Contratual e ao Instituto Brasileiro de Estudos em Responsabilidade Civil. Advogado Sócio de Trajano Neto e Paciornik Advogados.

Giselda Maria Fernandes Novaes Hironaka
Professora titular da Faculdade de Direito da Universidade de São Paulo. Coordenadora titular do programa de pós-graduação *stricto sensu* (mestrado e doutorado) da FADISP. Coordenadora titular da área de Direito Civil dos cursos de especialização da EPD. Ex-Procuradora Federal.

Gustavo Henrique Baptista Andrade
Doutor em Direito (UFPE). Pós-Doutor pela UERJ. Membro do grupo de pesquisa Constitucionalização das Relações Privadas (UFPE/CNPQ). Procurador Judicial do Município do Recife.

SOBRE OS AUTORES | 733

João Ricardo Brandão Aguirre
Advogado. Professor da Faculdade de Direito da Universidade Presbiteriana Mackenzie. Pós-Doutor em Direito Civil pela Faculdade de Direito da Universidade de São Paulo. Doutor em Direito Civil pela Faculdade de Direito da Universidade de São Paulo. Mestre em Direito Civil pela Faculdade de Direito da PUC-SP. Presidente da Comissão de Ensino Jurídico do IBDFAM.

Lidia Spitz
Sócia de Nadia de Araujo Advogados. LL.M. em International Business Regulation, Litigation and Arbitration, NYU School of Law. Doutora e Mestre em Direito Internacional, UERJ.

Luana Maniero Moreira
Especialista em Direito Civil-Constitucional pela Universidade Estadual do Rio de Janeiro. Bacharel pela Universidade Presbiteriana Mackenzie. Advogada especialista em Direito de Família e Sucessões. Sócia da Girardi Sociedade de Advogados.

Luciana Brasileiro
Advogada. Mestre e Doutora em Direito Privado pela UFPE. Conselheira científica do IBDFAM/PE. Vice-Presidente da Comissão de Direito e Arte do IBDFAM. Pesquisadora do grupo de pesquisas Constitucionalização das Relações Privadas da UFPE.

Luciana Dadalto
Doutora em Ciências da Saúde pela Faculdade de Medicina da UFMG. Mestre em Direito Privado pela PUC Minas. Advogada com atuação exclusiva em Direito Médico e da Saúde. Professora do Curso de Direito do Centro Universitário Newton Paiva. Administradora do portal www.testamentovital.com.br.

Maici Barboza dos Santos Colombo
Doutoranda em Direito Civil pela USP. Mestre em Direito Civil e Especialista em Direito Civil Constitucional pela UERJ. Advogada. Professora universitária.

Marcelo Truzzi Otero
Advogado. Mestre e Doutor em Direito pela Pontifícia Universidade Católica de São Paulo (PUC-SP). Diretor Nacional e Presidente da Comissão dos Advogados do IBDFAM.

Marco Antonio Rodrigues
Pós-Doutor pela Universidade de Coimbra/Portugal. Doutor em Direito Processual pela Faculdade de Direito da Universidade do Estado do Rio de Janeiro (UERJ). Mestre em Direito Público pela UERJ. Professor Adjunto de Direito Processual Civil da UERJ. Procurador do Estado do Rio de Janeiro. Advogado. Membro da International Association of Procedural Law, do Instituto Ibero-Americano de Direito Processual e do Instituto Brasileiro de Direito Processual. *E-mail*: marcoadsrodrigues@gmail.com.

Marcos Ehrhardt Jr.
Advogado. Doutor em Direito pela Universidade Federal de Pernambuco (UFPE). Professor de Direito Civil da Universidade Federal de Alagoas (Ufal) e do Centro Universitário Cesmac. Editor da *Revista Fórum de Direito Civil* (RFDC). Vice-Presidente do Instituto Brasileiro de Direito Civil (IBDCIVIL). Presidente da Comissão de Enunciados. Vice-Presidente da Comissão de Família e Tecnologia do Instituto Brasileiro de Direito de Família (IBDFAM). Associado do Instituto Brasileiro de Estudos em Responsabilidade Civil (Iberc). Membro Fundador do Instituto Brasileiro de Direito Contratual – IBDCont. *E-mail*: contato@marcosehrhardt.com.br.

Maria Carla Moutinho Nery
Mestre em Direito (UFPE). Professora da Faculdade Salesiana. Membro do Grupo de Pesquisa Constitucionalização das Relações Privadas (UFPE/CNPQ). Assessora Jurídica do Tribunal de Justiça de Pernambuco.

Maria Regina Detoni Cavalcanti Rigolon Korkmaz
Advogada. Doutoranda em Direito Civil pela UERJ. Mestre em Direito e Inovação pela UFJF. *E-mail*: mariareginadcr@gmail.com.

Maria Rita de Holanda
Advogada. Mestre em Direito das Relações Sociais pela PUC-SP. Doutora em Direito Privado pela UFPE. Pós-Doutora pela Universidad de Sevilla. Professora adjunta I da Universidade Católica de Pernambuco. Presidente do IBDFAM/PE. Pesquisadora do Grupo de Pesquisas Constitucionalização das Relações Privadas da UFPE.

Marília Mello de Lima
Advogada, nascida em São Paulo – SP. Sócia do escritório Guimarães Bastos Advogados desde 2016. Experiência profissional: Guimarães Bastos Advogados desde 2008. Membro da Ordem dos Advogados do Brasil (OAB). Formação superior na Faculdade de Direito da Pontifícia Universidade Católica de São Paulo (PUC-SP), 2009. Legal and Law Master (LLM) em Direito Societário, Insper – São Paulo, 2016.

Marina Pacheco Cardoso Dinamarco
Advogada. Pós-Graduada em Direito de Família pela PUCRS. Mestre em Direito Civil pela PUC-SP. Sócia fundadora da AIJUDEFA – Asociación Internacional de Juristas de Derecho de Familia.

Micaela Barros Barcelos Fernandes
Doutoranda em Direito Civil pela UERJ. Mestre em Direito da Empresa e Atividades Econômicas pela UERJ. Mestre em Direito Internacional e da Integração Econômica pela UERJ. Pós-Graduada em Direito da Economia e da Empresa pela FGV/RJ. Graduada em Direito pela UFRJ. Advogada. Professora no Rio de Janeiro. Membro das Comissões de Direito Civil e de Direito da Concorrência da OAB – Seção RJ.

Nadia de Araujo
Sócia de Nadia de Araujo Advogados. Professora de Direito Internacional Privado, PUC-Rio. Doutora em Direito Internacional, USP. Mestre em Direito Comparado, George Washington University.

Rafael Cândido da Silva
Doutorando e Mestre em Direito Civil pela Universidade do Estado do Rio de Janeiro. Professor de Direito Civil da Universidade Federal do Amazonas. Procurador do Estado do Amazonas. Advogado.

Renata Mei Hsu Guimarães
Advogada, nascida em São Paulo – SP. Sócia fundadora do escritório Guimarães Bastos Advogados, em 2006. Experiência profissional: Machado, Meyer, Sencadz e Opice Advogados, 1982 a 2006, sendo que de 1989 a 2006 foi sócia responsável pela área de Família e Sucessões. Membro da Ordem dos Advogados do Brasil (OAB) e da Society of Trust and State Practitioners (STEP). Formação superior na Faculdade de Direito da Pontifícia Universidade Católica de São Paulo (PUC-SP), 1984.

Rodrigo da Guia Silva
Doutorando e Mestre em Direito Civil pela Universidade do Estado do Rio de Janeiro (UERJ). Advogado.

Rodrigo da Mata
Mestrando em Direito Civil pela Universidade do Estado do Rio de Janeiro (UERJ). Administrador judicial habilitado pela Escola de Administração Judiciária (ESAJ). Pós-Graduado em Direito Imobiliário pela Pontifícia Universidade Católica do Rio de Janeiro (PUC-Rio). Advogado.

Rosany Nunes de Mello Nascimento
Advogada. Contadora especializada em Direito Tributário e Consultoria Tributária e Empresarial. Pós-Graduada em Direito Tributário pela Fundação da Faculdade de Direito da Universidade Federal da Bahia. Conselheira do Conselho de Fazenda do Estado da Bahia – Consef – mandato 2013-2016.

Sergio Marcos Carvalho de Ávila Negri
Professor Adjunto do Departamento de Direito Privado da Faculdade de Direito da Universidade Federal de Juiz de Fora (UFJF). Membro do corpo docente permanente do programa de pós-graduação *stricto sensu* em Direito e Inovação da mesma instituição. Doutor e Mestre em Direito Civil pela Universidade do Estado do Rio de Janeiro (UERJ). Especialista em Direito Civil pela Università degli Studi di Camerino (Itália). *E-mail*: sergio.negri@ufjf.edu.br.

Silvia Felipe Marzagão
Mestranda em Direito Civil pela PUC-SP. Extensão em Direito Processual Civil pela PUC-SP. Diretora do Instituto Brasileiro de Direito de Família – IBDFAM/SP. Secretária da Comissão de Direito de Família do Instituto dos Advogados de São Paulo – IASP. Advogada especializada em Direito de Família e das Sucessões.

Simone Tassinari Cardoso Fleischmann
Professora Permanente do Programa de Mestrado e Doutorado em Direito da Universidade Federal do Rio Grande do Sul. Doutora e Mestre em Direito pela Pontifícia Universidade Católica do Rio Grande do Sul. Advogada, Mediadora e Parecerista na área da Mediação e Relações entre Famílias e Empresas.

Viviane Girardi
Doutora em Direito Civil pela Universidade de São Paulo (USP). Mestre em Direito das Relações Sociais pela Universidade Federal do Paraná (UFPR). Especialista em Direito Civil pela Universidade de Camerino, Itália. Especialista em Planejamento Sucessório pela Fundação Getúlio Vargas (FGV/SP). Advogada. Palestrante em eventos jurídicos. Vice-Presidente da Associação dos Advogados de São Paulo. Diretora Nacional do IBDFAM. Membro do Instituto Brasileiro de Direito Civil e da Associação Internacional de Juristas de Direito de Família.

Yves Lima Nascimento
Mestrando em Direito Processual pela Universidade do Estado do Rio de Janeiro (UERJ). Pós-Graduando em Direito Tributário pela Universidade Cândido Mendes (Ucam). Advogado.

Esta obra foi composta em fonte Palatino Linotype, corpo 10
e impressa em papel Offset 63g (miolo) e Supremo 250g (capa)
pela Artes Gráficas Formato.